पीताम्बरा

पीतांबरा

भगवतीशरण मिश्र

राजपाल

स्थापित 1912
100 वर्षों की श्रेष्ठ प्रकाशन परम्परा
राजपाल

₹ 699
ISBN : 9788170281436

PEETAMBARA (Novel) by Bhagwati Sharan Mishra
मुद्रक : जी.एस. ऑफसेट दिल्ली

राजपाल एण्ड सन्ज़
1590, मदरसा रोड, कश्मीरी गेट, दिल्ली-110006
फोन : 011-23869812, 23865483, 23867791
e-mail : sales@rajpalpublishing.com
www.rajpalpublishing.com
www.facebook.com/rajpalandsons

साहित्य-मनीषी डा० माहेश्वरी सिंह 'महेश' को
जिन्होंने साहित्य के साथ-साथ साहित्यकारों के
निर्माण को भी अपनी रचनाधर्मिता का अंग माना

—भगवतीशरण मिश्र

निवेदन

निवेदन की इन पंक्तियों में इतिहास है—इति-वृत्त। आगे जो कुछ है वह उपन्यास है—ऐतिहासिक उपन्यास। उपन्यास लिखने के पूर्व इतिहास लिखने की विवशता इसलिए पड़ी कि किसी ने मीरा का प्रामाणिक इतिहास लिखने की आवश्यकता नहीं समझी। सामान्य इतिहासकार राजाओं, महाराजाओं, शासकों, सामंतों के इतिहास लिखते हैं। वे राजनीति का इतिहास लिखकर अपने को धन्य करते हैं; साहित्य, संस्कृति के इतिवृत्त से उनको कुछ लेना-देना नहीं। वे अकबर का इतिहास बड़े गर्व से लिखेंगे क्योंकि वह निरक्षर भट्टाचार्य होते हुए भी लक्ष्मी-पुत्र था, वे उसके नवरत्नों के वृतान्त में नहीं जायेंगे क्योंकि वे सरस्वती के वरद-पुत्र थे और सरस्वती का वाहन उल्लू है। विद्वानों के लिए उल्लुओं से दूरी बनाए रहने में ही भला है।

वे विक्रमादित्य की वीरगाथा गाकर अपने को महिमामंडित करने का प्रयास कर लेंगे पर कालिदास के संबंध में आपको अंधकार में हाथ-पैर मारने को छोड़ देंगे—ढूंढ़िए उनके जन्म-स्थान और जन्म-तिथि को। हर्षवर्द्धन का इतिवृत्त आपको विस्तृत रूप में उपलब्ध करा दिया जाएगा, पर उसके चरित्र (हर्ष चरित्रम्) को काव्यात्मक स्वरूप देने वाले कवि-सम्राट माघ के संबंध में माथा खुजलाते रहिए आप!

ऐसे में व्यास और बाल्मीकि का इतिहास कौन बताएगा? भले ही व्यास ने वेदों को व्यवस्थित कर दिया हो अथवा अष्टादश पुराणों की रचना कर दी हो और बाल्मीकि ने संस्कृत के प्रथम विशाल महाकाव्य को रच दिया हो। राम के पिता का नाम तो सभी बता देंगे कोई बाल्मीकि के जनक का नाम भी तो बता दे!

खैर बाल्मीकि, व्यास, माघ और कालिदास तो भूतकाल के खंडहरों के कंकाल हैं, इनकी बात छोड़ भी दीजिए तो हाल-हाल के साहित्यकारों और सरस्वती पुत्रों-पुत्रियों के साथ ही किसने न्याय किया है?

सूर, तुलसी, विद्यापति, कबीर और मीरा के साथ अब भी कितना न्याय हुआ है ? कितने पृष्ठ उपलब्ध हैं इनके जीवन पर ? और कितनों की जन्म-तिथि, जन्म स्थान और निर्वाण-तिथि को निर्णयात्मक रूप में घोषित किया गया ?

राजनीतिक इतिहासकार राजनेताओं का इतिहास लिखता है तो साहित्य-इतिहास-लेखक क्या करते हैं ? कितना समय देते हैं वे वास्तविक शोध और गवेषणा को ?

बन्द कमरे में विवादास्पद स्थल और तिथियां नहीं तय होतीं। शोध केवल पुस्तकालयों की पुस्तकों और पांडुलिपियों के पुनर्पुनर्दोहन का नाम ही नहीं है। संदिग्ध और अनिर्णित सूचनाओं से भरी ये पुस्तकें तथ्यों को नए सिरे से उलझाने के सिवा और कुछ नहीं करतीं।

प्राय: सभी साहित्यकारों के साथ यही किया गया है।

मीरा के साथ भी यही हुआ है।

'टेबुल-धर्मा' शोधकर्मी तथ्यों के तह तक कभी नहीं पहुंच सकते। हंसी आती है कि मीरा के संबंध में कितने स्वयं-भू अधिकारी और अधिकारिणी पैदा हो गए हैं पर वे अभी तक मीरा की जन्म-तिथि; जन्म-स्थान और मृत्यु-तिथि के संबंध में भी एकमत नहीं हुए हैं।

यह कार्य कठिन नहीं था। पर कमरे और पुस्तकालयों की चहारदीवारियों में कैद होकर इसे किया जाएगा तो यह कठिन होगा ही।

आश्चर्यचकित होना हो तो होइए पर अभी तक ऐसे लोग हैं जो इस बात को लेकर विवाद खड़ा करते हैं कि मीरा का जन्म मेड़ता में हुआ या कुड़की में। यद्यपि मात्र मेड़ता और कुड़की की यात्रा यह भेद खोल सकती है। पर कितने हैं हमारे साहित्य-इतिहासकार अथवा मीरा पर शोधकर्ता अथवा शोधकर्त्री जो कुड़की तक जा भी पाए हैं ? यह तो कुड़की जाने के बाद ही मुझे लगा कि यहां तक आने का शायद ही किसी साहित्यकार अथवा विद्वान ने कष्ट किया हो क्योंकि कुड़की तक पहुंचने में मुझे ही नाना विघ्न-बाधाओं का सामना करना पड़ा। मेड़ता से कुड़की तक की मात्र प्राय: पचपन किलोमीटर की सड़क को अभी पूरी तरह पक्की नहीं किया गया है। मेरी भाड़े की जीप कई स्थानों पर राह की रेत में फंसी और कई बार उसे मुझे अपने हाथों भी धक्का देना पड़ा। प्रात: का मेड़ता से चला मैं सायं ही कुड़की पहुंच सका। ऐसी स्थिति में कुड़की जाने की कौन सोचे, पुस्तकालयों की पुस्तकें और अधकचरे प्रकाशित-अप्रकाशित शोध-प्रबन्ध जिन्दाबाद !

जी, यह 'टेबुल-प्रोडक्ट' पुस्तक नहीं है। नहीं है यह आधारित मात्र भ्रमपूर्ण कृतियों और मीरा की अनेक 'पदावली' पुस्तकों के पूर्व लिखित कुछेक नन्हीं भूमिकाओं पर।

मैंने इस ऐतिहासिक उपन्यास को प्रामाणिकता प्रदान करने के लिए मीरा

से संबंधित सभी स्थानों की यात्रा की। वहीं के लोगों से बातचीत की, वहां संचालित शोध-संस्थाओं से सम्पर्क किया और फिर मैं अपने निजी निष्कर्ष पर पहुंचा। तो मेरी यात्राओं से मीरा का संक्षिप्त इतिवृत्त निम्नप्रकार से बनता है :

मीरा का जन्म कुड़की में हुआ। कुड़की एक बड़ा-सा ग्राम है जहां सामान्यत: मेड़ता से पहुंचते हैं। मेड़ता, अजमेर से पक्की सड़क द्वारा जाते हैं और अजमेर से मेड़ता की दूरी कोई अस्सी किलोमीटर है!

कुड़की में मीरा का वह पितृ-गृह जहां उसने जन्म ग्रहण किया था, आज भी पूरी तरह सुरक्षित उपलब्ध है। पत्थर का यह छोटा-सा दो मंजिला मकान कहीं से क्षतिग्रस्त नहीं हुआ है। उसके समक्ष एक नन्हा-सा श्रीकृष्ण-मंदिर भी है जिसमें मीरा के पिता रतन सिंह और फिर नन्हीं मीरा कृष्णोपासना करते थे।

इन स्थानों के सुरक्षित रहने का कारण है और वह यह कि उन्हें एक बड़े-से किले के अन्दर समेट लिया गया है। ऐसा किला मेड़ता में भी नहीं है। यह किला वस्तुत: दर्शनीय है और स्थापत्य कला का एक अप्रतिम नमूना भी।

नहीं, उस किले को मीरा के पिता रतन सिंह ने नहीं बनाया। नहीं बनाया इसे रतन सिंह के किसी वंशज ने। इसे बनाया बहादुर सिंह ने जिन्होंने कुड़की की जागीर को जो रतन सिंह के वंशजों के हाथ से निकल गई थी, अपने बाहु-बल से विजित किया। बहादुर सिंह ने भले ही अपनी जागीर और अपने परिवार की सुरक्षा के लिए यह किला बनवाया हो पर मीरा के जन्मगृह तथा श्रीकृष्ण-मन्दिर को इसके अन्दर लेकर उन्होंने जाने-अनजाने सरस्वती का भी बहुत बड़ा उपकार कर दिया। अभी भी इस किले में पुष्पेन्द्र सिंह जी रहते हैं। किला-निर्माता बहादुर सिंह जी श्री पुष्पेन्द्र सिंह के पिता के पिता के पिता अर्थात परदादा थे।

जैसा कहा गया कुड़की का किला साधारण किला नहीं है। जो वहां तक नहीं पहुंचा वह अफसोस के सिवा और क्या कर सकता है और उसे मीरा की जन्मभूमि के संबंध में किधर से प्रामाणिक ज्ञान मिलेगा?

मेरा यह सौभाग्य था कि मुझे कुड़की के कई लोगों से मिलने का अवसर जिनमें प्रसिद्ध हैं विजयराज जैन सरपंच, मौन सिंह राठौर, विजयराज पद्मराज गादिया तथा श्री पुष्पेन्द्र सिंह के पुत्र महेन्द्र सिंह आदि।

साठ वर्षीय मौन सिंह राठौर ने कुड़की के किला के सम्बन्ध में एक लोकोक्ति कही जो बड़ी सटीक है और जिससे स्पष्ट है कि जोधपुर से लेकर कुड़की तक नौ किले थे जिनमें कुड़की का किला सर्वश्रेष्ठ है। उक्ति इस प्रकार है—

"कुड़की तेरा कोटरा
नौ खूंटी की नाक।"

—कुड़की तुम्हारा किला नौ किलाओं की नाक है।

नियति ने कुड़की को यों ही मीरा के सदृश काल-विजयित्री नारी के जन्म के लिए नहीं चुना था। कुड़की एक अत्यन्त ही प्राचीन ऐतिहासिक स्थल है और इसका इतिहास मीरा-पूर्व से आरम्भ होता है। यह जैनियों के लिए एक पवित्र-स्थल है और यहां पारसनाथ जैन का मन्दिर स्थित है। शैवों का भी यह आकर्षण केन्द्र है क्योंकि यहां नीलकंठ महादेव का अत्यन्त प्रसिद्ध मन्दिर है जिसके समक्ष एक रमणीय बाग भी है जिसमें कई संत-साधक आज भी साधनारत हैं। कहने की आवश्यकता नहीं कि ये मन्दिर मीरा के जन्म से भी पूर्व के हैं।

अरावली पर्वत माला की एक श्रृंखला कुड़की के पार्श्व से गुजरती है। कुछ महलों के भग्नावशेष भी किले के आसपास बिखरे मिलते हैं। ये कुड़की की प्राचीन महत्ता को प्रतिपादित करते हैं। कुड़की वस्तुतः एक तीर्थ स्थल है—जैनियों का, हिन्दुओं का और यह जैसा कहा गया सर्वथा स्वाभाविक ही है कि कालदेवता ने एक श्रीकृष्णभक्ता के जन्म के लिए इस तीर्थ-भूमि को ही सर्वथा उपयुक्त समझा। कुड़की अब एक साहित्य-तीर्थ भी है।

कुड़की के लोगों को इस बात का पूरा एहसास है और गर्व भी कि मीरा के सदृश साध्वी कवयित्री यहां पैदा हुई।

और अब उन लोगों को क्या कहिएगा जो बन्द कमरों में बैठ इस बात पर बहस करते हैं कि मीरा ने कुड़की में जन्म लिया या मेड़ता में?

मैंने मेड़ता में भी लोगों से पूरी तरह पूछताछ की और किसी मेड़तावासी ने मीरा का जन्म-स्थल मेड़ता नहीं बताया। सभी ने इसका श्रेय कुड़की को दिया। पर आश्चर्य की बात है कि अधिकांश मेड़तावालों को भी यह पता नहीं कि कुड़की में क्या कुछ बचा है। कइयों ने मुझे हतोहत्साह भी किया, "कुड़की जाकर क्या पाइएगा? यही एकाध खंडहर मिल जायेंगे।" ऐसी परिस्थिति में अगर दिल्ली, आगरा, यहां तक कि जयपुर और उदयपुर में बैठा विद्वान भी कुड़की को लेकर कुछ नहीं जानता हो तो इसमें आश्चर्य क्या? पर क्या इतने से ही कम-से-कम उनको क्षमा किया जा सकता है जो अपने को साहित्य-इतिहास-लेखक अथवा मीरा के शोधकर्ता ही नहीं उसका अधिकारी विद्वान भी मानते हैं?

मेड़ता, मीरा के पिता के पिता राव दूदा की राजधानी थी। उनका किला जहां वे अपने अस्त्र-शस्त्र रखते थे और सुरक्षा की दृष्टि से स्वयं भी अक्सर जहां रहते थे आज ध्वंसावस्था में है। वह किला एक बड़े सरोवर के किनारे निर्मित था जिसका एक हिस्सा आज भी उपलब्ध है और कमल पुष्पों से ढंका है। इस किले के कुछ खंडहर मुख्य ध्वंसावशेष से दूर-दूर तक फैले मिलते हैं जिससे स्पष्ट होता है कि राव दूदा का यह किला पर्याप्त बड़ा था।

राव दूदा का पारिवारिक महल इस किले से सर्वथा पृथक् नगर के प्रायः मध्य

में था। यह छोटा महल आज भी सुरक्षित है। पर अफसोस है कि इस महल को एक स्मारक का रूप न देकर इसमें एक उच्च विद्यालय चलाया जा रहा है। ज्ञातव्य है कि मीरा चार-पांच वर्ष की उम्र में ही कुड़की से, राव दूदा के इसी महल में आ गई थी और यहीं से उसका विवाह भी सम्पन्न हुआ था। इसी महल के पार्श्व में प्रसिद्ध चतुर्भुज-मन्दिर अवस्थित था जिसमें राव दूदा और मीरा उपासना किया करते थे।

मन्दिर का जीर्णोद्धार कर इसका पुर्ननिर्माण कर दिया गया है और इसे एक भव्य रूप प्रदान किया गया है। मन्दिर में स्थापित चतुर्भुज-मूर्ति को वही प्राचीन मूर्ति बताया जाता है जो मीरा और राव दूदा द्वारा पूजित थी।

मन्दिर परिसर में मीरा-मूर्ति भी स्थापित है जिसके पाद-प्रदेश में मीरा का जन्म संवत् 1561 (1504 ई०) विवाह संवत् 1573 (1516 ई०) और मृत्यु संवत् 1607 (1550 ई०) अंकित है।

मेड़ता में एक शोध-संस्थान भी अवस्थित है जिसमें भी मीरा का जन्म संवत् 1561 और मरण संवत् 1607 ही बताया जाता है।

इस तरह मीरा की आयु मात्र छियालीस (46) वर्ष निश्चित होती है।

अब मेड़तावासी तो मीरा की आयु को घटाकर नहीं कहेंगे क्योंकि अक्सर लोगों में यह प्रवृत्ति होती है कि वे संत-महात्माओं अथवा साधक-साधिकाओं की उम्र को बढ़ा-चढ़ाकर कहें?

ऐसी स्थिति में उन विद्वानों और साहित्यकारों को आप क्या कहेंगे जो मीरा की उम्र को साठ से अस्सी वर्ष तक खींच ले जाते हैं?

मैं मेड़ता में जिन व्यक्तियों से मिला उनमें प्रसिद्ध हैं वृन्द-ज्योति पाक्षिक के सम्पादक श्री वीरेन्द्र वर्मा, साहित्यकार श्री राज मेहरा और समाजसेवी श्री टिकन चौहान।

इन सबों ने बताया कि सभी मेड़तावासियों और आसपास के लोगों को इस बात का गर्व है कि मीरा मेड़ता में पली-बढ़ी थी, यहां की थी।

यह बात इस मनगढंत क़िस्से को भी झुठलाती है कि मीरा के पद नीची जातियों और आदिवासियों में ही अधिक लोकप्रिय हैं और सम्भ्रान्त लोग अब भी मीरा के प्रदेश में ही उसे सम्मानजनक दृष्टि से नहीं देखते।

यही बात चित्तौड़ में भी मुझे मिली। मैंने जिन लोगों से पूछताछ की उन्होंने मीरा को चित्तौड़ का गौरव ही बताया।

मुझे यह देखकर प्रसन्नता ही हुई कि चित्तौड़गढ़ में वह मन्दिर आज भी पूर्णतया सुरक्षित है जिसे मीरा के श्वसुर महाराणा सांगा के कहने पर भोजराज ने मीरा के लिए बनवाया था। इसे अब मीरा-मन्दिर के नाम से ही जाना जाता है और इसमें नियमित पूजा-अर्चना सम्पन्न होती है।

वृन्दावन में मीरा ने पर्याप्त समय बिताया। जहां वह रहती थी वहां एक प्राचीन मन्दिर, मीरा मन्दिर के नाम से निर्मित है।

जीव गोस्वामी से उसके मिलने की बात भी प्रसिद्ध है। जीव गोस्वामी का समाधि-स्तम्भ अभी सुरक्षित है।

अब एक दो बातें और।

मीरा और गोस्वामी जी के मध्य पत्राचार की बात को कई लोगों ने स्वीकारा है और कई लोगों ने इसे नकारा भी है! मैंने इसे स्वीकारा है। मीरा का जन्म 1561 संवत् में और गोस्वामी तुलसीदास का जन्म 1554 संवत् में हुआ, अतः तुलसी मीरा से सात वर्ष बड़े ठहरते हैं और मीरा के प्रायः समकालीन होते हैं, अतः इनके मध्य पत्राचार सर्वथा संभव है। यह पत्राचार संभवतः मीरा की उम्र के चालीसवें वर्ष के आसपास हुआ होगा क्योंकि मीरा जैसा कि ऊपर लिखा गया केवल 46 वर्षों तक जीवित रही यद्यपि गोस्वामी ने 126 वर्षों की आयु प्राप्त की।

मीरा के गुरु को लेकर भी कई बातें उठाई गई हैं। कई लोगों ने उसे रैदास की शिष्या बताने का भी प्रयास किया है। मैंने इसे मान्यता नहीं दी है। जिसने श्रीकृष्ण को ही सर्वस्व मान लिया उसे किस गुरु की आवश्यकता? कृष्ण तो स्वयं जगत गुरु हैं—कृष्णं वन्दे जगद्गुरुम्। यह बात पृथक् है कि मीरा रैदास के कुछ सिद्धांतों से सहमत हो, अतः उसने अपने कुछ पदों में रैदास को सैद्धांतिक गुरु के रूप में स्वीकारा हो।

इसी प्रकार कई लोगों द्वारा प्रचारित अकबर और मीरा की भेंट को भी मैंने नकार दिया है। अकबर का जन्म 1542 ई० में हुआ था और मीरा का 1504ई० में। इस तरह अकबर मीरा से 40 वर्ष छोटे होते हैं। जिस समय मीरा की मृत्यु हुई उस समय अकबर मात्र छह (6) वर्ष के थे। ऐसी स्थिति में किधर से संभव है मीरा के स्वर-माधुर्य द्वारा आकृष्ट हो अकबर का तानसेन के साथ मीरा के दर्शन को जाना?

ऐसी ही बे-सिर-पैर की बातें मीरा के इतिहास के रूप में उपलब्ध हैं। इसीलिए मैंने मीरा के संक्षिप्त इतिहास को ऊपर अंकित किया जिसके आधार पर आगे की कथा आधारित है—"उपन्यास की आवश्यकताओं की पूर्ति करते हुए आगे जो कुछ लिखा गया है वह भी इतिहास ही है क्योंकि चरित्रों और घटनाओं को यथासम्भव सही परिप्रेक्ष्य में रखा गया है। अतः यह पूरी पुस्तक उपन्यास होते हुए भी एक तरह से मीरा की जीवनी भी है।"

मैं इस कृति को प्रस्तुत कर, यद्यपि इसमें काफी श्रम पड़ा है, एक ऋण-मुक्ति का सुख-सा अनुभव कर रहा हूं। मैं भी एक छोटा-सा कृष्ण-भक्त अपने को मानता हूं (मात्र इसलिए नहीं कि मैंने कृष्ण पर दो खंडों—'प्रथम पुरुष', प्रभात प्रकाशन, चावड़ी बाजार, दिल्ली और 'पुरुषोत्तम—राजपाल एण्ड सन्ज, कश्मीरी गेट,

दिल्ली में एक उपन्यास लिखा है) और मीरा तो सर्वथा वन्दनीया प्रात:स्मरणीया कृष्णभक्ता थी ही। मीरा के सम्बन्ध में प्रचलित विभिन्न भ्रान्तियों का निवारण कर और उसकी कथा को भरसक सही परिप्रेक्ष्य में प्रस्तुत कर मैंने एक ऋण-शोधन ही तो किया है। मैं किसी और के प्रति होऊं या नहीं अपने इष्टदेव पवनपुत्र हनुमान, अपनी इष्टदेवी आरण्य देवी और तुलजाभवानी तथा अपने आराध्य स्वयं श्रीकृष्ण के प्रति अत्यन्त आभारी अवश्य हूं जिनकी कृपा से ही यह महत् और श्रम-साध्य कार्य सम्पन्न हो सका।

इस पुस्तक के लिखने के लिए जिन लोगों ने मुझे प्रेरित किया है उनमें उल्लेखनीय हैं वयोवृद्ध साहित्यमनीषी डा० माहेश्वरी सिंह महेश, विश्रुत् विद्वान् एवं समर्थ समीक्षक डा० मेधाव्रत शर्मा, श्री एन०सी० शर्मा और उनका परिवार, ज्योत्सना संपादक श्री शिवेन्द्र नारायण, नवनीत संपादक श्री गिरिजाशंकर त्रिवेदी, युवा साहित्यकार और मेरी पुस्तक 'पहला सूरज' तथा 'पवन पुत्र' से सम्बन्धित समीक्षा-ग्रंथों के संपादक श्री शिवनारायण, मेरे व्यक्तित्व और कृतित्व पर शोध-कार्य सम्पन्न कर पी-एच० डी० की उपाधि प्राप्त करने वाले प्रखर रचनाधर्मी डा० कुणाल कुमार तथा मेरे शुभेच्छु डा० वचनदेव कुमार, डा० वालेन्दु शेखर तिवारी, सुप्रसिद्ध विद्वान एवं रचनाधर्मी डा० पुष्पपाल सिंह, नव-स्वच्छन्दतावादी समीक्षक डा० अजय सिंह, पटना के साहित्यकार श्री परमानन्द दोषी, सुदामा मिश्र तथा सुप्रसिद्ध समीक्षक डा० अमर सिंह।

इस क्रम में राजभाषा विभाग के श्री विश्वेश्वर दास, प्रभातचन्द्र शर्मा तथा कंकड़ बाग पटना योग संस्थान के संस्थापक निदेशक स्वामी ऋतजानन्द सरस्वती के नाम को भी उल्लिखित करना आवश्यक है।

मेरी बहन गीता और उसके पति श्री रामसिंहासन पांडे जिस तरह मेरी हर कृति की आतुरता से प्रतीक्षा करते हैं, इसलिए उनको भी स्नेह। मेरे भागिनेय श्री बैजनाथ पाठक भी मेरी प्रेरणा के स्रोत रहे हैं।

विशेष धन्यवाद के पात्र हैं पटना के ही श्री देवेन्द्र चौधरी जिन्होंने अपनी अस्वस्थता के बावजूद इस ग्रंथ की पांडुलिपि तैयार करने में अथक श्रम किया। अगर श्रीकृष्ण सचमुच भक्तों के योगक्षेम का वहन करते हैं(योग क्षेमं वहाम्यहम्—गीता, अध्याय 5, श्लोक 22) तो उनसे मेरी एकांत कामना होगी कि वे इस व्यक्ति को दीर्घायु करें। इस कार्य को शीघ्र सम्पन्न करने हेतु बार-बार मेरा उत्साहवर्धन के लिए श्री मो० नसीम (राजभाषा विभाग) श्री जगत नारायण राय तथा श्री अरविन्द राय को भी मेरा स्नेह।

राजपाल एण्ड सन्ज के श्री ईश्वरचन्द जी, वहीं के श्री सतीश कुमार जी, विक्रय प्रभारी श्री अंजनी कुमार मिश्रा ने भी इस पुस्तक की शीघ्र समाप्ति के लिए मुझे प्रेरित किया है। वे भी धन्यवादा के पात्र हैं।

अन्त में प्रसिद्ध प्रकाशन-संस्थान, राजपाल एण्ड सन्ज के स्वत्वाधिकारी बहु-पठित, साहित्य-मर्मज्ञ श्री विश्वनाथ जी को कैसे भूला जा सकता है जो मेरी हर नई कृति की प्रतीक्षा बड़ी बेसब्री से करते हैं और उसे अत्यन्त आकर्षक रूप प्रदान करने हेतु कुछ भी उठा नहीं रखते ?

पटना, मकर सक्रांति
दिनांक 14-1-92

—डा० भगवतीशरण मिश्र

पीताम्बरा

एक

युद्ध? नहीं। मानवता के देदीप्यमान भाल का सर्वाधिक कुल कलंक है यह युद्ध—सर्वाधिक विद्रूप और निन्दनीय। कब चाहा है मीराबाई के पितामह राव दूदा ने युद्ध? यह नरमेध, यह पैशाचिकता, मानव के अन्दर ही मानव-रक्त की यह सदा अतृप्त पिपासा! कब उठने देती है यह मनुजता को पशुता के धरातल के ऊपर? क्षुद्र स्वार्थों, संकीर्ण आकांक्षाओं, अनावश्यक दम्भ और जातीय विद्वेषों ने मनुष्य को नृशंस और अन्यायी बना, कब उसे पशु से पृथक होने दिया? आज भी वह अन्दर से वही आदिम आखेटक पशु है जो वन्य जीवों के संहार द्वारा ही अपनी उदर-पूर्ति को बाध्य था। अन्तर इतना ही कि आज जहां एक तरफ वह निरीह मूक पशुओं का आखेट अपनी क्षुधाग्नि को शान्त करने के निमित्त करता है वहीं दूसरी तरफ अपनी महत्वाकांक्षा—राज्य और प्रभाव-विस्तार—की अंधी अभिलाषा से प्रेरित हो अपने ही हाथों अपनी ही जाति के रक्त से धरती को रंजित कर स्वयं को गौरवान्वित समझता है। आदमियों की लाशों के ढेर पर खड़ा आदमी ही स्वयं को विजयश्री से मंडित मानता है। अपने मिथ्याभिमान की तुष्टि करता है।

नहीं, युद्ध नहीं चाहते राव दूदा।

वे साधु-स्वभाव के, मृदुल प्रकृति के व्यक्ति अपने नन्हे राज्य मेड़ता में शान्तिपूर्वक रहना चाहते हैं, दूसरों को भी उसी प्रकार रहने देना चाहते हैं। पश्चिम भारत के एक विशाल भू-भाग में विस्तृत राजपूतों के गढ़ राजपूताना का एक छोटा-सा, नन्हा-सा पर धन-धान्य से पूर्ण, सुख-शान्ति से भरपूर उनका यह मेड़ता सदा राजपूताना के ही अन्य शासकों की विस्तार-नीति और आक्रामक प्रवृत्ति का लक्ष्य रहा है। मरु-कान्तार के मध्य किसी मनोहारी मरुद्यान (ओयसिस) की तरह अथवा खूंखार लहरों से उद्वेलित सागर के मध्य बसे किसी आकर्षक भू-खंड की तरह यह मेड़ता आसपास के क्षत्रीय-नरेशों की हिंस्र-प्रवृत्ति और साम्राज्य-विस्तार की क्षुद्र पिपासा से सदा सशंकित और समय-समय पर पीड़ित होता रहा है।

फिर भी युद्ध नहीं चाहते दूदा।

ऐसा नहीं कि वे कायर हैं—का-पुरुष, मनुष्य-शोणित की एक बूंद ही जिसे

मूर्छित कर देती है, युद्ध के मैदान में पीठ दिखाना ही जो अपने चातुर्य और कौशल की प्रतिष्ठा मानता है। नहीं, यह बात नहीं। पर इसका वे क्या करें कि क्षत्रियोचित हिंस्र भावना के बदले उनके अन्दर बसती हैं मानवता और बन्धुत्व की कोमल भावनाएं? कि नर-पशु के घृणित धरातल से उठकर वह एक सम्पूर्ण मानव के रूप में अपने को और हो सके तो अधिकांश मनुष्यों को प्रतिष्ठित करना चाहते हैं? उन्होंने पूर्वजों से सुना है, पुस्तकों-ग्रंथों में पढ़ रखा है कि युद्ध ही सच्चे क्षत्रिय का एकमात्र धर्म है---एकान्त कर्म। पर फिर भी युद्ध से उन्हें घृणा है, वितृष्णा की सीमा तक चिढ़, मनुष्य के हाथों मनुष्य के रक्त की होली न वे खेलना चाहते हैं न देखना।

हां, युद्ध नहीं चाहते राव दूदा।

पर क्यों? यह क्यों उन्हें कभी-कभी बहुत परेशान कर देता है। अपने पीछे भागते आते आखेटक का शर जिस तरह वन्य पशु को परेशान करता है उसी तरह यह ज्वलन्त प्रश्न राव दूदा को परेशान कर रहा है। उनके शान्त मन-मस्तिष्क को निरन्तर मथता रहा है—जैसे कभी देवताओं और असुरों ने मंदराचल के माध्यम से सागर-वक्ष को ही मथ डाला था। क्यों नहीं युद्ध चाहते राव दूदा? क्या उनके रंगों में क्षत्रिय वंश का उष्ण रक्त नहीं प्रवाहित होता? क्या जातीय गौरव की गरिमा उन्हें कहीं से आकृष्ट नहीं करती? क्या वे अपना धर्म-कर्म जो शास्त्रों और पूर्व पुरुषों से प्राप्त शिक्षा के अनुसार युद्ध, घोर युद्ध, अनवरत युद्ध के अतिरिक्त कुछ नहीं है—भूल बैठे हैं?

नहीं, यह सब कुछ नहीं है। उन्हें ज्ञात है क्षत्रिय-रक्त ही प्रवाहित है उनकी धमनियों में। कहीं से कभी भी वर्ण-संकरता का शिकार नहीं रहा उनका वंश। नग्न और शेर की खूंखार जिह्वा की तरह लपलपाती तलवार की धार पर अपने दाहिने हाथ के अंगूठे को धीरे-से छुआ कर सद्यः प्रवाहित गर्म रक्त से ही तिलक किया है उन्होंने हर उस दिन जब उनका या उनके किसी आत्मीय का जन्म-दिवस मनाया गया है। कमर से खड्ग खिसका हो ऐसा उन्हें स्मरण नहीं। शस्त्रागार तो शस्त्रागार उनका शयन-कक्ष भी भिन्न-भिन्न प्रकार के शस्त्रास्त्रों, तलवारों, भल्लों, परशुओं और बाण-धनुषों से भरा रहा है।

आयुधों के मध्य ही वे जागते हैं। उन्हीं के मध्य सोते है।

पर युद्ध नहीं चाहते राव दूदा।

क्यों? यही क्यों है कि उनका पीछा नहीं छोड़ता। माना युद्ध संहारक है, विनाशक है, मनुष्यता नहीं पशुता का प्रतीक है। पर ये ही तर्क तो पर्याप्त नहीं। उनके पूर्वजों ने युद्ध किया है, पूर्वजों के पूर्वजों ने युद्ध किया है। राजपूताने के राज्य तो यों ही आपसी बैर-भाव और घृणा-विद्वेष से प्रेरित हो आपस में ही टकराते रहे हैं। रक्त, मज्जा और मांस की नदियां बहाते रहे हैं। भले ही यवनों—मुसलमानों और मुगलों—की सेना राजपूताने के दरवाजे पर आक्रामक मुद्रा में दस्तक देती रही हो, पर आपस में ही लड़ने-कटने और एक-दूसरे को नीचा दिखाने से कब समय मिला इन राजपूत-वीरों को?

तब?

तब क्यों युद्ध से घबराते हैं राव दूदा, ठीक उसी तरह जैसे कोई मणिधर सर्प

सिटपिटा आता है किसी शस्त्रधारी के समक्ष पड़ते ही। न उसे काटते बनता है न भागते। पर मणि की रक्षा तो करनी ही है।

उसी तरह अपने राज्य मेड़ता की रक्षा तो करनी ही है। उनकी प्रजा की सुरक्षा का भार तो उनका दायित्व है ही और एक उत्तरदायी प्रशासक के रूप में उन्हें कायरतापूर्वक नहीं वीरतापूर्वक ही अपनी प्रजा की सुरक्षा करनी है। प्रजा उनका पुत्र है, उनकी सन्तान। पुरखों की यह सीख उन्होंने गांठ बांध रखी है।

काश, युद्ध के बिना ही यह प्रजा-रक्षा का दायित्व सम्हाल पाते वह ? नर-मेध के बिना ही प्रजापालन-यज्ञ को पूर्ण कर सकने में समर्थ हो पाते ! पर ऐसा कभी हो सकता है ? जब तक मेड़ता के आसपास के नरेशों के हाथों में नंगी तलवार की मूठ पड़ी रहेगी, जब तक बात की बात में तूणीर से निकल उनके शर प्रत्यंचा पर आरूढ़ होते रहेंगे, तब तक युद्ध से कैसे और किधर से निस्तार है राव दूदा का ? उन्हें तो चौबीसों घंटे सतर्क रहना ही पड़ेगा।

तब ?

तब क्यों युद्ध से बिदकते हैं राव दूदा जैसे पानी में पलने वाली मछली घबराती है किनारे की रेत से।

तो क्या वे पूर्वजन्म में कोई योगी-यति थे ? सिद्ध-साधक ? अहिंसा-व्रतधारी तपी-मनस्वी ? भजन-पूजन में पारंगत कोई वीत-राग विप्र ? राम अथवा कृष्ण-कन्हैया का उपासक कोई भक्ति-भाव-पूरित, तिलक-त्रिपुंडधारी ? जिसे क्षत्र धारण सदा भयावह लगा हो, विनाशक ?

कह नहीं सकते वे। पूर्वजन्म का ज्ञान उन्हें नहीं। वे ज्योतिषी नहीं, न ज्योतिषियों की बात में उन्हें विश्वास ही है। पर यह भक्ति-भावना प्रेरित अवश्य करती है उन्हें। कृष्ण-कन्हैया का उपासक तो सदा से रहा है उनका वंश। आज भी तो उनके राज-प्रासाद के पार्श्व में निर्मित स्वर्ण-मंडित मंदिर में भगवान चतुर्भुज की मूर्ति ही विराजती है।

और हां। कई बार—कई बार उनके मन में यह बात आई कि वे नहीं हुए योगी, यति, पूर्णतया कृष्ण-चरणानुरागी तो कोई, कोई तो आए उनके वंश में जो उनकी इस अदम्य लालसा की पूर्ति कर सके। कृष्ण-कन्हैया का, वंशीधर का ही होकर रह जाय।

कहीं से भक्ति-भाव सम्पन्न हैं राव दूदा। उन्हें अपने दुर्बलतम पक्ष का पता है। जिस तरह बीन की आवाज पर नाग, क्षत्र फैलाकर नाच उठता है उसी तरह मंदिर से उठती शंख-ध्वनि से उनका मन पुलक-पुलक आता है। किसी के सामने नहीं झुकने वाला मस्तक उस चतुर्भुज कृष्ण की पाषाण-मूर्ति के सामने स्वतः नत हो आता है।

तो यही भेद है उनके युद्ध नहीं चाहने का।

युद्धाकांक्षा से स्वभावतः पूरित अन्तर-तल के अन्दर की यह भक्ति-भाव की अन्तर्धारा युद्ध के नाम से ही उनके अन्तर्-बाह्य को उद्वेलित, असंतुलित कर देती है।

समझ गए वे इस भेद को। पूर्वजन्म के संस्कार ही शायद सर्वथा भिन्न रहे होंगे इस जन्म की आवश्यकताओं, अनिवार्यताओं से। यही कारण है कि मन के

किसी कोने से बार-बार यह पुकार उठती है—कोई होता उनके वंश में जो युद्ध-विरत हो केवल भगवान का बन आता, जन में बसे जनार्दन का हो आता, मुरलीधारी, मोरपिच्छधारी का हो आता !

पर क्या यह संभव है ? राव दूदा सोचते हैं और भगवान चतुर्भुज के मन्दिर की ओर बढ़ जाते हैं। आज वे उनसे प्रार्थना करेंगे—उठा लो इस धरती से युद्ध को, मुक्त कर दो मनुष्य को इस पशुता से और हो सके तो उतार दो इस आंगन में एक दिन कोई ऐसा प्रभु-प्रेमोन्मादी जो पाशविक प्रवृत्तियों नहीं, मानवीय और दैवी प्रकृति का प्रचार-प्रसार कर सके इस रक्त-पिपासा-ग्रस्त धरती पर। इस श्रेष्ठ आर्य भूमि पर।

दो

मनुष्य कठपुतली है न जिसके धागे किन्हीं अदृश्य हाथों में बंधक पड़े हैं ? और वे अदृश्य हाथ मनमाने रूप में उन धागों को हिलाते-डुलाते और खींचते हैं ? उसे नाना नाच नाचने को बाध्य करते हैं ?

है न ऐसा ? कहीं कुछ भी है सृष्टि के सर्वोत्कृष्ट कहे जाने वाले प्राणी, मानव के हाथ में ? वह अदृश्य नियंता कब, कैसे और किसके प्रांगण में उसे ला पटकेगा और कब कैसे और कहां से वह उसे काल बनकर महाकाल के गाल के हवाले कर देगा, इस निरीह मनुष्य को कहां पता ? और जन्म तथा मरण की इन महान् घटनाओं के मध्य वह कब और कितनी बार वही कुछ करेगा जिसे वह स्वयं स्वप्न में भी नहीं करना चाहता, यह वह कहां जानता है ?

क्या बोलते हैं इसे ? नियति ? तो क्यों बन्धक रख दिया गया मानव के सारे क्रियाकलापों-प्रयासों को इस क्रूर नियति के हाथों ? जन्म-मरण पर उसका अधिकार नहीं रहा तो नहीं रहा, इस सृष्टि में आकर करणीय-अकरणीय पर तो उसका अधिकार रहता ? क्यों अक्सर वह अकरणीय करने को ही विवश होता है और करणीय उसे मृगमरीचिका की तरह ही ललचाता रहता है ? कब तक वह इस करणीय मरीचिका के पीछे मरुभूमि के मृग की तरह भागता रहेगा, असहाय, पिपासु और विवश ?

मीरा के पिता के पितामह दूदा को बहुत सारी बातें याद आ रही हैं।

पिता जोधा की वीरता से कौन परिचित नहीं ? शत्रु उनके नाम से ऐसे ही कांपते थे जैसे झंझावात के चपेट में पड़ा कोई एकाकी वृक्ष। कहते हैं उनकी तलवार जितनी म्यान के अन्दर रही उससे अधिक उसके बाहर। और यह भी कि जोधा की तलवार को चलाना तो चलाना उसे उठाना भी बहुतों के बूते के बाहर की बात थी। तब राव दूदा को स्मरण हो आती शिव-धनुष और सीता-स्वयंवर की बात। पहले उन्हें विश्वास ही नहीं होता था कि कोई पिनाक इतना भी भारी हो सकता है कि उस पर प्रत्यंचा चढ़ाने की बात तो पृथक् उसे उठा पाना भी महान् धनुर्धरों के लिए असंभव हो। किन्तु आज जब वे पिता जोधा की तलवार देखते हैं तो उन्हें शिव-धनुष की बात कपोल-कल्पना नहीं लगती।

पिता जोधा में अपार बाहु-बल था। देखा था उन्होंने उन्हें। वे विशाल भुजाएं ? सागर की उत्ताल तरंगों को भी अपने में समेट लेने की शक्ति रखती थीं वे। देखा था राव दूदा ने कि किस तरह वह नर-केसरी शत्रु-सेनाओं के सैनिकों को गाजर-मूली की तरह अपनी विशाल तलवार से काट फेंकता था। जिस ओर से अपने तीव्रगामी अश्व पर सवार हो वह खड्गधारी निकल जाता उस ओर ऐसा लगता कि कदली-वन के मध्य से कोई महान् गजराज ही गुजर गया हो।

हां, बाहु-बल था पिता जोधा में और इसी बाहु-बल के बल पर उन्होंने बसाया था रेत के ढूहों और करील, बबूल तथा पनस-वृक्षों के मध्य एक शानदार नगर। रेत और कंटीले वृक्षों का तो दूर-दूर तक अता-पता नहीं रहा। जैसे पाताल को ही तोड़कर स्थान-स्थान पर पानी निकाला था उस मरु-कान्तार में पिता जोधा के श्रमिकों ने उन्हीं के संकल्प-बल का सहारा ले और जहां रेत की धूल आकाश को आच्छन्न किए रहती थी वहीं अब ऊंची-ऊंची अट्टालिकाएं उसी आकाश को चूमने लगी थीं। जोधपुर ही नाम पड़ गया था इस नगर का, पिता के ही नाम पर। और अपने रहने के लिए जो विशाल किला बनाया उन्होंने और जिसकी दीवारों पर राजपूती शैली की जो अभिनव चित्रकारी कराई वह आज भी सभी के लिए विस्मयकारी है और आगे आने वाले पता नहीं कितने वर्षों तक वह ऐसी ही रहेगी।

नहीं, पिता को युद्ध अप्रिय नहीं था।

युद्ध के बहाने ढूंढ़ते थे वे ताकि उनकी तलवार नित्य रक्त-स्नाता बनी रहे।

पर दूदा ? दूदा को युद्ध तब भी अप्रिय था, आज भी है।

किन्तु सोचा न अभी उन्होंने कि एक कठपुतली से अधिक नहीं है मनुष्य, किसी अदृश्य नियति के हाथों ? नहीं चाहते हुए भी पिता के समय से ही उन्हें युद्ध के मैदान में कूदना पड़ा है और वे जब-जब भी इस प्रकार युद्धाग्नि में झोंके गए हैं तब-तब विजयश्री का वरण कर सुरक्षित ही निकले हैं उससे।

क्यों ?

क्यों युद्ध नहीं चाहते हुए भी युद्ध-जयी बनते रहे हैं वह ? आज दूदा के सोच का कोई अन्त नहीं है। स्मृतियों के धागों के सहारे चिन्तन की पतंग मन के अछोर आकाश में उड़ती चली जा रही है। कभी दायें, कभी बायें, कभी ऊपर तो कभी नीचे।

क्यों ?

हां, क्यों युद्धाकांक्षी नहीं होते हुए भी युद्ध-विजयी होते रहे वह ? वह और उनका सहोदर भाई बीरसिंह ?

शायद···शायद इसलिए कि युद्ध से घृणा करने के बावजूद वह कायर नहीं थे।

नहीं थे वह युद्ध-भीरू; युद्ध से वितृष्णा चाहे जितनी हो उन्हें।

और फिर पिता का आदेश ? उनके द्वारा दिलाई गई शस्त्र-संचालन की शिक्षा ? पिता का अपना रण-कौशल ही जो उन्हें विरासत में मिला था। इन सबों के होते वे युद्ध-विमुख होते भी कैसे ? और इन्हीं सबके कारण जब एक बार वह युद्धोन्मुख हुए तो फिर विजयश्री को तो उनके चरणों में लोटना ही था।

मेड़ता के अपने राजभवन की सबसे ऊंची अट्टालिका की एक स्वच्छ, धवल प्रस्तर-पीठिका पर ही बैठे-बैठे अपनी स्मृतियों को खुल खेलने का अवसर दे दिया था राव दूदा ने।

हां, यह मेड़ता का महल और यह छोटा राज्य भी यों ही नहीं मिला था उन्हें। ये भी युद्ध के गर्भ से ही उत्पन्न हुए थे। उनके पराक्रम का प्रतीक चिह्न ही था मेड़ता का छोटा ही सही पर सुगठित राज्य।

उन्हें खूब याद है किस तरह पिता जोधा ने अपनी रूपवती रानी चम्पा देवी के दो लाड़लों—उन्हें और उनके भाई बीरसिंह—को उस दुर्दान्त दैत्य मेघा सबल के विरुद्ध युद्ध में झोंक दिया था।

जेतारण राजपूताना का ही एक छोटा-सा भाग था पर उसका अधिपति मेघा सबल कहीं से भी छोटा नहीं था। न बल-बुद्धि में, न साहस और शौर्य में और न राज्य-विस्तार की अपनी अदम्य लालसा के पीछे पागल होने में ही। राजपूताना का हर राजघराना मेघा के नाम से वैसे ही कांपता था जैसे आसमान से मेघ-वर्षण के समय कोई नन्हा-सा विटप कांप-कांप उठता है। जिस ओर मेघा की जलती आंखें उठ जायं उस ओर जैसे बिजली ही गिर पड़ती थी। राजघराने-पर-राजघराने उसके पैरों के नीचे इस तरह पिसने लगे थे जैसे ऊंट के पैरों के नीचे मरुभूमि की रेत पिसती है।

नियति ! हां, नियति ने ही पिता को इंगित किया होगा इसी मेघा सबल से दूदा और उनके भाई को भिड़ा देने को।

नहीं, कोई अन्यथा भावना नहीं थी पिता की, इस आदेश के पीछे। उनकी मां अर्थात् रानी चम्पा पिता की कई रानियों-पटरानियों में उन्हें सर्वाधिक प्रिय थी।

पिता लेना चाहते थे अपनी प्रिय रानी के प्राण-प्रिय पुत्रों की परीक्षा। परीक्षा उनके रण-कौशल की, उनके बाहु-बल और धैर्य तथा शौर्य की। शायद उन्हें इष्ट था सम्पूर्ण राजपूताने को दिखा देना कि जोधपुर का महाराणा अगर शेर था तो उसके बच्चे किसी शेर-शावक से कम नहीं थे—शेर-शावक जो किशोर होकर भी गज-यूथपों को उसी तरह मथ देते हैं जैसे कोई प्रचंड पवन-वेग समुद्र-वक्ष को उद्वेलित कर डालता है।

ऐसे भी, पिता की तलवार में जंग लगी हो या नहीं पर उनके तन को वार्धक्य ने धर दबोचा था जैसे कोई, मत्त केसरी किसी गजराज की गर्दन पर अपने धारदार पंजे गड़ा मारता है।

हां, नहीं टिक पा रहे थे पिता मेघा सबल के सामने अथवा दूसरे शब्दों में कहें तो मेघा सबल ही अधिक अवसर उन्हें नहीं देता था कि किसी मूषक की तरह वह राजा जोधा रूपी विड़ाल के पंजों में जा फंसे। आमने-सामने के युद्ध में कई बार उनकी पकड़ में आते-आते रह गया था वह तथा अनेक वीरों के रक्त से अपनी तलवार को रंजित कर चुकी पिता जोधा की युद्ध पिपासा, मेघा सबल के रक्त के बिना अतृप्त ही रह गई।

अन्ततः हारकर ही उन्हें अपने दो लाड़लों को मेघा के सम्मुख उतारना पड़ा था, परिणाम चाहे जो हो। वीर प्राणों की चिन्ता नहीं करते न शत्रु के, न

अपने, न अपने प्राण-प्रियों के भी। क्षत्रिय के लिए युद्ध में वरण की गई मृत्यु स्वर्ग के कपाटों को तत्काल उद्घाटित कर छोड़ती है। पिता जोधा इसी पारम्परिक विश्वास के कायल थे।

युद्ध नहीं चाहते थे दूदा।

किन्तु युद्ध में उतरना पड़ा उन्हें मेघा सबल के विरुद्ध।

आमना-सामना हुआ था राव दूदा और उनके भाई बीरसिंह तथा उनकी सैन्य वाहिनी का मेघा सबल की सेना के साथ राजपूताने के एक मैदान में ही। ऐसे भी राजपूताने में मैदानों की क्या कमी ? सर्वत्र रेत पटे मैदान-ही-मैदान।

दोनों ओर की छावनियां सज गई थीं। इस बार के संग्राम को निर्णायक होना था। बहुत तंग कर चुका था मेघा उनके पिता जोधा को।

दंग थे दूदा।

दंग थे अपने भाई बीरमसिंह के विक्रम पर, बाहु-बल पर। कुछ क्षणों के लिए उन्हें लगा था पिता जोधा का सर्वाधिक योग्य सुत, उनका सच्चा उत्तराधिकारी, उनका अनुज ही था—पराक्रमी बीरमसिंह।

शत्रु-सेना में बीरमसिंह जिस ओर से निकल जाता उधर लाशें ही लाशें बिछ जातीं जैसे आश्विन मास में किसी ने शस्य (धान) के पौधों को काट कर बिछा दिया हो।

मेघा की मेधा भी उतनी ही तीक्ष्ण थी जितनी उसकी तलवार की धार। उसे समझते देर नहीं लगी कि बीरसिंह और दूदा की वीरता के समक्ष उसकी और उसके सैनिकों की सम्मिलित शक्ति भी विशाल सागर के समक्ष एक तुच्छ सीप से अधिक नहीं थी।

दूदा को क्या पता कि शत्रु ने उनके पराक्रमी अनुज को छल-पूर्वक काल का ग्रास बनाने का निश्चय कर लिया है। उन्हीं की छावनी के एक रसोइए को उत्कोच देकर उसने वह घृणित और कायरतापूर्ण कार्य कराया जिसकी कल्पना भी नहीं कर सकते थे राव दूदा।

बीरसिंह को विष दे दिया गया। तलवार की धार भी जिसे मौत के घाट नहीं उतार सकी, मेघा सबल ने उसे छल-छद्म का सहारा ले समाप्त कर दिया अपने पथ को निष्कंटक करने के लिए।

पर हुआ उसका पथ निष्कंटक ?

दूदा युद्ध नहीं चाहते थे।

युद्ध में उतारे गए थे।

पर नियति का विधान ?

वे तो थे ही किन्हीं अदृश्य हाथों की कठपुतली। अनुज की मृत्यु ने उन्हें क्रोधोन्मत्त कर दिया। मेघा के विरुद्ध युद्ध में राव दूदा के रूप में स्वयं कराल काल अवतरित हो गया था।

गज-यूथप पर केहरी-क्रोध कहर ढाने लगा। मेघा के सैनिकों के पांव राजपूताना की रेत भी बांध नहीं सकी। वे उखड़े तो उखड़ते ही गए।

मेघा के सैनिकों को पीठ दिखाते देख राजपूताना के कई और घराने भी दूदा की सहायता में आ जुटे। मेघा भागते-भागते राजपूताने की सीमा के पार तक इस

तरह भागा जिस तरह यहां के आकाश में कोई मेघ-खंड कभी उतरता भी है तो इसके पहले कि उससे कोई जल-बूंद नीचे धरती पर उतरे हवा के झोंके पर ही वह कहीं से कहीं जा पहुंचता है। राजपूताना के आकाश में ढूंढ़े भी नहीं मिलता। अब कहीं नहीं दिखाई पड़ना था मेघा को भी। जिस तरह नगर से पिटकर बाहर गया शृगाल फिर कभी किसी नगर की ओर मुंह नहीं करता उसी तरह मेघा का तन इतना क्षत-विक्षत हो गया था और मन इस तरह खंडित कि उसके जीवन के शेष दिनों को राजपूताने की सीमा से दूर किसी गिरा-गह्वर के अन्दर तन-मन की चोटों को सहलाने में ही व्यतीत होना था।

युद्ध नहीं चाहते थे राव दूदा।

पर एक युद्ध के परिणामस्वरूप ही मिला मेड़ता का यह राज्य।

पिता जोधा ने अपने पुत्र की अप्रतिम वीरता से प्रसन्न हो अपने जीते जी ही अपने राज्य के टुकड़े कर अपने प्राणों के टुकड़े को मेड़ता का राज्य अर्पित कर दिया।

दूदा के नहीं चाहते हुए भी शत्रु-रक्त और सम्पत्ति के पिपासु उनके सैन्य-पतियों ने ही आसपास के कई शत्रु-प्रदेशों को विजित कर मेड़ता के इस राज्य को एक अच्छा-बड़ा स्वरूप प्रदान कर दिया। मेड़ता का महल बनवाया दूदा ने ही।

उसमें चतुर्भुज भगवान का मन्दिर भी।

उस मन्दिर में जयपुरी कलाकारों के हाथों गढ़ी श्रीकृष्ण की गदा-पद्म-शंख-चक्र-धारी मूर्ति भी बैठाई। एक सौ आठ ब्राह्मणों की सहायता से इस मूर्ति में प्राण-प्रतिष्ठा भी सम्पन्न हुई।

यह सब विजय के प्रतिफल-स्वरूप था।

शायद हां।

पर नहीं।

यह सब था दूदा के पूर्व जन्मों के संस्कारों का प्रतिफल।

राव दूदा अब यही सोचने को बाध्य थे।

युद्ध फिर भी युद्ध ही था, भले ही उसमें शत्रु-पक्ष के ही सैनिक हत रहे हों। उनके प्राणों में और अपने सैनिकों के प्राणों में अन्तर ही कहां था?

सभी प्राण, प्राण थे।

सभी मनुष्य, मनुष्य।

एक मनुष्य की भी नृशंस हत्या सम्पूर्ण मानवता के प्रति नृशंसता थी।

युद्ध नहीं चाहते थे राव दूदा।

फिर भी उन्हें युद्ध करने पड़े थे। उस समय भी, उसके पश्चात् भी।

तीन

अनन्त आकाश का कोई ओर-छोर है क्या? उसी तरह मन के विस्तार का? आकाश से अधिक विस्तृत है मन का आसमान या उससे कम? कौन सुलझाएगा

इस पहेली को ? अब तक सुलझा पाया कोई ?

आकाश में जितने नक्षत्र और तारे हैं उनसे कम चिन्तन-तरंगें उठती होंगी क्या क्षण-क्षण परिवर्तित होते इस मनःआकाश में ? सागर में जितनी ऊर्मियां बनती-बिगड़ती हैं उनसे कुछ कम क्या दिन और रात्रि के चौबीस घंटों में ही मन में चिन्तन-धाराएं बनती-मिटती होंगी ?

सागर भी कभी-कभी अत्यधिक उद्वेलित-तरंगित हो आता है। आकाश में भी कभी-कभी घोर तमिस्रापूर्ण रात्रियों में कुछ अत्यधिक तारक-मालाएं दृष्टि-गोचर होती हैं। ज्योत्सना-पूरित रात्रियों में स्वभावतः उनकी संख्या कम रहती है। इसी तरह मानव-मन भी कभी-कभी अधिक ही उद्वेलित हो उठता है। चिन्ता की अनन्त धाराएं एवं अन्तर्धाराएं इसके अन्दर निर्बाध प्रवाहित होने लगती हैं।

राव दूदा का मन भी आज कुछ अधिक ही आन्दोलित-उद्वेलित था। किसी उत्तुंग महल के सर्वोच्च शिखर पर आसीन किसी गरुड़-पक्षी की तरह ही मेड़ता-महल की सर्वोच्च अट्टालिका की उस प्रस्तर-पीठिका पर आसीन दूदा का मन आज स्मृतियों की अनन्त ऊर्मियों के घात-प्रतिघात का आखेट हो रहा था। पिता का अपार स्नेह, मेघा सबल से वह भयावह युद्ध, अनुज का आकस्मिक निधन, मेड़ता में राज्य-स्थापना और इस क्रम में अनेक लोगों का तलवार के घाट उतरना, ये सारी प्रीतिकर-अप्रीतिकर घटनाएं इस एकान्त में उनके मन-सागर को मथ रही थीं। चिन्तन की एक नन्ही लहर उनके मन के असीम सागर पर उगती नहीं कि उससे भी बड़ी कोई लहर उसे दबोच बैठती। चिन्तन-ऊर्मियों का यह बनना-बिगड़ना चल ही रहा था कि राव दूदा को सहसा, दूर कोई वस्तु तीव्र गति से महल की ओर दौड़ती आती दृष्टिगोचर हुई।

थोड़ी ही देर में वह आकृति स्पष्ट हो गई। वह एक तीव्रगामी अश्वारोही था। राव दूदा के मन में एक नई चिन्ता जगी। यह घुड़सवार कौन था और किस उद्देश्य से वह महल की ओर दौड़ा आ रहा था ?

यवनों का उत्पात इधर चरम सीमा को छू रहा था। राजपूताने के किसी-न-किसी राज्य पर वे नित्य ही अपना जोर आजमा रहे थे। भले ही अनेक बार उन्हें अपने इन प्रयासों में मुंह की खानी पड़ती थी। फिर भी उनके आक्रामक व्यवहार में कोई कमी नहीं आ रही थी।

आफत तो तब बढ़ी थी जब अजमेर राजपूतों के हाथों से जाता रहा था और मल्ल खां वहां का प्रशासक नियुक्त हो गया था। उसके अत्याचारों की गणना कठिन थी और निःशस्त्रों और भोले-भाले ग्रामीण-नागरिकों पर भी कहर ढाने में उसे थोड़ा भी संकोच नहीं होता था।

अश्वारोही जब तक समीप नहीं आया राव दूदा अपने स्थान पर ही बैठे रहे। चिन्ता की कोई बात नहीं थी। वह शत्रु-पक्ष का कोई सैनिक हो नहीं सकता था। वीर-से-वीर यवन सैनिक भी एकाकी, मेड़ता तो मेड़ता किसी भी राजपूत राज्य की सीमा में पैर रखने का साहस नहीं जुटा सकता था। वह कोई अपना ही सैनिक था। सैनिक ही था वह, कोई सामान्य अश्वारोही नहीं, यह तो उसके कन्धे पर पड़े लम्बे भाले से ही स्पष्ट था जिसके फलक पर तीसरे प्रहर के सूरज की किरणें पड़कर एक विचित्र चकाचौंध उत्पन्न कर रही थीं। निस्सन्देह वह अपने पक्ष का

ही सैनिक था। उसके सिर पर बंधी राजस्थानी पगड़ी ने अब संशय के लिए कोई स्थान नहीं छोड़ा था।

पर वह इतनी शीघ्रता में क्यों था ? और यह क्या ? महल के प्रायः समीप आ पहुंचे अश्वारोही को राव दूदा ने ध्यान से देखा। वह फूले हुए पलाश वन के किसी एकाकी वृक्ष की तरह क्यों लग रहा था ? ऊपर से नीचे तक लाल—रक्तवर्णी ? उसका सम्पूर्ण शरीर रक्त-रंजित था। मस्त गजराज के सिर से निस्सृत होते मद की तरह उसके तन के प्रायः सभी अंगों से रक्त रिसता जा रहा था। राव दूदा की भृकुटियां तन गईं। आखिर किसने उनके सैनिक को आहत करने का साहस किया ?

युद्ध नहीं चाहते राव दूदा।

पर यह धमनियों के रक्त में उबाल क्यों आने लगा है जैसे उनमें तप्त लौह शलाकाएं गड़ाई जा रही हों ?

युद्ध नहीं चाहना आसान था क्या ?

विशेषकर तब जब युद्ध कोई बलात् थोप रहा हो ?

क्षत्रिय के रक्त को चाहे उसे जितना पानी बनाकर रखा गया हो गर्म तेल की तरह खौल उठने में थोड़ा भी समय नहीं लगता इसका अनुमान राव दूदा को पहले-पहल हुआ।

सच वह नियति के हाथ के एक निरीह खिलौना से अधिक कुछ भी नहीं थे न ?

किसी शत्रु ने, अवश्य किसी यवन सैनिक अथवा सैनिकों ने ही उनके अश्वारोही को आहत किया था।

और कोई आहत भुजंग चुप बैठता है क्या ? पलट कर वह उन हाथों को डंस नहीं लेता जिन्होंने उस पर प्रहार करने का प्रयास किया हो ?

युद्ध, युद्ध और युद्ध ! इन यवनों से युद्ध करना पड़ेगा। राव दूदा के रक्त में उबाल आया।

पर युद्ध नहीं चाहते राव दूदा। मानव-रक्त से होली खेलना उनका अभीष्ट नहीं। मनुजता को पशुता के स्तर पर उतारना उन्हें स्वीकार्य नहीं। पर युद्ध तो करना ही पड़ेगा। नहीं चाहते हुए भी उन्हें युद्ध करना पड़ा है। एक बार शायद फिर और करना पड़े। और कौन जानता है यह एक बार अन्तिम बार नहीं हो। पता हो तो हो उनके भाग्य विधाता को ही जो जाने किस अदृश्य लोक में बैठा मानव-कठपुतलियों के धागों पर अनवरत झटके पर झटके दिये जाता है। किसी को वह छोड़ता कहां है ? सबको नचाना ही उस नटवर का कार्य है शायद। परपीड़न में ही आनन्दित होता है वह। धन्य है मनुष्य और धन्य है उसका भाग्य-विधाता ? कोई सुखी है क्या यहां ? कोई शान्त ? शान्त से शान्त उदधि के अन्तर में भी जैसे अशान्त लहरें उठती रहती हैं, बड़वाग्नि सोई पड़ी रहती है; वैसे ही सुखी, शान्त और प्रसन्न प्रतीत होता व्यक्ति भी सचमुच प्रकृतिस्थ और शान्त है क्या ?

पर अभी इतना समय नहीं है।

नीचे अश्वारोही महल-द्वार के समीप आ पहुंचा है।

राव दूदा धीरे-धीरे सीढ़ियां पर सीढ़ियां उतरते हुए अपने स्वागत-कक्ष में

पहुंचे। प्रतिहारी पहले से ही संदेश देने को प्रस्तुत था। आसन ग्रहण कर उन्होंने तर्जनी के इंगित से उसे अन्दर बुलवाया।

"सैनिक संदेश लेकर आया है महाराज !"

"कहां से ?"

"शत्रु-शिविर से। यवनों से घिर गए अपने कई सैनिकों में यह एकाकी ही बचा है।"

"उसे शीघ्र उपस्थित किया जाय !"

सैनिक उपस्थित हुआ। उसके कन्धे पर भाला नहीं था। पर रक्त से ओत-प्रोत वस्त्र सूखकर ऐसे हो गए थे जैसे कई बरसातों से वंचित पृथ्वी की सतह पर पपड़े पर पपड़े पड़ जाते हैं। सिर और शरीर के अन्य दृश्य भागों पर सूखे रक्त के चमकते पपड़े पड़े थे। वह दीर्घ श्वासें ले रहा था।

"पहले इसके वस्त्रों को बदलकर इसके क्षतों पर औषधि-लेपन हो। इसके पश्चात् ही मैं इसकी बातें सुन पाऊंगा। मैं इसके प्राणों के साथ नहीं खेल सकता।" राव दूदा ने समीप खड़े प्रहरी को आदेश दिया। तब तक महामात्य और कई सभासद भी स्वागत-कक्ष में उपस्थित हो गए थे।

"मेरे प्राणों की चिन्ता छोड़ें महाराज !" सैनिक ने धीरे-धीरे कठिनाई से सुनाई पड़नेवाले शब्दों में आरम्भ किया, "मेरे कई साथियों के प्राण दिवंगत हो गए। अब···इस·· रा···ज्य की···प्रजा के प्राण···भी···सं···क···ट में···हैं। मुझसे ···पू···री बात···सुन लेने···की कृपा···करें अन्नदाता···!"

"आज्ञा है।" राव दूदा ने और कोई उपाग नहीं देख, आदेश दे दिया। इसके बाब जोड़ा, "महामात्य, आप इससे सारी बातें समझ लें, इसके पश्चात् मेरे विश्राम-कक्ष में आकर विस्तार से मुझे सब कुछ बतलाएं और हां, सैनिक के उपचार में कोई विलम्ब नहीं हो। इसके प्राणों पर कोई भीषण संकट नहीं है।"

राव दूदा अपने विश्राम-कक्ष में भी शान्त नहीं थे। शत्रु-पक्ष की धृष्टता स्पष्ट हो गई थी। बात अब केवल विस्तार से जानने की थी। परिणाम भी सामने ही था—युद्ध।

युद्ध नहीं चाहते थे राव दूदा।

पर युद्ध अनिवार्य प्रतीत हो रहा था।

निस्तार भी कहां था इससे ?

हाय ! क्यों क्षत्रिय वंश में उत्पन्न हुए वह ? युद्ध ही जिस जाति का धर्म है युद्ध ही उसका सर्वप्रथम दायित्व। मानव के हाथों मानव की ही हत्या क्या पाप-कृत्य नहीं है ? उनके महल में बैठा श्रीकृष्ण जब चक्रधर बना तो उसने भी तो युद्ध को क्षत्रिय के लिए अनिवार्य ही घोषित कर दिया—धर्म युद्ध। उनका मन किया वह जाकर उस चक्रधारी से पूछें—"यह युद्ध न्याय और अन्याय के विशेषणों से कब से विभूषित होने लगा नटवर नागर ? मानव प्राणों की बलि तो सभी युद्धों में पड़ती है न ? तो क्या अन्याय का एकमात्र प्रतिकार युद्ध ही है—न्याय युद्ध ? अन्याय का सामना क्या और किसी रूप में नहीं किया जा सकता ?'

नहीं, इन सब प्रश्नों का उत्तर उन्हें उस प्रस्तर-मूर्ति से नहीं मिलने को। ये प्रश्न उभरेंगे तो किसी जाग्रत, प्रेम-प्लावित, भक्ति-पूरित हृदय में ही। आह !

कितना वह चाहते हैं कि युद्धोन्माद से निरन्तर ग्रस्त रहे उनके वंश में ऐसा कोई उत्पन्न हो जो प्रेम का, विश्वबन्धुत्व का, करुणा का संदेश इस युद्धोन्मत्त संसार का दे सके ! उनका अपना अनुज बीरसिंह भी जाता रहा। उसके अन्तर में उन्होंने प्रेम के, भक्ति-भाव के अंकुर देखे थे। वे उसे इस मार्ग पर, बढ़ाकर एक प्रयोग करते—प्रेम से घृणा को जीतने का। अन्याय से न्याय का प्रतिकार करने का। ज्येष्ठ होने और राज्य के सूत्र-संचालन के अपने हाथों में होने से वे तो खड्ग-हस्त ही होते पर अपने इस अनुज के हाथों में वे माला अवश्य पकड़ा देते। लगा देते उसे गिरिधर गोपाल की सेवा में। कुछ-न-कुछ निकाल ही लेता वह इस लीलाधारी से। ले लेता वह प्रेम और भक्ति की दीक्षा उनसे जिससे वह अन्याय और घृणा-विद्वेष के स्थान पर न्याय तथा प्रेम और बन्धुत्व की भावनाओं का प्रसार कर इन नैतिक मूल्यों के ध्वज को उच्च कर पाता। जानते हैं राव दूदा और पूरी तरह जानते हैं कि कुरुक्षेत्र के महासमर का कारक और समर्थक यह गिरिधर गोपाल भी मूलतः युद्ध का पक्षधर कभी नहीं रहा। युद्धारम्भ के पूर्व यह स्वयं शान्ति-दूत बन कौरवों के समक्ष गया था और अपनी इस धृष्टता के फलस्वरूप उनके हाथों बन्दी होते-होते रह गया था। युद्ध का यह तथाकथित पक्षधर वस्तुतः करुणा और प्रेम का साक्षात् प्रतीक था। पांडवों और द्रोपदी के प्रेम और भक्ति ने इससे कौन-कौन से नाच नहीं नचाए ?

काश ! कोई उत्पन्न होता या होती ही, उनके वंश में जो घृणा का नहीं, विद्वेष का नहीं, प्रेम का, भक्ति का संदेश जन-जन तक पहुंचाता अथवा पहुंचाती !

चार

अप्रत्याशित था वह सब जो राव दूदा सुन रहे थे अपने अमात्य के मुख से। अप्रत्याशित और अकल्पित। पूर्णतया नृशंस और हृदयद्रावक। ऐसा कि पाषाणी अन्तर भी पानी बन जाय वह सब सुनकर। लज्जाजनक भी था यह सब—शर्मनाक और अपमान पूर्ण।

युद्ध ! युद्ध !! और युद्ध !!! इसके सिवा कोई चारा नहीं बचा था राव दूदा के समक्ष।

युद्ध नहीं चाहते थे राव दूदा।

कभी नहीं।

पर अब चारा भी क्या था ?

युद्ध का मैदान ललकार रहा था। इस ललकार की उपेक्षा किसी क्षत्रिय के लिए संभव थी क्या ?

करेंगे युद्ध राव दूदा ! परिणाम ज्ञात था। निश्चित विजय। शत्रुओं की अनिवार्य पराजय।

पर किस मूल्य पर ? रक्त के मूल्य पर। अमूल्य मानव-रक्त के मूल्य पर। वह रक्त चाहे अपने पक्ष का हो या शत्रु-पक्ष का। अथवा दोनों पक्षों का। पर वह

होगा मानव-रक्त ही। और रक्त के रंग में कभी अन्तर नहीं होता। चाहे वह मित्र का हो या शत्रु का।

युद्ध नहीं चाहते थे राव दूदा।

पर युद्ध अब अनिवार्य हो गया था।

महामात्य से जो कुछ सुना था वह शान्त से शान्त रक्त में भी ज्वार जगाने को पर्याप्त था। राव दूदा तो फिर भी चाहे-अनचाहे कई युद्धों के नायक बन चुके थे।

"मेड़ता-राज्य में ही एक ग्राम था कोसाना," महामात्य सैनिक से सुनी बातों को राव दूदा को सुना रहा था, "कोसाना ग्राम में एक मेला लगता था प्रतिवर्ष—गणगौर का मेला बोलते थे उसे। गौरी-गणपति के पूजन का विशेष आयोजन होता था वहां। इसीलिए इसे गणगौर का मेला कहते थे। अक्सर क्वारी-अनब्याही कन्याएं गौरी गणपति-पूजन हेतु एकत्रित होती थीं यहां—मनमाने वर (पति) की अभिलाषा लिए। आज भी मेले में असंख्य हिन्दू-कन्याएं उपस्थित थीं गौरी-गणपति के षोड्षोपचार पूजन के लिए। मेला भी भव्य रूप में सजा था। मुख्य मन्दिर के इर्द-गिर्द रंगीन वस्त्रों, चूड़ियों, आभूषणों और फूल-मालाओं से लेकर मिष्ठान्न, प्रसाद आदि की दूकानें सजी थीं। तमाशेबाज बहुत तरह के तमाशे दिखा लोगों का मन मोह रहे थे। आकर्षण के अनेक केन्द्र थे। कहीं बन्दर अपनी कलाबाजियां दिखला रहा था तो कहीं रीछ का नृत्य जारी था। वरांगनाओं के शिविर भी पृथक् लगे थे और वे भी अपने कला-प्रदर्शन द्वारा दर्शकों को मन्त्रमुग्ध कर रही थीं। सर्वत्र रास-रंग का साम्राज्य था। रंग-बिरंगे गुलाल की होली हो रही थी। सब मस्त थे, सभी प्रसन्न थे।

"तभी अघटित घटा। मल्लू खां के नेतृत्व में यवनों की एक अपार सेना मेले पर ठीक उसी तरह टूट पड़ी जैसे टिड्डी-दल हरित-क्षेत्रों पर हमला बोल देता है। मेले का केन्द्र-बिन्दु था गौरी-गणपति का मन्दिर जहां सुकुमारियों का एक वृहत् झुंड अर्चना-आराधना में रत था। यवनों के आक्रमण का लक्ष्य बना यही पूजन-केन्द्र। मार्ग के विघ्न-बाधाओं को पार करता हुआ, मार्ग में आये लोगों को गाजर-मूली की तरह काटता हुआ मल्लू खां जा पहुंचा कुमारिकाओं के झुंड के पास। वह और उसके सैनिक बलात् एक-एक कुमारी को अपने अश्व की पीठ पर बैठा ले भागे। मेला में नियोजित कुछेक राजपूत वीर, यवनों से कुमारियों की रक्षा के प्रयास में वीर-गति को प्राप्त हुए। शताधिक कन्याएं यवनों द्वारा बन्दी बनाकर अजमेर की ओर ले जाई जा रही हैं। क्षण भर का भी विलम्ब उनकी शील और मर्यादा के लिए घातक सिद्ध हो सकता था।"

युद्ध! युद्ध!! और युद्ध!!!

क्षणार्ध में ही राव दूदा ने निर्णय ले लिया था। डंके पर चोट देने का आदेश दिया गया। रणभेरियां बज उठीं। इस युद्ध का नेतृत्व राव दूदा स्वयं करेंगे। हिन्दुओं की मर्यादा को यवन-चरणों के नीचे इस तरह लुंठित होते देखना उन्हें गंवारा नहीं था।

देखते-देखते मेड़ता की सेना सज गई। सहस्रों घुड़सवार और पदाति। सभी ढाल-तलवार, खड्ग, परशु भाले-बर्छे और धनुष-वाण से युक्त।

शत्रु सेना की दिशा में वायु-वेग से दौड़ पड़ी यह वाहिनी। अब तक जोधपुर

के सिंहासन पर सातलदेव जी आसीन हो गए थे। बात वाडवाग्नि की तरह फैलते-फैलते वहां तक भी पहुंची। सातलदेव भी अपनी जोधपुरी वाहिनी के साथ राव दूदा की सेना से जा मिले—हिन्दुओं की मर्यादा का प्रश्न जो था। कोई डेढ़ सौ कुमारियों का शील जो भ्रष्ट होने-होने को था। सभी सैनिकों के रक्त में ज्वार जग आया था। एक-एक सैनिक मल्लू खां की गर्दन के लिए साक्षात् कृतान्त (यमराज) बन आया था।

मेड़ता और जोधपुर की सम्मिलित सेना भी मल्लू खां की विशाल वाहिनी के समक्ष कुछ नहीं थी पर राजपूतों के साहस, धैर्य और दीर्घ संकल्प के समक्ष यवन-सेना को कहीं नहीं टिकना था तो वह कहीं नहीं टिकी। घंटों के भीषण युद्ध में यवन सैनिकों में अधिकांश काल के विकराल गाल में प्रवेश कर गए। रण-क्षेत्र बना वह स्थान, यवन-सैनिकों के रूंड-मुंड से पट गया। यवनों के कटे रक्त-रंजित सिरों के सर्वत्र बिछ जाने से ऐसा लगता था कि ताम्र-वृक्षों से विशाल ताम्र-फल गिर कर धरती पर छा गए हों।

सारी रेतीली धरती रक्त-स्नात हो गई। संध्या होने को आई थी और पश्चिमी क्षितिज पर घिरती लालिमा और रेतीली जमीन की इस रक्तिम आभा के मध्य जैसे होड़ लग गई हो। कौन अधिक विस्तृत थी, कौन अधिक रक्तिम, कहना कठिन था। इतनी संख्या ही थी यवन सैनिकों की और इतना अपूर्व साहस ही था राजपूत सैनिकों का कि दूर-दूर तक की धरती लाल रंग से ही लिपी-पुती प्रतीत हो रही थी।

जब यवन-सैनिकों को प्राणों के ही लाले पड़े थे तो उन्हें अश्व-पीठों पर बैठाई कुमारिकाओं की कहां चिन्ता थी? सभी ने अपने अश्वों का बोझ, इन कन्याओं को नीचे फेंक हलका किया था और भीषण मार-काट में संलग्न हो गए थे। कुमारियां भी किनारे पंक्तिबद्ध खड़ीं इस अभूतपूर्व युद्ध को देखने में व्यस्त हो गई थीं। कुछ देर पूर्व का उनका भय उसी तरह तिरोहित हो गया था जैसे प्राची के क्षितिज पर सूरज के प्रकट होते-न-होते धरित्री से अन्धकार विनष्ट हो जाता है। राजपूती सैनिकों के उद्दाम साहस और असामान्य शौर्य ने उन्हें उनकी विजय की ओर से आश्वस्त कर दिया था। उन्हें प्रतीक्षा थी तो मात्र यवन-सैनिकों के पलायन की अथवा उनके द्वारा क्षमा-याचना की। वे सभी न तो सिर कटाने को प्रस्तुत होते न राजपूत-वीर ही पूरी रात उनका सिर काट-काट अपने खड्ग की धार को कुंठित करते।

अन्ततः हुआ वही। राव दूदा के नेतृत्व में राजपूत वाहिनी विजयी हुई। बचे हुए सैकड़ों यवन सैनिकों ने मुख में तृण दबाया और प्राणों की भिक्षा मांगी। क्षमा उन्हें मिल गई।

पर क्षमा-दान के समय भी एक बात राव दूदा को खटकी—हम राजपुत्र युद्ध में सन्नद्ध होने के लिए जितने आतुर होते हैं, पराजित शत्रुओं को क्षमा-दान करने को भी उतने ही व्याकुल। हम इसमें अपनी मर्यादा समझते हैं—वीरोचित गरिमा। कभी नहीं सोचा हमने कि हमारी यह क्षमाशीलता ही हमारे अधःपतन का कारण बनती जा रही है। एक-एक कर राजपूत राज्य, यवनों की भेंट चढ़ते जा रहे हैं और वह दिन दूर नहीं जब सम्पूर्ण राजपूताना ही यवनों के पैरों के नीचे आ जाय।

आपसी विद्वेष और ईर्ष्या की स्थिति यह कि विपत्ति की घड़ी में एक दूसरे की सहायता करने की बात तो पृथक्, एक राजपूत-राज्य के पतन पर जितना उल्लास शत्रु-पक्ष में नहीं देखा जाता उससे अधिक राजपूती महलों में दृष्टिगोचर होता। घी के दिए जलाए जाते हैं वहां। दीवाली मनती है।

जोधपुर के नरेश तो खैर अपने हैं, इनके अतिरिक्त, कौन राजपूत वीर आया संकट की इस घड़ी में उनकी सहायता को? क्या इन डेढ़-दो सौ कुमारिकाओं की लज्जा सम्पूर्ण राजपूत-जाति की लज्जा नहीं थी? क्या हो गया है इस जाति को? कैसे प्रसन्नता होती है अपनी ही मिट्टी को पलीद होते देखकर?

खैर, अब सोचने का समय नहीं था। क्षमा-दान तो दिया ही जा चुका था। यवन-सेना सिर लटकाये और मुंह में तृण दबाए वापस हो गई थी। राजपूत-वीरों ने बहन-बेटियों की तरह कुमारिकाओं को अपने अश्वों की पीठों पर आरूढ़ किया और उस दिन उन्हें महल के ही संरक्षण में रख, दूसरे प्रातः सभी को अपने-अपने घर सुरक्षित विदा कर दिया।

पांच

"पानी केरा बुदबुदा अस मानुस की जात।
देखत ही छिप जायगा ज्यों तारा परभात॥"

किसने गाया था इस अटल सत्य को? निर्गुण संत कबीर ने? नहीं? क्या सम्पूर्ण सत्य उतर आया इन पंक्तियों में? सम्भव भी कहां है? निर्गुण हो या सगुण किसी के उपासक के चरम सत्य को सही-सही अभिव्यक्ति प्रदान कर देना इतना सरल है क्या?

मानव-जीवन पानी के बुलबुले के सदृश भी स्थायी है क्या या प्रभात के तारे के सदृश ही? इनसे भी क्षणभंगुर नहीं है क्या वह? अकाल काल-कवलित होते सद्यः-जात शिशुओं की बात छोड़ भी दें तो शत वर्ष का जीवन भोगने के अधिकारी मनुष्य के जीवन की क्षणभंगुरता ऊपर वर्णित क्षणभंगुरताओं से अधिक शोचनीय है। किशोरावस्था, यौवनावस्था में मनुष्य सुनता है, पढ़ता है—जीवन की क्षण-भंगुरता और उसकी नश्वरता के सम्बन्ध में, पर वह इन उक्तियों की हंसी उड़ाता है; ठीक उसी तरह जैसे पावस में जीवन-दान पाने वाला जल-प्रपात अपनी मौज में इठलाता, गिरता, मचलता अपने को अजस्र ही समझ बैठता है और भूल जाता है कि वर्षा-ऋतु के अवसान होते-न-होते वह बूंद-बूंद से रहित-रिक्त हो जायगा।

किशोर और युवा मन जीवन विस्तार को, अनन्त और अछोर मान बैठता है। मृत्यु किसी दूर-दराज के दुःस्वप्न-सी प्रतीत होती है जिसकी हंसी उड़ाने में उसे किसी संकोच का बोध नहीं होता।

पर वही व्यक्ति जब इन दोनों अवस्थाओं की दहलीज पार कर लेता है तो उससे पूछिए जीवन के प्रति उसके दृष्टिकोण को। कल तक अपने को प्रायः अजर-अमर समझने वाला मानव अपने को मृत्यु-गह्वर के मुख-द्वार पर ही खड़ा अनुभव

करता है। सोचता है, अभी कल ही तो होश संभाले थे, पढ़ाई-लिखाई की थी शादी-ब्याह रचाए थे और आज ही जाने की बेला आ गई? कल तक जो सुनता-पढ़ता आया था कि जीवन नश्वर और क्षणस्थायी है आज वही सत्य प्रतीत होने लगता है। यही जीवन है, यदि जीवन की क्षणभंगुरता के कटु सत्य की प्रतीति आरम्भ में ही हो जाय तो बहुत सारे जीवन, मरुभूमि के सरित-प्रवाह की तरह व्यर्थ और निरुद्देश्य ही क्यों समाप्त हो जाएं?

राव दूदा ने भी वही अनुभव किया जो सामान्य मनुष्य जीवन के अन्तिम क्षणों में अनुभव करता है। यों कहने को मेड़ता का एक छोटा-मोटा राज्य स्थापित कर लिया था, कुछेक लड़ाइयां मन-बे-मन से जीत-हार ली थीं। पर इनके सिवा क्या पाया उन्होंने जीवन में?

जीवन-रहस्य तो अब समझ में आ रहा था। महल के पार्श्व में स्थित चतुर्भुज भगवान के मन्दिर की मूर्ति का सही रहस्य अब खुल रहा था जब रोग-शय्या पर पड़े राव दूदा के समक्ष सर्वभक्षी-सर्वग्राही काल जैसे अपने विकराल जबड़ों के अंदर उन्हें निगलने को उद्यत था। यों भक्ति-भावना और स्नेह-साधना की बातें पहले भी मन में यदा-कदा आया करती थीं पर वे सदा दोपहर की तरु-छाया के सदृश ही अल्पजीवी होती थीं। संघर्ष-संकुल जीवन में इतना समय ही नहीं मिला कि जीवन-मृत्यु के रहस्यों पर से पर्दा उठाने का भी प्रयास किया जाय। एक अभिलाषा अवश्य अन्तर में उठती रही कि अपने कुल-वंश में कोई ऐसा उत्पन्न होता जो युद्धोन्माद-ग्रस्त मानवता की चिन्तनधारा को भक्ति और भगवत्प्रेम के शाश्वत प्रवाह में परिणत कर देता। उस आकांक्षा की पूर्ति अगर जीवन के इस अन्तिम क्षण में भी नहीं हो सकी तो उनकी आत्मा सारी भौतिक उपलब्धियों के पश्चात् भी अशान्त ही भटकेगी।

कुछ आशा थी दूदा को तो अपने चतुर्थ पुत्र रतन सिंह से। हां, देने को चार पुत्र-रत्न प्रदान किए थे विधाता ने उन्हें पर जीवन की इस संध्या-बेला में ले-देकर दो ही पुत्र शेष रह गए थे, बीरमसिंह और रतन सिंह। बीरम सिंह अपने नाम के अनुकूल ही वीरता और शौर्य-प्रदर्शन में ही अपनी सार्थकता समझते थे। उन पर अन्तर्मन की इन निगूढ़ बातों को प्रकट करने का कोई अर्थ नहीं था।

परन्तु इसके पूर्व भी एक दायित्व था जिसका निर्वहन सर्वप्रथम आवश्यक था। बीरमसिंह यद्यपि बड़े भाई होने के नाते मेड़ता के उत्तराधिकारी थे पर छोटे पुत्र को यों निराश्रय और निरीह नहीं छोड़ा जा सकता था विशेषकर तब जब उसमें प्रतिभा और मेधा का अनुपात बड़े से कुछ अधिक ही था।

राव दूदा ने दोनों भाइयों को अपनी शय्या के पास बुलाया और दोनों की उपस्थिति में ही छोटे पुत्र के भरण-पोषण के लिए कुड़की, बाजोली आदि बारह ग्राम दे दिए।

दोनों भाई आश्वस्त होकर चले गए तो एकान्त में रतन सिंह को राव दूदा ने अपनी शय्या के पास बुलाया।

"रतन!"

"दादू!" रतन सिंह प्यार से पिता को दादू कहकर ही पुकारते थे।

"तुम जानते हो इस संसार में अब मेरे दिन गिने-चुने ही रह गए हैं।"

"ऐसा नहीं कहते दादू !" रतन सिंह भारी स्वर में बोले।

"पगले ! हमारे कहने और नहीं कहने से क्या होता है ? इस मिट्टी की काया को तो एक दिन मिट्टी में मिलना ही है। सार्थकता इसी में है कि हम इसकी नश्वरता को समय रहते ही समझ लें और कुछ ऐसा कर गुजरें कि आनेवाली पीढ़ियां हमें याद रखें।" राव दूदा ने धीरे-धीरे कहा।

"मैंने कुछ समझा नहीं दादू !" रतनसिंह ने सचमुच कुछ नहीं समझ कर कहा।

"मैं समझाता हूं रतन ! तुम तो चतुर्भुज भगवान के मन्दिर में अक्सर जाते हो। कुछ देर वहां बैठकर कुछ ध्यान-पूजा करते भी मैंने तुम्हें देखा है।"

रतन सिंह चुप ही रहे। उन्हें लगा वे शायद कोई अपराध करते रहे हैं ऐसा करके। वीरोचित कार्य नहीं है पूजा-अर्चना। क्षत्रियों की एकमात्र उपासना-आराधना तो रण-भूमि का पराक्रम-प्रदर्शन ही है। भक्ति-भाव महल की महिलाओं तक ही सीमित रहे तो अच्छा।

"तुम कुछ बोले नहीं रतन !" राव दूदा ने टोका।

"आप ठीक कह रहे हैं दादू ! अब तक मैं ऐसा करता अवश्य रहा हूं। पता नहीं श्रीकृष्ण की मूर्ति क्यों मुझे अधिक ही खींचती है अपनी तरफ। प्रातः-संध्या के वन्दन-पूजन के समय मैं वहां नियमित रूप से उपस्थित हो जाता हूं। मुझे क्षमा करें। यह भूल अब नहीं होगी।" रतन सिंह नत-मस्तक बोले।

"भूल ? यह तुम क्या कह रहे हो रतन ? यही तो जीवन का सार है। इसे तुम भूल कहकर मेरी आशा के एकमात्र आधार को भी समाप्त नहीं करो।" रुग्ण दूदा भर्राए कंठ से बोले।

"दादू !" रतन सिंह के मुंह से इतना ही निकला।

"हां रतन, यह शरीर नश्वर है। भोग-विलास के ये साधन व्यर्थ और विनाशकारी। श्वान जैसे अपने ही रक्त को पी-पीकर सूखी हड्डी चबाने का आनन्द लेता है उसी तरह हम भी इन्द्रियों के वशीभूत हो उनके भोगों की पूर्ति करते-करते स्वयं को जर्जर करते हैं। अन्ततः ये विशाल महल, ये उपकृत पुरजन-परिजन, मित्र-बन्धु कोई साथ नहीं देता और हम हाथ मलते, रोते-बिलखते, इस जग से विदा हो जाते हैं। फिर हमारा कोई नाम लेवा भी नहीं रहता। इतिहास के पृष्ठ कुछेक वर्षों तक हमारी तुच्छ उपलब्धियों के गुण गाते हैं फिर वे पृष्ठ भी फूलों की सूखी पंखुड़ियों की तरह ही अनुपयोगी करार कर दिए जाते हैं। हमारी हार-जीत, हमारी असंख्य छोटी-बड़ी लड़ाइयां हमें स्वल्प सुख दे जाती हैं, हम इन पर दो-चार-दस दिन आनन्द मना लेते हैं पर अन्ततः वे हमें नृशंस, अत्याचारी, आक्रामक और विस्तारवादी आदि जाने किन-किन विशेषणों से विभूषित करती हैं। इतिहास अधिकांश स्थितियों में हमें मानवता के बर्बर शत्रुओं से कुछ अधिक नहीं सिद्ध करता।"

"यह आप कह रहे हैं दादू ! आप जिन्होंने स्वयं कई लड़ाइयां लड़ीं, मेड़ता राज्य की स्थापना की, अनेक अवसरों पर यवनों को आमने-सामने के युद्ध में परास्त कर अपने और अपने पूर्वजों के कीर्ति-ध्वज को आकाश की ऊंचाइयों में फहराया ? आप जिसने अश्व की पीठ के सिवा अपने लिए कभी कोई आसन नहीं

डूढ़ा, आप जिसकी तलवार सदा म्यान से बाहर ही रही ? आप इस पराक्रम को, इस यश-कीर्ति को, मिथ्या और निरर्थक सिद्ध कर रहे हैं ? आप इन क्षत्रियोचित कर्मों को निन्द्य और घृणित सिद्ध कर रहे हैं ?" रतन सिंह आश्चर्य-चकित होकर बोल रहे थे।

"हां, यह मैं ही कह रहा हूं रतन ! मैं राव दूदा अपने पूरे होश-हवास में मृत्यु के द्वार से तुम्हें पुकार कर जीवन का सत्य समझाने का प्रयास कर रहा हूं। मैंने तुम्हारे अन्दर सम्भावनाओं के स्फुलिंग देखे हैं, अतः जाते-जाते जीवन-मरण का उद्देश्य तुम्हीं पर खोलना चाहता हूं। तुम चाहो तो इन्हें जगमगाते हीरे समझ अपनी झोली में भर लो, चाहो तो इन्हें कांच के टुकड़े मान किनारे फेंक दो। पर मैं जो कुछ कह रहा हूं वे जीवन की प्रयोगशाला में जांची-परखी बातें हैं। इनकी उपेक्षा कर तुम बुद्धिमानी नहीं करोगे," दूदा कुछ रुककर और थकी सांसों को नियन्त्रित कर बोले, "मैंने कहा न यह सब व्यर्थ है—यह वैभव, यह क्षणस्थायी कीर्ति, यह जय-पराजय का मिथ्या खेल और सबसे ऊपर मानव के हाथों ही मानव का यह संहार। यह अनावश्यक नरमेध, यह कुटिल नृशंसता, यह घोर अमानवीयता, यह संकीर्ण स्वार्थों का अनावश्यक टकराव। सचमुच बेमानी और व्यर्थ हैं ये।" राव दूदा किसी प्रसिद्ध विजेता अथवा वीर क्षत्रिय की तरह नहीं, जीवन के सार-तत्त्व से अभिज्ञ एक अनुभवी दार्शनिक की मुद्रा में ही बोल गए।

"तो सार क्या है दादू, अगर यह सब निस्सार है तो ?"

"हां, अब तुमने ठीक और क्षत्रियमर्यादोचित प्रश्न किया। सार है मानव का मानव से प्रेम। सार है विश्व बन्धुत्व की भावना, मानव-मानव को समान समझने की हमारी जाग्रत चेतना। सार है इन गुणों, इन विशेषताओं को प्राप्त करने के लिए अन्तःकरण का पूर्ण शुद्धिकरण; मन के मानसरोवर को ईर्ष्या, विद्वेष, छल, छद्म, स्वार्थ और कालुष्य के कीचड़ और शैवाल से मुक्त कर उसे प्रेम, श्रद्धा, दया, भक्ति और त्याग के मोतियों से भरना। सार यही है रतन, शेष सब निस्सार है। यह तुम्हारा पिता नहीं बोल रहा, उसके जीवन के अनगिनत वर्षों के अनगिनत अनुभव बोल रहे हैं। जब तक मानव के प्रति मानव के मन में ईर्ष्या, द्वेष और घृणा की भावनाएं पलती रहेंगी तब तक ये युद्ध होते रहेंगे, तब तक यह नरसंहार जारी रहेगा, तब तक मनुष्य के रक्त से मनुष्य के ही द्वारा यह मेदिनी सिंचती जाती रहेगी। यही होता रहा है अनादि काल से—आदिम काल से। अगर इसे नहीं रोका गया तो यही चलता रहेगा अनन्त काल तक। मनुष्य के भीतर बैठा उसका आखेटक पूर्वज आज भी आखेट में ही लगा है, आगे भी लगा रहेगा। अन्तर इतना ही कि पहले वह पशुओं का आखेट करता था अब उसकी प्रकृति इतनी प्रदूषित और संकुचित हो गई है कि वह नरता में भी पशुता के ही दर्शन को बाध्य है और अब उसका शिकार पशु नहीं मनुष्य है। इसे समाप्त होना है रतन ! इस पशुता को, स्वार्थ की इस अन्धी दौड़ को, संकीर्णताओं की इस भ्रामक होड़ को, नृशंसता के इस नग्न नर्तन को, मिथ्या प्रशंसा और यश-अर्जन के इस पागलपन को।"

"यह कैसे होगा दादू ?" रतन सिंह ने आश्चर्य से आंखें और मुंह दोनों फाड़कर कहा। उन्हें लगता ही नहीं था कि वे अपने उसी पिता के मुख से ये सब बातें

सुनते जा रहे हैं जिन्होंने अपने बल-पराक्रम और बाहु-बल से ही अमित प्रसिद्धि अर्जित की है।

"यह होगा रतन !" दूदा ने कुछ आश्वस्त होकर कहा, "तुम नहीं समझना कि मैंने अपने भुजबल और तथाकथित पराक्रम के माध्यम से कभी कोई प्रसन्नता प्राप्त की है। हर नरसंहार पर, हर नरमेध पर केवल शत्रु-सेनाओं के अधिपति ही नहीं बिलखे हैं, उनकी विधवाएं ही नहीं आठ-आठ आंसू रोई हैं; एकाकी कक्षों में रतन, मैंने भी इन सभी क्षणों में उतने ही दुःख भोगे हैं, मेरी आंखों से भी अनवरत जलधारा बरसी है। पर मैं क्या करता, विवश था, खड्ग-हस्त था मैं। क्षत्रिय कुलोद्भव मुझ निरीह के समक्ष शत्रुओं के धड़ों से उनकी गर्दनों के उतारने के सिवा कोई अधिक श्लाघ्य, कोई अधिक प्रशंसनीय कार्य ही नहीं रहा। अमरबेल की तरह मैं दूसरों की दृष्टि में जितना ही ऊंचा चढ़ता गया किसी सूखी-पत्र-पुष्प विहीन लता की तरह वैसे ही मैं अन्दर-अन्दर सूखता गया, झड़ता गया; ऊंचे प्रपात से गिर रहे जलधारा की तरह अपनी दृष्टि में स्वयं ही निरंतर गिरता गया और नीचे के अबूझ और अर्थहीन शिला-खण्डों पर अपना सिर पीटता रहा। अब जाकर ये गुत्थियां सुलझी हैं, अब कुछ अबूझ नहीं रहा—अनजाना। आसन्न मृत्यु ने जैसे दिव्य दृष्टि प्रदान कर दी है और अब सबकुछ स्पष्ट दिखाई पड़ रहा है जैसे सूर्य के प्रकाश में सूर्य-मणि अपनी अनन्त किरणों से जगमग हो आई है।" प्रायः दम तोड़ते दूदा के मन-प्राणों में न जाने कहां की शक्ति सिमट आई थी। दीपक की लौ बुझने के पूर्व सचमुच प्रखरतम हो आती है न ?

"पर मेरा प्रश्न अभी अनुत्तरित ही रहा।" रतन सिंह ने अब अपने पिता की आंखों में सीधे देखते हुए कहा।

"उत्तर तुम्हारे पास है रतन ! इसीलिए मैंने उस पर विशेष ध्यान नहीं देकर इन सारी अविनाशी-सी प्रतीत होती वस्तुओं और प्रवृत्तियों पर अपना ध्यान केन्द्रित किया। जब इनकी निरर्थकता का बोध तुम्हें हो जाएगा तो उत्तर तो तुम्हारे समक्ष रखा रखाया है।" दूदा की अब रतन की ओर सीधे देखने की बारी थी। उनकी बूढ़ी और ज्योति-विहीन होती जाती आंखें उनके अन्दर तक जैसे धंसती ही चली गईं। राव दूदा आश्वस्त हुए, उनका यह दीर्घ व्याख्यान किसी पागल का प्रलाप नहीं सिद्ध हुआ था। बहुत कुछ उतर चुका था रतन सिंह के अन्दर।

"रतन !" दूदा ने प्रेम से पुकारा।

"हां दादू !"

"तुम्हारा उत्तर तुम्हारे मुरलीमनोहर के ही पास है।"

"दादू !" रतन सिंह प्रसन्नता में भरकर बोले। उन्हें लगा उनका अब तक का व्यवहार—चतुर्भुज कृष्ण-विग्रह के सान्निध्य में व्यतीत किए कुछ क्षण उन्हें क्षत्रियोचित मर्यादा से रहित नहीं कर रहे थे जैसी की उनको आशंका थी।

"मुरलीमनोहर के पास ?" रतन सिंह ने ही फिर दुहराया।

"हां मुरली मनोहर के पास ही। यह मुरलीमनोहर ही, मैं जिस प्रेम, स्नेह, श्रद्धा और बन्धुत्व की बात कर रहा था, उसका प्रतीक है। इसने प्रेम को दोनों हाथों से यमुना जल की तरह ही उलीच कर लोगों में बांटा। उसने इस प्रेमदान,

इस स्नेह-यज्ञ में किसी को बड़ा और किसी को छोटा नहीं समझा। प्रेम-रससिक्त इसकी मुरली सबके लिए निनादित हुई। ब्रज के गोप-गोपांगनाओं के लिए, वहां के धेनुओं और मृगों, मृग-शावकों और लता-विटपों तक के लिए सहज समान रूप से फैली इसकी मुरली की प्रेम-लहरी। कोई वंचित नहीं रहा इससे। छोटे-बड़े का ध्यान इसे आया कब? इसके लिए जैसे विप्र-सुत सखा सुदामा, वैसे अष्टावक्र विकलांग श्रीदामा। इसके लिए जैसी राधा, वैसी कुब्जा। हां, प्रेम का परिवर्तित रूप है भक्ति। एक ही ऊर्जा हैं दोनों। दोनों का स्रोत भी एक ही है, मानव-हृदय। तुम मुरलीमनोहर की भक्ति हो। वह तुम्हें प्रेम देगा। विश्वबन्धुत्व की भावना से ओत-प्रोत कर देगा वह तुम्हें। उसी ने आगे चलकर गीता में गाया था—समत्वं योग उच्येत—समभावना ही असल योग और साधना है। पर भूल जाओ अभी उसके चक्रपाणिस्वरूप को। वह उसकी विवशता थी। उस काल की आकुल पुकार। पापाच्छन्न धरती को पापाचारियों से मुक्त करना ही था, जब उसके सारे प्रयास विफल हो गए थे। याद रखो उसके मुरलीधर स्वरूप को ही। उसके व्रज-जीवन को ही। वही तुम्हें बल देगा। तुम्हें सच्ची कीर्ति और प्रसिद्धि प्रदान करेगा। तुम्हें अमर बना देगा क्योंकि वह स्वयं शाश्वत और चिरंतन है। अपने पास आने वाले को वह अपनी तरह ही बना छोड़ता है। सागर में प्रवेश कर जानेवाली एक क्षुद्र नदी भी क्षुद्र कहां रह पाती है? वह भी सागर बन आती है कि नहीं? वह जो प्रसिद्धि देगा, जो कीर्ति प्रदान करेगा उसके समक्ष संग्राम-जनित रक्त-रंजित कीर्तियां कहीं न ठहरेंगी। मैं लाख चाह कर भी उसका नहीं बन सका। मेरे हाथों और पैरों में हथकड़ियां और बेड़ियां थीं। मेरे ऊपर राज्य-संचालन का भार था। तुम्हें तो उससे भी मुक्ति मिल गई। आह, कितना चाहा मैंने अपने जीवन-काल में कि कोई तो निकले मेरे वंश में जीवन-जगत का सही अर्थ समझने वाला। इस स्वार्थपरता, मार-काट और निरर्थक दौड़ के जीवन में कोई तो पकड़ ले जीवन के सही सूत्र को। कोई तो राजनीति और रणनीति के इस कर्दम में कमल-पुष्प बन कर खिल उठे जिसकी सुरभि से दिशाएं सुगंधित हो उठें जो आज और आनेवाले कल के लिए प्रेम की ऐसी स्रोतस्विनी बहा जाय जिसके किनारे बैठ युद्ध और स्वार्थ की मारी मानवता थोड़ी देर विश्राम कर उसके अमृतोपम जल से प्रेम और स्नेह की, भक्ति और भाव की अपनी अतृप्त पिपासा बुझा सके!

"पर कहां हुआ मेरा सोचा हुआ कुछ भी? तुमको निरन्तर अपने दृष्टि-पथ में रखे रहा। एकमात्र तुम पर ही मेरी आशा केन्द्रित रही। भक्ति-भावना की लहरें तुम्हारे अन्दर विद्यमान हैं रतन। तुम इन भावनाओं में ज्वार लाओ तो कुछ बात बने।" कहकर राव दूदा चुप हो गए। उन्हें जो कुछ कहना था कह दिया था। उनका अन्तर रिक्त और मन हल्का हो गया था। अब वे शान्ति से प्रस्थान करेंगे इस जगत् से। अब नहीं भटकेगी उनकी आत्मा, उनके मरणोपरान्त किसी अभिशप्त प्रेत की तरह। अब यह रतन सिंह के ऊपर है कि वह उनकी सीख को कहां तक संजोकर रख पाता है। उन्होंने तो अपना काम कर दिया। बीज-वपन हो गया। अब उसे अंकुरित, पुष्पित और पल्लवित करने का कार्य उसी का है जिसे उसे सौंपा गया है।

"आपने मुझ पर बड़ा दायित्व डाल दिया दादू।" रतन सिंह ने बड़ी देर की

चुप्पी के पश्चात मुंह खोला।

"क्यों ?" राव दूदा आश्चर्यचकित होकर बोले, "अपने जानते मैंने सुपात्र का ही वरण किया है।"

"सुपात्र का वरण आपने जो किया हो दादू, पर अपने पात्र के आकार पर ध्यान नहीं दिया। जितना कुछ आपने मुझे दिया है वह मेरे अन्दर अंट नहीं सकता। मुझे क्षमा करें दादू, मैं वैसा सुपात्र नहीं हूं जैसा आपने मुझे समझा।"

"तो क्या तुम मुरलीमनोहर से प्रेम नहीं करते ? क्या मैंने जो कुछ देखा है वह सब मिथ्या है ?" रुग्ण दूदा कुछ उत्तेजित होकर ही बोले।

"नहीं, आपने जो कुछ देखा है वह मिथ्या नहीं सत्य है, दादू ! यह सर्वथा सत्य है कि यहां के चतुर्भुज और कुड़की के मुरलीमनोहर की मूर्ति ने बांधा है मुझे। मैं उनके चरणों में बैठा हूं। बैठता हूं। उनका ध्यान भी करता हूं। पर यह पर्याप्त नहीं है दादू उस सबके लिए जिसकी आप अपेक्षा करते हैं। जिस भक्ति और प्रेम की स्रोतस्विनी प्रवाहित करने की आप बात करते हैं वह मेरे बूते की बात नहीं दादू ! मानव-हृदय के पाषाण को काट कर प्रेम के इस निर्झर को प्रवाहित करना मेरे अधिकार के बाहर की बात है। यह सब कुछ बाह्य है, मेरी अर्चना, उपासना और मेरा ध्यान। मुरलीमनोहर मेरे अन्दर उतरते-उतरते भी नहीं उतर पाते। सुना है बड़े छलिया हैं वे। मुझसे भी छल किए जा रहे हैं। बाहर-बाहर की झांकी दे जाते हैं, अन्दर उतरना उन्हें गंवारा नहीं। मेरा अन्तर ही शायद उतना स्वच्छ नहीं।"

"हूं !" दूदा ने एक निराशा-भरी हुंकार भरी।

"एक बात बोलूं दादू !" रतन सिंह ने हिम्मत की।

"बोलो।" दूदा के स्वर में अब भी निराशा थी।

"सच पूछो तो इसके लिए बाल्यपन से ही तैयारी की आवश्यकता है। कम-से-कम किशोरावस्था से ही। किशोर मन के कच्चे घड़े पर कोई भी चिह्न कर दो वह अमिट हो जाता है। बूढ़ा सुग्गा पोस नहीं मानता। अब इस उम्र में भक्ति-भाव की लहर जगाने की अपेक्षा तो तुम मुझसे नहीं ही करो तो अच्छा। मुझे तो मुरली मनोहर की झांकी के दर्शन से जो तृप्ति मिल जाती है, वही पर्याप्त है मेरे लिए।"

"हां, गलती मुझसे ही हुई।" राव दूदा ने एक अनियंत्रित हुंकार छोड़ा—"मुझे आरम्भ से ही इस बिरवा को सींचना था। तुममें भक्ति-भाव के लक्षण तो मुझे पहले ही दृष्टिगोचर हो गए थे। भूल मेरी ही है कि मैंने उधर बहुत ध्यान नहीं दिया। तुम्हें प्रोत्साहित नहीं किया। पर अब पछताने से क्या जब चिड़ियां खेत चुग गईं। जब मेरे मन का पक्षी भी तन के पिंजड़े को छोड़कर बाहर जाने को प्रस्तुत है। पर अब भी तुम्हीं कुछ कर सकते हो।" राव दूदा ने कुछ सोचकर कहा।

"पुनः मैं ?" रतन सिंह ने आश्चर्य से कहा।

"हां रतन, यह सम्भव है। जो कुछ मैंने सोचा है वह सब कुछ सम्भव है। मेरे पापों का प्रायश्चित अब भी सम्भव है। द्वेष, घृणा और ईर्ष्या-कलह की धाराएं जो मैंने जाने-अनजाने बहाई हैं उन्हें अब भी मोड़ा जा सकता है। मानवीय प्रेम और भक्ति-भाव की विशाल धारा इन सब क्षुद्र धाराओं को सहज ही अपने अन्दर

आत्मसात कर सकती हैं। पर इसके लिए तुमको एक बड़ा बलिदान करना होगा।" राव दूदा के स्वर पर विश्वास एक बार पुनः चढ़ा।

"मुझे दादू?"

"हां, तुम्हें रतन!"

"आप मुझे जो आज्ञा करें मुझे सहर्ष स्वीकार है पर मैंने अपनी सीमाएं आप पर स्पष्ट कर दीं।"

"मैं समझ गया, यह अब तुम्हारे वश की बात नहीं। पर तुम भूल गए मैंने कहा, तुम्हें इसके लिए एक बड़ा बलिदान करना होगा। वचन दो कि वह बलिदान तुम करोगे।"

"वचन दिया दादू! बोलो, क्या करना होगा? तुम्हारी इस अन्तिम इच्छा की पूर्ति के लिए मैं कुछ भी कर सकता हूं।"

"तो वचन देते हो?" मरणासन्न दूदा पूर्णतया निश्चिन्त हो जाना चाहते थे।

"कह तो दिया दादू, वचन दिया तुम्हें। अपने मुरलीमनोहर की सौगन्ध लेकर वचन दिया।"

"नहीं, नहीं, इसकी आवश्यकता नहीं। मुरलीमनोहर की सौगन्ध नहीं खाते। अगर मुझे तुम पर विश्वास नहीं होता तो तुम्हारे ऊपर ही यह भार क्यों डालता?"

"तो बात बोलो दादू! अब देर किस बात की?" रतन सिंह के मुंह से सहसा निकला।

"बात यही है जो तुमने स्वयं कही है।"

"अर्थात्?" रतन सिंह कुछ नहीं समझ कर बोले।

"कि बाल्यकाल में ही इस बीज का वपन किया जाता है, कम-से-कम किशोरावस्था में ही।"

"बात तो ठीक है पर अभी तक यह मेरी समझ में नहीं आई।" रतन सिंह अब भी निरीह-से बोले।

"तुमने वचन दिया है न?"

"हां।"

"तो वचन दो कि तुम्हारी जो भी पहली सन्तान होगी उसके अन्दर तुम इस बीज का वपन उसके बाल्यकाल में ही कर दोगे। उसके होश सम्हालते न सम्हालते ही। यही, प्रेम और भक्ति-भाव के बीज का वपन।"

रतन सिंह थोड़ी देर चुप रहे।

"क्यों, वचन भारी पड़ रहा है?" दूदा ने उस अवस्था में भी मुसकराने का प्रयास करते हुए कहा।

"नहीं।" रतन सिंह जोर देकर बोले, "राजपुत्र अपने दिए वचन को वापस नहीं लेता। वह भी पिता को दिए वचन को। पर आपके मन में यह बात आई कैसे दादू? मैं तो केवल यह सोच रहा था कि अगर ले-देकर मेरी एक ही सन्तान हुई तब?"

"तब भी यह वचन कायम रहेगा।" राव दूदा ने स्पष्ट किया।

"कायम रहेगा।" रतन सिंह ने दुहराया। "एक बात और?" रतन सिंह ने स्पष्ट करा लेना ही उचित समझा।

"बोलो।"

"अगर वह प्रथम और एकमात्र सन्तान पुत्र नहीं पुत्री हुई तो?"

राव दूदा थोड़ी देर के लिए झिझके। इस स्थिति पर तो उन्होंने ध्यान ही नहीं दिया था। पर थोड़ी ही देर बाद सम्हल कर बोले—"तब भी यह वचन कायम रहेगा।"

"कायम रहेगा।" रतन सिंह ने दुहराया और बात यहीं समाप्त हो गई।

"जाओ अपने बड़े भाई को बुलाओ। परिवार के सभी सदस्यों को पुकारो। मेरे दिन अब पूरे हो गए। तुम्हारा दिया वचन ही आगे आनेवाले मेरे अनन्त और अनिश्चित पथ का पाथेय बनेगा। जाओ, शीघ्रता करो। वीरों की आंखों में अश्रु शोभा नहीं देते।" राव दूदा ने रतन सिंह की आंखों की ओर देखते हुए कहा। वे छलछला आई थीं।

"जैसी आपकी इच्छा।" और रतन सिंह आंखों के कोरों को पोंछते हुए खड़े हो गये।

छः

इस विश्व में कुछ भी विस्मयकारी नहीं है। सम्पत्तिशाली को निर्धन होने और निर्धन को नराधिपति होने में यहां क्षण भी नहीं लगता। इसी प्रकार स्वस्थ को काल-कवलित होने और प्रायः काल के गाल-गुहा में प्रवेश कर चुके को स्वस्थ और सुरक्षित लौट आने में भी समय नहीं लगता। देखते-देखते भीषण सामुद्रिक झंझा-वातों में गांव के गांव और नगर के नगर का विलीन हो जाना और आग उगलते ज्वालामुखियों के लावा में शत-सहस्र लोगों का जल मरना जहां आकस्मिक नहीं है वहीं समुद्र के गर्भ से नए-नए भू-भागों—टापुओं—का उभर आना और भू-स्खलन के कारण कई-कई ग्रामों-नगरों का उजड़ जाना और नए नगर-ग्रामों के बसने भर गिरि-शिखरों पर स्थान निकल आना भी कोई आश्चर्य-पूर्ण घटना नहीं। आज भी विश्व-जनसंख्या का एक बड़ा अंश पर्वतों पर ही बसा है।

मेड़ता में भी कुछ ऐसी ही विस्मयकारी घटना घटी। प्रकृति का विधान विस्मयकारी और गोपन ही नहीं कभी-कभी अपनी अनुकूल स्थितियों को पूर्णता प्रदान करने के लिए स्वार्थी भी होता है। प्रकृति ने शायद जब यह देखा कि राव दूदा अपने किसी वंशज अथवा वंशजा को प्रेम, धर्म और अध्यात्म को ही अर्पित करना चाहते हैं तो उसने भी अपनी योजना को नाटकीय रूप में परिवर्तित कर दिया और राव दूदा जो प्रायः काल के जबड़ों में प्रवेश कर गए थे, देखते-देखते उससे बाहर आ गए—प्रायः पहले से भी स्वस्थ, प्रसन्न।

राव दूदा की प्रसन्नता अब वृद्धिशील हो आई थी। राज्य का विभाजन तो उन्होंने अपनी आसन्न मृत्यु का अनुभव कर दोनों पुत्रों में कर ही दिया था, अतः अब उनके पास मनमाना उपयोग के लिए समय ही समय था। चतुर्भुज श्रीकृष्ण की सेवा का भार उन्होंने अब अपने ही हाथों में ले लिया था। निरन्तर भगवद्

भक्ति के लिए लालायित मन अब राजकाज के झंझटों से मुक्त हो पूर्णतया अर्चना-आराधना को समर्पित तो था ही, पुत्र रतन सिंह के कुड़की जा बसने से भी उनको यह सौभाग्य अयाचित वरदान की तरह मिल गया। अब मन्दिर के पुजारी को छुट्टी दे उन्होंने चतुर्भुज-विग्रह की सेवा-अर्चना और राग-भोग का सारा भार अपने ही ऊपर ले लिया।

जीवन और नियति से प्राय: सारी शिकायत अब समाप्त हो गई थी। पुत्र रतन से अधिक ही अब उनके अन्तर में भक्ति का प्रवाह उमड़ा था जैसे मरुभूमि की रेतीली धरती को चीरकर सहसा कहीं कोई सलिल-स्रोत ही फूट आया हो। पूरी तरह कृष्ण-प्रेम में पग आए थे राव दूदा, अपने जीवन के इन अन्तिम वर्षों में।

पर प्रसन्नता का चरमशिखर तो उनके जीवन में तब आया जब कुड़की से यह संवाद आया कि रतन सिंह की पत्नी कुंअरिबाई अर्थात् उनकी पुत्र-वधू ने गर्भ धारण किया है।

मुरलीधर से अब वह नित्य एक ही प्रार्थना करते यद्यपि अत्यन्त स्वार्थ-प्ररित थी यह प्रार्थना। वे अपने लिए आयु के कुछ और वर्ष मांग रहे थे। रतन सिंह की उस दिन की उसकी यह स्वीकारोक्ति कि सतही है उसका श्रीकृष्ण-प्रेम उन्हें लगातार सालती रही थी और वे चाहने लगे कि अपने भावी पौत्र अथवा पौत्री को भगवद्-भक्ति और मानवीय प्रेम में पूर्णतया दीक्षित कर ही वे इस संसार से कूच करें। नहीं, बीस-पच्चीस वर्षों की अवधि नहीं चाहिए थी उन्हें। दस-ग्यारह साल भी मिल जाते तो वे अपनी उस सन्तान में भक्ति-भाव के बीज-वपन तो कर ही देते, उसे अंकुरित कर एक सुदृढ़ विरवा का रूप भी दे पाते फिर उस विरवा को वृक्ष बनने से कौन रोक सकता था? नहीं, अब रतन की आवश्यकता नहीं थी। लगा रहे वह कुड़की और अन्य ग्यारह ग्रामों की जागीर की व्यवस्था में, पौत्र अथवा पौत्री जो भी हो उसके उचित दिशा-निर्देश का भार वे अपने स्कन्धों पर ही ले लेंगे।

पर अभी प्रतीक्षा करनी होगी राव दूदा को जानते थे वे। तीन-चार वर्षों की वय-प्राप्ति के पूर्व रतन सिंह का पुत्र अथवा उसकी पुत्री इस योग्य होगी कहां भी कि वे उसे अपने द्वारा निर्दिष्ट दिशा की ओर बढ़ा सकें।

इन वर्षों का सदुपयोग वे अपने श्रीकृष्ण-प्रेम को और गहरा करने में करेंगे। अर्चना-आराधना से बचे समय को वे ध्यान-धारणा और समाधि में लगाने लगे।

विचित्र अनुभूतियों का केन्द्र बन आया उनका अन्तर-प्रदेश। ध्यान और समाधि की अवस्था में उन्हें वृन्दावन में गोचारण में रत, वंशी बजाने में लीन और गोप-गोपियों से क्रीड़ा-रत कृष्ण के ही दर्शन होने लगे।

उनके सपनों में भी अब श्रीकृष्ण का प्राकट्य सामान्य बात हो गई।

क्या उन्हें कोई सिद्धि प्राप्त हो रही थी?

नहीं, राव दूदा इतने मूर्ख नहीं थे कि वे ऐसा भ्रम पालते? जीवन-भर नर-रक्त से होली खेलने वाले व्यक्ति की अन्तिम घड़ियों में भगवान उसकी उन भुजाओं को थाम लें जिनसे उसने धड़ों को सिर और भुजाओं से विहीन किया था, यह तो हो ही नहीं सकता था?

तब ?

तब क्या था यह सब ?

समाधि-अवस्था में मुरलीधारी का मुरली-वादन ! स्वर्गिक या कौन-सी संज्ञा दें वह उस संगीत को ? सपनों में मोरपिच्छधारी किशोर का उनके आसपास उछलना-कूदना, मचलना ?

इसका उत्तर था उनके पास।

यह सब था मन का खेल। बड़ा विचित्र है यह मन भी। यों तो उच्छृंखल और वल्गा-विहीन अश्व की तरह वह मनमानी दिशाओं में कुलाचें भरते रहता है पर जहां धीरे-धीरे एक विषय पर उसे केन्द्रित करने का प्रयास करो तो वह फिर उसी विषय के इर्द-गिर्द चक्कर काटने लगता है ठीक किसी पालतू श्वान की तरह।

यही तो होता है प्रेम और भक्ति की स्थितियों में, घृणा और विद्वेष की स्थिति में भी। प्रिय पात्र के मुखड़े अथवा इष्ट देव अथवा इष्ट देवी के मुखारविन्द के इर्द-गिर्द ही, पुष्पों के चक्कर काटते भ्रमर की तरह ही वह डोलने लगता है कि नहीं ? किसी से शत्रुता हुई तो शत्रु का चेहरा ही सोते-जागते के सपनों में पीछा करता रहता है।

प्रसन्न थे राव दूदा इस स्थिति से भी। चलो मन तो किसी प्रकार बंधा मुरलीधारी से !

जब इतना कुछ हुआ तो आगे भी कुछ होकर रहेगा। मन पग चला है श्रीकृष्ण-प्रेम में तो एक दिन वह पूरी तरह रम ही आयेगा उसमें। और जब प्रेम-रज्जु जरा पक्की हो जाएगी—दृढ़—तो क्या उससे बंधा वह अनायास नहीं चला आएगा उनके पास ?

खैर वह जब आए तब आए। राव दूदा को इतनी आश्वस्ति अवश्य थी कि अब वह अपने पौत्र अथवा पौत्री को प्रेम की उदात्तता की जो भी शिक्षा देंगे वह मात्र सिद्धान्तों पर आधारित नहीं होकर उनके स्वयं के अनुभव पर आधारित होगी—पूर्णतया व्यावहारिक और सत्य।

पर !

यह कौन-सा पर उन्हें परेशान करने लगा है ?

यदि !

यह कौन-सी यदि है जो उनके समक्ष एक विशाल प्रश्न-चिह्न बनकर खड़ी हो जाती है ?

है इस 'पर' और 'यदि' का अस्तित्व भी। कम-से-कम आशंका के धरातल पर ही।

'पर' सब कुछ तो रतन सिंह पर ही निर्भर करता है न ?

'यदि' वह अपने बालक अथवा बालिका को उनके हाथों में नहीं सौंपे ?

किन्तु नहीं, वचन दे चुका है रतन सिंह और राठौरी राजपूत वचन देकर उसे वापस लेना नहीं जानते।

पर यह वचन तो उसने एक मरणासन्न राजा को दिया था। स्वस्थ और निरोग तथा पूर्णतया कृष्ण-प्रेम-पगे राव दूदा को तो नहीं ? और वह वचन अपने बालक अथवा बालिका को पूर्णतया उनके हाथों में सौंप देने का भी नहीं था।

इसकी संभावना भी नहीं थी। मेड़ता-नरेश तो उस समय अपने जीवन की अन्तिम सांसें गिन रहे थे।

तो क्या उनकी सांसों में विधाता द्वारा यह वृद्धि ला देने से उनका वह प्रिय पुत्र अपनी सन्तान को भगवद्-भक्ति और मानव-प्रेम में अनुरक्त करने की प्रतिज्ञा तोड़ बैठेगा ?

नहीं, ऐसा नहीं हो सकता।

वे तो उसके भार को हल्का ही करेंगे अपने जीवन के शेष वर्षों द्वारा। इससे तो उसे प्रसन्नता ही होगी। उसके कार्य को वह स्वयं कर लेंगे। उसकी प्रतिज्ञा की रक्षा स्वयं ही कर देंगे।

नहीं, वह वचनबद्ध है। अपने वचन से पीछे नहीं हट सकता।

शायद उससे यही वचन लेने के लिए प्रकृति ने उनकी संभावित मृत्यु का वह नाटक रचा था।

कौन जान पाया है प्रकृति के किसी विधान को विशेषकर तब जब उसके पीछे की प्रेरक शक्ति स्वयं पुरुष हो—परम पुरुष, मुरलीधर, गिरिधारी ?

राव दूदा आश्वस्त होते और फिर मग्न हो जाते अपने प्रभु-प्रेम में।

सात

किसी ने रेगिस्तान के गांवों को देखा है ? करील और बबूल-कुंजों तथा पनस-वृक्षों से घिरे सौ-एक, पर्णकुटीनुमा घरों के अव्यवस्थित झुण्डों को ? रेत-पटी वीथियों और प्रांगणों को ? दिन में तीन-चार बार परिष्कार नहीं हो तो इन घरों के प्रांगण पांव रखने लायक भी नहीं रहें। और जब ग्रीष्म का काल हो ? ऊपर आग उगलता सूरज और नीचे घोर तप्त रेत ? तब ? तब शाम और सुबह के संध्या-कालों के सिवा कोई गृह के बाहर तो बाहर प्रांगण में भी पैर रखने का साहस किधर से जुटाए ?

पर रतन सिंह को जागीर के हिस्से के रूप में मिला कुड़की ग्राम ऐसा नहीं था। यों तो स्वयं मेड़ता ही अनेक झीलों-जलाशयों से घिरा था उस पर उससे कोई सोलह-सत्रह क्रोश दूर बसा कुड़की ग्राम एक विशाल जलाशय के तीर ही बसा पड़ा था।

राजपूताने के रेत-पटे इलाके के इस भाग पर मेघों की कुछ विशेष ही कृपा थी। बरसाती दिनों में मेड़ता और कुड़की तथा उसके आसपास के गांवों के आकाश में भले ही ये मेघ कभी उमड़-घुमड़कर और कभी एकदम से तिरोहित होकर आंख-मिचौली का खेल खेलते रहते पर वर्षा-काल समाप्त होते-न-होते वे इधर के जलाशयों को पूरी तरह जल-पूरित कर जाते। ऐसा कि वर्षपर्यन्त राजपूताने के अनेक भागों की तरह इधर जल के लाले नहीं पड़ते। गांव-घर की असूर्य-पश्या-नारियों को भी मुख पर घूंघट डाल क्रोश दो क्रोश से पीतल और तांबे के बर्तनों में सिर पर जल लादकर नहीं लाना पड़ता।

प्रकृति के क्रोड़ में ही बसी थी कुड़की। मरुभूमि का मरुद्यान ही कह सकते

थे इसे। चारों ओर बिखरी रेत के बावजूद हरीतिमा ने जैसे कुड़की में डेरा डाल रखा था। विभिन्न मरु-वृक्षों के अलावा यहां की वीथियों और मैदानों में अत्यन्त दुर्लभ श्वेत दूर्वा के भी दर्शन हो जाते। प्रायः प्रतिवर्ष बरस जाते मेघ इधर की रेत में इतनी नमी छोड़ जाते कि इन दूर्वा-दलों की आवश्यकता के लिए वह पर्याप्त होती।

कहते हैं जिसके पास कुछ होता है उसे ही कुछ प्राप्त भी होता है। जिस भिक्षुक के पास भिक्षा-पात्र भी नहीं हो, उसे भीख भी कोई कैसे और कहां दे? कितना सहेज पायेंगी मात्र उसकी खाली हथेलियां? यह प्राकृतिक या वैज्ञानिक नियम चाहे जो हो कि हरीतिमा की ओर ही आकृष्ट होते हैं स्वेच्छाचारी मेघ और अपने को वहीं रीता कर इस हरीतिमा को और गाढ़ी और सम्पन्न कर जाते हैं पर छोटे-बड़े वृक्षों और रेगिस्तानी कुंजों से घिरे कुड़की और मेड़ता में यह बात प्रत्यक्ष दृष्टिगोचर होती थी। मेघ और कहीं बरसें या नहीं यहां की हरीतिमा उन्हें बलात् आकृष्ट कर ही लेती थी और पुनः उन्हें रीता कर ही लौटाती थी। ऐसा, वर्षाऋतु में एक-दो बार नहीं कई बार होता था। मेघों की उन्मुक्त आंखमिचौली कभी-कभी भय और आशंका का जो कारण बने पर अन्ततः इस भाग-दौड़ को समाप्त होना ही पड़ता था और मेघों को पयदान करना ही पड़ता था इस भू-भाग को।

इसीलिए रतन सिंह ने कुड़की को ही अपनी जागीर का मुख्यालय बनाया था। यहीं पर पत्थरों का एक छोटा-मोटा महल-सा खड़ा कर लिया था। राव दूदा की सारी आशंकाओं को निर्मूल-सा सिद्ध करते उन्होंने इस महल के सामने मेड़ता के चतुर्भुज मन्दिर की तरह ही मुरलीधर का एक छोटा-सा मन्दिर भी बनवा दिया था और उसमें बांके बिहारी की एक सफेद संगमर्मरी मूर्ति भी ला बैठाई थी।

जागीर की व्यस्तता के बावजूद मुरलीधर की इस मूर्ति की पूजा-अर्चना वे स्वयं करते। दोनों संध्याओं की आरती और बाल-भोग से लेकर राग-भोग का दायित्व भी वे स्वयं सम्हालते।

इससे उनकी पत्नी और मीराबाई की भावी जननी को कुछ कष्ट अवश्य होता। वह भी पति की तरह ही अपितु उनसे अधिक ही मुरलीमनोहर के प्रेम में पागल थीं। पर पति उन्हें इष्टदेव की सेवा का अवसर ही नहीं देते।

पति जब जागीर के कार्यों से बाहर होते और दो-चार दिनों तक मुख्यालय वापस नहीं लौट पाते तो उनकी पत्नी की बन आती और वे सारी कोर-कसर इन दो-चार दिनों में ही निकाल लेतीं।

मुरलीमनोहर की षोड्षोपचार पूजा में वे ऐसी लीन होतीं कि कब प्रातः का सूर्य मध्याह्न का मार्तंड बन आता और कब वह पश्चिमी क्षितिज़ के रक्त-वर्णी आकाश में जा छिपता, इसका उन्हें पता ही नहीं चलता। मुरलीमनोहर के इतने विविध स्नान सम्पन्न होते—कभी घृत-स्नान तो कभी मधु-स्नान, कभी दुग्ध-स्नान तो कभी दधि-स्नान और सबके पश्चात् रजत-पात्र में भरे जल से जलाभिषेक कि बेचारे मुरलीधर सर्दी और खांसी से ग्रस्त नहीं हो जाते यही बड़ी बात थी।

फिर बाल-भोग से आरम्भ कर विविध व्यंजनों और मिष्ठान्नों का वह क्रम

चलता कि मुरलीधर को इस दौरान अपच की बीमारी ही धर पकड़ती अगर वे मात्र सबकी गन्ध लेना भी आरम्भ करते। ऐसे भी, देवता अथवा ईश्वर खाते भी कहां हैं—पितरः पिंडं इच्छन्ति गन्धं इच्छन्ति देवताः—पितृगण (दिवंगत पूर्वज) पिंड की अभिलाषा रखते हैं और देवता गन्ध की।

रतन सिंह जब अपनी जागीर के भ्रमण से लौटते तो पत्नी का यह व्यवहार सुन वे विमुग्ध तो होते ही विक्षुब्ध भी कुछ कम नहीं होते। कई माह चढ़ चुके थे उसके। ऐसी स्थिति में दिन-दिन भर बिना कुछ खाए-पीए मुरलीमनोहर की उपासना में लगे रहना, उसके और उसकी गर्भस्थ सन्तान दोनों के लिए घातक हो सकता था। पर पत्नी मनाने से मानने वाली नहीं थी। अतः, इन दिनों रतन सिंह ने भ्रमण पर जाना ही छोड़ दिया।

पत्नी मुरलीधर की यदा-कदा उपलब्ध हो जाने वाली सेवा से तो अवश्य वंचित हो गई पर इसका परिणाम भी उसकी दृष्टि में अच्छा ही हुआ। उसे ज्ञात था कि गर्भवती नारी के खान-पान और सोच-संस्कार का प्रभाव गर्भस्थ शिशु पर अवश्य पड़ता है। विशुद्ध वैष्णव वंश में उत्पन्न और उसी में ब्याही जाने के कारण उसके खान-पान तो नितान्त शुद्ध थे ही, उसने गर्भस्थ शिशु को पूर्णतया संस्कारित करने के लिए अपनी चिन्तन-धारा को सम्पूर्णतः श्रीकृष्ण की ओर ही मोड़ दिया। न सही पूजा-पाठ की अनुमति, पर्यंक पर पड़े-पड़े मुरलीधारी का ध्यान लगाते-लगाते समाधिस्थ हो जाने में तो कोई व्यवधान नहीं डाल सकता था ?

मन्दिर में बहुत समय बिताने की अनुमति बन्द हो गई तो उसने एक और यत्न का सहारा लिया। वह अत्यन्त कुशल चित्रकर्त्री थी। राजस्थानी-शैली के श्रीकृष्ण के कई चित्र बना उसने अपने शयन-कक्ष की दीवारों को सजा दिया। अब जिधर देखो उधर ही कृष्ण। इन चित्रों की उसने पूजा-अर्चना भी आरम्भ कर दी। अगरु-गन्ध से उसका शयन-कक्ष निरन्तर गम-गम करने लगा।

"यह सब क्या है ?" पति रतन सिंह ने एक दिन शयन-कक्ष में प्रवेश करते पूछ ही लिया था।

"क्या ?"

"चारों ओर कृष्ण ही कृष्ण। अन्दर कृष्ण, बाहर कृष्ण। मेरे लिए भी महारानी के मन में कोई कोना बचा है या नहीं ?" रतन सिंह ठिठोली करते।

"महाराज तो मेरे सर्वस्व हैं।"

"सुना यह माखनचोर मुरलीधर पक्का चित्तचोर भी है। कहीं यह महारानी का भी चित्त चुरा ले गया तो मैं तो गया काम से।"

"यह मेरा चित्त चुराए या नहीं पर गर्भस्थ शिशु का चित्त बिना चुराए यह नहीं रहेगा।" पत्नी उत्तर देती।

"यह तो स्पष्ट ही है। मेरी अनुपस्थिति में दिन-दिन भर श्यामसुन्दर की आराधना कर और नित्य उसके ही ध्यान में लीन हो आपने उसके चित्त को श्रीकृष्ण से संयुक्त करने का तो प्रबन्ध कर ही दिया है।"

"और आप मुझसे कम श्रीकृष्णोपासक हैं ? मुझसे बीस ही हैं कि नहीं इस अर्थ में ?"

"पर संस्कार तो आप ही का ग्रहण करेगा गर्भस्थ शिशु ?"

"आपको इस पर कोई आपत्ति है ?"

"आपत्ति नहीं प्रसन्नता है।" रतन सिंह बोलते।

"अच्छा !!"

"हां। आपको आश्चर्य हो रहा है क्या ?" वे पत्नी के लावण्यपूर्ण मुख पर दृष्टि गड़ाकर बोलते।

"स्वाभाविक है।"

"स्वाभाविक अवश्य है क्योंकि आपको एक भेद का पता नहीं।" रतन सिंह कुछ सोचते हुए बोले।

"भेद ? तो क्या मुझसे भी भेद रखा जाता है ? अपनी अर्धांगिनी, धर्मपत्नी से भेद रखने की बात कहां से सीखी महाराज ने ?" पत्नी का स्वर उलाहना-भरा था।

"नहीं, आपसे भेद रखने का कोई प्रश्न ही नहीं उठता। वस्तुतः इसका अवसर ही नहीं आया। आप स्वयं श्रीकृष्ण-प्रेम में इस तरह पग गईं कि कुछ कहने-सुनने की आवश्यकता ही नहीं रही। आपके संस्कारों को तो गर्भस्थ शिशु पर पड़ना ही था तो वह भेद बताया जाय या नहीं उससे क्या अन्तर पड़ता था ?" वे एक ही सांस में बोल गए।

"तो तात्पर्य यह कि इस भेद का सम्बन्ध भी श्रीकृष्ण से ही है !" पत्नी प्रसन्न होकर बोली।

"अवश्य।"

"तो बता ही दें उसको।"

"यह शिशु पहले से ही श्रीकृष्णार्पित है।"

"अर्थात् ?" पत्नी ने साश्चर्य पूछा।

"अर्थात् यह कि मैंने पिता राव दूदा जी को वचन दे रखा है कि अपनी पहली संतान में मैं आरम्भ से ही श्रीकृष्ण-भक्ति के बीज वपन करूंगा और उसे अंकुरित और पुष्पित-पल्लवित भी करूंगा। कोई बुरा किया मैंने ?" रतन सिंह ने सशंकित होकर पूछा।

"नहीं, बहुत अच्छा किया। संतान श्रीकृष्णचरणानुरागी हो इससे अधिक हर्ष की बात क्या हो सकती है ?" पत्नी ने प्रसन्नता से भरकर हामी भरी।

"पर दो बातों का भय निरन्तर बना रहता है ?" अन्ततः रतन सिंह ने अपनी चिन्ता प्रकट ही कर दी।

"किन बातों की ?" पत्नी ने विस्मय से भरकर कहा।

"प्रथम तो यह कि अगर हमारा पुत्र पूरी तरह संत ही सिद्ध हो गया तो मेरे पश्चात् मेरी इस जागीर को कौन देखेगा ?"

"क्या यह हमारा पहला और अन्तिम बालक होगा ? आपने अपने सभी शिशुओं को तो कृष्णार्पित नहीं किया है ?"

"नहीं, पर कहीं यह सचमुच हम लोगों का प्रथम और अन्तिम शिशु ही हुआ तो ?" रतन सिंह ने अपनी आशंका व्यक्त की।

"तब जो होगा देखा जाएगा।" पत्नी ने अन्यमनस्कता से कहा।

"क्या देखा जायगा ? राज-काज यों सम्भावनाओं और अटकलबाजियों पर

नहीं चलता।"

"अधिक-से-अधिक यही तो होगा कि जागीर पर से नियन्त्रण जाता रहेगा? आपका और मेरा जीवन तो कट ही जाएगा। रह जाएगा वह कृष्ण-भक्त तो उसकी चिन्ता श्रीकृष्ण स्वयं करेगा। भगवद्-भक्त कहां भूखों मरता है? गीता में तो श्रीकृष्ण ने स्पष्ट ही कहा है—मेरे भक्त का कभी विनाश नहीं होता—'न मे भक्तः प्रणश्यति'।"

अपनी विदुषी पत्नी के तर्क ने रतन सिंह का मुंह बन्द कर दिया।

"और आपकी दूसरी चिन्ता?" पत्नी ने याद दिलाई।

"दूसरी चिन्ता अधिक भयावह है।"

"क्या? जरा मैं भी तो सुनूं।" पत्नी कुछ समझती हुई बोली।

"वह यह कि अगर यह सन्तान बालक नहीं होकर बालिका हुई तब?"

"तब क्या? क्या बालिकाओं को आप भक्ति-मार्ग के अयोग्य सिद्ध करना चाहते हैं? इसीलिए क्या आपने मेरे द्वारा मुरलीमनोहर की मूर्ति की अर्चना-सेवा बन्द करा रखी है?"

"नहीं, नहीं; मैं यह नहीं कहता। इस पर तो मैं पिता जी की भी अनुमति ले चुका हूं। दूसरे शब्दों में कहो तो वचन हार चुका हूं।"

"क्या?"

"कि अगर बालिका भी होगी तो वह कृष्णार्पिता होगी। उसके अन्दर भी भक्ति-भाव और मानव-प्रेम तथा बन्धुत्व के भाव भरे जायेंगे।" रतन सिंह ने स्पष्ट किया।

"तब?"

"तब आपकी प्रतिक्रिया जानना चाहता था।"

"मेरे विचार से तो आप परिचित हो ही गये। बालक-बालिका के मध्य एक मां कदापि भेद नहीं कर सकती। अगर मुझे बालिका भी हुई और श्रीकृष्ण-प्रेम की दीवानी निकली तो मुझे प्रसन्नता ही होगी। आखिर व्रज की गोपियां भी तो बालिकाएं ही थीं। और राधा क्या थी जिसका नाम भी श्रीकृष्ण के साथ ही अमर हो गया?"

"तो अपनी बिटिया को ब्रजगोपिका बनाओगी? राधा? जो सबके परिहास का कारण बनी?" रतन सिंह कुछ सोचते हुए बोले।

"भक्ति-मार्ग का पथिक परिहास, उपहास अथवा अपमान की चिन्ता नहीं करता। भक्ति की यही परीक्षा तो तभी होती है जब अपमान और अत्याचार को भी हंसी-हंसी झेल जाते हैं। राधा का कुछ कम अपमान हुआ, आप ही तो कहते हैं। तो कोई रोक सका उसे अमर होने से? आज भी श्रीकृष्ण की पार्श्ववर्तिनी के रूप में राधा ही पूजित हैं न, रुक्मिणी, सत्यभामा और जाम्बवन्ती आदि अनेक रानियों-पट्टरानियों के रहते?" पत्नी ने अपने तर्क को लम्बा किया।

"ठीक कह रही हैं आप। मैं भी कभी-कभी व्यर्थ में विचलित हो जाता हूं। जब पिता जी को वचन भी दे चुका तो अब क्या सोचना?"

"तो अब तो आप चिन्तामुक्त हुए?" पत्नी ने अतिरिक्त प्रेम से पूछा।

"अवश्य। जब मेरे वचन को मेरी अर्धांगिनी की भी संपुष्टि प्राप्त हो गई तो

मुझे क्या चिन्ता ?"

"तो अब विश्राम करें महाराज ! शेष सब कुछ ईश्वराधीन ही छोड़ दें।"

"और आप मेरे विश्राम के बहाने अपने इष्टदेव की आराधना में जुट जायें जिससे गर्भस्थ शिशु पूर्णतया श्रीकृष्ण-भावना-भावित हो जाय !"

"अगर महाराज को आपत्ति न हो।"

"मुझे क्यों आपत्ति होने लगी ? आप शौक से रात्रि-जागरण करें।" कहकर रतन सिंह विशाल पर्यंक पर एक तरफ पड़ गए। पत्नी ने दीपाधार के दीप की लौ को मन्द किया और पर्यंक पर ही पालथी लगा किसी के ध्यान में मग्न हो गई। कौन हो सकता था वह, माखनचोर मुरलीधर के सिवा ?

आठ

प्रत्यूष की लुभावनी लालिमा के प्राची के क्षितिज पर छिटकते-न-छिटकते कोई ओस-भींगी कमल-कली को ही अचानक आपकी अंजलि में परोस दे तो इस स्पर्श-जनित पुलक को आप सहसा कोई अभिव्यक्ति दे सकते हैं क्या, वह भी शब्दों के माध्यम से ? और जब आपकी हथेली में स्थापित कमनीय कलिका और कुछ नहीं होकर आपकी सद्यः-जाता पुत्री ही हो तब ? तब आप कुछ क्षणों के लिए अन्दर-ही अन्दर पुलकित हो सकते हैं, विधाता की इस अद्भुत सृष्टि पर उल्लसित और आश्चर्य-चकित भी हो सकते हैं; एक क्षण को उत्साह-पूरित मौन भी आपके होठों से चिपक सकता है—निश्चित ही चिपक सकता है क्योंकि आनन्दातिरेक की अभिव्यक्ति का सही माध्यम बनने में शब्द कितने निरीह और सामर्थ्य-हीन होते हैं यह कहने की आवश्यकता नहीं। पर इन शब्दों और इनके अर्थों के बिना काम भी कहां चलता है ? अगर ऐसा ही होता तो बालमीकि को रामायण नहीं लिखनी पड़ती, तुलसी को रामचरित-मानस की सर्जना नहीं करनी पड़ती, सूर को पदावली की रचना नहीं करनी पड़ती और मीरा को अपने विरह-गीत नहीं गाने पड़ते। कैसी विवशता है इस मनुष्य की कि जो शब्द उसकी अनुभूतियों के शतांश को भी संप्रेषित करने में सक्षम नहीं हैं उनकी बैसाखियों का ही सहारा लेने को वह बाध्य और विवश है ! क्या कोई तुलसी, कबीर, सूर अथवा मीरा अपने वक्षस्थल पर हाथ रखकर यह कह सकने में समर्थ है कि उसे जो कुछ आत्मनिवेदन करना था, अपने इष्ट के प्रति उसे उसने पूर्णता प्रदान कर दी ? कि वह पूरी तरह रीता हो गया ? कि उसकी आन्तरिक विह्वलता और सब कुछ अभिव्यक्त कर देने की व्याकुलता के साथ शब्दों ने पूर्णतः न्याय किया ? नहीं ! बहुत कुछ अनकहा रह गया। शब्दों के लिए अगम्य, अबोध्य और अथाह। हाय रे मानव की नियति ! कहना उसके पास बहुत है—अनुभूति—भांडार अथोर, पर उसके संवाहक सब कुछ होते हुए भी सामर्थ्य-हीन, दुर्बल और संवेदनाओं की सूक्ष्मता को पकड़ने में असहाय और असमर्थ।

यह बात पृथक् है कि इन्हीं शब्दों के सोपानों पर चढ़ कुछ अपने को शिखरस्थ समझने का भ्रम पाल बैठे हों पर अपने अन्तर की गहराइयों में वे भी समझते हैं

कि शब्दों ने उनके साथ छल किया। अगर वे उनकी अनुभूतियों और भावनाओं की अभिव्यक्ति में उनका निर्बाध संगी बन पाते तो इन विद्वानों अथवा रचना-कर्मियों अथवा कहें तो भक्तों—मध्ययुगीन भक्त-कवियों और सूफी संतों—का सिंहासन नभ में कहीं इतना ऊंचा होता कि उस पर दृष्टि-निक्षेप करने के लिए आपको अपने शिरस्त्राण को दोनों हाथों पकड़ना पड़ता कि वे कहीं भूलुंठित न हो जायं।

हां, कुछ यही हालत हुई थी राजपुत्र वंश के उस सिरमौर रतन सिंह की जिनकी हथेलियों में धातृ ने उस प्रातः एक अत्यन्त सुकुमार और सौंदर्य की साक्षात् मूर्ति, कमल-कलिका-सदृश उस बालिका को परोस दिया था सीधे प्रसूती-गृह से लाकर। कहीं कोई मानव-शिशु भी इतना सौंदर्य-पूरित होता है? एक मानवी बालिका ऐसी विमुग्धकारिणी छवि की धनी हो सकती है? उसके शरीर से प्रकाश-वलय फूट रहा था, सौंदर्य के आवर्तन-प्रत्यावर्तन उसके नन्हे शरीर से प्रस्फुटित हो चतुर्दिक् विलुप्त होते जा रहे थे अथवा उसके अति गौरांग तन और उससे निस्सृत आभा ही उन्हें इस सबकी अनुभूति करा रही थी?

हां, मीरा ही थी यह। रतन सिंह थे उसके पिता। कुल गोत्र में श्रेष्ठ राठौर क्षत्रिय। और उन्हीं की अभिव्यक्ति मौन हो आई थी अपूर्व सौंदर्य, आकर्षण, कमनीयता और आभापूरित इस बालिका को देखकर। उन्हीं के होंठों पर जैसे लौह ताल पड़ गया था। कभी वे अंजली में जमी हाथ-आंख-भींचे-पड़ी उस सौंदर्य की स्वर्ण-प्रतिमा को देखते और कभी धात्री के मुख की ओर—क्या वह उनकी ही पुत्री है? क्या कभी विधाता मानवीय सौंदर्य को भी इतना उत्कर्ष प्रदान करने की बात भी सोचता है? क्यों और कैसे? उन्हें कहां पता था कि स्वर्ण-कमल मानसरोवर में ही खिलते हैं, किसी सामान्य ताड़-तड़ाग में नहीं? मीरा को आना था तो उन्हीं के यहां। इसका आभास भी उन्हें कैसे होता?

कृष्णोपासक राव दूदा के पुत्र और स्वयं नन्द-नन्दन के भक्त रतन सिंह और राधाकृष्ण की युगल-मूर्ति की उपासिका रतन सिंह की धर्म पत्नी के ही क्रोड़ को सार्थक करने का मन बनाया था सृष्टि-नियामक ने तो उसके चयन को गलत कौन कह सकता था? अनन्य कृष्ण-उपासिका और विरह-बिछोह की, युग-युग की सर्व-प्रसिद्ध कवयित्री जिसे समाज के सारे बन्धनों, रूढ़ियों, वर्जनाओं और प्रति-वर्जनाओं को एक जंग-ग्रसित लौह शृंखला की तरह तोड़ फेंकने के लिए अवतरित होना था जिसे उसे अनन्य कृष्णोपासक गृह में ही अवतरित किया गया तो इसमें आश्चर्य क्या?

"यह आपकी ही पुत्री है महाराज! महारानी अभी बेहोश पड़ी हैं, अतः इस कुसुम-कलि को आपको दिखा देने के लोभ का मैं संवरण नहीं कर सकी।"

"हूं?" रतन सिंह भी अब तक सब समझ चुके थे, उन्होंने धातृ को सम्बोधित किया, "इसे महारानी के ही संरक्षण में डाल आओ। मेरे रुक्ष करों में यह कमल-कली सुबह की कुमुदिनी की तरह ही कहीं संकुचित नहीं हो जाय।"

और समय होता तो क्या करते रतन सिंह यह सर्वज्ञात था। रानी के होश में

आने के पूर्व ही वह धातृ से नमक की डली मंगाते और माता का चिबुक पकड़ने की प्रत्याशा में होंठ खोलती उस बालिका के मुख में नमक की वह डली डाल उसे ही मातृ-दुग्ध समझने को बाध्य कर वह उसे चूसने को विवश करते और क्षण-दो क्षणों में उस सद्य:-जाता के प्राण अनन्त पथ के पथिक बन जाते।

यही नियति थी उस समय तथाकथित वीर क्षत्रियों के यहां उत्पन्न बालिकाओं की। उन्हें जीने का कोई अधिकार नहीं था। कौन पिता देता बलि अपने सम्मान की किसी अन्य क्षत्री के हाथ में अपनी सुता को सौंपकर ?

पर नहीं, इस लावण्य की प्रतिमूर्ति बालिका को लवण चटाने की बात सोची भी नहीं जा सकती थी। वह भी रतन सिंह के सदृश एक कृष्णभक्त द्वारा। भले ही उसके लिए रतन सिंह के सम्भ्रान्त परिवार को अपनी प्रतिष्ठा को दांव पर लगाना पड़े। इसके अतिरिक्त अपने पिता राव दूदा को दिए वचन का भी तो उन्हें स्मरण था।

"ले जाओ, अब महारानी होश में आ गई होंगी," रतन सिंह ने पुन: धात्री को संबोधित किया, "यह मात्र एक पिता की आज्ञा नहीं, राजाज्ञा है। इस बालिका का पालन-पोषण अत्यन्त तत्परता से होना चाहिए।"

"जो आज्ञा महाराज !" धातृ ने अत्यन्त कोमलता से उस कलिका को अपने करों में सहेजा और अन्त:पुर की ओर प्रस्थित हो गई।

श्रीमान् रतन सिंह की आज्ञा से राज-दरबार के नगाड़े पर चोट पड़ी और बात की बात में सभी सभासद और सामन्त उपस्थित हो गए।

"आज्ञा महाराज !" की मुद्रा में वे यथा-स्थान खड़े थे। महाराज ने आज्ञा दी, "पूरे राज्य में महोत्सव आयोजित हो। घर-घर में दीपावली सजे।"

"क्यों महाराज को पुत्र-रत्न की प्राप्ति हुई है क्या ?" एक वाचाल सामन्त ने मुंह खोल ही दिया।

"पुत्र-रत्न की प्राप्ति तो नहीं हुई है और न पुत्र की," श्रीमान् रतन सिंह ने सिंह-गर्जना की, "पर रत्ना की प्राप्ति अवश्य हुई है। मैंने देखा है उसको अपनी आंखों से। क्या पता यह रत्ना किसी दिन अपने स्वयं के प्रतिभा-प्रकाश से इस पूरी आर्य-भूमि को प्रोद्भासित कर दे ? मैंने देखा है सामन्त, अपनी इन्हीं आंखों से देखा है, जिस दिव्य सौंदर्य को स्वर्ग के देवता भी नहीं देख सकते, उसके दर्शन से मैंने अपने नेत्रों को तृप्त किया है। अगर वर्द्धमान विरवा के पत्ते सचमुच अद्भुत होते हैं तो मुझे पूर्ण विश्वास है कि मेरी यह पुत्री इतिहास के पृष्ठों को अमरत्व प्रदान कर रहेगी। यह मेरे अन्त:करण का स्वर है, मेरे इष्टदेव नन्द-नन्दन का संवाद। पर हां मैं गलत कह गया कि उत्सव की तैयारी अभी कुड़की में होनी चाहिए। प्रथम उत्सव मेड़ता में होगा। हां, राव दूदा के यहां होगा। उन्हीं की चिर प्रतीक्षित आशा फलवती हुई है इस असामान्य बालिका में। मेड़ता के पश्चात् ही यहां वृहत् उत्सव आयोजित होगा।"

नौ

मीरा के जन्म ग्रहण की घटना हवाओं पर चढ़ बात की बात में मेड़ता पहुंची थी। यों तो स्वयं रतन सिंह ही संवाद लेकर अपने पिता के पास पहुंचे थे पर पुत्री-जन्म के पश्चात् के आवश्यक कार्यों में फंस जाने के फलस्वरूप उनके मेड़ता पहुचते-पहुंचते सूरज सिर पर आ चुका था।

उन्होंने पिता के चरणों पर प्रणिपात किया था।

"आयुष्मान् भव।" पिता ने स्नेह से अपने कनिष्ठ पुत्र के सिर पर हाथ रखते हुए कहा था और आगे जोड़ा था, "तुम्हारे यहां लक्ष्मी के आगमन का संवाद यहां तक पहुंच गया है। ईश्वर उसे दीर्घायु करे। इस मांगलिक अवसर पर मैंने आज एक उत्सव का आयोजन किया है। अच्छा हुआ तुम आ गए, अब तुम भी उसमें सम्मिलित हो लोगे।"

"जैसी आज्ञा।" रतन सिंह ने कहा था और आज वापस लौटने के कार्यक्रम को स्थगित कर दिया था।

राव दूदा ने प्रातःकाल ही, संवाद मिलने के साथ ही महोत्सव का आरम्भ कर दिया था। डंके पर चोट दी गई थी और उसकी ध्वनि-प्रतिध्वनि देर तक मेड़ता नगर में गूंजती रही थी। नगरवासियों के लिए यह एक आह्वान था और मेड़ता के प्रायः सारे निवासी—बाल, युवा और वृद्ध, स्त्री एवं पुरुष—महल के आस-पास जुटने लगे थे। महल के महाद्वार को पूर्णतया उद्घाटित कर दिया गया था और उसके विस्तृत प्रांगण में नर-नारी हर्षोल्लास में झूम रहे थे। अबीर-गुलाल एक दूसरे पर लुटाये जा रहे थे। नृत्य-परायण स्त्रियां एक ही स्थान पर खड़ी-खड़ी नृत्य-मग्न हो आई थीं। लोक-संगीत में पारंगत पुरुष गान-रत हो आये थे। उधर भांट और राजमहल के छोटे-छोटे कवि मेड़ता-वंश की विरुदावली गाने में व्यस्त थे।

महाभोज का प्रबन्ध था। कई एक हलवाई महल के विशाल बाह्य पाकशाला में नाना-विध पक्वान्न और मिष्ठान्न के निर्माण में लगे हुए थे।

राव दूदा और राज्यसिंहासनारुढ़ उनके सुपुत्र बीरम सिंह ने सपरिवार, नगर के बाहर एक सलिल-पूरित सुन्दर जलाशय के तीर-स्थित जगदम्बा-मंदिर में कुछ पहले ही देवी-पूजन सम्पन्न किया था। देवी के वस्त्र परिवर्तित किए गए थे और पुराने आभूषणों को किनारे कर नए स्वर्णाभूषण देवी-विग्रह के शृंगार हेतु अर्पित किए गए थे। महल के पास स्थित चतुर्भुज श्रीकृष्ण की पूजा अभी शेष थी। इस पूजन में रतन सिंह भी सम्मिलित हुए। चक्रधारी की मूर्ति को नींबू के रस से मल-मल कर साफ किया गया। फिर तेल-फुलेल और दुग्ध-दधि से उनका स्नान सम्पन्न कराकर अन्ततः शुद्धोदक (शुद्ध जल) से उसका अभिषेक हुआ। तदुपरान्त नवीन वस्त्र से विग्रह को अच्छी तरह पोंछ-सुखाकर उसे नये पीताम्बर धारण कराया गया। तदुपरान्त षोड्षोपचार-पूजन के पश्चात् उन्हें भांति-भांति की वस्तुओं—लड्डू, मेवा, मिश्री और मक्खन तथा विभिन्न पक्वान्नों का भोग लगाया गया।

"काश, इस समय बच्ची को लाना सम्भव होता तो उसे अभी लाकर चतुर्भुज

भगवान के चरणों में डाल देते।" राव दूदा ने सबको सुनाकर अपने मन की भावना को अभिव्यक्ति दे ही दी।

"कोई बात नहीं," रतन सिंह ने उन्हें आश्वस्त किया। "उधर कुड़की के नन्हें मंदिर में, नवजात शिशु के शरीर के आवश्यक शोधन-प्रक्षालन के पश्चात् उसे एक पीत वस्त्र में आवेष्टित कर सर्वप्रथम मुरलीधर के चरणों में ही डाला गया।"

"तो कृष्णार्पित कर ही दिया तुमने उसे?" प्रसन्नमुख राव दूदा ने अपने कनिष्ठ पुत्र की ओर देखा।

"आपका आदेश जो है। उसका उल्लंघन क्या मेरे लिए संभव है?" रतन सिंह ने उत्तर दिया।

राव दूदा के चेहरे पर एक स्मिति मात्र खेलकर रह गई।

पूजा-पाठ की विधि जब तक पूर्णतया सम्पन्न हुई तब तक सारे नगर को खिलाने भर पक्वान्न भी प्रस्तुत हो गया।

विशाल प्रांगण में कई पंक्तियों में आसीन हो पुरजनों ने पक्वान्न ग्रहण किया। खाने वालों की भीड़ देर तक जुटती रही। नागरिक तो नागरिक दूर-दूर तक के दरिद्र, भिक्षुक और विकलांग तक पता नहीं कैसे इस महोत्सव की गन्ध पा गए और उनकी भी पूरी वाहिनी भोजन-ग्रहण के लिए आ पहुंची।

खाते-खिलाते रात्रि काफी व्यतीत हो गई। इसी मध्य महल के मशालची अन्दर-बाहर को, घृत-पूरित मिट्टी के दीपों से सजाने में व्यस्त रहे और संध्या होते-होते असंख्य दीप प्रज्वलित हो गए। दीपाच्छादित महल की झिलमिल शोभा देखते ही बनती थी।

राजमहल की देखा-देखी पुरजनों ने भी अपने यहां दीपावली सजाई और संध्या घिरते-घिरते सम्पूर्ण मेड़ता नगर इस तरह झिलमिलाते दीपों से पूर्ण हो गया कि वह तारा-खचित एक नन्हे-मुन्ने आकाश-सा ही प्रतीत होने लगा। रात्रि-पर्यन्त नगर भर से नृत्यरत पैरों में बंधे घुंघरुओं और लोक-गीत-गायन में रत कंठों का स्वर हवा में तैर-तैर महल के वातायनों से प्रवेश करता रहा।

रतन सिंह पिता के कक्ष में ही एक पृथक् पर्यंक पर सोये। पर प्रसन्नता की इस रात्रि में नींद कहां, किसको आनी थी? प्रश्न के बबूले निरन्तर राव दूदा के मन को मथ रहे थे। कैसी होगी रतन सिंह की पुत्री और उनकी पौत्री? गोरी अथवा काली? सुन्दर अथवा···?

"रतन तुमने अपनी पुत्री को ठीक से देखा तो?" अन्ततः राव दूदा ने अपनी जिज्ञासा प्रकट ही कर दी।

"हां दूदा, देखा, अच्छी तरह देखा।" रतन सिंह ने कुछ झेंपते हुए कहा।

"कैसी है देखने में?" राव दूदा उत्सुकतापूर्वक बोले।

"बड़ी कोमल है दादू, कमल-कली-सी आप तक संवाद भी आया था।"

"कोमल है यह तो कोई बात नहीं हुई।" राव दूदा का मन आशंकाओं से भर आया। कोमल तो सभी नवजात शिशु होते ही हैं। यह कैसा उत्तर दे रहा है रतन? और दूसरे के मुख से सुने संवाद का क्या अर्थ? वे तो पूरी बात अपने पुत्र के मुख से ही सुनने को व्यग्र थे।

"मेरा मतलब देखने-सुनने में···। नाक-नक्श कैसा है ? तन का रंग ?" राव दूदा ने अपनी जिज्ञासा को पुनः मुखर किया।

"कहा न दादू कमल-कली-सी है। अब वैसा ही सुन्दर समझ लो। मुझसे पूछो तो ऐसी सुन्दर बालिका मैंने अपने जीवन में अब तक देखी नहीं। रंग को क्या बताऊं ? पूनो की रात आसमान में खिले चांद की कल्पना कर लो। उससे भी कहीं अधिक सुन्दर है वह। और नाक-नक्श की बात मत पूछो। लगता है विधाता ने अपने हाथों ही एक-एक अंग को रूप दिया है। थोड़ा लम्बा-सा मुख। लम्बी-सी सुती-सुती-सी नासिका। मीन की आंखों को मात देती हुई—लम्बी-लम्बी, कानों तक खिंची आम की फांक-सी आंखें। पतले-पतले लाल-लाल होंठ, ऐसा कि लगता है कि छुओ नहीं कि रक्त निकल आये। सुन्दर शंख-ग्रीवा···।"

"छोड़ो समझ गया मैं सब कुछ।" दूदा बीच में ही बोले। बालिका के रूप-रंग का अनुमान उन्हें लग गया। साथ ही यह भी कि बालिका सुलक्षणा और अच्छे संस्कारों वाली है। पूर्वजन्म का पुण्य ही इस जन्म में रूप भी प्रदान करता है। सुन्दर और सुदर्शन बालक अथवा सुन्दरी और सुदर्शना बालिकाएं उस जन्म की सच्ची-सीधी अपितु साध्वी आत्माओं को लेकर ही आती हैं। कुछ लोगों के सर्वांग सुन्दर और कुछ लोगों के विद्रूप और विकलांग उत्पन्न होने के मूल में उनके पूर्वजन्म के कृत्य ही होते हैं, इसमें राव दूदा को कोई संदेह नहीं था।

राव दूदा बालिका के पूर्वजन्म के सुकृत्यों के प्रति तो आश्वस्त हो गए। एक बात जाननी शेष रह गई थी क्योंकि पूर्वजन्म के कृत्य रूप-रंग और भाग्य चाहे जो प्रदान कर दें, इस जन्म की गतिविधियों के गढ़ने में इस जन्म के संस्कार और परिवेश का कुछ कम प्रभाव नहीं पड़ता। राव दूदा इस सम्बन्ध में भी पूर्णतया आश्वस्त हो जाना चाहते थे यद्यपि वे जितना अपने पुत्र और पुत्र-बधू को जानते थे उसके आधार पर वे निःसंकोच कह सकते थे कि बालिका को अच्छे संस्कार और परिवेश ही प्राप्त होंगे। पर दूदा को यह बताने की आवश्यकता नहीं थी कि संस्कार गर्भस्थ शिशु पर मां की गर्भावस्था में ही पड़ने लगते हैं। पुत्र-बधू की बुद्धिमत्ता और शील-स्वभाव से वे पूर्णतया परिचित थे तब भी जिज्ञासा थी कि स्वयं के समझाने से शान्त होती नहीं थी।

"गर्भवती अवस्था में तुम्हारी पत्नी ने आवश्यक सावधानियां तो बरतीं न रतन ? बालिका, रूप के साथ शुद्ध संस्कारों को भी लेकर उत्पन्न हुई होगी ?" उन्होंने पूछ ही लिया।

"हां दादू, इसमें क्या पूछना ? मेरी पत्नी ने पिछले दिनों खान-पान आदि में इतना संयम बरता जिसका वर्णन असंभव है। आपकी वैष्णवी भावना के तो हम सभी कायल हैं ही, अतः मांसाहार तो कोई करता नहीं। उसके अतिरिक्त अन्न भी उसने गत दस माह में शायद ही कभी-कभार लिया हो। फल, दूध और मधु आदि से ही काम चलाया।"

"और भक्ति-भाव ? आचरण ?" दूदा ने आश्वस्त होते-होते पूछा।

"उसकी तो न पूछिए दादू !" रतन सिंह का मन भी इस वर्णन में रम चुका था।

"तो बतलाओ।"

"क्या बताऊं दादू," रतन सिंह ने अब सारा संकोच त्याग कर आरम्भ किया, "गत दस माह तो वह पूरी कृष्णमय हो गई थी। घर के मन्दिर में स्थापित मुरली-मनोहर की सेवा का सम्पूर्ण भार तो अपने ऊपर ले ही लिया था, शेष समय भी ध्यान-समाधि में ही रत रहती थी। यह तो मैंने अन्तिम दिनों में उसे मुरली-मनोहर की प्रायः अहर्निश सेवा से विरत किया वर्ना इतना श्रम करने से उसका जो होता-सो होता ही, गर्भस्थ शिशु पर भी इस सबका प्रतिकूल प्रभाव पड़े बिना नहीं रहता।"

"अच्छा किया," राव दूदा ने बीच में ही कहा, "तब उसको समय बिताने का क्या बहाना मिला?" राव दूदा अपने को, अपनी पौत्री पर गर्भावस्था में पड़े संस्कारों के प्रति पूर्णतया आश्वस्त हो जाना चाहते थे।

"अरे उसकी कल्पना को क्या कहिए दूदा!" रतन सिंह अब पूरी तरह यह विस्मृत कर चुके थे कि वे अपने पिता के समक्ष ही अपनी पत्नी की प्रशंसा का पुल बांधे जा रहे थे।

"क्या हुआ?" राव दूदा ने अतीव उत्सुकता से पूछा।

"अरे दादू! उसने तो अपने शयन-कक्ष को ही पूर्णतया मंदिर बना डाला। दीवारों पर राधा-कृष्ण के नाना प्रकार के चित्र स्वयं बनाकर उसने टांग लिए और मुरलीमनोहर की एक नन्हीं मूर्ति तो अपने पर्यंक के पास ही एक छोटी संगमर्मरी चौपाई पर आसीन करा ली। उसी मूर्ति को वह अब पर्यंक पर बैठे-बैठे ही पाद्य-अर्घ्य और धूप, दीप तथा प्रसाद अर्पित करती। पूरा शयन-कक्ष निरन्तर सुवासित रहता। कभी दीवार के चित्रों तो कभी मुरलीमनोहर पर ध्यान गड़ाए वह निश्चित ही मन-ही-मन कृष्ण-मंत्र का जप करती रहती—

कृष्णाय, वासुदेवाय हरये परमात्मने।
प्रणत क्लेशनाशाय गोविन्दाय नमोनमः॥

अधिकांश समय वह श्रीकृष्ण के ध्यान अथवा समाधि में ही आंखें मूंदे बैठी या पड़ी रहती।"

कुछ क्षणों के लिए राव दूदा की आंखें आनन्दाश्रु से पूरित हो आईं। कुछ क्षणों के लिए उन्हें भी जैसे समाधि लग गई और उस समाधि में श्रीकृष्ण का बाल-रूप आ विराजा। मां यशोदा के आंगन में मथानी पकड़े, दुग्ध पिलाने की हठ किए खड़ा नन्दलाल।

"दादू?" देर होने पर रतन सिंह ने पिता को पुकारा। उन्हें भय लगा कि शीघ्र ही मृत्यु-शय्या से उठे पिता को कुछ हो तो नहीं गया।

"हां...हां...रतन!" राव दूदा समाधि से जगे।

"आपको नींद आ गई थी शायद। क्षमा कीजिए मैंने आपकी निद्रा में व्यवधान डाला।" रतन सिंह ने संकोच से भरकर कहा।

"नींद? नहीं तो, ऐसी अच्छी आनन्ददायिनी बातों को सुनते हुए कोई सोता है? मैं तो अपनी पुत्र-वधू की समाधि की बातें सुनते-सुनते स्वयं समाधिस्थ हो गया था।"

"अच्छा!"

"हां रतन ! लेकिन यह बड़ा मांगलिक हुआ कि बहू ने अपनी गर्भावस्था को इस तरह संयमित तथा भक्ति-भाव से आत्यापित बिताया। अवश्य ही हमें अब इस बालिका पर विशेष श्रम नहीं करना पड़ेगा। स्वयं ही वह इतने अच्छे रूप में संस्कारित होकर आ रही है कि हमारा थोड़ा-सा सम्बल ही उसे आत्मोत्थान के पथ पर अग्रसर करने को पर्याप्त होगा।"

बाहर रात्रि अपनी पूर्ण जवानी पर थी। कभी-कभार राजप्रासाद की पाषाण-प्राचीरों को भेदकर भी झिंगुरों का झंकार कानों को छू जाता था। अन्दर दीपाधार पर पड़े घृतपूरित दीप की लौ स्थिर गति से प्रज्वलित थी। कमरे में पीला-पीला मन्द प्रकाश विकीर्ण था। लगता था किसी ने कमरे भर चांदनी ही वहां बिखेर दी हो। रतन सिंह के नेत्रों से निद्रा उसी तरह दूर थी जैसे धधकती अग्नि से घबराकर ठंडक कहीं दूर किनारे जा दुबकती है। वे अभी कुड़की की बातें सोच रहे थे। उनकी पत्नी अवश्य इस समय गाढ़ी निद्रा में निश्चिन्त सोई पड़ी होगी। उनकी नन्हीं-सी सुकुमार कलिका भी उसके वक्ष में मुख दिए ही सो गई होगी। अगर निद्रा की बेसुधी में इस समय उनकी पत्नी ने करवट बदली तो क्या वह बेचारी नन्हीं कली मां के शरीर के भार के नीचे दब-पिस…। सोचते-सोचते रतन सिंह थोड़ा अवसन्न हो आये। किन्तु कुछ देर पश्चात् ही उन्हें अपनी मूर्खता का आभास हो गया—उनकी पत्नी क्या ऐसी मूर्खा है कि…। अन्ततः बच्चे-बच्चियां इसी तरह पलते हैं कि नहीं ? वे भी तो कभी नन्हा शिशु रहे होंगे, उनके पिता भी और उनके पिता के पिता भी। मातृत्व का भार ढोती नारियों में ईश्वर अवश्य इतनी ममता भर देता है कि सोते-जागते कभी भी उनसे शायद ही प्रमाद हो।

"सो गए क्या रतन ?" राव दूदा ने टोका।

"नहीं दादू, मुझे निद्रा नहीं आ रही।"

"स्वाभाविक है। तुम्हारा मन कुड़की में अंटका होगा। कोई बात नहीं। दीप को बुझा दो और सोने का प्रयास करो। ऐसा ही होता है। खैर, सोने के पहले मेरी बात सुन लो। कुड़की लौटकर परिवार में वही वातावरण बनाए रखना जो अब तक रहा है। जब बालिका दो-तीन वर्षों की हो जाय तो मैं उसे अपने संरक्षण में लूंगा। भगवान ने इसीलिए मुझे अतिरिक्त जीवन दिया है। तब तक तुम लोगों पर गुरुतर भार रहेगा। परिवार के परिवेश को बालिका स्वतः आत्मसात करती जायेगी। एक वर्ष की होते-न-होते तो उसके भाव स्पष्ट होने लगेंगे। जब वह चलने-फिरने और बोलने लगे तो उस पर अतिरिक्त ध्यान देने की आवश्यकता है। घर में श्रीकृष्ण-नामोच्चारण होता रहेगा तो वह स्वयं भी श्रीकृष्ण और श्याम की रट लगाएगी। मां और पिता के चरण मुरलीमनोहर के मंदिर की ओर बढ़ेंगे तो बालिका में भी यही आदत पड़ेगी।

"तुम अभी नए-नए पिता बने हो। ध्यान रहे आरम्भ में बच्चे खिलौने पर अधिक जोर लगाते हैं। बच्ची खिलौना मांगे तो उसे साधारण, कांच और काठ के खिलौने नहीं देते हैं। वह खेले तो राधा-कृष्ण के गुड्डा-गुड्डियों से। उन्हीं का श्रृंगार करे। कृष्ण के गुड्डे को ही कांख में दबाकर घूमे। उसके गुड्डे के सिर में मोरपिच्छ अवश्य लगा हो; कपड़े की मुरली बनाकर भी उसके होंठों के पास सी

दी जा सकती है। साधारण बच्चे-बच्चियों की तरह उसे खेलने-भागने की छूट नहीं दी जा सकती। उसका जीवन आरम्भ से ही श्रीकृष्ण-मय होना चाहिए—श्रीकृष्ण भावना भावित। श्रीकृष्ण ही एकमात्र, भक्ति के, श्रद्धा के और मानवीय करुणा और प्रेम की मूर्ति हैं। जैसा पहले भी कहा महाभारत युद्ध में उनकी भूमिका पर नहीं जाओ। वह उनकी विवशता थी। उनका वास्तविक स्वरूप तो कुछ और है, वे श्रद्धामय हैं, भक्तिमय हैं, प्रेममय और करुणामय हैं।

"हम राजपूतों ने बहुत से वीर बालक दिए हैं—खूंखार योद्धा उत्पन्न किए हैं जिन्होंने मानवीय रक्त से इस धरती को रंजित किया है। मेरे स्वयं के हाथ भी साफ नहीं हैं। अन्दर में रण से घृणा पालते हुए भी मैंने अपने इन हाथों को बराबर खून से सरावोर किया है। सच कहूं रतन तो मेड़ता के किसी जलाशय के तीर, संध्याकाल बैठा जब अपने हाथों को जल में डुबाता हूं तो लगता है कि मेरे रक्त-सने हाथों के कारण ही पूरे जलाशय का जल रक्तिम हो उठा है। मैं अचकचा-कर अपने हाथ बाहर खींच लेता हूं और तब मुझे ध्यान आता है कि जल की वह लालिमा तो पश्चिमी क्षितिज के प्रतिबिम्ब का स्वरूप है। हमने, हम राजपूतों ने मानवता के साथ बहुत अत्याचार किया है रतन! धरती को जितनी बार हमने रक्त में साना है उतनी बार बर्बर यवनों को छोड़कर और ही शायद किसी ने किया हो।

"हमने पाप किया है रतन, तो प्रायश्चित भी हमें ही करना पड़ेगा। क्या हुआ जो हमारी एक सन्तान कृष्णार्पिता हो जायेगी? पर ध्यान रखना है, साधारण कृष्णार्पिता नहीं। कृष्ण के उपासक तो तुम्हारी और मेरी तरह कई हैं। वह सच्ची साधिका होगी, नहीं सच्ची सिद्ध वियोगिनी। हमने जिस धरती को रक्त की बूंदों से स्नात किया है उसी धरती को उसके प्रेमाश्रु स्नात करेंगे। इतिहास हमारे नामों को तो भूल जायेगा, पर उसके नाम को वह अपने पृष्ठों से नहीं पोंछ सके, यही आयोजन हमारा इष्ट है रतन! क्या समझे?"

"समझ गया दादू," रतन सिंह ने गद्गद कंठ से ही आरम्भ किया, "बहुत पहले ही इन बातों को गांठ बांध चुका हूं। अपने को भी तो मैंने कृष्णमय ही कर लिया है लेकिन आपकी बातों का अर्थ समझ गया। पहले भी समझ चुका हूं। उसे हम सभी से भिन्न होना है, हम सभी से—सैकड़ों, सहस्रों और लक्षों से। काल-देवता उसके नाम को नहीं मिटा पायेगा दादू! हम नहीं रहेंगे लेकिन उसकी कीर्ति, यावत् चन्द्र-दिवाकर अमिट रहेगी। जो उसका हो जाता है—उस अविनाशी श्रीकृष्ण का, उसके यश, उसकी कीर्ति, उसके नाम को भी तो अमिट अविनाशी होना ही है।"

"ठीक कहते हो रतन!" राव दूदा थोड़ा मुसकराए, "इसमें अपना भी तो कुछ स्वार्थ है।"

"स्वार्थ? अपना कैसा स्वार्थ दादू?" रतन सिंह ने आश्चर्य से भरकर पूछा।

"अरे पगले, मैं तो दिल्लगी कर रहा था। मैं कहना चाहता था कि लोग जब उसे याद करेंगे तो उसके पिता रतन और पितामह दूदा को भी उन्हें याद करना पड़ेगा ही। कि नहीं।" राव दूदा पुनः मुसकराए।

"यह तो तुम्हीं जानो दादू। ऐसा हो भी सकता है पर हमें इससे क्या लेना-

देना ? हमें तो जैसा तुम कहते हो अपनी ओर से थोड़ा उपकार कर देना है उस धरती का जिस पर हमने इतना अत्याचार किया है।"

"ठीक बात है रतन ! मेरा भी ध्येय यही है और हां तुम प्रातः ही अपने स्थान के लिए प्रस्थान करोगे। फिर बात हो पाये या नहीं। तुम्हारी पुत्री को देखने का तो बहुत-बहुत मन करता है पर अभी भी आना संभव नहीं होगा। तुम लोगों की सुरक्षा में उसे छोड़ मैं पूर्णतया आश्वस्त हूं। जन्मोत्सव तो यहां मनाया ही जा चुका। सप्ताह भर बाद तुम नामकरण का उत्सव रखना, उसी में आऊंगा।"

"तो नाम भी आप ही को देना पड़ेगा।"

"क्यों, यह तो राजपुरोहित रामदास का दायित्व है।" दूदा ने प्रतिवाद किया।

"दायित्व होने से क्या होता है दुर्वासा हैं रामदास ?"

"क्या अर्थ ?" राव दूदा ने आश्चर्य से पूछा।

"क्रोधी हैं। बात-बात में क्रोध करते हैं। निस्संदेह रजोगुणी हैं वह। उनसे नामकरण कराना क्या अच्छा होगा ?"

"नहीं होगा।" दूदा ने निश्चयात्मक स्वर में कहा, "क्रोध और करुणा दो विपरीत भाव हैं। जिसे करुणामयी बनना है उसका क्रोधी ब्राह्मण से नामकरण कराना 'प्रथमग्रासे मक्षिका पातः' के समान ही होगा। ठीक है, मैं नामकरण कर दूंगा पर पूजा-पाठ का विधान तो मैं नहीं जानता। हमारी विद्या तो अश्वारोहण और शस्त्र-संचालन तक ही सीमित रही। बौद्धिक कर्मकांडों पर तो ब्राह्मण-विद्वानों का ही अधिकार है। फिर सुना पंडित रामदास सामवेद का भी अच्छा ज्ञाता है। संगीत पर उसका असामान्य अधिकार है। रामदास की विद्वता पर हम प्रश्न-चिह्न नहीं लगा सकते। अभी नहीं, पर बाद में उसे समझा लेंगे। नाम तो मैं सोच कर रखूंगा पर पूजन आदि के लिए रामदास को आमंत्रित अवश्य कर लेना। आगे उसकी अधिक आवश्यकता पड़ेगी। उसकी उपेक्षा ठीक नहीं।"

"जैसी महाराज की आज्ञा।" रतन सिंह ने हथियार डाल दिया, "पर आप नामकरण के दिन प्रातः ही पहुंच जाइएगा।"

"पहले तुम पंडित रामदास से मुहूर्त निकलवा लेना। सप्ताह के अन्दर ही कोई अच्छी तिथि मिल जाय तो अच्छा।"

"यही होगा दादू, रात अधिक हो गई। आप सोने का उपक्रम कीजिए। इस उम्र में आपका रात्रि-जागरण उचित नहीं।"

"ठीक है, तुम भी सो जाओ।" यह कह राव दूदा ने अपने इष्ट का ध्यान किया और पलकें बन्द कर लीं।

दस

आर्य संस्कृति की अपनी एक अद्भुत विशेषता है। यह अत्यन्त दुर्लभ सा ही है। यह सर्वाधिक महत्त्व उस प्राणी को देती है जो प्रथम-प्रथम इस धरित्रि पर पदार्पण करता है अर्थात् नवजात शिशु को।

उसके स्वागत का आयोजन उसके आगमन के पर्याप्त पूर्वही आरम्भ हो जाता है। उसको जन्म देनेवाली—जननी—की विशेष सेवा-सुश्रुषा आरम्भ हो जाती है। एक स्वच्छ परिवेश में प्रसूती-गृह प्रस्तुत होता है और नवजात के आगमन का अनुमान लगते ही प्रसूतिका को इस गृह में, एक आनन्ददायी वातावरण में प्रतिष्ठित कर दिया जाता है।

शिशु के जन्म-ग्रहण करते ही उसके प्रथम क्रन्दन को शंख ध्वनि ही मानकर परिवार और पड़ोस के, प्रांगण में एकत्रित लोग पुलकित हो उठते हैं और एक नये प्राणी के उपलक्ष में कहीं थाल, तो कहीं अन्य वाद्य तो कहीं शंख-ध्वनि के ही स्वर किए जाते हैं। राज-दरबारों में नगाड़े पर चोट पड़ती है सो अलग।

प्रसूती गृह में भी उसके स्वागत के लिए प्रशिक्षित दाई के अलावा परिवार की कई औरतें होती हैं। अर्थात् उसे हाथों-हाथ लिया जाता है। 'नाल' काट कर उसे मातृ-गर्भ से पूर्णतया मुक्त कर दिया जाता है और फिर धो-पोंछकर उसे स्वच्छ वस्त्र में आवेष्टित किया जाता है। मातृ-दुग्ध के पान के पूर्व उसका आहार होता है मधु और फिर कुछ घंटों के बाद उसकी जननी बड़े प्यार से उसे वक्ष से लगाकर पयपान कराती है।

फिर शुरू होते हैं विभिन्न संस्कार। इस सबके लिए पंचांग से तिथि और नक्षत्रों की गणना के अनुसार समय का निर्धारण होता है। ये संस्कार जननी और जातक दोनों से सम्बन्धित होते हैं। प्रसूतिका द्वारा प्रसूती-गृह के त्याग, प्रसूतिका के स्नान आदि के पश्चात् शिशु के लिए षष्ठी-पूजा, उसे नवीन वस्त्र धारण कराये जाने, उसके नामकरण संस्कार, उसके अन्नप्राशन्न (प्रथम-प्रथम अन्न ग्रहण) से लेकर ये जो संस्कार अथवा आयोजन आरम्भ होते हैं तो उनका समापन अगर शिशु, बालक और तथाकथित उच्च वर्ण का हुआ तो यज्ञोपवीत संस्कार में ही होता है।

षष्ठी-पूजा और नामकरण संस्कार का विशेष महत्व है। षष्ठी-पूजन का अर्थ शिशु-जन्म के छठे दिन षष्ठी देवी की नवनिर्मित मृतिका अथवा गोमय की मूर्ति की पूजा होती है। छठा दिन अगर पंचांग-गणना के आधार पर शुभ नहीं हुआ तो पूजा को एक-दो दिन आगे-पीछे भी बढ़ाया जा सकता है। नामकरण-संस्कार का भी विशेष महत्व होता है और नाम अक्सर परिवार के पुरोहित अथवा बृद्धजनों द्वारा ही प्रदान किया जाता है।

कुड़की में मीरा के षष्ठी-पूजन और नामकरण के दिन को रतन सिंह ने एक ही दिन निर्धारित किया। यह इसलिए कि मेड़ता से पिता राव दूदा और उनके सुपुत्र बीरम सिह तथा परिवार के अन्य जनों को दो-दो वार नगर छोड़कर गांव आने का कष्ट नहीं उठाना पड़े।

जन्मोत्सव कुड़की में भी मनाया गया था। मेड़ता से लौटते ही बालिका के जन्म के दूसरे ही दिन वहीं की देखा-देखी रतन सिंह ने भी जन्मोत्सव का आयोजन किया था। मुरलीमनोहर के मन्दिर में तो पूजन-सम्पन्न हुआ ही था, गांव के पूर्व स्थित प्रसिद्ध नीलकंठ-मन्दिर में भी नृत्य-वाद्य के साथ समारोह पूजन हुआ था। इसमें कुड़की ग्राम के अलावा रतन सिंह की जागीर के अन्य बारह ग्रामों के लोग भी सम्मिलित हुए थे। अच्छा हुआ कि एक दिन का अतिरिक्त समय कुड़की वालों को मिल गया था। इससे संवाद को चारों तरफ फैलने का अवसर मिला

और दूसरे दिन जन्मोत्सव के समय सैकड़ों लोग कुड़की में जमा हो गए।

नृत्य-वाद्य एवं गान आदि के समापन के पश्चात् मेड़ता की तरह यहां भी सहभोज का विशाल आयोजन हुआ था और अपराह्न में आरम्भ हुआ यह भोज देर रात तक चला।

रतन सिंह इन सब आयोजनों से निवृत्त हो प्रायः अर्द्ध-रात्रि को ही प्रसूतिका-गृह की ओर मुंह कर पाये थे। जननी और शिशु दोनों गाढ़ी निद्रा में बेसुध पड़े थे। सुषुप्त बालिका का मुख आवरण-रहित था। उसके असामान्य चमक और आकर्षण ने रतन सिंह का एक तरह से प्रथम-प्रथम उसके अद्भुत सौन्दर्य से परिचय कराया था। यों प्रथम दर्शन में ही वह कम अभिभूत नहीं हुए थे और उसी के आधार पर उन्होंने पिता दूदा को सूचित भी कर दिया था कि असामान्य रूप से आकर्षक थी उनकी पौत्री। पर आज तो वे देर तक प्रवेश-द्वार पर ही ठिठक गए थे। एक क्षण को उन्हें लगा था कि शरद पूनो का चांद ही आकाश से उतरकर उनकी पत्नी के पार्श्व में विराजमान हो गया है। वे कुछ पास सरके तो लगा कि चांद से पुत्री-मुख की तुलना उसकी अवमानना ही थी। चांद नहीं सूरज का तेज ही वर्तमान था नवजाता के शुभ्र आनन पर। चांद के स्पष्ट धब्बे बालिका के चेहरे पर कहां थे ? और चांद के पीले रंग के बदले तप्त स्वर्ण का रंग ही विराजमान था वहां, जो सूरज की चमक को भी मुंह चिढ़ाता था। अन्तर इतना ही था कि सूरज के ताप का कहीं पता नहीं था और अगर भान होता था तो पुत्री-मुख से विकीर्ण होती ऐसी पीयूष वर्षिणी स्वर्णिम किरणों का ही जो शान्त थीं, स्निग्ध थीं और थीं अद्भुत रूप से शीतलता प्रदायिनी। देर तक वे वहां ठिठके रहे। पत्नी गाढ़ी निद्रा में निमग्न ही रहीं। पुत्री-मुख के सौन्दर्य से देर तक अभिभूत रहने के पश्चात् वे धीरे-धीरे प्रसूती-गृह से बाहर आ गए। शयन-कक्ष में प्रवेश करते समय उनके मन में एक बात आई। इस सूरज का तेज लिए उत्पन्न बालिका का नाम सूरज-मुखी ही रख दिया जाय तो कैसा रहे ? दूसरे ही क्षण उन्होंने अपने को धिक्कारा। अपनी पुत्री के नामकरण का अधिकार उन्हें कब से मिल गया ? यह अधिकार तो वे कल अपने पिता राव दूदा को समर्पित कर आये हैं।

दूसरे प्रातः उन्होंने राजपुरोहित पण्डित रामदास को आमंत्रित किया था। रामदास जी मेड़ता और कुड़की दोनों राजघरानों के पुरोहित थे। विद्या तो उन्होंने बहुत नहीं अर्जित की थी पर 'निरस्त पादपे देशे एरण्डोऽपि द्रुमायते' (जहां पेड़ नहीं हों वहां अरण्ड-वृक्ष ही पेड़ कहलाता है) की उक्ति के अनुसार पंडित और शास्त्रज्ञ के रूप में उनकी ख्याति चतुर्दिक् अनायास ही फैल गई थी। इसी बात ने उनके अन्दर दम्भ और अहंकार को भी भरपूर भर दिया था जिसके फलस्वरूप उनकी क्रोधाग्नि बात-बात पर प्रचण्ड रूप में भड़क उठती थी और इसी बात पर उन्हें लोगों ने दुर्वासा का उपनाम दे रखा था।

शास्त्रों के तत्त्वज्ञान में पण्डित रामदास जितने पतले हों कर्मकांड-पक्ष पर उनका अच्छा-खासा अधिकार था। विशेष आयोजनों से सम्बन्धित पूजा-पाठ का उनका क्रम चलता तो उसका अन्त ही नहीं होता। मुहूर्त्त व्यतीत होने-होने को आता परन्तु उनका विधि-विधान शेष ही नहीं हो पाता। कहने वालों का यह भी कहना था कि अथर्ववेद-आधारित उनके ज्ञान में उनके स्वयं के पाखंड का ही मिश्रण इतना अधिक था कि उनकी पूजन-पद्धति इतनी जटिल हो आई थी।

चाहे जो हो, सामवेद के कुछ अंशों का उन्होंने विधिवत अध्ययन किया था और कुछ राग-रागिनियों पर भी उनका अद्भुत नियन्त्रण था। पर यह सब कुछ उनके अहंकार-रूपी अग्नि को हवा देने से कुछ अधिक नहीं करते थे। उनके सामवेद ज्ञान की पूछ नहीं के बराबर थी। कभी-कभार मेड़ता के दरबार में उनकी संगीत-सभा जुटती थी और स्वयं राव दूदा भी उसमें सम्मिलित हुआ करते थे। आम जनता के लिए उनका यह ज्ञान किसी काम का नहीं था।

रामदास जी रतन सिंह के निमन्त्रण पर दूसरे दिन प्रातः एक पहर दिन चढ़ते-न-चढ़ते अपनी घोड़ी पर पहुंचे। वस्तुतः रामदास की शारीरिक ऊंचाई कुछ कम थी, अतः वे किसी ऊंचे घोड़े की सवारी कर भी नहीं सकते थे, यही कारण था कि मेड़ता की अश्वशाला से ढूंढ़-ढांढ़ कर एक छोटे कद की घोड़ी चुनी थी राव दूदा ने और उसे उन्हें सहर्ष प्रदान कर दिया था।

राव दूदा की यह घोड़ी श्वेत-वर्णा थी पूरी तरह। बगुले के रंग से कम किसी और रंग से उसकी तुलना नहीं हो सकती थी। घोड़ी के रंग के अनुरूप ही वे अपना परिधान भी नीचे से लेकर ऊपर तक श्वेत ही रखते थे। धोती और बगल-बन्दी के अलावा राजस्थानी पगड़ी भी श्वेत रंग की ही थी। इस भेद का किसी को पता नहीं था कि उनके पास वस्त्रों के कितने जोड़े थे क्योंकि उन्हें जब पाया गया तो सदा पूर्णतया स्वच्छ परिधान में ही। कहा जाता था कि दिन में दस बार भी कहीं जाना पड़े तो वह एक बार का पहना वस्त्र दुबारा नहीं पहनते थे।

उनके प्रचण्ड क्रोधी स्वरूप से परिचित लोग कई बार यह भी सोचते थे कि काश इनके परिधान की तरह इनका हृदय भी श्वेत होता। किन्तु दूसरों के सोचने से क्या होता है, पण्डित रामदास जी अपने क्रोध को स्वाभिमान की संज्ञा देते थे और उस पर नियन्त्रण करने की बात उन्हें अपने व्यक्तित्व की अवमानना लगती थी।

क्रोध पर नियन्त्रण नहीं होने से स्वभावतः जिह्वा पर भी उनका नियन्त्रण नहीं के बराबर था। क्रोधाभिभूत होने से चेहरा सहसा रक्ताभ हो आता जो उनके शरीर के धवल वस्त्रों की पृष्ठभूमि में ऐसा लगता जैसे किसी ने सफेद चादर पर लाल गुलाब का एक फूल टांक दिया हो। पर यह क्रोध भाव-भंगिमा तक ही सीमित रहता तो कोई बात नहीं थी। ऐसे हर अवसर पर उनकी जिह्वा किसी उच्छृंखल अश्व की तरह अनियन्त्रित हो जाती और वे कथनीय और अकथनीय में अन्तर नहीं कर पाते। अपनी जिह्वा की इसी उच्छृंखलता के फलस्वरूप वे मेड़ता-दरबार से कई बार निष्कासित होने को आ गए थे पर राव दूदा के सहज शान्त स्वभाव और सौहार्द के कारण वे हर बार सुरक्षित बच निकले थे।

पिता दूदा से सम्मानित पण्डित रामदास को, रतन सिंह की स्वाभाविक श्रद्धा प्राप्त हो गई थी और वे उनके क्रोध के विस्फोट को हंसते-हंसते झेल जाते थे।

ग्यारह

गीता में एक अच्छी बात कही गई है। वह यह कि नरक के तीन ही द्वार हैं। ये हैं काम, क्रोध तथा लोभ। इनसे जितना ही बच जाइए उतना ही अच्छा—'त्रिविधं

नरकस्येदम् द्वारम् नाशनमात्मनः। कामः क्रोधस्तथा लोभः तस्मादेतत्त्रयं त्यजेत्।'

काम अर्थात् वासना के सम्बन्ध में तो पण्डित रामदास एकदम निष्कलुष थे, लोभ भी कुछ कम नहीं था क्योंकि याचना-वृत्ति पर ही जब परिवार-पोषण करना पड़े तो जो कुछ मिल जाए उसे सहेजना ही पड़ता है। क्रोध के सम्बन्ध में तो कुछ कहने को रह ही नहीं गया है।

लेकिन पण्डित श्री रामदास की क्रोधाग्नि की लपटें आज इस तरह आकाश छू लेंगी, इसका तो अनुमान ही नहीं था किसी को। आज की तरह का उग्र रूप उनका पहले कभी नहीं देखा गया था।

उनकी सदा सुलगती क्रोधाग्नि में आहुति प्रदान किया था रतन सिंह के उस प्रस्ताव ने कि षष्ठी-पूजा और नामकरण संस्कार को यदि सम्भव हो तो एक ही दिन रख दिया जाय।

इसमें पण्डित रामदास को अपनी स्पष्ट आर्थिक क्षति का भान हुआ था। दो दिनों की दक्षिणा के स्थान पर उन्हें एक ही दिन की दक्षिणा मिलती इस प्रस्ताव को मान लेने से। वे इसे नहीं होने देने के लिए कटिबद्ध हो आये थे।

"भला ऐसा भी कभी हुआ है?" पण्डित रामदास ने पहले शान्तिपूर्ण रूप से ही मामले को सुलझाना चाहा था।

"ऐसा पहले नहीं हुआ तो क्या हुआ? आखिर पुरानी परम्पराओं को हम कब तक मरे हुए सर्पों की तरह अपने गले में लटकाये चलेंगे।"

यही बात पण्डित रामदास को लग गई थी। परम्परा को वह मरा सर्प कहना कभी बर्दाश्त नहीं कर सकते थे।

"अगर परम्पराएं, मरे हुए सर्प हैं तो इस परम्परा-निर्वाह का ढोंग ही क्यों करते हो? क्या रखा है षष्ठी-पूजा में और नामकरण में? षष्ठी देवी तुम्हें कोई दण्ड देने आ रही हैं? कोई आकार-प्रकार है उनका? और नाम ही रखना है तो ग्रह-तिथि के निर्धारण की क्या आवश्यकता है? रख लो जो नाम जी चाहे! क्यों पण्डित-पुरोहितों को व्यर्थ में कष्ट देते हो?" पण्डित जी के जी में आया कि इस भाषण के पश्चात् अपने आसन से उठकर तत्काल रतन सिंह के घर के बाहर चले जाएं। पर लोभ था कि उन्हें रात्रि-कमल के अवगुंठन में फंसे भौंरे की तरह ऐसा विवश किए हुए था कि वे चाह कर भी ऐसा नहीं कर सकते थे।

"पण्डित जी, आप व्यर्थ में क्रोधित होते हैं।" रतन सिंह ने पण्डित रामदास को समझाना चाहा।

"अब क्रोध की बात पर तो क्रोध आयेगा ही।" पण्डित रामदास का चेहरा रक्ताभ होने लगा।

"ऐसी मैंने कौन बात कह दी जो आपके क्रोध का कारण बने?" रतन सिंह ने नम्रतापूर्वक कहा।

"यह बताओ कि पण्डित तुम हो कि मैं?" पण्डित रामदास की भृकुटियों पर बल पड़े।

"आप हैं।"

"अथर्ववेद का, कर्मकांड का ज्ञान तुझे है या मुझे?"

"आपको। मुझे तो तलवार और तीर-तरकश के अतिरिक्त और कोई ज्ञान ही नहीं।"

"और सामवेद का ?" पण्डित रामदास के अहंकार का नाग फुफकारने लगा था।

"उस पर भी आप ही का अधिकार है।" रतन सिंह अब भी विनम्र स्वर में बोले।

"ग्रह, नक्षत्र और तिथियों की गणना और उनके सुफल और कुफल का ज्ञान तुम्हें अधिक है या मुझे ?"

"निःस्संदेह आपको।"

"ठीक है," पण्डित रामदास अपनी उसी क्रोध-पूर्ण मुद्रा में बोले, "अब अन्तिम प्रश्न यह कि मैं तुम्हारे कार्यों में दखल देता हूं ? तुम्हें कब युद्ध करना चाहिए, कहां करना चाहिए, किन शस्त्रास्त्रों का उपयोग किस संग्राम में करना चाहिए, इनसे सम्बन्धित मैं तुम्हें कभी कोई परामर्श देता हूं ?"

"नहीं देते।" रतन सिंह ने शान्त स्वर में कहा।

"तब तुम मेरे काम में क्यों टांग अड़ाते हो ?" पण्डित रामदास के क्रोध का अन्त अभी दिखाई नहीं पड़ रहा था, "तुम अपने दायित्वों को देखो, मुझे मेरे दायित्वों का निर्वाह करने दो। बोलो, मैं कुछ गलत कह रहा हू ?"

"गलत तो आप कुछ नहीं कह रहे।" रतन सिंह का स्वर अब भी शान्त था। उनके चेहरे पर भी तनाव का कोई चिह्न नहीं था। उन्हें मालूम था कि ठण्डा लोहा ही गर्म लोहे को काट सकता है, अतः उन्होंने अपने क्रोध पर नियन्त्रण रखना ही उचित समझा। इसके अतिरिक्त मर्यादा का तकादा भी यही था। कुछ भी हो पण्डित रामदास उनके पूज्य पिता के भी पुरोहित थे और उम्र में भी उनसे कुछ अधिक ही होंगे।

"तब ?" पण्डित रामदास ने गर्जना की।

"मेरा तो मात्र एक विनम्र अनुरोध था यह।"

"क्यों और किसलिए ?" रतन सिंह की विनम्रता पर उनके क्रोध का पारा कुछ नीचे तो आया पर लोभ था कि उन्हें अभिनय करने को बाध्य किए जा रहा था। अगर वे अपने दुर्वासा-स्वरूप में जरा भी कमी लाते तो बात को बिगड़ने में बहुत समय नहीं लगने को था।

"वह ऐसे और इसलिए कि," रतन सिंह ने आरम्भ किया, "अगर दोनो संस्कार एक ही दिन सम्पन्न हो जाते हैं तो मेरे वृद्ध पिता को दो-दो बार अश्वा-रोहण कर मेड़ता से कुड़की नहीं आना पड़ेगा। आप तो जानते ही हैं कि अभी-अभी वे काल के गाल से निकले हैं, उन्हें अधिक कष्ट देना क्या उचित होगा ?" पण्डित रामदास का पाला अब तक ऐसी विनम्रता की प्रतिमूर्ति से नहीं पड़ा था। रतन सिंह के विनयपूर्ण व्यवहार और हरसिंगार के पुष्पों की तरह सुकोमल उनके शब्द पंडित जी के क्रोध के पारे को निरन्तर नीचे ला रहे थे। उन्हें पैर के नीचे की धरती खिसकती प्रतीत हुई। रतन सिंह के धारदार तर्कों के सामने उनके तर्क नितान्त धारहीन और व्यर्थ हुए जा रहे थे।

"पर अब भी तो राव दूदा जी अश्वारोहण करते हैं ?" पण्डित रामदास ने अपने तरकश का अन्तिम तीर छोड़ा; "मेड़ता के बाहर के किसी-न-किसी जलाशय तक वे नित्य संध्याकाल पहुंचते ही हैं।"

"यह तो हवाखोरी मात्र के लिए है। तन और मन को कुछ और सबल बनाने

का एक उपक्रम। यही तो इस बात को सिद्ध करता है कि वे पूरी तरह स्वस्थ नहीं और लम्बी यात्राएं उनके अनुकूल नहीं पड़ सकतीं।" रतन सिंह ने उसी विनम्रता से कहा।

पण्डित रामदास निरुत्तर हो गए। पर क्रोध की मात्रा चाहे जो घटी हो लोभ अभी अपने स्थान पर जैसा का तैसा था।

"तुम्हारा यह प्रस्ताव मितव्ययिता को ध्यान में रखकर तो नहीं है?"

"मितव्ययिता कैसी? इस पर तो मैंने सोचा भी नहीं।" रतन सिंह ने अबोध भाव से कहा।

"मितव्ययिता इस रूप में कि तुम दो-दो बार 'भोज-भात' आदि के चक्कर से बच जाओगे और मुझे दक्षिणा भी तुम्हें एक ही बार देनी पड़ेगी।"

रतन सिंह के जी में आया कि वे खुलकर हंसें। अन्ततः यह तथाकथित विद्वान् और गुणज्ञ ब्राह्मण भी अपने असल रूप में आ ही गया। पर वे हंसे नहीं। अपने पिता की उम्र के पुरोहित के प्रति वे किंचित् अश्रद्धा भी नहीं प्रकट कर सकते थे, अतः शान्त स्वर में बोले—"भोज-भात तो आप कहें तो मैं दो के बदले चार दे दूं। रह गई आपकी दक्षिणा की बात तो वह भी आपको मुंहमांगी मिलेगी। आप मुझ पर भी छोड़ देते तो उसमें कोई कमी नहीं आती पर जब आप स्वयं ही कह रहे हैं तो लीजिए आपकी दक्षिणा भी दुगुनी के बदले चौगुनी कर देता हूं। अब तो आप मुहूर्त निकाल लें।"

"हूं!" पण्डित रामदास का क्रोध अकस्मात् निःशेष हो गया पर वे अपने अहंकार जिसे वे अपना स्वाभिमान समझते थे, पर कोई आंच नहीं आने देना चाहते थे। इसीलिए एक हुंकृति के माध्यम से ही उन्होंने अपनी स्वीकृति दी। इस तरह वे अपने स्पष्ट लोभ को भी पूर्णतया अभिव्यक्त नहीं होने देने में समर्थ हो गए।

"तो यही है तुम्हारी इच्छा कि मैं ऐसा मुहूर्त निकालूं जो दोनों संस्कारों के लिए शुभ हो?" वे मन्द स्वर में बोले।

"मैं तो यही अनुरोध करूंगा।"

"यह कोई कठिन नहीं है। ग्रह, नक्षत्र और वार (दिन), तिथि पर हम वेदज्ञ ब्राह्मणों का अधिकार होता है। वे हमारे अनुसार चलते हैं, हम उनके अनुगामी नहीं।" पण्डित रामदास ने स्वाभिमानपूर्वक कहा।

"इसीलिए तो आप हमारे राजपुरोहित हैं। मेरे प्रतापी पिता ने कोई धूप में बाल नहीं पकाये हैं।" रतन सिंह अपने स्वर में पर्याप्त श्रद्धा घोलकर बोले।

"तो बोलो कब का मुहूर्त निकालूं?"

"यह तो आपका पंचांग बोलेगा। मैं कैसे बोलूंगा। ग्रह-नक्षत्रों की चाल...।"

"फिर वही ग्रह-नक्षत्र?" पण्डित रामदास ने रतन सिंह को अपनी बात पूर्ण नहीं करने दी, "मैंने कहा न ग्रह-नक्षत्रों की चाल पर तो हमारा अधिकार है? जिस क्षण, जिस घड़ी अथवा जिस दिन को शुभ बोल दिया वह शुभ, जिसे अशुभ बोल दिया वह अशुभ।" पण्डित रामदास की बात पर रतन सिंह को थोड़ी झुंझलाहट हुई। उन्हें अपने पिता के प्रति भी किंचित क्रोध उभरा—आखिर क्या समझकर उन्होंने ऐसे दम्भी पंडित को अपना पुरोहित बनाया? यह इतना भी नहीं जानता कि ग्रह-नक्षत्र सभी अपनी चाल चलते हैं। उनकी चाल में यह किधर से टांग अड़ा सकता है? पर रतन सिंह को भी थोड़ा-बहुत मुहूर्तों के शुभ-अशुभ

लक्षणों का ज्ञान था, अतः वे आश्वस्त थे कि उनके समक्ष पण्डित रामदास की मनमानी बहुत नहीं चल सकती थी।

"बोलते क्यों नहीं ?" पण्डित जी के स्वर पर अब क्रोध के बदले झुंझलाहट चढ़ी।

"बोलिएगा तो आप ही। मुझे बोलना होता तो आपको कष्ट देता ?"

"तो मेरी मानो तो कल के बाद परसों का दिन तय कर लेते हैं।" पण्डित रामदास ने पचांग के पन्ने उलटते हुए कहा।

"दोनों संस्कारों के लिए ?" रतन सिंह ने आश्वस्त होना चाहा।

"हां जी, जब तुम दोनों की बात कर रहे तो दोनों ही चलेंगे उस दिन।"

"कौन-सी तिथि पड़ती है उस दिन ?"

"एकादशी।"

"एकादशी तो शुभ तिथि है।" रतन सिंह ने सन्तोष व्यक्त करते हुए कहा।

"तो क्या पण्डित रामदास से अशुभ मुहूर्त-निर्धारण की अपेक्षा रखते हो ?" उनकी भृकुटियों पर पुनः बल पड़ा।

"नहीं, नहीं ऐसी बात तो मैं स्वप्न में भी नहीं सोच सकता। आप तो हमारे सम्पूर्ण परिवार के शुभचिन्तक हैं, आप्से कैसे अशुभ हो सकता है हमारा ?"

"वही तो। तो तय रहा परसों ?"

"नक्षत्र क्या पड़ता है उस दिन ?" रतन सिंह धीरे-धीरे पूर्णतया आश्वस्त हो जाना चाहते थे।

"पुष्य।" पण्डित जी ने एक शब्द कहा।

"पुष्य ? यह तो बड़ा शुभ नक्षत्र है।" रतन सिंह के मुंह से अनायास निकला।

"शुभ तो है ही नक्षत्रों का राजा है यह," पण्डित रामदास ने अपने ज्ञान पर गर्व करते हुए संस्कृत की एक पंक्ति जोड़ दी—'सर्व सिद्धिकरं पुष्यं विद्यायां च गुरु यथा'—जिस तरह विद्या में बृहस्पति पारंगत है उसी तरह पुष्य सभी कार्यों में सिद्धि-प्रदान करने में सक्षम है।"

"भद्रा तो नहीं आती है उस दिन ?"

"तुम तो स्वयं पूर्ण पण्डित लगते हो।" पण्डित जी की क्रोधाग्नि पर पुनः हवा पड़ने लगी, "अगर उतना सब जानते हो तो विधि-विधान भी तुम्हीं करा लेते। एक पंचांग लेकर मुहूर्त भी निकाल लेते। मेरी क्या आवश्यकता पड़ी थी ?"

"आप तो व्यर्थ में क्रोध करते हैं," रतन सिंह ने विनम्रतापूर्वक कहा, "मैं तो यों ही आश्वस्त होना चाहता था। विधि-विधान मैं आपके समक्ष क्या कराऊंगा ? मुझे तो संकल्प का मन्त्र तक ज्ञात नहीं।"

"इसीलिए तो कहा कि अपने दायित्वों तक ही अपने को सीमित रखो! कौन ऐसा मूढ़ ब्राह्मण होगा जो भद्रा के काल में मुहूर्त रखेगा ? अब तुम चन्द्रमा की बात पूछोगे कि वह दाहिने पड़ेगा तुम्हारी बच्ची के या बाएं, आगे या पीछे ? फिर योगिनी की बात पूछोगे। फिर योग पर आओगे। इतनी माथा-पच्ची करनी हो तो कर लो, सारे कार्य स्वयं। मैं श्रीमान् राव दूदा से सब कुछ कह कर निश्चिन्त हो जाऊंगा। मुझे कोई दोष नहीं देगा। मुझे नहीं पता था कि राव दूदा का कनिष्ठ पुत्र ज्योतिष में भी इतना अधिकार रखने का दावा रखता है। यहां तो मैं पूर्णतया अनुपयोगी हूं। तो मैं चलूं ?" पण्डित रामदास उठने-उठने को हुए।

"नहीं, अभी नहीं।" रतन सिंह ने हाथ जोड़कर कहा।

"तो क्या अपना और अपमान कराना है मुझे?"

"इसमें मान-अपमान की बात कहां से आ गई? आपने जो मुहूर्त तय किया, उसे मैंने मान लिया। थोड़ी-बहुत जिज्ञासा की तो वह मेरे सदृश अल्पज्ञ के योग्य ही थी। विधि-विधान सब आप ही को सम्पन्न करने हैं। भला कुल-पुरोहित के रहते उस पर और किसी का कहां और किधर से अधिकार बनता है? मेरा निवेदन तो यह है कि भोजन आदि से निश्चिन्त होकर, दक्षिणा-ग्रहण कर ही आप जाएं।"

रतन सिंह ने जानबूझ कर लालची पुरोहित के मर्म पर ही चोट की। दक्षिणा की बात सुनकर वे अब कहां जाने वाले थे। फिर भी उन्होंने कहने के लिए कहा, "अभी दक्षिणा की बात कहां से आती है? अभी मैंने किया ही क्या है? संस्कार तो परसों होंगे?"

"वाह! किया कैसे नहीं," रतन सिंह जी सिर झुकाकर बोले, "आपने मुहूर्त जो निकाला? उसकी दक्षिणा तो चाहिए ही।"

"उतना तो तुम भी कर सकते थे। वार, तिथि, नक्षत्र आदि का ज्ञान तुम्हें कहां मुझसे कम है? रह गई औपचारिकता की बात तो लाओ दक्षिणा ग्रहण कर लेता हूं। खाने-पीने के बाद तो खाने-पीने की दक्षिणा होती है ब्राह्मण की। पंचांग खोलने और बन्द करने की दक्षिणा तो पंचांग पर ही चढ़ानी होती है जैसे शिव-लिंग के मस्तक पर जब तक विल्वपत्र नहीं चढ़ाओ तब तक औघड़दानी पशुपति प्रसन्न नहीं होते, उसी प्रकार पंचांग पर दक्षिणा न्यौछावर किए बिना ग्रह-नक्षत्र भी वक्री ही रहते हैं। इतना तो तुम जानते ही होगे। स्वयं शास्त्रज्ञ प्रतीत होते हो।" पंडित जी पंचांग कुछ आगे खिसकाते हुए बोले।

"मैं भला क्या खाकर आपके समक्ष शास्त्रज्ञ बनूंगा पर दक्षिणा की बात से मैं अनभिज्ञ नहीं।" यह कहकर रतन सिंह ने सोने की पांच गिन्नियां पंचांग पर चढ़ा दीं।

पण्डित जी प्रसन्न हो आये और चेहरे पर छाई अब तक की सारी क्रोध-जनित विकृति क्षण-मात्र में तिरोहित हो गई।

उसके पश्चात् भोजन आदि कर पण्डित रामदास ने थोड़ा आराम किया और चलने को प्रस्तुत हुए तो रतन सिंह ने चार गिन्नियां उनके चरणों पर रख दीं। रामदास जी गद्‌गद् हो गए और रतन सिंह की पीठ ठोंककर आशीर्वाद देते हुए बोले—"यशस्वी भव। कीर्तिवान् भव। संग्रामजयी भव। आयुष्मान् भव।"

रतन सिंह पूर्णतया समझ रहे थे कि यह सब करामात इन स्वर्ण-गिन्नियों की थी जिन्होंने श्रावण के बादल की झड़ी की तरह पुरोहित के मुख से वरदानों की झड़ी लगा दी। पर सोचने की बात यह है कि क्या ऐसे लालची, अहंकारी और क्रोधी ब्राह्मण के वरदान फलेंगे भी?

"परसों मैं प्रातःकाल ही पहुंच जाऊंगा। तुम पूजन-सामग्री जुटाकर रखना।" पण्डित रामदास चलते-चलते बोल गए।

"सामग्री की सूची तो बनवा देते।" रतन सिंह ने अनुरोध किया।

"अब मुझसे बनो नहीं। तुम इतना कुछ जानते हो तो पूजा की सामग्री की सूची मुझे बनानी पड़ेगी? मैं तो निमित्त मात्र हूं, ब्राह्मण होने के नाते। मुरली-

मनोहर के उपासक हो न तुम ? जानते हो गीता में उसने भी अर्जुन से कहा था—निमित्त मात्र बनो—मया एते हता पूर्वमेव, निमित्त मात्रं भव सव्यसाचिन्—इन योद्धाओं से डरते हो ? ये तो पहले ही मेरे द्वारा मारे जा चुके हैं, तुम निमित्त मात्र बन जाओ।"

बारह

पूंगी फल, आम्र-पल्लव, हल्दी, दूर्वा, कदली-स्तंभ, जावा-कुसुम, गंध, असगंध, सुगंध, रोली, अक्षत, चन्दन, अबीर, गुलाल, दूध, दही, मधु, मखाना, कलश, धूप, दीप, नैवेद्य के विभिन्न प्रकार आदि रतन सिंह ने दूसरे दिन ही जुटा लिया। पंच नदियों का जल—गंगा, नर्मदा, यमुना, गोमती, गोदावरी और चारों तीर्थों—रामेश्वर, पुरी, द्वारिका और बद्रिकाश्रम की पवित्र मिट्टी पहले से ही घर में सुरक्षित थी।

आज ही उन्होंने कल के आयोजनों के लिए मेड़ता के साथ-साथ अपने अन्य संगी-संबंधियों और बारह गांवों के सभी प्रजाजनों को भी निमंत्रण भेजवा दिया।

भूजपत्र पर केशर की स्याही और दाड़िमवृक्ष की डंटी की लेखनी से लिखकर प्रथम निमंत्रण-पत्र मुरली मनोहर के चरणों में रखा गया। रतन सिंह ने स्वाध्याय किया था। शस्त्रास्त्रों के संचालन और अश्वारोहण में तो वे दक्ष थे ही श्रीकृष्ण के प्रति अनुराग के कारण उन्होंने साहित्य का भी अच्छा ज्ञान प्राप्त किया था। राजस्थानी पर तो उनका अधिकार था ही और वे उसमें पद्य-रचना भी करने में समर्थ थे। उन्होंने अपने इष्टदेव मुरलीमनोहर के लिए स्वयं ही राजस्थानी में कई पदों की रचना भी की थी। उनकी पत्नी भी राजस्थानी पद-रचना में दक्ष थीं। पति-पत्नी दोनों ने सम्मिलित रूप से भी मुरलीधारी के लिए कई पद रचे थे।

अपने संस्कृत ज्ञान का आधार ले मुरलीमनोहर को निमन्त्रण देवभाषा (संस्कृत) में ही रतन सिंह ने लिखा। जैसे कोई अपने अत्यन्त आत्मीय अथवा शुभेच्छु को आमन्त्रित करता है, उसी तरह रतन सिंह ने अपने मुरलीमनोहर को आमन्त्रित किया—

> श्रीमन्तः मुरलीमनोहरणां पूज्यचरणेषु रत्नासिंहस्य, दासानुदासस्य अशेषाः प्रणामाः। तदुपरांतं निवेदनं यत् दासस्य प्रथमसंतानस्य श्व षष्ठीपूजा, नामकरणसंस्कारश्च आयोजितमस्ति। अस्मिन् अवसरे भगवतः श्रीकृष्णस्य, मुरलीमनोहर नाम अस्माकं इष्टदेवस्य अनुकम्पा अत्यावश्यका। अतः इयम् प्रार्थना यत्श्रीमन्तः निज उपस्थित्या दासं इमं कृतकृत्यं कुर्वन्तु।
>
> भवन्तः दासानुदासः,
> रतन सिंह:।

श्रीमान् मुरलीमनोहर के पूज्य चरणों में दासानुदास रतन सिंह के अशेष प्रणाम। इसके पश्चात् निवेदन कि दास की प्रथम संतान की षष्ठी-पूजा तथा नामकरण उत्सव कल आयोजित होगा। इस अवसर पर हमारे इष्टदेव मुरलीमनोहर की अनुकम्पा अत्यन्त आवश्यक है। अतः यह प्रार्थना कि इस अवसर पर उपस्थिति हो श्रीमान् दास को कृतकृत्य करें।

आपका दासानुदास,
रतन सिंह

अपने पिता राव दूदा, भाई बीरम सिंह एवं उनके परिवार तथा अन्य लोगों तथा प्रजाजनों को नाइयों द्वारा मौखिक निमंत्रण ही भेजवाया गया।

केवल पूजन-सामग्री ही पर्याप्त नहीं थी। इस अवसर पर पुनः एक बार भोज का प्रबन्ध भी आवश्यक था, अतः प्रचुर संख्या में हलवाइयों की भी व्यवस्था की गई जिन्हें कल प्रातः ही पक्वान्न तैयार करने में लग जाना था कि अपराह्न में षष्ठी-पूजा एवं नामकरण समारोह समाप्त होते ही लोगों को भोजन प्रदान किया जा सके।

रतन सिंह ने पूज्य पिता राव दूदा और अग्रज बीरम सिंह के साथ-साथ सभी सगे-संबंधियों के लिए नूतन परिधान का भी प्रबन्ध किया जो उन्हें विदा के अवसर पर दिया जाता। इनके अलावा प्रमुख सभासदों तथा ग्राम-प्रमुखों के लिए भी वस्त्र का प्रबंध किया गया। गांवों के गरीब कृषकों की एक वर्ष की मालगुजारी को माफ करने की भी घोषणा कल की जानी थी जिसके लिए आवश्यक निर्देश राजस्व अधिकारी को दे दिया गया था।

षष्ठी-पूजा को मुरलीमनोहर के मन्दिर में ही सम्पन्न होना था। इस हेतु मुरलीमनोहर की मूर्ति से थोड़ी दूर पर ही कदली-स्तम्भों एवं नवीन वस्तु-खंडों के सहारे एक मंडप का निर्माण किया गया। इसमें कल गौमय की, षष्ठी-देवी की मूर्ति का निर्माण पंडित रामदास जी अपने करों से कर उसमें प्राण प्रतिष्ठा करते।

आज की पूरी रात पत्नी से कल के आयोजन के सम्बन्ध में विचार करते ही बीत गई। इस मध्य रतन सिंह अपनी पुत्री के अत्याकर्षक चेहरे और उससे प्रस्फुटित होती सी ज्योति-तरंगों को भी बार-बार अवलोकित करते रहते। इसी मध्य उसके लिए कई नाम भी उनके मन में आये, जैसे रश्मि, ज्योत्सना, चन्द्रिका आदि। पर उन्हें उन्होंने होंठों के अन्दर ही बन्द रखा और पत्नी के ऊपर भी उन्हें अभिव्यक्त नहीं किया। ऐसा करना अपराध से कम क्या होता? अन्ततः नामकरण कल विधिवत, पूजा के पश्चात् सम्पन्न होना था और इसका अधिकार उन्होंने पहले ही अपने देवतुल्य पिता को दे रखा था।

इसी मध्य उन्हें पुरोहित रामदास की याद आई। कल वे प्रातः दुर्वासा नहीं बन जायं। क्या पता नामकरण के अपने अधिकार के छिन जाने से कल उनकी क्रोधाग्नि पुनः भड़क उठे। उन्हें अपने संस्कृतज्ञ होने और वैदिक ज्ञान से पूर्ण होने का भान जो निरन्तर बना रहता था। पता नहीं कल वे अपने अधिकार का अपहरण झेल पायें अथवा नहीं। पर रतन सिंह को दो बातों का भरोसा था। प्रथम यह कि पिता राव दूदा के समक्ष रामदास जी को अपने क्रोध पर नियंत्रण करने को बाध्य

ही होना पड़ता और द्वितीय यह कि रामदास जी का संबंध दक्षिणा से अधिक था और नामकरण आदि संस्कारों से कम। उन्हें प्रचुर दक्षिणा लोभ दिया ही जा चुका था, साथ ही कल दी गई गिन्नियां इस बात का पर्याप्त प्रमाण थीं कि आने वाला कल भी उनके लिए आर्थिक दृष्टि से यथेष्ट लाभकारी सिद्ध होने वाला था।

रतन सिंह जी को अपने द्वारा सोचे गए नाम बहुत पारंपरिक और सामान्य से लगे। उनकी अद्भुत पुत्री के लिए कोई अनूठा नाम ही चुनना था। ऐसा नाम जैसा आज तक किसी का नहीं हुआ हो। यह तो निश्चित था कि भविष्य के लिए इसके सम्बन्ध में कुछ नहीं कहा जा सकता था। यदि उनकी पुत्री की कीर्ति दशों दिशाओं में फैली और जिसकी पूर्ण संभावना थी तो कई लोग अपनी पुत्रियों के नाम उसी के नाम के आधार पर रखने लगेंगे। तब वे किसको और कब तक रोकेंगे? और रोकने के लिए वे उतने दिन जीवित भी रहेंगे क्या जितने दिन उनकी इस दैवी वरदान-स्वरूप प्राप्त पुत्री की कीर्ति के बने रहने की संभावना थी?

रतन सिंह को अपने पूज्य पिता की क्षमता पर पूर्ण विश्वास था कि वे अपनी प्राण-प्रिय पौत्री के लिए कोई अच्छा-अनूठा नाम अवश्य चुन लेंगे अथवा क्या पता अब तक चुन भी लिया हो क्योंकि उन्हें तो अपने दायित्व का पता था ही।

उनकी अर्द्धांगिनी ने भी नामकरण के दायित्व को जैसे पूर्णतया अपने श्वसुर पर ही छोड़ रखा था और उनकी अधिकांश बातें पुत्री को लेकर ही होतीं—

"ऐसी सुन्दर लड़की तुमने पहले कभी देखी है?"

"नहीं तो।" रतन सिंह को स्वीकार करना पड़ता।

"मुझे तो यह किसी देवी-सी प्रतीत होती है।"

"हो भी सकती है।" रतन सिंह जी कहते, "मानव-पुत्रियां इतनी सुन्दर कहां होती हैं?"

"यह बचेगी तो?" पत्नी आशंका प्रकट करती।

"ऐसा क्यों कहती हो, भला ऐसे शुभ समय में ऐसी अशुभ बात कहते हैं?" रतन सिंह पत्नी को लगभग डांटते-से बोलते।

"क्या पता मन क्यों आशंकाग्रस्त हो आता है। सुना है ईश्वर को भी अच्छे लोग बहुत प्यारे लगते हैं और वह उन्हें बहुत शीघ्र अपने यहां बुला लेता है।" रतन सिंह की पत्नी की इस बात पर कहीं दूर खड़ी नियति अवश्य जी भरकर हंसी होगी क्योंकि औरों को नहीं तो उसे अवश्य पता था कि ईश्वर अच्छी चीजों को नहीं तो अच्छी चीजों के निर्माताओं और निर्मातृओं को अवश्य इस धरती से शीघ्र उठा लेता है ताकि वे अच्छी पर अच्छी चीजें ही नहीं निर्मित करते चले जायं।

तेरह

"ॐ गणानांत्वा गणपतिग्वं हवामहे, प्रियाणांत्वा प्रियपतिग्व हवामहे, निधीनांत्वा निधिपतिग्वं हवामहे। वसोमं आहम जानि गर्भं धयात्वम् जासि गर्भं धम। ॐ गणाधिगणपतये नमः, गौरी देव्यै नमः। इहा गच्छ इह तिष्ठ इमां मम पूजां गृहाण।"

प्रातः ही गौरी-गणपति के आह्वान से पुरोहित पंडित रामदास ने पूजन आरम्भ कर दिया था। किसी भी मांगलिक अनुष्ठान में सर्वप्रथम विघ्न-विनाशक गणेश की आराधना-अर्चना आवश्यक होती है। इसीलिए कहा जाता है कि शिव विवाह भी गणपति-पूजन से आरम्भ हुआ था यद्यपि गणपति शिव के पुत्र हैं—

स्वयं शिव ने निज विवाह में,
पूजा जिस गणनायक को।
प्रथम प्रणाम निवेदित मेरा
उस विघ्नहर विनायक को॥

इसके पीछे तर्क यह दिया जाता है कि देवता अमर हैं तथा एक कल्प की घटनाएं दूसरे कल्प में उसी तरह दुहराई जाती हैं। ऐसी स्थिति में सन्तानोत्पत्ति के पूर्व विवाह-काल में ही अपनी ही संतान की शिव-पूजा कोई विस्मयकारी घटना नहीं है।

गौरी गणपति के आह्वान-पूजन के पश्चात् षष्ठी-पूजन के पूर्व पंडित रामदास ने गोमय की, षष्ठी-देवी की मूर्ति बनाकर उसमें विधिवत प्राण-प्रतिष्ठा की और उसके षोड्षोपचार पूजन के पश्चात् पुरुष-मंडली वहां से उठ गई। स्वयं राव दूदा, उनके ज्येष्ठ पुत्र बीरम तथा अन्य पुरुष सम्बन्धी बाहर बैठके में आ गए।

अब महिलाओं की बारी थी। षष्ठी-पूजन वस्तुतः उन्हीं का उत्सव है। इसमें रतन सिंह की अर्द्धांगिनी के अलावा बीरम सिंह की पत्नी एवं अन्य औरतों ने खुलकर भाग लिया। चन्दन, पुष्प, धूप, अक्षत और नैवेद्य आदि षष्ठी देवी को अर्पित हुए और अन्ततः कर्पूर की आरती की गई—

सर्व मंगल मांगल्ये शिवे, सर्वार्थे साधिके,
शरण्ये त्र्यम्बके गौरी नारायणि नमोस्तुते।
शरणागत दीनार्त परित्राण परायणे
सर्वस्यार्त हरे देवि नारायणि नमोस्तुते।

नवजाता को भी जननी गोद में ले षष्ठी-देवी के पास लाई। उसके देदीप्यमान-मस्तक को षष्ठी देवी का स्पर्श प्रदान किया गया। कर्पूर आरती के धूम्र को स्वर्ण के एक पात्र में संजोकर कज्जल-निर्माण हुआ। कज्जल का एक अंश बालिका की आंखों में लगाया गया और शेष भाग को तिलक के रूप में उसके नन्हें ललाट पर सजा दिया गया।

षष्ठी-पूजन की समाप्ति के पश्चात् राव दूदा, बीरम सिंह तथा अन्य पुरुष-अतिथि रतन सिंह के साथ पुनः मुरलीमनोहर के मंदिर के पास एकत्रित हुए।

अब नामकरण की विधि को सम्पन्न होना था।

राजपुरोहित ने सर्वप्रथम वैदिक मंत्र से स्वस्ति-वाचन समाप्त किया—
ॐ आनोभद्रा ऋतवोयन्तु विश्वतोदग्धा सोऽपरिता देवानो यथा सद्मद्वृद्धे···।

पुनः पौराणिक मंत्र से स्वस्तिवाचन हुआ—

ॐ स्वस्तिनः इन्द्रो वृद्ध सर्वाः स्वस्तिनो
पूष्या इष्टदेवा, स्वस्तिनों वृहस्पतिर्दधातु···।

स्वस्तिवाचन के पश्चात् पुनः गौरी-गणेश पूजन तथा फिर नव-ग्रहादि पूजन सम्पन्न हुआ—

ॐ सूर्याय नमः
ॐ चन्द्रमाय नमः
ॐ मंगलाय नमः
ॐ बुधाय नमः
ॐ बृहस्पतये नमः
ॐ शुक्राय नमः
ॐ शनिश्चराय नमः
ॐ राहवे नमः
ॐ केतवे नमः

नव-गृह-पूजन के पश्चात् दश दिक्पाल तथा अन्य देवताओं का पूजन किया गया।

ॐ गृह-देवेभ्या नमः
ॐ ग्राम-देवेभ्यो नमः
ॐ नगर-देवेभ्यो नमः
ॐ सर्वेभ्योः देवोभ्यो नमः
ॐ सर्वेभ्योः देविभ्यो नमः

इसके पश्चात् मुरलीमनोहर के विग्रह की सर्वविध पूजा सम्पन्न हुई। उन्हें नूतन पीताम्बर धारण कराया गया। मोरपिच्छ परिवर्तित हुआ और 'माखन-मिश्री' का भोग लगाकर जल निवेदित किया गया। 'मुख-शुद्धार्थं' ताम्बूल (पान) सर्मपित हुआ।

अब नामकरण की बारी थी। बालिका को धातृ ने लाकर रतन सिंह की गोद में दिया। उसे नवीन पीत वस्त्र में आवेष्टित किया गया था। रतन सिंह की गोद में जैसे प्रातःकालीन सूरज का गोला ही उतर आया था।

"अस्याः बालिकायाः (इस बालिका का···)" पंडित रामदास ने देवभाषा में नामकरण आरम्भ ही किया कि रतन सिंह ने उन्हें बीच में ही रोक दिया, "पुरोहित जी अपनी पौत्री का नामकरण स्वयं इसके पितामह मेरे पिता श्रीमान् राव दूदा जी करेंगे, यह पहले से निर्णित है।"

पंडित रामदास एक क्षण को स्तब्ध रह गए। उनका मुख क्रोधाधिक्य से रक्तिम हो आया। वे कुछ कहना चाहते थे किन्तु राव दूदा की वहां उपस्थिति के कारण उन्हें अपनी जिह्वा को नियंत्रण देना पड़ा।

"पर मेरी दक्षिणा···?" अन्ततः पुरोहित के लोभ ने उन्हें धर ही दबोचा।

"एक सहस्र स्वर्ण मुद्राएं।" रतन सिंह ने घोषित किया और तत्काल क्रोध से पूर्णतया रक्तिम हो आया राजपुरोहित का आनन सामान्य हो गया।

पंडित रामदास के मौन धारण करने के पश्चात् राव दूदा ने धीरे-धीरे आरंभ किया—"मेरे चिरंजीवी कनिष्ठ पुत्र ने अपनी प्रथम संतान के नामकरण का भार मेरे ऊपर दिया है। मैं तो यह भार अपने राजपुरोहित को ही सौंपना चाहता था पर पुत्र की प्रबल इच्छा को ध्यानगत रखते हुए मुझे यह कार्य सम्पादित करना पड़ रहा है।

"मैंने गत दो-तीन दिनों में अपनी लावण्यमयी लाड़ली पौत्री के लिए कई नामों पर चिन्तन किया। पर मुझे कोई पारम्परिक नाम पसन्द नहीं आया। मेरे पुत्र ने भरसक इसके असामान्य सौंदर्य का वर्णन किया था। आज देखता हूं कि उसका वर्णन भी अधूरा ही था। बिना देखे यह विश्वास ही नहीं किया जा सकता कि किसी मानवी को भी विधाता ऐसा लावण्य, ऐसा अद्भुत आकर्षण प्रदान कर सकता है!

"मैंने कहा मुझे कोई पारम्परिक नाम पसन्द नहीं आया। जिस रूप में मेरी पौत्री का रूप अनूठा है, वैसा ही अनूठा नाम भी मैं इसे देना चाहता था—अनूठा, अनसुना और अछूता। विधाता ने इसे जैसा रूप दिया वैसा किसी और को अब तक नहीं प्रदान किया। वैसे ही मैं इसे वैसा नाम देना चाहता था जैसा किसी और को नहीं मिला हो।

"बहुत चिन्तन के पश्चात् मुझे एक नाम सूझा—मीरां। आप जानते हैं देव भाषा में मीरां का अर्थ जलाशय होता है। हमारी पुत्री भी किसी जलाशय के स्वच्छ स्फटिक-से सलिल की तरह है। मेरी धारणा और आकांक्षा है कि मेरी पौत्री का बहिरंग जितना स्वच्छ है, उसका अंतरंग भी, उसका हृदय भी उतना ही आकर्षक, निष्कलुष और स्फटिक-सदृश सलिल-सा ही स्वच्छ हो। यही सोचकर मैंने इसका नाम मीरां रखा। आशा है आप सभी को यह नाम पसन्द आयेगा।

"इस नाम की एक और विशेषता है। इसका मेल हमारे प्रिय नगर अथवा राज्य मेड़ता से भी पूरी तरह खाता है। मीरां+ता, मीरता होता है अर्थात् जलाशय-युक्त। मीरता का अपभ्रंश रूप ही मेड़ता हो आया है। मेड़ता नगर के आस-पास जलाशय ही जलाशय हैं। निश्चित ही इस नगर की इसी विशेषता के कारण कभी पंडित रामदास जी के सदृश किसी वेदज्ञ-संस्कृतज्ञ ने इसका नाम मीरता ही रखा होगा।

"अतः, मेरी इस आयुष्मती पौत्री का नाम मीरां पड़ा यद्यपि पुकारने में सुविधा हेतु इसे हम मीरा नाम से ही संबोधित करेंगे। मुझे विश्वास है यह एक अछूता, अनूठा नाम है। ऐसा नाम अब तक किसी का नहीं रखा गया होगा। आप सबों की सहमति हो तो इस नैसर्गिक बाला को हम मीरा नाम से ही पुकारें।"

"यह सर्वथा उपयुक्त नाम है।" सर्वप्रथम पंडित रामदास ने ही इसका समर्थन किया।

"हम सभी को यह नाम पसन्द है।" शेष लोगों ने एक साथ कहा।

"दादू ने अद्भुत नाम दिया अपनी पौत्री को।" रतन सिंह ने धातृ के हाथों अपनी पुत्री को सौंपते हुए कहा।

पर्दे के उस पार रतन सिंह और बीरम सिंह की पत्नियां तथा अन्य औरतें सब कुछ सुन रही थीं। तत्काल ही सबकी जिह्वा पर यह नाम चढ़ गया—मीरा, मीरा, मीरा, मीरा···।

चौदह

सौन्दर्य किसे प्रिय नहीं होता? चाहे वह मानवी सौंदर्य हो या प्राकृतिक। पूनो का भरा-पूरा चांद किसे नहीं बांधता और जल-पूरित श्यामल मेघ? अपनी विशालता में अंगड़ाइयों-सा लेता विस्तृत महासागर, किसके मन में प्रसन्नता का ज्वार नहीं जगा जाता? और गगन-स्पर्श, हरीतिमा-पूरित पर्वत? उनसे झरते फेनिल जल प्रपात? कल-कल करतीं, इठलातीं, मचलतीं अपनी मस्ती में बहतीं नदियां? किसके मन को नहीं बांधते ये सब? बड़ी आंखों को देखकर कौन आंखें हैं जो तृप्त नहीं हो जातीं? मीनाक्षी क्या नाम किसी का यों ही पड़ता है? मीन की आंखों-सी सुन्दर आंखें किसकी आंखों में नहीं गड़ जातीं।

सौंदर्य सबको बांधता है, आकृष्ट करता है, अभिभूत करता है।

और यह सौंदर्य किसी अपने अथवा अपनी का हो तब? यदि निसर्ग का यह वरदान किसी आत्मीय को ही प्राप्त हुआ हो—अपने ही पुत्र अथवा पुत्री—को तब? तब वह और बहुमूल्य हो आयेगा या नहीं? अपनी कुरूप संतान भी माता-पिता की आंखों को सुन्दर लगती है पर वह संतान अगर सचमुच आकर्षक हुई, असामान्य रूप से आकर्षक, तो उस पर माता-पिता अपने प्राण छिड़केंगे अथवा नहीं? उसे सदा अपने नेत्रों के समक्ष ही रखने का प्रयास करेंगे या नहीं?

तो मीरा के पिता रतन सिंह और उसकी मां उसको आंखों के तारे के समान संजो रहे थे तो इसमें आश्चर्य क्या?

यह सही था कि रतन सिंह का अधिकांश समय जागीर की देख-रेख और पिता राव दूदा की ओर से लड़ाइयों में भाग लेने में ही व्यतीत होता था, अतः मीरा के पालन-पोषण का पूरा दायित्व उसकी मां और धातृ अर्पणा पर आ गया था। कुड़की के महल में और दासियां भी थीं पर रतन सिंह की पत्नी अर्पणा के अलावा और किसी को मीरा को हाथ नहीं लगाने देती थी। ऐसे भी, अर्पणा को मीरा की परिचर्या का अवसर कम ही मिलता। जब रतन सिंह की पत्नी महल के मुरलीमनोहर की सेवा में व्यस्त रहतीं तभी अर्पणा मीरा को अपने हाथ में पाती वर्ना बेटी को उबटन लगाने, स्नान कराने और उसकी बड़ी-बड़ी आंखों में काजल लगाने तक का कार्य रतन सिंह की पत्नी स्वयं ही करती।

मीरा के शरीर में तैल-मर्दन करते समय अथवा उसे स्नान कराते समय अर्पणा अथवा रतन सिंह की पत्नी को जिस बात से सर्वाधिक आश्चर्य होता वह थी आंखों के बाद मीरा की ग्रीवा। मीनाक्षी थी मीरा और गर्दन शंखाकार। ऐसी गर्दन तो अब तक अर्पणा ने देखी नहीं थी और न देखी थी मीरा की मां ने ही। रतन सिंह ने ही बताया था कि शंख-ग्रीवा कहते हैं ऐसी गर्दन वाली को। मीनाक्षी और शंख-ग्रीवा होने के अलावा सौंदर्य के और भी कई आयाम समेट रखे थे मीरा

ने अपने अन्तर्गत। उसके पतले होंठ। थोड़े दिनों के बाद जब दांत निकल आये तो दाड़िम के दानों-सी उनकी पंक्ति। उसके चेहरे की अद्‌भुत नैसर्गिक चमक। कमल-नाल से भी कोमल उसके हाथ-पैर। सब कुछ बांधते थे मीरा की मां को और मीरा के तेजी से बढ़ते आकार को देख-देख वह फूली नहीं समाती थी।

मीरा के लिए रतन सिंह ने एक स्वर्ण-खचित पालना बना रखा था। अक्सर उसे पालने में लिटाकर मां अथवा धातृ अर्पणा मीरा को झूला झुलाया करती। मीरा ने तो जैसे रोना सीखा ही नहीं था। वह अक्सर सोयी और जगी दोनों अवस्थाओं में मुसकराती रहती। दोनों पैरों और हाथों को उछाल-उछाल जब पालने में लेटी मीरा मुसकराती और किलकारियां मारती तो धातृ अर्पणा कहती—"भगवान खेला रहे हैं हमारी लाड़ली बिटिया को।"

"गिरिधर गोपाल खेलाते होंगे और क्या?" मुरलीमनोहर की मूर्ति की ओर देखते हुए मां बोल पड़ती।

रतन सिंह की पत्नी ने यह ध्यान रखा था कि मीरा का पालना अक्सर मुरली-मनोहर की मूर्ति के आसपास ही टांगा जाय। ऐसी स्थिति में पालने में पड़ी मीरा कहीं और नहीं देखकर मुरलीमनोहर की मूर्ति को ही निर्निमेष निहारती रहती। यह शायद इसलिए भी था कि रतन सिंह की पत्नी मुरलीमनोहर की मूर्ति को बहुत सजा-संवारकर रखती। उन्हें पीताम्बर धारण कराकर उनके सिर पर स्वर्णिम मुकुट सजाती और उसमें नित्य ताजा मोर-पिच्छ खोंसना नहीं भूलती। मुरली तो उनके होंठों से सटी ही रहती। मुरलीमनोहर की मूर्ति के हाथों को शिल्पकार ने ऐसी भंगिमा में मोड़कर रखा था कि उसमें मुरली पूरी तरह ठीक-ठाक बैठ जाती थी। रतन सिंह की पत्नी अक्सर इस मुरली को बदलती रहती। कभी बांस की स्वर्ण-खचित मुरली उनके हाथों में पकड़ाई जाती तो कभी शुद्ध रजत अथवा शुद्ध स्वर्ण की। ये मुरलियां भी रत्न-जटित होतीं। मुरलीधर के होंठ शिल्पकार द्वारा पहले से ही लाल रंग में रंगे गए थे। इस पृष्ठभूमि में कोई भी मुरली बहुत फबती।

मीरा का ध्यान प्रायः या तो मोरपिच्छ पर टिका होता या मुरली पर।

धीरे-धीरे मीरा की आदत मुरलीमनोहर को ही निहारते रहने की हो गई। कभी रोने का नाम नहीं जानने वाली मीरा, मुरलीधर की मूर्ति के पास से दूर पालना टांगते ही टांगें पटक-पटककर रोने लगती। उसकी आंखें तो पहले चारों ओर कुछ ढूंढ़तीं, शायद मुरली को, शायद मोरपिच्छ को अथवा मुरलीधर के लाल होंठों को और इनमें से किसी को नहीं पाती तो पैर पटक-पटक क्रन्दन आरम्भ कर देती। विवश होकर मां अथवा धातृ अर्पणा को पालने को उसी स्थान पर ले जाना पड़ता जहां मुरलीधर की मूर्ति होती। पालने के वहां जाते ही मीरा का रोना बन्द हो जाता और उसका ध्यान बंध जाता मुरलीधर की मूर्ति में ही।

मां और धातृ को भी इससे आराम ही मिलता था। मीरा को उबटन आदि लगाकर स्नान करा देने, दूध पिला देने और वस्त्र आदि बदल देने के पश्चात् उसे पालने में डालकर मुरलीमनोहर की मूर्ति के पास पालने को टांग देने के बाद वे निश्चिंत हो जातीं। उसे गोद-खेलाने की आवश्यकता ही नहीं पड़ती। यह नहीं कि मीरा में अभी से गिरिधर गोपाल के प्रति भक्ति जग आई थी। मुरलीधर

की मूर्ति ही इतनी आकर्षक थी तथा कभी रतन सिंह और कभी उनकी पत्नी उस मूर्ति की ऐसी साज-सज्जा करते कि मूर्ति और आकर्षक हो आती। और मीरा की आखें अनजाने उस पर गड़ जातीं।

मीरा भले ही नहीं रोये और उसे दुलारने-पुचकारने की कोई आवश्यकता नहीं पड़े पर उसके रूप का आकर्षण रतन सिंह की पत्नी अथवा दासी अर्पणा को बार-बार पालने के पास खींच ही लाता। रतन सिंह की पत्नी कहीं भी किसी काम में लगी रहती तब भी मीरा की एक झलक अवश्य ले जाती। यही हालत रतन सिंह की थी, यही हालत अर्पणा और यही हालत हो गई थी कुड़की ग्राम के निवासियों की भी। कुड़की से दूर के गांवों की भी।

रतन सिंह के महल का विशाल प्रांगण अब दूर-पास के लोगों से भरा रहता। सब मीरा की एक झलक लेने आते और जो एक बार पालने के पास जाता वह वहां से खिसकने का नाम ही नहीं लेता।

रतन सिंह और उनकी पत्नी के लिए एक भीषण समस्या खड़ी हो गई। लोग आपस में रेल-पेल करते पालने के पास जाने के लिए। जो पीछे रह जाते, देख नहीं पाते वे आगे वालों को कोसते, अक्सर उन्हें हाथ पकड़कर पीछे खींचते और स्वयं उनके स्थान पर जा पहुंचते।

पर इस सबका कोई उपाय नहीं था। कई औरतें तो मीरा को गोद में भी उठाना चाहतीं। गोद में उठाना तो उठाना उसे अपने स्तन से लगा दुग्धपान कराने का भी प्रयास करतीं। पर मीरा की मां ने बच्ची को हाथ लगाने से साफ मना कर दिया था। भला किसी कोमल कलिका को कोई बार-बार हाथ लगाए तो उसकी क्या गति बनेगी? मीरा की मां यह सब समझतीं और इसीलिए उन्होंने अर्पणा के अलावा दो और दासियों को मीरा की देख-भाल के लिए लगा दिया था। उन दोनों का कार्य मात्र पालने के पास रहकर किसी को मीरा को हाथ लगाने से रोकने का था—देखना हो दूर से देख लो पर इस कमल-कली को हाथ लगाने की धृष्टता नहीं करो। अन्ततः, सौन्दर्य तो देखने की ही वस्तु है, आंखों में बैठा लेने की, छूने की नहीं।

पन्द्रह

राव दूदा ने अपनी वृद्धावस्था को शान्त और प्रसन्न-चित्त रूप में व्यतीत करने के लिए एक विशेष दैनिक कार्यक्रम बना रखा था। दिन का अधिकांश भाग वे मुरलीमनोहर के मंदिर में अर्चना-आराधना और सेवा-पूजा में बिताते। इसके लिए पुजारी की छुट्टी तो नहीं कर दी गई थी पर उसका कार्य अवश्य हल्का हो आया था। जब श्रीकृष्ण-विग्रह की सेवा पूजा का भार राव दूदा ने अपने ही हाथों में ले लिया था तो पुजारी का कार्य फूल-पत्तों और अर्घ्य-पाद के प्रबन्ध तक ही सीमित हो आया था।

सांध्य आरती के आयोजन का कार्य निस्संदेह अभी पुजारी के हाथ में ही था क्योंकि अपने वार्द्धक्य के कारण राव दूदा उतना श्रम नहीं कर सकते थे विशेषकर

शरद-ऋतु में जब आसपास की रेत ठंडी हो जाती, महल को किसी प्रकार भी पर्याप्त उष्ण रखना संभव नहीं होता। ऐसी स्थिति में ठंड से कांपती उंगलियों में राव दूदा किसी प्रकार भी आरती-पात्र को सहेज सकने में समर्थ नहीं होते।

सांध्य, विशेषकर गर्मियों और बसन्त की संध्या राव दूदा मेड़ता के बाहर के अनगिन जलाशयों के किनारे व्यतीत करते। अपने ही शासनकाल के समय उन्होंने कई जलशयों पर संगमरमरी घाटों का निर्माण कर दिया था। संध्या-काल वे इन्हीं घाटों की सीढ़ियों पर जा बैठते। रेगिस्तानी ग्रीष्म कितना प्राणघाती होता है, यह कोई मरु-वासी ही समझ सकता है। आसपास का तप्त रेत-विस्तार महलों और घरों में भी इतना ताप भर देता कि लाख यत्नों के पश्चात् भी उन्हें रहने योग्य बनाये रखने में सफलता नहीं मिलती। देर रात यही स्थिति रहती। अर्द्धरात्रि के पश्चात् ही कहीं शीतलता का अल्प आभास होता जो एक प्रहर दिन चढ़ते तक बना रहता। पूर्वी क्षितिज पर सूरज के थोड़ा ऊपर चढ़ते ही फिर वही ताप, वही असह्य उष्णता।

यही कारण था कि राव दूदा कम-से-कम अपनी संध्याओं को सरोवरों के समीप बिताते। दूर उनका अश्व खड़ा रहता साईस के साथ और वे धीरे-धीरे सोपानों की अंतिम पंक्ति तक उतर जाते और जल में दोनों पैर डाल राहत की सांस लेते।

ये सरोवर अधिकांशतः कमल और कुमुदिनी के पुष्पों से आच्छादित होते और कमलपुष्पों के रक्त वर्ण और कुमुदिनियों की श्वेत आभा का मिश्रण आंखों को एक अद्‌भुत् आनन्द दे जाता।

अगर चांदनी रात हुई—ज्योत्सना-पूर्ण—तो सरोवरों की शोभा स्वर्गिक बन आती। पूर्णिमा की रात्रि हुई तो बात ही क्या? ऊपर आसमान में स्वर्ण-थाल की तरह गोल-गोल चांद मुसकराता रहता और नीचे सरोवर जल में पड़ता उसका प्रतिबिम्ब मन प्राणों को एक अलौकिक पुलक से भरता जाता।

ऐसे समय कुमुदिनी पुष्पों का सौन्दर्य अपनी पूर्ण निखार पर रहता। रवि-किरणों के अस्ताचलगामी होने के साथ ही रक्त-वर्णी कमल-पुष्प तो अवगुंठित हो जाते और बन आती कुमुदिनी-पुष्पों की। उनकी पंखुड़ी-पंखुड़ी खुल आती और ऐसा प्रतीत होता जैसे पूनो के चांद की अमृत-ज्योत्सना की बूंद-बूंद पी जाने की इनमें होड़ लग जाती।

ऐसे में अगर हवा बह गई—हल्की बयार—तो फिर इन जलाशयों की शोभा का क्या कहना? एक ओर जहां सरोवर-तल हौले-हौले तरंगायित होने लगता वहीं पुष्पों के गुच्छ एक-दूसरे से टकराकर गलबहियां देने लगते। खिले कुमुदिनी-पुष्पों और सिमटे-सिकुड़े कमल-पुष्पों का यह मिलन राव दूदा की आंखों के इस मिलन में उन्हें गौर-वर्ण राधा और श्यामवर्ण श्रीकृष्ण के मिलन का आभास होता और उनका मन आह्लादित हो आता। ऐसे तो कमल-पुष्पों का स्वर्णिम रंग मुरली-मनोहर के श्याम रंग से पूर्णतया भिन्न था पर राव दूदा की कल्पना पर किसका अधिकार था? कमल-कोमल कृष्णगात को वे कमल पुष्प के रंग का ही मान लेते।

कभी-कभी इस सम्पूर्ण शोभा-सुषमा के मध्य समय इस तरह व्यतीत हो जाता कि राव दूदा को इसका भान ही नहीं होता। रात गहरा जाती, रेगिस्तानी बयार में पर्याप्त ठंडक उतर आती, तब उन्हें कहीं लगता कि वे देर तक ही बैठे रह गए वहां। कभी-कभी साईस ही धृष्टता कर उनके पास आ खड़ा होता और उन्हें विवशता में उठना पड़ता।

महल लौटकर वे मुरलीमनोहर के मंदिर में रात्रि-प्रणाम निवेदित करने अवश्य जाते। कभी-कभी तो रात अधिक व्यतीत हो जाने के कारण मन्दिर के कपाट बन्द हो जाते और उन्हें चौकट पर ही सिर टेककर संतोष करना पड़ता।

रसोई-घर में ब्राह्मण-रसोइया अवश्य उनकी प्रतीक्षा में ऊंघता रहता। उनके आने पर वह भोजन को पुनः गर्म करता और राव दूदा मखमल-मंडित संगमरमर की नन्हीं चौपाई पर बैठ तृप्त मन भोजन ग्रहण करते। यह भोजन और कुछ नहीं अपितु मुरलीधर का भोग ही होता जो राव दूदा के लिए विशेष रूप से सुरक्षित रहता।

इसके पश्चात् वे शयनागार में जाते। पर्यंक के पास पड़ी तिपाई पर रखे केशर-मिश्रित दूध के गिलास से दूध को धीरे-धीरे गले उतारते और पास ही पड़े जल-पात्र से जल लेकर मुख और हाथ का प्रक्षालन करते।

इसके बाद पर्यंक पर ही पद्मासन लगा वे श्याम-सलोने का ध्यान करते। ध्यान करते-करते समाधिस्थ हो जाते और कब तक इस अवस्था में रहते उन्हें स्वयं पता नहीं होता।

अन्दर के रजत-मंडित दीपाधार पर घी का दीप मन्द-मन्द जलता रहता। कक्ष के बाहर निशीथ का अन्धकार और गहरा होता तथा इस मध्य ही वे समाधि से उबर निद्रा देवी के क्रोड़ में जा समाते।

निद्रा का काल उनका सर्वाधिक सुखद समय होता। उनका मुरलीधर, उनका श्यामसुन्दर उनके ध्यान, उनकी समाधि में आये-न-आये, उनके सपनों में अवश्य आता और आता अपने भिन्न-भिन्न रूपों और भिन्न-भिन्न भंगिमाओं में।

कभी वह वृन्दावन के कदम्ब-वृक्ष के नीचे वंशी बजाने में मस्त होता, कभी गायों के पीछे गोचारक बन दौड़ता-हांफता मिलता तो कभी बलराम एवं अन्य साथियों के साथ क्रीड़ा-रत रहता और खेल में हार जाने पर कभी श्रीदामा तो कभी सुबल को अपनी पीठ पर बैठाए रहता।

प्रातः की बेला राव दूदा के लिए दुःखदाई घड़ी होती क्योंकि तब नींद नहीं रहती, सपने नहीं रहते और नहीं होता उनका श्याम-सुन्दर उनके आसपास। वे फिर भी मन-ही-मन अपने इष्टदेव मुरलीमनहोर का ध्यान करते। पर्यंक से उतरने के पूर्व अपनी इस नित्य क्रिया को कभी नहीं भूलते।

एक बात कभी-कभी राव दूदा को अवश्य आश्चर्य में डालती और वह थी श्रीकृष्ण के प्रति उनकी कल्पनातीत अनुरक्ति। यह ठीक था कि वे अपनी युवावस्था के दिनों में भी भगवान के प्रति यथासाध्य समर्पित रहे पर पागलपन की सीमा को छूने वाली यह सर्वस्व समर्पण-भावना तो कभी उनके अन्दर नहीं रही। हां, वह सदा यह अवश्य चाहते रहे कि कोई हो उनके कुल में, ऐसा हो जो युद्ध और विग्रह से विरत हो भक्ति और शान्ति-सौहार्द्र को समर्पित हो सके पर उन्होंने

कभी यह कहां सोचा था कि जीवन की अनावश्यक व्यस्तता से मुक्त होते ही वे स्वयं भी अपने कल्पित मार्ग पर ही चल पड़ेंगे।

नदियों में तो बाढ़ आती है यह मानने की बात है विशेषकर बरसाती नदियां तो जल प्लावन का ही दृश्य उपस्थित कर देती हैं, पर कभी के सूख गए जलस्रोत में भी ज्वार जग आये यह सोचने की बात नहीं है। एक तरह से, निरन्तर युद्ध-रत और संघर्षशील दूदा के जीवन का रस-स्रोत तो सूख ही गया था न ? तभी तो वे अभिलाषा करते थे एक ऐसे वंशधर की जो भक्ति, प्रेम और मानवता को समर्पित होकर उनके कुल को धन्य कर सके ! अपने मन के क्षुद्र तड़ाग में उन दिनों कभी-कभी उठनेवाली, भक्ति-भाव की क्षणस्थायी लहरों का क्या महत्व था ?

कभी-कभी संध्या-काल, कमल-कुमुदिनी-भरे जलाशयों की किसी सीढ़ी पर बैठे वे अपने जीवन में आये इस आकस्मिक परिवर्तन पर स्वयं ही आश्चर्य-चकित होते। क्या कारण हो सकता था, इस आकस्मिक और विस्मयकारी परिवर्तन का ? वे अब भी पूर्ण आश्वस्तता के साथ अश्वारोहण कर लेते थे। उद्दंड से उद्दंड अश्व की पीठ पर भी सवारी कसने में उन्हें जरा भी संकोच अथवा भय नहीं होता। शरद्-ऋतु की ठंडी शामों में भले ही आरती के थालों के सम्हालते वक्त उनके हाथ कांप जाते पर दिन में उनके हाथ में पड़ा खड्ग कभी नहीं कांपता था और अब भी उनमें इतना शौर्य और साहस था कि युद्ध के मैदान में एकाकी ही कई योद्धओं को धूल चटा सकते थे।

तब ?

तब क्यों युद्ध से यह विरक्ति ? मुरलीमनोहर में यह अनुरक्ति ?

क्या कारण था इसका ?

कारण था पर शायद उसे राव दूदा ठीक से समझ नहीं पा रहे थे। उस समय यह कारण विज्ञान के इस सर्वमान्य नियम के रूप में अभिव्यक्त नहीं हो पाया था कि हर क्रिया की प्रतिक्रिया होती है।

क्रिया-प्रतिक्रिया की यह स्वाभाविक अन्तर-क्रीड़ा ही थी जो राव दूदा की समझ को अंगूठा दिखा जाती थी और वे अक्सर सोचते, क्यों हो रहा है ऐसा ? क्यों, क्यों और क्यों ?

कौन बताए उन्हें कि जीवन-भर रक्त की होली खेलने वाले के मन में अबीर-गुलाल की होली ललक जगाएगी ही, बरसाने की पढ़ी-सुनी, राधा-श्याम की अन्त-रंग होली आकृष्ट करेगी ही। कौन बताए उन्हें कि आजीवन नरमेध को ही अर्पित व्यक्ति के मन में मानवीय और ईश्वर-प्रेम का भाव, प्रायश्चित स्वरूप जगेगा ही और यह भी कि जो जीवन-भर ईश्वराधना को तरसता रहा वह समय मिलते ही जैसे बन्धन-मुक्त गो-वत्स गौ की ओर भागता है वैसे ही, प्रेम-पूरित परमेश्वर की भक्ति की शीतल छाया की ओर निर्बन्ध भागेगा ही ? कौन बताता उन्हें कि अक्सर ही ऐसा होता है कि यौवन में अपने करों में निरन्तर रक्त-मण्डित खड्ग धारण करने वाला व्यक्ति जीवन की सांध्य-वेला में हवन-श्रुवा पर ही अपनी मुट्ठी कसना चाहता है।

खैर, राव दूदा की अब कोई चाह शेष नहीं थी। शेष थी तो एक ही कि उनकी पौत्री अब उनके संरक्षण में आ जाय और वे उसे अपने मनोनुकूल सांचे में

ढाल सकें। मीरा के नित्य वर्द्धमान स्वरूप का संवाद उन्हें सदा मिलता रहता था और वे सोच रहे थे कि अब अविलम्ब वे उसे अपनी छत्रछाया में ले लें और प्रेम और भक्ति-भाव का जितना विकास वे जीवन के इस अन्तिम भाग में कर सकते हैं उतना तो कम-से-कम उसके अन्दर उतार ही दें। शेष वह स्वयं कर लेगी। भक्ति और प्रेम का पौधा जब एक बार अच्छी तरह जड़ पकड़ गया तो कोई आंधी-तूफान उसे वृक्ष बनने से रोक नहीं सकता।

नहीं, उन्हें पुत्र रतन सिंह के इरादे पर कोई सन्देह नहीं था। वह उन्हें वचन दे चुका था और वचन निभाना हर राठौर राजपुत्र जानता है। उन्हें उसकी दायित्व-निर्वहन-क्षमता पर भी अविश्वास नहीं था। भक्ति-भाव की उसमें कमी नहीं थी। उसके छोटे महल के नन्हें मन्दिर में प्रतिष्ठित मुरलीमनोहर की संगमरमरी और मनोहारी रूप का भी उन्हें पता था। पर उम्र? उम्र भी तो कोई महत्व रखती है! भक्ति-भाव जिस रूप में उनके अन्दर पक आया है क्या उसी रूप में वह रतन सिंह के अन्दर भी पक पाया होगा? नहीं, इसमें सन्देह है।

इसके अतिरिक्त भगवान ने उन्हें नूतन जीवन भी तो इसी दायित्व के निर्वाह के लिए सौंपा था? वर्ना वे क्यों काल के गाल से आकस्मिक एवं अप्रत्याशित रूप से निकल आते?

जीवन के इस नए अध्याय का कोई प्रयोजन तो था ही और यह प्रयोजन मात्र मुरलीमनोहर के अर्चना-विग्रह की आराधना-पूजा तक सीमित नहीं हो सकता था। वे तो डाल के पके आम थे, आज रहे, कल नहीं रहे। उन्हें तो एक ऐसे बट-वृक्ष को अपितु कल्पतरु को तैयार करना था जिसकी छाया में मानवता युग-युग तक सुख-शान्ति, आनन्द-उल्लास का उपभोग करती रहे।

एक बात कुछ देर के लिए राव दूदा के मन को अवश्य कचोट जाती थी। काश, रतन सिंह की प्रथम सन्तान, पुत्र होता! पर दूसरे ही क्षण विधि के इस विधान पर उन्हें प्रसन्नता ही हो आती। वे मन-ही-मन अपने अविवेक को कोसने लगते। करुणा, श्रद्धा, प्रेम और भक्ति की स्रोतस्विनी ही होती है नारी। नर, इन विशेषताओं में उसके समक्ष कहां टिक सकता है? वे जितना शीघ्र एक किशोरी हृदय को ईश्वर-भक्ति और मानव-करुणा से भर पाते उतना शीघ्र किसी किशोर का रूपान्तरण संभव था क्या? फिर एक बात और भी तो थी। नारी युग-युग से दासता, प्रताड़ना और शोषण की शिकार रही है। एक नारी की भी स्वतन्त्रता, ऊंचे आसमान में फहराता उसका कीर्ति-ध्वज, युग-युग तक, असंख्य नारियों के प्रेरणा-स्रोत के रूप में कार्य करते रहेंगे।

नारी-मुक्ति का प्रथम शंखनाद ही होगी मीरा की मुक्ति। समस्त मानवीय बन्धनों को झटका देकर श्याम-सुन्दर के प्रेम में आकंठ-पगी मीरा वह प्रकाश-स्तम्भ सिद्ध होगी जो अनन्तकाल तक नारी तो नारी पुरुष को भी भक्ति-प्रेम और मानवता के धवल प्रकाश से स्नात कराती रहेगी। राव दूदा के वंश को अमरत्व प्रदान कर जायेगी यह बालिका, दूदा का मन यही कह रहा था, यही संकल्प भी लिया था उन्होंने ऐसा ही कुछ रूपान्तरण करने का मीरा का, उसके वाह्य तो वाह्य, अन्तर स्वरूप को इसी लक्ष्य को ध्यान-गत रख परिवर्तित कर देने का।

सोलह

मीरा बढ़ रही थी। आयु में, बल-बुद्धि और विवेक में, साथ ही वृद्धि हो रही थी रूप-रंग, आकर्षण और उस स्वर्गिक सौन्दर्य में भी जिसको देखकर पिता रतन सिंह उसके जन्म के दिन ही अभिभूत हो गए थे और अब तो उन्हें पूर्ण प्रतीति ही हो आई थी कि उनके यहां कोई मानव-पुत्री नहीं किसी स्वर्गलोक की देवी ही अवतरित हुई थी।

हां, मीरा बढ़ रही थी। केवल इतना कह देने-मात्र से एक उपन्यासकार का दायित्व शेष नहीं हो जाता। जीवनी-लेखक का अवश्य हो जाता है।

तो मीरा बढ़ रही थी। किन्हीं पिटी-पिटाई उपमाओं का उदाहरण लें तो आपको अच्छा नहीं भी लग सकता है। मीरा के सदृश ही भक्ति-भावना को समर्पित गोस्वामी तुलसीदास को भी सीता-सौन्दर्य के वर्णन के काल इसी धर्म-संकट का सामना करना पड़ा था—सभी उपमाओं को तो मेरे पूर्ववर्ती कवियों ने जूठा कर दिया, अब इस विदेह-राज की बेटी की तुलना किससे करूं—

सब उपमा कवि रहे जुठारी
केहि पट तरौं विदेह कुमारी॥

पर मैं तुलसीदास नहीं हूं। अतः, मैं जूठे बिम्बों पर भी अपनी आधुनिकता थोप उन्हें मौलिक बनाकर परोस सकने में संकोच नहीं कर सकता।

तो मीरा बढ़ रही थी जैसे शुक्ल पक्ष का चांद बढ़ता है, दिन-प्रति-दिन। लीजिए हुई न यह एक जूठी उच्छृष्ट से उच्छृष्ट उपमा? हिन्दी वालों की बात छोड़ें और संस्कृत के तथाकथित महारथियों की बात पर भी ध्यान नहीं दें तो सत्यनारायण-व्रत कथा के उस सामान्य लेखक ने भी इस शुक्लपक्षीय चन्द्रमा को कहां छोड़ा है—'शुक्ल पक्षे यथा शशि?'

तो मीरा बढ़ रही थी। अब आप मुझे मेरी तथाकथित मौलिक किन्तु अनेक आवरणों से आच्छादित उस उपमा पर आने दीजिए जो आवरणों के पर्दे-पर-पर्दे को छेदकर सत्य से आपका साक्षात्कार करा कर ही छोड़ेगी।

तो मीरा बढ़ रही थी उजले पक्ष के उस चांद की तरह जिसकी कलाएं प्रति-दिन, नहीं प्रतिरात्रि नहीं, प्रतिक्षण बड़ी तीव्रता से बढ़ती हुई अपनी सम्पूर्ण संख्या को प्राप्त कर लेना चाहती हैं। हां, उस चांद की तरह जिसे भाद्रपक्ष के काले, भयावह और कुरूप मेघ भी अपने सारे षड्यन्त्र के बदले बढ़ने से रोक नहीं पाते। एक क्षण को वह उनके अवगुंठन में विलुप्त-सा लगता है—समाप्त। पर दूसरे ही क्षण उनके चक्रव्यूह को तोड़कर खिलखिलाता, इठलाता बाहर आता है तो सारी धरित्रि को सुधा-सिक्त कर जाता है। वह बढ़ता हुआ होता है। कोई उसे रोक नहीं पाता। न काले कुरूप मेघ-खंड, न धरती से उठे ग्रीष्म के अभेद्य गर्द-गुब्बार। यह सब नीचे-ही-नीचे होता है। चांद इन सबों के बहुत ऊपर पलता-पुसता, बढ़ता रहता है; निर्विघ्न, निरापद। और पूर्णिमा का वह भरा-पूरा चांद जब अपनी सोलहों कलाओं और शत-सहस्र किरणों से प्रकट होता है तो सारे आवरण छिन्न-भिन्न कर धरती तक अपने होने का प्रमाण पहुंचा ही जाता है।

बादलों के यूथप और गर्द-गुब्बारों के अम्बर-व्यापी अम्बार भी उसकी सुकोमल किरणों की गति का अवरोध नहीं बन पाते। और न दिखे चांद इन हठधर्मी व्यवघातियों के कारण पर पृथ्वी की वीथी-वीथी, वनों के कुंज-कुंज, सरिताओं के कूल-कूल; कुछ-न-कुछ तो प्रोद्भासित-प्रकाशित हो ही जाते हैं। अन्धकार पर प्रकाश की विजय, हर पूनो को स्थापित हो जाती है—अधिक या अल्प। यह तो अन्वेषक आंखों की शक्तिमत्ता पर भी आश्रित होता है बहुत कुछ कि वे कितना देख पाती हैं कितना नहीं...।

तो मीरा बढ़ रही थी, क्षमा कीजिएगा फिर एक उच्छृष्ट उपमा का सहारा लेना पड़ेगा। यह कम्बख्त जिन्दगी ही अपनी है कि बीसवीं सदी में अस्तित्व में आई अगर कुछ शताब्दियां पहले ही आ गई रहती तो क्या बिगड़ जाता इसका? कम-से-कम सारी उपमाओं पर मुंह मारने से तो उन युगों के कवियों-कथाकारों को मैं रोक पाता! नहीं, कवि तक तो ठीक; कथाकार होते ही कितने थे उन दिनों। ले-देकर एक बाणभट्ट हुआ—कादम्बरी लिखी। ऐसी अन्तहीन पंक्तियों के सृजन के मोह-जाल में फंस गया कि हनुमान की पूंछ का अन्त मिले तो मिले उसकी कुछेक पंक्तियों का अन्त ढूंढ़ना हो तो पन्ने पर पन्ने उलट जाइए वह नहीं मिलने की—जिन खोया तिन पाइयां गहरे पानी पैठ।

तो खैर मीरा बढ़ रही थी। जिस उच्छृष्ट उपमा अथवा उपमाओं की बात मैं पहले कह रहा था वे अब आ रही हैं—आवरणहीन। कभी-कभी निराभरण ही प्रस्तुत करना अच्छा होता है पर इसे आप मेरी विवशता भी मान सकते हैं। मेरी कल्पनाशीलता के कुंठित होने की बात भी कह लें, मैं सारे शर्म ताक पर रख कर आया हूं क्योंकि मुझे उसी की कहानी लिखनी है जिसने लोक-लाज को कोई महत्व ही नहीं दिया—

लोक कह्यां मीरा बावरी, सासु कहा कुल नासां री।

लोक लाज कुलकाण जगत की ढइ बहाई जस पाणी (पानी)

जी तो मीरा बढ़ रही थी जैसे सूर्य-रश्मियों का प्रथम स्पर्श पा कमल पुष्प के दल-के-दल प्रसन्नता-विभोर हो बढ़ने लगते हैं, उनका संकुचन-अवगुंठन समाप्त होने लगता है, उनके बन्द मुंह खुलने लगते हैं, उनकी कलियां चटकने लगती हैं। भले ही यह बढ़ना केवल दिवस-पर्यन्त तक ही सीमित हो। पर मानव-जीवन को ही कौन अमरत्व का वरदान मिला है? कमल का एक दिन का जीवन शत-वर्ष के मानवीय जीवन से किधर से कम है? दिवस-पर्यन्त पराग लुटाने वाले और सौन्दर्य बिखेरने वाले इस कमल-पुष्प का जीवन मानव-जीवन से वस्तुतः दीर्घतर ही है। मैं मीरा की बात नहीं कर रहा, वह तो सुगन्ध की विग्रह ही रही। 'मैं अपनी तेरी उसकी बात' कर रहा हूं। इस तेरी में आप भी आ जायं तो बुरा नहीं मानिएगा। मेरी बात छोड़िए। मुझे यह भ्रम पालने दीजिए अन्यथा निशीथ के इस प्रहर में जब सम्पूर्ण चराचर सृष्टि सुख की नींद सो रही है मैं इतने सुन्दर कागज की सफेदी क्यों नष्ट कर रहा हूं? जी मैं एक बावरी की कहानी लिखने वाला स्वयं बावरा हू जो सबको ठगने वाली मायाविनी कीर्ति के पीछे भागने को

विवश है। अमरत्व का वरण जो करना है? हाय रे बावरे! इतिहास के निष्ठुर पृष्ठ न जाने कितने काल-पुरुषों को निगल गये और उन्हीं में मैं अपना एक स्थान बनाने को व्यग्र हूं! पर मैं क्या करूं उन लुभावने वाक्यों का जिन्हें उछाल गए हमारे तथाकथित मनीषी-चिन्तक? याज्ञवल्क्य की पत्नी मैत्रेयी के मुंह से क्या मैंने ही उगलवाया था—जिसे प्राप्त कर मैं अमर नहीं बन सकती उससे मेरा क्या प्रयोजन—येनाहममृता न स्याम् तेनाहं किं कुर्याम्।

तो मीरा की पूंछ पकड़कर (इसे मुहावरा ही रहने दें) मैं भी अमर होना चाहता हूं। हूं न मैं बुद्धिमान? और आप नहीं भी मानिए तो मेरा क्या बिगड़ना है? वैसी हालत में आप अवश्य समीक्षक होंगे और समीक्षकों ने कभी मुझे फूटी आंखों नहीं देखा (भगवान उनकी आंखों की ज्योति निरापद रखे)। तो अभी बारी मेरी है। मैं स्पष्ट और बहुतों की कही-कहाई बात श्री-मुख से भी कह ही दूं पर अभी मुख कहां बोल रहा, अभी तो लेखनी ही विष या अमृत जो कहें उगल रही है—समीक्षक कुछ नहीं होता, वह लेखक ही होता है जो असफल होकर समीक्षक बन बैठता है। आखिर मन्दिर का मठाधीश तो वही होता है जिसे मूर्तियों की पहचान भी नहीं होती, उसकी पूजा-अर्चना वह क्या जाने?

खैर मीरा बढ़ रही थी, जैसे पूनो के चांद की रुपहली किरणों का दुलार पा कुमुदिनियां चटक-चटक जवान बन जाती हैं, मधु बिखेरने लगती हैं। भले ही यह चांद और कुमुदिनियों का उत्सव रात भर का ही हो पर मैंने पहले ही कहा जीवन को क्षणों में नहीं मापो, एक क्षण भी सहस्र युग का हो सकता है और एक सहस्र युग भी एक नन्हें क्षण की तुलना में कहीं नहीं ठहर सकता। आखिर एक अंग्रेज कवि ने कहा था न कि 'लिली' पुष्प का क्षणिक जीवन 'ओक' वृक्ष के हजारों वर्षों के जीवन से कहीं अधिक सार्थक है।

तो मीरा बढ़ रही थी। तीव्रता से बढ़ रही थी। अब मुझे उपमा देने पर बाध्य नहीं करें क्योंकि मैं कालिदास नहीं हूं—उपमा कालिदासस्य। मैं आज का एक साधारण लेखक हूं। मुझे साधारण और सामान्य ही रहने दें। यह बात पृथक् है कि कोई सामान्य बने रहना चाहता तो वह अर्द्ध रात्रि में तेल क्यों जलाता (टू बर्न मिड नाइट ऑयल)? अंग्रेजी आ गई न? आधुनिक लेखक हूं। कुछ भाषागत चमत्कार नहीं दिखाऊं, कहीं कुछ नयापन नहीं हो तो ये समीक्षक मुझे कच्चा नहीं खा जाएंगे (ऐसे आपको सूचना दे दूं कि मैं विशुद्ध शाकाहारी हूं, अतः समीक्षकों को मेरी ओर से कोई भय नहीं है।) समीक्षकों की बात फिर आ गई न? इनका भय शायद अवचेतन की गहराइयों में धंसा रहता है।

तो बात यही हुई कि मीरा बढ़ रही थी और जैसाकि कहा बड़ी तीव्रता से बढ़ रही थी। जिसे किसी लक्ष्य पर पहुंचना हो उसे तो तीव्र चलना ही पड़ता है। है न? नहीं? अथवा नियति ही उसके अन्दर कुछ ऐसी ऊर्जा भर देती है कि शारीरिक और मानसिक रूप से निरन्तर अर्जित-उत्कर्षित होने को वह विवश हो जाता है।

तो मीरा बढ़ रही थी। उसे बहुत कुछ करना था। बहुत कुछ झेलना भी। अगर इस झेलने का उसे अनुमान होता तो वह शायद इतनी गतिशीलता नहीं भी ला पाती अपनी वृद्धिशीलता में। पर मैं शायद गलत कह रहा हूं। संघर्षों से कौन

भागते हैं? कायर और दुर्बल; सबल तो संघर्ष से ही उत्थित, उत्साहित होता है। कि नहीं?

तो सारांश यही कि मीरा बढ़ रही थी—शुक्ल पक्षे यथा शशि (माफ कीजिएगा मेरी इस पुनरावृत्ति और पुराणपंथी को, पर मैं अन्त-अन्त तक मीरा के वर्द्धमान वाह्य स्वरूप का इससे अच्छा प्रमाण नहीं पा सका।)।

तो मीरा बढ़ रही थी, जैसा कहा शारीरिक रूप से ही नहीं, मानसिक रूप से भी। अब उसकी कुछ शारीरिक और मानसिक आवश्यकताओं का भी समय आ गया था।

सत्तरह

आवश्यकताएं अनन्त हैं। यह अर्थशास्त्र का सिद्धान्त है। मनुष्य जब बाल-स्वरूप में होता है तो स्वभावतः उसकी आवश्यकताएं सीमित होती हैं। जैसे-जैसे विकास होता है, आवश्यकताओं की संख्या बढ़ती जाती है। एक आवश्यकता पूर्ण होती है तो दूसरी उसी प्रकार सिर उठाती है जैसे हरिद्वार की गंगा में आटे की एक गोली डालो तो उसे लपकने के लिए कोई-न-कोई मछली अपना सिर जल के बाहर कर ही लेती है।

मीरा अभी बढ़ ही रही थी इसलिए उसकी आवश्यकताएं भी सीमित थीं। विधि के इस विधान का उस समय किसी को कहां पता था कि सारे अर्थशास्त्रीय और सामाजिक नियमों, सिद्धान्तों को तोड़ने के लिए ही उसका जन्म हुआ है। उसकी आवश्यकताएं उम्र के साथ बढ़ने के बदले घटती ही गयीं। समाज की जर्जर रूढ़ियों और व्यर्थ के रीति-रिवाजों और बेड़ियों-बन्धनों को उसने निर्ममता से तोड़ा। पर अभी तो हम लड़कपन की बात कर रहे हैं, बाल्यकाल की। अभी तो मीरा की आवश्यकताएं सचमुच सीमित थीं।

श्रीकृष्ण-प्रेम में पगी माता के स्तनों के अमृतोपम दुग्ध के साथ वह श्रीकृष्ण-प्रेम के मातृ-संस्कारों का भी पान तो करती ही जा रही थी पर पहनने के लिए पीताम्बर के अनेक परिधान मां ने अवश्य बना दिए थे। माता ने ध्यान रखा था कि अभी से ही उसे पीताम्बरा बना दिया जाय।

हाथ-पैरों पर चलना आरम्भ किया तो खिलौने की आवश्यकता हुई। इस आवश्यकता की पूर्ति कैसे करनी थी इसका निर्देश रतन सिंह को राव दूदा ने पहले ही दे दिया था।

राजपूताने के इलाकों में पत्थर के मूर्तिकारों की क्या कमी वह भी संगमर्मरी पत्थर के? रतन सिंह ने श्यामसुन्दर की छोटी-बड़ी कई मूर्तियां शिल्पकारों को आदेश देकर बनवा ली थीं। ये ही मूर्तियां मीरा के खिलौने बनीं। मां ने भी अपनी लाड़ली के लिए कपड़े के गुड्डे और गुड़ियां बनायीं। ये साधारण नहीं होकर राधा-कृष्ण की ही थीं।

मीरा के लिए मां और दासी अर्पणा बारी-बारी से समय देतीं। रतन सिंह भी अक्सर अपनी पुत्री को खेलाने आ जाते। श्रीकृष्ण की प्रस्तर-मूर्तियों और कपड़े के

राधा-कृष्ण के साथ मीरा को खेलते और प्रसन्नता से किलकारियां भरते देख उनका मन हर्ष से भर-भर आता।

रतन सिंह सप्ताह में एक बार मेड़ता अवश्य जाते। उनकी यात्रा का प्रमुख ध्येय अपनी पुत्री के कुशल-क्षेम से राव दूदा को अवगत कराना था।

मेड़ता-महल में पहुंचते ही रतन सिंह राव दूदा के कक्ष की ओर बढ़ जाते।

पिता राव दूदा अपने कनिष्ठ पुत्र को देखते ही प्रातःकाल के कमल-पुष्प की तरह खिल आते। कहा जाता है पिता-माता को कनिष्ठ पुत्र ही अधिक प्यारा होता है। राव दूदा भी इस दुर्बलता से मुक्त नहीं थे। यही कारण था कि उन्होंने अपने जीवनकाल में ही रतन सिंह को राज्य का एक अंश देकर उन्हें निश्चिन्त कर दिया था। बड़े लड़के बीरमसिंह को तो मेड़ता का सिंहासन उत्तराधिकार में प्राप्त होना ही था। वह छोटे भाई की उपेक्षा करे उसका अवसर ही नहीं रहने दिया था दूदा ने।

प्रफुल्लित रतन सिंह पिता के चरणों पर बिछकर प्रणिपात करते जैसे कोई पुष्पित लता किसी विशाल वृक्ष के मूल में बिछ जाती है। रतन सिंह को कन्धों से पकड़कर राव दूदा उठाते और थोड़ी देर के लिए उनकी आंखें प्रेमाश्रुओं से छलछला आतीं जैसे मेड़ता का कोई जलाशय बरसात के दिनों में कूल-किनारों को तोड़ बैठा हो।

"अच्छे तो हो?" राव दूदा धीरे से पूछते।

"आपकी कृपा से ठीक हूं।" रतन सिंह कहते और यह जानकर कि पिता का अगला प्रश्न क्या होगा बोल पड़ते—"और आपकी पौत्री भी ठीक है। अब तो खिलौनों पर टूट पड़ती है।"

"खिलौनों के चयन पर तो ध्यान दिया है?" राव दूदा चिन्तायुक्त होकर बोलते।

"हां दादू!" रतन सिंह प्रेम से भरकर बोलते "आपके आदेशों का ख्याल रखा है। उसे साधारण खिलौने नहीं दिए। उसे संगमर्मर के उजले और लाल विग्रह दिए गए हैं। रंगीन खिलौनों की ओर शिशु स्वभावतः अधिक आकृष्ट होते हैं, अतः आपकी पतोहू ने भी उसके लिए लाल-पीले-हरे कई रंगों के गुड्डे-गुड्डियां बना दी हैं।"

"गुड्डे-गुड्डियां? मीरा गुड्डे-गुड्डियों से खेलेगी?" राव दूदा घबराकर बोलते।

"घबराइए नहीं दूदा, यहां भी आपके आदेशों को ध्यान में रखा गया है। वे गुड्डे-गुड्डियां सामान्य थोड़े हैं?" रतन सिंह पिता को आश्वस्त करना चाहते।

"तब?" राव दूदा कुछ-कुछ समझते हुए पूछते।

"गुड्डे तो श्याम के भिन्न-भिन्न आकार के हैं और गुड्डियां हैं राधा की छोटी-बड़ी प्रतिकृतियां।"

"वाह! तब तो ठीक है।" राव दूदा पूर्णतया आश्वस्त हो जाते।

फिर वे अपनी पौत्री के स्वास्थ्य के सम्बन्ध में ढेरों प्रश्न पूछते।

"कैसी है मीरा?"

"अच्छी है दादू।"

"उसके स्वास्थ्य का तो पूरा ध्यान रखते हो तुम लोग ?"

"हां दादू ! हम अपनी ओर से कुछ उठा नहीं रखते ।"

"क्या प्रबन्ध है उसके आहार का ?"

"अभी तो दुग्धपान ही करती है वह ।"

"धातृ कराती है ?"

"नहीं, हम लोगों ने युगों से चली आ रही इस प्रथा को मीरा के कारण स्थगित कर दिया है। आपका इतना स्नेह है उस पर तो धातृ उसे क्यों दुग्धपान कराए ?"

"तब ?"

"उसकी मां स्वयं अपने स्तनों का दुग्धपान कराती है उसे ।"

"और मां के खाने का प्रबन्ध ?" राव दूदा ने भेद-भरा प्रश्न पूछा ।

"मैं समझा नहीं दादू ।" रतन सिंह ने कुछ सोचते हुए कहा ।

"समझने की इसमें क्या खास बात है ? जिसका दुग्ध-पान कराया जाय उसके खान-पान का भी प्रभाव शिशु पर पड़ता है। शिशु को पौष्टिक आहार प्राप्त हो उसके लिए आवश्यक है कि दुग्धपान कराने वाली का आहार भी पौष्टिक और सात्त्विक हो ।"

"यह तो हो रहा है दादू ।"

"कैसे ?"

"मैंने इसका विशेष ध्यान रखा है। मीरा की माता भी इसमें सहयोग करती है। हमने आठ कजली गाएं रख छोड़ी हैं। सात कजली गायों का दुग्ध आठवीं कजली गाय को पिलाया जाता है। वह इस दुग्धाहार के अलावा और कुछ नहीं लेती। आवश्यकता भी नहीं रहती। इस आठवीं कजली गाय की विशेष सेवा सुश्रुषा की जाती है। इसे नित्य स्नान कराया जाता है। उसके रहने के स्थान को स्वच्छ और गौमय से परिष्कृत कर रखा जाता है। इसके बैठने के लिए आसन का भी प्रबन्ध है। दासी अर्पणा नित्य प्रातः इसकी विधिवत् पूजा करती है। चन्दन, अक्षत, धूप, दीप, नैवेद्य इसे अर्पित किए जाते हैं। मीरा की मां भी इस कार्य में अर्पणा की सहायता करती है अपितु असल पूजा तो मीरा की जननी ही करती है, अर्पणा का कार्य तो मात्र पूजन-सामग्री के प्रबन्ध तक सीमित रहता है। इस गाय का नाम भी दोनों ने मिलकर अच्छा दिया है ।"

"क्या ?" राव दूदा ने धीरे से पूछा ।

"कामधेनु ।"

"अच्छा ! बड़ा अच्छा नाम चुना है तुम लोगों ने इस गौ का ।"

"आपको पसन्द आ गया तो अच्छा ही है ।" रतन सिंह ने हामी भरी ।

"फिर उस कामधेनु का क्या होता है ?"

"इसी कामधेनु का दुग्ध मीरा की मां ग्रहण करती है ।"

"केवल दुग्ध या और कुछ ?"

"केवल दुग्ध ।"

"इसका अर्थ यह हुआ कि तुम लोग इस कामधेनु का सारा दुग्ध उतार लेते हो। बेचारे बछड़े के लिए क्या बचता है ?"

"ऐसा कैसे हो सकता है दादू ?" रतन सिंह ने घबराकर कहा, "उसके बछड़े को आप देखें तो वह गोशाला के सभी बछड़ों से तगड़ा है। पेट-भर दूध पीकर जब वह मां से स्वयं पृथक् हो जाता है, तभी हम इस कामधेनु का दुग्ध निकालते हैं।"

"पर्याप्त होता है वह? इतना कि मीरा की जननी उसी दुग्ध पर पल जाय ?" राव दूदा ने आश्चर्य किया।

"पर्याप्त से भी अधिक। मीरा की मां उतना सारा दुग्ध पी भी कहां पाती है ? आखिर सात-सात गायों का दुग्ध जो कामधेनु को पान कराया जाता है।"

"तब तो बड़ा अच्छा है। मीरा की मां अन्न का एक दाना भी नहीं लेती ?"

"नहीं दादू ! अन्न लेना तो उसने गर्भावस्था के छठे महीने से ही छोड़ दिया है।" रतन सिंह ने स्पष्ट किया।

"तब से यही क्रम चल रहा है ?"

"कौन-सा ?"

"यही कामधेनु से सम्बन्धित ?" राव दूदा ने जिज्ञासा-वश पूछा।

"नहीं दादू। कामधेनु वाली बात तो मीरा के जन्म-ग्रहण के पश्चात् की है। इसके पूर्व उसकी माता केवल सामान्य दुग्ध और फल लेती थी।"

"यह तो पहले तुमने बताया नहीं। अच्छी तपश्चर्या करा दी तुमने उस बेचारी से। कब तक अन्न से वंचित रखोगे तुम उसे ?"

"जब तक मीरा दुग्ध-पान पर ही पलती रहे।"

"यह तुम्हारा निर्णय है ?

"मेरा भी है। लेकिन मुझसे अधिक मीरा की मां का है। आखिर आपको दिए वचन की रक्षा जो करनी है हमें। यथासंभव हम आपकी पौत्री के अन्दर अच्छा ही संस्कार भरने का प्रयास करते हैं।"

"जानते हो रतन ?" पिता ने धीरे से कोई भेद की बात करनी चाही।

"क्या ?" रतन सिंह ने सश्रद्ध पूछा।

"चुनने को तो मैं तुम्हारे अग्रज बीरम के पुत्र जयमल को भी इस दायित्व के लिए चुन सकता था। वह बालक भी था और मीरा से पहले आ गया था। पर आज सोचता हूं कि मैंने ठीक ही निर्णय लिया। तुम्हारे संस्कार बीरम से सर्वथा भिन्न हैं—पूर्णतया सात्त्विक। उसके ऊपर तुम दोनों पति-पत्नी पहले से ही मुरलीमनोहर की भक्ति को समर्पित थे। जो संस्कार तुम्हारी सन्तान में आती उसे जयमल में ढूंढ़ना रेत से तेल निकालने के सदृश ही होता।"

"यह आपकी मेरे ऊपर अतिरिक्त कृपा है। कहा भी जाता है कि कनिष्ठ सन्तान पर माता-पिता की अधिक ही ममता होती है।" रतन सिंह श्रद्धावनत हो कहते।

"यह बात नहीं है रतन ! तुम्हारे और तुम्हारे भाई बीरम की प्रवृत्तियां आरम्भ से ही भिन्न-भिन्न रही हैं। तुम्हारे अन्दर जिस अनुपात में वीरता है उसी अनुपात में मानवीय सौहार्द और भगवद्-भक्ति की भी तरंगें तुम्हारे अन्तर में वर्तमान हैं। बीरम मूलतः वीर है। तलवार पर ही उसकी पकड़ तगड़ी है, शेष मानवीय भावनाओं से उसे बहुत लेना-देना नहीं। मैं तो पिता हूं सारी बातें अच्छी

तरह देखता-समझता हूं। वीर के अन्दर अगर आवश्यक करुणा और सौहार्द नहीं हो तो वह असुर बन आता है, एक नृशंस हत्यारा मात्र। रक्त की उसकी प्यास कभी बुझती नहीं। तुम्हारी और बीरम की तुलना मुझे करनी हो तो मैं ऐसे दो वृक्षों को चुनूंगा जिनमें एक तो छाया और फल दोनों देता है और दूसरा मात्र छाया। तुम पहले वृक्ष होगे, बीरम दूसरा। फिर इसमें आश्चर्य की बात भी क्या है," राव दूदा कुछ सोचते हुए बोले—"हमारे इस मरु-प्रदेश में तो छायादार वृक्ष बहुत मिल जाते हैं, फलयुक्त कहां मिलते हैं ?"

"आप मुझे व्यर्थ ही कांटों में घसीट रहे हैं दादू !" रतन सिंह ने हल्का प्रतिवाद किया, "कहां अग्रज बीरम और कहां मैं ? बड़ा फिर भी बड़ा होता है। माना उनमें भक्ति-भाव की वह स्रोतस्विनी नहीं जो आपके अन्दर प्रवाहित है अथवा जिसे कुछ हद तक आपने मेरे अन्दर प्रवाहित करने का प्रयास किया है पर उनकी वीरता तो अप्रतिम है, उनका शौर्य श्लाघ्य ?"

"मैं बीरम की वीरता पर कहां प्रश्नचिह्न लगाता हूं ? यह तो मैंने पहले कहा कि वीरता, शौर्य-वीर्य में तुम दोनों समान हो।"

"यह भी सही नहीं है दादू !" रतन सिंह का प्रतिवाद कायम था।

"क्यों ?"

"वीरता में अग्रज मुझसे बीस पड़ते हैं।"

"कैसे ?"

"आपका स्नेहाधिक्य इसे अभी नहीं समझने देगा। पर समय सब स्पष्ट कर देगा।"

"ठीक है," राव दूदा ने कहा, "मान लेता हूं पर यह तो मानोगे कि भक्ति-भाव और मानवीय संवेदना तुम्हारे अन्दर बीरम से अधिक ही है ?"

रतन सिंह ने सिर झुका लिया। पिता की बातों का वे कितना प्रतिवाद करें।

"खैर छोड़ो।" राव दूदा ने बात बदली, "मीरा तो अब दोनों हाथों, दोनों पैरों के बल चलने लगी होगी ?"

"हां दादू, घिसटती है अब। घिसटते-घिसटते तो कभी-कभी मुरलीमनोहर के कमरे में भी चली जाती है। इधर-उधर हाथ मारती है। मुरलीमनोहर के पैरों तक तो उसके हाथ नहीं पहुंच पाते पर सिंहासन पर तो थपकियां दे ही देती है।"

"खड़ी होकर चलने लगे तब तो मुरलीमनोहर की आफत आ जाएगी।" राव दूदा धीरे से हंस पड़े।

"तब उसके लिए एक छोटा मन्दिर बना देंगे। उसमें मुरलीमनोहर की एक छोटी मूर्ति बैठा देंगे। यों ही। उसमें प्राण-प्रतिष्ठा नहीं करेंगे। अब चाहे जैसे वह अपने उस मुरलीमनोहर से खेले। चाहे उनकी जो दशा-दुर्दशा करे। हम पर तो कोई दोष नहीं आयेगा।" रतन सिंह से अपनी बात कही।

"पर थोड़ा होश आते ही वह असली-नकली में भेद करना सीख लेगी।" राव दूदा फिर मुस्कराए।

"तब उसे पूजा की विधियां भी सिखा देंगे। फिर वह मुख्य मन्दिर को भ्रष्ट तो नहीं करेगी ?"

"भ्रष्ट क्यों बोलते हो रतन ? अभी भी उसके स्पर्श से क्या मुरलीमनोहर

भ्रष्ट होंगे ? वह तो तुम्हारे और मेरी पुत्र-वधू के इतने पवित्र संस्कार लेकर उत्पन्न हुई है कि मेरी सुनो तो उसके स्पर्श से ही उस मूर्ति में भी प्राण-प्रतिष्ठा हो जाय जिसे तुम उसे मात्र खिलौने के रूप में देना चाहते हो। प्राण-प्रतिष्ठा केवल मन्त्रों से थोड़े होती है रतन ? मन्त्र से अधिक संस्कार, श्रद्धा और प्रेम तथा समर्पण भाव की आवश्यकता है। जब ये विशेषताएं व्यक्ति में हों तब वह जहां चाहे वहीं भगवान मिल जायं। जिस वस्तु में चाहे उसी में मुरलीमनोहर के दर्शन हो जाएं। कहां नहीं है वह गिरिधारी ? क्या अच्छी बात कही गई है ईशावास्योपनिषद् में—ईशावास्यमिदं सर्वं यत्किंचित् जगत्यां जगत्, तेन त्यक्तेन भुंजिथा, मा गृद्धः कस्यचित् धनम्—निरन्तर गतिशील ब्रह्मांड इस जगत् में जो कुछ है (जड़-चेतन) सब में ईश्वर का ही निवास है···। जब वह सब स्थान पर है तो उसे मात्र एक मन्दिर, एक मूर्ति में कहां ढूंढ़ना ? बालक प्रह्लाद की कहानी याद है न ? इन पौराणिक आख्यानों में शाश्वत सत्य को ही तो निरूपित किया गया है।" राव दूदा आज शास्त्र-चर्चा की मुद्रा में थे।

"हां तो मैं कह रहा था कि वेदों, उपनिषदों अथवा गीता के सिद्धान्तों को ही पुराणों ने व्यावहारिक विस्तार दिया है। अब प्रह्लाद की ही बात लो, वह महज ग्यारह वर्ष का बालक था पर उसने इस औपनिषदिक सत्य को सिद्ध कर दिया कि ईश्वर जड़ और चेतन सभी में है।"

"कैसे ?" रतन सिंह ने आश्चर्य से पूछा। उन्हें निश्चित ही प्रह्लाद की कथा पूर्णतया ज्ञात नहीं थी।

"तो तुम्हें नहीं पता है यह कथा ?" राव दूदा को आश्चर्य हुआ।

"नहीं दादू।"

"हिरण्यकश्यपु नामक एक राक्षस था।" राव दूदा ने आरम्भ किया, "वह मूढ़ इस मति भ्रम का शिकार था कि जो कुछ दृश्य है उसके अलावा और कुछ होता ही नहीं। चूंकि वह महाशूर-वीर था और उसके सदृश कोई बलशाली उस समय इस पृथ्वी पर नहीं था, इसलिए उसने अपने को ही भगवान घोषित कर दिया।"

"तब ?" रतन सिंह ने साश्चर्य पूछा।

"तब यह कि उसकी प्रजा ने तो भय से उसे भगवान मान लिया पर उसके एकादश वर्षीय पुत्र ने ही उसके विरुद्ध विद्रोह का स्वर ऊंचा कर दिया।"

"कैसे ?"

उसने पिता से कहा, " 'आप मेरे पिता हैं, यहां तक तो ठीक, महान् योद्धा और शूर-वीर हैं यह भी ठीक पर आप भगवान हैं यह बात मेरे गले उतरने से रही।'

" 'प्रश्न ही नहीं उठता।'

"इस पर हिरण्यकश्यपु ने उसे नाना प्रकार की यातनाएं दीं।"

"जैसे ?" रतन सिंह ने साश्चर्य पूछा, "भला कोई पिता अपने पुत्र को निर्ममतापूर्वक प्रताड़ित कर सकता है ?"

"यही बात तो मैं कह रहा हूं। पर वह मात्र पिता कहां था ? वह तो मदान्ध असुर था। अपने असीमित ऐश्वर्य और अपनी असामान्य वीरता के समक्ष वह

किसी को कुछ समझता ही नहीं था।"

"तो क्या प्रताड़ना दी उसने अपने बेटे को ?" रतन सिंह की उत्सुकता बढ़ रही थी।

"यह मत पूछो। कभी उसने उसे पहाड़ के ऊपर से फेंकवाया, कभी मस्त गजराज के पैरों तले कुचलवाना चाहा। कभी आग में जलाने का प्रयास किया तो कभी भूखे सिंह के पिंजड़े में फेंका पर हर बार वह किसी-न-किसी प्रकार बच गया।"

"अच्छा !" रतन सिंह ने आश्चर्य व्यक्त किया।

"हां, इसे संयोग ही कह सकते हो ; भगवद्-भक्त तो उन्हें चमत्कार ही कहेंगे, पर पहाड़ से फेंके जाने पर किसी झाड़ी-झंखाड़ में फंसकर प्राण बच भी सकते हैं, उसी तरह मस्त गजराज या खूंखार शेर भी अपनी मस्ती में आकर एक छोटे बालक की ओर से आंखें फेर सकता है। रह गई आग में जलने की बात। उसकी बुआ को कहते हैं एक ऐसा वस्त्र प्राप्त था जिसको ओढ़कर वह आग में बैठती तो उसका तो बाल बांका नहीं होता जो उसके साथ होता वह अवश्य जल मरता। अब वही प्रह्लाद को गोद में लेकर चिता पर बैठी। कपड़े का चमत्कार आदि क्या चलता, वह तो कपड़े के साथ जल मरी; हो सकता है नृशंस राजा के सेवकों से राजा का यह अत्याचार नहीं देखा गया हो और उन्होंने समय से प्रह्लाद को चिता से बाहर कर लिया हो।"

"यह भी तो हो सकता है दादू ?" सहसा रतन सिंह ने टोका, "कि सचमुच प्रह्लाद पर्वत से पृथ्वी पर फेंके जाने पर भी नहीं मरा हो कि सचमुच ही गजराज के विशाल पैरों तले वह नहीं दब पाया और सच में अग्नि तो उसकी बुआ को स्वाहा कर गई हो और उसके लिए वही चन्दन-सी शक्ति बन आई हो ?"

"इसे चमत्कार कहते हैं रतन ! असम्भव का भी सम्भव होना चमत्कार कहा जाता है।" राव दूदा ने कुछ गम्भीरता-पूर्वक कहा।

"चाहे इसे जो नाम दो दादू पर क्या भगवद्-भक्तों के साथ चमत्कार नहीं घट सकता है ? क्या उनके लिए प्रकृति के सारे विधि-विधान ताक पर नहीं रखे रह जा सकते और असम्भव भी सम्भव नहीं हो सकता है ?"

"रतन मुझसे पूछो तो," राव दूदा ने आरम्भ किया, "भगवद् भक्तों के साथ चमत्कार घट सकते हैं और आज भी घट रहे हैं पर आज का तथाकथित बौद्धिक वर्ग ऐसी घटनाओं पर विश्वास नहीं करता। उसे ये सब मनगढ़न्त बातें लगती हैं, इसीलिए उन्हें संयोग कहकर टाल देने का मैंने प्रयास किया।"

"वे तो नास्तिक ही होते होंगे दादू ?"

"कौन ?"

"जो इन चमत्कारों पर विश्वास नहीं करते ?"

"कैसे कहूं ?" राव दूदा ने कुछ सोचते हुए कहा।

"कैसे नहीं कहोगे ? जो ईश्वर द्वारा अपने भक्तों की रक्षा और ऐसी ही कुछ असम्भव-सी बातों पर अविश्वास करे वह तो ईश्वर पर भी अविश्वास करता है जो सर्वशक्तिमान है, सर्वसमर्थ है तो ईश्वर पर अविश्वास करने वाला नास्तिक ही तो होगा ? ईश्वर क्या नहीं कर सकता ? भक्तों की रक्षा के लिए वह कुछ भी

उठा रखता है क्या ? तुम्हीं ने तो मुझे गीता पढ़ने को कहा था। उसमें क्या यह स्पष्ट नहीं लिखा है कि भगवद् भक्त इस लोक तो इस लोक, उस लोक में भी विनष्ट नहीं होता—पार्थ नेवेह, नामुत विनाशस्तस्य जायते।"

"बात तो ठीक ही कह रहे हो रतन।" राव दूदा का निर्णयात्मक स्वर उभरा।

"तब आपने मुझे भी नास्तिक ही न समझा दादू ?"

"क्या बोलते हो रतन ?" राव दूदा कुछ आश्चर्यचकित से बोले।

"हां दादू, तुम्हें अपने रतन पर भी विश्वास नहीं हुआ तभी तो तुम भक्तवर प्रह्लाद के साथ घटी घटनाओं को भी संयोग कह गए ? अपने हृदय पर हाथ रख कर बोलो तो दादू क्या तुम भी उन घटनाओं को मात्र संयोग मानते हो ?"

"नहीं मानता।" दूदा ने स्पष्ट कहा।

"तब तुम इन्हें मेरे ऊपर मात्र संयोग कह क्यों थोपना चाहते हो ?"

"···।" राव दूदा चुप। क्या जवाब देते ?

"और दादू ?" रतन सिंह अपनी रौ में बोलते गए। भूल ही गए वह कि यह वार्तालाप उनके किसी समवयस्क से नहीं होकर स्वयं उनके जनक मेड़ता-नरेश से हो रहा था।

"बोलो।" राव दूदा ने मुंह खोला।

"मैं अभी पका नहीं न ? भक्ति-भाव में ? ईश्वर-प्रेम में ?" रतन सिंह जैसे बिफरे, "हां दादू, अगर तुम्हें लगता कि मैं पक गया हूं मुरलीधर के प्रेम में, तब तुम्हें मुझे इस तरह फुसलाने की क्यों आवश्यकता पड़ती ? तब तो प्रह्लाद के साथ जैसा घटा था तुम साफ वैसा ही प्रकट करते ? संयोग का सहारा लेने की आवश्यकता क्यों प्रतीत होती तुम्हें ?"

"मुझसे गलती हो गई रतन ! मुझे माफ करना।" यह कहते हुए राव दूदा की आंखें छलछला आईं।

"नहीं दादू, ऐसा नहीं कहते।" ऐसा कहकर रतन सिंह ने राव दूदा के पैर पकड़ लिए।

राव दूदा ने रतन सिंह को पैरों से उठाकर अपने वक्ष से लगा लिया और बोले, "मुझसे कुछ अन्याय हो गया है रतन ! वस्तुतः, मुझे तुम्हारी आस्था पर संदेह नहीं करना था। तुम और तुम्हारी पत्नी जो पूरी तरह सांवले के ही रंग में रंग गए हो उन पर संशय करना स्वयं आस्था को ही संशय का आखेट बनाना है। जब मैंने तुम लोगों के समर्पण-भाव को स्वयं देखा और समझा है तो मुझे उस पर अप्रत्यक्ष रूप में भी संशय करने का कोई अधिकार नहीं है। वास्तविकता तो यह है रतन कि इस संसार में बहुत लोग अनास्था के ही शिकार हैं। उनसे चमत्कार की चर्चा करो तो वे तुम्हें दकियानूसी और अन्धविश्वासी की संज्ञा देंगे। उन्हीं को ध्यान में रखकर जानते हुए भी अनजान बनना पड़ता है। अपनी आंखों देखी घटनाओं को भी अनदेखी करना पड़ता है। नहीं तो, जैसा पहले कहा दैवी चमत्कार यहां अब भी अनगिनत लोगों के साथ घटते ही रहते हैं पर उनको सबके समक्ष स्पष्ट कर कोई भी आस्थावान् व्यक्ति क्यों अपने को तथाकथित बुद्धिवादियों के

उपहास का कारण बने ? ऐसे तथाकथित बुद्धिवादी और वैज्ञानिकों के लिए तो दृश्य जगत ही सबकुछ है। जो बात उनकी बुद्धि और तर्क-शक्ति की परिधि में आये वह तो सत्य शेष सब मिथ्या है अतिरिक्त कुछ नहीं।

"अब उन्हें कैसे बताया जाय कि अज्ञानी वे नहीं जो चमत्कारों पर विश्वास करते हैं, ईश्वर के अस्तित्व और अनुग्रह पर विश्वास करते हैं, वस्तुतः अज्ञानी वे हैं जिनकी तथाकथित छिछली बौद्धिकता ने उन्हें स्वयं के अन्धकार से ग्रस्त कर रखा है। उनकी चर्म-चक्षुएं तो खुली हैं पर अन्तर्चक्षुएं पूरी तरह बन्द हैं। ऐसे लोगों को कोई क्या समझाएगा ? इससे बड़ी विडम्बना क्या हो सकती है कि अन्धे ही यहां आंख वालों को नेत्रहीन कह रहे हैं। ईश्वर और ईश्वर के चमत्कार सम्बन्धी गोपन बातों को इनसे गुप्त रखना ही श्रेयस्कर है।

"वस्तुतः ईश्वरोपासना और साधना का मार्ग तो स्वयं उस पर चलने के लिए है। दूसरों के चलने से तुम अनुभूतियां नहीं प्राप्त कर सकते। ये लोग बिना खाए ही किसी फल का स्वाद निर्णित करने को तत्पर हैं। स्वयं की तो कोई अनुभूति नहीं दूसरों की अनुभूतियों पर प्रश्नचिह्न लगाने को तत्पर हैं। इसीलिए रतन इनके लिए दूसरी भाषा का प्रयोग करना पड़ता है। इनसे इन्हीं की भाषा में बात करनी होती है। चमत्कारों को संयोग की संज्ञा देनी पड़ती है। इसी आदत के फलस्वरूप मुझसे भूल हो गई जिसका मुझे अफसोस है।" इतना कहकर राव दूदा ने रतन सिंह के माथे को सूंघकर और उनकी पीठ थपथपाकर अपना प्यार प्रकट किया। उनके वात्सल्य की स्रोतस्विनी में जैसे बाढ़ आ गई और उनकी आंखों के दोनों किनारों से जलधार बह निकली।

रतन सिंह पिता के पर्यंक पर ही एक तरफ बैठ गए। उनकी आंखों के पानी को पोंछा। पर वात्सल्य की नदी जो एक बार उमड़ी तो उफनती ही गई। राव दूदा के झुर्रीदार गालों पर एक ही साथ अनेक स्रोतस्विनियां प्रवाहित हो चलीं।

"दादू !" हाथों ने काम नहीं किया तो रतन सिंह ने अपने सिर की बड़ी पगड़ी के एक भाग से ही आंसुओं को पोंछना शुरू किया।

"दादू ये आंसू ! तुम्हारे ये आंसू मुझसे देखे नहीं जाते। मुझे क्षमा करो अगर मुझसे कोई अपराध बन गया हो।"

थोड़ी देर बाद राव दूदा प्रकृतिस्थ हुए और बोले, "ये भक्ति के आंसू हैं रतन ! यह मुरलीमनोहर बहुत निष्ठुर है। बहुतों को रुलाया है इसने। आज भी रुलाने से बाज नहीं आता। यह मेरी मीरा को भी रुलायेगा रतन, यही तो एक भय है उससे जुड़ने अथवा जोड़ने में। उसने नन्द को रुलाया, यशोदा को रुलाया, व्रज के सभी गोप-गोपियों को रुलाया। और तो और उसने राधा को आजीवन रुलाया, वह मीरा को रुलाने से बाकी रहेगा रतन ! कभी-कभी मैं सोचता हूं क्या हमने मीरा को इस मुरलीधर इस लीलाधर से बांधकर उचित किया ?"

"उचित किया दादू, पूर्णतया उचित किया। तुम्हीं तो कहते थे जिस वंश के लोगों ने, राठौरी राजपूतों ने, सदा इस धरती को रक्त-रंजित करने के अलावा कुछ नहीं किया, उसे तो प्रायश्चित रूप में अपने एक वंशज अथवा वंशजा को भक्ति-भाव की ओर अग्रसर करना ही पड़ेगा। हम उस मार्ग पर बढ़ चुके हैं दादू, हमने मीरा को कृष्णार्पिता कर दिया है। हम अब पीछे नहीं मुड़ सकते। राठौरी राजपूत

पीछे मुड़कर देखना जानते ही नहीं दादू। तुम्हीं बोलो न ? क्या कहते हो ?"

"मुझे अब कुछ नहीं कहना रतन ! मैं जो कुछ कहता उससे अधिक तुम कह चुके हो। हां, आज का वार्तालाप यहीं समाप्त। जाओ, आराम करो।"

"और दादू !" रतन सिंह ने कुछ हिचकिचाहट के साथ कहा, "वह भक्त प्रह्लाद वाली कहानी तो रह ही गई।"

"नहीं रहेगी कल उसका शेष अंश सुनाऊंगा। अवश्य सुनाऊंगा रतन, इसलिए भी सुनाऊंगा कि हमारी मीरा भक्ति-भाव में प्रह्लाद से आगे ही रहेगी, थोड़ी भी पीछे नहीं। प्रह्लाद की घटना सच्ची नहीं भी हो सकती है क्योंकि यह ऐतिहासिक नहीं पौराणिक है। पर मीरा इतिहास के पृष्ठों में अमर होकर रहेगी रतन ! वह पौराणिक परिकल्पना नहीं इतिहास के ज्वलन्त सत्य की परिचायिका होगी।"

अठारह

प्राची का क्षितिज अरुणाभ हो आया था। अरुणिमा का चमत्कार था यह। पौराणिक मिथकों का सहारा लें तो सप्तवर्णी सप्त अश्वों के रथ पर आरूढ़ हो आनेवाले सूर्य की आगवानी का ही प्रबन्ध था यह। प्रतीक्षारत अरुणिमा ने सूर्य-पथ को स्वच्छ कर उस पर कुमकुम बिखेर दिया था, लाल गुलाल से ही पाट दिया था सूर्याश्वों के राजपथ को।

थोड़ी ही देर में सूर्य की वृत्ताकार गुलाल-स्नात-सी आकृति क्षितिज के अत्यन्त निम्न भाग में प्रकट हुई। सम्पूर्ण सृष्टि एक क्षण को रक्तिम हो आई; नहीं, नहीं गुलाबी, कुमकुम रंग-रंगी। दिशाओं में मलय पवन प्रवाहित हो उठा। वृन्तों पर कलियां डोल गईं—डुरं-डुरं। पक्षियों ने पंख पसारे और उड़ पड़े विस्तृत गगन के किसी कोने को अपने दुर्बल पंखों की सीमित-शक्ति से तोलने। उनके कलरव से दिशाएं निनादित हो उठीं—यही थी प्रत्यूष के स्वागत में उनकी पुनीत शंख-ध्वनि। चराचर एक नए प्रातः के आते ही नए रूप में कर्म-संकुल हो आया। सर्वत्र भाग-दौड़ मच गई। निद्रा की अलस को तिलांजलि दे सभी अपने-अपने दायित्वों के वहन में तत्पर हो आये।

राव दूदा को चिन्ता हुई। रतन अभी तक सोया पड़ा था। वे दो बार उसके कक्ष में झांक आए थे। यह कैसा व्यतिक्रम ? ऐसा तो वह कभी नहीं करता था। यह तो नित्यकर्म था। अब तक वे स्वयं भी मेड़ता से सटे जलाशय में उगते सूर्य को जलांजलि दे लौट आए थे। उगता सूरज, उनके मन में एक बात आई थी। सभी उगते सूरज को ही नमस्कार करते हैं, जलांजलि देते हैं क्योंकि उससे बहुतों को बहुत-बहुत आशाएं रहती हैं। वह कलियों को चटकायेगा, उन्हें फूल बनाएगा, सरोवरों में सुप्त पड़े रक्तवर्णी कमल-पुष्पों को अपनी पंखुड़ियां खोल, अपना अछूता सौंदर्य, अपना गुप्त पराग लुटाने को प्रोत्साहित करेगा। वह धरती को रात की ठंड से मुक्ति दे उष्णता प्रदान करेगा। वह फलों को पकाएगा। अन्न के दानों को पुष्ट करेगा और एक दिन धरती को वृहत् अन्न-भांडार की भेंट दे उसे तृप्त-तृप्त कर देगा।

और डूबता सूरज ? वह पृथ्वी के प्रकाश को पी जाएगा । पक्षियों को नीड़ों में वापस लौटने को बाध्य करेगा । उनका सारा कलरव निःशेष हो जाएगा । वह कमल-पुष्पों को अपनी पंखुड़ियां समेट लेने को विवश करेगा । वह धरती का सारा सौंदर्य, सम्पूर्ण गतिविधियां अपने साथ वापस लेता जाएगा और छोड़ जाएगा अन्धकार की एक मोटी चादर । धरती चाहे तो उसे ओढ़े, चाहे तो बिछाए पर जब तक सूरज नहीं लौटता, धरती अन्धकार को, अकर्मण्यता को, कह लें तो अश्लीलता को, बर्बरता को भी समर्पित रहने को बाध्य रहेगी । पिक कहीं दुबका पड़ा रहेगा और बन आयेगी उल्लूक की । देव और मानव कहीं दुबक जायेंगे । खेचरों, रात्रिचारी चोर-उच्चकों, व्यभिचारियों, राक्षसों, नर-पिशाचों का साम्राज्य स्थापित हो आएगा सुषुप्त, निर्गन्धधरती पर । किसी कोने में पड़ी रजनीगन्धा कितना लुटा पाएगी अपनी सुगंध ? इस सम्मिलित गंधहीनता में उसकी कातर गंध कहीं की कहीं दब-पिस कर कराह उठेगी ।

नहीं, कोई नहीं चाहता डूबते सूरज को । अतः कोई नहीं देता उसे जलांजलि, कोई नहीं करता उसे नमस्कार । राव दूदा सोचे जा रहे थे । उनका अश्व स्फूर्ति से नगर की ओर लौट रहा था । सोच रहे थे वह, वे भी अब डूबता सूरज हुए । मेड़ता के अधिकांश नागरिकों के हाथ अब बीरम के स्वागत में बंधते थे । उन्हें लोग देखकर भी नहीं देखते थे । यही सृष्टि का नियम है, यही विधि का विधान । बीते दिनों के चर्वण में, गत सुख-सपनों में जीने का क्या लाभ था ? कठोर यथार्थ सामने था । उसका सामना किए बिना उसे स्वीकृति प्रदान किए बिना त्राण भी कहां था ?

सोच रहे थे दूदा और मन-ही-मन एक संकल्प गाढ़ा होता जा रहा था । वे एक ऐसा सूरज देने जा रहे थे इस धरती को जो डूबकर भी नहीं डूबेगा । मीरा के रूप में देने जा रहे थे वे इस धरती को एक ऐसा प्रकाश जो बुझकर भी ज्योति उगलेगा, धूम्र नहीं—तमसो मा ज्योतिर्गमय । क्या हुआ जो वे डूब जाएंगे, क्या हुआ जो रतन भी नहीं रहेगा, क्या हुआ जो मीरा रूपी सूर्य को भी यह मरण-धर्मा धरती एक दिन निगल बैठेगी ? पर मीरा-रूपी सूर्य चाहे जो अस्ताचलगामी हो, उसके प्रकाश का वर्त्तुल फिर भी अस्तगिरि के अन्ध गह्वर में जाने से इन्कार कर देगा । उसके अवसान के पश्चात् उसकी कीर्ति-किरणों का विजय-नर्तन वर्तमान रहेगा और ये किरणें युगों-युगों तक प्रकाशित करती रहेंगी मीरा के नाम को, रतन के नाम को और काल-देवता अधिक क्रूर नहीं हुआ तो शायद उनके नाम को भी—राव दूदा के नाम को भी । अब तो महाकाल से इतना ही आग्रह है कि जैसे उसने एक बार उन्हें अपने जबड़ों से मुक्त किया वैसे ही जोड़ दे वह उनके जीवन के साथ काल का एक छोटा ही खंड बस दस वर्ष का भी—ताकि वे अपने आनेवाले सूरज को साज-संवार सकें और उसमें मध्याह्न का मार्तण्ड बनने की सम्पूर्ण शक्ति भर सकें ।

ले आयेंगे मीरा को, वे शीघ्र ही लाएंगे अपने पास । जरा वह कम-से-कम दो-तीन वर्षों की हो ले । मात्र रतन और उसकी पत्नी के संवारने से वह नहीं संवरने को । काल-देवता ने उन्हें पुनर्जीवन दिया है तो उसका पूर्ण उपयोग करेंगे वे । जीवन के इस अन्तिम काल-खंड को वह राजपूताने की रेत नहीं बनने देंगे—

नीरस, रूखी और अनुर्वरा। उर्वरा बनायेंगे उसे वे अपने भक्तिभाव से सींचकर और उससे प्रकट होगी वह अमर लता जिसे रेगिस्तानी सूर्य भी नहीं झुलसा पाएगा, सुखा पाएगा। ठीक अमर लता की तरह ही अमर होगी मीरा। मीरा उनकी पौत्री, रतन की पुत्री, नहीं, नहीं, सम्पूर्ण राजपूताने अपितु सम्पूर्ण आर्य-धरती की ही पौत्री, पुत्री, सब कुछ।

यही सोचते-सोचते अपने अश्व पर सवार वे आ पहुंचे थे महल-द्वार पर। अन्दर गए तो पुत्र रतन अभी घोड़ा बेचकर ही सोया था।

वस्तुतः रात देर तक रतन सिंह विभिन्न विचारों के प्रवाहों में किसी विवश तिनके-सा तिरते रहे थे। दिन में बहुत कुछ अप्रत्याशित घट गया था। पिता राव दूदा उस सर्वव्याप्त की सर्वव्यापकता को सिद्ध करने के प्रयास में भावनाओं के प्रबल ज्वार का आखेट हो अव्यवस्थित हो आए थे। उनकी इस अव्यवस्था में रतन सिंह का कम योग नहीं था। व्यर्थ ही उनका अहम् उन पर हावी हो गया था और वे इस बात को व्यर्थ का तूल देने पर अड़ गए थे कि पिता ने उनकी आस्था पर प्रश्न-चिह्न क्यों लगाया। यह मूर्खता-जनित अहंकार नहीं तो और क्या था? अभी उनकी आस्था पकी ही कहां थी? पक आई आस्था व्यक्ति में विनम्रता लाती है कि व्यर्थ में उसके अहम् की अग्नि में समिधा बन उसे और प्रज्वलित करती है? बहुत अफसोस हो रहा था रतन सिंह को। रात बिछावन पर गए तो लगा किसी आरामदेह शय्या पर नहीं मरुभूमि की तप्त रेत पर ही पड़े हों। निद्रा-देवी ने देर तक पास फटकने से भी इन्कार कर दिया। रेत पर पड़ी किसी विवश मछली-सा वह तड़पते, करवटें बदलते रहे।

एक बात बार-बार मन में आ रही थी। प्रह्लाद की पौराणिक घटना एक ज्वलंत प्रश्न बनकर किसी प्रज्वलित उल्का की तरह ही उनकी सपाट खुली आंखों के समक्ष निरन्तर नर्तन कर रही थी। प्रश्न अत्यन्त सहज और स्वाभाविक था—मीरा अगर अध्यात्म और भगवद्भक्ति तथा मानवीय संवेदना के पथ पर बढ़ेगी तो उसके साथ भी चमत्कार घटेंगे। घटेंगे न? तो क्या उसके साथ घटित चमत्कारों को भी मात्र संयोग कहकर उपेक्षित कर दिया जाएगा, ठीक उसी तरह जैसे भक्त प्रह्लाद के साथ घटे चमत्कारों अथवा दैवी अनुग्रह को राव दूदा के सदृश आस्थावान् व्यक्ति भी संयोग-मात्र कहने को विवश हैं?

'कल मैं इस बात को दादू से स्पष्ट कराऊंगा', रतन सिंह ने सोचा, 'उनसे स्पष्ट पूछूंगा कि मीरा की उपलब्धियों को भी इतिहास अगर मात्र संयोग कह कर उपेक्षित करे अथवा उसको उपलब्ध दैवी अनुग्रह को चन्द अनास्थावानों और आंख-युक्त अन्धों द्वारा कल्पना-प्रसूत मान परिहास का लक्ष्य बनाया जाय तो इतने सारे उपक्रमों का क्या लाभ? क्यों बलि दी जाए एक निरीह बालिका की आशाओं, आकांक्षाओं और स्वप्नों-दिवास्वप्नों की जब इनकी परिणति कुछ अविश्वासियों के पागल-प्रलाप और उपहास में ही होनी है?' यह संकल्प मन में आते ही रतन सिंह रूठी निद्रा देवी को मनाने में सफल हो सके और कहीं देर रात गए उनको नींद आई।

"रतन, ओ रतन!" राव दूदा ने शयन-कक्ष के बाहर से ही आवाज दी। मन-ही-मन उनका अन्तर आशंकाग्रस्त भी हो आया। क्या इसी रतन के बल पर

वे अपनी पौत्री को अपने मनोनुकूल गढ़ना चाहते हैं ? जो स्वयं सूर्योदय के एक घड़ी पश्चात् तक चादर के नीचे दुबका रहेगा, वह कौन-सा संस्कार डाल पाएगा अपनी पुत्री में ? नहीं, यथाशीघ्र वे मीरा का भार अपने हाथों में लेंगे। कुछ भी हो रतन पहले एक क्षत्रिय योद्धा है। रजस्-प्रधान रक्त प्रवाहित है इसकी धमनियों में। मुरलीमनोहर की समय असमय की अर्चना-उपासना कितना सतोगुण प्रदान कर पाएगी इसे ?

"रतन, ओ रतन !" पिता की दूसरी पुकार पर रतन सिंह हड़बड़ाकर उठ बैठे। द्वार के बाहर देखा तो स्वच्छ वस्त्र में पिता राव दूदा खड़े हैं—सद्य: स्नात। जैसे कोई श्वेत कमल किसी सरोवर में, अपने डंठल पर निस्पन्द खड़ा हो। रतन सिंह ने शय्या को किसी सर्पासन की तरह ही तत्काल छोड़ा और थोड़ी देर तक कक्ष की धरती पर किसी ताल-वृक्ष की तरह ही अडिग खड़े रहे—किंकर्त्तव्य-विमूढ़। आवश्यकता तो इस समय पितृ-चरणों पर तत्काल प्रणिपात की थी। किन्तु कहां स्नान-ध्यान से निवृत्त स्वच्छ-पवित्र पितृ-गात और कहां अभी-अभी शय्या से मुक्त उनका अशुद्ध और असंस्कारित तन ? कैसे वे अपने अशुभ स्पर्श से पिता को अपवित्र करने का प्रयास करते ?

"नित्य-कर्म से निवृत्त होकर मेरे कक्ष में आ जाओ। कल की अपूर्ण बात पूर्ण करनी है। कुछ और बातें भी करनी हैं।" पिता ने पुत्र की दुविधा को तत्काल पकड़ लिया था और द्वार से वापस लौटते बोल गए थे।

रतन सिंह तत्काल प्रस्तुत हुए थे। चतुर्भुज मन्दिर में जाकर साष्टांग प्रणाम निवेदित किया था और शीघ्र ही पिता के कक्ष में उपस्थिति हो गए थे।

"इतना शीघ्र ?" पिता राव दूदा आश्चर्यचकित हुए।

"हां !" रतन सिंह ने संक्षिप्त उत्तर दिया।

"चतुर्भुज मन्दिर में संभवत: पर्याप्त समय नहीं दिया।" राव दूदा ने आशंका व्यक्त की।

"दिया। पर्याप्त तो नहीं दिया। पिता के शीघ्र दर्शन की जो आकांक्षा थी—पितृचरणेभ्यो नम:"—ऐसा कहकर उन्होंने राव दूदा के पर्यंक से नीचे लटकते चरणों पर अपना सिर रोप दिया जैसे कोई किसी देवता के स्वच्छ-पवित्र चरणों पर नारिकेल (नारियल) चढ़ा दे।

"कल प्रह्लाद की कथा रह गई थी न रतन ?"

"हां दादू !"

"इस बात पर ही तो यह प्रसंग उठा था कि वह कण-कणव्यापी सर्वेश्वर मुरलीधर कहां नहीं है ?"

"हां, दादू !"

"हां तो प्रह्लाद को समाप्त करने की सारी योजनाएं जब विफल हो गईं तो हिरण्यकश्यपु ने उसे स्वयं अपने हाथों समाप्त करना चाहा।"

"अपने पुत्र की हत्या ? अपने ही हाथों ?" रतन सिंह को आश्चर्य हुआ।

"अहंकार रूपी भुजंग चाहे जो न कर दे !" राव दूदा ने कहा, "सर्प कहीं अपने-पराये में भेद करता है ? तुमने सुना है कि सर्पिणी अगिनत अंडे देती है और फिर अपने अंडों को स्वयं खा जाती है। वह तो उसकी भूल से एक-दो अंडे इधर-

उधर होकर उसका ग्रास बनने से बच जाते हैं और उन्हीं के आधार पर सर्पों की जातियां-प्रजातियां फैलती हैं। अगर ऐसा नहीं हो तो पूरी सृष्टि ही सर्पमय हो जाय।"

"फिर क्या हुआ दादू ?" अपनी बात पर आने के पूर्व रतन सिंह प्रह्लाद की सम्पूर्ण गाथा पितृ-मुख से ही सुन लेना चाहते थे।

."फिर क्या होना था? प्रह्लाद को बन्दी बनाए दो खूंखार असुर खड़े थे और सामने क्रोध से कांपते हाथों में खंड्ग लिए हिरण्यकश्यपु पुत्र-वध को प्रस्तुत था। पुत्र की हत्या के पूर्व उसने अन्तिम रूप में जानना चाहा कि उसके विचारों में कोई परिवर्तन हुआ या नहीं।

" 'मैं कौन हूं ?' शार्दूल स्वर में ही वह असुर राज गरजा।

" 'असुराधिपति महाराज हिरण्यकश्यपु।' प्रह्लाद ने शान्त भाव से उत्तर दिया।

" 'और कुछ ?' असुरराज ने पुनः सिंह-गर्जन किया।

" 'मेरे आदरणीय जनक।'

" 'और कुछ ?'

" 'इससे अधिक मुझे कुछ ज्ञात नहीं।' प्रहलाद के शब्द दृढ़ थे।

" 'और भगवान ? चराचरपति ? साक्षात् विष्णु ?'

" 'वह आप नहीं हैं।' एक साकूत स्मिति बालक के चेहरे पर खेली।

" 'बालक, तुम उद्दंड हो रहे हो।' हिरण्यकश्यपु की तलवार किंचित् ऊपर उठी। बालक निर्भय खड़ा।

" 'अच्छा मैं भगवान नहीं तो कोई तो भगवान होगा ?'

" 'अवश्य है।'

" 'कौन है वह ?'

" 'कोई भी हो, पर आप नहीं हैं।'

"हिरण्यकश्यपु के क्रोध-कम्पित हाथों से खड्ग छूटने-छूटने को हुआ। फिर भी उसने अपने आत्मज को एक और अवसर देना चाहा।

" 'अगर वह है तो कहीं रहता होगा? हर होनेवाली वस्तु कहीं-न-कहीं तो रहती ही है ?'

" 'आप ठीक कह रहे हैं।' प्रह्लाद ने प्रत्युत्तर दिया।

" 'तो कहां रहता है तुम्हारा भगवान ?' हिरण्यकश्यपु ने एक घोर अट्टहास कर पूछा, 'उसे अभी तक कहीं देखा तो नहीं गया ?'

" 'वह हर कहीं रहता है। पूरी सृष्टि उससे आच्छादित है। वह सब में है। सब उसी में हैं।' एक किशोर से ऐसी पांडित्यपूर्ण बात सुनकर हिरण्यकश्यपु थोड़ी देर के लिए चकराया। फिर मुसकराते हुए बोला—'पहेलियां नहीं बुझाओ। तुम्हारे कहने का अर्थ तो यही हुआ कि वह चेतन तो चेतन जड़ में भी है ?'

" 'हां उसके लिए जड़-चेतन के मध्य कोई भेद नहीं। जड़-चेतन सभी उसी के द्वारा निर्मित और व्याप्त हैं।'

"हिरण्यकश्यपु पुनः मुसकराया—'इसी उम्र में तुम्हारे अन्दर इतना ज्ञान किसने भर दिया ?'

" 'उसी ने जो जैसा मैंने कहा सबके अन्दर है। मेरा ज्ञान स्वतः-स्फूर्त है अपितु उसी के द्वारा प्रदत्त भी। जिस पर उसका अनुग्रह हो जाय उसके लिए अप्राप्य क्या है ? उसकी अनुभूति होते ही अज्ञान के अन्धकार पर ज्ञान के प्रकाश की विजय स्वतः स्थापित हो जाती है।'

" 'पडितों की भाषा नहीं बोलो। तुम्हारा वह भगवान मेरी इस तलवार की तीक्ष्ण धार से तुम्हारी रक्षा नहीं कर सकता।' हिरण्यकश्यपु ने अपने हाथ में पड़े खड्ग की ओर इंगित कर कहा।

" 'कर सकता है !' प्रह्लाद ने विश्वास के साथ कहा।

" 'वह कहीं दिखाई तो नहीं पड़ता। किधर से प्रकट होकर वह तुम्हारी रक्षा करेगा ? अभी यह मेरी तलवार तुम्हारी ग्रीवा को तुम्हारे धड़ से अलग करेगी।'

" 'जहां से कहो वहीं से वह प्रकट हो जाएगा। मैंने कहा न वह जड़-चेतन सब में समान रूप से विद्यमान है।'

" 'अगर वह जड़ में है तो पाषाण के उस स्तम्भ में भी अवश्य होगा ?'

" 'अवश्य है।'

" 'तुम उसको इससे प्रकट कर सकते हो ?' हिरण्यकश्यपु पुनः मुसकराया।

" 'अवश्य।' प्रह्लाद ने आत्मविश्वास-पूर्वक प्रत्युत्तर दिया। 'पर सोच लो तब तुम्हारी खैर नहीं रहेगी। उसका प्रकट होना अकारण नहीं होता। वह तुम्हारे प्राण लेकर रहेगा। तुम्हारे अत्याचार और पाप का घट पूरी तरह भर चुका है।' प्रह्लाद आगे बोला।

" 'हा ! हा ! हा ! हा !' हिरण्यकश्यपु ने भयानक अट्टहास किया, 'वह तुम्हारा भगवान और चाहे जो करे मेरे प्राण नहीं ले सकता।'

" 'क्यों ?'

" 'मैं एक तरह से अमर हूं। मुझे वरदान प्राप्त है कि न मैं दिन में मर सकता हूं न रात में। न जल में न थल में। न अस्त्र द्वारा न शस्त्र द्वारा। न मनुष्य द्वारा न पशु द्वारा। न घर के अन्दर न घर के बाहर।'

" 'हा ! हा ! हा ! हा !' पुनः एक घोर अट्टहास के साथ हिरण्यकश्यपु ने अपना वक्तव्य समाप्त किया।

" 'प्रह्लाद मुसकराया।'

" 'क्यों मुसकराते हो ?' असुर गर्जा।

" 'इस समय कौन काल है ?' प्रह्लाद ने मुसकराकर पूछा। उसके आनन पर एक दैवी तेज विराजमान हो आया था।

" 'संध्या। इसमें कौन बड़ी बात है ?'

" 'यह दिन है ?'

" 'नहीं।'

" 'तो यह रात्रि है ?'

" 'नहीं।' हिरण्यकश्यपु किंचित् चिन्तित होकर बोला।

" 'अगर इस समय तुम मृत्यु को प्राप्त हो जाओ तो वह मृत्यु न दिन में होगी न रात में। है न ?'

" 'जिह्वा लम्बी न करो प्रह्लाद,' हिरण्यकश्यपु ने अपनी तलवार को प्रहार की मुद्रा में लाते हुए कहा, 'माना न यह दिन है न रात पर मेरे और वरदानों का क्या करोगे ? प्रकट करना हो तो करो इस पाषाण से अपने सर्वव्यापी भगवान को वर्ना मेरी तलवार अभी तुम्हारे दो खंड किए देती है।'

" 'इसका अवसर नहीं आएगा,' प्रह्लाद ने कहा और उस पाषाण-स्तम्भ की ओर देखकर एक क्षण के लिए ध्यान-मग्न हुआ। तभी विचित्र घटा। एक भीषण रव से दिशाएं व्याप्त हो गईं। पाषाणी स्तम्भ बीच से फट गया और उससे एक प्राणी निकला जिसका मुख-भाग सिंह का था और धड़-भाग मनुष्य का। उसके हाथों के नख लम्बे और खूंखार थे। इसके पहले कि हिरण्यकश्यपु कुछ समझ सके उस प्राणी ने एक लम्बी छलांग उसके सिंहासन की ओर लगाई और उसे धर दबोचा। भयाक्रान्त हिरण्यकश्यपु के हाथ से तलवार छिटक कर दूर जा गिरी। उस प्राणी ने जिसे नृसिंह ही कह सकते हैं हिरण्यकश्यपु को क्षणार्ध में धर दबोचा और दूसरी छलांग में जा बैठा राजदरबार के चौकट पर। उसे उसने अपने सशक्त बाहुओं से अपनी गोद में रखा और घोर अट्टहास के साथ बोला—'हिरण्यकश्यपु तुम्हारा समय समाप्त हो गया। ठीक से देख लो। ब्रह्म से प्राप्त वरदान अपने स्थान पर स्थित हैं और तुम्हारे प्राण भी अब गत हो रहे हैं। जैसा कि प्रह्लाद ने बताया यह सांध्य बेला है। दिवस और रात्रि की सन्धि-घड़ी। इसकी गणना न दिन में की जा सकती है न रात्रि में। अपने और वरदानों के सम्बन्ध में भी समझ लो—तुम चौकट पर हत हो रहे हो, न घर के अन्दर न बाहर, तुम्हें हत करने वाला मैं न नर हूं न पशु, तुम मेरी गोद में पड़े हो, यह न जल है न थल और अभी-अभी मेरे जो विकराल नख तुम्हारे वक्ष को विदीर्ण कर तुम्हें यमलोक का द्वार दिखाने जा रहे हैं वे न अस्त्र हैं न शस्त्र।' हिरण्यकश्यपु का पहले से ही रक्त-शून्य आनन और भयाक्रान्त हो आया और उस नृसिंह ने अपने भयानक नखों से उसके हृदय को फाड़, उसके प्राण ले लिए।"

कहानी सुनाने के पश्चात् राव दूदा थोड़ी देर चुप रहे। फिर बोले, "जैसा कि पहले कहा वह सर्वव्यापी मुरलीधर सभी जड़-चेतन पदार्थों में समान रूप से व्याप्त है। जब वह पाषाणी-स्तम्भ से प्रकट हो सकता है तो पत्थर की जिस मूर्ति को तुम मीरा को देने जा रहे हो उसमें वह प्राण-प्रतिष्ठा की प्रतीक्षा करेगा ? यों तो वह पहले ही से सर्वत्र विद्यमान है, दूसरे मीरा के संस्कार और उसकी समर्पण-भावना उसे जड़-पाषाण रहने देगी कि पूर्णतया स्पन्दित और विस्मयकारी ढंग से वह पाषाण भी प्राणवान् हो जाएगा ?"

"यह तो ठीक दादू !" रतन सिंह अब अपने उस प्रश्न पर आए जो उन्हें रात भर मथता रहा था, "मैं एक बात पूछूं ?"

"पूछो।"

"प्रह्लाद सम्बन्धी इस घटना पर सभी लोग विश्वास करते हैं ?"

"कैसा मूर्खता भरा प्रश्न है रतन, क्या विश्व-ब्रह्मांड की सभी वस्तुओं, घटनाओं पर सभी लोग एकमत कभी रहे हैं या कभी हो सकते हैं ? क्या भगवान के अस्तित्व में भी सभी लोग विश्वास करते हैं ? अगर ऐसा होता तो कुछ लोग आस्तिक तो कुछ लोग नास्तिक की संज्ञा से क्यों अभिभूत होते ?"

"मेरा भय कुछ और था।"

"क्या ?"

"अगर हमारी मीरा वस्तुतः कृष्णार्पिता सिद्ध हुई तो चमत्कार उसके साथ भी घटेंगे ?"

"घट सकते हैं," राव दूदा ने कुछ सोचते हुए उत्तर दिया, "घटेंगे ही। ईश्वर स्वयं अपने में चमत्कार है। उसके साथ संयुक्त होने वालों का चमत्कारों से साक्षात्कार नहीं हो यह हो ही नहीं सकता।"

"तो मीरा के साथ घटे चमत्कारों को भी मिथ्या करार देने वालों की कमी नहीं होगी ?" रतन सिंह किंचित् चिंतित हो बोले।

राव दूदा मुसकराए, "रतन तुम व्यर्थ में चिंतित होते हो। मनस्वी, कौन क्या कहते हैं, कौन क्या नहीं कहते हैं उस पर नहीं जाते। वे सत्य को शत-सहस्र मनुष्यों के कहने से असत्य नहीं मान सकते। सत्य, सत्य ही रहेगा जब तक कम-से-कम एक व्यक्ति भी उस पर विश्वास करने को प्रस्तुत रहेगा भले ही वह एक व्यक्ति तुम्हीं क्यों न हो। सत्यनिष्ठ व्यक्ति की अन्तरात्मा ही उसे सत्य-असत्य के भेद से परिचित करा देती है। मैं बहुत पढ़ा-लिखा तो नहीं पर मैंने कुछ सत्संग अवश्य किया है। एक महान् कवि हुआ था आज से बहुत पूर्व। कालिदास नाम था उसका। उसने कहा, जहां बुद्धिमान व्यक्ति के मन में किसी वस्तु अथवा घटना को लेकर संदेह हो वहां उसके अन्तःकरण की प्रवृत्तियां ही उसे वास्तविकता से परिचित करा देती हैं—'सतां हि संदेह पदेषु वस्तुषु प्रमाण अन्तःकरण प्रवृतयः।'

"तो मेरे कहने का तात्पर्य यह कि यह लेकर चिन्ता क्यों पाली जाए कि ईश्वरीय चमत्कारों पर लोग विश्वास करेंगे अथवा नहीं। अगर मीरा स्वयं उस पर विश्वास करती है तो वही पर्याप्त है। भगवद्-भक्त अपने साथ घटी घटनाओं पर किसी और के विश्वास के आकांक्षी ही क्यों रहें ? एक बात और निश्चित रूप से मीरा जब पूरी तरह प्रभु-रंग में रंग जाएगी उस समय मैं तो नहीं ही रहूंगा, उसके साथ घटी घटनाओं के साक्षी के लिए। विधि का विधान कोई नहीं जानता। तुम भी रहो कि न रहो। पर इतिहास कुछ घटनाओं को तो अंकित करेगा ही। भले ही मीरा अत्यन्त गोपन अनुभूतियों को प्रकट न करे पर कुछ चमत्कार तो जगजाहिर होंगे ही। सूरज को मेघ कितना भी आच्छन्न करे उसके अस्तित्व का बोध तो विश्व को हो ही जाता है।

"दूसरी बात यह," राव दूदा अपने रंग में बोलते गए, "जैसा कि मैंने कल भी कहा था। प्रह्लाद के होने-न-होने का कोई प्रमाण नहीं है। नहीं है उसके साथ घटी घटनाओं का साक्ष्य। ये हैं पौराणिक घटनाएं। मिथक बोलते हैं इनको। ये सही हो सकती हैं, नहीं भी हो सकती हैं। पर मीरा तो इतिहास का एक जीता-जागता चरित्र बनेगी। उसके साथ घटी किन्तु अगोपन घटनाओं का साक्षी स्वयं कालपुरुष बनेगा—मानवीय इतिहास। इतिहास का एक अंग ही बनेगी मीरा। अब जब ऐतिहासिक घटनाओं की सत्यता पर भी कोई संदेह करे तो उस मन्द बुद्धि को लेकर चिन्तित होने की आवश्यकता कहां से उठती है ?"

"एक बात और रतन !" राव दूदा गम्भीर होकर बोले।

"क्या ?"

"हमारा लक्ष्य अपने को लेकर अथवा मीरा को लेकर यशोकामना कहां है? इतिहास चाहे मीरा और मीरा सम्बन्धी घटनाओं को अंगीकार करे या उपेक्षित। हमारा लक्ष्य तो मात्र इतना है कि एक सुरभित सुमन की तरह मीरा को मुरलीमनोहर के पाद-पद्मों में अर्पित कर दें इसमें स्वार्थ कहां है और किधर से? यह तो नितान्त परमार्थ है। संतुष्ट हुए तुम?"

"हां दादू!" रतन सिंह ने संतोष की सांस लेकर कहा—"तुम्हारी बातों ने मेरी आंखें पूर्णतया खोल दीं। मुझे अब कोई चिन्ता नहीं। अब तुम जैसा कहोगे मैं वैसा ही करूंगा।"

राव दूदा मुसकराए।

रतन सिंह को राव दूदा की इस मुसकराहट का रहस्य नहीं ज्ञात हो सका। उन्होंने पूछ ही लिया—

"क्यों दादू इस मुसकराहट का भेद?"

"भेद आदि क्या? महज संयोग पर मुसकराहट आ गई। जैसे तुम्हारा संशय शेष हो गया और तुमने कहा कि तुम अब मेरी सभी बातों को मानोगे, यद्यपि तुम मान ही रहे हो। उसी तरह एक बार तुम्हारे मुरलीधर के समक्ष पृथापुत्र अर्जुन को भी ऐसी ही बात कहनी पड़ी थी।"

"कब?" रतन सिंह ने इस संयोग पर आश्चर्यचकित होते हुए कहा।

"जब महाभारत युद्ध के आरम्भ में ही अर्जुन ने अपने हथियार डाल दिए और भगवान श्रीकृष्ण को गीतोपदेश कहना पड़ा तो गीता के अन्त में श्रीकृष्ण ने पूछा—'पार्थ क्या तुम गत-संदेह हुए? अब क्या अपनी कायरता त्याग कर युद्ध के लिए कटिबद्ध होने को प्रस्तुत हो?' तो अर्जुन ने प्रत्युत्तर दिया—'हां अच्युत तुम्हारे इस अद्भुत उपदेश से मेरा भ्रम नष्ट हो गया, मेरा संशय समाप्त हो गया। अब जो तुम कहोगे मैं वही करूंगा—करिष्ये वचनं तव'।"

उस पर रतन सिंह पिता की उपस्थिति का विचार किए बिना ही ठठाकर हंसे। राव दूदा ने भी सब कुछ भूलकर पुत्र की इस उन्मुक्त हंसी में साथ दिया और बोले—"इसे मात्र संयोग समझने की भूल नहीं करना रतन! यहां संयोग आदि नाम की कोई वस्तु नहीं है। तुम्हारा और अर्जुन दोनों का कथन मुरलीधर को ही लेकर है। और यह सब पूर्वनिर्धारित है। जैसे महाभारत युद्ध के आरम्भ के गीतोपदेश में अर्जुन का यह कथन, 'करिष्ये वचनं तव' पूर्व निर्धारित था, उसी समय, उसी द्वापर या उससे पूर्व ही यह निर्धारित हो चुका था कि कलि में एक राव दूदा होगा, उसका रतन नाम का एक पुत्र होगा और एक दिन संशयछिन्न होकर अपने पिता से इसी भाषा में कहेगा—'मैं तुम्हारी बातों को करूंगा'।"

रतन सिंह ने सिर हिलाकर पिता के कथन से सहमति प्रकट की और फिर गत-संदेह और सुप्रसन्न-चित से कहा—"अब मुझे चलना चाहिए दादू!"

"हां, जाओ, कुड़की में अभी तुम्हारी आवश्यकता है। कहने की आवश्यकता नहीं पर यह ममता है जो बार-बार कहलवाती है—मीरा का पूरा ध्यान रखना!"

"आपका आदेश सदा शिरोधार्य है दादू!" रतन सिंह ने कहा और खड़े हो गए।

उन्नीस

क्या किसी को विदित है कि सृष्टि का सर्वव्यापक और सर्वथा सत्य सिद्धान्त अगर कोई है तो वह है 'गति' का ? इस विश्वब्रह्मांड में सब कुछ निरन्तर गतिशील है। निर्झर निरन्तर झर-झर कर झरता रहता है। सरिताएं कल-कल स्वर से सतत प्रवहमान रहती हैं। उदधि सदैव तरंगायित रहता है—कभी सतह के ऊपर तो कभी सतह के नीचे लहरों का आलोड़न-प्रत्यालोड़न अविरल चलता रहता है। पृथ्वी अपनी धुरी पर निरन्तर चक्रायित रहती है, साथ ही अपने निर्धारित पथ पर आरूढ़ सूर्य की सतत परिक्रमा भी करती रहती है। चांद चलता रहता है, नक्षत्र, ग्रह और तारे गतिशील हैं। ऐसा कि समग्र ब्रह्मांड भी निरन्तर चलता-फैलता चला जा रहा है। आज वह कोटि-कोटि अकल्पनीय योजनों में विस्तृत है तो कल और कितने अकल्पनीय योजनों का विस्तार ले लेगा कोई नहीं जानता।

वायु निरन्तर बहती रहती है—प्रतीत हो या नहीं। वृक्षों और लता-गुल्मों की पत्तियां पवन-आलोड़न पर निरन्तर डोलती रहती हैं। मानव-हृदय निरन्तर धड़कता रहता है। (यों सभी जीवधारियों के भी) धमनियों में रक्त अबाध प्रवाहित रहता है। उसका क्षणार्ध के लिए भी रुकना मृत्यु का निश्चित आह्वान है।

कोई क्षणार्ध के लिए भी नहीं रुकता, नहीं थमता। प्रातः की रश्मियों के आगमन के पूर्व ही पक्षी नीड़ छोड़ देते हैं, पशु आहार के अन्वेषण में दौड़ पड़ते हैं। प्रातः पवन सबको जागरण का, गति का, संकेत दे जाता है। आई बात कुछ समझ में ! गति ही जीवन है। अगति ही मृत्यु। इसीलिए सुषुप्ति का दूसरा नाम मृत्यु भी है।

इस तथ्य पर हमारे आर्षचिन्तक ने पर्याप्त मनन किया होगा, इसका गहन अध्ययन। तभी किसी दिन वह एक औपनिषदिक सूत्र चिल्ला पड़ा—'चरैवेति, चरैवेति, चरैवेति—चलते रहो, चलते रहो, चलते रहो।' जैसे उसे जीवन के सत्य से साक्षात्कार हो गया हो। जीवित रहना है तो चलते रहना पड़ेगा, नहीं चलना है तो मृत्यु के वरण को प्रस्तुत रहना होगा।

प्रकृति ने भी प्राणियों में चलने की इस प्रवृत्ति का संदेश प्रचुर रूप में भर दिया है। कुछ असहाय कीट-पतंग, अंडे से बाहर निकलते ही चलना-उड़ना आरंभ कर देते हैं। पक्षी-शावक थोड़े से प्रशिक्षण के पश्चात् ही आकाश की ऊंचाइयों को मापने का प्रयास करने लगते हैं। गौ-वत्स आदि भी जन्म के कुछेक घंटे पश्चात् ही उछल-कूद आरम्भ कर देते हैं।

मानव-शिशु अवश्य हाथ-पैरों पर चलने में चार-पांच और पैरों पर चलने में प्रायः एक वर्ष ले लेता है। और हाथ-पैर फेंकना तो वह मातृ-गर्भ से मुक्त होते ही आरम्भ कर देता है—और यह भी गति का ही एक रूप है।

मानव-शिशु का पैरों पर चलना आरम्भ करना सम्पूर्ण परिवार के लिए एक महोत्सव ही है।

मीरा आज पहले-पहल पैरों पर चली थी। थोड़ी लड़खड़ाई थी। दासी अर्पणा इस महोत्सव की प्रथम साक्षी बनी थी, उसने बढ़कर मीरा का हाथ थाम लिया

था, वह गिरने से रुक गई थी। दौड़ी-दौड़ी वह महारानी के पास पहुंची थी। हां, कुड़की की जागीर चाहे जितनी छोटी हो पर सम्बोधन राजमाता का ही मिलता था रतन सिंह की पत्नी को। वह दौड़ी आई थी। तब तक मीरा बैठ गई थी। अर्पणा ने अंगुलियों से पकड़ उसे उठा लिया था। मीरा ने डगमगाते हुए दो-चार डग भर दिए थे। अर्पणा और महारानी ने प्रसन्न हो तालियां बजाई थीं। रतन सिंह तक आवाज पहुंची थी। मीरा ने उनके सामने भी दो-चार डग भरे थे। रतन सिंह की प्रसन्नता का पारावार नहीं रहा था। उनके मन के सागर में हर्षोल्लास की ऊर्मियां ही अठखेलियां करने लगी थीं।

वह दिन वस्तुतः उत्सव का था। आज फिर कुड़की महल दीपमालिकाओं से जगमगाया था। आज फिर नृत्य-गान और वाद्य का प्रबन्ध हुआ था। आज फिर दास-दासियों और दरिद्रों-कंगालों को अन्न-दान, द्रव्य-दान और किसी-किसी को स्वर्ण-दान तक प्राप्त हुआ था।

मीरा चली तो चलती ही गई। दो-चार दिनों में ही उसका लड़खड़ाना भी दूर हो गया। अब किसी के सहारे की भी उसको आवश्यकता नहीं रहती।

गतिशील मीरा का प्रथम लक्ष्य, जैसी कि संभावना थी मुरलीमनोहर का मंदिर ही रहा। चलना आरम्भ करने के दो-चार दिन पश्चात् की ही तो बात थी। रतन सिंह मुरलीमनोहर का षोड्षोपचार पूजन कर बाहर आये थे। दैवयोग से कपाट लगाना भूल गए थे।

उधर मीरा महल में कहीं ढूंढ़े नहीं मिल रही थी। दासी अर्पणा पर उसका भार दे माता नित्य कर्म में लग गई थी। अर्पणा के प्रमाद से मीरा कहीं खिसक गई। माता ने आकर दासी के पास मीरा को नहीं देखा तो घबराई।

"मीरा? मीरा कहां गई?"

अर्पणा ने अपने चारों ओर देखा और मीरा को नहीं पाकर वह भी चकराई। "यहीं तो थी। अभी तो यहीं थी।" अर्पणा घबरा उठी।

"अभी की बच्ची, छोटी लड़की को अकेली छोड़ दिया और कहती है कि यहीं थी। कहां है?" मीरा की मां घबरा उठी। महल का कोना-कोना छान आई पर मीरा को नहीं मिलना था तो नहीं ही मिली। अर्पणा भी भयभीत हिरणी-सी अपने चारों ओर चौकड़ी भर आई पर मीरा का कहीं पता नहीं।

प्रांगण के मध्य ही एक बावड़ी थी। मीरा की मां और अर्पणा को लगा अवश्य ही मीरा उसी में गिर पड़ी।

"दौड़ो जल्दी महाराज को आवाज दो। इस बावड़ी में जाल डालना होगा। क्षण भर का विलम्ब भी अनर्थकारी हो सकता है।" अर्पणा को आदेश मिला।

वह महल का कोना-कोना छान आई पर महाराज को भी कहीं नहीं होना था तो नहीं ही थे।

"महाराज भी कहीं नहीं दिखाई पड़ते।" अर्पणा ने विवशता में कहा। वह घोर अपराध-भावना से ग्रसित थी। उसकी आंखों से बरबस जलधार फूट आई—"महारानी मुझे दंड दें। मेरे सिर को मेरे धड़ से अलग कर दें। मेरे ही प्रमाद से बच्ची डूबी है। मुझे मनमाना दंड दें महारानी।"

"प्रलाप बन्द करो," महारानी ने क्षत्राण्युचित धैर्य से कहा, "ढूंढ़ना हो तो

महाराज को ढूंढ़ लाओ। वे महल द्वार के बाहर ही कहीं होंगे। देर करने से अनर्थ हो सकता है। अगर मीरा कहीं नहीं है तो बावड़ी के अन्दर उसके गिरने की संभावना से इन्कार नहीं किया जा सकता। अभी उसे निकाल पाएं हम तो उपचार से वह ठीक भी हो सकती है। पेट में पानी मात्र भरा होगा। उसे निकालकर स्वस्थ किया जा सकता है। विपत्ति में धैर्य से ही काम लेना श्रेयस्कर होता है। दौड़ो, बाहर जाओ।

अर्पणा बाहर गई।

महाराज साथ आए।

पत्नी के मुख को विवर्ण देख वे बोल पड़े, "क्या बात है महारानी के मुख-चन्द्र को आज ग्रहण-ग्रस्त कैसे देख रहा हूं ?"

महारानी की आंखें छलछला आई थीं। वे धैर्यपूर्वक बोलीं, "क्या अर्पणा ने आपको कुछ नहीं बताया ?"

"नहीं, वह तो यथा-शीघ्र आपकी सेवा में उपस्थित होने को बोली।"

"मीरा कहीं नहीं मिल रही।" महारानी का धैर्य टूटने-टूटने को हुआ। पति को पास पाकर वे अपनी ममता की बाढ़ को रोक पाने में असमर्थ हो रही थीं। उनकी आंखें सावन-भादों होने को हो आई थीं।

"इसमें इतना घबराने की बात क्या है ?" रतन सिंह ने शांति से पूछा। उनके चेहरे पर कोई विकार लक्षित नहीं हुआ। वे निश्चल रहे। झंझावात की चपेट में पड़े किसी विशाल अश्वत्थ-वृक्ष की तरह ही वे महारानी, अर्पणा तथा अन्य दास-दासियों के क्रन्दन-कोलाहल से अप्रभावित और अविचलित ही रहे।

"महाराज! आप किस धातु के बने हैं ?" महारानी के आंसू अब रोके नहीं रुक रहे थे।

"क्यों ?" महाराज ने निर्विकार भाव से पूछा।

"मैं कहती हूं मीरा इस बावड़ी के अन्दर गिर पड़ी है। आप शीघ्र गोता-खोरों को लाएं। उसके प्राण अब भी बच सकते हैं ?" महारानी आंचल पसारती हुई बोली।

"महारानी ने उसे बावड़ी में गिरते देखा है ?"

महारानी ने इन्कार में सिर हिलाया।

"अर्पणा ने देखा है ?"

"नहीं।" महारानी ने अर्पणा की ओर से कहा।

"किसी और दास-दासी ने देखा ?"

"नहीं।" महारानी का ही स्वर था।

"तब महारानी ने इतना अशुभ अनुमान कैसे लगा लिया कि मीरा बावड़ी में गिर पड़ी है ? अगर वह उसमें गिर भी गई हो तो जब तक गोताखोर आएंगे उसके प्राण सुरक्षित होंगे ?" रतन सिंह का चेहरा अब भी निर्विकार था।

दास-दासियां एक ओर हाहाकार करती रहीं पर महारानी का धैर्य अब जवाब दे गया वे बिफरकर बोलीं, "महाराज मुझे अब तक नहीं पता था कि आप इतने निर्मम हैं।"

"महारानी ने मुझे सहसा इस उपाधि से विभूषित करने की कृपा की ?"

"जो अपनी इकलौती संतान के लिए भी चिन्तित नहीं हो उसे और क्या कहा जा सकता है ?" महारानी की आंखों से अश्रुप्रवाह जारी था।

"महारानी, एक बात कहिएगा ?" रतन सिंह गम्भीर होकर बोले।

"कहिए, पर अभी तर्क का समय नहीं है। अभी करणीय करने की आवश्यकता है।" महारानी सिसकियों के बीच बोली।

"कह रहा हूं। आप जानती हैं न कि यह संसार कार्य-कारण के नियम से चालित है। कि यहां हर कार्य का कोई कारण होता है, हर कर्म का फल मिलता है ?"

"हां," महारानी ने संक्षिप्त उत्तर दिया।

आंसुओं से उनका सम्पूर्ण आनन पूरी तरह भीग आया था।

"तो आपने या मैंने आपके जानते ऐसा कोई कर्म किया है जिसका ऐसा हृदय-द्रावक फल मिले ? संतान की अकाल मृत्यु से भी दुस्सह कोई दुःख होता है ? विधाता हमें इतना बड़ा दुःख देने से रहा।" कहकर रतन सिंह गम्भीर हो गए।

"महाराज आपको हो क्या गया है ?" महारानी उस गौ की तरह बिफरती हुई बोलीं जिसका वत्स विपिन-बीच खो गया हो। "यह समय शास्त्र-चर्चा और कर्म-अकर्म के विमर्श का है ? आप कुछ करते क्यों नहीं ?"

"मुझे क्या करना है ?" रतन सिंह मुसकराते हुए बोले, "राव दूदा कहते हैं कि तुम्हारे मुरलीधर ने गीता में कहा है कि जो सभी प्रकार से उसका हो जाता है, उसी को भजता-पूजता है, उसके योग-क्षेम की रक्षा वही करता है —

अनन्याश्चिन्तयन्तो मां यो जनाः पर्युपासते।
तेषां नित्याभियुक्तानां योगक्षेमं वहाम्यहम्॥

"मैं क्यों चिन्ता करूं जब मुरलीधर हमारी चिन्ता के लिए हैं ही ? मीरा मुरलीधर की है। वह कृष्णार्पिता है। उसकी चिन्ता वह स्वयं करेंगे।"

"और आप हाथ पर हाथ रखे बैठे रहेंगे ? गीता क्या मैंने नहीं सुनी है ? आपका कृष्ण तो यह भी कहता है कि अकर्मण्य नहीं बनो। कार्य करो फल को हमारे हाथ में छोड़ दो। तो कर्म तो आपको करना ही पड़ेगा। या आपका कृष्ण कन्हैया ही आपके बदले आपकी बेटी को ढूंढ़ने का भी कार्य कर जायेगा ?" महारानी किसी तरह बोल गईं पर उन्हें लग रहा था कि सैकड़ों शूल एक साथ उनके हृदय में चुभाये जा रहे हैं। पीड़ा से वे दुहरी होती जा रही थीं।

"कर्म, मैं अवश्य करूंगा पर जो कुछ करना है वह तो आप लोगों ने कर ही लिया है। मीरा को चारों ओर ढूंढ़ ही लिया है। अब मेरे लिए क्या करणीय है ?" रतन सिंह पूर्ण निश्चिन्तता से बोले।

"तो महाराज कुछ नहीं करेंगे ? ठीक है, मैं ही कुछ करती हूं।" महारानी ने निश्चयात्मक स्वर में कहा।

"क्या अब भी आपके लिए कुछ करना रह गया है ? आप लोग तो महल का कोना-कोना छान ही चुकी हैं ?"

"हां, रह गया है।" महारानी ने दृढ़ता से कहा, "मैं भी अब उस पुष्करिणी में छलांग लगा जाती हूं। जब मीरा ही नहीं रही तो मैं रहकर क्या करूंगी ?" यह

कहकर महारानी उस बावड़ी की ओर बढ़ने को हुईं।

"रुकिए। क्या आप समझती हैं कि आपने मीरा को ढूंढ़ने का सारा प्रयास कर लिया है?" रतन सिंह उसकी राह में आ गये।

"हां।"

"अर्पणा ने भी?"

"हां महाराज, मैंने भी महल का कोना-कोना छान लिया है।" अर्पणा भी रोते-रोते बोली, "और जब मीरा ही नहीं रही। महारानी भी नहीं रहेंगी तो मुझे जीवित रहकर क्या करना है? मैं भी महारानी के साथ इस बावड़ी में डूब मरूंगी।" यह कहकर अर्पणा भी बावड़ी की ओर बढ़ने को हुई।

"रुको।" रतन सिंह ने उसे डांटा। वह महारानी के पीछे रुक गई।

"एक बात पूछूं महारानी?"

"एक बात तो अभी आप पूछ ही चुके हैं। मुझे नहीं ज्ञात था कि आप इतना पाषाण हृदय हैं। आप मेरा मार्ग छोड़िए। मेरा कर्त्तव्य निर्धारित हो चुका है।" रोती हुई महारानी ने हाथ से रतन सिंह को किनारे करना चाहा।

"पर मैं केवल एक, और अन्तिम बात पूछना चाहता हूं। उसका उत्तर देकर बेशक आप दोनों जल-समाधि ले लें।"

"पूछिए।"

"महारानी ने महल का कोना-कोना तो छान लिया पर क्या मुरलीमनोहर के मन्दिर में भी देखा है?"

"मुरलीमनोहर के मन्दिर का कपाट तो खुला पड़ा है। हम सबों ने कपाट से झांककर देख लिया है। मीरा वहां नहीं है।"

"और अर्पणा? तुमने भी देखा है?"

"हां।"

"तुमने भी बाहर से ही देखा है?"

"कपाट तो पूरी तरह खुला पड़ा है। महाराज!" अर्पणा भी कठिनाई से अपनी रुलाई को रोक पा रही थी।

"महारानी, एक कार्य कीजिए।" रतन सिंह अब भी निर्विकार और तटस्थ थे।

"क्या?" महारानी कुछ विस्मय से भरकर बोलीं। आंखों से अश्रु-प्रवाह अब भी जारी था।

"आप कृपया उस पुष्करिणी में प्रवेश करने के पूर्व, मुरलीमनोहर के मन्दिर में प्रवेश कीजिए। बाहर से नहीं झांकिए। जाइए और मीरा का हाथ पकड़कर उसे बाहर लाइए।"

"आप कोई ज्योतिषी हैं क्या?" महारानी कुछ आश्वस्त होती बोलीं। दासी अर्पणा की आंखें आश्चर्य से फटने-फटने को हुईं।

"अब जो मैं कहता हूं उसमें विश्वास करना हो तो कीजिए अथवा शौक से जल समाधि लीजिए।" महाराज ने अपना निर्णय सुनाया।

"ठीक है।" महारानी ने कहा और मन्दिर की ओर बढ़ गईं। लौटीं तो उनकी आंखों में आंसू नहीं थे। गोद में थी मीरा।

रतन सिंह मुसकुराए, "कैसे मिली ?"

"हम सब तो बाहर से ही देखकर लौट आते थे। पर यह तो मुरलीमनोहर की मूर्ति के पीछे खड़ी अपने नन्हें हाथों से उन पर थाप देने में व्यस्त थी। हाथ पीठ पर तो नहीं पहुंच पा रहे थे। पर मुरलीमनोहर के अंगों पर उसने पीछे से कई स्थानों पर अपने हाथों के छाप छोड़ रखे हैं।"

दासी अर्पणा भी पुष्करिणी के पास से महारानी के पास दौड़ी और मीरा को बलात् उनकी गोद से छीन उसके बलैये लेने लगी। उसकी आंखों का अश्रु-प्रवाह बरसाती नदी की बाढ़ की तरह सहसा समाप्त हो गया था।

महारानी मीरा से मुक्त होकर महाराज के पास आईं। अश्रु भीगा आनन प्रसन्नता से दीप्त हो आया था।

"महाराज एक बात बोलेंगे ?" वह उनकी दोनों हथेलियों को अपने दाहिने हाथ में बांधती हुई बोलीं।

"पूछिए।"

"आपने मीरा को मुरलीमनोहर के मन्दिर में जाते हुए देखा था क्या ?"

"यह आप कैसे कह रही हैं ? क्या आपने मुझे ऐसा करते देखा था ?"

"नहीं।"

"तो मेरा उत्तर भी वही है।"

"क्या ?"

"नहीं। मैंने भी मीरा को मुरलीमनोहर के मन्दिर में जाते नहीं देखा था।"

"तो आप इतने निश्चिन्त और निर्विकार क्यों थे ?"

"उसके कारण थे ?"

"क्या ?"

"एक तो मैंने बता ही दिया था कि मैंने अथवा हमने ऐसा कोई कर्म नहीं किया था जिसका ऐसा दारुण फल मिलता।"

"और ?"

"और यह कि जिसके पितामह परम वैष्णव श्रीकृष्ण-प्रेमी राव दूदा हों और जिसकी मां ऐसी परम कृष्ण-परायणा हो जिसने गत कई वर्षों से अन्न का एक दाना भी मुंह में नहीं दिया हो, जिसने अपने शयन-कक्ष को भी कृष्ण-मन्दिर बना दिया हो और जिसके ध्यान, धारणा और समाधि में कृष्ण और केवल कृष्ण ही आते हों, वह फूल-सी बालिका असमय कालकवलित कैसे हो सकती थी ? एक निर्दोष कली खिलने के पूर्व ही वृन्त से विच्छिन्न हो पाती ?"

"पर आपने मुरलीमनोहर का मन्दिर ही क्यों ढुंढ़वाया ?"

"क्योंकि आप लोगों ने अपने ही कथनानुसार महल का कोना-कोना तो छान ही मारा था। नहीं छान मारा था तो मुरलीमनोहर के मन्दिर का कोना। बाहर से ही उसके खुले कपाट से ही झांक लेना पर्याप्त समझा था। पर एक बात और।"

"क्या ?"

"कृष्णार्पिता को तो कृष्ण के आसपास कहीं होना ही था। वह क्यों जाती बावड़ी और तालाब में डूबने और मरने ? उसे कहां जाता काल स्पर्श भी करने ? जब तक वह अपने उद्देश्यों को पूर्ण नहीं कर लेती, मृत्यु उसको छूने का भी साहस नहीं कर सकती ?"

"यह आपका आत्मविश्वास बोल रहा है ?" महारानी ने मुस्कुराकर पूछा जैसे प्राची के क्षितिज पर सूरज की पहली किरण चमकी हो।

"नहीं, नहीं, यह मेरा विश्वास नहीं बोल रहा।"

"तब ?"

"मेरे बोलने के मूल में है पूज्य राव दूदा का अद्भुत कृष्ण-प्रेम और महारानी की असीम कृष्ण-भक्ति।" रतन सिंह ने मुस्कुराते हुए कहा।

"आप कंटकों के बीच फलने वाले गुलाब हैं।"

"यह कैसे ?"

"इतना सब घटित होने के पश्चात् भी आपका निर्विकार और तटस्थ रहना क्या स्पष्ट करता है ?"

"कुछ घटित ही नहीं हुआ तो विकार का क्या अर्थ ?" रतन सिंह मुस्कुराए।

"समझ गई।"

"क्या ?"

"कृष्ण-भक्ति दिव्य दृष्टि प्रदान करती है जैसे संजय को महाभारत युद्ध के समय प्राप्त हुई थी।"

"अगर ऐसा होता तो यह दिव्य-दृष्टि पहले महारानी को ही प्राप्त होती।"

"क्यों ?"

"क्योंकि भक्ति में महारानी मुझसे आगे हैं। मैं तो कहने भर को कृष्ण-भक्त हूं। मैं अब भी आधे से अधिक समय युद्ध को ही देता हूं। मेरे घोडे की रकीब उतरती ही कहां है और कहां उतरती है मेरी कमर से तलवार ?"

"अच्छा मान लिया लोहा आपकी वाचालता का किन्तु इस पुष्करिणी के मुख को कल ही पटवाइए। मीरा अब पैरों चलने लगी है, पता नहीं कब इसमें उतर पड़े।" महारानी ने मीरा को अर्पणा की गोद से अपनी गोद में लेते हुए कहा।

"कर दूंगा। यह भी कर दूंगा यद्यपि इसकी आवश्यकता नहीं है पर उससे पूर्व एक दूसरी महत्त्वपूर्ण आवश्यकता पूर्ण करनी है।"

"क्या है ?"

"मीरा के लिए मुरलीधर की एक अन्य कुछ बड़ी-सी मूर्ति ला देनी है। उसी को लेकर वह मग्न रहेगी। उसी की पूजा-अर्चना करेगी। नित्य ही वह मुरलीधर की मूर्ति को गन्दी करती रहेगी, कभी आगे से तो कभी पीछे से। इस मूर्ति में प्राण-प्रतिष्ठा है। इसके साथ खिलवाड़ करना अच्छा नहीं। यद्यपि पिता राव दूदा ने कहा है कि जिस मूर्ति को मीरा अपनी सहचारिणी बना लेगी उसमें स्वयं ही प्राण-प्रतिष्ठा हो जाएगी।"

"ठीक ही कहा है।"

"कहिए तो कैसे ?"

"वह ऐसे कि मीरा कृष्णार्पिता है। वह तो पारस है। जिस लौह-खण्ड का वह स्पर्श कर देगी वही कंचन बन जायेगा।"

"हां कम से कम दूदा ने तो यही कहा है।"

"तो शीघ्र ही ला दीजिए एक गिरिधर गोपाल की मूर्ति इसके लिए अलग

से। बझी रहे वह उसी में। हमारे प्राण तो संकट में नहीं पड़ें।" कहकर महारानी ने मीरा को जोर से अपने वक्ष से सटा लिया—"मीरा, मेरी लाड़ली! मेरी बच्ची!"

बीस

कहते हैं विपत्ति अकेली नहीं आती और सम्पत्ति भी कभी सूचना देकर नहीं आती। किससे पूछकर पूर्ण निरभ्र नभ अकस्मात् घनाच्छादित हो आता है और दिवस में ही रात्रि का बोध होने लगता है। किससे पूछकर सरिताएं उफनती हैं और बात की बात में चारों ओर वह जलप्लावन लाती हैं कि त्राहि-त्राहि मच जाती है? किससे पूछकर उल्कापात होता है और किससे पूछकर सहस्रों वर्षों से सुषुप्त पड़े ज्वालामुखी फूट पड़ते हैं और मानवता पर कहर ढा बैठते हैं? ठीक उसी प्रकार किससे पूछकर वर्षों से सूखी पड़ी रेत पर बरसात के आरम्भ होते-न-होते जलधार बरसनी शुरू होती है और किससे पूछकर शिशिर के सिर पर सवार हो वसन्त अपने नाना-विध अवदानों—खिलते फूलों, चटकती कलियों, सुगन्धित बयार और गुनगुनाती द्विरेफ (भ्रमर) पंक्तियों के साथ उपस्थित होता है?

हां, विपत्ति अकेली नहीं आती। अभी कल ही आई थी वह रतन सिंह के आंगन में उनकी पत्नी और दास-दासियों के लिए काल-सर्पिणी ही बनकर और आज ही आ गई वह दुर्वासा-स्वरूप, क्रोधावतार पुरोहित रामदास के रूप में।

"सुनता हूं बच्ची काफी बड़ी हो गई है?" रतन सिंह बाहर थे। महारानी पुरोहित से पर्दा नहीं करती थीं, अतः वह सीधे उन्हीं पर फट पड़े।

"हां महाराज!" महारानी ने उत्तर दिया। वह आदरवश क्रोधी पुरोहित को भी महाराज कहकर ही पुकारती थीं।

"हां! तो तीन वर्ष की तो हो ही गई होगी?" रामदास फुफकारे, जैसे करैत सर्प फुफकारता है।

"प्रायः।"

"तो इसके पूर्व के सभी विधि-विधान पूर्ण हुए?" पुरोहित की आंखें अंगारे बन आई थीं।

"कौन विधि-विधान महाराज? आप ही ने तो षष्ठी पूजन और नामकरण-संस्कार आदि कराए।" महारानी भय से अश्वत्थ-पत्र की तरह कांपती हुई बोलीं।

"हूंह! कौन विधि-विधान? अभी एक बड़ा विधान रह ही गया। पता है लड़का अथवा लड़की के चलने के पूर्व ही अन्नप्राशन होता है? लड़की का तो चार-पांच माह में ही हो जाता है जब वह हाथ-पैरों के बल चलती होती है और लड़के का एक साल पर भी हो सकता है जब वह पैरों-पैरों चलने लगता है।" रामदास के क्रोध का पारावार नहीं था।

"लड़की-लड़के में यह भेद क्यों महाराज?" महारानी ने विनम्रता से पूछा।

"यह तो विधाता से ही पूछो। भेद करके तो वही भेजता है। अब लाख चाहो

लड़की लड़का होने से रही। व्याघ्र व्याघ्र ही रहेगा और अजा (बकरी) अजा ही रहेगी।"

"पर हम तो लड़की-लड़के में भेद नहीं करते महाराज, हमारी मीरा किसी लड़के से कम नहीं।"

"होगी मीरा तुम्हारी दृष्टि में लड़का। माता की दृष्टि है न? उस पर पहली सन्तान? क्यों नहीं लगेगी वह लड़का तुमको? पर मुझे इससे कोई लेना-देना नहीं। मुझे तो अपने काम से काम है। बोलो, इसका अन्नप्राशन होना है कि नहीं? अभी भी कोई देर नहीं हुई है।" राजपुरोहित का क्रोध बढ़ता ही जा रहा था।

"अभी तो मीरा का अन्न खाने का समय भी नहीं आया है महाराज! अभी तो वह मेरा दुग्ध पीकर ही रह लेती है।" महारानी ने फिर विनम्रता से जोड़ा।

"पिलाती रहो आजीवन अपने स्तन का ही दूध। बड़ी शेरनी बन आई हो न? अरे यह रक्त चूस जायेगी, तुम्हारा रक्त। ऐसी ही चंट होती हैं लड़कियां तभी तो चार-पांच महीने में ही स्तन छुड़ाकर उन्हें अन्न दिया जाता है!" क्रोध में पुरोहित रामदास बहुत कुछ अकथ्य बोल गये।

"अगर अभी अन्नप्राशन नहीं कराया जाय...।"

"तो तुम जानो और तुम्हारा काम," रामदास बीच ही में उखड़ गए जैसे किसी ने प्रज्वलित आग में श्रुवा से भरपूर घृत डाल दिया हो। "पर एक बात जान लो, अन्नप्राशन भी एक संस्कार होता है और उसका नहीं कराया जाना पुण्य नहीं पाप ही होगा।" रामदास के क्रोध का स्थान अब लोभ ने ले लिया।

"अगर वह संस्कार है तो उसे पूर्ण कर लिया जाएगा पुरोहित जी! आप पंचांग निकालकर मुहूर्त निर्धारित करें।"

रामदास ने पंचांग निकाला।

"अनर्थ हो गया। यह सब तुम्हीं लोगों के प्रमाद का परिणाम है।" पुरोहित रामदास पंचांग उलटते-पलटते बोले।

"जिस घर पर मुरलीमनोहर की कृपा है वहां कोई अनर्थ नहीं हो सकता।" महारानी ने विनम्रता से जोड़ा, "बोलिए, क्या अनर्थ हुआ?"

"अनर्थ यह हुआ कि तीन माह के पूर्व कोई मुहूर्त ही नहीं निकल रहा।" राजपुरोहित की त्योरियां चढ़ीं।

"तो इसमें कौन-सा अनर्थ है? तीन महीने बाद का ही मुहूर्त निर्धारित कर लीजिए।"

"तीन महीने बाद का मुहूर्त निकाल लीजिए," पुरोहित रामदास गुर्राये, "और तीन महीने तक यह बिना अन्न के जीवित रहेगी?"

"तीन महीने क्या वह अगले और तीन वर्षों तक जीवित रह लेगी। अभी मेरे अन्दर पर्याप्त पय (दुग्ध) है इसे पाल लेने के लिए।" महारानी ने किंचित संकुचित होकर कहा।

"पर्याप्त है! हूं।" दुर्वासा का क्रोध अग्नि की लपटों की तरह लपका, "तुम कामधेनु हो न? हूं।" रामदास को कहने के बाद ज्ञात हुआ कि वे क्या कह गए पर अब तो तीर प्रत्यंचा-च्युत हो चुका था। उन्हें भय था महारानी इसका बुरा मानेंगी। पर उस क्रोधी ब्राह्मण को कहां पता था कि ईश्वर के समीप पहुंच जाने

वाला स्थिति-प्रज्ञ हो जाता है। राग, द्वेष, भय, क्रोध से उसका दूर का भी सम्बन्ध नहीं रहता।

राजपुरोहित पैर पटकते हुए बाहर जाने को हुए तो महारानी की स्निग्ध वाणी कानों में पड़ी, "क्रोध नहीं कीजिए पंडित्-प्रवर! मैंने अब तक जैसे मीरा को पाला है, अगले तीन माह तक भी पाल लूंगी। आप मुहूर्त निकाल दीजिए, मैं महाराज के आते ही बता दूंगी। आपके बताए तिथि, वार और समय पर ही अन्न-प्राशन-संस्कार सम्पन्न हो जाएगा। मेड़ता से बड़े महाराज को भी बुला लूंगी। मैं हाथ जोड़ती हूं। मुरलीमनोहर के मंदिर के समक्ष आपका आसन कर दिया है आप वहीं बैठकर शान्तिपूर्वक मुहूर्त निकालें।"

राजपुरोहित लौट आए।

"पंचांग एक बार तो खोल चुका हूं। उसकी दक्षिणा नहीं मिली। फिर खोलूं?" यह पता करना कठिन नहीं रह गया था कि उनमें लोभ की मात्रा अधिक थी अथवा क्रोध की।

"दक्षिणा मिलेगी महाराज! आप तो स्वयं ही व्यर्थ आक्रोश किए जा रहे हैं।" महारानी ने हाथ जोड़कर निवेदन किया।

"अन्नप्राशन साधारण संस्कार नहीं है। उसके मुहूर्त निकालने की दक्षिणा कम-से-कम पांच स्वर्ण मुद्राएं होंगी।" पंडित रामदास आसन पर विराजमान होते हुए बोले।

"बोलिए, पंचांग खोलूं?" राजपुरोहित को महारानी के मौन के कारण संदेह हुआ।

"नहीं"

"क्यों?"

"मैं अभी आई।" कहकर महारानी अन्दर चली गईं।

क्षणार्ध में लौटते ही बोलीं, "अपने पंचांग को सामने रखिए।" महारानी ने उस पर दस स्वर्ण मुद्राएं चढ़ा दीं, "अब आप पंचांग खोलें।"

राजपुरोहित ने नक्षत्र, तिथि, वार, योग, भद्रा आदि का विचार किया और चौथे महीने शुक्लपक्ष की पंचमी तिथि निर्धारित कर दी।

"स्वीकार है यह समय?" उन्होंने गुर्राकर महारानी से पूछा। पता नहीं रतन सिंह के रहने पर उनके क्रोध का यही रूप रहता अथवा उससे भी अधिक या कम? शायद कुछ अधिक ही रहता क्योंकि इस विलम्ब के मूल में वे उन्हीं को मानते थे। मन-ही-मन उनका मानना था कि यह रतन सिंह का दायित्व था कि वे राज-पुरोहित के यहां जाकर अन्नप्राशन का मुहूर्त निकलवाते। अब इस अन्नप्राशन में जितना विलम्ब हुआ उतना ही घाटा उठाना पड़ा कि नहीं उन्हें? पर वे अपने घाटे को पूरी तरह पूरा कर लेंगे। रतन सिंह को अपने प्रमाद का अच्छा परिणाम भुगतना होगा। वे अभी रानी से ही सब कुछ ठीक कर लेंगे।

"अन्नप्राशन एक व्यय-साध्य आयोजन है, महारानी! विदित है न?" वे थोड़ा नम्र हुए जैसे आक्रमण के पूर्व चीता अपने शरीर को पूरी तरह शिथिल कर लेता है।

"व्यय-साध्य?" महारानी ने निश्चिन्तता से पूछा, "आखिर कितना व्यय

पड़ेगा ? मीरा के लिए कोई भी व्यय भारी नहीं होगा।"

राजपुरोहित आश्वस्त हुए। यही समय था सब कुछ सुनिश्चित कर लेने का।

"अन्नप्राशन के लिए बिटिया के काम में आने वाले सभी बर्तन स्वर्ण के होंगे।"

"अर्थात् ?"

"अर्थात् स्वर्ण की थाली, स्वर्ण की कटोरी, स्वर्ण का गिलास।" पंडित रामदास ने महारानी की ओर देखा पर वहां पर कुछ नहीं मिला। एक स्निग्ध स्मिति के सिवा। उन पर न तो पंडित जी के क्रोध का कुछ प्रभाव पड़ा था न उनके लोभ से वह प्रभावित हुई थी।

"बस !" महारानी के मुंह से मन्द्र स्वर प्रकट हुए।

राजपुरोहित की लाभ-वल्लरी तरु-मूल से कुछ और ऊपर उछली। अभी कुछ और प्राप्ति की सम्भावना थी।

"बस नहीं। अभी तो आरम्भ ही हुआ है।" रामदास ने सहसा उस सर्प की तरह पलटा खाया जो व्यक्ति को डंसने के बाद अपने विष को पूर्णतया प्रभावी करने की ओर से निश्चिन्त होना चाहता है। कहते हैं अगर सर्प डंस कर उलटे नहीं तो डंसने वाले की मृत्यु असंदिग्ध ही रहती है। उसका डंसना और नहीं डंसना दोनों बराबर।

"तो आज्ञा करने की कृपा करें।" महारानी की अतिरिक्त विनम्रता पर राजपुरोहित आशंकित हुए। उन्हें कहां पता कि इस अवधि में मीरा महारानी और महाराज रतन सिंह के इतने समीप आ चुकी है कि उसके लिए पूरा राज्य भी लुटाने में वे एक क्षण नहीं सोचेंगे।

पर हाय रे मनुष्य की नियति ! उसको आगत का जरा भी पता रहता तो वह अनुकूल परिस्थितियों को और भी अनुकूल बनाने और प्रतिकूल को पूरी तरह निरस्त करने में कुछ उठा रखता ? ऐसी विवशता की स्थिति में जो सामने आ जाय उससे ही समझौता करना पड़ता है। क्या विडम्बना थी कि महारानी अत्यधिक देने को प्रस्तुत थीं पर राजपुरोहित अल्प मांग कर ही सन्तुष्ट हो रहे थे ! महारानी भी क्या करतीं ? आखिर अपनी अंजलि जितनी बड़ी होगी जल भी तो आप उसमें उतना ही संजो पाइएगा ? भले ही वह स्वाति-जल ही क्यों न हो ?

"अन्नप्राशन के दिन कम-से-कम नौ कपिला गौओं का दान करना पड़ेगा।"

"स्वीकार्य है।" महारानी ने संक्षिप्त उत्तर दिया। राजपुरोहित सकपकाए। उनकी बुद्धि भ्रमित हो गई। जैसे कोई व्यक्ति घोर विपिन में मार्ग खो बैठे वैसे ही उनकी बुद्धि कुछ और कुंठित हो आई। खूंटा-बंधे अश्व की तरह चारों दिशाओं में चौकड़ी भरकर भी वह कुछ नहीं पा रही थी। अन्ततः मेघाच्छन्न गगन के बीच जैसे बिजली चमक उठी और उन्होंने जोड़ा—

"इन सभी कपिला गौओं के सींग स्वर्ण-मंडित होने चाहिए।"

"स्वाभाविक है।" महारानी का अगला संक्षिप्त उत्तर।

"इनके खुर भी।" बिजली दूसरी बार भी चमकी।

"यह भी स्वीकार्य है विप्रवर ! आगे बोलें। मीरा के लिए इतना कुछ, कुछ भी नहीं है।" महारानी ने हाथ जोड़े।

राजपंडित चक्कर में पड़े। इस अवसर पर और क्या मांगा जा सकता था? अन्ततः, यह जन्म का काल तो था नहीं कि दो-चार-दस बीघा भूमि ही मांग बैठते! अन्नप्राशन तो अन्नप्राशन, इतने का वचन ले लिया, यही क्या कम है?

"बोलिए पुरोहित जी!" महारानी ने जैसे दीप की मन्द पड़ती लौ को और उकसाने का प्रयास किया।

"अब कुछ नहीं मांगना है।" राजपुरोहित को हथियार डालने के सिवा और कुछ नहीं सूझा। पर एक बात उनके मन में आई। उसे भी सुनिश्चित करा लेना ही उचित था।

"अन्नप्राशन का आयोजन एक महोत्सव है। एक मांगलिक महोत्सव। इस समय कुछ राग-रंग का भी प्रबन्ध होना चाहिए।" पंडित रामदास में सारी तामसी प्रवृत्तियां जाग्रत थीं जैसे कि नृत्य-मग्न मयूर के सारे पंख पूरी तरह खड़े हो जाते हैं चक्राकार।

"मैंने कुछ समझा नहीं।" महारानी ने अनभिज्ञता प्रकट की।

"यही मैं मजलिश आदि की बात कर रहा था। किसी नृत्यांगना-वरांगना के नृत्य-गान का। राजघरानों में इस अवसर पर सब कुछ चलता है।" राजपुरोहित की आंखों के समक्ष पैरों में घुंघरू बांधे किसी वरांगना का चित्र स्पष्ट हो आया। उनकी कल्पना में उसके कल-कण्ठ से पीक की मधुर ध्वनि भी एक निर्दोष आरोह-अवरोह में ध्वनित होने लगी। कल्पना-लोक में ही उनके नेत्र और कर्ण-रन्ध्र धन्य-धन्य हो रहे थे।

महारानी एक क्षण को स्तब्ध।

राजपुरोहित के इस रूप से उनका प्रथम-प्रथम परिचय हो रहा था। पर अंधेरे में हाथ मारते व्यक्ति को जैसे खोई वस्तु ही सहसा हाथ लग जाय, उसी तरह महारानी को एक बात सहसा सूझ गई।

"यह भी स्वीकार्य है।" उन्होंने धीरे से कहा।

'यह भी स्वीकार्य है?" पंडित ने भी दुहराया।

"हां, पर इसके साथ एक शर्त है।"

"पंडित रामदास किसी शर्त आदि के आदी नहीं।" क्रोधी राजपुरोहित के भौं पर फिर बल पड़े। निकट था कि वे बरसाती जल-प्रपात की तरह अपने अकथ्य कथनों के साथ पुनः फट पड़ते कि महारानी ने उनके आनन के चढ़ते-उतरते भावों को देखकर तत्काल स्पष्ट किया—"शर्त कोई विशेष कड़ी नहीं है।"

"तो?" राजपुरोहित आश्वस्त दिखे।

"वरांगना होगी। अवश्य होगी।"

"अच्छा।" राजपुरोहित के आनन की वक्र रेखाएं सहसा सीधी हो आईं।

"उसके पैरों में घुंघरू भी होंगे।"

"इससे अच्छा क्या होगा?" राजपुरोहित के मुंह से निकला।

"वह नृत्य भी करेगी।" महारानी बोली।

"साधु!" पंडित के मुख से सहसा निकला जैसे स्वाती की बूंद पड़ी हो टप से सीधे किसी सीप के मुख में ही।

"वह गाएगी भी।"

"स्वाभाविक है।" पंडित ने प्रसन्न होते हुए कहा।

"आपके लिए स्वाभाविक नहीं भी हो सकता है।" महारानी ने शान्त स्वर में कहा।

"क्यों ?" राजपुरोहित चकराए।

"हो सकता है वह जो गाए, आपको पसन्द नहीं आए।"

"मैंने बहुत-सी वरांगनाओं के गाने सुने हैं। राजघरानों में मेरा आना-जाना लगा ही रहता है। मुझे आपकी वरांगना जो कुछ गाएगी सब पसन्द आएगा।"

"सोच लीजिए उस समय मुझे दोष नहीं दीजिएगा।" महारानी के स्वर पर गाम्भीर्य चढ़ा।

"सोच लिया," राजपुरोहित आरम्भ हुए—"वरांगना होगी, उसके पैर में घुंघरू होंगे, वह नृत्य-मग्न होगी, वह गाएगी भी इससे अधिक क्या चाहिए ? तो मैं अब चलूं ?" राजपुरोहित उठने को हुए।

"आपकी इच्छा, पर मुहूर्त से एक दिन पहले ही आ जाइएगा। सब तैयारी रहेगी।" महारानी ने कहा और सोचा राजघराने को पुरोहित भी मिला तो ऐसा तामसी; जितना क्रोधी, उतना ही लालची, उतना ही लंपट। क्या सोचकर राव दूदा ने इसे अपना पुरोहित बनाया था ? इसके कर्मकांड-ज्ञान से अभिभूत होकर या इसके तथाकथित सामवेद पर अधिकार को ध्यान में रखकर ? जिसके संस्कार इतने निम्न हैं वह वेदों के साथ क्या न्याय कर पाता होगा ?

इक्कीस

वर्द्धमान चन्द्र में चकोर की रुचि को किसी ने अनुभूत किया है ? शुक्ल-पक्ष की प्रत्येक रात्रि को क्रमशः वृद्धिशील उसकी प्रसन्नता को ? अथवा चन्द्र-कलाओं की वृद्धि के साथ सागर-ऊर्मियों की उस निरन्तर आकुल छटपटाहटों को किसी ने परखा है—उन छटपटाहटों की जो पूर्णिमा को अपने चरम पर होती हैं ? या कि किसी कृपण की धन-राशि में आकस्मिक रूप से वृद्धि होते जाने पर उसके हर्ष, उसके आह्लाद से किसी का परिचय हुआ है ? कोई कल्पना कर सकता है सलिल के लिए तड़पते किसी मरु-पथिक की उस तृप्ति को जो उसके खुले होंठों में बूंद-बूंद जल-राशि टपकाने से उसे प्राप्त होती है ? कठिन है यह सब। नहीं ? अनुभूति जब स्वयं की नहीं हो तो उसे कोई कैसे और कितनी अभिव्यक्ति दे ? दूसरों की अनुभूतियों की कल्पना-मात्र की जा सकती है, इन्हें उतनी गहराई से अनुभूत कौन कर सकता है ? गूंगे के गुड़ का स्वाद तो गूंगा ही जाने या नहीं ?

तो मीरा की मां की निरन्तर वृद्धिशील प्रसन्नता का अनुमान भी आपके और हमारे वश की बात नहीं। इसी प्रकार रतन सिंह की प्रसन्नता का भी। पर मां फिर भी मां ही होती है। उसकी ममता का पासंग भी पुरुष अपने अन्दर कहां से जुटा पायेगा ?

मीरा ने चलना तो बहुत पहले ही आरम्भ कर दिया था अब उसने बोलना भी

आरम्भ किया था। पहला शब्द उसके मुंह से 'मां' ही निकला था और 'मां' थी कि प्रसन्नता से सावन की बदली बन आई थी। चूम-चूमकर मीरा के गाल लाल कर दिए थे और गोदी में उसे गेंद की तरह उछालने लगी थी। कितना स्नेह उमड़ आया था उनके अन्दर? कितना प्यार?

यह सुख-संवाद सर्वप्रथम उन्होंने महाराज रतन सिंह को ही सुनाया था। इस समय वे अन्तःपुर में ही थे। महारानी दौड़ी-दौड़ी वहां पहुंची थीं।

"सुना आपने?" प्रसन्नता से उनके मुंह से ठीक से आवाज भी नहीं निकल रही थी।

"क्या?" रतन सिंह आश्चर्य से खड़े हो गए थे।

"मीरा आज बोली।" महारानी कुंअरी बाई किसी तरह बोली थीं।

"बोली? क्या बोली?" रतन सिंह के मन में भी फुरहरी-सी छूटी थी।

"अब आप स्वयं सुन लेंगे।"

"बोलो बेटी! फिर से बोलो!" मां ने मीरा को पुचकारा था।

"मां···मां···मां···मां···?" मीरा अपनी तोतली आवाज में कई बार बोल गई थी।

"वाह! वाह!" रतन सिंह ताली बजाने लगे थे, "आज तो मुरलीमनोहर का प्रसाद सम्पूर्ण कुड़की में बंटेगा।"

"मैं आपकी बुद्धि का लोहा मानता हूं, पर महारानी एक शिकायत है।" रतन सिंह कुछ गम्भीर होते हुए आगे बोले।

"क्या?"

"आपने केवल 'मां' कहलवाया अपनी लाड़ली से।"

"मैंने कहलवाया कि उसने स्वयं कहा?" महारानी इठलाईं।

"जो हो पर आपको उससे मुझे भी सम्बोधित करवाना था।" रतन सिंह ने चुटकी ली।

"अच्छा प्रयास करती हूं।"

"बोलो बेटी, मेरी अच्छी बेटी, मेरी लाड़ली बोलो तो 'पिता जी, पिता जी'।"

"पि···पि···पि···।" मीरा किसी तरह कह पाई।

"बस इतना ही काफी है।" रतन सिंह ने कहा और बेटी को गोद में उठा लिया। उस दिन मनों लड्डू बने। मुरलीमनोहर के मन्दिर में रात को टोकरे भर-भर लड्डू और फल बन्द कर दिए गए। उस रेगिस्तानी क्षेत्र में फल भी कितने और कहां मिलते हैं? पर तेज दौड़नेवाली ऊंटनियों पर दूर-दूर के हाट-बाजारों से आम, केले और मीठे बेर के फल मंगाए गए। गई रात सबको मुरलीमनोहर के मन्दिर में रखा गया और सभी फलों और लड्डुओं से भरे थालों में तुलसीदल छोड़ दिया गया।

"बिना तुलसी के गोपाल तो आंख उठाकर भी भोग की ओर नहीं देखता।" रतन सिंह ने तुलसी के पत्तों को थालों में छोड़ते हुए कहा था।

"इसीलिए तो प्रांगण के बीचोबीच तुलसी का एक झाड़ भी लगा रखा है मैंने।" महारानी ने प्रत्युत्तर दिया।

"हां तुलसी का महत्व है महारानी।" महाराज रतन सिंह ने आरम्भ किया, "जानती हो कन्हैया को वृन्दावन क्यों प्रिय था ?"

"क्यों ?"

"क्योंकि वहां तुलसी के झाड़ ही झाड़ थे। तुलसी का एक नाम वृन्दा भी है। वृन्दावन अर्थात् तुलसी-वन।"

"महाराज ने तो मेरे ज्ञान में वृद्धि कर दी। मैं कुछ और तुलसी के झाड़ प्रांगण में लगा दूंगी।"

"तब तो यहीं बस आएगा एक वृन्दावन।" रतन सिंह ने चुटकी ली।

"तो इसमें हर्ज भी क्या है ? मुरलीमनोहर हैं ही। राधा के रूप में मेरी मीरा है ही।" महारानी ने हामी भरी।

"और हम ?" रतन सिंह ने यहां रानी की बुद्धि की परीक्षा लेनी चाही।

"क्या ?" महारानी ने कहा, "हम होंगे वृषभानु-सुता के माता-पिता। क्यों ? नन्द-यशोदा तो हम हो नहीं सकते ?"

"होना भी नहीं चाहिए।"

"क्यों ?"

"बड़ा रुलाया था। आजीवन रुलाया था इस मुरलीमनोहर ने बाबा नन्द और मैया यशोदा को।" रतन सिंह ने कहा।

"पर वृषभानु और उसकी पत्नी को कम कष्ट हुआ था क्या राधा के हाथ से निकल जाने से ?"

"हुआ होगा। अवश्य हुआ होगा। पर हमें नहीं होगा।"

"क्यों ?"

"हम तो चाहते ही हैं कि हमारी राधा, हमारी मीरा पूरी तरह मुरलीमनोहर की हो जाय।" रतन सिंह ने कहा।

"हो तो गई अभी से आपकी लाड़ली अपने मुरलीमनोहर की।" महारानी ने आरम्भ किया, "अब वह छोटे खिलौनों और मेरे द्वारा बनाए गुड्डा-गुड्डियों को हाथ भी कहां लगाती है ? जब से तुमने मुरलीमनोहर की वह कुछ बड़ी-सी मूर्ति ला दी है, उसी को अपनी कांख में दबाए चलती है।"

"तुम भी तो उसे वृषभानु-सुता बनाने में कोई कसर ही नहीं छोड़तीं।" रतन सिंह मुसकराते।

"कैसे ?"

"कैसे क्या ?" रतन सिंह कहते, "दिन में कम-से-कम तीन बार तो तुम अपनी लाड़ली के परिधान बदलती हो। खूब फबती है पीले चिशांकु की चूनरी, ओढ़नी और चोली उसको। पता नहीं कितने जोड़े उसके बनवा रखे हैं तुमने कि उनका अन्त ही नहीं मिलता। सुबह, दोपहर और संध्या का तो बहाना है। जहां जरा-सा उसका वह परिधान गंदा हुआ नहीं कि तुमने उसे बदला। केशों की सज्जा भी आजकल एक से अधिक बार ही करती हो, ज्ञात नहीं कितने प्रकार की केश-सज्जा तुम जानती हो ? कभी अपनी लाड़ली के गोल-गोल जूड़े बनाती हो ठीक बड़े गेंदे अथवा गुलाब के फूल की तरह, तो कभी चोटी बनाती हो, कभी एक तो कभी दो। दिवस-पर्यन्त और देर रात तक तुम अपनी लाड़ली में ही लगी रहती

हो। मालूम नहीं किस तरह तुम्हारा सारा सुख, सारी प्रसन्नता, सारा हर्ष-उल्लास हमारी वृषभानु-सुता में ही सिमट आया है ?"

"यह तो अच्छा ही है न ?" महारानी कुछ आशंकित होकर पूछती, "आपको भी तो अच्छा लगता होगा, अपनी लाड़ली को दिन भर में कई रंग-रूपों में देखना ?"

"अच्छा लगता है और अगर यह कहें कि तुमसे भी अच्छा लगता है तो तुम्हें विस्मय नहीं होना चाहिए।"

"क्यों ?"

"क्यों ? इस क्यों का भी उत्तर देना पड़ेगा ? तुम्हें पता नहीं ?" रतन सिंह आश्चर्य से भरकर पूछते।

"नहीं तो ?" महारानी मुसकराती हुई बोलती।

"तुम्हें पता है। सब पता है। पिता राव दूदा को मैंने वचन जो दिया है।"

"इसे कृष्णार्पित तो हम कर ही चुके। अब कृष्णार्पिता बनाना है हमें इसे सही अर्थों में।"

"मैं समझी नहीं।"

"तुम सब समझती हो," महाराज रतन सिंह बोलते, "तभी तो इतना इसके साज-शृंगार में लगी रहती हो। इसे राधा बनाकर ही छोड़ने का व्रत ले रखा है तुमने।"

"और यह अपने कृष्ण का कम ख्याल रखती है ? तुम्हें क्या पता जितने मीरा के जोड़े हैं उनसे कम अब इसके नन्हें मुरलीधर के भी नहीं। अब जब-जब इसके वस्त्र बदले जाते हैं, तब-तब इसके श्याम सलोने के भी। पहले तो मैं स्वयं बदलती थी। अब मुझसे सीखकर स्वयं ही अपने मुरलीधर का यह शृंगार कर देती है। वस्त्र-परिवर्तन से लेकर कृत्रिम केश-सज्जा तक। केशों में मयूरपिच्छ खांसना भी यह नहीं भूलती। प्रांगण में तो मयूरों के झुंड के झुंड पिच्छ करते ही रहते हैं अपने शरीर से। उन्हें चुनकर पूरा एक खजाना ही बना लिया है इसने अपने मुरलीधर के लिए।"

राजपुरोहित को मुहूर्त निकाल कर गए अब दो माह होने को आए थे। इस मध्य मीरा जितनी तीव्रता से शारीरिक रूप में बढ़ी थी उतनी ही तीव्रता से उसका बौद्धिक विकास भी हुआ था। अब वह पि···पि···से आरम्भ कर पिता जी और पा···पा···से आरम्भ कर पानी आदि के अतिरिक्त पूरा वाक्य भी बोलने लगी थी। पत्नी से अधिक रतन सिंह ने मीरा को बोलना सिखाने में अधिक सहायता की थी। धीरे-धीरे वह उसे पूरा वाचाल बना चुके थे।

"यह चुनरी किसने दी ?" वह चुनरी का एक छोर पकड़कर पूछते।

"मां, मां माता···जी ने।" मीरा प्रत्युत्तर देती।

"यह मूर्ति किसकी है ?"

"मुलि···मुलि···मुलीधर की।" मीरा लड़खड़ाती।

"मुलीधर नहीं, मुरलीधर की। मुरलीधर।"

"मुर···मुरलीधर की।"

"यह क्या है?" प्रांगण में दाना चुगते एक मूयर की ओर ऊंगली उठाकर रतन सिंह पूछते।

"मयूल।"

"मयूल···नहीं मयूर, मयूर।"

"म···मयूर। मयूर।" मीरा उत्तर देती।

अब मीरा पिता द्वारा सिखाए भजन-प्रार्थना की एक-दो पंक्तियां भी गुनगुना लेती। रतन सिंह को सूरदास के पद बड़े अच्छे लगते थे। पारसौली के पास डेरा जमाए, गिरिराज के मंदिर में स्थापित स्वामी बल्लभाचार्य के इष्टदेव नाथ जी (बालकृष्ण) की अर्चना के लिए सूरदास रोज एक पद रचते थे। उस समय उन्हें लिपिबद्ध करने का भी कोई प्रबन्ध नहीं था। लोगों की जिह्वा पर चढ़कर ही वे एक दूसरे तक पहुंचते थे। वे उस समय लोकवाणी के अंग बन गए थे। औरों के अलावा गिरिराज के पाद-प्रदेश तथा अन्य भागों में बसे जन-जातियों के मध्य भी ये पद पूरी तरह प्रचलित हो गए थे।

रतन सिंह जी को भी ऐसे कितने ही पद याद थे। मीरा की जिह्वा पर धीरे धीरे उन्होंने कई पद चढ़ा दिए थे। अब मीरा एकान्त में भी बैठी अपने मुरली-मनोहर की ठुड्डी में अंगुली लगा कभी—

"मैया मैं नहीं माखन खायो
ख्याल पड़ो ये सखा मिली सब
मेरे मुख लपटाओ"

गुनगुना पड़ती तो कभी मुरली मनोहर की कृत्रिम चुटिया पकड़ अपनी तुतली भाषा में गा उठती—

"मइया कब हीं बढ़ेगी चोटी
कतिक दिवस मोंहे दूध
पिवत भयो, यह अब हूं
छोटी की छोटी।"

एक दिन रतन सिंह जी ने सोचा इसे लय और छन्द के साथ सूर के पद सिखाये जाएं और मीरा को पकड़ सूर का एक कठिन पद ले बैठे।

मइया, मोहिं दाऊ बहुत खिझायो।
मों सो कहत मोल को लीनो
तुम यशुमति कब जायो।

वह बार-बार इस पद को आरोह पर ले जाते, बार-बार मीरा बीच में साथ छोड़ देती।

उसी समय महारानी उधर से आ निकलीं, "यह क्या हो रहा है? लड़की को पूरी तरह मार देने का ही इरादा है क्या।"

"क्यों?"

"अभी यह आरोह और अवरोह को सम्हाल पाएगी? वह भी सूर के पद के?" महारानी के स्वर पर खीझ उतर आती। वह मीरा को गोद में लेकर भाग खड़ी होती। मीरा फिर भी अपने रूप में गुनगुनाती रहती—

भइया मोहें दाऊ बहुत खिझायो
मों सो कहत मोल को लीनो
तुम यशुमति कब जायो।
तुम यशुमति कब जायो।

बाईस

प्रसन्नता एक सापेक्ष अनुभूति है। कि नहीं? व्यक्ति-सापेक्ष कि वस्तु अथवा परिस्थिति-सापेक्ष शायद दोनों। वर्षा की फुहारें महल के अन्दर बैठे, वातायन अथवा गवाक्ष से घूरते एक व्यक्ति को जितनी प्रसन्नता दे जाती हैं, खुले मैदान में उसे अपने नग्न तन पर झेलते, ठंड से ठिठुरते व्यक्ति को उतनी ही अप्रसन्नता। ज्योत्सना-पूरित रात्रि की शोभा सामान्य जनों के लिए चाहे जितनी आनन्ददायिनी, पीयूषवर्षिणी हो, प्रिय के मिलन को प्रस्थित नायिका-अभिसारिका के लिए वह काल-रात्रि से अधिक कुछ नहीं होती। शायद इसीलिए किसी गौरवर्णा स्त्री ने खीझकर कहा था—मेरे गोरे रंग को लेकर मुझे कृष्ण रंग ही प्रदान कर दो ताकि इस निगोड़ी चांदनी से बचकर मैं अपने प्रिय के दर्शन को पहुंच सकूं।

हां, सब कुछ सापेक्ष है यहां। दुख-सुख, प्रसन्नता-अप्रसन्नता सब कुछ। जिस भगवान का नाम भक्त के लिए मिश्री की डली-सा मीठा होता है और वह उसे रोते-जागते जिह्वा से उतारना नहीं चाहता, वही नाम कुकर्मियों, अधर्मियों के लिए अभिशाप स्वरूप ही सिद्ध होता है और उसे जिह्वा पर लाना उनके लिए टेढ़ी खीर होती है।

राव दूदा को इसका अनुभव विचित्र रूप से हुआ था। एक दिन संक्रान्ति के अवसर पर वे मेड़ता के सर्वाधिक पवित्र जलाशय से स्नान कर लौट रहे थे। मार्ग में भिखारियों की पंक्ति बैठी थी। राव दूदा हरे कृष्ण, हरे कृष्ण, कृष्ण-कृष्ण हरे-हरे कहते पैदल ही मंदिर की ओर जा रहे थे।

"बाबा भिक्षा दो, भिक्षा।" एक भिक्षुक ने टोक ही दिया।

राव दूदा को न जाने क्या सूझा उन्होंने कहा, "हरे कृष्ण बोलो तो एक गिन्नी तुम्हें भिक्षा में अभी देता हू।"

"राव दूदा भिक्षा दो भिक्षा।" वही भिक्षुक फिर चिल्लाया।

"मैंने कहा न पहले हरे कृष्ण कहो।" राव दूदा रुक कर बोले।

"वही तो नहीं कहते बनता है।" भिक्षुक बोला।

"क्या नहीं कहते बनता है?" राव दूदा ने आश्चर्य से पूछा।

"वही जो तुम कहने को कहते हो।"

"हूं।" राव दूदा मुसकराये और आगे बढ़ गये।

कुछ ऐसी ही स्थिति आज राजपुरोहित की हो गयी। आज ही अन्नप्राशन का दिन था। दिन तो प्रसन्नता में व्यतीत हो गया। महारानी ने जो कुछ कहा था सब प्राप्त हो गया। सोने के बर्तन, स्वर्ण-मंडित सींग और खुर वाली नौ कपिला

गौएं, प्रचुर दान-दक्षिणा, स्वर्ण—गाएं।

संध्या में यथा-निर्धारित राग-रंग का भी प्रबन्ध हुआ, वरांगना भी आई, उसने पैरों में घुंघरु भी बांधे। उसने मस्त मयूरनी की तरह नाचा भी। जब वह थककर बैठ गई तो पंडित रामदास ने कहा—कुछ संगीत भी हो जाए। पंडित रामदास के साथ ही अगली पंक्ति में राव दूदा तथा कुछ और लोग भी बैठे थे। दूदा प्रातः ही मेड़ता से इसी महोत्सव के लिए आ गये थे। रतन सिंह इस सभा में नहीं थे। महारानी अपनी कुछ समवयस्काओं के साथ पर्दे की ओट में बैठी थीं।

"गाना?" वरांगना ने कहा, "अवश्य होगा।" और उसने सामने के पर्दे की ओर देखा, जहां पीछे महारानी बैठी थीं, पर्दा वहां थोड़ा हिला। वरांगना इंगित समझ गई। वह उत्तर से आई थी। विद्यापति की भूमि मिथिला से। वह विद्यापति का ही एक पद ले बैठी?

विहरई नवल किशोर।
कालिन्दी पुलिन कुंजवन शोभन, नव-नव प्रेमविभोर।
नवल रसाल मुकुल मधु मातल कोकिल कल गाय।
नव युवती गण उमता वह नव रस कानन धाय।
नव युराज नवल नव नागरि मिल दे नव नव भांति।
नित-नित सेंसन नव नव लेखन विद्यापति मति भांति।

गायिका के पीक कंठ से निकला वह गीत सबको मुग्ध कर गया। पंडित राम दास को यह रास नहीं आया।

"यह क्या गाना है? वरांगना के मुख से क्या ऐसा ही नीरस गाना शोभता है?" पंडित रामदास उखड़े। उन्हें राव दूदा की उपस्थिति का भी ख्याल नहीं रहा।

"गाना हो तो कुछ अच्छा गाओ।" उन्होंने नर्तकी की ओर देखकर कहा।

"अब इससे अच्छा गीत क्या हो सकता है पंडित जी?" राव दूदा ने समझाना चाहा, "क्या अच्छा तो मुरलीमनोहर को समर्पित गाना है यह? विहरई नवल किशोर—।"

"आप रखिए अपने मुरलीधर को अपने पास," राजपुरोहित अब राव दूदा की ओर ही मुड़े, "हरे कृष्ण मुरलीधर, गिरिधरनागर, यह सब क्या व्यर्थ की बातें हैं? वरांगना को गाना हो तो कोई अच्छी मीठी चीज गाये।"

राव दूदा मुसकराकर रह गए। वह राजपुरोहित की बहुत इज्जत करते थे, इसीलिए उन्होंने कुछ उत्तर नहीं दिया। इसी मध्य दासी अर्पणा पर्दे के पीछे से आई।

"आप अपना वचन भूल गये पंडित जी?"

"कैसा वचन?" दासी के प्रश्न पर राजपुरोहित अंगारे की तरह दहक उठे।

"आपसे तो महारानी जी ने कहा था, आपकी इच्छा है तो नृत्यांगना भी आयेगी ही पर हो सकता है कि वह जो गाये वह आपको पसंद नहीं आये और आपने इस प्रस्ताव को सहर्ष स्वीकार किया था।"

"किया तो था," राजपुरोहित याद करते बोले, "पर मुझे क्या पता था कि

वरांगना होकर भी हरे कृष्ण ले बैठेगी ? यहां तो मात्र दूदा को बैठना था।"

दूदा अब भी मुसकुराते रहे।

वरांगना भी मुसकुराती बोली, "राजपुरोहित जी आपको नन्द-नन्दन से चिढ़ है तो लीजिए मैं और कुछ गाती हूं। क्षत्री जन्मजात शक्ति के उपासक होते हैं। भले ही राव दूदा और उनके परिवार का मन मुरलीमनोहर में लग गया हो, आप तो कई राजघरानों के राजपुरोहित हैं। शक्ति एवं शिव में कोई अन्तर नहीं होता। लीजिए मैं शिव को लेकर एक पद प्रस्तुत करती हूं। आपको शायद पसन्द आ जाय—

लोचन घायल पे घायल हरि नहि आयल रे।
शिव शिव जिवओं न जाय, आकरों अरुक्षायल रे।
मनकर तो हो उड़ि जाई जओं हरि पाउय रे।
प्रेम परसयानि जान आन डर लाइए रे॥
रो मोर विधि बिराअेल निन्दओ हेरायल रे।
मनाहि विद्यापति गाओल धनि धैरज कह रे।।
आचिरे मिलत तो हि बालम प्ररत मनोरथ रे।"

"वरांगनाओं को विद्यापति और सूर के पद के गाने को निमंत्रित किया जाता है ? विद्यापति के ही पद गाना है तो एक-से-एक श्रृंगारिक पद भी हैं, उन्हें वह क्यों नहीं गाती है ? मैं नहीं बैठता इस महफिल में। सारा रंग भंग हो गया।" कहते-कहते पंडित रामदास उठ खड़े हुए। पर्दे की ओर एक दृष्टि डाली। महारानी के कल के कथन का उन्हें अर्थ लग गया। वे पैर पटकते हुए, एक ओर चल दिए। राव दूदा ने उन्हें रोकने का प्रयास नहीं किया। उस समय वे भी गुनगुना रहे थे—"लोचन घायल पेघायल हरि नहि आयल रे।"

महफिल भंग हो गई। राव दूदा पोती को गोद में ले राजमहल की ओर बढ़े।

पर्दे के पीछे से रतन सिंह जी की पत्नी और सहेलियां पहले ही गायब हो गई थीं।

"यह हरि कौन होता है दादू ?" मीरा, 'लोचन घायल पेघायल हरि नहिं आयल रे' गाते-गाते राव दूदा से पूछ बैठी। वह भी अपने पिता रतन सिंह की तरह राव दूदा को दादू ही कहती थी।

"मुरलीधर को जानती है ?" राव दूदा ने महल के प्रांगण में बढ़ते हुए पूछा।"

"वह तो हमेशा मेरे साथ रहता है। मैं उसे रोज कई बार कपड़े पहनाती हूं दादू। उसके केश में मोरपिच्छ लगाती हूं। भला मुरलीधर को नहीं जानूंगी ?"

"तो यह हरि तुम्हारा मुरलीधर ही है।" राव दूदा ने कहा।

"मुरलीधर का एक नाम दादू गिरिधर गोपाल भी तो है।"

"है।"

"तो मैं इस पंक्ति को ऐसे गा सकती हूं ?"

"कैसे ?"

"लोचन घायल गिरिधर गोपाल नहिं आयल रे।"

"वाह ! वाह !" राव दूदा ताली दे उठे। उन्हें आश्चर्य हुआ कैसे इस छोटी लड़की ने चट से 'पेघायल हरि'—के स्थान पर 'गिरिधर गोपाल' जोड़कर मात्राओं को प्रायः बराबर कर दिया। राव दूदा को आश्चर्य हुआ—यह बच्ची आशु कवयित्री होगी क्या ? यह तो भक्ति का लक्षण है। हर भक्त, कवि होता है। कविता उसे वरदान-स्वरूप ही मिलती है। तो संस्कार रंग लाने लगा है मीरा पर, राव दूदा ने सोचा और निश्चिन्तता की सांस ली।

तेईस

प्रेम ! निसर्ग का एक अनूठा, अद्‌भुत वरदान। प्रकृति द्वारा विश्व को प्रदत्त सर्वोत्तम सर्वश्रेष्ठ उपहार। प्रेम। प्राणिमात्र के इस पार्थिव अस्तित्व का एकमात्र आधार। प्रेम निर्झर की गति। नदियों का संगीत। पक्षियों का कलित कलरव। मलय-पवन की मोहकता, पुष्पों का पराग, नव मधु की मादकता। प्रेम। इस जगत का सार, इसका सर्वस्व। प्रेम, जीवन का पर्याय, उसकी उत्प्रेरणा। उसकी अनुपस्थिति में सब कुछ निरर्थक, निस्सार, व्यर्थ और अर्थहीन।

यह प्रेम किसी को किसी से हो सकता है।
पति को पत्नी से, पत्नी को पति से।
पिता को पुत्री से, पुत्र को पिता से।
गुरु को शिष्य से शिष्य को गुरु से।
माता को पुत्री से, पुत्री को माता से।

तो मीरा को प्रेम था। किससे ? अपनी माता से। अपने हाथ में निरन्तर पड़े रहते मुरली मनोहर से भी था, पर था अभी वह अपरिभाषित तथा अस्पष्ट। अभी उसका बीजारोपण ही हो रहा था। पर माता से उसका प्रेम पूर्णतया परिभाषित था। पूर्णतः स्पष्ट।

मीरा मां के बिना एक क्षण भी नहीं रह सकती थी। मीरा का खाना मां के साथ। मीरा का सोना मां के साथ। मीरा का जागना मां के साथ। मां सो गई तो मीरा की आंखें भी लग गईं। और मां उठ बैठी तो मीरा की सुबह भी हो गई।

मां स्नानघर में तो मीरा भी वहीं। मां पूजाघर में तो मीरा का आसन भी वहीं। कोई तीन वर्ष की हो आई मीरा, मां के साथ मुरलीमनोहर की मूर्ति पर चन्दन-पुष्प भी चढ़ाने लगी। जिद कर माता की गोदी में चढ़कर मुरलीधर के मस्तक पर कुमकुम का तिलक भी कर देती। आरती के थाल में अपना हाथ लगा देती।

पर मुरलीधर के साथ यह लगाव अभी आरम्भिक था। मां को कुछ कार्यों को अकेले निपटाना होता तो वह मीरा को, पिता अथवा अर्पणा के हाथों में देकर निश्चिन्त होना चाहती। पर वह घड़ी मीरा के लिए बहुत कष्टकर होती। वह चिल्ला-चिल्ला कर आसमान सिर पर उठा लेती। विवश मां को अपना कार्य शीघ्र निपटा मीरा के पास दौड़ना पड़ता।

मीरा की सब वस्तुएं मां की दी हुईं। पिता के द्वारा दी वस्तु भी वह मां के द्वारा ही दी बताती।

"यह लहंगा किसने दिया ?"

"मां ने।"

"यह चुनरी ?"

"मां ने।"

"मुरलीधर की यह मूर्ति ?"

"मां ने।"

"नहीं ! पिता जी ने।" रतनसिंह समझाना चाहते।

"नहीं, मां ने।" मीरा अपनी जिद पर अटल। कोई वस्तु उपहार में मीरा को प्राप्त होती तो उसे ले वह मां के पास ही दौड़ती।

राव दूदा या रिश्ते-नाते के लोग आते ही रहते। मीरा को कोई तो अशर्फियां दे देता। वह दौड़ती अन्त:पुर की ओर।

"मां यह लो यह अशर्फी।"

कोई मिठाई की छोटी टोकरी बड़े प्रेम से पकड़ाता। मीरा उसे लेकर मां के पास दौड़ जाती। पिता बीच में रोकना चाहते पर 'नहीं नहीं' कहती वह मां के पास पहुंच जाती—"मां मिठाई।"

मां प्रसन्नता से भर-उसे चूम बैठती। कोई हलकी डांट भी लगाता तो मां के पास वह शिकायत लेकर पहुंच जाती। मां की ममता पर पूरी आस्था रखने वाली मीरा को किसी का आंख दिखाना भी पसन्द नहीं था। मुरलीमनोहर के मन्दिर में या प्रांगण के मध्य निर्मित पुष्करिणी की ओर मीरा को जाते देख पिता आंखों के इंगित से उसे रोकना चाहते तो वह चीखती-चिल्लाती मां के पास पहुंच जाती।

"मां, पिताजी ने मुझे डांटा।"

मां मीरा को लिए पिता के पास पहुंचती—"आपने इसे डांटा ?"

"नहीं तो।" रतनसिंह उत्तर देते।

"हां डांटा, आंखें दिखाईं।" मीरा उत्तर देती।

रात में जब तक नींद नहीं आती मीरा मां को तंग किये रहती। बहुत चालाक बन आई थी वह तीन वर्षों में ही।

"मां कैसी है ?"

"अच्छी है।" मां से कहानी सुनने का मन हो तो मीरा चाटुकारिता करती।

"और कौन अच्छी है ?" मां पूछती।

"कोई नहीं। मां अच्छी है।"

"अर्पणा।"

"वह भी अच्छी है पर मां अधिक अच्छी है।"

"और पिता जी।"

"वे अच्छे नहीं हैं।"

"क्यों ?"

"मुझे डांटते हैं। आंखें तरेरते हैं। डराते हैं। अच्छे नहीं हैं।"

"ऐसा नहीं कहते," मां समझाती, "पिताजी भी अच्छे हैं। वह तुम्हें बहुत मानते हैं। उन्होंने तुम्हें मुरलीमनोहर की मूर्ति दी है। वह अच्छे हैं।"

"नहीं, वह अच्छे नहीं हैं, मां अच्छी है।"

"अच्छा भई तेरी मां ही अच्छी है।"

"हां मां अच्छी है।" मीरा अपनी विजय पर ताली बजाती।

"मां?"

"हां।"

"यह मुरली मनोहर कौन है? क्यों तुम इसकी रोज पूजा करती हो?"

"यह भगवान है। कृष्ण-कन्हैया है।"

"भगवान है कि कृष्ण कन्हैया है?" मीरा जिद करती, "एक ही बात बताओ न। यह भगवान शब्द बहुत भारी है।"

"लो भाई वह कृष्ण-कन्हैया ही है।" मां कहती।

"कहां रहता है वह?"

"देखती तो हो हमारे मन्दिर में रहता है, तुम्हारे पास जो मूर्तियां हैं वे भी तो उसी की हैं।"

"और मेड़ता में दादू के मन्दिर में जो रहता है?" इस बीच मीरा कई बार मेड़ता हो आई थी। पर हर बार मां के साथ ही। चाहे राव दूदा हों या पिता रतन सिंह उनके साथ वह नहीं जाती, जब तक मां साथ नहीं होती।

"बोलो न दादू के मन्दिर में वह कौन है?" मां को देर करते देख मीरा पूछ बैठती।

"वह भी कृष्ण कन्हैया ही है।" मां बोलती।

"झूठ है यह।"

"क्यों?"

"कृष्ण कन्हैया कितना है?"

"एक?"

"तो वह इतने स्थानों में कैसे रह सकता है?"

"वह एक साथ, इतने क्या हजारों-लाखों स्थानों में रह सकता है। कहा न वह भगवान है। भगवान एक साथ सभी स्थानों पर रह सकता है।"

"उसका अपना कोई एक स्थान है या नहीं या वह यों ही जहां कहीं रहता चलता है?" मीरा टेढ़ा प्रश्न पूछती।

"है।" मां तंग आकर बोलती।

"कहां?"

"वृन्दावन में।"

"वहां वह हमेशा रहता है?"

"हां।"

"वृन्दावन कहां है?"

"मैंने नहीं देखा।" मां पीछा छुड़ाना चाहती।

"बहुत दूर है?"

"मैंने कहा न मैं नहीं जानती।" मां कुछ खीझती।

"तुम मुझसे प्रेम नहीं करती।" मीरा सहसा बात बदल देती।

"नहीं मेरी लाड़ली बेटी! मैं तुमसे प्रेम करती हूं। खूब करती हूं। यह तुम कैसे कह सकती हो कि मैं तुमसे प्रेम नहीं करती?" मां उसे अपने से सटाती हुई बोलती।

"तुम मुझसे प्रेम करती तो मुझे डांट पिलाती?"

"मैंने तुम्हें कब डांट पिलाई?"

"तुम्हीं ने तो कहा कि तुम्हें नहीं पता कि वृन्दावन कहां है।"

"तो तुम वृन्दावन के बारे में क्यों जानना चाहती हो? तुम्हें वृन्दावन जाना है?"

"हां जाना है।"

"तुम वहां नहीं जा सकतीं।"

"क्यों?"

"मार्ग में एक बड़ी नदी है।"

"क्या नाम है उसका?"

"यमुना।"

"तो क्या उसमें नाव नहीं चलती? दादू के जलाशयों में तो कई नावें हैं, वहां क्या एक भी नाव नहीं है?"

अब मां क्या जवाब दे? वह कुछ सोचकर बोलती है: "तुम्हें मुरलीमनोहर या कृष्ण कन्हैया से प्रेम है अथवा वृन्दावन से?"

"कृष्ण-कन्हैया से।"

"क्यों?"

"इस क्यों का उत्तर मैं क्या दूं? मेरी समझ में नहीं आता।" मीरा मां से और सट आती।

"मैं इसका उत्तर जानती हूं।"

"क्या?"

"तुम्हें कृष्ण-कन्हैया से प्रेम है क्योंकि वह सदा तुम्हारे पास रहता है। है न?"

"नहीं, मुझे मां से प्रेम है।" मीरा अपनी छोटी बांहें मां की कमर में लपेटना चाहती।

"मां से तो है ही। पर कृष्ण-कन्हैया से भी है। मुरलीधर से। ठीक से सोचकर जवाब दो।"

"हां शायद इससे भी है, पर तुमसे ज्यादा है, तुम मेरी मां हो।"

"अच्छा फिर बोलो उससे तुम्हें प्रेम क्यों है।"

"कहा न मैं किसी क्यों का उत्तर नहीं जानती। मैं तो मीरा हूं बच्ची। मां थोड़े हूं? तुम्हीं ने तो बताया कि वह सदा मेरे पास रहता है।"

"मैं इस क्यों का उत्तर और देती हूं।"

"क्या?"

"क्योंकि कृष्ण कन्हैया देखने में अच्छा है। वह मोरपिच्छ लगाता है। इसके होंठों पर बांसुरी है।"

"पर वह बांसुरी बजाता तो नहीं? मां वह बांसुरी बजाए तो कैसा स्वर निकलेगा?"

"मीठा, बहुत मीठा।"

"तुमने सुना है?"

"मैंने तो नहीं सुना पर वृन्दावन की गोपियों ने सुना है।"

"वह यहां क्यों नहीं बजाता है?" मीरा आश्चर्यचकित हो पूछती।

"क्योंकि यहां वह पत्थर की मूर्ति में है।"

"और वहां?"

"वहां वह कभी था हमलोगों की तरह ही।""

"फिर वह क्या हो गया?"

"मर गया।" मां ने उत्तर दिया।

"यह मरना क्या होता है?"

"यह तुम नहीं समझोगी, अब चुप करो सो जाओ।"

"नहीं मां, अब केवल यही बात बता दो मरना क्या होता है? मरने के बाद क्या आदमी पत्थर की मूर्ति बन जाता है इस मुरलीमनोहर की तरह?"

"यही समझ लो।"

"तब तो वह हमारी तुम्हारी तरह कभी नहीं बोलेगा जैसे, यह मुरलीमनोहर नहीं बोलता है।"

"पर यह मुरली मनोहर बोलता भी है। कहा न यह भगवान है मरकर भी अमर है जो इसे प्रेम करता है उससे यह बोलता है। खूब बोलता है।"

"तो मैं इससे प्रेम करूंगी। यह मुझसे बोलेगा?"

"हां। अवश्य बोलेगा।"

"पर वह मर क्यों गया? पत्थर की मूर्ति हो गया? मां तुम तो नहीं मरोगी? तुम मरोगी तो तुम भी पत्थर की मूर्ति हो जाओगी। फिर तुम भी नहीं बोलोगी। यह तो तुम कहती हो भगवान है, प्रेम करनेवाले से बोलेगा। पर तुम तो फिर भी नहीं बोलती। बोलो न मां तुम तो नहीं मरोगी?"

मां सन्न। क्या उत्तर दे?

"बोलो न मां।"

"क्या?"

"कहो न तुम नहीं मरोगी। तुम मुझे अच्छी लगती हो। मैं तुमसे प्रेम करती हूं। तुमसे बातें करती हूं। यह मुरली मनोहर तो मेरी एक बात का भी उत्तर नहीं देता। बोलो न मां, तुम नहीं मरोगी न?"

"ऐसी बातें नहीं करते। अब सो जा।"

मां चुप हो गई। मीरा बहुत सारे प्रश्न मन में लिए देर तक बिछावन पर करवटें बदलती रही। यह मरना क्यों होता है? मर कर आदमी पत्थर की मूर्ति क्यों बन जाता है? क्या मां भी मर जायेगी? वह बताती क्यों नहीं? नहीं बताती तो अवश्य मर जायेगी। फिर मैं किससे बातें करूंगी? मां। मां। उसने अपनी नन्हीं हथेलियों से कई बार मां को झकझोरा। पर मां चुप। शायद सो गई। वह भी सोने का प्रयास करने लगी। पर नींद आये तब तो? एक ही प्रश्न मन को मथ रहा था, मां तो नहीं मरेगी?

चौबीस

मानव-यात्रा का अन्तिम पड़ाव क्या है ? गन्तव्य ? श्मसान। यही न ? कि इसके पश्चात् भी कुछ ? पूर्वजन्म की बात कोई निश्चितपूर्वक नहीं जानता। तब ? तब इस पार्थिव शरीर, इस पंचभूत-निर्मित काया की सारी भाग-दौड़, प्रगति-अगति के सारे गणित जहां आकर रुक जाते हैं वह श्मसान ही तो है। श्मसान, एक शाश्वत पूर्ण विराम। यहां आकर फिर कहीं नहीं जाना। महायात्रा है यह।

पर इसके पूर्व भी मनुष्य कई छोटी यात्राएं करता है। उत्सव रचाता है। महोत्सव मनाता है। विद्या और धन उपार्जित करता है। विवाह रचाता है। बरातें सजाता है। पहले अपनी फिर अपने पुत्रों की, पुत्रियों की, पौत्रों की। क्यों ? जब इन सारे उपक्रमों की एक ही निश्चित परिणति है—मृत्यु, तो यह भाग-दौड़ क्यों ? यह स्वयं को छलना कैसा है सब कुछ जानकर भी ?

क्यों ? क्योंकि मनुष्य सब कुछ जानकर भी जानना नहीं चाहता।

मरणधर्मा होकर भी वह अपने को अमर मानता है। इस महायात्रा पर पहले से ही प्रस्थित वह अपने को भुलाने हेतु असंख्य छोटी यात्राएं करता है। दूल्हनें लाता है। स्वयं मरने वाला होकर भी कुछ अन्य मरने वालों को पैदा करता है। चन्द अजन्मा जीवों के साथ छल करता है। उनके साथ विश्वासघात करता है। वह सब कुछ जानकर भी यह जागतिक प्रपंच रचता है।

मीरा बैठी थी, मां की रोग-शय्या नहीं मरण-शय्या के ऊपर। अभी चन्द महीने पहले ही उसने मां से पूछा था, 'मां तुम तो नहीं मरोगी ?' और मां थी कि आज मर रही थी।

मीरा को इसका पता लग गया था। लोगों की फुसफुसाहट सब कुछ कह गई थी। पिता रतन सिंह और दादू की बातों का मतलब वह समझ गई थी। अब वह निरी बच्ची नहीं थी। मां मर रही थी, इतना तो वह समझ गई थी पर दासी अर्पणा की बात वह साफ-साफ नहीं समझ सकी थी।

"तुम्हारा एक भाई अथवा बहन आने वाली थी। अब वह नहीं आयेगी। पेट के अन्दर ही मर गई। इसलिए तुम्हारी मां भी अब मरेगी।"

मीरा मां के सिरहाने बैठी थी। आंख से आंसुओं की धारा गालों पर अनवरत पतली लकीरें बना रही थी।

मां धीरे-धीरे कराह रही थी। वह पूरे होश में भी नहीं थी। उसका मुख विवर्ण हो गया था रक्त-शून्य। पहले मां का चेहरा ऐसा नहीं हुआ करता था। मीरा को विश्वास हो गया था, मां मर रही है। वह महायात्रा के अन्तिम छोर पर थी। उसकी यात्रा अब शेष होने वाली थी। उधर द्वार के पार गाजे-बाजे के साथ एक और यात्रा जा रही थी। मीरा अपने को रोक नहीं सकी। वह दौड़कर गली में आ गई। गाजे-बाजे के साथ कई लोग थे। सभी चल रहे थे। यात्रा पर थे। बीच में एक व्यक्ति घोड़ी पर बैठा था। सबसे भिन्न था उसका परिधान। झालर लटक रहे थे। उसके सिर से लेकर गर्दन तक। उसके सारे वस्त्र रंगीन थे—लाल।

मीरा दौड़ी-दौड़ी मां के पास लौटी। मां बाहर की आवाज पर कुछ देर को पूरी तरह होश में आ गई थी। पर उसका दर्द शायद अधिक बढ़ गया था और

वह जोर-जोर से कराहने लगी थी।

"मां। मां।" मीरा की आंखों की अश्रुधाराएं और मोटी हो गईं, "मां तुम मर रही हो। मैंने तुमसे कहा था तुम नहीं मरना। पर तुम नहीं मानीं। अब मैं किसके साथ बातें करूंगी, किससे प्रेम करूंगी?"

"मीरा!" मां ने पतली आवाज में मीरा को संबोधित किया और अपनी पतली अंगुलियों में उसकी कलाई थाम ली।

"मां।" मीरा सिसकियों में बोली।

"तुम बाहर गई थीं न? वहां दूल्हे को देखा घोड़े पर बैठा हुआ?" मां कठिनाई से रुक-रुककर बोली। मीरा ने अपने कन्धे के नीचे दबे मुरलीमनोहर की मूर्ति को ठीक से व्यवस्थित किया।

"हां मां मैंने देखा। घोड़े पर एक आदमी को देखा। वही दूल्हा है?"

"हां।"

"कहां जा रहा है?"

"तुम्हारी तरह एक दूल्हन लाने।" मां जोर लगाकर सुनाई पड़ने लायक शब्दों में बोली।

"मां मेरी तरह दूल्हन लाने जा रहा है तो मेरा दूल्हा कहां है?"

"तुम्हारा···तुम्हारा···दू···दू दूल्हा है। तुम अब···उ···सी···से बा···तें··· कर···ना। उसी···से प्रे···म कर···ना। मैं तो···अब···अब चली।" मां की आवाज टूट रही थी।

"पर कहां है मेरा दूल्हा? कहां है मां।"

"यह···रहा···तु···म्हारा दूल्हा···।" मां ने कहकर मीरा की गोद में पड़े मुरलीधर पर अपना हाथ रख दिया। उसी क्षण उसके प्राण भी अनन्त पथ के पथिक हो गए।

मीरा का ध्यान उधर नहीं गया। 'मेरा दूल्हा, मेरा राजा दूल्हा' कहते हुए वह देर तक मुरलीधर की इस मूर्ति को लेकर नाचती-गाती और उसे सहलाती रही।

दासी अर्पणा जो निरन्तर बिछावन के पास खड़ी थी, ने महारानी की फटी आंखों को देखा और वह रोती-चीखती, रतन सिंह को सूचना देने चली गई।

'मेरा दूल्हा, मेरा दूल्हा' कहती मीरा अब भी नाच रही थी।

"तुम इधर चलो। अपने दूल्हे को मुरलीधर के मन्दिर में बैठाकर इसका श्रृंगार करो। देखो इसके मोर-पिच्छ निकल गए हैं।" अर्पणा महाराज को शय्या के पास छोड़ मीरा को लेकर बाहर निकल गई।

"अर्पणा, मां को क्या हुआ?" मीरा ने प्रांगण में निकलते ही पूछा, "वह मर गई?"

"कुछ नहीं हुआ। तुम अपने राजा दूल्हा के साथ यहीं खेलो।" दासी, मीरा को मन्दिर के पास छोड़ महारानी के कक्ष की ओर भागी।

"मां अवश्य मर गई," मीरा ने मन-ही-मन कहा और हाथ के मुरलीधर पर सिर रोप बोल पड़ी, "मेरा दूल्हा! अब मैं तुम्हीं से बातें करूंगी, तुम्हीं से प्रेम—।"

पच्चीस

कोई कली असमय ही वृन्त से तोड़ ली जाती है। कोई फूल खिलने के पूर्व ही मुरझा जाता है। कोई स्रोतस्विनी सागर-संगम के पूर्व ही मार्ग की रेत में सूख जाती है। कोई लहर जगने के पहले ही मिट जाती है। यही है जागतिक व्यापार। निरीह मनुष्य उसे देखने, सुनने, भोगने को अभिशप्त है।

मृत्यु कुछ नहीं शरीर का परिवर्तन है। वस्त्र परिवर्तन-मात्र है, काया-परिवर्तन। आत्मा अमर है, शरीर चाहे जो मरण-धर्मा हो। आत्मा को न शस्त्र काट सकते हैं, न अग्नि जला सकती है, न पानी गला सकता है, न वायु ही सुखा सकती है। ये सब दर्शन की बातें हैं। कहने-सुनने की। जब अपने पर आता है तो सारा दर्शन नि:शेष हो जाता है। स्वजन का निधन आत्मा की अमरता और शरीर की नश्वरता के बार-बार उद्घोषित कथन पर पानी फेरते हुए आंखों से जल-धार निस्सृत कराने लगता है।

यही हुआ राव दूदा के साथ। बधू के असामयिक काल-कवलित होने की सूचना ने उनके वृद्ध हृदय को प्राय: भंग ही कर दिया।

वे किसी तरह मेड़ता से कुड़की पहुंचे। रतन सिंह पत्नी के शरीर पर पछाड़ें खा-खा रो रहे थे। अर्पणा किसी तरह मीरा को उधर, मुरली-मनोहर के मन्दिर में फुसला कर रखी हुई थी।

"मुरलीधर तुम्हीं मेरे दूल्हा हो, मुझसे बातें करो ना। मेरी मां तो मर गई···।" मीरा की आंखों में पानी नहीं था पर उसकी इन बातों में निहित दर्द का पारावार भी साधारण नहीं था। अर्पणा किसी तरह उसे झेल रही थी। वह मुरलीमनोहर के नए-नए परिधान लाती और मीरा से कहती—"तुम्हारे दूल्हा का वस्त्र गंदा हो गया, परिवर्तित कर दो।" मीरा वस्त्र-परिवर्तन में लग जाती। "लो यह मोर-पिच्छ भी खोंस दो," अर्पणा प्रांगण से कोई मोर-पिच्छ उठा लाती।

उधर पिता को देखते ही रतन सिंह के धैर्य का बांध पूरी तरह टूट गया।

"दादू, मैं तो कहीं का नहीं रहा। मेरी कच्ची गृहस्थी बर्बाद हो गई। मेरे सौभाग्य-सूर्य को ग्रहण लग गया। मेरी तीन वर्ष की बेटी अनाथ हो गई। मेरी कृष्णोपासिका पत्नी को कृष्ण ने अकाल ही काल के गाल में डाल लिया।"

"ऐसा नहीं कहते रतन! श्रीकृष्ण जो करता है, ठीक ही करता है। उसकी लीला का पार पाना मुश्किल है। चलो, पत्नी के आवश्यक संस्कार करो। यह समय रोने का नहीं, हृदय को दृढ़ करने का है।"

मृतका के आवश्यक संस्कार सम्पन्न हुए। आंखों में अश्रु भरे रतन सिंह ने पत्नी को मुखाग्नि दी। चिता धू-धू कर जल उठी। दो घंटों के अन्दर जो एक चलती-फिरती मानव-मूर्ति थी वह मुट्ठी भर राख रह गई।

बारह दिनों तक सूतक चला जिसके अन्त में ब्राह्मण-भोज दिया गया। आस-पास के भिक्षुकों, याचकों का भी पेट भरा गया। जागीर के लोगों को दूसरे दिन सुबह से देर रात गए तक खाना खिलाया जाता रहा।

संस्कार की पूर्णाहुति के पश्चात् राव दूदा मेड़ता लौटने को हुए तो रतन सिंह फफक कर रो पड़े।

राव दूदा ने अपनी आंखों के पानी को किसी तरह रोका और कहा, "रतन मेरी एक बात मानोगे ?"

रतन सिंह कुछ बोले नहीं। अपनी प्रश्न-भरी अश्रुपूरित आंखों को उठाया।

"मेरी मानो तो तुम दूसरा विवाह कर लो। अभी तुम्हारी उम्र ही क्या हुई ? यही—तीस-बत्तीस। उधर मीरा को भी मां की आवश्यकता है…।"

"दादू !" रतन सिंह ने पिता को बात पूर्ण नहीं करने दी, "आप यह कह क्या रहे हैं ? उस देवी के पश्चात् अब इस घर में किसी और को लाऊंगा ? किस तरह कृष्णमयी हो गई थी वह ? जब उसी का जीवित रहना आपके कृष्ण को रास नहीं आया तो अब किसको लाना है ? अफसोस यही है कि आपका और मेरा सपना अधूरा ही रह गया।"

"कौन-सा सपना ?" राव दूदा ने सचिन्त पूछा।

"वही मीरा को एक विशेष संस्कार देने की बात।"

"क्यों तुम तो पूरी तरह संस्कारित हो—श्रीकृष्ण-भक्ति को समर्पित। तुम उसे पूरा समय दे सको तो…।"

"नहीं दादू," रतन सिंह ने आंखें पोंछते हुए आरम्भ किया "मुझ में अब वह शक्ति न रही, न वह धैर्य ही शेष रहा। मैं अब क्षत्रियोचित कार्यों में अधिक समय लगाऊंगा। भाई वीरम को युद्ध के मोर्चों पर अकेले जाना पड़ता है। अब मेरा साथ भी उनको सुलभ होगा। मेरी मानो तो मीरा को तुम अपने साथ ले जाओ। तुम्हारे संस्कार, तुम्हारी साधना तो हम लोगों के लिए सपने ही रहेंगे। तुम्हारी ममता की छाया उसे मिले तो तुम्हारा मनचाहा हो जाएगा।"

राव दूदा को अयाचित वरदान ही मिल गया। वे चाहते भी थे कि तीन-चार वर्ष के होते ही मीरा का भार वे अपने ऊपर ले लें। नियति ने आखिर बड़े ही क्रूर रूप में यह इच्छा पूर्ण कर दी ही। राव दूदा के मन ने तर्क किया, श्रीकृष्ण ने जो किया सचमुच ही ठीक किया। किसी के निर्माण के लिए किसी का बलिदान आवश्यक है। कंगूरे की एक ईंट को चमकाने के लिए कई ईंटों को नींव के अन्धकार में विलीन होना पड़ता है।

मीरा की मां जीवित रहती तो शायद मीरा को अभी से उनके हाथों सौंपने के पूर्व कई बार सोचती। मीरा को कुछ भी मिलता, मिलता तो एक अपरिपक्व संस्कार ही। ईश्वर ने जिस लक्ष्य को ध्यान में रख उन्हें मृत्यु-मुख से निकाला, शायद उसी लक्ष्य को ध्यानगत रखते हुए उसने मीरा की मां को मृत्यु-मुख में डाल दिया। ठीक ही उनपर बड़ा दायित्व आ गया है पर इस दायित्व से वे मुख मोड़ें ऐसा हो नहीं सकता।

"मुझे स्वीकार है रतन ! तुम पर मैं एक पिता और माता दोनों का बाझ नहीं डाल सकता। तुम्हारी मनःस्थिति भी ऐसी नहीं है। तुम प्रसन्नता-पूर्वक वीरोचित कार्यों में लगो। युद्धों में अपने भाई का हाथ बंटाओ। मैं मीरा को अपने साथ लेता जाता हूं। ईश्वर ने मुझे पर्याप्त उम्र दी तो मैं अपने और तुम्हारे सपनों को पूरा कर लूंगा।"

और मीरा आ गई मेड़ता। पर साथ में अपने मुरलीमनोहर और उनके सामान को भी काठ की एक पेटी में लाना नहीं भूली।

छब्बीस

मनुष्य का सबसे बड़ा दुःख क्या है ? उसका प्रबलतम शत्रु ? जिससे वह सृष्टि के आरम्भ से लड़ता रहा है, अन्त तक लड़ता रहेगा पर जिसे पराजित वह न अब तक कर पाया है न आगे कर पाएगा ? क्या है वह ? बहुत साधारण-सा उत्तर है। मृत्यु। अपने और स्वजनों की मृत्यु। अपनी मृत्यु तो कुछ क्षणों कुछ दिनों के लिए ही दुःखदाई होती है जब तक वह आकर चली नहीं जाती। फिर उसके साथ हो लेने के पश्चात् कैसा दुःख कहां का शोक ?

स्वजनों की मृत्यु बाद में ही अधिक सालती है। आरम्भिक दौर को तो मनुष्य किसी तरह झेल लेता है पर जैसे-जैसे समय बीतता है, किसी मांसपेशी में अड़े-पड़े कांटे की तरह ही मृत्यु-दंश कुछ दिनों के लिए असह्य से असह्यतर होता जाता है। घाव नासूर बन जाता है।

मीरा के साथ भी वही हुआ। मेड़ता तो वह आ गई। उसके गिरधर गोपाल भी आ गए पर साथ में आया मां की असमय मृत्यु का दारुण दंश।

राव दूदा उसे साए की तरह साथ लगाए रहते। उसके मन को बांटने का हर प्रयास करते। उसे जलाशय-तीर ले जाते। स्फटिक-से स्वच्छ जल में झिलमिलाते तारकावलियों को दिखाते। ज्योत्सना-पूर्ण रात्रि होती तो आकाश के चांद के जल में पड़ते प्रतिबिम्ब को दिखाते पर मीरा के मन को प्रकृति का कोई अवदान-उपादान बांध नहीं पाता। न मेड़ता के छोटे-मोटे पर्वत, न रेत के ऊंचे-नीचे ढूह, न तारतम्य-हीन बबूल बन, न पनस वृक्षों के लम्बे डोलते पत्ते, न सुन्दर मरुद्यान, न उनमें उगी हरित-श्वेत दूर्वा।

निरन्तर वह एक ही रट लगाए रहती—"दादू मां क्यों मर गई ? मैंने तो उसे कितना कहा था—मां मरना नहीं। फिर भी वह हमें छोड़कर कहां, किस लोक को चली गई ? क्या वह वहां से वापस नहीं लौट सकती ? मैं उसके बिना कैसे रह सकती हूं ? मुझसे कौन बातें करेगा ? हाथ में पड़ा यह मुरलीधर तो कुछ बोलता ही नहीं।"

"बोलेगा बेटी !" दूदा कहते।

"कब बोलेगा ? यह तो पत्थर की मूर्ति है। मां कहती थी मूर्तियां नहीं बोला करतीं।"

दूदा चुप। क्या प्रत्युत्तर देते ?

"दादू !"

"बेटी !" राव दूदा की आंखें छलछला आतीं।

"जानते हैं मां ने मरते समय क्या कहा था ?"

"क्या ?"

"कहा था कि यह मेरा दूल्हा है। दूल्हा क्या होता है दादू ? मीरा हाथ में पड़े मुरली मनोहर की मूर्ति की ओर इंगित कर बोलती।

दूदा इस छोटी बच्ची को क्या बताते कि दूल्हा क्या होता है। वह बातें बनाने का प्रयास करते—"एक दिन यह दूल्हा तुमसे बोलेगा। तुमसे प्रेम करेगा। अच्छी-अच्छी बातें करेगा।"

"कब ?"

"जब तुम थोड़ी बड़ी हो जाओगी ।"

"ठीक, मां की तरह बातें करेगा ?"

"नहीं सपने में बातें करेगा ।"

"यह सपना क्या होता है दादू !"

दूदा फिर मौन। अब वह इस तीन वर्ष की बच्ची को क्या बताएं कि सपना क्या होता है !

"तुम बाद में सब समझ जाओगी।" दूदा कहकर टाल देते पर इतना नहीं समझते कि किशोरावस्था में पड़ा संस्कार यदि पक्का होता है तो किशोरावस्था में मिला दारुण दु:ख भी किशोर मन पर अमिट छाप छोड़ जाता है।

उन्होंने मीरा को किशोरावस्था से कृष्णार्पिता करना चाहा था पर उसकी मां के इस अप्रत्याशित निधन ने उनकी आशाओं की बल्लरी को किसी मरु लता की तरह ही झुलसा कर छोड़ दिया। मीरा को भक्ति देनी थी, कृष्ण-प्रेम देना था, मिल गया उसे माता की मृत्यु का दारुण, असह्य और एक तरह से शाश्वत दर्द।

ठीक, किशोर मन कच्चा घट होता है। उस पर कोई चित्रकारी कर दो तो वह अमिट हो आता है। उसी तरह इस कच्चे घड़े पर पड़ा कोई अनचाहा चिह्न भी तो समय के साथ पक्का हो आता है ?

मुरलीमनोहर का प्रेम तो राव दूदा उसके अन्तर में रोप देंगे पर मां की मृत्यु के दर्द को वह उसके मन से कभी निकाल भी पाएंगे क्या ? शायद कभी नहीं। मीरा किशोरावस्था में ही मिले इस दर्द को आजीवन भोगने के लिए अभिशप्त है कि नहीं ? यहां राव दूदा कोई सहायता कर पाएंगे ?

पर एक काम वह अवश्य कर सकते हैं, राव दूदा ने गम्भीरतापूर्वक सोचा। इसी दर्द के आधार पर वह मीरा के कृष्ण-प्रेम को और पक्का कर सकते हैं। उसके दर्द को विश्व-करुणा में परिवर्तित कर सकते हैं। गीली मिट्टी पर कोई भी बिरवा शीघ्र जड़ पकड़ता है। दर्द से गीला हो आए मीरा के हृदय में वह कृष्ण-प्रेम के बिरवे को अधिक आसानी से प्रस्थापित-पल्लवित कर सकते हैं। दर्द तो अन्तर की गहराइयों में बना ही रहेगा। वह मीरा के कृष्ण-प्रेम को अन्तर्सलिला की तरह सींचता रहेगा। आवश्यकता केवल इतनी है कि मातृ-प्रेम की समाधि पर कृष्ण-प्रेम की अट्टालिका खड़ी कर दी जाय।

राव दूदा ने मन-ही-मन पथ निर्धारित कर लिया।

अब मीरा सदा उनके साथ ही डोलेगी। वह महल के चतुर्भुज भगवान की पूजा में रहेंगे तो वह भी वहीं रहेगी। वह उन्हें फूल-पत्ते थमाएगी। आरती का आनन्द लेगी। पैरों में घुंघरू बांध मुरलीमनोहर के समक्ष ठुमक-ठुमक नाचेगी। बाद में वह पूजा का पूर्ण भार भी स्वयं सम्हाल लेगी। तब आरती, कीर्तन-भजन भाव में लीन वह मातृ-प्रेम को कृष्ण-प्रेम में परिवर्तित कर देगी। जैसी उसकी प्रतिभा है, हो सकता है चार-पांच वर्षों के होते-न-होते वह स्वयं कृष्ण-प्रेम के पद रचने लगे। अपने ही रचे पदों को गाते-गाते वह नृत्य मगन हो जाएगी तो कहीं अन्तर में पड़ा मातृ-वियोग सिर भी उठा पाएगा क्या ? तब उनकी चिर अभिलाषा भी पूर्ण नहीं हो जाएगी ? अपनी ही एक सन्तान को भगवद्भक्ति और मानवीय

करुणा को समर्पित करने की उनकी आकांक्षा ? हां, मीरा को ही कृष्णार्पिता करने की ? यही तो उनकी योजना थी। इसी पर तो रतन से उनका समझौता हुआ था। रतन सिंह की प्रथम सन्तान को कृष्णार्पिता होना था।

प्रकृति ने यह संयोग ला दिया तो वे इसका स्वागत क्यों नहीं करते हैं ? मीरा की मां नहीं रही तो नहीं रही। इस घटना को उन्हें एक दुःस्वप्न की तरह भूल जाना है। मीरा को कृष्ण ने उनकी इच्छा के अनुरूप ही उन्हीं के हाथों में सौंप दिया है। अब वह चाहें तो उसे मनमाना आकार दे दें अथवा चाहें तो उसे मातृ-वियोग में तड़पती छोड़कर उसे मात्र एक विक्षिप्ता बनने को छोड़ दें।

सत्ताईस

कहते हैं ईश्वर निराकार है। भक्तों के प्रेमवश वह आकार ग्रहण कर लेता है। पौराणिक मिथकों का सहारा लें तो ये आकार भी बड़े विचित्र होते हैं। कभी वह मीन बनता है तो कभी कच्छप, कभी नरसिंह तो कभी वामन। पूर्ण मनुष्य भी बनता है तो रंग-रूप का कोई ठिकाना नहीं—कभी जटाजूटधारी, वनचारी, धनुर्धारी राम बन आता है तो कभी मोरपिच्छधारी, सुघर-सलौना श्रीकृष्ण।

भक्तों ने भी अपने ध्यान में उसके कई रूप देखे हैं। कभी वह दो भुजाओं वाला होता है तो कभी चतुर्भुज—शंख, चक्र, पद्म और गदा को धारण किए तो कभी बन आता है अनन्त भुजाओं वाला भी।

संयोग से मेड़ता के मन्दिर की मूर्ति भी चतुर्भुज ही थी। कृष्ण का ही विग्रह था यह। राव दूदा के चतुर्भुज कृष्ण ही इष्ट थे। वह पूर्ण मनोयोग से इसी मूर्ति की उपासना में रत रहते थे।

मातृहीना मीरा सचमुच उनकी उपासना में पर्याप्त सहायता देने लगी। राव दूदा जब स्नान आदि से निवृत्त हो मन्दिर में जा बैठते तो मीरा भी स्नान सम्पन्न कर अपनी पीली चुनरी, चोली और घाघरे में अपने दादू के पार्श्व में आ बिराजती। कुड़की से दासी अर्पणा साथ ही आई थी। वही मीरा की सभी आवश्यकताओं का ध्यान रखती। दिन में तीन-चार बार मीरा के वस्त्र भी अवश्य बदले जाते। उसे स्नान आदि करा स्वच्छ परिधान पहनाकर दोनों संध्या, पूजाकाल में राव दूदा के पास चतुर्भुज मन्दिर में भेजना भी उसी का कार्य था।

मीरा राव दूदा को पूजा के समय कभी अर्घ्य-पाद्य के बर्तन पकड़ा देती तो कभी चन्दन-अक्षत की कटोरी। कभी वह रक्त और श्वेत कमलों के पुष्प उनके हाथों में भगवान चतुर्भुज के शृंगार के लिए देती तो कभी बाल-भोग का नन्हा थाल।

राव दूदा प्रसन्न थे कि मीरा इस प्रकार धीरे-धीरे मां के वियोग को तो भूलती ही जा रही थी, श्रीकृष्ण चन्द्र के और समीप भी आती जा रही थी। अपनी महत्वाकांक्षा की पूर्ति होते देख उनका मन हर्ष से पूर्णिमा के सागर की तरह फूलता जा रहा था।

एक कमी थी जो राव दूदा को साहिल के कांटे की तरह चुभती रहती थी। वह थी मीरा की अशिक्षा, कह लीजिए एक तरह से निरक्षरता ही। क्षत्रियों के इस वंश में स्त्री-शिक्षा स्वप्न की ही बात थी—सिलाई, कढ़ाई सीख ली, दास-दासियों पर नियन्त्रण करना आ गया, वही उनकी पर्याप्त शिक्षा समझी जाती थी। अक्षर-ज्ञान और पुस्तकीय विद्या की आवश्यकता से क्षत्राणियों को क्या लेना-देना था?

पर राव दूदा को मीरा को पढ़ाना था। अक्षर-ज्ञान ही नहीं देना था उसे प्रकाण्ड पण्डिता बनाना था। ऐसा कि, जैसा कि उनका सपना था चतुर्भुज मन्दिर में भजन के पद भी वह रच सके। साथ ही उसे संगीत की भी शिक्षा देनी थी। राग-रागिनियों की। वाद्य-यन्त्रों—इकतारा, मृदंग, करताल आदि के वादन की भी।

पर यह शिक्षा कहां सुलभ हो! मेड़ता तो मेड़ता पूरे राजपूताने में बालिकाओं की कोई शिक्षण-संस्था थी? अन्धकार-युग था यह नारियों के लिए। मृत पति के साथ चिता-आरोहण की शिक्षा घुट्टी में ही पिलाई जाती थी। उस पर एक पति को एक पत्नी हो तब तो? विलासिता में आकण्ठ लवलीन राजपुत्र-सरदार तलवार उठाता तो अक्सर मुगलों की तलवार के घाट ही उतरता और उस कायर और निर्वीर्य के कृत्यों के प्रायश्चित स्वरूप उसके साथ एक नहीं, दो नहीं, दर्जनों देवियों—कुल बधुओं को लपलपाती अग्नि जिह्वा को अपने को समर्पित करना पड़ता था। ऐसे नहीं जातीं जौहर को तो भांग-धतूरे के नशे में भेड़-बकरियों के रेवड़ की तरह हांक दी जातीं पति की अर्थी के पीछे। पर्याप्त लम्बी-चौड़ी निर्मित चन्दन-चिता पर उन्हें बलात् बिठा दिया जाता और घृत और नानाविध ज्वलनशील पदार्थों से तत्काल उन्हें स्नान करा किसी कोने से कोई शरारती क्षत्रिय-कुल-कुलावतंश चिता को अग्नि का स्पर्श दे देता और अग्नि की लपलपाती जिह्वा बात की बात में तथा-कथित देवियों को धर दबोचती और हल्ला होता कि सतियों के प्रताप से उनके तन से स्वयं अग्नि-देव प्रकट हो उन्हें धन्य कर गए। स्वर्ग के अनगिनत स्वर्ण-सिंहासन उनके स्वागत में रिक्त पड़े रहते।

इधर चीख-पुकार उठती। गत-प्राणा होतीं राज-रानियों का नशा क्षणमात्र में काफूर हो जाता। वे चीखतीं-चिल्लातीं, बिलबिलातीं पर सती माता के 'जयघोष' और ढोल, करताल और मृदंग तथा बेदर्दी से पिटते नगाड़ों से निकलते स्वर के नीचे उनका स्वर दब-पिस जाता।

यह सब अशिक्षा का ही परिणाम था, राव दूदा खूब समझते थे, अतः वे मीरा को शिक्षित करने को कटिबद्ध हो आए थे।

पर शिक्षक?

शिक्षण-संस्थाएं नहीं थीं उस इलाके में पर योग्य शिक्षक भी कहां थे जो शास्त्रीय ज्ञान के साथ-साथ संगीत और काव्य की भी भंगिमाओं से अपने शिष्य-शिष्याओं को परिचित करा पाते?

राव दूदा को चिन्ता थी जयमल की भी। उनके बड़े पुत्र वीरम के पुत्र मीरा के अपने चचेरे भाई जयमल की। वह जान गये थे। वह मन्द-बुद्धि था और पढ़ाई-लिखाई से अधिक उसका मन क्रीड़ा-कौतुक में ही अधिक जमता था।

मीरा से वह अक्सर गुल्ली-डण्डे और चौपड़ खेलने का आग्रह करता। निरीह था बेचारा। खेल के लिए कोई साथी चाहिए था। पर मीरा का कहां इन सांसारिक खेलों में मन लगता था? वह अक्सर बड़ी विनम्रता से कह बैठती—"मुझे अवकाश नहीं है जयमल भैया?"

"क्यों?"

"देखते नहीं, मेरे हाथ में पड़े इस गिरधारी को? यह कब अवकाश देता है मुझे? बात की बात में यह धूल में सन जाता है। फिर इसे स्नान कराओ, कपड़े बदलो, केश-राशि को ठीक करो। खो गए मोर-पिच्छ के स्थान पर नए नूतन मोर-पिच्छ लगाओ। ललाट को चन्दन-चर्चित करो। आंखों में काजल डालो। जो समय बचता है उसे बाबा के साथ त्रिकाल-संध्या भगवान चतुर्भुज के मन्दिर में बिताओ। आखिर मेरे हाथ में पड़े मुरलीमनोहर और दादू के मन्दिर में स्थापित उस चतुर्भुज स्वरूप में तो कोई अन्तर है नहीं? एक दो हाथों वाला है तो दूसरा चार हाथों वाला। यही न? हैं तो दोनों मुरलीधर गिरधारी ही? उनकी सेवा की उपेक्षा मैं कैसे कर सकती हूं।"

"तुम तो इसी उम्र में पूरी साध्वी बन आईं मीरा!" जयमल कहता।

"अब साध्वी या जो कहो, मुझ मातृहीना का तो अब मात्र गिरधर ही एक सहारा है।"

"कौन होता है यह पत्थर का मूरत जिस पर तुम इस तरह अपने प्राण लुटाती हो?" जयमल मीरा की गोद में पड़े मुरलीधर की ओर इंगित कर पूछता।

"तुम्हें नहीं मालूम?" वह किंचित् आश्चर्य से पूछती।

"नहीं तो।" जयमल मूर्खों की तरह बोलता।

"यह मेरा दूल्हा है, दूल्हा। मां कह गई है, यही है मेरा दूल्हा। अब मां के अन्तिम वचन को कैसे मिथ्या मानूं।"

"दूल्हा है? दूल्हा का अर्थ भी जानती है?" जयमल उससे बड़ा था। उसकी तरह तीक्ष्ण बुद्धि तो नहीं था पर सांसारिकता में उससे आगे था। "दूल्हा उसे कहते हैं जिससे लड़की का विवाह होता है। तुम करोगी इस पत्थर की मूरत से ब्याह?" जयमल खीसें निपोर कर बोलता।

"करूंगी क्या? मैं तो कर चुकी हूं। मां बोली और मेरा विवाह सम्पन्न हो गया।" मीरा दृढ़ता से बोली।

"हूं। पत्थर की मूरत कहीं दूल्हा बने? करेगा यह दूल्हे का कोई काम? सुख-दुःख में हाथ बटाएगा तुम्हारे? बातें करेगा तुमसे?"

"अब सुख की कामना ही किसे है जयमल भैया? मां की मृत्यु के अंगारे को अपने आंचल में असमय ही समेटने वाली कुलक्षणा सुख की कामना करे? रह गई बात मुझसे बोलने की तो दादू कहते हैं वह मुझसे बोलेगा भी। यों नहीं बोला तो सपने में बोलेगा।"

"हूंह! राव दूदा पागल हैं। स्वयं सब कुछ छोड़कर चतुर्भुज मन्दिर में बैठे रहते हैं। अपने साथ तुम्हारा जीवन भी समाप्त करेंगे। वे तो वृद्ध हुए, आम का पका फल। आज नहीं कल चू पड़ेंगे। तुम तो राजघराने में पैदा हुई हो? राजरानी बनना है तुम्हें। तुम किस चक्कर में पड़ गयीं?" जयमल पूरा एक भाषण ही दे देता।

"अब पड़ गई तो पड़ गई। मेरा तो राजा यही, रानी यही। मुझे कहां राज-रानी बनना है—

मीरा गिरधर हाथ बिकानी।
होना होय सो होय ॥"

"अरे तुम तो पद भी बनाने लगीं।" जयमल आश्चर्यचकित होकर बोलता।

"अभी कहां बन्यो पद जयमल। अभी तो बस यों ही मुख से निकल गयो। कभी बनाऊंगी पद भी जरा पैठने तो देय गिरधारी को मेरे अन्दर।"

अठाईस

निरस्त पादपे देशे एरडोअपि द्रुमायते—जहां वृक्षों का अभाव हो वहां एरअंड (रेंड़) भी वृक्ष बन आता है। यह कहावत यों ही नहीं है। हर अभाव की पूर्ति व्यक्ति किसी न किसी प्रकार करने का प्रयास करता ही है, भले ही जिस वस्तु, व्यक्ति से उस अभाव की पूर्ति की जाए वह नितान्त अवांछनीय ही क्यों न हो।

राव दूदा को मीरा और अपने पोते जयमल के लिए शिक्षक की आवश्यकता थी। शिक्षक भी ऐसा जो एक ही साथ कई विद्याओं और कलाओं में निष्णात हो। राव दूदा अपनी ओर से पर्याप्त प्रयास कर थक गए किन्तु हर प्रयास के पश्चात् उनकी दृष्टि ठीक उसी प्रकार एक ही व्यक्ति पर पड़ती जैसे सागर के असीम विस्तार को मापने के लिए उड़ा काक-पक्षी बार-बार उसी पोत पर वापस लौटता है जिससे वह अपनी इस दुःसाहसपूर्ण यात्रा पर प्रस्थान करता है—जैसे उड़ि जहाज का पंछी पुनि जहाज पर आवै।

और यह व्यक्ति कोई और नहीं स्वयं राजपुरोहित जी थे।

विवश दूदा ने राजपुरोहित को आमंत्रित किया।

"आप तो कई विद्याओं में पारंगत हैं पंडित जी! भले ही मात्र पौरोहित्य से आप अपनी आजीविका चलाते हों पर आपके पांडित्य से कौन अनभिज्ञ है!" राजपुरोहित को उचित आसन प्रदान कर राव दूदा ने उनकी चाटुकारिता में ये बातें कहीं।

"इसमें क्या संदेह?" पंडितजी अपनी मिथ्या प्रशंसा के मद में मदहोश हो किसी मद्यप की मुद्रा में ही आरम्भ हुए, "व्याकरण, न्याय संहिता के अलावा चारों वेदों विशेष कर यजुर्वेद और सामवेद पर मेरे अधिकार की बात किसको ज्ञात नहीं!"

"हां रस-शास्त्र के भी आप पर्याप्त मर्मज्ञ हैं।" राव दूदा ने चुटकी ली। अभी उन्हें कुड़की की वह रात नहीं भूली थी जिससे पैर पटकते वे इसलिए बाहर हो गए थे कि नृत्यांगना ने उनके मन की चीज नहीं गाई थी।

"यह भी सत्य ही कहा श्रीमान् ने," जैसे सिमटते आ रहे जाल से सर्वथा अनभिज्ञ कपोत-वर्ग अपनी निश्चिन्तता में दाना चुगने में लीन रहता है उसी तरह पंडित रामदास, राव दूदा की अतिशयोक्ति से पूर्णतया अनभिज्ञ अपनी विशेषताओं

और उपलब्धियों की प्रशंसा के पुल पर पुल बांधे जा रहे थे, "मैंने संस्कृत साहित्य की अमूल्य निधि 'रस गंगाधार' का सांगोपांग अध्ययन किया है। करुण-रस, शृंगार-रस, भक्ति-रस, हास्य-रस, बीभत्स-रस, रौद्र-रस किससे मेरा परिचय नहीं?"

"किन्तु शृंगार-रस पर आपका कुछ अधिक ही अधिकार प्रतीत होता है।" कहकर राव दूदा होंठों-होंठों में ही मुसकराए पर आत्मप्रशंसा में लीन राजपुरोहित की आंखों को राव दूदा की मुसकान की भंगिमा का अनुमान ठीक उसी प्रकार नहीं लग सका जैसे सामने की आक्रामक मुद्रा में अड़े शार्दूल की बलखाती, ऐंठती-गिरती पूंछ की मुद्रा का अनुमान उस विशाल गजराज को नहीं लग पाता है जो अपने सूंड़ से धरती से धूल खींच-खींच संभावित खतरे से सर्वथा उदासीन, अपने विशाल तन को रज-स्नात करने में व्यस्त रहता है।

"ठीक कहा महाराज ने," राजपुरोहित अपनी रौ में बोलते गए, 'शृंगार-रस पर तो मेरा एकाधिकार है। सुनिए मैथिल कोकिल विद्यापति की यह शृंगार-योजना। आज के कुछेक सौ वर्ष पूर्व ही कवि सम्राट विद्यापति का स्वर्गारोहण हुआ पर पूर्वोत्तर प्रदेश के उस द्वारबंग (सम्प्रति दरभंगा) के राजदरबार में आज भी उनके नाम की तूती बोलती है," और उसके पूर्व कि राव दूदा उन्हें अपने शृंगार-प्रेम के प्रदर्शन से रोक सकें, राजपुरोहित शुरू हो गए—

"माधव कि कहब सुन्दर रूपे।
कतेक जतन विहि आनि समारल देखलि नयन स्वरूपे॥
पल्लवराज चरण युग शोभित गति गजराजक माने।
कनक केदलि पर सिंह समारल तापर मेरू समाने॥
मेरू उपर दुई कमल फुलायल नाल विना रूचि पाई।
मणिमय हार धार बहु सुरसरि तंइ नहिं कमल सुखाई॥
अधर बिम्ब सन दशन दाड़िम बिजु रवि शशि उगथिक पोसे।
राहु दूर बस नियरी न आवथि तंइ नहिं करथि गरासे॥
सारंग नयन वचन पुनि सारंग, सारंग तनु समधाने।
सारंग ऊपर दश सारंग केलि करथि मधुपाने॥
भनहु विद्यापति सुनु वर जोवति एहन जगत नहिं आने।
राजा शिवसिंह रूप नारायन लाखिया देइ पति भाने॥"

"राजपुरोहित जी यह तो अति अश्लील पद है। माना आप शृंगार-रस के विशेषज्ञ हैं पर इस विशेष ज्ञान की भी एक सीमा होनी चाहिए।" राव दूदा ने किंचित विरक्ति से कहा।

"यह अश्लील है? किधर से है यह अश्लील?" राजपुरोहित अपने क्रोधावेश में यह भी भूल जाते थे कि वे किससे और कहां बातें कर रहे हैं।

"अश्लील तो है ही," राव दूदा ने कहा, "पर अभी मैंने आपको किसी और कार्य से याद किया है।"

"क्या आदेश है?" पंडित रामदास कुछ ठंडे पड़े।

"मैं आपको एक गुरुतर भार देना चाहता हूं। आप उसे निभा पाइएगा?"

"पहले उस दायित्व से परिचित हो लूं।" राजपुरोहित ने कहा।

"दायित्व तो कठिन है। उसके लिए आपको कम-से-कम अपनी दो प्रवृत्तियों

पर अंकुश लगाना पड़ेगा।"

"किन पर?"

"एक तो अपनी इस शृंगारिक प्रवृत्ति पर, दूसरे अपने क्रोध पर?" राव दूदा ने बात स्पष्ट की।

"पहली पर तो नियंत्रण आसान है," राजपुरोहित ने सफाई दी, "दूसरे के सम्बन्ध में मैं कुछ नहीं कह सकता। क्रोध मेरी प्रकृति का अंग बन चुका है और आप तो जानते हैं प्रकृति में परिवर्तन असंभव है।"

राव दूदा कुछ देर मौन रहे। फिर कुछ सोचकर बोले—"रामदास जी आप जानते हैं कि व्यक्ति को क्रोध अक्सर किस पर आता है?"

"नहीं।"

"अपने से दुर्बल पर क्योंकि वह हमारा कुछ अनर्थ नहीं कर सकता।"

"नही।" राजपुरोहित ने प्रतिवाद किया।

"कैसे?"

"अगर ऐसा होता तो मुझको आप पर क्रोध नहीं आता क्योंकि आप मुझसे दुर्बल नहीं हैं।"

"इसका कुछ और कारण है।"

"क्या?"

"आप जानते हैं कि ब्राह्मण होने के नाते मैं आपका अनिष्ट नहीं कर सकता इसलिए आप मुझ पर जी भर कर क्रोध कर लेते हैं। वर्ना यह सर्वमान्य सिद्धान्त है कि क्रोध सदा अपने से दुर्बल पर आता है। मानते हैं आप?"

"मान लिया महाराज! महाराज का कथन कहीं मिथ्या हो?" राजपुरोहित ने कहा। राव दूदा को इस कथन में भी स्पष्ट व्यंग्य लक्षित हुआ। पर वे प्रकटतः कुछ नहीं बोले। अभी उन्हें राजपुरोहित को हर हालत में प्रसन्न रखना था।

"ठीक है पुरोहित जी, कहना यही था कि एक किशोर और एक किशोरी आपके शिक्षण-प्रशिक्षण में दिए जा रहे हैं। उनको स्नेह और प्रेम से ही पढ़ाइएगा।"

"कौन हैं ये? राजकुल से सम्बद्ध हैं?" राजपुरोहित के चेहरे पर सुबह की लाली दौड़ी।

"और क्या? किन्हीं और के लिए मैं आपको क्यों कष्ट देता?"

"मैं उनके सम्बन्ध में जान सकता हूं?"

"एक मेरी पौत्री है मीरा, दूसरा मेरा पौत्र है, मेरे ज्येष्ठ पुत्र वीरम सिंह का सुपुत्र जयमल।"

राजपुरोहित क्षण भर के लिए मौन साध गए। राव दूदा उनके स्वभाव से अब तक पूर्णतया परिचित हो गए थे। उनको लग गया पुरोहित विड़ाल और मूषक के खेल में लग गए हैं। जिस तरह विड़ाल मूषक को एक बार नहीं मारकर पैंतरे बदल-बदलकर खेला-खेला कर मारता है उसी तरह मेड़ता के महाराणा को अपनी मुट्ठी में पा यह धूर्त और लालची पुरोहित पैंतरे बदल रहा है।

"आप सहसा मौन क्यों साध गए?" राव दूदा ने भी एक चाल चली, "'मौनं स्वीकार लक्षणम्' मानकर प्रस्ताव में आपकी सहमति समझ ली जाए?"

"नहीं, नहीं," राजपुरोहित उस मृग की तरह बिदके जो बहेलिया के जाल में आते-आते सचेत हो जाता है, "मैं वस्तुतः अन्तिम निर्णय लेने से पूर्व कुछ सोच लेना चाहता था।"

"अन्तिम निर्णय मेड़ता-नरेश राव दूदा का होता है कि मेड़ता के राजपुरोहित का?" राव दूदा ने इस पुरोहित की जीभ को अब अधिक लम्बा नहीं होने देने का निर्णय ले ही लिया।

"नहीं, नहीं, आपने मेरी बात को अन्यथा ले लिया," पुरोहित ने हाथ जोड़े, "वस्तुतः मैं अपने क्रोधी स्वभाव से विवश हूं। आप भी स्वयं कहते हैं क्रोध अपने से दुर्बलों पर ही अधिक आता है।"

राव दूदा को समझने में देर नहीं लगी कि लक्ष्य कहीं और है, शर-सन्धान कहीं और हो रहा है। वे भी मूल बात पर आने के पूर्व एक बात को स्पष्ट ही कर देना चाहते थे। बोले, "राजपुरोहित जी आपके अभिभावकत्व में दिए जाने वाले बच्चे छोटे हो सकते हैं, वे दुर्बल किधर से हैं? राजघराने की छत्र-छाया में पलते किशोर-किशोरी दुर्बल कब से होने लगे। व्याघ्र का बच्चा व्याघ्र ही होता है राजपुरोहित! वह शृगाल नहीं हो सकता। आपको उन पर अनावश्यक क्रोध करने का कोई अधिकार नहीं।"

"अच्छा मैं अपने क्रोध पर तो नियंत्रण करने का प्रयास करूंगा पर···।"

उस 'पर' का मतलब राव दूदा खूब समझते थे। "आप दक्षिणा की बात करना चाहते हैं। स्पष्ट शब्दों में कहूं तो पारिश्रमिक की यही न?"

रामदास जी चुप ही रहे।

"बोलते क्यों नहीं, राजपुरोहित जी?"

"मैं क्या बोलूं जब सरकार स्वयं कह रहे हैं?"

"इन दोनों को पढ़ाने के लिए आपको माह में एक सौ गिन्नियां प्रदान की जाएंगी।" राव दूदा ने पुरोहित के मुख की ओर देखते हुए कहा।

पुरोहित का मुंह लटक आया अथवा उसने जान-बूझकर लटका लिया।

राव दादू पुरोहित की लालच से तंग आ गए।

"यह पारिश्रमिक पसन्द नहीं है?" अन्ततः दूदा ने कहा।

"दो को ज्ञान-दान देने की बात है न महाराज!" राजपुरोहित ने अप्रत्यक्ष रूप में ही अपना मन्तव्य रखना चाहा।

"ठीक है दो सौ गिन्नियां मिलेंगी आपको।" राव दूदा ने अपना निर्णय सुनाया।

राजपुरोहित की बांछें खिल आईं।

"तो कल से आरम्भ करते हैं यह शुभ कार्य?"

"कल से संभव नहीं है।" राजपुरोहित ने स्पष्टतः कहा।

"क्यों?" राव दूदा को आश्चर्य हुआ।

"शुभ कार्य के लिए शुभ मुहूर्त की भी आवश्यकता होती है।"

राव दूदा ने मन-ही-मन रामदास के चातुर्य की प्रशंसा की। खूब घुटा हुआ है यह व्यक्ति भी।

"तो निकालिए पंचांग और निर्धारित कर लीजिए शुभ मुहूर्त!"

राजपुरोहित रामदास ने पंचांग खोलकर राव दूदा के पास रख दिया।

"क्यों मेरे सामने क्यों ! पंचांग तो आपको देखना है !" सब कुछ जानते हुए भी राव दूदा ने चुटकी ली।

राजपुरोहित चुप।

बहुत स्थितियों में मौन ही अच्छा अस्त्र होता है। राजपुरोहित यह अच्छी तरह जानते थे।

राव दूदा ने अपने बेल-बूटेदार चिशांकु के बटुए से दो गिन्नियां निकालकर पचांग के ऊपर रख दीं।

राजपुरोहित ने प्रसन्न होकर गिन्नियों के साथ पंचांग को भी उठाया। उसके कुछ पन्ने इधर-उधर पलटे और कहा—"आज से पांचवें दिन शुभ मुहूर्त आरम्भ होता है।"

"ठीक है तो पांचवें दिन ही आरम्भ कर दीजिए।"

"पर मेरी कुछ शर्तें हैं महाराज ! उन्हीं के आधार पर मैं यह दायित्व लूंगा।"'

राव दूदा को खीज हुई। पर वे तो कृष्ण-भक्त थे, स्थित-प्रज्ञ हो गए थे। अपने क्रोध को ठीक उसी तरह पी गए जैसे कोई किसी तरह किसी कड़वी दवा को गले के नीचे उतार लेता है।

"गिनाते जाइए शेष शर्तों को भी।"

"पहले उन्हें यहां बुला लिया जाए जिन्हें मुझे ज्ञान-दान देना है।"

राव दूदा ने ताली पीटी। दासी अर्पणा दरवाजे के पास ही बाहर खड़ी यह सब देख-सुन रही थी। वह उपस्थित हुई।

"जयमल और मीरा के वस्त्र-परिवर्तन कर उन्हें यहां उपस्थित करो।"

"अभी आई महाराज !" कहकर दासी चली गई और थोड़ी देर में ही नए परिधान में मीरा और जयमल वहां उपस्थित थे।

"अब बताइए पुरोहित जी अपनी शर्तें।" राव दूदा बोले।

"पहली शर्त तो यह कि उन्हें मेरे प्रति अत्यन्त श्रद्धा और निष्ठा-भाव से रहना होगा। बिना श्रद्धा के ज्ञान की उपलब्धि असंभव है। गीता में भगवान् कृष्ण ने कहा है कि 'श्रद्धावान् लभते ज्ञानं'।"

श्रीकृष्ण का नाम सुनते ही मीरा का सिर स्वतः श्रद्धा से झुक गया। पर पंडित रामदास यह नहीं समझ सके कि मीरा की यह श्रद्धा उनके प्रति नहीं उसके अपने मुरलीमनोहर के प्रति थी और बोल पड़े, "यह बालिका पूर्णतया संस्कारित है। इसमें श्रद्धा-भाव कूट-कूटकर भरा है।"

"चलिए, अपनी एक शर्त के प्रति तो आप आश्वस्त हुए।" राव दूदा ने व्यंग्य किया।

"पर यह राजकुमार तो कुछ प्रतिक्रिया ही नहीं व्यक्त कर रहा।" पुरोहित जी का ध्यान जयमल पर टिका था।

"इसके मौन को ही स्वीकार समझ लीजिए। और अपनी अगली शर्त रखिए।" राव दूदा बोले।

"अब केवल एक ही शर्त है कि इन्हें मेरे साथ कोई तर्क नहीं करना होगा। मैं

जो कुछ बताऊं उसे वेद-वाक्य की तरह ग्रहण करना होगा। इन्हें क्या पढ़ना-जानना है वह मुझे तय करना है इन्हें नहीं।"

"ये अपनी किसी जिज्ञासा को शान्त करने को समर्थ नहीं होंगे!" राव दूदा ही उनकी तरफ से बोले।

"जिज्ञासा की शान्ति मैं अवश्य करूंगा पर मेरे पठन-पाठन पर प्रश्नचिह्न बतलाना श्रद्धा के बिना ज्ञान-प्राप्ति असंभव है।"

इस पर मीरा ने कुछ कहना चाहा पर वह कुछ सोचकर मौन रह गई।

जयमल पहले की तरह ही जड़वत खड़ा रहा।

"तो आपकी शर्तें समाप्त हुईं?" राव दूदा ने कहा, "अब तो आप आज के पांचवें दिन से अध्ययन आरम्भ कर दीजिएगा!"

"अवश्य, मैं ब्रह्ममुहूर्त में ही पहुंच जाऊंगा। इन्हें उस समय प्रस्तुत मिलना चाहिए।"

"यह दायित्व अर्पणा का रहेगा। क्यों?" राव दूदा ने दासी की तरफ देखा जो वहीं खड़ी थी।

"दासी अपने कर्त्तव्य का पालन अवश्य करेगी।" अर्पणा ने स्वीकृति में सिर झुकाया।

उनतीस

सभी प्राणियों में सामान्यत: पांच ज्ञानेन्द्रियां अवश्य सक्रिय रहती हैं—आंख, कान, नाक, जिह्वा और त्वचा। मनुष्य भी उसका अपवाद नहीं है। कहते हैं एक और इन्द्रिय होती है—छठी इन्द्रिय जो पशु-पक्षियों में अधिक ही जागृत रहती है। पुरुष की अपेक्षा स्त्री में भी वह अधिक सक्रिय रहती है। यही कारण है कि पशु-पक्षी भूकम्प, तूफान आदि प्राकृतिक आपदाओं तथा कई महामारियों का अनुमान पहले ही लगा लेते हैं। 'प्लेग' की विभीषिका की आशंका हो तो मूषक पहले ही मकानों को छोड़, मैदानों की ओर मुंह करते हैं।

स्त्रियों को परिवार में घटित होनेवाले कई अमंगलों का ज्ञान पहले ही हो जाता है। विदेश में बेटा बीमार हो तो इसका आभास उसके तार या टेलीफोन आने के पहले ही बहुत माताओं को हो जाता है।

अर्थात् भावी को पढ़ने या व्यक्ति और स्थिति को पहचानने में स्त्रियों की यह छठी इन्द्रिय विशेष ही सक्रिय रहती है।

कहते हैं कभी मनुष्य को भी शिव की तरह तीन आंखें थीं। वह तीसरी आंख यही अतिरिक्त इन्द्रिय थी। मनुष्य ने इसका प्रयोग कम कर दिया और जिसका उपयोग कम हो वह अंग तो शरीर से बाहर हो ही जाता है। पुरुष की अपेक्षा अधिक संवेदनशील होने के कारण स्त्रियों की यह इन्द्रिय आज भी किसी-न-किसी तरह सक्रिय है—किसी में अधिक तो किसी में कम।

अर्पणा में यह इन्द्रिय अधिक ही सक्रिय थी। अनिष्ट को पढ़ने में वह एक ही

थी। रतन सिंह की पत्नी के दिवंगत होने की आशंका भी उसे पर्याप्त पहले ही हो गई थी भले ही उसने उसे किसी पर प्रकट नहीं किया था।

पुरोहित रामदास के आज के व्यवहार ने उसे बहुत विक्षुब्ध किया। विशेषकर उनकी दूसरी शर्त ने उसे अधिक विचलित किया। उनके दुर्वासा-रूप को तो वह जानती ही थी, उनके लालची स्वभाव का भी उसे पता था पर आज उन्होंने अपने अहंकार का जैसा परिचय दिया उससे वह अन्दर से अव्यवस्थित हो आई। मीरा के स्वभाव से वह परिचित थी। चार वर्ष की ही वह हुई थी तो क्या, संवेदनशीलता में वह चौदह वर्ष की किशोरी का भी कान काटती थी। पंडित रामदास की शर्त वह आंखें मूंदकर मान ले यह हो नहीं सकता था। सदा से तर्कशील स्वभाववाली वह एक पुरोहित के सत्य-असत्य सभी सम्भाषणों को शालग्राम का स्नानोदक समझकर पान कर ले यह आशा उससे करना अकाश-कुसुम की अभिलाषा करने से थोड़ा भी कम नहीं था। अर्पणा को इस आयोजन में स्पष्ट अमंगल दृष्टिगोचर हो रहा था। कहां मातृहीन, दादा के अतिरिक्त स्नेह से आवश्यकता से अधिक ही हठीली और संवेदनशील बन आई मीरा और कहां यह दुर्वासा-स्वरूप, लालची, दम्भी, अज्ञानी पुरोहित ! हां, इसका तथाकथित ज्ञान भी अज्ञान के ही सदृश था। आंखें रहते भी रामदास अन्धे थे। चर्मचक्षुएं खुली हों तो क्या अन्तर्चक्षुएं पूर्ण रूप से बन्द थीं।

मीरा की मां की मृत्यु के पश्चात् अर्पणा मीरा का अधिक ही ख्याल रखने लगी थी एक तरह से वह उसके स्थान पर अपने को ही समझती थी और मीरा की हर अमंगल-अपशकुन से रक्षा करना अपना कर्त्तव्य।

जब से उसने पंडित रामदास और राव दूदा का वार्तालाप सुना था, वह अपने में नहीं थी। वह शीघ्रातिशीघ्र राव दूदा पर अपने मन की आशंका प्रकट कर देना चाहती थी। उसकी दृष्टि में वह कसाई से कम नहीं थे जो दो बाल-मनों की सुकुमार भावनाओं की असमय हत्या पर ही कटिबद्ध थे विशेषकर मातृ-विहीना मीरा की संवेदनाओं की।

उसने अन्तत: राव दूदा के समक्ष जाने का साहस जुटा ही लिया।

"क्या बात है अर्पणा ?" अपने कक्ष के दरवाजे पर सिमुटी-सिकुड़ी खड़ी अर्पणा को उन्होंने सम्बोधित किया।

"आज्ञा हो तो अन्दर आऊं ?"

"आओ, यह तुम्हारा ही घर है। तुमने संकोच करना कब से आरम्भ कर दिया ?"

"नहीं, मैं महाराज के निर्णयों में दखल नहीं देना चाहती थी।" अर्पणा अन्दर आती हुई बोली।

"क्या गलत निर्णय हो गया मुझसे ?" राव दूदा का मुख संध्या के संकुचित कमल की तरह हो आया।

"गलती और भला आपसे ? आप तो इतने अनुभवी और सम्पूर्ण परिवार के इतने बड़े शुभचिन्तक हैं। दया के सागर से ही आपकी उपमा दी जाय तो कोई अतिश्योक्ति नहीं होगी।"

राव दूदा को पहले-पहल ज्ञात हुआ कि उनके लिए अर्पणा के हृदय में इतना

श्रद्धा-भाव भरा था।

"बोलो, अर्पणा बोलो। कोई गलती हुई हो तो उसका मार्जन अब भी सम्भव है।"

"नहीं, नहीं, मैं मीरा को लेकर कुछ चिन्तित थी।" अर्पणा ने स्पष्ट किया।

"मीरा को लेकर क्या चिन्तित होना? तुम्हें क्या नहीं लगता कि उसकी मां की मृत्यु के पश्चात् उसकी मां, पिता और दादा सब कुछ मैं ही हूं? उस पर तुम हो ही। तुम क्या उसे मां से कम सुरक्षा प्रदान करती हो? मैंने तो मीरा को लेकर बहुत-से सपने पाल रखे हैं। मैं उन सबको साकार करना चाहता हूं।"

"इसीलिए तो महाराज, इसीलिए''।" अर्पणा हकलाई।

"क्या इसीलिए?"

"इसीलिए तो मैं मीरा को उस रामदास के हाथों डालने के विरुद्ध हूं।"

अर्पणा की दो टूक बातें सुनकर राव दूदा सन्न रह गए। रामदास को लेकर उन्हें भी आशंका थी पर वे करते तो क्या?

वह स्पष्टतः बोले, "देखो अर्पणा, मैं मीरा की पढ़ाई-लिखाई और उसके संगीत ज्ञान को लेकर चिन्तित हूं। तुम समझती हो कि मैं रामदास को पसन्द करता हूं? नहीं, बरसाती दिनों में मेड़ता की गन्दी नालियों में निकल आये, टर्र-टर्र करते जिजलिजे मेढ़कों से भी अधिक घिनौने उस तथाकथित राजपुरोहित का मैं मुंह भी नहीं देखना चाहता।"

"वही तो महाराज, वही तो। कहां तो वह आपके पुण्य संस्कारों के बरगद-वृक्ष के नीचे पल रही थी कहां उसे अब उस मानसिक कुष्ठ से ग्रस्त लोभी, दम्भी और क्रोधी व्यक्ति के अवांछनीय संस्कारों का अनजाने ही आखेट बनना पड़ेगा? आपके सपनों के भव्य महल की ईंट-ईंट ध्वस्त कर देगा यह लम्पट पंडित।" अर्पणा ने अन्ततः अपने मन का पूरा गुब्बार निकाल ही दिया।

"मैं सब समझता हूं बेटी।" राव दूदा सूरज की पहली किरणों का स्पर्श पा पिघलनेवाले हिमखण्ड की तरह ही पिघले।

"मैं क्या आसानी से मीरा और जयमल को इस कुसंस्कारी ब्राह्मण के करों में सौंपने जा रहा हूं? पर कठिनाई यह है कि इस मेड़ता और आसपास के इलाके में रामदास की तरह का भी पढ़ा-लिखा और संगीत-वाद्य में निपुण व्यक्ति ढूंढ़े नहीं मिलता। और मीरा को क्या मैं बहुत दिनों तक उसके हाथों में छोड़ने जा रहा? वह तो प्रतिभाशालिनी है। देखते-देखते वह जितना कुछ आवश्यक है इस पंडित से ग्रहण कर लेगी। शेष सबको छोड़कर वह अपने विकास-पथ को स्वयं प्रशस्त करने को अग्रसर हो जाएगी। तुम हंस के नीर-क्षीर विवेक से तो परिचित हो न? हंस के समक्ष दूध और पानी मिलाकर रख दो तो वह दूध को पी जाएगा और पानी, पात्र के तल में पड़ा का पड़ा रह जाएगा। वैसी ही नीर-क्षीर विवेकिनी है मीरा। तुम उसको लेकर निश्चिन्त रहो। और जयमल को लेकर चिन्तित होने की बात नहीं। वह राजपुत्र है। आज न कल उसे सत्ता संभालनी पड़ेगी। उसको जीवन के ऊंच-नीच, भले-बुरे में जितना परिचित हो जाय उतना ही अच्छा। उसे तो जानना ही चाहिए कि इस विश्व में रामदास की तरह के लोग भी बसते हैं और उसे इन बनावटी रामदासों और श्यामदासों से जितना शीघ्र परिचय हो

जाय, उतना ही अच्छा। और मीरा फिर कहता हूं, वह पर्याप्त कुशाग्र-बुद्धि है और इतने ही दिनों में वह पक्का घट बन आई है, उस पर रामदास के कुसंस्कारों के कुछ छींटे भी पड़ें तो वे जल बूंदों की तरह ही लुढ़क आएंगे। टिकेंगे नहीं उस पर।"

अर्पणा राव दूदा की इन बातों के समक्ष क्या वोलती? उसे राव दूदा की बातों में सार लगा। और सबसे बड़ी बात थी कि मीरा को अनपढ़ और असंस्कृत भी तो नहीं छोड़ा जा सकता था? थोड़े ही दिनों की तो बात थी। मीरा कुछ पढ़-लिख गई तो उसे रामदास के संसर्ग से अलग करने में कितना समय लगना था?

"क्यों, मेरी बातें कुछ तुम्हारी समझ में आईं?"

"आ गईं महाराज!" अर्पणा ने कह तो दिया और उसने अपने मन को भी बहुत आश्वस्त करना चाहा पर मन की गहराइयों से यह बात लाख प्रयासों के पश्चात् भी निकलने का नाम नहीं ले रही थी कि एक-न-एक दिन कोई अनिष्ट घटकर ही रहेगा। यह उसकी छठी इन्द्रिय थी। उसके इंगित को हंसी में टाल देना उसके बस की बात नहीं थी।

तीस

मनुष्य अपने अहम् में अपने को विश्वब्रह्माण्ड का सबसे समुन्नत, तीक्ष्ण-बुद्धि और चतुर प्राणी समझता है। वह अपने को परिस्थितियों का दास नहीं समझ, स्वयं उनका नियामक और नियंत्रक होने के अहंकार पर उतर आता है। परिस्थितियां उसकी इस मूढ़ता पर मुसकराती हैं। नियति वहीं किनारे बैठे उसके अहम् के तुष्टिकरण की व्यर्थ चेष्टा पर स्मिति भरती है; पर वह है कि अपने को अपने भाग्य का एकमात्र निर्माता मान अपनी मनमानी से बाज नहीं आता।

राजपुरोहित रामदास भी अपने को परिस्थितियों का एकमात्र अधिकारी मानने की मूर्खता में किसी से कम नहीं थे। कहते हैं आधा भरा हुआ जलपात्र छलकता जाता है, कण्ठ तक भरा पात्र कभी छलकता नहीं। पंडित रामदास अर्द्ध-पूरित घट ही थे। थोड़ा-बहुत इधर-उधर से पढ़ लिया, स्वाध्याय कर लिया, इसी के आधार पर उनके अहंकार का भुजंग निरंकुश हो आया था और थोड़ी उत्तेजना पर ही क्षत्र तानकर खड़ा हो उठता था। परिस्थितियों को वे अपनी चेरी, कृत दासियां समझते थे। कौन-सा ऐसा कार्य था जिसे वे बात-की-बात में सम्पन्न नहीं कर सकते थे? व्यवधान उनके अन्दर उद्दीपन भरते थे। उज्जीवन के उत्तराधिकारी थे वे, ऐसा अपने अहम् में वे अकसर उल्लिखित किया करते थे।

पर अहंकार किसी का कभी टिक पाया है? महान् से महान् योद्धा को भी प्रबल प्रतिपक्षी मिल जाता है। विद्वान से विद्वान व्यक्ति का गर्व भी बात की बात में चूर-चूर हो जाता है।

पंडित रामदास ने सोचा था कि जयमल और मीरा को पढ़ाने-लिखाने की बात उनके बायें हाथ का खेल थी। जयमल को तो वह काठ का उल्लू समझते थे,

रह गई मीरा तो उससे वे कुछ अवश्य भड़कते थे। उसमें उन्हें कुछ जन्मजात प्रतिभा और संस्कार दृष्टिगोचर होते थे और इनसे वे उसी तरह आशंकित रहते थे जैसे प्रकाश के एक टुकड़े मात्र से अन्धकार दुबकने लगता है।

मीरा और जयमल का अध्ययन आरम्भ हुआ तो अर्पणा का दायित्व भी बढ़ आया। जब तक पंडित रामदास महल में रहते वह उस कक्ष के आस-पास ही डोलती रहती जिसमें मीरा और जयमल का अध्ययन चलता रहता। वह पंडित रामदास और मीरा तथा जयमल के मध्य चलते एक-एक संवाद पर कान लगाए रहती।

मीरा तो अभी एक आज्ञाकारिणी छात्रा की तरह रामदास के एक-एक निर्देश का पालन करती। मीन-मेष निकालना उसने जैसे सीखा ही नहीं था। पर जयमल राजपुरोहित के लिए बहुत भारी पड़ रहा था। पहले ही दिन उसकी रामदास से ठन गई। बात अक्षर-ज्ञान के आरम्भ को लेकर आरम्भ हुई।

पंडित रामदास ने यह व्यवस्था की थी कि स्वर्णशलाका से स्वर्णपात्र में ही निर्मित कस्तूरी-केशर युक्त मसी (स्याही) ले भूर्ज-पत्र पर ही श्री राम नाम अंकित कराकर अक्षर-दान होगा। राजपुरोहित का उद्देश्य स्पष्ट था। स्वर्ण-शलाका और स्वर्ण पात्र का अक्षर-दान के पश्चात् उन्हें प्राप्त होना स्पष्ट ही था।

राजपुत्र जयमल को यह चाल शीघ्र ही समझ में आ गई। उसने स्पष्ट कहा, "इस आडम्बर की आवश्यकता नहीं। राजा प्रजा का प्रतिनिधि होता है। किस प्रजा-पुत्र का अक्षर-दान स्वर्ण शलाकों से होता है? मेरे लिए साधारण लेखनी और दवात का प्रबन्ध किया जाय।"

राजपुरोहित के पैरों के नीचे से जमीन खिसक गई।

"राजकुमार और साधारण प्रजा-जन में अन्तर होता है। आज शुभ घड़ी में यह अशुभ वार्ता उचित नहीं।"

अर्पणा दरवाजे पर कान लगाकर खड़ी थी। जयमल के उत्तर की प्रतीक्षा वह व्यग्रता से कर रही थी।

"कौन अशुभ वार्ता करता है?" पांच वर्ष का जयमल अड़ गया।

राजपुरोहित चुप। इस क्षात्र-तेज से तो उन्हें प्रथम-प्रथम साक्षात्कार हो रहा था। अब तक तो राव दूदा और वीरम से लेकर मीरा के पिता रतन सिंह तक सभी उनकी एक-एक इच्छा की पूर्ति के लिए राजकोष का मुख उन्मुक्त करने तक प्रस्तुत रहते थे। सोना-चांदी की एक-दो कटोरी और कलम की बात को उनके समक्ष तूल पकड़ने की कल्पना ही नहीं की जा सकती थी।

"इस शुभ घड़ी में तो अशुभ वार्ता आप ही करते हैं राजपुत्र।"

"राजपुरोहित, अपनी जिह्वा को नियंत्रण दीजिए। यह आपका गुरुकुल नहीं जहां आप निरीह शिष्यों को उल्टे उस्तरों से मुडते हैं। नहीं पढ़नी मुझे आपसे कोई पढ़ाई। उद्दंड शिक्षक, उद्दंडता के सिवा अपने शिष्यों को क्या पढ़ाएगा?"

"कौन उद्दंड है?" राजपुरोहित सन्निपात-ग्रस्त रोगी की तरह बड़बड़ाए।

"यह तो स्पष्ट ही है।" राजपुत्र ने प्रत्युत्तर दिया।

अर्पणा की सारी इन्द्रियां कर्णवत् हो गईं। वह उनके क्रोध से परिचित थी। पर उसे यह भी याद आया कि महाराज ने उनसे वचन ले लिया था कि वे अपने

क्रोध पर नियंत्रण रखेंगे। पर पुरोहित को भी अपनी शर्त याद थी। उसने यह शर्त रख छोड़ी थी कि उनके विद्या-दान की अपेक्षा उनके प्रति श्रद्धा का अभाव न होगा। और यह राजपुत्र था कि अश्रद्धा की प्रतिमूर्ति बना खड़ा था।

परिस्थितियां कहां वश में थीं राजपुरोहित के? परिस्थितियों के तो वे स्वयं दास बन आए थे। अब यहां पड़े स्वर्ण-पात्र एवं स्वर्ण-शलाका तो उनके हाथ से निकले।

राजपुरोहित समझ चुके थे कि जयमल को साधना उनके वश की बात नहीं। अतः वे मूक बैठी मीरा की ओर मुड़े थे।

जयमल तो मार्ग पर आने से रहा। ज्ञान-दान की प्रथम शर्त थी श्रद्धा। उसकी तो इसने धज्जियां उड़ा दीं।

"मीरा! अब तुम बोलो तुम्हारी क्या इच्छा है?"

"मैं गुरुजनों के प्रति अश्रद्धालु नहीं बन सकती।" मीरा ने नतमस्तक मन्द स्वर में कहा।

"तब शुरू करूं अक्षर दान?" राजपुरोहित ने उत्साहित होकर कहा। अन्ततः बहुमूल्य वस्तुओं से भरा उसका जलयान मध्य धार में डूबते-डूबते रह गया था।

"नहीं, अभी नहीं।" मीरा ने नतमस्तक जोड़ा।

"क्यों?"

"मेरी एक छोटी-सी शर्त है।" मीरा का सिर अब भी नत था।

शर्त, शर्त और शर्त। राजपुरोहित मन-ही-मन झुंझलाए, अब तक तो गुरु को ही शर्त रखते-देखते सुना था। अब ये शिष्य-शिष्याएं भी शर्त रखेंगी!

पर परिस्थितियां उनके प्रतिकूल होने को कटिबद्ध थीं। उनका आभास उन्हें हो चुका था, अतः अगर स्वर्ण पात्र और शलाका सुरक्षित रहे तो मीरा की शर्त मान लेने में ही बुद्धिमानी थी। बोले, "क्या है तुम्हारी शर्त?"

"मैं इस स्वर्ण पात्र और शलाका का प्रयोग तो कर लूंगी पर मेरा अक्षर दान 'श्रीराम' से नहीं 'श्रीकृष्ण' से होगा।" मीरा ने अपना निर्णय सुनाया।

"श्रीकृष्ण!" राजपुरोहित रामदास जल-भुनकर रह गए। उनके स्वयं का नाम ही रामदास था। राम उनके इष्ट थे। फिर मर्यादा पुरुषोत्तम राम से श्रीकृष्ण की क्या तुलना? वह मीरा के श्रीकृष्ण-प्रेम से पूर्णतया परिचित थे। मुरलीधर की मूर्ति सदा साथ लिए वह डोलती रहती थी, इसका भी उन्हें पता था। पर यह लड़की इस धर्म-संकट में उन्हें डालेगी इसका भान उन्हें नहीं था। पर स्वर्ण पात्र और शलाका की भी बात थी। अतः, उन्होंने एक अन्तिम प्रयास करना चाहा। फिर तो कम-से-कम मीरा की बात माननी ही थी।

"श्रीराम और श्रीकृष्ण में क्या अन्तर है? जो श्रीराम वही श्रीकृष्ण, ऐसी स्थिति में श्रीराम नाम से ही अक्षर-दान हो, इसमें तुम्हारा क्या विरोध है?"

"विरोध की बात अब कहां है? आपने तो समाधान कर ही दिया कि जो श्रीराम, वही श्रीकृष्ण। फिर अगर श्रीकृष्ण के नाम से ही अक्षर-दान हो तो क्या हर्ज?"

पंडित रामदास के पास अब कोई चारा नहीं रहा।

"एवमस्तु," उन्होंने कहा और स्वर्ण के मसी-पात्र में स्वर्ण-शलाके को डालकर मीरा का दाहिना हाथ पकड़ उससे टेढ़े-मेढ़े अक्षरों में भूर्ज-पत्र पर लिखवा दिया—'श्रीकृष्ण'।

प्रसन्नता में भरकर जयमल और मीरा दोनों ने तालियां बजाईं।

उधर दरवाजे के ओट में खड़ी अर्पणा भी अपने हर्ष को अन्दर समेट नहीं पाई और उसने भी जोर की ताली बजाई।

अर्पणा की तालियों की आवाज जयमल और मीरा की तालियों में दब गई वर्ना दुर्वासा-स्वरूप रामदास बाहर आ उसकी इस धृष्टता की वह खबर लेते कि वही जानती।

मीरा का अक्षर-दान समाप्त हुआ तो जयमल के लिए सरकण्डे की साधारण कलम मंगाई गई और उसने भी भूर्ज-पत्र पर 'श्रीकृष्ण' लिखकर ही अक्षरारम्भ किया।

आज का संस्कार यहीं समाप्त हुआ। पर पंडितजी के मन में एक बात रेगिस्तानी बबूल के शूल की तरह ही बैठ गई—इस छोटी-सी मातृहीना मीरा ने उनके इष्ट श्रीराम का अपमान किया है। बड़ी आई श्रीकृष्ण-दीवानी! राव दूदा की चतुर्भुजा श्रीकृष्ण मूर्ति की अर्चना में सहायता क्या कर देती है अपने को राधा का अवतार ही समझ बैठी है। बारह वर्षों में बदला नहीं सधाया तो पंडित रामदास क्या?

आज तो स्वर्ण-पात्र और शलाका की बात थी वर्ना बता देता कि किस खेत की मूली है इसका लम्पट श्रीकृष्ण। क्या खाकर टिकेगा यह श्रीराम के समक्ष?

आश्चर्य यह कि जयमल पर इस पुरोहित को कोई क्रोध नहीं आया। जिस उद्दंड बालक के कारण उनकी आज की पूंजी पर पानी फिरनेवाला था उसकी तो उसने अक्षर-दान के पश्चात् पीठ थपथपाई और बोला, "वाह! वाह! क्या सुन्दर अक्षर उतरे हैं तुम्हारे, जैसे मानसरोवर के मोती। इधर देखो इस मीरा को जैसा टेढ़ा है—त्रिभंगी इसका कृष्ण, वैसे ही इसके अक्षर भी आए हैं टेढ़े-मेढ़े—श्री कृष्ण।"

मीरा का मन भरकर रह गया। शायद किसी-किसी के मन भरने के लिए ही बनते हैं। अभी मां मरी तो उसका मन भरा। अभी इस पंडित ने इस जड़मति जयमल के समक्ष इसका अपमान कर दिया। अब क्या समझेगा जयमल उसको? अब तक जो उसका चचेरा भाई ही नहीं खेल-सखा भी था, देगा समानता वह उसे व्यवहार में? कैसा कृतघ्न है यह राजपुरोहित भी? आज मीरा नहीं रहती तो सरकंडे की कलम और मिट्टी के मसी-पात्र से ही उसे संतोष करना पड़ता। मीरा के कारण ही वह पर्याप्त स्वर्ण बनाने में सफल हुआ है और अपमान भी करता है वह उसीका। मन मारकर रह गई मीरा। उसने सदा अपने पास रहनेवाले मुरलीधर पर अपनी कोमल दाहिनी हथेली फेरी और मन-ही-मन कहा—जिसका कोई नहीं उसके तुम्हीं हो गिरधारी। कर लेने दो सारे संसार को मेरा अपमान, मैं केवल तुम्हारे मान की भूखी हूं।

इकतीस

किसी ने कहा है मनुष्य अपने ही बिछाये जालों में फंसता रहता है और फिर उनसे निकलने का मार्ग नहीं पाकर रोता-बिलखता और हाथ-पैर पटकता है। परिणाम के रूप में वह उस जाल में और कसता ही चला जाता है। उसका त्राण तभी होता है जब कोई दूसरा उस पर तरस खाकर उसे उस जाल से मुक्त कर दे वर्ना वह स्वयं के सहारे तो अपना बन्धन ही बुनता जाता है।

मनुष्य के फंसने अथवा फंसाने का एक प्रबल जाल लोभ है। इस लोभ में शेष कारण भी समाहित हो जाते हैं। जैसे 'काम' भी कम नहीं फंसाता उन्हें जिनकी इन्द्रियां अनियमित हैं। पर लोभ के ही जाल को ही विस्तृत कर लें तो 'काम' को अपना अलग जाल डालने की आवश्यकता नहीं। जैसा कंचन का लोभ वैसा कामिनी का। तो फंसने-फंसाने के क्षेत्र में लोभ का कोई मेल नहीं।

बड़ा विचित्र है यह लोभ भी। जैसे चुम्बक लौह खण्ड को अपनी ओर खींचता है अथवा लौह खण्ड ही विवश-सा, निरुपाय-सा उसकी ओर खिचता जाता है वैसे ही लोभ मनुष्य को अन्धा बना अपने जल में ला घसीटता है अथवा अन्धा विवश बना मनुष्य स्वयं उस जाल में जा घुसता है।

इस सत्य का भान राजपुरोहित रामदास से अधिक किसी और को नहीं हो सकता था। पौरोहित्य में सभी कुछ सुलभ था—अर्थ, मान, मर्यादा, प्रतिष्ठा। पर जब से अध्यापन का उन्होंने सहारा लिया था उनके कष्ट का कोई पारावार नहीं था। श्रद्धा और अपने अध्यापन के सम्बन्ध में कोई तर्क-कुतर्क नहीं करने की शर्तें तो उन्होंने मान ली थीं पर ये शर्तें तो राव दूदा ने दी थीं। उस उद्दंड राजकुमार जयमल को इन शर्तों से क्या लेना-देना था?

अक्षर-ज्ञान के पश्चात् उसके ज्ञान-रथ के चक्र उसकी उदासीनता, प्रमाद और कहें तो राज-मद की रेत में जा फंसे थे। राजपुरोहित के लाख प्रयासों के बाद भी ये चक्र मुक्त होने का नाम नहीं लें।

जयमल की प्रगति संतोषजनक नहीं हो रही है, इसकी सूचना राव दूदा तक पहुंचने लगी थी और वे अपना आक्रोश नहीं तो अपनी अप्रसन्नता जयमल पर प्रकट करने में भी विलम्ब नहीं करते थे। जयमल को इस पढ़ाई-लिखाई की उपेक्षा दौड़-धूप, उछल-कूद का जीवन अधिक पसन्द था। उससे कोई उसी उम्र में अश्वारोहण करा ले, धनुष के प्रत्यंचे से तीर छुड़वाकर अचूक लक्ष्य-भेद करा ले, भाले चलवा ले, खड्ग चलवा ले, यह सब तो ठीक पर यह अध्ययन-मनन का मार्ग उसके लिए बहुत कठिन था। अगर किसी उपनिषद्-ज्ञाता को जयमल की उस विपत्ति का अनुमान होता तो वह मुस्कराकर एक शाश्वत सत्य उगल देता—क्षुरस्य धारा निशिता दुरत्यया, दुर्गम पथस्तत कवयो वदन्ति—क्षुरे की लपलपाती धारा की तरह ही ज्ञान का यह मार्ग अत्यन्त कठिन और दुर्गम है।

पर उससे राजपुरोहित के दुर्भाग्य को क्या अन्तर आता था? उनका चिढ़ना-घुटना वृद्धि पर था—अपने दिए हुए वचन के अनुसार वह क्रोध कर नहीं सकते थे, अतः उनकी खीझ उन्हें अन्दर-ही-अन्दर खौला रही थी। बाहर निकलने से विवश

उनकी प्रचंड क्रोधाग्नि उन्हें अन्दर-ही-अन्दर भस्मीभूत किये जा रही थी। दूसरी तरफ राव दूदा से उलाहना पाकर जयमल अपना सारा आक्रोश राजपुरोहित पर ही उतारता। उनके लिए वह एक ऐसा स्वच्छन्द अश्व बन आया था जिस पर सवारी कसना तो पृथक् जिसके मुंह में वे वल्गा भी नहीं डाल सकते थे। एक दिन तो वे तंग आकर इस कर्म को तिलांजलि देने पर ही तुल आये। पारम्परिक रूप में वे जयमल और मीरा को अक्षर-ज्ञान दे रहे थे। मीरा तो श्रद्धावनत हो अपने पाठ को दुहराती जा रही थी, पर जयमल को अभी कल ही राव दूदा से जली-कटी बातें सुनने को मिली थीं इसलिए वह राजपुरोहित से खार खाए बैठा था।

" 'क' का अर्थ ?" उन्होंने अपने शिष्य-शिष्याओं से पूछा।

"कमल।" मीरा ने झट से उत्तर दिया। जयमल चुप।

"तुम क्यों नहीं बोलते ?" राजपुरोहित ने उसे सम्बोधित किया।

"कौआ।" वह क्रोध में बोल गया।

"क्या मैंने तुम्हें यही बताया था ?" राजपुरोहित झल्लाकर बोले।

"तो मैं क्या कुछ गलत बता रहा हूं ? कौआ में 'क' है कि नहीं ?" जयमल अड़ गया।

"सौंदर्य-बोध भी कोई चीज है या नहीं ?" राजपुरोहित ने तर्क दिया, "कमल और कौआ क्या देखने-सुनने में एक ही लगते हैं ? राजपुत्र को तो राजपुत्र की ही भाषा में पढ़ाना होगा ?"

"तो आपकी भाषा वैसी ही है।" जयमल झल्लाया।

"कैसी ?"

"कौओं वाली। निरन्तर कांव-कांव करते रहते हैं। आपका सौन्दर्य-बोध आपके काम आये। यह तो मेरी जीभ पर भी नहीं चढ़ता। इसका अर्थ भी मैं क्या समझूंगा। पर आप वही हैं जो मैं कह रहा हू।"

"क्या ?" राजपुरोहित स्वभाववश बोल गए।

"कौआ। हां, लालची और धूर्त कौआ। मांसाहारी और श्रद्धा के अन्न पर पलता कौआ।" जयमल क्रोध से बोलता चला गया। राजपुरोहित का क्रोध सीमा का अतिक्रमण कर गया। उनकी क्रोधाग्नि में किसी ने एक ही बार ढेर सारी समिधा डाल दी। यह अग्नि ज्वाला बनकर भभकने ही वाली थी कि परिणाम की परवाह किए बिना अपने हाथ में निरन्तर पड़े रहने वाले डंडे को वे जयमल के सिर पर दे मारते कि कोकिल कंठ में ही मीरा बोल पड़ी—" 'क' का अर्थ कोकिल भी तो हो सकता है गुरुजी !"

राजपुरोहित की क्रोधाग्नि पर जैसे किसी ने पानी का पूरा घट ही उलट दिया और वे सहसा सामान्य हो आये।

" 'ख' का अर्थ ?" राजपुरोहित आगे बढ़े।

"खंड, श्री खंड" मीरा ने कहा।

"वाह।" पुरोहित के मुंह से निकला।

जयमल फिर चुप। वह एक ऐसा वृषभ बन आया था कि जब तक उसकी पूंछ उमेठो नहीं वह आगे बढ़ने से रहा।

" 'ख' का अर्थ जयमल ?"

जयमल पहले से ही जलाभुना बैठा था। उसने प्रत्युत्तर में कहा, "मुझे, जयमल नहीं राजपुत्र कहें वर्ना मैं भी आपको रामदास कहने को बाध्य होऊंगा।" राजपुरोहित का मुख सहसा विवर्ण हो आया—रक्त-शून्य। जिस व्यवहार की अपेक्षा उन्हें राव दूदा से भी नहीं थी वही व्यवहार उनका अदना-सा पोता, यह जयमल कर रहा था। ठीक ही है राजमद होता ही है ऐसा, राजाओं से अधिक वह राजकुमारों के सिर चढ़कर बोलता है। सदा से ऐसा होता है सदा ऐसा होता रहेगा।

फिर भी उन्होंने हिम्मत नहीं हारी। रेत में फंसे चक्रों को एक बार और निकालने का भरपूर प्रयास किया—"अच्छा राजपुत्र या राजकुमार ही सही। 'ख' का अर्थ राजकुमार?"

जयमल को इस सम्बोधन में व्यंग्य की गन्ध आई और वह छूटते ही बोला, " 'ख' का अर्थ 'खर'।"

राजपुरोहित सन्न। जैसे उड़ते पक्षी पर किसी ने नीचे से गुलेल चला दी हो और वह जमीन पर आ गिरा हो धम्म।

" 'खर' का अर्थ जानते हो राजपुत्र?"

"अच्छी तरह।"

"क्या?"

"गधा अर्थात् आप। आप मेड़ता के तथाकथित राजपुरोहित श्री रामदास।"

राजपुरोहित इससे अधिक नहीं बर्दाश्त कर सकते थे। वे आंखों में अश्रु-भरे राव दूदा के कक्ष में पहुंचे और बोले—"आज से मेरी दक्षिणा की राशि मात्र एक सौ गिन्नियां। यह जयमल रूपी वनाश्व मुझसे नहीं सधने को। आप इसके लिए दूसरा शिक्षक रख लें। मीरा अभी ठीक चल रही है। आगे की बात मैं नहीं जानता। वह श्रीराम के हाथ में है। उन्हें अब भी श्रीराम और श्रीकृष्ण को लेकर वह विवाद स्मरण था और बारह वर्षों तक अपनी बदला साधने की बात भी। पता नहीं परिस्थिति कब कौन-सा रंग लाए और इसी चौकट पर वे आकर कह जायं, "अपनी शेष सौ गिन्नियों का पारिश्रमिक भी अपने पास रखें। मैं बाज आया, इस अध्यापन-कार्य से। मेरे लिये तो मेरा पौरोहित्य ही अच्छा।"

बत्तीस

पराजय। कैसा शब्द है यह? कितना अपमान-बोधक? कितना आत्म-विश्वास नाशक? जीवन-जगत् के प्रकाश को आवृत करता कैसा भयावह तिमिरांश? पराजय किसी को भी प्रिय नहीं। भयावह दुःस्वप्न है यह। सभी उसकी छाया से भी दूर भागते हैं।

यह नियम है। एक स्वीकृत सिद्धांत। यही न? पराजय को अंगीकार नहीं करना, उससे दूर भागना।

पर नियम है तो नियम का अपवाद भी है। अगर अपवाद नहीं हो तो नियम सिद्ध नहीं होता।

इस नियम का भी अपवाद है।

हमारे चिन्तकों ने कहा है—दो व्यक्तियों से पराभव को कोई अपमान नहीं मानता अपितु इनसे पराजय की आकांक्षा करता है। प्रसन्नातिरेक से भर जाता है, हर्षोल्लासित हो आता है अगर इनसे वह सचमुच पराजित-पराभूत हो जाय।

कौन हैं ये दो?

पुत्र और शिष्य—'पुत्रात् इच्छति पराजयः, शिष्यात् इच्छति पराजयः।'

जीवन धन्य हो उठता है अगर अपना सुत ही अपने से आगे बढ़ जाय। जीवन-वृक्ष के पत्र-पत्र, प्रमुदित हो उठते हैं अगर स्वयं के शिष्य के हाथों पराजय प्राप्त हो जाय। पर बहुत कम को मिल पाता है यह सौभाग्य। अन्यथा अपने व्यक्तित्व के विशाल वट-वृक्ष की छाया में अपने ही पुत्र-पुत्रियों और शिष्य-शिष्याओं के बिरवे के विकास को अवरुद्ध देखने को अभिशप्त रहता है वह।

जिस किसी को यह सौभाग्य प्राप्त हो जाता है वह अपने इस पार्थिव अस्तित्व को अर्थपूर्ण और कृतार्थ मानता है।

पर जो यह सौभाग्य मिलने पर भी अपने को दुर्भाग्य-दग्ध समझे उसे क्या कहेंगे आप? जो पुत्र अथवा शिष्य के विकास-पथ के प्रशस्त होने, प्रमुदित होने के बदले किसी जड़-कटे वृक्ष की तरह अवसन्न होता जाय उसकी चिंतन-धारा के लिए कौन-सी संज्ञा है आपके पास? अस्वस्थ है उसकी मानसिकता, असहिष्णु भी। कि नहीं? अथवा 'एकोऽहम् द्वितीयो नास्ति' की गर्हित गर्वोक्ति के आखेट हैं उसके मन, प्राण? मनुष्य होकर भी वह अपनी काल्पनिक मानवेत्तर महिमाओं को अक्षुण्ण, अखंडित रखना चाहता है। वामन बनना हो तो बनें उनके सुत-शिष्य वह अपने अहंकार के मद में मद्यप बना उन सबों की विकासोन्मुखता पर अपना अंगद पांव रोपता रहेगा।

ऐसे ही थे राजपुरोहित रामदास।

जयमल से उन्हें मुक्ति मिली तो मीरा की प्रतिभा को गढ़ने-संवारने का उन्हें विशेष अवसर मिला। पर उन्हें कहां पता था कि जयमल जितना मूढ़-मति था, मीरा उतनी ही चटुल और तीक्ष्ण-मेधा सम्पन्न, एक छोटी-मोटी प्रतिभा-पुत्री ही। जैसे सर्वग्रासी अग्नि तृणों एवं काष्ठ-खण्डों को भस्म करती हुई अपने अन्य लक्ष्यों की ओर प्रबल वेग से बढ़ती है, वैसे ही असामान्य मेधा-सम्पन्न मीरा गुरु-ज्ञान के एक अंश को तत्काल आत्मसात् कर दूसरे अंश को ग्रहण करने को प्रस्तुत हो जाती।

गुरु विवश। वह मीरा के उन्मुक्त भागते ज्ञानाश्व के मुंह में वल्गा देना चाहते। उसे कुछ देर ही सही रोक कर अपने निरन्तर रीते होते जा रहे ज्ञान-कोष को कुछ सम्पन्न करना चाहते पर मीरा का प्रतिभा-अश्व कब वल्गा-युक्त और बाधित होने वाला था? गुरु का ज्ञान-कोष चुकने-चुकने को हो आया था पर मीरा की ज्ञान-पिपासा निरन्तर वृद्धि शील थी। किसी दावाग्नि की तरह ही वह गुरु के ज्ञान-कानन के एक-एक वृक्ष को भस्मीभूत कर उसे उदरस्थ करती जा रही थी।

चार वर्षों में ही राजपुरोहित रीते हो आये। किसी जल-हीन मेघ की तरह व्यर्थ और अर्थहीन। व्याकरण, साहित्य, वेद, उपनिषद्, छन्दशास्त्र, संगीत आदि के जितने सूत्र उनके पास थे वे सब मीरा के हो गए थे। आठ वर्ष की किशोरी पूर्ण

विदुषी बन आई थी और वह थे कि साठ वर्ष की उम्र में भी पूर्णतया रिक्त हो गए थे। मीरा को देने के लिए उनके पास कुछ नहीं था पर लेने के लिए प्रति माह राजकोष की सौ गिन्नियां थीं। अब अगर वे यह स्वीकार कर लें कि वे जो कुछ दे सकते थे, मीरा को दे चुके तो ये सौ गिन्नियां भी गईं। अतः, वे इस ज्ञानदान को कुछ और लम्बा खींचना चाहते थे पर आखिर कब तक?

उन्हीं के द्वारा दिए ग्रंथों आदि से मीरा स्वयं इतनी पंडिता हो आई थी कि बात की बात में उनकी बातों में गलतियां निकालने लगी थी। पंडित जी ने कभी इन ग्रन्थों को पढ़ा होगा पर अब पौरोहित्य एवं धनार्जन की अन्य प्रवृत्तियों से ग्रसित वे अपने अधीत ग्रन्थों की आवृत्ति का भी समय निकालते यह सम्भव नहीं था।

राजपुरोहित पराजित होते जा रहे थे अपनी शिष्या के ही हाथ।

उन्हें प्रसन्न होना चाहिए था, उत्फुल्ल।

पर ऐसा नहीं था। वे नियम नहीं थे। उसका अपवाद थे।

मीरा पर तो वह पहले ही दिन से खार खाए बैठे थे, उसकी पंडिता हो आने पर वे दीप-शिखा से टकरा कर पंख जला बैठने वाले शलभ की तरह पीड़ित हो रहे थे—व्यथित।

मीरा का बीच-बीच में टोक देना उन्हें जल-प्रवाह में सिर उठाए शिला-खंडों की तरह खटकने लगा। पर उनके ज्ञान-प्रवाह में अब उतना वेग नहीं रह गया था कि धार के इन अवरोधों को वे बात की बात में किनारा दिखा देते।

अब तो स्थिति यह थी कि वे अनुप्रासों के नाम गिनाने लगते और वृत्यानुप्रास, श्रुत्यनुप्रास, क्षेपकानुप्रास और लटानुप्रास के नाम गिनाकर रुकते तो मीरा झट से जोड़ देती, "आपके एक ग्रन्थ में पांचवे अनुप्रास का भी उल्लेख है गुरुजी?"

"कौन है वह अनुप्रास? मैं तो चार ही जानता हूं।" राजपुरोहित तर्क करते।

"अन्त्यानुप्रास।" मीरा बोलती और जोड़ती, "आप ही के दिए ग्रन्थ में तो लिखा है अनुप्रास के पांच प्रकार होते हैं।" तेजस्विनी मीरा झट से सूत्र उद्धृत कर देती—"अनुप्रासाः पंचधाः।"

पंडित जी मूक।

शिष्या के हाथों यह पराजय उनके अन्तर में करील-कंटक की तरह चुभती ही गई।

मीरा की काव्य में बहुत रुचि थी, अतः सामान्यतः काव्य-चर्चा के अखाड़े में ही वह उन्हें परास्त कर देती। यद्यपि वह यह सब किसी अहंकार से प्रेरित होकर नहीं अपितु अपने ज्ञान-वर्द्धन के लिए ही करती, पर राजपुरोहित इसे उसकी उद्दंडता के अतिरिक्त और कुछ नहीं मानते।

वे छन्दों की गणना बताते। उनकी विशेषताओं पर प्रकाश डालते और 'आर्या' छन्द पर आते-आते उन्हें मतिभ्रम हो आता और वे बोल उठते, "'आर्या' के प्रथम तथा तृतीय चरण में 12 मात्राएं और द्वितीय में 16 तथा चतुर्थ में 14 मात्राएं होती हैं।"

"क्षमा करेंगे गुरुजी! आपकी बात को सत्य मानूं अथवा आपके दिए हुए ग्रन्थ की?" मीरा-श्रद्धापूर्ण शब्दों में बोलती और राजपुरोहित का क्रोध अपनी

पराकाष्ठा पर पहुंच जाता। पता नहीं यह लड़की अब कौन अनर्थ करे।

"क्या लिखा है मेरे ग्रन्थ में ?" राजपुरोहित अपने क्रोध पर किसी प्रकार नियंत्रण करने का प्रयास करते बोलते।

"लिखा है कि आया छन्द के द्वितीय और चतुर्थ पद में क्रमश: 10 और 15 मात्राएं होती हैं," और वह ग्रन्थ का श्लोक उद्धृत कर देती—

"यस्या: पावे प्रथमे, द्वादश मात्रास्तथा तृतीये इति।
अष्टादश द्वितीये चतुर्थ के पंचदश-सा आर्या।"

अब इस सर्पिणी को अधिक दुग्ध पिलाना, उसका विष-वर्द्धन ही करना है। जितना ज्ञान उनके पास था उसे वह दे चुके। ग्रंथों को उसके पास छोड़ा तो वह संस्कृत की प्रकांड पंडिता बन आयेगी। अभी तो राजस्थानी में ही पद लिखने लगी है। अगर हमारे ग्रन्थों को कर गई कण्ठाग्र तो कल जाकर कालिदास की तरह मन्दाक्रान्ता छन्द में मेघदूतम् लिखने लगेगी—"आषाढ़स्य प्रथम दिवसे···।"

नहीं, अब इसे यहां रोकना होगा। कर ले राजस्थानी में चाहे जितनी पद-रचना, संस्कृत-साहित्य में इसके प्रवेश को अभी और इसी समय बाधित करना होगा। ऐसे भी शास्त्र-ज्ञान नारियों और शूद्रों के लिए वर्जित है। भारती, मैत्रेयी जबालका आदि की बातें और थीं। राजपूताने की रेत में पैदा हुई क्षुद्र वल्लरी कल्पलता बनने का स्वप्न नहीं संजो सकती। और इसका यही उपाय था, अपने ग्रन्थों को वापस ले लेना और कल दक्षिणा आदि लेकर इसके अध्ययन की इतिश्री कर देना। अपने गाने-नाचने और कृष्ण-कन्हैया को ललचाने-मनाने भर पद-रचना का ज्ञान तो इसे हो ही गया है। दहकती अग्नि में अब और अधिक समिधा नहीं डालनी है।

"तुम जरा मेरे सभी ग्रन्थ लाना तो !" राजपुरोहित ने मीरा को सम्बोधित किया।

"क्यों ?" मीरा बोली। ये ग्रन्थ और मुरलीमनोहर—ये ही दो तो उसके खाली समय के सहायक थे।

"मुझे स्वयं उनमें कुछ देखना है। शीघ्रता करो। मेरी शर्त याद रखो गुरु से तर्क नहीं करना है।"

मीरा भरे मन से उठी। ग्रन्थों को सहेजते और उनकी पोटली बांधते उसकी आंखों से नीर बह चला। वह समझ गई, यह उसके अध्ययन की इति-श्री थी।

यह उसके कोमल-हृदय पर तीसरा मर्मान्तिक प्रहार था। आंखों का पानी अब रुकने वाला नहीं था। वह कोरों से बह चला।

दासी अर्पणा के हाथों उसने पुस्तकों की पोटली राजपुरोहित के पास भेज दी। अन्दर से उसने अपने कक्ष का कमरा बन्द कर लिया। माता की याद बहुत आ रही थी। पर उसने अपने मन को समझाया—उसके तो अब एकमात्र, सहायक, रक्षक उसके मुरलीधर ही हैं। उन्हें तो उसने अपने को अर्पित भी कर दिया है। वही उसके माता हैं, वही उसके पिता और वही उसके पति। जो कुछ कहना है। उन्हीं को कहना है और प्राय: नौ वर्षीया मीरा हाथ में लेखनी ले अपने गोपाल को सम्बोधित करने बैठ गई। पद की पंक्तियां किसी निर्झरिणी से झरते

स्वच्छ स्फटिक-सलिल की तरह उसकी लेखनी से अनायास निस्सृत होने लगी—

मैं गिरधर के घर जाऊं।
गिरधर म्हारों सांचों प्रीतम, देखत रूप लुभाऊं
रैण पड़ै तब हि उठि जाऊं, भोर भये उठि आऊं।
रैण दिना वाके संग खेलूं ज्यूं-त्यूं ताहि रिझाऊं।
जो पहिरावै सोई पहरूं जो दे सोई खाऊं।
मेरी उनकी प्रीत पुराणी, उन निण पल न रहाऊं।
जहां बैठावे तितही बैठूं बेचैं तो बिक जाऊं।
मीरा के प्रभु गिरधर नागर बार-बार बलि जाऊं।

मीरा ने कक्ष का द्वार खोला तो अर्पणा बाहर खड़ी थी। साथ में ललिता भी थी। ललिता उसकी हम-उम्र थी। वह भी मातृ-विहीना थी। राव दूदा ने उसे प्यार से पाला था। वह घर के छोटे-मोटे कामों में हाथ बंटाती। मीरा जब से मेड़ता आई थी वह बहुत प्रसन्न रहने लगी थी और सदा उसके साथ साये की तरह लगे रहने का प्रयास करती। उसके सभी काम दौड़कर कर देती। वह उसकी सखी भी थी और दासी भी। मीरा की आंखें सूखी थीं, पर अर्पणा की आंखें अब भी नदी तट की रेत की तरह गीली थीं। मीरा ने झट उस दासी को अंक में समेट लिया, "रो नहीं रे पगली, नारी का जीवन ही दुःखों को झेलने के लिए बना है। कभी कहा गया होगा इस आर्य भूमि में कि जहां नारियों की पूजा होती है वहां देवता बसते हैं—यत्र नार्यस्तु पूज्यन्ते रमन्ते तत्र देवता। पर अब तो इस युग में नारी पर्याय है परतन्त्रता का, प्रताड़ना का, शोषण का, निरक्षरता और अदम्य अत्याचार का। आर्थिक पराधीनता ही उन सारे शोषणों के मूल में है। हां, अर्पणा नारी तभी तक पराधीन है जब तक वह पेट भरने के लिए अन्न और तन ढंकने के वस्त्र के लिए पुरुष पर आश्रित है। पता नहीं अभी हमें कैसे-कैसे दिन देखने हैं। छोड़ो जिसका कोई नहीं उसका गिरधर नागर ही है। सुनो मैंने नया पद बनाया है। सुन लो। पर यहां नहीं चतुर्भुज कृष्ण के मंदिर में।"

सांध्य आरती में अभी विलम्ब था। कपाट दर्शनों के लिए खुले थे। मीरा ने हाथ में करताल ले नाचना और गाना शुरू किया—

मैं गिरधर के घर जाऊं।
....
....
मीरा के प्रभु गिरधर नागर बार-बार बलि जाऊं।

तैंतीस

भूमिका ग्रंथ नहीं होती चाहे वह जितनी भी बड़ी और विस्तृत क्यों न हो। पर कुछ लोग भूमिका को ही ग्रन्थ मान बैठते हैं—शायद उसके दीर्घाकार स्वरूप को देखकर। पर भूमिका फिर भी भूमिका ही रहती है, उसमें ग्रन्थ को ढूंढ़ना मूर्खता है।

उससे, आगे आनेवाले विषय की गन्ध-मात्र मिल सकती है पर वह ग्रन्थ का स्थान ले ले ऐसा कभी देखा-सुना नहीं गया। प्रात: का अरुणाभ बिम्ब चाहे उससे प्रकाश का जो बिम्ब फूट रहा हो, मध्याह्न का तपता-जलता मार्तण्ड नहीं होता वह। प्रात: का सूरज, मध्याह्न के मार्तण्ड की भूमिका से अधिक कुछ नहीं होता।

तो जो कुछ कल मीरा के साथ घटा वह तो भूमिका-मात्र था।

अर्पणा चिन्तित थी कि उसकी छठी इन्द्रिय का इंगित शायद व्यर्थ नहीं जाय। अब भी उसका मन उस पक्षी की तरह ही चिन्तित था जो उस वृक्ष की शाखा पर नीड़ बना बैंठता है जिसके मूल में किसी विषधर का बास हो।

आज मीरा की अध्ययन-समाप्ति का संस्कार था। यों तो कल ही मीरा का अध्ययन समाप्त हो गया था फिर आज यह आयोजन क्यों? कल वह मीरा के दर्द को देख चुकी थी। आज उसकी पुनरावृत्ति भी देखनी थी क्या? नहीं, दर्द सहते-सहते मीरा टूट जायेगी, अर्पणा की ममता उमड़ आई। इस दुर्वासा से उसका आमना-सामना नहीं हो वही अच्छा। पर यह क्या संभव था? लोभी ब्राह्मण ने समापन-समारोह के नाम पर पर्याप्त धन-राशि प्राप्त कर लेने की व्यवस्था कर ली थी। चांदी के मंगल-कलश पर स्वर्ण के दीप, स्वर्ण के ही गौरी-गणेश, स्वर्ण-मुद्राओं से ही उनका पूजन, फिर अपने लिए चिशांकु के वस्त्रों का जोड़ा, ऊपर से पैर पर रखवाने के लिए 10 ही स्वर्ण-गिन्नियां---इन सबों के प्रबन्ध का निर्देश वह कल ही राव दूदा तक पहुंचवा चुका था। आज यह समारोह टले या उसमें मीरा अनुपस्थित रहे उसका एक ही उपाय था कि वह अस्वस्थता का बहाना बना अपने कक्ष में ही पड़ी रहे। पर क्या ऐसी आशा मीरा से की जा सकती थी? वह कृष्णार्पिता थी, मुरलीमनोहर की पुजारन, उससे मिथ्या-कथन कराने का साहस किसमें था?

कोई यत्न नहीं देखकर अर्पणा साहस करे राव दूदा के पास ही पहुंची। कक्ष के बाहर उसे खड़ी देख राव दूदा ने आवाज दी—"क्या बात है अर्पणा, अन्दर आ जाओ।"

अर्पणा अन्दर आ गई। क्या बोले क्या नहीं, यही सोचकर उसके ललाट पर पसीने की चन्द बूंदें मोतियों की तरह चुहचुहा आईं। राजदरबार के निर्णय में टांग अड़ाने का उसका कितना अधिकार था? कहीं वह अपनी सीमा का अतिक्रमण तो नहीं कर रही? पर राव दूदा जानते थे कि मीरा के लिए उसके अन्दर कितनी ममता बसती थी। जब से मीरा की मां नहीं रही, मीरा के लिए उसने मां की भूमिका ही अपने ऊपर ले ली। रतन सिंह पत्नी वियोग के पश्चात् जब अपने को मात्र मुरलीधर की उपासना, आराधना और अवसर मिलते ही युद्ध और मार-काट में ही संलग्न रखने लगे तो राव दूदा ने पिता की भूमिका सम्हाली ही थी।

इसी पिता के पास वह एक निरीह बेटी की मंगल कामना से प्रेरित होकर गई थी। नहीं, उसके लिए डर का कोई कारण नहीं था। वह सब कुछ राव दूदा को साफ-साफ बता देगी। इसके पश्चात् उन्हें जो निर्णय लेना हो लें। वह तो अपनी ओर से प्रमाद-दोष से बच जाएगी।

"क्या बात है अर्पणा बोलती क्यों नहीं?" राव दूदा ने दासी को किसी सूखे वृक्ष की तरह निःस्पन्द खड़ा हुए देखकर पूछा।

अर्पणा की हिम्मत बढ़ी। उसने कहा, "महाराज एक निवेदन है।"

"क्या ?"

"मीरा के शिक्षा-समापन-समारोह को रोक दिया जाय।"

"क्यों उसकी सम्पूर्ण तैयारी हो चुकी है। इसको रोकने से लाभ ?"

"इसको रोकने से लाभ हो या नहीं, इसके होने से हानि अवश्य है।" अर्पणा ने स्पष्ट कहा।

"मैं कुछ समझा नहीं, तुम इस मंगल-विधान की बाधा बनना क्यों चाहती हो ?"

"यह मंगल-विधान नहीं, अमंगल आयोजन है महाराज ! मुझे भय है मेरी आशंका अब वास्तविकता में बदलने जा रही है।"

"क्या है तुम्हारी आशंका ?"

"मैं स्पष्ट कह नहीं सकती पर जब से मीरा को राजपुरोहित के संरक्षण में दिया गया है मुझे सदा एक अनाम भय सताता रहा है—पता नहीं कौन-सा अनिष्ट कब घटित हो जाय। कल जो हुआ आपको ज्ञात ही हुआ होगा। कल मीरा की आंखों का पानी रोके नहीं रुक रहा था। पता नहीं आज कौन-सी विपत्ति सुरसा की तरह मुंह बाये खड़ी है कि मैं निरन्तर अस्थिर और उद्विग्न होती जा रही हूं।"

राव दूदा एक क्षण चुप रहे फिर बोले "वह मीरा के प्रति तुम्हारी अतिरिक्त ममता ही है जो तुम्हें आशंका-ग्रस्त कर रही है। अब तो केवल एक दिन की बात है। एक दिन में ऐसा क्या अघटित घट जाएगा। इसके बाद तो मीरा मुक्त ही हो जाएगी, उस अहंकारी पुरोहित से।"

"कुछ घटित होने के लिए एक दिन क्या एक क्षण पर्याप्त होता है, यह महाराज का दीर्घ अनुभव स्वयं बता सकता है। मैं आपके हाथ जोड़ती हूं, आप आज के उस कार्यक्रम को स्थगित कर दें।"

"यह अब असंभव है अर्पणा ?" राव दूदा ने निर्णयात्मक स्वर में कहा, "सारा प्रबन्ध हो चुका है। मीरा के अध्ययन का समापन-संस्कार होना ही चाहिए। उसकी मां रहती तो उसके उल्लास का ठिकाना नहीं रहता। तुम व्यर्थ के अपने अन्धविश्वास से अपने को मुक्त करो और समापन-समारोह में भाग लो। हां, आज तुम्हें छिपकर दरवाजे से बाहर खड़ी होने की आवश्यकता नहीं। तुम संस्कार के समय अन्दर कक्ष में ही रहोगी। बल्कि तुम तीन के सिवा वहां और कोई नहीं होगा। मैं एक आवश्यक कार्य से अभी बाहर जा रहा हूं। संध्या तक ही वापस हो पाऊंगा। मुहूर्त मध्याह्न का ही है। मेरा विचार है कि तुम वहां रहोगी तो सारे अनिष्टों का निवारण स्वयं हो जायेगा। अन्ततः तुम मात्र एक दासी नहीं, मीरा की मां से कुछ कम नहीं। कहने को मीरा मेरे अभिभावकत्व में है पर तुम्हारे बिना मैं मीरा को पाल पाता ? पुरुष-हृदय चाहे कितना भी कोमल हो, नारी-हृदय की नवनीत सी मृदुलता वह कहां से लाएगा ? हर शिशु को पिता के प्यार की जितनी आवश्यकता होती है उससे अधिक मां के मातृत्व की और यह मातृत्व मीरा को तुम्हीं से उपलब्ध हुआ है। जाओ अर्पणा, जाओ। हम क्षत्रिय पांव आगे बढ़ाने के पश्चात् पीछे नहीं हटाते। यह हमारी विवशता है। यह समारोह नहीं टल सकता। जाओ मंगलमय विधु सब मंगल ही करेगा।" यह कहकर राव दूदा अपने आसन

से उठ गए। उन्हें कहीं जाने की तैयारी करनी थी। अर्पणा नत-मस्तक कक्ष से बाहर आ गई। नियति अपना खेल, खेलकर रहेगी। उस पर किसी का वश चला है कि चलेगा? उसने अपने को सांत्वना दी और मन मार कर आज के मंगल-आयोजन में लग गई जो उसके अनुमान से किसी अमंगल में ही परिणत होने वाला था।

राजपुरोहित समय से आ गए। अर्पणा ने ही उनका स्वागत किया और उस कक्ष में ले गई जहां तथाकथित मंगल-समारोह आयोजित था।

अर्पणा ने कक्ष का अच्छी तरह परिष्कार कर दिया था। मध्य में अल्पना भी रच दी थी। रजत कलश को आकंठ जल पूरित कर उसमें अति कठिनाई से प्राप्त हुए आम्रपल्लव भी रख दिए थे। स्वर्ण पात्र में पूजा की सम्पूर्ण सामग्री रख दी गई थी—अक्षत, चन्दन, धूप, दीप, नैवेद्य, फल, पुष्प, दधि, घृत, मधु आदि सब यथास्थान सुसज्जित थे।

कलश के ऊपर गोमय से गौरी-गणेश की प्रतीक मूर्ति सजा दी गई थी और कलश के नीचे स्वर्ण के नौ ग्रहों—सूर्य, चन्द्र, भौम, गुरु, शुक्र, शनि और राहु, केतु की मूर्तियां आम्र पल्लवों पर ही सजा दी गई थीं। एक तरफ एक जोड़ा करताल और वीणा। कलश के पास ही मीरा के हाथ में निरन्तर पड़े रहने वाले मुरलीमनोहर को भी पीताम्बर में परिवेष्ठित कर, कुंतल में एक मोरपिच्छ सजा कर खड़ा कर दिया गया था।

"हूं!" पंडित रामदास ने कमरे में प्रवेश करते ही एक हुंकृति भरी। अर्पणा को लगा अपशकुन का आरम्भ हो गया। पता नहीं राजपुरोहित को कौन-सी बात लग गई थी कि उनका मुंह रक्ताभ हो आया था।

"और लोग कहां हैं?" राजपुरोहित ने कुछ कठोर शब्दों में ही जानना चाहा।

"और लोगों से तात्पर्य?" दासी अर्पणा ने हिम्मत कर पूछा। आज वह किसी भी स्थिति से निपटने को प्रस्तुत थी।

"और लोगों से तात्पर्य राजपरिवार के अन्य लोगों से है। और तुम? दासी का यहां क्या कार्य? इस मंगल-विधान में अमंगल-स्वरूप तुम कहां से आ गई?"

"यह अमंगल-स्वरूपा नहीं है राजपुरोहितजी," मीरा जो वहां एक कुशासन पर बैठी पूजन-प्रारम्भ की प्रतीक्षा कर रही थी बोली, "यह मेरी जननी-स्वरूपा हैं। आपको पता नहीं मेरी मां के निधन के पश्चात् यही एक मात्र मेरी सखी, सहचरी और जननी सबकी भूमिका में रही हैं।"

"तो यह यहीं रहेगी?" पंडित गुर्राए और मन ही मन तय किया आज अपने प्रथम दिन के अपमान का बदला ले ही लेना है। आज नहीं तो फिर नहीं। आज के बाद इस अहंकार-ग्रसिता के दर्शन हों भी या नहीं कौन कह सकता है।

"यह यहीं रहेगी, यह राजाज्ञा है पुरोहित जी," मीरा ने ही आरम्भ किया, "और जहां तक राजपरिवार के अन्य लोगों का प्रश्न है उनमें कोई नहीं आ रहा क्योंकि महाराज राव दूदा किसी कार्य से बाहर गए हैं। शेष कोई तो आपके पास आता नहीं, अतः अब आप अपना समापन-पूजन आरम्भ कर सकते हैं। आपकी दक्षिणा भी मेरे पास सुरक्षित है। आप चाहें तो अभी ले लें या पूजन समाप्ति पर

ग्रहण करें।"

राजपुरोहित को दक्षिणा वाली बात में स्पष्टत: व्यंग्य का आभास मिला यद्यपि बात सहज ढंग से कही गई थी। वह अपने क्रोध पर उसी तरह नियंत्रण खो बैठे जैसे कोई अश्वारोही प्रमाद में आ अश्व की वलगाओं पर अपना हाथ ढीला कर देता है और उसका भान उसे तब होता है जब अनियंत्रित अश्व उसे किसी तरु के तने से टकरा छोड़ता है अथवा किसी खाई-खंदक में जा घुसता है।

"तुमने दक्षिणा की बात क्यों उठाई! क्या तुम उतनी मूर्ख हो कि तुम्हें यह भी पता नहीं कि मैं दक्षिणा के लोभ से यह समापन-विधान कराने नहीं आया? यह तो एक आवश्यक औपचारिकता है जिसका निर्वाह होना ही चाहिए।"

अर्पणा को लगा कि बात अभी से गलत मोड़ ले रही है। पता नहीं उसका परिणाम क्या हो? मीरा जो भी थी, राजकन्या थी—क्षत्रिय बाला। वह राजपुरोहित के द्वारा मूर्खा सम्बोधन को झेल जावेगी ऐसा उसे नहीं लगा।

पर मीरा की सहिष्णुता का उसे पता नहीं था। वह उस कड़ुवे घूंट को भी पी गई। जिसे कई बार सर्प-दंश झेलना पड़ा हो उस पर सर्प विष का असर भी कहां हो पाता है?

"आप पूजन आरंभ कीजिए पुरोहित जी, मुहूर्त्त बीता जा रहा है।" मीरा ने सब कुछ भूल कर निवेदन किया।

"पूजन आरंभ करता हूं।" राज-पुरोहित किसी वृक (भेड़िया) के स्वर में ही गुर्राये, "पर यहां उस मुरलीमनोहर के विग्रह का क्या कार्य? यहां तो गौरी-गणेश और नवग्रह तथा दशों दिकपालों की पूजा-मात्र का विधान है। यह मुरली वाला यहां क्या कर रहा है?"

"ये मीरा के अभिन्न सखा हैं राजपुरोहित जी," अर्पणा थी वह, "यह यहीं रहेंगे। उस हेतु उन्हें विशेष रूप से सजाया-संवारा गया है। आप चाहे जितने देवताओं की पूजा कर लें पर हो सके तो मुरलीमनोहर की पूजा भी कर दें वर्ना उन्हें साक्षी रूप में यहीं रहने दें। उन्हें हटाकर मीरा का मन नहीं तोड़ें।"

राजपुरोहित रामदास को एक दासी की यह प्रगलभता निस्संदेह पसंद नहीं आई पर उनके लालची मन में तत्काल लोभ का एक अंकुर जन्मा। मीरा से तो आज किसी-न-किसी बहाने अपना हिसाब कर ही लेंगे। अच्छा है राव दूदा भी नहीं हैं वर्ना इनकी उपस्थिति में कुछ कहना-करना मुश्किल होता पर उसके पूर्व मुरलीधर के प्रति मीरा की दुर्बलता का लाभ उठा लेना था।

"मुरलीमनोहर यहां रह सकते हैं। उनकी विधिवत पूजा भी सम्पन्न हो सकती है पर उस संबंध में मेरी एक शर्त है।" राजपुरोहित ने गंभीर होकर कहा।

"क्या?" मीरा प्रसन्न होकर बोली।

"इस पूजन के लिए अलग से दक्षिणा का प्रबन्ध करना होगा।"

"हो जायगा।" मीरा ने एक क्षण का विलम्ब किए बिना ही कहा।

"किधर से हो जाएगा अभागिन?" राजपुरोहित ने मीरा को जानबूझ कर उत्तेजित करना चाहा, "राजपरिवार का तो यहां कोई है नहीं, तुम लाओगी कहां से दक्षिणा?"

"राजपुरोहित जी ! आप सीमा का अतिक्रमण कर रहे हैं," अर्पणा थी यह, "एक बार आपने राजपुत्री को मूर्खा कहा फिर उसे अभागिन कह रहे हैं। यह क्या आपको शोभा देता है ?"

"अभागिन तो यह है ही," पंडित जी गुर्राये, "वर्ना पैदा होते ही अपनी मां को खा जाती ? नहीं अभागिन है तो लावे दक्षिणा कहां से लाती है अपने मुरलीमनोहर के पूजन के लिए।"

पुरोहित रामदास ने मीरा की किसी दुःखती रग पर हाथ रख दिया था। मां की मृत्यु की घटना किसी धूमिल स्वप्न-सी उसकी आंखों के आगे तैर गई। उसकी आंखों में आंसू छलछला आये। उसका स्वर पीड़ा से भारी हो आया पर उसने अपने पर नियंत्रण करते हुए कहा—"यह रही दक्षिणा, मुरलीमनोहर के पूजन की पुरोहित जी !" और उसने अपने गले में लटकते हीरों के हार को पूजा के थाल में रख दिया।

पंडित जी कृतार्थ हो गए। हीरों के हार पर उनकी आंखें गड़ीं तो गड़ीं रह गईं। उन्होंने सोचा अब वे मीरा को क्षमा ही कर दें पर प्रथम दिन का आहत हुआ उनके अहम् का भुजंग अब भी रह-रहकर अपना फन फैला रहा था और वे सबके बावजूद मीरा को पाठ पढ़ाए बिना जाने वाले नहीं थे।

"ठीक है।" राजपुरोहित ने कहा और मीरा को सामने बैठा कर पूजा आरंभ कर दी। गौरी-गणेश, नवग्रह, दिक्पाल एवं योगिनियों की पूजा में उन्हें अपेक्षाकृत कम ही समय लगा। राव दादू तो सामने थे नहीं कि उनके भय से उन्हें विधिवत पूजा करने की बाध्यता थी। 108 स्वर्ण मुद्राओं की दक्षिणा भी उन्होंने प्राप्त कर ली।

उन पूजाओं से निवृत हो उन्होंने मीरा के मुरलीधर की पूजा आरम्भ की। अर्घ्य-पाद्य और धूप-दीप तथा नैवेद्य-अर्पण-के पश्चात् उन्होंने श्रीकृष्ण की स्तुति में दो श्लोक पढ़े—

"कृष्णाय वासुदेवाय हरये परमात्मने,
प्रणत क्लेशनाशाय गोविन्दाय नमोनमः।।
श्री कृष्ण गोविन्द हरे मुरारे
हे नाथ नारायण वासुदेव।"

मीरा राजपुरोहित के मुख से अपने मुरलीधर की स्तुति सुन आप्त-काम हो गई। उसने हर्षातिरेक में उठकर अपने कानों की बालियां भी दक्षिणा के थाल में डाल दीं।

राजपुरोहित के लोभ रूपी ब्याल ने सिर उठाया और उन्होंने बिना मीरा के कहे ही नाथ जी की अभ्यर्थना में यदा-कदा गाए जाने वाले पद को सस्वर गाना आरंभ किया। कहा जाता है ये श्लोक बल्लभाचार्य ने स्वयं गड़े थे।

पंडित जी का कंठ यों तो फटे बांस की तरह कर्कश था पर जब वे राग-रागिनियों को साध कर मन से गाते थे तो उनका स्वर पीक-स्वर को भी मात देने लगता था। उन्होंने पास में पड़ी वीणा को उठाया और उसके तारों को ठीक कर मधुर स्वर में बालकृष्ण की स्तुति आरंभ की—

"कस्तूरी तिलकं ललाट पटले,
कंठे च मुक्तावली
सर्वांगे हरिचन्दन चर्चितं
—— —— —— —— —— ——"

"वाह ! वाह !" मीरा आनन्द से झूम उठी। राजपुरोहित ने वीणा को एक तरफ रखा और थाल में पड़े, दक्षिणा के कंठ-हार और कर्णफूलों को अपनी झोली के हवाले किया। मन में वह कांटा रह ही गया कि प्रथम दिन के अपमान का बदला इस उद्धत लड़की से अंत-अंत तक नहीं ही सधा सके।

तभी बिल्ली के भाग्य से छींका टूटा।

मीरा को राजपुरोहित का संस्कृत पद इतना अच्छा लगा कि उसने प्रस्ताव रखा कि अगर अपनी राजस्थानी में वह ठाकुर जी का कोई पद सुना देते तो वह समापन-समारोह सफल हो जाता। लोक भाषा से मीरा को जितना प्रेम था, राजपुरोहित को उतनी ही घृणा। संस्कृत देव-भाषा है, देवताओं की स्तुति उसके माध्यम से होती है, यह अनार्य-भाषा, राजस्थानी और बुंदेलखंडी कब से देवताओं अथवा परमेश्वर की प्रार्थना में स्थान पाने लगी। उन्हें वह पता तो था ही कि मीरा लोक-भाषा में पद-रचना करती है, अतः उन्हें लगा कि शायद वह उनके कवित्व की परीक्षा भी लेना चाहती है। अब क्या था ! बहुत काल से जिस अवसर की खोज में वे थे वह अनायास मिल गया। मीरा के प्रस्ताव रखते-न-रखते उन्होंने अपशब्दों का उच्चारण आरंभ कर दिया। अर्पणा ने पहले तो उन्हें अनुनय-विनय कर रोकना चाहा। पर समतल मैदान में सपाट दौड़ती किसी सरित-प्रवाह की तरह उनके अपशब्दों का प्रवाह नहीं ही रूकी तो उसने अपने कानों में उंगलियां डाल लीं।

मीरा अपने स्थान पर यथावत् खड़ी, राजपुरोहित के अपशब्दों को वैसे ही झेलती रही जैसे कोई एकाकी खड़ा वृक्ष मेघों की बौछारों को निरीह भाव से सहता जाता है।

जब राजपुरोहित के अपशब्दों का भंडार चुक गया तो ठेठ राजस्थानी में दी वह अंतिभ गाली उछाल कर चलते बने—"अरे दारीं रांड यह कौन को पद है ? वह कहा तेरे खसम को मूंड़ है ? जा आज से तेरो मुंह को कभी न देखूंगो।"

कहकर राजपुरोहित तो दान-दक्षिणा समेट कर चलते बने पर मीरा के मर्मस्थल को ठीक उसी तरह छिन्न-भिन्न कर गए जैसे रेगिस्तानी बबूल के कांटों में फंसकर कोई वस्त्र-खंड तार-तार हो आता है।

उसने अपने पीताम्बरधारी मुरलीमनोहर को अपनी गोद में सहेजा और तेजी से भागती हुई अपने कक्ष के अन्दर प्रवेश कर अन्दर से सांकल लगा भी लिया। अर्पणा उसके पीछे भागी पर वह अन्दर नहीं जा पाई। वह देर रात तक बाहर चौकट पर बैठी रही। मीरा से किवाड़ खुलवाने का उसका सारा प्रयास व्यर्थ गया।

मीरा अन्दर कक्ष में मुरलीमनोहर की मूर्ति पर सिर रखकर जार-बेजार रोती रही। उसकी सिसकियां बाहर तक जाकर अर्पणा के कानों को रेगिस्तानी सर्द हवा की तरह ही बेधती रहीं। पर वह विवश थी। मीरा की जिद से वह परिचित

थी। बहुत देर के बाद सिसकियां थमीं। अर्पणा ने सोचा मीरा सो गई पर वह तो अपने एकमात्र आधार मुरलीमनोहर की उलाहना में पद रचने में लीन हो गई थी। ऐसा नहीं कि आज पहले-पहल पंडित जी ने ही बड़ी बात कही थी। अर्पणा से मालूम होता रहता था कि इतनी उम्र होने पर भी चतुर्भुज मंदिर में आरती के समय नाचने-गाने की उसकी बात बहुतों को पसंद नहीं थी। यद्यपि राव दूदा उसे इसके लिए उत्साहित ही करते थे तथापि सांध्य आरती से लौटते समय बहुत सारे लोग मीरा के इस व्यवहार को कभी भी पसंद नहीं करते थे। आरती के समय चतुर्भुज भगवान के मंदिर के कपाट सबके लिए अनावृत हो जाते थे और सांध्य दर्शन की सबको अनुमति थी।

कड़े वचन सुनते-सुनते मीरा इन वचनों की एक तरह से आदी हो गई थी फिर भी आज राजपुरोहित के व्यवहार ने तो उसकी सहन-शक्ति की परीक्षा ही ले ली। अगर इतना सब होने के बाद भी उसके मुरलीमनोहर के दर्शन ही हो पाते तो कोई बात नहीं। वह तो सारे कड़वे बोल हंसते-हंसते झेल जाती। पर वह भी कहां हो रहा था? मुरलीमनोहर तो जैसे माटी की मूरत हों। उनके जिस सुन्दर, साकार, जीवन-स्पन्दित विग्रह के वह दर्शन करना चाहती थी उस श्री कृष्ण लाल का तो पता नहीं था। व्यग्र होकर अपना नया पद उसने रचा और उसे मुरलीमनोहर के चरणों में रख उसी पर सिर देकर लेट गई। पता नहीं उसे कब और कितनी रात गए नींद आई पर नींद में भी उसे अपने नए रचे पद ही याद आते रहे। वह सपने में भी उन्हें गुनगुनाती रही—

अखयां तरशा दरसण प्यासी
मग जोवां दिण बीतां सजणी णैण पड्यो दुखराती।
डारा बैठ्या कोयल बोल्या बोल सुणाया री गासी।
कड़बा बोल लोक जग बोल्या, कारस्यां म्हारी हांसी।
मीरां हरि रे हाथ बिकाणी जणम-जणम री दासी॥

दूसरे दिन नित्यकर्म के लिए मीरा ने अपना कक्ष खोला तो अर्पणा अन्दर गई। उसने मीरा के रचे पद को ले जाकर राव दूदा के हाथों में दे दिया और कल की सारी कहानी जैसी की तैसी सुना दी।

राव दूदा का ध्यान पद की पंक्ति—'कड़वा बोल लोक जग बोल्या, कारस्यां म्हारी हांसी' पर विशेष रूप से गया और उनकी आंखें भी छलछला आईं।

"तुम जाओ अर्पणा, तुम ही सही थीं मैं गलत। पर रामदास के लिए महल का दरवाजा सदा के लिए बन्द हो गया। ऐसे पाखंडी, क्रोधी और अविनीत के के लिए मेरे दरबार में कोई स्थान नहीं।"

चौंतीस

आकांक्षाएं आम्रवृक्ष की मंजरियां हैं। उनके फूलने-फलने में कुछ समय लगता है पर जब इनके फूल फल में परिवर्तित हो जाते हैं तो वृक्ष की शोभा देखते ही बनती है। फल थोड़े बड़े हुए तो शाखाएं झुकने लगती हैं। और माली का मन भी झूम-झूम उठता है। अपना प्रयास सार्थक प्रतीत होता है।

मीरा राव दूदा की आम्रमंजरी थी। मुरलीमनोहर के भजन-कीर्तन में वह जितना समय देती उतना ही वे प्रफुल्लित होते। उन्हें लगता उनकी मंजरी में फल लग रहे हैं। राव दूदा ने उसे पूरी छूट दे रखी थी।

एक तो वह उनके सपनों को साकार करने का माध्यम थी। दूसरे थी वह मातृविहीना, अतः राव दूदा उस पर कोई अंकुश नहीं लगाना चाहते थे। वह उन्मुक्त थी—वन-हिरणों की तरह, पर्वतीय प्रपात की तरह। वह कृष्ण के पद बनाती, उसे चतुर्भुज-मन्दिर में गाती और गाते-गाते भक्ति-विभोर हो हाथों में करताल ले नाच उठती। नाचती तो मयूरी की तरह नाचती ही जाती यद्यपि मेघ घटा घिरने पर मयूरी नहीं मयूर ही अपने पंखों को चक्रायित कर नृत्य-मग्न होते हैं तथापि इस अर्थ में वह मयूर और मयूरी दोनों स्वयं ही थी। उसके मयूर तो साक्षात् मुरलीधर थे। उन्हें नाचने का कष्ट वह क्यों दे! उनका कार्य वह स्वयं कर लेती थी। वे नाचते होंगे कभी वृन्दावन की गोपियों के समक्ष, पर उसका भाग्य वैसा कहां था, उसे तो स्वयं ही नाचना था, जब तक वे नचाएं।

राव दूदा प्रसन्न थे कि अन्ततः अपनी एक सन्तान को वे कृष्णार्पिता कर सके। मीरा अब तक उनके मन के अनुरूप पूरी तरह ढल चुकी थी। अब पीछे जाना सम्भव नहीं था। अब वे रहें न रहें कोई चिन्ता नहीं। मीरा जिस मार्ग पर और जिस मनोयोग से बढ़ चुकी थी उसकी एक ही परिणति थी—पूर्ण कृष्णभक्ति।

राव दूदा को मीरा का एकदम से कवयित्री बन आना बहुत पसन्द आया। श्रीकृष्ण को अर्पित पद उसे श्रीकृष्ण से पृथक् होने देंगे, इसका कोई प्रश्न ही नहीं था।

मीरा अपने भजन-कीर्तन, नृत्य-गायन में लीन थी और राव दूदा अपने मुरली-मनोहर की सेवा में। मीरा द्वारा रचित इन्हें एक पद बहुत पसन्द था और वह उससे बार-बार गवाते थे। जितनी बार सुनते उतनी ही अधिक बार उसे सुनने की उनकी इच्छा बलवती हो जाती। मीरा भी बड़े प्रेम से इस पद को गाती। गाते-गाते भाव विह्वल हो जाती और तन-मन की सारी सुधि समाप्त हो जाती। यह पद था—

आवत मोरी गलियन में गिरधारी।
मैं तो घुस गई लाज की मारी॥
कुसुमल पाग केसरिया जामा, ऊपर फूल हजारी।
मुकुट ऊपर छत्र विराजे, कुण्डल की छवि न्यारी।
केसरी चीर दरियाई को लेंगो ऊपर अंगिया भारी।
आवत देखी किसन मुरारी, छिप गई राधा प्यारी।
मोर मुकुट मनोहर सोहै नथली की छवि न्यारी।

गल मोतिन की माल विराजे, चरण कमल बलिहारी।
अभी राधा प्यारी अरज करत है सुन लो किसन मुरारी।
मीरां के प्रभु गिरधर नागर चरण कमल पर वारी॥

मीरा का यश चतुर्दिक फैलने लगा था। जैसे-जैसे वह उम्र में बढ़ती जाती उसका रूप भी वैसे-वैसे ही निखरता जाता। लावण्य और शोभा की देवी ही बन गई थी वह। चतुर्भुज-मन्दिर में शाम की भीड़ अब अनियन्त्रित होने लगी। पूरी मेड़ता जैसे कृष्ण प्रेम में पागल हो आई थी। घर-घर में करताल हो गए थे। भजन-कीर्तन का एक दौर ही चल पड़ा था।

आरती के समय मीरा जब करताल ले खड़ी होकर नृत्य आरम्भ करती तो बहुत लोग अपने-अपने स्थानों पर ही खड़े हो अपने-अपने करताल बजाते हुए मीरा के सुर में सुर मिलाकर नाचने गाने लगते—

आवत मेरे गलियन में गिरधारी।
मैं तो छुप गई लाज की मारी।
....

आवत देखी किसन मुरारी छिप गई राधा प्यारी।
मोर मुकुट मनोहर सोहै नथली की छवि न्यारी।
....

मीरा के प्रभु गिरिधर नागर, चरण कमल पर वारी॥

आरती टूटती तो सब लोग प्रसाद ले अपने-अपने घरों को लौटते पर सबकी जिह्वा पर एक ही पंक्ति रहती—

आवत मेरे गलियन में गिरधारी...।

जो जिस दिन चतुर्भुज मन्दिर में नहीं आता वह उस दिन अपने घर के पूजा-कक्ष में ही मुरलीधर की मूर्ति के समक्ष करताल ले ठुमुक-ठुमुक कर नाच उठता—

आवत मेरे गलियन में गिरधारी...।

मीरा और अर्पणा को लगा, दुख के दिन सदा के लिए कट गए। राव दूदा द्वारा प्रदत्त स्वतन्त्रता में मीरा की प्रतिभा पूरी तरह परवान चढ़ने लगी। वह प्राय: नित्य ही एक नया पद रच लेती और प्रत्येक आरती के समय अपना नूतन पद ही चतुर्भुज श्रीकृष्ण को सुनाती। राव दूदा को हर पद उनके लक्ष्य-पथ पर किया एक पद-विन्यास ही लगता और अपने सपने को इतना शीघ्र इस रूप में आकार ग्रहण करते देख फूले नहीं समाते।

एक दिन मीरा ने एक बड़ा सुन्दर पद रचा। चतुर्भुज-मन्दिर में सुनाने के पूर्व उसने उसे राव दूदा को ही सुनाकर उनका मन्तव्य जानना चाहा—

म्हों गिरधर आंगा नाच्यां री
नाच-नाच म्हां रसिक रिझायां
प्रीत पुरातन नाच्यां री
स्याम प्रीत रो बांध घुंघरया
मोहन म्हारो सांच्या री
लोक लाज कुलरा भर ज्यादां
जग में नेक णा राख्यां री।

प्रीतम पलकर ना विसरावां
मीरा हरि संग राच्यां री।

सुख के दिन बहुत छोटे होते हैं जाड़ों के दिनों की तरह। कब दिन गया कब रात आई पता ही नहीं चलता। जैसाकि एक बार इंगित किया जा चुका है कि चतुर्भुज-मन्दिर से निकलते सभी लोग मीरा के प्रशंसक ही नहीं होते। कई परम्परावादियों को एक एकादश-द्वादश वर्षीय किशोरी का पैरों में घुंघरू बांध ठुमुक-ठुमुक कर नाचना—'मैं तो गिरिधर आंगा नाच्यां री' अच्छा नहीं लगता। वे कहते बुढ़ापे में राव दूदा सठिया गए हैं जो अपनी प्रायः युवा पोती को भरी सभा में नाचने-गाने की छूट देते हैं। पर अधिकांश के लिए मीरा का यह श्रीकृष्ण-प्रेम संक्रामक रूप पकड़ चुका था और मेड़ता के प्रायः हर वृद्ध और युवा की जिह्वा पर यहां तक युवतियों की जीभ पर भी मीरा का कोई-न-कोई पद थिरकता रहता—मीरा के प्रभु गिरधर नागर, चरण कमल पर वारी, अथवा मैं तो गिरधर के घर जाऊं या आवत मोरी गलियन में गिरधारी।

पर लोक-लाज पर कुछ आंच आ भी रही थी तो उसकी चिन्ता किसे थी? मीरा तो पूरी तरह गिरधर के रंग में रंग गई थी। उस पर किसी के कहने-सुनने का क्या प्रभाव पड़ता था? अर्पणा का सुख मीरा के ही सुख में निहित था। रह गए राव दूदा तो यह सब तो उनके ही नियोजित क्रिया का फल था। इस शुभ्र फल को वे कला-द्रुम का ही अमृत-फल मान बैठे थे। उनके सुख-सागर में जो लहरें उठ रही थीं उनकी गिनती कौन करता। लोकापवाद कुछ अधिक ही बढ़ा तो मीरा ने लोक स्वर को एक करारा तमाचा ही जड़ दिया—

मीरा लागौ रंग हरी, औरन अटक परी।
चूड़ो म्हारे तिलक अरू माला, सील बरत सिंणगारो।
और सिंगार म्हारे दाय न आवैं, यो गुरु ग्यान हमारो।
कोई निन्दा कोई विन्दा म्हें तो गुण गोविन्द का गास्यां।
जिन मारग म्हौरा साध पधारै उण मारग म्हे जास्यां।
चोरी न करस्यां जीवन सतास्यां कोई करसी म्हांरो कोई।
गज से उतर कर खर नहीं चढ़स्यां ये तो बात न होई॥

राव दूदा जब तक जीवित थे मीरा को कोई भय नहीं था, अर्पणा ने सोचा। हुए करें जाड़े के दिन और गर्मियों की रातें छोटी, मीरा और अर्पणा के लिए तो सभी दिन बराबर थे, सभी रात्रि समान। उनके कृष्ण प्रेम के उद्दाम प्रवाह के आगे वाद-प्रतिवाद, मान-अपमान के छोटे-बड़े शिलाखण्ड बात की बात में चूर हो जाते।

पैंतीस

अवमानना! कैसा शब्द है यह? गरल सदृश? या कि उससे भी विद्रूप, भयावह, क्योंकि इससे आमना-सामना होते लोग गरल को ही अपना मित्र बना

अपने अन्दर उतार लेते हैं। धन-रक्षार्थ प्राण गंवाए जाएं अथवा नहीं, मानरक्षार्थ धनुर्धारियों के धनुषों की प्रत्यंचाएं चढ़ जाती हैं, खड्गधारियों के खड्ग चमक उठते हैं, धरती पर रक्त की नदियां प्रवाहित हो उठती हैं।

मनस्वी मनुष्य मान के लिए ही जीता है, मान के लिए ही मरता है। अवमानना का विष जीते जी कुछ ऐसे ही लोग पीते हैं जिनकी आत्मा मर चुकी है।

पर शायद नहीं, कुछ गलत हो रहा है। अपमान उन्हें भी दुखदायी नहीं होता जिन्होंने साधना जनित सम दृष्टि प्राप्त कर ली है। सुख-दुख, मान-अपमान, उत्कर्ष-विकर्ष, उन्नति-अवनति स्वरूप द्वन्द्वों से उन्हें कुछ लेना-देना नहीं। ये बातें उन्हें छूकर भी नहीं छू पातीं। कमल-पत्र पर जल बूंदें ठहरकर भी कहां ठहर पाती हैं ? कोई टिका तो दे जल बूंदों को कमल पत्र पर। कोई कर दे गीला उसे ? सम्भव है ? नहीं।

उसी प्रकार वास्तविक सिद्ध, योगी-सा ही बन आता है। वह भी शत्रु-मित्र, निन्दा-प्रशंसा, जीवन-मृत्यु, सबको एक सदृश गले लगाता है।

ऐसे ही मनस्वी थे राव दूदा। मीरा के सौन्दर्य और उसकी कला की चर्चा तो हवाओं पर चढ़कर चारों दिशाओं में व्याप्त हो ही रही थी साथ ही विरोध के स्वर भी धीरे-धीरे और मुखर हो रहे थे।

यह विरोध तब और बढ़ा जब साधु-संन्यासियों के लिए भी भगवान चतुर्भज के कपाट खुल गए और आए दिन महल में साधुओं का झुण्ड-का-झुण्ड पहुंचने लगा। मीरा सबका स्वागत करती और उनके अनुरोध पर वह चतुर्भुज भगवान के समक्ष अपने पद गाया करती और गा-गाकर कीर्तन और नृत्य भी करती—

करुणां सुणि श्याम मेरी
मैं तो होई रही चेरी तेरी।
दरसण कारण भई बाबरी
विरह विथा तन घेरी।
तेरे कारण जोगण हूंगी दूंगी नग बिच पेरी
कुंज सब हेरी-हेरी॥

भांग भभूत गले मृगछाला, यों तन भस्म करूं री।
अजहूं न मिल्या मिल्यौ राम अविनासी, वन-वन बीच फिरूं री।
रोऊं नित टेरी-टेरी।
जब मीरा को गिरधर मिलिया, दुख मेटण सुख भेरी।
झूम-झूम साता भई उर में मिटि गई फेरा-फेरी।
रहूं चरणनि तेरि चेरी।

लोग विस्मित से थे दोनों बातों पर—मीरा के सौन्दर्य और कला के साथ-साथ एक राजपुत्री द्वारा लोक-लाज छोड़ पैरों में घंघरू बांध नाचने पर। हाथों में करताल ले हरि कीर्तन की बात पर।

मीरा का नाम चतुर्दिक फैला तो साथ ही फैली उसकी उच्छृंखलता और सारे सामाजिक विधि-विधानों, रीति-रिवाजों को ताक पर भी रख देने की बात। ऐसा तो एक साधारण गृहस्थ के घर की बेटी भी नहीं कर सकती और यह राज-पुत्री है कि इसे किसी प्रकार की आलोचना की चिन्ता ही नहीं। मीरा तो अपने

श्रीकृष्ण में इतनी रमती जा रही थी कि उसके कानों में ये शब्द पड़कर भी नहीं पड़ते।

राव दूदा तो स्थित-प्रज्ञ ही थे। उन्हें मान-अपमान से क्या लेना? वह तो जो चाहते थे वही घटित हो रहा था। उनके लिए तो यह प्रतिष्ठा का विषय था। अपमान उसमें किधर से था?

मीरा को अब राव दूदा से पहले की अपेक्षा अधिक ही प्यार मिलने लगा था। उन्होंने जिस बीज को बोया था अब वह अंकुरित होकर एक पुष्ट बिरवा हो गया था। अगर वे उसे अब अरक्षित भी छोड़ दें तो उसका कुछ नहीं बिगड़ना था।

ग्यारह वर्ष की मीरा अब सब कुछ जानने-समझने लगी थी। पहले तो उसने यों ही मुरलीमनोहर को अपना दूल्हा घोषित कर दिया था, अब जानबूझकर सबसे कहती कि उसका विवाह तो कृष्ण से सम्पन्न हो गया था।

बहुत लोग उस बात पर हंसने भी लगते—भला कहीं पत्थर की मूरत से किसी का विवाह होता है पर मीरा को उसकी क्या चिन्ता? वह तो अपने में रमी नाचती-गाती रहती थी।

"क्या सबका विवाह आवश्यक है?" एक बार उसने अर्पणा से पूछा।

"हां, विशेषकर औरतों को तो वैवाहिक बन्धन में बंधना ही पडता है वर्ना…"

"वर्ना क्या?" मीरा ने पूछा।

"वर्ना लोग उसके ऊपर संदेह करते हैं। उसके चरित्र पर उंगली उठाते हैं।"

"और अगर पुरुष ऐसा करे तब? अर्थात् अगर पुरुष विवाह नहीं करे तब?"

"तब भी उसे कोई कुछ नहीं कहता। यह पुरुष-प्रधान समाज है बिटिया रानी! समाज के सारे नियम पुरुषों द्वारा बनाए गये हैं। रीति-रिवाज उसी के द्वारा गढ़े गये हैं। अतः सभी नियम उसके पक्ष में हैं और सभी नारी के विपक्ष में। पुरुष विवाह नहीं करे तब भी अथवा एक से अधिक विवाह कर ले तब भी समाज कुछ नहीं कहता। अपितु वह जितना अधिक विवाह करे उतना ही अधिक प्रतिष्ठित समझा जाता है। नहीं भी विवाह करे और गुलछर्रे उड़ाता रहे तब भी वह नायक रहता है—धीरोदत्त नायक। पुरुष-प्रधान समाज में नारी के विवाह नहीं करने की बात हो नहीं सकती है। एक से अधिक विवाह करे तो पांचाली कही जाएगी…"

"द्रौपदी?" मीरा ने टोका, "उसे तो पांच-पांच पति थे और तब भी उसकी गणना महान् पतिव्रताओं में होती है।"

"वह और युग था बिटिया। यह और युग। तब नारी श्रद्धा की पात्रा थी, आज वह दासी है—भोग्या। वह व्यक्ति कहां रही? वस्तु बन गई। 'वीर-भोग्या वसुन्धरा' का उद्घोष करते-करते पुरुष अब 'वीर भोग्या वरांगना' कहते नहीं थकते।"

"तो नारी इस तरह पुरुष के बंधन में है?" मीरा आश्चर्य करती।

"इसमें अतिशयोक्ति क्या है? तुम स्वयं सब-कुछ देख समझ रही हो। पुरुष जैसे, जब जहां चाहे जाय; सिर पर पगड़ी हो या खुला सिर ही लिए हो, कोई कुछ

नहीं कहता। तुम अपने ही आंगन में नग्न सिर गिरधर गोपाल की सेवा में कीर्तन-भजन करती हो तो तुम्हारे विरुद्ध पचास बातें कही जाती हैं। यह तो गनीमत है कि तुम राजपुत्री हो। मुंह से चाहे कोई जो कह ले, तुम्हारा बाल-बांका नहीं कर सकता। यही बात अगर सामान्य घर-परिवार की लड़की करती तो उसके टुकड़े कर श्वानों के आगे डाल दिए जाते।" अर्पणा बोल गई।

"तब तो राजप्रासाद से बाहर की दुनिया बहुत भयावह है अर्पणा!" मीरा आश्चर्य करती।

"भयावह तो है ही। तुम्हें बाहर की इस दुनिया को देखने का अवसर ही कब मिला? बाहर स्त्रियों का घोर शोषण है। वह घर भी काम करती है, बाहर भी। घर में रही तो श्वसुर और जेठ से परदा, नित्य उठते ही सास-ससुर का पद-वन्दन और बाहर निकली तो सिर पर जल का घड़ा और चेहरे पर एक हाथ का घूंघट। अब पैर के आगे कुछ नहीं दिखाई पड़े तो नहीं पड़े, बला से किसी कुंए-बावड़ी में डूब मरे तो डूब मरे।

"और इतना ही क्या," वह आगे बोलती गई, "घर के सारे काम-काज उसे करने हैं। चाहे दासी के रूप में चाहे मालकिन के रूप में। बर्तन मलने, कपड़ा धोने से लेकर भोजन बनाने तक। पर खाना उसे सबसे अन्त में खाना है—बचा-खुचा उच्छृष्ट।"

"फिर वे भजन-भाव और पूजा-पाठ कब करती हैं?" मीरा ने आश्चर्य भरे शब्दों में कहा।

अर्पणा जोर से हंसी। उसकी यह उच्छृंखलता मीरा को भी पसन्द नहीं आई।

"क्यों इसमें हंसने की क्या बात है?" मीरा ने किंचित् रुक्षता से पूछा।

"अब हंसने वाली बात पर तो हंसी आयेगी ही, बिटिया रानी।"

"उसमें क्या हंसने की बात है?"

"अरे जब औरतों का कोई ईश्वर होता ही नहीं, देवी-देवता का उनके लिए अस्तित्व ही नहीं तो उन्हें पूजा-पाठ और ध्यान-धारणा से क्या लेना-देना?" अर्पणा उसकी ओर देखकर पुनः हंस पड़ी। एक विद्रूप हंसी।

"उनके लिए कोई ईश्वर होता ही नहीं, कोई देवी-देवता? तो वे नास्तिक होती हैं? हिन्दू स्त्रियां और नास्तिक? यह विश्वास करने की बात है अर्पणा?"

"वे नास्तिक नहीं होतीं। उन्हें नास्तिक बना दिया जाता है। उसका परमेश्वर है पर वह तुम्हारा मुरलीमनोहर गिरधारी नहीं। उसका परमेश्वर है, उसका पति। वही उसका रक्षक, पोषक, पालक, देवी-देवता, ईश्वर, सब कुछ। उन्हें जीना है तो पति के लिए, मरना है तो पति के लिए।

"उनकी अपनी जीवन-रेखा का क्या अर्थ? पति की जीवन-रेखा ही उसकी हथेली की भी जीवन-रेखा है। पति घोड़े से गिरकर या भोग-विलास के फलस्वरूप यक्ष्मा से पीड़ित होकर मरा नहीं कि उधर पत्नी को भी उसी के साथ जला मारने की तैयारी आरंभ हुई। यह है सती-प्रथा। पूरे भारत के क्षत्रियों, विशेषकर राजपूताने के घर-घर में प्रचलित है।"

"अगर पत्नी सती नहीं होना चाहे?" मीरा ने भयभीत आंखों से पूछा।

"तब उसे जबर्दस्ती पकड़कर चिता में डाल दिया जाएगा। और नहीं तो भांग-धतूरे की शर्बत पिला कर उसे ऐसा मदहोश किया जायेगा कि उसके पैर तो बढ़ेंगे पर निश्चित मृत्यु की तरफ वे बढ़ रहे हैं, इसका पता ही उन्हें नहीं होगा।"

"यह तो स्त्रियों के प्रति पुरुषों का घोर अन्याय है।" मीरा ने गंभीरता से कहा।

"यह तो स्पष्ट ही है।"

"तो क्या उन नारियों का उद्धार नहीं हो सकता? ऐसे ही ये पशुओं का जीवन जीती रहेंगी?"

"उनका उद्धार संभव नहीं है बिटिया रानी।"

"क्यों?"

"क्योंकि इस पुरुष-शासित युग में पुरुष ही प्रधान है और वही चाहे तो नारी का उद्धार हो और पुरुष क्यों नारी का उद्धार चाहने लगा?"

"तब तो नारियों को ही कुछ करना होगा।" मीरा बोली।

"इसमें नारियां क्या कर सकती हैं बिटिया रानी? वे तो सदा से पराधीन हैं। घर की चहारदीवारी में कैद। उसके लिए क्या कुछ होने को है?" अर्पणा को आश्चर्य हुआ।

"उन्हें अपना संगठन बनाना होगा। चहारदीवारियों से बाहर आना पड़ेगा। बिना साहस के कुछ नहीं होगा। उन्हें साहस से काम लेना होगा। पुरुष हर पग पर रोड़े अटकायेगा पर इन रोड़ों को हटाना हमारा काम होगा। मार्ग के अवरोध दूर करने होंगे।" मीरा ने जैसे संकल्प-सा लिया।

"यह कैसे संभव है बिटिया रानी? नारियों का भला कोई संगठन बनता है? संगठन के लिए एक धुरी चाहिए जिसके इर्द-गिर्द संगठित हुआ जा सके। आपने कभी पुआल से धान निकालते बैलों को देखा है—'दंवरी' कहते हैं इसे। बीच में एक लकड़ी गाड़ दी जाती है 'मेह'। उसके चारों ओर धान के सूखे पौधे फैला दिए जाते हैं और चार-पांच बैलों को एक पंक्ति में 'मेह' से आरंभ कर बिना एक दूसरे से जोड़े खड़ा कर दिया जाता है। पुआल पर ये बैल 'मेह' के इर्द-गिर्द चक्कर काटने लगते हैं। कोई भागता नहीं, कोई पंक्ति नहीं तोड़ता यद्यपि कोई एक दूसरे से बंधा नहीं, फिर भी वे सब बंधे होने का ही अनुभव करते हैं। यह मेह का चमत्कार है, कहो तो खूंटे का, एक 'मेह' हो, एक 'खूंटी' हो तो नारियां उसके इर्द-गिर्द संगठित हो सकती हैं। बिना उसके कुछ नहीं हो सकता। ध्रुव-तारा तो दिखाई पड़ना ही चाहिए जिस पर दृष्टि जुड़ाए कोई अपना मार्ग निर्धारित कर सके।"

"बड़ी बात है अर्पणा। तुमने मेरी बुद्धि का बन्द कपाट खोल दिया। मेह तो हमारे पास है ही—खूंटा और वह है भक्ति, श्रीकृष्ण-भक्ति। भला भक्ति से भी बढ़कर ध्रुवीकरण का कोई साधन हो सकता है? हम स्त्रियों को इस 'धुरी' के ही चारों ओर एकत्रित करेंगे, फिर उनसे जैसा कहेंगे वे करेंगी।"

"यह विचार तो अच्छा है," अर्पणा ने कहा, "इस समय भक्ति के अलावा औरतों के ध्रुवीकरण का कोई और मार्ग नहीं। श्रीकृष्ण भक्ति का प्रचार का

प्रचार और औरतों के उद्धार का उद्धार।"

"तुम तो इस क्षेत्र में मेरा सहयोग करोगी ?"

"यह भी कोई पूछने की बात है बिटिया रानी ? मैं आपकी छाया की तरह आपके साथ रहूंगी।"

"नेकनामी, बदनामी का भय तो नहीं सतायेगा ?"

"आपकी खुशी में मेरी खुशी, आपके दु:ख में मेरा दु:ख। मुझे किसी के अपमान और लांछन का क्या भय ?"

"शाबास ? मुझे तुमसे यही उम्मीद थी अर्पणा। श्रीकृष्ण ने स्वयं कहा है केवल भक्ति से कुछ नहीं होता, कर्म भी आवश्यक है। श्रीकृष्ण की भक्ति तो हम करेंगी ही, इसी क्रम में नारियों में संगठन और मुक्ति की भावना को भी भरेंगी। हमें उन्हें बताना होगा कि हम पुरुषों से किसी भी स्थिति में कम नहीं। नारी-शोषण के विरुद्ध जब एक बार बिगुल बज जायेगा तो उसकी आवाज युगो-युगों तक ध्वनित-प्रतिध्वनित होती रहेगी। ठीक है नारी एक-दो-दस वर्षों में पूर्णतया बंधन मुक्त नहीं हो पायेगी, पर हम वह बीज बो देंगे जो आज से चार-पांच सौ वर्ष पश्चात् ही सही नारी को पुरुष की दासता से मुक्त करके रखेगा।"

"यह ठीक है बिटिया रानी। पर इसके लिए तुम करोगी क्या ? मुझे तो कोई ठोस कार्यक्रम नहीं दिखलाई देता।" अर्पणा ने अपनी शंका रखी।

"ठोस कार्यक्रम है। हम भक्ति-मार्ग पर बढ़ेंगी। इसके अलावा इस देश में जो चारों ओर यवनों के साम्राज्य से घिरा है और कोई उपाय नहीं। एक बार केवल अपनी बहनों को यह बता देना है कि परमेश्वर उनका पति नहीं, वह कोई और चीज होता है, इन पतियों से बहुत-बहुत ऊपर तो शेष बातें वे समझ जायेंगी।"

"यह क्या समाज में उच्छृंखलता पैदा करने की तरह नहीं होगा बिटिया रानी ? पत्नी अगर पति के वश में नहीं रहे तो इसका परिणाम कितना भयंकर होगा, कभी सोचा है आपने इस पर ?" अर्पणा ने अपनी आशंका व्यक्त की।

"उच्छृंखलता का कोई कारण नहीं अर्पणा ! हम तो स्त्रियों को केवल उनका स्वाभिमान लौटाना चाहती हैं। उन्हें पुरुष से ऊपर नहीं ले जाकर उनके समान रखना चाहती हैं। समता ही जीवन का सार है। समदृष्टि सर्वोत्कृष्ट दृष्टि है। अगर पुरुषों को भजन-कीर्तन और तीर्थाटन की स्वन्त्रता है तो नारियो को भी यह स्वतंत्रता होनी चाहिए। किसी भी किले की दीवार में एक स्थान पर राह बननी चाहिए शेष किला तो स्वयं एक दिन धराशायी हो जायगा। हम वर्तमान के लिए नहीं भविष्य के लिए कार्य कर रही हैं अर्पणा ! माना हमें नींव की ईंट बनना पड़ेगा पर एक न एक दिन कंगूरा भी खड़ा होकर रहेगा। माना हम उसे देखने के लिए नहीं रहेंगी पर इतिहास तो इसका साक्षी होगा। अभी हमारा एक ही उद्देश्य है श्रीकृष्ण-भक्ति का प्रचार। यही एक बात नारियों की कैद की दीवार को चरमरा देने के लिए पर्याप्त है। नारी एक बार अपनी भक्ति को समझ तो ले शेष बातें काल-क्रम से स्वयं सामने आ जायेगी। मार्ग स्वयं श्रीकृष्ण दिखाएगा। जहां मार्ग नहीं है वहां भी वही मार्ग बनाता है। अत: सब कुछ श्रीकृष्ण पर छोड़ कर हम अपने मार्ग पर बढ़ चलें। ठीक ?"

"ठीक !" कुछ सोचते हुए अर्पणा ने कहा और मन ही मन तय कर लिया कि ईश्वर को यही मंजूर है कि हम राजमहलों के सुख को छोड़कर दर-दर की ठोकरे खायें तो यही अच्छा। आखिर सब कुछ ईश्वराधीन तो है ही। कौन जानता है मीरा का जन्म ग्रहण करना भी किसी व्यापक ईश्वरीय योजना के एक अंश के रूप में ही हुआ हो। यहीं उसे याद आई ललिता की। ललिता, मीरा की उम्र की ही है। अर्पणा तो उसकी मां की उम्र की है। कब तक साथ देगी वह मीरा का ? ललिता को इसमें आगे करना पड़ेगा।

छत्तीस

मन क्या है ? कभी किसी ने सोचा ? शरीर का तो वह कोई अंश नहीं वर्ना हाथ-पैर, जीगर, हृदय आदि की तरह हम उसे जानते। स्वयं नहीं भी देख-सुन पाते तो किसी शल्य चिकित्सक की छुरी ही हमारे हाथों पर रख देती—"लो यह है तुम्हारा मन।"

तो मन कहीं नहीं है। कम-से-कम मानव शरीर में तो उसका अता-पता नहीं पर फिर भी मन है। वायु नहीं दिखाई पड़ती पर वह नहीं है, यह कहने का साहस कौन करेगा ? अतः मन नहीं है यह कहने से काम नहीं चलेगा। तो आखिर वह कहां है ? शरीर के अन्दर नहीं है तो बाहर ही होगा। शरीर में तो अधिक-से-अधिक दिमाग, मस्तिष्क है, पर मस्तिष्क तो मन नहीं है। मन तो मस्तिष्क को भी चरा मारता है, उस पर भी हावी हो जाता है किसी प्रेत की तरह और जो चाहे करा बैठता है।

मन कहीं नहीं (कम से कम हमारे अन्दर) पर इस मन के मारे ही हम परेशान रहते हैं, वह नाना योजनाएं बनाता है, सपने बनाता है, विविध संकल्प-विकल्प उसके अन्दर उठते-बैठते हैं। इन्द्रियों को भी वह अपनी उंगली पर नचाता है, तथाकथित इन्द्रियों को भी। मन का आदेश टालना बड़े-बड़े सिद्ध-योगियों के भी वश की बात नहीं रही। मन की दासी हैं सारी इन्द्रियां।

मन ने चाहा तो आंखों को सुन्दर रूप देखना है चाहे वह मानवीय लावण्य हो या प्रकृति के विविध रूप। आसमान में सर उठाए पहाड़ या आसमान में अठखेलियां करते मेघ, पहाड़ों से झरते निर्झर, वृंतों पर डोलते पुष्प। मन ने चाहा तो कानों को सुन्दर स्वर सुनने हैं चाहे वह किसी के गले से फूटा संगीत हो अथवा नदियों का कल-कल निनाद अथवा पर्वतीय प्रपातों की क्रमबद्ध स्वर लहरी।

मतलब, मन है। वह शायद शरीर के बाहर ही है, पर अपनी आवश्यकता पड़ने पर क्षण भर में उपस्थित हो जाता है। कभी-कभी आहूत और कभी-कभी अनाहूत भी।

कहते हैं इसकी सबसे बड़ी विशेषता है इसकी चंचलता। एक बिन्दु, एक सोच, एक योजना पर वह कभी टिकता ही नहीं। इसीलिए तो कुछ लोगों ने उसकी उपमा शाखामृग (बन्दर) से दी। जैसे बन्दर एक डाली से दूसरी डाली

पर कूदता रहता है, वैसे ही मन भी एक विषय से दूसरे पर भागता फिरता है।

अर्जुन के सदृश महाभारत-योद्धा, गांडीवधारी अर्जुन को भी मन की चंचलता के साथ-साथ उसकी शक्ति का भी लोहा मानना पड़ा और कहना पड़ा कि वायु-वेग को नियन्त्रित करना आसान हो तो हो मन को नियन्त्रित करना कठिन है— "चंचल ही मनः कृष्ण, प्रमथि बलवद्दृढ़म, तस्य निग्रहमहमन्ये वायुरिव सुदुष्करम्।"

मन के अस्तित्व की गुत्थी को सुलझाने में समर्थ लोग इसकी विश्वसनीय व्याख्या देते हैं। मन वस्तुतः विश्व-मन का एक खण्ड मात्र है। बाहर में सम्पूर्ण-विश्व ब्रह्माण्ड में मन व्याप्त है जब आपकी इच्छा हुई आपका मन आपके पास आ गया। जैसे आकाश एक ही है सर्वत्र, किन्तु वही आकाश सबका पृथक्-पृथक् बन जाता है। अब घट (घड़ा) के अन्दर जो आकाश है वही एक ताम्र-पात्र अथवा रजत-पात्र के अन्दर है—जहां कहीं भी खुलापन, खालीपन है वहां आकाश है वह सर्व-व्याप्त है। यही कहानी मन की है किन्तु मन की यह कहानी आकाश की कहानी से थोड़ा भिन्न है।

पृथक्-पृथक् टुकड़ों में बंटे आकाश को कोई विकार-युक्त नहीं कर सकता। न उसे स्वच्छ कर सकता है न गन्दा। कहीं भी आकाश हो, न उसे गीला किया जा सकता है न गन्दा। मेघ आकाश को छाते प्रतीत होते होंगे पर वास्तविकता यह नहीं है। मेघ आकाश के एक छोटे टुकड़े में दौड़ते-भागते हैं। पर उनके ऊपर भी आकाश अनन्त है, नीचे भी, दायें भी, बायें भी। उसी अनन्तता में। मेघ अपनी बूंदों से धरती पर जल बरसाये। इनके जल की एक बूंद, एक कण को भी आकाश अपने पास नहीं रखता। सब धरती अथवा समुद्र को वापस कर देता है। किस प्रलय-मेघ भी शक्ति है कि वह आकाश को छू जाए? वर्षा बरस जाने के बाद आकाश के शून्य में हाथ मारिए तो कुछ मिलने को है? शायद नहीं। शायद क्यों निश्चित ही नहीं। आकाश विकारी नहीं है।

पर मन विकारी है। वह जिसके हिस्से आता है उसके संस्कारों को ही अपना संस्कार बना लेता है। साधु का मन साधु होता है तो चोर का चोर। एक मन साधना करायेगा तो एक चोरी। निष्कामी का मन निष्काम होता है तो कामी का कामग्रस्त। एक दुर्व्यसनों से रोकेगा तो दूसरा दुष्कर्म की ओर ले जाएगा।

तो मन बाहर की वस्तु है। अपने-अपने संस्कार के अनुसार ही हमारे अन्दर वह संस्कार ग्रहण करता है और फिर बाहर की यह वस्तु हमारे पूरे अन्दर-बाहर के अस्तित्व को मथ देती है। इसके सामने बहुतो घुटने टेक देते हैं। निरीह बन जाते हैं। वर्षों की साधना धरी की धरी रह जाती है, मन के एक इंगित पर।

संस्कारों को ग्रहण करने में भी वह बहुत पराधीन नहीं है। अच्छे संस्कार वाले व्यक्तियों के अन्दर भी बुरे संस्कार भर देना इसके बायें हाथ का खेल है। बुरे संस्कार तो शायद उसके पोषक तत्व ही हैं। उन्हें वह शीघ्र ग्रहण कर लेता है अथवा अच्छे संस्कारों पर भी बुरे संस्कारों को हावी करा देना उसकी विशेषता है। कितने विश्वामित्रों की तपस्या कितनी मेनकाओं से किसने भंग कराई? मन ने ही तो।

उसे खुला छोड़ दीजिए तो वल्गा-विहीन अश्व की तरह यह दिशाओं का चक्कर काटता रहेगा। कब आपके पास आया और कब वहां से निकल गया,

इसका पता ही नहीं लगेगा आपको। उसको पकड़ कर रखने के लिए ही भक्ति-भाव, साधना, उपासना आदि की सृष्टि हुई है। किसने ध्यान दिया है कि एक मन को थोड़ा केन्द्रित थोड़ा नियंत्रित करने के लिए विश्व में इतने सारे मंदिर, मस्जिद और गिरजे बने हैं। संगीत के अनगिनत धुनों और सुरों का विकास हुआ है, मनोरंजन के इतने साधन जुटाए गए हैं—इतने नाट्य और चित्र-गृह खड़े हो गए हैं, इतना विपुल साहित्य रचा गया है। भजन-प्रार्थनाएं गढ़ी गई हैं। शरीर के लिए जितना इस विश्व में किया जाता है, मन के लिए उससे कई गुना अधिक ही किया जाता है।

मन के सम्बन्ध में ऊपर कहा जा चुका है कि संकल्प-विकल्पों के अनवरत प्रजनन और अवसान का प्रतीक है मन। मन नहीं हो तो ये नाना-विध कल्पनाएं, स्वप्न, दिवा-स्वप्न कोई कैसे देखे? आकांक्षाओं, महत्वाकांक्षाओं की जन्मभूमि भी तो अन्ततः मन ही है। अतः मिथ्या का सहारा नहीं ले तो इस संसार की सारी उपलब्धियां—ज्ञान-विज्ञान से लेकर कला और शक्ति क्षेत्र तक की—मन की ही देन हैं। मानव शरीर ने (जिसमें मस्तिष्क भी आता है) मात्र उसके उपकरण का कार्य किया है।

यही मन आज रात मीरा को अशान्त किए हुए था। मन की विशेषताओं की गणना के क्रम में यह उल्लिखित करना तो हम भूल ही गए कि जिस तरह सागर तल बार-बार अशान्त हो जाता है उसी तरह मन एक छोटे से बहाने के आधार पर ही अशान्त, उद्वेलित हो उठता है।

मीरा के मन को अशान्त करने के लिए तो आज बहुत कुछ घटा था। अर्पणा के द्वारा नारियों का जो चित्रण हुआ था वह मीरा के अत्यन्त मृदु हृदय को आंच पर चढ़े मक्खन की तरह ही पिघला रहा था। नारियों को मुक्ति दिलवानी ही होगी, मीरा का मन संकल्प ले रहा था। किन्तु उसका मन स्वयं आगे आ गया—यह कार्य आसान नहीं है। पिंजड़े का पक्षी जैसे पिंजड़े के परिवेश से ही प्रेम कर बैठता है वैसे घर की चहारदीवारियों को नारियों ने अपनी नियति मान ली है। तो? समाधान भी मन को ही खोजना था। समाधान था और था वह प्रत्यक्ष उदाहरण। वाणी जो नहीं कर पाती कर्म उसे स्वयं कर देता है।

मीरा को स्वयं उदाहरण बनना होगा। उसे ही चहारदीवारी तोड़नी होगी। उसका मन इस संकल्प के साथ ही फिर भीरू बन आया। मीरा यह कर पायेगी? मीरा के लिए यह करना उचित होगा? एक राजपुत्री महल से निकल कर सड़कों पर आयेगी? क्या कहेंगे लोग?

आयेगी। मन ने पुनः साहस बटोरा। जब राजपुत्री सड़क पर आयेगी तो सामान्य नारियां भी चहारदीवारियों को ध्वस्त कर बाहर आ जायेंगी। कुछ आज आयेंगी, कुछ, कुछ समय बाद आयेंगी, कोई भक्तिनी बनकर आयेगी तो कोई योद्धा और समाज-सुधारिका, समाज नेतृ बन कर भी आयेंगी। मीरा एक राजपुत्री है। राजपुत्री की प्रेरणा युगों-युगों तक नारी को असम्भव को भी सम्भव बनाने को बाध्य करेगी। अगर मीरा अपने संकल्प पर दृढ़ रही और उसने सामने आनेवाली बाधाओं को ध्वस्त कर दिया तो आज और आने वाले कल की बहुत नारियां व्यवधानों को समाप्त कर आगे आने की हिम्मत दिखा पायेंगी।

मीरा ने निर्णय ले लिया वह अपने जीवन रूपी पुष्प को श्रीकृष्ण चरणों में इस तरह अर्पित कर देगी कि वह उसका जैसा चाहें उपयोग करें। पर वर्त्तमान में तो उसका उपयोग यही था कि वह नारियों को बन्धन-मुक्त बनने की प्रेरणा दे। वह भक्ति करे जिससे नारियों को यह लग जाय कि भक्ति पर उनका भी अधिकार है, कि युग-युग से उन्हें अन्धकार में रखा गया है कि उनके ईश्वर और पुरुष के ईश्वर भिन्न-भिन्न हैं कि उसका पति ही ईश्वर है बल्कि परमेश्वर; भले ही वह मद्यप हो, लंगड़ा, लूला और विद्रूप ही हो। कि मार्ग की बाधाएं स्वयं समाप्त हो जाती हैं अगर मन में निष्ठा और संकल्प हो।

हां, मीरा को यह सब स्वयं के उदाहरण से ही स्पष्ट करना होगा। उसे आगे आना ही होगा। अगर नारी को यन्त्रणाओं से मुक्ति दिलानी है।

मीरा आजीवन अविवाहित रहेगी, मीरा ने आरम्भिक संकल्प लिया। उससे उसे स्वयं बंधना नहीं पड़ेगा और बन्धनहीन ही किसी को मुक्ति दिला सकता है। स्वयं बन्धन में रह कर दूसरों को मुक्त कराने का स्वप्न, दिवा-स्वप्न से अधिक कुछ नहीं है। ऐसे भी मीरा के मन ने मार्ग दिखाया उसका विवाह तो हो ही चुका है, गिरधर नागर से। उसकी मां ही कह चुकी है कि यह माखनचोर ही उसका चित-चोर भी है। उसका विवाह इसी से सम्पन्न हो चुका है। वह और विवाह किस अधिकार से करेगी? वह परकीया बनकर किसी के पास जाने का पाप क्यों करेगी? वह तो श्रीकृष्ण-प्रिया है। श्रीकृष्णार्पिता अपितु श्रीकृष्ण भार्या। सोचते-सोचते उसका मुंह लाल हो आया, एकदम इंगूरी। कल वह राव दूदा के पास जाकर अपना संकल्प प्रकट कर देगी।

मीरा ने यह धारणा निश्चित कर ली और तब अपने श्रीकृष्ण को एक पद अर्पित करने बैठ गई—

माई सांवरे रंग राची।
साज सिंगार बांध पग घूंघर लोकलाज तज णाची।
गया कुमत लयों साधां संगत श्याम प्रीत जग सांची।
भायां गाया हरि गुण निस दिन, काल ब्याल री बांची।
स्याम विणा जग खारां लागां, नगरी वाती कांची।
मीरां सिरि गिरधर नट नागर भगति रसीली जांची॥

चूंकि मां ने ही पहले-पहल जाने अथवा अनजाने मीरा को श्याम का बना दिया था, अतः हर संकल्प-पद की साक्षी उसने मां को ही बनाया। मां की याद आते ही उसकी आंखें छलछला आईं, काश आज मां होती तो उसे इतने एकाकीपन का बोध नहीं होता, उसके संघर्ष-मार्ग को सुगम कर देती वह। तब वह और निर्भय होती। अब तो उसे सब कुछ अकेले ही करना है। एक दासी अर्पणा है पर दासी तो फिर भी दासी ही होती है। मां की सुरक्षा तो वह नहीं ही प्रदान कर सकती। उल्टे उसे ही सहायता की आवश्यकता होगी। हां, ललिता में अधिक सम्भावनाएं हैं। ललिता उसकी सखी हो सकती है। अर्पणा लाख चाह कर भी दासी से ऊपर नहीं उठ पायेगी।

ऐसा क्यों करता है ईश्वर अथवा उसका मुरलीमनोहर? जिसको अपना बनाता है उसके अपनों को ही क्यों छीन लेता है? कितनी खलती है आज मां की कमी उसे!

सैंतोस

आज मीरा को अपनी प्रतिज्ञा को अभिव्यक्ति देनी थी, राव दूदा के समक्ष।

मन कई दुविधाओं से ग्रस्त था—राव दूदा उसे उतना बड़ा कदम उठाने देंगे? अपने कुल और वंश पर निरन्तर गर्व करने वाले दूदा उसे केवल कृष्ण का होकर रहने की अनुमति कैसे देने लगे? और यह चहारदीवारी तोड़ने की बात? प्रस्तुत होंगे वे उसे मुक्त कर देने को इस महल से?

मीरा को सब कुछ राव दूदा से कहना ही था। परिणाम चाहे जो हो। तो क्या राव दूदा अनुमति नहीं देंगे तब भी मीरा वही करेगी जो उसने ठान लिया है? शायद हां। शायद नहीं, उसके मन ने उसे उसके संकल्प की याद दिलाई। सारे बंधन तोड़ने हैं भले ही वह राव दूदा का ही बंधन क्यों न हो। हां, वही राव दूदा जिन्होंने उसे माता-पिता और पितामह तीनों का प्रेम दिया है जिन्होंने उसके हृदय में भक्ति की अग्नि सुलगाई है। उसी राव दूदा को भी छोड़ना पड़ेगा उसे श्रीकृष्ण के लिए, पूरी नारी जाति के उद्धार के लिए। अब उसमें अधिक सोचना क्या था? विचारना क्या था?

राव दूदा अपने कक्ष में बैठे प्रातः की प्रार्थना गुनगुना रहे थे। यह मीरा की ही एक रचना थी। मीरा इठलाती अन्दर चली गयी। उनके पर्यंक पर ही उनसे सटकर बैठ गयी। अपने कोमल हाथों में उनकी गर्दन को लपेट लिया और इठलाती हुई बोली, "क्या कर रहे हो दादू?..."

"तुम्हारे मुरलीमनोहर को ही याद कर रहा हूं।"

"क्यों? मुरलीमनोहर केवल मेरे कब से हो गए? वे तुम्हारे नहीं हैं क्या?" मीरा ने आंखों में उलाहना भरी।

"हैं तो मेरे भी। अपितु सम्पूर्ण संसार के हैं। चर-अचर सबके। किन्तु इन दिनों वह मात्र तुम्हारे ही होकर रह गए हैं।" राव दूदा मुस्कराए।

"यह कैसे?" मीरा ने निश्छलतापूर्वक पूछा।

"तुम जो रोज एक पद इनके लिए रचने लगी हो! मैं तुम्हारी तरह कवि कैसे बनूं? मुझे भी कविता आती तो मैं भी मुरलीमनोहर को तुमसे छीन लेता।" राव दूदा हंसे।

"इसमें हंसने की क्या बात है दादू? श्रीकृष्ण जैसा मेरा वैसा तुम्हारा। वह किसी एक का होकर कब रहा है? वह तो सबका है ही और अगर किसी को वह सबसे अधिक मानता होगा तो वह तुम होगे, मैं नहीं।"

"क्यों?" राव दूदा ने आश्चर्य से पूछा।

"वह इसलिए कि मुझे पद बनाने के अवसर और प्रेरणा तो तुम्हीं ने प्रदान की।"

"यह झूठ है।"

"क्यों?"

"कवित्त दुर्लभ है। पढ़ने से कोई कवि नहीं बन जाता। पढ़ने को तो तुम्हें पढ़ाने वाले रामदास भी हैं। वह क्यों नहीं कवि हो गए? मैं तो संस्कृत नहीं जानता। एक

दो श्लोक कहीं से सुन लिए हैं। कंठस्थ हो गये हैं। जानती हो उसमें कवित्व शक्ति की कितनी सराहना की गयी है?"

"नहीं।"

"तो सुनो—

नरत्वं दुर्लभं लोके विद्या तत्र सुदुर्लभा
कविस्वं दुर्लभं लोके शक्तिस्तत्र सुदुर्लभा ॥"

"क्या अर्थ हुआ।" मीरा ने पूछा।

"अर्थ तो स्पष्ट है। बड़ा सरल श्लोक है। इसमें यही कहा गया है कि संसार में मनुष्य योनि प्राप्त करना कठिन है। मनुष्य योनि मिल भी गई तो विद्या प्राप्त करना कठिन है। विद्या प्राप्त हो भी गई तो कवित्व प्राप्त कर लेना और कठिन है···। तो अब आई न बात समझ में? सच्चाई को तो स्वीकारना ही पड़ेगा?"

"तो ग्यारह वर्ष की मीरा अपने कोई अस्सी वर्ष के दादू से भी बड़ी हो गई? यही न?" मीरा ने कृत्रिम क्रोध में कहा।

"हां, क्योंकि वह कवयित्री है। अपने कृष्ण के लिए पद गढ़ लेती है। राव दूदा ऐसा नहीं कर सकते। यही बात स्पष्ट करती है कि श्रीकृष्ण-कृपा, मीरा पर, राव दूदा की अपेक्षा अधिक है। और उम्र की बात तुम क्यों चलाती हो? प्रह्लाद की बात याद है? उसकी क्या उम्र थी? भक्ति में भाव देखा जाता है, उम्र नहीं।"

"तो तुम्हारे भाव में कुछ कमी है?"

"अब यह सब छोड़ो। कमी होना स्वाभाविक है। भाव में नहीं तो भक्ति में मैं तुम्हारा सामना कैसे कर सकता हूं? मैं जो जीवन-भर लड़ाइयों में लगा रहा, अपने हाथों को मानव-रक्त से रंजित करता रहा, इन अपने हाथों से कितना भी रक्त-कमल चढ़ाए तुम्हारा मुरलीमनोहर कब उसे महत्व देने लगा, तुम्हारे हाथ निर्दोष हैं, तुम्हारी आत्मा स्वच्छ। तुम्हारी भक्ति को तो वह मुझसे अधिक महत्व देगा ही। पर इसमें मुझे प्रसन्नता ही है।"

"क्यों?"

"इसलिए कि वही हो रहा है जो मैं चाहता था। हम अपने वंश में एक कृष्ण भक्त अथवा भक्ता चाहते थे। हमारे मुरलीमनोहर ने हमें वह दे दी, हमारे तो जीवन भर की आकांक्षा पूरी हुई, मेरा स्वप्न साकार हुआ। मैं क्यों नहीं प्रसन्न होऊंगा? तुम्हें क्या पता, मैं यह लोक छोड़ने वाला था पर लगता है तुम्हारे लिए ही मेरे जीवन के दिन बढ़ा दिए गए। मैंने इस समय का सार्थक उपयोग किया। मुझे हर्ष है मीरा, हमने अपने कुकर्मों की प्रायश्चित कर ली, हमने एक मीरा गढ़ ली। तुम्हें क्या पता तुम्हारे माता-पिता और मैंने कितनी सावधानी से तुम्हें गढ़ा है। खैर सुनो, मैं तुम्हारा ही गीत गुनगुना रहा था। भला इससे भी कोई सौभाग्य की बात होगी कि पितामह अपनी पौत्री की ही रचना को अपनी प्रार्थना बनाए।"

"भला सुनूं तो वह कौन-सी रचना है।" मीरा ने कहा।

"वही तो सुनाने जा रहा हूं।"

"सुनाइए।"

और राव दूदा ने आरम्भ किया—

"माई म्हां गोविन्दा, गुण गास्यां।
चरणामृत रो नेम सकारे, नित उठ दरसण जास्यां।
हरि मन्दिर मां निरत करावां घुघरयां झमकास्यां।
स्याम नाम रो झांझ चलास्यां भोसागर तर जास्यां।
यो संसार वीड़रो कांटो, गोल प्रीत अटकास्यां।"

"बोलो तो कैसा मधुर है यह पद?" राव दूदा ने गाना बन्द कर पूछा।

"यह अपने में तो मधुर नहीं है दादू! हां, तुम्हारे कंठ से निकलकर वह अवश्य मधुर हो गया है।"

"अच्छा जो तुम कहो वही सही, पर यह पद मुझे अन्दर से आह्लादित कर गया।" राव दूदा बोले।

मीरा को अच्छा अवसर मिला। वह बोल पड़ी—"तो तुम आज सचमुच प्रसन्न हो दादू।"

"इसमें कोई संदेह है। एक तो मैं तुम्हारे ही बनाए पद में मस्त हो रहा था ऊपर से तुम आ गईं मेरी बिटिया रानी।"

"तुम सचमुच प्रसन्न हो दादू?"

"हां। इसमें क्या संदेह?"

"आदमी प्रसन्नता में किसी को मनचाहा वरदान देता है। देता है कि नहीं बोलो।"

"हां देता है।" राव दूदा ने स्वीकारा।

"तब तुम मुझे मनचाहा वरदान दे दो।"

"अगर वह मेरे पास नहीं हुआ?" राव दूदा ने असमंजस में पड़कर पूछा।

"है। मैं इतनी मूर्खा नहीं कि जो तुम्हारे पास नहीं है, वही तुमसे मांग बैठूं।"

"तो मांग लो।"

"दोगे न?" मीरा ने वचन लेना चाहा।

"अगर मेरे अधिकार में है तो अवश्य मिलेगा।"

"सोच लो। है वह तुम्हारे अधिकार में ही।"

"तो मांग लो।"

"मुझे आजीवन केवल मुरलीमनोहर की सेवा-भक्ति का अवसर मिले।"

"यह कौन बड़ी बात है? तुम आजीवन श्रीकृष्ण-चरण की सेवा करतीं रहो। यह तो तुम मेरे ही मन की बात कह रही हो। यही तो मैं वर्षों से चाहता आ रहा था। तो मैंने तुम्हें यह वरदान दिया।" राव दूदा प्रसन्नता में भरकर बोले।

"सोच लो दादू," मीरा ने मुसकराते हुए कहा, "मैंने आजीवन केवल मुरली-मनोहर की सेवा का वरदान मांगा है।"

"सोच लिया। इसमें तो मेरे ही मन की हो रही है। और क्या सोचना?"

"केवल कृष्णचरणों की सेवा का अर्थ होगा कि मुझे और किसी के चरणों की दासी नहीं बनना पड़ेगा।" मीरा मुसकराती हुई बोली।

"कौन कहता है कि श्रीकृष्ण के होते तुम किन्हीं और चरणों की दासी बनो?" राव दूदा गंभीरतापूर्वक बोले।

"इसका मतलब समझे ?"

"क्या ?" राव दूदा ने कुछ सोचने का प्रयास करते हुए कहा।

"इसका अर्थ यह हुआ कि मैं विवाह नहीं करूंगी।"

"क्या ?" राव दूदा जैसे आसमान से गिरे।

"हां, तब तो केवल कृष्ण-चरण की सवा की बात नहीं रह जायेगी। मुझे पति-चरणों की भी सेवा करनी पड़ेगी ?"

"पर ऐसा कहीं हुआ है ?" राव दूदा के चेहरे पर घबराहट के भावस्पष्ट थे।

"कैसा ?"

"कि राजपुत्री वह भी राठौरी राजपुत्री विवाह न कर आजीवन कुमारी रहे ?" राव दूदा के चेहरे पर भावों का उतार-चढ़ाव जारी था।

"सोच लो, तुम वचन हार चुके हो दादू।" मीरा भी गम्भीर हो आई।

"तुम अपनी प्रतिज्ञा पर अटल हो ?" राव दूदा ने कुछ सोचते हुए कहा।

"पूरी तरह।"

"तुम्हें विश्वास है तुम आजीवन कौमार्य-व्रत पालन कर लोगी !"

"अवश्य, अगर घर वाले बाधा नहीं दें। मैंने सुना जब से मैं नौ वर्ष की हुई तभी से मेरे दूल्हे की खोज जारी है। पिता रतन सिंह और ताऊ वीरमसिंह आज-कल इसी काम को सर्वाधिक प्राथमिकता दे रहे हैं।"

"यह तो है। तब भी तुम वरदान मांग रही हो, अपने ताऊ और पिता की इच्छा के विरुद्ध ?"

"तब तुम चाहते हो कि मैं कृष्ण-भक्ति से मुंह मोड़ लूं ?"

"नहीं, नहीं; ऐसा मैं स्वप्न में भी नहीं सोच सकता। तुम्हें तो हम कृष्णार्पिता कर चुके हैं। कृष्ण भक्ति से तुम विमुख होगी तो मैं जिन्दा नहीं रहूंगा।"

"दादू, तब यह भी समझ लो कि विवाह और भक्ति दोनों को साथ-साथ साधना कठिन होगा मेरे लिए।"

"तब जो तुम चाहती हो वही हो," राव दूदा निर्णय-सा लेते हुए बोले, "मैं जब तक जीवित हूं, तुम्हारा विवाह नहीं होगा।"

"और तुम्हारे बाद ?"

"अपने पश्चात् की बात मैं नहीं जानता। मैंने केवल अपनी ओर से वरदान दिया है। उसकी रक्षा मैं करूंगा।"

"भगवान करे तुम्हारी उम्र लम्बी हो जाय और मेरी शादी की उम्र ही समाप्त हो जाय।" मीरा ने चतुर्भुज-मन्दिर की ओर हाथ जोड़ते हुए कहा और उठ खड़ी हुई।

अड़तीस

मनुष्य सोचता क्या है, हो क्या जाता है ? किस दिन समझेगा वह कि सब कुछ उसके वश का नहीं है ? क्या नियति ने सारा कुछ पूर्व नियोजित रखा है ? कि शाम के बने सपने अगर सुबह में कांच की तरह टूक-टूक हो जाते हैं तो उसमें उसका

कोई दोष नहीं ! उसे तो होना ही था। अब सपनों के चूर-चूर हुए टुकड़ों को चुनने की अपेक्षा किसी नए सपने को जन्म देना, किसी नई योजना को हाथ में लेना कहीं अधिक अच्छा है, परिणाम चाहे जो हो। पर भूत को लेकर रोते रहना अथवा वर्तमान को उसकी प्रतिकूलता के लिए दोषी ठहराना कोई बुद्धिमानी नहीं है। आज का वर्तमान ही कल का भविष्य होता है, अतः वर्तमान को अनुकूल बनाने के प्रयास से भविष्य भी संवर आता है। नियति फिर भी अपना कार्य करती ही जाती है। अगर वह एक बार के बनाए नीड़ के तिनके उड़ा दे तो दुबारा नीड़ बनाने से बचना मानव-धर्म नहीं है। नियति को अपना कार्य करने को छोड़कर, अपने दायित्वों के प्रति सजग रहना ही जीवन का शाश्वत सत्य है। मनुष्य और नियति का यह युद्ध तो चलता ही रहेगा। उसमें अनेक बार मनुष्य पराजित होगा। एक से अधिक बार वह नियति को भी पराजित कर सकता है।

नियति ने मीरा के साथ भी वही खेल खेला जो अक्सर वह औरों के साथ खेलती है।

प्रातः उठते ही जो पहली सूचना मिली वह थी राव दूदा के बुरी तरह अस्वस्थ होने की। वह दौड़ी-दौड़ी राव दूदा के कक्ष में गई। विशाल कक्ष परिजनों-पुरजनों से पूरी तरह भरा हुआ था। राजवैद्य ने दूदा की दाहिनी कलाई पर हाथ दे रखा था।

मीरा कक्ष की भीड़ को किसी प्रकार चीरते हुए दूदा की शय्या तक पहुंची। दूदा की श्वासें ऊर्ध्वगामी हो चुकी थीं। उनकी आंखें जैसे निरन्तर किसी को ढूंढ़ने के प्रयास में रत थीं। मीरा को देखते ही उनमें एक हल्की चमक आई और उनके मुख से अस्पष्ट शब्दों में निकला, "मीरा !"

मीरा राव दूदा के वक्ष पर मूल-विहीन वृक्ष की तरह गिर पड़ी—"दादू !" उसके मुंह से एक घोर चीत्कार निकला जैसे किसी ने उसके अन्तर को किसी तीक्ष्ण अस्त्र से विद्ध कर दिया हो।

"दादू ! तुम्हें क्या हो गया ? मैं कैसे तुम्हारे बिना रह सकती हूं ? मैं तो अब पूरी तरह अनाथ हो गई। मां के मरने पर मुझे तुमने इतना स्नेह दिया कि उस घाव को मैं किसी तरह झेल गई। अब उस वज्राघात को मैं कैसे झेलूंगी दादू ? दादू ! मत जाओ, हमें छोड़कर दादू !!"

राव दूदा के होंठ कुछ हिले। उन्होंने हल्के नपे-तुले शब्दों में कहा, "जिसका कोई नहीं होता, उसका भगवान होता है। मुरलीमनोहर तुम्हारा ख्याल रखेंगे··· वही तुम्हारे पिता, माता—पति और पितामह सब होंगे। तुम उनको नहीं भूलना। वे तुम्हें कभी नहीं भूलेंगे।"

मीरा की आंखों से अश्रुप्रवाह जारी था। वह हिचकियां पर हिचकियां ले रही थी। राव दूदा ने अपने दाहिने हाथ को थोड़ा ऊपर उठाया। वीरम सिंह को इशारे से अपने पास बुलाया। वीरम सिंह ने उनके मुख से अपना दाहिना कान लगाया। मीरा दूदा के पलंग से उठ चुकी थी। ललिता मीरा के पीछे ही कक्ष में उपस्थित हो गई थी उसे अपने हाथों में थाम लिया था। अर्पणा भी वहीं आंसू बहाते खड़ी थी। राव दूदा द्वारा किसी तरह वीरम के कानों में कहे जा रहे शब्दों को उन्होंने पकड़ लिया था···वीरम अब···तो मैं···चला। मीरा का दायित्व तुम्हारे ही हाथों

में···सौंप रहा हूं। रतन का अधिकांश समय बाहरी कार्यों में ही बीतता है। अब मीरा की समुचित देख-भाल तुम्हारे ही हाथों में है। हां, एक बात और मीरा के सम्बन्ध में कोई···।" यहीं पर आकर राव दादू की सांसें उखड़ गईं। उनकी आंखें पलट गईं।

राजवैद्य ने नाड़ी परीक्षा कर कहा—"राव जी नहीं रहे।"

मीरा भौंचक्के में आ गई। राव दूदा के प्राणों की डोरी असमय ही कट गई। अवश्य ही वह कहना चाहते थे कि मीरा के विवाह को लेकर कोई चिन्ता नहीं करना। मैंने उसे आजीवन कौमार्य व्रत पालन की अनुमति दे दी है। पर हाय रे मीरा का भाग्य, राव दूदा अपनी प्रतिज्ञा भी वीरम तक नहीं पहुंचा सके? अब क्या बनेगा मीरा का? वह रोती-चिल्लाती कक्ष से बाहर भागी। वह चतुर्भुज मंदिर में जाकर अपने श्रीकृष्ण से बहुत-बहुत शिकायत करना चाहती थी। उलाहने देना चाहती थी कि कितने निष्ठुर हो तुम कि मेरे होश संभालते न संभालते मेरी मां को ले गए, अब जब कुछ होश संभाला तो मेरे सर्वाधिक शुभेच्छु दूदा को ले बैठे। ले बैठे तो ले बैठे उन्हें उतना भी अवसर नहीं दिया कि वे अपना अन्तिम संदेश भी वीरम सिंह को दे सकें।

अतः, आजन्म अविवाहित रहकर तुम्हारी सेवा-अर्चना की बात तो होने से रही। राव वीरम चाहे और जो करें मुझे अविवाहिता तो वे नहीं ही देख सकते।

वह मन ही मन बड़बड़ाती चतुर्भुज मंदिर की ओर जा रही थी कि थोड़ी ही देर में नतमस्तक मीरा किसी से टकरा गई। उस व्यक्ति ने उसे बड़े प्रेम से अपनी बांहों में बांध लिया। मीरा ने अचकचा कर देखा—पिता रतन सिंह थे ये। मीरा का चीत्कार अब रोके भी नहीं रुका, "बापू, अब हम क्या करेंगे? किसके सहारे जीवित रहेंगे? हमारे नीड़ का तिनका-तिनका उजड़ गया। मां जाती रही, दादू भी नहीं रहे। हमलोगों का जीवन घोर अन्धकार से भर गया बापू!"

रतन सिंह ने अपनी बड़ी पगड़ी के एक छोर से मीरा की आंखों से बहती जलधार को पोंछना चाहा पर सलिल-धार थी कि रोके नहीं रुकती थी। रतन सिंह को लगा कि अगर वे अपनी समूची पगड़ी को भी भीगा दे तब भी बेटी की आंखों को नहीं सुखा पायेंगे।

उन्होंने बेटी की पीठ पर सान्त्वना का हाथ फेरा और कहा, "मुरलीमनोहर में विश्वास करो बेटी। वह सब ठीक करेगा।" फिर थोड़ा रुककर भरे गले से बोले, "क्या दादू ठीक ही नहीं रहे? मेरे पास तो सुबह ही सूचना पहुंची कि रात से ही कलेजे के दर्द से रेत पर पड़ी मछली की तरह छटपटा रहे हैं दादू। मैं संवाद सुनते ही वायु वेग से अश्व दौड़ाता कुड़की से यहां पहुंचा। क्या मैं उनके अन्तिम दर्शन भी नहीं कर सकता?"

"नहीं बापू, दादू के शव के ही तुम अब दर्शन कर पाओगे। उनके प्राण अनन्त पथ के पथिक बन गए। बापू। अब हमारा कौन है···?" कहकर मीरा ने पिता का मार्ग छोड़ दिया। वे राव दूदा के कक्ष की ओर दौड़े।

अर्पणा और ललिता ने ग्यारह वर्षीय मीरा को सहारा दिया। वह चतुर्भुज मन्दिर में आई और मूर्ति के सामने बैठकर अपना जी हल्का करना आरम्भ किया—

"क्यों छीना, क्यों छीना तुमने मुझसे मेरे दादू को? मां को छीनने से पेट नहीं

भरा था कि अपना चक्र चला दिया तुमने दादू की ग्रीवा पर ही? तुम तो हो ही ऐसे। किसी के प्रति दया-माया तुम्हारे पाषाणी अन्तर में कहां से आये? जिस मां यशोदा ने तुम्हें अपने शरीर का रक्त पिलाया, जिस बाबा नन्द ने बुढ़ापे में एक पुत्र-प्राप्ति की प्रसन्नता में तुमसे उतना लाड़ लड़ाया, जिन गोप-गोपियों ने तुम पर अपना सबकुछ न्योछावर किया, जो राधा आजीवन तुम्हारे नाम की माला जपती रही, उन सबों को छोड़ने में तो तुम्हें क्षण की देरी लगी नहीं और छोड़ा भी ऐसा कि पुनः पलट कर उनकी ओर देखा तक नहीं। तुझ निष्ठुर से और किस चीज की आशा की जा सकती है? पता नहीं रुलाने में तुम्हें क्यों इतना आनन्द आता है! पता नहीं अपने आश्रितों को ही कष्ट देकर तुम क्यों इतने प्रफुल्लित होते हो? तुम्हारे संग बंधने की कीमत बहुत मंहगी पड़ती है मुरारी!

"तुम चाहे जो करो। जितनी यन्त्रणाएं दो, मैं तो तुम्हें छोड़ने से रही। जानती हूं आगे का मार्ग भी कंटकाकीर्ण है क्योंकि ऐसा नहीं हो तो तुम्हें आधार मानने की बात सिद्ध भी कैसे हो? पर नारी, वह भी राजपूतानी तो एक बार ही किसी की होती है, मैं तो तुम्हारी हो चुकी गिरधारी। मां और दादू ने भी तुम्हारा हाथ पकड़ा दिया। अब तो मैं किसी और की होने से रही।

"तुम तो परमेश्वर हो लीलाधर! पूर्णतया तटस्थ। तुम्हारे लिए जन्म-मृत्यु मात्र एक क्रीड़ा होगी। तुम्हें इस सबमें आनन्द ही आता होगा। आखिर अपनी ही लीला के दर्शन से किसको आनन्द नहीं होता? पर कभी यह भी तो सोचा होता नन्ददुलारे कि हम सब सामान्य व्यक्ति हैं। अधिक से अधिक, तुम्हारी भक्ति को समर्पित। हमें ज्ञान और पांडित्य से क्या सम्बन्ध? हम क्या जानें तुम्हारी योग-शिक्षा? तुम्हारा सांख्य-ज्ञान कि शरीर मरे तो मरे आत्मा अविनाशी है।

"मुझे यह तुम्हारा दर्शन नहीं चाहिए मुरलीधारी! मुझे तो चाहिए मेरी मां, मेरे दादू। उनके शरीर गए तो उनकी आत्मा हम कहां ढूंढ़ते फिरें? फिर वह हमारे किस काम की? तुम्हें चाहिए तो तुम उन्हें सुरक्षित रखो। पर मुझे मां का प्यार किधर से मिलेगा? दादू का दुलार कहां उपलब्ध होगा? यह घोर अन्याय है जगन्नियन्ता! हां, तुम जगन्नियन्ता तो हो ही। उसमें कहां संदेह? पर कैसा है यह तुम्हारा नियमन! अपनों को ही पीड़ित करते जाने में कौन सुख मिलता है तुम्हें?

"ठीक है जो तुम्हारी इच्छा। तुम्हारे आदेश के बिना तो तरु का एक पत्र भी नहीं डोलता। जन्म-मृत्यु तो बड़ी चीजें हैं, वे बिना तुम्हारी इच्छा के कब से होने लगीं?

"खैर इस भिक्षुणी को इतना ही आशीर्वाद दो कि वह परीक्षा की विकट से विकट घड़ी में भी विचलित नहीं हो और वह सदा-सदा तुम्हारे चरणों की दासी बनी रहे।"

इतना कहकर मीरा बहुत देर तक मन्दिर के अन्दर ही बैठी रही। जिह्वा का चलना रुक चुका था पर आंखों का बरसना जारी था।

दरवाजे पर बहुत देर से प्रतीक्षा में खड़ी अर्पणा और ललिता ने बहुत समय निकल जाने की सूचना दी। मीरा अन्यमनस्क-सी उठी। अपने कक्ष में आ वह धड़ाम से पर्यंक पर लेट गई। यहां उसके चिर सहचर मुरलीमनोहर की पीताम्बर-

धारी मूर्ति अपने नियत स्थान पर पड़ी हुई थी। उसने उसकी तरफ एक उड़ती-सी दृष्टि डाली और फिर आंखें मूंदकर पड़ गई।

ललिता एक गिलास पानी और एक बड़े गिलास में केशर-मिश्रित दुग्ध रख गई। पर मीरा ने उन्हें हाथ तक नहीं लगाया। उस पूरे दिन और पूरी रात न तो उसने कोई चीज मुख में डाली और न एक क्षण के लिए उसे नींद ही आई।

दिन में तो महल का रसोईघर बन्द ही रहा। रात में मेहमानों के लिए कुछ खाने-पीने का प्रबंध हुआ तो ललिता ने एक थाल में मीरा का भोजन लाकर रख दिया। पर मीरा का मन बिस्तर से उठने का भी नहीं हुआ। थाली तक हाथ ले जाने का तो कोई प्रश्न ही नहीं था। अर्पणा ने भी आकर आग्रह किया। पर सब व्यर्थ!

मीरा नहीं खाई तो अर्पणा और ललिता ने भी एक दाना अन्न तक मुंह में नहीं डाला। वे मीरा के कक्ष के बाहर बरामदे में ही एक साधारण बिछावन डाल कर पड़ रहीं।

उनतालीस

ईश्वर द्वारा मानव को प्राप्त बहुत सारे वरदानों में एक विस्मृति का भी वरदान है। अगर यह विस्मृति का वरदान उपलब्ध नहीं हो तो मनुष्य का इस ग्रह पर जीवित रहना कठिन हो जाय। एक समय के पश्चात् मनुष्य सब कुछ विस्मृत कर जाता है। दुःख भी और सुख भी। सुख के दिन आते हैं तो लगता है, अब लाख दुःख आये सुख के इन कुछ दिनों के आधार पर ही सबको काट लेंगे। दुःख के क्षण आते ही सुख के क्षण पता नहीं स्मृति से कहां तिरोहित हो जाते हैं और सर्वत्र दुःख ही दुःख दृष्टिगोचर होने लगता है। लगता है दुःख के ये क्षण अनन्त हो जायेंगे और सुख के क्षण अब सपने बनकर ही रह जायेंगे। ऐसा होता नहीं। दुःख के ये दिन भी बीत जाते हैं।

यही कारण है कि किसी दार्शनिक ने कहा है, यह भी नहीं रहेगा, वह भी नहीं रहेगा। अर्थात् न सुख को शाश्वत बनकर रहना है न दुःख को। विस्मरण वरदान है मनुष्य-जाति के लिए; वह माने अथवा नहीं माने।

कुछ दिनों में मीरा के मन से भी राव दूदा की मृत्यु का दुःख जाता रहा। इन कुछ दिनों उसकी दिनचर्या निश्चित ही गड़बड़ हो गई थी। न नहाने का ठिकाना, न खाने का। पर जैसे-जैसे समय व्यतीत होता गया वैसे-वैसे दूदा की याद भी विस्मृत होती गई। यों यह अलग बात थी कि खाली क्षणों में या सोने के पूर्व अथवा स्वप्न में ही दादू की याद आ जाती या उनके दर्शन हो जाते पर इस स्मरण, इस दर्शन में कोई पीड़ा नहीं होकर प्रेरणा ही होती। ऐसा कि जैसे दादू याद करा रहे हों आज ठाकुर जी के लिए यह नहीं किया, अथवा उनकी पूजा में नियमितता नहीं बरती जा रही; आदि आदि। मीरा इस सबमें सुख का ही अनुभव करती और चतुर्भुज भगवान की पूजा-अर्चना कर आती। दादू के नहीं रहने

पर घर में ऐसा कोई नहीं था जो ठाकुर के षोड्षोपचार पूजा का दायित्व संभालता। प्रात:, मध्याह्न और रात्रि की आरती का प्रबंध करता। फलत: मंदिर में एक नए पुजारी की नियुक्ति करनी पड़ी।

रतन सिंह कोई बारह-तेरह दिनों तक जब तक राव दूदा के सभी संस्कार नहीं हो गए, रुके रहे।

चलते समय उसने राव वीरम से कहा कि दादू के दिवंगत हो जाने के पश्चात् मीरा का तो अब कोई ठीक से देख-भाल करने वाला भी नहीं रहा, अत: उसे अब उनके साथ जाने देना ही उचित होगा।

राव वीरम ने विरोध किया, "क्या तुमको हम लोगों पर विश्वास नहीं? दादू नहीं रहे तो क्या हुआ, हम लोग तो हैं ही। तुमने तो अपनी भक्ति में पड़कर विवाह भी नहीं किया। घर में कोई औरत है नहीं जिससे मीरा वार्तालाप तक कर सके। यहां कम से कम मेरी पत्नी तो है। वह उसे अपने पुत्र जयमल से कम प्यार नहीं देती। मेरे विचार से तुम मीरा को यहीं छोड़ दो। भगवान चतुर्भुज के विग्रह से भी उसका बहुत लगाव हो गया है। वह रहेगी तो उनकी सेवा-अर्चना भी विधिवत चलती रहेगी।"

"मीरा से पूछ लो क्या कहती है?" रतन सिंह ने इस निर्णय को मीरा पर ही छोड़ना चाहा।

मीरा कुड़की जाने को प्रस्तुत हो गई।

राव वीरम को इससे बड़ा धक्का लगा और उनके मुंह से निकल ही गया, "हम लोगों को पराया समझती हो बेटी?"

"नहीं, पराया नहीं। मैं कुड़की के एकान्त में कुछ भजन-कीर्तन करना चाहती हूं। वहां का प्राकृतिक परिवेश भी बड़ा आकर्षक है। मेरा पद लिखना दादू की मृत्यु के पश्चात् से ही बन्द है। वहां के अकृत्रिम परिवेश में शायद मेरी सोई प्रतिभा पुन: जाग्रत हो जाय। यों अब कुड़की और मेड़ता दोनों समान रूप से मेरा आवास रहेगा। दूदा के प्यार में बंधकर कुड़की नहीं जा पा रही थी। पिता जी भी तो घर में अकेले हैं। मां की अनुपस्थिति में उनकी थोड़ी देख-भाल भी कर सकूं तो अपने को धन्य मानूंगी। मैं आती-जाती रहूंगी।"

"जैसी तुम्हारी इच्छा," राव वीरम ने कहा, "हमें हमेशा तुम्हारी प्रतीक्षा रहेगी। यह मत समझना कि दादू के नहीं रहने पर हम तुम्हारी स्वतंत्रता में कोई बाधा डालेंगे। तुम पहले की तरह ही पद रचने, नाचने-गाने और कीर्तन करने को स्वतंत्र रहोगी। बल्कि तुम चाहो तो हम तुम्हारा आयोजन चतुर्भुज मंदिर के बाहर भी यदा-कदा कर सकते हैं जिससे तुम्हारी प्रतिभा से अधिक-से-अधिक लोग प्रभावित हो सकें और तुम्हारी साधना-आराधना से उनका भी कुछ कल्याण हो सके..."

"हां बेटी! वहां से मन ऊब जाय तो यहां आ जाना।" वीरम की पत्नी ने कहा, "तुम्हारे इस पिता को तो अब अश्वारोहण और शस्त्र-संचालन से ही फुर्सत नहीं। यह तुम्हारा क्या ख्याल रखेगा? मेरा विचार है तुम्हें शीघ्र हीं यहां वापस आ जाना चाहिए। क्यों रतन?" अनुबाई ने भाभी के अधिकार से कहा।

"जैसी आप लोगों की इच्छा। पिताजी के देहान्त के पश्चात् तो अब आप ही

दोनों हमारे माता-पिता हैं। आपकी आज्ञा का उल्लंघन मैं कैसे कर सकता हूं?"

"नहीं कर सकते रतन।" वीरम ने आरंभ किया, "तुम तो दुर्भाग्यवश पिता के दिवंगत होते समय यहां थे नहीं। पिता जी ने अन्तिम क्षण मेरे कानों में कहा कि मीरा की देख-रेख वे मुझ पर ही छोड़े जा रहे हैं।"

मीरा के जी में आया कि दादू जो कुछ कहते-कहते रह गए थे, उसे भी वह यहीं कह दे। पर उसके लिए न यह स्थान उपयुक्त था न समय। जब वह समय आयेगा तो देखा जाएगा।

अन्ततः मीरा एक सजी-सजाई ऊंट-गाड़ी में बैठ अपने पिता के साथ कुड़की के लिए रवाना हो गई।

चालीस

वीणा के तारों को नहीं छेड़ो तो उनसे कोई राग नहीं निकलता। पर एक सधे हुए हाथ की सधी हुई अंगुलियों का हल्का स्पर्श ही उन निर्जीव तारों में प्राण फूंक जाता है। सप्तम स्वर में बज उठती है वीणा, अगर बजाने वाली अंगुलियां हों।

यही स्थिति एक कलाकार-हृदय की है। परिवेश की प्रतिकूलता में हृत्तंत्रियां भी वीणा के सुप्त तारों-सी होती हैं। प्रतिभा दबी-कुचली पड़ी रहती है पर जहां कुछ प्रेरणा मिली, परिवेश बदला तो हृत्तंत्रियां भी झंकृत हो जाती हैं। दबी-कुचली प्रतिभा कुंडलिनी-सी जग आती है।

यही हुआ मीरा के साथ। मेड़ता की अपेक्षा कुड़की का प्राकृतिक परिवेश अत्यन्त ही हृदयग्राही था। गांव के आस-पास हरीतिभा लोटती रहती थी—बबूल वृक्षों के रूप में, करील-कुंजों के रूप में तथा पनस-वृक्षों के रूप में। उनपर बसेरा बनाए पक्षियों का स्वर भी अपने विशेष आरोह-अवरोह में उठता-गिरता रहता था। बड़ा ही कर्ण-प्रिय था यह संगीत।

मयूर के जोड़े भी यहां अधिक ही थे। उनका मोहक रूप, उनके पंखों का सतरंगी स्वरूप और उन पंखों पर प्रकृति द्वारा उकेरे चंद्राकार चित्र ये सब मीरा के मन को बांधने लगे थे। मेड़ता तो फिर भी नगर था। वहां के आसमान में ऊंचे सिर उठाओ तो कहीं अट्टालिकाओं और महल-शिखरों के जंगल को छेदकर ही आंखें तारों के या पूर्ण चन्द्र के दर्शन कर सकें।

कुड़की का आसमान साफ था। गगनस्पर्शी प्रासादों के शिखर उसे ढंकने को नहीं थे। संध्या होते ही आसमान में तारिकाओं की पंक्तियां सज जातीं। अगर पूनो की रात हुई तो खिलखिलाता, अमृत बरसाता चन्द्रबिम्ब मन को मोह लेता।

शाम घिरते-न-घिरते वन्य जन्तुओं की चित्र-विचित्र आवाजों से आस-पास का प्रदेश मुखरित हो उठता।

मर्माहत हुई मीरा के लिए प्रकृति के इन वरदानों ने संजीवनी का कार्य किया

और कुछ ही दिनों में वह प्रकृतिस्थ हो आई। उस अनुकूल परिवेश ने उसके अन्तर को स्नेहिल स्पर्श दिया और उसके अन्दर की सोई रागिनी जाग पड़ी।

पदों को लिखना उसने फिर आरम्भ कर दिया और कुड़की आने के कोई एक पक्ष बाद उसने वहां अपना पहला पद रचा—

दरस विन दूखां म्हारा नैण।
सबदां सुणतां हृतिया कांपा भी हो थारी वैण।
विरह विथा कासूं री कहयां पेठां करवत ऐण।
कलणां पड़तां हरि मग जोवां भया हमारी रैण।
थे बिछड़या म्हां कलपां प्रभुजी, म्हारी गयी बस यैण।
मीरा रे प्रभु कब रे मिलोगो दुख भेदण सुख दैण।

—दर्शन के बिना मेरी आंखें दुखने लगीं। तुम्हारी मीठी वाणी है जिसके शब्द सुनते ही छाती फटने लगती है। विरह की व्यथा मैं किससे कहूं लगता है कि छाती पर आरी ही चल गई। हरि का मार्ग देखते-देखते अशान्त हो उठती हूं। रात्रि तो मानो छह माह की हो गई, काटे नहीं कटती। मेरे प्रभु जैसे कल्पों से बिछुड़े हैं, मेरा तो सारा चैन चला गया। मीरा के प्रभु आखिर कब तुमसे मुलाकात होगी, तुम तो दुःख मिटाने वाले और सुख देने वाले हो।

कुड़की में रचा अपना पहला पद मीरा ने अपने पिता राव रतन सिंह को सुनाया तो उनकी प्रसन्नता का पारावार नहीं रहा।

"मेरी बेटी इतना अच्छा पद बना लेती है, वह भी देखते-देखते ?" राव रतन सिंह ने साश्चर्य कहा।

"यह क्या ? इससे भी अच्छे पद मैंने मेड़ता में बनाए हैं।" मीरा उत्तर देती।

मीरा का समय यहां, नियमित रूप से व्यतीत होने लगा था। सुबह वह जलाशयों के किनारे घूमने जाती। फिर स्नान आदि से सम्पन्न मुरलीमनोहर की पूजा में पर्याप्त समय लगाती। फिर मध्याह्न का भोजन कर वह थोड़ा आराम करती और उठने के बाद कोई पद रचने का प्रयास करती। यही पद रात्रि-आरती के समय गाया जाता। जिस दिन वह पद नहीं बनाती उस दिन पहले दिन के पद से ही काम चलाया जाता।

रात्रि के भोजन के पूर्व वह पिता रतन सिंह से इधर-उधर की बातें करती। युद्धों में प्रदर्शित उनकी वीरता की कहानी सुनती। सुबह तो वह अकेले भी गांव के बाहर घूमने लिए निकल जाती पर शाम को चांदनी रात का आनन्द लेना होता तो रतन सिंह उसे अपने साथ ही ले जाते।

वर्षों से बिछुड़े पिता-पुत्री में साथ रहते-रहते स्वभावतः अधिक ही अनुराग उत्पन्न हो आया। पिता ने इधर युद्धों में राव वीरम सिंह के साथ जाना बहुत कम कर दिया और अपना अधिक-से-अधिक समय वह अपनी बेटी के साथ ही बिताने लगे।

अपनी बेटी के बनाए पदों को सुनकर वह बहुत प्रफुल्लित होते और उसे अच्छा से अच्छा पद बनाकर अपने ही कंठ से गाने को कहते। एक दिन अपने पिता के अनुरोध पर उसने एक बड़ा अच्छा पद बनाया—

म्हांरो जणम जणम रो साथी थांने
णा बिसरयां दिन राती।
था देख्यां त्रिण कल णा पड़तां जाणे म्हारो छाती।
ऊंचा चढ़ चढ़ पंथ निहार्यां कलप-कलप आखियां राती।
भो सागर जग बन्धण झूठा कुलरा न्याती।
पल पल थारो रूप निहारां निरख मदमांती।
मीरां रे प्रभु गिरधर नागर, हरि चरणां चित रांती॥

—हमारे जन्म-जन्म के साथी हो तुम। तुम्हें दिन-रात में कभी भी भूलाना कठिन है। तुमको देखे बिना चैन नहीं मिलती, मेरी छाती जलती रहती है। ऊंचे चढ़-चढ़ मैं तुम्हारा मार्ग निहारती हूं। रोते-रोते अंखिया लाल हो गई हैं। जग के सारे बन्धन, कुल के सारे नाते-रिश्ते झूठे हैं। क्षण-क्षण तुम्हारे रूप को निहार-निहार मैं मदमाती हो जाती हूं। मीरा के प्रभु गिरधर नागर, तुम्हारे चरणों में ही चित लगा रहे।

"यह कितना अच्छा पद है। तुम्हारे कंठ से निकलकर तो यह और मीठा हो गया है। काश, आज तुम्हारी मां होती।" रतनसिंह के मुंह से अनायास निकलता।

मां की बात पर मीरा की आंखें छलछला आतीं और वह बोलती—"मां की बात नहीं करो पिताजी ! न बात करो दादू की ही। दुखती रगों पर अंगुली मत रखो बापू !" मीरा आंखें पोंछती बोलती।

"अच्छा भई, अब न तो मैं तुम्हारी मां की बात करूंगा न तुम्हारे दादू की। ठीक ?"

"ठीक," मीरा जवाब देती और निरीह-सी पूछ बैठती, "अब तो इस घर में किसी की मौत न होगी बापू ?"

"ऐसा कहीं होता है पगली ? जो जन्म लेता है वह तो मरता ही है आज नहीं तो कल।" रतन सिंह उत्तर देते।

"नहीं, अब यहां कोई नहीं मरेगा।"

"शायद ऐसा ही हो।" रतन सिंह ने यह कहकर जान छुड़ाई। वे जानते थे कि उनकी मृत्यु तो मीरा से पहले तो होगी ही तब तक मीरा विवाह रचा कर अपना घर बसा चुकी होगी।

"अर्पणा भी नहीं मरेगी न मेरे सामने ? अगर अर्पणा मरी तो मुझे मां के मरने से भी अधिक दुःख होगा। मां की तो मुझे थोड़ी बहुत ही स्मृति है। अर्पणा ने तो मां की तरह ही मुझे पाला-पोसा है। अगर वह मर गई तो मैं जीवित नहीं रहूंगी बापू।"

"नहीं अर्पणा क्यों मरने लगी तुम्हारे सामनें ?" रतन सिंह अर्पणा के स्वास्थ्य को देखते हुए कहते। सोचते अर्पणा मरेगी भी तो आज ही ? तब तक मीरा अच्छी तरह दुनिया देख चुकी होगी और मृत्यु और जीवन के सही रहस्यों को समझ चुकी होगी। ललिता से भी उसका सम्पर्क और गाढ़ा हो जायगा।

अर्पणा मीरा के साथ ही मेड़ता से कुड़की आई थी। वह किसी आदिवासी

जाति की थी। पर थी बहुत साफ-सुथरी, इसीलिए राव दूदा ने ही उसे अर्पणा नाम दे दिया था।

अर्पणा को मीरा के प्रायः सारे पद कंठस्थ हो गए थे और वह कुड़की के आस-पास के गांवों में जाकर आदिवासियों के मध्य मीरा के पदों को गा-गा कर सुनाती। आदिवासियों को भी ये सब कंठस्थ हो गए और एक कंठ से दूसरे कंठ में होते हुए ये पद आदिवासियों के खासे-बड़े इलाके में पहुंच जाते। ललिता का यहां नहीं होना मीरा को कभी-कभी खल जाता था। आखिर वह उसकी हम-उम्र थी।

अर्पणा अक्सर मध्याह्न के बाद गायब हो जाती और संध्या घिरने पर ही लौटती।

मीरा ने एक बार उससे पूछ ही लिया—"अर्पणा, तुम नित्य संध्या कहां चली जाती हो?"

अर्पणा चुप।

मीरा को कुछ आशंका हुई वह किंचित् ऊंचे स्वर में बोली—"बोलती क्यों नहीं, कहां जाती हो तुम अपराह्न में ही और रात घिरते ही लौटती हो?"

"सच बचाऊं बिटिया रानी!"

"तो तुमसे झूठ की भी आशा की जा सकती है क्या?" मीरा का स्वर सहसा मन्द पड़ जाता।

"मैं अपने लोगों से मिलने जाती हूं।"

"अपने अर्थात्? तुम्हारे अपने कौन इधर निकल आये?" मीरा आशंका-ग्रस्त होकर पूछती।

"अपने अर्थात् हमारी जाति के अर्थात् आदिवासी।" अर्पणा डरते-डरते प्रत्युत्तर देती।

"तुम्हारा क्या हम लोगों के साथ मन नहीं लगता कि तुम मन बहलाने अपने लोगों के मध्य चली जाती हो?"

"मन लगाने नहीं जाती रानी बिटिया?" अर्पणा उत्तर देती।

"तब?"

"आपके पद सुनाने जाती हूं।"

"सच?" मीरा आश्चर्य से पूछती।

"हां बिटिया रानी! तुम्हारे पद उनको बहुत पसन्द आते हैं। अधिकांश को तो वे कंठस्थ हो गए हैं और एक गांव से दूसरे गांव को होते हुए अब तक कई आदिवासी गांवों में फैल चुके हैं।"

"ऐसा तुम क्यों करती हो?" मीरा अपने स्वर पर हल्का सा रोष लाकर पूछती।

"क्या?"

"मेरे गीतों का प्रचार क्यों करती हो?"

"मुझें अच्छा लगता है बिटिया रानी!"

"क्या अच्छा लगता है?"

"तुम्हारे पदों का दूसरों द्वारा गाया जाना। तब मुझे लगता है कि तुम्हारी पद-रचना सार्थक हुई। लोग जब गाने सुने नहीं तो कैसा गीत और कैसा संगीत?

जंगल में मोर नाचा, किसने देखा? है कि नहीं बिटिया रानी।" वह चहककर पूछती।

"क्या जानूं यह अच्छा है या बुरा? मैं तो केवल अपने गिरधर को प्रसन्न करने के लिए लिखती हूं।"

"तब तो और अच्छा है।"

"क्या अच्छा है?"

"तुम्हारे गीतों का सौ-सहस्र कण्ठों से गाया जाना। इससे तो तुम्हारे गिरधर गोपाल और प्रसन्न ही होंगे कि नहीं? एक की आराधना के माध्यम से सैकड़ों-हजारों के अन्दर आराधना-पूजा का भाव जगे, इससे अच्छी बात क्या हो सकती है? बोलो कि मैं झूठ बोल रही हूं? इससे तो कृष्ण-भक्ति का प्रचार ही होगा? नारियों में एकता की बात करती हो। समय आने पर तुम्हारे गीतों के ये सूत्र ही सैकड़ों-सहस्त्रों को एक बन्धन में बांध देंगे। बोलो, मैं बिना तुम्हारे कहे, तुम्हारा काम कर रही हूं या नहीं—भक्ति का प्रचार-प्रसार और जन जागरण साथ-साथ?"

"अगर यह बात है तो तुम्हारा कार्य अत्यन्त प्रशंसनीय है।" मीरा सन्तुष्ट होकर कहती।

"अगर यह बात है तो मेरी एक बात मानोगी?"

"क्या?"

"आदिवासी लोगों में कुछ कहते हैं, कुछ भी हो मीरा राजपुत्री है। उसने मुरलीमनोहर की भक्ति की। वह जो लिखती है उनके लिए लिखती है। हमारे लिए कुछ क्यों नहीं लिखती?"

"उनके लिए क्या और कैसे लिखें?" मीरा करुणा से भरकर बोली।

"तुम उनके चरित्रों पर लिखो। वे अपने पर लिखना ही समझेंगे। तुम केवट पर लिखो, शबरी पर लिखो। ये भी तो आखिर आदिवासी ही थे। इन पर तुम लिखो गीत। ये समझेंगे तुम उनके दर्द को सही रूप में समझ रही हो। क्या समझीं?"

"समझ गई अर्पणा। तुम्हारी बात ठीक है। हम इन आदिवासियों के बल पर ही साम्राज्य चलाते हैं और उनके दुःख-दर्द को नहीं बांटते। हम आम आदमी से, आम प्रजा से कटे हुए हैं। यह ठीक नहीं। यह ठीक है कि गिरधारी ने मुझ में पद रचने की शक्ति दी है। पर यह गिरधारी जितना मेरा है, उतना ही उनका भी है। जब मैं गिरधारी पर पद लिख सकती हूं तो इन पर क्यों नहीं? ठीक है, मैं आज रात को सोचकर कल तुम्हारे मन लायक पद लिखूंगी। अब तो तुम प्रसन्न हुई?"

"प्रसन्न मैं कब नहीं थी? तुम्हारे संग रहकर कौन अप्रसन्न रह सकता है पर हां आदिवासियों के लिए कुछ किया जाय तो उनकी हीन-भावना समाप्त होगी। अभी तो वे अपने को पशु-तुल्य ही समझते हैं। उन पर जब राव दूदा की पौत्री और रतन सिंह की लड़की पद लिखेगी तो उनका मन जंगली बांस के फूल की तरह ही खिल आएगा।"

"ठीक है अब तुम जाओ आराम करो। कल मैं तुम्हारी शबरी पर ही एक

पद तुमको दूंगी। तुम जाकर उसे उन्हें सुनाना। वे तुम पर लट्टू हो आएंगे।"

"अच्छी बात है बिटिया रानी।" और अर्पणा महल के एक किनारे बने एक छोटे कक्ष में सोने चली गई।

इकतालीस

"अच्छे मीठे चाख-चाख बेर लाई भीलणी।
ऐसी कहां अचारवती, रूप नहीं एक रती।
नीचौ कुल ओछी जात, अति ही कुलछणी।
जूठे फल लीन्हें राम, प्रेम की प्रतीत जाण।
ऊंच-नीच जाने नहीं, रस की रसीलड़ी।
ऐसी कहा वेद पढ़ी, छिण में विमान चढ़ी,
हरि जी जूं बांध्यो हेतु बैकुण्ठ में झूलणी।
दास मीरा तरै सोई ऐसी प्रीति करै जोइ,
पतित-पावन प्रभु गोकुल अहीरणी॥"

मीरा ने अपनी प्रतिज्ञा के अनुसार दूसरी ही सुबह शबरी पर पद अर्पणा को सुना दिया। वस्तुतः पद रात्रि की शान्ति-बेला में ही उसने लिख लिया था। प्रातः अर्पणा जैसे दिखाई पड़ी वैसे उसने उसे अपने कक्ष में बुलाया और शबरी पर पद सुना दिया।

अर्पणा की प्रसन्नता आसमान छूने लगी।

"यह कोई बात हुई न ?" अर्पणा ने कहा, "अब गंगा ऋषिकेश और हरिद्वार से उत्तर कर समतल पर आई है। अब तुम्हारा पद बिटिया रानी केवल गिरधर गोपाल और राजन्य जनों के लिए न होकर आम आदमी के लिए हुआ है। जरा एक बार और पढ़ो तो।" अर्पणा ने कहा।

"क्यों ?" मीरा ने हल्का विरोध किया।

"पढ़ो न बिटिया रानी ! मेरे कहने से ही पढ़ो।"

"अच्छा भई लो।" कहकर एक बार और मीरा ने उस पद को गाकर सुना दिया।

"लो सुनो यही न है तुम्हारा पद ?" अर्पणा ने शब्द-शब्द, पंक्ति-पंक्ति सुना दिए।

मीरा आश्चर्यचकित।

"यह कैसे हुआ अर्पणा ? तुम्हारी स्मरण शक्ति इतनी तीव्र है कि तुमने दो बार सुनते ही पूरा पद गाकर सुना दिया ?"

"यह मेरी स्मरण शक्ति की करामात नहीं है बिटिया रानी।"

"तब ?"

"यह तुम्हारे पद का माधुर्य है जिसके फलस्वरूप दो ही बार सुनते वह मुझे कण्ठस्थ हो गया।"

यह कहकर वह तीर की तरह भागी।

"कहां ?" मीरा ने टोका।

"अभी आई।"

अर्पणा दौड़ती हुई राव रतन सिंह के कक्ष के बाहर खड़ी हो गई।

"क्या बात है अर्पणा ? आज बहुत प्रसन्न दिखाई पड़ रही हो ?" रतन सिंह ने बाहर निकलते हुए कहा।

"प्रसन्नता की बात ही है महाराज !"

"क्या बात है ? कुछ बताओ तो सही। मैं भी इस प्रसन्नता का भागीदार बनूं।" रतन सिंह ने अपने गम्भीर स्वर में कहा।

"रानी बिटिया ने रात एक पद बनाया है।"

"तो इसमें कौन बड़ी बात है ? बिटिया रानी तो रोज ही एक पद अपने गिरधारी के लिए बनाती है।"

"बड़ी बात है न ?" अर्पणा ने आरम्भ किया, "आज पहले-पहल बिटिया रानी ने गिरधर पर पद नहीं बनाकर आम आदमी के लिए पद रचा है। आज गंगा गंगोत्री से नीचे उतरी है।"

"पहेली मत बुझाओ। बात बताओ अर्पणा ?" रतन सिंह का धैर्य समाप्त हो रहा था।

"हां, उसने आम आदमियों के लिए पद गड़ा है। आदिवासियों के लिए गढ़ा है। उनकी प्रतिनिधि शबरी के लिए गढ़ा है।"

"शबरी पर पद गढ़ा है, बिटिया रानी ने ?" रतन सिंह को आश्चर्य हुआ। "हम तो अपनी प्रजा के समीप आना ही चाहते हैं। हमारी प्रजा ही हमसे कटी-कटी रहती है। अब अगर मेरी पुत्री ने उन पर पद रचना आरम्भ किया तो अवश्य वह हमारे समीप आएगी। चलो, मैं भी शबरी पर रचे पद को जरा सुनूं।"

"वह तो मैं भी सुना सकती हूं।"

"हां, हां तुम अवश्य सुना सकती हो और तुम्हारा कण्ठ भी मीरा से कुछ कम मधुर नहीं है। मीरा को मालूम हो या नहीं। हमारे गुप्तचर मुझको सारी सूचनाएं देते रहते हैं। मुझे पूरा पता है कि आस-पास के आदिवासियों पर तुम्हारा जादू चढ़ा हुआ है और तुम रोज उन्हें भक्ति का पद सुनाने जाती हो। तुमने उन भूत-प्रेत उपासकों को कृष्ण का पद सुना-सुना उन्हें कृष्ण-भक्ति के ही रंग में रंग दिया है। अच्छी ही बात है, मैं तुमसे प्रसन्न हूं। पर पद मैं उसी के मुंह से सुनूंगा जिसने इसे रचा है। उसके सुनाने का ही अन्दाज कुछ और होगा।"

"तो चलिए महाराज, अभी रानी बिटिया सुनाने की मुद्रा में है। आपको भी अवश्य सुनाएगी।"

"क्यों मुझे सुनाने में उसे कोई आपत्ति है ?"

"आपत्ति हो सकती थी। कहां राज-परिवार और कहां हम आदिवासी ! आदिवासियों पर पद लिखना महाराज को पसन्द आए या नहीं; पर अभी उसे इन सब बातों की कोई चिन्ता नहीं। अभी वह बीन के धुन पर नृत्य-मग्न नागिन की तरह मस्त है। मेरी प्रसन्नता से वह स्वयं प्रसन्न हो आई है। अभी वह आपको शबरी पर लिखा पद निस्संकोच सुना देगी।"

अर्पणा के साथ रतन सिंह मीरा के कक्ष में पधारे। मीरा अभी वह पद गुन-गुना रही थी, "अच्छे मीठ चख-चख बेर लाई भीलणी। ऐसी कहां अचारवती, रूप नहीं एक रती।"

पिता रतन सिंह को देखते ही वह पर्यंक से उतरकर जमीन पर खड़ी हो गई।

"बैठो बेटी," पिता ने कहा और उसे पर्यंक पर अपने से सटा कर ही बैठा लिया।

"सुना, मेरी लाड़ली ने आज एक अद्भुत पद रचा है।" रतन सिंह ने मीरा के केश सहलाते हुए कहा।

"ऐसा तो कोई खास नहीं।" मीरा ने कहा।

"नहीं खास तो अवश्य है, सुना वह आदिवासी भीलनी शबरी पर है। मेरी अधिकांश प्रजा भी आदिवासी है। ऐसे पद तो राजघराने और उनके मध्य सेतु का कार्य करेंगे, विशेषकर तब जब वे अद्भुत रूप से चित्ताकर्षक हों।"

"पद तो मैंने शबरी पर अवश्य बनाया है और अर्पणा को पसन्द भी आया है। पर उसके अद्भुत रूप से चित्ताकर्षक होने की बात मैं कैसे कह सकती हूं?"

"यह निर्णय तो मैं ही दूंगा। क्या मेरी बेटी मेरा आदेश मानकर मुझे वह पद सुनाएगी?"

"क्यों नहीं? पिता की आज्ञा बेटी नहीं माने यह हो सकता है?" और मीरा ने पूरा का पूरा पद गाकर पिता को सुना दिया।

"वाह! वाह! यह पद तो वस्तुतः बहुत सुन्दर है। मैं कहूं अब तक रचे तुम्हारे सारे पदों से यह अधिक मोहक और आकर्षक है। यह आम आदमी के जीवन-बोध के समीप बैठता है। यह आसमान से धरा पर उतरी चांदनी की तरह स्वच्छ और निर्मल है। इस पद के लिए तो तुम्हें कुछ पुरस्कार मिलना चाहिए।"

"मैं आपके राजदरबार की चारण नहीं पिता जी," राव दूदा के दिवंगत होने के पश्चात् पहले-पहल मीरा के होंठों पर एक मुस्कान खेली, "जो अपने पदों के लिए पारिश्रमिक लूं। मैं आपको अपनी तुच्छ प्रतिभा से कुछ प्रसन्न कर सकी, यही बड़ी बात है।"

मीरा जानती थी कि जो उसे मांगना है वह तो न पिता जी के दिए मिलेगा न ताऊ वीरम सिंह के दिए। अतः मुंह खोलना व्यर्थ था। अब जब वह समय आयेगा तभी देखा जायेगा।

"तो तुम्हें कुछ नहीं मांगना?" पिता रतन ने बेटी की ठुड्डी पकड़कर कहा।

"कुछ क्यों नहीं? कुछ तो अवश्य मांगना है।"

"क्या?"

"अपने पिता जी का प्यार।"

"वह तो तुम्हें मिल ही रहा है। तुम्हें क्या इसमें सन्देह है?"

"सन्देह आपके प्यार पर नहीं अपने भाग्य पर है। अब तक तो वह मुझे छलता ही रहा। सन्देह स्वाभाविक है।" मीरा ने आंखें पोंछते हुए कहा।

"ऐसा नहीं होगा। तुम्हें मेरे प्रेम से कोई वंचित नहीं कर सकता। बल्कि मैं तो सोचता हूं कि अब तुम मेड़ता नहीं जाओ। यहां का परिवेश तुम्हें रास आ रहा

है। मुरलीधर का छोटा-मोटा मन्दिर है ही आंगन में। मन लगाने के लिए अर्पणा का साथ भी है। क्या रखा है मेड़ता में? वहां के भाग-दौड़ के जीवन से यहां का शान्त और प्रकृति के क्रोड़ में बीतता जीवन अधिक उपयुक्त है तुम्हारे लिए।"

"मैं भी यही सोचती हूं।" अर्पणा थी यह। मीरा अब तक कुछ नहीं बोली थी।

"क्यों, तुम क्यों नहीं कुछ बोल रही?" पिता ने टोका।

"पिता की आज्ञा तो सिर माथे पर किन्तु यहां मां की स्मृति से पिंड छुड़ाना कठिन होगा। वह पल-पल मुझे रुलाया करेगी।" मीरा ने अन्ततः प्रत्युत्तर दिया।

"और वहां क्या दादू की स्मृति तुम्हारा पीछा छोड़ेगी?" पिता के मुख से निकला।

"आप ठीक कह रहे हैं पिता जी। मां को तो गुजरे वर्षों हुए। उसकी क्षीण स्मृति ही रह गई है पर दादू तो अब भी मेड़ता-महल के अपने कक्ष अथवा चतुर्भुज मन्दिर में बैठे मालूम पड़ते हैं। हां, दादू को भूलना मां के भूलने से अधिक कठिन है।"

"तब?"

"तब जैसी आपकी आज्ञा। मैं कुड़की में ही रहूंगी अब से। पर आपको मालूम ही है दादू वचन ले लिए हैं ताऊ वीरम से मेरी अच्छी तरह देख-भाल के लिए। वह क्या अपना दायित्व नहीं निभाना चाहेंगे?"

"जब वह ऐसा कुछ कहेंगे तो देखा जाएगा।" रतन सिंह ने कहा। "तुम जैसी मेरी बेटी वैसी उनकी। मेड़ता तो मेरा जाना लगा ही रहता है। वहां भी तुम मुझसे पृथक् भी कहां रहोगी?" कहकर रतन सिंह संध्या-वन्दन के लिए चल दिए। मीरा भी मुरलीमनोहर के मन्दिर को स्वच्छ करने और पूजा-अर्चना समाप्त करने के लिए सन्नद्ध होने लगी।

बयालीस

कहते हैं कि सुख और दुःख दोनों बांटने की चीजें हैं। सुख को बांटो तो वह बढ़ता है, दुःख को बांटो तो घटता है। पर कठिनाई यह है कि सुख बांटने वाले तो यहां बहुत मिल जाते हैं पर दुःख बांटने वाले नहीं मिलते।

पर अर्पणा के लिए अभी कोई वैसी समस्या नहीं थी। उसे सुख ही बांटना था और उसमें हिस्सा लेने वाले बहुत थे। शबरी पर लिखे पद की प्रसन्नता से वह दिन भर भरी रही। रह-रह कर गुनगुनाती भी रही:

"अच्छे मीठे चख-चख बेर लाई भीलणी। ऐसी कहां अचारवती रूप नहीं एक रती॥"

दिन ढलते ही वह भागी आदिवासी गांवों की ओर। सबको शबरी पर रचा यह पद सुनाया। बूढ़े, बच्चे, पुरुष, औरत सब अर्पणा को घेरकर बैठ गए थे जैसे वह उन्हीं में से एक हो। अर्पणा ने भी बहुत धीरे-धीरे मीठे कण्ठ से सुनाया। आदिवासियों को शायद इन पंक्तियों का अर्थ समझ में नहीं आए, अतः वह अर्थ

भी समझाती गई—भीलणी शबरी ने अच्छे-अच्छे मीठे बेरों को चख-चख राम को खाने को दिया। ऐसी कौन वह बड़ी आचरण वाली थी। रूप की तो एक रती नहीं थी (तब भी भगवान ने उसे उपकृत किया।)

आज का यह पद आदिवासियों को बहुत शीघ्र ही याद हो गया और बात की बात में सब उसकी पंक्तियां गुनगुनाने लगे—"ऐसी कहां अचारवती रूप नहीं एक रती।"

अर्पणा को ज्ञात था कल सुबह होते-न-होते यह पद आस-पास के कई गांवों के वृद्धों और युवकों तथा वृद्धाओं और युवतियों की जिह्वा पर चढ़ जाएगा। वह एक भीलनी पर लिखा गया था, अतः उन्हें यह सबसे प्रिय था। सबसे बड़ी बात थी कि एक राजकन्या ने यह गीत लिखा था। राजकन्या होकर एक भीलनी, आदिवासी पर पद रचे यह आदिवासियों के लिए सम्मान की बात थी। अब तक तो उस राजकन्या की प्रसन्नता के लिए वे उसके पदों को गा-सुन लेते थे। औरों के मनोरंजन के लिए उनका प्रचार भी कर देते थे पर इस पद को सुनने के पश्चात् तो सभी के मन में एक ही लालसा जगी—इस पद को रचने वाली की एक झलक मिल जाती, अथवा वे उसके पैरों से अपना सिर छुआ लेते या उसके पैरों के नीचे की भूमि ही अपने सिर से लगा लेते।

अर्पणा के पास यह प्रस्ताव रखा गया। वह मीरा के स्वभाव को जानती थी उसे अपने प्रजा-जनों से मिलकर प्रसन्नता ही होती। रह गए, रतन सिंह तो वह भी तो अपने राजमहल और प्रजा के बीच एक सेतु बांधने की इच्छा प्रकट कर चुके थे।

अर्पणा ने सबको निमन्त्रण दे दिया। कल मध्याह्न सभी महल के फाटक पर आ जाएं। राजकन्या मीरा अवश्य दर्शन देगी। सभी प्रसन्नता से फूल गए।

महल लौटकर अर्पणा ने सारी बातें मीरा को बता दीं। मीरा को क्या एतराज था! डर था तो पिता रतन सिंह का। इसके पूर्व प्रजाजन की ऐसी कोई भीड़ राजमहल के पास नहीं उमड़ी थी। कहीं यह एक गलत परम्परा का प्रारम्भ तो नहीं था! एक बार भीड़ महल के फाटक पर जम गई तो बार-बार किसी-न-किसी बहाने, कोई-न-कोई समस्या लेकर वह वहां जुटती ही रहेगी। और इस रेगिस्तानी क्षेत्र में समस्याओं का कोई अभाव था? कभी पीने का पानी नहीं, कभी खाने का अन्न नहीं तो कभी पशुओं के लिए चारा नहीं।

राजप्रासाद और प्रजा के मध्य एक सेतु की आवश्यकता पर तो वे अवश्य बल दे रहे थे प्रातः ही पर क्या सचमुच इस तरह के सेतु को वे झेल पाएंगे! जब नंग-धड़ंग, आदिवासियों का झुण्ड महल के नीचे जुटेगा तो तब रतन सिंह इस भीड़ को झेल पाएंगे? अर्पणा ने गलत किया या सही, यह निमन्त्रण देकर? मीरा सोच में पड़ गई।

"अर्पणा जानती हो, जब तुमने उन्हें निमन्त्रित कर ही दिया तो कल उनके भोजन-पानी का भी प्रबन्ध करना पड़ेगा?"

"यह क्या कह रही हैं बिटिया रानी? मैंने उन्हें केवल आपके दर्शन के लिए बुलाया है या उनकी क्षुधा पूर्ति के लिए?" अर्पणा ने विरोध किया।

"जो हो," मीरा बोली, "होंगे तो वे हमारे अतिथि ही। इस दरबार से कोई

अभ्यागत-अतिथि भूखा नहीं जा सकता, कम-से-कम मैं जब तक यहां हूं।"

"वे सैकड़ों की संख्या में होंगे।" अर्पणा घबराकर बोली।

"वे सहस्रों की संख्या में हों उससे क्या। हमारी जागीर चाहे छोटी हो पर हमारा दिल बड़ा है। ऐसे भी कुड़की-महल के भण्डार में कोई कमी नहीं है। शत-सहस्र को पेटभर खिलाने की हिम्मत हम रखते हैं। तुम महाराज से अपने निमन्त्रण की बात कह दो और मेरे प्रस्ताव से भी उन्हें अवगत करा दो। अन्तिम निर्णय उन्हीं का होगा पर मेरा विश्वास है कि वह निर्णय हमारे विरुद्ध नहीं जाएगा।"

"मैं यह नहीं कह सकती," अर्पणा घबराई, "एक तो मैंने बिना उनसे पूछे सबको निमन्त्रित कर दिया, दूसरे जाऊं उनके लिए पक्वान्न, मिष्टान्न का प्रबन्ध करने का प्रस्ताव लेकर?"

"यहां साधारण भोजन तो उन्हें देना नहीं होगा। जैसा वे नित्य खाते हैं वैसा ही खिलाकर विदा कर दिया तो उनका राजसी स्वागत क्या हुआ! पक्वान्न-मिष्टान्न का प्रबन्ध तो करना ही पड़ेगा। सुबह होते ही कई हलवाइयों को लगाना होगा। अच्छा हो पिताजी को अभी सूचित कर दिया जाय।"

"मैं कहूं बिटिया रानी," भयभीत अर्पणा ने बीच का मार्ग ढूंढ़ा। "वे तो आ रहे हैं मात्र आपके दर्शन को। दर्शन के साथ-साथ उन्हें आप एक नया पद सुना दें, उसी में वे कृतकृत्य हो जाएंगे।"

"भोजन तो उन्हें कराना ही होगा," मीरा अपने प्रस्ताव पर अड़ गई, "भजन वे सुनें या नहीं पर वे पहले-पहल राजप्रासाद के द्वार पर आ रहे हैं। उन्हें बिना भोजन कराए लौटाने का मतलब यही होगा कि जितने लोग भूखे लौटेंगे, उतने दिन तक मैं अन्न नहीं ग्रहण करूंगी।"

अर्पणा की ऊपर की सांस ऊपर और नीचे की नीचे। अब वह क्या करे! रात्रि हो गई। समय भी नहीं रहा कि वह जाकर अपना निमन्त्रण वापस ले ले। अब तक तो दावाग्नि की तरह यह सन्देश आस-पास के प्रत्येक गांव में पहुंच गया होगा। इन आदिवासियों की संवाद प्रेषण-पद्धति भी खूब होती है। भिन्न-भिन्न प्रकार के वाद्यों और आवाजों द्वारा एक गांव से दूसरे और दूसरे से तीसरे को सूचित कर देते हैं।

"अब क्या होगा?" अर्पणा घबराकर बोली।

"तुमसे कुछ नहीं होगा। तुम मात्र यह सोचो कि इस अवसर के लिए कौन-सा पद उपयुक्त होगा। शेष मैं कर लेती हूं।"

"तो राजा रतन सिंह से आप कहिएगा ये सारी बातें? मेरे सिर की खैर रहेगी?"

"खूब रहेगी। तुमने व्यर्थ ही अपना जीवन इस राजपरिवार में बिताया। राठौरी राजपूतों का तुम चरित्र नहीं जानतीं। पिता थोड़ा-बहुत ना-नुकुर जो करें, वह मेरे प्रस्ताव से सहमत होकर रहेंगे। तुम सोचो, कल के अवसर के लिए कौन-सा पद उपयुक्त होगा। मैं तब तक पिताजी को सूचना दे आती हूं।"

मीरा तेजी से पिताजी के कक्ष की ओर बढ़ गई। अर्पणा अकेले पड़ गई। उसका दिमाग काम नहीं कर रहा था। बल्कि वह कुम्भकार के चक्र की तरह निरन्तर घूम रहा था। उसने बिना राजाज्ञा के आदिवासियों की पूरी फौज को

महल-द्वार पर आमन्त्रित कर दिया था। रतन सिंह का पूरा अधिकार था कि इस अपराध में वे उसका सिर भी उतरवा लें।

जब तक मीरा नहीं लौटी उसका कलेजा लौहकार की धौंकनी की तरह तेजी से धड़कता रहा। अर्पणा का ध्यान निरन्तर रतन सिंह के कक्ष की ओर लगा रहा। थोड़ी देर में मीरा उससे बाहर निकली। उसके मुख पर एक मन्द स्मिति थी अर्पणा के लिए यह आश्वस्तिसूचक मुस्कान थी। उसकी जान में जान आई।

कक्ष में आकर मीरा ने कहा—"सब ठीक हो गया। पिताजी हमारे प्रस्ताव पर राजी हो गए अपितु उन्होंने अपनी ओर से एक नया प्रस्ताव भी जोड़ दिया।"

"क्या?"

"हर व्यक्ति को चाहे वह बूढ़ा हो या बच्चा, औरत अथवा पुरुष, एक-एक नवीन वस्त्र-खण्ड दिया जाएगा।"

"वाह! वाह!" अर्पणा ताली बजाकर नाच उठी।

"ऐसी क्या बात है जो तुम खुशी में पागल होती जा रही हो?" मीरा ने पूछा।

"बात ही ऐसी है। जानती हो अब क्या होगा?"

"क्या?"

"अब ये आदिवासी प्रसन्न होकर लौटेंगे तो मैं जो भी तुम्हारा पद ले जाऊंगी उसका प्रचार तो वे करेंगे ही, पुश्त-दर-पुश्त वे मौखिक रूप में उन्हें सुरक्षित भी रखेंगे।"

"इससे क्या होगा?" मीरा ने पूछा।

"इससे तुम्हारी कीर्ति का विस्तार होगा।"

"मुझे यह कीर्ति-विस्तार नहीं चाहिए। मैं श्री कृष्णचरणानुरागिणी हूं। मुझे उनकी कीर्ति बढ़ानी है, अपनी नहीं।"[1]

"उनकी कीर्ति तुम क्या बढ़ाओगी बिटिया रानी? उनका यश तो पहले से ही विस्तृत है।" अर्पणा ने प्रतिवाद किया।

"जो हो हम भक्ति-पक्ष वालों के लिए यशाकांक्षी अथवा कांक्षिणी बनना मना है। मेरे गुरु ने यह नहीं सिखाया।"

"कौन है तुम्हारा गुरु?" अर्पणा ने पूछा।

"यह जान कर क्या करोगी?"

"जरा जानूं भी।"

"वे इस दुनिया में अब नहीं रहे पर उनकी कीर्ति है, उनकी कृतियां हैं, उन्हीं के आधार पर मैंने उन्हें अपना गुरु मान लिया। उनके बताए मार्ग पर चलना ही उनको सही प्रतिष्ठा देनी है।"

"फिर भी उनका नाम तो कुछ होगा ही?" अर्पणा ने जिद की।

"नाम से हो-न-हो उनके काम से तुम्हें घृणा हो जाएगी और मैं नहीं चाहती कि कोई मेरे गुरु से घृणा करे।"

"काम ही बता दो। मैं वचन देती हूं, उनके काम से मैं घृणा नहीं करूंगी।

1. आज भी राजस्थान के आदिवासियों में मीरा के पद सर्वाधिक प्रचलित हैं।

पता लग जाने पर उनके नाम और जाति से भी नहीं।"

"तो सुन लो। उनसे सम्बन्धित मैं एक घटना सुनाती हूं। उससे सब कुछ हस्तामलकवत् हो जाएगा तुम्हें। मेरे गुरु जी जूते गांठने का काम करते थे। उसी की आय से अपना और अपने परिवार का पेट पालते। वे हाथ से जूता गांठते रहते पर मन अपने इष्टदेव के चिन्तन में लगा रहता और अपने परिवार का पेट पालते। वे हाथ से जूता गांठते रहते पर मन अपने इष्टदेव के चिन्तन में लगा रहता और श्वांस-श्वांस से ईश्वर का नाम निकलता रहता। वे जूता गांठते रहते पर अपने इष्टदेव में तल्लीनता इस प्रकार की होती कि सामने से कोई बारात भी निकल जाय तो उन्हें पता नहीं लगे।

"एक दिन एक सिद्ध सूफी सन्त उधर से गुजरा। मेरे गुरु की तल्लीनता ने उसे प्रभावित किया। सन्त के निर्मल मन पर मेरे गुरु की सच्ची साधना प्रतिबिम्बित हो गई। उस सन्त ने सोचा यह बेचारा व्यर्थ में एक टूटे घर में बैठा जूते गांठ रहा है। यह परिवार के भरण-पोषण की ओर से निश्चिन्त हो जाता तो भगवत-भजन में पूरा समय दे पाता।

"उस सन्त ने जोर से एक-दो बार पुकारा तो मेरे गुरु का ध्यान-भंग हुआ। देखा तो पता नहीं कब से दरवाजे पर एक अभ्यागत खड़ा है। वे घबड़ाए, उनसे बैठने का आग्रह किया और पूछे, 'कहिए, मैं आपकी क्या सेवा कर सकता हूं?' सन्त ने कहा, 'तुम क्या मेरी सेवा करोगे? जो करते हो वही करो अर्थात् भगवद्-भजन। यह जूता गांठने का काम बन्द करो। यह लो पारस मणि। इससे जितना चाहो सोना बना लो।'

"मेरे गुरु ने कहा, 'अभी मेरे हाथ फंसे हैं। इस जूते को शीघ्र गांठना है। अपनी मणि को छप्पर में ऊपर खोंस दो। फुर्सत में देखूंगा।'

"कोई वर्ष भर पश्चात् वह सन्त उसी रास्ते से लौटे। देखा तो अभी भी वह व्यक्ति जूता ही गांठ रहा है। उन्हें आश्चर्य हुआ, यहां तो अब तक भव्य अट्टालिका खड़ी हो जानी चाहिए थी। इसे करोड़पति हो जाना था पर यह अब भी जूता गांठे जा रहा है।

"सन्त ने उसे पुकारकर पूछा, 'अभी तक तुम जूता ही गांठ रहे हो?'

" 'तो क्या करूं, मेरा यही रोजगार है?'

" 'तो उस पारस मणि का क्या हुआ?' सन्त ने आश्चर्य से पूछा।

" 'तुमने उसे छप्पर में खोंसा था ना, वहीं होगी। मेरे किसी काम की नहीं। तुम इसे ले जा सकते हो।'

"सन्त ने देखा तो ठीक ही वह मणि जहां की तहां पड़ी थी। उसने उसे ले लिया और अपना रास्ता लिया, सोचा इस व्यक्ति को भक्ति-रूपी मणि मिल गई है, इसे इस मणि से क्या प्रयोजन?

"तो यही हैं मेरे गुरु। इन्हीं के उपदेशों को मैं गुरुदेव मानती हूं। लगा सकी तुम अनुमान मेरे गुरु के नाम का?" मीरा ने पूछा।

"हां।"

"क्या?"

"सन्त रैदास।"

"ठीक," मीरा ने कहा, "अब भी तुम मुझे यश-कीर्ति के लोभ-लालच में डालना चाहती हो?"

"मैं इतना ही चाहती हूं कि तुम्हारे उपदेश, तुम्हारे बाद भी अमर रहें और अनन्त काल तक जन-कल्याण करते रहें। क्या तुम जन-मंगल की भावना की उपेक्षा कर सकती हो?"

"नहीं।"

"तो अपने पदों को प्रचारित होने दो जन-जन के बीच। उन्हें जीवित रहने दो शत-सहस्र वर्षों तक। उनसे मंगल ही होगा मानवता का।"

"ठीक है, जब यह बात है तो मुझे कोई आपत्ति नहीं।" मीरा ने कहा, "पर तुमने सोचा कल के लिए कौन-सा पद बनाना है?"

"मेरा तो मस्तिष्क इतना व्यग्र था कि मैं कुछ सोच ही नहीं सकी। अब मिल-बैठकर सोच लेते हैं।"

"रहने दो, तुम जाओ आराम करो। मैं सोने के पहले अनुकूल विषय सोच भी लूंगी और पद भी बना लूंगी।"

"वाह? तुम मानवी नहीं देवी हो।" अर्पणा ने कहा।

"मानवी भी कहां मैं तो एक द्वादश वर्षीय किशोरी हूं। पर परिस्थितियों की मार मुझे सचमुच असमय ही युवा और फिर वृद्धा बना देगी। मां गई, दादू गए, इसी उम्र में सब कुछ देखा, पता नहीं आगे क्या-क्या देखना है?"

"चिन्ता नहीं करो। ईश्वर जो करता है सब सही करता है। अब तुम निश्चिन्त होकर अपने पद-निर्माण पर ध्यान दो। मैं चली तुम्हें एकान्त देकर।"

तैंतालीस

देखत श्याम हंसे सुदामा कूं देखत श्याम हंसे।
फाटी तो फूलड़ियां पांव उभाणे चलते चरण घसे।
बांलपड़े का मित सुदामा, अब क्यूं दूर बसे।
कहां भावज ने भेंट पठाई, तन्दुल तीन पसे।
कित गई प्रभु मेरी टूटी टपरिया, हीरा, मोती, लाल कसे॥
कित गई प्रभु मोरी गउवन बछिया, द्वार बीच हंसती फंसे॥
मीरां के प्रभु हरि अविनासी सरणे तीर बसे।

मीरा ने पद तैयार कर लिया था। उसने सोचा आदिवासी तो गरीब होते ही हैं, आदिवासियों के लिए किसी दरिद्र का चित्रण उनके अन्दर राजप्रासाद के प्रति प्रेम जगाएगा।

सुदामा, दरिद्रों के प्रतीक थे, अतः उन पर ही पद रचना उचित था। साथ ही इसमें एक संदेश भी था वह यह कि जिस पर भगवान की कृपा हो उसका दुःख-दारिद्र्य तत्काल समाप्त हो जाता है। अतः इस पद से भक्ति का भी प्रचार होता

और आदिवासी-प्रासाद-वासियों से अपना तादात्म्य भी स्थापित कर पाते।

प्रातः मीरा ने प्रांगण में जा रही अर्पणा को हाथ से अन्दर बुलाया और पद उसके हाथों में थमा दिया।

"वाह !" अर्पणा उछल पड़ी। "रानी बेटी की बुद्धि की प्रशंसा करनी ही पड़ेगी। इस पद से तो एक तीर से एक ही साथ दो शिकार हो जाएंगे।"

"कौन-कौन ?"

"उधर आदिवासी इस बात से तो प्रसन्न होंगे ही कि दरिद्रों के नायक सुदामा को लेकर पद रचा गया उधर श्रीकृष्ण भक्ति भी लोगों में दृढ़ होगी। लोग सोचेंगे कि सुदामा के सदृश व्यक्ति को जब श्रीकृष्ण अकिंचन बना सकते हैं तो जो श्रद्धाभक्तिपूर्वक उनको समर्पित होगा उसके पास दैन्य-दारिद्र्य का नाम भी कहां रह पाएगा ?"

दोनों ने रतन सिंह को भी यह पद देखाना उचित समझा।

"अगर इसे मेरी बेटी गाकर सुनाए तो मैं सुनने को तैयार हूं।"

मीरा को इसमें क्या एतराज होता ? उसने सस्वर इस पद का पाठ आरम्भ कर दिया।

"वाह ! वाह !" रतन सिंह ने कहा, "मेरी पुत्री के कंठ में मिश्री की डली रखी है क्या ? कैसे इतने मधुर बोल फूटते हैं ? लगता है कहीं कोयल ही कूक पड़ी हो। सच, मानवी नहीं है मेरी बेटी, देवी है देवी। रूप ऐसा जिसकी कोई उपमा नहीं, प्रतिभा ऐसी जिसकी कोई तुलना नहीं और ऊपर से कंठ ऐसा कि लगता है कंठ से शब्द नहीं कढ़ रहे, कोई सुर-वीणा झंकृत हो रही है।" इतना कहकर राव रतन सिंह ने अपनी पुत्री को गोद में खींचकर उसके मस्तक का दीर्घ आघ्राण किया और बोले, "तुमको नहीं मालूम बेटी, तुमको लेकर तुम्हारे दादू और मैंने बहुत सारे सपने संजोये थे। कृष्ण-भक्ति में तुम्हें रत कर हम इस वंश को अमरत्व प्रदान करना चाहते थे।

"यह मानना पड़ेगा पुत्री कि बिना उस सर्व-शक्तिमान से सम्बन्ध जोड़े कोई अमरत्व की कल्पना भी नहीं कर सकता। वही अनादि, अनन्त, अमर और अविनाशी है। उससे सम्बन्ध जुड़ गया तो व्यक्ति भी वैसा ही बन जाता है।

"हमें तो तुमसे जितनी अपेक्षाएं थीं उनसे भी तुम आगे निकल गईं। हमें कहां पता था कि पद-रचना में भी तुम उतनी प्रवीण होगी और उससे भी ऊपर शासक और शासित के मध्य एक सेतु बनकर भी तुम उभरोगी।

"आज का प्रबन्ध सब पक्का कर लिया गया है। जितने भी प्रजा-जन आएंगे सबको सस्वादु भोजन कराया जाएगा। उन्हें वस्त्र-दान भी प्राप्त होगा। यह सब तो तुम्हें अर्पणा ने बताया ही होगा, मुझे केवल इतना कहना है कि तुम महल की सबसे निचली मंजिल की छत पर खड़ी होकर ही दर्शन देना और वहीं से अपना पद भी सुना देना। यह इसलिए आवश्यक है कि ऊंचाई पर रहने से सभी तुम्हारी एक झलक भी पा लेंगे और तुम्हारे कोकिल कंठ की आवाज भी सब तक पहुंच जाएगी। यों सुरक्षा की दृष्टि से भी यह आवश्यक है। भीड़ में बहुत तरह के लोग होते हैं। इन आदिवासियों को शराब आदि पीने की भी आदत होती है, अतः

उनसे थोड़ी दूरी रखना भी वांछनीय है। अर्पणा इस सम्बन्ध में अधिक जानती होगी।"

"हां, नशा करने की तो उनमें आदत है," अर्पणा ने कहा, "इसीलिए मैंने भी तय किया था कि बिटिया रानी महल के ऊपर से ही दर्शन देगी।"

"ठीक है तुम लोग अपने कार्यक्रम के सम्बन्ध में सोचो। बिटिया रानी शायद पद सुनाकर ही दम नहीं लेगी। वह उन्हें कुछ भाषण भी सुनाना चाहेगी। जब राजा प्रजा के मध्य सेतु ही बनना है तो अच्छी तरह बनना होगा। क्यों मीरा!" रतन सिंह ने पूछा।

"आप ठीक कह रहे हैं। लोगों में पिछड़ापन अधिक है। औरतों में तो और भी। नशा आदि के कुव्यसनों में वे इसी कारण अधिक पड़ जाते हैं। भक्ति-भाव से तो इनका दूर का भी सम्बन्ध नहीं। फिर नाना प्रकार के शोषणों का भी ये शिकार होते हैं। साहूकार अलग शोषण करता है, हमारे नुमाइन्दे भी मालगुजारी आदि के नाम पर अलग। इस सबका कारण इनमें आपसी संगठन का अभाव है। श्रीकृष्ण-भक्ति के नाम पर इन्हें संगठित होने का अवसर प्राप्त हो सकता है। मुझे तो इन्हें कुछ उपदेश देना ही पड़ेगा।"

प्रहर भर दिन चढ़ते-न-चढ़ते आदिवासियों का आना आरम्भ हो गया था। टिड्डी-दल की तरह इनके झुंड का झुंड चला आ रहा था। सबके कपड़े फटे-पुराने थे। सबका मुख बिवर्ण था। किसी के पैरों में पदत्राण नहीं। सबके पैर बिवाइयों से फटे पड़े थे जैसे वर्षा नहीं होने से धरती जगह-जगह से फट आती है।

महल के वातायन से आकर अर्पणा और मीरा ने यह दृश्य देखा। अर्पणा ने चुटकी ली। "क्या सटीक लिखा तुमने आज का पद। सुदामा पर पद क्या लिखा असंख्य सुदामा ही यहां चले आ रहे हैं—फाटी तो फुलड़ियां पांव उभाड़े, चलते चरण घसे।"

"अब तुम अपने इन सुदामाओं के स्वागत की पूरी तैयारी करो। आखिर ये तुम्हारे ही अतिथि हैं। तुम्हीं ने निमंत्रित किया है इन्हें। बापू के कहने पर नहीं जाओ। सारा प्रबन्ध स्वयं देख लो। अच्छे-से-अच्छे पक्वान्न और मिष्ठान्न इन्हें मिलने चाहिए। मुरलीधारी के दरबार में आए हैं, कहो तो द्वारिकाधीश के महल में ही। आखिर सुदामा भी तो द्वारिकापति के यहां उपस्थित हुए थे और आप्तकाम होकर लौटे थे। हम द्वारिकाधीश तो नहीं कि इनके दारिद्रय को सदा के लिए शेष कर दें पर कम-से-कम आज तो इन्हें लगे कि आतिथ्य क्या होता है। समझी?"

"हां समझ गई।" दासी अर्पणा चली गई तो मीरा ने सोचना आरम्भ किया कि आज उसे क्या बोलना है। इतनी छोटी उम्र में इतने सारे लोगों को सम्बोधित करने का उसका यह पहला अवसर था। स्वभावतः वह कुछ चिन्तित हुई।

मध्याह्न होते-होते दौड़ती-दौड़ती अर्पणा मीरा के कक्ष में उपस्थित हुई। लगता था वह कोई औरत नहीं थी बल्कि कोई अश्व थी जो किसी घुड़दौड़ से निकला हांफता-गिरता चला आ रहा है।

"क्या बात है?" मीरा ने उसके अव्यवस्थित रूप को देखकर कहा।

"रानी बिटिया, वे सब आ गए हैं, सैकड़ों नहीं सहस्रों की संख्या में। महल

का प्रांगण पूरी तरह भर गया है। पता नहीं वे कितनी-कितनी दूर से चलकर आए हैं। कुछ तो लगता है रात भर चलते ही रहे हैं। सबका मुख विवर्ण है, सब भूखे-प्यासे। पर कोई भी अन्न-जल-ग्रहण करने को प्रस्तुत नहीं।"

"क्यों?"

"सबका कहना है कि जिस राजकुमारी ने शबरी पर पद बनाया है उसके दर्शन-प्राप्त कर ही हम कुछ भी ग्रहण करेंगे। सबकी जिह्वा पर आपका शबरी-गीत ही विराजमान है। सब एक लय से अपने सूखते कंठों से गाते जा रहे हैं—

अच्छे मीठे चख-चख बेर लाई भीलणी।
ऐसी कहां अचारवती, रूप नहीं एक रती॥"

"तब क्या करना होगा?" मीरा ने पूछा।

"पहले आपको उन्हें दर्शन देना होगा। सुदामा पर रचित पद सुनाना होगा, तभी हम उनका आतिथ्य कर पाएंगे।"

"महाराज से पूछ लिया है?"

"हां, उनका भी यही विचार है।"

"महाराज भी मेरे साथ रहेंगे?"

"अवश्य और मैं भी आप सबों के पीछे खड़ी रहूंगी।"

"चलो। महाराज को लेकर पहली मंजिल के मुड़ेरे पर चलो। अभी आई।"

"नहीं, सभी साथ चलेंगे। वे तैयार होकर यहीं आ रहे हैं। तब तक आप अपने वस्त्र आदि परिवर्तित कर लें।"

"वस्त्र तो मेरे ठीक हैं।"

"तो क्या प्रजा-जनों को भी इसी पीत घाघरे, चोली और चुनरी में दर्शन देंगी?"

"मेरा तो यही परिधान है। जो कन्हैया का परिधान वही मेरा। मैं तो पीत वस्त्र में रहूंगी ही।"

इसी मध्य रतन सिंह जी उपस्थित हो गए।

"तो पूरी पीताम्बरा बन आई है मेरी बेटी, कृष्णार्पिता।"

रतन सिंह ने आते ही आते कहा।

"मैं भी तो यही कह रही थी महाराज।" अर्पणा ने कहा, "राजकुमारी को तो आज धवल स्वच्छ वस्त्र में प्रजा-जनों को दर्शन देने हैं। पर यह मानती ही नहीं।"

"मानने का प्रश्न ही नहीं," मीरा ने कहा, "पहले मैं श्रीकृष्ण की हूं, उसके पश्चात् ही किसी और की। कृष्ण ने प्रजा को बनाया है न कि प्रजा ने कृष्ण को।"

"ठीक है चलो भाई," रतन सिंह ने कहा, "हम तुम्हें कृष्ण से परांग-मुख करने नहीं जा रहे? हम तो चाहते ही हैं कि तुम कृष्ण की ही बनी रहो।" तीनों साथ ही महल की प्रथम मंजिल के ऊपर पहुंचे।

नीचे एक जन-सागर ही उमड़ा पड़ा था। तिल रखने का स्थान नहीं था कहीं।

"मीरा देवी की जय!"

"राजकुमारी की जय !"

"कृष्ण प्रिया की जय !"

"महाराज रतन सिंह की जय !"

भीड़ से भीषण जयघोष हुआ। मीरा सबसे आगे थी। उससे थोड़ा पीछे बाईं तरफ रतन सिंह जी खड़े थे और अर्पणा इन दोनों के पीछे थी।

मीरा का रूप देखते ही बनता था। उसके चांदनी के रंग को मात देते तन पर शोभित वस्त्र उसके लौकिक रंग को एकदम अलौकिक बना रहे थे। जाड़े का सूरज अपने पीले प्रकाश से नहलाकर उसे स्वर्णिम रंग में रंगे जा रहा था।

द्वादश वर्षीया मीरा ने प्रायः आशीर्वाद की मुद्रा में अपनी दाहिनी हथेली उठाकर लोगों को शान्त रहने का संकेत किया।

भीड़ जड़ हो आई। नीरव। अब कोई कुछ नहीं बोल रहा था।

अर्पणा ने किनारे आकर उच्च स्वर में पूछा—"आप लोगों ने अपनी राजकुमारी के दर्शन कर लिए जिन्होंने शबरी पर पद रचा था। अब आप उनसे क्या चाहते हैं बोलें। नारे लगाने की कोई आवश्यकता नहीं। हम सबों को ज्ञात है कि राजकुमारी आपके दिल में घर कर गई हैं। आपका दूर-दूर से जंगल-पहाड़ों, रेगिस्तानों का मार्ग तय कर यहां आना ही इस बात का प्रमाण है कि आप अपनी राजकुमारी को कितना चाहते हैं। बोलिए, उनसे अब क्या अपेक्षा है आपकी ?"

"हमने राजकुमारी के फूल से सुन्दर और गंगा से पवित्र रूप को तो देख लिया यों हम गंगा का नाम ही सुनते आए हैं, उसे कभी देखा नहीं, अब हमारी यही हार्दिक अभिलाषा है कि राजकुमारी हमारे लायक कोई नूतन पद सुनाएं और अपने उपदेश से भी हमें कृतार्थ करें।" एक बूढ़े व्यक्ति ने सबकी ओर से उत्तर दिया।

"आपने सुदामा का नाम तो सुना होगा ?" अर्पणा ने पूछा।

"पूरी तरह तो उसे नहीं जानते।" उसी बूढ़े ने कहा, "पर हमें पता है कि वह हमारी तरह ही दरिद्र था। उसके पैरों में भी हमारे पैरों की तरह बिवाइयां फटी थीं। उसके वस्त्र भी तार-तार थे।"

"आपकी राजकुमारी ने आज आपके स्वागत में उसी सुदामा को लेकर पद रचा है।"

"वाह ! वाह !" पूरी भीड़ ने एक साथ कहा।

"हम उनके श्रीमुख से सुदामा का पद सुनना चाहते हैं।" उसी वृद्ध ने नेतृत्व सम्हाला।

मीरा थोड़ा और आगे बढ़ आई और बोली, "हमारे भाइयो और बहनो !

"मुझे आप सबों को अपने यहां पाकर बहुत प्रसन्नता हो रही है। हममें और आपमें कोई अन्तर नहीं है। हम सबों के हृदय में एक ही ईश्वर बसता है, हमारा श्याम सुन्दर, हमारा कृष्ण कन्हैया, हमारा मुरलीधर, अतः हम सभी समान हैं।"

तालियां।

"मैं आपसे इतना ही आग्रह करूंगी कि आप सभी अपने हृदय में उस कृष्ण को बसा हुआ अनुभव करें। उस नन्दलाल, उस माखन चोर को अपना ही समझें। भक्ति में ही शक्ति निहित है। आप व्यर्थ ही विभिन्न देवताओं, यहां तक कि

भूत-प्रेतों की पूजा-आराधना करते हैं। एक श्रीकृष्ण ही पर्याप्त हैं। वह सबकी रक्षा में सक्षम है। वह सबके प्रेम का भूखा है। आपने देखा नहीं कि किस तरह जब वह राम रूप में था तो भीलनी शबरी के जूठे बेर खाये। जो राम था वही कृष्ण है और जो कृष्ण है, वही राम था। संगठन में शक्ति है। आप सब बिखरे हुए हैं नाना धर्मों और जातियों के नाम पर। इसीलिए आपका शोषण होता है, आप बहुत कुछ कमाने के बाद भी गरीब के गरीब रह जाते हैं। गांवों का बनिया आपका शोषण करता है, महाजन करता है। यहां तक कि हमारा पटवारी भी वही करता है। मैं चाहती हूं कि आप श्रीकृष्ण के नाम पर संगठित हों, आपकी आज से एक ही जाति है—श्रीकृष्ण भक्ति। आपका एक ही धर्म है--श्रीकृष्ण-प्रेम। आप सभी श्रीकृष्ण के हैं। आप सभी एक हैं। बोलिए मेरी बात आपको पसंद आ रही है?"

"हां।" भीड़ ने एक स्वर से कहा।

"तो आगे सुनिए," मीरा ने पुनः आरंभ किया, "हमारे देश पर खतरे के मेघ मंडरा रहे हैं। बाहर के आक्रामक मुगल हमारी इस धरती, इस भारतमाता के एक बड़े भू-भाग को हड़प बैठे हैं। उनकी दृष्टि अब आप पर है। राजपूताने पर है, मेवाड़ और मारवाड़ पर है। अगर आपने संगठित होकर हमारा साथ नहीं दिया तो हम मुगलों के गुलाम हो जायेंगे। तब हम और आप कहीं के न रहेंगे। क्या आप चाहते हैं कि आप पराधीन हों, गुलाम हों, आपकी यह वीर-प्रसूता धरती, यह राजस्थान की धरती, यह राणा सांगा और राव दूदा की धरती मुगलों के पैरों तले रौंदी जाय?"

"नहीं, नहीं, नहीं।" पूरी भीड़ ने एक साथ कहा।

"तो क्या आप मुगलों से टक्कर लेने में हमारा साथ देंगे?"

"हां।" पूरी भीड़ ने एक साथ कहा।

"हम अपने तीर धनुष से मुगलों की तोपों का मुंह बंद कर देंगे। हमारी बीरता किसी से छिपी नहीं है। मुगल आक्रामकों को वह पाठ पढ़ायेंगे कि वे फिर भूलकर भी इधर मुंह नहीं करेंगे।" बूढ़े नेता ने कहा।

"आप सभी वीर हैं," मीरा ने आरंभ किया, "वीर अपनी जननी और जन्मभूमि के लिए प्राण न्योछावर करने में भी अपने को धन्य समझता है। बोलिए जब इस धरती, इस भूमि, आपकी इस जननी पर कष्ट आयेगा तो हमारी पुकार सुनकर आप एकजुट हो हमारे साथ लग जायेंगे न?"

"निस्संदेह।" भीड़ ने एक साथ कहा।

"मुझे बहनों से भी कुछ कहना है," मीरा ने फिर आरंभ किया, "आप में पिछड़ापन अधिक है। अन्धविश्वास भी। चूल्हे-चौकी से समय निकाल कुछ भगवद्भक्ति में भी समय लगाइए। जीवन की सार्थकता इसी में है। श्रीकृष्ण सबको प्यार करता है। आप एक पग बढ़िए तो वह आपकी ओर दो पग बढ़ाता है।

"क्या मैं आशा करूं कि हमारी माता-बहनें अब अपने अंदर से हीनभावना निकाल पायेंगी और पुरुषों से कंधा से कंधा मिला अपनी और अपने राष्ट्र की प्रगति को सुनिश्चित करेंगी? क्या वे मौका पड़ने पर स्वयं भी तीर-धनुष ले पुरुषों

का हाथ बटायेंगी और हमलावरों को यहां से खदेड़ भगाने में हमारी सहायता करेंगी?"

"अवश्य।" सभी महिलाओं ने समवेत स्वर में कहा।

"बहुत अच्छी बात है," मीरा ने कहा, "अब मैं अपना वह पद सुनाती हूं जिसे मैंने इसी अवसर के लिए रचा है।" इसके पश्चात मीरा ने अत्यन्त तन्मयता से सुदामा पर रचे अपने पद का गान आरंभ किया—

देखत श्याम हंसे सुदामा कूं, देखत श्याम हंसे।
फाटी तो फूलड़ियां पांव उभाणे, चलते चरण घसे।
बालपणे का मित सुदामा, अब क्यूं दूर बसे।
कहा भावज ने भेंट पठाई, तन्डुल तीन पसे।
कित गई प्रभु मोरी टूटी टपरिया, हीरा मोती लाल कसे।
कित गई प्रभु मोरी गउवन बछिया, द्वार बीच हंसती फंसे?
मीरा के प्रभु हरि अविनासी, सरणे तीर बसे।

सुदामा को देखते ही श्याम प्रसन्नता से भर कर हंस पड़े। जूतियां फट गई हैं जिसके कारण पांव नंगे दीखते हैं। इसके फलस्वरूप चलते-चलते चरण घिस गए हैं। बचपन का मित्र सुदामा अब क्यों इतनी दूर बस गया है? भाभी ने तीन पसर तंदुल भेंट में दिए हैं वे कहां हैं? भेंट मिलते ही सुदामा के यहां सब कुछ बदल गया। टूटी झोपड़ी गायब हो गई। महल बनकर खड़ा हो गया जिसमें हीरे-मोती और लाल जड़े हुए हैं। सुदामा की गायें और बछिया कहां चली गईं। वे तो प्रसन्नता के मारे द्वार के बीच में हंसते खड़े हैं।

—मीरा कहती है कि हे अविनाशी प्रभु तुम्हारी ही शरण में रहना उचित है।

पद सुनकर आदिवासी प्रसन्नता से नृत्य-मग्न हो आये। सब पद की कोई न कोई पंक्ति पकड़ नाचने-थिरकने लगे। अधिकांश का मन उन पंक्तियों में खूब रमा—'फाटी तो फुलड़ियां पांव उभाड़े चलते चरण घसे। बालपणे का मित सुदामा अब क्यूं दूर बसे, अब क्यूं दूर बसे?'

"अब हम भी आपसे दूर नहीं बसे हैं महाराज!" उसी वृद्ध ने राव रतनसिंह को सम्बोधित कर कहा—"जब भी आप पुकारेंगे हम आपकी सेवा में उपस्थित हो जायेंगे।"

"आपसे यही आशा है," रतन सिंह ने आगे बढ़कर कहा—"यह हमारी नन्ही बिटिया ने ही आज हम राजा-प्रजा को एक किया। हम सब इसकी लम्बी उम्र की कामना करें।"

"रानी बिटिया अमर रहे! मीरा बेटी अमर हो!!' नीचे से फिर जयघोष उठा।

अब अर्पणा आगे आई, "आप कृपया नारे लगाना बन्द कर भोजन ग्रहण करें फिर भंडारी से वस्त्र ग्रहण कर अपने-अपने घर प्रस्थान करें। जब भी आपकी आवश्यकता होगी मैं ही महाराज का सम्वाद लेकर आपके पास पहुंचूंगी। आशा है आप हमें निराश नहीं करेंगे।"

"हम महाराज के लिए प्राण दे देंगे," सबों ने एक स्वर से कहा।

चवालीस

कहते हैं बातों के पैर होते हैं।

मीरा द्वारा आदिवासियों पर किए चमत्कार की बात मेड़ता में राव वीरम सिंह तक पहुंची।

वीरम सिंह मीरा के कुड़की चले जाने से बहुत प्रसन्न नहीं थे। पिता राव दूदा उन्हीं के ऊपर मीरा का दायित्व दे दिवंगत हुए थे। कुड़की के छोटे महल में वे सारी सुविधाएं नहीं थीं जो मेड़ता के विशाल प्रासाद में थीं। फिर मेड़ता का चतुर्भुज मंदिर भी मीरा की सेवा-सुश्रुषा के बिना प्रभावहीन हो आया था। वेतन-भोगी पुजारी औपचारिकता का निर्वाह करता था। भला राव दूदा और मीरा के हाथों पूजित भगवान चतुर्भुज को यह औपचारिकता रास आती? धीरे-धीरे मंदिर में आने वालों की भीड़ घटने लगी। सांध्य आरती में अधिकांश मीरा के कल कंठ का गायन सुनने और कीर्तन-भजन या उसके नृत्य को देखने आते थे। इन सबों का आना अब बंद हो गया।

मीरा के पुराने पद ही बारी-बारी से पुजारी आरती के समय गाता था। यह नीरसता किसी को पसन्द नहीं आती। वीरम सिंह को लगा, राव दूदा और मीरा के साथ चतुर्भुज कृष्ण भी मेड़ता छोड़कर चले गए।

वीरम सिंह ने अब मीरा को मेड़ता बुला लेना ही उचित समझा। अब तक राव दूदा की मृत्यु का घाव भर गया होगा। ऐसा, उसके संगठनात्मक एवं रचनात्मक कार्यों में रुचि बढ़ने से भी लगा। वीरम सिंह को ठीक ही पता लगा कि मीरा अब अर्पणा के साथ आदिवासी गांवों में भी जाने लगी थी और वहां औरतों को संगठित तथा शिक्षित करने में लग गई थी। वह कई घरों में श्याम-सुन्दर की छोटी किन्तु संगमरमरी मूर्तियां बैठा चुकी थी और अनपढ़, अशिक्षित और असभ्य आदिवासी औरतों को भी कृष्ण-प्रेम में रत कर दिया था।

मीरा की प्रतिभा की यहां आवश्यकता है, यहां मेड़ता के राजघराने में; वीरम सिंह ने सोचा, उसकी संगठन शक्ति की आवश्यकता कभी भी पड़ सकती है। ऐसे भी मीरा के भक्ति-भाव से मेड़ता और आस-पास के लोग अनायास संगठित होने लगे थे। चतुर्भुज श्रीकृष्ण के मंदिर के सामने के एक कक्ष को गिरा-कर वहां एक बड़ा मंडप निर्मित कराना पड़ा था जिससे दर्शनार्थियों की बढ़ती भीड़ के लिए स्थान बनाया जा सके। यह अतिरिक्त स्थान अब खाली ही रहता था। मंदिर के भीतर से लेकर बाहर तक अब जैसे एक उदासीनता, नीरसता ही लोटती रहती थी।

नहीं, अब मीरा को बुलाना ही होगा, वीरम ने निश्चित किया और दूसरे दिन ही कुड़की सवारी भेज दी। मीरा को अर्पणा के साथ तत्काल मेड़ता आ जाना था।

मीरा का मन कुड़की में रम गया था। पिता के स्नेह को उसने नये रूप में पाया था। मां जिन्दा थी तब पिता को मीरा की चिन्ता करने की न आवश्यकता थी न अवकाश। फिर राव दूदा के संरक्षण में आ जाने पर पिता का प्रेम औप-

चारिक ही रह गया था। जब कभी वे मेड़ता आते मीरा के लिए कुछ लेते आते। अधिक चिन्ता वे उसके मुरलीमनोहर के लिए ही करते। कभी पीताम्बर के नए परिधान लाते तो कभी मुरलीमनोहर के कानों और गले के लिए कोई आभूषण। अनेक बार कोई सुन्दर मोरपिन्छ पड़ा मिल जाता तो उसे ही लेते आते। बेटी के गाल थपथपा दो-चार बातें करते और फिर कुड़की लौट जाते।

कुड़की में पिता और बेटी बहुत समीप आये। मीरा और उसके साथ सदा रहने वाले मुरलीमनोहर की आवश्यकताओं का वे विशेष ख्याल रखते। उन्हें याद आती अपनी पत्नी के साथ पाले सपनों की बात। कितना त्याग किया था दोनों ने विशेषकर मीरा की मां ने, मीरा को पूरी तरह संस्कारित करने के लिए उसे कृष्ण प्रेम में पागने के लिए कृष्ण भावना-भावित करने के लिए? और यह क्या विडम्बना थी कि पत्नी की मृत्यु के साथ ही इतने प्रेम से संजोई अपनी बेटी से भी उन्हें विवशता-वश अलग होना पड़ा था। राव दूदा की बात को वह नहीं काट सकते थे; वे उनके पिता थे और उनके पास अवकाश ही अवकाश था।

जब कुछ महीनों में बेटी के प्रति उनका प्रेम प्रगाढ़तम हुआ तो आ गया राव वीरम सिंह का बुलावा। पिता की बात नहीं टाल सके तो अग्रज की बात भी कैसे टाल सकते थे? फिर मेड़ता में सुविधाएं भी अधिक थीं, इसमें संदेह कहां था? विदा के समय पिता और बेटी एक दूसरे से गले मिल कर खूब रोये। दोनों की आंखों से जल की अनवरत धार बह चली जो रुके नहीं रुकती थी।

मीरा कुडकी छोड़ने को प्रस्तुत नहीं! पिता के प्रेम का बंधन काटे नहीं कटता था।

रतन सिंह ऊपर से अग्रज की आज्ञा टालने को प्रस्तुत नहीं थे पर भीतर-भीतर वह भी अपनी बेटी को अपने से पृथक् करने को प्रस्तुत नहीं थे।

अन्त में अर्पणा की बुद्धि ने ही कार्य किया—"मेड़ता यहां से दूर नहीं है महाराज! आप चाहें तो नित्य ही वहां आकर अपनी बेटी से मिल सकते हैं। मीरा केवल कुड़की के लिए नहीं बनी और न केवल मेड़ता के लिए। यह आप मुझसे अधिक जानते हैं। आप ही और आपकी पत्नी ने इसे मेवाड़ तो मेवाड़, मारवाड़ तो मारवाड़ इस पूरी भारत भूमि नहीं अपितु पूरे विश्व की कल्याण-भावना से पैदा किया और पाला-पोसा है। गंगा गंगोत्री में ही कैद हो जाती तो पूरे उत्तर-पूर्व भारत को और एक तरह से सम्पूर्ण आर्य-भूमि को ही उसके पवित्र और ताप-पाप विनाशक जल का स्पर्श कैसे मिलता, तब कैसे बसते उसके किनारे ऋषिकेश, हरिद्वार, प्रयाग और वाराणसी के सदृश पुनीत नगर?

"मीरा को कुड़की में कैद नहीं करें महाराज! इसे विचरने दें यह जहां चाहे। अभी यह बच्ची है आपके मोह में बंधी है, कल जब मोह के सारे बन्धन कट जायेंगे तो मेरा मन कहता है मीरा न कुड़की की रहेगी, न मेड़ता की, न पूरे राजपूताने की। सम्पूर्ण आर्य भूमि ही इसका घर होगा। एक दिन सारा विश्व इसके नाम से सुपरिचित होगा।"

अर्पणा की बात का प्रभाव पिता और पुत्री दोनों पर पड़ा और निर्णीत यह हुआ कि सप्ताह में एक बार रतन सिंह मेड़ता आकर अपनी लाड़ली का हाल-चाल ले जाया करेंगे।

मीरा और अर्पणा वीरम सिंह द्वारा भेजी सवारी पर बैठ मेड़ता लौट आईं।

प्रकृति का नियम मनुष्य पर भी लागू नहीं होता क्या ? आखिर प्रकृति और मानव में अभेद है कि नहीं ? अद्वैत ? देखने भर को दोनों में अन्तर हो सकता है पर नियति दोनों की एक ही है कि नहीं ?

प्रकृति ग्रीष्म के थपेड़ों से ग्रस्त होती है, जल उठती है तो अमृतवर्षी बादल उसे नव-जीवन देते हैं। आसमान की जलधार उसके ताप को सीमित करती है। वर्षा जब अधिक ही तंग करती है, नदियां उमड़ पड़ती हैं, कूल-कगारों की मर्यादा को तोड़कर शस्य-श्यामला धरती के टुकड़े-पर-टुकड़े निगल जाती हैं, मनुष्यों को आवास-हीन और पक्षियों को नीड़-विहीन कर देती हैं, गली कूचों को कर्दम-युक्त कर देती हैं तो आता है शरद एक नया संदेश लेकर। नदियों का जल संकुचित हो उनके उदर में समा जाता है। खेत फिर हरे-भरे हो आते हैं। बाढ़ के भारी पानी द्वारा बिखेर दी गई उर्वरता का लाभ उठा चारों ओर हरीतिमा का साम्राज्य छा जाता है।

नभ निरभ्र हो आता है। स्वच्छ नीले आसमान का एकमात्र अधिकारी राकापति अपनी रजत रश्मियों से पीयूष-वर्षण आरम्भ कर देता है न कहीं अधिक ओस रहती है न कहीं अधिक शीत। काश-जवास के धवल पुष्प चारों ओर खिल कर प्रकृति या कहिए धरित्रि को ही धवल-वसना बना जाते हैं। स्वच्छ सरोवरों में दिन में रक्त, श्वेत और कृष्ण कमल-दल खिल उठते हैं तो रात्रि में मूंगे के रंग में रंगे कुमुदिनी पुष्प सरोवरों की शोभा को चित्ताकर्षक बना देते हैं।

प्रकृति की यह शोभा निसर्ग की ईर्ष्या का कारण बनती है और शिशिर आकर अपना कार्य आरम्भ कर देता है। ठंड से पूरी प्रकृति सिकुड़ने लगती है। वृक्षों के पत्ते शीत की मार सह विदीर्ण हो आते हैं। जल जमकर हिम बन जाता है। सरोवर तो सरोवर कहीं-कहीं नदी का जल भी जम कर पाषाण बन आता है। लगता है प्रलय काल आ गया, शीत सब कुछ समाप्त कर ही छोड़ेगा पर शीघ्र ही इसका आवेग भी समाप्त होता है। हवा रुख बदलती है। एक नया संदेश लाती है। वृक्षों के पुराने, जीर्ण पत्ते झड़ जाते हैं। नये पत्ते उगते हैं, नई कोपलें फूटती हैं। मलय पवन प्रवहमान हो उठता है। पूरी प्रकृति फूलों से सज जाती है—लाल, पीले, उजले, हरे, बैंगनी—नानाविध फूल। प्रकृति एक पूर्ण यौवनासद्यः सज्जिता अभिसारिका बन आती है। बसन्त आ विराजता है।

पुरुष, मनुष्य का जीवन भी इसी तरह निर्मित है। ग्रीष्म, वर्षा, शरद, शिशिर सभी इसके जीवन में आते हैं और आता है बसन्त भी—मलय पवन और नूतन पुष्प-परागों का उपहार लिए।

मेड़ता में बसन्त लौटा था। मीरा का आगमन वहां बसन्त का ही आगमन था। पीताम्बरा अपने साथ विविध रंगों को लाई थी। चतुर्भुज कृष्ण के मन्दिर में कुमकुम बिखरने लगा था। लाल, नीला, पीला, हरा और गुलाबी। गुलाल की धूल उड़ चली थी। मेड़ता का पूरा महल ही नहीं पूरा नगर ही जैसे रंगोन्मत्त हो आया

था। मेड़ता में मीरा की सवारी के पहुंचते ही पूरा नगर सड़कों पर आ गया था। पथ पर पुष्प-परागों और कुमकुम-गुलालों की ही धूलि थी। मीरा का पूरा तन-बदन ही गुलाल से ढंक गया था। अपने इस स्वागत से वह विस्मित और विनीत बन आई थी। क्या हुआ था राजपथों को? इतना रंग? इतना सौरभ? नव विकसित मल्लिकाओं ने अपना सम्पूर्ण सौरभ ही उड़ेल दिया था क्या? सम्पूर्ण राजपथ वादकों, गायकों और नर्तकों के दल से भर आया था कैसे? बड़ी कठिनाई से मीरा की सवारी को बढ़ने के लिए स्थान बन पाता था। उचित ही था। मेड़ता ने अपनी खोई निधि वापस पाई थी। उसका लुटा सौन्दर्य अपने पूर्ण विलास-विकास में वापस आ गया था।

"बोल कृष्ण, बोल कृष्ण, कृष्ण-कृष्ण बोल" के स्वर से मेड़ता का पूरा का पूरा आकाश गुंजरित हो गया था।

एक कृष्ण प्रिया, एक कृष्णार्पिता के स्वागत में इन शब्दों के अलावा और किन शब्दों का प्रयोग उचित होता?

चतुर्भुज-मन्दिर की शोभा वापस आई तो भीड़ भी वहां बढ़ने लगी।

सामने का विराट् मण्डप अब पूरी तरह भरने लगा। चतुर्भुज-विग्रह की चमक भी जैसे वापस आ गई।

मीरा का अब एक सर्वथा नूतन रूप ही प्रकट हुआ। वह जैसे अब पूर्णतया कृष्ण-दीवानी ही हो गई। उम्र भी पहले से अधिक हो आई थी, अतः उसके नृत्य और गायन की भंगिमाएं भी अधिक चित्ताकर्षक और चटुल बन आई थीं।

करताल हाथों में लिए वह अपनी सारी सुध-बुध खोए जब "बोल कृष्ण, कृष्ण बोल, कृष्ण-कृष्ण बोल-बोल" के शब्दों के साथ सब कुछ विस्मृत कर जैसे समाधि की अवस्था में घण्टों ध्यान-मग्न हो आती तो लोग सब कुछ भूलकर उसी को निहारते रहते। वह साक्षात् देवी-सी प्रतीत होती। स्वयं सरस्वती। नहीं, वृषभानु-सुता राधिका ही जैसे नए रूप में अवतरित हो गई हो। सबके चेहरे पर श्रद्धा पुती रहती, एक विस्मय बैठा रहता। कोई नहीं चाहता था, मीरा की यह समाधि टूटे। सबके मुख से "बोल कृष्ण, कृष्ण बोल, कृष्ण-कृष्ण बोल-बोल" का स्वर धीमी गति से, मीरा के शब्दों के अनुकरण में निकलता रहता। अनेक बार वह अपना ही पद बनाकर लाती और उस दिन अपने नृत्य के आरम्भ के पूर्व उसका पूर्ण मनोयोग से गायन करती। सभी उसकी प्रतिभा से प्रभावित और विस्मय-विमुग्ध थे। कुड़की से मीरा जैसे पुनर्जन्म प्राप्त कर आई थी। उसकी, श्रीकृष्ण प्रेम की अभिव्यक्ति में कहीं से कोई संकोच नहीं था। अपना सब कुछ वह श्रीकृष्ण पर लुटा देने को व्यग्र थी—अपना सारा संगीत, अपना सम्पूर्ण नृत्य, अपने सारे हाव-भाव। नृत्यमग्ना मीरा का कौन वस्त्र किधर से खिसकता, सिर कब नंगा हो जाता, वेणी कब खुल जाती और उसके सारे पुष्प हरसिंगार के फूलों की तरह किधर-किधर बिखर जाते, इसका पता न उसे होता और न उसके दर्शकों को। सभी केवल एक ही धुन में मस्त रहते और वह था कृष्ण प्रेम।

कई बार नृत्य की समाप्ति पर लोग उससे उपदिष्ट होना चाहते, उसके कल-कण्ठ से कुछ सुनना चाहते—भक्ति के सम्बन्ध में, राष्ट्र प्रेम के सम्बन्ध में और तब वह उनका मन रखने को कुछ शब्द कह जाती। जो होते तो थोड़े ही पर

सबकी हृत्तंत्रियों को छू जाते। वह बोलती, "कृष्ण-प्रेम पगी बहनो और कृष्ण-भाव-भावित भाइयो!

"मैं श्रीकृष्ण प्रेम के सिवा कुछ और दे नहीं सकती, कह नहीं सकती। पता नहीं क्यों मुझे श्रीकृष्ण भक्ति में ही अपना और आप सबका कल्याण दृष्टिगोचर होता है। श्रीकृष्ण, प्रेम है, केवल प्रेम और मैं उसी प्रेम का पाठ आप सबको पढ़ाना चाहती हूं। प्रेम के बिना ही आज का सम्पूर्ण सामाजिक जीवन विच्छृंखल हो गया है। और तो और भाई-भाई में प्रेम नहीं रहा, पिता-पुत्र में नहीं रहा। समाज और राष्ट्र के प्रति प्रेम हमारे हृदय से जाता रहा। एक प्रेम की रज्जु ही सबको बांधती है, उसके टूट जाने से ही सब अलग-थलग पड़ गए हैं। इस धरती को, कृष्ण की इस भक्ति को मुगल आक्रामक किसी विशाल अजगर की तरह अपने जबड़ों में लपेटते जा रहे हैं पर हममें किसी को कोई चिन्ता नहीं क्योंकि हम एक-दूसरे से बंधे नहीं। हम अपने-अपने अहम् का आखेट हो अपने में ही मग्न हैं। आज आवश्यकता है एक ऐसे तत्त्व की जो सबको बांधकर रखे। आज आवश्यकता है प्रेम की। और वह प्रेम पार्थिव नहीं, मांसल नहीं, वह प्रेम नैसर्गिक है। वह श्रीकृष्ण प्रेम है। सबके नियामक और नियन्ता का प्रेम है। वह सबके हृदय में समान रूप से व्याप्त है, अतः हम सभी समान हैं। कोई बड़ा नहीं, कोई छोटा नहीं। यही भावना, समता और मित्रता की यही धारणा, सबको बांध सकती है।

"मैं केवल श्रीकृष्ण प्रेम में आपको निरर्थक पागल नहीं बनाती। इसका व्यावहारिक रूप है जो ज्यादा बहुमूल्य है। आप सब इस प्रेम से बंध कर एक बन जाएं। शरीर अलग-अलग हों पर आत्मा एक ही हो। आप एक सूत्र हो आक्रामकों के अजगर को आगे बढ़ने से रोकिए। इस मेवाड़ को बचाइए, मारवाड़ को बचाइए। सम्पूर्ण आर्य भूमि नहीं तो इस क्षत्रिय-भूमि को पद-दलित होने से बचाइए। श्रीकृष्ण प्रेम यही पाठ पढ़ाता है—भक्ति का, त्राण का, स्वाभिमान और रक्षा का। श्रीकृष्ण ने ही कौरवों के अत्याचार से पाण्डवों की रक्षा की थी। इसी ने अन्ततः अत्याचार का नाश कर सदाचार का साम्राज्य स्थापित किया था।

"मैं इसी कृष्ण प्रेम की दीवानी हूं, आप भी कृष्ण के नाम पर उठिए, संगठित होइए। संगठन में ही शक्ति है। आप संगठित नहीं होंगे तो माला के मनके की तरह बिखर जायेंगे। आपका त्राता फिर कोई नहीं होगा। अब भी समय है। सचेत हो जाइए। श्रीकृष्ण प्रेम में रंगिए अपने को भी, दूसरों को भी। फिर एकजुट होने में कोई समय नहीं लगने को। फिर कोई आक्रामक आपकी ओर आंखें उठा कर भी नहीं देखने को।

"उठिए, जागिए, समय आ गया है। आपके श्रीकृष्ण आपको पुकार रहे हैं, आपका कर्त्तव्य आपको पुकार रहा है। मैं तो सन्देश ही दे सकती हूं। सीख लेना तो आपका ही काम है। इस एकता के सन्देश को भी घर-घर पहुंचाना आपका ही काम है। मैंने आदिवासियों को श्रीकृष्ण के नाम पर ही संगठित कर दिया है। आपको भी श्रीकृष्ण प्रेम की सौगन्ध, आप भी संगठित होइए वर्ना समय आपको

कभी माफ नहीं करेगा। जय श्री कृष्ण ! बोल कृष्ण बोल-बोल, कृष्ण-कृष्ण बोल-बोल।"

मीरा का प्रवचन समाप्त होता और सभी मन्त्र-मुग्ध हो आते। भजन-कीर्तन में काफी समय निकल जाता। वीरम सिंह अपनी ओर से अतिथियों के स्वागत में कोई कोर कसर नहीं छोड़ते। भजन-कीर्तन के अन्त में प्रचुर प्रासाद का वितरण होता। घर लौटते लोग मीरा की प्रशंसा करते नहीं थकते। सब उसकी बहुमुखी प्रतिभा से विस्मित थे। निसर्ग ने उसे सब कुछ दिया था। सौन्दर्य ऐसा कि उसकी तुलना नहीं, प्रतिभा ऐसी की बात कि बात में विभिन्न छन्दों और राग में पद गढ़ ले, गला ऐसा लगे कि कोकिल का गला ही काढ़ कर विधाता ने उसके अन्दर बिठा दिया हो। सब उसकी बात को गांठ बांधकर जाते। अब बिखरना नहीं था। टूटना नहीं था। एक सूत्र में आबद्ध हो आक्रामकों से लोहा लेना था। श्रीकृष्ण प्रेम ही वह रज्जु थी जिसके सहारे सबको बंधना था। नहीं छोड़ना था श्रीकृष्ण प्रेम को। प्रेम बांधता है, यह सब समझने लगे हैं। श्रीकृष्ण प्रेम तो परमेश्वर-प्रेम है। वह तो और बांधेगा। लोग बंधना चाहते थे। अपनी मातृभूमि की रक्षा चाहते थे और इसके लिए उपलब्ध थी मीरा। इसके लिए प्रस्तुत था उसका श्रीकृष्ण प्रेम।

पैंतालीस

आज ही मीरा के कृष्ण का जन्म हुआ था कारागार में। भाद्रपद के कृष्णपक्ष की अष्टमी तिथि थी वह। नभ मेघाच्छन्न था। नहीं मेघाच्छन्न ही नहीं था। मूसलाधार जल उनसे बरस रहा था। चारों ओर घोर तिमिर का साम्राज्य व्याप्त था। ऐसे ही दुष्काल में वह पैदा हुआ था। क्यों ऐसा समय, उसने क्यों चुना था? मीरा क्या जाने? शायद वह यह जतलाना चाहता हो कि उसे प्रकृति के किसी प्रकोप का भय नहीं। प्रकृति-पति है वह। पुरुष। पुरुष प्रकृति से क्यों डरे? प्रकृति तो उसकी चेरी है।

आज वही कृष्णजन्माष्टमी थी। चतुर्भुज श्रीकृष्ण के मन्दिर में जन्माष्टमी का पूर्ण आयोजन था। वीरम देव ने अपनी ओर से कुछ उठा नहीं रखा था।

वन्दनवारों से मन्दिर को सजाया गया था। सम्पूर्ण महल पर दीपमालिकाएं नभ की तारिकाओं की तरह सजी थीं। महाद्वार पर शहनाई बज रही थी।

चतुर्भुज-विग्रह का भी पूर्ण परिष्कार हुआ था। उसे नींबू के रस से मल-मलकर धोया गया था। फिर स्नान सम्पन्न कराकर इत्र और फुलेल की मालिश हुई थी सर्वांग में।

शरीर को स्वच्छ वस्त्र से पोंछकर पीताम्बर धारण कराया गया था मूर्ति को।

सिर पर स्वर्ण-मुकुट और उसके ऊपर स्वर्ण कमल। गले में बैजयंती के ताजा फूलों की ताजा माला। मुकुट के दोनों तरफ सुन्दर मोरपिच्छ।

बारह बजे रात्रि को श्रीकृष्ण को जन्म लेना था। उस समय की प्रतीक्षा में

सभी भजन-कीर्तन में लगे थे। बारह बजे ही पुजारी खोरे की फांक से बाल कृष्ण की एक सुन्दर संगमर्मरी मूर्ति प्रकट करता। उसी समय महल के नगाड़े पर चोट पड़ती। दुंदुभी, गोमुख, मृदंग, झाल, मंजीरा आदि अनेक बाजे बज उठते। उनके वादक प्रस्तुत थे। अर्ध रात्रि की प्रतीक्षा थी।

मीरा ने भी आज विशेष साज-श्रृंगार किया था। नए उत्कृष्ट पीताम्बर का नया घघरा पहना था। उसी रंग की चोली और उसी रंग की चुनरी। आज उसके प्रियतम का जन्म-दिवस जो था। वह जानती थी उसी दिन से जिस दिन मां ने मुरलीमनोहर की ओर इंगित कर कह दिया था—यही है तुम्हारा दूल्हा—कि श्रीकृष्ण ही उसके पति थे। क्या आश्चर्य था कि तेरह-चौदह वर्षीय कन्या का पति आज पैदा हो रहा था। नहीं, आज पैदा नहीं हो रहा था, मीरा ने अपने को समझाया था। आज तो उसके पति का जन्म दिवस था। पता नहीं वह कितने हजार वर्ष पूर्व पैदा हुआ था पर हर वर्ष कृष्ण जन्माष्टमी को उसका जन्म दिवस मनाया जाता है। वह भी अपने रूप में मनाती रही है अथवा ऐसे आयोजनों में सम्मिलित होती रही है।

आज की बात और थी। आज वह पूरे होशो-हवास में एक चौदह वर्षीय किशोरी के रूप में जन्म दिवस मना रही थी श्रीकृष्ण का। आज वह एक तरह से पूर्ण यौवना थी। तरुणी थी। तरु-चढ़ी लता सी तन्वांगी थी वह। यौवनोद्दाम फूट-फूट पड़ने को व्यग्र था। फिर भी संयमिता थी वह। विनया-वनता। किन्तु उत्पल्ल की तरह प्रफुल्ल था उसका हृदय। शरीर पर पूर्ण नियन्त्रण का प्रयास था फिर भी अन्दर के हर्षोल्लास से विधूनित हो उठती थी वह।

आज के इस अवसर के लिए उसने विशेष पद रचा था। कण्ठ पर नियन्त्रण हो पायेगा क्या? स्वर साथ तो देंगे? किंचित् सन्देह था मन में। अन्ततः अपने प्रिय के जन्म-दिवस पर गाना था उसे।

इससे पूर्व इतनी चटुल कहां हो पाई थी वह? कैसा त्योहार था यह जो उसे अन्दर ही अन्दर उद्वेलित कर रहा था? क्या उसका नूतन जन्म हो रहा था? नहीं जन्म तो उसके जीवन-संगी का होना था। उसके प्राण-सखा का। और जन्म भी क्या था, यह तो जैसा पहले सोचा मात्र जन्मोत्सव था। तब ऐसी बेसुधि क्यों? यह व्यग्रता, ऐसी विकलता कैसी?

उसे अपने नए पद को आज प्रस्तुत करना था। श्रीकृष्ण जन्म के पूर्व से ही लोग मण्डप में प्रतीक्षारत थे। रत थे उसका गायन सुनने के लिए। उसका नृत्य अवलोकित करने के लिए, किन्तु क्या आज नृत्य कर पायेगी वह? कण्ठ ही साथ देने को प्रस्तुत नहीं लगता तो चरण क्यों कर साथ देंगे? नहीं, वह आज नृत्य नहीं करेगी। मात्र एकतारे पर आज के लिए बनाए पद को गा देगी।

क्यों आज अपने प्रियतम के जन्मदिन के अवसर पर ही वह नृत्य नहीं करेगी? तो उसकी नृत्य-कला का लाभ! आखिर किसके लिए है उसकी यह कला?

नहीं, वह नाचेगी। खुलकर नाचेगी। किन्तु यह नृत्य सार्वजनिक नहीं होगा। वह केवल उसके और उसके प्रियतम के मध्य की बात होगी।

यह नृत्य आज निर्बाध होगा। पैरों का नहीं, पोर-पोर का नर्तन होगा यह।

उसका सम्पूर्ण अन्तर ही विगलित होकर उसके पैरों की थिरकन बनेगा।

बंद कमरे में वह अपने मुरलीमनोहर के साक्ष्य में अपना यह उद्दाम नृत्य प्रस्तुत करेगी। आज वह कहीं से नहीं छिपायेगी अपने को। बाहर तो कपड़ों के सरकने की अक्सर आशंका लगती रहती है। आज वह निश्शंक होकर नाचेगी। कुछ नहीं बाधित कर पायेगा आज उसके अकलुष प्रेम-निवेदन को। पैरों के घुंघरू अवश्य वाह्यजगत को उसके नृत्य की सूचना दे देंगे। पर जन्मोत्सव के बाद होगा यह नृत्य। तब तक बाहर के सभी लोग चले जाएंगे। घर के कुछ लोग जागें तो जागें। पर आज वह अपने प्रियतम को प्रसन्न कर रहेगी। अन्तर का सारा नर्तन उसके तन की हर भंगिमा में उतर आयेगा। दे पाएंगे उसके चरण उसका साथ, इस रास-नृत्य का ? देना ही पड़ेगा। उपाय क्या है ?

पर पहले तो उपस्थित भक्त-मण्डली के समक्ष उसे अपना नूतन पद प्रस्तुत करना है। वे प्रतीक्षा में हैं।

वह अपने नूतन परिधान में अपने कक्ष से नीचे उतरती है। आज गज-गामिनी है वह। नहीं, यह उपमा ठीक नहीं। हंस-गामिनी अधिक अच्छा रहेगा। नीचे आने पर शनैः-शनैः अपने पाद-पल्लवों को जमीन पर रोपते आती है वह मण्डप की दूसरी तरफ से। लोगों के स्पर्श से बचती हुई।

आकर अपने निर्धारित स्थान पर बैठ जाती है। पार्श्व में पड़े इकतारे को हाथ में लेती है। पहले उसके तारों को यों ही छेड़ती है।

संगीत की एक मधुर लहरी चारों दिशाओं में व्याप्त हो जाती है। तब कण्ठ स्वर को तारों के इस स्वर से मिलाती है और पीक की तरह कूक उठती है—

माई री मैं तो लियो गोविन्दो मोल
कोई कहै छानै, कोई कहै चौड़े
लियो री बजन्ता ढोल।
कोई कहै मुंह धो
कोई कहै सुंहधो,
लियो री तराजू तोल।
कोई कहै कारो कोई कहै गोरो,
लिया री अमोलिक मोल
याही कूं सब जग जाणत है
लियो री आंखी खोल।
मीरां कूं प्रभु दरसण दीज्यो
पूरब जनम को कोल।
....

पद समाप्त हुआ। आश्चर्य वह कहीं से प्रकम्पित नहीं थी। उसके कण्ठ ने भी कहीं धोखा नहीं दिया था। वह आश्चर्य-चकित थी। यह उसके प्रियतम की ही कृपा थी।

उसने श्रोता-मण्डली पर एक दृष्टि डाली। मण्डप खचाखच भरा था। जहां तक देखो सिर ही सिर। पर सभी शान्त थे। मन्त्र-विद्ध। कहीं कोई कम्पन नहीं। इसके पहले कि लोग जान सकें कि वह जा रही है उसे चल देना था।

वह धीरे से उठी। जिस मार्ग से आई थी उसी से अपने ऊपर के प्रकोष्ठ की

ओर बढ़ गई। लोग कुछ सोचें-समझें तब तक स्वर की देवी लुप्त। आज उसके कीर्तन-नर्तन का आनन्द नहीं मिलेगा, सभी समझ गए। थोड़ी ही देर बाद पुजारी ने शंख-ध्वनि की। नगाड़े पर शब्द हुआ। श्रीकृष्ण जन्म ले चुके। लोग धीरे-धीरे उठकर जाने लगे।

द्वार पर सबको प्रसाद देने की व्यवस्था थी।

नीचे जब पूर्ण शान्ति व्याप्त हो गई तो मीरा ने अपने कक्ष में पैरों में घुंघरू बांधा।

मुरलीमनोहर की पीताम्बरधारी मूर्ति सामने के मंच पर सजी थी।

उसने अपना उद्दाम नृत्य आरम्भ किया। पैरों में शरीर की सारी शक्ति उतर आई। मन-प्राण भी पैरों के ही होकर रह गए। उसने जी भर नाचा। शरीर को स्थान-स्थान से लवंग-लता की तरह तोड़कर नाचा। नहीं, यह शरीर प्रदर्शन नहीं था अपने प्रियतम के समक्ष। यह सर्वस्व समर्पण था पर समर्पण भी जो निष्कलुष था, अपार्थिव और अमांसल। यह अपने अन्तर का दान था जिसे कोई प्रतिदान नहीं चाहिए था।

गवाक्ष से सूरज की रश्मियों ने अन्दर प्रवेश किया तो मीरा की तन्मयता टूटी। उसने घुंघरूओं को खोला और थकी-मांदी पर्यंक पर पड़ गई।

छियालीस

पुष्पों की सुरभि पवन के कंधों पर सवार होकर वातावरण में व्याप्त हो जाती है। भ्रमरों एवं मधुमक्खियों के झुंड-के-झुंड सुरभित सुमनों पर खिंच आते हैं। कौन उन्हें निमन्त्रण देने जाता है? कोई तो नहीं। पर जहां सुगन्ध होगा, पराग होगा वहां तो रसाग्राही ढूंढ़ते-ढांढ़ते पहुंच ही जाते हैं।

मीरा में रस था। उसके कंठ में पीक की स्वर-लहरी व्याप्त थी। उसका कीर्तन मन को बांध लेता था। उसके इकतारा से अद्भुत संगीत फूटता था। उसका नर्तन मन-प्राणों में एक नैसर्गिक थिरकन भरता था।

मीरा की कीर्ति चारों ओर पवन आरूढ़ सुगन्ध की तरह ही व्याप्त हो गई। अब केवल आरती के समय ही मीरा के दर्शनार्थी नहीं आते अपितु प्रायः दिन भर ही लोगों का तांता लगा रहता। मीरा महल के बाहर एक कक्ष में बैठे लोगों को दर्शन देती और सत्संग करती रही। अपने साथ सदा रहने वाले मुरलीमनोहर के विग्रह को भी वह इसी कक्ष में एक उच्चासन पर विराजमान कराती।

कुछ लोग तो दर्शन कर और दरवाजे के चौकट पर सिर रोप कर ही वापस हो जाते पर कुछ लोग मीरा से भजन सुनाने की प्रार्थना करते। मीरा उनकी बात नहीं टाल पाती और इकतारा लेकर बैठ जाती। साथ ही नवनिर्मित कोई पद बड़ी तन्मयता से गा पड़ती। मन होता तो दोनों हाथों में करताल लेकर नृत्य-मग्न भी हो जाती—

"सांवरी सूरत मण र बसी।
गिरिधर ध्यान धरां निस वासर, मण मोहण म्हारे बसी।
कहां करा कित जावां सजणी महतो स्याम डसी।
मीरां रे प्रभु कब रे मिलोगों नित नव प्रीत रसी॥"

मीरा के प्रभाव से खिचते आते लोगों ने एक भारी समस्या भी खड़ी कर दी। दिनों-दिन बढ़ती भीड़ को नियंत्रित करना कठिन होने लगा। इस भीड़ में अब गैरिक वस्त्रधारी साधु-संन्यासियों की संख्या भी पर्याप्त होने लगी। लम्बी-लम्बी श्वेत-कृष्ण दाढ़ी वाले तथा दण्ड-कमण्डल हाथ में लिए पहुंचने वालों की सख्या भी पर्याप्त थी। कुछ पूरी तरह मुंडित केश और दाढ़ी-मूंछ रहित योगी-यति भी पहुंचने लगे।

राव वीरमदेव के लिए यह एक विचित्र समस्या खड़ी हो गई थी। मनुष्यों की उस नियमित भीड़ में भिन्न-भिन्न प्रकार के लोग तो होते ही थे। भिन्न-भिन्न प्रकृति और चरित्र के भी हो सकते थे। मीरा अभी किशोरी थी। किसका कैसा प्रभाव पड़ेगा, कौन कैसा व्यवहार करेगा यह कहना कठिन था। उन्होंने महल द्वार पर प्रहरी बैठा दिए। साधु-सन्तों और दर्शनार्थियों को दर्शन से नहीं रोका गया पर कड़ी छान-बीन के पश्चात् ही लोगों को अन्दर जाने दिया जाता। इसके अतिरिक्त अर्पणा तथा ललिता भी मीरा के साथ साये की तरह लगी रहतीं। अगर कोई अवांछनीय व्यक्ति अन्दर आ भी जाता तो वे उसे मीरा के दर्शन नहीं करने देतीं। यह सब कुछ मीरा को बिना बताए ही हो रहा था।

मीरा को अन्ततः जब पता लगा कि उसके दर्शनार्थियों को रोका जा रहा है और कुछ लोगों को बिना उसके दर्शन के ही लौटना पड़ता है तो उसे आंतरिक पीड़ा हुई। ललिता को उसने अपने एकांत कक्ष में बुलवाया।

"क्या यह सही है कि मुझसे मिलने वाले बहुत से सत्संगियों को निराश लौटना पड़ता है।"

"हां।" ललिता ने स्वीकृति में सिर हिलाया।

"क्यों?"

"क्योंकि उनमें अधिकांश सत्संगी नहीं होते? अर्पणा जी का भी आदेश है।"

"और महल में पहुंच पाने वाले सत्संगियों में से भी कुछ को तुम लोग मुझसे दूर ही रखती हो?"

"हां।"

"क्यों?"

"इसका भी वही प्रत्युत्तर है जिसे मैंने अभी दिया है?"

"स्पष्ट करो।" मीरा की कृष्ण भक्ति बोल रही थी।

"क्योंकि उनमें अधिकांश सत्संगी नहीं होते?"

"क्या होते हैं?" मीरा की भृकुटियां तनीं।

"मैं आपको यह नहीं बतला सकती।"

"क्यों? क्यों नहीं? मुझे यह जानने का अधिकार है?"

"जानना ही चाहती हैं तो मुझे न कहने लायक बात भी कहनी पड़ेगी। उनमें अधिकांश आपके भजन-कीर्तन और उपदेश से आकृष्ट नहीं आते अपितु वे भौरों

की तरह आपके आकर्षण रूपी पुष्प पर मंडराने आते हैं। दूसरे शब्दों में कहूं तो वे रूप-लोलुप होते हैं। आपके भजन-कीर्तन और आपके मुरलीमनोहर से उन्हें कोई वास्ता नहीं होता।" ललिता निर्भीक बोल गई।

"ललिता !" प्राय: त्रयोदश वर्षीया मीरा पहले-पहल आपे से बाहर हुई।

"जी !" ललिता ने सिर झुकाया।

"तुम्हें यह कहने की हिम्मत कैसे हुई ? मेरे पास आने वाले अधिकांश साधु-संन्यासी और त्यागी होते हैं।"

"आपको भ्रम है। सिर मुड़ा लेने अथवा लाल-पीले वस्त्र पहन लेने से कोई साधु-संन्यासी नहीं हो जाता। इन साधुओं में अधिकांश निकम्मे होते हैं जो भगवान के नाम पर अपनी पेट-पूजा का प्रबन्ध करते हैं।" ललिता ने निस्संकोच कहा।

"क्या जितने साधु-संन्यासी आते हैं वे सबके सब निट्ठले और रूप-पिपासु हैं ? भक्तिभाव से उनका कोई सम्बन्ध नहीं ?"

"सौ में से निन्यानवें तो ऐसे ही होते हैं।"

"ललिता !"

"जी !"

"तुम्हें साधु-समाज पर यह लांछन लगाते शर्म नहीं आती ? भगवद् भक्तों का अपमान भगवान का अपमान है। आगे से तुम किसी को मुझसे मिलने से नहीं रोक सकतीं। और मैं ताऊ वीरमसिंह को भी कहूंगी कि महल-द्वार पर जांच-पड़ताल बन्द करें। अर्पणा को भी यह बता दो।"

"यह आपके हित में नहीं है। अभी आपकी उम्र ही क्या हुई ? आप अपने निश्छल स्वभाव के कारण सबको अच्छा ही समझती हैं। जब आप बड़ी हो जायेंगी अपना भला-बुरा स्वयं समझने लगेंगी तो आपके ऊपर से यह पहरा उठा दिया जाएगा।"

"ललिता !" मीरा चीखी।

"जी।"

'अब तक तुम मेरे अनुकूल थी, अर्पणा भी अनुकूल थी। आज इस तरह प्रतिकूल बातें क्यों कर रही हो ? अगर तुम लोग भी मेरा साथ नहीं दोगी तो मेरा मर्म विदीर्ण नहीं हो जाएगा क्या ? माता गई, दादू गए, पिता रतनसिंह लड़ाई-भिड़ाई में ही लगे रहते हैं। ऐसी स्थिति में तुम लोग भी ऐसा व्यवहार करना आरंभ करोगी तो मैं किसके सहारे जीवित रहूंगी ? तुम तो मेरी सखी की तरह हो ललिता। अर्पणा तो फिर भी बड़ी है, मेरी भावनाओं को नहीं समझ सकती पर तुम तो समझ सकती हो ?"

"यह सब आपके भले के लिए ही किया जा रहा है। मां नहीं रही तो हमारा दायित्व और बढ़ जाता है। भजन-कीर्तन तक को ठीक, असाधुओं और दुर्जनों के मध्य हम आपको नाचने-गाने की अनुमति नहीं दे सकतीं।"

"अनुमति ? तुम लोग कौन हो मुझे अनुमति देने वाली ? मैं आज ही राव वीरम से कहकर तुम दोनों की छुट्टी कराती हूं। तुम्हारी भी जीभ अधिक ही लम्बी हो रही है।" मीरा अपने स्थान से उठते हुए बोली।

"जैसी आपकी इच्छा, पर राव वीरम भी आपसे वही कहेंगे जो मैं कह रही हूं ?"

"ठीक है, मैं अभी उनसे मिलती हूं।" यह कहकर मीरा क्रोध में पैर पटकते हुए कक्ष से बाहर चली गई।

ललिता अपने स्थान पर बैठी रही। उसे परिणाम पहले से ही ज्ञात था। अर्पणा ने पहले ही वीरमदेव से बातें कर ली थीं।

"काकू ?" मीरा वीरमदेव के पास पहुंचते ही बोली।

"बिटिया।"

"आपने मेरे ऊपर पहरा बैठाया है ?"

"कैसा पहरा ?"

"पहरा मेरे सत्संग पर, मेरे कीर्तन-भजन और नृत्य पर ? पहरा मेरी कृष्ण-भक्ति पर ? वह कृष्ण-भक्ति जो एकमात्र मेरा जीवनाधार है ?"

"बैठो बिटिया।" राव वीरम ने सामने की तिपाई की ओर इंगित करते हुए कहा।

"नहीं, मैं नहीं बैठती। बड़ों के सामने बैठने की आदी मैं नहीं हूं।"

"बैठो। बैठो। दादू के पास तो बैठती थी। मेरे सामने क्यों नहीं बैठ सकती ? अनुमति लेकर तो बड़ों के सामने भी बैठा ही जा सकता है ?"

मीरा तिपाई पर बैठ गई।

"तुम्हारे भजन-कीर्तन और कृष्ण-भक्ति पर पहरा बैठाने का तो कोई प्रश्न ही नहीं। तुम शौक से श्रीकृष्णाराधना करो। जितनी सुविधाएं और चाहो मैं जुटा दूं। मैं क्या नहीं जानता कि मेरे पूज्य पिता राव दूदा के मन में क्या था ? वे अपनी एक सन्तान को श्रीकृष्णार्पिता करना चाहते थे। उन्होंने तुम्हें ही इसके लिए चुना। तुम्हारे जन्म के पूर्व से ही तुम्हारी मां ने तुम्हारे अन्दर भक्ति के संस्कार डालने शुरू किये। अपने कठोर नियम-व्रत और उपासना-पूजा के कारण ही वह जर्जर होकर असमय मृत्यु की शिकार हुई।"

माता का उल्लेख आते ही मीरा की मीन-सी आंखें छलछला आईं। उसने अपनी चुनरी से आंखों के कोनों को पोंछा। राव वीरम ने इधर ध्यान नहीं दिया। वे अपनी रौ में बोलते गए।

"पिता राव दूदा अपने संकल्प को पूर्ण होते देख प्रसन्न मन ही इस पृथ्वी से उठ गए। उन्होंने मुझसे अन्तिम दिनों में भी कहा था कि मैं तुम्हारे भक्ति-भाव में सहायक बनूं। ऐसी स्थिति में मैं तुम्हारे मार्ग का पत्थर कैसे बन सकता हूं ?"

राव दूदा के नाम पर तो मीरा फूट-फूटकर रोने को हो आई। पर किसी तरह उसने अपने रुदन को अन्दर ही अन्दर दबा रखा। आंखों के किनारे एकत्रित हो आए मोती-सी जल बूंदों को पुनः पोंछा।

इस बार राव वीरम का ध्यान मीरा की स्थिति की ओर गया। वह उसे रोते देखकर हतप्रभ हो गए।

"तुम रो रही हो बिटिया ?" वे उसके पास जा स्वयं अपनी पगड़ी के एक छोर से उसकी आंखों को पोंछते हुए बोले।

मीरा चुप। राव वीरम के कक्ष में एक असह्य सन्नाटा खिंच गया।

"पहरा मुझ पर बैठाया गया है और वह आपके कहने पर ही बैठाया गया है। यहां तक कि दासी अर्पणा भी मेरे ऊपर पहरा देने लगी है। मेरे सत्संगियों पर पहरा बैठाना मेरी भक्ति पर ही पहरा बैठाना है।"

"ओह यह बात है ?" राव वीरम ने हंसने का प्रयास करते हुए कहा, "अब मैंने समझा। अरे वे सभी के सभी सत्संगी थोड़े हैं ? मैंने तो जान-बूझकर केवल साधुओं को, सज्जनों को तुम तक जाने देने का प्रबन्ध किया है। असाधुओं और दुर्जनों को तो राज-पुत्री से पृथक् रखना ही पड़ेगा।"

"मेरे भजन-कीर्तन और भक्ति नृत्य के सुनने-देखने के लिए आने वाला कोई दुर्जन और असाधु नहीं हो सकता।" मीरा ने गंभीरता से कहा, "आपको दूदा के अंतिम आदेश को स्मरण रखना चाहिए। आप शीघ्र ही साधुओं को तंग कराना बंद कराइए और अर्पणा तथा ललिता को भी आदेश दीजिए कि वह अपनी मनमानी से बाज आएं।"

"यह मैं नहीं मानता बिटिया रानी कि तुम्हारे दर्शन को आने वाले सभी सज्जन और साधु ही हैं। अब तुम मेरी बेटी हो, भाई की बेटी और अपनी बेटी में अन्तर ही कहां होता है ? मैं तुमसे सभी कुछ खोल कर तो नहीं कह सकता पर मैं तुम्हें राव दूदा से ही सुनी एक कथा सुनाता हूं। उसे सुनकर तुम सब कुछ समझ जाओगी।" राव वीरम ने कहा और अपनी कहानी आरंभ की,—

"एक बार कार्तिक पूर्णिमा के अवसर पर भक्तों की भारी भीड़ गंगा-स्नान को जा रही थी। हरिद्वार की बात है यह और है इसी कलियुग की। हर की पौड़ी पर तिल धरने को भी स्थान नहीं था। उस समय आज की तरह पक्की सड़कें तो नहीं थीं। पर पौड़ी तक आने वाली पगडंडी दूर-दूर तक स्नानार्थियों से भरी हुई थी। जिधर देखो उधर सिर ही सिर।

"भगवान सदाशिव जगदम्बा पार्वती के साथ कैलास पर बैठे यह लीला देख रहे थे। पार्वती अत्यन्त प्रसन्न हो रही थी और भगवान पशुपति का ध्यान कभी इस ओर तो कभी उस ओर आकृष्ट कर कहती—'देखिए न कैसे श्रद्धालु लोग हैं। इस भयानक ठंड की परवाह किए बिना इस शीतल जल में स्नान करने दौड़े जा रहे हैं।'

" 'हरिद्वार में गंगा का जल यों तो बहुत ठंडा है। गर्मियों के दिनों में भी उसमें डुबकी लगाने के पूर्व सौ बार सोचना होता है।' राव वीरम ने जोड़ा।

"सदाशिव के सदा प्रसन्न आनन पर एक स्मिति खेली।

"पार्वती को उनका यह मुसकराना बे-मौसम की बरसात की तरह लगा और वे पूछ बैठीं, 'आप मेरी बात पर मुसकराए क्यों ? आप मेरी हर बात को यों ही टाल देते हैं।'

" 'मुसकराया मैं आप पर थोड़े ?' सदाशिव ने उत्तर दिया।

" 'तब ?'

" 'मुसकराया मैं आपकी निश्छलता कह लीजिए तो अनभिज्ञता पर ही।' पशुपति ने पार्वती को समझाना चाहा।

" 'क्यों ?' जगदम्बा ने कृत्रिम क्रोध से कहा, 'मैं अनभिज्ञ कब से हो गई ?'

" 'कभी रही हो या नहीं, पर अभी तो आपकी अनभिज्ञता ही आप पर हावी

है।' आदिदेव ने मुसकराते हुए ही कहा।

" 'कैसे ? कैसे मैं अनभिज्ञ हो गई ?'

" 'आपने अभी इन सभी स्नानार्थियों को श्रद्धालु कहा।'

" 'हां कहा। तो क्या गलत कहा ?' पार्वती इठलाई।

" 'गलत तो कहा ही।'

" 'क्या ?'

" 'ये सभी साधु और श्रद्धालु थोड़े हैं !'

" 'तो क्या हैं ये जो इस भीड़ का अंग बने हुए हैं ? वर्फ की तरह ठंडे जल में स्नान को उद्यत हैं ?'

" 'ये सब बस भीड़ हैं।' पशुपति फिर मुसकराए।

" 'यह आप क्या कह रहे हैं ?' पार्वती खीजी।

" 'वही जो आप कह रहीं हैं। ये सब भीड़ मात्र हैं बस। भीड़ का अंग बने तमाशा देखने चल पड़े हैं। मेला देखना है इन्हें। श्रद्धा भक्ति से उन्हें क्या संबंध ?' पशुपति ने कहा।

" 'आप तो सबको शंका की दृष्टि से ही देखते हैं। यह आपका नहीं, आपके तीसरे नेत्र का दोष है। बंद कर लीजिए उसे।' पार्वती झल्ला कर बोलीं।

" 'आप ठीक कह रही हैं। है यह तीसरे नेत्र का कमाल ही। पर आपके कहने से मैं इसे बंद कर लूं तो मेरी स्थिति भी आपकी सी हो जाएगी। तब मैं भी सत्यासत्य का भेद नहीं कर पाऊंगा।' भगवान त्रिनेत्र ने कहा।

" 'तो आपकी दृष्टि से सब स्नानार्थी मात्र दर्शक और असाधु हैं ?'

" 'सब तो नहीं पर अधिकांश। कुछ सीमा रेखा पर भी हैं, न दुर्जन हैं न सज्जन पर प्रलोभन अथवा स्खलन की स्थिति आते ही ये भी सज्जनों की पंक्ति छोड़ दुर्जनों की ओर ही बैठ जायेंगे। सहस्रों की इस भीड़ में कोई एक-दो सच्चा श्रद्धालु मिल जाये तो बड़ी बात होगी।' भगवान सदाशिव ने अपनी शंका स्पष्ट कर दी।

" 'मैं नहीं मानती इसे। आप क्यों नहीं सोचते कि उस ठंडे जल में स्नान करने के बाद वे हर की पौड़ी के विभिन्न मंदिरों में जायेंगे और आपकी और मेरी मूर्ति पर जल धार छोड़ेंगे।'

" 'अर्थात् हमें भी ठंड में ठिठुरायेंगे ?'

" 'आपको तो हमेशा परिहास ही सूझता है। गंभीर होना तो आपकी आदत कभी रही नहीं।' पार्वती ने उलाहना दी।

" 'अभी मैं एकदम गंभीर हूं और एकदम सत्य कथन कर रहा हूं।' सदाशिव सचमुच गंभीर हो आये।

" 'तो आपकी बात की पुष्टि कैसे हो ?' पार्वती ने पूछा।

" 'मैं पुष्टि करने को तैयार हूं।' पशुपति ने कहा—और वे दोनों कैलास से नीचे उत्तर आए।

"हर की पौड़ी से थोड़ी ही दूर पर एक बड़ी भीड़ जमा थी। चारों ओर का आवागमन जैसे अवरुद्ध हो आया था। सभी आगे बढ़ने की अपेक्षा वहीं रुक जाते थे और उस स्थान पर भीड़ बढ़ती ही जा रही थी।

"बात यह थी कि पौड़ी से थोड़ा पहले ही एक भयानक खड्ड था। एक जर्जर वृद्ध उसमें गिरा पड़ा था। वह पचास उपाय करे उस खड्ड से निकल ही नहीं पाये। वहीं पर एक अत्यन्त रूपवती युवती खड़ी थी। वह भी उस वृद्ध को निकालने का प्रयास करती। पर सब व्यर्थ। वह कितना भी झुक कर खड्ड में हाथ डालना चाहे, उसके हाथ उस वृद्ध तक पहुंचे ही नहीं।

"वह वहां से गुजरने वाले हर व्यक्ति के हाथ जोड़ती, प्रार्थना करती, 'भैया उन्हें निकाल दो। मैं आपका बड़ा उपकार मानूंगी।'

" 'कौन है यह बूढ़ा तुम्हारा ?' कोई मनचला पूछता।

" 'ये मेरे पति हैं। अशक्त हैं। जरा हाथ बढ़ाकर उन्हें बाहर खींच लो, तुम्हारा बड़ा उपकार मानूंगी।' वह युवती गिड़गिड़ाती।

" 'पति ? हूं ! इस वृद्ध में क्या रखा है ? मरने दो इसको उसी खड्ड में। तुम मेरे साथ चलो। मेरी पत्नी बनकर रहना।'

" 'पर भैया तुम तो गंगा-स्नान करने जा रहे हो। पुण्य अर्जित करने। एक परकीया को पत्नी बनाना पाप है।'

" 'पाप क्या और पुण्य क्या ? मुझे गंगा स्नान का पुण्य तो यहीं मिल गया जब तुम्हारे सदृश सुंदरी मुझे पत्नी रूप में प्राप्त हो गई। नहीं जाता मैं गंगा-स्नान को, चलो तुम्हें लेकर यहीं से लौट चलते हैं।'

"प्राय: प्रत्येक स्नानार्थी से उस युवती ने एक ही प्रार्थना की और प्राय: प्रत्येक से एक ही उत्तर मिला—'इस खूसट को पति मानती है ! चलो तुम्हारे भाग्य खुल गए। बूढ़ा अपनी मौत मर रहा है। तुम मेरी पत्नी बनकर राजरानी बनोगी।'

"जटाजूट धारी, मुंडित सिर, भगवा वस्त्रधारी और सामान्य जन, सभी ने एक ही अभिलाषा व्यक्त की और वह थी उसे अपनी पत्नी बनाने की।

"अन्तत: एक सामान्य-सा लगता युवक सामने आया और इसके पहले कि युवती उसके समक्ष भी अपना रोना रोये, उसने जी-जान लगाकर अपने बलिष्ठ करों से उस वृद्ध को खड्ड से बाहर कर दिया और युवती से बोला—'माताजी, क्षमा करेंगी। यहां की भीड़ ने मुझे यहां पहले नहीं पहुंचने दिया वर्ना आपके पति को उतना कष्ट नहीं होता। कहिए तो इन्हें मैं अपने कंधों पर सवार कर हर की पौड़ी में स्नान करा दूं।'

" 'नहीं बेटा।' इस बार वह बूढ़ा बोला, 'अब मुझ में उतनी शक्ति नहीं रही कि इस ठंड में स्नान करूं। अब हम लौट जाते हैं। फिर कभी स्नान कर लेंगे। भगवान तुम्हें दीर्घायुष् प्रदान करे, तुमने मेरे प्राणों की रक्षा की है।' इतना कहकर वे पति-पत्नी एक तरफ चल दिए।

" 'आपने भी अच्छा नाटक किया।' कैलास पर शिव के पार्श्व में आसीन पार्वती ने कहा।

" 'नाटक तो जो किया सो किया। मुझे वृद्ध बनकर उस खड्ड में पड़ा रहना पड़ा, इसका तुम्हें कोई दु:ख नहीं,' सदाशिव मुसकराते हुए बोले।

" 'और मुझे जो सामान्य से सामान्य व्यक्ति की व्यंग्योक्ति सुननी पड़ी और उनके घृणित प्रस्ताव को सहना पड़ा उसका आपको कोई दु:ख नहीं है ?'

" 'यह तो तुम्हारी ही जिद का प्रभाव है। तुम मेरी बात मान लेतीं तो परीक्षा लेने का यह नाटक नहीं करना पड़ता। अब पता लगा न कि सहस्रों स्नानार्थियों के मध्य मात्र एक श्रद्धालु था। शेष सभी वासना और कामना के कीट थे?'

" 'हां यह तो सिद्ध हो गया। आगे से मुझे आपके कथन पर कभी अविश्वास नहीं करना चाहिए।' पार्वती ने कहा।

"अब तुमने कुछ समझा बिटिया!" कहानी समाप्त कर राव वीरम सिंह बोले।

मीरा यह कहानी सुनकर आश्चर्य-चकित थी।

"क्या सचमुच अधिकांश साधु ऐसे ही होते हैं?" वह आश्चर्यपूर्वक ही बोली।

"हां बिटिया, स्थिति तो यही है। हाथ-पैर डुलाने का मन नहीं हुआ तो मुफ्त की रोटी तोड़ने के लिए बन बैठे संन्यासी और साधु।"

"तब तो मुझे इन सभी से मिलना और आवश्यक है।" मीरा ने दृढ़ता से कहा।

"इतना सब सुनने के पश्चात् भी?"

"हां, यह सब सुनने के पश्चात् आवश्यक हो गया है कि इन साधुओं को उपदिष्ट किया जाय। अगर भक्ति में उनका मन लगे तो ठीक, नहीं तो वे अपना कृत्रिम वेष उतार कर लौटें। और मातृभूमि की सेवा में अपना मन लगाएं। आप तो जानते ही हैं देश को आज जन-शक्ति की आवश्यकता है। मुगलों का दबाव बढ़ता जा रहा है। पाखंडी बनने से तो अच्छा है कि ये सैनिक ही बन जायं। खाने-पीने की समस्या का समाधान तो हो ही जायगा, मातृ-भूमि की रक्षा भी प्रायः सुनिश्चित हो जाएगी।"

"तुम्हारा यही निर्णय है?" वीरम सिंह ने कुछ सोचते हुए कहा।

"हां काकू! और मैं अपने इस निर्णय पर अटल हूं। व्यर्थ जा रही श्रम-शक्ति को सार्थक बनाना ही होगा। भक्ति-भावना के नाम पर ढोंग को अब प्रश्रय नहीं मिलेगा।" मीरा ने दृढ़ता से कहा।

"तो उसका एक ही उपाय है।"

"क्या?" मीरा ने पूछा।

"ये साधु-संन्यासी महल में प्रवेश नहीं पायेंगे। पता नहीं इनमें कितने चोर-उच्चके और शत्रु-पक्ष के गुप्तचर हों। तुम्हें उनसे मंदिर के बाहर के एक विशेष मंडप में मिलना होगा।"

"मुझे स्वीकार्य है।" मीरा ने सोचा—यह और अच्छा है। अब उसे अबाध सभी का सत्संग करने, सभी को भक्ति-भाव और मानवीय संवेदना में दीक्षित करने का अवसर मिलेगा।

"पर एक बात होगी।" राव वीरम ने कुछ निश्चित-सा करते हुए कहा।

"क्या?"

"तुम्हारे सत्संगियों को उस मंडप में जाने से तो कोई नहीं रोकेगा किंतु सशस्त्र सैनिक वहां आस-पास उपस्थित रहेंगे।"

"किसलिए?"

"तुम्हारी सुरक्षा के लिए।"

"जिसकी रक्षा मुरलीमनोहर स्वयं करते हों उसे भी किसी की सुरक्षा की आवश्यकता है? सशस्त्र सिपाहियों के वहां रहने से सत्संगी आशंकित होंगे और मैं अपने उद्देश्य में कृतकार्य नहीं हो पाऊंगी।"

"पर अगर कुछ अघटनीय घटा तो इसका दायित्व किस पर होगा? तुम समझ ही चुकी हो कि साधु-वेष धारी हर व्यक्ति सज्जन नहीं होता।"

"काकू!" मीरा ने सहसा बात बदल कर कहा।

"क्या?"

"तुमने कभी सपेरे की बीन पर सर्प को नाचते हुए देखा है?"

"देखा है।" प्रश्न की प्रासंगिकता नहीं समझ कर राव वीरम धीरे से बोले।

"तो सर्प से भी भयावह कोई जीव हो सकता है? अगर भयानक विषधर को वश में किया जा सकता है तो आदमियों-औरतों को वश में करना कौन बड़ी बात है?"

"मैं अपने भक्ति-भाव और भजन-कीर्तन द्वारा लोगों का हृदय परिवर्तन करूंगी। जो सच्चे भक्त होंगे वे तो भक्ति-मार्ग के पथिक बनेंगे। शेष आपकी सेना में सम्मिलित हो आपकी सैन्य शक्ति ही बढ़ायेंगे। केवल ललिता मेरे साथ रह सकती है और किसी की सहायता मुझे अपेक्षित नहीं।"

राव वीरम मूक हो आए।

जब सन्नाटा असह्य हो आया तो मीरा ने स्वयं उसे तोड़ा, "क्या आपको मेरा यह प्रस्ताव स्वीकार्य नहीं?"

"तुम पर केवल मेरा ही अधिकार नहीं मीरा," राव वीरम ने कुछ सोचकर कहा, "मुझे तुम्हारे पिता से इस संबंध में परामर्श करना होगा। अन्ततः पुत्री तो तुम उनकी ही हो, मेरे यहां तो तुम थाती के रूप में पड़ी हो। मैं आज ही धावक भेजकर भाई को यहां बुलाता हूं। अगर वे तुम्हारे प्रस्ताव से सहमत हो गए तो ठीक वर्ना मैं तुम्हारे प्रस्ताव को स्वीकार नहीं कर सकता। तुम कल शाम तक हमारा निर्णय जान लोगी।"

"जैसी आपकी इच्छा।" मीरा ने कहा और हाथ जोड़कर उन्हें नमस्कार निवेदित कर अपने कक्ष में लौट आई।

कक्ष में बंद होते ही मीरा की आंखों से अविरल जलधार निकलने लगी। वह मुरलीमनोहर के पैरों पर अपना सिर रख रोप कर रो पड़ी—

"यह कैसा अन्याय है गिरधारी? मुझे तुम्हारे भक्तों से भी मिलने से रोका जा रहा है? इसका अर्थ कि मेरी आन्तरिक शक्ति में तो लोगों का विश्वास जाता ही रहा, तुम्हारी शक्ति में भी लोगों को संदेह होने लगा। तुम्हीं ने तो गीता में कहा है कि तुम्हारे भक्तों का न तो इस लोक में न उस लोक में कोई कुछ बिगाड़ नहीं सकता।[1] क्यों नहीं विश्वास करते लोग तुम्हारे इस कथन पर? क्यों नहीं

---

1. पार्थ नैवेह नामुत्र विनाशस्तस्य जायते।

भरोसा करते ये मेरी चारित्रिक शक्ति पर ? एक बार तुम्हारे नाम का कीर्तन लेकर नाच उठूं तो सभी मंत्र-विद्ध-सा हो जायेंगे या नहीं ? फिर कौन सज्जन और कौन दुर्जन ? किसकी हिम्मत होगी मेरी ओर एक दृष्टि निक्षेप करने की भी ?

"मैंने राव वीरम को विषधर और बीन वाली बात सुनाई तब भी क्यों उन्हें सुबुद्धि नहीं आ रही ? क्या मनुष्य विषधर से भी बुरा होता है ? अगर एक साधारण बीन का स्वर एक भयानक सर्प को भी पालतू बना सकता है तो मेरे इकतारे पर छिड़ा सुर, मेरे करतालों से निकली ध्वनि, मेरी जिह्वा से उच्चरित तुम्हारा नाम—तुम्हारा कीर्तन-भजन तथाकथित दुर्जनों और पाखंडियों को सुमार्ग पर नहीं ला सकते ?

"क्यों मेरी इतनी परीक्षा ले रहे हो मुरलीधर ? मैं तो सर्वथा के लिए तुम्हारी शरण में चली गई। मैंने तो तुम्हें अपना पति तक मान लिया। तुम्हारी बांह पकड़ने के बाद भी किसी और की भुजाओं का बल चाहिए मेरी रक्षा के लिए ?

"मैं तुम्हारी हूं मुरलीमनोहर, केवल तुम्हारी। मैंने तुमसे प्रेम का नाता जोड़ा है। पत्नी के लिए पति ही सब कुछ होता है। वही उसका परमेश्वर है, वही उसका प्रभु ! अब तुम मेरी चिन्ता नहीं करोगे तो कौन आयेगा मेरे त्राण को ?

"मैं तो अब केवल तुम्हारे न्याय के भरोसे हूं। अब देखें तुम क्या करते हो। मैं तो सबको भक्ति के रंग में, कर्म के रंग में, प्रेम के रंग में रंगना चाहती हूं। इसमें मेरा दोष क्या है ? बोलो न, बोलो न मुरलीधारी ! तुम चुप क्यों हो ? तुम सचमुच पाषाण बन आये क्या ?" मीरा को रोते-रोते प्रायः सारी रात बीत गई। इसके बाद अश्रु-भरी आंखें लिए ही वह मुरलीधर की मूर्ति के पास से हटकर अपने आसन के पास आई और पद बनाने में व्यस्त हो गई। बाहर श्रावण के बादल छाये थे। उनसे टिप-टिप कर जल बूंदें गिर रही थीं। इधर मीरा की आंखें भी सावन-भादों बनी हुई थीं। इसी स्थिति में उसने पद-रचना आरंभ की—

माई म्हारी हरि हूं णा बूझयां बात।
पिंड मासूं प्राण पापी, निकालि क्यूं णा जात।
पटा णा खोल्या, मुख णा बोल्या सांझ भयां परभात।
अबोलणां जुग बीत णा लागां कायां री कुसलात।
सावण आवण हरि आवण, री, सुण्या म्हाणे बात।
घोर रैणां बीजु चमकां बार गिणतां प्रभात
मीरा दासी स्याम रानी ललक जोवणां जात॥

—मैया मेरी, हरि भी मेरी बात को नहीं समझते। मेरे इस शरीर से प्राण निकल क्यों नहीं जाते ? न तो वह अपने द्वार के पट ही खोलता है न मुख से ही बोलता है शाम से (रोते-रोते) प्रभात हो गया। बिना उससे बातचीत किए ही युग भर का समय बीतने लगा। कौन मेरा कुशल-क्षेम पूछता है ? श्रावण आ गया अब हरि भी आयेंगे ऐसी बात मैंने सुनी थी। घोर रात्रि है, बिजली चमकती है रोज, सुबह तक दिन ही गिनती रहती हूं। दासी मीरा श्याम के प्रेम में जगी है किंतु ललकते हुए ही जीवन बीतने का ठिकाना है।

मीरा के पद लिखते-लिखते गवाक्ष से प्रभात का प्रकाश आने लगा। अब कहां

सोना था ? वह नित्य कर्म के लिए बाहर आ गई। आज उसके भाग्य की परीक्षा है। पिता रतन सिंह एक प्रहर दिन चढ़ते न चढ़ते आ पहुंचेंगे। तब तक उसे अपने पूजा-पाठ से भी निवृत्त हो लेना था।

सैंतालीस

कहते हैं व्यक्ति की परीक्षा उसकी निर्णय-क्षमता से होती है। निर्णय-अनिर्णय के मध्य त्रिशंकु-सा झूलने वाला व्यक्ति सहानुभूति और दया का पात्र होता है।

शीघ्र किसी निर्णय पर पहुंचना और उस पर सारे अवरोधों-प्रतिरोधों के मध्य भी अटल रहना व्यक्तित्व का एक बड़ा प्रबल आयाम है।

किन्तु जीवन कभी-कभी ऐसी स्थिति भी सामने ला खड़ी करता है जिसमें शीघ्र किसी निर्णय पर पहुंचना अत्यन्त दुष्कर होता है। व्यक्ति अपने को अनायास एक ऐसी अन्धी गली में पाता है जिसका मुंह किसी ओर भी नहीं खुलता।

रतन सिंह आज अपने को ऐसी ही स्थिति में पा रहे थे। भाई राव वीरम ने उनके सामने एक बड़ा प्रश्न खड़ा कर दिया था। वे जानना चाहते थे कि मीरा को उसकी इच्छानुसार नगर के बाहर के मंडप में उसके भक्तों और प्रशंसकों के मध्य अरक्षित छोड़ा जाय या नहीं। क्या एक राजकन्या को सामान्य नागरिकों के समक्ष भजन-कीर्तन करने और नृत्य-मग्न होने की अनुमति प्रदान की जा सकती थी वह भी तब जब वह अपनी रक्षा के लिए कोई राजकर्मचारी भी नहीं रखना चाहती थी।

रतन सिंह संकट में थे। न हां कह सकते थे न ना। उन्होंने, पिता दूदा ने और मीरा की स्वर्गीया मां ने किस तरह उसमें कृष्ण-भक्ति और मानव-संवेदना के संस्कार भरने चाहे थे, यह बात उन्हें पूरी तरह स्मरण थी। राव दूदा की अंतिम इच्छा का भी उन्हें पता था और अपने दिए हुए वचन का भी।

ऐसी स्थिति में दोष मीरा के सिर नहीं मढ़ा जा सकता था। हां, उनकी दृष्टि में बात केवल इतनी हुई थी कि मीरा में आवश्यकता से अधिक ही भक्ति-भाव के ये संस्कार पड़ गए थे। वह इतना शीघ्र और इस रूप में श्रीकृष्ण-भक्ति के रंग में रंग जाएगी, इसका अनुमान उन्हें स्वप्न में भी नहीं था।

—क्या मीरा को इस पथ पर और बढ़ने से रोका जा सकता था, रतन सिंह ने सोचा—शायद नहीं। ऐसा करना मीरा के साथ-साथ मीरा की स्वर्गीया मां और उनके पिता दोनों के साथ अन्याय होगा। मीरा का तो मन टूटेगा ही। पर यह जो अति हो रहा था वह ? वीरम सिंह बोल रहे हैं कि मीरा पर श्रीकृष्ण प्रेम का इतना रंग चढ़ा है कि वह लोक-लाज की चिंता किए बिना सैकड़ों सहस्रों लोगों के मध्य न केवल भजन-कीर्तन में लीन हो जाती है अपितु हाथों में करताल लेकर नाच भी उठती है। नर्तन के समय उसका कौन वस्त्र किधर गया, इसका ध्यान भी उसे नहीं रहता। अब वह बच्ची नहीं थी। ऐसी हालत में उसकी यह अपार भक्ति-भावना और उसका ऐसा निरंकुश प्रदर्शन क्या उचित था ? शायद नहीं।

इससे राज-परिवार का उपहास होता था, अग्रज वीरम की इस भावना से वह पूरी तरह सहमत थे।

तब ?

यह 'तब' ही उन्हें तंग कर रहा था। तब क्या मीरा को अपने पूजन-कक्ष में ही सीमित रहने का निर्देश दे दिया जाय ? भक्ति तो घर में भी हो सकती है, लोग पहाड़ों की गुफाओं-कंदराओं में बन्द हो ऐकान्तिक साधना द्वारा कहां-से-कहां पहुंच जाते हैं। ऐसी स्थिति में मीरा को अपनी भक्ति के इस प्रदर्शन की क्या आवश्यकता है ?

तब ?

यह तब फिर सामने आ गया। तब राव दूदा के सपनों का क्या होगा ? अगर मीरा अपनी कृष्ण-भक्ति को सार्वजनिक नहीं करती है तो इतिहास पृष्ठों में वह अमर कैसे होगी ? घर के प्रांगण के फूल की शोभा-सुगन्ध सब कुछ घर के अन्दर ही सीमित रह जाती है। उपवन में खिले साधारण फूल के सौन्दर्य और सुरभि से अनायास बहुत लोग परिचित हो जाते हैं।

तब ?

तब वह अग्रज वीरम को अपनी यह सहमति दे दें कि मीरा जैसा चाहती है वैसा ही उसे करने दें ? कि अगर वह सामान्य जनों के मध्य भी नाच ही जाती है तो इसमें कोई हर्ज नहीं, यह सब उसके श्रीकृष्ण प्रेम का परिचायक था और यह श्रीकृष्ण प्रेम उन्हीं लोगों ने उसके अन्दर भरा था, कि वह पूरी तरह कृष्णार्पिता है और उसके क्रिया-कलापों में दखल देने का उन्हें कोई अधिकार नहीं।

तब ?

तब क्या राव वीरम उनकी सम्मति को आंखें मूंदकर मान लेंगे ? मेड़ता के सिंहासन पर तो वही आसीन हैं। राज-परिवार की प्रतिष्ठा और मान-मर्यादा की चिन्ता स्वभावतः उन्हें रतन सिंह की अपेक्षा अधिक थी। तब क्या वह राजमुकुट के एक हीरे को मेड़ता की मिट्टी में लोटने के लिए छोड़ देंगे ? ऐसा करने से सम्पूर्ण राज्य की प्रतिष्ठा ही क्या धूमिल नहीं हो जायेगी ? साधारण जन को राव दूदा के प्रायश्चित-भाव तथा रतन सिंह और उनकी दिवंगता पत्नी की भक्ति-भावनाओं से क्या लेना-देना ?

तब ?

तब एक ही उपाय था। मीरा को ही समझाना। मीरा को ही इस बात के लिए सहमत कराना कि वह राजमहल के अन्दर रहकर ही अपनी श्रीकृष्ण-भक्ति में संलग्न हो। राव दूदा और उन्होंने कभी यह तो नहीं सोचा था कि मीरा एक दिन भक्ति-भाव के नाम पर चौराहों पर नृत्य-गान आरंभ करेगी। मीरा के पूर्व क्या श्रीकृष्ण-भक्त नहीं हुए ? अन्धा सूर किस गली-कूचे में गीत गाता चला ? मीरा महल की चहारदीवारी में रहकर ही अपनी साधना क्यों नहीं कर सकती ? साथ ही मीरा के पक्ष को भी जानना आवश्यक था। इसके उपरान्त ही कोई निर्णय दिया जा सकता है।

तब मीरा को रतन सिंह ने अपने पास बुलाया।

"मैं यह क्या सुन रहा हूं ?" रतन सिंह ने बिना भूमिका के सीधे ही पूछा।

"क्या ?"

"यही कि तुम्हारी श्रीकृष्ण-भक्ति कुछ अधिक ही परवान चढ़ रही है ?"

"यह तो आप ही लोगों के संस्कार की देन है। आप कहें तो मैं श्रीकृष्ण-साधना छोड़ दूं।" मीरा ने दो टूक जवाब दिया।

"नहीं, नहीं, मेरे कहने का यह कतई तात्पर्य नहीं।" रतन सिंह हड़बड़ाकर बोले, "मैंने राव दूदा को वचन दिया है। तुम तो कृष्णार्पिता हो ही। अब पीछे हटने का कहां प्रश्न है ?"

"तब मेरे ऊपर इतनी पाबन्दी क्यों लगाई जाती है ?"

"कैसी पाबन्दी ?"

"मुझे साधु-सन्तों के सत्संगों से क्यों वंचित किया जाता है ? मेरी सभाओं में राजकीय सैनिकों की क्या आवश्यकता है ?"

"आवश्यकता है।" रतन सिंह ने दृढ़ता से कहा।

"क्यों ?"

"क्योंकि जिन्हें तुम साधु-सन्त कहती हो वे सभी साधु-सन्त नहीं हैं।"

"मैंने भी माना कि नहीं हैं।" मीरा स्वीकारोक्ति में बोली।

"तब यह सब जानकर भी तुम उनके बीच जाना चाहती हो ?"

"यह आवश्यक है।" मीरा ने बल देकर कहा।

"क्यों ?" रतन सिंह को अपनी इस किशोरी पुत्री की हठधर्मिता पर आश्चर्य हो रहा था। उन्होंने सोचा, अवश्य ही उन्होंने इस लड़की को अपने से पृथक् रख गलती की।

"क्यों ? क्यों आवश्यक है ?" रतन सिंह को जोर देकर पूछना पड़ा।

"क्योंकि उनमें अगर सचमुच ऐसे लोग हैं जो अकर्मण्य अथवा उन्मुक्त भोग-विलास के लिए साधु-वेश धारण किए चलते हैं तो उनका हृदय-परिवर्तन आवश्यक है। आपको भी ज्ञात है कि आज राजपूताने के आसमान पर प्रलय के मेघ छा रहे हैं। मुगलों की गिद्ध दृष्टि हम सबों पर पड़ चुकी है। अभी हमें श्रम-शक्ति की बहुत आवश्यकता है। सैन्य बल को बढ़ाना है। खेत-खलिहानों को हरा-भरा रखना है। जो सचमुच कृष्ण-भक्त हैं वह भी अपना संगठन बना आतताइयों से लोहा ले सकते हैं। पूरा देश टुकड़ों में बंट चुका है। उसे अब और नहीं बंटने दिया जा सकता। नारी-शक्ति को भी संगठित करना है। नारी-शक्ति के बिना, उसकी सहायता के बिना कुछ नहीं हो सकता।

रतनसिंह मीरा के भाषण पर कुछ देर के लिए किंकर्तव्यविमूढ़ हो गए। उन्हें पता ही नहीं था कि मीरा का चिन्तन इस तरह परिपक्व हो आया है। और वह मात्र भक्ति ही नहीं देश-हित की बात भी सोचती है। ऐसी स्थिति में इसे कैसे रोका जा सकता है। मीरा जिस रूप में दृढ़ होकर बोल रही थी उससे लगता था कि जिस तरह पर्वत की छाती को फोड़कर निकलने वाला जलप्रपात अपने सारे अवरोधों को झेलता, उनके मध्य से मार्ग बनाता, आगे बढ़ता ही जाता है, उसी तरह मीरा भी जिस यात्रा पर निकल चुकी है उस पर वह बढ़ती ही जाएगी, चाहे बाधाएं जैसी और जितने प्रकार की आयें। फिर भी एक तीर रतन सिंह के तरकश में बचा हुआ था।

"तुमने हृदय-परिवर्तन की बात कही न ?" उन्होंने पूछा।

"हां।"

"क्या तुम समझती हो कि असाधुओं और दुर्जनों का हृदय-परिवर्तन सम्भव है ?"

"यह आप मुझसे अधिक अच्छी तरह जानते हैं।" मीरा ने दो टूक उत्तर दिया।

"यह कैसे ?"

"क्योंकि आपने मुझसे अधिक स्वाध्याय किया है। धर्म-ग्रन्थों का मनन-चिंतन किया है। मुझे तो राजपुरोहित मध्य मार्ग में ही श्राप देकर चलते बने। मेरी पढ़ाई-लिखाई में क्या दम है ? यह तो टूटे-फूटे पदों में अपने मन का गुब्बार निकाल लेती हूं वर्ना स्वाध्याय में मैं आप गुरु-जनों के समक्ष ठहरती कहां हूं ?"

"तुम्हारा इंगित है कि मैं जानता हूं कि हृदय-परिवर्तन सम्भव है ?"

"हां।"

"मुझे तो ऐसी कोई पढ़ी-पढ़ाई बात याद नहीं आ रही। न ही, मेरा निजी अनुभव ही ऐसा कुछ बताता है ?"

"ठीक है, मैं याद कराती हूं।" मीरा ने कहा।

"वही सही। अपनी सन्तान से हार मानना कौन नहीं चाहता ?"

"संस्कृत का आदि ग्रन्थ कौन-सा है ?"

"वेद।"

"नहीं, मेरा तात्पर्य प्रथम काव्य ग्रन्थ से है। वेद तो अपौरुषेय हैं। फिर उनकी भाषा भी आधुनिक संस्कृत के पास कहां बैठती है ?"

"रामायण। बाल्मीकि रामायण।" रतन सिंह ने सहसा कहा।

"बाल्मीकि रामायण के रचयिता स्वयं ऋषि बाल्मीकि थे न ?"

"इसमें क्या संदेह ?"

"वे ऋषि होने के पहले दस्यु थे न ! पर-रक्त-पिपासु नर-राक्षस ?"

"था तो ऐसा ही ?"

"तो उनका हृदय-परिवर्तन हुआ कि नहीं ? वे एक दुर्दान्त दस्यु से संवेदनशील कवि और दार्शनिक चिन्तक बन आये कि नहीं ?"

"सही बात है।" रतनसिंह को मानना पड़ा।

"आप तो जानते ही हैं यह कैसे सम्भव हुआ। चन्द ऋषियों के संसर्ग से। उनके द्वारा सीधे भी नहीं उल्टे नाम मरा-मरा के जप से। तो जब बाल्मीकि के सदृश नर-पशु देवर्षि के रूप में परिवर्तित किया जा सकता है, उनका हृदय-परिवर्तन हो सकता है तो चन्द भटके हुए लोगों का हृदय-परिवर्तन कैसे असम्भव है ? उस पर मैं तो श्रीकृष्ण के सीधे नाम का उपयोग करती हूं, उल्टे का नहीं।" कहकर मीरा किंचित् मुसकराई।

रतन सिंह का पितृ-हृदय पिघल आया। उन्होंने उठकर बेटी को गले से लगा लिया, "और बोले तुम जो कर रही हो बेटी वह सब महान् है। सचमुच आज राष्ट्र की शक्ति क्षीण हो गई है। देश टुकड़ों में बंटता जा रहा है। हमारी सीमाओं पर आक्रमणकारियों की दृष्टि गड़ी हुई है। नारी भी अन्धविश्वास के अंधेरे में

भटक रही है। भक्ति के नाम पर अगर लोगों का हृदय-परिवर्तन कर उन्हें सुमार्ग पर लगाया जा सके। अगर नारियों को अन्धविश्वासों की अन्धी गलियों से निकाल कर उन्हें संगठित किया जा सके तो राष्ट्र का बहुत भला हो जाय। क्या तुम समझती हो कि नारियां पुरुषों के साथ कन्धे से कन्धा मिला युद्ध के मोर्चों पर जा सकती हैं ?"

"क्यों नहीं अगर उन्हें ऐसा करने की अनुमति दी जा सके। अभी तो मात्र पुरुष ही मैदान में कटते-मरते रहे हैं और नारियां मृत पतियों के नाम पर अपने को अग्नि की लपटों को समर्पित करती रही हैं। इन्हें कभी आप जौहर का नाम दे लें अथवा कभी सती-प्रथा का, पर है यह एक घोर अमानुषिक कार्य ही। जिन्दा पशुओं को भी कोई अग्नि-शिखाओं के हवाले नहीं कर सकता और आपके यहां तो भेड़-बकरी की तरह जीवित नारियां, आप ही की तथाकथित अर्द्धांगिनियां गगन-चुम्बी अग्नि-लपटों के हवाले की जाती रही हैं।"

"तो तुम सती-प्रथा की भी विरोधिनी हो ?" रतन सिंह ने आश्चर्य से कहा।

"मैं इस प्रथा की विरोधिनी अवश्य हूं। कोई भी समझदार पुरुष अथवा औरत, औरतों के जीवित जल मरने के विरोधी होंगे पर मैं इस पुरुष-प्रधान समाज में इस विषय में अधिक मुखर होकर अपने प्रति विरोध को इतना भयानक नहीं बनाना चाहती कि मैं अपने मूल उद्देश्य से ही कट···"

"क्या हैं तुम्हारे मूल उद्देश्य ?"

"अब तक वे आप पर पूरी तरह प्रकट हो चुके हैं। मेरा मूल उद्देश्य है श्रीकृष्ण-भक्ति का प्रचार, उसके माध्यम से भूली-भटकी मानवता को सही रास्ते पर लाना और जहां तक सम्भव हो नारियों को पुरुषों द्वारा निर्मित अन्धकूपों से बाहर निकालना और उनकी सुषुप्त शक्ति को जाग्रत करना।"

"तुम्हारा उद्देश्य महान् है बेटी। और मैं उसकी सफलता की कामना करता हूं। मैं अग्रज वीरम को समझा दूंगा। वह तुम्हारे मार्ग का रोड़ा नहीं बनेंगे। हम सभी ने अपने वंश में एक ऐसी ही सन्तान को पाना चाहा था। उसे पाकर हम अब खोना नहीं चाहेंगे। तुम प्रसन्नता से अपने पथ पर अग्रसरित होती रहो।"

"पिताजी !" बहुत दिनों से वात्सल्य-वंचित धेनुवत्स जैसे अपनी मां की ओर दौड़ता है, वैसे ही मीरा पिताजी की ओर दौड़ी और उनके गले से लगकर सुबक पड़ी। उसकी आंखों से जलधाराएं निकल-निकलकर रतन सिंह के स्कंधों को स्नान कराती रही।

रतन सिंह ने उसकी पीठ थपथपा और उसकी आंखों की जलधारा को अपनी बड़ी पगड़ी की छोरों से बार-बार पोंछ उसे प्रकृतिस्थ किया तो वह बहुत मुश्किल से इतना ही बोल सकी—"मुझ पर इस तरह दुःख के पहाड़ क्यों टूटते हैं पिताजी ? मां मेरे होश सम्भालते-सम्भालते चल बसी। मां का स्थान दादू ने लिया फिर विधाता ने उन्हें भी मुझसे छीन लिया। आपको युद्ध के मोर्चों से ही फुरसत नहीं। मैं यहां अवांछनीय-सी ताऊ के महल में पड़ी हुई हूं। उस पर मुझ पर इतनी चौकसी, इतने घेरे ? मेरा क्या दम घुटकर नहीं रह जाएगा ? जो कुछ हो, हूं तो मैं अभी एक किशोरी ही ? मुझे भय है इतने बन्धनों के मध्य मैं किसी कमल-कलिका की तरह खिलने के पूर्व ही नहीं मुरझा जाऊं।" ऐसा कहकर वह एक बार

और फफककर रो पड़ा।

"ऐसा नहीं होगा बेटे ?" रतन सिंह ने उसके स्कन्धों को थपथपाते हुए कहा, "मैं अब तुम्हारा नियमित समाचार लेता रहूंगा। और वीरम को भी कहूंगा कि वे तुम्हारी स्वतन्त्रता में बाधा नहीं दें।"

"पिताजी ?"

"बेटी।"

"मुझ दुर्भाग्यग्रस्ता के अब दो ही सहारे बचे हैं मेरे श्रीकृष्ण और मेरे पिता रतन सिंह। आप कृपया मुझे परित्यक्ता की तरह नहीं छोड़ें।"

"यहां तुम्हें कोई कष्ट है बेटी ?" रतन सिंह ने कुछ आश्चर्य से पूछा।

"नहीं।" मीरा ने छोटा-सा जवाब दिया।

"मैं अब से तुम्हारा सदा ध्यान रखूंगा बेटी और अगर मोर्चे पर नहीं रहा तो सप्ताह में कम-से-कम दो बार अवश्य तुमसे आकर मिलूंगा। बोलो, अब तो खुश हो।"

मीरा कुछ नहीं बोली। उसके होंठ नहीं खुले। आंखें अवश्य खुली रहीं और उनसे अनवरत अश्रु-धारा प्रवाहित होती रही।

अड़तालीस

किसी ने कहा था ना कि आदमी पैदा तो स्वतन्त्र होता है किन्तु बाद में वह हर स्थान पर अपने को बेड़ियों में ही जकड़ा पाता है ?

कितनी सटीक है यह उक्ति ? बन्धनों की कोई सीमा है ? पारिवारिक बन्धन, सामाजिक बन्धन, राष्ट्रीय बन्धन और इनसे ऊपर अपने द्वारा ही निर्मित विधि-निषेध के अनगिनत बन्धन।

मनुष्य अपने बन्धनों का निर्माण भी करता है और फिर यह रोना भी ले बैठता है कि उसे बन्धन छोड़ते ही नहीं, वह मुक्त ही नहीं हो पाता।

इस सम्बन्ध में एक साधु और एक राजा की बड़ी आकर्षक कहानी याद आती है।

साधु से राजा ने कहा, "महाराज मुझे माया-मोह का बन्धन छोड़ता ही नहीं। कोई उपाय बताइए।"

साधु ने कहा, "राजन् जरा अपने मोह के आयाम को बताएं। कहां-कहां और कैसे बंधे हैं आप ?"

राजा ने कहा, "एक हो तो बताऊं ? यहां तो बन्धन ही बन्धन हैं। सिंहासन का बन्धन है। राजकोष का बन्धन है। अपने अपार सैन्य बल का बन्धन है। उसके ऊपर मित्र, मित्र का मित्र, भाई, बन्धु, पत्नी, पुत्र, पौत्र सबका बन्धन ही बन्धन है।"

"मुक्ति चाहते हैं राजन् ?" साधु ने एक स्मिति के साथ पूछा।

"भला यह भी कोई कहने की बात है ? बन्धन किसे पसन्द है ? मुक्ति कौन

नहीं चाहता ?"

"मुक्ति हो सकती है।" साधु ने भी मुसकराकर कहा।

"कैसे ? क्या यह सम्भव है ?"

"एकदम सम्भव है।" साधु विश्वास के साथ बोला।

"कैसे ?" राजा ने उत्सुकता के साथ पूछा।

"यहां नहीं बतला सकता। बन्धनों के मध्य रहकर बन्धनों से मुक्ति की बात समझ में नहीं आ सकती।"

"तब ?"

"उसके लिए तुम्हें मेरे आश्रम में आना पड़ेगा।"

"कब ?"

"जब भी जी चाहे।"

"शुभस्य शीघ्रम्। कल ही सन्ध्या आ जाऊं ?" राजा ने व्यग्रता से पूछा।

"अवश्य ही आ जाओ। पर सन्ध्या से थोड़ा पूर्व ही आना। अन्धकार में बन्धन-मुक्ति की क्रिया नहीं बताई जा सकती। अन्धकार स्वयं ही असंख्य बन्धनों को जन्म देता है। विशेषकर अज्ञान जनित अन्धकार।"

"ठीक है महाराज ! मैं अन्धकार के पूर्व ही आ जाऊंगा।" राजा साधु की दार्शनिक बातों में जाने का कष्ट किए बिना शीघ्र ही बोला।

दूसरी सन्ध्या अन्धकार घिरने के पूर्व ही राजा जंगल में पहुंचा। साधु की पर्णकुटी में आकर देखा, साधु वहां कहीं नहीं था।

उसने आवाज दी, "महाराज मुझे बुलाकर आप कहां गायब हो गए ? कहां हैं आप ?"

राजा की आवाज जंगल के सन्नाटे में दूर तक गूंज गई।

"मैं यहां हूं महाराज !" पूर्व की ओर से थोड़ी दूर से ही आवाज आई।

"तो शीघ्र अपनी पर्ण कुटी में आ जाएं। आपकी आज्ञा से मैं यहां आ गया हूं।" राजा ने उच्च स्वर में कहा।

"मैं नहीं आ सकता राजन् ! आप ही थोड़ा कष्ट करें। मैं वहां से थोड़ी दूर पर ही पूर्व दिशा में हूं।"

"मैं आपको इस वन में कहां ढूंढूं ? आप ही क्यों नहीं आ जाते ?" राजा ने अनुनय किया।

"आना तो आपको ही पड़ेगा राजन् ! मैं नहीं आ सकता, मैं बन्धन में हूं।" साधु की आवाज आई।

"बन्धन में हूं !" राजा को आश्चर्य हुआ। जो व्यक्ति स्वयं बन्धन में है वह दूसरे का बन्धन कैसे काट सकता है ? उसका मन किया, लौट चले। व्यर्थ इस गहन विपिन में आकर उसने समय बर्बाद किया। पर यहां तक आ ही गया तो थोड़ी दूर और जाकर परीक्षा करने में क्या हर्ज है ? जरा उस साधु को बन्धन-ग्रस्त भी देख लें जो उसे बन्धन मुक्त करने का दावा करता था।

अन्ततः राजा पूर्व दिशा की ओर बढ़ा। उसके साथ उसके सहायक भी थे।

राजा ने वहां का दृश्य देखा तो वह दंग रह गया।

साधु एक आम्र-वृक्ष के तने को दोनों बाहुओं से पकड़कर राजा की ओर मुंह

किए ही खड़ा था।

"यह कौन-सा आतिथ्य है?" राजा कुछ झल्लाया। राज-तेज चेहरे पर चमका, "आप मुझे आमन्त्रित कर यहां चिपके खड़े हैं?"

"विवश हूं राजन!" साधु ने कहा।

"क्या विवशता है?"

"बन्धन।" साधु बोला।

फिर वही बन्धन! राजा चकराया। जिस बन्धन से मुक्त होने के लिए आया, वह बन्धन यहां भी विराजमान है!

"कहां है बन्धन?" नरेश खीझकर बोला, "बताइए, मैं उसे काट देता हूं। आप मेरे बन्धन नहीं काट सके तो मैं ही आपका बन्धन काटता हूं।"

"बन्धन यह वृक्ष है महाराज! आप आसानी से तलवार के एक वार से इसे नहीं काट सकते।"

"कैसे है यह वृक्ष आपका बन्धन?" राजा हतप्रभ होकर बोला।

"यह मुझे छोड़ता ही नहीं। यह मुझे छोड़े तब तो मैं बन्धन मुक्त होऊं?"

"कहां की बात करते हैं? पेड़ ने आपको पकड़ रखा है कि आपने पेड़ को पकड़ रखा है? अभी आप अपने हाथों को समेटिए। आप स्वयं बन्धन-मुक्त हो जाएंगे।"

साधु खिलखिलाकर हंसा और बोला—"आपके प्रश्न का उत्तर मिल गया न राजन?" वह पेड़ छोड़कर राजा के पास आ गया।

"किस प्रश्न का?" राजा ने इस अटपटे प्रश्न का उत्तर नहीं समझकर पूछा।

"उसी का जिसका उत्तर जानने आप इस जंगल में आए हैं। वस्तुत: माया-मोह में बांधने वाली वस्तुओं ने आपको नहीं पकड़ रखा है बल्कि आपने उन्हें पकड़ रखा है। माया ने आपको बन्धन में कहां डाला है। आपने स्वयं को इसके बन्धन में डाल रखा है। यह सिंहासन, यह छत्र, यह राजकोष, यह सैन्यबल, यह राजदल, ये मित्र, पुत्र, पुत्री, पौत्र आदि आपसे नहीं बंधे हैं बल्कि आप इनसे बंध गए हैं, आप इन्हें छोड़ना नहीं चाहते तो आप बन्धन-मुक्त होंगे कैसे?"

राजा साधु के चरणों में पड़ गया और बोला, "महाराज आपने ठीक कहा। बन्धन के कारण ये नहीं स्वयं मैं हूं। आज से मैं इनसे मुक्त होता हूं, मुझे मुक्ति का मार्ग मिल गया।"

इसी मुक्ति का उपदेश मीरा अपनी सभाओं में लोगों को देती थी विशेषकर स्त्रियों को।

"बन्धन है तो केवल एक," वह बोलती, "श्रीकृष्ण प्रेम का। इसके अलावा सारे बन्धन मिथ्या हैं। तुम श्रीकृष्ण की शरण में आओ, तुम्हारे शेष बन्धन स्वयं कट जाएंगे। मैं यह कहां कहती हूं कि तुम पति-पुत्र सबको छोड़कर भक्ति में डूब जाओ। मैं तो केवल इतना कहती हूं कि इन कार्यों को करते हुए भी नहीं करो। मेरा श्रीकृष्ण कर्म से भागने की बात कब करता है? वह तो निष्काम कर्म की बात करता है। तुम विहित कर्म करते जाओ। फल की कामना छोड़कर कर्म में लग जाओ। सिद्धि मिले या नहीं। पर कर्म करते हुए भी उस सर्वशक्तिमान को नहीं भूलना है, श्रीकृष्ण को नहीं भूलना है। मेरा यही आग्रह माताओं-बहनों से है,

यही आग्रह भाइयों और पिता तुल्य लोगों से भी।"

रतन सिंह की अनुशंसा पर राव वीरम ने मीरा को एकदम बन्धन-रहित कर दिया था। वह निर्बाध सरित-प्रवाह की तरह बह चली थी।

इस प्रवाह की राह में जो भी आता उसी का अंग बनकर रह जाता। यह सही है कि मीरा सुन्दर थी, अतीव सुन्दर। किन्तु जब-जब वह आंखें मूंदकर विगलित स्वर में श्रीकृष्ण के अपने ही बनाए पद गाने लगती और उसकी आंखों से जल की धाराएं फूटकर उसके मुखारविन्द को वैसे ढंक लेतीं जैसे मेघ-खण्ड चन्द्रमा को ढंक लेता है तो किसी को उसके सौन्दर्य की सराहना का अवसर मिलता? सब 'बोल कृष्ण, कृष्ण बोल, कृष्ण-कृष्ण बोल-बोल' के कीर्तन में रम जाते। बाल-वृद्ध, युवा, वनिता सभी।

ठीक ही सबका हृदय-परिवर्तन हो रहा था। जो जान-बूझकर आलस्य से घर-द्वार छोड़कर संन्यासी बने भागे फिरते थे वे अपने घरों को लौट रहे थे और मीरा के बताए निष्काम कर्म-योग में लग रहे थे। कोई खेत-खलिहानों से जा लगा था तो कोई सिपाही बन सीमाओं पर तैनात हो गया था। राव वीरम को यह बात बहुत पसन्द आई थी। उनके राज्य की श्री-सुषमा बढ़ने लगी थी। वह समृद्ध होने लगा था और उधर सीमा भी सुरक्षित रहने लगी थी। अब प्रायः जो वृद्ध और अपंग थे वे ही मीरा के साथ रह गए थे और दत्त-चित्त होकर 'बोल कृष्ण, कृष्ण बोल, कृष्ण, कृष्ण बोल-बोल' के वे कीर्तन में लीन रहते थे।

माताएं नियमित रूप से मीरा को कीर्तन-सभाओं में आतीं। उन्होंने अपने बहुत से अन्धविश्वासों को छोड़ दिया था और घर की सेवा में पति-पुत्र की परिचर्या में भी अपना समय देने लगी थीं। पर सब कुछ तटस्थ भाव से। निष्काम रूप में वे समझ गई थीं कि कोई किसी का नहीं है। सब माया के बन्धन हैं जिसमें मनुष्य ने स्वयं अपने को बांध रखा है। वे अपने गृहकार्य निपटाकर आतीं और मीरा के साथ मिलकर कीर्तन करतीं, नाचतीं गातीं—बोल कृष्ण, कृष्ण बोल, कृष्ण-कृष्ण बोल-बोल।

मीरा नियमित नगर के बाहर के उस मण्डप में जाती और श्रीकृष्ण-भक्ति का प्रचार करती। किसी चोर-उचक्के अथवा लंपट-दुर्जन ने कभी इस अग्नि-शिखा की तरह प्रज्वलित किशोरी की तरफ कुदृष्टि डाली ही नहीं। जिसका मन हुआ कुछ दिनों तक भजन-कीर्तन में लगे रहे। मन हुआ घर लौट गए और वहां भी अपना काम-धाम सम्भालते संध्या-प्रातः श्रीकृष्ण-कीर्तन में लग गए। मेड़ता के आस-पास के प्रायः हर गांव में मीरा-कृष्ण-भजन-मण्डली की स्थापना हो[1] गई जहां 'बोल कृष्ण, कृष्ण बोल, कृष्ण-कृष्ण बोल-बोल' के कीर्तन के अलावा मीरा के साथ रह आये शिष्यों का प्रवचन भी निष्काम कर्म योग की महिमा पर होता। महिलाओं ने भी अपनी पृथक् मण्डलियां बना लीं और श्रीकृष्ण के नाम पर नृत्य और कीर्तन के अलावा अन्धविश्वासों और रूढ़ियों के विरुद्ध भाषण होने लगे। सती-प्रथा पर भी प्रहार होने लगा और निष्काम कर्म-योग की भी चर्चा होने लगी।

---

1. लेखक ने अपनी कुड़की-यात्रा के दौरान ऐसी एक मण्डली को अब भी कार्य-रत देखा।

सभी कृष्ण रंग में रंगी अपना काम भी करती थीं और श्रीकृष्ण का स्मरण भी। स्थान-स्थान पर महिलाओं का संगठन बन गया जो मीरा के इंगित पर कुछ भी करने को प्रस्तुत था। अगर वह उन्हें सीमाओं पर भेज देती तो वे सहर्ष वहां भी तलवार-भाला से युक्त पहुंच जातीं। क्षत्रिय घर की हर कन्या को लड़कपन में ही कुछ-न-कुछ युद्ध कौशल सिखाया ही जाता था, शेष कसर इन मण्डलियों ने पूरी कर दी।

महिला मण्डली में श्रीकृष्ण कीर्तन के साथ निष्काम कर्म योग का उपदेश तो होता ही, तलवार, भाले और गड़ासे आदि चलाने का अभ्यास भी होता।

स्वयं मीरा तो इस प्रशिक्षण में भाग नहीं लेती और न वह युद्ध की ही पक्षधर थी। पर अपने रक्षार्थ वह ऐसे प्रशिक्षणों को आवश्यक समझती और वह अपने कीर्तन के अन्त में सदा यह उपदेश अवश्य देती—"भजन-भाव के साथ-साथ आवश्यकता पड़ने पर अपनी रक्षा करना भी आवश्यक है। चिता की अग्नि में जल मरने की अपेक्षा युद्ध के मैदान में वीर-गति प्राप्त करना अधिक श्रेयस्कर है।"

पुरुषों के संगठन में भी पर्याप्त उत्साह था। वे श्रीकृष्ण और मीरा को अपना आदर्श मान चुके थे। उनका संगठन भी मरने-मारने को तैयार बैठा था। अपनी सीमा पर शत्रु की एक झलक मिलती कि राज-सैनिकों के साथ मिलकर वे उसे गाजर-मूली की तरह काट देते।

थोड़े ही दिनों में मेड़ता और उसके आस-पास और दूर-दूर तक भी मीरा और उसके उपदेशों और उसके कीर्तन-भजन की ही चर्चा होती। सैकड़ों नए लोग उसे देखने-सुनने आते पर वे उसे ठीक से देख पाते कि नहीं इसमें संदेह था, पर उसे सुन और समझ अवश्य लेते और लौटकर उसी के उपदेश के अनुसार आचरण करते।

मेड़ता और उसके इर्द-गिर्द एक क्रान्ति ही छा गई। वीरम सिंह इस परिवर्तन से बहुत प्रसन्न थे। वे चाहते थे मीरा अब सदा इसी तरह अपनी कीर्तन-मण्डली के माध्यम से जन-जागरण में लीन रहे। पहले जहां वह मीरा की इन गतिविधियों पर अंकुश रखते, उन पर प्रश्न-चिह्न लगाते, वहीं अब वे उसे इस कार्य के लिए उत्साहित करते।

ललिता अब मीरा के साथ साए की तरह लगी रहती। अर्पणा ने उसे पूरी तरह प्रशिक्षित कर दिया था। उसे कुछ सीखने का भी अवसर मिलता और यह सोच कर भी वह साथ रहती कि मीरा की रक्षा का एकमात्र भार अब उसी के कन्धों पर था। भले ही वह उम्र में उसके बराबर ही हो। बेचारी भूल जाती कि जिसकी रक्षा स्वयं श्रीकृष्ण करते हों उसे और किसी की रक्षा की आवश्यकता नहीं। श्रीकृष्ण की यह प्रतिज्ञा उसे कौन बताये—"अर्जुन! मेरी प्रतिज्ञा सुनो, मेरे भक्त का विनाश नहीं होता—कौन्तेय, प्रतिजानी हि न मे भक्त: पणश्यति।"

रतन सिंह भी जब खाली रहते सप्ताह में अवश्य एक दो बार अपनी बेटी से मिल जाते। संवेदनात्मक स्तर पर वह अब दो ही से जुड़ी थी—पिता रतन सिंह और पति श्रीकृष्ण से।

हां, कृष्ण में वह पति-भाव ही रखती थी। उसी समय से जब से उसकी माता

ने ही कह दिया था कि यह मुरलीमनोहर ही तुम्हारा पति है।

नित्य सोने के पूर्व वह श्रीकृष्ण—अपने मुरलीमनोहर का शृंगार करती। उनका पीताम्बर बदलती। उनके शरीर में इत्र और सुगन्धित तेल मलती। उनके सिर पर मुकुट सजाती। मुकुट में मोर-पिच्छ लगाती और इकतारा लेकर कोई भजन गा बैठती—

रमैया बिन नींद न आवै।
नींद न आवै विरह सतावै प्रेम की आंच ढुलावै।
विन पिया-जोत मन्दिर अंधियारो, दीपक दाय न आवै।
पिया विन मेरी सेज अलूणी जागत रैण विहावै।
पिया कब रे घर आवै।
दादुर मोर पपीहा बोलै, कोयल सबद सुणावै।
घुमट घटा ऊलर होई आई, दामिन दमक डरावै।
नैना झर लावै।
कहां करूं कित जाऊं मोरी सजनी, वैद न कूण बुलावै।
विरहनागण मेरी काया डसी है, लहर-लहर जीव जावै।
जड़ी घसि लावै।
को है सखी सलोनि सजनी, पिया कूं आन मिलावै।
मीरा कूं प्रभु कब रे मिलोगे मनमोहन मोहि भावै।
कबै हंस कर बतलावै।

—साजन के बिना नींद नहीं आती है। विरह सताता है। और प्रेम की आंच इधर-उधर ढुलकाता है। पिया की ज्योति बिना घर अन्धियारा लगता है और दीपक पसन्द नहीं आता है (भारी विडम्बना है) बिना प्रियतम के मेरी शय्या फीकी है। जागते-जागते ही रात बीत जाती है।

पिया कब तक घर आवेगा? दादुर, मोर, पपीहा बोलता है। कोयल कूकती है। बादलों की घटा उमड़-उमड़ कर आसमान में चढ़ आती है। बिजली की चमक डराती है। आंखों से पानी झरता रहता है। मेरी सजनी मैं क्या करूं, कहां जाऊं? वैद्य को (कृष्ण) कौन बुलाएगा? विरह की अग्नि ने मेरे शरीर को डंस लिया है। प्रत्येक लहर पर प्राण निकलने लगते हैं। कोई जड़ी घिस कर लाए।

ऐसी सखी-सहेली, सजनी कौन है जो कि मेरे प्रियतम श्रीकृष्ण को लाकर मिला दे।

मीरा के प्रभु श्रीकृष्ण तुम कब मिलोगे? मनमोहन मुझे अच्छा लगता है। कब वह हंसकर मुझसे बातें करेगा।

मीरा के श्रीकृष्ण उससे हंसकर अवश्य बातें करते। उससे मिलते भी। पर यह सब स्वप्न में होता। मीरा पद बना कर गाते-गाते सो जाती और तब उसके श्रीकृष्ण का खेल शुरू होता। वह कभी रिझाते कभी दुलारते। कभी पास आते, कभी दूर भागते। कभी हंसकर बोलते, कभी रूठ कर बैठ जाते।

उनचास

किसी ने कहा है कि कोई गुण तुम्हारे पास है तो तुम्हें कहीं जाने की आवश्यकता नहीं। संसार के इतने लोग तुम्हारे दरवाजे पर पहुंचना आरम्भ करेंगे कि तुम्हारे दरवाजे तक स्वयं एक सड़क पिट आएगी।

मीरा का नाम फैला और खूब फैला। उसके अद्भुत सौन्दर्य की गाथा, उसके कलेकित कण्ठ, और मोहक वाक्-पटुता तथा सबके ऊपर उसके भजन-कीर्तन और भाव-नर्तन ने लोगों को उसके यहां इस रूप में आकृष्ट करना आरम्भ किया कि उसके कीर्तन और प्रवचन के लिए वह मंडप भी छोटा पड़ गया।

विवश हो राव वीरम को एक अन्य विशाल मंडप निर्मित करना पड़ा। मीरा ने उसमें एक वेदी बनवाई और उस पर अपने साथ सदा रहने वाली, मुरलीमनोहर की संगमर्मरी मूर्ति को रखकर भजन-कीर्तन का अपना अनवरत व्रत जारी रखा।

मीरा का तन अब पूरी तरह भर आया था। वह सब तरह से इसी उम्र में पूर्ण यौवना हो आई थी। उसके साथ ही उसके तन की कान्ति भी और बढ़ गई थी। वह पहले जहां कच्चे सोने-सी लगती थी, अब उसने स्वर्ण का रंग धारण कर लिया था। वह तन्वंगी भी हो आई थी—किसी लम्बे कमान नाल की तरह सीधी और लचीली। बड़ी-बड़ी कजरारी आंखें अब भावपूर्ण रहने लगी थीं। मीनाक्षी थी वह। पर यह कहना भी पर्याप्त नहीं है। मीन की आंखें भी उसकी आंखों के सौन्दर्य के सामने पानी भरें। उसकी शंख-ग्रीवा पुष्ट हो आई थी और अब वह किसी दक्षिणावर्त्त शंख की शोभा को भी मुंह चिढ़ा रही थी।

उसके कण्ठ में कोकिल-कण्ठ पहले भी बसता था पर उससे निस्सृत स्वर जैसे अब 'मधु' नहीं अपितु किसी स्वर्ग-कुसुम के नव-रस से भर आया था। उसके कीर्तन के शब्द लोगों के कानों में पड़ते तो उन्हें लगता, पीयूष-वर्षण ही हो रहा है उनके कर्ण-रन्ध्रों में।

नृत्य पहले भी वह अच्छा करती थी। तब वह मयूर-नृत्य की भंगिमाओं को मात देती थी। लेकिन अब उसके कीर्तन-नृत्य की कोई लौकिक तुलना थी ही नहीं। वह अब तन्मय हो नृत्य मग्न होती तो लगता कोई देव-कन्या अथवा नृत्य की देवी ही मानवी बनकर इस मिट्टी को धन्य करने आ गई है।

उसकी केश-राशि भी खूब थी। पवित्र शैवाल-सी फैली थी वह—घनी और लम्बी। उससे बिना किसी तैल आदि के ही एक मादक गन्ध निकलती रहती थी।

छड़ी-से लम्बे तन पर लिपटा पीताम्बर किसी दीर्घ स्वर्ण शलाका पर लिपटे पीत त्रिशंकु की तरह ही लगता। उसकी कमर बार-बार किसी नागिन की तरह ही लोच खा जाती। उसके पदत्राण रहित सुकोमल पैर उत्फुल्ल कमल की शोभा को मुंह चिढ़ाते।

ये सब विशेषताएं उसमें पहले भी थीं। पर बसन्त आगमन के साथ ही जैसे किसी वृक्ष का 'काया-कल्प' हो जाता है, वैसे ही यौवनागमन ने उसको नख-शिख परिवर्तित कर दिया था। उसके सर्वांग सुन्दर शरीर को एक सर्वथा अकल्पनीय, अकथनीय, अलौकिक आयाम प्रदान कर दिया था।

पर उसका यह सौन्दर्य मारक नहीं मोहक था। यह किसी भी दर्शक के मन में कलुष की नहीं, कामना की नहीं, श्रद्धा की सृष्टि करता था। वह दर्शनीय थी पर स्पृश्य नहीं। स्पर्श से उसका सौन्दर्य धूमिल हो सकता था, उसके पूर्ण विकसित तन-पुष्प का पराग झड़ जा सकता था।

अतः, अगर वहां कोई मात्र उसके सौन्दर्य के वर्णन को सुनकर भी मन्त्र-विद्ध सर्प की तरह आता तो उसे देखते ही पालतू शार्दूल बन उसके पैरों में मस्तक रोपने को व्यग्र हो आता। पर वह इतना भी नहीं कर पाता। उसके तन से फूटता, साधना और भक्ति का अद्भुत और चकाचौंधकारी तेजोवलय जैसे उसके पास तक किसी को पहुंचने ही नहीं देता।

उसके मधुर कीर्तन के आरम्भ होते ही लोगों की यह अभिलाषा भी जाती रहती और लोग देर तक अपनी सारी इन्द्रियों को कर्णवत् किए उसके शब्द-शब्द को पी जाने को व्यग्र रहते। कभी वह अपने पद गाती तो उसके आरोह-अवरोह के साथ लोग विवश-से, किसी पवन-आन्दोलित सागर में लहरों पर उठते-गिरते जलपोत की तरह ही उठने-गिरने लगते। उसके कीर्तन के स्वर में स्वर मिलाकर, 'कृष्ण बोल, बोल कृष्ण, कृष्ण-कृष्ण बोल, बोल' जब लोग नाचना-गाना आरम्भ करते तो समय-बोध समाप्त हो जाता। कीर्तन समाप्ति के समय का पता तभी चलता जब पश्चिम के क्षितिज की अन्तिम लाली सब पर गुलाल बिखेरने लगती। ललिता किसी तरह मीरा को भाव जगत् से वास्तविक जगत् में लाती और दोनों साथ ही मंडप की ओर बढ़ जातीं। लोग बीच से आम के दीर्घ फांकों की तरह बंट कर उनके लिए मार्ग बना देते और सभी कर जोड़े, श्रद्धावनत ही गर्दनें झुका लेते।

जो रूप का पिपासु बनकर आता वह भी भक्ति भाव के रस में पग कर लौटता। लौटता और अपने हृदय-परिवर्तन के अद्भुत चमत्कार का वर्णन करता। नए लोगों के झुंड मेड़ता के उस मंडप में पहुंचते और जैसे कोई कुम्भ के समय प्रयाग-स्नान कर लौटता है वैसे ही वे अन्दर-बाहर से पवित्र होकर तथा हरि नाम में दीक्षित होकर लौटते। वे भी अपने यहां मंडलियां बनाकर 'कृष्ण बोल, बोल कृष्ण, कृष्ण-कृष्ण बोल-बोल' से गगन को गुंजरित करने लगते।

अब फैल रही थीं तो केवल मीरा के भक्ति-भाव की बातें। मात्र-रूप का कंटक तो कहां कब का तिरोहित हो चुका था। रह गया था तो मात्र सुगन्धित, पूर्ण प्रस्फुटित अद्वितीय सुन्दर देह-पुष्प। अब कोई मीरा का अपवाद नहीं फैलाता था। उसके रूप की प्रशंसा भी करता था तो श्रद्धा-पूर्ण हो, उसके गुणों के वर्णन के लिए तो उसके पास शब्द ही नहीं होते। उसके शब्द-कोष के शब्द लड़खड़ा जाते तथा पूरे नहीं पड़ते उसकी विशेषताओं के वर्णन में।

मेड़ता-महल में एक चमत्कार ने ही रूप ग्रहण किया है, यही तथ्य चारों तरफ प्रचारित हो रहा था। वहां बहती भक्ति की भागीरथी में स्नात होने के लिए दूर-दूर से लोगों के आने का क्रम जारी रहा। मेड़ता और आसपास के दूर-दराज तक चमत्कार की यह लहर फैलकर सबको विस्मय-विमुग्ध कर गई।

राव दूदा की आत्मा कहीं स्वर्ग में बैठी हो तो वह फूली नहीं समा रही होगी। उनका सपना पूरी तरह साकार हुआ था। उनके वंश-वृक्ष का सर्वाधिक सुरभित

सुमन स्वतः श्रीकृष्ण के चरणों पर जा गिरा था। कृष्णार्पित हो गया था।

रतन सिंह अब सप्ताह में प्रायः नित्य ही आने लगे थे। सीमाओं का विवाद भी इस समय प्रायः शान्त था। शत्रु और मित्र सभी जाति, सम्प्रदाय और धर्म के भेद-भाव को विस्मृत कर भक्ति की उस मन्दाकिनी में स्नात हो पुनीत-पवित्र हो उठने को व्यग्र थे जिसे मीरा ने प्रवाहित किया था।

देर रात गए मीरा पूरी तरह प्रकृतिस्थ हो पाती तो उससे दो बातें कर, उसे अंक-दान दे रतन सिंह वापस होते। मीरा धन्य हो आती। रतन सिंह के अप्रतिम प्रेम के रूप में उसे मां और दादू का सम्मिलित प्रेम ही मिलने लगा था।

पचास

किलों का किला चित्तौड़गढ़। कौन कह सकता है कि मरु-प्रदेश में भी एक ऐसा हरित-भरित शोभन स्थान हो सकता था! एक पर्वत के ऊपर दीर्घ विस्तार लिए यह रक्त-वर्णी किला नीचे से ही लोगों को एक तिलस्म-महल की तरह लगता। इसके लम्बे आकार से कम लम्बा नहीं था उसका इतिहास।

वास्तुकला में प्रवीण शिल्पियों ने इस गढ़ के मध्य अनेक आकर्षक महल बना छोड़े थे। इन महलों में, निवास के साथ-साथ, अस्त्र-शस्त्रों और सैन्य बल की रक्षा का कार्य भी होता था। ज्योत्सना-पूरित रात्रियों में ये विभिन्न महल दुग्ध-स्नात-से लगते और तब इनमें आनन्दोत्सवों की भी धूम मच जाती। किसी में नृत्यांगनाएं अपने नुपुरों के रुनझुन और कलकंठ से निकली ठुमरी और गजलों से नरेशों और भावी नरेशों तथा उनके विशेष अतिथियों का मन मोहतीं तो किसी में लोक-कलाकार विभिन्न वाद्यों के माध्यम से ऐसा सरगम छेड़ते कि लोगों के कर्ण-रन्ध्र तृप्त-तृप्त हो आते।

कहीं-कहीं पुरुष और औरत नर्तक-नर्तकियों के जोड़े एक विशेष राजस्थानी वाद्य के स्वर पर मनमोहक नर्तन प्रस्तुत करते तो कहीं कोई काष्ठ-पुतलियों के ही हृदयग्राही नृत्य ले बैठता।

पर्याप्त विस्तृत था मेवाड़ का साम्राज्य। चित्तौड़गढ़ तो इसकी राजधानी मात्र था। इसकी अभेद्य राजधानी। सिसौदियों के राज्य के अन्तर्गत आनेवाला यह गढ़ नरेशों की कई पीढ़ियां देख चुका था—अनेक उत्थान-पतन, असंख्य जय-पराजय। गर्मियों में जब पहाड़ पर निर्मित किले के महलों की छतें और दीवारें आग उगलने लगतीं तो पुरुष-वर्ग और कुछ वय-प्राप्त महिलाएं राज्य के अपेक्षाकृत ठंडे प्रदेशों में अवकाश मनाने प्रस्थित हो जाते पर तब भी किला पूरी तरह खाली नहीं होता। सैन्य बल तो रहता ही, महिलाओं का एक बड़ा समूह भी बाहर नहीं जाता।

कुछ रानियां, पट्टरानियां ही किले के दरवाजों से बाहर जा पातीं। मुगलों का आतंक चारों तरफ हावी था। खुले में कब वे हमला कर दें और अपने अप्रतिम सौन्दर्य के लिए विख्यात राजपूतनियों को तीव्रगामी अश्वों की पीठ पर बैठा कर

ले भागें कोई नहीं जानता था।

सिसौदिया वंश. के सिरमौर थे अभी राणा सांगा। अपनी वीरता और शौर्य के लिए सम्पूर्ण भारत में विख्यात। कहते हैं कि इन्होंने इतनी लड़ाइयां लड़ी थीं और सभी में मरते-मरते भी विजयश्री का इस तरह वरण कर बैठे थे कि इनके शरीर के व्रणों को गिनना असंभव नहीं तो कठिन अवश्य था। और तो और मुख भाग भी अस्त्र-शस्त्र-जनित असंख्य घावों के अमिट दागों से पूरी तरह विद्रूप हो आया था। पर अन्दर का शौर्य था जो राजतेज बनकर उस कुरूप चेहरे को भी देदीप्यमान करता रहता था। एक तरह से चन्द्रमा-सा ही था उनका मुख जो अनेक दागों के बावजूद सुन्दर और आह्लादकारी ही लगता है।

चार पुत्र थे राणा सांगा के—कुंअर भोज, राणा रत्न सिंह, राणा विक्रमाजीत और राणा उदय सिंह।

रत्नों और मानव-रत्नों दोनों के माने हुए जौहरी थे राणा सांगा। केवल युद्धकला में ही उन्हें पारंगतता नहीं प्राप्त थी अपितु चित्तौड़गढ़ को भी सजाने में उन्होंने जो सौन्दर्याभिरुचि दिखलाई थी वह असामान्य थी। विभिन्न युद्धों में विजित रत्नों—पुखराज, मणि, माणिक, नीलम, हीरे आदि का अपार संग्रह तो उनके पास था ही, गढ़ के भीतरी महलों—अन्तःपुर के कुछ खास कक्षों में अन्दर-बाहर उन्होंने बहुमूल्य रत्नों को जड़ रखा था। रात्रि में अगर दीपाधार के दीपों को बुझा भी दिया जाए तो झिलमिल करते रत्नों के प्रकाश में सबकुछ पारदर्शी हो जाता था। अन्धकार किसी क्षेत्र में सिमट बैठता था।

राणा सांगा ने अपने और अपने पुत्रों की पत्नियों के चयन में भी अपनी यही जौहरी-दृष्टि का परिचय दिया था। अपने विवाहों के दिन तो खैर अब लद गए थे पर पुत्रों के लिए उपयुक्त पत्नियों के चुनाव पर उनका ध्यान अब विशेष रूप से केन्द्रित था। सिसौदिया वंश कोई साधारण वंश नहीं था और नहीं थे राणा सांगा कोई सामान्य राजपुत्र। इनके बड़े लड़के कुंअर भोजराज के लिए अब तक कई प्रस्ताव आ चुके थे पर राणा सांगा को कोई भी लड़की अपनी पुत्र-वधू के लायक जंची ही नहीं थी। धन-सम्पत्ति का तो चित्तौड़गढ़ के किले में अम्बार था, अतः कोई तिलक-दहेज के लोभ के आधार पर अपनी बेटी को चित्तौड़गढ़ के अन्तःपुर में नहीं प्रविष्ट करा सकता था।

राणा सांगा लड़की के सम्बन्ध में अपने गुप्तचरों द्वारा पूरी छानबीन कराते। लड़की के नाक-नक्श में थोड़ी भी खामी का पता लगते ही प्रस्ताव ठुकरा दिया जाता।

राणा को बड़े कुल की आवश्यकता नहीं थी। धन की आवश्यकता तो थी ही नहीं। निर्णय सीमित था केवल दुलहन को लेकर। वह पढ़ी-लिखी और कलाकर्तृ हो यह भी आवश्यक नहीं। ये गुण तो उसमें चित्तौड़गढ़ के किले में भी डाले जा सकते थे। उसे होना था सुन्दर-लावण्यमयी। अन्तःपुर के अनगिनत हीरों में से एक। रंग ऐसा कि अन्धकार में खड़ी कर दी जाय तो हीरे-सा ही प्रकाश विकीर्ण करने लगे।

राणा सांगा अब निराशा के कगार पर खड़े थे। प्रथम पुत्र के लिए ही योग्य बधू नहीं मिल रही थी तो औरों का क्या होगा?

उन्होंने दूर-दूर तक अपने दूत भेज रखे थे। गुप्तचर लगा रखे थे। जो छोटे-मोटे रजवाड़े और जागीरदार उनके यहां प्रस्ताव भेजने का साहस नहीं कर सकते थे, राणा सांगा के गुप्तचरों की दृष्टि इन घरानों पर भी थी। क्या पता गुदड़ी में ही लाल मिल जाए।

दिन व्यतीत होने के साथ राणा सांगा निराश अवश्य हो रहे थे पर उन्होंने अभी धैर्य नहीं छोड़ा था।

राणा सांगा का यही एक गुण था जो उन्हें संग्राम-जयी बनाता था। कठिन से कठिन घड़ी में, निराशा के क्षणों में भी उन्होंने धैर्य के सूत्र को हाथ से नहीं फिसलने दिया था। यही कारण था कि वे हारते-हारते भी जीत जाते थे। कहते हैं उनके जीवन का सिद्धान्त था—अड़े रहो। बाधाओं-विपत्तियों को देख भीत होकर पीछे भागो नहीं अन्ततः अवरोधों को ही पीछे खिसकना पड़ेगा। तुम आप्तकाम लौटोगे। आप्तकाम, कृत्कार्य ही लौटे थे अब तक, राणा सांगा हर संग्राम से, हर संघर्ष से। कुंअर भोजराज की अर्द्धांगिनी के चुनाव में वे असफल रहेंगे उनका मन मानने को प्रस्तुत नहीं था।

इक्यावन

मेड़ता के छोटे राजदरबार में एक आश्चर्य उतरा था। राव वीरम सिंह विस्मय-विमुग्ध से कभी अपने दरबारियों की ओर देखते और कभी उस व्यक्ति की ओर जो उनके सामने सिर झुकाए खड़ा था। उन्हें अपनी आंखों पर से भरोसा जाता रहा था, अपने कानों पर अविश्वास हो रहा था।

वह व्यक्ति जो सामने खड़ा था अपने को मेवाड़ के राणा सांगा का राज-पुरोहित बता रहा था और उसने भूर्ज पत्र पर, स्वर्णाक्षरों में अंकित जो पत्र प्रस्तुत किया था, उसका स्पष्ट आशय था कि सिसौदिया-वंश-सम्राट अपने ज्येष्ठ पुत्र कुंअर भोजराज के लिए मेड़ता की राजकन्या मीरा का हाथ मांग रहे थे।

भला ऐसा कहीं हो सकता था? यह व्यक्ति कोई जालसाज या गुप्तचर तो नहीं था? भला ऐसा संभव हो सकता था कि मेवाड़-सम्राट् मेड़ता के राजघराने की बेटी को चित्तौड़गढ़ के अन्तःपुर में कुल-वधू के रूप में प्रविष्ट करने का इच्छुक हो! वीरम सिंह को शीघ्र इस बात पर विश्वास ही नहीं हो रहा था। पर संशय का कोई कारण नहीं था पत्र पर मेवाड़ की राजमुद्रा स्पष्ट अंकित थी, सामने खड़ा व्यक्ति देखने से ही किसी विशिष्ट राजदरबार से सम्बद्ध लगता था।

राव वीरम सिंह ने मेवाड़ के राजपुरोहित से अतिथिशाला में ठहरने का अनुरोध किया और पत्रोत्तर के लिए समय मांगा।

राजपुरोहित को राजकीय अतिथिशाला में ठहराने का उचित प्रबंध कर दिया गया। उसके दरबार से जाने के पश्चात् वीरम सिंह ने अपने सामंतों से परामर्श आरम्भ किया।

"यह प्रस्ताव शिरोधार्य करने योग्य है महाराज!" प्रमुख सामंत ने हाथ जोड़कर निवेदन किया।

"क्यों ?" राव वीरम ने स्वभावतः पूछा।

"क्योंकि इससे आपके वंश की, राठौर वंश की मर्यादा बढ़ेगी और राठौरों और सिसौदियों में चली आ रही पुरानी शत्रुता निःशेष होगी।"

"पर क्या यह विश्वास करने योग्य है कि सिसौदिया-सम्राट् राणा सांगा स्वयं इस सम्बन्ध के याचक बनें ?" वीरम सिंह की आशंका अब भी शेष नहीं हो रही थी।

"हाथ कंगन को आरसी क्या ?" एक सामंत ने कहा, "महाराज राणा सांगा का पत्र आपके हाथ में है। जरा हमें भी दें, हम उसकी मुद्रा को पहचानें।"

सभी सामंतों ने बारी-बारी से पत्र को देखा और सभी ने एक स्वर से सिसौदिया दरबार की राजकीय मुद्रा को अकृत्रिम घोषित किया।

"पर यह संभव कैसे हो सकता है ?" वीरम सिंह का विस्मय बोल रहा था या अविश्वास-आशंका यह कहना कठिन था।

"यह असंभव कैसे है राजन् ?" प्रमुख सामंत ने मुख खोला।

"कहां हम मेड़ता के छोटे-से राज्य के अधिपति और कहां प्रसिद्ध मेवाड़-परिवार का यह आग्रह ?"

"यह राजपुत्री का भाग्य है महाराज !" एक सामंत ने कहा।

"यह उसके अद्भुत सौन्दर्य और असामान्य दैवी आकर्षण के फलस्वरूप ही है महाराज, मेवाड़ नरेश जैसा कि मैंने सुना है, बहुत बड़े जौहरी हैं—रत्नों के भी, आदमियों के भी।" प्रधान सामंत ने पुनः कहा।

"तो क्या हमारी मीरा इतनी सुन्दर है ?" रतन सिंह की आशंका पुनः मुखरित हुई।

"इसमें भी कोई संदेह है महाराज !" प्रधान सभासद ने हिम्मत कर कहा, "सम्प्रति किसी राजकुल में तो हमारी राजपुत्री के सदृश कोई सुन्दरी है ही नहीं।"

"तो राणा सांगा को इसका पता कैसे लगा ?" रतन सिंह की आशंका शेष नहीं हो रही थी।

"जहां तक हम जानते हैं।" प्रधान सामंत ने कहा, "मेवाड़-दरबार के गुप्तचर गत दो वर्षों से कुंअर भोजराज के लिए उपयुक्त कन्या के अन्वेषण में घूम रहे हैं। अब हमारी बिटिया कोई महल के अन्दर छिपी तो नहीं रहती। उसका रूप-दर्शन तो सबको सुलभ है, उसकी श्रीकृष्ण भक्ति सबको ज्ञात है।"

"तो इसका तात्पर्य यह हुआ कि सबकुछ जानते हुए भी सिसौदिया सम्राट् हमारी राजकुमारी को अपनाने को प्रस्तुत हैं ?" वीरम सिंह ने कहा।

"इसमें सबकुछ जानना क्या है ? कौन-सा दोष है हमारी रानी बिटिया में ?" प्रधान सभासद ने तर्क दिया।

"यही उसकी असामान्य कृष्णभक्ति ? उसका भजन-कीर्तन, नर्तन ? वह भी सबके समक्ष ?" वीरम सिंह कुछ अव्यवस्थित से बोले।

"ये तो बिटिया के गुण हैं महाराज ! भक्ति से बढ़कर नारी की शोभा क्या हो सकती है और यह स्वतः ही उसकी चारित्रिक बात पर मुहर लगा देती है। उसके चारित्रिक दोष-गुणों को ज्ञात करने के लिए अलग से गुप्तचर लगाने की भी

आवश्यकता नहीं रहती। रह गई उसके भजन-कीर्तन और नृत्य की बात तो इसे गुण के रूप में, कला के रूप में लिया होगा राणा सांगा ने। उसकी संगठन-शक्ति ने उन्हें अनुकूल रूप में ही प्रभावित किया होगा। अब यह तो पूर्णतया उन पर आश्रित करेगा कि रानी बिटिया के इन गुणों का सार्वजनिक प्रदर्शन वे पसन्द करेंगे अथवा इसे अन्त पुर की शोभा बढ़ाने के लिए ही सुरक्षित रखेंगे। बिटिया में जो कला है, यह उसके सौन्दर्य में चार चांद लगाने के सदृश है। स्वर्ण में सुगन्ध वाली बात है। राणा सांगा सचमुच के जौहरी हैं उन्हें पत्थर और रत्न में भेद करना आता है। उनका चुनाव उपयुक्त है।"

"तो आप सबों का विचार है कि इस सम्बन्ध को स्वीकार कर लेना चाहिए ?" वीरम सिंह ने अन्तिम रूप में पूछा।

"निस्संदेह।" प्रमुख सामंत ने कहा और सभी ने उसके स्वर में स्वर मिलाया।

"तो प्रमुख सामंत पत्रोत्तर तैयार करें।" राजाज्ञा हो गई।

प्रमुख सामंत ने राणा सांगा के प्रति मेड़ता दरबार का आभार ज्ञापित करते हुए इस सम्बन्ध का स्वीकृति-सूचक पत्र तैयार किया। उसे सबको पढ़कर सुनाया।

अन्ततः मेड़ता के राजपुरोहित को पुनः दरबार में आमन्त्रित किया गया और उन्हें राजकीय मुद्रा से अंकित वह पत्र दे दिया गया।

"आप आज आराम से हमारा आतिथ्य स्वीकार करें। कल प्रातः ही प्रस्थान करना उचित होगा।" वीरम सिंह ने कहा।

"जैसी आज्ञा।" राजपुरोहित ने कहा और उत्सुकता-वश पूछा, "मुझे निराश तो नहीं लौटना पड़ रहा है ?"

"नहीं।" वीरमसिंह ने गम्भीर स्वर में कहा, "हमने सिसौदिया-वंश-सिरमौर राणा सांगा का यह प्रस्ताव अपने लिए गौरव की बात समझी है और तदनुकूल अपनी स्वीकृति प्रदान कर दी है।"

"धन्य हैं महाराज," राजपुरोहित ने झुककर कहा, "मेरा आना सफल हुआ। मैं आप्तकाम होकर लौट रहा हूं।"

"आप राणा सांगा को हमारा मौखिक अभिवादन भी प्रेषित कर देंगे ?" वीरम सिंह ने कहा, "और इस प्रस्ताव के लिए हमारा आभार भी देंगे।"

"क्या कहते हैं महाराज ?" राजपुरोहित ने पुनः श्रद्धापूर्वक नत-मस्तक होकर कहा, "यह आपकी महानता है कि आपने हमारे महाराज के अनुरोध को स्वीकारा। हम आपकी स्वीकृति से गौरवान्वित हैं।"

बावन

मनुष्य से कौन सदा निष्ठुर परिहास करता है ? कौन चिढ़ाता है उसे मुंह ? कौन उसकी गगनस्पर्शी होती महत्वाकांक्षाओं की नींव की ईंट को धीरे से खिसका देता

है और पूरी की पूरी अट्टालिका ही रेत-महल की तरह धराशायी हो जाती है? कौन सुनहले तारों से बुन रहे उसके सपनों को मध्य से ही फाड़कर तार-तार कर देता है? कौन? कौन? कौन?"

दैव? नियति? काल? प्रारब्ध? कौन-सी संज्ञा देंगे उसे आप? पर अक्सर होता ऐसा ही आया है। महत्वाकांक्षाओं की अट्टालिकाएं टूटती रही हैं। सुनहले सपने तार-तार होते रहे हैं। मनुष्य किसी अनजानी अनियंत्रित शक्ति के क्रूर परिहास का आखेट होता रहा है।

मेड़ता के राजपरिवार के साथ भी यही हो रहा था।

मीरा ने विवाह से इन्कार कर दिया था। जैसे ही उसे इसकी सूचना मिली, उसने वीरम सिंह की पत्नी के ऊपर एक जलता-सा प्रश्न उछाल दिया—"एक राजपुत्री का विवाह कितनी बार होता है?"

रानी थोड़ी देर के लिए स्तब्ध रह गईं, फिर बोलीं—"विवाह चाहे वह राजपुत्री का हो या किसी कन्या का होना तो उसे एक ही बार चाहिए।"

"तो मेरे साथ यह अन्याय क्यों हो रहा है? क्रूर परिहास?"

"क्या मतलब?" रानी ने हक्का-बक्का होकर पूछा।

"मेरा विवाह दो बार क्यों होने जा रहा है?"

"दो बार? क्या बोलती हो, अभी तुम्हारा विवाह हुआ ही कब?"

"मेरा विवाह मुरलीमनोहर से हो चुका है। दुबारा अब किसी और से नहीं हो सकता।"

"किसने किया मुरलीमनोहर से तुम्हारा विवाह?" वीरम सिंह की पत्नी धैर्य खोकर बोलीं।

"मेरी दिवंगता मां ने।" मीरा ने दृढ़ता से कहा।

"कहीं पत्थर की मूर्ति से किसी का विवाह होता है?"

"पर मेरा तो हुआ है।" मीरा दृढ़ थी।

"उसका कोई साक्षी?"

"साक्षी हैं। एक तो चले गए दादू। उनसे मैंने आजीवन ब्रह्मचर्य-व्रत का पालन करते हुए श्रीकृष्णोपासना की अनुमति मांगी थी। उन्होंने सहर्ष दिया था।

"किन्तु उन्होंने तो किसी को कुछ नहीं बताया?" वीरम सिंह की पत्नी ने तर्क दिया।

"हां, नहीं बतलाया। अन्तिम क्षणों में वे शायद काकू को बताना भी चाहते थे पर उनकी सांसें टूट गईं।" मीरा के स्वर पर विवशता चढ़ी।

"दूसरा साक्षी?" रानी ने पूछा।

"दूसरी साक्षी है दासी अर्पणा। उसी के समक्ष मां ने कहा था कि मेरा दूल्हा मुरलीमनोहर है और तभी से मैं उन्हें अपना पति मानती आई हूं। अब किसी और को पति मानने का प्रश्न ही नहीं।"

अर्पणा को बुलाया गया।

"क्या तुम्हारे सामने मीरा की मां ने मुरलीमनोहर की प्रस्तर-मूर्ति से मीरा का विवाह रचा था?" वीरम सिंह की पत्नी ने कड़े शब्दों में पूछा।

अर्पणा कुछ घबराई फिर बोली, "यह तो नहीं कहा जा सकता कि मुरलीमनोहर की मूर्ति से रानी बिटिया का विवाह ही रचा गया था पर इतना अवश्य

हुआ था कि जब एक बारात कुड़की में हमारे द्वार के सामने से गुजर रही थी—तो घोड़े पर चढ़े दूल्हे की ओर इंगित कर जब रानी बिटिया ने मां से पूछा कि मेरा दूल्हा कौन है तो माताजी ने कहा था कि तुम्हारा दूल्हा मुरलीमनोहर है।"

"यह तो उस पाषाण-मूर्ति से विवाह सम्पन्न होने की बात नहीं हुई ?" वीरम सिंह की पत्नी ने सगर्व पूछा।

"नहीं, नहीं हुई," अर्पणा ने आरम्भ किया और मीरा का मुख विवर्ण होने लगा—रक्तहीन। पर तभी अर्पणा के आगे के शब्दों ने उसके डूबते मन को सहारा दिया, "पर मीरा बिटिया ने इस बात को गम्भीरता से लिया और मैं इस बात की साक्षी हूं कि तभी से इन्होंने मुरलीमनोहर को ही अपने पति के रूप में देखा। बाल्यावस्था में तो रानी बिटिया ने इसे इतनी गम्भीरता से नहीं लिया पर किशोरावस्था की देहली पर पैर रखते ही इन्होंने मुरलीमनोहर की पत्थर-मूर्ति को माध्यम बनाकर श्रीकृष्ण को ही अपना पति, सखा सबकुछ बना लिया।"

"यह तुम कैसे कह सकती हो ?" रानी के तेवर बदले।

"मैंने कई बार इन्हें मुरलीमनोहर के समक्ष अपना दुःख-सुख निवेदित करते और उन्हें पति के रूप में पुकारते सुना है। उस पत्थर की मूर्ति पर सिर रख आंखों से अनवरत आंसू बहाते भी देखा है। इनकी कीर्तन-सभाओं में भी मैं आप लोगों के आदेश से रहती आई हूं। वहां भी मैंने श्रीकृष्ण के प्रति इनका वही भाव पाया है।"

वीरम की पत्नी चुप। अब अर्पणा से आगे पूछना व्यर्थ था।

अन्ततः राव वीरम ने एक दूसरा उपाय निकाला। उन्होंने मीरा के पिता रतन सिंह को तत्काल कुड़की से बुलवाया।

ताऊ और पिता के समक्ष मीरा को उपस्थित किया गया। पिता को देखते ही मीरा उनके गले लिपट कर रो पड़ी, "पिताजी आप इस संकट से मेरी रक्षा कीजिए। मेरी पवित्रता पर आंच आने वाली है। मां के कहने पर ही मैं कृष्णार्पिता हो चुकी हूं। अब मुझ विवाहिता का विवाह किसी पर-पुरुष से रचाने का प्रबन्ध क्यों किया जा रहा है ?"

अपने स्कन्ध पर सिर दिए आंसू बहाती मीरा की पीठ को रतन सिंह ने स्नेह से थपथपाया और कहा—"रो मत बेटी ! विवाह तो सबका एक-न-एक दिन होता ही है। मजाक में कही बात को गम्भीरता से नहीं लिया जाता। तुम्हारी मां ने तो यों ही तुम्हें टालने के लिए कह दिया था कि तुम्हारा दूल्हा मुरलीमनोहर है। इससे उनसे तुम्हारा विवाह थोड़े सम्पन्न हो गया ? विवाह तो एक अनिवार्य सामाजिक और मांगलिक संस्कार है जिसे सम्पूर्ण विधि-विधान के साथ सम्पन्न किया जाता है। अभी तो तुम वैसी ही कुमारी हो जैसी कोई और अविवाहिता लड़की।"

"पिताजी आप भी यही कह रहे हैं ? आप भी इस अत्याचार और अन्याय के सहभागी बनना चाहते हैं ? क्या आपने और दादू ने मुझे श्रीकृष्ण-भक्ति की ओर नहीं बढ़ाया ? क्या आपलोगों ने मुझमें श्रीकृष्ण-प्रेम के संस्कार आरम्भ से ही नहीं डाले, आपने और मां ने भी ? क्या यह बात मुझसे छिपी है कि मेरे गर्भ में आते ही मां पूरी तरह कृष्णमयी हो आई थीं ? सोते-जागते वह श्रीकृष्ण के ही ध्यान में रत रहती थीं ? क्या पूज्य दादू ने मेड़ता में चतुर्भुज श्रीकृष्ण की पूजा-अर्चना का भार मुझ पर पूरी तरह डालकर मेरे अन्दर पल रहे श्रीकृष्ण प्रेम के बिरवे को और

पल्लवित पुष्पित करने का प्रयास नहीं किया था ? बोलिए, क्या ये सब बातें मिथ्या हैं ? बोलिए न पिताजी चुप क्यों हैं ?" मीरा ने पिता के कंधे से अपना सिर उठा कर उनकी आंखों में सीधे देखते हुए पूछा।

"ये बातें मिथ्या नहीं हैं बेटी," रतन सिंह ने आरंभ किया, "यह सर्वथा सत्य है कि हम सभी ने अपने परिवार के एक सदस्य को श्रीकृष्ण-भक्ति और मानवीय संवेदना से पूरी तरह ओत-प्रोत करना चाहा। अपनी नृशंसता से हम ऊब चुके थे। दिन-प्रतिदिन के रक्तपात से हमारा हृदय पाषाण बन आया था। यह भी सही है कि दादू ने मुझसे वचन लिया था कि अपनी प्रथम संतान को चाहे वह कन्या ही क्यों न हो मैं कृष्णार्पित करूंगा। उसमें भगवद् भक्ति और मानवीय संवेदना के संस्कार डालूंगा। यह सब करने में हमने कोई कोर-कसर नहीं छोड़ी। तुम्हारी भक्तिमती मां ने भी मेरा पूरा सहयोग किया। यह भी सही है कि तुम्हारी मां की असामयिक मृत्यु के पश्चात् स्वयं दूदा ने ही तुम्हें अपने अभिभावकत्व में ले लिया और तुम्हें श्रीकृष्ण-भावना भावित करने में कोई कोर-कसर नहीं छोड़ी पर यह सही नहीं है बेटी कि हमने स्वप्न में भी यह सोचा कि तुम इस तरह श्रीकृष्ण की हो जाओगी कि सामान्य सामाजिक बंधनों को भी नकारने लगोगी, विवाह की ओर से भी मुख मोड़ लोगी और श्रीकृष्ण को ही अपना पति मान बैठोगी ?"

"पर यह तो हो गया पिताजी," मीरा ने मुंह खोला। उसकी आंखों का पानी सूख आया था। यह रोने का समय नहीं था। कठोर यथार्थ से उसका आमना-सामना हो रहा था। उसका सतीत्व ही संकट-ग्रस्त हो रहा था। अब बहुत चुप रहने से काम नहीं चलने को था, "मैं तो श्रीकृष्ण की हो गई। अब किसी और के होने का प्रश्न ही कहां रहा ?"

"तो कृष्ण के साथ तुम्हारे फेरे पड़ गए ?" राव वीरम ने टोका। उनके स्वर में कठोरता का कहीं नाम नहीं था। वस्तुतः वह मीरा की श्रद्धा-भक्ति से स्वयं अभिभूत थे पर द्वार पर दस्तक देते सुअवसर को वह वापस भी नहीं करना चाहते थे।

"विवाह, फेरे पड़ने से ही नहीं होता काकू।" मीरा ने नत-सिर कहा, "तनों के विवाह, फेरे पड़ने से सम्पन्न होते होंगे पर मनों के विवाह के लिए ऐसी किसी औपचारिकता की आवश्यकता नहीं। श्रीकृष्ण से मेरा मन का सम्बन्ध जुड़ा है और आप भी मानेंगे कि मन का सम्बन्ध तन के सम्बन्ध से बहुत ऊपर होता है।"

मीरा की बात पर पूरे कक्ष में एक मौन पसर गया। अब तक वीरम सिंह, उनकी पत्नी, रतन सिंह तथा अर्पणा, ललिता के अलावा राव वीरम सिंह का पुत्र जयमल भी वहां उपस्थिति हो गया था। उसे मीरा के तर्कों में दम लगा था। उसे लग रहा था मीरा की इच्छा के विरुद्ध उसका विवाह करना उसे बलि की बकरी बनाना है।

वीरम सिंह और रतन सिंह एक-दूसरे की ओर देखे जा रहे थे। उन दोनों के तेजोदीप्त मुख पर सहसा जैसे शाम की स्याही पुत गई थी। निराशा का स्पष्ट भाव और उससे भी अधिक कुछ नहीं कर पाने की विवशता उनके चेहरे पर स्पष्ट पढ़े जा सकते थे। केवल वीरम सिंह की पत्नी का मुख क्रोध से तप्त हो आया था,

जैसे दहकते अंगारे। पलाश के फूल के रंग को मात देने लगा था क्रुद्ध क्षत्राणी के चेहरे का रंग।

वीरम सिंह को स्थिति की गंभीरता का अनुमान लगा और उन्होंने उस दिन की बातचीत को यह कह कर वहीं समाप्त कर दिया—"जयमल अपनी बहन से बहुत घुला-मिला है। दोनों प्राय: हम-उम्र हैं। अच्छा हो कि हम जयमल पर ही अपनी बहन को समझाने-बुझाने का भार छोड़ दें। मेवाड़ के राजपुरोहित को एक दिन और रोक लिया जाय।"

जिसने अपने जीवन में पराजय को कभी स्वीकृति ही न दी हो, उसकी मानसिकता को आप आसानी से नहीं समझ सकते हैं। विजय को जो अपने चरणों में विवश-सा लोटते देखते रहने का आदी रहा हो वह पराजय की छाया से भी कितना वितृष्णा रखता है उसका अनुमान आप नहीं लगा सकते। वन्य जीवों पर सदा शासन करने वाले मृगराज को किसी मस्त से मस्त गजराज को भी अपने सामने सिर उठाते देखना नहीं भाता।

राणा सांगा किसी क्रुद्ध शेर की तरह ही व्यग्रता से अपने कक्ष में चक्कर लगा रहे थे। उनके गले से लटकती मौतिक माला उनके विशाल वक्ष पर ठीक उसी तरह उठ-गिर रही थी जैसे सागर-तल पर लहरें उठती-गिरती हैं। उनका मस्तिष्क किसी कुम्भकार के चक्र की तरह ही इस तीव्रता से चक्कर काट रहा था कि किसी एक बात पर वह टिक ही नहीं पा रहा था। क्रोध से उनकी भौंहें किसी बलशाली धुनर्धर के धनुष की तरह ही टेढ़ी हो रही थीं और फड़कते नथुनों से इस प्रकार गर्म फुफकार छूट रही थी, कि मानों कोई क्रुद्ध वृषभ सांसें ले-छोड़ रहा हो। और जब तक क्रोध का आवेश हो तब तक बुद्धि के कार्य करने का प्रश्न ही नहीं उठता। उसकी तो नियति ही थी ऐसी स्थिति में चक्रायित होने की और चक्रायित होकर व्यक्ति के विवेक को भ्रष्ट करने की। उसे निर्णय-अनिर्णय, निश्चय-अनिश्चय के मध्य आंधी में झूलते किसी आम्र-फल की तरह दोलायमान करते रहने की।

राणा सांगा के इस क्रोध का कारण था और कारण था राजपुरोहित का दो दिन तक मेड़ता से नहीं लौटना। स्पष्ट था कि मेड़ता का एक अदना-सा शासक उनके प्रस्ताव में अपनी स्वीकृति देने में अनावश्यक विलम्ब कर रहा था।

राणा सांगा के इस प्रस्ताव में उनकी अपनी सुरुचि और कलाप्रियता का जो हाथ हो, समझने वाले वह समझने में कभी भूल नहीं कर सकते थे कि राणा सांगा की इस अद्भुत पसंद के पीछे तत्कालीन राजनीति का भी कम हाथ नहीं था।

मारवाड़ के राठौरी राजपूत-घराने मेवाड़ी क्षत्रियों के लिए सदा से भीषण सिरदर्द रहे थे। संयोग से राठौरी राजपूतों का शासन इस समय कई स्थानों पर था। जोधपुर का राज्य राव दूदा के पिता राव जोधा ने ही स्थापित किया था और राजधानी का नाम भी उन्हीं के नाम पर हुआ था। वे राठौरी राजपुत्र अगर एकता के सूत्र में आबद्ध रहते तो मेवाड़ के सिर पर सदा खड्ग की तरह ही वे लटकते। यों तो इन राठौरी राजपूतों में अक्सर ठनती ही रहती थी पर राणा सांगा सदा के लिए इनके मध्य विभेद की एक पक्की दीवार खड़ी कर देना चाहते

थे। और इसीलिए मेड़ता को उन्होंने जानबूझ कर बनाया था अपने शतरंज के खेल की एक अचूक गोटी।

अगर मेड़ता को वे सम्बन्ध-सूत्र में बांध लेते हैं तो फिर लोहे को लोहे से कटवाना आसान हो जाता। मेड़ता वाले जिस घर में अपनी बेटी दे देते उसकी लज्जा-रक्षा के लिए वे प्राणों की भी बलि देने को सहर्ष प्रस्तुत नहीं होते यह सोचने की भी बात नहीं थी।

पर जंग के मोर्चे पर कभी पराजय के वरण के अभ्यस्त नहीं रहे राणा सांगा को राजनीति के इस छोटे मोर्चे पर विजय प्राप्त करने में इतना विलम्ब क्यों हो रहा था? राजपुरोहित कहीं मार्ग में रुकने वाला नहीं था। उसे आदेश था यथा-शीघ्र मेड़ता-नरेश की सम्मति पा वापस लौटने की और राजपुरोहित ने भी धूप में अपने सिर केश धवल नहीं किये थे। राणा सांगा के दरबार में रहते-रहते वह संस्कृत का प्रकांड पंडित कूटनीति और राजनीति में भी पर्याप्त पारंगत हो आया था। मेड़ता के सामान्य से शासक उस अनुभवहीन वीरम को मार्ग पर लाने में उसे इतना समय लगे यह सोचने की बात भी नहीं थी।

तो फिर इस विलंब का कारण, राणा सांगा के भ्रमित मस्तिष्क ने सोचा, अवश्य ही इसके पीछे उस रतन सिंह के बच्चे का हाथ है। मैंने शायद भूल की उनके यहां सीधे प्रस्ताव भेजकर। मुझे कुछ ऐसे अप्रत्यक्ष यत्न करने थे, कुछ ऐसे कूटनीतिक कदम उठाने थे कि वीरम स्वयं मीरा के परिणय का प्रस्ताव लेकर यहां पहुंचता। चित्तौड़ की चौकट पर नाक रगड़ता तब जाकर कहीं उसे स्वीकृति मिलती।

यह चाल ही उलटी हो गई—राणा सांगा के उद्वेलित मस्तिष्क ने उन्हें समझाया। भला कहीं लड़के वाले के यहां से प्रस्ताव जाता है? यह कैसी उलटी गंगा बहाने का प्रयास किया राणा सांगा के सदृश परिपक्व मन-मस्तिष्क के व्यक्ति ने? राजनीति के चतुर खिलाड़ी ने यह कैसा पासा फेंका जिसके फलस्वरूप चितौड़ की प्रतिष्ठा और मर्यादा ही दांव पर लग गए हैं।

राणा सांगा बहुत कुछ सोचे जा रहे थे। अपने ही द्वारा निर्मित इस चक्रव्यूह से निकलने का उन्हें कोई मार्ग ही नहीं सूझ रहा था।

वायु जब गर्म होती है तो आकाश की ओर भागती है। क्रोध जब चरम पर पहुचता है तो धमनियों का रक्त तप्त हो उठता है। सागर जब पूर्ण चंद्र को अपने में नहीं समेट पाता तो अपनी तरंगों की विक्षुब्ध वाहिनी द्वारा उसे पकड़ने के लिए कटिबद्ध हो आता है। योद्धा जब अपमानित अनुभव करता है तो उसके पास एक ही विकल्प बच जाता है—युद्ध।

मेड़ता पर आक्रमण आवश्यक हो गया है, राणा सांगा की भ्रमित बुद्धि ने उनके विवेक को विनष्ट कर दिया। एक नन्हा-सा मेड़ता उनके प्रस्ताव को स्वीकृति देने में इतना विलम्ब करे! उसे अपने अहंकार का दुष्परिणाम भोगना ही पड़ेगा। राणा सांगा ने मन-ही-मन यह निर्णय ले लिया। उनकी विशाल वाहिनी को यथा शीघ्र मेड़ता की ओर प्रस्थान कर जाना है। भोजराज ही उस वाहिनी का नेतृत्व करेंगे। क्षत्रियों में पूर्व काल से ही स्वयम्वर अथवा संग्राम में कन्याओं को विजित कर विवाह करने की प्रथा रही है।

मीरा स्वयंवरा बनना चाहती है। शायद वह रतन ही ऐसा चाहता होगा। अपने मन-पसंद व्यक्ति को अपनी बेटी का हाथ देगा। शायद उसे भोजराज के दुर्बल स्वास्थ्य का पता लग गया है। ठीक है वह बाल्यकाल से ही क्षीण-काय रहा है। एक-न-एक आधि-व्याधि का वह आखेट होता ही रहा है। पर मेड़ता को मिट्टी में मिलाने भर शक्ति तो शेष है ही उसमें।

नहीं वीरम और रतन के अहंकाररूपी भुजंग के सिर को कुचलना ही होगा। राणा सांगा ने पराजय से सदा घृणा की है चाहे वह युद्ध का मैदान हो या राजनीति-कूटनीति का। वीरम को जो बात पुरोहित का प्रस्ताव नहीं समझा सका, वह उसे मेवाड़ के शस्त्रास्त्र समझा देंगे।

तिरेपन

इधर मेड़ता में दूसरी ही स्थिति थी। अपने ताऊ और पिता से एक तरह से मन-ही-मन प्रताड़ित मीरा भागी थी अपने मुरलीमनोहर के पास।

अपने मन का सारा आक्रोश उसने उस मूर्ति के समक्ष ही उतारा था, "विवाहिता पुनर्विवाहिता होती है? यही है तुम्हारा न्याय? और फिर वनराज के आखेट पर वृक (भेड़िया) मुंह मारता है तो उसे उसका···परिणाम भी भोगना पड़ता है कि नहीं? तुम···तो···अपने···ही···द्वारा निर्मित उस वनराज से भी गए-बीते लगते हो। तुम्हारा···आहार कोई शृगाल ले भागने को प्रस्तुत है—और तुम हाथ पर हाथ रखे बैठे हो। कुछ करो न वनवारी। वर्ना—मैं तो अपने प्राण ही दे दूंगी। यहां तो सती प्रथा प्रचलित है ही तुम्हें लेकर ही जल मरूंगी···।

"यों मैं इस अमानुषिक परम्परा से वितृष्णा करती हूं—पर तुम्हीं जब बाध्य—कर दोगे···तो इसके सिवा मेरे पास···उपाय भी क्या बचेगा? तुम···निष्ठुर तो हो ही। तटस्थता तुम्हारी आदत है—नहीं, तुम्हारा—थोथा दर्शन···। बहुत शीघ्र विरक्त हो आते हो। नहीं? पर ध्यान रखना मैं ब्रज की गोपियां नहीं···और न हूं मैं वह मूर्खा—राधा जो—तुम्हारी वियोगाग्नि में—तिल-तिल जलती—रहूंगी। नहीं—मीरा को यह तिल-तिल जलना पसंद—नहीं है—वह एक ही बार सदा के लिए भस्म हो जायेगी—क्षार। फिर तुम हाथ—मलते रहना। और तुम हाथ भी—क्या मलोगे? तुम तो हो ही—सदा के निष्ठुर।—कोई तुम्हारे—नाम पर मरे या जले तुम्हें क्या—? मुझे अपने अंक में स्थान नहीं देना हो तो···चरणों में ही···दे···दो···।" बोलते-बोलते मीरा के नेत्रों से जल की अनवरत धाराएं प्रवाहित होने लगीं। अन्दर की पीड़ा ने अभिव्यक्ति का अपना परिचित माध्यम ढूंढ़ा और मीरा धीरे-धीरे अश्रुविगलित स्वर में गुनगुना पड़ी—

मनै चाकर राखो जी,
मनै चाकर राखो जी।

चाकर रहसूं बाग लगासूं,
नित उठ दरसन पासूं।
वृन्दावन की कुंज गलिन में
तेरी लीला गासूं॥
मनै चाकर राखो जी॥

चाकरी में दरसण पाऊं,
समरन पाऊं खरची।
भाव जगत जागीरी पाऊं,
तीन बात सरसी॥
मनै चाकर राखो जी॥

मोर मुकुट पीताम्बर सोहे,
गल बैजन्ती माला।
वृन्दावन में धेनु चरावे,
मोहन मुरली वाला॥
मनै चाकर राखो जी॥

हरे-हरे नित बन्न बनाऊं,
बिच-बिच राखूं क्यारी।
सांवरिया के दरसण पाऊं,
पहण कुसुम्भी सारी॥
मनै चाकर राखो जी॥

योगी आया जोग करन कूं,
तप करने संन्यासी।
हरि भजन कूं साधू आयो,
वृन्दावन के बासी॥
मनै चाकर राखो जी॥

मीरा के प्रभु गहिर गंभीरा,
सदा रहो जी धीरा।
आधी रात प्रभु दरशण देहैं,
प्रेम नदी के तीरा॥
मनै चाकर राखो जी॥

पद गाते-गाते मीरा ने मन में सोचा कहां वह वृन्दावन जाकर कान्हा की लीला-भूमि में बास करना चाहती थी, कहां उसे चित्तौड़गढ़ जाकर परकीया बनने को बाध्य किया जा रहा है।

गाते-गाते उसकी आंखें लग गईं। सिर मुरलीमनोहर के पैरों पर यथावत पड़ा रहा। आंखें ढंकते ही जैसे वह सचमुच वृन्दावन की कुंज-गलियों में पहुंच गई। उसका कृष्ण कन्हैया एक कदम्ब-वृक्ष के नीचे खड़ा मुरली बजा रहा था। शरीर पर पीताम्बर शोभित था और केश-गुच्छों में मोरपिच्छ पड़ा हुआ था। उसकी मुरली का स्वर्गिक संगीत दशों दिशाओं में व्याप्त हो रहा था जिसे सुनने के लिए विभिन्न वन-प्राणी तथा गोप-गोपिकाएं उसकी ओर दौड़े चले आ रहे थे। गगन-मंडल में देवताओं के दिव्य विमान खड़े थे जिनमें आसीन देवता भी इस मुग्धकारी संगीत का पान करने में रत थे।

वह भीड़ में से स्थान बनाकर अपने मुरलीमनोहर के पास जाना चाहती है और वहां पहुंचकर उनसे यही प्रार्थना निवेदित करना चाहती है कि मुझे यहीं अपनी दासी बनाकर रख लो पर मुझे पर-पुरुष के वरण को बाध्य नहीं करो—

मनै चाकर राखौ जी,
मनै चाकर राखौ जी।

चाकर रहसूं बाग लगासूं,
नित उठ दरसन पासूं।

मनै चाकर राखौ जी,
मनै चाकर राखौ जी।

वह अपने श्रीकृष्ण के पास पहुंचने का अथक प्रयास करती है। पर बीच में खड़े पशु—बड़ी-बड़ी सींग वाली गाएं, वृषभ यहां तक कि व्याघ्र, सिंह आदि उसे आगे बढ़ने नहीं देते। एक धेनु उसे अपने सींगों पर उठा लेती है और उसे कहीं दूर फेंकना ही चाहती है कि मीरा का स्वप्न टूट जाता है। एक ओर जहां वृन्दावन और अपने मुरलीमनोहर के दर्शन से उसका मन कदम्ब-पुष्प की तरह ही कंटकित हो आना चाहता है, वहीं दूसरी ओर उस खूंखार गौ द्वारा सींगों पर उठाकर दूर फेंक देने के दृश्य से उसका मन अभी तक भयाक्रान्त था। वह इसे घोर अपशकुन के रूप में लेती है और समझ जाती है कि वृन्दावन का कान्हा उसे अभी अपने घर में बुलाने को प्रस्तुत नहीं है और गौ उसे जहां फेंकना चाहती है वह निश्चित ही चित्तौड़गढ़ का किला है।

वह भय और आशंका से थर-थर कांपने लगती है। उसके भव्य ललाट पर ठण्डा पसीना चुहचुहा आता है। वह भीत हरिणी की तरह चारों तरफ देखती है। पीछे जयमल खड़ा है। वह जानती है, वह क्यों आया है। कल तक जिस भाई के साथ अवकाश के क्षणों में खेलती रही, खुलकर मन की बातें करती रही, वही जयमल आज उसे यमदूत की तरह लगता है। उसके सामने ही उसे मीरा को समझाने का भार दिया गया था।

जयमल उससे दो वर्ष बड़ा था। उसकी वीरता की चर्चाएं अभी से चारों ओर होने लगी थीं। अपने पिता के साथ वह अक्सर युद्ध के मोर्चों पर जाता। युद्ध से लौटे सैनिक और स्वयं पिता वीरम भी उसकी वीरता की कहानियों को कहते नहीं थकते थे।

मीरा ने अपनी आंखों के पानी को पोंछा। मुरलीमनोहर की प्रतिमा के पास भूमि पर ही बैठ गई और जयमल को सामने की तिपाई पर बैठने का अनुरोध किया।

जयमल के चेहरे पर अस्थिरता का भाव चिपका पड़ा था। अभी तक वह तय नहीं कर पाया था कि अपने को सौंपे गए गुरुत्तर भार को वह कैसे सम्भाल पायेगा। मीरा को उसके और अर्पणा तथा ललिता के अलावा और कोई ठीक से नहीं जानता था। मुरलीमनोहर के प्रति मीरा की एकान्त निष्ठा के प्रति उसे किंचित् मात्र भी अविश्वास नहीं था। ऐसी स्थिति में मीरा को विवाह के लिए प्रस्तुत करा लेना उसके वश की बात नहीं थी। फिर जब उसे भार दिया गया था तो प्रयास करने से मुंह मोड़ना भी अपराध ही होता। कुछ देर तक फैले भाई-बहन के मध्य के सन्नाटे को तोड़ने का प्रयास अन्ततः जयमल को ही करना पड़ा। मीरा तो जैसे वहां होकर भी नहीं थी।

"बहन !" जयमल किसी तरह मुंह खोल सका।

"भैया !" मीरा बिलखी।

"तुम तो जानती हो मुझ पर कितना बड़ा भार दे दिया गया है।"

"जानती हूं भैया।" मीरा किसी तरह बोली।

"तो फिर मेरी लाज रख लो।" जयमल ने अनुरोध के स्वर में कहा।

"लाज तुम्हारी नहीं मेरी खतरे में है भैया !"

मीरा के उत्तर पर जयमल निरुत्तर हो गया। बात तो मीरा ठीक ही कह रही थी।

"तो मैं उन्हें क्या उत्तर दूं ?"

"किन्हें ?"

"तुम्हारे पिताजी को, अपने माता और पिता को।" जयमल निरीह-सा बोला।

"तुम वीर हो न जयमल ! बहुत बड़े तलवार वीर ?" मीरा ने आंखें उठाकर पूछा।

"यह मैं कैसे कहूं ?" जयमल ने सिर झुकाकर कहा।

"तुम कहो या नहीं पूरा राजपूताना तो यही कहता है।" मीरा उसकी आंखों में सीधे देखती हुई बोली।

"मेरी बहन भी यही कहती है ?"

"हां।"

"तब तो इसे स्वीकार करना ही पड़ेगा।" जयमल ने सिर झुका लिया।

"तब उनकी बातों का उत्तर तुम्हारे पास है।" मीरा ने किंचित् गम्भीरता से कहा।

"कैसे ?" जयमल ने कुछ नहीं समझकर पूछा।

"अपनी तलवार से मेरी गर्दन उतार लो और उसे उन्हें भेंट-स्वरूप अर्पित कर दो।" मीरा बोल गई। उसकी आंखें सूख आई थीं और उनमें एक विचित्र निर्भीकता व्याप्त थी।

"यह क्या कह रही हो बहन ?" जयमल अचकचाकर बोला, "जिस बहन

के साथ इतने दिनों तक खेला-खाया, उसकी गर्दन अपने ही हाथों उतार लूं ?"

"मैं जानती हूं तुम यह नहीं कर सकते हो किन्तु एक बात बोलूं ?"

"क्या ?"

"हर रक्षा-बन्धन के दिन मैं तुम्हारे हाथ में राखी बांधती हूं न ?"

"हां और इसीलिए तुम मुझे अपने ही हाथों अपनी गर्दन उतारने की बात कह रही थी ?" जयमल मान-मिश्रित क्रोध में बोला।

"तो तुम राखी के महत्त्व को समझते हो ?" मीरा की आंखें अब भी जयमल के चेहरे पर गढ़ी हुई थीं।

"सभी भाइयों को समझना चाहिए विशेषकर क्षत्रियों को।" जयमल के शब्दों पर गर्व चढ़ आया था।

"तो फिर तुम राखी की लाज रखने की अपेक्षा इस घृणित प्रस्ताव का समर्थन कैसे ले बैठे हो ? क्या यह किसी भाई को शोभा देता है कि वह अपनी बहन की लज्जा लुटते देखे ?" मीरा के स्वर में वही मान-मिश्रित क्रोध व्याप्त था।

जयमल कुछ देर चुप रहा। फिर बोला, "क्या मेरी बहन ने सचमुच श्रीकृष्ण को ही अपना पति वर लिया है ?"

"तुम्हें भी इसमें सन्देह है ? तुम तो मेरे बचपन के संगी रहे हो ?"

"नहीं, मुझे सन्देह नहीं है।" जयमल उठते हुए बोला, "और राखी की लाज भी रखी जाएगी। मैं उनकी बात नहीं जानता पर मैं अपनी ओर से स्पष्ट कह दूंगा कि मेरी, इस विवाह में सहमति नहीं है और मैं किसी भी स्तर पर किसी भी रूप में इस विवाह में सहयोगी बनने नहीं जा रहा।"

चौवन

अपने ही बोए को काटते समय मनुष्य दुःखी क्यों होता है ? जिस बीज का हम वपन करते हैं, अन्ततः वही तो अंकुरित-पल्लवित एवं पुष्पित होकर हमारे समक्ष आता है ? वह रुचिकर हो अथवा अरुचिकर, ग्राह्य अथवा अग्राह्य हो, है तो वह अपनी ही कृति। उसे अंगीकार करने में हम भयभीत क्यों होते हैं ? विचार का अवसर आरम्भिक है, बीज जब फल बन जाय तो उसे प्रसन्नतापूर्वक ग्रहण करना ही बुद्धिमत्ता है। अथवा नहीं ?

जयमल ने रतन सिंह तथा अपने माता-पिता से आकर वही कहा जो उसने मीरा से कहा था—"यह विवाह श्रेयस्कर नहीं है। हम सभी ने सम्मिलित रूप में उसे जिस मार्ग पर बढ़ाया है उससे उसे वापस बुलाना अब हमारे ही वश की बात नहीं रही। वह मार्ग के अन्तिम छोर तक पहुंचने को कृतसंकल्प है, इस सम्बन्ध में बलात् कुछ करना किसी के लिए कल्याणकारी नहीं हो सकता ?"

राव वीरम, रतन सिंह एवं वीरम की पत्नी कुंअर बाई पत्थर-खचित मूर्तियों की तरह स्तब्ध रह गए।

कुछ देर के पश्चात् कुंअर बाई ने ही मुंह खोला, "दिवंगत दादू और देवर रतन

जी ने ही तो मीरा को विष-बेली बनने का अवसर दिया था ? दादू तो अब नहीं रहे तो देवर जी ही अपनी इस उद्धत कन्या को मार्ग पर लाएं। राणा परिवार का रिश्ता पके फल की तरह अनायास हमारी झोली में गिरते-गिरते रह रहा है। इसे अपना दुर्भाग्य नहीं तो और क्या कहें ?"

रतन सिंह अपने स्थान से कुछ हिले। भाभी ने मर्म पर चोट किया था किन्तु इसमें उनका दोष ही कितना था, मीरा को अगर सांसारिकता से विरक्त किया गया तो वह राव दूदा की इच्छा-पूर्ति के लिए ही। उस समय किसे पता था कि यह आध्यात्मिक क्रीड़ा किसी दिन किसी महत्त्वपूर्ण राजनीतिक लाभ से ही वंचित होने का कारण बनेगी ?

"मेरे किए जो कुछ हो सकता है, मैं करने को तैयार हूं।" रतन सिंह ने मुंह लटका कर कहा।

"अब आप कुछ नहीं कर सकते हैं," भाभी ने फिर चोट की, "केवल अपने किए का फल भोग सकते हैं।"

"मैं मीरा का सिर तो धड़ से अलग कर सकता हूं ?" रतन सिंह जोश में बोले, "राजपरिवारों में उद्दंडता दण्डनीय है। मीरा को मनमानी करने का कोई अधिकार नहीं।"

रतन सिंह की यह बात सुनकर ललिता जो वहीं खड़ी थी किसी तूफान-ग्रस्त वृक्ष की तरह ही नीचे से ऊपर तक कांप गई। उसने सोचा, मीरा को इस मार्ग पर लाने वालों में उसकी दिवंगत मां और उसके उस जीवित पिता का सुविचारित और सम्मिलित सहयोग था जो अब उसकी ग्रीवा-विच्छेद को प्रस्तुत हैं।

"यह अन्याय होगा, घोर अन्याय," ललिता ने अपने स्थान से ही कहा, "अगर राजपरिवारों में उद्दण्डता दण्डनीय है तो उस उद्दण्डता के मूल में नहीं जाकर कुछ अविचारित कर बैठना अन्याय के सिवा कुछ नहीं है और मैं नहीं समझती हूं कि जो राजपरिवार उद्दण्डता को दण्डनीय मानता है वह अन्याय को प्रश्रय देने को प्रस्तुत होगा ?"

दासी की जिह्वा लम्बी हो रही थी, यह सबने अनुभव किया था विशेषकर कुंअर बाई ने, पर बात उसने अकाट्य कही थी। साथ ही वह नाममात्र की दासी थी। मीरा से उसकी अन्तरंगता किसी से छिपी नहीं थी और इस अन्तरंगता पर कभी अंकुश देने का भी प्रयास किया गया हो, यह बात भी नहीं थी। ऐसी स्थिति में ललिता पर क्रोध एक और अन्याय को जन्म देना होगा। ललिता अर्पणा नहीं थी। वह दासी चाहे जो हो, मीरा की सखी भी थी वह—उसकी पूर्ण शुभ-चिन्तिका।

"अगर मीरा की ग्रीवा की ही आवश्यकता है तो राव साहब को सर्वप्रथम मेरी ग्रीवा उतारनी होगी। हूंगी मैं दासी इस राजघराने की, पर मीरा की अंतरंग सखी होने का भी मुझे सौभाग्य प्राप्त है और अगर उसे किसी दुर्भाग्य का वरण करने को बाध्य किया जाता है तो उस दुर्भाग्य को सर्वप्रथम मैं अंगीकार करूंगी।" किसी पर कोई प्रतिक्रिया होते न देख ललिता पुनः बोल गई।

"तुम उसकी सखी होने का दम भरती हो तो तुम्हीं उसे सुमार्ग पर लाने का प्रयास क्यों नहीं करतीं ?" कुंअर बाई अब चुप नहीं रह सकी।

"मीरा सुमार्ग पर ही है, अगर भगवद्-भक्ति का मार्ग कुमार्ग है तो उसे उस पर डाला ही क्यों गया ?" ललिता बहुत कुछ कहना चाहती थी पर इतना ही कह कर चुप हो गई।

कुंअर बाई अन्दर-ही-अन्दर अग्नि पर चढ़ाए जल की तरह खौलकर रह गई पर वह कर भी क्या सकती थी, ललिता जो कुछ कह रही थी वह शत-प्रतिशत सत्य था। उसने अब तक उन्हें अभियोग के कटघरा में खड़ा नहीं किया था, यही क्या कम था ? आखिर मीरा का लालन-पालन तो इसी महल में हुआ था ! कुंअर बाई की नाक के ठीक नीचे ? उस समय उसने कोई प्रतिवाद क्यों नहीं किया था ? क्यों नहीं उसने अंकुश देने का प्रयास किया था परिवार के सर्वाधिक पूज्य और वृद्ध पुरुष राव दूदा की इस अद्भुत आकांक्षा को कि किसी को—कृष्णार्पित होना ही है इस परिवार से। क्या राव दूदा की इस आकांक्षा की पूर्ति में उसका प्रत्यक्ष अथवा अप्रत्यक्ष हाथ नहीं था ? आज वह अनामन्त्रित आए सौभाग्य को अपने द्वार से वापस लौटने पर भले बौखला आई हो पर पहले उसने भी कहां सोचा था कि मीरा में एक विशेष प्रकार का संस्कार डालना कभी इस राजपरिवार के पश्चाताप का भी कारण बन सकता है।

"इस सम्बन्ध में सिवा देवर जी के अब कोई कुछ नहीं कर सकता है।" कुंअर बाई अपने को संयत करने के प्रयास में इतना ही बोल सकी।

"और आपके देवर जी, संग्राम योद्धा राव रतन सिंह जी तो अपना निर्णय सुना ही चुके हैं," वीरम सिंह ने आरम्भ किया, "अब तक युद्ध के मैदानों में शत्रु-सिरों के ही उच्छेदन के आदी रतन सिंह जी अपनी ही निर्दोष सुपुत्री का सिर काटने को प्रस्तुत हैं ही।"

"यह समस्या का समाधान नहीं, उससे पलायन है।" अब तक चुप रहे जयमल ने कहा।

इन सबों में रतन सिंह इस समय अपने को सबसे निरीह अनुभव कर रहे थे। राव दूदा के नहीं रहने से यह संकट खड़ा हुआ था वर्ना उनके रहते यह स्थिति ही नहीं आती। वे अपने किए पर पश्चाताप करने वालों में से नहीं थे। भले ही चित्तौड़ का राजपुरोहित खाली हाथ ही वापस लौट जाता पर वे मीरा के बिना चाहे उसे चित्तौड़गढ़ की हवेली में नहीं डालने वाले थे। मीरा रतन सिंह की पुत्री थी, इसीलिए सबका आक्रोश भी उन्हीं पर था और लोग बड़ी सहजता से यह विस्मृत कर बैठे थे कि रतन सिंह तो निरन्तर राज्य की सीमाओं की रक्षा के लिए अश्वारोही ही बने रहे, मीरा पली तो इसी महल के संरक्षण में। ललिता ठीक कह रही है, राजपरिवार यदि अपराध को दण्डनीय मानता है तो उसे न्याय का गला घोंटने का भी कोई अधिकार नहीं। भाभी कुंअर बाई अपने अन्तर के अन्दर ही झांककर क्यों नहीं देखती कि आज की इस स्थिति के लिए कौन जिम्मेवार है। अगर दिवंगत राव दूदा को इस सबसे अलग कर दिया जाय तो आज की इस स्थिति को जन्म देने में प्रत्यक्ष या अप्रत्यक्ष रूप से कुंअर बाई का ही हाथ सबसे अधिक है।

यह पृथक् बात थी कि राव दूदा को दिए गए वचन के रक्षार्थ उन्होंने और उनकी दिवंगता पत्नी ने मीरा के अन्दर अपेक्षित संस्कार भरने में कोई कोर-कसर

नहीं छोड़ी थी पर अपनी माता की मृत्यु के पश्चात् मीरा तो इसी महल में चली आई थी और कुंअर बाई ही एक तरह से उसकी माता-पिता सब कुछ थीं ?

अगर श्वसुर राव दूदा अपनी पोती को, एक राजकुमारी को, गलत प्रशिक्षण दे रहे थे तो कुंअर बाई ने उन्हें टोका क्यों नहीं ? पर अब पछताए क्या होता है जब पक्षी खेत ही चुग गए।

नहीं, भाभी को अपने दोष को, अगर वह सचमुच दोष है दूसरे के सिर मढ़ने का कोई अधिकार नहीं। वह अपना आक्रोश यों दूसरों के सिर उतारकर अपने को सम्मिलित सहभागिता से पृथक् नहीं कर सकती जिसने मीरा को मीरा बनाया है।

'पर रतन सिंह,' रतन सिंह ने स्वयं सोचा, 'क्या उनके लिए वस्तुत: अब कोई दायित्व शेष नहीं रहता ? क्या वे इस तरह तटस्थ रहकर इस नाटक के केवल इसलिए मात्र एक मूक दर्शक रह सकते हैं कि यह घटना कुड़की में नहीं घटकर मेड़ता के राजमहल में घट रही है ? नहीं, उनका भी कुछ कर्त्तव्य बनता है और वे उसके पालन का प्रयास करेंगे।'

पचपन

मानव की शक्तियां सीमित हैं—किसी अन्य उच्चतर शक्ति के द्वारा शासित। यह तथ्य वह समझकर भी नहीं समझ पाता। उसके प्रयास कई बार फल दे जाते हैं, कई बार वे उसकी अनन्त चेष्टाओं के उपरांत भी निष्फल हो जाते हैं। इसके पश्चात् भी वह प्रयत्न से मुंह मोड़े यह तो हो नहीं सकता।

रतन सिंह को अपने प्रयास का परिणाम पता था। आखिर उन्होंने, उनकी पत्नी वीर कुंअरि ने तथा राव दूदा ने ही तो मीरा के अन्दर वे संस्कार डाले थे जो आज रंग ला रहे थे ? पर उन्होंने उस समय यह कहां सोचा था कि मीरा की कृष्ण भक्ति वह रंग लाएगी कि मीरा विवाह से भी इन्कार कर जाएगी ? पर हो तो अब यही रहा था। मीरा विवाह नहीं करेगी, यह रतन सिंह की अन्तरात्मा भी कह रही थी, पर अपने भाई और भाभी के लिए उन्हें एक अन्तिम प्रयास तो करना ही था मीरा को विवाह के लिए प्रस्तुत करने के लिए। मीरा के पिता के तरकश में तर्क के अनेक तीर थे पर किसी भी तीर का उपयोग मीरा की हठधर्मिता को ध्वस्त कर पायेगा इसमें उन्हें सन्देह था। फिर भी वे मीरा के पास गए।

मीरा अपने मुरलीमनोहर के पैरों के नीचे खिन्न-मुख बैठी थी। आंखों से बही अश्रु-धाराएं गालों पर सूखकर अनेक लकीरों में परिवर्तित हो गई थीं। उसका विवर्ण मुख किसी मुरझाए कमल-पुष्प की तरह लग रहा था। पिता के पैरों की आहट पा उसने सूनी आंखों से उनकी तरफ देखा। पिता का हृदय विदीर्ण सा होकर रह गया।

उनका मन किया वे चुपचाप कमरे से बाहर आ जाएं। अपनी पराजय स्वीकार कर लें और भाई-भाभी को कह दें कि मीरा को विवाह के लिए विवश

करना उनके वश की बात नहीं। कि मीरा अविवाहिता ही रहना चाहती है तो रहे, उन्हें इसकी कोई ग्लानि नहीं। उन्हें भी नहीं होनी चाहिए। पर बात राजनीति की थी। भाई-भाभी के सपने आकार ग्रहण करने के पूर्व ही खण्ड-खण्ड हो जाएंगे। अन्ततः प्रस्ताव राणा परिवार का था। इसे ठुकराना राजनीति नहीं थी।

रतन सिंह ने कुछ सोच-समझकर मीरा के पास पड़ी एक तिपाई पर आसन ग्रहण किया।

"बेटी!" रतन सिंह ने अपने स्वर में अपार स्नेह भर कर पुकारा।

"......" मीरा निरुत्तर रही।

"बेटी, मैं तुमसे कुछ विशेष बातें करने आया हूं," रतन सिंह ने अनुनय के स्वर में कहा। एक मातृ-हीना निरीह किशोरी के मन को वे बहुत व्यथित भी नहीं कर सकते थे।

"बोलिए पिताजी!" मीरा ने अपने विवर्ण मुख को उठाया।

"बेटी! तुम्हारी मां दैव-योग से नहीं रही, अतः जो बातें उसे करनी चाहिए थीं, दुर्भाग्य उन्हें मेरे मुख से उगलवा रहा है।" रतन सिंह किसी तरह बोले। मीरा के विवर्ण मुख को देखकर उनकी आंखें छलछला आईं।

"आप निःसंकोच कह जाएं," मीरा ने नत-ग्रीवा कहा, "मां के नहीं रहने पर आप ही मेरे माता-पिता सब कुछ हैं।"

मीरा की इस बात पर रतन सिंह का कठोर क्षत्रिय-हृदय भी बिल्व-फल की तरह टुकड़े-टुकड़े होने को आ गया। पिता तो निष्ठुर हो सकता था, पर ममतामयी मां कैसे अपनी सन्तान की पीड़ा को उपेक्षित करने का धैर्य संजो सकती थी और कहां से? माता का हृदय तो निःस्वार्थ प्रेम से लबालब भरा प्याला होता है, उससे निष्ठुरता के विष की एक बूंद भी किधर से निकल सकती थी? रतन सिंह अपने ही बुने जाल में स्वयं किसी प्रमाद-ग्रस्त मृग की तरह फंस गए।

"बेटी, विवाह एक सामाजिक रीति है, समाज के प्रति व्यक्ति का दायित्व भी, इससे मुंह मोड़ना धर्म नहीं।" रतन सिंह किसी तरह बोले।

"क्या विवाह नहीं करना अधर्म है?" मीरा ने तर्क का उत्तर तर्क से ही देना उचित समझा। अब वह बहुत चुप नहीं रह सकती थी। वह जानती थी विवाह नहीं करने की बात को अधर्म की श्रेणी में रखने का साहस पिता रतन सिंह नहीं कर सकते थे। ऐसी स्थिति में बहुत से युग-पुरुषों की महानता पर ही प्रश्नचिह्न लग सकता था।

"अधर्म तो नहीं पर समाज के प्रति विद्रोह तो अवश्य है।" रतन सिंह ने बहुत सोच-समझकर कहा।

"मैं इस विद्रोह को प्रस्तुत हूं और अगर समाज इस विद्रोह के लिए मुझे दण्डित करना चाहे तो उस दण्ड को सहर्ष स्वीकार करने के लिए भी।" मीरा के स्वर पर दृढ़ता चढ़ी।

रतन सिंह का हृदय हिम-सा पिघल आया। इस पहले से ही दुर्भाग्य-दग्धा को और क्या दण्ड दिया जा सकता है?

"मेरा तात्पर्य यह नहीं है बेटी!"

"तो फिर अपना वास्तविक तात्पर्य ही कहें।" मीरा दृढ़ शब्दों में ही बोली।

"अगर परिवार की लड़की स्वेच्छया अविवाहित रहे तो परिवार कलंकित होता है।" रतन सिंह ने अपने तरकश का दूसरा तीर छोड़ा।

मीरा कुछ देर इस तर्क से हतप्रभ-सी हो गई। कुछ देर के बाद सोचकर बोली, "कलंक के साथ क्या व्यवहार किया जाता है पिता जी ?"

"मैंने कुछ समझा नहीं बेटी।" रतन सिंह सचमुच कुछ नहीं समझते हुए बोले।

"मेरा तात्पर्य कि अगर किसी के सिर पर कलंक का टीका लग ही जाय तो वह क्या करता है ?"

"वह उसे तत्काल मिटा देता है, समाप्त कर देता है।"

"तो मुझे भी समाप्त कर दिया जाए।" मीरा के स्वर में अब दृढ़ता के साथ निर्भीकता भी थी।

"नहीं, नहीं ऐसी बात नहीं करते बेटी !" रतन सिंह ने हड़बड़ाकर कहा, "जिस वल्लरी को व्यक्ति अपने अश्रुओं से सींच-सींच बड़ा करता है, कहीं उसे वह अपने ही करों से निर्मूल करने की निष्ठुरता पर उतर सकता है ?"

"अगर वह वल्लरी विष-वल्लरी सिद्ध हो ?" मीरा के चेहरे पर एक उदास मुस्कान खेली, जैसे कुहासे भरे रात की चांदनी।

रतन सिंह ने अपने कानों में उंगली लगा ली, "नहीं बेटी, ऐसी बात नहीं करते, तुम विष-वल्लरी नहीं, राव दूदा, तुम्हारी दिवंगता मां और मैंने तुम्हें अमृत-बेल की तरह ही सींचा है, देखा है।"

"कभी-कभी अमृत भी विष में बदल जाता है। मेरी स्थिति में यही समझें और मुझसे मुक्ति पा लें। राजपूतों में तो जन्म के समय ही बालिकाओं को मृत्यु की घूंटी पिलाने की परम्परा रही ही है। क्या हुआ जो मेरी स्थिति में थोड़ा विलम्ब हुआ। लाइए विष का प्याला मैं सहर्ष अपने होंठों से लगा लेती हूं। तब मेरा प्रण भी रह जाएगा और आपका कुल भी कलंकित होने से बच जाएगा।" मीरा एक स्वर में बोल गई।

"यह तुम कह रही हो बेटी ?" रतन सिंह की आंखें छलछला आईं, "तुम, जिसे हम सबों ने प्राणों से बढ़कर चाहा है ?" रतन सिंह का मन किया वे उठकर चल दें। अब उनमें अधिक कुछ कहने-सुनने का साहस नहीं रह गया था।

"कभी-कभी अपने प्राण भी असह्य हो उठते हैं, तब उनसे भी मुक्ति लेनी पड़ती है कि नहीं ?" मीरा ने रतन सिंह के प्रश्न का उत्तर प्रश्न में ही दिया।

रतन सिंह को आश्चर्य हुआ। कल जो मीरा मुरलीमनोहर की मूर्ति के साथ गुड्डे-गुड्डी का खेल खेलती थी आज किस रूप में किसी बालिका या किशोरी नहीं, प्रौढ़ा की तरह तर्क दिए जा रही थी ? वे उसके समक्ष निरुत्तर हो गए थे। इस बात को इस रूप में खींचना अब व्यर्थ था और अपने ही प्राणों को उद्वेलित करने के सिवा कुछ था नहीं।

फिर भी उनके तरकश में एक प्रखर तीर शेष था। शायद इसका प्रयोग मीरा के सभी तर्कों का एकाकी उत्तर हो।

यह राजनीति थी और सब कुछ होते हुए भी राजघराने समय-असमय राज-

नीति को भी अपनी शतरंजी चाल का मुहरा बनाने से विरत नहीं हो सकते थे।

एक राजनीति की पुकार पर ही राणा सांगा ने मीरा का हाथ अपने पुत्र के लिए मांगा था और एक राजनीति की पुकार पर ही मेड़ता-परिवार कृष्णार्पिता मीरा को राणा सांगा के परिवार को अर्पित करना चाहता था। ये दोनों राज-नीतियां पृथक्-पृथक् थीं पर ये थीं दोनों एक ही सिक्के के दो पहलू।

रतन सिंह ने इस राजनीतिक खेल को भी खेल ही लेना उचित समझा। यह उनका अन्तिम दाव था अगर वे इसे भी हार गए तो अपनी ओर से कोई और प्रयास नहीं करेंगे।

"बेटी!" उन्होंने स्नेह से मीरा को पुकारा। उनके स्नेह में कहीं कोई कृत्रिमता नहीं थी। अगर वे राजनीति का भी सहारा ले रहे थे तो वह राजनीति एकदम यथार्थ की पृष्ठभूमि पर आधारित थी और उनके अनुसार उनके समय की सबसे बड़ी आवश्यकता। साथ ही उन्हें अभी तक मीरा का हित एक सुखी दाम्पत्य में ही दिखाई पड़ता था। यह सत्य है कि मीरा को श्रीकृष्णभक्ति की ओर मोड़ने का अर्थ उसे एक समृद्ध वैवाहिक जीवन से वंचित करना ही होता तो कभी वे मीरा को इस मार्ग पर बढ़ने के लिए प्रोत्साहित नहीं करते।

"बोलिए पिता जी!" मीरा अब किसी भी तर्क का सामना करने को प्रस्तुत थी।

"उत्सर्ग का महत्त्व तो जानती हो बेटी!" रतन सिंह के अप्रत्याशित प्रश्न पर मीरा कुछ विचलित हुई। आखिर पिताजी का इंगित क्या था?

"उत्सर्ग तो एक महान् कार्य है पिता जी! उसके महत्त्व को उपेक्षित कैसे किया जा सकता है?"

"समष्टि के लिए व्यष्टि को उत्सर्ग करना पड़ता है। एक महान् उद्देश्य की पूर्ति के लिए अपना महती आकांक्षाओं का भी उत्सर्ग करना पड़ता है कि नहीं?"

"अवश्य, पिता जी!"

"तो समझो मेड़ता के राजपरिवार को तुम्हारी महत्वाकांक्षाओं के भी उत्सर्ग की आवश्यकता है।" रतन सिंह ने स्पष्ट कहा।

"पर मैं उत्सर्ग से कहां पीछे हटती हूं? मैंने तो अपने प्राणों के उत्सर्ग तक की बात को स्वीकार कर लिया।"

"यह उत्सर्ग अन्य प्रकार का है।"

"कैसा?" मीरा ने अपनी आंखों में विस्मय भर कर पूछा।

"मैंने कहा न यह तुम्हारी महत्वाकांक्षाओं के उत्सर्ग से सम्बन्धित है।"

"पर मेरी कोई महत्वाकांक्षा है कहां?" मीरा का निरीह स्वर प्रकट हुआ।

"आकांक्षा ही सही।" रतन सिंह अब राजनीति का मोहरा चलने वाले थे।

"आकांक्षा तो मात्र मेरी एक ही है। केवल श्रीकृष्ण की बनकर रहने की।" मीरा ने धीमे स्वर में कहा।

"और इसलिए आजीवन अविवाहित रहने की," रतन सिंह ने जोड़ा।

"मैं अविवाहिता कहां हूं?" मीरा ने दृढ़ता से कहा।

"जानता हूं। पर यह विवाह कोई विवाह नहीं है। फिर इस विवाह से तुम्हारे

नए विवाह को कोई अन्तर नहीं आता।"

"यह आप कहते हैं?"

"मीरा!" रतन सिंह ने अपने सम्बोधन को यथासम्भव स्नेहिल बनाने का प्रयास करते हुए कहा।

"पिता जी!"

"मैं अभी उत्सर्ग की बात कर रहा था न?"

"हां।" मीरा ने हामी भरी।

"तो पूरी बात ठीक से समझो।" रतन सिंह ने गम्भीरता से आरम्भ किया, "अभी सम्पूर्ण आर्यावर्त विशेषकर राजपूताने का आकाश संकट के भयावह काले मेघों से आच्छन्न है। मुगल आक्रान्ता निरन्तर इस आर्यभूमि के पवित्र अंशों को भी अपने अधीन करते जा रहे हैं। राजपूताने पर उनकी दृष्टि गड़ी है। इस वीर-प्रसूता भूमि पर अभी उनका अधिकार नहीं हो पाया है पर राजपूताने की यह धरती आपसी विद्वेष और फूट की अग्नि में जलती रही है। राजपूतों का यह दुर्भाग्य है कि वे एक बन में एक ही सिंह के सिद्धान्त के अनन्य-भक्त हैं। यह भूमि कई टुकड़ों में बंटी पड़ी है और हर टुकड़े का अधिकारी अपने को ही सर्वश्रेष्ठ और सार्वभौम समझने की मूर्खता पालने को विवश है। ऐसी स्थिति में मुगलों को इस धरती को भी पददलित करने में बहुत समय नहीं लगने को।"

"तब?" मीरा रतन सिंह को एकटक देखे जा रही थी।

"तब एक ही उपाय है," रतन सिंह ने अपना तर्क आगे बढ़ाया, "मारवाड़ और मेवाड़ ये दोनों बड़ी शक्तियां हैं। मेवाड़ के राणा सांगा की वीरता और शौर्य-गाथा से कौन परिचित नहीं? हम मारवाड़ी अथवा राठौरी राजपूत भी अपनी वीरता के लिए ख्यात हैं। फिर भी हम दोनों की पृथक्-पृथक् शक्तियों को सफलतापूर्वक समाप्त करने में मुगलों को बहुत श्रम नहीं लगने को। किन्तु अगर हम एक हो जाते हैं तो हमारी सम्मिलित शक्ति का सामना मुगल कभी नहीं कर सकते। हमारी स्वतंत्रता अक्षुण्ण रह जायेगी। ऐसी स्थिति में राणा सांगा का प्रस्ताव स्वागत-योग्य है। यहीं पर तुम्हारे उत्सर्ग की बात आती है—तुम्हारी आकांक्षा के बलिदान के इसी तथ्य को ध्यान में रख मैंने आरम्भ में ही समष्टि के लिए व्यष्टि के उत्सर्ग की बात कही। आशा है तुम क्षत्रिय कुल की रक्षा में अपनी आकांक्षा आड़े नहीं आने दोगी।"

मीरा कुछ देर तक मूक रही।

"क्यों मेरा अनुरोध स्वीकार्य नहीं है?" रतन सिंह गम्भीर होकर बोले।

"पिता जी!" मीरा सहसा बिफरी।

"बोलो।"

"बाप अपनी बेटी से अनुरोध कब से करने लगा?"

"जब आदेश विफल होने लगे तो अनुरोध के अतिरिक्त उपाय भी क्या है?" रतन सिंह विवश-से बोले।

"पिताजी, मुझे राजनीति की तो कोई समझ नहीं," मीरा ने धीरे-धीरे आरम्भ किया, "पर क्या आप समझते हैं कि जिस नीति के अन्तर्गत आप मुझसे उत्सर्ग की मांग करते हैं, उसी नीति के अन्तर्गत राणा सांगा भी मेरा हाथ चाहते हैं?"

"मैं तो यही समझता हूं।" रतन सिंह ने उत्तर दिया।

"मैं ऐसा नहीं समझती।" मीरा ने स्पष्ट कहा।

"तब ?"

"मैं तो समझती हूं कि राणा अपनी इस चाल से आप ही लोगों को मात देना चाहते हैं।"

"वह कैसे ?" रतन सिंह ने आश्चर्य से पूछा।

"आप राठौरों में भी एकता कहां है ? जोधपुर के राजघराने और मेड़ता के राजघराने के मध्य अनावश्यक शत्रुता चली आ रही है। क्या मेड़ता को वैवाहिक सूत्र के सम्बन्ध में बांधकर राणा सांगा अपनी शक्ति की अभिवृद्धि करना तथा मेड़ता के राजपूतों को ही जोधपुर के राजघराने से नहीं भिड़ाना चाहेंगे ? आपने कभी उस पक्ष पर भी सोचा है ?"

रतन सिंह एक क्षण को आश्चर्यचकित रह गए। मीरा को तो उन्होंने श्रीकृष्ण-भक्ति में पारंगत किया था, वह राजनीति में कब से पारंगत हो गई ? मीरा जो कह रही थी उसमें तर्क था और इस तर्क को उपेक्षित करना आसान नहीं था।

"मान लो तुम्हारा कथन ही सत्य हो। फिर भी इस सम्बन्ध को स्वीकार कर लेने में क्या आपत्ति है ?" रतन सिंह ने कहने को कह दिया। वस्तुतः उनके पास अब कहने को कुछ रह ही नहीं गया था।

"आपत्ति की बात कितनी बार कही जाय ?" मीरा ने सिर मोड़ते हुए कहा।

"क्या तुम किसी भी स्थिति में इस विवाह को प्रस्तुत नहीं ?" रतन सिंह का स्वर कुछ रूक्ष हुआ। वे क्षण-मात्र को भूल ही गए कि वे एक मातृहीना, कोमल-हृदया किशोरी, अपनी ही एकमात्र सन्तान से बातें कर रहे थे।

"यह तो मैं कह चुकी हूं पिताजी ! राजपुत्री का विवाह एक ही बार होता है। आप मुझे क्यों एक ही बात बार-बार दुहराने को बाध्य करते हैं।"

"अगर यह मेरा आदेश हो ? एक पिता का अपनी पुत्री को आदेश ?"

मीरा एक क्षण को सन्न रह गई। पिता इस सीमा तक बढ़ेंगे, उसकी आशा उसे नहीं थी। कितना निष्ठुर है उसका श्रीकृष्ण, उसने सोचा कैसी-कैसी कठिन परीक्षाएं लेता है। अब वह अपने इस पिता को क्या उत्तर दे ? अगर आज उसकी माता जीवित होती तो क्या इस घड़ी का उसे सामना करना पड़ता ? क्या माता ऐसा अनुचित आदेश देती अथवा पिता जी को ही ऐसा आदेश देने का साहस होता ?

मीरा ने क्षण-मात्र के अन्तर्गत ही अपना निर्णय लिया। उसे विद्रोहिणी बनना पड़ेगा। अब तक अपने पिता की हर बात का पालन वह आदेश मानकर ही करती रही है। किन्तु आज उसे उनके आदेश की अवज्ञा करनी पड़ेगी। इसके सिवा कोई चारा नहीं बचता है।

"मीरा, तुमने कुछ कहा नहीं।" रतन सिंह ने अपने आदेश का स्मरण कराया।

"मीरा, श्रीकृष्ण के अलावा और किसी का आदेश मानने को बाध्य नहीं है।" मीरा ने स्पष्ट शब्दों में कहा।

"क्या श्रीकृष्ण ने तुम्हें कोई आदेश दिया है ?"

"मैंने यह कहां कहा ? मैंने तो केवल इतना कहा कि श्रीकृष्ण के अलावा किसी अन्य का आदेश मुझ पर बाध्य नहीं है ?"

"तो यह अप्रत्यक्षतः मेरे आदेश का स्पष्ट उल्लंघन है।"

"आप चाहे इसका जो अर्थ लें।"

"पर पुत्री, मुझे तुमसे ऐसी अपेक्षा नहीं थी।" रतन सिंह पराजित-से उठते हुए बोले।

"पिताजी, क्षमा करेंगे पर मैं भी कहने को बाध्य हूं। जिस पिता ने स्वयं मुझे इस मार्ग पर बढ़ाया उनसे मुझे भी ऐसे आदेश की अपेक्षा नहीं थी।"

इसके पश्चात् रतन सिंह वहां क्षण-मात्र भी नहीं रुके। उन्हें चिन्ता थी कि वह अपने भाई और भाभी को किस रूप में अपनी पराजय की कथा कहेंगे।

मीरा इस घटना से अन्दर तक उद्वेलित हो गई थी। वह अपने को सर्वथा निराधार और एकाकी पा रही थी। अपने ही पिता से उसे ऐसी निर्ममता की अपेक्षा नहीं थी। वह अपने मुरलीमनोहर के चरणों में पड़ बिलख पड़ी— "गिरधारी, तुम सचमुच बहुत निष्ठुर हो। तुम अपने आश्रितों को पीड़ित कर ही इतने आनन्दित क्यों होते हो, यह बात समझ में नहीं आती," और उसकी पीड़ा धीरे-धीरे उसके शब्दों में पिघल पड़ी—

को विरहिणी को दुःख जाणै हो।
जा घर विरहा सोई लखत है,
कैं कोई हरिजन मानै हो।
रोगी अन्तर वैद वसत है,
वैद ही ओषद जाणै हो।
विरह करब उरि अन्तर मांहि,
हरि बिन सुख कानै हो।
दुग्धा आरत फिरै दुखारि,
सुरत बसी सुत मानै हो।
चातक स्वांति बूंद मन मांहि,
पिव-पिव उकलाणै हो।
सब जग कूड़ो कंटक दुनिया,
दरद न कोई पिघाणै हो।
'मीरा' के पति आप रमैया,
दूजा नहीं कोई छाणै हो।

छप्पन

रतन सिंह ने अपनी स्पष्ट पराजय स्वीकार कर ली और अपने भाई वीरम सिंह और भाभी कुंअर बाई को बता दिया कि मीरा को इस विवाह के लिए प्रस्तुत

करना उनके वश की बात नहीं थी।

वीरम सिंह विशेष चिन्तित हुए। राणा सांगा के प्रस्ताव को ठुकराना एक कूटनीतिक भूल तो होती ही, व्यर्थ में एक दुर्दम्य शत्रु को भी खड़ा करना होता। चित्तौड़गढ़ का राजपुरोहित दो दिनों से राजकीय अतिथिशाला में पड़ा था। मनोनुकूल उत्तर देने का आश्वासन उसे वे अब तक कई बार दे चुके थे। अब उसे रिक्त-हस्त लौटाना राणा सांगा के सदृश मनस्वी योद्धा को युद्ध-आमन्त्रण देने के सिवा कुछ नहीं था।

अन्तिम रूप में पराजय स्वीकार करने के पूर्व वीरम सिंह ने अपने पारिवारिक सदस्यों के साथ एक बार और परामर्श कर लेना उचित समझा।

राव वीरम सिंह, रतन सिंह और कुंअर बाई मन्त्रणा के लिए बैठे।

"अगर मीरा समझाने से नहीं मानती है तो एक ही उपाय बचता है।" कुंअर बाई ने अपना मन्तव्य रखा।

"क्या?" वीरम सिंह ने पूछा।

"उसे बलात् इस विवाह के लिए विवश किया जाय।"

वीरम सिंह गम्भीर हो आए। उन्हें इस प्रस्ताव पर कुछ नहीं कहते देख रतन सिंह ने कहा, "इससे कुछ नहीं प्राप्त होगा।"

"क्यों?" कुंअर बाई ने पूछा।

"मैंने यह प्रयास करके भी देख लिया। मैंने अन्ततः पिता के रूप में उसे इस विवाह के लिए आदिष्ट किया और आप लोगों को पता है उसने इसका क्या उत्तर दिया?"

"क्या?" कुंअर बाई ने ही पूछा। वीरम सिंह अभी भी मौन थे।

"उसने कहा श्रीकृष्ण का आदेश सर्वोपरि है। उसके आदेश के समक्ष और किसी का आदेश कोई अर्थ नहीं रखता।"

"पिता का भी नहीं?" कुंअर बाई की त्योरियां चढ़ीं।

"तात्पर्य तो यही है।" रतन सिंह ने हामी भरी।

"पर आपका आदेश राज्यादेश नहीं था।" कुंअर बाई ने कहा। उसके मुख पर एक दृढ़ता की स्पष्ट छाप लक्षित थी।

"क्या मतलब?" वीरम सिंह और रतन सिंह ने स्पष्ट पूछा।

"मतलब स्पष्ट है," कुंअर बाई की दृढ़ता में कोई कमी नहीं आयी थी।

मीरा की दासी तथा बाल-सखी ललिता यह सारा वार्तालाप द्वार के बाहर छिपकर सुन रही थी। अर्पणा ने एक तरह से यह सब भार ललिता पर ही लगा दिया था।

"राजाज्ञा की अवहेलना का अर्थ जानती हो?" वीरम सिंह ने मुंह खोला।

"मेड़ता की राजरानी होने के कारण इतने ज्ञान की अपेक्षा तो मुझसे की ही जा सकती है।"

"इसका अर्थ राज्य-निष्कासन से लेकर मृत्यु-दण्ड तक हो सकता है।" वीरम सिंह ही बोले। रतन सिंह का आनन सहसा रक्त-शून्य हो आया। बाहर खड़ी ललिता सूखे पत्ते की तरह कांप गयी।

"पर यह आदेश पारित कौन करेगा?" वीरम सिंह ने ही पूछा।

"स्पष्ट है, मेड़ता का राज-दण्ड जिसके हाथों में होगा।"

"मैं ऐसा नहीं कर सकता।" वीरम सिंह के मुख से निकला।

"क्यों?" कुंअर बाई ने पूछा।

"इस क्यों का उत्तर देने को तुम मुझे क्यों बाध्य कर रही हो? राजपुत्री को निष्कासित्त नहीं किया जा सकता। इसका अर्थ होगा राज्य-परिवार की लज्जा का ही निष्कासन। आखिर इसी लज्जा के रक्षार्थ तो हम राजपुत्रों में सती-प्रथा का प्रचलन है?"

"तब रह गया केवल एक विकल्प—मृत्युदण्ड। तो जो प्राय: जन्म से ही मातृ-प्रेम से वंचित रही और जिसे हमने पुत्रिवत् पाला, उसको मृत्युदण्ड देने की बात हम सोच भी नहीं सकते।" रतन सिंह के आनन का रक्त बहुत कुछ वापस आया। बाहर खड़ी ललिता के प्राण में प्राण आए। पर यह सब क्षण-मात्र के लिए ही था अगले ही पल कुंअर बाई छेड़ी हुई सिंहनी की तरह दहाड़ी—"तो इसका तात्पर्य यह कि आप राज-दण्ड धारण करने के योग्य नहीं?"

"क्यों?" वीरम सिंह और रतन सिंह के मुंह से साथ-साथ निकला।

"क्योंकि आप न्याय नहीं कर सकते," कुंअर बाई ने आरम्भ किया, "जो राजा न्याय में अपने-पराए का भेद करे वह राज्य-सिंहासन का अधिकारी नहीं।"

"पर अभी न्याय-अन्याय का प्रश्न कहां उठता है? अभी न तो राज्यादेश पारित हुआ, न उसका उल्लंघन। ऐसी स्थिति में दण्ड-विधान का अथवा न्याय करने, नहीं करने का प्रश्न नहीं उठता है?" वीरम सिंह ने अपना तर्क रखा।

"तो राज्यादेश पारित नहीं करना भी राजा का अपने दायित्वों के प्रति शैथिल्य का द्योतक है। आप राज्यादेश पारित करें।" कुंअर बाई का स्वर दृढ़ से दृढ़तर हो आया। रतन सिंह के चेहरे पर आशंका की छाया घनीभूत हुई। ललिता उसी समय द्वार छोड़कर मीरा के कक्ष की ओर भागी।

मन्त्रणा-कक्ष में एक सन्नाटा देर तक पसरा रहा।

"क्यों आप बोलते क्यों नहीं?" कुंअर बाई ने ही इस सन्नाटे को तोड़ा।

"राज्यादेश यों ही नहीं पारित होता।" वीरम सिंह के स्वर पर दृढ़ता चढ़ी।

"तब कैसे होता है?" कुंअर बाई ने तर्क किया।

"न्याय का तकाजा है कि पक्ष-विपक्ष दोनों को अपना पक्ष रखने का पूर्ण अवसर प्रदान कर ही कोई आदेश पारित हो।"

"पक्ष के तर्क का आपको पता है। विपक्ष की बात आप स्वयं रतन सिंह के मुख से सुन चुके। अब क्या सुनना शेष है?"

"यह सुनना कोई सुनना नहीं हुआ। न्याय अप्रत्यक्ष साक्ष्य को साक्ष्य नहीं मानता।"

"तो क्या स्वयं रतन सिंह की बात का आपको विश्वास नहीं?" कुंअर बाई के स्वर पर अब चिढ़ चढ़ रही थी।

"बात विश्वास और अविश्वास की नहीं। न्यायिक प्रक्रिया की है। अगर मुझे राजा के रूप में राज्यादेश सुनाना ही है तो मुझे प्रथमत: मीरा के समक्ष स्वयं आदेश रखना होगा और उसके तर्कों के सुनने के पश्चात् उनसे असन्तुष्ट होने की

स्थिति में ही मैं राज्यादेश पारित कर सकता हूं।"

"तो आपको जो कुछ करना हो उसमें शीघ्रता करें। न्याय में विलम्ब अन्याय को ही प्रश्रय देता है। उधर वह चित्तौड़गढ़ का पुरोहित भी अनन्त काल तक हमारी प्रतीक्षा नहीं कर सकता। न राणा सांगा ही अपने प्रस्ताव की स्वीकृति में इतना विलम्ब सहन कर सकते। मुझे तो पूरा विश्वास है कि अपने राजपुरोहित के लौटने में इतना विलम्ब होते देख वे घायल सिंह की तरह ही विफर रहे होंगे।"

इस पर वीरम सिंह फिर कुछ देर के लिए मूक हो आए।

"मेरे मस्तिष्क में एक योजना आई है।" रतन सिंह ने बहुत देर के पश्चात् मुख खोला।

"कौन-सी योजना ?" कुंअर बाई ही बोली।

"हमें इस सम्बन्ध में अन्तिम प्रयास करना चाहिए।"

"अब कौन-सा प्रयास शेष है ?" कुंअर बाई कुछ आश्चर्यचकित हुई। वीरम सिंह को बहुत देर के पश्चात् कुछ आश्वस्ति का अनुभव हुआ।

"है।" रतन सिंह विश्वासपूर्वक बोले।

"क्या ?" वीरम सिंह और कुंअर बाई के मुंह से एक साथ निकला।

"हमें इसमें ललिता का सहारा लेना चाहिए। वह उसकी दासी ही नहीं, बाल-सखी भी है। शायद वह उसे समझा सके। शायद हम जिसे सम्भव नहीं कर सके, वह उसे सम्भव कर दे।"

मन्त्रणा-कक्ष में पुनः सन्नाटे का साम्राज्य व्याप्त हो गया।

पर यह प्रस्ताव सबको पसन्द आ गया था। शायद रानी कुंअर बाई को भी।

"तो यह भार आप ही को वहन करना पड़ेगा।" कुंअर बाई ने अपना निर्णय सुनाया।

"कौन-सा भार ?"

"ललिता को मीरा को विवाह-हेतु प्रस्तुत करने का। और अगर ललिता इस प्रयास में असफल हुई तो परिणाम आपके सामने है।"

"मैं प्रयास करूंगा।" कहकर रतन सिंह उठ खड़े हुए और कक्ष से बाहर जाते-जाते सोचने लगे, किसी नारी को इतना क्रूर होते नहीं देखा गया विशेषकर उसके प्रति जिसे उसने सन्तानवत् पाला हो।

कभी-कभी जीवन में ऐसी घड़ी भी आती है कि मनुष्य के वर्षों के संजोए सपने एक क्षण में ही दुःस्वप्नों में बदल जाते हैं। रतन सिंह ने राव दूदा के कहने पर मीरा को लेकर क्या-क्या सपने संजोए थे। उन्होंने, उनकी पत्नी वीर कुंअरि ने और राव दूदा ने भी कितने उत्साह और स्नेह से मीरा के अन्दर आध्यात्मिक और संवेदनशील संस्कार डाले थे और आज परिस्थिति ने यह मोड़ लिया था कि मीरा के लिए मृत्युदण्ड तक की व्यवस्था होने लगी थी। आखिर इसमें मीरा का दोष ही कितना था ? अगर किसी का दोष था तो वह राव दूदा का था, रतन सिंह का था, और था उनकी पत्नी वीर कुंअरि का। राव दूदा तो नहीं रहे, पत्नी भी नहीं रही। अब सब कुछ देखने-भोगने के लिए वही जीवित हैं। अगर दण्ड का अधिकारी कोई

है तो वह रतन सिंह ही है—रतन सिंह ने सोचा और उनकी आंखों में अश्रु छलछला आए। एक निर्दोष को दण्डित करने का सहभागी बनने की अपेक्षा तो अपने प्राणों को ही विसर्जित कर देना अधिक उचित था। अगर उनके प्राणों के बदले मीरा के प्राण बचाए जा सकते तो वे अपने प्राणों को भी सहर्ष उत्सर्ग करने को प्रस्तुत थे। पर यहां तो प्रश्न राज्यादेश का था और दण्ड का भागी भी वही बनता जो राज्यादेश का उल्लंघन करता। अगर रतन सिंह एक निरपराध वह भी अपनी एकमात्र पुत्री की मृत्यु को नहीं बर्दाश्त कर स्वयं अपने प्राणों को भी विसर्जित करने को तैयार हो तो वह पृथक् बात थी वर्ना अगर राव वीरम ने राज्यादेश के उल्लंघन के विरुद्ध मीरा को मृत्यु-दण्ड दिया तो मीरा के प्राणों पर आए संकट को टालने का उनके पास कोई उपाय नहीं था।

अब अन्तिम आशा बची थी ललिता। वह मीरा की भावनाओं को जितनी गहराई से समझती थी, शायद उतनी गहराई से उन्हें और कोई समझने में असमर्थ था। ऐसी स्थिति में क्या ललिता यह दायित्व उठा पाएगी, मीरा को विवाह की ओर अभिमुख करने का? रतन सिंह को सन्देह हो रहा था पर एक अस्त्र उनके हाथ में था। मीरा की मृत्यु-कामना ललिता भी नहीं कर सकती थी। किसी भी मूल्य पर नहीं। वह उसके प्राणों के बदले अपने प्राणों का उत्सर्ग कर सकती थी पर मीरा के प्राणों पर संकट की बात वह सुन भी नहीं सकती थी।

मीरा के कक्ष के पास जब रतन सिंह पहुंचे तो कपाट पूरी तरह खुले पड़े थे। मीरा सदा की तरह अपने मुरलीमनोहर के चरणों में बैठी हुई थी। ललिता उसके पास ही खिन्न मुद्रा में अवस्थित थी। उसके चेहरे से स्पष्ट था कि अश्रुधाराएं अभी-अभी उसके कपोलों को सींच कर सूखी थीं। रतन सिंह को लगा ललिता को किसी-न-किसी प्रकार स्थिति की भयावहता का पता लग गया है। मीरा की मुख-मुद्रा पर अद्भुत ताटस्थ्य वर्तमान था। स्पष्ट था ललिता की किसी बात का प्रभाव मीरा पर नहीं पड़ा था।

रतन सिंह ने कक्ष में प्रवेश किया तो मीरा और ललिता दोनों उठकर खड़ी हो गयीं। उन्होंने दोनों को आशीर्वाद दिया और ललिता से अकेले में बातें करने की इच्छा प्रकट की।

"क्यों अब मुझसे भी बातें छिपाने की आवश्यकता पड़ गयी पिताजी?" मीरा ने रतन सिंह को सम्बोधित किया।

"नहीं, तुमसे कुछ छिपाने की बात नहीं बेटी! अन्ततः तुममें और ललिता में अन्तर ही क्या है? आवश्यकता समझने पर ललिता तुम पर बात स्पष्ट ही कर देगी। पर अभी मुझे ललिता से ही वार्तालाप अधिक श्रेयस्कर लगता है।"

"जैसी आपकी इच्छा," मीरा ने कहा और ललिता को कक्ष से बाहर जाने का इंगित किया।

रतन सिंह ललिता के साथ महल से सटे फुलवारी में आ गए। वहां वे संगमर्मर के एक सफेद पीठासन पर बैठ गए। ललिता को पास ही पड़े एक ऐसे ही आसन पर बैठने का आग्रह किया।

ललिता ने करबद्ध, इस आदेश का अनुपालन करने में असमर्थता व्यक्त की। "यह समय औपचारिकता-निर्वाह का नहीं है ललिता," रतन सिंह ने आदेश

दिया, "अभी मीरा के प्राणों पर संकट है। खड़ी-खड़ी तुम मेरी बातें नहीं समझ सकतीं। यह मेरा आदेश है कि तुम वहां बैठकर मेरी बातें ध्यान से सुनो।"

ललिता को स्थिति की गम्भीरता का अनुमान हो गया। वह तो मन्त्रणा-कक्ष के द्वार के पास से बीच ही में भाग आयी थी। जो कुछ सुना था उसी आधार पर मीरा को सतर्क करना चाहती थी। उसने रो-रोकर मीरा से अभ्यर्थना की थी कि वह अपनी हठधर्मिता को छोड़ दे। उसके प्राणों पर घिरते आ रहे संकट की ओर भी उसने इंगित किया था। पर मीरा पर इन सब बातों का क्या प्रभाव पड़ना था? उसने स्पष्ट कहा कि मुरलीमनोहर को यदि मेरे प्राणों को लेकर ही सन्तुष्ट होना था, तो मुझे कोई आपत्ति नहीं। ये प्राण उन्हीं की धरोहर हैं, अगर ये प्राण उन्हीं के लिए विर्सजित करने पड़ें तो मुझे इसमें क्या आपत्ति हो सकती है?

ललिता उस समय तो अनुमान के बल पर मीरा के कक्ष की ओर भागी थी—संभावित मृत्युदण्ड से भयभीत होकर, पर अब रतन सिंह की मुद्रा से स्पष्ट हो रहा है कि वह अनुमान यथार्थ में परिवर्तित होने जा रहा है।

ललिता ने रतन सिंह जी के आदेश का पालन किया और उनके द्वारा इंगित स्थान पर बैठ गयी।

"मीरा को राज्यादेश सुनाने का निर्णय हो चुका है।" रतन सिंह ने कहा।

"मीरा राज्यादेश का उल्लंघन करेगी।" ललिता ने सिर झुकाकर कहा।

"क्यों?" रतन सिंह के मुंह से यों ही निकला।

"क्योंकि कृष्णादेश के समक्ष राज्यादेश का उसके लिए कोई अर्थ नहीं।"

"इसका परिणाम जानती हो?"

"हां।"

"क्या?"

"मृत्युदण्ड।"

"मीरा को यह ज्ञात है?"

"हां।"

"तब?"

"मीरा इसे सहर्ष अंगीकार करेगी।"

"और तुम?" रतन सिंह ने उसकी ओर सीधे देखते हुए कहा।

"मैं आपका तात्पर्य समझ गयी," ललिता ने कहा, "जब मीरा ही नहीं रहेगी तो मेरे रहने का कहां प्रश्न उठता है?"

"और मैं?"

"और आप?" ललिता सहसा घबराकर बोली।

"हां, मुझे क्या तुम लोगों ने पत्थर का समझा है? मीरा की मां गयी। मीरा भी चली जाएगी। तुम उसकी दासी-सखी होकर भी उसका वियोग नहीं सह सकोगी, तो मुझसे कैसे उम्मीद करती हो कि मैं यह सब झेल जाऊंगा?" कहते-कहते रतन सिंह की आंखों में पानी आ गया।

"महाराज, आप ऐसा नहीं कहिए," ललिता की आंखें छलछला आयीं, "हमारे लिए आप अपने प्राणों के विसर्जन की बात…।" ललिता वाक्य पूर्ण नहीं कर पायी।

"यही होगा ललिता," रतन सिंह ने छलछलाई आंखों से कहा, "अगर मीरा नहीं रही तो मेरे रहने का कोई प्रश्न नहीं उठता। अन्ततः मेरा योगदान मीरा को इस मार्ग पर बढ़ाने में कम नहीं है, यह और बात है कि हम लोगों ने कभी यह नहीं सोचा था कि मीरा इस मार्ग पर इतना आगे बढ़ जाएगी कि उसका प्रत्यावर्तन ही सम्भव नहीं होगा, कि वह कृष्ण और केवल कृष्ण की होकर रह जाएगी। जो हो मैं अपनी प्रिय पुत्री का वियोग सहन नहीं कर सकता। मुझे भी उसी मार्ग पर जाना होगा जिस पर उसकी मां गयी है, जिस पर तुम जाने को प्रस्तुत हो, जिस पर मीरा जाने को कटिबद्ध है।" रतन सिंह ने अपनी पगड़ी के छोरों से अपनी आंखों को पोंछने का प्रयास करते हुए कहा।

"महाराज आप मेरे पितृ-तुल्य हैं। आप ही लोगों के घर में मेरा लालन-पालन हुआ है। दासी होते हुए भी मैंने आपसे पुत्री का प्यार पाया। आपके इस निर्णय का मैं कभी भी समर्थन नहीं कर सकती।" ललिता की आंखें बार-बार भर आती थीं और वह उन्हें बार-बार पोंछती थी।

"तो फिर इसका उपाय? मैं इस हादसे को झेल पाऊं इतनी शक्ति तो मैं अपने अन्दर नहीं पा रहा।"

"मैं भी तो मीरा के बिना जीवन-धारण नहीं कर सकती। अगर मीरा ही किसी तरह अपनी जिद छोड़ दे तो बिगड़ी हुई बात बन सकती है।" ललिता ने भरे गले से कहा।

"यही तो एकमात्र निदान बचता है और यह भी तुम्हारे ही हाथ में है।"

"मेरे हाथ में?" ललिता ने साश्चर्य कहा।

"हां, तुम मीरा की बाल-सखी हो। तुम उसे किसी तरह इस विवाह के लिए प्रस्तुत करो। तुम्हारी बात वह शायद नहीं टाले। ऐसी स्थिति में सब कुछ ठीक हो जायगा।" रतन सिंह ने अनुरोध-पूर्ण शब्दो में कहा, "मुझे जितनी, अपने प्राणों की चिन्ता नहीं है उससे अधिक मीरा के प्राणों की है। उस मातृ-हीना को जहां तक सम्भव हुआ है, मैंने माता और पिता दोनों का प्यार दिया है। भले मैं प्रायः युद्ध के मोर्चों पर ही रहा और राव दूदा ने ही उसके लालन-पालन का भार उठाया पर युद्ध के अशान्त मोर्चों और अश्व-पीठों पर भी मैं मीरा को एक क्षण के लिए भी भूल पाया क्या? उसके गर्भ में आने से लेकर उसकी मां की असामयिक मृत्यु-पर्यन्त मैं उस पर अपने प्राण लुटाता रहा। मीरा मेरे अस्थि-मज्जा और रक्त-मांस की देन है, ललिता, मैं उसकी मृत्यु को कैसे बर्दाश्त कर सकता हूं?"

"मुझे अन्तिम प्रयास करने दीजिए।" कहकर ललिता मीरा के कक्ष की ओर चली गयी।

सत्तावन

वनचारी मृगपति की विवशता उस समय अवलोकनीय होती है जब उसे कोई पिंजड़े की कैद दे दे। उसकी व्यग्रता, व्याकुलता और साथ ही विवश निरीहता को

अवलोकित करना हो तो यही अवसर उपयुक्त है। उसका निरर्थक क्रोध-प्रदर्शन, अनावश्यक गर्जन-तर्जन और हुंकार सबकुछ बड़ा दयनीय और बहुत हद तक हास्यास्पद हो आता है।

अक्सर यह वनाधिपति अपने ही प्रमाद अथवा गलती से पिंजड़े की कैद का वरण करता है और पुनः सींकचों पर विवश-सा सिर फोड़ता रहता है।

चित्तौड़गढ़ के राणा सांगा ने ऐसा ही कुछ किया था। उनसे किसने कहा था एक नगण्य रजवाड़े में अपने राजपुरोहित को भेजने को ! वह भी अपने सबसे बड़े लड़के कुंअर भोजराज के विवाह का प्रस्ताव लेकर ?

राजपुरोहित आज चौथे दिन भी नहीं लौटा था। राणा सांगा ने दो दिन पहले ही निश्चित कर लिया था कि युद्ध के सिवा कोई विकल्प नहीं बचा था उस अपमान के प्रतिशोध का। उन्होंने सेना को इंगित भी कर दिया था और वह पूरी तरह प्रस्तुत थी आक्रमण को। उसको अभी अपने गन्तव्य का पता नहीं था। राणा सांगा ने पूर्ण विचारोपरान्त दो दिनों का समय मेवाड़ को दिया था। अपने दीर्घ जीवन में उन्होंने यह अनुभव प्राप्त किया था कि किसी कार्य में सहसा हाथ लगा देना उचित नहीं होता—वह भी युद्ध के सदृश संहारक कार्य में। अगर उन्होंने अपने इस महत्वपूर्ण अनुभव का सदा सतर्कता से उपयोग नहीं किया होता तो अपने तन पर शत-सहस्र व्रणों के बावजूद वे अपने प्राणों की रक्षा नहीं कर पाए होते।

परन्तु अब नहीं। अब और अधिक बर्दाश्त करना उनके बस की भी बात नहीं थी। अब मेड़ता के लिए कुछ करना भी होगा। नहीं, राणा सांगा नहीं नेतृत्व करेंगे सेना का। ऐसे छोटे-मोटे अभियान में भाग लेना उनकी मर्यादा के अनुकूल नहीं था। कुंअर भोजराज के हाथों में ही सेना की बागडोर होगी जैसा कि उन्होंने पहले ही निश्चित कर लिया था।

किन्तु अन्तिम निर्णय लेने के पूर्व उन्होंने उस महत्वपूर्ण मामले में अपने चारों लड़कों—कुंअर भोजराज, राणा रत्न सिंह, राणा विक्रमाजीत और राणा उदय सिंह से परामर्श कर लेना उचित समझा। उन्होंने चारों को अपने कक्ष में ही आमंत्रित किया।

"राजपुरोहित को गए आज चार दिन हो गए, उसे बहुत पहले लौट आना था।" चारों राजकुमारों को एकत्रित हुए देख उन्होंने कहा। बात का कुछ अर्थ नहीं समझकर चारों एक-दूसरे की ओर देखने लगे। अन्ततः तीनों भाइयों की दृष्टि बड़े भाई कुंअर भोजराज पर ही केन्द्रित हो गईं। पिता के समक्ष मुंह खोलना उन्हीं के लिए उचित था।

"हम लोगों ने कुछ समझा नहीं पिताजी, राजपुरोहित कहां और क्यों गए हैं ?" कुंअर भोजराज ने विनम्र शब्दों में पूछा। पिता की चढ़ी हुई त्योरियों तथा उनके तनाव-पूर्ण चेहरे को देख उनके अन्दर उमड़ रहे तूफान का अनुमान लगाना भोजराज के लिए कठिन नहीं था।

"हां, तुम लोगों को पता नहीं। मैंने पूछना चाहकर भी नहीं पूछा। शायद यह मेरी गलती थी। राजपुरोहित, मेड़ता की अत्यन्त रूपवती राजकुमारी मीरा से कुंअर भोज के परिणय का प्रस्ताव लेकर गए हैं।"

राणा सांगा के कथन की समाप्ति के साथ ही कमरे में एक गहरा सन्नाटा छा गया। सभी भाइयों के चेहरे पर जैसे एक ही प्रश्नचिह्न चिपक आया। आखिर पिताजी ने इतना महत्वपूर्ण निर्णय लेने के पूर्व उनसे परामर्श की भी आवश्यकता क्यों नहीं अनुभव की! कुंअर भोजराज विशेष विक्षुब्ध दृष्टिगोचर हुए। रह-रह कर उनके अन्दर एक ही प्रश्न उठ रहा था, उनके मस्तिष्क को निरन्तर झकझोर रहा था। आखिर विवाह तो मेरा ही होना था, फिर मैं ठहरा परिवार का ज्येष्ठ पुत्र। मुझसे पूछे बिना ही पिताजी के लिए यह निर्णय लेना उचित था क्या? किन्तु वह चाहकर भी अपने मनोगतभाव को अभिव्यक्ति नहीं दे सके। यह उनके संस्कार में ही नहीं था। पिता के समक्ष उन्होंने स्वयं कभी मुख खोला ही नहीं। उनके निर्णय को चुनौती दें, ऐसी संस्कारहीनता वे कहां से ला सकते थे?

सभी भाइयों की दृष्टि अग्रज के चेहरे पर अब भी टिकी हुई थी। जब सभी ने पाया कि वे कुछ कहने से रहे तो तीसरे भाई विक्रमाजीत ने ही मुंह खोला—"पिताजी!"

"बोलो!" राणा सांगा का अनुमान सही निकला। वे जानते थे कि चारों भाइयों में अगर कोई उनके निर्णय को चुनौती देगा तो वह विक्रमाजीत ही होगा।

"आपने राजपुरोहित को मेड़ता भेजने के पूर्व तो हम लोगों से कोई परामर्श नहीं किया?"

"कहा न, यह मेरी गलती थी।" राणा सांगा को विक्रमाजीत की बात स्पष्टतः अच्छी नहीं लगी थी।

"कम-से-कम जिसका विवाह होना था, उस अग्रज से तो परामर्श आवश्यक था।" विक्रमाजीत ही बोले।

"मेरे परिवार में यही रीति रही है। विवाह कहां और कब होना है, यह पिता ही तय करता है। राणा-परिवार के लड़के और लड़कियों को यह अधिकार नहीं दिया गया।"

"आपको तो ज्ञात ही है कि अग्रज असाध्य बीमारी से ग्रस्त हैं, ऐसी स्थिति में उनका विवाह करना…।"

"चुप करो।" राणा सांगा सिंह की तरह ही दहाड़े, "यह बात तुम्हारे कहने की नहीं। कुंअर भोजराज को इस सम्बन्ध में कोई आपत्ति नहीं प्रतीत होती।"

"क्यों भैया?" इस बार तीनों भाइयों ने एक साथ भोज को सम्बोधित किया।

"पिता की आज्ञा का उल्लंघन करना, हमने नहीं सीखा।" कुंअर भोजराज ने धीरे-धीरे आरम्भ किया, "किन्तु इस विवाह को किसी राजनीतिक विवशतावश होना ही था तो इसके लिए मेरे स्थान पर द्वितीय भाई रत्न सिंह को चुनना था। मुझसे किसी निर्दोष किशोरी को बांधना उसे बलिदान की बकरी बनाना ही है। सबको ज्ञात है कि राजवैद्य के अनुसार मेरे जीवन के गिने-चुने दिन ही शेष हैं।"

"बड़े भाई के अविवाहित रहते छोटे भाई के विवाह का प्रश्न ही नहीं उठता।" राणा सांगा दृढ़तापूर्वक बोले।

"अगर बड़ा भाई स्वेच्छया विवाह से मुंह मोड़ लेना चाहे तब?" अन्ततः

भोजराज को पुन: मुंह खोलना पड़ा।

कक्ष में पुन: एक बार सन्नाटे का साम्राज्य व्याप्त हो गया। राणा सांगा को अपने ज्येष्ठ पुत्र से इस व्यवहार की अपेक्षा नहीं थी। युद्ध में दुर्द्धर्ष शत्रुओं को भी धूल चटाने वाले राणा सांगा को अपने ही पुत्र के विरोध में कुछ कहते नहीं बन पड़ा। वे पूरी तरह अवाक् एवं किंकर्त्तव्यविमूढ़ हो आये।

उन्हें इस संकट से उबारा दूसरे पुत्र ने, "आप अग्रज की बातों पर ध्यान नहीं दें। वे भावावेश में कुछ कह गए हैं। आपकी आज्ञा का उल्लंघन करने की धृष्टता हम चारों भाइयों में से कोई नहीं कर सकता। क्यों भैया ?"

भोजराज चुप ही रहे। अनुज की बात में उन्हें कुछ सार्थकता लगी। अगर राजनीति यही चाहती है कि वह किसी अबोध बालिका के विनाश का कारण बनें तो यही सही। राजघरानों में स्त्रियों के प्राणों का मूल्य ही क्या है ? उधर अपनी रक्त-पिपासा शांत करने के लिए युद्ध क्षेत्र में सैकड़ों क्षत्रिय कट मरते हैं तो इधर दुर्गों के अन्दर जौहर सजता है और सहस्रों क्षत्राणियां धधकती चिताग्नि में जल मरती हैं। इसी समय भोजराज के मन में एक बात आई।

"अगर मुझे यह विवाह करना ही है तो मेरी भी एक शर्त है।"

"क्या ?" राणा सांगा के मुख पर प्रसन्नता फैल आई।

"अगर विवाहोपरान्त मैं नहीं रहा, जिसकी पूरी सम्भावना है तो मीरा को मेरे साथ सती होने को बाध्य नहीं किया जाएगा।"

राणा सांगा थोड़ी देर चुप रहे फिर बोले, "यद्यपि यह हमारे वंश के विपरीत होगा तथापि अगर इतने से ही तुम्हारी स्वीकृति प्राप्त हो जाती है तो मुझे कोई आपत्ति नहीं।"

"अब तो अग्रज की स्वीकृति मिल ही गई और अब यह देखना हमारा कार्य रहा कि पिता द्वारा दिए वचन की रक्षा होती है और दुर्भाग्यवशात् यदि मीरा के पूर्व अग्रज को मरण का वरण करना पड़ा तो उसे चितारोहण नहीं करने दिया जाएगा। पिताजी और कुछ आज्ञा करना चाहेंगे क्या ? आखिर मन्त्रणा के इस आयोजन का कोई लक्ष्य तो होगा ही।" रत्न सिंह ने ही कहा।

"हां, है।"

"क्या ?"

"मैं चाहता हूं कि मेड़ता पर चढ़ाई कर दी जाय। निस्सन्देह मेड़ता वाले इस विवाह को लेकर किसी निर्णय पर नहीं पहुंच पा रहे हैं, तभी राजपुरोहित के लौटने में विलम्ब हो रहा है।" राणा सांगा ने उत्तर दिया।

"पिताजी को तो युद्ध के सिवा कुछ सूझता ही नहीं।" सबसे छोटे लड़के राणा उदय सिंह ने कहा। कनिष्ठतम होने के कारण वह पिता का कुछ अधिक ही मुंह लगा था।

"क्या बोलते हो ?" राणा सांगा झुंझलाकर बोले।

"ठीक ही बोलता हूं पिताजी ! युद्ध साधारण चीज नहीं है। इसमें रक्त बहता है, मानव-रक्त। युद्धाग्नि की चपेट में सिपाही तो सिपाही नागर जन भी आने से नहीं बचते। इसके आर्थिक दुष्परिणाम भी होते हैं। शस्त्रास्त्रों पर लक्ष-लक्ष रुपए बर्बाद हो जाते हैं। खेत-खलिहान रौंद दिए जाते हैं। प्रजा त्राहि-त्राहि कर उठती

है। युद्ध में हुए व्यय की पूर्ति के लिए जब उस पर कर का भार अधिक बढ़ जाता है तो वह ग्राम-नगरों को छोड़कर जंगल की ओर पलायन करने लगती है। आपसे अधिक किसको इसका अनुभव होगा। जब सभी यत्न समाप्त हो जाएं तभी युद्ध की शरण लेना उचित है।"

"राणा सांगा के कुल में का-पुरुष कब से उत्पन्न होने लगे।" राणा की त्योरियों पर सहसा बल पड़े।

"अनुज का कहना ठीक है पिताजी," रत्न सिंह ने बात सम्हाली। "यह ठीक है कि क्षत्रियों की तलवार में जंग नहीं लगनी चाहिए पर बात-बात में उन्हें म्यान से बाहर आना भी उचित नहीं। राजपुरोहित के आने में विलम्ब का कोई और कारण भी हो सकता है। हो सकता है वे अस्वस्थ हो गए हों।"

"ऐसी स्थिति में मेड़ता वालों को हमें सूचना देनी चाहिए थी। चित्तौड़ का राजपुरोहित मेड़ता में जाकर पड़ा रहे यह मेड़ता वालों के लिए श्रेयस्कर है क्या?" राणा सांगा बौखलाए।

"यह भी युद्ध का कारण है क्या?" सर्वाधिक प्रिय पुत्र राणा उदय सिंह ने ही कहा।

"अवश्य।" राणा सांगा हाथ झटकते हुए बोले, "क्षत्रिय विशेषकर राणा सांगा का परिवार सदा एक ही भाषा जानता रहा है और वह भाषा युद्ध की ही है।"

"उसकी बात पर ध्यान नहीं दें पिताजी," विक्रमाजीत ने बात सम्भालते हुए कहा, "सच लगता है उसे युद्ध का पूर्ण अभ्यास नहीं, इसीलिए यह उससे कतराता है। अगर आपकी इच्छा हुई तो हम मेड़ता पर आक्रमण करेंगे और इस आक्रमण के संचालन-सूत्र को मैं सम्हाल लूंगा। दोनों अग्रजों और इस अनुज की उसमें कोई भूमिका नहीं रहेगी पर मुझे भी लगता है कि युद्ध का समय अभी नहीं आया।"

"शाबास! तुमसे मुझे यही आशा थी। ये सब का-पुरुष हैं। युद्ध के नाम पर ही इनकी जांघें कांपती हैं पर तुम यह क्यों कह रहे हो कि युद्ध का समय अभी नहीं आया? क्या अपमान की इस घूंट को हम यों ही पी जाएंगे?"

"इसमें अपमान का प्रश्न नहीं पिताजी! राजपुरोहित के नहीं लौटने के, अस्वस्थता के अलावा और भी कारण हो सकते हैं।" विक्रमाजीत बोले।

"और कारण क्या हो सकते हैं।" राणा सांगा ने अपने क्रोध को नियन्त्रित करने का प्रयास करते हुए कहा।

"हो सकता है राजपुरोहित कुछ गुप्त बातों के सन्धान में लगे हों और स्वयं आने में विलम्ब कर रहे हों। अन्ततः, राणा-परिवार के साथ सम्बन्ध होना है। कन्या के गुण-दोष का भी तो पता होना चाहिए। राजपुरोहित हमारे घराने के हितैषी ही हैं। उन्हें हमारे कल्याण-हेतु ही रुकने को बाध्य होना पड़ सकता है।"

राणा सांगा को अपने इस पुत्र के तर्क में सार दिखाई पड़ा। वे निरुत्तर हो गए। पुनः थोड़ी देर के पश्चात् बोले—"किन्तु हम कब तक अनिश्चितता के झूले में झूलते रहेंगे। आखिर कब तक हम राजपुरोहित के लौटने की प्रतीक्षा में हाथ पर हाथ रख बैठे रहेंगे?"

"दो दिनों तक।" विक्रमाजीत ने ही उत्तर दिया, "दो दिनों तक राजपुरोहित नहीं लौटे तो हम करणीय करने से मुंह नहीं मोड़ेंगे।"

"करणीय तो एक ही है।" राणा सांगा ने कहा।

"क्या ?" उत्तर जानते हुए भी सभी भाइयों ने एक साथ पूछा।

"युद्ध। मेड़ता पर आक्रमण। चित्तौड़ के अपमान के प्रयास का प्रतिशोध।" राणा सांगा ने किसी शेर की तरह ही हुंकारा।

"युद्ध ! नहीं।" इस बार रत्न सिंह ने मुंह खोला—"अनिवार्यता की स्थिति ही युद्ध की जननी होती है। मेरी स्पष्टवादिता क्षमा हो। अभी वह स्थिति नहीं आयी है। अगर राजपुरोहित रिक्त-हस्त भी लौटते हैं तो हम एक और प्रयास करेंगे। विक्रमाजीत और मैं स्वयं वहां जाएंगे। राव वीरम सिंह को इस विवाह के लिए प्रस्तुत करने का प्रयास करेंगे। आखिर हम सम्बन्ध सूत्र में बंधने जा रहे हैं और तलवार अब तक सूत्रों के काटने के लिए ही प्रसिद्ध रही है बांधने के लिए नहीं।"

"और अगर राजपुरोहित मेड़ता राजवंश या राजकुमारी मीरा के सम्बन्ध में ही कोई प्रतिकूल धारणा के साथ आएं तो ?" छोटे भाई राणा उदय सिंह ने ही पूछने का साहस किया।

"तब भी यह सम्बन्ध होगा। होकर रहेगा। वर्तमान राजनीति का यही तकाजा है। मेड़ता के राठौरों को जोधपुर के अपने ही बन्धुओं के विरुद्ध खड़ा होना है अन्यथा राणा-घराने की नाक कटने में बहुत देर नहीं।" राणा सांगा बोल गए।

"तो यह विवाह नहीं शतरंज की एक चाल है जिसमें एक साथ कइयों को मोहरा बनाया जा रहा है।" विक्रमाजीत ने मुंह खोला तो सबको आश्चर्य हुआ।

"कइयों को ? किसको ?" राणा सांगा ने हुंकार छोड़ी।

"भोजराज को, जिनकी बीमारी विवाहोपरान्त और असाध्य हो सकती है, मीरा को, जिसे एक मृत्यु-मुख में तेजी से अग्रसर होते राजकुमार से बंधने को विवश किया जा रहा है और मेड़ता को भी जिसे सम्बन्ध-प्रस्ताव की ओट में छिपी तलवार से झुकने को बाध्य किया जा रहा है।"

"विक्रम तुम इतना वाचाल कब से हो गए ?" राणा सांगा ने जलती आंखों से अपने तृतीय पुत्र की ओर देखते हुए कहा।

"जब से पिता-पुत्र के सम्बन्ध के मध्य भी राजनीति का प्रवेश हुआ। जब से एक निरीह, अबोध बालिका को मोहरा बना शतरंज के निश्चित ही पिटने वाले स्थान पर खड़ा कर दिया गया। जब से राजनीति रणनीति का पर्याय बन बैठी है।"

राणा सांगा को लगा कि किसी ने उन्हीं के खंजर को उनके हृत्-प्रदेश में उतार दिया है। इसके पूर्व किसी ने उनसे इस रूप में बात करने का साहस नहीं किया था।

वे अपमान की घूंट पीकर पैर पटकते हुए खड़े हो गए और दरवाजे की ओर बढ़ते हुए जोड़ते गए—

"जिसको इसका जो अर्थ लगाना हो लगा ले पर तुम लोगों की बात रखकर मैं दो दिनों तक प्रतीक्षा करूंगा और उसके पश्चात् मेड़ता की ओर चित्तौड़ की

वाहिनी प्रस्थान कर जाएगी। उसका संचालन भी मैं ही करूंगा। सन्धि, का-पुरुषों की भाषा है और युद्ध योद्धाओं की। राणा सांगा अगर इस तरह के सन्धि समझौतों पर हस्ताक्षर करता रहता तो उसके शरीर पर आज सौ से अधिक व्रणों के हस्ताक्षर नहीं होते।"

अठ्ठावन

दायित्व ग्रहण कर लेना बहुत आसान है, पर उसका निर्वाह? अत्यन्त दुष्कर। यही सोचकर चिंतकों ने कहा कि वचन देने में विलम्ब करो पर वचन दे ही दो तो उसकी पूर्ति में शीघ्रता।

ललिता के समक्ष कुछ इसी प्रकार की दुस्सह स्थिति उपस्थित हो आई थी। मीरा को परिणय-सूत्र में बंधने के लिए प्रस्तुत करने का उसने एक तरह से वचन ही दे दिया था रतन सिंह को। इस वचन को निभाना कितना कठिन था, इसका अनुमान उसे अब होने लगा था।

उस दिन भागी-भागी वह मीरा के कक्ष में पहुंची थी। मीरा अपने मुरलीधर के चरणों पर सिर रोप उन्हें अपने अश्रुओं के अनन्त प्रवाह से स्नात किए जा रही थी, उसे भावी अनिष्ट का पूर्ण अनुमान हो चुका था और वह स्पष्ट शब्दों में श्रीकृष्ण को उलाहना दे रही थी—

"आखिर तुमने अपना असली रूप प्रकट कर ही दिया न?···रुलाना तो तुम्हें खूब आता है···। पता नहीं भक्तों···आश्रितों के आंसुओं से ही तुम्हारी प्यास क्यों बुझती है? अरे कालिन्दी में तो इतना···इतना जल है फिर···अपनों के इतने···आंसू क्यों बर्बाद करते हो···? और कब अन्त होगा तुम्हारी इस सर्वग्रासी पिपासा का?···मां यशोदा, बाबा नन्दराज और असंख्य गोप-गोपियों के साथ आजीवन अश्रु-अर्घ्य देने वाली राधा के आंसुओं से भी तुम्हारी पिपासा···शांत नहीं हुई···न? नहीं हुई तो···अब···क्या होगी? मीरा के आंसुओं में···कहां इतनी शक्ति है···कि वह तुम्हें अनुकूल···बना सकें?

"तिरछे हो न! टेढ़े!" मीरा भावावेश में बोलती जा रही थी, "जैसे देखने में टेढ़े···त्रिभंगी मुद्राधारी, वैसे ही स्वभाव के भी टेढ़े। टेढ़े ही तुम्हें पसन्द भी आते हैं। नहीं? तभी तो···सैकड़ों···स्थान से टेढ़ी कुब्जा को अपना लिया? उसे···षोड्शी ही बना डाला···। वह टेढ़ा पार्थ ही तुम्हारा प्रिय मित्र बना न? टेढ़ा···नहीं···तो और क्या? दो टूक कह दिया उसने···'मैं नहीं करता यह युद्ध', अपना धनुष-बाण भी फेंककर रथ में पीछे जा बैठा। और···किस तरह उसकी···चिरौरी में···पूरी गीता का ही गान कर गए तुम? और वह सुदामा? वह क्या पहले कुछ कम टेढ़ा था? गुरु-पत्नी से प्राप्त तुम तीन अन्तःवासियों के सम्पूर्ण चने को···वह रात्रि के अन्धकार और···बरसात की ठण्ड में अकेले ही चबा गया और तुम्हारे पूछने पर बोला, यह चना चबाने की आवाज···थोड़े है···यह तो ठण्ड से दांत कटकटा रहे हैं!···उसी···चोर और मित्रघाती सुदामा···को तुमने एक···दिन

···रंक से राजा···बना···दिया मात्र···दो मुट्ठी के बल पर···।

"टेढ़े को टेढ़े ही भले···अब तुम्हारे साथ प्रीति लगाकर कोई रोए तो अपनी···बला से। मीरा के समान सरल-सीधी की तुम्हारे यहां क्या पूछ? सदा धोखा देने में प्रवीण, तुमसे धोखे के सिवा और आशा ही क्या···की जा सकती है···? ठीक पकड़ा था···कुन्ती ने···तुमको। उससे वरदान मांगने को कहा तुमने, तो···उसने छूटते ही कहा—'मुझे दुःख दे दो आजीवन का!'···जानती थी वह तुम दुःख के सिवा और कुछ दे ही नहीं सकते तो···तुमसे और कुछ मांगा ही क्यों जाय? ठीक है मेरे साथ भी वही करो जो औरों के साथ किया है··· स्वभाव, कभी बदलता है···? क्यों, कैसे बदल जाओगे···तुम मीरा के लिए? पर तुम अपनी मनमानी करोगे तो···मुझे भी अपनी मनमानी करने···से···कौन···रोक पाएगा? तुम···नहीं रोक सकते यह विवाह···तो मैं रोकूंगी। अरे अपनी वाग्दत्ता···की रक्षा तो एक साधारण मनुष्य···भी कर लेता है। तुम तो 'पुरुषोत्तम' कहे···जाते हो···सर्वशक्तिशाली। तुम···साधारण पुरुष से भी···गए-बीते कैसे हो···गए? जाओ···करो···जो करना है···मीरा नहीं करती यह···विवाह···।"

"जरा मैं भी तो सुनूं मीरा क्यों नहीं करती यह विवाह?" ललिता ने यहीं पर मीरा को टोका। वह पीछे खड़ी देर तक मीरा का प्रलाप सुन रही थी।

"ललिता तुम!" मीरा ने साश्चर्य पीछे देखा। उसकी बड़ी-बड़ी आंखों से अश्रुधाराएं अभी भी प्रवाहित हो रही थीं।

"हां मैं।" ललिता ने आत्मशक्ति को संजोया।

"तुम भी यह पूछ रही हो कि क्यों नहीं करना चाहती मैं यह···विवाह?"

"अगर तुम मुझे उसकी अधिकारिणी समझती हो?" ललिता ने स्पष्ट पूछा।

मीरा ने आंखों से अश्रु प्रवाह को बलात् रोकना चाहा। फिर कुछ सोचती हुई बोली, "हां अधिकार है तुम्हें कुछ पूछने का। मेरी प्रिय सखी जो ठहरी। पूछो। जो भी पूछना हो पूछ लो···।"

"पूछने की तो बात बस एक ही है—"

"कि क्यों नहीं करना चाहती मैं यह विवाह? यही न?" मीरा ने ललिता को बीच में ही टोक कर कहा।

"हां।"

"तो तुम्हें भी यह बताने की आवश्यकता पड़ गई? तुम्हें पता नहीं है सब-कुछ?" मीरा की आंखों के आंसू अब तक सूख चुके थे।

"पता है तभी तो पूछ रही हूं।" ललिता ने मीरा के पास ही बैठते हुए कहा।

"तो जान लो कि मैंने कन्हैया से विवाह रचा लिया है।" मीरा ने दो टूक कहा।

"अच्छा।"

"क्यों, इसमें तुम्हें आश्चर्य क्यों हो रहा है?"

"आश्चर्य की बात ही है," ललिता ने कहा, "अब तक समझ बैठी थी कि तुम कृष्ण दीवानी हो। उनके भजन-भाव और पूजा-पाठ में व्यवधान नहीं हो, इसलिए तुम विवाह से भागती हो। आज जाना कि तुम विवाहिता भी हो, कृष्ण-

परिणिता।"

"तो जान गई न।"

"जान तो गई। जग के जानने से नहीं तुम्हारे जानने से। और विवाह तो संसार के सामने होते हैं, सभी जानते हैं उन्हें! तुम्हारा यह अद्भुत विवाह कब हुआ, जिसका कोई साक्षी ही नहीं?"

"सपने में। और सपने के विवाह का कोई साक्षी किधर से मिलेगा?"

"सपने में! मइया रे।" ललिता ने आश्चर्य से मुंह फाड़ दिया।

"क्यों इसमें आश्चर्य की क्या बात है।" मीरा ने कहा और फिर कहीं खोने लगी।

"आश्चर्य तो होगा ही। सपने सच कब से होने लगे?"

"सपने औरों के लिए सच हों या नहीं, मेरे लिए वे सत्य से कम नहीं हैं।" मीरा ने कहा और उसके मुंह से किसी गीत के बोल फूटने को हुए। उसने पार्श्व में पड़े वीणा को उठा लिया और तारों के झंकार के साथ उसके गीत के स्वर गूंज उठे—

माई म्हाणे सुपणा मा परण्यां दीनानाथ।
छप्पण कोटां जणां पधार्‌यां दूल्हो सिरी व्रजनाथ।
सुपणां मां तोरण बंध्यारी सुपणा मां गह्‌या हाथ।
सुपणा मां म्हारे परण गया पायां अचल सोहाग।
मीरां रो गिरधर मिल्यारी, पूरब जणम रो भाग॥

—माई मैं सपने में दीनानाथ से परिणय-सूत्र में बंध गई। मेरे श्री व्रजनाथ दूल्हा ने मुझे छप्पन करोड़ जोड़े प्रदान किए। सपने में ही तोरण बंधाया गया और सपने में ही उन्होंने मेरा हाथ थाम लिया। सपने में मेरा प्रण चला गया और मुझे अचल एहवात मिल गया। मीरा को गिरधर मिल गए। यह पूर्व जन्म के भाग्य का ही फल है।

ललिता आश्चर्य-चकित-सी, भाव-विह्वल मीरा के गीत सुनती रही। उसके प्रत्येक शब्द में निहित समर्पण-भाव ने अब सपने की बात को सत्य और असत्य की परिधि से सर्वथा पृथक् कर दिया था। ललिता पर मीरा के दर्द-पूर्ण गीत का ऐसा प्रभाव पड़ा कि वह जिस कार्य के लिए आई थी उसी को पूर्ण करने में विवशता का अनुभव करने लगी। पर उसे तो करना ही था वर्ना मीरा की मनमानी का क्या परिणाम निकलने वाला था, यह वह अच्छी तरह जानती थी।

"मीरा एक बात कहूं!" ललिता ने भरसक अपनी भावुकता पर रोक लगाते हुए कहा।

"ऊं।" आविष्ट मीरा किसी भावलोक से निकलते हुए बोली।

"सुनती हो तुम!" ललिता ने आश्वस्त होना चाहा।

"बोलो। तुम्हारी बातों को सुनना और समझना दोनों पड़ता है। उनसे निस्तार कहां?" मीरा अब प्राय: प्रकृतिस्थ हो आई थी।

"तुम यह विवाह कर लो।"

"विवाहिता होकर भी?"

"हां।"

"कहीं ऐसा होता है ?"

"जागते के विवाहों के साथ भले नहीं हो, सपने के विवाह के पश्चात् ऐसा संभव है।"

"मैं नहीं मानती तुम्हारी बात।" स्वभाव से हठी मीरा बोली।

"तब बड़ा अनर्थ होगा ?"

"क्या अनर्थ होगा, सुनूं तो ?"

"तुम पर राजाज्ञा के उल्लंघन का आरोप लग सकता है।"

"तो क्या ?" मीरा स्थिर स्वर में बोली।

"इसका दण्ड जानती हो ?"

"जानती हूं। राजकुमारी तुम नहीं मैं हूं। इतना भी नहीं जानूंगी ? इसका दण्ड मृत्यु भी हो सकता है।"

"तो तुम मृत्यु का वरण करने को प्रस्तुत हो ?"

"सहर्ष। जिसने अविनाशी का वरण कर लिया उसे इस विनाशशील शरीर से क्या मोह ?"

ललिता स्तब्ध रह गई। उसके तरकश का सबसे तीक्ष्ण तीर व्यर्थ हो गया था। पर मीरा को मृत्यु-मुख में नहीं जाने देना था। अभी उपाय शेष था। ललिता ने मीरा की कोमलता से ही मीरा के वक्ष पर चोट करने की ठानी। उसके मन की मृदुलता को ही अपना अजेय अस्त्र बनाया।

"बात, केवल तुम्हारे होने और नहीं होने की नहीं है मीरा ! बात इससे अधिक है।"

"क्या बात है ?"

"बात तुम्हारे ताऊ, पिता, और तायरे भाई के भी अस्तित्व की है !" ललिता गम्भीर स्वर में बोली।

"क्या ? क्या कहा ? मेरे विवाह न करने से मेरे पिता, भाई और ताऊ को कैसे खतरा हो सकता है ?" मीरा प्रायः घबराकर बोली। उसके मुंह की सहज लालिमा समाप्त हो गई और उसका स्थान एक गहरी अवसन्नता ने ले लिया।

ललिता प्रसन्न हुई। तीर निशाने पर लग रहा था।

"खतरा केवल उन्हीं को नहीं, संपूर्ण मेड़ता को है," ललिता ने आरंभ किया, "चित्तौड़गढ़ का राजपुरोहित आज चार दिनों से यहां पड़ा हुआ है। उधर राणा सांगा का रक्त अपमान की आंच में खौल रहा होगा। वे किसी समय मेड़ता पर आक्रमण कर इसे धूल-धूसरित कर सकते हैं। तब तो लेने के देने पड़ जायेंगे। हवन करते हाथ जलेगा। कहां इस सम्बन्ध द्वारा मेड़ता और चित्तौड़ के सम्बन्ध को सुदृढ़ करने का स्वप्न तुम्हारे पिता रतन सिंह और ताऊ वीरम देव पाल रहे थे और कहां अब राणा सांगा के सदृश क्रुद्ध नर-शार्दूल की क्रोधाग्नि का ही आखेट संपूर्ण मेड़ता को होना पड़ेगा। इस आग में कोई नहीं बचेगा, मीरा, कोई नहीं। एक सौ से अधिक शस्त्रास्त्र-चिह्नों को अपने शरीर पर धारण करने वाले राणा सांगा को तुम नहीं जानती मीरा। वह साक्षात् बडवानल हैं। उनकी क्रोधाग्नि किसी बनाग्नि की तरह ही भयावह है, संहारक। इस आग की लपटों में सब कुछ स्वाहा

हो जायेगा—पिता रतन सिंह, ताऊ वीरमदेव, रानी कुंअर बाई, भाई जयमल, अर्पणा और यह दासी ललिता और···और···नगर के असंख्य नर-नारी—निर्दोष और निरीह।"

"बस-बस, ललिता बस।" मीरा के निस्तेज मुख से बोल फूटे, "क्या इस आसन्न प्रलय से बचने का कोई उपाय नहीं?"

"है और उसे तुम अच्छी तरह जानती हो।"

"अर्थात मेरा पुनर्विवाह? मुझे पतिता, कुलटा बनाने के मूल्य पर ही यह आपत्ति टल सकती है? और अगर मैं ही न रहूं?" मीरा भावावेश में बोले जा रही थी, "क्षत्राणियों में तो जौहर की प्रथा प्रचलित है ही? अगर मैं मुरलीमनोहर की मूर्ति के साथ चितारोहण कर जाऊं? तब तो संकट का मूल कारण ही निःशेष हो जाएगा न? मैं अपने पिता, ताऊ, भाई, ताई तथा सम्पूर्ण मेड़ता के लिए यह छोटा-सा उत्सर्ग करने को प्रस्तुत हूं। केवल एक के प्राण नहीं रहेंगे, शेष के प्राणों की तो रक्षा हो जाएगी?"

"नहीं होगी मीरा, नहीं होगी। तुम्हारे प्राणोत्सर्ग से भी मेड़ता की रक्षा नहीं होगी।" ललिता ने कहा। उसके चेहरे पर व्यग्रता के भाव स्पष्ट झलक आये थे।

"क्यों?" मीरा ने आश्चर्य से पूछा।

"क्योंकि वे इसे एक सुनियोजित षड्यन्त्र की संज्ञा देंगे। वे कहेंगे जान-बूझकर तुम्हें जला मारा गया कि मेड़ता की बेटी चित्तौड़ वालों को नहीं देनी पड़े।"

"तब? तब क्या हो ललिता?" मीरा व्यग्र होकर बोली, "मैं नहीं चाहती कि मेरे कारण मेरा परिवार और मेड़ता, राणा सांगा की क्रोधाग्नि में भस्म हो जायें। साथ ही मैं दुबारा विवाह कर भ्रष्टा और व्यभिचारिणी की संज्ञा का भी वहन नहीं कर सकती। ओह! क्रूर विधाता ने मुझे पैदा ही क्यों किया और पैदा भी किया तो कृष्ण-लौ क्यों जला दी मुझमें? ललिता, मेरी प्राण-प्यारी सखी तुम्हीं कोई मार्ग सुझाओ न, मेरी तो बुद्धि ही काम नहीं कर रही। मैं न जीकर मेड़ता को बचा सकती हूं, न मरकर। तब तुम्हीं कहो, मैं क्या करूं?" मीरा दर्द से विह्वल हो आई। उसकी आंखों से पुनः अश्रुधार प्रवाहित होने लगी।

"उपाय है।" ललिता गम्भीर स्वर में बोली, "उपाय है जिससे सर्प भी मरेगा और लाठी भी सुरक्षित रहेगी।"

"क्या-क्या?" मीरा अत्यन्त आकुल हो आई।

"तुम कुंअर भोजराज से विवाह कर लो, ऐसा समझकर कि तुम श्रीकृष्ण से ही विवाह कर रही हो। कि तुम्हारे फेरे किसी मरणधर्मा मनुष्य के साथ नहीं पड़ रहे अपितु साक्षात् अविनाशी श्रीकृष्ण के साथ ही पड़ रहे हैं। सपने का सच जाग्रत का भी सत्य बन रहा है।" ललिता ने कहा और मीरा के चेहरे की ओर देखा। उस पर कई भाव चढ़े और उतरे। जैसे आश्विन के आकाश में छोटे-छोटे मेघ-खंड बनते-बिगड़ते हैं। अन्ततः मीरा ने कहा—"यह कैसे सम्भव है? मैं कुंअर भोज को श्रीकृष्ण कैसे मान सकती हूं?"

"जैसे इस मुरलीमनोहर की मूर्ति को मानती हो।" ललिता ने छूटते ही उत्तर दिया।

"क्या तात्पर्य?" मीरा नहीं समझकर बोली।

"तात्पर्य यह कि यह पाषाण मूर्ति तो श्रीकृष्ण नहीं है। इसमें तो तुमने मात्र श्रीकृष्ण भावना को आरोपित किया है। उसी तरह एक मानव-मूर्ति में भी कर लो—कुंअर भोजराज में। मान लो उसको साक्षात् कृष्ण हो।"

मीरा कुछ देर तक स्वयं मूर्ति बनी रही। अन्दर ही अन्दर कुछ सोचती रही।

"मान लो मीरा, मान लो," ललिता ने स्थिति से लाभ उठाना चाहा, "मान लो कुंअर भोज को ही कृष्ण। इसी में सबका भला है। तुम भी पतिता और व्यभिचारिणी बनने से बच जाती हो और पूरा मेड़ता भी राणा सांगा रूपी मगरमच्छ के मुंह में जाने से रह जाता है।"

"फिर यही हो ललिता, यही हो। अगर इसी में सबका शुभ है तो यही हो।" मीरा फफककर रोती हुई बोली और उसने मुरलीमनोहर की मूर्ति को व्यग्र हो अंक में भर लिया।

उनसठ

पिपासा से आकुल मरु-पथ के पथिक को मार्ग में कहीं जल-स्रोत मिल जाय, सूचीभेद्य तिमिर में भटकते किसी को सहसा, कोई प्रकाश-स्तम्भ दिख जाय, निराशा के घोर अन्धकार से आवृत्त किसी व्यक्ति के समक्ष आशा की कोई प्रकाश-किरण चमक उठे तो क्या कहिएगा उसके सौभाग्य को आप? चमत्कार अथवा मात्र संयोग? खैर कोई संज्ञा दें ऐसी घटनाओं को उससे उनके महत्व में क्या अन्तर आता है? यह किसी ने कहा था न कि नाम में क्या रखा है? गुलाब को किसी नाम से पुकारो, उसकी सुरभि-सुगन्ध नहीं कम होने को।

ललिता के संदेश ने मेड़ता-परिवार के लिए कुछ ऐसा ही चमत्कार किया। मीरा की सहमति विवाह के लिए प्राप्त हो गई यह सुनते ही रतन सिंह, वीरम सिंह और कुंअर बाई के होंठों से लुप्त हंसी सहसा वापस आ गई। सभी प्रसन्नता से शरदारंभ के पारिजात पुष्प की तरह खिल आये। सभी स्फूर्त हो आये। एक नूतन उज्जीवन ने जैसे सबके प्राणों में नवोन्मेष का संचार कर दिया। अब नहीं आवश्यकता थी किसी भय से भीत होने की। राणा सांगा के कुख्यात खड्ग का भी अब कोई भय नहीं था और न थी अब राजाज्ञा के उल्लंघन में प्राणों से प्यारी, नवकलिका से भी सुकुमारी मीरा को प्राण-दंड देने की आवश्यकता। बात बिगड़ते-बिगड़ते बन गई थी। सबकी आत्मा हर्षाधिक्य से आह्लादित हो आई। सबने ललिता के बुद्धि-चातुर्य को बार-बार सराहा। वह दासी चाहे जो हो पर मेड़ता-परिवार के लिए वह देवी बनकर ही अवतरित हुई थी।

तत्काल राज-दरबार सजाया गया। चित्तौड़ के राजपुरोहित को ससम्मान दरबार में आमंत्रित कर सिंहासन के पार्श्व में ही एक उच्चासन प्रदान किया गया।

"मुझे अत्यन्त दुःख है राजपुरोहित जी, हम आपको चार दिनों तक यहां आशा-निराशा के झूले में झुलाते रहे। क्या करते स्थिति ही कुछ ऐसी थी। नियति पर किसका वश चला है? पर अब सब कुछ अनुकूल है। हमें महाराजा राणा

सांगा के यहां सम्बन्ध कर गौरव का अनुभव होगा। आप उन्हें हमारी स्वीकृति और कृतज्ञता से अवगत करा सकते हैं।" रतन सिंह ने कहा।

"कोई बात नहीं महाराज," राजपुरोहित ने आरंभ किया, "मैं यहां बड़े आराम से रहा। कार्य हो गया यह प्रभु की महती अनुकंपा है। अब दोनों राज घराने मिलकर फूलें-फलें यही जगदीश्वर से मेरी प्रार्थना है," राजपुरोहित प्रसन्न मुख कह तो गए पर उनके अन्तर के भाव जो उनके मुख पर बार-बार चढ़-उतर रहे थे उन्हें वीरम सिंह नहीं समझ सके। किसी विषधर की चमकती आंखों की चमक वाली राजपुरोहित की आंखों की भाषा को वहां उपस्थित कोई व्यक्ति नहीं पढ़ सका।

"पुरोहित जी," अब वीरम सिंह राज्य के नव नियुक्त पुरोहित विष्णुदत की ओर मुड़े, "चित्तौड़ के अतिथि का राज-सम्मान हो और इन्हें संबंध की स्वीकृति की संपुष्टि में महाराजा सांगा के नाम लिखित संदेश मांगलिक वस्तुओं के साथ प्रदान किया जाय।"

विष्णुदत्त पहले से ही प्रस्तुत थे। सर्वप्रथम अंग-वस्त्र और चन्दनमाल से ही राजपुरोहित का सम्मान हुआ। अंग-वस्त्र और माला को एक पीत वस्त्र ढंके स्वर्ण-थाल से बारी-बारी से निकालकर विष्णुदत्त रतन सिंह के हाथों में देते गए। रतन सिंह ने सर्वप्रथम मलयगिरि के चन्दन-खंडों से निर्मित माला को मान्य अतिथि के गले में पहनाया। पुनः उनके दोनों स्कन्धों पर बहुमूल्य चिनांशुक निर्मित अंग-वस्त्र भी सजाया। जिस स्वर्णथाल में वस्तुएं लाई गई थीं, उस थाल को भी स्वर्ण-मुद्राओं से भरकर सम्मान्य अतिथि को प्रदान कर दिया गया।

"पत्र?" चित्तौड़ के राजपुरोहित के मुख से निकला। वस्तुतः पहले दिया हुआ पत्र वापस ले लिया गया था किसी बहाने। इस समय उसकी ओर किसी का ध्यान ही नहीं गया था। वीरम सिंह के कहने के पश्चात् भी। जाता भी कैसे? सभी तो मीरा की स्वीकृति को लेकर संतोष की सांस लेने में व्यस्त थे।

"हां पत्र।" रतन सिंह ने विष्णुदत्त की ओर देखा। विष्णुदत्त यह कार्य कर चुके थे। उन्होंने भूर्जपत्र पर केशर से पीले-पीले अक्षरों में पुनरंकित और पीत धागे से आवेष्टित राजमुद्रा अंकित पत्र को एक स्वर्ण थाल में ही रतन सिंह के हाथों में थमाया। इस अपेक्षाकृत बड़े थाल में पत्र के अलावा अक्षत, हल्दी, दूर्वा, दधि-पात्र, कुमकुम, पूंगीफल और एक नारियल भी रखे हुए थे। रतन सिंह ने यह थाल राजपुरोहित के हाथों में थमाया। विष्णुदत्त ने एक पीत वस्त्र में इन विभिन्न वस्तुओं को सहेजने में राजपुरोहित की सहायता की।

राजपुरोहित ने मुख-मुद्रा को सहज बनाये रखने का प्रयास करते हुए प्रस्थान की अनुमति मांगी।

"बाहर सुसज्जित पालकी तैयार है," वीरम सिंह ने कहा, "आप उसी पर आसीन हों। राजकुल के भार-वाहक आपको ससम्मान चित्तौड़ पहुंचा देंगे।"

"इसकी कोई आवश्यकता नहीं राजन्! मैं अश्वारोहण कर ही आया हूं। मेरा अश्व-सेवक बाहर अश्व को प्रस्तुत कर मेरी प्रतीक्षा कर रहा है।" चित्तौड़ के राजपुरोहित की आंखों में पुनः एक अनाम पर औरों द्वारा अलक्षित चमक भरी। वह मेड़ता-राजघराने की इस अतिरिक्त अनुकंपा पर अन्दर ही अन्दर हर्ष

पूरित हो रहा था।

"कोई बात नहीं। आपका अश्व आपकी पालकी का अनुगमन करेगा। पर जायेंगे आप मेरे यहां से पालकी में विराजमान होकर ही। आखिर उसे भी आपके सदृश पूत ब्रह्मवेत्ता की चरण-रज के स्पर्श से अपने को धन्य करने का अवसर ही कितना मिलता है ?" वीरम सिंह ने निवेदन किया।

एक कुटिल स्मिति अब बरबस चित्तौड़ के उस घाघ राजपुरोहित के होंठों पर खेलने को हुई पर उसने उसे दबा लिया। ऊपर से उसने इतना ही कहा—"जैसी महाराज की इच्छा।"

"विष्णुदत्त जी और राज्य के प्रधान आमात्य तथा अन्य वरिष्ठ राजकर्मचारी आचार्यपाद को पालकी तक छोड़ आयें।" वीरम सिंह ने आज्ञा दी।

"मंगलं भगवान् विष्णु:
मंगलं गरुड़ ध्वज:
मंगलं पुण्डरीकाक्ष:,
मंगलाय तनो हरि: ॥

राजपुरोहित ने हाथ उठाकर स्वस्ति वाचन कर राव वीरम और रतन सिंह को आशीर्वाद दिया और राजदरबार से बाहर जाने को प्रस्तुत हुए। पीछे-पीछे प्रधान आमात्य, सामंत-गण, सम्मान्य नागरजन तथा विष्णुदत्त भी चले। सबके पीछे दो राजसेवक, राजपुरोहित को प्रदान की गई वस्तुओं को समुचित रूप में सहेज कर चले पड़े।

साठ

मीरा ने ललिता से, विवाह के लिए हां तो कर दिया पर उसके पश्चात् ही उसका चित्त पूर्णतया अस्थिर हो आया।

वह यह समझ नहीं पा रही थी कि वह व्यक्ति में भगवान को कैसे आरोपित कर पायेगी। अपने परिवार और मेड़ता पर आसन्न संकट को देखकर उसने ललिता को स्वीकृति तो दे दी थी पर अपने अन्दर उठ रहे अन्तर्द्वन्द्व से मुक्ति पाना उसके लिए कठिन लग रहा था।

मूर्ति तो फिर भी मूर्ति होती है। उसे जो मान लो। मानो तो वह भगवान नहीं तो पत्थर का पत्थर। उसका अपना कोई व्यक्तित्व ही कहां होता है—कोई निजत्व ?

पर मानव तो एक जीता-जागता, पूर्णतया स्पन्दित प्राणी है। उसका एक विशेष व्यक्तित्व है। वह व्यक्तित्व किसी के अनुकूल पड़ भी सकता है, नहीं भी पड़ सकता। यदि वह अन्दर से राक्षस है तो उस पर बाहर से चाहे कितनी भी दैवी शक्तियां आरोपित करो वह भगवान बन आयेगा ? मूर्ति तो कुछ नहीं बोलती, चाहे जो कह लो, चाहे जितने उपालम्भ दे लो, पर क्या मनुष्य के साथ—कुंअर भोज के साथ यही बात होगी ! सुन पायेंगे कुंअर भोज उन सब शिकायतों और

उलाहनों को जो वह अपने मुरलीमनोहर को देती रहती है ?

मूर्ति तो फिर भी मूर्ति है। उसकी कोई इच्छा-अपेक्षा नहीं, कोई आकांक्षा-महत्वाकांक्षा नहीं। विधि-निषेध का कोई द्वन्द्व नहीं। उसके साथ एकाकार हुआ जा सकता है। अद्वैत सध सकता है उसके साथ।

पर कुंअर भोज के साथ ? सधेगा यह निर्बाध अद्वैत ? वह कितना भी अपने मन को मारे उसकी आकांक्षाएं-अपेक्षाएं नहीं होंगी क्या ?

विधि-निषेध—यह करो, यह नहीं करो। पूरी आचार-संहिता नहीं होगी उसके पास ?

तब ?

तब कैसे सामंजस्य स्थापित कर पायेगी वह अपने तथाकथित पति से ? कुंअर भोजराज से ?

और ? और ? ?

आगे की बात सोचकर ही मीरा का मन किसी भयाकुल मृगी के धक्-धक् करते कलेजे की तरह ही कांप आया।

मीरा कुंअर भोजराज की विवाहिता बनकर जा रही है। युवा हैं राजकुमार। कहते हैं मैं भी कम सुन्दर नहीं। लावण्य ने ही जैसे अभिव्यक्ति पाई है मुझमें। वह और अपेक्षाओं के अलावा अंग-संग की अपेक्षा नहीं करेगा क्या ?

सोच की इस बिन्दु पर आते-आते ही मीरा का सिर किसी कुम्भकार के चक्र की तरह ही चक्कर खाने लगा। कितनी भारी भूल कर दी उसने ललिता की बात को मानकर।

कहने को तो वह कह गई कि कुंअर में कृष्ण को आरोपित कर लेना। वह भी हां कर बैठी; पर अब लगता है कितना दुस्साध्य और दुष्कर है यह आरोपण।

अब क्या करे मीरा ?

मीरा छटपटा रही थी। शत-सहस्र शरों से विद्ध-सा उसका हृदय रक्त-रंजित हो रहा था। मुरलीमनोहर लाख मूर्ति हों पर स्वप्न में तो उसने श्याम को वरा है। अब कुंअर में कृष्ण को आरोपित कर उसकी अंकशायिनी बनकर वह कृष्ण के साथ छल नहीं करेगी क्या ! वह पतिता की संज्ञा नहीं पायेगी, कुलटा और भ्रष्टा की ?

मीरा का मन पिंजरे के बन्द पक्षी-सा व्यग्र हो आया।

—हाय रे नारी की नियति ! मीरा ने सोचा—क्या उसकी अपनी कोई इच्छा नहीं, कोई अभिलाषा ? वह नर-प्रधान समाज में उसके इंगित पर ही नाना नाच नाचने को विवश है। इतनी अबला है वह कि एक सशक्त पुरुष की क्षत्र-छाया उसके लिए सदा आवश्यक है। हर मीरा के लिए एक कुंअर भोज अपरिहार्य है !

और तो और, भक्ति-भाव के लिए भी छूट नहीं उसको। पुरुष, दंड-कमंडल और भगवा वस्त्र धारण किए जहां-तहां घूमता रहे और नारी बन्द कपाटों के पीछे भी अपने इष्टदेव को स्मरण करने की अधिकारिणी नहीं। पुरुष विवाह करे न करे उसकी इच्छा पर। नारी जब अविवाहिता रहकर अपना सारा समय, सम्पूर्ण ध्यान अपने इष्टदेव पर ही केन्द्रित करना चाहती है तो पुरुष को इसमें क्यों

आपत्ति होनी चाहिए ? और कुछ तो नहीं मांग रही थी मीरा। क्या अविवाहिता रहकर उसे अपने पितागृह में भी रहना किसी को मान्य नहीं था ? न परिवार को न समाज को ? और तो और क्या अपने मन के अनुकूल भक्ति-भाव की भी अधिकारिणी नहीं रही वह ? नारी का यह भी अधिकार पुरुष छीन लेगा क्या ?

या कि इस सामन्ती युग में शोषण के अलावा नारी का कोई और भविष्य ही नहीं। शोषण और पुरुष की पागल इच्छाओं की आखेट क्या इन्हीं दो शब्दों में परिभाषित होकर रह गया है नारी का स्वरूप ?

—नहीं, नहीं, और भी एक है नारी-नियति। मीरा ने सोचा।

कैसे उपेक्षित कर गई उस दिन वह ललिता के इस कथन को कि दो राज्यों मेड़ता और चित्तौड़—के सम्बन्धों को सुदृढ़ करना भी है इस विवाह का लक्ष्य ? मीरा को तो लगता है यह 'भी' भी व्यर्थ है। मेड़ता और चित्तौड़ के सम्बन्धों को प्रगाढ़तर करना ही एकमात्र लक्ष्य है उसको बलि चढ़ाने का। यही चाहते हैं राणा सांगा, यही चाहते हैं ताऊ वीरम देव, ताई कुंअर बाई और दुर्भाग्यवश यही चाहते हैं मातृ-विहीना मीरा के संरक्षण के सर्वप्रथम अधिकारी उसके पिता राव रतन सिंह।

तो नारी की नियति का यह भी एक पक्ष है !

शतरंज की गोटी बनना।

गोटी में भी राजा नहीं, मंत्री नहीं, प्यादा। प्यादा अर्थात् दास। नारी—एक पराधीन दासी !

किसने अन्वेषण किया था शतरंज के खेल का ! क्यों नहीं प्यादों के साथ-साथ कुछ परिचारिकाओं, दासियों की भी गोटियां बनाईं उसने ?

मीरा को वास्तविक भेद का अब पता चल रहा है। पर हाय रे क्रूर नियति, उसके अत्यन्त विडम्वना भरे पक्ष पर से तो पर्दा हटना अभी शेष ही था। पर मीरा को इसका पता कहां था ?

अभी तो उसे केवल एक बात की चिन्ता थी। क्या जिस बात को मीरा आज समझ पाई, ललिता उसे पहले ही नहीं समझ चुकी थी। शायद नहीं। ललिता इतनी चतुर नहीं। उसे छल-प्रपंच से क्या लेना-देना ? उसका तो एक-मात्र लक्ष्य था, मीरा के प्राणों की रक्षा करना। उसे राजदंड से बचाना। इसके पश्चात् मेड़ता परिवार और पूरे मेड़ता-राज्य को ही युद्ध की अग्नि में स्वाहा होने से रोकना।

नहीं ललिता निर्दोष है।

दोषी है तो यह त्रिभंगी मुरलीधर ही। अब वह अपने मुरलीमनोहर की ओर मुड़ी—क्यों रे क्यों है तू इतना निर्दयी ! क्यों भर दिए तूने नारी के आंचल में अंगारे ही अंगारे ? क्यों दे दिया उसे दर्द और केवल दर्द का ही अभिशाप। क्यों आंसुओं के समुद्र में डूबने-उतराने के लिए तुमने छोड़ दिया नारी को ही ?

और तो और इस मीरा से किस जन्म का बदला ले रहा है तू ?

तुमसे विवाह रचाने के बाद वह एक मनुष्य से परिणय-सूत्र में बंधेगी ? उसकी शय्याशायिनी बनेगी ? हाय ! हाय ! कुछ कहते भी नहीं बनता···। तुम्हें शर्म भी नहीं आती रे ! तुम्हें कोई चिंता नहीं ?

मुझे भ्रष्ट करके ही छोड़ेगा तू ?

और मीरा मुरलीमनोहर के पैरों पर सिर टेक सिसककर रो पड़ी। रोती रही। अश्रु-जल से मुरलीमनोहर के पाषाणी चरण तो कई बार घुल गए, उसका अपना आंचल भी पूरी तरह भीग आया। भीगता रहा। विवाह अब एक भयानक दु:स्वप्न बनकर उसके समक्ष खड़ा था। उसका अब तक का भक्ति-भाव, सत्संग, स्वाध्याय और उनके ऊपर मुरलीमनोहर के चरणों में समर्पित उसकी अजस्र साधना, सब कुछ व्यर्थ होने जा रहे थे।

कोई अन्त नहीं था मीरा की पीड़ा का, उसके दर्द का। जिस अन्धी गली में उसने पैर रख दिया था उसका अन्त कहीं दृष्टिगोचर ही नहीं हो रहा था।

कृष्ण की होकर भी उसे किसी और की होना पड़ेगा। उसकी शय्या पर…। यही बात उसके मन को व्यथित किए जा रही थी। अपितु जैसे कोई मत्त गजराज अपने पैरों तले किसी कमल-पुष्प को मसल देता है, उसी तरह जैसे कोई उसके हृदय को निरन्तर मसलता जा रहा था, निरन्तर मरोड़ता। उसकी सिसकियां और बढ़ रही थीं और वह चिहुंक-चिहुंककर रुदन-मग्न हो आई थी। उसका शरीर सिर से पांव तक किसी सूखे पत्ते की तरह कांप रहा था।

ठीक उसी समय ललिता ने कमरे में प्रवेश किया।

मीरा की स्थिति देखकर वह जड़वत् हो आई।

क्षण-भर में ही यह क्या हो गया ?

अभी थोड़ी देर पहले ही तो मीरा ने सहर्ष विवाह की स्वीकृति दी थी। अब क्या हो गया उसे ?

"मीरा ! मीरा !!" उसने मीरा को कन्धों से पकड़कर झकझोरा।

मीरा ने बड़ी देर के पश्चात् अपना सिर उठाकर ललिता की आंखों में देखने का प्रयास किया। ललिता उसकी आंखों को देखकर आश्चर्य-चकित हो गई। उसकी आंखें पूर्णतया रक्ताभ हो आई थीं। एक क्षण को ललिता को लगा मीरा जल के नहीं रक्त के आंसू रो रही है। पर दूसरे ही क्षण उसकी आंखों से निरन्तर प्रवाहित जल-धार ने उसकी धारणा निर्मूल की।

मीरा ने ललिता की आंखों में देखा तो वह देखती ही रह गई। पागल-सी, विह्वल-सी।

"मीरा तुम्हें क्या हो गया ? अभी-अभी तुमने सहर्ष विवाह की स्वीकृति दी। अभी क्या हो गया तुम्हें ?" ललिता ने पुन: मीरा को झकझोरा।

"ललिता मैं लुट गई।" मीरा ने सिसकियों के मध्य ही कहा।

"क्यों ? ऐसी क्या बात हुई इस बीच ?" ललिता ने सशंक पूछा।

"हुई नहीं, होने वाली है।"

"क्या ?"

"अनर्थ। अनर्थ होने वाला है ललिता ?"

"कैसे ? कौन-सा अनर्थ ?" ललिता कुछ नहीं समझकर पूछ बैठी।

"विवाह के बाद का अनर्थ ? उस समय तो तुमने भी कुछ नहीं समझा और कह डाला—कुंअर भोजराज में कृष्ण को आरोपित कर लेना, जैसे मुरलीमनोहर की मूर्ति में किया है। मैं भी उस समय तुम्हारी बातों में आ गई। अब लगता है

यह कार्य कितना कठिन है।" मीरा की आंखों से अश्रुधार जारी थी। आंखें अब तक अंगारों की तरह लाल थीं।

"कैसे कठिन है ?"

"तुम समझती क्यों नहीं ?" मीरा कुछ चिढ़कर बोली, "मुरलीमनोहर फिर भी पत्थर है। कुंअर भोजराज तो एक जीवन-स्पंदित, रक्त-मज्जा-मांस निर्मित मनुष्य है।"

"तो ?" ललिता बात समझ नहीं पा रही थी।

"तो क्या ? तुम भी तो मुरलीमनोहर की तरह पाषाण ही लगती हो। न तुम में कोई संवेदना है न उनमें। अरी मेरी भोली सखी, विवाहोपरांत भोजराज की मुझसे कुछ अपेक्षाएं होंगी। कुछ चाहेगा वह मुझसे।"

"संवेदना। जो हर पति चाहता है।" ललिता बोली।

"संवेदना तुम्हारा सिर। संवेदना ही चाहे तो घड़ों उड़ेल दूं। संवेदना के सिवा और किससे भरी पड़ी हूं मैं ?" मीरा झुंझलाई। एक क्षण को आंखों का अश्रु-प्रवाह रुका।

"तब ?"

"तब तुम समझो। विवाह रचवाने तुम चली थीं, अब मुझसे क्या पूछ रही हो ? विवाहिता के और भी कर्त्तव्य होते हैं, पति की सेवा, उसके पर्यंक की शोभा...।" मीरा बात पूरी नहीं कर पाई।

"तो कर लेना यह सब। मैंने कहा था कुंअर भोजराज में अपने श्रीकृष्ण को ही देखना। सारी बातें आसान हो जायेंगी।"

"कहना आसान है, करना नहीं।"

"तब उस समय क्या सोचा था ?"

"उस समय मेरा ध्यान उस ओर गया ही नहीं था।"

"तो अब क्या हो सकता है ?" ललिता ने कहा, "अब तो राजपुरोहित भी चित्तौड़ को रवाना हो चुके हैं।"

"यही तो मैं भी सोच रही हूं। अब तो तीर तरकश से निकल चुका है, अपितु वह प्रत्यंचा भी छोड़ चुका है। अब रोने के सिवा और रखा ही क्या है ?"

"कब तक रोओगी ? जीवन सामंजस्य का नाम है। वही सीखो।"

"जब तक यह रुलाएगा तब तक रोऊंगी। आजीवन का रोना ही वदा है तो क्या करूंगी ? और किस सामंजस्य की बात कर रही हो तुम ? जीवन के कुछ ऐसे भी पक्ष हैं जहां कोई सामंजस्य नहीं होता। तुम नहीं समझोगी।"

"समझ रही हूं, सब समझ रही हूं।" ललिता ने गम्भीरता से कहा, "पर मनुष्य वही जो निराशा में भी आशा ढूंढ़ सके। निविड़ तम में भी प्रकाश की कोई रेखा पा सके।"

"किसी-किसी अन्धकार में प्रकाश की कोई किरण कहीं नहीं होती। किसी-किसी रात्रि को प्रभात का मुख देखने को ही नहीं मिलता। काल-रात्रि होती है वह। यही काल-रात्रि मेरे जीवन-क्षितिज पर उतर आई है।" मीरा ने सिर नीचा कर कहा। निराशा की साक्षात् प्रतिमूर्ति ही बन आई थी वह।

"फिर भी एक आशा है।" ललिता को सहसा कुछ सूझा।

"क्या ?"

"तुम कान्हा की उपासिका हो न ?"

"यह भी कोई कहने की बात है ? उपासिका तो मैं पूर्णतया उसी की हूं ही ! तुम ऐसे अनर्गल प्रश्न क्यों पूछ रही हो ?"

"पूछने के लिए पूछ लिया," ललिता ने कहा और जोड़ा, "यह तो मानोगी कि कन्हैया का जीवन चमत्कारपूर्ण रहा है ?"

"रहा है, पर चमत्कार सदा सत्य ही नहीं होते। वे अतिशयोक्तियों पर भी आधृत होते हैं।"

"पर चमत्कार होते तो हैं ? नहीं होते तो यह शब्द ही कहां से आता ?"

"होते हैं।"

"हो सकता है तुम्हारा कान्हा तुम्हारे जीवन में ही कोई चमत्कार घटा दे।"

"कैसे ? कैसे यह चमत्कार संभव है ?" मीरा उल्लसित-सी बोली, "कैसे मैं भोजराज की अंकशायिनी बनने से···।"

"कुछ भी संभव है। चमत्कार, चमत्कार है। भविष्य के गर्भ में क्या छिपा है, कोई नहीं जानता। जिसे अभी हम चमत्कार कहना चाह रहे हैं वह कोई सहज, सामान्य घटना भी हो सकती है जो तुम्हें उस अग्नि-परीक्षा से बाल-बाल बचा ले। दूसरे शब्दों में सुनना चाहो तो कहूंगी कि जब श्रीकृष्ण पर विश्वास किया है तो चमत्कारों पर भी विश्वास करना होगा। अभी से इतना निराश होने की आवश्यकता नहीं।"

"ठीक कहती हो ललिता," मीरा ने आरम्भ किया, "जब श्रीकृष्ण में आस्था है तो चमत्कारों में अनास्था नहीं रखी जा सकती। और मेरा कान्हा तो स्वयं भगवान है। सब कुछ सम्भव है उसके लिए। भला भगवान के लिए क्या असम्भव है ?"

"यही बात समझो," ललिता ने कहा, "और अपने कान्हा में विश्वास रखो। पोंछ डालो इन व्यर्थ के आंसुओं को। माना इस युग में नारी की नियति यही है पर कृष्णार्पिता नहीं रोती। बोलो कि मैं गलत कह रही हूं ?"

"नहीं, तुम ठीक कह रही हो," मीरा ने कहा, "कृष्णार्पिता नहीं रोती। मैं भी नहीं रोऊंगी।"

इकसठ

राणा सांगा द्वारा निर्धारित की गई दो दिनों की अवधि के अन्तर्गत ही राजपुरोहित लौट आए, अतः सांगा को अपनी दिग्विजयनी वाहिनी का मुख मेड़ता की ओर करने की आवश्यकता नहीं पड़ी।

युद्ध के टल जाने से राणा सांगा के साथ-साथ उनके चारों सुपुत्रों—कुंअर भोज, राणा रत्न सिंह, राणा विक्रमाजीत और राणा उदय सिंह—को भी प्रसन्नता हुई। एक अनावश्यक रक्तपात होते-होते रहा। युद्धोन्मादी राणा सांगा को भी

राजपुरोहित के सकुशल और आप्तकाम वापस आने से अतिरिक्त प्रसन्नता का ही बोध हुआ। उन्होंने भूर्ज-पत्र पर लिखित स्वीकृति पत्र को बार-बार पढ़ा, मांगलिक वस्तुओं—पूंगीफल, नारिकेल आदि को बार-बार हस्त-स्पर्श दिया और पुरोहित को प्रचुर दक्षिणा दे उसे प्रसन्न करना चाहा।

"अभी नहीं महाराज, अभी नहीं," पुरोहित ने प्रतिवाद में सिर हिलाया, "मुझे एकान्त चाहिए। मैं आपसे कुछ विशेष निवेदित करना चाहता हूं।"

राणा सांगा का माथा ठनका।

इस शुभ घड़ी में यह राजपुरोहित अशुभ-सूचक प्रलाप क्यों कर रहा है? अब जब विवाह की स्वीकृति मिल चुकी है तो यह कौन-सा षट्राग ले बैठा है? राणा सांगा तो जाग्रतावस्था में ही जोधपुर विजय का स्वप्न देखने में लीन हो गए थे। मेड़ता के रतन सिंह, उनके भाई वीरम और भतीजे जयमल को लेकर वे जोधपुर पर आक्रमण बोल चुके थे। शतरंज की चाल ठीक बैठी थी। मेड़ती, राठौरी राजकुमारी महल में आने ही वाली थी। जोधपुर के राठौरों को ठिकाने लगाने का अवसर आ गया था।

इसमें यह राजनीति का 'क', 'ख', 'ग' तक नहीं जानने वाला ब्राह्मण किधर से टांग अड़ाने को आतुर है? ईश्वर की कृपा है इसे सुबुद्धि आई और इसने भरी सभा में कोई अकथनीय बात नहीं कही।

राणा सांगा ने भरे मन से दरबार की समाप्ति की घोषणा की। दरबारियों के जाने के पश्चात ही मेड़ता के पत्र को एक बार फिर पढ़ा। मांगलिक द्रव्यों से भरे स्वर्ण-थाल को पुनः हस्त-स्पर्श दिया और पुरोहित के सामने ही भरे थाल को अन्तःपुर में भेज दिया। अब अगर राजपुरोहित प्रलय की सूचना भी अपने शब्दों के माध्यम से सम्प्रेषित करें तो यह विवाह नहीं रुकने को है। मेड़ता-नरेश वीरम सिंह का स्वीकृति-पत्र उनके हाथों में आ चुका है। मेड़ता अब चित्तौड़ से बंधकर रहेगा। इस बन्धन को उनका राजपुरोहित क्या साक्षात् देवताओं के गुरु वृहस्पति भी नहीं रोक सकते।

"यह विवाह नहीं हो सकता महाराज! छोटे मुंह बड़ी बात, क्षमा हो पर इस राजपरिवार के शुभेच्छु होने के कारण मैं अपना मन्तव्य प्रस्तुत करने को विवश हूं।" राजपुरोहित ने जैसे घन-गर्जना की।

हतप्रभ रह गए राणा सांगा, राजपुरोहित के साहस और उसके स्वर्ण-मुद्राओं की तरह ही खनखनाते स्वर पर।

"क्यों नहीं हो सकता यह सम्बन्ध, मैं भी जरा जानूं तो?" राणा सांगा क्रोध से कांपने लगे थे। ब्राह्मण वह भी राजपुरोहित पर क्रोध करना सिसौदिया परिवार की मर्यादा के प्रतिकूल था पर राणा इन सब औपचारिकताओं पर कम ही ध्यान देते थे। रण-भेरी के घोष और तलवारों की झन्कार के अलावा और किसी स्वर को मर्यादा देने की बात उनके कानों ने सीखी ही नहीं थी। ऐसे में इस त्रिपुण्डधारी पुरोहित की बात उन्हें अनर्गल और व्यर्थ के सिवा कुछ नहीं लगती थी।

"जवाब दो राजपुरोहित!" राणा सांगा किसी तीक्ष्ण खड्ग की धार की तरह काटते शब्दों में ही बोले, "क्या चार दिनों तक मेड़ता की गलियों की धूल चाटते रहने के बाद यही सम्वाद लेकर आए हो?"

"मैंने मेड़ता की गलियों की धूल यों ही नहीं चाटी है महाराज," राजपुरोहित ने सिर ऊंचा कर कहा, "जिस धूल में मैं हीरा खोज रहा था उसमें मिला एक साधारण कांच का टुकड़ा। मैंने आपका अन्न खाया है। आपको जान-बूझकर मक्खी निगलने नहीं दे सकता।"

"पहेलियां नहीं बुझाओ ब्राह्मण!" राणा सांगा सामने से भाग निकलना चाहते शिकार से क्रुद्ध होने वाले किसी व्याघ्र की तरह ही उद्विग्न होकर गरजे, "साफ-साफ कहो क्या बात है? तुम पूजा-पाठ और यज्ञ-जाप की कला में पारंगत होगे। राजनीति तुम्हारी बुद्धि में ढुकने से रही। इस विवाह को हर हालत में होना है। किस कांच और किस मक्खी की बात कर रहे हो तुम? बात स्पष्ट करो।"

"इसके पूर्व प्राण-दान का वचन चाहूंगा महाराज।"

"क्या बात इतनी विकट है?" राणा सांगा के व्रण-विवर्ण चेहरे पर पहले-पहल चिन्ता की धूमिल पर्त चढ़ी।

"तभी तो अभय-दान की आवश्यकता है।" राजपुरोहित पाषाण की तरह ही अविचल था।

"दिया।" राणा गरजे। जैसे किसी गुहा-गह्वर में केसरी-नाद हुआ हो।

"मेड़ता की राजकुमारी चित्तौड़ के महल की शोभा नहीं बन सकती। धूल ही की बात आपने उठाई तो पैरों की धूल को कोई सिर का चन्दन नहीं बना लेता।" राजपुरोहित दो टूक बोल गया।

राणा सांगा क्षण-भर को किंकर्त्तव्यविमूढ़ हुए। राजपुरोहित आखिर कहना क्या चाहता है। निस्सन्देह वह मेड़ता-कुमारी के चरित्र को लेकर कुछ अकथनीय कहने जा रहा है। तब? अगर ठीक ही ऐसी बात हुई तो क्या यह विवाह होगा? अगर वे राजनीति के तकादे से यह विवाह, सब कुछ जानते हुए भी करना चाहें तो क्या जिससे विवाह होना है वह कुंअर भोजराज इसके लिए सहमत होगा? राजनीति और रणनीति में सब चलता है। वह जान-बूझकर भी जीवित क्या मरी मक्खी भी निगल जाने को तैयार हैं, पर अन्ततः यह मक्खी तो उतरनी है कुंअर के ही कण्ठ के नीचे! कुंअर ने 'ना' कर दी तब? तब तो उनके सपनों का संगमर्मरी महल राजस्थानी रेत के महल से अधिक क्या सिद्ध होगा? पर यह ब्राह्मण पहले पूरी तरह खुले तो यह तो किसी बाजीगर की तरह अपनी रहस्यात्मक झोली से एक-एक कर विचित्र-विचित्र वस्तुओं को निकालने पर तुला है।

"क्या दोष है राजकुमारी में?" अन्ततः राणा ने साहस कर पूछा।

"मैं, जैसा आपसे कहा चार दिनों तक मेड़ता की गलियों की धूल नहीं फांकता रहा। निर्णय देने में मेड़ता की ओर से ही बिलम्ब हुआ और मैं इस मध्य अपनी गुप्तचरी में लगा रहा।"

"तो तुम वहां राजपुरोहित होकर नहीं राजदूत होकर गए थे? राज्य के गुप्तचर बनकर?" राणा ने प्रत्यक्ष में कहा, अप्रत्यक्ष वह मन-ही-मन बुदबुदाए, "इन ब्राह्मणों की आदत नहीं छूट सकती। सब कुछ इन्हें गंगाजल की तरह पुनीत और पवित्र ही चाहिए। अछूतों की छाया से भी प्रदूषित होने वाले इन पाखण्डियों से और आशा ही क्या की जा सकती है?"

"समय मिल गया तो गुप्तचरी भी कर लो।" राजपुरोहित निर्भय बोला, "इस गुप्तचरी का फल अच्छा ही मिला। चित्तौड़गढ़ की दीवारों पर दाग लगते-लगते रह गयी।"

"नहीं रही। तुम्हारे प्रलाप से यह विवाह नहीं रुकेगा। बोलते क्यों नहीं मेड़ता-राजकुमारी में क्या दोष है। पुंश्चली है वह?" राणा सांगा आखिर न कहने वाली बात कह ही गए।

राजपुरोहित थोड़ी देर मौन रहा। आखिर इस प्रश्न का उत्तर वह हां में दे या ना में?

"बोलते क्यों नहीं? क्या तुम्हारी जिह्वा पक्षाघात-ग्रस्त हो गयी?" राणा सांगा का क्रोध आसमान छूने लगा था और ब्राह्मण ने स्पष्ट देखा कि राणा का दाहिना हाथ कमर में खुंसी कटार से जा लगा है। राजपुरोहित जानता था इस क्रोधी राणा के लिए ब्राह्मण-रक्त और क्षत्रिय-रक्त में कोई अन्तर नहीं था। क्रोध में अन्धा यह ब्राह्मण-वध से भी बाज नहीं आ सकता।

"उसे पुंश्चली कहना पाप होगा," ब्राह्मण ने सत्य प्रकट किया, "पर उसके व्यवहार-विचार महलोचित नहीं हैं।"

राणा सांगा की जान में जान आई। राजकुमारी के चरित्र पर सन्देह की उंगली नहीं उठा रहा राजपुरोहित तो शेष सब कुछ चलेगा।

"बात शीघ्र स्पष्ट करो। राणा सांगा के समय का मूल्य जानते हो? राज्य प्रबन्ध और रण-विजय के अलावा अन्य किसी कार्य में मैं व्यर्थ समय नहीं बर्बाद करता।"

"राजकुमारी विवाह ही नहीं करना चाहती थी। वह मेड़ता के कृष्ण-मन्दिरों में नाच-गान कर ब्रज के उस युगों पूर्व हुए रसिया को रिझाने का प्रयास करती है।" राजपुरोहित एक सांस में बोल गए।

राणा सांगा के चेहरे से सान्ध्य की कालिमा उतरी और प्रातः की गुलाबी लालिमा छिटक आई वहां। मुख का एक-एक व्रण जैसे पारिजात-पुष्प बनकर खिल आया।

"बस?" वह पुरोहित को सम्बोधित कर बोले, "तो कृष्ण भक्त है वह। यही न? मुझे अफसोस हो रहा है तुम्हें राजपुरोहित बनाने का। चलो, वह तो कृष्ण-भक्ति भी कर लेती है, तुम्हें तो अपनी पेट-पूजा के ही प्रबन्ध से अवकाश नहीं मिलता। कोई दोष नहीं है राजकुमारी में। एक कृष्ण-भक्तन आ जाय तो यह महल भी पवित्र हो जाय। अन्ततः हम रणपिपासुओं ने इस महल को किधर से पवित्र किया है? पुनीतता का एक अगरु-गन्ध चित्तौड़ की चहारदीवारियों में आने को है और तुम मूढ़ इसके गवाक्षों को ही बन्द करना चाहते हो? महल के कपाट ही पूरी तरह उद्घाटित होंगे उसके स्वागत में राजपुरोहित! तुम्हारी विद्या-बुद्धि पंगु और अन्धी है। नासिक के आगे तुम धर्मान्ध कुछ देख ही नहीं सकते? क्या मैं यह समझता नहीं कि शैव मत के अनुयायी होने के कारण एक वैष्णवी का यहां आना तुम्हारे लिए असह्य हो रहा है? जाओ विवाह की तैयारियों में लगो। अपनी 'विवाह-पद्धति' और 'शंख' तथा पूजा की झोली के धूल-गर्द झाड़कर प्रस्तुत रहो। बारात किसी भी समय प्रस्थान कर सकती है।"

"पर बात तो सुनें महाराज !" रा ा सांगा को लगा यह पुरोहित सचमुच मूढ़ है। राजा के मन को नहीं पढ़ सके ऐसे राजकर्मचारियों से राज्य का अहित ही होता है। यह कृष्ण-भक्ता मेड़ता-कुमारी को मक्खी कह रहा था। वस्तुतः दूध की मक्खी की तरह तो यही निकाल फेंकने लायक है।

"अब कौन बात शेष रह गई ?" राणा की खीझ उनके स्वर पर चढ़ी।

"आपने मेरी बात पर पूरी तरह ध्यान ही नहीं दिया। मैंने कहा वह विवाह के लिए प्रस्तुत ही नहीं हो रही थी।"

"हो तो गई ?" राणा का क्रोध अब पिटारी में बन्द क्रुद्ध करैत की तरह फुफकारने लगा था।

"प्रस्तुत हुई पर मन से नहीं। राजदण्ड के भय से। पूरे मेड़ता में यह बात फैली है कि उसे पति शब्द से ही घृणा है। वह श्रीकृष्ण को ही पति-रूप में वरण कर चुकी है।"

"हा ! हा ! हा !" राणा सांगा शायद ही कभी हंसते थे पर हंसते थे तो खुलकर जैसे किसी झरने से जल झरे—झर्र-झर्र। वे बोले, "तुम्हारे भोलेपन पर तरस आती है राजपुरोहित ! अरे, कृष्ण तो जगत्पति हैं। मीरा ने उन्हें पति मान लिया तो कौन आसमान टूट पड़ा ?"

राजपुरोहित अन्दर-ही-अन्दर झल्लाया, यह युद्ध-विद्या-विशारद रणोन्मत्त राणा व्यवहार की बात तो जानता ही नहीं। अरे, जो कृष्ण के अतिरिक्त पर-पुरुष की छाया से भी भय खाती है उसे लेकर क्या कुंअर भोजराज को अचार डालना है ? कहते हैं राजा और तपस्वी की क्रोधाग्नि को अधिक नहीं हवा देनी चाहिए। पता नहीं कब वह अनियन्त्रित रूप में भड़क आए। फिर भी राजपुरोहित को अपनी बात तो स्पष्ट करनी ही थी।

"महाराज, अपराध क्षमा हो। यहां जगत्पति होने की बात नहीं, मीरा-पति की बात है। मीरा श्रीकृष्ण के अलावा किसी को अपना पति मानने को प्रस्तुत नहीं।"

"तुम मूर्ख हो।" राणा का क्रोध अब आहुति-पड़ी अग्नि की तरह भड़का। "इसकी चिन्ता भोजराज को करनी है तुम्हें नहीं। तुम होगे कर्मकाण्ड अथवा अधिक से अधिक अथर्ववेद के ज्ञाता। वात्स्यायन के काम-सूत्र से तुम्हारा दूर का भी सम्बन्ध नहीं। जगत्पति को पति मान बैठी एक नवयौवना के समक्ष अपने को पति के रूप में प्रस्तुत कर देने का दायित्व राजकुमार का है। तुम्हारा कार्य फेरे लगवाने तक सीमित है। व्यर्थ की चिन्ता नहीं पालो।"

राणा के तर्क में दम था। राजपुरोहित कुछ क्षणों के लिए निरुत्तर हुआ।

"अब तो सारी शंकाओं का समाधान हो गया ? मैं चलूं ?" राणा ने उठने का उपक्रम किया।

"एक बात, महाराज !" पुरोहित ने साहस जुटाया।

"अब क्या ?" राणा उठते-उठते बैठ गए। उनके मुंह से एक स्पष्ट गुर्राहट निकली, जैसे व्याघ्र की मांद में किसी ने पाषाण-खण्ड फेंकने की गलती की हो।

"मेरे विचार से, जिससे मीरा को परिणय-सूत्र में आबद्ध करना है, उस पर यह बात स्पष्ट कर देनी चाहिए। आखिर मैं केवल आपका पुरोहित नहीं, राज-

पुरोहित हूं। राजकुमार के प्रति भी मेरा कुछ कर्त्तव्य बनता है।"

"हूं।" राणा सांगा ने आहत शेर की तरह हुंकार भरी। तो यह राजपुरोहित इतना सजग है, अपने दायित्वों के प्रति ! और समय होता तो उसकी इस धृष्टता के लिए उसे वे और कुछ नहीं तो कारागार में ही डाल देते। पर नहीं, अभी एक शुभ-कार्य की सम्पादन-बेला में वे कोई अशुभ नहीं करना चाहते थे।

राणा ने पास में लटकते घंटे पर काष्ठ-दण्ड से चोट की। एक झनझनाता, कर्कश स्वर कक्ष को पार कर बाहर तक फैल गया।

तत्काल एक प्रतिहारी उपस्थित हुआ। कमर से झुककर उसने राज्योचित अभिवादन किया और आज्ञा की प्रतीक्षा में झुका रहा।

"बड़े राजकुमार को बोलो कि मैंने उन्हें याद किया है।" राणा के कण्ठ से कौड़ियों की खनखनाहट के सदृश स्वर निकला।

प्रतिहारी ने पुनः दुहरा होकर अभिवादन किया और कक्ष के बाहर निकल गया।

क्षणोपरान्त कुंअर भोजराज कक्ष में उपस्थित थे।

"राजकुमार !"

"महाराज !"

"राजपुरोहित का कहना है कि मेड़ता-राजकुमारी मीरा तुम्हारे योग्य नहीं। तुम्हारा क्या मानना है ?"

"कारण ?"

"कारण यह कि वह कृष्ण-भक्तन है ! कृष्ण के मन्दिरों में नाचती-गाती है। जिसको व्रज की गोपियां और वृषभानु-सुता राधा अपने वश में नहीं कर सकी उसी मायावी के पीछे पागल है वह।"

"ऐसी नारी को पत्नी के रूप में पाकर मुझे प्रसन्नता होगी। उसे कृष्ण-मन्दिरों में नाचने-गाने का ही शौक है तो मैं उसके लिए जितने चाहे मन्दिर बनवा दूंगा।"

"अब ?" राणा सांगा ने राजपुरोहित की ओर देखा।

"बात पूरी नहीं हुई महाराज," क्षण भर को हतप्रभ हो आए राजपुरोहित ने राणा को ही सम्बोधित किया, "राजकुमार को यह बताना भी आवश्यक है कि वह कृष्णार्पिता है। श्रीकृष्ण के अलावा हर पुरुष को वह पर-पुरुष समझती है। उसकी छाया से भी दूर भागती है।"

श्रावण के अभ्रपूर्ण आकाश में सहसा जैसे दामिनी दमकती है और क्षण भर में ही लुप्त हो जाती है वैसे ही कुंअर भोजराज के मुर्झाए मुख पर प्रसन्नता की एक रेखा उभरी और लुप्त हुई। राणा और राजपुरोहित किसी ने इस ओर ध्यान नहीं दिया।

"मुझे यह सम्बन्ध स्वीकार्य है। पिताश्री को मैं पहले ही वचन दे चुका हूं। क्षत्रिय-कुमार अपने वचन की रक्षा करना जानते हैं।" भोजराज ने ऊपर से यह बात कही। भीतर-भीतर वे एक अनाम प्रसन्नता से पुलकित हो रहे थे। इस भेद को न राणा न राजपुरोहित ही समझ सके।

"अब ?" राणा सांगा ने राजपुरोहित को सम्बोधित कर स्पष्ट व्यंग्य किया।

"अब मुझे कुछ नहीं कहना।" राजपुरोहित ने सिर झुका लिया।

बासठ

बरसात की धार सूखती है क्या? वह भी श्रावणी घटा की? अगाध स्रोत से फूटा जलप्रपात झरता ही रहता है कि नहीं—झर, झर? रोके रुक पाता है उसका अबाध प्रवाह? शरद की असंख्य ओस-कणों को धरती के पोर-पोर को आप्यायित करने से कौन रोक पाया है?

इसी तरह कोई नहीं सक्षम हो रहा था मीरा की आंखों से निरन्तर झरते अश्रु-कणों को रोकने में। दरवाजे पर चित्तौड़ नरेश की बारात आ लगी थी। हाथी, घोड़ों, और ऊंटों का एक सागर-सा ही उमड़ पड़ा था वहां। विभिन्न रंगों की बड़ी-बड़ी राजस्थानी पगड़ियों की छटा देखते ही बनती थी। जैसे किसी ने किसी बड़ी क्यारी में दीर्घ-काय सूर्यमुखी पुष्पों को विविध रंगों में खिला दिया हो। कुंअर भोजराज एक सजे-सजाये श्वेत अश्व पर आरूढ़ थे। कमर में, एक तरफ खुंसी म्यान-युक्त तलवार, दूसरी तरफ कटार। सिर पर केसरिया पगड़ी। हाथियों के चिंग्घाड़, घोड़ों की हिनहिनाहट और ऊंटों की अपेक्षाकृत मन्द बलबलाहट से मेड़ता के महाद्वार पर विविध रंगी स्वरों का एक वितान ही तन चुका था।

स्वर और रंगों के भी थे। राणा सांगा अपने साथ विविध वाद्यों का सरंजाम ही लेकर पहुंचे थे। विविध अपितु शतरंगी परिधानों में सजे शत से अधिक वादक और स्वर-साधक अपने-अपने पक्षों की विशेषता दिखाने को तत्पर थे। इस विविधता में भी एकता स्पष्ट थी। सारे वाद्यों से नि:सृत स्वर अन्तत: एकाकार हो उठते थे। ऐसा ही प्रशिक्षण था वादकों का।

वीरम सिंह ने भी सिंह द्वार के ऊपर शहनाई वादकों को बैठा रखा था। शहनाई का मादक स्वर, तुमुल स्वरों के जंगल में भी अपनी एक पहचान-रेखा बना, सारे स्वरों को काटता, सबके ऊपर आरोपित हो रहा था जैसे पीक-स्वर नाना-विध पक्षी-स्वरों के मध्य भी अपनी पहचान गढ़ लेता है।

पर अन्त:पुर की स्थिति विचित्र थी। मीरा को नव-वधू के रूप में सजाने का भार ललिता का था। पर यह कार्य किसी एकाकी का नहीं था, विशेषकर तब जब मीरा का असहयोग सबसे बड़ा व्यवधान था। अत:, महल और आसपास की समवयस्काएं ललिता की सहायता के लिए आ जुटी थीं—मधु मल्लिका, सुवर्णा, सुरुचि और सुरेखा आदि।

और सब तो ठीक। वस्त्रालंकार को जैसे चाहा मीरा पर लाद दिया गया। वह अत्यधिक असहयोग भी नहीं कर सकती थी—ललिता को वचन जो दे दिया था। पर आंखों की जलधार पर उसका क्या नियन्त्रण था? काजल इधर लगता उधर काली रेखाएं बन कपोलों पर बह चलता। गौर चन्द्रमुख को जैसे अनेकानेक कृष्ण-सर्प घेर लेते। अधरों के लाक्षारस आंखों की धार से ही फिसलकर चेहरे पर

चित्र-विचित्र चित्रकारी कर जाते। माथे का कुमकुम-तिलक अश्रुओं की मार से तो वंचित रहा पर अन्दर के अत्यधिक तनाव के कारण ललाट पर छिटक आये जल-बूंदों से वह भी धुल-धुल गया। चेहरे का चन्दन-चर्चन अश्रु और पसीने के सम्मिलित आक्रमण में कहीं नहीं ठहरा। भौंहों की कज्जल-कटार भी सम्पूर्ण आनन पर ही छलछला आये जलबिन्दुओं के समक्ष कुंठित और विलुप्त हो गई।

आनन के परिमार्जन को सर्वथा व्यर्थ समझ सखियों ने शरीर-सज्जा पर ही अधिक ध्यान दिया। कटि को स्वर्ण-खचित मेखला, कोमल कलाइयों को रत्नजड़ित कंगन तथा कानों को स्वर्ण-निर्मित मीनों से युक्त कर दिया गया। गर्दन को हीरे-मोतियों के जड़ाऊ जोड़ों से सजाया गया तो भ्रमर-कज्जल केशों में बेले, चमेली की कलियां गूंथी गईं। रजत-मेखला से उन्हें नियन्त्रित किया गया। नासिका के स्वर्ण-नथ ने दाहिने कपोल के आधे से अधिक भाग को घेर लिया। पांवों का रक्त-महावर फिर भी धोखा दे गया। आपाद-मस्तक ठंडे पसीने से स्नात पैरों पर महावर के रुकने का कोई प्रश्न ही नहीं था।

चित्र-विचित्र रंगों से रंग आये मुख को गीले वस्त्र से धो-धोकर उसे अपने प्राकृतिक रूप में ला देने के सिवा सखियों के पास कोई उपाय न रहा। घूंघट को लम्बा खींचकर विवर्ण हो आये अति कमनीय मुख को ढंक देने के सिवा कोई उपाय नहीं था। उधर बाहर से लगातार तकादा आ रहा था। जयमाल का मुहूर्त्त व्यतीत होता जा रहा था।

मीरा ने ललिता को छोड़कर सभी सखियों को बाहर कर दिया।

"क्या मैं मात्र रोने के लिए ही बनी हूं ललिता? ये आंसू रोके क्यों नहीं रुकते? क्या सम्पूर्ण अंन्तर ही किसी हिमखंड की तरह विगलित होकर बाहर आ जाएगा? अगर ऐसा हुआ तो वहां रह पायेगा श्रीकृष्ण?" मीरा ने करुण स्वर में पूछा।

"रोना और हंसना अपने ऊपर ही है मीरा," ललिता दार्शनिक बनी, "एक ही परिस्थिति रुलाती भी है, वही हंसा भी सकती है। विवाह नारी-जीवन की सर्वाधिक महत्वपूर्ण घटना है, मांगलिक अवसर है। उसको लेकर असंख्य नारियां ह्लादित और उल्लसित होती हैं। भविष्य को लेकर स्वर्ण-सपने बुनती हैं। तुम उसी को लेकर आठ-आठ आंसू बहा रही हो तो मैं क्या करूं? मैंने तो तुम्हें सारी बातें समझा दीं। तुम इस सम्बन्ध के लिए प्रस्तुत भी हो गईं, अब यह नया ज्वार आंखों के मार्ग कहां से फूट पड़ा? क्षत्राणी अपने दिए वचन से पीछे नहीं हटती। तुम मुझे बचन दे चुकी हो, इस बात को तुम इतनी सहजता से कैसे भूल जाती हो?"

"मैं नहीं हटती पीछे ललिता," मीरा व्यग्र होकर बोली, "मैं प्रस्तुत हूं, अभी चलकर मेरी जयमाल करा दो। पर इस हृदय को क्या करूं जो लाख मनाने पर भी अड़ियल अश्व की तरह अड़ा है। तुम लाख कुंअर भोजराज में कृष्ण को आरोपित करने की बात कहो, पर मन को समझाना तो मेरे वश की बात नहीं? वह समझकर भी नहीं समझता तो मैं क्या करूं? तुम्हें कैसे बताऊं कि किस घोर अन्तर-संघर्ष और वेदना से मैं गुजरी हूं विगत दिनों। कृष्णार्पित यह तन किसी और को छि···!" मीरा की आंखों से निस्सृत जलधार और अनियंत्रित हो आई।

"इसके सम्बन्ध में तो हम बातें कर चुकी हैं।" ललिता ने कहा।

"तुमने चमत्कार की बात की। चमत्कार एक संयोग हो सकता है ललिता, वह जीवन की सच्चाई नहीं बन सकता।" मीरा विह्वल होकर बोली। उसने चेहरे के चिनांशुक निर्मित-घूंघट को एकदम से उतार फेंका। ललिता पलास-पुष्प की तरह उसकी रक्तवर्णी आंखों और पूर्णतया मुरझा आए चेहरे को देखकर स्तब्ध रह गई। एक पूर्ण-चन्द्र, ग्रहण-ग्रसित हो आया था। ललिता से यह नहीं देखा गया।

"कभी-कभी संयोग ही जीवन की संजीवनी बन आता है। कौन जानता है?" ललिता ने कहा, "चलो, अब जो अपरिहार्य है उससे समझौता करने में ही बुद्धिमानी है।"

द्वार पर पुनः एक परिचारिका आ गई थी। मुहूर्त्त में अब कुछ ही क्षण शेष थे।

"चलो, मैं अभी राजकुमारी को लेकर आई। मधुमल्लिका, सुवर्णा, सुरुचि, सुरेखा, आदि सखियों को शीघ्र भेज दो अन्दर।" ललिता बोली।

"राकाशशि तारिकाओं से घिर कर ही अपनी अम्बर-यात्रा पर निकलता है। कि नहीं राजकुमारीजी?" ललिता ने मीरा को धीरे से केहुनी से कोंचा। पर उस सिकता में तेल नहीं था। मीरा अनुल्लसित ही रही। उसकी आंखें कुछ और ही अधिक छलछला आईं।

"चलो।" मीरा सहसा उठ खड़ी हुई। अब तक शेष सखियां भी कक्ष में आ गई थीं।

पूर्णतया अवगुंठित मीरा, जयमाल के लिए बने पुष्पसज्जित मंच पर सखियों द्वारा कुंअर भोजराज के समक्ष खड़ी कर दी गई। स्वर्णतारों में गुम्फित पारिजात-पुष्पों की माला मीरा के हाथों में बुरी तरह कांप रही थी। कांप तो उसका सम्पूर्ण गात ही रहा था। यह तो सखियों का सहारा था कि बात सबकी पकड़ में नहीं आ रही थी।

कुंअर भोज ने सर्वप्रथम अपने हाथ की, रक्तवर्णी कमल-पुष्पों की माला मीरा के गले में डाल दी। स्पर्श से ही मीरा नख-शिख कांप गई—पर-पुरुष का···निकट था कि वह सखियों को ठेलते हुए राजमहल के अन्दर भाग जाती कि ललिता ने मीरा के कानों में धीरे से कहा—"कुंअर में कृष्ण को देखो मीरा! सामने तुम्हारा मुरलीमनोहर वैजयन्ती-माला धारण किए मन्द-मन्द मुसकराता खड़ा है। सिर झुका रखा है उसने। डाल दो यह माला, भोजराज के नहीं, अपने कृष्ण कन्हैया के गले में। अपने वचन की रक्षा करो, क्षत्राणी के वचन की।"

मीरा ने वही किया! मालायुक्त उसके कांपते हाथ यन्त्रवत् उठे और माला ठीक भोजराज के झुके गले में जा पड़ी साथ ही जा पड़े दो तप्त जल-बूंद भी कुंअर भोज के चरणों पर।

भोज को उसका भेद नहीं बताना पड़ा।

वे बूंद किसके लिए और क्यों थे, वे अच्छी तरह जानते थे।

सखियां मीरा को लेकर सहसा वहां से गायब हो गईं।

तिरसठ

—क्यों ?

—क्यों ? ?

—क्यों ? ? ?

—क्यों…?…?…?

जयमाल की विधि सम्पन्न कर लौटी मीरा के मस्तिष्क पर बरसात की बौछार की तरह प्रश्नों की बौछार आरम्भ हो गई थी।

—क्यों नारी इतनी अबला है, इतनी परवशा ?

—क्यों इस पुरुष-प्रधान समाज में वह पुरुष की हर इच्छा पर बलि होने को विवश है ?

—क्यों उसको अपने जीवन को भी अपने रूप में जीने का अधिकार नहीं है ?

—पुरुष अगर अविवाहित रह सकता है तो नारी क्यों नहीं विवाह के बन्धन से मुक्त रह सकती ?

—क्यों उसे भक्ति का, भजन का, सत्संग का भी अधिकार नहीं है ? उसे नहीं है तो पुरुष को क्यों है ?

—क्यों अभिशप्त है वह जिस किसी की गर्दन में बांध दिए जाने को ? क्या पुरुष के साथ ऐसा संभव है ?

—क्यों आंसू, रुदन और अंगारे ही भरे गए नारी के आंचल में ?

—क्यों और कब तक होता रहेगा नारी का यह शोषण ?

—कैसे और कब वह खड़ी होगी पुरुष की मनमानी के विरुद्ध सीना तानकर ?

मीरा खड़ी होगी और शीघ्र ही खड़ी होगी, इस शोषण, इस अन्याय और अत्याचार के विरुद्ध, पुरुष की प्रधानता, उसके उलटे-सीधे आदेशों के विरुद्ध; गलत और गलित संस्कारों के विरुद्ध, अन्धविश्वासों और अनावश्यक बन्धनों-बेड़ियों के विरुद्ध—मीरा ने सहसा संकल्प लिया।

—अकेली ? मीरा के मन ने सहसा प्रश्न किया।

—नहीं, वह अकेली नहीं है। उसके साथ ईश्वर है, उसका मुरलीधर। जिसके साथ ईश्वर होता है, वह एकाकी नहीं होता।

—क्या ईश्वर अन्धविश्वास नहीं है ? किसने देखा है उसे ?

मीरा के मन ने पलट कर प्रश्न किया—नहीं, ईश्वर अन्धविश्वास का पर्याय नहीं। अन्धविश्वासी वे हैं जो ईश्वर का, एक सार्वभौम सत्ता का अनुभव कर भी नहीं सकते। अन्धे वही हैं क्योंकि उनकी बाहरी आंखें जो खुली हों, अन्दर की बन्द हैं। उसके मन ने ही उत्तर दिया।

—क्या भक्ति-भाव, भजन-कीर्तन, सत्संग, यज्ञ-जाप ढोंग नहीं हैं ? कर्म से विरति ? संसार से पलायन ? मीरा के मन ने पुनः सन्देह किया।

—नहीं भक्ति-भाव और ईश्वर-पूजन, कीर्तन-भजन ढोंग होता तो वे ही आज अमर नहीं होते जिन्होंने उन्हें साधा। संत रैदास, तुकाराम, स्वामी शंकराचार्य, रामानुजाचार्य, भगवान वल्लभाचार्य, भगवान बुद्ध, महावीर ये क्यों अमर हो

गए ? और कितने राजाओं और आक्रामकों के नामों को सुरक्षित रख पाते हैं इतिहास के पृष्ठ ? और रख भी पाते हैं तो कितने पाठक नतमस्तक होते हैं इन तथाकथित इतिहास-पुरुषों के समक्ष ? श्रद्धा अब भी सुरक्षित है कि नहीं, त्यागियों के लिए, सदाचारियों के लिए, भक्तों और चिन्तकों के लिए ?

—और फिर भक्ति-भाव निरा हाथ पर हाथ रखकर बैठना कहां है ? कर्म से मुक्ति किधर है ? कर्म तो हर घड़ी होता रहता है, चाहे भी अनचाहे भी। और फिर कर्म का कोई एक रूप, एक विधान है क्या ? राज्य का शासन-सूत्र संचालित करना, युद्धों में अनावश्यक रक्त-पात करना कर्म है तो ईश्वर-अर्चना कर्म नहीं है ? और शारीरिक, मानसिक और आध्यात्मिक विकास का सन्तुलन ही सफल और श्रेष्ठ जीवन का पर्याय है या नहीं ? तो किधर से है भक्ति-भाव और भजन-कीर्तन तथा साधु-सज्जन संग व्यर्थ और ढोंग ? कौन कर रहा है जग से पलायन ? और कैसे साधु-संतों-वैरागियों की सेवा जग से पलायन है ? ये साधु-संत क्या जगत् को अपनी आध्यात्मिक ऊर्जा से सम्पन्न नहीं करते ? और इस आध्यात्मिकता के बिना क्या केवल भौतिक कार्यों पर टिका रह सकता है यह जगत् ? कह देना आसान है ईश्वर नहीं है, पर न जाने कितने तपस्वी-त्यागी, ऋषि-मुनि हिमालय की बर्फीली कन्दराओं में प्रार्थना-रत हैं इस विश्व की रक्षा के लिए ?

फिर भक्ति-भाव और ईश्वर-आराधना कर्म करने के मार्ग में बाधा ही कब और कैसे बनती है ? मीरा को याद आ रही है अपने क्रोधी राजपुरोहित से सुनी गीता की बातें—निर्धारित कर्म तो करने ही हैं, उनसे मुक्ति कहां, कर्म सदा अकर्मण्यता से श्रेष्ठ है—

"नियतं कुरु कर्म त्वं कर्म ज्यायोह्यकर्मण:"

—हां अमरत्व की ओर ले जानेवाले कर्म अवश्य सामान्य भौतिक कार्यों से श्रेष्ठ हैं। मनुष्य, शरीर से अमर नहीं हो सकता किन्तु अच्छे कर्मों से, कीर्ति से तो वह समय के रेतीले मार्ग पर भी अपने अमिट चिह्न छोड़ ही सकता है। महत्वाकांक्षा सबमें होनी चाहिए—अमरत्व की लालसा। अगर वह औरों में नहीं है और मीरा में आवश्यकता से अधिक ही है तो इसमें उसका क्या दोष ?

मीरा को याद आ रही है उसी ब्राह्मण से सुनी याज्ञवल्क्य की पत्नी मैत्रेयी और कात्यायनी की कहानियां। वृहदाराण्यकोपनिषद् की उस कथा के अनुसार ऋषि याज्ञवल्क्य की दो पत्नियां हैं—मैत्रेयी और कात्यायनी।

वानप्रस्थी ऋषि वन की ओर प्रस्थान करना चाहते हैं। वह अपनी दोनों पत्नियों को अपने पास बुलाते हैं—'मैं वन की ओर तपस्या हेतु प्रस्थान करना चाहता हूं।'

'इस पुण्य कार्य में कौन बाधा बन सकता है ?' दोनों पत्नियां कहती हैं।

'मेरे पास कुछ भूमि है।'

'यह तो ज्ञात ही है।' दोनों बोलती हैं।

'मैं जाने के पूर्व इसे तुम दोनों में समान रूप में वितरित कर देना चाहता हूं।'

'क्यों ?' सम्मिलित स्वर उठता है।

'कहीं मेरे पश्चात् इस भूमि को लेकर तुम दोनों में विग्रह नहीं हो जाय।'

कात्यायनी चुप कर जाती है—मौनं स्वीकार लक्षणम्।

मैत्रेयी ब्रह्मवेत्ता है। ऊंच-नीच का बोध है उसे। कर्म-अकर्म का अन्तर जानती है।

'एक बात बोलेंगे ?' वह पूछ बैठती है।

'क्या ?'

'यही कि क्या भूमि के एक टुकड़े से मैं अमर बन जाऊंगी ?'

ऋषि सकपकाते हैं। विद्या-बुद्धि और ज्ञान में तो मैत्रेयी उनका भी कान काटने में सक्षम है।

'नहीं,' वह सुविचारित उत्तर देते हैं, 'भूमि, सम्पत्ति और ऐश्वर्य से कोई अमर नहीं होता। अमरत्व का तो मार्ग कुछ और ही है, वह है साधना का मार्ग, ज्ञान का मार्ग, त्याग का मार्ग।'

'तब जिसको लेकर मैं अमर नहीं बन सकती, उसको लेकर मुझे क्या करना,' मैत्रेयी छूटते ही बोलती है—'येनाहं नामृता स्याम् तेनाहं किं कुर्याम् ?'

अब अगर मीरा मैत्रेयी का मार्ग पड़कना चाहती है तो विश्व इसमें बाधक क्यों बनता है ? वह कात्यायनी नहीं बन सकती। कात्यायनियां यहां बहुत हैं। मैत्रियों की कमी है। मैत्रेयी क्या पागल थी—विक्षिप्त ? नहीं तो, मीरा के लिए यह मार्ग क्यों है ?

क्या उसे अपना कर्म चुनने का भी अधिकार नहीं !

"पर मैत्रेयी तो विवाहिता थी ?" मीरा का मन तर्क करता है। "पर मैं ही कहां अविवाहिता हूं ? कृष्णार्पिता हूं मैं, कृष्ण परिणिता। तब मुझे क्यों सांसारिक बन्धनों में बांधने का प्रयास हो रहा है ?" वह स्वयं से स्वयं ही पूछती है।

"क्योंकि कृष्ण एक आभास-मात्र है। एक कल्पना। वह हड्डी-मांस-मज्जा-रक्त-निर्मित नहीं है। वह साधना का सहारा जो बन ले किसी का पति नहीं बन सकता।" मन ही उत्तर देता है।

"कौन कहता है कि कृष्ण कल्पना-मात्र है। आभास। वह सत्य से भी अधिक सत्य है। वह अखिल ब्रह्मांड-पति है, वह मीरा का पति क्यों नहीं बन सकता ?"

"क्योंकि वह दैहिक आवश्यकताओं की पूर्ति नहीं कर सकता। उसका प्रेम वायवीय हो सकता है। पार्थिव प्रेम प्रदान करने से वह रहा।"

"तो किसे चाहिए पार्थिव प्रेम ? दैहिक आवश्यकताओं की पूर्ति क्या आवश्यक है ? देह से ऊपर नहीं उठा जा सकता क्या ? देह तो पशु को बांध रखती है। वह जीता ही है देह के धरातल पर। तो क्या मनुष्य पशुता से ऊपर नहीं उठ सकता ? नहीं तो, उसे मनुष्य कहलाने का अधिकार ही क्या है ?"

मीरा अपनी भावनाओं में खोई हुई थी। उसके अन्दर विद्रोह की एक चिनगारी जन्म ग्रहण कर चुकी थी। कब यह चिनगारी एक भयावह विस्फोट का रूप ले लेगी वह नहीं जानती थी।

अब तक तो वह भावनाओं की बाढ़ में निर्द्वन्द्व बह रही थी। वास्तविकता से उसका आमना-सामना हुआ जब ललिता चहकती हुई कक्ष में उपस्थित हो गई। साथ में और सखियां भी थीं—चन्द्रलेखा, सुवर्णा, सुरेखा आदि।

"क्यों इतने ही में समाप्त हो गया? देवीजी के लिए और दायित्व बचा है कि नहीं। केवल जयमाल पर्याप्त नहीं है। अभी बहुत सारी विधियां शेष हैं। पुरोहित कृष्णदत्त मडप में बुला रहे हैं। दूल्हा राजा आ चुके हैं।"

ललिता ने आश्चर्यजनक रूप से सूख आई मीरा की आंखों की ओर देखते हुए कहा। उसे मीरा के अन्दर उठ रहे उस तूफान का कहां पता था जो उसकी आंखों के पानी को कुछ देर के लिए ही सोख गया था।

आंखें फिर छलछला आईं। हां, अभी तो बहुत कुछ शेष है। वह किस तर्क में उलझी हुई थी? कैसे भूल गई थी वह कि एक पर-पुरुष के गले को वह अपनी जयमाल से सज्जित कर चुकी थी? कि अब पीछे लौटने के सारे मार्ग बन्द हो चुके थे। अन्दर की चिनगारी जब विस्फोट बनेगी, तब, अभी तो उसे ब्याहता बनना था भोज की। हां, अभी बहुत सारी विधियां शेष हैं। अपनी सखियों में वह कई का विवाह देख चुकी थी। जयमाल तो प्रथम चरण था।

अब सप्तपदी होगी। फेरे पड़ेंगे। अग्नि के साक्ष्य में वह कुंअर को वरेगी और तब सम्पन्न होगी इस संबंध पर मुहर लगाने की प्रक्रिया—सिन्दूर-दान। हाय, मीरा का हृदय मुख में आने को हुआ। मुरलीमनोहर की विवाहिता को किन्हीं और हाथों का सिन्दूर-दान लेना होगा। क्या यह पापाचार नहीं होगा, कदाचार? कैसे झेल पायेगी मीरा इसे? कहने को कह ले ललिता कि भोज में कृष्ण को ही देखो। कहना आसान है पर करना? जयमाल तक तो ठीक पर शेष प्रक्रियाएं? विशेष-कर वह सिन्दूर-दान? हे मुरलीधर, मीरा ने मन ही मन प्रार्थना की। तुम्हें तो सर्वज्ञ और सर्वशक्तिमान कहा जाता है। क्या तुम मेरी पीड़ा से अपरिचित हो? अगर नहीं तो मुझे इस संकट से क्यों नहीं उबारते?

"देर हो रही है मीरा," ललिता बोली, "अब कुछ सोचने-समझने का अवसर कहां बचा है? तुमने भोज को जयमाल पहनाकर उसका वरण तो कर ही लिया?"

"वरण ही तो कर लिया, विवाह तो नहीं? माला कौन किसके गले में नहीं पहना देता। इससे दोनों का विवाह सम्पन्न हो जाता है क्या?"

"तुम नहीं उठती मीरा?" ललिता ने उसे हाथ पकड़कर झकझोरा।

मीरा की आंखें फिर भर आईं। अब उठने के सिवा उपाय भी क्या था?

"मेरे दिए मंत्र का उपयोग करती जाओ। सब कुछ ठीक रहेगा आगे भी।" ललिता ने मीरा को उठने में सहायता देते हुए कहा।

मीरा को ललिता का मंत्र ज्ञात था, पर मन उसे माने तब तो? एक मरणधर्मा सामान्य मनुष्य में भले ही वह किसी राजवंश का दीपक ही क्यों न हो, अविनाशी परमात्मा का आरोपण क्या सोचने मात्र से हो जाता है—वह भी मनमोहन मुरलीधर का?

पर उपाय भी क्या था? जब पैर इतना आगे बढ़ा दिए तो उन्हें पीछे खींचना भी कहां संभव है? माना मुरलीधर के लिए कुछ भी असंभव नहीं था। वह असंभव को भी संभव कर सकता था, भले ही अनाड़ी और अनास्थावान् उसे चमत्कार अथवा महज संयोग की संज्ञा दे उसकी खिल्ली उड़ायें? पर कब होगा यह

चमत्कार भी ? क्या सब कुछ समाप्त हो जाने पर ? जब एक परिणिता पुनर्परिणिता बन जायेगी ?

"सखी, चलो, विलम्ब हो रहा है।" ललिता ने मीरा को धीरे से खींचा। मीरा खिसक चली। पैर मन-मन भर के हो रहे थे जैसे किसी गजराज के पैर हो आये हों। मन था कि निरन्तर पीछे भाग रहा था। पैर आगे और मन पीछे यह भी कोई चलना हुआ ? मीरा की रुलाई फूट पड़ी। वह जोर-जोर से सुबक कर रो पड़ी। अब तो उसका सब कुछ स्वाहा होने जा ही रहा था अग्नि-वेदी पर अग्नि के ही साक्ष्य में।

ललिता घबराई। अगर मीरा इसी तरह सुबकती और पीत पत्र की तरह कांपती हुई मंडप में पहुंची तो लोग क्या कहेंगे ?

"मीरा ! मीरा ! होश में आओ," ललिता ने उसे झकझोरा, "तुम कृष्ण-भक्तन हो। कैसे भूल जाती हो कि वह प्रेम-दीवाना बांकेबिहारी अपने भक्तों-भक्तनों को अकेला कभी नहीं छोड़ता ? यह गलत है कि तुम एकाकी हो। तुम्हारा कृष्ण तुम्हारे साथ है। उसकी जो इच्छा है वही होने दो। हो सकता है वह तुम्हारी परीक्षा ही ले रहा हो। भक्ति-मार्ग में पल-पल परीक्षाएं होती हैं। यह मुझे तुम्हें बताना पड़ेगा, मीरा ? इस परीक्षा में कहीं तुम असफल नहीं हो जाओ। आस्था, भक्ति की प्रथम शर्त है। अपने श्रीकृष्ण पर आस्था रखो और करती चलो जो वह कराता है। पता नहीं कैसे और कब वह बिगड़ी को बना दे।"

ललिता की बात में मीरा को सार लगा। सच, अगर उसका चित्तचोर, मन-मोहन परीक्षा ही ले रहा है तो देगी वह परीक्षा। सफल होकर रहेगी वह हर परीक्षा में। ले ले जितनी चाहे वह परीक्षाएं।

मीरा ने मन कड़ा किया और तन का कांपना बन्द हो गया।

सखियों ने उसे मंडप में कुंअर भोजराज के पार्श्व में बैठा दिया। ललिता ने कानों में कहा, "पार्श्व में श्रीकृष्ण विराजमान हैं।"

'क्या दूसरी बार वरने के लिए ? सपने का वरना पर्याप्त नहीं था क्या ? या ईश्वर और देवी-देवता भी झूठे होते हैं ? क्या ठिकाना व्रज का वह छोरा तो आजीवन लोगों को छलता ही रहा !' मीरा के मन में आया ललिता को उत्तर जड़ दे पर सम्पूर्ण शरीर के अवगुंठन-ग्रस्त होने से कुछ देखने में नहीं आ रहा था।

पर व्रज के छैला ने यहां नहीं छला। अन्ततः घट ही गया एक चमत्कार अथवा कह लें एक संयोग ही बन आया मीरा के सौभाग्य से।

सप्तपदी पूरी हुई।

अग्नि में घृत भी पड़े।

बारी अब सिन्दूर-दान की थी। पुरोहित ने भोज के हाथ में चुटकी भर सिंदूर दे एक हाथ घूंघट काढ़े मीरा की सीमन्त रेखा (मांग) में उसे भर देने को कहा। मीरा ने पुरोहित का आदेश स्पष्ट सुना वह भीत हरिणी की तरह आपाद-मस्तक कांप गई। पर भोज निश्चल रहा। उसने सिंदूर वाले हाथ को बड़ी सहजता से मीरा के घूंघट के अन्दर किया। निकट था कि वह मीरा की कुंआरी मांग को लालिमा पूरित कर देता। पर सीमन्त तक पहुंचते ही भोज का हाथ न जाने क्यों

कांप गया और वह लालिमा जिसे मीरा के ललाट पर बिखरना था, उसके विवर्ण मुख को रंग गई दोनों कपोलों पर बहती अश्रुधार के साथ मिलकर। सीमन्त पर रेखा खींचने के बदले वह मीरा के गालों पर ही दो पतली सिन्दूरी रेखाएं खींच गई। मीरा अविवाहित रह गई। अपरिणिता। वह भय से कांपी, शायद भोज दूसरी बार चुटकी भरे।

पर भोज ने ऐसा नहीं किया। क्योंकि उस वीर के हाथ कांपे नहीं थे, उसने स्वयं कंपाया था उन्हें।

क्या कहेंगे आप इसे, चमत्कार या मात्र संयोग?

मीरा ने यह भेद अपने अन्दर ही पचा लिया। खोला तो केवल ललिता पर।

"मैं कहती थी न कृष्ण-भक्तन एकाकी नहीं होती? अब तो मुस्कराओ मेरी लाली।" ललिता ने मीरा की ठुडड़ी पकड़, उसकी आंखों में सीधे देखते हुए कहा। आंखों के अश्रु-पूर्ण रहते हुए भी स्मिति की एक हलकी रेखा मीरा के होंठों पर खेल गई।

"आगे भी सब ठीक रहेगा।"

"कैसे?"

"कैसे तो जाने तुम्हारा कृष्ण कन्हैया। मैं इस पचड़े में नहीं पड़ती।" और मीरा को अकेले छोड़ ललिता खिसक ली। परसों मीरा के ससुराल जाना था।

चौंसठ

विदा की बेला कठोरतम परीक्षा की बेला थी। मेड़ता, अब तक मीरा का बसेरा रहा था—इसके प्राण-पंछी का नीड़। किसी पक्षी को कोई नीड़-विहीन करे तो उसके प्राण क्या नहीं तड़पेंगे?

मीरा के लिए मेड़ता में सब कुछ था। पिता रतन सिंह, ताऊ वीरम सिंह, भाई जयमल, ताई कुसुम कुंअर बाई। इन्होंने उसकी इच्छा के विरुद्ध उसका विवाह कर जो उसकी भावनाओं के साथ निर्मम खिलवाड़ किया जो, पर थे तो वे उसके अपने ही? उन्हीं के मध्य रोते-गाते तो उसका अपना अब तक का जीवन बीता था!

मेड़ता में और कुछ था। स्वर्गीया मां की क्षीण किन्तु मधुर स्मृति थी। सखी ललिता का संग-सुख था। मेड़ता के आस-पास की अनगिनत झीलें और सरोवर तथा उनमें खिलने वाले कमल-पुष्प थे। खुले आसमान की, चैत्र-बैशाख और पौष-माघ की चन्द्रज्योत्सना थी। प्रात: की रुनझुन करती, गले की घंटी बजाती गौझुंडें और उनके पीछे हुंकार भरते गोवत्स थे। लालिमा-रंजित गोधूलियां थीं। मुसकराते सूर्योदय थे। ये सब तो अब सपने बनकर, चित्तौड़ की बाहरी चहारदीवारियों पर सिर फोड़ने वाले थे।

पर मेड़ता में और कुछ था। दादू, राव दूदा की भोली स्मृतियां। उनके साथ बिताई, संगमर्मरी सोपानों वाले सरोवरों के तीरों की घड़ियां। उनके संरक्षण में

किये गए अनगिनत अश्वारोहण। कौन सजीव करेगा इन सुखद स्मृतियों को चित्तौड़ की पाषाणी दीवारों के अन्दर? वे तड़प-तड़प कर यहीं दम तोड़ देंगी—मेड़ता के इन्हीं सरोवरों के कूल।

और? और? कैसे भूल पायेगी वह मेड़ता के सबसे बड़े साथी चतुर्भुज मंदिर को और उसमें प्रतिष्ठित चतुर्भुजी कृष्ण-प्रतिमा को? दुःख-सुख के हर अवसर पर तो इसी मंदिर में दौड़ी है वह? राव दूदा के नहीं रहने पर चतुर्भुज-मूर्ति की षोडषोपचार पूजन तो उसी ने सम्पन्न किए हैं। दुःख और सुख दोनों की अश्रुधाराओं से चतुर्भुज-विग्रह के चरणों को ही तो पखारा है कई बार काश, कोई पूरी मेड़ता—उसके झील-सरोवर, उसके पेड़-पखेरू, उसकी चांदनी-भींगी रातें, मटमैले पर उजास-भरे दिन और सबसे ऊपर उस चतुर्भुज-मन्दिर को ही भेज देता उसके साथ तो वह मेड़ता छोड़ प्रसन्नचित्त चल देती! पर यह सपना था कोरा सपना। कुछ नहीं जायेगा मेड़ता से, यहां तक कि उसके पिता, ताऊ, ताई और भाई जयमल तक भी। सब यहीं साथ छोड़ देंगे। अकेली ही उठेगी मीरा की पालकी?

पर···पर···पर यह कैसे होगा? उस समय सबको स्मरण करते-करते वह अपने मुरलीधर को कैसे भूल जाती है? मन्दिर में नहीं, उसके निजी कक्ष में पड़े मुरलीधर? मुरलीधर जो चतुर्भुज-विग्रह से अधिक ही उसके सुख-दुःख के साथी रहे हैं? मुरलीधर, जिनके चरणों पर इतने अश्रु-अर्घ्य चढ़ चुके हैं मीरा के कि अगर वे संगमर्मर के नहीं होकर मिट्टी के होते तो कभी के गल गथ गए रहते।

नहीं, मुरलीधर को न विस्मृत करना संभव है और न उन्हें यहां छोड़ना।

मीरा जायेगी तो मुरलीधर भी उसके साथ जायेंगे। यह वह कैसे भूल जाय कि मुरलीधर ही उसके सर्वस्व हैं।

मीरा को हंमी आती है। अब तक पत्नी ही पति के घर जाती रही हैं, आज पति पत्नी के साथ जायेंगे—पति मुरलीधर। लो मुरलीधर जैसा किया वैसा पाओ। मीरा के विवाह के स्वांग को रचने से नहीं रोक सके तो चलो तुम भी मेड़ता छोड़कर। क्या हुआ जो तुम सर्वव्यापी हो? मेड़ता की स्मृतियां तुम्हें नहीं कुरेदेंगी क्या? यहां की ऊषाएं? यहां की संध्याएं? कई बार तो मेड़ता की कई पुष्करणियों में तुम मेरे साथ स्नान कर चुके हो! दादू के मना करने पर भी मैं तुम्हें स्वच्छ-सलिल-कुंडों में डुबो ही देती थी। ओस-भींगी हो आती थी तुम्हारी देह। नहीं याद आयेंगे तुम्हें ये दिन? नहीं सतायेंगी यहां की स्मृतियां तुम्हें? तो रोना तुम भी। बहुत रुलाए हो मीरा को।

और? और? वह कैसे रहेगी यहां? रह भी कैसे पायेगी मेरे बिना वह? वही ललिता? इठलाती चलतो होगी वह अपने दावे पर—ईश्वर कभी भक्त को अकेला नहीं छोड़ता। उस दिन के अद्भुत सिंदूर-दान की कहानी भी तो उसे ही ज्ञात है। उसे या राव भोज को। उसे तो चलना ही है चित्तौड़। नहीं, किसके समक्ष रखेगी वह अपना सुख-दुःख? कौन दिलाता रहेगा उसे स्मरण मुरलीधर की सर्वसमर्थता का? कौन सुनेगा इनके चमत्कारों को अगर सचमुच वे घटे? चित्तौड़गढ़ में तो सुना राजनीति चलती है—महलों में भी। नारियों के मध्य भी। कहीं वह वहां के कुटिल दुश्चक्र में फंस गई तो ललिता के सिवा कौन होगा उसका

सहारा ? यह मुरलीधर ? अरे, यह तो पाषाण है, निरा पत्थर ! नहीं, नहीं, मीरा कान पकड़ती है। विवाह की रात की घटना के पश्चात् ऐसा कहना ठीक नहीं। आखिर किसने कंपाया कुंअर का हाथ ? अथवा कंपाने को बाध्य किया ? इसी मुरलीधर ने तो ! कोई माने या न माने मीरा तो यही मानती है।

विदा के दिन, प्रहर रात से ही मीरा को सजाया जाने लगा। नहीं, आज उसकी आंखों के अश्रु उसके अंगराग को नष्ट नहीं कर रहे थे। नहीं, आज वह नहीं रो रही थी—कम-से-कम बाहर से। वह जान गई थी रोना-धोना मेड़ता तक ही। चित्तौड़ में उसके आंसू पोंछने वाला भी कोई नहीं मिलेगा। उसका एक् नए जीवन से आमना-सामना होने जा रहा है। उसके लिए उसे अन्तर की सारी शक्तियों को संचित करना पड़ेगा। शायद विद्रोहिणी ही बनना पड़े उसे। झुकेगी नहीं वह किसी भी अत्याचार, अन्याय के समक्ष। किसी भी घिसी-पिटी मान्यताओं और विश्वासों के समक्ष। अब तक जीवन स्वच्छन्द था—वृन्त पर खिले फूल की तरह। अब वह फूलों के गुच्छ का एक भाग बनकर चित्तौड़ के किसी कोने को सजाने के उपयोग में आयेगा। इस क्रम में वह मुर्झा भी सकता है। पर वह उसे मिटने नहीं देगी। उसका जीवन कहने-मात्र को अपना है। है तो वह वस्तुतः उसके आराध्य, उसके मुरलीधर के चरणों पर अर्पित एक अधखिला पुष्प ही। नहीं, उस पुष्प को वह सूखने नहीं देगी। वह मुरलीधर की ही होकर रहेगी, भले ही उसके लिए उसे कितना ही विद्रोह करना पड़े। विद्रोहिणी बनेगी वह, आवश्यक हुआ तो, पर विवश बनकर वह नहीं रहेगी, परिणाम चाहे जो हो।

पैंसठ

अक्सर जो सोचो वही हो जाता है, इसीलिए किसी ने कहा सोचने से डरो। सोच को अक्सर ऊंचे धरातल पर, अनुकूल और शुभ रखो तो परिणाम भी तदनुकूल होंगे। सोच नहीं दिखाई पड़ते हैं तो क्या हुआ ? उनके अपने कम्पन-क्षेत्र होते हैं। वे अपने अनुकूल परिस्थितियां गढ़ लेते हैं। अच्छे हों तो अच्छे। बुरे हों तो बुरे। शब्द कहां दीखते हैं ? पर उनके कम्पन-क्षेत्र होते हैं कि नहीं ? उस क्षेत्र तक उनका प्रभाव होता है कि नहीं ? नहीं तो मंत्रों में शक्ति कहां से आती है ? मंत्र, शब्दों के विशेष संग्रह मात्र हैं कि नहीं ? तो सोच की बात भी वही है।

मीरा ने सोचा उसे कहीं विद्रोहिणी नहीं बनना पड़े और चित्तौड़गढ़ के महल में प्रवेश करते ही उसे ठीक ही विद्रोहिणी बनना पड़ा।

मनुष्य के कहीं पहुंचने के पूर्व उसकी विशेषताएं वहां पहुंचती हैं। उसकी कीर्ति-अपकीर्ति। कि नहीं ? चित्तौड़ के महल में प्रवेश के पूर्व ही 'मेड़ती'—हां, चित्तौड़ में घरानों के नाम पर ही नाम देने का प्रचलन था—की चित्र-विचित्र गाथाएं पहुंच चुकी थीं। वैष्णवी है वह—कृष्ण दीवानी। वह तो विवाह ही नहीं कर रही थी। कहती थी उसका पति तो कृष्ण है। बाप रे, कहीं ऐसा हुआ है ? मानुषी का विवाह और अविनाशी से ? वह तो पता नहीं कुंअर भोजराज के भाग्य के कपाट

को किसने किस जादू से खोला, कि यह चांद के सौंदर्य को भी मात देने वाली दुग्ध-धवला मानिनी उसे अपनाने पर प्रस्तुत हुई है।

लाख चाहा था राणा सांगा और कुंअर भोजराज ने मीरा के कृष्ण-प्रेम के भेद को अपने ही तक सीमित रखना। राजपुरोहित को भी पर्याप्त निर्देश दे दिया गया था पर दीवारों के भी कान होते हैं तो चित्तौड़-महल की दीवारों के कान नहीं हों, यह कैसे हो सकता है? मीरा की पालकी के पहुंचने के पूर्व ही अन्तःपुर फुस-फुसाहटों से गूंजने लगा था। घर और रिश्ते की आई सभी महिलाओं के मध्य एक ही चर्चा थी—इस 'मेड़ती' की अभी, आज ही परीक्षा होनी चाहिए। एक पूरा षड्यन्त्र ही मीरा के महल में पदार्पण के पूर्व वहां पदार्पण कर चुका था। परीक्षा होनी थी मीरा की—वह पूरी तरह वैष्णवी है, कृष्ण-भक्तन अथवा नये राज-घराने की कुल-परंपरा के साथ सामंजस्य स्थापित करने को प्रस्तुत है?

आरम्भिक षड्यंत्र का नेतृत्व संभाला राणा सांगा की पत्नी, मीरा की सास ने ही। आखिर बहू पर धाक जमाने का अवसर भी तो यही था?

चित्तौड़-घराना शैव था—शिव का पुजारी। उदय पूर्व से कुछ पूर्व भगवान 'एकलिंग' के भव्य किन्तु विशाल शिव-मंदिर में भी राणा-परिवार वर्ष में एक बार दर्शन करने पधारता ही था। यों देश के प्रायः प्रमुख ज्योतिर्लिंगों के वे दर्शन कर चुके थे—चाहे वह सुदूर रामेश्वरम का मंदिर हो अथवा नर्मदा तट स्थित ओंकालेश्वर का विग्रह या नासिक का त्र्यम्बक मंदिर अथवा काशी विश्वनाथ का विश्वेश्वर-विग्रह और शिव के ही दूसरे रूप वाराणसी स्थित ही कालभैरव की भारत-प्रसिद्ध मूर्ति। उज्जैन का महाकाल मंदिर और उत्तर भारत का वैजनाथ मंदिर तथा पूना के आगे की दुर्गम पहाड़ियों में स्थित भीमशंकर के दर्शन भी इस शैव परिवार ने किया था।

मीरा की सास ने सोचा महल में स्थित शिव-मंदिर में ही, पालकी से उतरते-उतरते ही मीरा को पहुंचाया जाय। विल्वपत्रों से शिवलिंग का अर्चन करे वह।

पर शायद यह परीक्षा अधिक कड़ी हो जाय, राणा सांगा की पत्नी ने सोचा, कृष्णार्पिता मीरा कहीं शिव-विग्रह को देखकर आंखें ही नहीं मूंद ले तो सबके समक्ष भारी भद्द होगी एक स्वाभिमानिनी क्षत्राणी सास की।

क्षत्राणी के मस्तिष्क के कल्पना-अश्व कुलाचें भरने लगे? ऐसी स्थिति में क्या हो? मीरा की पालकी अन्दर आने ही वाली थी। शीघ्र ही कुछ निर्णय लेना आवश्यक था।

तभी सास के कल्पनाश्व एक स्थान पर अड़ गए। यह था शिव मंदिर से थोड़ी दूर पर ही निर्मित शिवा का—शक्ति का—मंदिर। शिव और शक्ति तो अभिन्न हैं, शक्ति के बिना शिव, शव से अधिक कुछ नहीं, अतः राजपरिवार के बहुत-से लोग शिवाराधना के पश्चात् शक्ति-पूजन भी कर लेते थे। क्यों नहीं मीरा को सर्वप्रथम शक्ति मंदिर में ही जाने को बाध्य किया जाय? अगर वह सचमुच पूर्ण-तया कृष्णार्पिता होगी तो शक्ति-मूर्ति पर जवा-कुसुम (उड़हल) के दो रक्तपुष्प भी नहीं फेंकना चाहेगी और अधिक-से-अधिक मंदिर से उलटे पैरों वापस हो जायेगी। कम-से-कम शिव-मंदिर का संभावित उपद्रव यहां नहीं खड़ा होगा।

पर मीरा की सास की कल्पना से अधिक ही मीरा विद्रोहिणी और जिद की

पक्की निकली। मीरा की सास इस स्थिति के लिए एकदम ही प्रस्तुत नहीं थी। मीरा की पालकी कई महाद्वारों और द्वारों को पार करती हुई अन्त:पुर में पहुंची।

उसी के पीछे-पीछे एक और पालकी भी अन्त:पुर तक आ जुटी। इसमें कौन है, सभी उपस्थित महिलाओं को आश्चर्य हुआ। क्या कुंअर भोज ने दो-दो विवाह रचाए हैं?

"इसमें है मीरा की बाल-सखी ललिता।" ललिता की पालकी के साथ आए चंवरधारी ने स्पष्ट किया।

"दासियों की बात तो दूल्हन के साथ आने की सुनी थी। ये सखियां-सहेलियां कब से आने लगीं!" उपस्थित महिलाएं फुसफुसाईं। राणा सांगा की पत्नी भी झल्लाई, "तो यह निगोड़ी अकेली नहीं है। एक मंत्र-दात्री भी साथ में है। पता नहीं दोनों मिलकर क्या गुल खिलायें इस राजमहल में?"

कहारों और चंवरधारियों के चले जाने के पश्चात् सर्वप्रथम मीरा की पालकी के पर्दे हटाये राणा सांगा की पत्नी ने। मीरा बाहर आई। रंग-ढंग से ही पहचान लिया सामने खड़ी कर्मवती को कि यही सास जी हैं। हाथों से पैरों को छूकर प्रणाम करना चाहा। पर दाहिनी कांख में तो 'मुरलीमनोहर' दबे थे। अत:, पैरों पर सिर ही रख दिया मीरा ने। रानी कर्मवती, राणा सांगा की अब तक बची दो पत्नियों में से एक, जलभुनकर रह गई। बहू को दोनों हाथों से पैर दबाकर अपनी सास को प्रणाम करने थे। कर्मवती ने पास में खड़ी अपनी सौत, यद्यपि वह उससे पूर्णतया जलती थी, धनबाई की ओर भी इंगित किया। मीरा ने उसी रूप में इस सास को भी प्रणाम किया। धनबाई भी राठौर परिवार की थी जैसी की मीरा, अत: उसकी स्वाभाविक सहानुभूति इस नई दूल्हन के प्रति थी। महल की राजनीति में वह उसकी संगिनी बन सकती थी, अत: उसने अपने चेहरे के भावों को नियंत्रित रखा अपितु एक मृदुल मुसकान ही उसके होंठों से खेलती रही।

कर्मवती जल-भुन गई थी। आज तक उस महल में बगल में प्राय: आदमकद मूर्ति दबाए किसी नवविवाहिता ने प्रवेश नहीं किया था।

"यह क्या है बहू?" कर्मवती ने पूछा।

मीरा चुप ही रही।

इसी मध्य ललिता की पालकी के पर्दे भी हटाए गए। एक राजकुमारी की तरह ही सुसज्जित ललिता भी बाहर निकली। उसने उपस्थित सभी महिलाओं का प्रणिपात किया।

"मैंने पूछा, कांख के नीचे यह कौन-सी विचित्र मूर्ति दबा रखी है?"

अपने स्थान पर यथावत् खड़ी मीरा चुप ही रही। कहीं उसके मुंह से कोई कड़ी बात नहीं निकल जाय, अत: ललिता ने ही बात संभाली, "यह मीरा देवी के इष्ट-देव मुरलीमनोहर की मूर्ति है।"

कर्मवती ने सुना और सोचा तो इस तथाकथित सखी की जीभ भी पर्याप्त लम्बी है। खैर देख लेंगे इसे, समय आने दो।

"उस तरफ चलो बहू।" कर्मवती ने कड़कती आवाज में मीरा से कहा। सास की आरम्भिक बातों से ही उसके अन्दर विद्रोह का सर्प सिर उठा चुका था। अब वह पूरी तरह फुंफकारें मारने लगा। पर मीरा चुप ही रही।

सास के द्वारा बताई गई दिशा की ओर वह हौले-हौले आगे बढ़ी।

"इस 'मुरलीमनोहर' को उस दासी को थमा दो।" कर्मवती ने एक काली-कलूटी-सी दासी की ओर इंगित किया। मीरा ने उस ओर आंखें उठाकर देखा और मुरलीमनोहर को और जोरों से पार्श्व में दबा लिया। उसने सास के स्वर में मुरलीमनोहर के अपमान की गन्ध को अच्छी तरह भांप लिया था। उसके विद्रोह के सर्प ने अब बाहर सिर निकालकर सास पर फन पटकना चाहा, पर बड़ी कठिनाई से उसने अपने होठों पर मौन की अर्गला चढ़ाई।

"मैं कहती हूं यह मूर्ति नहीं जाएगी मंदिर के अन्दर।" कर्मवती ने आगे बढ़ते हुए कहा।

"इस मूर्ति को हाथ नहीं लगाइएगा सासू जी।" अन्ततः मीरा की जिह्वा नियंत्रण खो ही बैठी। कर्मवती अवाक्। जैसे निरभ्र आकाश से वज्रपात हुआ हो। और महिलाएं भी सन्न रह गईं। केवल धनबाई के होंठों पर एक हलकी मुसकान खिली—असली राठौरी रक्त है उसकी रगों में। ये सिसौदिया वंशी भी क्या समझेंगे कि एक और राठौरिनी आई है इस महल में। कह लें लोग इसे मेड़ती पर है तो यह राठौरी ही।

"मेरे हाथ क्या ऐसे अपवित्र हैं? मैं इस मूर्ति को हाथ नहीं लगा सकती तो और कौन इसे स्पर्श कर सकता है, यह मैं जरा जानूं तो!"

इसी मध्य ललिता ने आगे बढ़कर मीरा के हाथ से मुरलीमनोहर की मूर्ति थाम ली।

"हूं।" कर्मवती ने किसी नागिन की तरह ही फुफकारा।

शक्ति-मंदिर पार्श्व में ही था। मीरा ने अपने मुख का अवगुंठन बहुत कुछ हटा दिया था ताकि ठीक से देख सके। कर्मवती उस अप्रतिम सौन्दर्य को देखकर अवाक् रह गई थी। अंग-अंग खिले थे। मुख तो स्पष्टतः चन्द्रमा को भी मुंह चिढ़ाता था। पूर्ण दुग्ध-धवल तन-रंग को कइयों ने पहले-पहल देखा था।

कर्मवती अवश्य ही ईर्ष्या से जल आई थी। एक हीन-भावना भी स्पष्टतः उसके चेहरे पर छा आई थी। अभी तो क्या अपनी षोडशवर्षीय अवस्था में भी कर्मवती इतनी रूपवती नहीं थी। पर सास तो वही थी! मीरा चाहे जितनी रूपवती और गुणवती हो थी तो वधू ही। कर्मवती ने अपने मन को ढाढ़स बंधाया।

मीरा और औरतों से घिरी शक्ति-मंदिर के द्वार पर पहुंची। द्वार पर ही उसके पैर ठिठक गए। अन्दर रक्त-वर्णा, जिह्वा लपलपाती, खड्गधारिणी काली की विशाल मूर्ति खड़ी थी।

मीरा की परीक्षा का समय आ गया था। द्वार पर उसके पैर ठिठकते ही कर्मवती का मन-कमल उत्फुल्ल हो आया था।

"अन्दर चलो मीरा!" सास ने आदेश दिया।

"मैं अन्दर नहीं जा सकती।" मीरा ने कहा। विद्रोह का स्पष्ट स्वर मुखर हुआ।

"क्यों?" सास ने कड़ककर पूछा।

"क्यों का उत्तर ललिता की कांख में दबा है।" मीरा ने मुरलीधर की मूर्ति की ओर इंगित कर कहा।

"मैं तुमसे सुनना चाहती हूं।" सास के स्वर में वही कड़क थी।

"मुझसे ?" मीरा ने अब स्पष्ट कहा, "तो सुन ही लीजिए।" उसके अन्तर की आशु कवयित्री जाग उठी और उसने झट एक पद गढ़कर सुना दिया—

"जू बिकायो मोसो लाल गिरधारी हाथ
और कौन गहै, एक वहै अभिलाखिए।"

—जो मेरी तरह गिरधारी के हाथों बिक गया वह और किसे (इष्ट रूप में ग्रहण करे। उसे तो केवल उसी (गिरधारी की) अभिलाषा बनी रहेगी।

मीरा की इस आशु प्रतिभा पर सभी उपस्थित महिलाएं आश्चर्यचकित हुईं। कर्मवती झेंप गई। फिर भी उसने हिम्मत नहीं हारी। बाल्यपन में कभी वह भी कविता करती थी, अतः प्रयत्न कर एक काव्य-पंक्ति में ही मीरा को उत्तर देकर सुहाग के नाम पर उसे निरुत्तर करना चाहा—

"बढ़त सुहाग याके पूजे, तातें पूजा करौं"

—उसकी पूजा करने से सुहाग बढ़ती है, अतः उसकी पूजा करो।

पर काली की मूर्ति मीरा के हाथों पूजा नहीं पा सकी। मीरा के पैर क्षण का विलम्ब किये बिना ही वापस हो चुके थे।

छियासठ

मीरा को शक्ति-मंन्दिर से वापस आने के पश्चात् बहुत सारी औपचारिकताओं से गुजरते पर्याप्त समय लग गया।

उसे इन सारे अनेकानेक विधानों में कोई रुचि नहीं थी, वह तो शीघ्रातिशीघ्र अपने लिए आवंटित कक्ष में पहुंचकर अपने मुरलीमनोहर को बहुत सारे उपालंभों का नैवेद्य चढ़ाने को आतुर थी। सास कर्मवती और उनकी साथ की महिलाओं ने जो उनका प्रत्यक्ष और अप्रत्यक्ष अपमान किया था, उससे उसका मन विगलित हो आया था। केवल धनबाई के व्यवहार में उसने अपनापन और स्नेह की झांकी पाई थी। नव-वधू के स्वागत की प्रक्रियाएं भी सभी औपचारिक मात्र थीं। वह चाहती थी कि शीघ्र इन विधि-विधानों से मुक्ति पा वह मुरलीमनोहर के चरणों में अपने आक्रोश को आंसुओं में ढालकर उड़ेल दे। चित्तौड़ उसे मन से नहीं अपना पायेगा, वह समझ चुकी थी। पर अभी से पूर्णतया विद्रोह का झंडा खड़ा कर देना न उचित था न था वह उसके हित में ही। ललिता इस मध्य मीरा के शयनकक्ष का पता कर उसमें मुरलीमनोहर को एक ऊंचे स्थान पर स्थापित कर आई थी।

कर्मवती ने उसे देख लिया था और उसने ललिता को आड़े हाथों लिया था— "यह शयन-कक्ष है देवी जी! मुरलीमनोहर को बैठाना ही है तो शिव या शक्ति के मंदिर में एक तरफ बैठा दीजिए।"

"मीरा के मुरलीमनोहर उसके निजी कक्ष में ही रहते हैं।" ललिता ने छूटते ही उत्तर दिया था।

"क्यों नहीं मीरा विवाहिता जो उनकी ठहरी!" कर्मवती कहते-कहते रुक गई।

इस मध्य स्वागत एवं अन्य मांगलिक विधान येन केन प्रकारेण समाप्त हो गए थे और मीरा दौड़ी अपने शयन-कक्ष में। मुरलीमनोहर के पाषाणी चरणों में वह मूल-कटे वृक्ष की तरह पड़ गई। उसकी सिसकियां फूट पड़ी थीं और वह उपालंभ के स्वर में बोली थी, "अच्छे स्थान में ले आए गिरधारी! यहां सभी पहले ही से मुंह चढ़ाये बैठे हैं। यह तुम्हारी ही प्रीति का फल है न? न लगाती तुम में मन न देखना पड़ता मुझे यह दिन। बहुत बात करती है ललिता तुम्हारी कृपा और तुम्हारे चमत्कारों की। अब दिखाओ कौन-सा चमत्कार दिखाते हो यहां। यहां मेरे तो मेरे, तुम्हारे शत्रु भी भरे पड़े हैं। फूटी आंखों भी तुम नहीं सुहाते किसी को। मेरी रक्षा क्या करोगे पहले अपनी ही रक्षा कर लो। बड़े पराक्रमी बनते हो, सर्व-समर्थ, यहां अकेले कर्मवती ही हम दोनों की ऐसी-तैसी करने पर तुली है।

"ऊपर से मेरी लाज! आज तो मधु-रात्रि है न, भोज से मिलन की बेला! आज कैसे करोगे मेरी रक्षा? तुम्हारी होकर भी किसी और की होने की अपेक्षा तो प्राणों को त्याग देना ही उचित है। बोलो किधर से पाऊं विष कि त्राण पा जाऊं इस आसन्न विपत्ति से! द्रौपदी की लाज रखी थी तुमने, कहा जाता है। मेरी लाज रखो तो जानूं! क्या रखोगे तुम मेरी लाज? पाषाण के बने ही हो। कोई मरे या जीवित रहे तुम्हारा क्या? किस अशुभ घड़ी में मन लग गया तुमसें?"

मीरा बोलती जा रही थी और उसकी आंखों से निरन्तर अश्रु बहते जा रहे थे।

उसकी वाणी फिर भी अवरुद्ध नहीं हो रही थी। वह मुरलीधर को सब कुछ सुना ही देना चाहती थी। कर्मवती के व्यवहारों ने बहुत कचोटा था उसे। उस पर अब सन्ध्या घिरने को थी। थोड़ी देर में रात्रि का पहरा इस कक्ष पर आ बैठेगा। तब आएंगे भोजराज। वह उनकी परिणिता जो है! सर्वाधिकार है उनका उस पर—। अब कैसे रहेगी उसकी लाज? बार-बार यही बात उसको व्यथित कर रही थी। श्रीकृष्ण ने बांह थामी थी उसकी सपने में पर वह तो जागती-सोती सदा उसी की होती है, उसी श्रीकृष्ण की।

"बांह पकड़े हो तो बांह पकड़ने की लाज भी रखो।" मीरा का क्रन्दन जारी था, "लाज-रक्षा के लिए तो बहुत प्रसिद्ध रहे हो, अब मेरी लाज रखने के समय क्यों कन्नी काट रहे हो?" बोलते-बोलते अनायास गीत के बोलों के रूप में मीरा की व्यथा बह चली—

अब तो निभायां बांह गह्यारीं लाज।
असरण सरण कह्यां गिरधारी,
पतित उधारत पाज।
भो सागर मझधार अधारां।
थे बिण धणो अकाज।
जुग-जुग मीरा हरां भगतारीं,
दीहयां मोच्छ नेवाज।
मीरां सरण जहां चरणांरी।
लाज रखो महाराज।

सड़सठ

मीरा इधर अपने गिरधारी के आगे गिड़गिड़ा रही थी, उधर कर्मवती के समक्ष भोजराज की पेशी हो चुकी थी।

"भोज!"

"मां!"

"अच्छी दुल्हन तुम्हारे सिर पड़ी।"

"क्यों, क्या दोष है उसमें?"

"पूछो कि क्या नहीं है?" कर्मवती झल्लाई। कुंअर भोज बड़ा शालीन और विनम्र माना जाता था उससे उस तरह उत्तर-प्रत्युत्तर की उम्मीद नहीं थी उन्हें।

"फिर भी जानूं तो सही कि क्या दोष है उसमें?"

कर्मवती कुछ देर तक सकपकाई आखिर क्या दोष मढ़ दे उसके सिर। यही कि वह चांद-सी सुन्दर है, कि दूध-सा उसका रंग यहां चित्तौड़ परिवार में किसी का नहीं या यह कि वह आशु-कवयित्री है? बात भी करती है तो कविता में। उनकी दृष्टि में जो दोष थे वे तो यही थे। ये ही उनके मन-कुसुम में रेगिस्तानी बबूल के कांटों की तरह चुभ रहे थे।

पर प्रत्यक्ष जो दोष थे वे तो कोई विशेष नहीं थे और राणा सांगा की पत्नी होने के कारण उन्हें ज्ञात था कि इन दोषों में से प्रधान दोष को जानकर भी इस मेड़ती को उतारा था उन्होंने अपनी राजनीति अथवा रणनीति की तुष्टि के लिए।

"अब बोलती क्यों नहीं मां?" कर्मवती कुंअर भोज की सौतेली मां थी अपनी मां तो पहले ही ईश्वर की प्यारी हो गई थी फिर भी वे उसे मां ही पुकारते थे। धनबाई को भी।

"कह न दिया कि एक हो तो बतलाऊं।" कर्मवती अब अपना पिंड छुड़ाने के चक्कर में थी।

"एक भी तो बतला दो।"

"वह मुंह लगती है।"

"किसके?"

"मेरे और किसके?"

"मैंने समझा सबके।"

कर्मवती फिर झेंपी। अगर वधू में मुंह लगने का दोष होता तो वह सबके मुंह लगती। केवल उसी के क्यों?

अब वह किस मुंह से बताए कि मुंह लगने को विवश तो उसी ने किया। कभी मुरलीमनोहर के ब्याज से, तो कभी सखी ललिता के नाम पर तो कभी शक्ति-पूजन का सहारा ले।

"तो तुम समझते हो कि दोष मेरा है?" कर्मवती ने पैंतरा बदला, "हाय री मेरी किस्मत, छोटे के दोष को बड़े के सिर मढ़ा जा रहा है, वह भी अपने ही बेटे द्वारा।" 'अपने' कहने के बाद वह थोड़ी झेंप गई। सचमुच क्या कुंअर भोजराज उसका अपना पुत्र होता तो उसकी बहू के साथ वह इस तरह का आचरण

करती ? कम-से-कम, सब कुछ जानते हुए भी वह उसे शक्ति-मन्दिर के द्वार नहीं ले जाती।

"मैं तुम्हारे सिर कोई दोष नहीं मढ़ना चाहता मां ! मैं तो मात्र नवागंतुका के गुण-दोष से परिचित होना चाहता हूं।"

"परिचित ही होना चाहते हो तो जान लो उसमें गुण तो कोई नहीं, दोष एक-से-एक हैं।"

"जैसे, एक तो सुना, शेष भी बता दो।"

"वह विवाहिता है।" कर्मवती ने अपनी तरफ का सबसे तीक्ष्ण शर छोड़ा सर्प-मुख।

कुंअर मुसकराया।

आगे बोला, "माना विवाहिता है। पर किसकी ?"

"किसी की है। है तो विवाहिता ही।" कर्मवती अड़ गई।

"मैं बताता हूं किसकी। कृष्ण की। तो कृष्ण तो चराचर पति है। वह मीरा का तो पति यों ही हो गया।"

कर्मवती इस बार निरुत्तर नहीं हुई। तमककर कहा, "यह सिसौदियों का घराना है।"

"तब ?"

"शिव के पुजारी हैं हम, पशुपति आशुतोष के, त्रिशूल धारी के। यहां रास-रचैया और मुरली बजैया की आवश्यकता नहीं। रण-क्षेत्रों में मुरली नहीं त्रिशूल ही काम आता है।" कर्मवती अपने तर्क की कल्पित अकाट्यता पर इतराई।

पर तर्क अकाट्य ठहरा नहीं।

"कृष्ण के पास भी तो चक्र है ? सुदर्शन चक्र ? सुना उसके समक्ष सारे शस्त्रास्त्र अपना तेज खो बैठते हैं।"

कर्मवती अब क्या बोले ? तरकश के सारे तीर तो निकल चुके थे ? अन्ततः वह झल्ला पड़ी, "जो तुम्हारे जी में आए, वही करो। एक विवाहिता को ही गले लगा लो।" मर्म पर ही फिर चोट किया उसने।

"विवाहिता अविवाहिता की ही बात है तो यह पहले ही सोचना था मां ! प्रस्ताव सिसौदियों के यहां से राठौरों को गया था। वे अपनी बेटी तुम्हारे जगत्-प्रसिद्ध वंश में देने को आतुर नहीं थे। महल की कूटनीति को मैं खूब जानता हूं, अभी से एक निरीह को इस जाल में नहीं फंसाओ तो अच्छा।"

'और अगर धनबाई फंसा ले ? एक राठौरी दूसरी राठौरी को ?' कर्मवती के मन में आया, मन का यह विष भी उगल ही दे, पर कुछ सोचकर चुप रह गई। तब सचमुच कलुषित राजनीति खुलकर सामने आ जाती।

"और कोई आज्ञा है कि जाऊं ?"

"कहां जाओगे ?" कर्मवती के मुंह से निकल ही गया। वह नहीं चाहती थी कि आज वह मीरा के संसर्ग में आए और जली-भुनी मीरा उसके कान भर दे। पर अन्ततः उसे अपने कथन पर पश्चाताप हुआ। आज तो मधुयामिनी थी। विवाह की प्रथम रात्रि, वह भी संयोगवश पूर्ण चन्द्र की ज्योत्सनापूर्ण रात्रि ! संध्या भी अब पूरी तरह घिर आई थी। ऐसे में भोज को मीरा के शयनागार में जाने से

रोकना क्या माता का धर्म था, भले ही वह विमाता ही हो?

"जाओ पर याद रखना तुम असाध्य रोग के रोगी हो। संयम ही तुम्हारी जीवन-रक्षा का आधार है।" कर्मवती का विष-वाण इस अमृत अवसर पर भी छूटने से नहीं रह सका।

"जानता हूं, सब कुछ जानता हूं और यह भी कि राजवैद्य ने मेरे जीवन के दिन निश्चित कर दिये हैं। संयम और असंयम से क्या अन्तर आने को है?"

"ठीक है नहीं बरतना संयम," कर्मवती के मन में आया कह दे, अनिंद्य सुंदरी को देख कौन और क्यों संयम बरते? आखिर यह सचमुच का चन्द्रमुख, यह दूधिया रंग इस महल में तो पहले-पहल देखा गया है? अब तक तो कई बार घूंघट के अन्दर झांककर इस रूप-माधुरी का पान कर चुके होंगे। पर वह इतना कुछ नहीं बोली। माता होने के कारण मुख पर ताला जो लगा था! पर प्रत्यक्ष में इतना ही कहा—"संयम से जीवन की फिर भी आशा है।"

"किस जीवन की? सारा जीवन नश्वर है। आज नहीं कल सबका कलेवर छूटना है? कौन अमृत-कलश पीकर बैठा है यहां? रह गई संयम-असंयम की बात तो वह मुझ पर छोड़ दो। तुम्हारे उपदेश के कारण नहीं पर अन्य कारणों से मैं जो उचित समझूंगा वही करूंगा।"

"क्यों नहीं?" कर्मवती का कलेजा फिर फटा, "एक राठौरी और जो आ गई उस महल में? पग जाव तुम भी पूरी तरह महल की राजनीति में। मुझे प्रणाम करने के बदले धनबाई के ही क्यों नहीं चरण-स्पर्श कर आए। कुछ गुड़ की बात बता देती वह राठौरन। पर ठीक ही कहते हो तुम तुम्हारे जीवन के दिन तो गिने चुने हैं। कभी आएगा मेरा बेटा विक्रम सिसौदिया—सिंहासन पर। तब मैं लूंगी गिन-गिन कर बदला तुम्हारी कृष्ण-भक्तन फूल-रानी से।' कर्मवती मन ही मन भिन्नाकर रह गई।

कुंअर शयनागार की ओर चल पड़ा। आसमान में राका-शशि अपनी सोलहों कलाओं से शोभायमान थां। पार्श्व में एक चमकीला तारा अपने प्रकाश उड़ेल रहा था।

मीरा के सदृश चांद के समक्ष वह उस इकलौते तारे से अधिक क्या था? भोज ने सोचा और वह मीरा के कक्ष में प्रवेश कर गया।

अड़सठ

मुरलीधर के चरणों में सिर रोपे मीरा अभी अपने में लौटी नहीं थी। वेदना के एक गीत के बाद दूसरा फूट पड़ता था। पूर्ण चन्द्र, कक्ष के गवाक्ष तक आकर अपना अमृत अन्दर उड़ेल रहा था। पर अन्दर तक विष से भर दी गई और आज की आशंका-ग्रस्त रात से भयभीत मीरा को चांद और उसकी कक्ष में पसरती जाती और उसकी काली केश-राशि पर पिघले रजत की लेप चढ़ाती उसकी किरणों से क्या लेना-देना था?

कहते हैं पूर्ण चन्द्र की रात में कवियों, कवयित्रियों और कलाकारों की

कल्पनाएं अत्यन्त प्रखर हो आती हैं। आज तो मीरा की कल्पना-लता में कोपल पर कोपल फूटने के कई कारण थे। सास और उनकी सहेलियों के द्वारा किया गया अपमान, आसन्न आशंका की समीप सरकती घड़ियां, पूर्णिमा का अमिय उड़ेलता आकाश और उसके ऊपर मेड़ता के स्वजनों से विछोह-वियोग। आखिर विरह भी कुछ कम तड़पाता है, वह भी स्वजनों का विरह ?

ले-देकर अभी चित्तौड़ में उसका अपना कौन था—मुरलीमनोहर के पाषाणी विग्रह के सिवा ? सिसौदिया कुंअर को अभी वह कितना जानती थी और जानने की इच्छा भी कहां थी ? ललिता सखी थी तो वह संध्या घिरते ही मीरा को मुरलीधर और भोजराज के हवाले छोड़ अपने कक्ष में बन्द हो गई थी।

कक्ष का दरवाजा खुला था। उसे बन्द करने की सुधि भी बावरी मीरा को कहां थी ? यह अच्छा ही था वर्ना कुंअर को अपनी प्रियतमा की एक पूर्ण झलक के बिना ही वापस लौटना पड़ता। वह तो उसकी प्रियतमा थी ही, भले उसका प्रियतम कोई और हो !

कपाटों को धीरे से ठेल भोजराज अन्दर उपस्थित हुए तो मीरा मुरलीमनोहर के चरणों पर पड़ी ही गुनगुना रही थी। उसकी केश-राशि पूर्णतया बिखरी हुई थी। आंखों से बहता जल मुरलीमनोहर के चरणों को निखारता हुआ आसपास फैल चुका था। क्या इसकी आंखों में सागर बसता है ? इतने सारे अश्रुजल को देखकर भोज ने सोचा। कितनी वेदना है इसके अन्दर ? और इस वेदना का मूल ? भोजराज ! भोजराज को बताने की कोई आवश्यकता नहीं थी। आज उन्हें पश्चाताप हो रहा था अपने निर्णय पर। व्यर्थ उसने इस कोमल-मना, कृष्णार्पिता को इतनी पीड़ा दी। नहीं करना था उन्हें विवाह इस विरह-विदग्धिनी से। एक तो कृष्ण के विरह की मारी, ऊपर से यह वज्रपात ?

कुंअर भोजराज के मन में आया वह उसकी केश-राशि पर अपने कोमल कर फेर दें। उसकी उलझी लटाओं को सुलझा दें। उन्होंने अपना दाहिना हाथ आगे बढ़ाया भी पर वे हाथ किसी अपराध-भावना से ग्रस्त हो केश-राशि तक पहुंचे ही नहीं, आसपास ही कांपकर रह गए।

मीरा के मुंह से गीत के अस्फुट स्वर अब भी फूट रहे थे जिन्हें भोज के कान आसानी से पकड़ पा रहे थे—

हेरी मैं तो प्रेम दिवानी
मेरो दरद न जाने कोय।
सूली ऊपर सेज हमारी,
किस विध सोना होय॥

गगन-मंडल में सेज पिया की,
किस विध मिलना होय।
घायल की गति घायल जानै
कि जिन घायल होय॥

जौहरी की गति जौहरी जानै।
कि जिन जौहर होय।
दरद की मारी बन-बन डोलूं।
वैद मिला नहीं कोय।
मीरा की प्रभु पीर मिटैगी
जब वैद सांवलिया होय॥

"मीरा !"

"..." अपनी वेदना में डूबी मीरा ने शायद सुना नहीं।

"मीरा !!" भोज ने अपनी आवाज कुछ तेज की। चाहकर भी वे मीरा का स्पर्श करने में सकुचाते रहे।

मीरा ने अपनी अश्रुपूरित आंखों से अचकचाकर पीछे देखा। एक सुन्दर, सुगठित तरुण खड़ा था। मीरा को पहचानने में देर नहीं लगी। एक क्षण वह किंकर्त्तव्यविमूढ़ता की स्थिति में रही। दूसरे ही क्षण उसे ललिता की बात याद आई—भोज में कृष्ण को ही देखो—और उसने आगे बढ़कर भोज के चरणों पर अपना सिर रोप दिया।

भोज ने मीरा को दोनों हाथों से पकड़कर उठा लिया। एक क्षण को उनके जी में आया वे उसे अपने वक्ष से सटा लें पर-दूसरे ही क्षण कुछ सोचकर उन्होंने उसे केवल हाथों से पकड़कर, खड़ी रहने में सहारा दिया किन्तु मुंह से स्पष्ट कहा—"तुम्हारा स्थान चरणों में नहीं हृदय में है।"

. मीरा जो किसी अप्रत्याशित आशंका से पवन-पीड़ित पत्ते की तरह कांप रही थी, कुछ सहज हुई और धीरे से बोली—"दासी का स्थान चरणों में ही ठीक है।"

भोजराज ने उसे वैसे ही पकड़े हुए कहा—"किसने कहा तुम दासी हो? मेड़ता की राठौर-राजकुमारी और चित्तौड़ की बहू दासी कब से होने लगी? बड़े कुंअर की ब्याहता पत्नी तुम भावी पटरानी हो, दासी नहीं।"

मीरा फिर नीचे से ऊपर तक कांप गई, पर कुछ बोली नहीं। बोलने को था भी क्या? सांसारिक दृष्टि में तो वह भोजराज की अर्द्धांगिनी बन ही चुकी थी। उसके शरीर का कंपन अवश्य बढ़ गया। उसको खड़ा रखना अब भोज के लिए भी कठिन था, अतः उन्होंने उसे आज के लिए विशेष रूप से सजे पुष्पाच्छादित पलंग की एक छोर पर बैठाना चाहा। पर मीरा अड़ गई—"मैं जहां बैठी थी वहीं ठीक।" उसने भोज की पकड़ से अपने बाहुओं को मुक्त करा भूमि पर ही बैठने का प्रयास किया।

पर भोज की पकड़ इतनी हल्की नहीं थी। बहेलिया के जाल में फंसी मृगी की तरह मीरा छटपटाकर रह गई पर वह उनकी पकड़ से बाहर नहीं आ सकी।

"तुम्हें इस पर्यंक पर बैठने में आपत्ति है? यह हम दोनों के लिए ही सजाया गया है। आज की रात के महत्त्व को सखियों ने तुम्हें समझाया होगा।" भोज धीरे-धीरे मधुभींगे शब्दों में बोले। उन्हें मीरा के निरन्तर कम्पायमान होते जा रहे तन का अनुमान था फिर भी वे अपनी बात कहते जा रहे थे। साथ ही मीरा

अगर पर्यंक पर नहीं बैठती तो वे उसे भूमि पर भी नहीं बैठने देने वाले थे। वे उसके बाहुओं पर अपनी पकड़ और कड़ी कर चुके थे।

मीरा का मन रोने का हो रहा था—जी खोलकर रोने का। भोज, सखियों की सीख की बात कर रहे थे। सखियों में सखी एक ललिता तो थी जिसने कहा था भोज में अपने श्रीकृष्ण का ही प्रतिबिम्ब देखना। अगर वह यही करे तो उसे इसी क्षण पर्यंक पर बैठना क्या, भोज के साथ इस सुगन्धित शय्या पर लेट जाना होगा। पर नहीं, यह कभी नहीं हो सकता था। मीरा ने मन-ही-मन तय किया। ललिता की बात अब तक चली, आगे नहीं चलेगी। वह दो राजवंशों को सम्बन्ध-सूत्र में बांधने के लिए मेड़ता से उठकर चित्तौड़ में आ गई, यही पर्याप्त है। अब वह निर्बंध रहेगी। भोज से वह कहीं से बंधने नहीं जा रही—कम-से-कम दैहिक स्तर पर तो कभी नहीं। नहीं, वह अब बात-बात पर रोयेगी नहीं। अपनी वेदना को वह अन्दर-ही-अन्दर पी जाएगी, पर चित्तौड़ के राजमहल में पैर रखते-ही-रखते जिस विद्रोहिणी का रूप उसने अपनाया है, उसका वही स्वरूप वर्तमान रहेगा। वह सारे संकटों से एकाकी लड़ेगी। भोज चाहे तो अपनी कमर में खुंसी कटार को उसके कलेजे में उतार दे पर उसकी मनमानी नहीं चलेगी।

"मैं जानता हूं मुझे तुम्हें आदिष्ट करने का कोई अधिकार नहीं, क्योंकि मैं नारी और पुरुष की समानता में विश्वास करता हूं पर इतना अनुरोध तो मैं तुमसे कर ही सकता हूं कि तुम इस पर्यंक पर बैठ जाओ। तुम चाहो तो मैं ही नीचे बैठ जाता हूं।" भोज ने आगे कहा।

"नहीं, नहीं।" मीरा हड़बड़ाकर इतना ही बोल सकी। उसने मन में सोचा कैसा आदमी है, आदिष्ट करने के बदले अनुरोध कर रहा है, इससे विद्रोह भी किया जाए तो कैसे?

इधर कुंअर भोजराज मीरा को नख-शिख देख चुके थे। उन्हें मानना पड़ा था कि ऐसा अपरूप रूप इन्होंने अब तक कहीं नहीं देखा था। श्वेत कुमुदिनी-पुष्प की तरह नीचे से ऊपर तक गठा शरीर, कुछ-कुछ वैसा ही किन्तु पूर्णतया दुग्धिल रंग, कानों तक विस्तृत मीनाक्षी नेत्र, धनुष की तनी प्रत्यंचा की तरह अर्द्धचन्द्राकार भौंहें, लम्बी शंख-ग्रीवा और इस ग्रीवा के ऊपर जैसे विधाता के ही हाथों गढ़ा तिकोना पर अद्भुत लावण्यपूर्ण चेहरा। कवियों द्वारा बार-बार कल्पित पर कभी नहीं देखी शुक-चंचु की शोभा को मात देती लम्बी नासिका। भोज ने मीरा के खुल आए कुन्तलों को भी दृष्टि को थोड़ी टेढ़ी कर देखा, अद्भुत रूप से मुलायम वे लम्बे कुन्तल घुटनों के नीचे तक झूल रहे थे।

भोज का बलात् नियन्त्रित मन अनायास अनियन्त्रित होने लगा था। मीरा की देह को पकड़े हाथों के माध्यम से जैसे कोई विद्युत तरंग उनकी रग-रग में दौड़ने लगी थी। उन्होंने अनायास अपनी इष्टदेवी भवानी को स्मरण किया—"मां यह कैसी परीक्षा?" और दूसरे ही क्षण उन्होंने अपनी भावनाओं को पूर्णतया नियन्त्रित कर मीरा को सम्बोधित किया—"अगर तुम्हें मेरे नीचे बैठने में एतराज है तो हम दोनों ही नीचे बैठ जाते हैं।" भोज ने मीरा की भुजाओं को छोड़ दिया। अब वह अपने पैरों पर खड़ी होने की स्थिति में आ गई थी।

मीरा घोर दुविधा में पड़ी। उसे लगा था यह आदमी अपने अधिकार का

उपयोग करेगा। वह उसे विधिवत ब्याह कर लाया है, वह चाहे तो उससे साधिकार अपना हक प्राप्त कर सकता है, पर यह तो पर्यंक के नीचे बैठने का प्रस्ताव रख रहा है। इस आदमी से शायद कोई भय नहीं है।

"आप पर्यंक पर आसीन हों, मैं नीचे आपके चरणों में बैठ लूंगी।" मीरा ने धीरे से कहा।

"यह नहीं हो सकता।"

"क्यों?"

"मैंने कहा न नारी होने के कारण मैं आपको अपने से जरा भी न्यून नहीं मानता।"

मीरा चुप रही।

"अगर आपको मेरी उपस्थिति ही खलती हो तो मैं यहां से जा भी सकता हूं।"

"नहीं, नहीं।" मीरा के मुंह से निकला और उसने न जाने किस आवेग में आ भोज का दाहिना हाथ पकड़ लिया। उसके पसीज आए हाथ की नमी भोज स्पष्ट अनुभव कर रहे थे। मीरा ने दूसरे ही क्षण भोज का हाथ छोड़ दिया। मन-ही-मन उसने अपने श्रीकृष्ण का स्मरण किया—पर-पुरुष के स्पर्श से कोई पाप बन पड़ा हो तो क्षमा करना।

"एक बात तो हो सकती है।" भोज ने प्रस्ताव रखा।

"क्या?" मीरा सशंक बोली।

"हम इस कक्ष में नहीं बैठ सकते तो बाहर छज्जे पर तो चल ही सकते हैं।" कहते हुए भोज ने छज्जे पर खुलनेवाले दरवाजे को खोल दिया और बाहर निकल आए। मीरा मंत्र-विद्ध-सी उनके पीछे हो ली। सुरभित सुमनों से सजा पर्यंक अपने तिरस्कार पर रोता रहा।

भोज छज्जे की नीची दीवार को पकड़कर खड़े हो गए। मीरा भी उनसे थोड़ी दूरी रख उसी तरह खड़ी हो गई। आसमान में राका-शशि पर्याप्त ऊपर चढ़ आया था। नीचे दूर तक विस्तृत वनस्पतियों का विस्तार रजत-चन्द्र-ज्योत्सना में स्नात हो एक अवर्णनीय आकर्षण की सृष्टि कर रहा था। सौन्दर्य जैसे लोट-पोट कर रहा था—तरु-शिखाओं पर, लता-गुल्मों पर और थोड़ी ही दूर पर झरते एक निर्झर की पतली दुग्धिल रेखाओं पर। घाटी में कहीं रजनीगन्धा इठला रही थी जिसकी मादक गंध ऊपर तक आकर मधुर सुगन्ध बिखेरने में व्यस्त थी। प्रकृति पूर्ण-यौवना थी। वातावरण मादक, मोहक और मन को बहका-बहका देने को आतुर।

एक सन्नाटा बुना पड़ा था भोज और मीरा के मध्य। भोज मीरा के थोड़ा और समीप आए। मीरा ने अपने स्थान से हटना चाहा तो वह बोल पड़े—"आप विश्वास रखें मुझसे जो गलती हो गई, वह हो गई, अब मैं आपकी अनुमति के बिना आपका स्पर्श भी नहीं कर सकता।"

मीरा अपने स्थान पर ही हिलकर रह गई। इस समय दोनों के मन में दो विपरीत विचार अठखेलियां कर रहे थे। मीरा प्रकृति के इस अद्‌भुत आकर्षण में अपने श्रीकृष्ण के ऐश्वर्य का अन्वेषण कर रही थी—निसर्ग का यह सारा वैभव

उस बांके बिहारी की लीला का ही तो विस्तार है ! मीरा को पत्ते-पत्ते में उसका मुरलीधर ही अपने सुकोमल होंठों से वंशी लगाए लीला-रत दिखाई पड़ता था। प्रकृति के इस स्वप्निल सौन्दर्य ने उसे भोज की उपस्थिति को भी विस्मृत करा दिया था। कभी वह ऊपर खिले पूर्णचन्द्र को देखती तो कभी नीचे बिखरे अपार सौन्दर्य को। हर कहीं तो कृष्ण ही कृष्ण थे। चांद का वह मोहक रूप क्या श्रीकृष्ण-चन्द्र का मुख नहीं हो सकता था ?

"मीरा !"

"ऐं, ओ !" भोज की आवाज पर मीरा अपने में लौटी और तब उसे लगा वहां वह अकेली नहीं थी। एक बार उसने भोज को नख-शिख भरपूर दृष्टि से देखा। चांदनी में स्नात भोज का बलिष्ठ शरीर और भरा-पूरा दमकता चेहरा अत्यन्त आकर्षक लग रहा था। उसने मेड़ता में कितने लोगों को देखा था पर उसे मानना पड़ा कि भोज के सदृश मोहक मानव-मूर्ति उसने अब तक नहीं देखी थी।

क्या जब सृष्टि के सम्पूर्ण सौन्दर्य में कृष्ण-ऐश्वर्य ही व्याप्त है तो सामने खड़े इस व्यक्ति में श्रीकृष्ण नहीं है ? ललिता ने तो यही कहा था—भोज में श्रीकृष्ण को ही देखना फिर सबकुछ सरल हो जाएगा।

"नहीं, नहीं," दूसरे ही क्षण मीरा के मन ने तर्क किया, "भोज में श्रीकृष्ण को नहीं देखा जा सकता। भोज श्रीकृष्ण का स्थान नहीं ले सकते। पर भोज आदमी अच्छे हैं। अगर उनके स्थान पर और कोई होता तो...।" मीरा सोचकर ही कांप गई और उसके मुंह से अनायास निकला—"हे कृष्ण।"

"मैं एक बात कहना चाहता था।" भोज ने मीरा की ओर सीधे देखते हुए कहा।

मीरा चुप रही। भोज ने इसे उसकी स्वीकृति माना।

"यह सबकुछ बहुत सुन्दर है।"

"क्या ?" मीरा के मन में आशंका के सर्प ने सिर उठाया।

"ये वनस्पति बोझिल पहाड़ियां, इन पर फैलती-खेलती दुग्ध-धवल चांदनी, वह फेनिल जलप्रपात, प्रकृति का यह मूक संगीत और सबसे ऊपर नीले आकाश के विस्तार में तैरता वह स्वर्ण-थाल सा चमकता चांद।"

"आप तो कविता करने लगे। आपने सचमुच कवि-हृदय पाया है।" मीरा आश्वस्त होकर बोली।

"मैंने तो कवि-हृदय ही पाया है, आप तो सचमुच कवयित्री हैं।"

"यह आपसे किसने कहा ?" मीरा ने पूछने के लिए पूछ लिया। ध्यान उसका पुनः निसर्ग के अद्भुत सौन्दर्य-आयोजन की ओर चला गया। वनस्पतियों पर फिसलती चांदनी ने उसकी आंखों को बांध लिया था। एक क्षण को उसे लगा उसने चित्तौड़ आकर अच्छा ही किया। उसके श्रीकृष्ण के इस अद्भुत नैसर्गिक ऐश्वर्य से तो वह अपरिचित ही रह जाती। मेड़ता में और कुछ तो था पर ये वनाच्छादित पर्वत, इनसे निस्सृत कल-कल ध्वनि-पूरित जलप्रपात और इन सबों पर बिछी, इनसे अठखेलियों में रत, पल-पल में विभिन्न रंग धारण करती ऐसी शुभ्र ज्योत्सना तथा तनोबा-सा तना ऐसा शुभ्र आकाश एवं उसको ज्योतित करता इठलाता-मचलता पूर्णचन्द्र तो वह प्रथम-प्रथम चित्तौड़ में ही देख रही थी।

"आपने मुझसे कुछ प्रश्न किया था ?" भोज ने ध्यान-मग्न मीरा को स्मरण दिलाया।

"हां हां" मीरा अपने में लौटी, "पर उत्तर तो आप ही को देना था।"

"बधिर कानों को उत्तर देने का अभी तक मैं संस्कार नहीं विकसित कर सका हूं।"

"बधिर ? कौन बधिर ?" मीरा ने साश्चर्य कहा, "मैं बधिर नहीं हूं। यह आपसे किसने कहा ?"

"आप तो प्रश्न कर, कहीं खो गई थीं। मैं उत्तर देता तो सुनता कौन ?"

"तो अब दे दीजिए।"

"प्रश्न आपको याद है ?"

"हां प्रश्न ही ऐसा है। आपसे किसने कहा कि मैं कवयित्री हूं ?"

"हवाओं ने।"

"धत् !" मीरा को भोज के प्रत्युत्पन्नमतित्व पर आश्चर्य हुआ, "हवाएं भी कहीं कुछ कहती हैं ?"

"कहतीं कैसे नहीं ? मलयगन्ध की कहानी किसके कन्धों पर आसीन हो आती है ? कलियों के चटकने और उनके सुगन्ध बिखेरने का भेद हवाओं के अलावा कौन उद्घाटित करता है ? श्रावण की पहली वर्षा से उठी मिट्टी की सोंधी गन्ध का समाचार किसके द्वारा प्रचारित होता है ? भौंरों की गुनगुनाहट, मधुमक्खियों के संगीत, मयूर के कुहु-कुहु और कोयल की कूक को हमारे कानों तक हवाएं ही तो···।"

मीरा मन्त्र-मुग्ध-सी सुनती रही। यह भोज तो सचमुच कवि है। कवि नहीं तो कवि-हृदय तो है ही। इस हृदय को कैसे और कितना तोड़ा जा सकता है ? हे गिरधारी किस परीक्षा की घड़ी को ला प्रस्तुत किया तुमने पुन: ?

"मैं कवयित्री आदि कुछ नहीं। पर आप सचमुच काव्य-प्रतिभासम्पन्न हैं। मेरी कविता आपके सामने पानी भरे। मैं यों ही कुछ पंक्तियां अपने गिरधारी की प्रार्थना के लिए जोड़ लेती हूं।"

"खैर, आपकी कवित्वशक्ति तो सर्वविदित है। अब तक मेवाड़ और मारवाड़ का बच्चा-बच्चा उस शक्ति से परिचित हो चुका है। मैंने ठीक कहा हवाओं से मैंने आपकी काव्य-प्रतिभा की बात सुनी है। आप क्या समझती हैं मेड़ता में जो आपने कुछेक साधु-संतों-वैरागियों को अपने पद सुनाए वे उन्हीं तक सीमित रहे ? अरे उनमें से अधिकांश सामान्य जन तो सामान्य जन, जनजातियों, वनवासियों को भी कण्ठस्थ हो गए हैं और अधिकांश उन्हें अवकाश और मस्ती के क्षणों में गुन-गुनाते रहते हैं—

मेरे तो गिरधर गोपाल दूसरो न कोई।
जाके सिर मोर मुकुट मेरो पति सोई॥"

मीरा यह सुनकर स्तब्ध रह गई। क्या अर्थ लगाया होगा भोज ने इसका ? कम-से-कम अंतिम पंक्ति का 'जाके सिर मोर मुकुट मेरो पति सोई।'

"अभी तो आपकी प्रतिभा का और प्रचार होगा। आपको यहां अधिक-से-

अधिक पद लिखने का मैं पूरा अवसर दूंगा। उन्हें साधु-संतों-पर्यटकों को जुटा-जुटाकर सुनवाऊंगा। आपकी प्रतिभा पूरे आर्यावर्त्त में व्याप्त हो जायेगी।" भोज बोल गए।

"सच? सच? सच कह रहे हैं आप? आप मुझे सत्संग करने दीजिएगा? मुझे अपने पदों के प्रचार की चिन्ता नहीं, न कीर्ति की कामना है पर मैं सत्संग का लाभ अवश्य उठाना चाहती हूं। सत्संग से संस्कार सुधरते हैं, ईश्वर-प्रेम में अभि-वृद्धि होती है, सत्संग से मैं अपने को अपने सांवले के समीप जाने योग्य बनाने में अधिक समर्थ होती हूं। सच आप मेरे सत्संग में बाधक नहीं बनिएगा?"

"बाधक बनने का प्रश्न कहां? जो तुम्हें प्रिय है, वह मुझे भी प्रिय होना चाहिए। चित्तौड़ किले में श्रीकृष्ण-मन्दिर नहीं है। मैं किले में शीघ्र ही एक भव्य श्रीकृष्ण मन्दिर बनवाऊंगा। पिता राणा सांगा की अनुमति मिल गई है। कोई भी साधु-संत, रागी-वैरागी उस मन्दिर में आ सकेगा। तुम उससे जितना चाहो सत्संग कर सकती हो। उन्हें पद सुना सकती हो। मैंने सुना है तुम नृत्य में भी पारंगता हो। अपने श्रीकृष्ण को प्रसन्न करने के लिए तुम उनके भक्तों के मध्य नृत्य-मग्न भी हो सकती हो। मुझे कोई आपत्ति नहीं। अन्ततः हर कला चाहे वह संगीत हो या नृत्य, ईश्वर द्वारा ही प्रदत्त होती है और उसका उपयोग भी उसी को प्रसन्न करने के लिए होना चाहिए।"

"यह मैं क्या सुन रही हूं?" मीरा ने विस्मित होकर पूछा, "सच आप मेरे लिए इतना कुछ कीजिएगा? क्यों, मैंने तो आपके लिए कुछ नहीं किया? मैं इतनी सबकी अधिकारिणी कहां?"

"क्यों? क्यों मैं ऐसा करूंगा तुम पूछ रही हो?"

"हां।" मीरा ने आह्लादित होकर कहा।

"तुम उसका उत्तर सुनने को प्रस्तुत हो? सुन पाओगी?"

"हां। अब आपसे कुछ भी सुनने में कोई बुराई नहीं है, जब आप मेरे लिए इतना कुछ करने को प्रस्तुत हैं।" मीरा बेझिझक बोली।

"सोच लो।"

"सोचने को कुछ नहीं रहा, आप बोल जाइए।" मीरा अपने उन्मुक्त कीर्तन-भजन, नृत्य-संगीत, सत्संग और सांवलिया की अर्चना-आराधना की संभावित प्रसन्नता में खोई हुई बोली।

"क्योंकि मैं तुमसे प्यार करता हूं।" भोज ने कहा। मीरा का मुख तत्काल प्रभावहीन हो गया। उसने सोचा, प्यार? प्यार तो उससे करने का केवल मुरली-धर को ही अधिकार है।

भोज मीरा के मनोभावों को पढ़ गए। वे इतने स्पष्ट रूप में उसके चेहरे पर अंकित ही हो गए थे।

"क्यों?" मीरा कुछ प्रकृतिस्थ होती बोली, "क्यों आप मुझसे प्यार करते हैं? मैं तो आपसे प्यार नहीं करती?"

"प्यार को प्रतिदान की अपेक्षा नहीं रहती। तुम मुझसे घृणा भी करो तो तुम मुझे अपने से प्यार करने से नहीं रोक सकती।"

"नहीं, नहीं," मीरा ने घबराकर कहा, "घृणा आपसे नहीं की जा सकती। आप

आदमी नहीं देवता हैं। अब तक कोई मुझे इतनी उन्मुक्तता देने को प्रस्तुत नहीं था जितना आप मुझ देने जा रहे हैं। पर मैं आपसे पुनः कहूंगी क्यों आप मुझसे प्रेम करते हैं, यह जानते हुए भी कि मैं आपसे प्रेम नहीं कर सकती।"

"इस क्यों का भी उत्तर चाहती हो?"

"हां।"

"तो मुझे वही कहना पड़ेगा जिसे कहने का साहस मैं अब तक जुटा नहीं पा रहा था।"

"कह जाइए। मेरी अनुमति है।"

"क्यों, क्योंकि तुम अनिंद्य सुन्दरी हो। तुम्हारे सदृश सुन्दर नारी, सच कहूं, मैंने अपने जीवन में कभी नहीं देखी। मैं तुम्हारे सम्बन्ध में सुनता अवश्य था, पर सुनने और देखने में अपार अन्तर पाया। तुम्हें देखने के पश्चात् मैं अपने हृदय पर नियन्त्रण नहीं रख सका हूं। मैं तुमसे प्रेम करने को विवश हूं।"

मीरा सन्न। शायद सुनना कुछ चाहती थी सुन कुछ गई।

"क्यों तुम्हें बुरा लगा?"

"हां।" मीरा ने स्पष्ट कहा।

"क्यों?"

"कई कारण हैं।'

"गिनती जाओ।"

"मैं श्रीकृष्ण और केवल श्रीकृष्ण से प्रेम करती हूं। मैं आपके प्रेम को स्वीकार भी नहीं कर सकती। उसके प्रतिदान की तो बात ही कल्पनातीत है।"

"मैंने पहले ही कहा सच्चा प्रेम प्रतिदान नहीं चाहता। रही बात तुम्हारी स्वीकार नहीं करने की तो इस क्षण के पश्चात मैं 'प्रेम' शब्द को जिह्वा पर भी नहीं लाऊंगा। मूक प्रेम को तुम क्या, विश्व की कोई शक्ति नहीं रोक सकती। और प्रश्न है?"

"हां।"

"पूछ लो।"

"आपका प्रेम शारीरिक आकर्षण पर आधारित है। सौन्दर्य अस्थाई है, अतः आपका प्रेम भी चन्द दिनों का है। अपनी भावुकता पर नियन्त्रण कीजिए। आप मीरा से नहीं मीरा के शरीर से प्रेम करते हैं।"

"मैं तुम्हारे शरीर का स्पर्श भी नहीं करने जा रहा।"

"भोजराज !!!" मीरा ने आश्चर्यचकित होकर कहा।

"हां यह सत्य है। रह गई बात तुम्हारे सौन्दर्य के कारण प्रेम करने की तो वह अर्द्ध सत्य ही है। निस्संदेह प्रेम सौन्दर्य से प्रेरित होता है। अन्त में सौन्दर्य चला जाता है पर प्रेम बना रहता है नहीं तो वृद्ध और वृद्धा पति-पत्नियां भी यौवनावस्था से अधिक ही वार्धक्य में आपसी सामीप्य का अनुभव नहीं करते।"

मीरा निरुत्तर।

"और भी कुछ पूछना है!"

"कुछ समझ में नहीं आ रहा है। एक बार पुनः कहना पड़ेगा कि आप मनुष्य नहीं देवता हैं।"

बाहर हवा में शीतलता भर आई थी। रजनीगंधा की सुगन्ध अब भी वातावरण को सुवासित कर रही थी। दूर का जलप्रपात अब भी कल-कल ध्वनि प्रस्तुत करने में मग्न था। पर ऊपर आसमान में चांद अपनी यात्रा के अन्तिम चरण में था। चांदनी रुठी-सी अभी वनस्पतियों पर ही अलसाई पड़ी थी।

"अब भीतर चल सकते हैं क्या?" भोज ने ही पहल की।

मीरा कुछ नहीं बोली। भोज अन्दर आये तो वह उनकी परछाईं-सी पीछे-पीछे भीतर आ गई।

अन्दर पर्यंक के पुष्प मुर्झानि-मुर्झानि को थे। दोनों ने उस ओर देखा।

"अब प्रातः होने में थोड़ा ही विलम्ब है। तुम इस पर्यंक पर आराम करो मैं कहीं और सो लूंगा।" कहकर भोज मुख्य दरवाजे की ओर मुड़े।

"सुनिए तो यह पर्यंक तो आपके लिए सजाया गया था। आप इस पर आराम करें। मैं ही कहीं और···।" मीरा के मुख से अनायास निकला। उसके स्वर में अनुरोध था।

"नहीं, तुम्हारा कहीं और जाना उचित नहीं।" भोज ने कहा और कक्ष से बाहर निकल गए।

मीरा ने पर्यंक को छुआ भी नहीं। वह वहीं भूमि पर निढाल पड़ गई। बहुत देर के बाद उसकी आंखें फिर झरने लगीं। किसके लिए थे ये अश्रु-बिन्दु? स्वजनों से वियोग के लिए, मुरलीमनोहर के प्यार के लिए या भोज के त्याग के लिए? स्वयं मीरा कुछ नहीं समझ पा रही थी। बस रोये जा रही थी। एक प्रश्न अवश्य उसके मन में बार-बार उठ रहा था, क्यों है भोज इतना अच्छा! वह आदमी क्यों नहीं है, देवता क्यों पैदा हुआ?

उनहत्तर

शेष रात्रि-पर्यन्त मीरा को नींद नहीं आई। वह भावनाओं के आलोड़न-प्रत्यालोड़न में बहती उतराती रही। एक ही दिन में उसका जीवन किस रूप में परिवर्तित हो गया था! एक ही दिन में मेड़ता से प्रायः सभी सम्बन्ध काटकर चित्तौड़गढ़ आ गई। एक ही दिन में उसे सास और उनकी सहेलियों के व्यंग्य-वाण झेलने पड़े। एक ही दिन में उसे भोज से परिचय हुआ जो उसकी आशंकाओं के पूर्णतया प्रतिकूल निकला।

भोज के रात के व्यवहार को वह क्या कहे? अपने हृदय में उमड़ते अथाह प्रेम का वह इजहार कर गया पर उसने उसके शरीर को हाथ भी नहीं लगाया। वह तो सारी संभावनाओं से समझौता करके आई ही थी। अगर भोज उस पर अपना अधिकार प्रदर्शित करता तो वह प्रतिवाद भी कितना कर सकती थी? अन्ततः वह उसे ब्याह कर लाया था।

मीरा ने प्रातः होते ही पुष्पों की शय्या पर एक उड़ती हुई दृष्टि डाली। वे बिना मसले पर मुर्झाए पड़े थे। अब उस पर्यंक पर कभी फूल नहीं महकेंगे, कभी

नहीं, मीरा ने सोचा और उसकी आंखों से जल की दो बूंदें निकलकर धरती पर गिर गईं। उसे अब ग्लानि हो रही थी। उसे भोज से कोई संबंध नहीं रखना था तो उसने उससे विवाह ही क्यों किया ? आखिर ललिता के इसी मन्तव्य पर तो वह इस विवाह के लिए प्रस्तुत हुई थी कि भोज में वह कृष्ण को ही देखेगी ? क्या होता अगर वैसा ही होने देती ? इससे वह अपवित्र हो जाती ? पुंश्चली ? शायद कभी नहीं। कृष्ण की भी तो कई पत्नियां थीं ? कहां उन्हें किसी ने व्यभिचारी की संज्ञा दी ? भोज अन्ततः उसका विवाहित पति था। उसके लिए उसके दिल में अपार प्यार भी था। फिर क्यों नहीं समर्पित हो सकी वह भोज के प्रति। क्यों व्यर्थ चली गई यह मधुयामिनी ? क्यों व्यर्थ हो गए इस पर्यंक के ये सुरभित सुमन ? क्या उसने भोज के प्रति कोई अपराध नहीं किया ? उसे अस्पृश्य मानना था तो न विवाह करने के कई उपाय थे। और नहीं तो मृत्यु के वरण से तो उसे कोई नहीं रोक सकता था ? उंगली में हीरे की अंगूठी तो अब भी पड़ी है। तो क्या कर दे वह अपना प्राणान्त !

नहीं, नहीं, अब यह नहीं संभव था। भोज के हृदय में अपने लिए हिलोरे लेते प्रेम को वह देख ही चुकी है। एक प्राण के जाने के साथ ही दो प्राणों का जाना निश्चित था। भोज नहीं जी पायेंगे उसके बिना। ललिता भी नहीं जीवित रहेगी। फिर यह तो पलायन होगा। जगत से, जागतिक स्थितियों से। मीरा पलायन-वादिनी नहीं हो सकती, वह विद्रोहिणी चाहे जो हो ले। और सवाल भोज का ही नहीं गिरधर का भी था। क्या विडम्बना थी ? भोज उससे प्यार करता था, और वह गिरधर से ! हर प्रेम में शायद यही होता है। 'क', 'ख' से प्यार करता है तो 'ख', 'ग' से। किसने इस तरह शापित किया इस नैसर्गिक वरदान को ? प्यार को ?

तो क्या अगर भोज आग्रह करें तो वह उनकी हो जाएगी ? शायद हां, शायद नहीं। भोज का मन तोड़ना उसके वश की बात नहीं, अब वह जो कुछ कहेंगे उसका वह प्रतिवाद नहीं करेगी। पर अच्छा हो वह उससे कृष्ण का देय नहीं ही मांगे। श्रीकृष्ण ने कई विवाह किए होंगे, वे पुरुष थे। मीरा ऐसा नहीं कर सकती। क्यों नहीं कर सकती ? दो पति भी नहीं रख सकती ? द्रोपदी के तो फिर भी पांच-पांच पति थे, मीरा के मन ने तर्क किया ? उत्तर तत्काल आया। द्रोपदी आज का उदाहरण नहीं बन सकती। वह नारी पर, नारी (कुन्ती) द्वारा ही किए गए अन्याय की साक्षात् प्रतिमूर्ति थी। द्रोपदी पांच पति रख ले। मीरा दो भी नहीं रख सकती।

सपने के पति को भी नहीं ? मीरा के मन ने फिर प्रश्न किया, अन्ततः श्रीकृष्ण तो एक कल्पना-पुरुष से अधिक कुछ नहीं थे ? उनसे उसका कोई दैहिक संबंध तो था नहीं ? सपने का सच भी क्या सच होता है ?

होता है। सत्य शायद ही कभी निरपेक्ष हुआ हो। वह सदा सापेक्ष होता है। काल-सापेक्ष, परिस्थिति-सापेक्ष व्यक्ति-सापेक्ष। बात सोचने की है। अगर मीरा ने कृष्ण को पति रूप में सोचा और माना है तो वह उसके पति हैं। और कोई माने या न माने इससे क्या अन्तर पड़ता है !

तब ?

तब भोज के प्रेम का क्या होगा ? मीरा के सोच का कोई अन्त नहीं था। भोज अपने प्रेम का प्रतिदान नहीं चाहता, उसने स्वयं कहा है, मीरा ने अपने मन को सान्त्वना दी।

मीरा तब दोनों को निभा लेगी, श्रीकृष्ण को भी भोज को भी।

श्रीकृष्ण से उसके संबंध की पुनीतता बनी रहे यही अच्छा। भोज इसमें सहायक ही होगा।

पर क्या यह भोज के प्रति अन्याय नहीं होगा ? भोज सौजन्यवश अस्पृश्य बना रहना चाहता है। पर क्या भोज के मन का सत्य यही है ? मीरा के पास इस प्रश्न का कोई उत्तर नहीं था।

ठीक इसी समय ललिता ने कमरे में प्रवेश किया।

"यह क्या मीरा ?" उसने पर्यंक की ओर देखते ही कहा।

"क्या ?" मीरा अनजान बनी।

"भोज तुम्हारे कक्ष में आये तक नहीं ?"

"आये।"

"आये ?"

"हां।"

"तब ?" ललिता ने पूछा

"तब क्या ?"

"तुमने उनसे अभद्रता की।"

"उनसे कोई अभद्रता नहीं कर सकता," मीरा ने कहा, "वह मनुष्य रूप में देवता हैं।"

"और तुमने देवता को खाली हाथों लौटा दिया ? कम-से-कम कक्ष तो यही कहानी कहता है।"

"मैं विवश हूं।" मीरा ने किसी तरह कहा।

"विवश हूं।" ललिता ने मुंह बिचकाया, "मैंने तुमसे कहा नहीं था, भोज में श्रीकृष्ण को ही देखो ?"

"कहा था पर कहना आसान है करना कठिन। ऐसे देवता का भी कोई विशेष आग्रह नहीं था।"

"क्या कहा ? भोजराज को तुमसे प्रेम नहीं है ?" ललिता ने आश्चर्य से पूछा, "तुम्हें देखकर तुमसे कोई प्रेम नहीं करे, यह हो ही नहीं सकता, कम-से-कम जो तुमसे विवाहित है।"

मीरा चुप रही।

"अपने कर्त्तव्य को पहचानो मीरा !" ललिता बोली।

"कर्त्तव्य स्पष्ट भी तो हो।" मीरा व्यथित-सी बोली, "दो नौकाओं पर तुम को सवारी का अनुभव है क्या, ललिता ?"

"नहीं, तुम्हें है क्या ?"

"हो रहा है।"

"कोई बात नहीं। तुम्हें सफलता मिल सकती है अगर, जैसा कहा अपने कर्त्तव्य को पहचान लो।"

"मैंने भी कहा कर्त्तव्य अस्पष्ट है।"

"नहीं है।" ललिता अड़ी।

"कैसे ?"

"तुम, दोनों को साध सकती हो। तुम्हीं ने कहा भोज देवता हैं। देवता को साधना क्या कठिन ?"

"देवता अगर दुराग्रह करे ?" मीरा के मुख से निकला।

"उसे आग्रह मानो।"

"ललिता !" मीरा लगभग चीखी।

"मैंने पहले ही मंत्र दिया था, भोज में कृष्ण को देखो।"

"तुम बार-बार एक ही मंत्र रटती रहती हो।"

"मंत्र बार-बार जपने से ही सिद्ध होता है।"

"मैं अपनी पुनीतता की रक्षा हर मूल्य पर करूंगी।" मीरा के शब्दों पर सहसा दृढ़ता चढ़ी।

"तुम्हारा भोज अगर देवता है तो तुम्हारी यह टेक भी शायद रह जाए। पर भोज के प्रेम का क्या करोगी ?"

"वह कहता है उसे कोई प्रतिदान नहीं चाहिए।"

"और तुम्हारा कर्त्तव्य क्या बनता है ?"

"ललिता, तुम मुझे पागल कर दोगी।" मीरा खीझकर बोली।

"मैं ? मैं कैसे ? पागल तुम्हें तुम्हारा कृष्ण कर सकता है। तुम्हारे भोज कर सकते हैं। मैं कैसे तुम्हें पागल करने लगी ?"

"क्यों भूल जाती हो कि यह विवाह करने के लिए तुमने ही मुझसे हां करवाया था ?" मीरा फिर खीझी।

"आधी बात ही क्यों याद रखती हो ? मैंने भोज में श्रीकृष्ण को देखने को भी कहा था।"

"मैंने उस समय नहीं समझा था कि यह कार्य इतना कठिन होगा।"

"तो दोष इसमें मेरा नहीं है।"

"तो तुम मेरी कुछ सहायता भी नहीं कर सकती ?" मीरा बोली।

"नहीं मैं तो नहीं कर सकती। अब वही तुम्हारी सहायता करेगा ?"

"कौन ?"

"तुम्हारा कृष्ण-कन्हाई।"

"तो तुम्हें भी उसके चमत्कारों में विश्वास है ?"

"एक चमत्कार तो सामने ही है।"

"क्या ?"

"यह कोरा पर्यंक। तुम्हारी पुनीतता तो मधुयामिनी में भी सुरक्षित रह ही गई।" ललिता मुसकराकर बोली।

"पर भोज ? उसकी भावनाओं का क्या होगा ? वह मुझसे बहुत प्रेम करता है।"

"उसे भी तुम्हारा मुरलीमनोहर देख लेगा। वह जो करेगा, शुभ ही करेगा। पर पहले मुझे कुछ और करना है।"

"क्या ?"

"इस कोरे पलंग का परिष्कार। नहीं तो कोई उसे इस रूप में देख लेगा तो बात का बतंगड़ बन जाएगा। इस राजमहल में राजनीति का नग्न नर्तन चलता है। लोग कहना शुरू करेंगे, पहली ही रात में भोज और मीरा में खटपट हो गया, कि मीरा ने अपने पर्यंक पर भोज को सोने भी नहीं दिया।"

"हुआ तो वस्तुतः यही" मीरा ने कहना चाहा पर कुछ सोचकर चुप ही रही।

ललिता ने पर्यंक के सारे सुमनों को समेटा और उन्हें बाहर के छज्जे से नीचे फेंक दिया। पर्यंक की चादर को हटाकर एक नई धुली चादर बिछा दी। पहली चादर वह अपने कमरे में लेती गई।

सत्तर

मानव स्वभाव की एक विचित्रता सर्वविदित है। अप्राप्य के लिए मनुष्य प्राण लगा देता है। जो प्राप्त हो गया उसके प्रति आकर्षण तिरोहित होने लगता है। दूर के वाद्य को सुहावने होने की लोकोक्ति के पीछे भी यही भेद है। दूरी, आकर्षण का एक प्रमुख कारण है। सामीप्य अनेक बार उसे समाप्त भी कर देता है।

मीरा की स्थिति बहुत भिन्न नहीं थी। भोजराज का एक बार उस पर प्रेम प्रकट कर फिर निरन्तर तीन दिन और तीन रात उसे दर्शन नहीं देना उसे व्यथित कर गया।

दिन में किधर से भी उनकी एक झलक मिल जाय, इसके लिए तो वह तड़पती ही, पूरी रात जागकर बिता देती—पता नहीं भोज कब कपाटों पर थपकी दे दें।

दूसरे दिन उसने अपने कक्ष के सामने से जाती अपनी ननद उदा बाई को पकड़ा।

"क्यों भाभी, मेरी आवश्यकता कैसे पड़ी ?" उदा चुटकी लेती हुई बोली। मीरा ने ललिता से पता कर लिया था कि उदा अत्यन्त सरल है और महल की राजनीति से उसे कुछ लेना-देना नहीं।

"क्यों तुम तो मेरी एकमात्र ननद हो, तुम्हारी आवश्यकता नहीं पड़ेगी तो किसकी पड़ेगी ?"

"आवश्यकता तो तुम्हें अभी मेरे अग्रज की पड़नी चाहिए। उनसे जब समय बचने लगे तो उनकी बहन को भी पूछ लेना।" उदा ने परिहास किया।

"तुम्हारे भइया का तो स्वयं दो दिनों से कोई पता नहीं।" मीरा के मुंह से अचानक निकल गया।

"तो तुम्हें मेरे भइया की चाह है ?" उदा ने आश्चर्य से पूछा।

"क्यों, ऐसा क्यों कहती हो ?"

"अरे भई, मैं क्या जानूं ? मैंने जो सुना उसके आधार पर कह रही हूं।"

"क्या सुना ?" मीरा विस्मित हुई।

"यही कि तुम तो कृष्ण की दीवानी हो। उनके सिवा किसी और की तुम्हें आवश्यकता ही नहीं।"

"अच्छा ! और भी कुछ सुना ?" मीरा की जिज्ञासा बढ़ी।

"हां।"

"क्या ?"

"कि यह तुम्हारा दूसरा विवाह है।"

"क्या बोलती हो उदा ?" मीरा का चेहरा आतंकित हो आया।

"हां, ठीक ही बोलती हूं। मां कर्मवती कहती है कि भइया से तुम्हारा दूसरा विवाह है।"

"तो पहला विवाह किससे और कहां हुआ ?" मीरा ने पूछा।

"श्रीकृष्ण से हुआ। कहां हुआ उसका अनुसन्धान किया जा रहा है।"

"अनुसन्धान ?" मीरा सशंकित हुई, क्या बोलती हो ननद जी, कृष्ण क्या कोई मनुष्य हैं कि उनके साथ हुए विवाह का अनुसन्धान करना है ? भगवान से कोई सम्बन्ध मन में जोड़ता है कि और कहां ?"

"यह क्या आवश्यक है कि तुम्हारा श्रीकृष्ण परब्रह्म अथवा ईश्वर ही हो। वह श्रीकृष्ण नाम का कोई व्यक्ति भी तो हो सकता है ?" उदा ने कहा और मीरा ने अपने कानों में उंगली डाल ली। उसकी आंखों में अश्रु छलछला आए। उसका सुन्दर रक्ताभ चेहरा क्षण भर में रक्तहीन हो आया।

उदा ने उसे देखा और बोली—"क्षमा करना भाभी ! मैं यह सब नहीं कह रही। यह महल की राजनीति कह रही है। कर्मवती और उसके सहायक सहायिकाएं कह रहे हैं। मुझे तुमसे ये सारी बातें नहीं बतानी चाहिए थीं पर तुम सरल और भोली हो, बड़े महलों की राजनीति से अनभिज्ञ, इसीलिए सब कुछ कहना पड़ रहा है। कहा यह जाता है कि कृष्ण की पूजा-अर्चना तो बहाना है। तुम इस पाषाण की मूर्ति में भी अपने पुरुष-प्रियतम का रूप देखती हो।"

"उदा ?" अश्रुविगलित स्वर में मीरा इतना ही बोल सकी।

"हां भाभी, तुम्हें सारे कुचक्रों से अभिज्ञ करा देना मैं अपना कर्त्तव्य चाहती हूं। कहा तो यहां तक जा रहा है कि तुमने कुंअर भोजराज पर जादू कर दिया है, अतः वह तुम्हारे लिए इस किले में कृष्ण मन्दिर निर्मित कराने में लगे हैं। योजना यह है कि भोजराज को तुम्हारे कारण लांछित कर सिंहासन के लिए अयोग्य ठहरा दिया जाय और कर्मवती अपने लड़के विक्रमाजीत को बड़े महाराज के पश्चात् सिंहासनारूढ़ कर दे। उधर धनबाई अलग राजनीति में लगी है। उसका कहना है कि अगर कुंअर भोज को सिंहासन नहीं मिला तो उसके बेटे रत्न सिंह को मिलना चाहिए। रत्न सिंह ही भोजराज के बाद सबसे बड़े लड़के हैं। हो सकता है धनबाई इस सम्बन्ध में तुमसे सम्पर्क भी करें क्योंकि वह भी राठौर क्षत्राणी हैं इसलिए वह तुम्हें अपने पक्ष की समझती हैं। पर अभी धनबाई पर कर्मवती का कड़ा पहरा है। उसके पीछे महल की पूरी गुप्तचर मण्डली लगी है। उसे तुमसे मिलने नहीं दिया जा रहा है। मैं तुमसे बताऊं भइया भोज के प्राणों पर भी खतरा हो सकता है। रानी कर्मवती शीघ्रातिशीघ्र अपने लड़के विक्रम को सिंहासनारूढ़ करना चाहती है। हो सके तो तुम भइया को सतर्क कर दो।"

"उदा ! मेरी समझ में यह राजनीति कुछ नहीं आ रही।" मीरा हताशा से भरकर बोली, "मैं राजनीति में कभी पड़ी नहीं। मेरा तो यह सब सुनकर जी घबरा रहा है।"

"राजनीति नहीं समझो तो नहीं समझो, इस समय इतना ही समझना पर्याप्त है कि कुंअर भोज के प्राणों पर खतरा है। टाल सको तो उसे ही टालो और हां कर्मवती के कहने पर ही राणा सांगा तुम्हें यहां ब्याह कर लाए थे कि मेड़ता की सहायता से वह जोधपुर के राठौरों को कुचल सकें जिससे धनबाई का बल कम हो। उसे जोधपुर का ही तो भरोसा है और उसी भरोसे को कर्मवती समाप्त करना चाहती है, लोहे से लोहे को काटकर। मेड़ता को जोधपुर से भिड़ाकर। मेड़ता अकेले तो जोधपुर का बाल भी बांका नहीं कर सकता, चित्तौड़ की वाहिनी का उसे सम्बल दिया जायेगा। समझ लो अगर जोधपुर पर आक्रमण हुआ तो भइया भोजराज को ही उसका नेतृत्व सौंपा जाएगा और कर्मवती उसे सुनिश्चित करेगी कि भोजराज उस अभियान से वापस नहीं लौटें। अगर वे शत्रुओं के हाथ खेत नहीं हुए तो चित्तौड़ के बागी योद्धा ही उन्हें वहां समाप्त कर देंगे।'

"अब चुप करो उदा, मुझसे यह सब सुना नहीं जाता।" मीरा की व्याकुलता बढ़ती जा रही थी।

"नहीं सुनना चाहो तब भी भइया भोज के हित के लिए तो तुम्हें कुछ करना ही पड़ेगा।" उदा बोली।

"कहां हैं तुम्हारे भइया, तुम उन्हें यहां भेज सकती हो?" मीरा से सारा लाज-शर्म पीकर कहा।

"कहा न वह तुम्हारे लिए कृष्ण-मन्दिर बनवा रहे हैं स्वयं की देख-रेख में। मेरे लिए वहां जाना न सम्भव है न उचित। वे तो आएंगे ही तुम्हारे पास। इस रूप के बंधन में बंधने से कौन पुरुष बच सकता है?" उदा ने मुसकराते हुए कहा।

"अब तुम भी परिहास करने लगी," मीरा ने नतशिर कहा, उसे अपने पर लगाए गए घोर लांछन और भोजराज के प्राणों का सम्भावित खतरा अव्यवस्थित किए जा रहा था।

"अच्छा भाभी मैं चलूं। नहीं मुझ पर भी पहरा बैठ जाएगा। तुम भइया का ख्याल रखना।"

उदा चली गई पर मीरा के अन्दर एक तूफान की ही सृष्टि कर गई। उसे भोजराज के साथ किए गए अपने कटु व्यवहार पर अफसोस हो रहा था। वह चाहती थी कि इसी समय वह आ जाएं तो उनके चरणों पर पड़कर क्षमा मांग ले और फिर वे जो कहें वही करे। अब वह अपने मुरलीमनोहर को भी समझा लेगी। वह दोनों को साथ-साथ सम्हालेगी—श्रीकृष्ण को भी और भोज को भी। अगर भोज से सम्बन्ध रखना पाप होता हो तो मुरलीमनोहर तो सारे पाप-ताप के विनाशक हैं ही। फिर वह इतना संकुचित भी नहीं हैं कि किसी के प्राणों पर आ जाय तब भी वह अपना एकाधिकार ही जताते रहें। और वस्तुतः उन्होंने एकाधिकार मांगा भी कब है? वह तो स्वेच्छया उसे एकाधिकार दे बैठी है। उसके साथ विधिवत विवाहित भोज से वह ईर्ष्या करें यह बात कल्पना में भी आने की नहीं थी। सारी समस्या मीरा की स्वयं की खड़ी की हुई है। मीरा ग्लानि से भरी जा रही थी। उसे क्षण-क्षण भोज की प्रतीक्षा थी। पर वह तो कृष्ण मन्दिर बनवाने में

मग्न थे। उन्हें क्या पता कि कोई उनके लिए कितना तड़प रहा है ? अब अपने प्रेम के स्मारक श्रीकृष्ण मन्दिर को खड़ा करके ही वह दर्शन देंगे क्या ? मीरा इस रात भी पूरी तरह जागकर प्रतीक्षा करती रही, पर भोज नहीं आए।

प्रातः ललिता अवश्य आई। समाचार ज्ञात कर उसी पर ही झल्लाई, "तुमने प्रथम रात्रि ही मनमानी की, उसका फल भोगो।" फिर वह दिन भर मीरा के पास ही बैठी रही। उसे किसी प्रकार कुछ खिलाया-पिलाया। मीरा ने ननद से सुनी सारी बातें ललिता को बता दीं।

"अब तुम भोज को हर प्रकार से अपने विश्वास में ले लो," ललिता ने समझाया, "उनके प्राणों पर संकट है और तुम्हें अपने प्रण का पड़ा हुआ है। पुनीतता का ? कब से तुम इतनी संवेदन-शून्य हो गई ?" ललिता चिढ़कर बोली, "क्षमा करना मुझे, मैं कृष्ण-भक्तन आदि कुछ नहीं पर मुझे एक पाषाण-मूर्त्ति और मनुष्य-मूर्त्ति में अन्तर ज्ञात है। पहले के लिए मैं दूसरे का बलिदान नहीं कर सकती थी।"

"मैं भी ऐसा करने अब कहां जा रही ? मैं तुम्हारे मन्तव्य पर ही चलने को प्रस्तुत हूं। मैं भोज में श्रीकृष्ण को ही देखूंगी। अब मेरा मुरलीमनोहर रूठे तो रूठे मैं भोज के प्राणों की रक्षा के लिए कुछ नहीं उठा रखूंगी।"

"मुझे सन्देह है कि तुम उनके प्राणों की रक्षा कर पाओगी।" ललिता ने स्पष्ट कहा।

"क्यों ?"

"क्योंकि जैसा तुमने बताया था वह तुमसे अथाह प्रेम करते हैं और एक प्रेमी को जब अपने प्रेम का प्रतिदान नहीं मिलता तो उसे अपने प्राणों का भी मोह नहीं रहता।"

"मैं उनके प्रेम का प्रतिदान दूंगी," मीरा ने दृढ़ता से कहा, "यद्यपि वे स्वयं बोलते हैं कि उन्हें प्रतिदान नहीं चाहिए।"

"यह कहने की बातें हैं। कौन अपने प्रिय पात्र के प्रेम का आकांक्षी नहीं होगा ? तुम यह क्यों नहीं समझती कि तुम्हारी प्रथम रात्रि की उदासीनता ने ही उन्हें तुमसे दूर रखा है ? देखो आज भी आते हैं कि नहीं।"

सन्ध्या होते ही ललिता कमरे से बाहर चली गई। भोज तीसरी रात भी नहीं आए।

प्रातः ललिता पुनः पहुंची। मीरा के रक्ताभ नेत्रों को देखकर ही समझ गई कि उसकी पूरी रात मुरलीमनोहर के चरणों में रोते ही बीती है।

मीरा को सान्त्वना दे ललिता किसी की चिन्ता किए बिना किले के निचले भाग में पहुंची जहां भोज कृष्ण-मन्दिर निर्मित कराने में जुटे थे।

ललिता को देखकर ही वह चौंके—"आप ?"

"आप नहीं तुम।" ललिता ने कहा, "जो अपनी नवब्याहता पत्नी से दूर-दूर रहता रहे उसमें इतना सौजन्य क्यों आवश्यक है कि वह उसकी परिचारिका सह-सखी को आप कहकर सम्बोधित करें ?"

"आप, नहीं नहीं, तुम यह क्या कह रही हो ? मैं मीरा से भागता हूं ? मैं तो उसी का काम कर रहा हूं। देखो यह कृष्ण-मन्दिर बन चला है।"

"मन्दिर तो दिन में बनता है आप रात में···।" ललिता कहते-कहते लज्जा से रुक गई।

"नहीं मन्दिर रात में भी बनता है, मशालों के प्रकाश में। इसे शीघ्रातिशीघ्र पूरा करना है। मुझे मीरा को यह भेंट देनी है जितनी जल्दी हो।"

"पर मीरा को अभी आपकी भेंट की नहीं, आपके प्रेम की आवश्यकता है।" ललिता ने स्पष्ट कहा।

"प्रेम ?" भोज अचकचाकर बोले, "तुम क्या बोलती हो, मीरा को मेरे प्रेम की आवश्यकता है ? उसने तो अपना सारा प्रेम श्रीकृष्ण-चरणों में अर्पित कर दिया है। मैं तो उसके उस नैसर्गिक प्रेम की बाधा स्वरूप ही हूं।"

"नहीं, यह बात नहीं। मीरा आपसे बहुत प्रेम करती है, शायद श्रीकृष्ण से भी अधिक। आप आज रात जाकर देख लें।"

"मुझे तो विश्वास नहीं होता। पर तुम कहती हो तो मैं अवश्य जाऊंगा।"

"सच ?"

"सच ? प्रेम में मिथ्या का प्रवेश किधर से है !"

ललिता ने मीरा के कक्ष में आकर उसे आश्वस्त कर दिया, "आज भोज आएंगे। उस दिन की तरह नादानी नहीं करना और हां, कई रातों से सोई नहीं हो। चेहरा विवर्ण हो आया है। अपने गिरधर गोपाल की पूजा-अर्चना समाप्त कर दिन भर आराम करो। अब मैं कल सुबह ही मिलूंगी। रसोइया तुम्हें कमरे में ही दिन का भोजन दे जाएगा, यह मैं सुनिश्चित कर लूंगी।" यह कहकर मीरा के लाख रोकने के बाद भी ललिता कक्ष से बाहर हो गई और जाते-जाते पुनः जोड़ती गई, "आराम करो, आराम। आज की रात का तुम्हारे जीवन में बहुत महत्त्व है।"

इकहत्तर

मीरा की व्यथा का कोई अन्त नहीं था। पिंजड़े के पंछी की तरह वह उस दिन, दिन-भर अपने कक्ष में तड़पती रही। बार-बार मुरलीमनोहर के चरणों को अश्रु-स्नात कराती, बिलखती; गिरधर तुमने मेरे किस अपराध का इतना बड़ा दण्ड दे दिया ? माना तुम अपने प्रेम की परीक्षा लेते हो पर यह कैसी परीक्षा कि परीक्षा समाप्त होते-होते ही परीक्षार्थी के प्राण ही अनन्त लोक के पथिक बन जाएं ?

"हाय मुरारि, तुम कैसे निष्ठुर हो और साथ ही कितने निर्लज्ज भी ? अब तो तुम्हारे साथ मेरे पुनीत सम्बन्ध पर भी प्रश्नचिह्न लगाया जा रहा है ? अब तो मैं श्रीकृष्ण नामक किसी पुरुष की प्रथम विवाहिता बनाई जा रही हूं ?

"भला तुम्हीं सोचो कोई नारी ऐसे कलंक को कैसे सह सकती है ? यहां तो मेरा पातिव्रत्य ही दांव पर चढ़ा दिया गया ? अब मैं किस मुंह से तुम्हारे लिए बन रहे मंदिर में नृत्य-गान भी प्रस्तुत कर पाऊंगी ? वहां भी मुझे किसी काल्पनिक पूर्व पति को ढूंढ़ लिया जाएगा और मेरी सारी पूजा-अर्चना नृत्य-गायन उसी को निवेदित माने जायेंगे।

"हाय कृष्ण, अब तो तुम केवल एक ढाल-मात्र रह गए हो एक पापाचारिणी दुराचारिणी के पापाचार, दुराचार को छिपाने के लिए। तुम्हें कुछ भी शर्म नही है कृष्ण ? कौन कहता है तुम भक्तों की पीड़ा से हिम-खंड की तरह द्रवित हो जाते हो ? तुम तो किधर से भी कोमल नहीं लगते ? अपनी पत्नी पर ऐसी लांछना एक साधारण पुरुष भी सहन नहीं कर सकता, तुम तो जगत्पति माने जाते हो सर्वेश्वर !

"पता नहीं तुम्हारे सम्बन्ध में प्रचलित गाथाएं सही हैं या गलत। तुमने भरी सभा में द्रोपदी को नग्न होने से बचाया, बचाया होगा पर मैं भी तो यहां पूरे राजमहल में नंगी की जा रही हूं। कहां गए तुम्हारे समर्थ हाथ ?

"क्यों नहीं रक्षा करते तुम मेरी ? मैंने, जिसने तुम्हारे कारण अपने विवाहित पति को भी अपने तन को हाथ नहीं लगाने दिया, उसकी यह दुर्दशा ?

"ऊपर से मैं किस राजनीतिक चक्रव्यूह में फंस गई ? मुझे क्या मतलब कौन किसके साथ है कौन किसके नहीं। मेवाड़ और मारवाड़ के विवाद अथवा मैत्री से मुझे क्या लेना-देना ? क्यों जलती हैं मां कर्मवती मुझसे ? मेरा राठौरी होना, मेरा क्या दोष है और मैं इस नाते धनबाई से मेल-मिलाप बढ़ा महल की राजनीति में पड़ने जा रही ? क्यों सोच लिया रानी कर्मवती ने ऐसा ?

"कुछ कम दर्द है मेरे अन्तर में ? इतने सारे लांछन ? इतने सारे प्रतिबन्ध ? उससे मिलना उससे नहीं मिलना। ननद उदा भी छिपकर ही मुझसे मिल सकी। धनबाई से मुझे कुछ लेना-देना नहीं पर उनसे भी अब तक मुझे पृथक् ही रखा गया ?

"किससे कहूं अपनी करुण कहानी ? कौन बांटेगा मेरी व्यथा को ? तुम तो पाषाण के पाषाण रहे। सुन लेते हो सब कुछ बोलते कुछ नहीं।

"कितनी आवश्यकता पड़ रही है अब एक ऐसे आत्मीय जन की, जो मेरी पीड़ा को समझे, मुझसे सान्त्वना के दो शब्द कहे ? कौन है ऐसा ? ललिता किस सीमा तक मेरी इस व्यथा को समझ सकेगी ? उसमें कहां है वह सामर्थ्य कि मुझे सहारा दे ? कुछ और कर ले तो कर ले महल की राजनीति से वह मुझे कैसे त्राण दिला सकती है ? वह सब तो उसके भी पीठ पीछे होता है।

"हां, कुंअर भोजराज ऐसे में मेरा सम्बल हो सकता है। वह शायद मेरी पीड़ा को सुने और समझे भी। उसके अन्दर अपार करुणा लक्षित होती है। पर मैंने तुम्हारे कारण उसे भी रुष्ट कर दिया, अब वह पास फटकेगा मेरे ? ललिता तो कह गई थी वह आज आयेगा। देखो आता भी है कि नहीं। तुम बुरा तो नहीं मानोगे उससे बातें करने से ? अब इसके सिवा कोई उपाय भी नहीं है। कोई तो हो जिसे पराये परिवेश में अपना कहा जा सके ? अब तक तो मैं केवल तुम पर निर्भर रही। मेड़ता में ऐसी कोई समस्या आई नहीं। बचपन में दादू, फिर पिता रतन सिंह, ताई कुंअरबाई सब मुझे किसी बहुमूल्य हीरे की तरह हाथों पर लिए रहे। यहां तो मैं सबके लिए एक पाषाण के टुकड़े से अधिक कुछ नहीं। तुम भी तो पाषाण ही हो न ? तो पाषाण का संग करते-करते पाषाण तो होना ही था मुझे ?

"बोलो क्यों दुःख देते हो इतना ? विवाह नहीं चाहती थी, बलात् विवाह करा दिया। विवाह भी कराया तो राजनीति का एक मोहरा बनाकर और विवाह के पश्चात् नववधू के रूप में ऐसा स्वागत कराया कि मैं तुम्हारे ही भरोसे रहती

तो मुझे तुम्हारी उपासना-आराधना छोड़ काली-विग्रह के ही पूजन में लगना पड़ता। ऊपर से मेरी तथाकथित सास और उसकी कटूक्तियों और व्यंग्य-वाणों की बौछार अलग। इतना सब सुनकर भी तुम पाषाण नहीं पसीजे तो कब पसीजोगे? जो कुछ शेष था वह भी तो तुमने सुन ही देख लिया—अब मैं सचमुच की पुंश्चली हो गई। श्रीकृष्ण परमेश्वर का नहीं, श्रीकृष्ण नामक किसी पुरुष का वरण किया है मैंने?

"एक बात पूछूं, संसार में तो अनेक नारियां हैं क्यों मैंने ही 'मूर्खता' कर ली तुमसे मन लगाने की? मेरे पहले भी बहुत-सी ललनाएं हुई हैं, आगे भी होंगी पर मेरी तरह मूढ़ शायद ही कोई हुई है अथवा आगे भी होगी। राधा थी तो उसने तुम्हारे जीवित विग्रह से प्रेम किया था। न तो तुम्हारी पाषाण-मूर्ति को गले लगाया था न सपने में तुम्हें पति-रूप में वरा था। मैं तो अच्छी-खासी बावरी निकली!

"राधा? हां राधा को भी कम दुःख दिया तुमने। योगी हो न? योगेश्वर। अद्भुत ताटस्थ्य है तुममें। नहीं? कोई कितना भी तड़पता-मरता रहे तुम तटस्थ बनकर तमाशा देखते रहते हो।

"हाय, मेरे अद्भुत योगी, तुमसे मन लगाकर तो दुःख भोगना ही है।" और मुरलीमनोहर के चरणों पर सिर दिए ही वह कुछ ऊंचे स्वर में ही गुनगुना पड़ी—

"जोगिया से प्रीति किया दुख होई,
प्रीति किया सुख ना मोरी सजनी
जोगी मित न कोई।
रात दिवस कल नाहिं परत है,
तुम मिलिया बिनि मोई।
ऐसी सूरत या जग माहीं,
फेरि न देखी सोई।
'मीरा' रे प्रभु कब रे मिलोगे,
मिलिय आणंद होई।"

भाव-विह्वल मीरा ने एक बार नहीं दो बार, तीन बार इस गीत में प्राणों की आकुलता भरकर गाया। उसके कक्ष के कपाट अर्द्ध-उन्मिलित थे। संयोगवश इसी समय रानी कर्मवती की दासी मंगला कक्ष के सामने से निकल रही थी। उसने कक्ष के बाहर तक आती इस मधुर रागिनी को ध्यान मे सुना—"जोगिया से प्रीति किये दुख होई···रात दिवस कल नाहिं परत है तुम मिलिया बिनि मोई।"

मंगला उल्टे पैरों अपनी महारानी के पास पहुंची—"महारानी भेद मिल गया। मीरा का भेद मिल गया। शीघ्रता से मेरे साथ चलो।"

कर्मवती अपनी स्थूल काया को सम्हालती, जल्दी-जल्दी सीढ़ियां चढ़ती हुई, मीरा के कक्ष के समक्ष हांफती-हांफती पहुंची। थोड़ी देर तो उसे अपनी सांसों को संजोने में लगा फिर मीरा के बोल स्पष्टतः उसके कानों तक पहुंचे। बाहर की स्थिति से अनभिज्ञ मुरलीमनोहर के पांवों में सिर दिए मीरा गीत को तीसरी

आवृति देने में लीन थी। कर्मवती ने सब कुछ अक्षरश: सुन लिया—"जोगिया से प्रीति किये दुख होय···ऐसी सूरत या जग माहिं फिर न देखी सोई···मीरां के प्रभु कबरे मिलोगे, मिलिया आणंद होई।"

"हूं!" कर्मवती वहां से मंगला का हाथ पकड़े हुए फुंफकार भरती अपने कक्ष को लौटी।

"अब पता चला यह पर-पुरुष कौन है। यह कोई योगी है योगी। कोई कनफटा नाथपंथी योगी भी हो सकता है। पता नहीं मेड़ता में कितने योगियों की भरमार लगती रही? उन्हीं में से किसी छैल-छबीले को चुनकर उसने अपना पहला विवाह रचाया होगा। वह योगी तो चित्तौड़ की ओर मुख करने से रहा! कौन भौंरा किस कली पर दुबारा लौटता है?" कर्मवती बड़बड़ा रही थी।

"पर महारानी!" मंगला ने बाधा दी।

"बोलो। इतना सब जान-सुनकर भी बोलने का साहस तुम्हीं में हो सकता है।" कर्मवती झल्लाई।

"पर महारानी वह जो एक पंक्ति गा रही थी मीरा—मीरा के प्रभु···।"

"अरे यह सब नाटक है नाटक? जैसे वह मुरलीमनोहर की मूर्ति एक ढाल के सिवा कुछ नहीं। असल वियोग तो 'जोगी' का है। प्रभु तो इसमें व्यर्थ घसीटे जा रहे हैं। और तुम भी कितनी भोली हो? 'प्रभु' का प्रयोग किया भी तो क्या? यह प्रभु श्रीकृष्ण ही किधर से होता है? पति को प्रभु नहीं कहते हैं क्या? यह प्रभु तो निश्चित रूप से वह 'जोगी' ही है। कलमुंहा दिखाई तो नहीं पड़ेगा पर हमारे राजघराने को चौपट कर गया। अब इस डायन को जोगी और साधु-सन्त ही भायेंगे। राजकुमारों से इसे क्या लेना-देना? और यह भोज भी कितना मूर्ख है भिखमंगे-साधुओं से उसके मिलने का पूरा प्रबन्ध ही किए जा रहा है। कृष्ण-मंदिर बनवा रहा है जिसमें एकत्रित हो लुच्चे-लफंगे, साधु-सन्तों के नाम पर इस रांड के नाच-गान का आनन्द लें। कल मैं सलटती हूं इस भोज के बच्चे से।"

बहत्तर

मीरा, भीतर गान-मग्न थी और प्रकृति ने बाहर अपना राग-रंग बिखेर रखा था। कक्ष के अंदर अपनी व्यथा में लीन और अपनी पीड़ा को भावाभिव्यक्ति देती, मीरा को पता भी नहीं लगा कि कब पश्चिमी क्षितिज पर लाल गुलाल बिखर गया, कब दिवस पर्यन्त तपता सूरज का कनक-थाल हिम-शीतल होकर हौले-हौले लालिमा के अपार विस्तार में खो गया। कब आसमान पर किसी ने चमकीले तारों के रूप में मुट्ठियां भर-भर हीरे-मोती बिखेर दिए और देखते-देखते कब सुकुमारिका संध्या पूर्ण-यौवना यामिनी बन आई।

मीरा अभी मग्नावस्था में ही थी कि भोज ने कक्ष में प्रवेश किया।

मुरलीधर के चरणों पर सिर दिए निढाल-सी पड़ी मीरा की आंखों को भोज ने पीछे से दोनों हाथों से ढंक दिया। अश्रुओं से उनके हाथ गीले हो गये। उन्होंने

सकचकाकर अपने हाथों को खींचा और ठीक उसी समय मीरा ने आश्चर्य-से भर-कर पीछे मुड़कर देखा। एक क्षण को दोनों की आंखें मिलीं।

"स्वामी, तुम !" मीरा सहसा उठ खड़ी हुई। उसने आंचल के छोर से अपने अश्रु-विगलित आंखों को पोंछा। उसका मन एक अवर्णनीय, अननुभूत आनन्द से आह्लादित हो आया। उसने भोज की बड़ी-बड़ी, आत्मीयता-पूर्ण आंखों को देखा और आश्वस्त हुई—यही वह व्यक्ति है जिससे अपना दुःख-सुख बांटा जा सकता है। है कोई जिसे अपना समझकर अपने अन्तर को उड़ेला जा सकता है, जिसकी सान्त्वना-पूर्ण बातों से, क्षत-विक्षत अन्तर को कुछ शान्ति, कुछ धैर्य का लाभ हो सकता है। जिन लांछनाओं से उसके व्यक्तित्व को विनष्ट करने की दुरभि-सन्धि चल रही है, उनसे शायद यही त्राण दिला सकता है।

मीरा भोज के प्रत्युत्तर की प्रतीक्षा किए बिना उसके वक्ष से आ सटी। अश्रु-धार जो अब तक मुरलीमनोहर के पाषाण-विग्रह को स्नात कर रहे थे भोज के अंग-वस्त्र को भिगोने लगे।

भोज एक क्षण को स्तब्ध रह गए। यह क्या हो रहा था? कल जो मीरा उसकी छाया से भी छूत मानती थी, आज कैसे किसी भीत विहंगिनी-सी उसके वक्ष से आ लगी? उन्हें आज प्रातः की ललिता की बात स्मरण हो आई—"वह आपको बहुत प्रेम करती है, आज रात जाकर तो देखिए।"

भोज ने अपने वक्ष से सटी मीरा के भ्रमर-सदृश काले कुंतलों पर हाथ फेरा और केवल इतना ही कहा—"मीरा !"

"स्वामी।"

"स्वामी नहीं, भोज केवल भोज। मैं इस औपचारिकता में विश्वास नहीं करता। तुममें मुझमें द्वैत है कहां? जो तुम वह मैं तो फिर यह औपचारिकता कैसी?"

मीरा के पास विवाद में पड़ने का समय नहीं था। उसने बिना किसी प्रतिरोध के दुहरा दिया—"भोज ! मेरे भोज !!"

"हां यह हुई न कोई बात?" भोज ने कहा और मीरा के मुख को अपने वक्ष से हटाकर उसकी आंखों में देखते हुए कहा, "यह क्या प्रिये? तुम्हारी आंखों में ये आंसू क्यों? असमय?"

"ये पश्चाताप के आंसू हैं भोज।"

"पश्चाताप? कैसा पश्चाताप?"

"मैंने उस रात जो तुम्हारे साथ व्यवहार किया। तुम्हारे सच्चे प्यार को परि-हास में लिया उसका पश्चाताप।" मीरा ने आंखें पोंछते हुए कहा।

"पर मैंने तो ऐसा कुछ नहीं अनुभव किया।"

"यह तुम्हारी महानता है भोज ! तुम मेरी गलतियों के लिए मुझे क्षमा कर दो तभी मुझे शांति मिलेगी।" मीरा गिड़गिड़ाई।

"जब तुमने कोई गलती ही नहीं की तो क्षमा का प्रश्न कहां से उठता है?" भोज के होंठों पर एक स्मिति खेली।

"मान लो तुमने कोई गलती नहीं की फिर भी मेरा मन रखने को मुझे क्षमा कर दो।" मीरा ने भाव-भीगे शब्दों में कहा।

"एक शर्त पर।"

"क्या ?"

"तुम्हें एक बात कहनी होगी।"

"क्या ?"

"कि तुम मुझे प्यार करती हो।" भोज ने मीरा की बड़ी-बड़ी आंखों में देखते हुए कहा।

मीरा थोड़ी देर चुप रही। उसके मन में द्वन्द्व छिड़ गया। वह तो मुरली-मनोहर से प्यार करती है, क्या भोज की शर्त को मानना ठीक होगा? होगा, उसके मन ने समाधान रखा। भोज के बिना उसे अब त्राण नहीं। अगर भोज को उसने अपना अन्तरंग नहीं बनाया तो श्रीकृष्ण की सेवा के लिए भी वह जीवित नहीं रह पाएगी। फिर इसमें बुरा भी क्या है? एक साथ दो से प्यार नहीं किया जा सकता क्या? अगर नहीं तो वह प्यार, प्यार नहीं है, मोह है, स्वार्थ है। फिर भोज तो उसे प्यार करता है, उसके प्यार को नकारना उसके साथ न्याय होगा क्या?

"तुम चुप हो गईं मीरा," भोज ने कहा, "तो मैं मान लूं कि तुम मुझसे प्यार नहीं करतीं?"

"ऐसी बात नहीं है भोज!" मीरा ने नत-शिर उत्तर दिया।

"तब क्या बात है?"

"बात तुम समझो। प्यार कहीं कहने की वस्तु है? तुम पुरुष हो कुछ भी कह सकते हो। नारी अपने प्यार की अभिव्यक्ति जिह्वा द्वारा नहीं देती।"

"मेरी अच्छी मीरा! मेरा जन्म-धारण करना सफल हो गया।"

"ऐसा क्यों कहते हो जी? सौभाग्यशालिनी तो मैं हूं कि मुझे तुम्हारे सदृश साथी मिला।"

"केवल साथी?"

"तुम चाहे उसे जो संज्ञा दे लो। मुझे कोई आपत्ति नहीं।" मीरा दृढ़तापूर्वक बोली।

"सच?" भोज ने साश्चर्य पूछा।

"हां।"

"तुम मेरी प्रेरणा हो।"

"तुम मेरे सर्वस्व।"

"सच कहती हो और वह तुम्हारा श्रीकृष्ण?"

"वह इस सबका साक्षी है। उसके साक्ष्य में सब कुछ पुनीत ही घटता है। वह हम दोनों का सम्बल है। पर मैं तुम्हारे बिना नहीं रह सकती, यह भी सत्य है।"

"मीरा! तुम सचमुच महान् हो। तुम्हारे सदृश नारी युगों में कभी-कभार ही उत्पन्न होती है।" भोज अभिभूत हो आये।

"ऐसा क्यों बोलते हो भोज? महान् तो तुम हो कि तुमने एक कृष्णार्पिता को अपनाया है।"

"मैं तो तुम्हारे पासंग में भी नहीं मीरा! तुम्हारा आकर्षण मुझमें किधर से आयेगा? तुम्हारी वाग्मिता? तुम्हारी कवित्व-शक्ति? है उसका कोई उदाहरण?

अब तक तो अनेक पुरुष-कवि हुए हैं। दक्षिण में एक-दो महिला कवयित्रियां भी हो चुकी हैं पर तुम्हारे पदों में जो संवेदना और समर्पण है वह किस भक्त, कवि या कवयित्री में आया ? तुम्हें पता नहीं मीरा, तुम्हारे श्रीकृष्ण ने तुम्हें कुछ दिया या नहीं तुम्हें अमरत्व अवश्य प्रदान कर दिया। इसमें अतिशयोक्ति नहीं कि जब तक यह पृथ्वी जीवित रहेगी तब तक मीरा भी जीवित रहेगी। 'मीरा' नाम मरने के लिए नहीं बना। सच, यह मेरा सौभाग्य है मीरा कि मुझे तुम्हारे साहचर्य का अवसर मिला। तुम्हारा सौंदर्य और तुम्हारी प्रतिभा दोनों अप्रतिम हैं। उन्हें मेरी ही झोली में गिरना, पता नहीं मेरे कितने जन्मों के पुण्यों का उदय है।"

"मुझे बनाते हो स्वामी ?" मीरा की आंखें फिर भर आईं। पर ये सुख के आंसू थे, आह्लाद के।

"यह तुम कैसे कह सकती हो ?"

"आकर्षण अथवा सौंदर्य की बात चाहे जो हो पर मेरे पद तुमने सुने ही कितने हैं ?"

"क्यों भूल जाती हो कि तुम्हारी पालकी के यहां पहुंचने के पूर्व तुम्हारे पद पहुंच चुके थे ? कितनी बार कहूं कि तुम्हारे पद आज शत-सहस्र कंठों में बस गए हैं। शत-सहस्र जिह्वाओं पर नित्य ही चढ़ते हैं।"

"कवि तो तुम हो।" मीरा ने कहा।

"मैं कहां से कवि होने लगा ?"

"क्या मैंने उस रात तुम्हारी कवित्व-शक्ति का अनुमान नहीं लगाया ?"

"वह तुम्हारे संग का प्रभाव हो सकता है।" अभी तक दोनों पर्यंक के पार्श्व में ही खड़े थे।

"भोज तुम बैठ जाओ। तुम्हारा खड़ा होना अच्छा नहीं लगता।" मीरा उसका दाहिना हाथ पकड़कर बोली।

"और तुम ?"

"मैं नीचे तुम्हारे चरणों में बैठूंगी।"

"कहीं ऐसा हुआ है ?"

"क्यों ? क्या मैं अपने मुरलीमनोहर के चरणों में नहीं बैठती ?"

"मैं तुम्हारा पाषाणी मुरलीमनोहर नहीं। मुझे तो तुम्हारे साथ बैठकर दो बातें करनी हैं। तुम्हारा मुरलीमनोहर तो न जाने कितनों से प्यार करता है। सारी सृष्टि ही उसकी है। मेरे लिए तो तुम्ही...।"

"बस-बस !" मीरा ने सहसा भोज के होंठों पर अपनी उंगली रख दी, "मेरे मुरलीमनोहर के बारे में और कुछ नहीं कहना।"

"नहीं कहूंगा, पर पर्यंक पर तभी मैं बैठूंगा जब तुम बैठोगी।"

"अच्छा बाबा मैं बैठती हूं। मैं तुम्हें खड़ा नहीं देख सकती।" यह कहकर मीरा पर्यंक पर एक किनारे पैर लटकाकर बैठ गई। भोज भी उससे थोड़ी ही दूर पर उसी तरह पैर लटकाकर बैठ गए।

"भोज !" मीरा ने कहा,

"बोलो मीरा !"

"तुमने मुझे क्षमा तो कर दिया ?" मीरा ने आतुरता में फिर वही प्रश्न

पूछा।

"तुमने अपराध ही क्या किया था जिसे क्षमा करने की बात है ? तुम व्यर्थ चिंतित हो रही हो।"

"मैंने कोई अपराध नहीं किया था ?" मीरा भोज की आंखों में देखती बोली।

"नहीं तो।"

"तो फिर इतने दिनों तक आए क्यों नहीं ?" मीरा ने सीधा प्रश्न किया।

भोज चुप।

"बोलो भोज, क्यों मुझे छोड़ दिया एकाकी ?"

"मैं तुम्हारे काम में ही लगा था।"

"जानती हूं कृष्ण-मंदिर बनवा रहे थे। पर सारा समय कृष्ण-मंदिर में ही लगाने की आवश्यकता कहां थी ? रात-रात भर जागने की क्या पड़ी थी ? मेरा ध्यान तुम्हें रहता तो तुम ऐसा नहीं करते भोज !"

भोज पुन: चुप।

"बोलो न भोज, मैं ठीक कह रही हूं ?"

"क्या ठीक कह रही हो ?" भोज मीरा को तरल दृष्टि से देखते हुए बोले।

"बताऊं ?"

"हां।"

"तुम्हारे नहीं आने के दो ही कारण हो सकते हैं।"

"कौन-कौन ?" भोज ने पूछा।

"या तो तुम मुझसे प्यार नहीं करते या तुम मुझसे रूठ गए थे।"

भोज ने उत्तर नहीं दिया। वे पलंग के नीचे भूमि पर दृष्टि गड़ाए रहे।

"बोलो न भोज, दोनों में कौन बात सही है ?"

"पहली बात सही नहीं हो सकती। मैंने पहली ही रात कह दिया था कि मैं तुम्हें प्राणों से भी अधिक प्यार करता हूं।"

"तब दूसरी बात सही हुई न ? तुम मुझसे रूठे न ? फिर कैसे कहते हो क्षमा करने की कोई बात नहीं ?"

"स्पष्ट ही सुनना चाहती हो तो लो मैंने तुम्हें क्षमा कर दिया।"

"भोज, तुम कितने अच्छे हो। मैं कितनी बुरी। मैंने उस दिन तुम्हारी कितनी उपेक्षा की ?" मीरा की आंखें छलछला आईं।

भोज ने उन्हें अपने उत्तरीय से पोंछते हुए कहा, "बीती बातों पर नहीं सोचते मीरा ! आखिर तुम कृष्णार्पिता हो ! इतना शीघ्र किसी पुरुष पर विश्वास कर लेना भी कहां उचित था ?"

"तो फिर तुम रूठ क्यों गए ?"

"जानना चाहती हो ?"

"हां।"

"प्रेमी मानी होता ही है। अपने प्यार की उपेक्षा उसे सह्य नहीं होती।"

"तो फिर तुम मेरे लिए कृष्ण-मंदिर क्यों बनवा रहे थे ?"

"तुम भी कितनी भोली हो मीरा," भोज ने मीरा की ठुड्डी पकड़ उसकी आंखों में देखते हुए कहा, "मैं तुमसे रूठा चाहे जो होऊं तुमसे प्यार करना तो

बन्द नहीं किया था ? फिर, तुम्हारी एक-एक इच्छा पर मैं अपने प्राणों तक को न्योछावर कर सकता हूं। तुम्हारे लिए, तुम्हारे पूजा-पाठ और सत्संग के लिए, तुम्हारे कृष्ण-कन्हैया के लिए एक मंदिर ही बनवाने में लगा हूं तो कौन बड़ी बात है ?"

"तुम्हें मेरे कृष्ण की भी इतनी चिन्ता है भोज," मीरा ने आश्चर्य से पूछा, "तुम्हारे घर के लोग तो शिवोपासक हैं, तुम जगदम्बा को अपनी इष्ट देवी मानते हो, फिर कृष्ण तुम्हें कैसे प्यारा हो गया ?"

"क्योंकि वह तुम्हें प्यारा है।"

"उससे क्या हुआ ?"

"बहुत कुछ हुआ। व्यक्ति जिससे प्रेम करता है उसकी हर प्रिय वस्तु उसकी भी प्रिय बन जाती है तुम्हें कृष्ण प्रिय है तो वह मुझे क्यों नहीं होगा ? क्या तुम इतनी बात नहीं समझतीं मीरा ? तुम तो इतनी संवेदनशील कवयित्री हो ?"

"समझती हूं। सब समझती हूं, पर तुम्हारे मुंह से सुनना अच्छा लगता है। तुम्हें नहीं पता तुमसे यह सुनकर कि तुम भी कृष्ण को चाहते हो, मुझे कितनी प्रसन्नता हुई ?" मीरा गदगद होकर बोली।

"क्यों ?"

"क्योंकि मेरा काम आसान हो गया। मैं तुम दोनों के साथ अब सहजता से निभा लूंगी।" मीरा भोज के दाहिने हाथ को अपनी हथेली में बांधती हुई बोली।

"यह मेरा सौभाग्य है मीरा कि मैं तुम्हारा विश्वास जीत सका।" भोज के मुंह से इतना ही निकला। उसकी दाहिनी हथेली मीरा के हाथ में अब भी कैद थी।

"मैं धन्य हुई भोज ! मुझे कम-से-कम एक ऐसा सुहृद् तो मिला जिसके समक्ष मैं अपने हृदय को उन्मुक्त कर सकूं। अपनी पीड़ा को प्रकट कर सकूं।"

"ऐसा सुहृद् तो तुम्हारा श्रीकृष्ण था ही। तुम तो उसके चरणों पर, अपने अश्रुओं के माध्यम से अपना सारा दुःख-दर्द, अपनी सारी पीड़ा उड़ेल ही देती थी।" भोज ने मुसकराते हुए कहा।

"कृष्ण में तुम में अन्तर है, भोज !"

"अन्तर तो स्पष्ट है। कहां परब्रह्म परमेश्वर श्रीकृष्ण और कहां एक सामान्य मनुष्य भोज।" भोज परिहास की मुद्रा में बोले।

"मेरा अर्थ यह नहीं था भोज !" मीरा ने प्रतिवाद किया।

"तब ?"

"कृष्ण केवल सुनता है, बोलता नहीं। ऐसी स्थिति में उससे सान्त्वना के दो शब्द भी कहां मिल पाते हैं। मेरी समस्याओं का समाधान वह कहां उपस्थित करता है।"

"इसकी आवश्यकता का तुम्हें पहले नहीं अनुभव हुआ ?"

"किसका ?"

"यही कि कोई केवल सुने नहीं बोले भी।"

"नहीं।"

"क्यों ?"

"क्योंकि पहले समस्याएं थी ही नहीं। मेड़ता में अपने मुरलीधर के साथ मैं कितनी प्रसन्न थी, तुम्हें क्या बताऊं ?" मीरा ने अपने इष्टदेव की मूर्ति की ओर दृष्टि फेरते हुए कहा।

"तो सारी समस्याओं के मूल में मैं हूं। यही न मीरा !"

"यह तुम कैसे कहते हो ?"

"न मैं तुम्हें मेड़ता से चित्तौड़ लाता न तुम समस्याओं से ग्रस्त होतीं।"

मीरा चुप।

"क्यों, बोलती क्यों नहीं मीरा ? हूं न मैं समस्याओं के मूल में ?"

"यह मैं कैसे कहूं ? भवितव्यता पर किसका अधिकार है ? मैं चित्तौड़ नहीं आती तो कहीं और भी जा सकती थी, आखिर मेरे लाख चाहने पर भी मुझे लोग क्वांरी तो बैठाये नहीं रहते ?"

भोज के पास कोई उत्तर नहीं था।

"एक बात बोलोगी, मीरा !" अन्ततः भोज ने ही वार्तालाप के छूटे सूत्र को पकड़ा।

"क्या ?"

"सच कहना क्या तुम्हें मुझसे सचमुच सच्चा प्यार है ?" भोज गम्भीर होकर बोले।

"ऐसा क्यों पूछते हो ?" मीरा उसकी आंखों में करुणभाव से देखती बोली, "मुझ पर अविश्वास है न ?"

"यह बात नहीं मीरा," भोज ने आरम्भ किया, "मुझे ऐसा लगता है कि यहां की समस्याओं ने विवश किया है तुम्हें एक ऐसे आत्मीय के अन्वेषण के लिए जो तुम्हारे दुःख-दर्द को बांट सके। क्या यह सही नहीं है ?"

"सही है भी और नहीं भी।" मीरा ने भोज की हथेली पर अपनी पकड़ को और दृढ़ करते हुए कहा।

"यह कैसे ?"

"यह ऐसे कि यह सही है कि मुझे यहां एक ऐसे सुहृद् की आवश्यकता है जिसके समक्ष मैं अपने को खोल सकूं। एक उन्मुक्ति का बोध कर सकूं—पर भोज;" मीरा कुछ रुकते हुए कुछ सकुचाते हुए, बोली, "यह भी सही है कि मैंने प्रथम-रात्रि ही तुमसे प्रेम करना आरम्भ कर दिया था। मैं पुनः कहती हूं, तुम मनुष्य नहीं देवता हो। तुमसे परिचय के बाद तुमसे प्रेम नहीं किया जा सके, यह हो ही नहीं सकता।"

"तब तो तुमको भारी खतरा है।" भोज मुसकराते हुए बोले।

"कैसा ?"

"अगर किसी और ने मुझमें देवत्व ढूंढ़ लिया तो तुम्हारा क्या होगा ?"

"मुझे तुम पर विश्वास है, भोज ! मैं जानती हूं तुम मेरे विश्वास को तोड़ नहीं सकते। आखिर मैंने तुम्हें देवता यों ही नहीं माना है !"

"मैं तुम्हारे श्रीकृष्ण मंदिर को एक सप्ताह के अन्तर्गत तुम्हें सौंप दूंगा। यह तुम्हें मेरी पहली भेंट होगी।" भोज ने सहसा बात बदलते हुए कहा।

"इतना शीघ्र ?"

"हां, रात-दिन काम चल रहा है। संगमर्मर के मंदिर का एक चौथाई काम तो पूर्ण हो चुका है।"

"पर मुझे यह पसन्द नहीं।" सहसा मीरा ने उदास स्वर में कहा।

"क्या ?"

"यही, रात दिन का कार्य।"

"क्यों ?"

"क्योंकि तुम इसी बहाने फिर मुझसे अलग रहोगे।" मीरा रुंआसी हो आई।

"तो तुम्हें मेरी इतनी आवश्यकता है ?" भोज के चेहरे पर प्रसन्नता की लाली दौड़ी।

"अब कुछ यही समझो।" मीरा ने सलज्ज कहा।

"मेरी अच्छी मीरा ! सच मैं आज अपने भाग्य पर फूला नहीं समा रहा।" भोज ने कहा और मीरा के और पास सटककर वह उसके कुन्तलों में अपनी अंगुलियां फेरने लगे।

"मुझे बीच में छोड़ोगे तो नहीं, भोज ?" मीरा ने मग्न होकर कहा। भोज का दीप्त चेहरा पुनः एक बार पूर्णतया रक्त-हीन हो आया। मग्न मीरा इस परिवर्तन को देख नहीं सकी। भोज की उंगलियां यथावत् उसके केशों से खेलती रहीं।

"तुम कुछ बोले नहीं भोज !" भोज की ओर से बहुत देर तक प्रत्युत्तर नहीं मिलने पर मीरा ने सिर उठाकर उसके चेहरे की तरफ देखा। भोज तब तक प्रकृतिस्थ हो आये थे।

"बोलो भोज, बोलते क्यों नहीं ?" मीरा ने भोज के दाहिने बांह की घनी रोमावलियों पर अपना हाथ फेरते हुए कहा।

भोज को सहसा कोई उत्तर नहीं सूझ सका, अतः प्रश्न का उत्तर उन्होंने प्रश्न में ही दिया, "अगर यही बात मैं तुमसे पूछूं ?"

मीरा निरुत्तर।

"क्यों अब तुम क्यों नहीं बोलती मीरा ?"

"मैं समझती हूं, इस प्रश्न का उत्तर कठिन है भोज ! काल की गति को कौन जानता है ? कब किसे कवलित कर ले। पर मैं इतना अवश्य कहती हूं, जब तक मेरा जीवन रहेगा, श्रीकृष्ण और तुम मेरे जीवन से अलग नहीं जा सकते।"

"तुम्हारे तो दो दायित्व हैं," भोज ने कहा, "मैं अपनी ओर से इतना ही कह सकता हूं जब तक मेरा जीवन रहेगा, तुम मेरे जीवन के श्वांस बनकर रहोगी।"

"मैं धन्य हुई भोज !" मीरा ने सहसा अपने को भोज के अंक में डाल दिया। भोज ने उसके सुगन्धित केशों का एक दीर्घ घ्राण लिया और पुनः उसके घने कृष्ण केशों में अपनी उंगलियां फंसाकर वह उनसे खेलने लगे।

अतिरिक्त अपनत्व पाकर मीरा की आंखों से पुनः अश्रु प्रवाहित होने लगे। भोज ने कुछ नहीं कहा। केवल अपने रेशमी उत्तरीय से उसके कपोलों पर बहते आंसुओं को पोंछते रहे।

"इतना रोना भी ठीक नहीं मीरा ! तुम बात-बात में रो पड़ती हो। कितने आंसू हैं तुम्हारे अन्दर ?" देर के बाद भोज ने कहा।

"मैं आंसुओं से ही बनी हूं भोज ! इस सत्य को शायद ही कोई समझ सके। कृष्ण-दीवानी हूं न ? यह निष्ठुर कृष्ण बहुत रुलाता है। राधा का पूरा जीवन इस निर्मोही ने आंसुओं में ही डुबो दिया।"

"श्रीकृष्ण फिर आ गया न मीरा !" भोज की अंगुलियां निरन्तर मीरा के केशों से खेलती रहीं।

"वह कहीं नहीं गया भोज ! तुम्हारे मेरे जीवन में आने का अर्थ कृष्ण का उससे बाहर जाना नहीं है। मैंने कहा न अब मैं तुम दोनों को सहजता से साथ-साथ साध लूंगी।"

"एक बात पूछूं मीरा ?" भोज की उंगलियां सहसा थम गईं।

"पूछो।" मीरा ने भोज के अंक में पड़े-पड़े ही सिर उठाकर कहा।

"छोड़ो भी।" भोज पुनः उसके कुन्तलों से खेलने लगा।

"पूछ लो भोज ! मन में संशय का रहना ठीक नहीं।" मीरा ने आंखें मूंदे हुए ही कहा।

"कहती हो तो पूछ लेता हूं, ऐसे उसका उत्तर मुझे ज्ञात है।"

"पूछ लो शायद ज्ञात नहीं भी हो।" मीरा ने अपने दोनों हाथों को उठाकर भोज की पुष्ट ग्रीवा को घेर लिया।

"तुम मुझसे अधिक प्रेम करती हो या श्रीकृष्ण से ?" भोज ने अन्ततः अपने मन की बात रख ही दी।

मीरा मुसकराई।

"क्यों ? यह मेरे प्रश्न का उत्तर नहीं हुआ।" भोज ने अपनी ग्रीवा से लिपटे उसके हाथों को पकड़ते हुए कहा।

"तुम्हारे भोलेपन पर मुसकराहट आती है भोज !" मीरा पुनः मुसकराई।

"क्यों कैसा भोलापन ? मैं कोई बालक हूं ?"

"बालक तो हो ही। वर्ना बालकोचित प्रश्न क्यों करते ?" मीरा ने अपने हाथों के बन्धन को थोड़ा कड़ा किया।

"क्यों यह प्रश्न बालकोचित कैसे है ?" भोज आश्चर्य से बोले।

"कैसे बताऊं भोज कि सच्चा प्रेम ही एक चीज है जो न अधिक होता है न कम। प्रेम, प्रेम है, उसकी माप एक ही है या कोई माप नहीं। मैं तुमसे और कृष्ण से समान रूप में प्रेम करती हूं। यह प्रेम बंटा हुआ भी नहीं है कि आधा तुमसे किया आधा श्रीकृष्ण से। मैं जितना श्रीकृष्ण को चाहती हूं उतना तुम्हें भी। पर एक बात अवश्य है।" मीरा ने कुछ सोचते हुए कहा।

"क्या ?"

"जिस दिन मुझे यह लग जायेगा कि तुम्हारा प्रेम, श्रीकृष्ण-प्रेम में बाधा है, उसी दिन मैं तुमसे प्रेम करना बन्द कर दूंगी। तब तुम्हारे प्रति कुछ भी नहीं रहेगा मेरे मन में क्योंकि कहा न कि प्रेम न पूरा होता है न अधूरा। बस वह प्रेम होता है। रहा तो रहा, नहीं रहा तो नहीं रहा।"

"अगर यही बात उलटे रूप में पूछी जाय तब ?" भोज ने मीरा के घने केशों को मुट्ठी-भर पकड़कर पूछा।

"मतलब ?"

"मतलब यह कि अगर तुम मुझसे और कृष्ण से समान प्रेम करती हो तो जिस दिन कृष्ण का प्रेम मेरे प्रति तुम्हारे प्रेम में बाधक होगा उस दिन से तुम कृष्ण से प्रेम करना छोड़ दोगी ?"

"यह स्थिति ही नहीं आएगी।"

"क्यों ?"

"क्योंकि श्रीकृष्ण को किसी से कोई ईर्ष्या नहीं। वह तुम्हारे प्रति मेरे प्रेम में कभी बाधक नहीं बनेगा। वह तो एक पाषाण-मूर्ति है। अधिक से अधिक मेरे सपनों में मुझसे बातें करता है। अगर वह सामने बैठकर भी बातें करने लगे तो वह तुम्हारे प्रति ईर्ष्यालु नहीं होगा। गीता नहीं पढ़ी भोज तुमने ? ईर्ष्या, द्वेष, घृणा, क्रोध उसकी प्रकृति में ही नहीं। तभी तो वह कृष्ण है। पूर्ण ताटस्थ्य का ही दूसरा नाम श्रीकृष्ण है। यह हम भक्तों का विचार हो सकता है भोज, हम अपनी मस्ती में उस पर मरते हैं, उसके लिए तो सभी समान हैं। जो राधा और कुब्जा को समान दृष्टि से देख सकता है उससे तुम क्या आशा कर सकते हो ? तुम्हें कृष्ण से ईर्ष्या है, भोज ?" मीरा ने पुनः सिर ऊंचा कर भोज की आंखों में देखते हुए कहा।

"शायद पहले कुछ रहा हो। पर अब नहीं है।" भोज ने कहा और अपनी बाहुओं को मीरा की ग्रीवा के गिर्द लपेट दिया।

"हां भोज, श्रीकृष्ण से ईर्ष्या नहीं करना। मीरा कृष्ण के बिना नहीं रह सकती।"

बाहर रात गहरी हो आई थी। रात्रि की निस्तब्धता कक्ष के गवाक्षों से अन्दर प्रवेश कर रही थी।

पर्वतीय पवन अपने में शीतलता समेट चुका था। उसका भान अन्दर के दोनों व्यक्तियों को हो रहा था।

"अब मैं चलूंगा, मीरा !"

"क्यों, मुझसे मन भर गया ?" मीरा ने भोज की गर्दन को छोड़ उसके केशों में अपनी उंगलियां फंसाईं।

"मन नहीं भरा। भर भी नहीं सकता। पर अब चलना चाहिए। तुम्हें आराम की भी आवश्यकता है। चार दिनों तक तो रोती ही रही हो।"

"चले जाना भोज ! पर एक बात मन पर बहुत भारी पड़ रही है। तुम्हारे अलावा कौन है जिस पर वह बोझ उतारूंगी ?" मीरा सहसा भोज के अंक से उठती हुई बोली।

"क्या बात है मीरा ?" मीरा के सहसा विवर्ण हो आए मुख को देखते हुए भोज ने पूछा।

"मुझे यहां घोर लांछित किया जा रहा है।"

"यह कौन बड़ी बात है ? यहां तो उसकी संभावना पल-पल पर रहेगी। तुम जानती हो यह महल राजनीति का चक्रव्यूह है।"

"नहीं बात बहुत बड़ी है भोज।" मीरा की आंखें फिर भर आईं।

भोज ने अपनी कोमल अंगुलियों से मीरा के आंसुओं को पोंछते हुए कहा "क्या बड़ी बात है ?"

"मैं पूर्व विवाहिता हूं।"

भोज मुसकराए, "यह तो सबको पता है कि कृष्ण से तुम्हारा विवाह पूर्व में सम्पन्न हो चुका है।"

"बात केवल इतनी नहीं है भोज!" मीरा रोने-रोने को हो आई।

"क्या बात है?" भोज ने चिन्तित होकर पूछा।

"महल में चर्चा है कि श्रीकृष्ण नामक किसी पुरुष से मेरा विवाह सम्पन्न हुआ है। मुरलीधर तो मात्र ढाल हैं।" मीरा ने भर्राए कंठ से कहा और भोज के वक्ष से जा सटी जैसे कोई पवन-आन्दोलित वल्लरी किसी वृक्ष के विशाल तने से लिपट जाती।

"पगली!" भोज ने हौले से मीरा का सिर थपथपाया, "कहने वाले यहां बहुत बातें कहते रहेंगे। जब तक मैं जीवित हूं आगे से शायद ही तुमसे कोई ऐसी बात कर पायेगा। तुम क्या थीं या क्या हो यह मेरी चिन्ता है, पूरे महल की नहीं। कौन क्या सोचता है, इस पर भी तुम्हें ध्यान देने की आवश्यकता नहीं जब तक मैं तुम्हारे सम्बन्ध में कुछ ऐसा-वैसा नहीं सोचता। बोलो मैं ठीक कह रहा हूं या नहीं? तुम आश्वस्त हुईं?"

"आश्वस्त हुई स्वामिन् पर कल ननद ने कहा है कि आपके विरुद्ध भी रानी कर्मवती जी षड्यन्त्र रच रही हैं। मेरी आपसे एक प्रार्थना है।"

"क्या?"

"आप किसी आक्रमण का नेतृत्व नहीं करेंगे।"

"मीरा, ऐसा कहीं हुआ है," भोज ने कहा, "क्षत्रिय वह भी सिसौदिया-वंशी क्षत्रिय युद्ध से भागा है?"

"स्वामिन्!" मीरा बिलखी।

"बोलो।"

"जोधपुर और मेड़ता में कोई अन्तर नहीं। दोनों राठौर-बंशीय हैं। हमारे पूर्वज जोधपुर से ही फूटकर आए थे। क्या आप जोधपुर पर हुए आक्रमण का भी नेतृत्व करेंगे?"

भोज कुछ देर तक चुप रहे। फिर कुछ सोचकर बोले, "नहीं, जोधपुर पर आक्रमण होगा ही नहीं, अत: मेरे नेतृत्व का प्रश्न ही नहीं उठता।"

"मेरे अच्छे भोज!" मीरा आश्वस्त होकर बोली। ननद उदा की बातों से उत्पन्न भय सहसा समाप्त हो गया।

"मीरा, अब मैं चलूं।" भोज ने सहारा देकर मीरा को अपने अंक से उठाकर अलग किया।

"भोज!" मीरा ने प्रेम-भींगे शब्दों में कहा।

"कुछ देर और रुक नहीं सकते? तुमसे बहुत आश्वस्ति मिलती है।"

"तुम कहो तो जीवन भर यहीं रुका रहूं। पर हर चीज की मर्यादा होती है। गवाक्षों से लालिमा झांकने लगी है। अब विदा दो।" भोज खड़े होते हुए बोले।

"ठीक है यही हो। शायद मुरलीधर भी यही चाहते हैं।" मीरा ने कहा और पर्यंक के किनारे खड़ी हो गई। भोज कक्ष के कपाट खोल बाहर आ गए।

तिहत्तर

एकतारा के तार खिंचे तो संगीत की एक क्षीण लहरी कक्ष के वातायन से बाहर निकल आस-पास विकीर्ण हो गई। माधुर्य से ओत-प्रोत वह, वातावरण में मधु घोलती हुई ललिता के कक्ष में भी उसके गवाक्षों के मार्ग अन्दर जा घुसी। सम्पूर्ण कक्ष एक मधुर कम्पन से भर आया। 'सा' 'रे' 'ग' 'म' 'प' 'ध' 'नि' 'सा' अपने विभिन्न रूपों-प्रतिरूपों, घटनों-संवटनों में एकाकार हो जैसे पृथक्-पृथक् रूप-ग्रहण कर गए। संगीत के मधु-गन्ध ने ललिता के मन-प्राणों को मद-भ्रान्त कर दिया। संगीत और संगीत से-एकाकार होता हुआ कल-गायन। जैसे स्वर्ण और उसको आवृत्त किए हुई कोई सुगन्ध। वायु और उसमें घनीभूत हो आई पराग-गन्ध, मकरन्द-वास।

ललिता ने समझ लिया मीरा ने मुरलीमनोहर की आराधना में अन्तर उड़ेला है। प्रत्यूष के निसर्ग-संगीत को मुंह चिढ़ाया है। पिक को अपना मुंह बन्द करने को बाध्य किया है। मयूर-कंठ का स्वर छीना है। वातावरण सहसा बासंती हो आया है—मधुगन्धी। स्वर की भी गन्ध होती है—ललिता के मन ने तर्क किया। होती क्या है, है। प्रत्यक्ष, प्रमाण का मुखापेक्षी कब रहा ? स्वर भी गन्धमान होता है और वह गन्ध मीठी होती है जैसे शर्करा, नहीं-नहीं जैसे द्राक्षा, नहीं-नहीं ये सारी उपमाएं व्यर्थ हैं; जैसे अमिय—सागर-मन्थन के पश्चात् समुद्र-देव के हाथों में पकड़े सुवर्ण कलश से छलक-छलक पड़ने को आतुर पीयूष, अमृत।

ललिता दौड़ी मीरा के कक्ष की ओर, "आज अवश्य ही कुछ विशेष प्रसन्नता आ उपस्थित हुई है, नहीं इतनी तन्मयता से तो मीरा कभी-कभी ही पुकारती है अपने गिरधारी को।"

मीरा इकतारा लेकर मुरलीमनोहर की मूर्ति के समक्ष गायन में लीन थी। उसके लम्बे भींगे केश उसकी पीठ पर फैले पड़े थे। उसने एक नवीन पीत साड़ी धारण कर रखी थी। ललिता निःशब्द कक्ष में प्रवेश कर गई।

"क्या कुंअर की बात मन को गुदगुदा रही है ?" ललिता ने चुटकी ली।

"नहीं, बात दोनों की है। अब दोनों मेरे अपने हो गए हैं। और दोनों एक-दूसरे के लिए आवश्यक हैं। गिरधारी नहीं तो कुंअर अथवा और कोई क्या ? और कुंअर नहीं हो तो मुझे यहां कोई गिरधारी का नाम भी नहीं लेने दे।" मीरा ने ललिता को खींच पलंग पर बिठाते हुए कहा।

"पर पर्यंक तो कोई विशेष कहानी नहीं कह रहा।" ललिता ने अपनी ही बिछाई चादर को प्रायः उसी रूप में बिछी देखकर कहा।

"कहानी, कहो तो कुछ विशेष है भी नहीं सिवा उसके कि हम दोनों ने रात एक-दूसरे का विश्वास जीता। हम रात भर जगे रहे। एक-दूसरे के बने रहने का प्रण किया। गिरधारी को भी बीच में रखा। अब हम एक के बदले तीन हैं, यही समझ लो—मीरा, गिरधारी और भोज। भोज को कृष्ण से कोई ईर्ष्या नहीं। मेरे श्रीकृष्ण के बने रहने पर भी मेरे प्रति उसके प्यार में कोई कमी नहीं।"

"कमी है।" ललिता ने जोर देकर कहा।

"यह तुम क्या बोलती हो? भोज बोल गया है वह मेरे बिना जीवित नहीं रह सकता।" मीरा प्रफुल्ल बोली।

"बस?" ललिता ने पूछा।

"तुम कहना क्या चाहती हो?" मीरा आश्चर्य-चकित होकर बोली।

"भोज ने तुम्हें पूरी तरह नहीं अपनाया है। अथवा तुम्हीं इस रास्ते में रोड़े अटकाती रही हो। रात भी भोज एक तरह से निराश ही लौटा है। है न यह बात?"

"तुम जिस ओर इंगित कर रही हो, वह तो है।" मीरा गम्भीर होती बोली।

"क्यों कौन बाधा बना इसमें? तुम्हारे समर्पण में कुछ कमी थी या भोज ने ही अपना अधिकार नहीं मांगा अथवा नहीं चाहा।"

"मेरे समर्पण में कोई कमी नहीं थी। मैंने किधर से भी अपने को खोलने में कृपणता नहीं बरती। मैं भोज को उतना ही चाहने लगी हूं कि मैं उसकी किसी बात पर ना नहीं करती। इसे भोज ने नहीं समझा हो, यह बात नहीं।" मीरा ने रात की सारी बातों को याद करते हुए कहा।

"तो भोज ही तुमसे बचते रहा?। इसका कारण जानना होगा। वह तुम्हारे विधिवत विवाहित पति हैं और वह तुमसे, इतना कुछ के बाद भी अपना अधिकार नहीं मांगें तो यह बात आश्चर्य में डालने वाली है।"

"पर यह तो एक तरह से ठीक ही है। मेरी पुनीतता सुरक्षित है।" मीरा ने कुछ सोचते हुए कहा।

"भाड़ में गई तुम्हारी तथाकथित पुनीतता उसी दिन जिस दिन भोज से तुम्हारा ब्याह सम्पन्न हुआ। पति से सम्बन्ध में कैसे और किधर से पुनीतता का विनाश?"

"पर उस दिन तो तुम भी कह रही थीं कि किसी चमत्कार अथवा संयोग से मेरी पुनीतता बच ही जाय। अब वह बच रही है तो तुम्हें क्या आपत्ति है?"

"उस दिन मैंने तुम्हारा मन रखने को कहा था वर्ना मैं इतनी मूर्ख नहीं कि यह समझूं कि विधिवत विवाह सम्पन्न हुए व्यक्ति से सम्बन्ध होने में किसी की पवित्रता किधर से भी प्रभावित होती है। मुझे लगता है कल के मेरे सारे श्रम पर तुमने पानी फेर दिया।" ललिता के स्वर में झुंझलाहट स्पष्ट थी।

"विश्वास मानो ललिता, कल मैंने किधर से भी अपने को नहीं रोका। कल के बाद की बात अब मैं नहीं जानती पर कल मैंने तुम्हारा मंत्र लेकर भोज में कृष्ण को ही देखा। कमी भोज की चाह में ही होगी। मेरा समर्पण पूर्ण था।"

"सच?"

"सच ललिता।"

"तो भोज ही एक सीमा के बाद आगे नहीं बढ़ना चाहते। इसका कारण जानना होगा।"

"कौन जानेगा?"

"तुम और कौन? तुम उनकी विवाहिता पत्नी हो।"

"पर ललिता!"

"बोलो।"

"भोज के प्रेम में कोई सन्देह नहीं, वह मुझे बहुत मानते हैं।"

"कैसे ?"

"रात के व्यवहार से स्पष्ट हुआ।"

"कौन-सा व्यवहार ?"

"कई, पर एक बात का तो उल्लेख मैं तुमसे भी करना भूल गई थी। उसको लेकर मैं इतनी पीड़ित थी कि तुमसे कहने का भी मन नहीं बना सकी।"

"कौन-सी बात ?" ललिता ने उत्सुकता से पूछा।

"मुझ पर इस महल में लांछन लगाया गया ललिता !" कहते-कहते मीरा का स्वर भर्रा आया।

"कैसा लांछन ?"

"रानी कर्मवती ने प्रचार किया कि मैं पूर्व विवाहिता हूं और मेरा विवाह किसी और से सम्पन्न हो चुका है। जिसका नाम ही श्रीकृष्ण है। श्रीकृष्ण की मूर्ति को तो मैंने मात्र ढाल बनाया है। उसमें अपने पूर्व पति का ही स्वरूप निरखती हूं।" मीरा रोने-रोने को हो आई।

"इतनी बड़ी बात है ? तुम्हें पता कैसे लगा ?" क्रोध से ललिता का मुंह रक्ताभ हो आया।

"ननद ने कहा। किसी तरह छिप-छुपाकर मेरे पास पहुंची थी।"

"तुमने यह बात मुझसे नहीं कही ?" ललिता ने उपालम्भ दिया।

"तुम रहती ही यहां कितनी हो ? मैं तो किसी के साथ यह दुःख बांटना ही चाहती थी। तुम आती हो और किसी चिड़िया की तरह फुर्र हो जाती हो। तुम्हें लगता है कब भोज आ जाएं मेरे कक्ष में। तुम सदा उनको एकान्त देने की चिन्ता में मुझे नितान्त अकेली छोड़ देती हो।"

"तो तुमने भोज से बांटा यह दुःख ? कहीं भोज भी तो सशंकित नहीं हुए ?" ललिता चिन्तित हुई।

"नहीं ललिता, भोज ने इसे हंसकर टाल दिया और कहा इस महल में ऐसी राजनीति चलती ही रहती है। यह भी कहा कि उसकी चिन्ता मुझे होनी चाहिए कि तुम कैसी और क्या हो। भोज ने मुझे आश्वस्त कर दिया, ललिता! मेरे मन का भार हल्का हो गया। जब भोज आश्वस्त है तो कोई कुछ भी कहे मुझे क्या चिन्ता ?"

"पर इससे उस बात का समाधान नहीं होता।" ललिता फिर मूल विषय पर लौटी

"किस बात का ?"

"भोज ने तुम्हें पत्नी के रूप में नहीं अपनाया है।"

"वह तो है पर मुझे ऐसी कोई उत्कण्ठा भी नहीं।"

"क्यों ?"

"पति तो मेरा कृष्ण है।"

"पर तुम तो मन बना चुकी थीं भोज को स्वीकारने का ? कृष्ण कहां बाधा बनने जा रहा है किसी के दाम्पत्य-सुख में ?" ललिता ने तर्क किया।

"यह भी सही है। मैंने मन को वैसा ढाल लिया है। अपने मुरलीमनोहर की

भी अनुमति ले ली है। पर भोज को मैं क्या करूं ? रात तो मैंने कहीं से अपने को बांध कर नहीं रखा।"

"तो जैसा मैंने कहा, इसका कारण ढूंढ़ो। भोज शायद तुम्हारी भावनाओं को ठेस नहीं पहुंचाना चाहते।"

"तो इसमें हर्ज ही क्या है ? मैं पूरी तरह कृष्ण की होकर रह जाऊंगी। मुझे तो उसकी कोई चिन्ता नहीं।"

"पर मुझे तो है।"

"क्यों ?"

"पति जब तक अपनी पत्नी से अपना पूर्ण अधिकार नहीं ले लेता, उसके प्रेम के स्थायित्व पर विश्वास करना कठिन है।"

"पर भोज के प्रेम पर अविश्वास भी नहीं किया जा सकता। काश, तुम कल रात के उनके समर्पण-भाव को देख पातीं !"

"समर्पण तुम्हें करना है उन्हें नहीं।" ललिता ने चुटकी ली।

"खोलकर ही सुनना चाहती हो तो सुनो मैं पूर्णतया समर्पित थी। न जाने वह कैसा विमुग्धकारी क्षण था, न जाने भोज के प्रति मेरे मन में कैसा ज्वार जगा था, न जाने उसके आत्मीय व्यवहार ने मुझे किस हद तक सम्मोहित किया था कि मैंने भोज को अपनी ओर से पूरा प्रोत्साहन दिया था पर भोज ही—यहां तक कि रात्रि व्यतीत होने पर मैंने उसे रोकने का भी प्रयास किया पर वह चला ही गया।"

"इसीलिए तो यह जानना आवश्यक है कि अनुरक्ति के मध्य यह विरक्ति क्यों ? एक तरफ तो वह तुम्हें अपना सर्वस्त मानते हैं, तुम्हारे लांछनों को चांद की तरह अपने ऊपर ही धारण करने को व्यग्र दीखता है, तुम्हारे कृष्ण के लिए रात-दिन एक कर भव्य मंदिर बनवा रहे हैं और दूसरी तरफ वह तुम्हारे समर्पण को उपेक्षित कर जाते हैं।"

"तुम कहती हो तो मैं इस भेद का पता करने का प्रयास करूंगी।" मीरा ने कुछ सोचते हुए कहा।

"करना ही पड़ेगा। चित्तौड़ में रहना है तो भोज को पूर्ण विश्वास प्रदान करना होगा और वह विश्वास तब तक पूर्ण नहीं होगा जब तक तुम्हारा समर्पण पूर्ण नहीं होता। जैसा कि तुमने स्वयं कहा इसमें तुम्हारी कृष्ण-भक्ति को भी कोई बाधा नहीं आती।" ललिता ने अपना तर्क रखा।

"बाधा तो कुछ आती अवश्य है, पर मैंने भोज के लिए उस बाधा पर भी ध्यान नहीं देने का मन बना लिया है।"

"कैसे आती है बाधा ?" ललिता आश्चर्य से बोली।

"अब उसे बताने से क्या लाभ ? मैं कृष्ण के सिवा किसी और की छाया से भी छूत मानने की प्रतिज्ञा कर बैठी थी। पर परिस्थितियों ने ऐसा मोड़ लिया है कि मेरे प्रण का मूल्य ही क्या रहा ?"

"तुम्हारा मुरलीमनोहर जो करे अच्छा ही करेगा, उस पर तो विश्वास है न ?" ललिता ने सान्त्वना के स्वर में पूछा।

"उस पर से जिस दिन विश्वास हट जायेगा मीरा इस लोक से ही उठ जायेगी।" मीरा ने दृढ़तापूर्वक कहा।

"तो फिर पता कर लो भोज के इस व्यवहार का।"

"प्रयास करूंगी।" मीरा ने कहा और ललिता कक्ष के बाहर हो गई।

चौहत्तर

भोज को आश्चर्य हुआ। रानी कर्मवती के कक्ष से इसके पूर्व तो आमन्त्रण शायद ही कभी आया हो!

"महारानी जी आपको अभी स्मरण कर रही हैं।" दासी ने आकर कहा था।

भोज मीरा के कक्ष से थोड़ा पूर्व ही आए थे। अभी स्नान-ध्यान आदि से निवृत्त होना शेष ही था।

"महारानी से कहना मैं थोड़ी देर पश्चात् ही उपस्थित हो रहा हूं।"

"क्षमा करेंगे युवराज, महारानी ने तत्काल ही आपको उपस्थित होने को कहा है। महाराज भी वहीं आपकी प्रतीक्षा कर रहे हैं।"

"महाराज! राणा सांगा! इतना शीघ्र कैसे प्रस्तुत हो गए? अभी तो प्रातः की लाली भी पूर्णतया पूर्वी क्षितिज पर नहीं छिटक पाई थी।" भोज को महल की राजनीति के निरन्तर विकृत होते जाते स्वरूप का भान हुआ और उन्होंने दासी को कहा—"ठीक है तुम चलो मैं अभी आया।"

भोज रानी कर्मवती के कक्ष में पहुंचे तो वह अपने पर्यंक पर पालथी लगाकर विराजमान थीं। उससे सटे एक आसन पर महाराणा सांगा गम्भीर मुद्रा में बैठे थे और महारानी उनके कानों में धीरे-धीरे कुछ कहने में व्यस्त थीं।

भोज ने इस प्रत्यूष काल में दोनों का चरण-स्पर्श कर अभिवादन किया और आदेश की प्रतीक्षा में कुछ क्षण खड़े रहे। महाराज ने एक अपेक्षाकृत नीचे आसन की ओर इंगित किया और भोज उस पर बैठ गए।

"भोज, हमसे एक भारी भूल हो गई।" बात राणा ने ही आरम्भ की।

भोज कुछ नहीं समझकर निरुत्तर ही रहे।

"तुमने सुना नहीं युवराज!" राणा सांगा की भृकुटियों पर इस बार बल पड़ा। वे अपनी बातों की उपेक्षा के आदी नहीं थे।

"मैंने कुछ समझा नहीं महाराज," भोज ने आरम्भ किया और कुछ सोच समझकर जोड़ा, "गलती किससे हुई महाराज से, महारानी से, मुझसे या सभी से? और किस गलती की ओर इंगित कर रहे हैं महाराज?"

राणा सांगा को लगा कि भोज की जिह्वा कुछ अधिक ही चलने लगी है। विवाह-पूर्व तो वह इस तरह बातें नहीं करता था।

"गलती एक की नहीं, सबकी है, अपितु मेरी ही उसमें अधिक है। मेड़ता से सम्बन्ध कर हमने गलती की।" भोज को सहसा लगा कि इस प्रकरण में उन्हें खींचने का कोई औचित्य नहीं था वह भी प्रत्यूष काल में ही।

"महाराज, क्षमा करेंगे गलती इसमें हमारी नहीं है, अगर यह सचमुच गलती

है। यदि है भी तो केवल आपकी। शेष सभी इस विवाह के विरुद्ध थे। मैं तो किसी भी स्थिति में विवाह करने को ही प्रस्तुत नहीं था।"

राणा सांगा का चेहरा सहसा रक्त-वर्णी हो आया। लगा उनके शरीर का सारा रक्त उबलकर चेहरे पर ही आ गया और उनके मुख पर पड़े अनगिनत व्रण किन्हीं नन्हें-नन्हें कमल-पुष्पों की तरह खिल आए। राणा स्पष्टतः कुपित हो उठे थे।

थोड़ी देर तक कक्ष में एक दमघोंटू सन्नाटा बिछ गया।

"कुंअर तुमने बड़ों से बात करने की मर्यादा को कब से तिलांजलि दे दी? अपने पिता से इसी तरह बातें करते हैं क्या?" इस बार कर्मवती ने मुंह खोला। उसके स्वर में निहित गर्वोक्ति भोज से छिपी नहीं रही।

"मैंने क्या अपराध किया? अभी तो मुझे यह भी नहीं बताया गया कि मेड़ता से सम्बन्ध कर गलती कैसे हुई।" भोज ने कर्मवती की ओर सीधे देखते हुए कहा।

"मैं बतलाती हूं। शेष बातें महाराणा ही बताएंगे। मेड़ता से सम्बन्ध स्थापित कर हमने इसलिए गलती की कि हम एक जादूगरनी को उठाकर इस महल में लाए।"

"कौन है वह जादूगरनी?" भोज ने साश्चर्य पूछा।

"मीरा, और कौन?" कर्मवती का स्वर उग्र हो आया। भोज का चेहरा एक क्षण को तमतमा आया। फिर भी उन्होंने स्वर को संयत रखते हुए कहा, "मैं जान सकता हूं कि मीरा जादूगरनी कैसे है? राजस्थान के पिछड़े प्रदेशों में जादू-टोना और भूत-प्रेत की कहानियां बहुत चलती हैं पर एक राजकुमारी को जादूगरनी कहने की घटना सम्भवतः प्रथम-प्रथम सामने आ रही है।"

"तुम्हारी जिह्वा कुछ अधिक ही चलने लगी है, युवराज!" राणा सांगा अब तक अपने क्रोध पर नियंत्रण कर चुके थे, "उसके जादूगरनी होने का एक प्रमाण तो यही है कि तुम उसके प्रभाव में आकर राजमाता से बातें करने का ढंग भी भूल गए हो। दूसरा प्रमाण चाहते हो?"

"महाराज!" भोज ने बेझिझक कहा।

"तुम्हें ज्ञात है हम शैव मतावलम्बी हैं और हमारी सारी प्रजा भी हमारे उस मत को ही मानती है?"

"महाराज!"

"तब तुमने क्यों मुझसे मीरा के लिए कृष्ण मन्दिर बनवाने की अनुमति मांगी और क्यों रात-दिन एक कर मीरा के लिए इस भव्य कृष्ण मन्दिर को निर्मित कराने में लगे हो? यह उस जादूगरनी का जादू ही तो तुम्हारे सिर चढ़कर बोलने लगा है?" महाराणा की सांसें तेज हो गई थीं। क्रोध उन पर पुनः हावी होने लगा था। तलवार और तेग की भाषा में ही बात करने के आदी महाराणा शायद प्रथम-प्रथम ही भाषिक शब्दों का इतना दुरुपयोग कर रहे थे।

"क्षमा करेंगे महाराज," भोज ने आरम्भ किया, "धर्म किसी पर थोपा नहीं जा सकता। सबको अपने-अपने विश्वास के अनुकूल धर्माचरण की स्वतन्त्रता होनी चाहिए।"

"भोज !" राणा सांगा किसी क्रुद्ध शेर की तरह ही दहाड़े।

"महाराज !"

"तुम्हें पता है तुम क्या कह रहे हो ? अगर तुम्हारी बात को ही मान लिया जाए तो हमारी सारी प्रजा शैव मत को तिलांजलि दे अपने-अपने रूप में धर्माचरण को स्वतन्त्र होगी।" राणा सांगा क्रोध-सने शब्दों में बोले।

"तो इसमें बुरा क्या है महाराज ? प्रजा को इतनी स्वतन्त्रता तो होनी ही चाहिए।" भोज ने बिना सन्तुलन खोए उत्तर दिया।

"बुरा क्या है ?" राणा सांगा फिर बिफरे, "तुम्हें पता है धर्म बांधने का कार्य करता है, आज अगर इतने बड़े प्रदेश पर चित्तौड़ का साम्राज्य है तो इसका एक बड़ा कारण यह भी है कि राजा और प्रजा का धर्म एक है।"

"आप शायद गलती में हैं महाराज," भोज ने धीरे-धीरे आरम्भ किया पर राणा सांगा के चेहरे का रंग पुनः तीव्रता से बदलने लगा। चेहरे के उनके घावों के अनगिनत चिह्न पुनः छोटे-छोटे रक्त-कमलों का रूप लेने लगे, "बांधने का कार्य धर्म नहीं करता, यह कार्य प्रेम का है और अभी जो चित्तौड़ की इतनी बड़ी प्रजा आपके साथ है उसमें न धर्म का हाथ है न प्रेम का, यह आपकी तलवार की देन है और क्षमा करेंगे महाराज ! जिस दिन इस तलवार की मूठ पर सिसौदियों की पकड़ ढीली पड़ी उसी दिन आपका शैव मत भी इस राज्य को बिखरने से रोक नहीं पाएगा।"

महाराणा क्रोध की अधिकता से किसी झंझावात-ग्रस्त वृक्ष की तरह सिर से पैर तक कंपित हो आए। उन्होंने इस उद्दण्ड युवराज को मुंह नहीं लगाना ही उचित समझा। स्पष्ट था कि उसके स्थान पर कोई सामान्य सरदार-सिपाही होता तो वे क्षणार्द्ध में अपनी कमर में सदा खुंसी म्यान से अपनी धार-चढ़ी तलवार निकालते और इसके पूर्व कि कोई कुछ समझ पाये उसके सिर को धड़ से पृथक् कर देते। पर बात यहां अपने बेटे की थी, वह भी युवराज की।

कर्मवती समझ गई कि इतने संवेदनशील विषय को अपने क्रोध के लिए प्रसिद्ध महाराणा के हाथों नहीं छोड़ा जा सकता। जिस बात के लिए कुंअर को आमन्त्रित किया गया था वह विषय तो अब तक प्रायः अछूता ही रह गया था।

"महाराणा, आप शान्त रहें, मैं बात को सम्हालती हूं।" कर्मवती ने राणा सांगा से कहा और वे एक ओर मुंह फेरकर बैठ गए। उनकी तेज-तेज चलती सांसों का स्वर अब भी सुना जा सकता था।

"कुंअर, मैं तुमसे एक न सुनने योग्य बात कहने जा रही हूं; क्या तुम इसके लिए प्रस्तुत हो ?"

"जब आप कहना ही चाहती हैं तो न सुनना भी अपराध होगा।" भोज के अपेक्षाकृत शान्त स्वर ने राणा सांगा की क्रोधाग्नि के लिए भी जल के शीतल छींटे का कार्य किया।

"क्या तुमको पता है कि मीरा पुंश्चली है ?"

"महारानी !" भोज किसी चोट खाए भुजंग की तरह ही फुफकारे।

"महारानी नहीं, राजमाता।" कर्मवती ने कहा।

"नहीं, जो अपनी पुत्रवधू को तीन-चार दिनों के परिचय-अपरिचय में ही

पुंश्चली कहने को प्रस्तुत हो वह भी उसके पति के समक्ष वह और कुछ हो सकती हैं माता नहीं हो सकतीं।" भोज का क्रोध यथावत था।

"बात तीन-चार दिनों के परिचय-अपरिचय की नहीं, बात प्रमाण की है।" कर्मवती ने बड़ी निश्चिन्तता से कहा। वह महाराणा की तरह मात्र क्रोध में विश्वास नहीं करती थी। उसे राजनीति का यह गुण पता था कि ठंडा लोहा ही गर्म लोहे को काट सकता है। पर राणा की सांसें अब भी अनियन्त्रित थीं। भोज की बातें उन्हें किसी कटार की तरह ही काट रही थीं और उन्हें लगता था कि अब तक तो उनके तन ने ही अनगिनत व्रण झेले हैं, इस बार उनके मन को ही छलनी किया जा रहा था, वह भी उनके ज्येष्ठ पुत्र के द्वारा ही।

"क्या प्रमाण है आपके पास?" भोज आवेश में बोले।

"तुम्हें पता है मीरा पूर्वविवाहिता है?"

"यह सबको पता है। विवाह के पूर्व ही राजपुरोहित ने सबको बता दिया था कि वह कृष्णार्पिता है। इसके बाद भी स्वयं पिताजी इस सम्बन्ध पर अड़ गए।"

"हा! हा!! हा!!!" कर्मवती उन्मुक्त हंसी।

"क्यों इसमें हंसने की क्या बात है?" भोज ने साश्चर्य पूछा।

"राजपुरोहित भी छले गए और राणा भी, साथ ही तुम भी।"

"कैसे?"

"किस श्रीकृष्ण की अर्पिता होने की बात कर रहे हो तुम?"

"राम और कृष्ण क्या दो-चार हैं?" भोज ने महारानी का ध्येय नहीं समझ कर पूछा, "जिस कृष्ण की बात मैं कह रहा हूं वह परब्रह्म परमेश्वर है और जगविदित है।"

"हा! हा!! हा!!! यहीं तो तुम गलती कर रहे हो, जिस कृष्ण को अर्पित हो चुकी है मीरा वह तुम्हारा परब्रह्म नहीं श्रीकृष्ण नामक एक साधारण पुरुष है और वह एक जोगी है जोगी, साधारण कनफटा जोगी।"

"महारानी!" भोज का क्रोध-भुजंग अब सहसा फन फैलाकर खड़ा हो गया। उनका हाथ एक क्षण के लिए अपने कमर में खुंसी म्यान की तरफ गया पर दूसरे ही क्षण वहां से हट आया। उनकी इस प्रतिक्रिया को न तो महारानी देख सकी न राणा सांगा।

"बोलो।" रानी कर्मवती ने अपने सामान्य संयत स्वर में कहा।

"यह मीरा का घोर अपमान है और मीरा का अपमान मेरा अपमान है।" भोज गर्म जल की तरह उबलते हुए बोले।

"यह बात निराधार नहीं है, अंत: इससे किसी के अपमानित होने का कोई प्रश्न ही नहीं उठता।"

"तो इस बात का आपके पास प्रमाण है?" भोज की उत्तेजना चरम पर थी।

"है।"

"प्रस्तुत करें।"

कर्मवती ने करतलध्वनि की और दासी मंगला द्वार पर उपस्थित हो गई।

"मंगला, बोलो उस दिन तुमने क्या सुना?" कर्मवती ने पूछा।

"अपराध क्षमा हो महारानी, देवी मीरा उस दिन किसी 'जोगीया' को पुकार-पुकार कर फूट-फूटकर रो रही थीं और स्पष्ट शब्दों में बोल रही थीं—'जोगीया से प्रीति किया दुख होई…रात दिवस कल नाहीं परत है, तुम मिलिया विनि मोई।'"

भोज एक क्षण को अवाक्। पद तो मीरा का ही हो सकता है। ऐसा पद रचने वाला तो इधर कोई है नहीं, फिर भी उन्होंने हिम्मत नहीं हारी, "महारानी क्षमा करें। यह क्षत के ऊपर लवण मलने की तरह है। एक युवराज की विवाहिता की मर्यादा के अनुकूल नहीं है।"

उधर महाराणा की सांसें आवश्यकता से अधिक अनियन्त्रित हो गई थीं और वे मुंह खोलने ही वाले थे कि कर्मवती ने उन्हें इंगित से रोक दिया और भोज को सम्बोधित कर बोली, "युवराज मैंने इतने दिनों तक इस महल की पट्टमहिषी का पद संभाला है। मैं भी इतनी मूर्ख नहीं कि मात्र एक सामान्य परिचारिका के साक्ष्य पर परिवार की नवागता वधू पर आरोप लगाऊं। बात अभी आपने आधी ही सुनी है। मंगला आगे की बात बतलाओ।"

"अपराध क्षमा हो महारानी।" दासी ने फिर उसी विनम्रता से आरम्भ किया। "मेरे कथन को सुनकर महारानी स्वयं मीराजी के कक्ष के अधखुले कपाटों तक गईं और महारानी ने स्वयं अपने कानों से वह सबकुछ सुना जो मैंने सुना था…।"

"और भोज, मुझे दासी से कुछ अधिक ही स्मरण है। तुम्हारी पत्नी स्पष्टतः जार-बेजार रो रही थी और इस बात को विस्मृत कर कि गाने का स्वर बाहर जा रहा है, गाए जा रही थी—

"जोगिया से प्रीति किया दुख होई।
प्रीति किया सुख ना मोरी सजनी,
जोगी मित न कोई
ऐसी सूरत या जग माहीं
फेरि न देखी सोई।
……………………।"

भोज चुप। वे स्पष्टतः अव्यवस्थित हो गए थे। पद मीरा के ही थे, इसमें अब कोई शंका नहीं थी। पर सबकुछ होते हुए वे मीरा को पथ-भ्रष्टा मानने को प्रस्तुत नहीं थे।

"बोलो। अब क्या कहते हो?" कर्मवती ने भोज के मौन से उत्साहित होकर कहा, "मेरे साक्ष्य पर भी विश्वास नहीं है अथवा मुझे मिथ्यावादिनी सिद्ध करना चाहते हो।"

"नहीं, न तो आपके साक्ष्य पर अविश्वास करने का प्रश्न है, न आपको मिथ्यावादिनी कहने का साहस," भोज के प्रत्युत्पन्नमतित्व ने साथ दिया, "पर बात पति-पत्नी के मध्य की है, मैं पहले स्वयं आवश्यक जांच कर सन्तुष्ट होना चाहूंगा।"

"बात पति-पत्नी की नहीं पूरे परिवार की है। सम्पूर्ण सिसौदिया वंश की

है।" राणा सांगा अब अपने को रोक नहीं सके और किसी सुषुप्त ज्वालामुखी की तरह फट पड़े। पहला कार्य तो तुम यह करो कि इस श्रीकृष्ण मन्दिर का निर्माण बन्द करो। मीरा को ढोंग रचने का अब अधिक अवसर नहीं दिया जा सकता।"

"क्षमा करेंगे पिताजी, मन्दिर का निर्माण तो बन्द नहीं होगा यह आप ही के आदेश अपितु प्रेरणा पर आरम्भ हुआ है। अगर मीरा उसमें प्रवेश-हेतु अयोग्य भी पाई गई तो उस मन्दिर का और उपयोग हो जाएगा।"

"क्या उपयोग होगा जरा मैं भी तो सुनूं। कैसे इसी परिवार में दो-दो मत चलेंगे, सभी लोग शिव की अर्चना करेंगे और तुम श्रीकृष्ण मन्दिर की ओर मुख करोगे?" राणा का क्रोध पुनः पूर्णतया अनियन्त्रित हो गया।

भोज अपने आसन से उठ खड़े हुए, "यह तो आपको बहुत पहले सोचना था। अभी आप सामान्य स्थिति में नहीं हैं, अतः मैं चलता हूं और चलते-चलते यह भी कहना चाहूंगा कि मीरा के सम्बन्ध में कोई भी निर्णय लेने का पहला और अन्तिम अधिकार मैं अपने पास सुरक्षित रखता हूं।"

भोज के कक्ष से जाते ही महाराणा आपे से बाहर हो गए। वे अपने आसन से उतरकर खड़े हो गए और नख-शिख कांपते हुए बोले, "इस उद्दण्ड राजकुमार को पाठ पढ़ाना ही होगा।"

कर्मवती ने मुसकराते हुए कहा, "महाराज, राजकुमार नहीं युवराज। सामान्य राजकुमार की बात होती तो वह अभी सलट जाती। यहां क्रोध नहीं राजनीति की आवश्यकता है। मैं सब ठीक कर लूंगी।"

"कैसे ठीक कर लोगी?" राणा सहसा शान्त होते हुए बोले।

"यह आप मुझ पर छोड़ें। अभी आप आराम करें। इस उम्र में क्रोध का आधिक्य घातक सिद्ध हो सकता है।" इतना कहकर कर्मवती ने उन्हें बलपूर्वक अपने ही पर्यंक पर लिटा दिया और सिरहाने बैठकर उनके सिर पर मोर-पिच्छ से बने पंखे से हवा करने लगी।

पचहत्तर

कर्मवती के कक्ष से लौटकर कुंअर भोजराज कुछ क्षणों के लिए अव्यवस्थित अवश्य रहे। पर या तो मीरा के प्रति उनके अमित प्रेम ने अथवा उसकी पुनीतता के प्रति उनके अमिट विश्वास ने उन्हें शीघ्र ही व्यवस्थित कर दिया।

'जो बाहर से इतना सुन्दर हो वह अन्दर से असुन्दर हो ही नहीं सकता,' मीरा के अपरूप रूप का स्मरण करते हुए भोज ने सोचा और आश्वस्त हो आए। 'अन्ततः अन्दर की स्वच्छता ही तो बाहर का सौन्दर्य बनकर खिलती है? मीरा पर आरोप भ्रमपूर्ण है। मैं सन्ध्या में उसका निवारण कर लूंगा।'

उसके पश्चात् वे पूजा और जलपान से निवृत्त हो मन्दिर-निर्माण के निरीक्षण को प्रस्थान कर गए। कई पालियों में कारीगर दिन-रात कार्य करते थे। इधर रात की पाली का निरीक्षण तो उन्होंने बन्द कर दिया था पर दिन की पाली के समय

वे सदा उपस्थित रहते। उन्होंने देखा रात में भी काम कम नहीं हुआ है। सर्वाधिक कठिन कार्य था उस विशाल मण्डप का निर्माण जिसके एक किनारे श्रीकृष्ण मन्दिर प्राय: रूप ग्रहण कर चुका था। इस मण्डप को कई संगमर्मरी स्तम्भों पर खड़ा होना था। उसके ऊपर छत पड़नी थी और छत से भांति-भांति के झाड़-फानूस लटकाए जाने वाले थे।

भोज ने देखा खम्भे खड़े हो गए थे। उन्हें कारीगरों ने बहुत अच्छी तरह तराशा था। कई पर राधा-कृष्ण की युगल मूर्त्ति भी उत्कीर्ण की गई थी। छत-निर्माण का कार्य चालू हो गया था। लाल पत्थरों को गारे के माध्यम से बैठाया जा रहा था। इसके पश्चात् छत को पूर्णतया पक्का करने के लिए ऊपर से गारे-चूने और प्रस्तर-चूर्णों की एक मोटी पर्त जमानी होगी।

भोज को लगा जिस गति से कार्य हो रहा था पन्द्रह दिनों में सब कुछ पूर्ण हो जाएगा।

भोज उस दिन घूम-फिर कर मन्दिर-निर्माण स्थल पर ही बने रहे।

सन्ध्या होने पर वे स्नानोपरान्त सन्ध्या-वन्दन को प्रस्तुत हुए और घड़ी रात जाते-न-जाते भोजनोपरान्त मीरा के कक्ष में उपस्थित हो गए।

मीरा उस समय मुरलीधारी के पूजन में व्यस्त थी। चन्दन, अक्षत, पुष्प, धूप, आरती, नैवेद्य सब कुछ अर्पित कर उसने उनके पैरों से सिर लगाया। भोज इतनी देर तक शान्त, कमरे की एकमात्र शय्या पर बैठे रहे। मीरा का ध्यान भी उनकी ओर नहीं गया। भोज उस मध्य निरन्तर एक ही बात सोचते रहे जिस व्यक्ति की अपनी साधना में इतनी तन्मयता है, जो अपने इष्टदेव के पूजन समय बाह्य-जगत् के अस्तित्व से भी अनभिज्ञ रहती है, उसके प्रति आज जो रानी कर्मवती लांछन लगा रही थी वह कितना निम्न और निंद्य था। पूजा की इस साक्षात् प्रतिमा से किसी अपवित्रता की अपेक्षा सम्भव भी है क्या?

बड़ी देर के बाद मीरा ने अपना सिर मुरलीमनोहर के पैरों पर से उठाया। निश्चित ही अब तक वह प्रार्थनारत थी। पूजनोपरान्त प्रार्थना न हो तो पूजा अधूरी ही रहती है।

सिर उठते ही मीरा ने पीछे मुड़कर देखा, "स्वामिन् आप? आज इतना शीघ्र?" वह प्रसन्नता से प्रफुल्लित होकर बोली।

"क्यों मेरा आना पसन्द नहीं आया?" भोज ने खड़े होते और मुसकराते हुए कहा।

"नहीं, नहीं, ऐसा क्या? मैं तो प्रसन्नता के आवेग को रोक नहीं पाती आपको यहां पाकर।"

"पर प्रसन्नता प्रकट करने का यह उपक्रम तो बहुत उत्साह-वर्द्धक नहीं है। आप केवल बातों से प्रसन्न करना जानती हैं।" भोज ने उपालम्भ दिया। मीरा को अवसर मिला। उसे ललिता की बात स्मरण हो आई, आज भोज की परीक्षा लेनी है। आज ज्ञात ही कर लेना है कि पत्नी के रूप में भोज उसे पूर्णतया क्यों नहीं अपना रहे।

वह नैवेद्य का थाल लिए पर्यंक के पास पहुंची। भोज का स्कन्ध पकड़ उसे पलंग पर बैठा दिया और उसकी गोद में बैठती हुई नैवेद्य का थाल उसकी ओर

बढ़ाया—"मुरलीमनोहर का प्रसाद ग्रहण करें।"

"ऐसे नहीं।" भोज ने आपत्ति की।

"तब कैसे ?"

"अपने इन कमनीय करों से ग्रहण कराएं तो चल सकता है।"

"तो यह बात है," मीरा मुसकराई, "मेरे हाथ तो इतने कोमल नहीं, डर है कहीं उनसे आपके रक्ताभ होंठ ही नहीं लहू-लुहान हो उठें पर आपकी आज्ञा का पालन अवश्य होगा। लीजिए।" और मीरा ने दाहिने हाथ में नैवेद्य का एक अंश लेकर भोज के मुख की ओर बढ़ाया। भोज ने मुख खोला। मीरा ने नैवेद्यपूर्ण हाथ को उनके मुख के अन्दर रखा ही था कि भोज ने मुंह बन्द कर दिया। भोज के दांतों ने मीरा की उंगलियों को कैद कर लिया।

"सीऽ! आप बड़े ओ हैं जी!" मीरा ने सिसकारी भरते हुए कहा।

"कैसे हैं जी?" भोज ने कहा और अवसर देखकर मीरा ने झट से अपनी उंगलियों को बाहर खींच लिया।

"आपको नैवेद्य खाना था या मेरी उंगलियां?" मीरा ने भोज की ओर मुसकराती आंखों से देखते हुए कहा।

"नैवेद्य तो आपके मुरलीमनोहर ही खा गए थे। उसमें स्वाद ही कहां बचा था?" भोज मुसकराए।

"तो स्वाद मेरी उंगलियों में है?" मीरा ने मान करते हुए कहा।

"नहीं जी!" भोज बोले।

"तब?" मीरा कुछ नहीं समझकर पूछ बैठी।

"स्वाद तो आप में सर्वत्र है। नख-शिख तो आप लावण्य-निर्मित ही हैं। अब कोई सागर से पूछे कि जल क्या केवल उसकी एक लहर में है, तो यह मूर्खता ही न होगी? आप तो सौन्दर्य-सागर हैं जी, आपके किस अंग को सौन्दर्य-पूरित और किसको सौन्दर्य-रहित कहा जाय?"

"आप बात बनाने में बहुत पटु हैं जी।" मीरा ने उत्तर दिया।

"पर मैं आपकी तरह केवल बातों से काम नहीं चला लेता। लाइए नैवेद्य की शेष राशि मैं आपको खिला दूं।"

"अच्छा तो बड़े चतुर हैं आप?"

"क्यों?"

"अब आप समझें।"

"आप ही समझा दीजिए न।"

"आप जानते हैं यह नैवेद्य ही मेरा रात्रि-भोजन है।"

"तब?"

"तब आप सम्पूर्ण नैवेद्य को अपने ही हाथों मेरे मुख में उतारना चाहेंगे।"

"हां, तो क्या हुआ?"

"हुआ क्या, मैं तो आपके चातुर्य की बात कर रही थी।"

"क्या चातुर्य है इसमें?"

"मैं इतनी भोली नहीं हूं।"

"तो बोलिए न।"

"आप इतनी देर का स्पर्श-सुख···।"

"तो आपको इसमें कोई आपत्ति है? अन्ततः आप मेरी प्राण-प्रिया जो ठहरीं?"

"केवल प्राण-प्रिया?" मीरा ने सोद्देश्य पूछा।

"अभी विवाद में समय नहीं नष्ट करें," भोज ने अपने चातुर्य से बात को टालते हुए कहा, "बोलिए आपको मेरे हाथों प्रसाद ग्रहण करना है अथवा नहीं?"

"नहीं कौन कहता है जी! ऐसा सौभाग्य कितनी पत्नियों को मिलता है।" मीरा बोली और उसने नैवेद्य का थाल भोज की ओर बढ़ा दिया।

भोज ने अपने अंक में बैठी मीरा के सिर को बाएं हाथ से पकड़कर दाहिने हाथ से सारा प्रसाद धीरे-धीरे उसे खिला दिया। फिर जल का पात्र भी उसके होंठों से लगा दिया।

मीरा भोज से पृथक् हो हाथ-मुंह धोकर वापस लौटी। उसने कक्ष को अन्दर से ठीक से बन्द कर दिया फिर भोज के पार्श्व में ही पर्यंक पर आ विराजी।

"ऐसा क्यों जी?" भोज ने पूछा।

"क्या?"

"आप जहां बैठी थीं वहां क्या बुरा था?"

"मुझे क्या आपत्ति है जी, आप पुनः वहीं बैठा लें।"

"अच्छा मेरा एक अनुरोध मानेंगी?" भोज बात टाल गए। मीरा ने भी इसका प्रत्यक्ष अनुभव किया।

"क्या?"

"आपने मुझे अब तक एक चीज से वंचित रखा है। क्या आपका अन्याय नहीं है यह?"

"क्या चीज?" मीरा का मुख कानों तक रक्तिम हो आया।

"आप बहुत अच्छी गायिका हैं न?"

"लोग कहते हैं।" मीरा प्रकृतिस्थ हुई। कुछ खिन्न भी।

"अच्छा बजाती भी हैं।"

"क्या?"

"इकतारा।"

"बजा लेती हूं मुरलीमनोहर को रिझाने के लिए। अच्छे-बुरे की बात नहीं जानती।"

"वह रिझ जाता है?"

"वह तो वही जाने, जब आप ही को नहीं रिझा पाई तो उस पाषाण को पिघला पाऊंगी, ऐसा कैसे कहूं?"

"क्या मेरे रिझने में अभी आपको सन्देह है?"

"यह आप अपने मन से पूछें।" मीरा ने मानिनी के स्वर में कहा।

भोज कुछ नहीं बोले। वे गलत मोड़ पर पकड़े गए थे। पर अभी तो वे जिस कार्य से आज विशेष-रूप से मीरा के कक्ष में आए थे, वह शेष ही था।

"मैंने पूछा था आप मेरा एक अनुरोध मानेंगी?" भोज मुखर हुए।

"मैंने कब ना किया जी?"

"तो आप मुझे अपना एक छोटा-सा और अत्यन्त प्रिय पद मुझे गाकर सुना दें।"

"बस इतना छोटा अनुरोध ?" मीरा ने इकतारा की ओर बढ़ते हुए कहा।

"इससे बड़ा अनुरोध तो आपका मुरलीमनोहर ही कर सकता है।"

"मैं आपमें और मुरलीमनोहर में द्वैत देखती ही नहीं, जो मुरलीमनोहर हैं वही आप हैं।" मीरा इकतारा लेकर भोज के पार्श्व में बैठती हुई बोली।

"ये कहने की बातें हैं जी ! कहां परब्रह्म कृष्ण कन्हैया और कहां यह मर्त्य भोज ? मैं अपनी सीमाओं को जानता हूं जी !"

"मैं आपको असीम करना चाहती हूं जी !"

"रहने दीजिए मैं ससीम ही भला। आप तो मुझे अपना बस सबसे प्रिय भजन सुना दीजिए।"

मीरा मन-ही-मन झल्ला रही थी। इतने स्पष्ट संकेत यह व्यक्ति क्यों नहीं समझता ? कल वह ललिता को क्या उत्तर देगी ? उसने खिन्नता में ही इकतारे के तारों को जोर से छेड़ा, वे झनझना उठे। मीरा की उंगलियों की इस कर्कशता का अनुभव इन्हें पहले-पहल हो रहा था। भोज संगीतज्ञ नहीं थे और न थे वादक ही, वह इस तथ्य से अपरिचित ही रहे। मीरा को तारों के साथ की गई अपनी कठोरता का भान हुआ, अतः उसने एक हल्के स्पर्श से उन्हें सहलाया, स्वर को यथासम्भव सहज किया और तारों से निस्सृत स्वर में स्वर मिलाकर वह गा उठी :

"जोगी मत जा, मत जा, मत जा
पांव परूं मैं तोरे।।

प्रेम-भक्ति को पंथ ही न्यारो
हमकूं गैल बता जा
अगर चन्दन की चिता बनाऊं
अपने हाथ जला जा
जोगी मत जा, मत जा, मत जा।।

जल-जल गई महल की ढेरी,
अपने अंग लगा जा।
'मीरा' कहे प्रभु गिरधर नागर
जोत में जोत मिला जा।
जोगी मत जा, मत जा, मत जा।।"

मधुर स्वर की शान्त लहरियां कक्ष के मार्ग से बाहर निकल प्रकृति के मादक संगीत में खो गईं। बाहर सचमुच संगीत ही संगीत बिखरा था। अष्टमी का चांद अब तक बाहर वनस्पतियों, पर्वतों और प्रपातों से अठखेलियां कर एक अनाम सौन्दर्य संगीत की सृष्टि कर रहा था। मन्द-मन्द प्रवाहित गन्धवाही पवन बालों के झुरमुटों और अश्वत्थ, पाकड़, नीम और आम्र आदि वृक्षों की पत्तियों से उलझ कर एक दिव्य संगीत की सृष्टि कर रहा था। मीरा के नैसर्गिक संगीत का साहचर्य पा यह प्राकृतिक संगीत अद्भुत रूप से रस-पूर्ण हो आया।

अन्दर भी इकतारा के स्वर और मीरा के बोल देर तक अनुगूंज उत्पन्न करते रहे।

कुंअर भोजराज बहुत देर तक अभिभूत-सा बैठे रहे। सच इतने अद्भुत संगीत से उनका सामना तो आज जीवन में प्रथम-प्रथम हो रहा था। जैसा सौन्दर्य, वैसा संगीत। दोनों अवर्णनीय, असामान्य और पूर्णतया अलौकिक। भोज अपने भाग्य की सराहना कर रहे थे। कितना कुछ डाल दिया निसर्ग ने उनकी झोली में उनके उपयोग के लिए। पर हाय रे निष्ठुर नियति, इसके लिए समय कितना कम दिया उसने ?

"आपको मेरा गायन पसन्द नहीं आया न ?" बहुत देर से विस्मय-विमुग्ध से बैठे भोज की ओर देखते हुए मीरा ने पूछा।

"आप ऐसा क्यों कहती हैं ? आपके संगीत ने तो मुझे स्वर्ग लोक में प्रतिष्ठित कर दिया। मैं अभिभूत हूं।"

"पर आपने मेरे संगीत की प्रशंसा तो नहीं की ?"

"प्रशंसा ?" भोज मुसकराकर बोले, "इस स्वर्गिक संगीत की प्रशंसा के शब्द इस जगत् में अब तक नहीं गढ़े गए। उच्छिष्ट अपर्याप्त शब्दों से उसकी प्रशंसा कर मैं उसका महत्व नहीं घटाना चाहता।"

"मैं धन्य हुई।" मीरा ने नतमस्तक होकर कहा।

"क्यों ?"

"क्योंकि आपको मेरा गायन पसन्द आया।"

"पर यह पद तो मुझे सम्बोधित नहीं था।" भोज ने शंका को पूरी तरह निःशेष ही कर लेना चाहा।

"क्यों किसे सम्बोधित है यह पद ? आपको तो ज्ञात ही है, मैं पद बनाकर ही गाती हूं। यहां आप उपस्थित हैं तो यह पद आपके चरणों में ही अर्पित है।"

"पर मैं तो जोगी नहीं हूं।"

"आप जोगी नहीं तो और क्या हैं ? कई रात्रियों से तो देख रही हूं, आपसे बड़ा जोगी कौन हो सकता है, इसीलिए तो आज स्पष्ट पुकार कर कहा—'जोगी मत जा, मत जा मत जा...।' पता नहीं आप कब उठकर चल दें। मुझे क्या पता था कि एक 'जोगी' मेरे श्रीकृष्ण तो हैं ही योगेश्वर, एक और 'जोगी' से ही फिर मैं बंधने को विवश हो जाऊंगी ?"

एक क्षण को भोज का चेहरा क्रोध से तमतमा आया। कर्मवती के दुष्कर्म ने उनके रक्त में ज्वार की सृष्टि कर दी। 'जोगी' का भेद उनके समक्ष स्पष्ट हो चुका था पर उस कर्मवती को उसका अर्थ किस प्रकार ठीक से समझाया जाय ? वह और उसकी दासी मंगला ने तो महल नहीं प्रजा के एक बड़े वर्ग में भी मीरा के प्रति लोगों में भ्रान्ति उत्पन्न कर दी होगी। हे श्रीकृष्ण ! तुम अपने जनों की कितनी बड़ी परीक्षा लेते हो ? इस हरद्वार की जाह्नवी-सी पवित्र मीरा को लेकर महल में कैसे-कैसे घृणित कुचक्र चल रहे हैं।

"आप फिर कहीं खो गए," मीरा रुंआसी होकर बोली, "मेरे शब्द आपको पसन्द नहीं आए न ?"

"पसन्द आए, बहुत पसन्द आए मीरा ! मैं उन्हीं में खोया था पर मुझे एक

और चिन्ता सता रही है।"

"कौन-सी ?" मीरा ने निर्विकार पूछा।

"इस प्रसन्नता के अवसर पर मैं उसे प्रकट नहीं करना चाहता।"

"नहीं, आप उसे प्रकट कर दें।"

"मैं तुम्हें दुःख देना नहीं चाहता।"

"आप उस दुःख को बांटकर स्वयं हल्का हो सकते हैं। मेरा दुःख आपका दुःख नहीं हो, यह हो ही नहीं सकता। आप नहीं बताएंगे तो मैं समझूंगी आप मुझसे भी दुराव कर रहे हैं।"

"बात तुम्हें बहुत काटेगी मीरा !" भोज ने व्यथित होकर कहा।

"जब तक आपका स्नेह मुझे उपलब्ध है, मुझे किसी की बात की कोई चिन्ता नहीं।"

"इस महल में तुमको लेकर घोर दुरभिसन्धि चल रही है।"

"वह तो आपको लेकर भी चल रही है, वह भी मेरे कारण। उस दिन मैंने आपसे कहा था न, कि आप इस चक्रव्यूह में नहीं फंसिएगा। जोधपुर के अभियान के नेतृत्व को नहीं स्वीकारिएगा ? मेरे चरित्र को तो लांछित किया ही जा रहा है। उस दिन आपसे मैंने कहा था न कि मुझे योगेश्वर श्रीकृष्ण नहीं किसी कृष्ण नामधारी पुरुष की विवाहिता···।"

"वही तो। वही तो।" भोज ने मीरा को बात पूरी नहीं करने दी, "बात कुछ और ही तूल पकड़ चुकी है। आज रानी कर्मवती ने उषा काल में ही अपने कक्ष में मुझे बुलाया था। वहां पिता राणा सांगा भी उपस्थित थे। वहां क्या-क्या हुआ मैं नहीं कहना चाहता। तुम्हारे कमल-कली से कोमल हृदय पर मैं कितने आघात दूं ?"

"नहीं, मेरी सौगन्ध भोज सब कुछ बता डालो। जो कुछ तुम्हें वहां झेलना पड़ा होगा उसकी कल्पना ही मैं कर सकती हूं। अवश्य तुमसे कहा गया होगा कि मैं पुंश्चली हूं, पथभ्रष्टा हूं, किसी श्रीकृष्ण नामक पुरुष से···आह ! भोज बात सोचकर ही कलेजा मुंह को आने लगता है, तुम पर क्या बीता होगा यह बताने की भी आवश्यकता नहीं।" मीरा व्यथित होकर बोली।

"यह बात तो पुरानी हो गई मीरा।"

"तब ?" मीरा की शंका बढ़ी। अब कौन-सा लांछन उसके सिर मढ़ा जा रहा है।

"बताया गया कि तुम्हारे उस श्रीकृष्ण का भी पता लग गया है, वह एक 'जोगी' है कोई नाथपंथी कनफटा जोगी।" भोज किसी प्रकार कह गए।

"हे कृष्ण ! यह सब क्या हो रहा है ?" मीरा इतना ही बोल सकी।

"तुम शायद किसी दिन कोई भजन गा रही थीं—'जोगिया से प्रीति किया दुख होई—' उसी को दासी मंगला की सूचना पर कर्मवती अपने कानों से सुन गई।"

"तब तो तुम्हें भी खूब आड़े हाथों लिया होगा। पिताजी भी लाल-पीले हुए होंगे। वे तो घोर क्रोधी हैं, पता नहीं तुम्हें क्या-कुछ कहा हो।" मीरा सहमती-सी बोली।

"कह रहे थे कृष्ण-मन्दिर का निर्माण रोक दो।"

"तब ?"

"मैंने कहा यह किसी भी स्थिति में नहीं रुक सकता।"

"भोज !" मीरा बिलखकर भोज से लिपट गई।

भोज ने उसके सुगन्धित कुन्तलों को अपनी उंगलियों से देर तक सहलाया। मीरा की आंखों से अश्रु बहकर भोज के वस्त्रों को भिगोते रहे।

"यह प्रवाद तो रानी कर्मवती ने पूरे महल में फैला दी होगी।" मीरा बिलखती हुई ही बोली।

"पूरे महल क्या ? प्रजा वर्ग में भी इसे फैलाया जाता होगा।"

"भोज !" मीरा फिर बिलखी।

"कोई चिन्ता नहीं, जब तक मैं जीवित हूं इन प्रवादों का कोई प्रभाव नहीं होने को। प्रजा इतनी मूर्ख नहीं है। वह क्या इतना नहीं समझेगी कि तुममें कुछ दोष होता तो मैं प्रथम व्यक्ति होता जो तुम्हें त्याग देता ?" भोज ने मीरा के स्कन्धों को बारी-बारी से थपथपाते हुए कहा।

"भोज !"

"क्या ?"

"मुझे बहुत भय लगता है।"

"क्यों ?"

"कभी मुझे तुम छोड़ तो नहीं दोगे ? मेरे प्रति पता नहीं कितने प्रवाद फैलाए जाएं।"

"मैं अपने प्राणों को छोड़ सकता हूं पर तुम्हें नहीं। तुम निसर्ग द्वारा इस अकिंचन की फटी झोली में टपकाई गई एक सुवासित वरदान-सुमन हो। भला ऐसी भेंट को भी कोई मूर्ख उपेक्षित करता है ?"

"पर भोज !" मीरा सहसा भोज से और सटती हुई बोली।

"बोलो।" भोज ने उसकी कलाई को अपने हाथ में लेते हुए कहा।

"मुझे विश्वास नहीं हो रहा है ?"

"किस पर ?"

"किस पर कहूं तुम्हारे प्रेम···।"

"मीरा !"

"हूं।"

"यह तो अन्याय है।" भोज दु:खित स्वर में बोले।

"कैसे ? 'कैसे' का उत्तर तुम ही दोगे। मैं तुम्हारी पत्नी हूं न। तुमने मुझसे अब तक पत्नी का अधिकार नहीं मांगा। इस सम्बन्ध को क्या कहा जाय ? यह स्थाई रहेगा ?"

भोज निर्वाक्। कक्ष में अन्धकार की तरह पसर आये सन्नाटे को दीपाधार के दीप भी काटने में असमर्थ थे।

"भोज ! बोलो मैंने कुछ गलत कहा।" अन्ततः मीरा ने ही इस सन्नाटे को तोड़ा।

"मीरा !" भोज ने स्वर पाया।

"बोलो।"

"क्या केवल पति-पत्नी में ही प्रेम संभव है? क्या वह इतना संकीर्ण है कि एक पुरुष एक नारी को उसे यों ही नहीं दे सकता? क्या केवल दैहिक सम्बन्धों के बल पर ही किसी पर प्राण न्योछावर किए जा सकते हैं? बोलो मीरा, बोलो क्या एक-दूसरे पर मर मिटने के लिए पुरुष और नारी का पति-पत्नी होना ही आवश्यक है? क्या मांसलता ही प्रेम की शर्त है? अमांसल, अपार्थिव प्रेम संभव नहीं है क्या?"

"है।" मीरा ने कहा, "अगर विश्वास सचमुच इतना प्रबल हो, समर्पण इतना सम्पूर्ण, तो प्रेम को दैहिक सम्बन्ध की बैसाखी की आवश्यकता नहीं रहती।"

"तुम इस बात में पूरी तरह विश्वास करती हो मीरा, या केवल मेरे कहने से ऐसा कहती हो?" भोज ने मीरा को बांहों से पकड़कर झकझोरते हुए कहा।

"मैं विश्वास करती हूं भोज! पूर्णतया विश्वास करती हूं, तभी श्रीकृष्ण से मेरा अब तक निभ सका है। मैं तो केवल तुम्हारा विचार कर अपने को पूर्णतया···। मैं पत्नी-धर्म निभाना चाहती थी।"

"तुम पत्नी-धर्म निभाना चाहती थीं मीरा, तो सुन लो हम पति-पत्नी हैं ही नहीं, अतः उसकी आवश्यकता नहीं।"

"भोज। यह क्या बोलते हो?" मीरा सहसा भोज से छिटककर दूर बैठती बोली।

"मैं ठीक बोलता हूं मीरा, पर तुम ही भूलती हो। तुम कैसे भूल जाती हो कि मैंने तुम्हें सिंदूर-दान दिया ही नहीं। कैसे भूलती हो कि मेरे कांपते हाथों से कुमकुम तुम्हारे कपोलों पर बिखर गए और तुम्हारी सीमन्त रेखा कोरी की कोरी रह गई। मेरा हाथ कांपा नहीं था मीरा। क्षत्री के हाथ इतनी आसानी से नहीं कांपते। मैंने जान-बूझकर अपना कर कंपाया था। मुझे पता था तुमने श्रीकृष्ण को वरा है पति के रूप में। मैं तुम्हें दुबारा वर कर तुम्हें अपवित्र नहीं करना चाहता था और आज भी तुम्हारी पुनीतता की रक्षा में मैं तुमसे अधिक ही सचेष्ट हूं। पर पूरी बात सुन लो मीरा, इससे कोई अन्तर नहीं आता। संसार की दृष्टि में हम पति-पत्नी ही हैं और तुम कहो तो मैं मुरलीमनोहर के चरणों का स्पर्श कर सौगंध खा लूं—हमारे पति-पत्नी नहीं होने से तुम्हारे प्रति मेरे प्रेम को कोई कमी नहीं आने को।"

"सौगंध खाने की आवश्यकता नहीं भोज! इन चार-पांच दिनों में ही मैं तुम्हारे निष्पाप प्यार को देख चुकी हूं। अब उस पर शंका करने की कहां संभावना रही? पर भोज," मीरा रुककर बोली।

"बोलो।"

"तुम मुझे इतना क्यों चाहते हो? मैं तो तुम्हारे किसी काम की तो नहीं?"

"मीरा, इस प्रश्न का उत्तर नहीं है, है तो केवल इतना कि मैं तुम्हारे कृष्ण-प्रेम में सहायक बनना चाहता हूं। मुझे प्रसन्नता है कि तुम्हारे इस अलौकिक रूप ने भी मुझे विचलित नहीं किया और श्रीकृष्ण ने मुझे जिस रूप में तुम्हें प्रदान किया था उसी रूप में तुम्हें नित्य उसके पास छोड़ जाता हूं और सौगन्ध भवानी की

यावत् जीवन मैं तुम्हें एक पुनीत-पुष्प के रूप में ही श्रीकृष्ण चरणों पर अर्पित देखना चाहूंगा।"

"मैं धन्य हुई भोज ! मेड़ता से चलते समय मुझे लगता नहीं था कि मैं केवल श्रीकृष्ण की ही विवाहिता बनकर रह पाऊंगी। पर तुमने मेरे प्रण की रक्षा में अपने को उत्सर्ग कर दिया। तुम दूसरा विवाह क्यों नहीं कर लेते भोज ! मैं कभी उसका बुरा नहीं मानूंगी।"

"चुप, ऐसी बात नहीं बोलते।" भोज ने कहा और मीरा के होंठों पर अपनी अंगुली रख दी, "और हां मीरा, एक भेद अब भी मैं तुमसे छुपाए बैठा हूं। वह समय आने पर खोलूंगा तुम्हें सौगंध अपने मुरलीधर की, उसे खोलने को मुझे नहीं कहना वर्ना मैं तुम्हारी बात नहीं टाल पाऊंगा और अनर्थ हो जाएगा।"

"नहीं, कहो तुम। तुमने तो मेरे लिए इतना किया तो मैं ऐसी कोई जिद नहीं करूंगी जिससे तुम्हें चोट लगे।"

"अब चलूं मीरा !"

"यहीं आराम कर लो, इसी पर्यंक पर। मैं तुम्हारे चरण पलोट दूं। कम-से-कम दासी का दायित्व भी तो मुझे दो। दिन-भर मेरे कृष्ण-कन्हैया के मंदिर निर्माण में कितना कष्ट पाते हो।"

"जैसी तुम्हारी इच्छा, पर एक अपना भजन सुनाती जाना, वही 'मेरे तो गिरधर गोपाल···।' " मीरा की आंखों के कोनों में कुछ जल बूंदें एकत्रित हुईं कितना महान् है यह व्यक्ति, इस क्षण भी यह किसी दुविधा में नहीं रहना चाहता और मीरा ने उसके पैर पलोटते हुए आरम्भ किया—

मेरे तो गिरधर गोपाल
दूसरो न कोई॥
जाके सिर मोर मुकुट
मेरो पति सोई॥
छाड़ि दई कुल की कानि
कहा करि है कोई॥
मैं सन्तन ढिग बैठि-बैठि
लोक - लाज खोई॥
अंसुवन जल सींचि-सींचि
प्रेम - बेलि बोई॥
अब तो बेल फैल गई,
आणन्द फल होई॥
भगत देख राजी हुई
जगत देख रोई॥
दासी 'मीरा' लाल गिरधर
तारो अब मोही॥
मेरे तो गिरधर गोपाल
दूसरो न कोई॥

जाके सिर मोर मुकुट
मेरो पति सोई॥

भजन सुनते-सुनते थके हुए भोज को नींद आ गई।

मीरा धीरे से पर्यंक से उठी और मुरलीमनोहर के चरणों में सिर झुकाकर धीरे-धीरे बोली : "तुम्हारी लीला, तुम्हीं जानो लीलाधर। इतने दिनों तक क्यों संशय के झूले में झुलाते रहे? आखिर हुआ वही जो तुम चाहते थे। भला अपनी वस्तु पर तुम किसको हाथ पड़ने देने वाले हो?"

इसके बाद मुरलीमनोहर के चरणों के नीचे ही एक कंबल बिछा वह पड़ गई। देर तक भोज के सम्बन्ध में ही सोचती रही। किस तरह शिशु की तरह पर्यंक पर निर्दोष पड़ा है? कैसी महानता है इसकी कि बाह्य संसार पर यह प्रकट भी नहीं होने देता कि वे पति-पत्नी नहीं हैं। सच, अगर आज वह बाहर चला जाता तो कर्मवती को कहने के लिए बहुत कुछ मिल जाता—एक ही बात में सारा अहम् जाता रहा। किसी 'जोगी' से सम्बन्ध की आशंका होते ही पत्नी को जूठे पत्तल की तरह छोड़ बैठा।

"हे गिरधारी! मेरे इस भोज की रक्षा करना। सच, इसे कुछ हो गया तो मैं इस महल में नहीं रहूंगी।" मीरा ने अपने मुरलीधर के चरणों में उस दिन का अन्तिम प्रणाम निवेदित किया और सोने का उपक्रम करने लगी।

प्रातः वह भोज से पहले ही उठी। भोज अभी तक निश्चेष्ट सोये पड़े थे। मीरा का अन्तर पिघल आया—सच कितना श्रम करना पड़ता है इस व्यक्ति को दिवस-पर्यन्त मेरे लिए।

वह नित्यकर्म से निवृत्त हो अपने मुरलीमनोहर के पूजन में लग गई। वातायन से प्रकाश का हलका आभास आया तब तक उसकी दैनिक पूजा समाप्त हो गई थी।

वह आचमन का जल लेकर आई और भोज के चेहरे पर छिड़कते हुए बोली।

"मैंने राम रतन धन पायो
बसतु अमोलक दी मेरे सत गुरु
कर किरपा अपनायो।
मैंने राम रतन धन पायो।"
....
..........................।"

कुंअर भोजराज हड़बड़ाकर आंख मलते उठे। सामने मीरा को देखा, बोले, "मेरा सौभाग्य सद्यःस्नाता इस सौन्दर्य पर बांकेबिहारी खिल-खिल आये होंगे। पर कृष्ण की पुजारन को राम! कब से भाने लगे?"

"यह राम रतन धन तुम्हीं हो—कर किरपा अपनायो—नहीं तो मैं तो पथ-भ्रमित होने को प्रस्तुत ही बैठी थी। पर मुरलीमनोहर के पादाम्बुज से प्रातःकाल ही आपको सींचने का अर्थ अब समझिए। बाहर उषा की लालिमा क्षितिज पर छिटकने को ही है। अब अगर आप कक्ष से बाहर नहीं जाते हैं तो मुझे बलात्...।"

"नहीं इसकी आवश्यकता नहीं पड़ेगी। मैं चला जा रहा हूं। पर जाने के

पहले यह जानना चाहता हूं कि क्या आप ने रात्रि-जागरण किया? कक्ष में पलंग तो एक ही है और मैंने उस पर अधिकार कर लिया।"

"तो आप क्या समझते हैं कि मैं पर्यंक पर सोती हूं?"

"तब?"

"बड़े भोले हैं आप! कृष्ण को साधना इतना आसान है क्या? वह भी एक युवती नारी के लिए? गुदगुदे पर्यंक पर साधिका सोयेगी तो उसके साधन का क्या बनेगा? मेरा बिस्तर वहां रहा। नित्य कृष्ण के चरणों में बिछता है।"

"कहां?"

और मीरा ने काले कम्बल की ओर इंगित कर दिया।

"तुम देवी हो।" भोज ने पर्यंक पर से उठते हुए कहा, "किसी देवता के लिए बनी थीं। किस पंक में आ फंसीं?"

"देवता तो मैंने पा ही लिया। बिना पंक, कनक-कमल कहां खिलता है?"

"तुम्हारी सी वाग्मिता कहां से लाऊं?" भोज ने कक्ष के कपाट खोलते हुए कहा।

"मैं आपसे पृथक् कहां हूं? मैं भी आपकी, मेरी तथाकथित वाग्मिता भी आपकी।" मीरा ने प्रत्युत्तर दिया और भोज के बाहर जाते ही कक्ष के कपाट धीरे-से बन्द कर लिए।

छियत्तर

मन को किसने समझा है? वह कभी अकारण प्रसन्नता से भर उठता है तो कभी अकारण अप्रसन्नता को गले लगा बैठता है।

प्रसन्नता की स्थिति में वह आपको आशा, आकांक्षा और उत्साह की उत्तुंग चोटियों पर ला बैठाता है और अप्रसन्नता की स्थिति में निराशा, दुःस्वप्न और अवसाद की गहरी अतल वादियों में ला पटकता है।

मन प्रतिपल रंग बदलता है जैसे वसन्त के फूल—खिलते और झड़ जाते हैं। जैसे पतझड़ के पत्ते पीत होते, झड़ते और नए रूप रंग में निखर आते हैं। जैसे सागर की ऊर्मियां अपनी मौज में समुद्रवक्ष पर उठती हैं और फिर उसी पर गिर जाती हैं, फिर बनती हैं, फिर बिगड़ जाती हैं।

मन के एक रूप को पकड़िएगा तो धोखा खा जाइएगा। उसे रंग बदलने दीजिए, जब अपने अनुकूल रंग आये तो उसी में घुल जाइए। प्रतिकूल आये तो छले नहीं जाइए, प्रतीक्षा कीजिए, कहीं दूर छिपा उसका मनमौजी रंगरेज पुनः उसके रंग को बदलेगा।

प्रतीक्षा करना आपकी नियति है।

जिसने प्रतीक्षा नहीं की वह विनष्ट हुआ।

ललिता आज प्रातः मन के इसी बहुरूपिए रूप की आखेट हुई थी। बिछावन

नित्य प्रति से पर्याप्त पहले ही छोड़ा था। मन गुनगुना रहा था—अन्दर ही अन्दर मन की यह भी एक विशेषता है प्रसन्न हो तो भौंरे की तरह गुनगुनाता है। किसी गायन, स्वर, शब्द की आवश्यकता नहीं। बस गुनगुनाता है। शायद, और भाषाओं के अभाव में प्रसन्नता की ही भाषा में। ऐसे, आपके पास गायन है, संगीत है तो उसका कार्य सहज हो उठता है।

ललिता ने भी उसके कार्य को सरल कर दिया था मीरा के अनेक पद तो उसे कण्ठस्थ थे ही। मन एक ही को पकड़ बैठा था—

चलो मन गंगा यमुना तीर
गंगा यमुना निर्मल पाणी,
सीतल होत सरीर।
बंसी बजावत गावत कान्हों॥
संग लियो बलवीर
चलो मन गंगा यमुना तीर॥
मोर मुकुट पीताम्बर सोहे
कुण्डल झलकत हीर
मीरा के प्रभु गिरधर नागर,
चरण कमल पै सीर॥
चलो मन गंगा यमुना तीर॥

ललिता गुनगुनाती जाती थी और अपने गोपाल की प्रातःकालीन सेवा भी सम्पन्न करती जा रही थी। मीरा को गिरधर गोपाल का इष्ट था तो उसे केवल गोपाल से प्रेम था—गिरधर के बाल रूप से। उसके बाल गोपाल गिरिराज को तो धारण नहीं कर सकते थे पर उसके मन को आज गिरिराज की ऊंचाइयों से भी ऊपर उछाल रहे थे।

"चलो मन गंगा यमुना तीर···" ललिता का मन गाता जाता और उसे एक अप्रत्याशित आनन्द से भरता जाता—आज कुछ अच्छा होनेवाला है—शुभ, प्रसन्नता-दायक।

वह शीघ्रातिशीघ्र अपने दैनन्दिन दायित्वों से निवृत्त हो मीरा के कक्ष में जाना चाहती थी जो कुछ शुभ घटना था, वहीं घटना था, इतना तो उसका गुनगुनाता मन भी कह रहा था···चलो मन गंगा यमुना···।

अंततः बाल गोपाल की सेवा पूर्ण हुई तब तक किसी ने इंगुरी रंग में अपनी विशाल तूलिका को डुबो कर पूर्वी क्षितिज को रंगीन कर दिया था। अन्धकार सिमट कर न जाने आसमान के किस कोने में बैठ गया था। धरा प्रकाशवती हो आई थी। प्रातः का प्रथम-प्रथम प्रकाश। वातायन से बाहर झांकते ही ललिता का मन-मयूर नृत्य कर बैठा—इतना सुन्दर प्रातः शायद अपने जीवन में प्रथम-प्रथम ही देख रही थी।

उसने गोपाल का चरणामृत लिया और लपकी मीरा के कक्ष की ओर।

मीरा ने अभी भोज को विदा ही किया था। कमर तक विस्तृत भींगे केशों से एक प्राकृतिक सुगन्ध बिखर रही थी। कक्ष अगरू गन्ध से गम-गम कर रहा था।

सारे कक्ष में एक पुनीतता कुंडली मार कर बैठी प्रतीत होती थी। मुरलीमनोहर के चरणों पर रक्त-कमल के रक्त-पुष्प पड़े थे। एक विश्वस्त परिचारिका सुबह ही सुमन चुनने का कार्य सम्पन्न कर जाती थी।

मीरा के मुख पर एक अनाम प्रसन्नता चिपकी पड़ी थी। अन्तर का आह्लाद चेहरे को दीप्त कर रहा था। ललिता से यह भेद छिपा नहीं रहा।

"आओ ललिता, भोज थोड़ी देर पूर्व ही कक्ष से बाहर गए हैं।" मीरा ने ललिता का हाथ पकड़कर अन्दर लेते हुए कहा।

ललिता ने सोचा उसका मन यों ही प्रसन्न नहीं था।

बात बन गई है। जिस सीख को वह कल मीरा के पास छोड़ गई थी वह अवश्य किसी पुरश्चरित मन्त्र की तरह सिद्धि प्रदान कर गई।

ललिता पर्यंक पर ही बैठ गई।

"बैठो, यह भोज के स्पर्श से पवित्र हो चुका है। सम्पूर्ण रात्रि वे इसी पर किसी शिशु की तरह सोये रहे।"

"केवल भोज का स्पर्श? सारी रात शिशु की तरह सोना?" ललिता का मन सशंकित हो गया। होंठों का गायन किसी विहग की तरह फुर्र से उड़ गया।

"मैंने कुछ समझा नहीं मीरा!" ललिता सिमटे-सिकुड़े शय्या-आवरण पर बैठी बोली।

"अब कुछ समझने की बात नहीं रही ललिता," मीरा मन्द-मन्द मुसकराती हुई बोली, "मैं सब समझ गई, मेरी प्रसन्नता का कोई पारावार नहीं। मेरे सदृश सौभाग्य शायद किसी-किसी को ही प्राप्त होता है।"

"भोज ने तुम्हें अपनाया—पत्नी का अधिकार प्राप्त किया?" ललिता अब अधिक शंका-आशंका के मध्य नहीं झूल सकती थी।

"नहीं।" मीरा ने छोटा-सा उत्तर दिया।

"नहीं और तब भी तुम प्रसन्नता से वन-मयूरी की तरह नृत्य-मग्ना हो रही हो?"

"बात ही कुछ ऐसी है।"

"क्या बात है?"

"भोज देवता हैं।"

"यह तो मैं कई बार सुन चुकी हूं पर अभी देवता की नहीं पुरुष की आवश्यकता है, पूर्ण पुरुष की जो सारी आपदाओं-विपदाओं से तुम्हारी रक्षा कर सके। जो तुम्हारी सुने और अपनी सुना सके। देवता तो तुम्हारे मुरलीमनोहर भी हैं। कह लो ईश्वर ही, देवता तो मेरे लाला बाल गोपाल भी हैं। पर ये पुरुष नहीं पाषाण हैं। जितना चाहो सुना दो। सुन लेंगे पर बोलेंगे नहीं।" ललिता उत्तेजित होकर बोल गई।

"मेरे मुरलीधर के सम्बन्ध में कुछ नहीं कहो ललिता, सब उन्हीं की अनुकम्पा का प्रतिफल है।" मीरा ने विरोध किया।

"तो कुछ मिला भी है?" ललिता कुछ आश्वस्त हुई।

"कुछ नहीं, सब कुछ। भोज ने अपने निश्छल, निष्पाप और अबाध प्यार की आश्वस्ति दी है।"

"बिना पत्नी का अधिकार मांगे ?"

"हां।"

"मैं जानना चाहती हूं क्यों ?"

"क्योंकि न तो भोज मेरे पति हैं न मैं उनकी पत्नी।"

"क्या ?" ललिता लगभग चीखी।

"हां यह बात सही है ललिता। तुम और मैं भूल गए थे पर भोज उसे नहीं भूले थे। उन्होंने मेरे ललाट को सिन्दूर सज्जित किया ही नहीं था। जिसे तुम और मैं उस दिन एक चमत्कार की संज्ञा दे रही थीं वह वस्तुतः कोई चमत्कार नहीं था। भोज के हाथ स्वतः नहीं कांपे थे। खड्गधारी क्षत्रियों के हाथ सिन्दूर की एक चुटकी के बोझ पर नहीं कांपा करते। भोज ने स्वतः विवाह के सिन्दूर से कपोलों की लालिमा निखार दी थी।" मीरा ने विस्तार से कहा।

"सच मीरा ?" ललिता आश्चर्य से बोली।

"सच ललिता, भोज को अपने राजपुरोहित से ज्ञात हो गया था कि मैं विवाह को प्रस्तुत नहीं थी, कि मैं पहले ही कृष्णार्पिता हो चुकी थी, मेरा मानसिक ही सही, पति कृष्ण थे। ऐसे में वह मुझसे पुनर्विवाह कर मुझे पतिता नहीं करना चाहते थे।"

"तब तो यह एक तरह से बड़ा अच्छा हुआ मीरा, तुम्हारा पातिव्रत्य भी अक्षुण्ण रह गया और चित्तौड़ का मान भी।"

"इससे अच्छा क्या हो सकता है, ललिता ? मैं अभी श्रीकृष्ण के लिए एक पुनीत-पवित्र निर्माल्य हूं। और अब आजीवन ही ऐसी रहूंगी। मैं कितनी प्रसन्न हूं ललिता, तुम नहीं अनुभव कर सकतीं। अन्ततः श्रीकृष्ण ने सबकुछ ठीक कर दिया।"

"पर मीरा ?"

"बोलो, तुम्हारे संशय का सर्प तो बार-बार सिर उठाता रहता है।"

"जब भोज पर तुम्हारा अधिकार ही नहीं, न उनका तुम पर, तो तुम उनके प्यार पर कितने दिनों तक विश्वास रख सकती हो ?"

"आजीवन।"

"उसका प्रमाण ?"

"भोज ने मुरलीमनोहर की सौगन्ध खाकर कहा है। फिर मैंने उनकी आंखों में झांककर देखा है।"

"सौगन्ध का भरोसा नहीं। भोज शैव हैं। अधिक-से-अधिक शाक्त क्योंकि भवानी को वह अपनी इष्टदेवी बतलाते हैं। तुम्हारे मुरलीमनोहर के चरणों में बैठ खाई सौगन्ध को वह कमल-नाल की नाईं कभी भी तोड़ सकते हैं। रह गई आंखों की बात तो मन की तरह आंखों को रंग बदलने में भी कोई समय नहीं लगता।"

"ललिता तुम कुछ और प्रमाण चाहती हो ?" मीरा ने कुछ सोचकर कहा।

"हां, और अवश्य।"

"तो तुम्हें ज्ञात है मेरी प्रसन्नता के लिए वह रात-दिन एक कर किले में श्रीकृष्ण मन्दिर और मण्डप बनाने में किस तरह दिन-रात लगे हैं ?"

"हां, पर यह क्षणिक उन्माद भी हो सकता है। क्षत्रिय अपने वचन का पक्का होता है, उसने एक बार तुमसे श्रीकृष्ण-मन्दिर बनाने की बात कह दी तो बनाकर ही रहेगा।"

"पकड़ी गई न ?" मीरा मुसकराती हुई बोली।

"क्या ? कैसे पकड़ी गई ?"

"जब क्षत्रिय अपने वचन का पक्का होता है तो भोज मुझे दिए अपने आश्वासन को कैसे भूल सकते हैं ?"

"भूल सकते हैं।"

"क्यों ?"

"क्योंकि प्रेम के क्षेत्र में यह वचन आदि नहीं चलता। प्रेम तो चांद है, कब बढ़ता है और कब घटता है यह वही जाने।" ललिता ने तर्क दिया।

"तब और भी जान लो।"

"क्या ?"

"भोज ने मेरे लिए राजमाता कर्मवती और पिता महाराणा सांगा से भी बैर मोल ली। उन्होंने आज सुबह उन दोनों पर स्पष्ट कर दिया कि पति-पत्नी के मध्य उन्हें पड़ने की कोई आवश्यकता नहीं।"

"तो भोज तुम्हें पत्नी मानते हैं ? तुम तो कह रही थीं···।"

"संसार की दृष्टि में। अगर वह मुझे पत्नी नहीं मानें तो मैं परित्यक्ता ही तो मानी जाऊंगी ? और भोज उसे सहन नहीं कर सकते।"

"ऐसी स्थिति क्यों आई ?"

"कैसी ?"

"जब भोज को तुम्हारे लिए अपने माता-पिता से दो टूक बातें करनी पड़ीं ?"

"वह भी सुन लो," मीरा ने आरम्भ किया, "तब तुम्हारी शंका सर्वदा के लिए निर्मूल हो जायेगी। कल प्रातः भोज की बुलाहट हुई थी कर्मवती के कक्ष में। राणा भी वहीं थे। श्रीकृष्ण नामक पुरुष से मेरे पूर्व-सम्बन्ध होने की बात तो तुम सुन ही चुकी हो। इस बार कर्मवती ने स्पष्ट कहा कि मेरा किसी 'जोगी' से सम्बन्ध रहा है और मैं पुंश्चली हूं। मेरे पदों में कई बार 'जोगी' शब्द का प्रयोग हुआ है न ? उसी का आधार बनाया इन लोगों ने। कर्मवती छिपकर मेरा गायन सुन भी चुकी थी। दासी मंगला ही उसे यहां तक लाई थी। कर्मवती का प्रमाण पर्याप्त से अधिक था। पिता सांगा संतुलन खो बैठे। उनका स्पष्ट इंगित था कि भोज मुझ पथ-भ्रष्टा को छोड़ दें।

"इसी पर भोज ने कहा कि मीरा उनकी ब्याहता पत्नी है और उसके सम्बन्ध में कोई भी निर्णय लेने का अधिकार केवल उन्हें ही है।"

"यह तो बड़ी बात है मीरा ! भोज ने तुमसे जोगी के सम्बन्ध में पूछा ?"

"पूछा, सीधे नहीं, उनके मन में कोई आशंका नहीं थी। मैंने स्पष्ट कर दिया 'जोगी' तो स्वयं योगेश्वर श्रीकृष्ण हैं।"

ललिता ने आश्वस्ति की सांस ली।

"क्यों अब तो प्रसन्न हुई ?" मीरा ने पूछा।

"आवश्यकता से अधिक। आज प्रातः से ही प्रसन्नता मेरे भीतर अट नहीं

पा रही थी। सोच रही थी आज तुम्हारे यहां अवश्य कोई आह्लादकारी समाचार मिलेगा। पर जितनी आशा थी उससे अधिक ही आह्लादित हुई।

"उससे अधिक अच्छी बात क्या होगी मीरा, कि तुम पूर्णतया पुनीता भी रह गई और भोज का प्रेम-पूर्ण संरक्षण भी तुम्हें मिल गया?"

"यह मेरा सौभाग्य है ललिता! मेरे गिरधर का चमत्कार?" मीरा ने कहा।

"चमत्कार आदि की बात तो तुम जानो, मैं तो अब इसे भोज की महानता ही मानती हूं।"

"इसकी प्रेरणा भी तो मुरलीमनोहर ने ही दी होगी।"

"तो सारे कार्यों का श्रेय तुम अपने गिरधर को ही देने को कृतसंकल्प हो!" ललिता ने चुटकी ली।

"कम-से-कम अच्छे कार्यों का।" मीरा ने कहा और मुसकरा पड़ी।

"आज मैं बहुत प्रसन्न हूं मीरा, तुम्हारे जीवन का व्रत रह गया।" ललिता अपने को रोक नहीं सकी।

"अरे वह तो होना ही था पगली?" मीरा ने कहा, "हम व्यर्थ के ताने-बाने बुनते रहते हैं। उधर वह मुरलीधर बिगड़ी को बनाने में लगा रहता है। कमी उसमें नहीं, हमारी आस्था में ही है।" मीरा भाव-विह्वल होकर बोल गई।

"तुम ठीक कहती हो मीरा! कमी हमारी आस्था में ही है, वह तो सदा हमारी रक्षा को तत्पर है। तो अब चलूं। प्रातः ही तुम्हारी साधना में व्यवधान बनने आ गई। अब कुछ अच्छे पद रचो अपने गिरधारी के प्रति कृतज्ञता प्रकट करते हुए।"

"वह तो करूंगी ही पर तुम्हारा आना व्यर्थ कहां हुआ? इतनी प्रसन्न होकर लौट रही हो?"

"वह तो है। ईश्वर तुम्हारा सौभाग्य सबको दे।" कक्ष से बाहर निकलती ललिता ने कहा।

सतहत्तर

चित्तौड़गढ़ का श्रीकृष्ण मंदिर अब पूरी तरह बनकर प्रस्तुत था। ऊंचे नक्काशीदार खम्भों के ऊपर विशाल मंडप की छत टंग गई थी। एक किनारे पर एक अपेक्षाकृत छोटा किन्तु सुन्दर मंदिर भी निर्मित था। गर्भ-गृह में कृष्ण के विग्रह को विराजमान कराने के लिए संगमर्मर का सिंहासन बन गया था। जयपुर से मुरलीधारी की एक अत्यन्त सुन्दर संगमर्मर की मूर्ति मंगाई जा चुकी थी।

प्रतीक्षा थी पुष्य नक्षत्र की। इसी शुभ घड़ी में मंदिर में श्रीकृष्णमूर्ति स्थापित करनी थी—उसमें प्राण-प्रतिष्ठा करनी थी। पहले तो भोज ने सोचा कि अपने मुरलीमनोहर की मूर्ति को ही मीरा, मंदिर में स्थापना-हेतु प्रदान करेगी, पर वे तो उसके इष्टदेव ही नहीं, सखा-संगी सब कुछ थे। बचपन से ही उसके सुख-दुःख के साथी। वे तो मीरा के मन-मंदिर में बैठ चुके थे, उन्हें कैसे दूसरे

मंदिर में प्रतिष्ठित कराया जा सकता था।

अन्ततः पंडितों से भोज ने मूर्ति-स्थापना का मुहूर्त निकलवा लिया। इसी अवसर पर मंदिर का उद्घाटन भी होना था।

पन्द्रह दिन का समय हाथ में था। भोज ने आस-पास के सभी राजाओं, सामंतों एवं अपने राज्य के प्रमुख जनों को भी मंदिर-उद्घाटन के अवसर पर आमंत्रित किया। प्रसिद्ध साधु-संतों और कृष्ण-भक्तों को भी आमंत्रण भेजा।

उद्घाटन के दिन मंदिर एवं मंडप को अच्छी तरह सजाया गया। फूल-पत्तों, बन्दनवारों और तोरण द्वारों से सजकर मंदिर की शोभा मनोहारी हो उठी।

श्रीकृष्ण-मूर्ति की प्राण प्रतिष्ठा के पूर्व उसे विभिन्न मांगलिक उपचारों से गुजरना था। गोमय, गंगाजल, दुग्ध, मधु, सागर-जल इन सबों से स्नान के पूर्व उसे हल्दी का उबटन लगाना था। फिर विधिवत स्नानोपरान्त, पत्र, पुष्प, चन्दन, कुमकुम, धूप, दीप, नैवेद्य से उसकी षोडसोपचार अर्चना करनी थी। पुनः पीताम्बर के बने बहुमूल्य वस्त्रों से उसे सजाना था, स्वर्णाभूषणों और रत्नों से उसे नख-शिख अलंकृत करना था।

समय से सारा कार्य आरम्भ हुआ। आवश्यक वस्तुएं पहले ही मंगा ली गई थीं। राज-परिवार से रानी धनबाई, मीरा की ननद उदा तथा राजकुमार रत्नसिंह के अलावा किसी ने इस उत्सव में भाग नहीं लिया। राणासांगा, कर्मवती के लाख मना करने के बाद भी कुछ देर के लिए मंदिर-प्रांगण में आये और कुछ प्रमुख अतिथियों का स्वागत कर पुनः अपने कक्ष को वापस हो गए।

श्रीकृष्ण मूर्ति के परिष्कार के पूर्व मंत्र-वेत्ता ब्राह्मणों ने सर्वप्रथम गौरी-गणपति का पूजन सम्पन्न किया। इनकी स्तुति वैदिक और पौराणिक दोनों मंत्रों से की गई।

फिर नवग्रह पूजन सम्पन्न हुआ।

नवग्रह-पूजन के पश्चात् दशोदिक्पाल पूजन, ग्राम देवता-पूजन, नगरदेवता-पूजन, गृह-देवता-पूजन, वास्तुदेवता पूजन, योगिनी-पूजन आदि के पश्चात् पितरों को पिंड दान अर्पित किया गया। सभी पूजनों में भोज और मीरा ने एक ही आसन पर बैठकर यजमान का कृत्य संपन्न किया। आगन्तुक अतिथि सब कुछ उत्सुकता से देखते रहे।

श्रीकृष्ण-विग्रह का विविधोपचार पूजन पूर्ण कर उसे मंत्राभिषिक्त किया गया।

तत्पश्चात् पंडितों ने विधिवत मूर्ति में प्राण-प्रतिष्ठा की। उसके बाद उसके लिए निर्मित स्थान पर रखकर मूर्ति को स्थापित किया गया। पिघली हुई चांदी से ही मूर्ति को अपने स्थान पर सुदृढ़ किया गया। उसके पश्चात् एक सौ आठ सुविज्ञ पंडितों ने गीता के श्लोकों से एक स्वर से श्रीकृष्ण विग्रह की स्तुति आरम्भ की। गीता के ग्यारहवें अध्याय में श्रीकृष्ण के विराट् रूप की प्रार्थना अर्जुन ने इन्हीं शब्दों में की थी।

स्थाने हृषिकेश तब प्रकीर्त्या
जगत्प्रदृष्यत्यनुरज्यते च
रक्षांसि गीतानि दिशो द्रवन्ति
सर्वे नमस्यन्ति च सिद्ध संघाः ॥ 1 ॥

कस्माच्च ते न नमेरन्महात्मन्
गरीयसे ब्रह्मणोऽप्यादि कर्त्रे।
अनन्त देवेश जगन्निवास
त्वमक्षरं सद सन्नात्परं यत् ॥ 2 ॥

त्वमादि देवः पुरुषः पुराण
स्त्वमस्य विश्वस्य परं निधानम्
वेत्तासि वेद्यं य परं य धाम
त्वया ततं विश्वमनन्त रूप ॥ 3 ॥

वायुर्यमोऽग्निर्वरूणः शशांक;
प्रजा पतिस्त्वं प्रपितामहश्च।
नमो नमस्तेऽस्तु ससस्त्रकृत्वः
पुनश्च भूयोऽपि नमो नमस्ते ॥ 4 ॥

नमः पुरस्तादथ पृष्ठतस्ते
नमोऽस्तु ते सर्वत एव सर्वः।
अनन्त वीर्यमति विक्रम स्त्वं
सर्वं समासमाप्नोथि ततोऽसि सर्वः। 5 ॥

सखेति मत्वा प्रसभं यदुक्तं
हे कृष्ण, हे यादव, हे सखेति।
अजानता महिमानं तवेदं
मया प्रमादात्प्रणयेन वापि ॥ 6 ॥

यच्चावहासार्थ मसत्कृतोऽसि
बिहारशय्यासन भोजनेषु।
एकोऽथवाप्यच्युततत्समक्षं
तत्क्षामये त्वामहमप्रमेयम् ॥ 7 ॥

पितासि लोकस्य चराचरस्य
त्वमस्य पूज्यश्च गुरुर्गरीयान्।
न त्वत्समोऽस्त्यभ्यधिकः कुतोऽन्यो
लोकत्रयेऽस्त्यप्रतिम प्रभाव ॥ 8 ॥

तस्मात्प्रणम्य प्रणिधाय कायं
प्रसादये त्वामहमी शमीड्यम्।
पितेव पुत्रस्य सखेव सख्युः
प्रियः प्रियायार्दसि देव सोढुम् ॥ 9 ॥

अदृष्ट पूर्वं हृ्षितोऽस्मि द्रष्टवा
भयेन च प्रव्यथित मनो मे।
तदेव में दर्शय देव रूपं
प्रसीद देवेश जगान्निवास ॥ 10 ॥

किरीदिनं गदिनं चक्रहस्त—
मिच्छामि त्वां द्रष्टुमहं तथैव।

ते नैव रूपेण चतुर्भुजेन
सहस्रबाहो भव विश्वमूर्ते ।। 11 ।।

—हे, हृषीकेश यह उचित ही है कि
तुम्हारी प्रार्थना से संसार प्रसन्न और आह्लादित होता है।
राक्षस दिशाओं में भागते हैं
तथा सिद्धों के समूह तुम्हें
नमस्कार अर्पित करते हैं।
हे महात्मन् तुम्हारा नमन सर्वथा योग्य है
क्योंकि तुम सृष्टि के आदि कर्त्ता ब्रह्मा से भी आगे हो ।।

तुम अनन्त हो, देवों के देव हो, जगन्निवास हो तथा तुम अक्षर हो एवं सत् असत् दोनों के परे जो है वह भी तुम्हीं हो।

तुम आदिदेव हो, पुराण पुरुष हो
तुम इस संसार के परम आश्रय हो।
जो कुछ जानने योग्य है तुम उसके ज्ञाता हो, तुम परम धाम हो।
हे अनन्तरूप यह विश्व तुम्हीं से व्याप्त है!
तुम वायु हो, तुम्हीं यम हो, तुम्हीं अग्नि हो
तुम्हीं चन्द्रमा हो, तुम्हीं प्रजापति और तुम्हीं पितामहों के भी पितामह हो।
तुम्हें हजार बार नमस्कार है
तुम्हें बार-बार नमस्कार है
तुम्हें आगे से नमस्कार है
तुम्हें पीछे से नमस्कार है
अनन्त शक्तिशाली तुम सबको व्याप्त किये हुए हो
अतः, तुम्हीं सब कुछ हो।
तुम्हारी महिमा के नहीं जानने से

और तुम्हें केवल अपना मित्र मानकर मेरे द्वारा प्रमाद अथवा प्रेमवश जो तुम्हें विहार के समय, शयन के समय अथवा भोजन के समय या बैठे रहने के समय एकान्त में अथवा कई लोगों के समक्ष; हे कृष्ण, हे यादव, हे सखा आदि रूप में सम्बोधित किया गया है,

हे अच्युत उसे तुम क्षमा कर देना।
तुम इस चर अचर लोक के पिता हो
और तुम अत्यन्त पूज्य हो।
हे अमित प्रभाव वाले, तुम्हारे सदृश तो कोई यहां है ही नहीं,
तुमसे बड़ा तीनों लोकों में कौन हो सकता है?
अतः, हे सभी के एकमात्र प्रभु,
मैं तुम्हारे चरणों पर प्रणिपात कर
मैं तुम्हारे प्रसाद की आकांक्षा करता हूं।
जैसे एक पिता अपने पुत्र के,
मित्र अपने सखा के,

और पति अपनी पत्नी के अपराधों
को क्षमा करता है,

वैसे ही तुम्हें मेरे अपराधों को क्षमा कर देना चाहिए। जिसे कभी नहीं देखा उसे देखकर मैं हर्षित तो अवश्य हूं, पर साथ ही भय से मेरा मन व्यथित भी हो रहा है इसलिए अपने उसी देव रूप (सौम्य चतुर्भुज रूप) को दिखाओ, हे जगन्निवास तुम मुझपर प्रसन्न होओ।

मैं तुम्हें, तुम्हारे सामान्य रूप में, मस्तक पर किरीट धारण किये, हाथों में चक्र और गदा लिए देखना चाहता हूं। हे हजार बाहुओं वाले, हे विश्वमूर्ते तुम अपने उसी चतुर्भुज रूप में मुझे दर्शन दो।

एक सौ आठ समवेत कंठों से उच्चरित यह सस्वर प्रार्थना एक तरह से पूरे चित्तौड़गढ़ को हिला गई। उपस्थित जन-समुदाय तो सामवेद की तरह गाये जा रहे इन संस्कृत-श्लोकों से झूम-झूम आया, प्रत्येक रानी, राजकुमार, राजकुमारी तथा राणा सांगा के कक्षों में भी यह प्रवेश कर गया। राणा सांगा चाहे जितने क्रूर हों पर वे नास्तिक नहीं थे। शिव के भक्त होने के पश्चात् भी कृष्ण की उस दिव्य प्रार्थना के स्वर ने उन्हें भी सिर हिला-हिलाकर आनन्द लेने को बाध्य कर दिया।

रानी कर्मवती ने अवश्य अपने दोनों कानों में उंगलियां डाल लीं और बड़बड़ाई—भला ऐसा भी कहीं अनर्थ हुआ है? शिव-शक्ति के अनुयायियों के महल को छिछोरे श्रीकृष्ण के गायन से इस तरह गुंजित होना चाहिये!

एक थी जिसके हर्ष का कोई पारावार नहीं था। वह थी मीरा। उसे कल्पना भी नहीं थी कि उसके मुरलीधर को इतना मान मिलेगा। अब तक तो वह अपने छोटे-छोटे पदों से ही अपने कृष्ण-कन्हैया को रिझाया करती थी, आज एक सौ आठ वेदज्ञ ब्राह्मणों द्वारा अपने श्रीकृष्ण की इतनी दीर्घ और दिव्य स्तुति सुनकर वह अपने में न रही। आज उसे लगा उसका श्रीकृष्ण कितना महान् है। कैसे-कैसे एक-से-एक तेजस्वी ब्रह्मज्ञानी उसकी प्रशंसा में सस्वर लीन हो उसके चरणों में अपना नमन निवेदित कर अपने को धन्य करते हैं!

वह भोज के प्रति विशेष रूप से कृतज्ञ हुई कि उसने उसके श्रीकृष्ण को आज ऐसा मान दिलाया। आज उसे लगा कि भोज कितना सही थे उसे पुनीत और पवित्र रखने में। वे अवश्य ही श्रीकृष्ण की महिमा को उससे अधिक जानते हैं। ऐसे श्रीकृष्ण का वरण करने वाली किसी और की अंक-शायिनी हो यह बात ही कल्पनातीत थी। वह बहुत पढ़ी-लिखी नहीं थी। गीता की छिटपुट बातें वह अपने क्रोधी राजपुरोहित से जब-तब सुन लिया करती थी। वह तो श्रीकृष्ण को अधिक-से-अधिक एक मुरलीमनोहर, गोपाल और गिरधर के रूप में जानती थी, कभी-कभी उसे परब्रह्म परमेश्वर भी मान बैठती थी पर आज उसे लगा उसका वह मुरलीधर सचमुच में त्रैलोक्य-पति था, अनन्त था उसका ऐश्वर्य। उसे अफसोस हुआ वह अपने मुरलीमनोहर को कितने हल्के रूप में लेती थी।

भोज ने तो आज श्रीकृष्ण के वास्तविक स्वरूप के दर्शन करा उसके जीवन की गति ही परिवर्तित कर दी। आज से वह पूर्णतया कृष्णमयी हो गई। अब कोई भी शक्ति उसे श्रीकृष्ण से पृथक् नहीं कर सकती। वह श्रीकृष्ण पर अपना सब कुछ न्योछावर कर देगी—अपनी सारी कला, अपनी सारी सम्पत्ति (यद्यपि वह

नगण्य थी) और अपनी सारी साधना।

उसी समय उसके मन में आया यही उसकी परीक्षा की घड़ी है। वह नृत्य जानती है, वादन और गायन जानती है। आखिर यह सब कलाएं किसके लिए हैं? भोज ने एक बार कहा था सभी कलाएं श्रीकृष्ण की अर्चना के लिए ही हैं। क्यों नहीं आज इस अपार जन-समूह के समक्ष, इन वेदज्ञ ब्राह्मणों के समक्ष, इन साधु-संतों के समक्ष ही वह अपनी कला द्वारा श्रीकृष्ण की अर्चना सम्पन्न करे? इससे शुभ दिन क्या होगा? आज उसके श्रीकृष्ण के मंदिर का निर्माण हुआ है, आज उसकी मूर्ति की प्राण-प्रतिष्ठा हुई है। आज वह चूक गई तो चूकती ही रहेगी। अगर आज उसे लज्जा अथवा शर्म ने धर दबोचा तो फिर उनसे वह आजीवन मुक्त नहीं हो पायेगी।

और मंदिर के समक्ष खड़ी मीरा ने भोज के कानों में कुछ कहा। भोज एक क्षण को स्तब्ध हुए—इतने लोगों के मध्य! फिर बिना आगे कुछ सोचे अनुमति प्रदान कर दी।

मीरा मंडप से निकलकर अपने कक्ष की ओर भागी। मंडप में तो उसकी गति धीमी रही पर एक बार वहां से निकलने के पश्चात् उसके पैरों को विद्युत छू गई। वह किसी चंचल मृगी की तरह कुलांचें भरती सीढ़ियाँ पर सीढ़ियां और गलियारे पर गलियारे पार करती गई। उसे अपने कक्ष में पहुंचने की शीघ्रता थी।

मार्ग में जो भी मिला, आश्चर्य-चकित हुआ। कर्मवती की निजी दासी मंगला उससे टकराकर गिरते-गिरते बची। रानी धनबाई ने उसे इस रूप में दौड़ते भागते देख पूछ ही लिया—"ऐसी क्या शीघ्रता है बहू!"

"अभी नहीं मां जी, हो सके तो नीचे आ जाइए।" धनबाई नीचे अवश्य गई थी, पर पूजा की दीर्घ प्रक्रिया के मध्य ही उकता कर भाग आई थी। प्रार्थना के स्वर अवश्य उसके कक्ष में ही उपस्थित हो गए थे। वह मंत्र-मुग्ध हुई थी। उसने जैसे सामवेद का ही सस्वर गायन सुन लिया हो, उसने अपने भाग्य को सराहा था। अब पुनः नीचे जाने का हौसला उसमें शेष नहीं था।

मीरा अपने कक्ष में पहुंची। पीताम्बर तो उसने पहन ही रखा था। पैरों में चांदी के नूपुर बांधे। इकतारे को एक किनारे किया और दो करताल दोनों हाथों में ले पुनः नीचे दौड़ी।

इस मध्य मंडप और मंदिर के मध्य, भोज ने एक एकदम झीनी रेशमी चादर टंगवा दी थी जिसके पार मीरा दिख भी सकती थी, नहीं भी दिख सकती थी। मंदिर के सामने पर्याप्त खुला स्थान था।

मीरा हाथ में करताल लिए पर्दे के अन्दर घुस गई। उपस्थित श्रोता-मंडली—विद्वान् ब्राह्मण, साधु-संत, राजे, सामंत और सामान्य जन मीरा के मन्तव्य को समझ गए। उनमें से अधिकांश का, काव्य-रचना की उसकी जन्म-जात प्रतिभा और उसके कृष्ण-प्रेम से पूर्व परिचय था। सबने जोर से नारे लगाए—

वंशीवाले की जय
भक्तिनी मीरा बाई की जय।

सहस्रों कंठों से निकला यह स्वर पहले ही की तरह महल के कक्ष-कक्ष में

गूंज उठा। दीवारों और ऊंचे गुम्बजों से टकरा-टकराकर यह स्वर देर तक ध्वनित-प्रतिध्वनित होता रहा। कर्मवती के कानों से यह स्वर टकराया तो वह एक तरह से विक्षिप्त ही हो आई। चिल्ला कर उसने कहा कौन इस कुलघातिनी की जयकार कर रहा है?

मीरा ने सर्वप्रथम श्रीकृष्ण के नवीन विग्रह के समक्ष अपना नमन निवेदित किया और मन-ही-मन प्रार्थना की—लाज रखना गिरधारी। यहां यह मेरा पहला ही सार्वजनिक प्रदर्शन है—तुम्हारे ही भक्ति भाव का। अब तो मैं तुम्हारी क्षमता जान गई हूं पूरी तरह। तुम कुछ भी करने में समर्थ हो। मेरे पैरों और मेरे स्वर को बल देना। मीरा की काव्यात्मक प्रतिभा के साथ-साथ उसके मधुर-कंठी होने की बात भी सबको विदित थी, अतः सभी बड़ी उत्सुकता से उसके मुंह खोलने की प्रतीक्षा कर रहे थे।

मीरा ने पहले हाथों को ऊपर उठा करताल से सधा स्वर निकालते हुए दो चार क्षणों तक उसे बजाया। एक सुमधुर संगीत पूरे मंडप में व्याप्त हो गया। बहुतों को पहले-पहल लगा कि संगीत के लिए शब्द की आवश्यकता नहीं। फिर उसने वैसा ही स्वर अपने घुंघरुओं से निकाला अपितु यह स्वर पहले से भी मधुर था। पहले एक पैर के नूपुर को फिर दोनों पैरों के नूपुरों को और पुनः नूपुरों और करतालों से एक साथ भांति-भांति के स्वर निकालते हुए उसने श्रोता-मंडली को मुग्ध कर दिया। इस मध्य निरंतर वह अपना ध्यान श्रीकृष्ण विग्रह पर ही टिकाये हुई थी जैसे कह रही हो—यह स्वर-साधना मात्र तुम्हारे लिए है। सारे स्वर तुम्हीं को समर्पित हैं, शेष तो मात्र उच्छिष्ट के उपभोक्ता हैं।

उसके बाद वह आरम्भ हुआ जिसकी सबको प्रतीक्षा थी। मीरा ने मुख खोला। कंठ के माध्यम से जैसे वासन्ती कोकिल का स्वर फूट पड़ा। करताल के स्वर कुछ धीमे पड़े, नूपुरों की रुनझुन में कुछ कमी आई और इन स्वरों से स्पष्टतः ऊपर उठता मीरा का कल नाद गूंज उठा—

श्री गिरधर आगे नाचूंगी।
नाची नाची पिव रसिक रिझाऊं
प्रेम जन को नाचूंगी।
प्रेम प्रीत की बांधि घुंघरू
सूरत की कछनी काछूंगी॥
श्री गिरधर आगे नाचूंगी॥
लोक लाज कुल की मर्यादा
यह मैं एक न राखूंगी॥
पिय के पलंग पर जा पौढ़ूंगी,
मीरा हरि रंग राचूंगी।
श्री गिरधर आगे नाचूंगी॥

एक-एक पंक्ति को मीरा ने बार-बार दुहराया। कभी एक लय में, कभी दूसरे में, कभी तीसरे में। मन्दिर के सामने के विस्तृत स्थान में झीने पर्दे के पीछे

मीरा हाथों के करताल और पदों के नूपुरों को सम में रखती हुई अपने ही पद के बोल पर बेसुध-सी नाच उठी। कभी झुककर, कभी खड़ी होकर, कभी तिरछी होकर, कभी आड़ी और कभी सीधी होकर मीरा ने नृत्य और संगीत के माध्यम से अपने पद के टुकड़े-टुकड़े करके नाचे, उन्हें बार-बार उछाले—श्री गिरधर आगे नाचूंगी............। प्रेम-प्रीति की बांधि घुंघरू सूरत की कछनी काछूंगी...... श्री गिरधर आगे नाचूंगी।

श्रोता-मंडली, नृत्य और गायन के मध्य पूर्णतया मंत्रमुग्ध रही। एक सम्मोहन-सा व्याप्त रहा सबों पर।

पद में जो मिठास, भक्ति-भाव और समर्पण उपलब्ध थे वे तो थे ही, संगीत का एक अद्भुत प्रभाव लोगों को विवश-सा बांधे हुए था, अपने-अपने स्थान पर।

मीरा का गायन बन्द हुआ। नृत्य थम गया। सभी को ऐसा लगा जैसे पवन का प्रवाह ही रुक गया। कोई स्वप्न-लोक चूर-चूर होकर विनष्ट हो गया। अब तक सभी वास्तविक जगत् से भिन्न किसी स्वर्णिम स्वप्न-प्रदेश में ही प्रतिष्ठित थे। संगीत और नृत्य-गायन की समाप्ति के साथ ही सभी वास्तविक जगत में लौटे।

नहीं, यह सामान्य ऐन्द्रिक सुख नहीं था जिसका सभी रसास्वादन कर रहे थे। नृत्य-गान तो वे नित्य ही देखते-सुनते थे। आज तो वे एक अकल्पनीय भाव-लोक में प्रतिष्ठित हो गए थे। यह भावलोक था भक्ति का। था कुछ कृष्ण के प्रति मीरा के समर्पण और निवेदन में कुछ ऐसा जो उसके नृत्य और गायन को सामान्य से असामान्य, लौकिक से नैसर्गिक बना रहा था।

आज तक तो यह केवल भंगिमाओं, मुद्राओं, काव्य और गायन में ही मिलता रहता था आज वह भक्ति में, समर्पण में, निष्ठा में मिल रहा था। उसका एक ऐसा भी स्वरूप हो सकता था, उससे लोगों का प्रथम-प्रथम परिचय हुआ। कितने शैव और शाक्त, वैरागी और संन्यासी उसी क्षण वैष्णव बन गए, नहीं कहा जा सकता।

अपना नृत्य-गान समाप्त कर मीरा ने पूर्ववत् श्रीकृष्ण-मूर्ति के चरणों पर नत-मस्तक हो अपना नमन निवेदित किया। श्रोताओं की ओर भी उन्हें श्रीकृष्ण की ही प्रतिमूर्ति मान अपने हाथ जोड़े और जिस मार्ग से आई थी, उसीसे वापस लौट गई।

श्रोताओं ने भी उठकर भरे मन से प्रस्थान किया। बाहर के आमंत्रित अतिथि अपने-अपने कक्ष को गए। स्थानीय लोगों ने अपने ग्रामों-नगरों को प्रस्थान किया पर सबकी जिह्वा पर एक ही बात थी—प्रतिभा का ऐसा वरदान अत्यन्त दुर्लभ है, जैसी काव्य-कला, जैसा कंठ, वैसा ही वादन और गायन पर नियंत्रण और वैसा ही नृत्य पर अधिकार और सबके ऊपर भक्ति की ऐसी दृढ़ता, उसका ऐसे सम्मोहक स्वरूप का प्रस्थापन कि नास्तिक को भी आस्तिक बनने में क्षण नहीं लगे।

अठत्तर

झंझावात के पूर्व की शान्ति की बात बहुतों से सुनी होगी। सदा आन्दोलित सागर-तल कभी-कभी नन्हे शिशु की तरह शान्त पड़ जाता है। अनुभवी नाविक उस धोखे में नहीं आते और क्षितिज के कोनों में उमड़ते-घुमड़ते कृष्ण-श्वेत मेघ खण्डों को देखकर ही समझ जाते हैं कि सागर-तल पर प्रलय-नर्तन की तैयारी पूरी हो चुकी है। लहरों को आसमान चूमना है और जल-पोतों का अब ईश्वर ही मालिक है। पतवार को नियन्त्रित करने पोत को प्रलयंकारी तूफान से रक्ष. के लिए सभी प्रस्तुत हो जाते हैं।

यही है तूफान-पूर्व की छलनामयी शान्ति।

चित्तौड़गढ़ में आज रात्रि यही शान्ति व्याप्त थी। ऊपर से सभी शान्त थे पर सबके अन्दर भयानक व्यग्रता भरी हुई थी। अपवाद थे तो केवल तीन, कुंअर भोज, मीरा और ललिता।

यह चित्तौड़ के लिए ही नहीं पूरे राजपूताने के लिए प्रथम घटना थी कि कोई कुल-वधू सारे लाज-शर्म और कुल-मर्यादा को ताक पर रखकर सहस्रों लोगों के समक्ष नृत्य-मग्न हो आये।

प्रातः होते-होते ही रानी कर्मवती का कक्ष, मंत्रणा-कक्ष में परिवर्तित हो गया। उसमें परिवार के अधिकांश सदस्य उपस्थित थे—राणा सांगा, राणा रत्न सिंह, राणा विक्रमाजीत और राणा उदय सिंह। कर्मवती तो पहले से ही घायल शेरनी की तरह अपने पर्यंक पर ही आसीन थी।

"अब हम किसी को मुंह दिखाने लायक भी नहीं रहे" राणा सांगा ने ही आरम्भ किया, "सम्पूर्ण राजपूताना हमारे मुंह पर थूक रहा होगा। अब तक की अर्जित सारी कीर्ति धूल में मिल गई। व्यर्थ ही मैंने इतने युद्ध लड़े। मेरे शरीर के सैकड़ों व्रण आज सैकड़ों आंखें बन ही धारा प्रवाह आंसू बहा रहे हैं। मेरा अन्तर आन्दोलित, उद्वेलित और व्यथित हो रहा है। ईश्वर ने मुझे किसी युद्ध में ही क्यों नहीं उठा लिया जो आज यह दिन देखने के लिए मैं जीवित हूं ?"

"बात तो सचमुच राणा-घराने के जिए अभिशाप के रूप में ही आई है। हम पड़ोसी राज्यों के राजकुमारों के मध्य अब सिर उठाकर खड़े भी कैसे हो सकते हैं ? पिताजी द्वारा अर्जित सारी कीर्ति बात की बात में धूल-धूसरित हो गई।" राजकुमार रत्न सिंह थे यह।

"हमने इस महल में एक नागिन पाल रखी है। उसके विष से तो पूरा परिवार और वंश आक्रान्त होगा ही। ऊपर से इस काल-सर्पिणी को अग्रज भोजराज दुग्ध-पान कराये जा रहे हैं। आवश्यकता है इसके विष-दन्त को तोड़ देने की। परिणाम चाहे जो हो।" विक्रमाजीत ने विष-वमन किया।

"परिणाम क्या होगा ? क्या कर लेगा मेड़ता ? मक्खी की तरह मसल डालेंगे हम उसे। अपने कुल के कलंक को हमारे महल में डाल गए हैं वे। हम उनकी लाड़ली को उन्हें ही वापस कर देंगे।" सबसे छोटे कुमार उदय सिंह ने कहा।

"तुम भूलते हो उदय कि मीरा तुम्हारी नहीं कुंअर भोजराज की पत्नी है और कुंअर भोजराज युवराज हैं, चित्तौड़ का भावी शासक। तुम उसकी इच्छा के विरुद्ध मीरा के साथ दुर्व्यवहार की कल्पना भी नहीं कर सकते," अन्ततः रत्न सिंह ने पैंतरा बदला। अब तक चुप बैठी रानी कर्मवती सारी राजनीति समझ गई थी। रत्न सिंह के मुख से रत्न सिंह नहीं रानी धनबाई बोल रही थी।

"यह सब गलती आपकी है। आप ही हैं अपने ही वंश की मर्यादा पर निर्भय कुठाराघात करने वाले। मीरा स्वयं इस महल में नहीं आ गई थी। आप ही मेड़ता से सम्बन्ध जोड़ने को आतुर थे। यहां तक कि राजपुरोहित के लौटने में विलम्ब होते देख आप मेड़ता पर आक्रमण करने को भी प्रस्तुत हो गये थे। अब अपने किये पर ही पश्चात्ताप करने से क्या लाभ ? जो बोया है वही तो काटिएगा।" कर्मवती राणा सांगा को ही सम्बोधित कर बिफरी।

"माना मैंने भूल की। भूल मनुष्य से ही होती है," पाशा उल्टा पड़ता देख राणा ने शान्त स्वर में आरम्भ किया, "पर हर भूल का प्रतिकार भी तो होता है ?"

"क्या है इस महान् भूल का प्रतिकार ? अब तो नाक कट गई। लाख जोड़ो वह जुड़ने से रही।" कर्मवती ही थी यह।

"नाक एक बार कट गई तो कट गई। बची-खुची नाक भी वर्तमान रहे, इस पर ध्यान देना है," राणा ने कहा, "और प्रतिकार की बात पूछती हो तो प्रतिकार वही है जो उदय सिंह ने सुझाया है। हम मीरा को पालकी में बैठा मेड़ता पटक आयेंगे।"

"यह इतना सहज नहीं है।" रत्न सिंह ने पुनः अपना तर्क रखा।

कर्मवती से इस बार सहन नहीं हुआ, वह रत्न सिंह को सम्बोधित कर बोली, "तुम बार-बार बड़ों की बात में टांग क्यों अड़ाते हो ? और यहां सब हैं तो तुम्हारी माता जी कहां रह गईं ? महल की राजनीति से उनको कुछ सम्बन्ध नहीं क्या ?"

"महल की राजनीति आप ही लोगों को बाढ़े। मेरी मां राजनीति से दूर ही रहती है।" रत्न सिंह ने छूटते ही उत्तर दिया।

"अहा हा !" कर्मवती अब आपे में नहीं रही, "जैसे मुझे कुछ पता नहीं कि भीतर-भीतर क्या पक रहा है ?"

वस्तुतः कुंअर भोज के गिने-चुने दिनों की बात का सबको पता था, मीरा और ललिता को छोड़कर। राणा सांगा के बाद दोनों रानियां अपने-अपने पुत्र को सिंहासनारूढ़ करने के लिए—कर्मवती विक्रमाजीत के लिए और धनबाई रत्न सिंह के लिए प्रयत्नशील थीं। धनबाई का प्रयास उचित था। नीति के अनुसार राणा सांगा के पश्चात् अगर भोज राज थोड़े दिनों के लिए भी राज्य-सुख नहीं भोगते तो बारी रत्न सिंह की ही थीं। पर कर्मवती अपनी चाल से सबको मात देकर विक्रमाजीत को ही सिंहासनारूढ़ करना चाहती थी। यह बात अब तक किसी से छिपी नहीं थी। अतः, रत्न सिंह ने कर्मवती को मुंह तोड़ उत्तर दिया—"कहां क्या पक रहा है सबको ज्ञात है। कहां अनीति और अन्याय का सम्बल लिया जा रहा है, यह किसे ज्ञात नहीं ? और आश्चर्य तो यह है कि पिता और युवराज के

जीवित रहते ही यह घृणित कुचक्र रचा जा रहा है। महल की निरन्तर गन्दी होती जा रही राजनीति का बाहर में किसको पता नहीं? वैसी स्थिति में अगर कोई महिला भक्ति-भाव का ही प्रचार कर रही है तो क्या बुरा है? अगर वह दोषी है तो उससे अधिक भयानक अपराध के लिए यहां उपस्थित लोगों में से कई दोषी है।"

"तो भोज के बदले अब तुम मीरा का पक्ष लेने लगे?" कर्मवती आपे में नहीं थी।

"आप अगर पिताजी के रहते भयानक अनीति और अन्याय का पक्ष ले सकती हैं तो मैं तो फिर भी एक निर्दोष बालिका का पक्ष ले रहा हूं। यहां की राजनीति के गंदे जल से अपने को असम्पृक्त रख वह कृष्ण-पूजन में ही ध्यान दे रही है तो यह एक सर्वथा सराहनीय उपक्रम ही है।" रत्न सिंह तीव्र स्वर में बोले।

राणा सांगा अवाक्। बात कहां से कहां पहुंच गई! और यह किस गन्दी राजनीति की बात हो रही है? महल में उनकी पीठ-पीछे चल रहे कुचक्र का उन्हें कोई पता नहीं था।

"यह सब क्या है?" बूढ़ा शेर बिफरा।

"कुछ नहीं महाराज, इस पागल के प्रलाप पर ध्यान नहीं दें।" कर्मवती ने कोमल स्वर में राणा सांगा से कहा। पर राणा सांगा को बात की गंध लग गई थी। उनका पूरा जीवन राजनीति और रणनीति में ही बीता था।

"मैं स्पष्ट सुनना चाहता हूं। मुझे महल में चल रहे किसी भीषण दुष्चक्र का अनुमान लग रहा है। इस पृष्ठभूमि में मीरा का अपराध अब कोई महत्व नहीं रखता। मैं भी रत्न सिंह के इस कथन से सहमत हूं कि राजनीति के गंदे जल में गोते लगाने की अपेक्षा तो भक्ति-भाव का प्रचार कहीं अधिक अच्छा है। मैं अब से मीरा के किसी काम में कोई बाधा डालने का पक्षधर नहीं। हां, रत्न सिंह मैं तुमसे जानना चाहता हूं कि मेरी पीठ पीछे चल रहे तुम किस कुचक्र की बात कर रहे थे?"

"मैं बताती हूं महाराज!" कर्मवती के स्वर पर भय चढ़ आया था और राणा सांगा को इसे समझते देर नहीं लगी थी।

"तुम चुप रहो महारानी!" राणा सांगा घायल सिंह की तरह गरजे, "अभी उपस्थित राजकुमारों में रत्न सिंह ही सबसे बड़े हैं। राजनीति औरतों का काम नहीं। मैं रत्न सिंह को ही सुनना चाहूंगा।"

"अगर आप मुझसे सुनना ही चाहते हैं तो मुझे अत्यन्त शर्म और दुःख के साथ कहना पड़ता है कि राजमाता कर्मवती रात-दिन आपकी मृत्यु-कामना में ही लगी रहती हैं। यह तो आपकी विश्व-प्रसिद्ध वीरता है कि इनकी दाल नहीं गल रही वर्ना आप कभी के मार्ग से अलग कर दिए गए रहते।" रत्न सिंह ने स्पष्ट कहा।

"किस मार्ग से?" राणा सांगा की आंखें अंगारे बन आईं।

"विक्रमाजीत को सिंहासन तक पहुंचाने के मार्ग से।"

"कैसे? अगर मैं मार्ग से हट भी जाता हूं और दुर्भाग्यवश भोज नहीं भी रहता है तो सिंहासन पर तो प्रथम अधिकार तुम्हारा बनता है?"

"जो आपको हटा सकता है, उसे मुझे हटाने में कितना समय लगेगा ?"

"महारानी ! यह मैं क्या सुन रहा हूं ? अब मुझे लग गया कि तुम मीरा से क्यों खार खाए बैठी हो। मीरा धनबाई की तरह ही राठौर परिवार की है। तुम्हे संदेह है कि जोधपुर और मेड़ता के राठौर रत्न सिंह को सिंहासनारूढ़ करने में सहायक हो सकते हैं। इसीलिए तुम्हें मीरा की बढ़ती लोकप्रियता से भय है। प्रजा अगर मीरा के पक्ष में हो गई तो वही होगा जो मीरा चाहेगी और मीरा कभी अनीति का पक्ष नहीं लेगी।"

"यह अभियोग है महाराज ! महाभियोग ! रत्न सिंह को इसे सिद्ध करना होगा। पट्टमहिषी के विरुद्ध अभियोग लगाना क्षम्य नहीं हो सकता।" कर्मवती बोली। पर उसके स्वर की चिरपरिचित कर्कशता का कहीं पता नहीं था।

"बोलो रत्न सिंह यह अभियोग सिद्ध कर सकते हो ? सैकड़ों युद्ध जीतने वाले राणा सांगा को अपने महल में ही खतरा उत्पन्न हो गया है ? वह भी अपनी पट्टमहिषी के ही हाथों ? जोधपुर पर आक्रमण करने से अब क्या लाभ ? यह तो पट्टमहिषी के हाथों को ही और शक्तिशाली करना होगा। बोलो राजकुमार कैसे सिद्ध करोगे इस अभियोग को ?"

"यह उतना आसान नहीं महाराज ! फिर भी महाराज का सहयोग मिले तो मैं इसे सिद्ध कर सकता हूं।"

"मेरा पूर्ण सहयोग मिलेगा। मैं महल के इस षड्यंत्र को ध्वस्त करके रहूंगा।"

"तो महल के दो जल्लादों को चमड़े के दो कोड़ों के साथ यहां बुलाया जाय।"

कर्मवती यह सुनते ही कांप गई। क्या ये कोड़े उसी की पीठ पर पड़ेंगे ?

"क्यों इसकी क्या आवश्यकता है ? क्या तुम समझते हो कि बिना अभियोग सिद्ध हुए तुम्हारे कहने मात्र से पट्टमहिषी को कोड़े लगाये जायेंगे ?" राणा सांगा की भृकुटियां टेढ़ी हुईं।

"नहीं, मैं यह कभी नहीं चाहूंगा महाराज ! मैं तो अभियोग सिद्ध होने पर भी महारानी के लिए ऐसे दंड का पक्षधर नहीं हूं अपितु मेरी तो प्रार्थना है कि जल्लादों के आने के पूर्व महारानी को यहां से हटा दिया जाय।"

"यह क्या उचित है ?" राणा सांगा ने कहा। "क्या महारानी, थोड़ी देर के लिए यह कक्ष खाली करना चाहेंगी ?"

"जैसी महाराज की इच्छा, पर यह सब उचित नहीं हो रहा है। उधर नववधू को नाचने-गाने की खुली छूट मिल गई इधर पटटमहिषी पर राजद्रोह का अभियोग सिद्ध किया जा रहा है।" कर्मवती पैर पटकती कक्ष से बाहर हो गई।

थोड़ी देर में दो भयानक जल्लाद हाथ में कोड़े लेकर पहुंच गए।

"अब ? राणा सांगा ने रत्न सिंह से पूछा।

"अब बात आपके हाथ में है, मैं उस आदमी का नाम बता देता हूं। आप उसे यहां बुलवाकर सब कुछ उगलवा लें।"

"कौन है वह आदमी ?" राणा गरजे।

"अपराध क्षमा हो महाराज, वह आदमी है आपका श्यालक (साला) और कर्मवती का भाई सूरजमल।"

सूरजमल थोड़ी देर पश्चात् ही कक्ष में उपस्थित था। अचानक जल्लादों को देखते ही वह पैर से सिर तक कांप गया।

"सूरजमल अपनी पीठ को नंगी करो।" राणा ने उक्त स्वर में अपना आदेश सुनाया।

"इसकी आवश्यकता नहीं, महाराज, आप जो भी पूछें मैं सब सच-सच बता दूंगा।" सूरजमल ने कांपते हुए कहा।

"तो क्या यह सही है कि महल में एक भीषण षड्यंत्र चल रहा है।"

"सही है महाराज !"

"और उसका लक्ष्य मुझे अपदस्थ करना है ?"

"यह भी सही है महाराज !"

"सूरजमल !!" राणा वृद्ध व्याघ्र की तरह हुंकारे।

"अब आपसे तो सत्य कहना ही पड़ेगा, महाराज !"

"और यह भी सच है कि इस सबके मूल में पट्टमहिषी कर्मवती हैं ?"

"सत्य है महाराज !"

"और तुम इसमें उनके सहयोगी हो ?"

"अपराध क्षमा हो महाराज !" सूरजमल गिड़गिड़ाया।

"सूरजमल !" राणा सांगा दहाड़े, "तुम्हारा अपराध अक्षम्य है पर तुम मेरे सम्बन्धी हो। राजनियम के अनुसार तुम्हें मृत्युदंड मिलना चाहिए पर तुम्हारे सम्बन्ध को ध्यान में रखकर इतना ही कहा जा रहा है कि तुम इस महल को खाली कर दो अभी और इसी समय।"

"जैसी आज्ञा महाराज !" और सूरजमल उसी समय से बाहर हो गया।

थोड़ी देर में रानी कर्मवती को उपस्थित कराया गया।

"तुम पर अभियोग सिद्ध हो गया पट्टमहिषी !" राणा ने व्यंग्यपूर्वक कहा।

"अभियोग पीठ पीछे नहीं, अभियुक्त के सामने सिद्ध किया जाता है।" रानी कर्मवती ने तर्क किया।

"कोई आवश्यकता नहीं। अभियोग तुम्हारे सहोदर सूरजमल ने सिद्ध किया है और उस समय तुम्हारे दोनों पुत्र विक्रमाजीत और उदयसिंह यहां उपस्थित थे।"

कर्मवती चुप।

"बोलो, तुम्हें यह अभियोग स्वीकार्य है ?" राणा ने निर्मम शब्दों में पूछा।

कर्मवती ने अपने दोनों पुत्रों की ओर देखा। उन्होंने सिर नीचा कर लिया।

"राजद्रोह का दण्ड जानती हो पट्टमहिषी ?" वृद्ध सांगा ने अपनी अर्द्धांगिनी की ओर सीधे देखते हुए पूछा।

"मृत्यु।" पट्टमहिषी ने कांपते हुए कहा।

"अफसोस है कि इस वृद्धावस्था में तुम्हें यह दंड नहीं दिया जा सकता," महाराणा ने आसन से उतरकर आहत शेर की तरह चहलकदमी करते हुए कहा, "फिर भी तुम्हें दंडित तो करना ही पड़ेगा ताकि फिर कोई ऐसा साहस न करे कि

वह राणा सांगा की पीठ में ही छुरा मारने को प्रस्तुत हो जाय। तुम्हें एकान्तवास का दंड दिया जाता है। तुम्हारे कक्ष में ही तुम्हारी सारी व्यवस्था हो जायेगी। न तो मेरे द्वारा नियुक्त एक विश्वासपात्र दासी के सिवा तुम्हारे कक्ष में कोई प्रवेश करेगा, न तुम कक्ष से बाहर निकलोगी।" राणा चहलकदमी करते हुए सहसा अपने आसन पर कटे वृक्ष की तरह पड़ गए और बोले, "अब सभी यहां से जा सकते हैं। रानी इसी कक्ष में रुकेंगी। रत्न सिंह तुम जाकर उस भीलनी किशोरी को भेज दो। मैं उसे उसका कर्तव्य समझा दूंगा।"

उनासी

बात पहुंचते-पहुंचते ललिता और फिर मीरा तक पहुंची।

"लो अब तुम्हें राणा सांगा ने भी उन्मुक्त कृष्ण-भक्ति की अनुमति दे दी।" ललिता ने मीरा को यह सम्वाद सुनाया।

"यह कैसे ?"

"राणा ने कहा मीरा कुछ बुरा नहीं कर रही। यहां की गन्दी राजनीति के गंदे जल से पृथक् रह भक्ति-भाव के कमल खिला रही है। मैं उस पर कोई पाबंदी नहीं लगाने जा रहा, उसके सार्वजनिक नृत्य-गान पर भी।" ललिता ने सुनी बातों के टुकड़ों को एक साथ जोड़कर मीरा के समक्ष परोस दिए।

मीरा प्रसन्नता से प्रातः-कली की तरह उत्फुल्ल हो आई।

"अन्ततः यह चमत्कार घटा कैसे ? श्वसुर जी तो घोर रूढ़िवादी हैं, ऊपर से महान शिवभक्त। उन्होंने अपनी नववधू की इस विलक्षण कृष्णोपासना की स्वीकृति दी ही कैसे ? मंदिर बनवा देने की बात पृथक् है ?" मीरा ने साश्चर्य पूछा।

"चमत्कार का ही दूसरा नाम कृष्ण है।" ललिता ने जोड़ा।

"दार्शनिक बनना बन्द करो। मैं किसी चमत्कार आदि में विश्वास नहीं करती। सब कुछ संयोग है। अगर कृष्ण चमत्कारी ही होता तो मुझे मेड़ता छोड़ यहां नहीं आना पड़ता।" मीरा ने प्रतिवाद किया।

"अच्छा इसे संयोग ही कह लेते हैं पर यह संयोग किसी चमत्कार से कम नहीं।"

"कैसे ? क्या ?" मीरा ने उत्सुकता से पूछा।

"रानी कर्मवती को अपने कर्मों का फल मिला। आज प्रातःकाल ही उसने कक्ष में कल के तुम्हारे नृत्य-गान की घटना को लेकर एक बैठक बुलाई थी, राणा सांगा भी वहीं पर थे। पहले सभी ने विपक्ष में ही कहा पर अन्त में रानी धनबाई के पुत्र कुमार रत्न सिंह ने कह दिया कि राजमहल में जो गंदी राजनीति चल रही है उससे तो मीरा का नृत्य कहीं अच्छा है।"

"फिर ?"

"फिर यह कि बात ही बदल गई। राणा सांगा, महल के षड्यंत्र का पता लगाने को कटिबद्ध हो आए और अन्ततः वह खुलकर ही रहा।"

"क्या पता लगा ?" मीरा की उत्सुकता जगी।

"पता यह लगा कि महारानी कर्मवती अपने भाई सूरजमल से मिलकर राणा सांगा को पदच्युत करने में लगी थी।"

"क्यों भला ?" मीरा को कर्मवती के इस कर्म पर आश्चर्य हुआ।

"इसलिए कि चित्तौड़ के सिंहासन पर वह अपने बड़े सुपुत्र विक्रमाजीत को बैठाना चाहती थी।" ललिता ने स्पष्ट किया।

"हाय राम ! भला ऐसा भी कहीं हुआ है ? अपने पति के प्रति ऐसा घोर षड्यन्त्र !" मीरा ने कहा।

"मीरा जी, बड़े महलों में सब चलता है। यह मेड़ता नहीं है। चित्तौड़ का राजमहल षड्यंत्र, राजनीति और कूटनीति का अखाड़ा है। यह तो कहिए आप कुछ समय के लिए निश्चिन्त हो गई, नहीं तो पता नहीं कुंअर भोज के बावजूद हमें कैसे-कैसे दिन देखने पड़ते।"

"कैसे निश्चिन्त हो गई ?" मीरा ने उत्सुकता से पूछा।

"महाराणा ने महल की राजनीति की रीढ़ ही तोड़ दी, ऊपर से जैसा कहा तुम्हें अभयदान भी दे दिया।"

"तुम पहेलिकाएं कब से बुझाने लगीं ?" मीरा कुछ खीझ कर बोली, "स्पष्ट बताती क्यों नहीं कि कैसे तोड़ी महाराणा ने महल की राजनीति की रीढ़।"

"तो सुन ही लो क्या-क्या घटा आज प्रातः ही। सूरजमल को तत्काल महल से बाहर कर दिया गया और महारानी कर्मवती को कारावास प्रदान कर दिया गया।"

"कारावास ?" मीरा ने साश्चर्य पूछा।

"अब कारावास ही समझो। उन्हें एकांतवास प्रदान किया गया है। मात्र एक दासी उनकी आवश्यक सेवा के लिए उनके सम्पर्क में रहेगी। अब कम-से-कम जब तक राणा सांगा जीवित रहेंगे, वह तो कारावास से बाहर आने से रही। अब तुम्हारे भक्तिभाव में बाधा डालने वाला कोई नहीं रहा।"

"और वह विक्रमाजीत ? कैसा लगता है वह तुम्हें ?" मीरा कुछ आशंकाग्रस्त हो बोली।

"वह तो अपने ही ढंग का है। उसके हाव-भाव कुछ अच्छे नहीं लगते। कर्मवती का ही तो सुपुत्र है। मुझे तो घोर विलासी और क्रूर लगता है। मैं तो उसकी छाया से भी भागती हूं। जब कभी उससे आमना-सामना हो जाता है, एक हिंसक भाव उसकी आंखों में झलकता है। लेकिन वह क्या करेगा ? कर्मवती को ऐसी सीख मिली है कि जब तक राणा जीवित हैं विक्रम के छल का सर्प सिर भी नहीं उठा पाएगा।"

"यह तो अच्छा हुआ ललिता !" मीरा ने प्रसन्नता से भरकर कहा, "अब हम अपने कृष्ण-कन्हैया की उपासना उन्मुक्त भाव से कर पाएंगे।"

"अवश्य, तुम्हारा मुरलीमनोहर तो चमत्कार पर चमत्कार करता जा रहा है।"

"फिर तुमने इसे चमत्कार कहा ?" मीरा ने आपत्ति की।

"चमत्कार तो यह है ही वर्ना श्रीकृष्ण-मंडप धरा का धरा रह जाता। तुम्हारे

पैरों के नुपुर पड़े-पड़े व्यर्थ हो जाते। तुम्हारी काव्य-प्रतिभा कुंठित हो जाती। रानी कर्मवती को तुम्हारी कृष्णोपासना फूटी आंख भी नहीं सुहाती।"

"यह चमत्कार नहीं ललिता!" मीरा ने कुछ सोचते हुए कहा।

"तब अपनी शब्दावली में इसे संयोग कह लो।"

"नहीं, नहीं, यह संयोग भी नहीं, संयोग कहकर इसके महत्व को कम नहीं करो।"

"तब?" ललिता ने साश्चर्य पूछा।

"यह कृष्ण-कृपा है, कृष्ण-कृपा। वह टेढ़ा कृष्ण छल करता जितना प्रतीत हो पर अवसर आने पर वह अपने कृपा-वर्षण में नहीं पिछड़ता। संयोग तो मैं मात्र तुम्हें बहलाने के लिए कहती हूं। मेरी मान्यता है कि यहां संयोग नामक कुछ भी नहीं है, सब कुछ पूर्व-निर्धारित है, पूर्व-नियोजित।"

अस्सी

कहते हैं समय, मृत्यु और ज्वार किसी की प्रतीक्षा नहीं करते। समय के एक-एक क्षण का उपयोग जिसने सुनियोजित ढंग से किया वे तो इतिहास के पृष्ठों पर अपने अमिट हस्ताक्षर छोड़ गए किन्तु जिन्होंने समय की उपेक्षा की काल के अनन्त प्रवाह में वे कहां और किधर विलीन हो गये कोई नहीं जानता।

मीरा की दिनचर्या निर्धारित थी। पूर्वी क्षितिज पर लाली छिटकने के पर्याप्त पूर्व ही वह अपना बिस्तर छोड़ देती। नित्यकर्म से निवृत्त हो वह अपने कक्ष में स्थापित मुरलीमनोहर की अर्चना में लग जाती। वह अपने कृष्ण-कन्हैया की नित्य षोड़सोपचार पूजा करती। इस कार्य में ललिता इतनी ही सहायता करती कि वह महल के बाग से उसके गिरधर के लिए सुगन्धित फूल चुन लाती। इस कार्य के लिए जो दासी नियुक्त थी उससे ललिता ने छुट्टी ले ली थी। उन फूलों से मीरा स्वयं माला गूंथती और बड़े भक्ति-भाव से मुरलीधारी की गर्दन में पहना देती। अर्घ्यं, अक्षत, चन्दन, कुमकुम, पुष्प, धूप और नैवेद्य अर्पण कर मुरलीधर की पूजा करते-करते पर्याप्त समय निकल जाता।

मुरलीधर को थोड़ी देर के लिए विश्राम दिया जाता और फिर आता उनके राग-भोग का समय। ललिता अपने कक्ष में भांति-भांति के भोज तैयार करती और सुवर्ण-थाल में उन्हें सजाकर मीरा के कमरे में पहुंचाती।

मुरलीमनोहर के समक्ष थाल एवं जलपात्र रखकर रेशमी पर्दा खींच दिया जाता। थोड़ी देर पश्चात पर्दा हटाया जाता तब जब भोज भी कक्ष में उपस्थित हो जाते। ललिता अलग बर्तनों में दोनों के लिए मुरलीमनोहर का प्रसाद परोसकर अपना हिस्सा ले कक्ष से बाहर हो जाती। भोज और मीरा साथ-साथ भोजन करतें, यहां-वहां की बातें करते और फिर भोज कुछ देर के लिए पर्यंक पर विश्राम करते। मीरा इस मध्य शेष बचे फूलों से नीचे के कृष्ण-मन्दिर के कृष्ण-विग्रह के लिए एक दीर्घ माला गूंथकर तैयार कर लेती।

भोज पर्यंक से उठकर हाथ-मुँह धोकर मीरा द्वारा प्रस्तुत केशर-मिश्रित दूध ग्रहण करते और मीरा की ओर एक आत्मीय दृष्टि डाल जाने की अनुमति मांगते।

अब तक अपराह्न ढल गया रहता। नीचे कृष्ण-मंडप में भक्तों-साधु-सन्तों और सामान्य जनों की भीड़ जमा हो जाती। मीरा हाथ में करताल ले, पैरों में घुंघरू बांध ललिता को साथ ले मंडप में पहुंच जाती। भक्तजन उसे देखते ही—

"गिरधारी की जय।"

"भक्तिमति मीराबाई की जय" के नारे लगाते। मीरा ने उन्हें कई बार मना किया कि वे केवल गिरधारी की जय बोला करें, पर भक्त मानते ही कब थे। मीरा के इस अनुरोध का उनपर कभी कोई प्रभाव नहीं पड़ा।

कुअर भोज ने मंडप द्वार पर दो विश्वास-पात्र मल्ल नियुक्त कर रखे थे। वे आगन्तुकों पर पूरा ध्यान देते और जो चेहरे और रंग-ढंग से सचमुच भक्ति-भाव सम्पन्न लगते उन्हें ही वे अन्दर आने देते। कहने की आवश्यकता नहीं कि मीरा असामान्य रूप में रूपमती थी, अत: कुछ रूप-लम्पटों की भीड़ भी अन्दर जाने के लिए कम प्रयास नहीं करती, पर भोज के मल्ल उन्हें देखते ही भगा देते। दो-चार कुछ हठी रूप-उपासकों पर मल्लों के ऐसे दो-चार धौल लगे कि चारों ओर यह प्रचारित हो गया कि वास्तविक भक्तों और साधु-सन्तों के अतिरिक्त वहां किसी और का पहुंचना दुष्कर और खतरे से खाली नहीं है, अत: अब श्रद्धालुओं की भीड़ ही मंडप में दृष्टिगोचर होती।

अब किसी पर्दे की भी आवश्यकता नहीं रह गयी थी। मीरा आकर श्रीकृष्ण-चरणों में प्रणाम निवेदित करती और फिर पद-गान, करताल-ध्वनि और नृत्य की विभिन्न मुद्राओं से श्रीकृष्ण को रिझाने का प्रयास करती। इस मध्य उसका सम्पूर्ण ध्यान श्रीकृष्ण विग्रह पर ही टिका होता और दर्शकों की ओर वह दृष्टि-निक्षेप भी नहीं करती।

आराधना-समाप्त होते-होते संध्या घिरने को हो आती। मंदिर का पुजारी सायं आरती के प्रबन्ध में लगता। मीरा अब श्रोताओं की ओर हाथ जोड़कर नमन करती और फिर श्रीकृष्ण चरणों में सिर झुका ललिता के साथ अपने कक्ष में लौट आती।

यहां वह अपने मुरलीमनोहर के सांध्य-पूजन और आरती आदि के प्रबन्ध में जुट जाती। ललिता अपने कक्ष में जा रात्रि-भोग के निर्माण में आ जुटती। आरती का समय होते-होते ही कुंअर भोजराज कक्ष में आ जुटते। मीरा के साथ मिलकर वह आरती के पद गाते।

आरती समाप्त होते-होते ही ललिता भोग का थाल लेकर पहुंचती। मुरली-मनोहर के लिए प्राय: नित्य ही नया भोजन बनता जिसमें भांति-भांति के पक्वान्न और व्यंजन सम्मिलित होते। भोजन सदा चार-पांच आदमियों के लिए पर्याप्त होता।

मुरलीमनोहर को रात्रि-भोग लगाने के बाद मीरा दिन की तरह ही थाल ललिता के पास रख देती। ललिता भोज और मीरा के लिए विभिन्न रजत-स्वर्ण पात्रों में खाद्य-सामग्री सजा देती और शेष सामग्री लेकर कक्ष से बाहर चली जाती। कुछ खाद्य-पदार्थ तो वह दो-तीन विश्वस्त सेविकाओं के मध्य वितरित कर

देती और शेष अपने कक्ष में बैठ ग्रहण करती। अपने बाल गोपाल के लिए भी वह नित्य अपने हाथों कुछ-न-कुछ अवश्य बनाती और उसे उन्हें अर्पित कर तब प्रसाद ग्रहण करती।

इधर भोज और मीरा साथ-साथ प्रसाद ग्रहण करते। सके उपरान्त वे देर तक इधर-उधर की बातें करते। कृष्ण-लीलाओं की सुनी सुनाई चर्चाएं करते। भोज कभी-कभी मीरा के सौंदर्य और समर्पण-भाव की प्रशंसा भी करते जिसे मीरा उनके होंठों पर उंगलियां रख रोक देती। अपनी बड़ी-बड़ी आंखों में भी वर्जना भरती और फिर भोज या तो अपने कक्ष में लौट जाते अथवा मीरा के कक्ष के पर्यंक पर ही रात्रि-विश्राम करते। मीरा नित्य ही अपने मुरलीमनोहर के चरणों में अपनी काली कमली बिछाती और लेट जाती।

इक्यासी

सपने सुहावने होते हैं—स्वर्णिम। कम-से-कम माना तो यही जाता है। तभी सपनों के शीशमहल की बात की जाती है। सुखद सपनों में खोने की बात होती है। सपनों के माध्यम से मनुष्य अपने रंग-हीन जीवन में भी रंग भर लेता है। इस मृत्यु-लोक से उठकर अपनी कल्पना के स्वर्ग-लोक तक जा पहुंचता है।

बड़ी विचित्र है सपनों की लीला। सोने में सपने आते हैं, उनसे कुछ कम जाग्रतावस्था में नहीं आते—दिवा-स्वप्न। वे सपने और मायावी और लुभावने होते हैं। ये पल में रंक को राजा और दुःखित, पीड़ित, प्रताड़ित को सुखी, प्रसन्न और निर्भय कर जाते हैं। दिवा-स्वप्न देखने में अधिकांश को जो सुख मिलता है वह वर्णनातीत है।

मीरा दिवा-स्वप्नों में खोई थी। दिन का राग-भोग सम्पन्न कर वह अपनी काली कमली पर लेट गई थी और तत्काल खो गई थी अपने सुख-स्वप्नों में—कितना आनन्दपूर्ण और आह्लाद-युक्त था उसका जीवन? श्रीकृष्ण ने सब कुछ कितना सरल कर दिया था। भोज उसका पति नहीं होकर भी निस्सीम प्यार प्रदान करता था। उसके श्रीकृष्ण-प्रेम को उसने स्वीकार ही नहीं कर लिया था अपितु उसमें भरपूर सहयोग भी दे रहा था। उसने इतना विशाल कृष्ण-मंडप तो निर्मित कराया ही था, साधु-सन्तों और भक्त-जनों की मंडली जुटाने का भी उपक्रम कर दिया था। वह अपनी सभी कलाओं—नृत्य, गायन और पद-रचना से अपने श्रीकृष्ण को प्रसन्न करने के लिए स्वतंत्र हो गई थी।

बहुत दिनों तक कष्ट देने के बाद उसके मुरलीमनोहर ने अब सुख के दिन दिखाए थे।

वह अपने इस सुख को किसी से बांटना चाहती थी पर किससे? भोज से तो वह इसे नित्य ही बांटती थी, आज किसी और से इसे बांटने का मन हो रहा था। पर कौन मिलेगा ऐसा? ललिता तो उसकी सुख-संगिनी ही थी! उससे क्या कहना, सुनना? तब उदा बाई, उसकी ननद? नहीं, नहीं, वह तो अपनी मां कर्मवती के

कारावास मिलने से अब खार खाये ही बैठी होगी।

"तब ?" मीरा के मन ने प्रश्न किया ? वह अपने मुरलीमनोहर से ही अपने मन का सुख कह ले। पर यह मुरलीमनोहर भी कम है ? सुनता सब कुछ है पर बोलता कहां है ? यह एक-तरफा संवाद कैसे चलेगा ? यह सपने में तो बड़ी मीठी-मीठी बातें करता है। सुनने से अधिक बोलता ही है। पर ये सपने तो रात के होते हैं। दिवा-स्वप्नों में तो यह दूर-दूर ही रहता है। इस समय इससे कोई बोले तो क्या बोले ? पाषाण पर जितना भी सिर पटक लो स्वयं को रक्त-रंजित करने के सिवा क्या मिलेगा ?

काश, भोज के सिवा भी, ललिता के अलावा भी, कोई उसके दुख-सुख का साथी होता ? कोई तो आता उससे दो बातें करने ? कर्मवती को तो बन्दिनी बनाया गया है। वह तो यों ही बन्दिनी बन गई है। अपराह्न-कीर्तन के समय के अलावा अपने कक्ष से निकलती भी नहीं। पर यह कीर्तन ही दिन भर के अवसाद को समाप्त कर जाता है। धन्य है भोज, अगर उसने इसका भी प्रबन्ध नहीं किया होता तो वह सचमुच एक बन्दिनी से अधिक कुछ नहीं होती। पर क्या सचमुच इस विशाल महल में वह एकदम एकाकिनी है। भोज के अलावा और किसी को उसकी कोई चिन्ता नहीं ?

राणा सांगा तो स्वयं व्यथित हैं। कभी अपनी पुत्र-वधू को अपने पास बुलाकर उसके कुशल-क्षेम पूछने की भी आवश्यकता उन्हें नहीं प्रतीत होती। देवर विक्रमाजीत और उदय सिंह अपनी मां और मामा को मिले दंड के कारण उसे फूटी आंखों भी नहीं देखना चाहते होंगे। रह गए रत्न सिंह उन्हें अपनी भाभी से अवश्य सहानुभूति होगी पर वे भी किसी कारण विवश होंगे।

पर उसे किसी से क्या लेना-देना ? मीरा ने अपने सिर को एक झटका दिया। उसे किसी पर-पुरुष के बारे में सोचने की भी क्या आवश्यकता है ? उसे अपने श्रीकृष्ण और भोज से ही कहां अवकाश कि वह दूसरों को थोड़ा भी समय दे सके। शायद लोग उससे जानबूझकर कटते हैं। कटते हैं तो कटें। उसे कहां किसी की चिन्ता है ? भोज और कृष्ण ने उसके जीवन को महोत्सव से भर दिया है। उसे किसी के कुछ कहने-सुनने और सोचने की कोई चिन्ता नहीं।

सोचते-सोचते मीरा ने अपने मुरलीमनोहर पर एक दृष्टिपात किया। उनके चरणों के पास पड़े कम्बल पर तो वह लेटी ही थी। वह धीरे-धीरे बोली—तुम सचमुच छलिया हो। किसी को अपने भेद का पता नहीं लगने देते। अब ज्ञान हुआ कि तुमने मुझको मेड़ता क्यों छुड़वाया। अगर मैं मेड़ता नहीं छोड़ती तो यह भोज कहां मिलता ? और भोज नहीं मिलता तो मेरे जीवन में तुम्हारा इतना अधिक प्रवेश कैसे होता। यहां का बड़ा-सा कृष्ण-मंडप, यह साधु-संग, यह नृत्य-गान कैसे सम्भव होता ?

और फिर भोज के मिलने से इतना ही हुआ क्या ? मेरे जीवन को सार्थकता नहीं मिली ? इतना बड़ा शुभेच्छु और प्रेमी मिल जाय इससे अधिक नारी को क्या चाहिए ? मानो या न मानो तुमने मेरे जीवन को दिशा दी है तो भोज ने उसे अर्थ दिया है। तुम सोते के सपनों के साथी हो तो भोज के सदृश जीवन साथी देकर तुमने मुझे धन्य कर दिया। पति के बिना पत्नी अधूरी है। माना तुम ही मेरे पति

हो। पर लोक-दृष्टि में भोज भी पति नहीं होकर पति है। अपितु पति नहीं होकर भी भोज पति से अधिक ही मुझे प्यार देता है।

माना मैं तुम दोनों में बंट गई हूं पर यह बंटना भी उचित ही है। भोज तुम्हारे लिए कहीं बाधक नहीं। ललिता ने कहा था भोज में श्रीकृष्ण को ही देखना। मैं नहीं कह रही हूं। मानोगे क्या कि भोज के प्रेम में मैं तुम्हारे प्यार का ही प्रतिबिम्ब पाती हूं। तुम पाषाण हो न? तुम्हारा प्यार भी बड़ा पाषाणी है--संवेदनहीन। भोज के रूप में तुम्हीं तो संवेदनशील बन आये हो। कितनी प्यासी थी मैं—तुम्हारे प्रेम के लिए! सपनों की बात तो फिर सपनों की ही होती है। सपना टूटते ही कठोर यथार्थ सामने आ जाता है—पाषाणी। पर भोज? भोज इस कमी को पूरा कर देता है। आश्चर्य है कि वह मुझसे मांगता कुछ नहीं पर देता सब कुछ है। भोज के रूप में कहीं तुम्हीं ने तो रूप-ग्रहण नहीं लिया है? क्या ठिकाना, अपने भक्तों के लिए तुम कभी भी कुछ भी करने को प्रस्तुत रहते हो।

पर जानती हूं निष्ठुर हो तुम। देकर छीनना भी जानते हो। हंसाकर रुलाया भी। यही किया तुमने यशोदा, नन्द के साथ, यही किया गोप-गोपियों के साथ और यही किया बेचारी राधा के साथ।

पर कहे देती हूं। मुझसे छल नहीं करना। भोज को मुझसे नहीं छीनना। इसलिए कह रही हूं कि भोज मेरा सुख है और किसी को बहुत दिनों तक सुखी देखना तुम्हारी प्रकृति नहीं।

अगर भोज को उठाना हो तो उसके पहले मुझे ही उठा लेना। मैं तो मरकर फिर भी तुममें जा मिलूंगी पर भोज नहीं रहा तो मैं जीकर भी क्या करूंगी? और तुम सोचते हो भोज के साथ मैं सती हो जाऊंगी! नहीं, कभी नहीं। एक तो मेरे वास्तविक पति तुम हो। तुम्हारे जीवित रहते मुझे मरने का क्या अधिकार? जीवित रही तो तुम्हारी अर्चना-वन्दना करूंगी। तुम्हें नाच-गाकर रिझाऊंगी! भक्त तो इसीलिए मुक्ति भी नहीं चाहता? वह तो निरन्तर जन्म-मृत्यु के चक्कर में ही फंसा रह तुम्हारी भक्ति-रूपी रसामृत का पान करना चाहता है। दूसरी यह कि मैं सती होना चाहूं भी तो भोज की पूर्वानुमति इसके लिए प्राप्त होगी क्या? वह मुझे अपनी लाश के साथ चिता में जीवित जलती देखना चाहेगा? छटपटा-छटपटाकर दम तोड़ते? वही मुझसे पूर्व में ही वचन ले लेगा सती नहीं होने का! तब मैं क्या करूंगी? उसके वचन को टाल पाऊंगी?

अतः कहे देती हूं। मेरा सुख नहीं छीनना। तुम्हारा कोई ठीक नहीं। स्वप्न को दुःस्वप्न में बदलते तुम्हें बहुत समय नहीं लगने को।

बयासी

अगर समय को पंख लगने की लोकोक्ति सही है तो मीरा के लिए सचमुच समय को पंख लग गये थे। दिन-रात की तल्लीनता—कृष्ण-भक्ति, साधु-संग और भोज के दिनानुदिन बढ़ते प्यार ने समय को सुख के विहगों की तरह गगनचारी बना दिया।

कब ये सुख के पंछी प्रातः होते ही आकाश की अनन्त ऊंचाइयों को मापने निकल जाते, कब सायं में लौट नीड़ में विश्राम करते और फिर कब पूर्वी क्षितिज पर अरुणिमा के अवतरित होते-न-होते पुनः व्योम की निस्सीमता को मापने चल देंगे, पता ही नहीं लगता।

ललिता की देखभाल, भोज के प्यार और श्रीकृष्ण की भक्ति तथा उनके मंदिर में नित्य आयोजित होनेवाले नृत्य-गान ने मीरा को जैसे समय का भान ही नहीं रहने दिया। अब उसे किसी अन्य के साथ की आवश्यकता ही नहीं प्रतीत होती।

कितने शरद आये, कितने शिशिर में पेड़ों ने पीतपत्रों को झाड़ा, कितने मधुमासों ने वृक्षों को नए कोपल, नए पुष्प प्रदान किया, कितने ग्रीष्मों ने महल के बाहर के लोगों को लू-लपट और रेतीली आंधियों का आखेट बनाया, इस सबकी गणना करने का अवकाश न मीरा को था न भोज को।

दोनों एक दूसरे को अपनी सुखानुभूति और आनन्द का श्रेय देते नहीं थकते।

"तुमने मेरे अर्थहीन जीवन को सार्थक कर दिया।"

"तुमने मुझे अपनी भावुकता, अपने सौन्दर्य और अपनी प्रतिभा से ऐसा अभिभूत किया कि मेरा जन्म लेना सार्थक हो गया।" भोज कहते।

"मैं इतने अथाह प्रेम की अधिकारिणी नहीं थी।"

"मैंने तो तुम्हें कुछ नहीं दिया। तुम तो मेरे लिए निसर्ग का वरदान बनकर आईं। मेरे स्थान पर कोई अन्य होता तो पता नहीं तुम्हारे लिए किन अकल्पनीय सुख-साधनों का प्रबन्ध करता।"

"मुझे सुख-साधन की कोई आवश्यकता नहीं। मेरे लिए तुम्हारा प्रेम ही पर्याप्त है।"

"क्यों?"

"क्योंकि वही मेरा जीवन है।"

"जीवन?" भोज ने अकस्मात् अचकचाकर पूछा। उसने मन-ही-मन कुछ हिसाब लगाया। वैद्य द्वारा निर्धारित उसकी जीवन-अवधि तो अब समाप्ति पर थी। उसका पांडु-रोग इधर निरन्तर बढ़ता गया था पर उसने उस पर ध्यान ही नहीं दिया था। वैद्य की गणना के अनुसार अब वह अधिक-से-अधिक पन्द्रह दिनों के जीवन का अधिकारी था। इधर उसने मीरा के साथ खाना खाना भी छोड़ दिया था क्योंकि वह कुछ खा ही नहीं पाता था। उसकी भूख समाप्त हो गई थी, मीरा कुछ समझ न ले इसलिए वह उसके परोक्ष में ही थोड़ा बहुत खा लेता था।

उसका शरीर इधर निरन्तर जर्जर होता गया था। शरीर में पौष्टिकता की कमी से अंग-प्रत्यंग शिथिल हो रहे थे। हृदय की गति थोड़ी सी उत्तेजना अथवा श्रम से ही अनियंत्रित हो जाती थी। मीरा से छिपाकर वह औषधि भी लेता था पर राजवैद्य की भविष्यवाणी के समक्ष सारी औषधियां व्यर्थ थीं। उसका रोग असाध्य था।

यह सारा भेद अब तक मीरा और ललिता पर किसी ने नहीं खोला था।

इधर मीरा ने एक-दो बार पूछा अवश्य था, "आपका चेहरा पीत पड़ता जा रहा है। आपको कोई रोग तो नहीं लग रहा? आपने राजवैद्य से परामर्श किया?"

"मुझे किस राजवैद्य की आवश्यकता है? मेरी वैद्य तो तुम हो और तुम्हारा

निश्चल प्यार मेरी महौषधि।"

"पर यह पूरे शरीर का पीत पड़ना ?" मीरा सशंकित होकर पूछती।

"यह तुम्हारी आंखों का दोष है अथवा तुम मुझसे ईर्ष्या करने लगी हो।"

"ईर्ष्या ? ईर्ष्या कैसी ?"

"सोने की तरह निखरता जा रहा मेरा रंग तुम्हें ईर्ष्यालु बना रहा है। तुम नहीं चाहती कोई तुम्हारे सदृश सुन्दर हो।"

"चलिए आप बड़े ओ हैं।" मीरा कहती और भोज के भुलावे में आ जाती।

उसके विवाह के सात सुखद वर्ष देखते-देखते बीत गए थे।

पर अब नहीं। विधि का विधान अब किसी घोर अभिशाप की तरह सामने आ गया था।

भोज अब इस कटु सत्य को छिपा नहीं सकते थे। पन्द्रह दिन का क्या, वह पन्द्रह घंटों में भी बदल सकता था, अन्ततः राजवैद्य, वैद्य ही थे कोई ज्योतिषी तो नहीं ?

अब इस भेद को भेद रखना असम्भव था।

उस रात उन्होंने मीरा के साथ ही खाना खाया।

"इतना स्वल्प ?" मीरा ने साश्चर्य पूछा।

भोज ने कुछ कहा नहीं। उन्होंने मीरा का हाथ अपने हाथों में ले लिया। भोज की आंखों के कोनों में कुछ अश्रु-बूंदें एकत्रित हुई। मीरा से वे छिपी नहीं रहीं।

"क्यों भोज तुम रो रहे हो ?" मीरा ने घबराकर पूछा।

"......" भोज कुछ बोले नहीं। आंखों के आंसू मीरा के आंचल में टपक पड़े। उसका जी किया वह उन्हें मोतियों की तरह सहेज ले। पर नहीं, यह भावुकता का क्षण नहीं था। मीरा को लगा बात कुछ गम्भीर थी।

"क्यों भोज बोलते क्यों नहीं ?" मीरा व्याकुल होकर बोली, "सिसौदिया क्षत्रिय की आंखों में पानी पहले-पहल देख रही हूं। क्या बात है, बोलो। किसी ने तुम्हारा अपमान किया है ? अगर ऐसी बात हो तो मैं केवल कृष्ण-भक्तन नहीं। राठौरी रक्त मेरी रगों में दौड़ता है। बोलो, कौन व्यक्ति है वह ? अभी मैं अपनी खंजर उसके उदर में उतारती हूं।" मीरा भोज के स्कन्धों को पकड़कर झकझोरती हुई बोली।

"ऐसी बात नहीं मीरा," भोज ने धीरे-धीरे कहा। उत्तेजित होने से उसके हृदय की गति तीव्र से तीव्रतर हो गई थी। भोज ने मीरा के अंक में अपना सिर रख दिया और बोला, "बात कुछ और ही है मीरा। क्षत्रिय अपने अपमान का प्रतिशोध लेना जानते हैं। इसके लिए वे अपनी प्राण-प्रिय पत्नियों को कष्ट नहीं देते। बात बहुत गम्भीर है।"

"गम्भीर ?" मीरा घबराई।

"हां मीरा ! बात यह है कि हमारा साथ अब कुछ महीनों भी नहीं कुछ दिनों का ही है।"

"भोज !" मीरा बाण-विद्ध मृगी की तरह चीत्कार कर उठी। अब उसके समक्ष सब कुछ स्पष्ट हो गया। भोज का इतना कम खाना ! दिनों-दिन उसका पीला पड़ते जाना ! यथासाध्य, इधर, उसका उससे अलग-अलग ही रहना।

"तुम्हारा सिर तो तवे की तरह तप रहा है।" मीरा ने भोज के सिर पर हाथ रखते हुए कहा, "तुम तो घोर बीमार हो। यह तुमने क्या किया भोज? मुझे मध्य अधर में छोड़कर —।" मीरा बिलख पड़ी। कुछ घंटे पहले का ही आनन्द बात की बात में तिरोहित हो गया।

"मैं अभी राजवैद्य को बुलाती हूं।" मीरा ने रेत पर पड़ी मछली की तरह छटपटाते हुए कहा। फिर जोड़ा, "पर मैं तुम्हें अकेले छोड़ भी तो नहीं सकती? हाय कैसी वीभत्स और विद्रूप राजनीति है इस महल की कि उसने मेरे कारण तुम्हें सबसे काटकर ही रख दिया। तुम दो क्षण ठहरो। मैं ललिता को यहां रखकर राजवैद्य को बुलाने स्वयं जाती हूं।"

"इसकी आवश्यकता नहीं।" भोज ने अपने दुर्बल हाथों से मीरा की दाहिनी कलाई पकड़ते हुए कहा, "राजवैद्य कुछ नहीं कर सकता। उसने स्वयं मेरे जीवन के दिन निश्चित कर दिए थे। उसके बाद भी पिता राणा सांगा ने अपनी राजनीति की मांग को ध्यान में रखकर यह संबंध कराया।"

"भोज!" मीरा चीखी। उसकी आंखों से अनवरत अश्रु-प्रवाह जारी था।

"हां मीरा," भोज ने धीरे-धीरे आरम्भ किया, "तुम्हारे साथ इस राजपरिवार ने छल किया है घोर छल। मैंने तुमसे एक बार कहा था, एक भेद मैं अभी तक अपने ही तक सीमित रख रहा हूं। मुझे मालूम था मेरे जीवन के दिन गिने हुए हैं। मीरा, मैंने अपनी ओर से यह विवाह रोकने का बहुत प्रयास किया किन्तु मैं इसमें सफल नहीं हो सका। पिता महाराणा सांगा तलवार के बल पर भी यह संबंध स्थापित करने को प्रस्तुत थे मैंने तुमसे अपने से संबंधित यह भेद इसलिए छिपाए रखा कि मैं तुम्हारी खुशियों के कुछ दिनों को भी बर्बाद नहीं करना चाहता था।" बात कहते-कहते भोज की सांसें उखड़ने लगीं।

"भोज!" मीरा ने रोते-रोते कहा, "मुझे तुमसे कोई शिकायत नहीं। इन सात वर्षों में ही तुमने मेरे आंचल में सात जन्म की खुशियां भर दी हैं, पर भोज मुझे मालूम नहीं था कि मेरी खुशी इतनी क्षणस्थाई होगी। पर अब भी समय है मुझे प्रयास करने दो। मैं ललिता को बुला लाऊं।" कहकर मीरा आंचल से आंखों को पोंछते हुए उठने को हुई।

"इसकी आवश्यकता नहीं मीरा!" भोज ने मीरा के हाथ को नहीं छोड़ा, "मुझे तुमसे कुछ बातें करनी हैं। बाद में शायद मैं नहीं कर पाऊं। बोलो, तुम मेरी बात मानोगी?"

मीरा उद्भ्रान्त हो रही थी। वह कक्ष से निकल भागना चाहती थी। भोज को वह यों अन्तिम सांसें गिनते नहीं देख सकती थी। पर भोज के हाथ को झटक दे, ऐसा साहस भी उसमें नहीं हो रहा था। वह चुप आंसू बहाती रही।

"मीरा तुमने उत्तर नहीं दिया।" भोज ने किसी तरह कहा।

"मैंने तुम्हारी कोई बात अब तक नहीं टाली है स्वामी!" मीरा इतना ही कह सकी।

"ऐसे नहीं होगा। सौगंध खाओ कि तुम मेरी बात मानोगी।"

"सौगंध! किसकी सौगंध?" मीरा विक्षिप्ता की तरह बोली, "मेरे तो दो ही प्रिय हैं तुम और श्रीकृष्ण, मैं इन दोनों में से किसी की सौगंध नहीं खा सकती।

कहो तो अपनी सौगंध खा लूं।"

"नहीं, इससे नहीं होगा। तुम्हें मेरी सौगंध खानी होगी।"

"इस घड़ी में ऐसा क्यों कह रहे हो भोज?" मीरा बिलख-बिलखकर रो पड़ी, "मरणासन्न व्यक्ति की सौगंध खाई जाती है ताकि उसका अन्त शीघ्र समीप आ जाय?"

"अगर तुम्हें मुझसे जरा भी प्रेम है तो तुम्हें मेरी सौगंध खानी ही होगी।" भोज तड़पते हुए बोले। अप्रत्याशित उत्तेजना के कारण उसके पन्द्रह दिनों का शेष समय शायद पन्द्रह मिनटों में ही समाप्त हो जाने वाला था।

मीरा भोज के वक्ष पर, सागर में हाहाकार करती गिरती नदी की तरह बिछ गई। ठीक ही समय नहीं था, इसका अनुमान उसे भी लग गया। उसने एक क्षण को अपने मुरलीधर की ओर देखा—पाषाण संगमर्मरी मूर्ति के होंठों पर एक मन्द स्मिति खेल रही थी, इसे उसने आज तक नहीं देखा था। आज जैसे वह स्पष्ट कह रही थी, जानती हो तुम मेरे ताटस्थ्य को! कठिनाई की इस घड़ी में भी मैं तुम्हारा कुछ उपकार नहीं कर सकता। गीता के उपदेश भूल गई। मेरी प्रकृति ही मेरे आदेश से इस विश्व का संचालन कर रही है और एक बार आदेश देने के पश्चात् मैं उसकी गतिविधियों में बाधा नहीं डालता। और मृत्यु क्या है, जीवधारी की पूर्व निर्धारित नियति। जो पैदा हुआ है उसे तो मरना ही है आज या कल। गीता में क्या मैंने स्पष्ट नहीं कहा, कोई मरता नहीं है। वस्त्र-परिवर्तन मात्र है यह? पुराना वस्त्र छोड़कर मनुष्य नवीन वस्त्र धारण करता है, उसी तरह इस जर्जर शरीर के लिए मोह छोड़ो।

मीरा ने विरक्ति से मुंह फेर लिया।

—तुम हो ही ऐसे। पाषाण भी कभी हिम-खंड की तरह पिघलता है?

—क्या तुम कोई चमत्कार नहीं कर सकते थे? बड़े-बड़े चमत्कार तुम्हारे नाम के साथ जुटे हैं। इस भोज को क्या जीवन नहीं दे सकते?

—मैं कोई चमत्कार नहीं करता। जैसे मुरलीधर की मूर्ति ही बोली हो, —जो कुछ चमत्कार लगता है वह सब कुछ प्राकृतिक नियमों के अधीन आता है। एक संयोग भी हो सकता है।

—संयोग, संयोग, संयोग? मीरा बिफरी—और द्रौपदी के चीर मैंने ही बढ़ाए थे? दुर्योधन की सभा में और अर्जुन के रथ पर विराट् रूप मैंने ही दिखाए थे? गुरु संदीपनि के मृत लड़कों को मैं ही यम द्वार से उठा लाई थी? मेरे भोज के लिए तुम कुछ नहीं कर सकते? मीरा ने दौड़ कर मुरलीधर के चरण पकड़ लिए मैंने तुमसे कभी कुछ नहीं मांगा, बोलो मांगा? प्रथम और अन्तिम बार आंचल फैलाती हूं, भोज के प्राण डाल दो इसमें।

मूर्ति की स्मिति फिर मीरा को मुंह चिढ़ाती प्रतीत हुई—मैं कोई चमत्कार आदि नहीं करता। वह चमत्कार जिसने किया था वह परमब्रह्म परमेश्वर नहीं था, वह द्वापर का एक सामान्य पुरुष था जिसने अपने योगबल और संकल्प-शक्ति का प्रयोग किया था। संकल्प-शक्ति का यह प्रयोग भी चमत्कार में नहीं आता। वह तुम्हारे लिए भी उपलब्ध है। क्यों भूल गई सावित्री को? सत्यवान को तो वह भी यम से छीन लाई थी। उसने किस योग-बल का सहारा लिया था, केवल संकल्प,

केवल दृढ़ इच्छा-शक्ति का ही परिणाम था कि नहीं वह। तुम भी वही करो। संकल्प से सब कुछ सम्भव है। इच्छा-शक्ति को सामान्य शक्ति नहीं मानो।

—इच्छा-शक्ति तुम्हारा सिर? मीरा गुस्से में बड़बड़ाई—मेरा सारा संकल्प मेरी सारी इच्छा-शक्ति तो तुम्हारी भक्ति में केन्द्रित होकर रह गई। अब इस भीषण घड़ी में वह इच्छा-शक्ति किधर से आहूत करूं? जानती हूं तुम कुछ नहीं करोगे। तुम ईर्ष्यालु हो, भोज को अपने पथ से हटाना चाहते हो।

—यही समझ लो जब तक बीच की बाधा बनी रहेगी तब तक तुम पूर्णतया मेरी नहीं हो सकतीं। मूर्ति की स्मिति ने यही कहा।

—व्यर्थ है तुमसे कोई आशा। वे मूढ़ होते हैं जो तुमसे कोई अपेक्षा रखते हैं। कहकर मीरा उठ खड़ी हुई। वह भोज के पर्यंक की ओर दौड़ी। भोज प्रायः निश्चेष्ट पड़े थे। उनकी सांसें तेज-तेज चल रही थीं।

भोज! भोज!" मीरा ने भोज को झकझोरा, "मैं आ गई भोज! तुम्हारे प्राणों के लिए मुरली मनोहर से भीख मांगने गई थी। वह पत्थर कुछ नहीं देगा।" मीरा बिलखती हुई बोली।

भोज की चेतना वापस लौटी। उसने कहा, "तुमने सौगंध नहीं खाई। मेरी अन्तिम इच्छा की पूर्ति भी नहीं कर सकतीं?"

"मैंने आजीवन तुम्हारी सारी इच्छाओं की पूर्ति की है भोज, पर मुझे अपनी सौगंध नहीं दिलाओ। इस घड़ी में तुम्हारी सौगंध नहीं खा सकती। कहो तो इस पत्थर-दिल मुरली मनोहर की ही सौगंध खा लूं?"

"नहीं, मेरी सौगन्ध खानी होगी। एक मृत्यु के दरवाजे पर पहुंच चुके व्यक्ति की अन्तिम इच्छा रखनी होगी।" भोज किसी पक्षी-शावक की तरह पतले स्वर में बोला।

"अगर तुम्हारी यही इच्छा है तो यही सही। बोलो, क्या चाहते हो मैं तुम्हारी सौगंध खाती हूं।" मीरा ने कहा और फूट-फूट कर रो पड़ी।

"तुम्हें श्रीकृष्ण-भक्ति नहीं छोड़नी होगी। तुम्हारा जन्म ही उसकी कीर्ति के प्रसार के लिए हुआ। वचन दो, मेरे वचन का पालन करोगी।" भोज कठिनाई से बोले और फिर सांसों की गति अनियंत्रित हो जाने से चुप कर गये।

"भोज! क्या कहते हो? तुम्हारे नहीं रहने पर कैसी और कहां की कृष्ण भक्ति?" मीरा भोज के सिर को अपनी गोद में लेकर बैठ गई। भोज का स्वर क्षीण हो गया था। कठिनाई से कुछ भी सुनने में आता था।

"मेरे नहीं रहने पर ही तो कृष्ण की भक्ति और सधेगी। माया का बन्धन जो कट जायेगा।" भोज ने समझाना चाहा।

"भोज तुम होश में तो हो।" मीरा ने भोज के सिर पर अपनी कोमल हथेली फेरी।

"क्यों?"

"तुम्हारे नहीं रहने पर मेरे होने का प्रश्न ही कहां उठता है। पति की मृत्यु के पश्चात् क्षत्राणी जीवित रहती है क्या कि उसी के शव के साथ चितारोहण करती है?" मीरा ने भोज के सूखते होठों पर अपनी अंगुली फेरी।

"तुम न मेरी पत्नी हो और न मैं तुम्हारा पति। यह भी एक कारण है कि मैंने

तुम्हारी मांग को सिन्दूर पूरित नहीं किया था। तुम्हारा पति श्रीकृष्ण है। मेरे से पहले से है। श्रीकृष्ण परब्रह्म हैं। वह नहीं मरता। अतः, उसकी पत्नी को भी सती होने की आवश्यकता नहीं। तुम मेरे साथ सती नहीं होगी मीरा। बोलो स्वीकार है ?" भोज ने अब अपने दोनों हाथों से अपने अप्रत्याशित रूप से धड़कते वक्ष को पकड़ लिया था।

मीरा ने उसके वक्ष पर अपने हाथों को रखते हुए कहा, "यह क्या विडम्बना है ? मुझे तुम राजवैद्य को भी नहीं बुलाने देते और इधर असम्भव प्रस्ताव रखते जा रहे हो।"

"कहा न राजवैद्य को बुलाना व्यर्थ है। अब तक क्या वह बैठा रहा ? अपनी उद्घोषणा के पश्चात् भी उसने मेरे उपचार में कोई कमी नहीं लाई। फिर भी उसके द्वारा निर्धारित घड़ी आ ही गई अपितु समय-पूर्व ही आ गई। मैं मृत्यु को साक्षात् सामने खड़ी देखता हूं। जब तुम्हारा मुरली मनोहर उसे टालने में असमर्थ है तो राज-वैद्य क्या खाकर टालेगा ?" देर तक बोलने से भोज की सांसें और अनियंत्रित हो गईं और वह निढाल हो चुप हो गया।

मीरा कक्ष से बाहर भागने को उठी। कम-से-कम ललिता को बुलाकर पूरे महल में यह संवाद तो फैला दे।

"मीरा !" वह पर्यंक से थोड़ी दूर ही आगे बढ़ी थी कि भोज की पुकार उसके पैरों में जंजीर बनकर अड़ गई।

मीरा लौट आई, "बोलो, बोलो कि तुम सती नहीं होगी।"

"यह नहीं होगा भोज ! तुम्हारे नहीं होने से मेरा होना अर्थ-हीन हो जाता है।"

"और तुम्हारा श्रीकृष्ण ?" भोज ने किसी तरह पूछा।

"बचपन की बात जो हो। मैंने किसी भावुक क्षण में श्रीकृष्ण को पति मान लिया था पर चित्तौड़ आने के पश्चात् मेरे और श्रीकृष्ण के मध्य सेतु का कार्य तुम्हीं ने किया। और अब जब सेतु ही नहीं रहा तो श्रीकृष्ण से मेरे सम्बन्ध का अर्थ ?"

"श्रीकृष्ण तक पहुंचने के लिए किसी सेतु का होना, नहीं होना कोई अर्थ नहीं रखता। यह भी नहीं भूलो कि तुमने श्रीकृष्ण को ही पति के रूप में वरा है। तुम्हें मेरे साथ सती होने का कोई अधिकार नहीं हो सकता।" भोज ने अत्यन्त उत्तेजित होकर कहा और उसके मुंह से खांसी का एक दीर्घ दौर बाहर हुआ। मीरा ने घबराकर उसके वक्ष को सहलाना आरम्भ किया। उसे लगा शायद भोज की अन्तिम घड़ी आ चुकी है। उसने घबरा कर कहा—"भोज ! भोज !!"

"तुम मेरी बात नहीं सुनतीं तो मुझे क्यों पुकारती हो ? तुम यह क्यों भूल जाती हो कि तुमने मेरी सौगंध खाई है और यह भी जान लो कि शादी के पूर्व मैंने पिता राणा सांगा से सभी पारिवारिक सदस्यों के समक्ष वचन भी लिया है कि एक आसन्न मृत्युग्रस्त व्यक्ति से मीरा का विवाह हो रहा है तो उसे सती होने को भी बाध्य नहीं किया जायेगा।"

"भोज !" मीरा ने बिलखकर कहा।

"वचन दो मीरा ! तुमने मेरी सौगंध खाई है। मेरे पास समय नहीं है।"

"दिया स्वामी, वचन दिया। नहीं होऊंगी मैं सती, तुम्हारे आदेश के अनुकूल श्रीकृष्ण-भक्ति में ही अपने को समर्पित कर लूंगी।" कहकर मीरा बिलख-बिलख कर रो पड़ी।

"धन्य हो तुम मीरा! पर ध्यान रखना मेरे वचन के लिए तुम्हें विद्रोहिणी भी बनना पड़ सकता है। इस महल की राजनीति में महाराणा के दिए वचन की भी धज्जियां उड़ाने से लोग नहीं चूकेंगे। अब तुम बाहर जा सकती हो।" भोज कराहते हुए अपनी बात कह गए।

मीरा आंधी की तरह ललिता के कक्ष की ओर दौड़ी। बात, बात की बात में जंगल की आग की तरह महल में फैल गई।

पर अब क्या होना था! भोज अपनी बात कह चुका था। उसके प्राण अनन्त पथ के पथिक बन चुके थे।

मीरा विह्वल होकर उसके वक्ष पर गिर पड़ी। ललिता की आंखों से गंगा-यमुना बह चलीं। बूढ़े महाराणा अपने ही शरीर का बोझ नहीं सम्हाल सकने के कारण कटे वृक्ष की तरह भूमि पर ही धम से बैठ गए। धनबाई ने मीरा को सान्त्वना देना आरम्भ किया। वह उसे गोद में भर-भर बार-बार भोज के शव से पृथक् करना चाहती पर मीरा अनियंत्रित थी। तीनों राजकुमार, रत्न सिंह, विक्रमाजीत और उदय सिंह पर्यंक के किनारे सिर नीचा किए खड़े थे। उस समय किसके मन में क्या भाव उठ रहा था, कहना कठिन था।

तिरासी

किसी का अभिशाप किसी के लिए वरदान बन जाता है। किसी की अप्रत्याशित आपत्ति किसी के लिए आकस्मिक आनन्द और उत्साह का कारण बन आती है। किसी का हिमालय के सदृश दुःख किसी के लिए अपार सुख की सृष्टि कर जाता है। किसी का विनाश ही किसी का निर्माण है।

कम-से-कम रानी कर्मवती के सम्बन्ध में तो यही हुआ।

बेटे के निधन के साथ ही उन्हें कारागार से मुक्त कर दिया गया यद्यपि इस मृत्यु से कर्मवती को अवसाद का एक कण तक का नहीं अपितु हर्ष का अथाह अनुभव ही हुआ था। पर मृत्यु भले ही राणा सांगा के वरिष्ठ पुत्र की हुई हो किन्तु सब कुछ होते हुए कर्मवती राजमाता तो थी ही। इस घड़ी उसे बन्दिनी बनाकर रखना कहां तक उचित था?

अन्तिम संस्कार का समय संध्या को निर्धारित हुआ। शव को किले के नीचे आवश्यक संस्कार हेतु ले जाया गया।

मीरा के क्रंदन की कोई सीमा नहीं थी। कभी वह मुरलीधर के पैरों पर जा पड़ती, "हाय निष्ठुर तुमने मेरा संसार सूना कर दिया। अन्ततः कर ही ली तुमने अपनी मनमानी। कितने दिनों के बाद तो सुख के कुछ पल मिले थे वे भी तुमसे नहीं देखे गए।"

कभी वह धनबाई के गले से लिपट जाती, "मां अब मैं कहां की रही ? मेरा भोज क्या गया मेरे प्राण ही चले गए। काश, यह निष्ठुर मुरलीधर भोज के बदले मेरे ही प्राण ले लेता।"

"धैर्य रखो बेटी," धनबाई समझाती, "जन्म-मृत्यु पर किसका अधिकार है ? फिर भोज तो कुछ करके गया है। आज तुम्हारे और उसके कारण कृष्ण भक्ति की लहर चारों ओर व्याप्त हो गई है। कहने को यहां के लोग शैव या शाक्त जो हों पर भक्ति नामक वस्तु से उनका दूर का भी परिचय था क्या ?"

पर मीरा से धैर्य नहीं धारण होता। वह कभी ललिता से लिपट जाती, "मेरा तो सब कुछ लुट गया ललिता ! भोज के सदृश व्यक्ति का फिर जन्म लेना कठिन है। वह मनुष्य कहां था ? देवता था देवता।"

ललिता उसे सम्हालने का प्रयास करती। घुटने से नीचे तक लम्बे उसके केश बिखरकर जाले की तरह हो गए थे। उसका सुन्दर दमकता चेहरा विवर्ण हो आया था। आंसुओं की धार रोके नहीं रुकती थी। मीरा को रह-रहकर दौरे पर दौरे आने लगे। ललिता ने उसके मुंह पर पानी के छींटे मार-मार कई बार उसे होश में लाने का प्रयास किया।

राणा सांगा ने भी अपनी ओर से समझाया—"बेटी ! नियति पर किसी का अधिकार नहीं। जो होना था हो चुका। अब अपने को संयत करो। मुझ पर तो पहाड़ टूट पड़ा। अन्ततः भोज तो मेरा ही पुत्र था ! पिता के रहते पुत्र की मृत्यु...।"

ननद उदा उसके केशों को व्यवस्थित करती, उसके आंसुओं को पोंछती और बोलती, "भैया के लिए मुझे कम दुःख नहीं भाभी ! पर तुम्हारा दुःख देख मुझे अपना दुःख पासंग में भी नहीं लगता। चुप करो भाभी, भइया अब हमारे रोने-पीटने से लौटने को हैं क्या ?"

इस मध्य पट्टमहिषी कर्मवती आई भी और अपने दोनों लड़कों विक्रमाजीत और उदय के साथ खिसक भी गई।

रत्न सिंह मूक बना अपनी माता धनबाई की बगल में खड़ा रहा। फिर मीरा को धैर्य बंधाकर वे भी चले गए। मीरा ललिता के साथ अकेली रह गई।

उधर कर्मवती राणा सांगा के कमरे में उपस्थित हो गई थी। राणा सांगा ने विपत्ति के इस अवसर पर कर्मवती के पूर्व कुकर्म भुला दिए थे। कर्मवती मन-ही-मन प्रसन्न थी। सबसे बड़ा पुत्र, युवराज चला गया था। राणा सांगा पेड़ के पके आम थे। अब गए कि तब। सिंहासन और विक्रमाजीत के मध्य अब केवल एक ही बाधा थी, वह थी धनबाई के पुत्र रत्न सिंह के रूप में। धनबाई और रत्न सिंह अकेले होते तो उनसे निपट भी लेती। धनबाई की सबसे बड़ी सहायिका थी यह कृष्णभक्तन मीरा। प्रजा में उसकी प्रसिद्धि हो गई थी। इन सात वर्षों में लोग उसे देवी की तरह पूजने लगे थे। वह इस अन्याय को नहीं सहन कर सकती थी कि बड़े भाई रत्न सिंह के रहते विक्रमाजीत सिंहासन पर बैठे।

कर्मवती ने मन-ही-मन योजना बना ली थी। मीरा को भोज की चिता पर ही जल मरना था, उसे सती होना था। क्षत्रिय-परिवार की यही परम्परा रही है। पति के नहीं रहने पर पत्नी को रहने का कोई अधिकार नहीं था।

"मीरा को भी तो भोज के शव के साथ चितारोहण करना होगा ?" कर्मवती ने बिना भूमिका के पूछा।

"क्यों ?" राणा सांगा आश्चर्यचकित हुए।

"क्यों क्या, क्षत्रिय कुल की यह रीति है।"

"पर तुम इतना शीघ्र क्यों भूल गईं ?"

"क्या ?"

"भोज का विवाह ही इस शर्त पर हुआ था कि उसकी पत्नी को सती नहीं होना पड़ेगा। भोज के अल्पायु होने की बात पहले ही संपुष्ट थी।"

"पर तब की बात और थी अब की और।" कर्मवती आसानी से पराजय स्वीकार करनेवाली नहीं थी।

"क्या परिवर्तन आया है, तब और अब की बातों में ?" राणा सांगा सिर उठाकर बोले।

"तब किसे पता था कि भोज की पत्नी ऐसी निकलेगी। उसने सारे कुल की नाक कटवा दी है। विधवा होकर जीवित रहने पर हमें न जाने कौन दिन देखने पड़ें।" कर्मवती ने अपनी ओर से अकाट्य तर्क प्रस्तुत किया।

"क्या आफत ढा रही है मीरा ?" राणा सांगा दृढ़ शब्दों में बोले, "कृष्ण-भक्ति ही तो कर रही है ? भक्ति क्या बुरी है ? हम भी तो शैव हैं, शिव की भक्ति करते हैं, मुझे भी जला मारो।"

कर्मवती थोड़ी देर इस अकाट्य तर्क पर मौन रही। उसके मस्तिष्क ने इस मध्य एक उचित उत्तर ढूंढ निकाला। वह बोली, "शैव तो मैं भी हूं पर मैं लोक-लाज खोकर शिव-मन्दिर में नाचती-गाती तो नहीं ?"

"वह इसलिए कि तुम न नाच सकती हो न गा। भैंस से गौ का काम नहीं लिया जा सकता।" राणा ने कर्मवती को मुक्ति तो दे दी थी पर अपने विरुद्ध ही रचे उसके षड्यंत्र को वह नहीं भूले थे।

"तो मैं भैंस हूं ?" कर्मवती तिलमिलाकर बोली।

"जिसके आगे बीन बजाओ, वह बैठकर जुगाली करती रहे उसे भैंस तो कहना ही पड़ेगा ? तुमने कभी सोचा है कि मीरा केवल कृष्ण-भक्तन नहीं, एक कुशल नर्तकी और गायिका ही नहीं, एक आशु-कवयित्री भी है। उसके बनाए पद सैकड़ों की जिह्वा पर हैं। न जाने अभी कितने पद वह रचे। उसे जला मारना प्रतिभा को ही जीवित जलाना है। यह बात तुम्हारी समझ में आने से रही।" कर्मवती को पैरों के अंदर से भूमि खिसकती हुई लगी। अगर मीरा जीवित रह गई तो महाराणा के बाद विक्रमाजीत को सिंहासन मिलना असम्भव। वह राठौरी धनबाई इस राठौरी मीरा के कानों में कुछ मंत्र फूंकेगी और फिर पूरे साम्राज्य में आग लग जाएगी। इस जादूगरनी ने तो समाज के सभी वर्ग को अपनी मुट्ठी में ले ही रखा है। बड़े-छोटे, सज्जन-दुर्जन, धनी-दरिद्र सभी आज कृष्ण-भक्ति और मीरा के पदों के पीछे पागल हैं।

"बात ऐसे नहीं तय होगी।" कर्मवती ने अपना दृढ़ निश्चय सुनाया।

"तब कैसे तय होगी ?"

"यह सम्पूर्ण कुल की मर्यादा का प्रश्न है। सम्पूर्ण परिवार से इसमें परामर्श

लेना होगा।" कर्मवती और दृढ़ हो आई।

"और मेरे दिए वचन का क्या होगा? महाराणा सांगा अपने दिए वचन पर पंचायत बैठाने का आदी नहीं।" राणा सांगा ने अपनी ओर से अंतिम बात कही।

"वचन तुमने दिया था।" कर्मवती ने तर्क किया।

"पर सबके सामने दिया था। उसमें सबकी सहमति थी।"

"जिसको वचन दिया वह नहीं रहा।"

"इसीलिए उस वचन का महत्व और बढ़ गया। मृतक से वचन लौटाया भी नहीं जा सकता।"

"पर अभी बहुत सारे जीवित बचे हैं। मीरा भी उनमें से एक है। अगर वह स्वयं ही सती होना चाहे तो उसे कौन रोक सकता है? हो सकता है अभी वह अनिश्चय की स्थिति में हो। हमारे सुझाव से शायद सहमत हो जाए। मेरी मानो तो उसी के कमरे में सभी सदस्यों को बुला लो। बात वहीं तय हो जाती है। इस उत्तर-प्रत्युत्तर का कोई अन्त नहीं।"

विवश महाराणा ने हां कर दी।

कर्मवती ने अपनी तैयारी पहले से ही पूरी कर रखी थी।

ललिता के साथ बिलखती, सिर के केश नोचती मीरा के पास कर्मवती की दासी मंगला एक बड़ा-सा रजत-पात्र लेकर उपस्थित हुई।

"इसे ले लें, महारानी ने भेजा है।" मंगला ने मीरा को संबोधित किया।

"इसमें क्या है?" ललिता ने पूछा।

मीरा को किसी ओर देखने का अवकाश नहीं था।

"इसमें मधुर पेय है। महारानी ने कहा है इसको पीने से मीरा देवी को शक्ति मिलेगी। बेचारी दिन-भर की भूखी-प्यासी हैं।"

ललिता ने मीरा की ओर वह रजत-पात्र बढ़ाया। मीरा ने उसे हाथ का एक झटका दिया और वह झनझनाकर भूमि पर जा गिरा। उसका सारा पेय बर्बाद हो गया। वस्तुतः वह कोई मधुर पेय नहीं था, धतूरा, भंग और शर्करा आदि से निर्मित एक मादक द्रव्य था। कर्मवती ने सोचा था कि पंचायत बैठाने के पूर्व ही मीरा इस तरह अपने होश खो बैठे कि उसकी तर्क-शक्ति ही जाती रहे और उससे सभी बातों में हां कराई जा सके।

मंगला अपना-सा मुंह लिए लौट गई। ललिता ने निश्चय करने के लिए कक्ष के स्वच्छ सतह पर पड़ी एक बूंद को अपने मुख से लगाया और फिर थू-थू कर थूक दिया।

"क्या है ललिता?" मीरा ने भूमि पर निढाल पड़े ही पूछा।

"वह शायद तुम्हें सती होने को विवश करना चाहते हैं। तुम जरा अपने मन को कड़ा करो। पश्चाताप का समय गया। अब तुम्हें दृढ़ता से काम लेना है। भोज गए तो गए, श्रीकृष्ण कहीं नहीं गए और तुम्हारे पति भोज नहीं थे। कृष्ण हैं। इस बात को ठीक से समझ लो। वे शायद यहीं आयेंगे। सभी तुम्हें तर्क द्वारा पराजित करना चाहेंगे। तुम सती होने को कभी प्रस्तुत नहीं होना। बहुत होगा हमें यह महल छोड़ना होगा। मैं तुम्हारे साथ हूं। हम साथ ही यहां से चल देंगे। तुम जरा अपने को व्यवस्थित करो। मैं इस गन्दगी को साफ कर दूं।" ललिता

इस मध्य बाहर से जल लाई। सतह को स्वच्छ किया। फिर मीरा के केशों को सुलझाकर उन्हें एक व्यवस्थित रूप दिया। उसके चेहरे को भींगे कपड़े से पोंछा। उसका हाथ पकड़ उसे पर्यंक से सटाकर बैठा दिया और बोली, "अब रोना नहीं। रोना दुर्बलता का चिह्न है। तुम रोई नहीं कि वे तुम्हें परास्त किए। मैंने कभी तुमसे कहा था भोज में कृष्ण को देखो। अब कहती हूं श्रीकृष्ण में ही भोज को देखो। भोज जीवित हैं, श्रीकृष्ण के रूप में जीवित हैं। तुम्हारे जल मरने का प्रश्न ही नहीं।"

मीरा अब तक स्थिति की गम्भीरता को समझ गई थी। मृत्यु-शय्या पर पड़े भोज को दिए वचन भी उसे स्मरण आए। भोज ने अपनी सौगन्ध खिलाई थी। वह तो सती होने को तत्पर थी ही, पर भोज ने ही उसे रोका था। उसे स्वयं की सौगन्ध दिलाई थी। अब वह जीवित भी नहीं रहा कि उस सौगन्ध को वापस कराया जा सके। उसे अब भी याद आया, भोज ने कहा था मेरी सौगन्ध की रक्षा के लिए तुम्हें विद्रोहिणी भी बनना पड़ सकता है। यद्यपि पिता राणा सांगा ने वचन दिया था कि तुम्हें सती नहीं होना पड़ेगा पर इस महल की राजनीति में महाराणा द्वारा दिए वचन की धज्जियां उड़ाने से भी वे नहीं चूकेंगे।

"मेरी बात समझ गई मीरा!" मीरा को चुप देख ललिता ने पूछा।

"पूरी तरह समझ गई और यह भी सुन लो कि मरने के पूर्व भोज ने अपनी सौगन्ध खिलाई है कि मैं सती नहीं होऊंगी और अपना सम्पूर्ण जीवन कृष्ण-भक्ति को अर्पित करूंगी।"

चौरासी

वे सब एक साथ आए। महाराणा सांगा, पट्टमहिषी कर्मवती, रानी धनबाई, ननद उदा बाई, रत्न सिंह, विक्रमाजीत और विजय सिंह। मंगला और महल की कुछ दासियां मीरा के कक्ष के द्वार पर ही रुक गईं।

कर्मवती ने अपने हाथ में एक रजत-थाल सम्भाल रखा था। इस बार वह कोई खतरा उठाने को प्रस्तुत नहीं थी। मंगला के हाथों प्रेषित पेय की दुर्गति का उसे पता लग गया था।

मीरा ने इस भीड़ को एक बार शंकित दृष्टि से देखा। क्षण भर को वह एक भीत हरिणी की तरह कांप गई, पुन: उसने अपने को व्यवस्थित किया और उसके भीतर एक क्रुद्ध व्याघ्रिणी ने जन्म ले लिया। अब वह किसी भी स्थिति का साक्षात्कार करने को प्रस्तुत थी।

कौन कहां बैठा, कहां खड़ा रहा, इसकी चिन्ता उसने नहीं की। अब जब सब उसे जीवित जलाने को ही कृतसंकल्प हैं तो किससे कैसा नाता? ललिता उसके पार्श्व में उसके सिर पर हाथ रख खड़ी हो गई। मीरा की आंखें पूरी तरह सूखी थीं और अन्दर के हाहाकार को उसने बल-पूर्वक दबा रखा था।

"मीरा, अपने वस्त्रों को उतार दो, ये मलीन और गन्दे हो गए हैं। सुहागन के

ये वस्त्र धारण करो।" कर्मवती ने रजत-थाल को मीरा के पास रखते हुए कहा। राणा सांगा पास ही तिपाई पर बैठ गए।

"मैं चिर सुहागन हूं, मुझे किसी वस्त्र-परिवर्तन की आवश्यकता नहीं।" मीरा ने रूखा-सा जवाब दिया।

"तुम चिर-सुहागन हो, यह कहां से सत्य है? तुम्हारे पति का शव तुम्हारी प्रतीक्षा में पड़ा है। उसके साथ तुम्हें इन नवीन वस्त्रों में सती होना है।" कर्मवती ने ऊंचे स्वर में कहा।

"मेरा पति कृष्ण है। वह कभी नहीं मरता, अतः मुझे सती होने की आवश्यकता नहीं।" मीरा ने कर्मवती की ओर सीधे देखते हुए कहा।

कर्मवती थोड़ी देर के लिए उत्तर ढूंढ़ने के लिए शब्दों को ढूंढ़ती रही फिर कुछ नहीं मिला तो कृत्रिम क्रोध में उबल पड़ी, "क्या कहती, हो तुम सती नहीं होगी? इस कुल की मर्यादा को नष्ट करोगी? हम किसे क्या मुंह दिखाएंगे?"

"जिस कुल के कुल-पुरुष और कुल-नारियां ही अपने वचनों की मर्यादा को मिट्टी में मिलाने को व्यग्र हैं, उस कुल की कोई ललना कुल-मर्यादा की बात कैसे करती है? राष्ट्रप्रसिद्ध योद्धा कुलपिता महाराणा सांगा यहां उपस्थित हैं, वे ही कृपया बतायें कि क्या उन्होंने अपने पुत्र कुंअर भोजराज को यह वचन नहीं दिया था कि मीरा को सती नहीं होने दिया जाएगा?" मीरा महाराणा की ओर देखती हुई बोली।

"दिया था।" महाराणा सांगा ने कहा।

"फिर आप मुझे सती होने को क्यों बाध्य कर रहे हैं?"

"मैं बाध्य नहीं कर रहा। मैं यह देखने आया हूं कि ये सभी लोग जो तुम्हें जीवित जलाने को कृतसंकल्प होकर आये हैं, ये कैसे तुम्हारे सदृश एक मनस्विनी नारी को इसके लिए प्रस्तुत कर पाते हैं।"

"तो आपको अपना वचन स्मरण है?" मीरा ने उनकी ओर श्रद्धापूर्ण दृष्टि से देखते हुए कहा।

"पूर्णतया।"

"तब बात समाप्त हुई। मैं सती नहीं हो रही।" मीरा स्पष्ट बोली।

"बात समाप्त नहीं हुई," विक्रमाजीत का यह स्वर था, "तब से अब तक परिस्थितियां बहुत कुछ परिवर्तित हो गई हैं। परिवर्तित परिस्थितियों में पिताजी का दिया वचन संदर्भहीन हो जाता है।"

"जरा मैं भी तो समझूं कि परिस्थितियां कैसे परिवर्तित हुईं?" मीरा ने इस बार अपनी क्रुद्ध व्याघ्रिनी को खुलकर खेलने दिया, "भोज की अल्पायु का सबको पता था। भोज इसलिए विवाह को प्रस्तुत नहीं थे। अन्ततः इसी शर्त पर प्रस्तुत हुए कि उनकी विवाहिता को अकाल मृत्यु का वरण नहीं करने दिया जाएगा। इस मध्य परिस्थिति कैसे बदलीं? क्या भोज को कहीं से दीर्घायु होने का आशीष मिल गया? या भोज राजवैद्य द्वारा निर्धारित अवधि से अधिक जी गए?"

"परिस्थितियां दूसरे रूप में बदलीं।" विक्रमाजीत बोला।

"किस रूप में?"

किसी को यह आशा नहीं थी कि तुम कृष्ण-भक्तन के रूप में इस परिवार

और वंश की मर्यादा को मिट्टी में मिला दोगी।"

"चुप रहिए," मीरा भड़की, "मैंने कैसे इस परिवार और वंश की मर्यादा को धूल धूसरित किया है? आज तक मेरे पति जीवित थे। उनसे अधिक मेरे संबंध में कोई नहीं जान सकता था। उन्होंने ही मुझे कृष्ण-भक्ति की ओर बढ़ने के लिए निरन्तर प्रेरित किया। अगर मुझमें वे कोई दोष पाते तो कभी ऐसा नहीं करते। अगर मैंने कुल की मर्यादा को चोट पहुंचाई है तो केवल इसी रूप में कि मैंने अपनी कृष्ण-भक्ति में और अभिवृद्धि की है। महाराणा कृपया बोलें कि क्या राजपुरोहित ने उन्हें मेरी कृष्ण-भक्ति की बात नहीं बतलाई थी?"

"बतलाई थी।" राणा सांगा ने स्वीकारा।

"तो यह कैसे आशा की जाती थी कि मेरी कृष्ण-भक्ति मेड़ता तक ही सीमित रहेगी और चित्तौड़ आने पर उसमें और अभिवृद्धि नहीं होगी विशेषकर तब जब अनुकूल परिस्थिति पैदा होगी? यह अनुकूलता भोजराज ने ही उत्पन्न की। श्रीकृष्ण मंडप और मंदिर उन्होंने ही बनवाए। इसमें महाराज की भी स्वीकृति थी। किसी ने मेरी कृष्ण-भक्ति में व्यवधान नहीं उत्पन्न किया? आज क्यों कृष्ण-भक्ति का नाम इतनी आतुरता से उछाला जा रहा है?"

विक्रमाजीत थोड़ी देर के लिए निर्वाक्। कोई उत्तर नहीं सूझा तो बोल पड़े—"पति के साथ पत्नी को जल मरना आवश्यक है।"

"क्यों?" मीरा की क्रुद्ध व्याघ्रिनी ने पूछा।

क्यों? इस क्यों का क्या उत्तर देते विक्रमाजीत। उन्होंने कोई धर्मशास्त्र तो पढ़ नहीं रखा था और उन्हें पता भी नहीं था कि धर्मशास्त्रों में इस सम्बन्ध में कुछ लिखा भी है कि नहीं। कोई उत्तर नहीं सूझने पर वे यों ही बोल पड़े—

"क्योंकि पत्नी पति के प्रति अनुरक्ता होती है और पति के नहीं रहने पर उसके पथभ्रष्टा होने का पूरा भय रहता है।"

बात विष-बुझे बाण की तरह मीरा को लगी और उसने छूटते ही कहा—"पथ भ्रष्टों के मुख से पथभ्रष्टता की बात नहीं शोभती।" वहां उपस्थित सभी लोग तिलमिला उठे। विक्रमाजीत के विलासी होने की बात का सबको पता था।

"क्या कहा?" विक्रमाजीत घायल शेर की तरह दहाड़ा।

"जो कुछ कहा उसे सबने सुना है। पर एक बात पूछती हूं। उत्तर देंगे?" मीरा ने निर्भय होकर कहा। विक्रमाजीत को लगा कहां फंस गये।

"पूछिए।" विक्रमाजीत ने आधे मन से कहा।

"आपकी पत्नी मर जायेगी तो आप उसके साथ जल मरेंगे?"

"क्यों?"

"क्योंकि आपके पथभ्रष्ट होने की संभावना और बढ़ जायेगी। आपको तो कृष्ण-भक्ति का भी सहारा नहीं है।"

"पति सती नहीं हुआ करते। क्या तुमको इतना भी ज्ञान नहीं है।" विक्रमाजीत को यही उत्तर सूझा।

"मैं फिर पूछती हूं क्यों? पुरुष और नारी के मध्य यह अन्तर क्यों? क्योंकि यह समाज पुरुष-प्रधान है? जहां तक पथभ्रष्ट होने का प्रश्न है पुरुषों को अधिक

ही लम्पट, व्यभिचारी और विलासी होते देखा गया है। वे पहले अच्छे भी रहें तो एक पत्नी के मरने के साथ ही दूसरी पत्नी घर में डाल लेते हैं। नारी बेचारी तो घर की चहारदीवारी में ही कैद होकर रहती है—विधवा अथवा सधवा। तो पत्नी के मरने पर पुरुष भी क्यों नहीं जल मरता है?"

विक्रमाजीत मौन। उसकी पर्याप्त दुर्गति हो चुकी थी। उसके सम्बन्ध में लोगों का क्या विचार था, इसका भी उसे पता था।

"अब बोलो।" महाराणा ने कर्मवती को सम्बोधित किया।

"क्या बोलूं? सारी आग तुम्हारी ही लगाई हुई है। न तुम वचन देते न यह स्थिति आती।" कर्मवती अपनी सारी योजना को धूल-धूसरित होते देख अन्दर ही अन्दर बिलख पड़ी।

"तुम क्या कहते हो रत्न सिंह?" महाराणा ने राणा रत्न सिंह से पूछा।

"इससे क्यों पूछते हो? यह तो राठौरी का पक्ष लेगा ही।" कर्मवती उखड़ी।

"तुम अपनी संकीर्णता से मुक्त नहीं हो सकती!" महाराणा ने कर्मवती को सम्बोधित किया। "रत्न सिंह को बोलने का अधिकार है। भोज के बाद वही युवराज है।", कर्मवती अन्दर ही अन्दर कट कर रह गई।

"मैं अपने पिता द्वारा दिए गए वचन का पक्षपाती हूं। अगर वे स्वयं उसे बदलने को प्रस्तुत न हों।"

"संसार जानता है राणा सांगा का वचन धनुष से छूटा बाण होता है। वापस नहीं लौटता।"

"तुम्हारा क्या विचार है उदय सिंह?" राणा ने अपने कनिष्ठतम पुत्र से पूछा।

"वही जो भाई रत्न सिंह का है।" कर्मवती ने जलती आंखों से उदय को देखा, यह अपना जाया ही अपने विरुद्ध जा रहा है?

"और तुम धनबाई।" महाराणा अपनी दूसरी पत्नी की ओर मुड़े।

"मैं समझती हूं मीरा के सदृश नारियां जला मारने के लिए नहीं पैदा होतीं। उसमें प्रतिभा है और प्रतिभा ईश्वरीय वरदान है। प्रतिभा को जलाना ईश्वर का अपमान है।"

"चलो तुम भी कवयित्री हो गईं," महाराणा ने कहा, "कर्मवती अपने थाल को वापस ले जाओ। मीरा सती नहीं होगी। यह महाराणा सांगा का आदेश है। और बेटी मीरा," वह मीरा की ओर मुड़ते हुए बोले, "तुम्हारे दुर्भाग्य का कारण मैं ही हूं। मुझे क्षमा करना और हां तुम अपनी श्रीकृष्ण-भक्ति में पूरी तरह लगी रहो। भोज के नहीं रहने से तुम्हें अपना दुःख अब इस मुरलीमनोहर के साथ और तत्परता से बांटने की आवश्यकता हो गई है। ईश्वर तुम्हें यश दे।"

मीरा ने श्वसुर के पैरों पर अपना सिर रोप दिया। राणा सांगा ने उसकी पीठ पर अपना वरदहस्त रख दिया—"प्रसन्न रहो।"

पिचासी

स्मृति अगर मानव के लिए प्रकृति का एक उत्कृष्ट अवदान है तो विस्मृति उसके लिए सबसे बड़ा वरदान। स्मृति कोष में अगर मानव के साथ घटी सारी घटनाएं सुरक्षित रहें तो उसका जीवन असह्य हो जाय। स्मृति जहां सुखद और आह्लादकारी घटनाओं को अपने कोष में मोतियों की तरह सजाकर रखती है, वहीं विस्मृति सारी विपदाओं, आपत्तियों और अप्रसन्नता प्रदायक घटनाओं को इस कोष से बहार कर फेंक देती है—जैसे कोई गर्द-गुब्बार भरे कक्ष में झाड़ू फेर दे।

मीरा के साथ भी वही हुआ। समय व्यतीत होने के साथ-साथ भोज की स्मृति शनैः-शनैः विस्मृति में बदल गई।

अब वह और मनोयोग से मुरलीमनोहर की अर्चना-अभ्यर्थना में लग गई। जो थोड़ा-सा समय वह भोज को देती थी वह भी गिरधर को ही मिलने लगा। इधर वह पद-रचना की ओर प्रवृत्त नहीं हुई थी। प्रतीत होता था अन्दर का स्रोत ही सूख गया पर आज बहुत दिनों के पश्चात् उसने एक पद-रचना भी की—

सइयां तुम बिन नीद न आवै हो।
पलक-पलक मोहिं जुग से बीतैं
छिनि छिनि विरह जरावै हो।
प्रीतम बिन तिमि जाई न सजनी
दीपक भवन न भावै हो।
फूलन सेज सूल होई लागी
जागत रैंण विहावै हो।
कासूं कहूं कूंण माणै मेरी,
कह्यां न कोई पतियावै हो।
प्रीतम पंनग डस्यो कर मेरो
लहरि लहरि जीव जावै हो।
दादर मोर पपइयां बोलैं
कोयल सबद सुणावै हो।
उमगि घटा घन ऊलटि आई,
बीजू चमक डरावै हो।
है कोई जगमें राम सनेही
ऐ उरि साल मिटावै हो।
मीरा के प्रभु हरि अविनासी
नैणां देख्यां भावै हो॥

ललिता आई तो मीरा ने यह पद उसे गाकर सुनाया। मुरझाई लता में जैसे किसी ने हस्तनक्षत्र की जलधार उड़ेल दी हो। ललिता आह्लादित हो आई—चलो मीरा भोज को भूलने में कुछ तो सफल हुई। कुछ इसलिए कि पद पर भोज का प्रभाव सर्वथा अनुपस्थित हो, ऐसी बात नहीं थी। "संइयां तुम बिन नींद न आवै हों···।" उसमें भोज कहीं नहीं, ललिता को ऐसा नहीं लगा।

पर भोज की स्मृति जो कुछ शेष थी वह धीरे-धीरे पश्चिमी क्षितिज की लालिमा की तरह प्रत्येक बीतते दिन के साथ समाप्त होती गई।

भोज के अवसान के आरंभिक दिनों में मीरा ने अपने कक्ष के मुरलीधर के अर्चन-पूजन में ही अपना समय व्यतीत किया। उन्हीं के साज-शृंगार में लगी रही। नए-नए परिधानों का निर्माण, दिन में तीन-तीन बार विग्रह के वस्त्र परिवर्तित करना, ललिता द्वारा लाए गए सुमनों से माला गूंथकर और उसे मुरलीमनोहर के ग्रीवा में कई-कई कोणों से सजाना, यही उसकी दिनचर्या रही। किले के नीचे का श्रीकृष्ण-मंडप और मंदिर पूर्णतया उपेक्षित रहे। किन्तु दर्शनार्थियों की संख्या में फिर भी न्यूनता नहीं आई। भक्त एवं श्रद्धालु नित्य मंदिर में आते, श्रीकृष्ण को नमन निवेदित करते और मीरा को वहां अनुपस्थित पा खिन्न-मन लौट जाते।

कितने लोग वहां कीर्तन का भी आयोजन करते। मीरा की तरह कोई पद कहां से रचता, अतः बहुत-सी कीर्तन मंडलियां—

"हरे कृष्ण, हरे कृष्ण,
कृष्ण-कृष्ण हरे-हरे"

गाकर ही संतुष्ट हो लौट जातीं। राणा सांगा के आदेश से मंदिर में प्रसाद का वितरण अब भी जारी था। मंदिर का पुजारी कृष्णकान्त पांडे मूर्ति की प्रातः-सेवा और संध्या आरती में कोई प्रमाद नहीं करता।

"मंदिर की उपेक्षा हो रही है। भक्त निराश हो रहे हैं। तुम अपने कक्ष में ही बन्द रहती हो, यह उचित नहीं।" ललिता ने एक दिन मीरा को समझाया।

"तुम क्या चाहती हो?" मीरा ने अपने मुरलीमनोहर की सेवा को रोककर पूछा।

"अब तुम कच्छप के उस खोल से निकलो। प्रजा तुम्हारी प्रतिभा के प्रदर्शन से वंचित हो रही है। भोज का शोक अब बहुत मना चुकी।" ललिता ने जवाब दिया।

"भोज अब मेरे ध्यान में नहीं हैं", मीरा ने प्रत्युत्तर दिया, "तुम्हारे कथन के अनुसार ही अब मैं मुरलीमनोहर में ही भोज को देखती हूं। दोनों एकाकार हो गए हैं। द्वैत समाप्त है।" मीरा ने निर्विकार भाव से कहा।

"मेरा कहना है कि मुरली मनोहर तो तुम्हारे साथ हैं ही, अब नीचे के श्रीकृष्ण-विग्रह की भी चिन्ता करो। पुजारी कृष्णकान्त पांडे के वश के रोग नहीं हैं तुम्हारे कृष्ण कन्हैया। उन्हें तुम्हारे भजनों, नृत्य और गायन का चस्का लग गया है। जैसा कहा, प्रजा भी इसी अपेक्षा से अभी तक नित्य आती है। साधु-संत और विशुद्ध भगवत्प्रेमी भी। तुम्हें अपने पैरों में घुंघरू बांधना ही होगा।" ललिता ने तर्क दिया।

"क्या यह उचित होगा?" मीरा ने ससंभ्रम पूछा।

"क्या?"

"यही नाचना-गाना? भोज को विदा हुए अभी कितने दिन हुए?"

"यह नाचना-गाना नहीं है।" ललिता ने स्पष्ट करना चाहा।

"तब क्या है?"

"यह अपनी नैसर्गिक प्रतिभा के द्वारा अपने इष्टदेव का पूजन है। उसके लिए तो तुम्हें बड़े महाराज की अनुमति भी मिल गई है। अब किसका भय है?"

"भय का नाम मीरा नहीं है," मीरा ने प्रतिवाद किया, "अगर वह भय को ही प्रश्रय देती तो कभी की चिता की राख बन गई होती।"

"तब?"

"लोक-लाज की बात सोचती हूं। लोग क्या कहेंगे? महल वालों की क्या प्रतिक्रिया होगी? ननद उदा पर क्या प्रतिक्रिया होगी। अभी उसके भाई को दिवंगत हुए दिन ही कितने हुए?" मीरा कुछ सोचती हुई बोली।

"अगर भय का नाम मीरा नहीं है, तो लोक-लाज का नाम मीरा कब से होने लगा?" ललिता ने परिहास किया, "लोक-लाज की ही चिन्ता करनी थी तो कृष्ण-भक्ति की ओर पैर ही नहीं बढ़ाना था। अभी पता नहीं ऐसे कितने अवसर आयेंगे जब लोक-लाज सामने खड़ा मिलेगा? कब तक करोगी तुम उसकी चिन्ता?"

"ललिता तुम तो मुझसे भी निर्भीक निकलीं?" मीरा ने कहा, "चलो मैं हारी तुम जीतीं। महाराणा सांगा को कहलवा दो कि वे पूर्ववत् मंडप-द्वार पर दा मल्लों की व्यवस्था कर दें जिससे आवांछित तत्वों का प्रवेश मेरी अर्चना के काल नहीं हो सके। मैं कल से ही पुनः नीचे का कार्यक्रम आरम्भ करती हूं।"

महाराणा सांगा ने भोज की मृत्यु के उपरान्त मीरा और ललिता की सेवा के लिए स्वयं एक विशेष दासीसुदर्शना की नियुक्ति कर दी थी।

मीरा ने सुदर्शना के माध्यम से उसी शाम मीरा का विनम्र संदेश महाराणा तक पहुंचा दिया।

महाराणा के आदेश से दूसरे दिन प्रातःकाल से ही मंदिर और मंडप का परिष्कार आरंभ हो गया। बहुत दिनों से उपेक्षित रहने से मंडप में कई स्थानों में गंदगी जमा हो गई थी। छत के झाड़-फानूस क्षतिग्रस्त हो गए थे। मंडप का सतह भी कहीं-कहीं से टूट गया था। मंडप एवं मंदिर का पीत रंग भी धूमिल पड़ गया था। कई कारीगरों और श्रमिकों की सहायता से संध्या के पर्याप्त पूर्व ही मंडप और मंदिर परिष्कृत हो गए। आगन्तुकों को सूचित कर दिया गया कि आज से ही मीराबाई का विशेष अर्चन-पूजन आरम्भ होगा। द्वार पर द्वारपाल भी पूर्व की तरह सचेष्ट हो गए।

श्रोता-वृंद साधु-संत, राजन्यवर्ग के अनेक लोग तथा सामान्यजन जिनमें गिरिजन और अन्य आदिवासी भी सम्मिलित थे, समय के कुछ पूर्व से ही यथा स्थान पंक्ति-बद्ध बैठ गए।

मीरा ने आज पहले-पहल पुनः सामान्य-सा शृंगार किया। पीताम्बर धारण किया। हाथ में करताल लिए और ललिता को साथ ले नीचे उतर आई। उसे एक क्षण को भोज की अनुपस्थिति खली, पर दूसरे ही क्षण उसने इस विचार को मन से बाहर कर दिया।

पीताम्बरा मीरा के आते ही भक्तों का समूह सहसा खड़ा हो गया। इतने बड़े दुःख को झेलने के बाद भी उसने उन्हें कृतार्थ करते रहने का संकल्प ले लिया था, यह ज्ञात कर सबका अन्तर श्रद्धा-पूरित हो उठा था।

मीरा ने पहले श्रीकृष्ण-विग्रह का विधिवत नमन किया और पुनः श्रोताओं की ओर हाथ जोड़कर बैठ जाने का मौन निवेदन किया।

श्रोता-मंडली बैठ गई। पर पहले की तरह ही वह जय-जयकार करना नहीं भूली…

गिरिधर श्रीकृष्ण की जय!
भक्ति-मति मीरा बाई की जय!

मीरा के मना करने का श्रोताओं पर कभी कोई प्रभाव नहीं पड़ता था, अतः उसने अब जय-जयकार के लिए मना करना ही छोड़ दिया था।

मीरा के आनन पर आज एक विशेष दीप्ति व्याप्त थी। जैसे पुनीतता और साधना का सम्मिश्रण ही उसके शुभ्र मुख पर आसन जमा कर बैठ गया हो। यह शायद इधर के कई दिनों की साधना का प्रभाव था। मुरली मनोहर के प्रायः प्रतिपल के पूजन-अर्चन और ध्यान का प्रभाव था।

वैधव्य के दारुण दुःख से दग्ध मीरा के इस तेजोमय आनन तक किसी की दृष्टि प्रयास करने पर भी नहीं उठती थी। मीरा का चेहरा जैसे दीपता हुआ सूर्य-बिम्ब हो जिस तक आंखें उठाना आंखों को अन्धा करने के ही तुल्य था।

सभी की दृष्टि उसके सुकोमल पाद-पल्लवों और उनमें बंधे नूपुर और घुंघरू तक ही सीमित रही पर सब आतुरता से उन पदों के थिरकन और मीरा के कल-कंठ के गायन की प्रतीक्षा करते रहे।

मीरा ने अन्ततः नृत्य की एक विशेष मुद्रा में श्रीकृष्ण विग्रह को पुनः नमन निवेदित किया और तत्पश्चात् घुंघरुओं के लयबद्ध झंकार से वातावरण झंकृत हो उठा। मीरा कृष्णमय हो आई, एक तरह से भोजमय ही हो आई और उसको इतने दिनों की संचित संवेदना पहले घुंघरुओं के ताल-लय में निर्बाध बह चली। वह पता नहीं कब तक बेसुध-सी श्रीकृष्ण विग्रह के समक्ष विभिन्न भंगिमाओं में नृत्य-मग्न रही। समस्त श्रोता-मंडली संगीत की लहरियों के साथ थिरकती रही। सर्वत्र एक नैसर्गिक शान्ति व्याप्त हो गई थी। सबों ने मन-ही-मन कृष्ण को अपनी कला से रिझाने वाली नृत्य की इस साक्षात् देवी का बार-बार नमन किया। दिशाएं शान्त थीं, हवाएं थम गई थीं और थम गई थीं जैसे श्रोताओं की व्यवस्थित सांसें भी। अगर कुछ गतिशील था तो वह था मीरा के पैरों के थिरकन से फूटता जा रहा एक अलौकिक, अनाम और विस्मयकारी संगीत।

नृत्य बंद कर मीरा ने दोनों हाथों में करताल उठाये और सद्यः निर्मित पद का करताल के धुन पर गायन करने लगी। कोकिल-कंठ आज अधिक ही मधुर और आकर्षक हो आया था। एक नई संवेदनशीलता उसमें भर आई थी। कइयों को लग गया भोज का आकस्मिक निधन व्यर्थ नहीं गया, वह मीरा को और संवेदनशील बना गया। जो संवेदना, जो झंकृति, जो अद्‌भुत उल्लास उसके घुंघरुओं के स्वर में था उससे कई गुना अधिक यह सब उसके कंठ के माध्यम से बाहर आ गया।

दिनों पश्चात् उसने सस्वर अपने पद का गायन किया और श्रोता-मंडली किसी स्वर्गीय लोक में अधिष्ठित हो पद के हर टुकड़े पर, कंठ की हर लोच पर झूम-झूम आई…

मैं जाणयो नहीं प्रभु को मिलन कैसे होय री।
आए मोरे सजना फिरी गए अंगना,
अभागण रही सोय री।
फारूंगी चीर, करूं गलकंथा
रहूंगी वैराग्य होय री।
चूड़ियां फोरूं मांग बिखेरूं,
कजरा मैं ठारूं धोय री।
निसि बासर मोहि विरह सतावै,
कल न परत पल मोय री।
मीरा के प्रभु हरि अविनासी,
मिली विछुड़ी मत जाय री।

पद समाप्त हुआ। मीरा ने श्रोतागणों की ओर आंखें नीची कर मस्तक नवाया और ललिता के साथ ऊपर चली गई।

बड़ी देर के बाद श्रोताओं का सम्मोहन टूटा तो उन्हें लगा वे अब व्यर्थ ही वहां बैठे थे। कहां था वहां अब मीरा के घुंघरुओं का रुनझुन संगीत। कहां था उसके स्वर का वह अमिय-वर्षण?

वे धीरे-धीरे उठकर जाने लगे। लौटते समय प्रायः सबकी जिह्वा पर मीरा के पद की प्रारंभिक पंक्तियां चढ़ उतर रही थीं···

आए मोरे सजना फिरी गए अंगना
मैं अभागण रही सोय री।
मैं अभागण रही सोय री। × × ×

छियासी

मीरा का जीवन-क्रम पुनः सुव्यवस्थित और सुनियोजित हो आया। उसके अन्दर सुख-शान्ति की चपल ऊर्मियां किल्लोल-रत हो आईं। लगा उसके जीवन-आकाश के सारे भयावने मेघ छंट गए और वह असंख्य इन्द्रधनुषों से युक्त हो गया। ग्रीष्म की लू-लपटों में झुलसा उसके हृदय का पुष्पोद्यान वासंती हवा के थपेड़ों से लहरा आया। उसके मन के सलिल-विस्तार पर अनगिनत सरसिज सज आये।

कुछ दिनों तक सब ठीक-ठाक चला। मुरली मनोहर की सेवा-पूजा चलती रही। कृष्ण-मंदिर के नृत्य-गायन का क्रम अविरल गतिमान रहा। श्रद्धालुओं की संख्या बढ़ती गई, सच ही मीरा का यश भी प्रतिदिन विस्तार पाता गया।

मीरा प्रसन्न थी क्योंकि उसके श्रीकृष्ण प्रसन्न थे। उनकी अर्चना-पूजा अबाध चलती थी। उसके अन्दर की कवयित्री पुनः पूर्णतया जाग्रत हो गई थी। पद-पर-पद उसके कंठ से फूटते जा रहे थे जैसे प्रपात से जल-धारें फूटती हैं। पर उसे कहां पता था कि इस क्षणिक सौभाग्य के पीछे उसका दुर्भाग्य मुसकरा रहा था।

एक दिन जब वह अपराह्न में विश्राम कर रही थी उसकी दासी सुदर्शना

संदेश लाई महाराणा आपसे मिलना चाहते हैं।

"क्यों मैं वहां चलूं?" मीरा हड़बड़ा कर अपनी काली कमली पर उठ बैठी। ऐसा पहले-पहल हो रहा था। इतने दिन बीत गए, इतने प्रकार की घटनाएं घटीं ···प्रत्याशित, अप्रत्याशित पर श्वसुर जी ने कभी उससे पृथक् से कोई बात नहीं की। आज अकस्मात् ऐसी कौन-सी बात आ गई जिसमें उसके परामर्श की आवश्यकता पड़ गई?

"नहीं, नहीं," दासी सुदर्शना ने उत्तर दिया, "महाराज यहीं आने की अनुमति चाहते हैं। अगर आप अवकाश में हों तो···।" दासी बात पूरी नहीं कर सकी।

"हां, मैं अवकाश में ही हूं," मीरा ने कहा, "महाराणा मुझे दर्शन देकर कृतार्थ कर सकते हैं।"

दासी महाराणा को सूचित करने चली गई तो मीरा ने अपनी काली कमली को व्यवस्थित किया और थोड़ी दूर पर महाराज के लिए एक गद्देदार रजत-मंचक रख दिया। उसे उसने ऐसे ही अवसरों के लिए रख छोड़ा था। कक्ष का बड़ा-सा पर्यंक उसने भोज की मृत्यु के पश्चात् ही बाहर करा दिया था।

दासी कक्ष के कपाट खुले छोड़ गई थी। महाराणा के आगमन की प्रतीक्षा में मीरा कक्ष के खुले कपाटों पर दृष्टि गड़ाए रही।

थोड़ी ही देर में महाराणा के भारी पद-त्राणों का स्वर मीरा के कानों तक आया। वह चारों ओर से अपने तन को पीताम्बरावेष्टित कर बैठ गई।

महाराणा कक्ष के बाहर थोड़ी देर रुके। दासी ने उनके पैरों को उष्ट्र के बने चमड़े के पदत्राणों से मुक्त किया। उन्होंने फिर धीरे-धीरे कक्ष में प्रवेश किया और रजत मंचक की ओर बढ़े।

"क्यों पदत्राणों को पहने आते। इस दासी के कक्ष में आने के लिए इतना कष्ट उठाने की क्या आवश्यकता थी?" मीरा ने धीरे-धीरे निवेदन किया।

"मंदिर पैरों के पदत्राणों से सजाए नहीं जाते। यह तुम्हारा कक्ष नहीं मुरलीमनोहर का मंदिर है।" राणा ने अपने गम्भीर स्वर को भरसक मधुर बनाने का प्रयास करते हुए कहा।

उसके पहले कि राणा मंचक पर बैठें, मीरा ने आगे बढ़कर उनके पैरों पर अपना सिर रख दिया।

"यशस्विनी भव।" राणा ने उसकी पीठ पर हाथ रखकर आशीर्वाद दिया।

मीरा ने नत-मस्तक हो उनके आशीर्वाद को स्वीकारा।

"बेटी, मैं तुमसे आज एक विशेष बात करने आया हूं।" राणा सांगा ने बिना किसी भूमिका के आरम्भ किया।

"आज्ञा कीजिए।" मीरा ने नत-सिर कहा।

"तुम्हें ज्ञात है इस आर्यावर्त की क्या स्थिति है?"

"नहीं तो। मुझे राजनीति में रुचि ही कितनी है?" मीरा ने निवेदन किया।

"होनी चाहिए!" महाराणा के मुख से निकला, "भक्ति-भाव अपने स्थान पर पूर्णतया ठीक किन्तु चित्तौड़ की वधू को देश की राजनीतिक गतिविधियों से पूर्णतया असम्पृक्त भी नहीं रहना चाहिए।"

"क्षमा चाहती हूं महाराज, आगे से ध्यान रखूंगी।" मीरा के पास यह कहने

के अलावा कोई चारा भी नहीं था।

"बात आगे की नहीं, अभी की है बेटी !" राणा सांगा ने प्रेम से कहा।

"मेरी अज्ञानता को क्षमा कीजिए और योग्य आदेश दीजिए।"

"आज यह आर्यभूमि विदेशियों के पदाघात से आक्रान्त हो रही है। उस यवन, मुगल-सरदार बाबर ने दिल्ली के सिंहासन पर अधिकार कर लिया है, यह तो तुम्हें ज्ञात ही होगा ?"

"ज्ञात है महाराज !"

"अब उसकी दृष्टि राजपूताने पर है। उत्तर-पूर्व के बहुत से प्रदेशों को वह अपने अधिकार में कर चुका है। वह राजपूताने की ओर बढ़ रहा है। उसे उचित उत्तर देना ही होगा।" राणा सांगा ने गम्भीरता से कहा।

"इसका अर्थ युद्ध ?" मीरा कुछ घबरा कर बोली।

"हां युद्ध। मुगलों से युद्ध किए बिना राजपूताने की लाज अब नहीं बचने को।"

"पर युद्ध तो बुरा है महाराज ! इसमें मानव-रक्त बहता है। यह तो बर्बरता, पशुता का पर्याय है, इससे जहां तक बचा जाय उतना ही अच्छा।" मीरा निश्शंक बोल गई।

"मीरा !" शार्दूल गर्जन हुआ, "ये एक क्षत्राणी के योग्य शब्द नहीं हैं। युद्ध क्षत्रियों का पुनीत कर्तव्य है, जन्मजात धर्म। वह उससे मुंह नहीं मोड़ सकता।"

"पर मैं मात्र क्षत्राणी नहीं हूं। भक्तिमार्ग की एक छोटी-सी साधिका भी हूं युद्ध शब्द से ही मेरा हृदय विदीर्ण होने लगता है। भला मनुष्य ही मनुष्य के प्राण ले, यह कोई बात हुई महाराज ? ऐसा तो पशु भी नहीं करते। आज तक किसी हाथी को दूसरे हाथी के प्राण लेते नहीं सुना गया, किसी शेर ने अनावश्यक किसी शेर के प्राण नहीं लिए, किसी गौ ने किसी गौ के पेट नहीं फाड़े। नहीं महाराज युद्ध भयानक है, पूर्णतया भयावह। मानवता के भाल का सबसे बड़ा कलंक। इससे बचिए महाराज।" मीरा के अन्दर की भक्तिन बोल गई।

"मीरा !" राणा फिर गरजे, "तुम तो कृष्ण की उपासिका हो न ?"

"छोटी-सी महाराज !"

"कृष्ण को तुम इतिहास-पुरुष मानती हो न ?"

"पूर्णतया महाराज !"

"तो क्या तुम्हारे कृष्ण ने युद्ध नहीं किया या कराये ? भारत-भूमि पर लड़ा गया आज तक का सबसे बड़ा युद्ध—महाभारत का युद्ध—के सूत्रधार क्या कृष्ण नहीं थे मीरा !"

"थे।" मीरा ने कुछ सोचते हुए कहा।

"तब ?"

"वह अन्याय के विरुद्ध न्याय का युद्ध था। वह आवश्यक हो गया था। कृष्ण विवश थे।" मीरा ने अन्ततः उत्तर ढूंढ़ ही निकाला।

"वही बात आज है बेटी !" राणा ने समझाना चाहा। "यह भी अन्याय के विरुद्ध न्याय का शंखनाद है। एक विदेशी आक्रामक हमें गुलाम बनाने चला आ रहा है और हम क्षत्रिय उसे देखते रहेंगे ? राजपूताने की इस भूमि को विधर्मी,

आततायियों के द्वारा पददलित होते देखते रहेंगे? जरा सोचो तो मीरा! पराधीनता कितनी बुरी है। तब तुम्हारा यह श्रीकृष्ण मंडप और मंदिर भी कहां रहेंगे? तुम्हारे अर्चन-पूजन का क्या होगा। क्या अपनी सीमाओं की रक्षा करना बुरा है?"

"नहीं, बुरा नहीं है महाराज। राज्य की सीमाओं की रक्षा करना हर शासक का दायित्व है। पर क्या इसके लिए कोई और उपाय नहीं है?"

"कौन-सा उपाय?"

"सन्धि। इससे तो रक्तपात से मुक्ति मिलेगी। अगर कोई समस्या आपसी सद्भाव और वार्तालाप से सुलझ जाय तो उ लए रक्त बहाना क्या उचित है महाराज!" मीरा ने निस्संकोच कहा।

"तुम्हारा कहना ठीक है बेटी!" महाराणा ने बिना धैर्य खोये आरम्भ किया, "तुम्हारे श्रीकृष्ण ने भी युद्ध के पूर्व शान्ति-वार्ता का प्रस्ताव किया था। पर एक बात बताऊं?"

"बताइये महाराज!"

"अगर बात हम राजपूतों के मध्य की होती तो हम ऐसा प्रयास करते भी। हम आपस में झगड़ते और आवश्यकता पड़ने पर सुलह-सन्धि भी कर लेते हैं। पर बात यहां एक महत्वाकांक्षी विदेशी आक्रामक की है। वह सन्धि की बात नहीं समझता जैसे बड़े मीन-मत्स छोटी मछलियों को निगल जाता है, वैसे ही वह भारत के एक-एक राज्य को निगलना चाहता है।"

"तब तो बात बुरी है महाराज! हम पराधीनता की बेड़ियां तो कभी अपने हाथों में नहीं डाल सकते। आपने ठीक कहा, अगर चित्तौड़ विजित हो गया तो हमारे श्रीकृष्ण का भी क्या होगा? हमें तो यवन मतावलम्बी बनने को बाध्य होना पड़ेगा।" मीरा का परिचय अब कठोर वास्तविकता से हुआ।

"शाबास बेटी तुमसे यही आशा थी। आखिर हो तो तुम राठौर-राजकुमारी।"

"बोलिए मेरे लिए क्या आज्ञा है? मैं इसमें आपकी क्या सहायता कर सकती हूं। क्षत्राणी तो हूं ही। कहिए कुछ दिनों के लिए करताल को फेंककर तलवार धारण करती हूं। मेरा श्रीकृष्ण बचा रहेगा तो फिर कर लूंगी उसकी आराधना।"

"नहीं बेटी," राणा सांगा ने कहा, "तुम्हें करताल नहीं फेंकना पड़े उसी का उपाय किया जा रहा है। तुम्हें युद्ध-भूमि में जाने की आवश्यकता नहीं तुम यथावत अपनी श्रीकृष्णाराधना में लगी रहो। तुम केवल एक कार्य करो।" राणा सांगा इतनी देर के पश्चात् असली बात पर आ सके।

"क्या?"

"तुम जानती हो हम राजपूतों में भी बहुत फूट है। सब तमाशा देखते रहते हैं और ये मुगल एक-एक कर सबको निगलते जाते हैं। मदान्ध राजपूतों को भगवान ने बुद्धि भी कम ही दे रखी होती है। मूक द्रष्टा बने ये राजपूत राजा यह नहीं समझते कि एक दिन उनकी भी बारी आ सकती है।"

"तब?" मीरा अनभिज्ञ-सी बोली।

"मुझे मुगलों की उमड़ती बाढ़ के लिए अभी किसी और राज्य की सहायता की आवश्यकता है। मेड़ता उसके लिए उपयुक्त रहेगा।" राणा सांगा ने मीरा की

प्रतिक्रिया जानने के लिए मीरा के चेहरे पर सीधे देखते हुए कहा।

"तो ले लें मेड़ता की सेना को आप अपने साथ। मेरे पिता आपको मना थोड़ा-ही करेंगे ?" मीरा ने सहज भाव से कहा।

"नहीं, मुझे केवल मेड़ता की आवश्यकता नहीं।"

"तब ?"

"मुझे तुम्हारे पिता रतन सिंह की वीरता का भी खूब पता है। मेड़ता की सेना का नेतृत्व भी उन्हें ही करना पड़ेगा।"

"ऐसा न करें महाराज !" मीरा जैसे बिलखी।

"क्यों ?" महाराणा आश्चर्य से भरकर बोले।

"मेरी माता बाल्यकाल में ही मर गई। मेरे पिता ने ही मुझे माता और पिता दोनों का प्यार दिया है। अगर उन्हें कुछ हो गया तो मैं···।" मीरा बात पूरी नहीं कर सकी।

"कायरतापूर्ण बात नहीं करो, राठौर राजकुमारी ! अगर रतन सिंह को कुछ हो भी जाता है तो कोई बात नहीं। मुझसे पूछो तो मैं मृत्यु-शय्या पर प्राण त्यागने के बदले राणांगन की खुली धरती पर ही दम तोड़ना चाहूंगा। और इतना ही नहीं, मुझे तुम्हारे चचेरे भाई जयमल की वीरता का खूब पता है। मुझे उसकी भी आवश्यकता पड़ेगी।"

"पिताजी !" मीरा बिलखी।

"भावनाओं की बाढ़ में बहने से काम नहीं चलेगा मीरा ! यहां राज्य की सीमाओं की रक्षा का प्रश्न है। मैं जानता हूं रतन सिंह संग्राम में भाग लेने चले जाएं तो चले जाएं वह वीर जयमल को नहीं ले जाना चाहेंगे। अपने वंश की संभावित समाप्ति कौन चाहेगा। तुम्हारे पिता और चाचा के मध्य वही तो एक पुत्र है।"

"वही तो···वही तो···।"

"बात मैं समझ रहा हूं मीरा। तुम्हारी पीड़ा को भी समझ रहा हूं। पर अभी इसके सिवा कोई और यत्न नहीं। तुम अपने पिता को एक पत्र दे दो कि चित्तौड़ पर घोर संकट है, अतः वे जयमल के साथ मेरे साथ संग्राम में भाग लें। मैंने पत्र तैयार कर लिया है, तुम उस पर अपने हस्ताक्षर कर दो।" राणा सांगा हाथ के मुड़े पत्र को आगे बढ़ाते हुए बोले।

"पिताजी, मुझे इसके लिए बाध्य नहीं करें। जयमल और हम साथ खेले-खाये हैं। आप पिताजी को ले जाएं, जयमल का नाम इस पत्र से काट दें।"

"ऐसा नहीं होगा मीरा ! तुम्हारे पिता फिर भी बूढ़े हुए। जयमल युवा है। वीर भी। उसके बिना मेरा काम नहीं चल सकता।"

"मैं विवश हूं।"

"किसमें ?" राणा सांगा की त्यौरियों पर बल पड़े। पर उन्होंने अपने क्रोध को दबा लिया।

"जयमल को युद्ध की अग्नि में झोंकने में।"

"सोच लो मीरा !" राणा सांगा ने प्यार से कहा।

"क्या सोचना है ?"

"तुमने मुझे पिता माना है न ?"

"हां।"

"जब आवश्यकता पड़ी मैंने तुम्हें पिता का संरक्षण दिया है न ?"

"हां और मैं उसके लिए आभारी हूं।"

"तो यह एक पिता का अपनी पुत्री के लिए आदेश है। पत्र पर हस्ताक्षर कर दो।" इतना कहकर राणा सांगा ने पत्र मीरा के सामने फैला दिया और उसके हाथ में लेखनी थमा दी।

"पिताजी !" मीरा बिलखी और पत्र पर हस्ताक्षर कर दिए। राणा सांगा ने देखा उसी समय उसकी आंखों से दो बूंदें भी पत्र पर टपक पड़ीं।

सतासी

अति सर्वत्र वर्जयेत्—अति सर्वत्र वर्जित है। बुराई का अति होना तो बुरा है ही, अच्छाई का अति होना कम घातक नहीं।

मीरा उसी अति की आखेट हुई। उसकी अत्यधिक संवेदनशीलता, अति मृदुता और अति श्रद्धा उसे खा बैठी।

राणा सांगा द्वारा, मुगलों द्वारा राजपूतों की संभावित पराजय की अतिरंजना-पूर्ण गाथा ने पहले से ही संवेदनशील मीरा को और संवेदन-पूर्ण बना दिया। उसकी अति मृदुता ने उसके मुंह से 'न' नहीं निकलने दिया और पितृ-तुल्य राणा सांगा के प्रति अति श्रद्धा ने उससे पत्र पर हस्ताक्षर करा लिए। वस्तुतः महाराणा परिवार में अगर उसे पति के बाद किसी से स्नेह मिला था तो मात्र राणा सांगा से ही। उनमें वह अपने दादू राव दूदा की प्रतिछाया ही देखती थी।

पर राणा सांगा राजनीतिज्ञ और योद्धा पहले थे और कुछ बाद में।

शरीर पर सैकड़ों व्रणधारी राणा के हाथ में युद्ध-हेतु सदा खुजली हुआ करती थी। वस्तुतः युद्धोन्मादी थे वह। बिना युद्ध के जीना उनके लिए दुष्कर था।

उन्होंने वस्तुतः मीरा के साथ धोखा किया जिसका पता उसे अन्त-अन्त तक नहीं चला।

मुगल उस समय राजपूताने पर चढ़े आ रहे थे यह बात वास्तविकता से दूर थी। अपितु वास्तविकता यह थी कि राणा सांगा ही मुगलों से दो हाथ करने को व्यग्र थे। यह अच्छी बात थी कि भारत की भूमि पर मुगलों का रहना उन्हें खलता था पर उसके लिए पहले से ही विपत्ति की मारी मीरा को धोखा देने की उन्हें क्या आवश्यकता थी ?

मुगलों ने बयाना का किला अपने अधिकार में कर रखा था।

राणा सांगा को यही सह्य नहीं था। उनके हाथों की खुजली बढ़ गई और उन्होंने बयाना के किले को मुगलों से मुक्त कराने की ठान ली।

इसी आक्रमण-हेतु उन्हें रतन सिंह और जयमल की सहायता की आवश्यकता थी। उसी आक्रमण के लिए उन्होंने मीरा से रतन सिंह के नाम पत्र लिखवाया।

मीरा ने पत्र पढ़ा भी नहीं कि उसमें क्या था। वस्तुतः उस समय सांगा ने ऐसा स्वांग रचा कि मीरा ने बिना सोचे-समझे पत्र पर हस्ताक्षर कर दिए।

मुगलों ने बयाना के किले को अत्यन्त मजबूती से पकड़ रखा था। मुगल सेना के पास पर्याप्त तोपें थीं और उन्होंने उसे किले की दीवारों और बुर्जों पर जमा रखा था। नीचे के आक्रमणकारियों पर ये तोपें आग उगल कर उनकी गति को बुरी तरह बाधित करने में सक्षम थीं।

राणा सांगा और मेड़ता की सेनाओं ने साथ-साथ बयाना के किले की ओर कूच किया। मेड़ता की सेना के अग्रभाग में जयमल और रतन सिंह दोनों थे। बयाना के किले की रक्षा महदी ख्वाजा बड़ी वीरता से कर रहा था।

"हर-हर महादेव" के घोष के साथ राणा सांगा और मेड़ता की सेनाओं ने बयाना के किले पर आक्रमण कर दिया। यद्यपि दोनों सेनाओं को मिलाकर सैनिकों की संख्या पर्याप्त थी पर किले की अभेद्य दीवारों अथवा कपाटों को तोड़ना कठिन था।

दीवारों की अपेक्षा कपाटों को तोड़कर ही अन्दर घुसना आसान था। हाथियों, घोड़ों और पदाति सैनिकों की सेना किले के फाटक की ओर बढ़ी।

मुगलों को इस आक्रमण का कोई पूर्वानुमान नहीं था अतः वे पूरी तरह तैयार नहीं थे। फिर भी जल्दी-जल्दी तोपचियों को दीवारों और बुर्जों पर चढ़ाया गया। गोले, बारूद और सहायक पहुंचाए गए और राजपूत सेना जो प्रायः फाटक पर पहुंचने वाली थी, पर मुगलों ने तोपों से आग बरसाना आरम्भ किया। बढ़ती सेना का नेतृत्व कर रहे रतनसिंह के वक्ष पर तोप का एक बड़ा गोला लगा और वह तत्काल धराशायी हो गए।

चाचा को गिरते देख ही जयमल के क्रोध का कोई ठिकाना न रहा। वह आग के गोलों की परवाह किये बिना हाथियों, अश्वों और पदातियों की सेना के साथ हाथ में तलवार लिए किले के फाटक पर जा पहुंचा। राणा सांगा भी उसके साथ-साथ अपनी नंगी तलवार लिए फाटक पर आ गए।

अब वे तोपों की मार की परिधि से अलग आ गए थे। मुगल-सेना पूरी तरह तैयार किले के अन्दर मोर्चा बनाकर अड़ी थी।

राजपूतों की योजना यह थी कि हाथियों द्वारा धक्के दिला-दिला कर फाटक को तोड़ दिया जाय और तब अन्दर आमने-सामने के युद्ध में मुगलों के छक्के छुड़ा दिए जाएं। पर कठिनाई यह थी कि किले के कपाटों पर हाथियों को भिड़ाया जाय तो कैसे ! कपाटों के बाहर लोहे की मोटी और मजबूत कीलें लगी थीं जो न केवल हाथियों को लहू-लुहान कर सकती थीं, बल्कि उनके पेटों और मस्तक को फाड़कर उनकी जान भी ले सकती थीं।

राजपूत हर स्थिति के लिए तैयार होकर गए थे। राणा सांगा ने अपनी सेना के साथ बड़े-बड़े हथौड़े लिए कुछ लुहारों को भी ले लिया था।

इन लुहारों ने हथौड़े मार-मार फाटक के कीलों को बराबर कर दिया। अब महावतों ने हाथियों से कपाटों पर आक्रमण कराना आरम्भ किया। हाथियों को वे दूर तक पीछे ले जाते और वहां से दौड़कर क्रोधाभिभूत हाथी अपने मस्तक से कपाटों पर प्रहार करते।

थोड़ी ही देर में कपाट चरमराने लगे। मुगलों की चिन्ता बढ़ी और उन्होंने पीछे से फाटक को सहारा दिया। वीर सैनिक कपाटों से जा सटे। पर कब तक? हाथियों की मार से किले के कपाट टूटकर अन्दर गिरे और बाहर के राजपूत सैनिक हाथों में नंगी तलवारें लिए किले में घुस पड़े। जयमल और राणा सांगा आगे-आगे थे। दोनों की तलवारों का चमत्कार देखने लायक था। जयमल ने इस युद्ध में अपनी तलवार की विशेष कौशल दिखाई। राणा सांगा के बूढ़े हाथों में अब उतनी शक्ति नहीं रह गई थी।

जयमल अपने सैनिकों के साथ मुगलों को गाजर-मूली की तरह काटता हुआ आगे बढ़ने लगा। मुगल-सेना ने कुछ देर के लिए मुकाबला किया पर थोड़ी ही देर में उसके पैर उखड़ गए। अधिकांश सैनिक मारे गए और शेष ने आत्मसमर्पण कर दिया। किले का अधिकारी महदी ख्वाजा अपनी जान बचाकर भाग निकला।

जयमल की तलवार पूरी तरह रक्तरंजित हो आई थी। उसने आसमान की तरफ उसे उठाकर भयावह जयघोष किया और राजस्थानी ध्वज हाथ में ले किले के बुर्ज पर चढ़ गया। मुगलों के शाही झंडे को उतारकर उसने वहां अपना झंडा फहरा दिया। किला फतह हो गया। "हर-हर महादेव" के जयघोष से किले का प्रांगण गूंज उठा।

कोई मुगल सैनिक अब किले में दिखाई नहीं पड़ता था।

जयमल निश्चिन्त होकर बुर्ज से उतरने लगा। वह जैसे ही नीचे आया, कहीं पर छिपा एक मुगल सैनिक तीव्रता से उसकी ओर बढ़ा और असावधान जयमल की गर्दन तलवार के एक ही वार से उड़ा दी।

वहीं खड़े राणा सांगा ने एक हाथ से जयमल को थामा और दूसरे से अपनी नंगी तलवार उस मुगल सैनिक के पेट में उतार दी। वह बात-की-बात में ढेर हो गया।

राणा सांगा ने अब जयमल की ओर देखा। उसकी सांसें उखड़ रही थीं। उसने धीरे-धीरे कहा—"महाराज, मेरी बहन से कहना कि मैंने···उसके···कुल···की···लाज···रख···ली।" और इन्हीं शब्दों के साथ ही जयमल की सांसें टूट गईं।

अठासी

विजयोन्माद सभी उन्मादों में प्रबल होता है। विजय चाहे रण-क्षेत्र में शत्रु-दल पर हो अथवा सामान्य सामाजिक, पारिवारिक तथा अन्य प्रतियोगिताओं में पर वह विजय ही होती है। पराजित करने का अपना एक पृथक् अपरिभाषित आनंद होता है जिसका वर्णन शब्दों से परे है। इसीलिए हर छोटी-बड़ी विजय के बाद समारोह आयोजित होते हैं, उल्लास उछलता है, दीवालियां मनाई जाती हैं।

राणा सांगा अपनी विजय पर प्रफुल्लित थे। युद्ध में हताहतों की उन्हें कोई चिन्ता नहीं थी, यहां तक कि अपने ही सम्बन्धी रतनसिंह और जयमल के नहीं

रहने का भी उन्हें कोई दुःख नहीं था। क्षत्रिय तो रणांगण में मरने अथवा मारने के लिए ही जन्म लेता है। राणा सांगा का यह तर्क था। रतन सिंह और जयमल के शव मेड़ता भेज दिए गए थे और राणा सांगा विजयोन्मत्त चित्तौड़ लौटे थे। चित्तौड़ की पूरी वाहिनी उनके पीछे थी। मुगलों के छक्के छुड़ाकर लौटना कम गर्व की बात नहीं थी। चित्तौड़ में इस विजय वाहिनी के स्वागत के लिए तोरण-द्वार निर्मित किए गए थे।

हाथों में गुलाब की पंखुड़ियां और कुमकुम लिए, नगर की वीथियों पर दोनों ओर नर-नारी खड़े थे। जैसे ही राणा सांगा और उनकी वाहिनी नगर-द्वार पर पहुंची उन पर पुष्पों और गुलाल की वर्षा की गई। यह वर्षा चित्तौड़ किले तक जाने वाली सड़क के दोनों ओर से निरन्तर होती रही। किले के मुख्य द्वार पर स्वर्णथाल में सजी घृतवर्तिका, अक्षत, पुष्प और केशर, कुमकुम से उनकी आरती उतारी गई।

विजयोन्माद-ग्रस्त महाराणा ने किसी मस्त गजराज की चाल में चलते हुए ही किले में प्रवेश किया। फिर वे शिव-मंदिर की ओर बढ़े। विल्वपत्रों, मदार पुष्प, अक्षत मलयगिरि चन्दन, पाटल एवं अन्य पुष्प तथा अगरू-गन्ध और कर्पूर-आरती से पशुपति की पूजा-सम्पन्न की गई। पुजारी ने शंख-ध्वनि कर विजयोत्सव को मांगलिक स्वीकृति से मंडित किया।

किले के श्रीकृष्ण मंदिर को भी पहले से ही तोरणों और पुष्पमालाओं से सजाया गया था। श्रीकृष्ण-विग्रह के लिए एक विशाल वैजयन्ती माला निर्मित की गई थी। राणा सांगा शिवार्चना समाप्त कर पहले कालिका-मंदिर और श्रीकृष्ण-मंदिर पहुंचे। मन्दिर के पुजारी कृष्णकांत ने आगे बढ़कर सर्वप्रथम उनके उन्नत ललाट पर केशर का पीत तिलक लगाया। अभिषेक का पवित्र जल उनके सिर और स्कन्धों पर छिड़का फिर उन्हें भीतर ले जाकर उनसे श्रीकृष्ण-मूर्ति का विधिवत पूजन कराया। वैजयन्ती की विशाल विजय-प्रतीक माला श्रीकृष्ण-विग्रह के गले में पहनाई। घड़ी-घंट और शंख की तुमुल ध्वनि यहां भी हुई जो ऊपरी कक्षों तक पहुंच गई। "बांके बिहारी की जय, श्रीकृष्ण गोपाल की जय, गिरधारी नागर की जय" का समवेत स्वर वहां उपस्थित भक्त-मंडली के समवेत कंठ से उच्चरित हो पूरे वातावरण में व्याप्त हो गया। यह स्वर पहले के स्वरों से कुछ अधिक सशक्त रूप में ही किले के ऊपरी भागों में पहुंचा?

अपने कक्ष में अचेत पड़ी मीरा के शरीर में थोड़ा स्पन्दन हुआ और वह अचेतनावस्था में ही बड़बड़ाई—"कहां है गिरधारी? किसने उसे पुकारा?···कहां हैं पिताजी···मेरा···भाई···जयमल जीवित···हो···गया क्या···?"

उसके विवर्ण, अश्रुपूर्ण चेहरे पर शीतल जल के छींटे डालती और मयूर-पिच्छ के पंखे से हवा करती ललिता को थोड़ा सन्तोष हुआ। उसने मीरा को स्कन्धों से पकड़कर झकझोरा और किसी तरह अपने आर्द्र कंठ पर नियन्त्रण करती हुई बोली, "मीरा।" आगे वह कुछ नहीं बोल सकी।

"ऊं! कहां है कृष्ण···? कहां हैं मेरे पिता···और मेरे···भाई···!" मीरा ने करवट ली और अचेतावस्था में ही उसके मुंह से बोल फूटे।

ललिता के प्राण लौटे।

मीरा को अब खतरा नहीं था। अब कम-से-कम उसके प्राण बच जायेंगे।

वस्तुत: राणा सांगा की वाहिनी के किला-प्रवेश के बहुत पूर्व ही रतन सिंह और जयमल की मृत्यु का समाचार वहां पहुंच गया था। सर्वप्रथम रानी कर्मवती ने उसे सुना था और उसने अपनी दासी मंगला से तत्काल यह संवाद मीरा तक पहुंचा दिया था—"मरने दो उस रांड को। मेरे बेटे की मृत्यु पर सती नहीं हुई तो अपने बाप और भाई के नाम पर तो मर बैठे।"

संवाद सुनते ही मीरा ने मूर्च्छित होने के पूर्व फटी-फटी आंखों से मुरली-मनोहर की मूर्ति की ओर देखा था—"अच्छा कर रहे हो गिरधारी! पहले मेरे दादू को उठाये, उससे पहले ही मां के प्यार से वंचित किया फिर मेरे एकमात्र सहायक भोज को भी मुझसे छीन लिया और उसके बाद अपने सुदर्शन-चक्र के एक ही वार में मेरे पिता और भाई दोनों की गर्दन उतार दी···।" वह शायद आगे भी कुछ कहना चाहती थी, कृष्ण को कोसना चाहती थी, उसे पाषाण, निर्दयी और निर्मोही की संज्ञा से विभूषित करना चाहती पर स्वयं ही संज्ञा-शून्य हो जाने से उसके मुंह की बात मुंह में ही रह गई।

यह तो उसका भाग्य था कि ललिता उस समय कक्ष में ही उपस्थित थी और मीरा की स्थिति देखते ही वह उसकी ओर लपकी थी तथा उसकी परिचर्या में लग गयी थी।

"मीरा! मीरा!" अर्द्धचेतनावस्था में कृष्ण तथा अपने पिता और भाई का नाम बड़बड़ाती मीरा के कानों से मुंह सटाकर ललिता ने कई बार पुकारा।

"ऊं!···क्या?···।"

"अपने कृष्ण को नहीं पुकारोगी? वही सभी दुःख हरता है।"

"हा! हा! हा!" मीरा उसी अवस्था में धीरे-धीरे हंसी, "वह सभी दुख हरता है कि सभी दुःख देता है···?"

"मीरा!" ललिता अब चिन्तित हुई।

"प्रीति किए दुःख होय···जोगिया से प्रीति किए दुःख होय···।" मीरा ने एक तरह से अनर्गल प्रलाप किया।

ललिता की चिन्ता बढ़ी—मीरा की चेतना तो अवश्य लौट आई है पर वह कहीं विक्षिप्ता नहीं हो जाय? अभी पति को मरे थोड़े दिन भी नहीं हुए कि यह वज्रपात। पिता और एकमात्र प्रिय भाई की एक साथ मृत्यु।

मीरा को वैसे ही छोड़ ललिता महाराणा सांगा के कक्ष की ओर दौड़ी।

महाराणा का कक्ष पूरी तरह भरा हुआ था। ललिता किसी तरह सबको ठेलते-ठालते राणा सांगा के पास पहुंची। उसकी अव्यवस्थित केश-राशि, विवर्ण मुख और अश्रुपूर्ण आंखों को देखते ही महाराणा समझ गए कि मामला क्या है।

"मीरा कैसी है?" उन्होंने भावनाशून्य शब्दों में ललिता से पूछा। विजयोन्माद से यह वृद्ध व्याघ्र अब भी ग्रस्त था।

ललिता के मन में आया वह कुछ नहीं बोले। पत्थर पर तीर मारने से क्या लाभ? यही राणा, युद्ध में मीरा के पिता और भाई को ले जाने के लिए उसके तलवे तक चाटने को प्रस्तुत था, वही अब मीरा के कक्ष में जाकर उसके पिता और भाई की मृत्यु पर सांत्वना देने को भी प्रस्तुत नहीं था।

—हाय! कैसी निष्ठुर होती है राजनीति! ललिता ने मन ही मन सोचा,

राणा को अभी अपने विजयोन्माद के समय कुछ नहीं दिखाई पड़ता और वह यह भी भूल गया है कि इसे विजय दिलाने में जिस जयमल की वीरता का एकमात्र हाथ है, उसकी बहन पर क्या बीत रहा है। ललिता इस समय तक सैनिकों और सरदारों के मध्य चल रही जयमल की अद्भुत वीरता की गाथा पूरी तरह सुन चुकी थी। सबके मुंह पर इसी वीर युवक की विरुदावली वर्तमान थी। किले के ऊपर राजपूती ध्वज भी इसी वीर ने फहराकर विजय की पूर्णाहुति की थी और उसी क्रम में वह धोखे से मारा भी गया था।

"ललिता !" राणा सांगा का विजय-मत्त स्वर बाहर आया।

"जी महाराज !" ललिता धीरे से बोली।

"तुमने मेरे प्रश्न को निरुत्तर छोड़ दिया।"

"मीरा की स्थिति चिन्तनीय है। उसे दौरे पर दौरे पड़ रहे हैं। वह पागलों की तरह प्रलाप-मग्न है। शायद वह अपना मानसिक सन्तुलन खो बैठे।"

"तब उस स्थिति में तुम यहां क्यों आयीं ?" राणा सांगा दहाड़े।

ललिता स्तब्ध। क्या वीरों के हृदय नहीं होते ? राणा सांगा देश के महान राजपूत वीरों में अग्रणी थे फिर वे इस तरह का व्यवहार क्यों कर रहे थे ? क्या मानवता और वीरता का कोई सम्बन्ध नहीं ?

ललिता की समझ में नहीं आ रहा था कि राणा का मंतव्य क्या था। शायद वे यह कहना चाहते थे कि मीरा को इस स्थिति में छोड़ उसे नहीं आना चाहिए था।

वह उल्टे पैरों वापस जाने लगी। आंखों में अब तक घिरे अश्रु-बूंद गालों पर लकीरें बनाते बह चले। अब वह कहां जाय ? जिस युद्ध-पिपासु की रणलिप्सा की तृप्ति के लिए उसकी सखी ने अपने पिता और भाई के बलिदान चढ़ा दिए वही उसके पास उसे खाली हाथों भेज रहा है। वह वहां जाकर क्या करेगी ? किन शब्दों में वह अपनी प्यारी सखी को सांत्वना देगी और सांत्वना तो दे तब जब वह उसे सुनने-समझने की स्थिति मे हो ? और इधर यह राणा है कि इसे अपने विजय पर गर्व करने के अलावा और कुछ सोचने-समझने की आवश्यकता ही नहीं प्रतीत होती। जिस सोपान के माध्यम से यह विजय के उत्तुंग शिखर पर चढ़ा है उसी को पैरों की ठोकर दे देने में इसे एक पल भी नहीं लगा।

"ललिता !" राणा की आवाज पर ललिता पीछे मुड़ी।

राणा सांगा ने उसकी आंखों से बहते आंसुओं को स्पष्ट देखा और उनका पाषाणी हृदय भी थोड़ी देर के लिए पिघला— "मैंने पूछा इस समय यहां आने की क्या आवश्यकता थी ?"

"तब ?" ललिता के मुख से अनायास निकल गया।

"इस समय राणा सांगा की नहीं, राजवैद्य की आवश्यकता है, तुम इतना भी नहीं समझती ?" राणा सांगा का स्वर सामान्य हो आया था।

"राजवैद्य भी तो आप ही के कहने से···।" ललिता ने अपने मन की बात प्रकट की।

"हां ! ठीक !" राणा सांगा ने कहा और बगल खड़े रत्न सिंह की ओर देखकर कहा, "राजवैद्य को तत्काल मीरा के पास भेजा जाए !"

"जैसी आज्ञा महाराज !" रत्न सिंह ने कहा और बाहर जाकर एक परिचर को आज्ञा दी। ललिता मीरा के कक्ष को लौट गई।

दो पलों के पश्चात् राजवैद्य मीरा की नाड़ी-परीक्षा में लीन थे।

नवासी

राजवैद्य की परिचर्या से मीरा पन्द्रह दिनों में प्रायः सामान्य हो गई। किन्तु उसके अन्दर से पिता रतन सिंह और भाई जयमल की दुःखद मृत्यु की घटना निकाले नहीं निकलती थी। वह विक्षिप्ता तो नहीं रही पर प्रायः अवसादग्रस्त रहने लगी।

कक्ष में स्थापित मुरली मनोहर से अब उसने अपना उपालम्भ भी बन्द कर दिया। किन्तु सामान्य होते ही उनकी अर्चना-आराधना विधिवत आरम्भ कर दी।

"क्यों तुम इस पाषाण पर सिर फोड़ती हो। इस गिरधर ने तुम्हें एक-के-बाद-एक दुःख से अधिक क्या दिया ?" ललिता ने एक दिन मीरा को मुरलीमनोहर की पूजा में व्यस्त देख कर पूछा।

"सभी अपना-अपना काम करते हैं। यह मुरलीधर जब अपने कार्य से हाथ नहीं मोड़ता तो मैं ही क्यों मोड़ूं ?" मीरा ने मुरलीधर के ललाट पर केशरयुक्त चन्दन की लेप चढ़ाते हुए कहा।

"नहीं समझी मैं तुम्हारा तात्पर्य।" ललिता ने स्वीकारा।

"उस साधु और जल में बहते जा रहे बिच्छू की कहानी भूल गई ? साधु उसे बार-बार जल से निकालता और बिच्छू उसे बार-बार डंक मारता। तब भी साधु ने उसे जल से निकालने का उपक्रम कहां छोड़ा ? मुरलीधर अपना कर्त्तव्य करता है, मुझे अपने प्राणियों की मृत्यु दिए जा रहा है तो मैं भी अपना कर्तव्य क्यों छोड़ूं ? मेरा व्रत आजीवन इसकी उपासना है। यह मेरा बाल-सखा है। मैं इससे मुंह मोड़ कर अपने कर्त्तव्य से विचलित कैसे होऊं ?"

मीरा के उत्तर पर ललिता का मुंह बन्द हो गया।

किन्तु सब कुछ होते हुए भी मीरा के मुख की स्मिति इस बार जो खोई तो खोई ही रह गई। मुरलीधर के लिए पुष्पों की माला गूंथते हुए वह सोचती उसका जीवन भी एक वृहत् माला ही है जिसमें आंसुओं को मोतियों की तरह पिरोया गया है। रोना, रोना और रोना ही उसकी नियति है। वह एक ऐसी पुष्पवाटिका थी जिससे मधुमास एक बार बाहर गया तो दुबारा लौटा ही नहीं। वह किसी मरु-वृक्ष की ऐसी सूखी शाखा थी जिस पर कोई पक्षी-युगल भूल कर भी नीड़ का निर्माण नहीं करता। वह ऐसी सरिता थी जिसके जल के किनारे कोई नगर नहीं बसता, कोई बस्ती नहीं पनपती और जिस पर पखेरू भी अपनी पिपासा शान्ति के लिए नहीं उतरते। उसका जीवन व्यर्थ था—देवता के चरणों पर चढ़े उस मुर्झाए पुष्प की तरह जिसे संध्या के समय पुजारी उठा कर बाहर फेंक देता है।

मुरली मनोहर का अर्चन-पूजन तो चलता रहा पर नीचे का कृष्ण-मंदिर पुजारी कृष्णदत्त की कृपा पर ही रह गया।

मीरा के मन का उल्लास जाता रहा तो पैरों में घुंघरू बांधने का उत्साह भी नहीं रहा। कंठ के ऊपर भी विश्वास नहीं रहा, पता नहीं किस पद की अर्द्धली के मध्य ही उसके स्वर का तार सप्तम के बदले अष्टम में बजने लगे। पता नहीं कब भैरवी के बदले विहाग और विहाग के बदले भैरवी उसके सुर में आ घुलें। मन्दिर का नृत्य-गान बन्द हो गया था। श्रोताओं की मंडली अब भी नियमित आती, पर श्रीकृष्ण-चरणों में नमस्कार निवेदित कर ही लौट जाती।

मीरा के दर्शन की उत्सुकता सबके मन में लगी रहती थी। नृत्य-गान-कीर्तन का आनन्द नहीं भी मिले तो कोई बात नहीं, उस कृष्णार्पिता के निष्पाप चेहरे को अवलोकित करने को ही कितनी आँखें व्यग्र थीं।

पर मीरा नीचे उतरे तब तो? सबको मीरा के दुःख का पता था। एक तो वैधव्य ही उसके सम्पूर्ण उत्साह पर पानी फेरने को पर्याप्त था ऊपर से यह दारुण दुःख। नहीं, मीरा से किसी को शिकायत नहीं थी। सभी संवेदना में उसके साथ थे। उसके प्रति स्नेहशील भी।

शिकायत अगर लोगों को थी तो श्रीकृष्ण से ही। क्यों वह अपने भक्तों-आश्रितों को ही इतना सताता है? क्यों जिसे सब कुछ देना चाहिए, उसी का सब कुछ छीनने को आतुर हो आता है? और तो और मीरा को दुःख-दग्ध कर तो उसने अपनी भक्त-मंडली के साथ ही अन्याय किया है।

मीरा के नृत्य-गान के माध्यम से, उसकी समर्पण-निष्ठा से, उसके एकान्त निवेदन से जो कृष्ण-भक्ति का स्रोत लोगों के मन में अनायास फूट आया था वह शनैः-शनैः सूखने लगा था। लोग चिन्तित थे।

नब्बे

चिन्तित थे महाराणा संग्राम सिंह भी।

ज्वार उठता है तो लगता है सागर की उत्तुंग तरंगें आसमान छू लेंगी, कूल-किनारों को ध्वस्त कर देंगी। पर भाटा आने में भी अधिक समय नहीं लगता। लहरें सागर-तल पर सिर पीट कर बैठ जाती हैं। तट की मर्यादा के अन्तर्गत लौट आती हैं।

महाराणा के साथ भी वही हुआ। किला-विजय का उन्माद शीघ्र ही उतरा।

तब उन तक पहुंचा मीरा की अवस्था का वर्णन। उन्मुक्त विहंगिनी ने स्वयं पिंजरे की कैद का वरण किया था। मुरली-मनोहर की मूर्ति तक तो उनका नाता किसी प्रकार ठीक चल रहा था पर भोज द्वारा उतने श्रम से निर्मित कृष्ण-मंडप और श्रीकृष्ण-मंदिर पूजा की देवी की उदासीनता का आखेट हो वीरान और प्रभावहीन हो आये थे।

भक्तों की नित्य लौटती टोली राणा सांगा की क्रूरता को कोसती थी और

प्रजा में उनकी लोकप्रियता पर प्रतिकूल प्रभाव पड़ रहा था। "एक साध्वी विधवा के पिता और भाई को भी राणा सांगा युद्धाग्नि को समर्पित कर आये। उनकी युद्ध-पिपासा का कोई अन्त नहीं।" दर्शनों से वंचित टोली अक्सर यही कहती हुई अपने स्थानों को वापस जाती।

महाराणा तक यह बात पहुंचते देर नहीं लगी। एक बार वे षड्यंत्र का शिकार हो चुके थे जिसके फलस्वरूप उन्हें अपने श्यालक सूरजमल को महल से निष्कासित करना पड़ा था, अपनी रानी कर्मवती को ही कारावास का दंड देना पड़ा था। प्रजा में सुलग रही विद्रोहाग्नि का उपयोग पुन: पट्टमहिषी कर्मवती अपने पुत्र विक्रमाजीत के पक्ष में करने का प्रयास नहीं करेगी, यह नहीं कहा जा सकता था। माता-पुत्र सभी को सांगा की लम्बी आयु असह्य होने लगी थी और उन्हें लगता था कि राजपूताने का यह वृद्ध व्यांघ्र जब तक अपने कलेवर को मुक्ति देगा तब तक तो बेटे बूढ़े होकर राज-भोग के योग्य ही नहीं रहेंगे।

कृष्ण-भक्ति के रंग में पग आई प्रजा में विद्रोहाग्नि अगर भड़का दी गई तो उसे नियंत्रित करना आसान नहीं होगा। न सही प्रजा के पास पर्याप्त युद्धक सामग्री पर राजपूताने के किस वीर बांकुरे के हाथ में एक चमचमाती तलवार अथवा भल्ल तक नहीं होता? इनके साथ अगर साधु-संतों का निराश-दल अपने त्रिशूलों, दंडों और चिमटों के साथ आ मिले तो इस सम्मिलित शक्ति का सामना आसान होगा क्या?

राणा सांगा की चिन्ता बढ़ती ही जा रही थी।

एक क्षण को उन्हें लगा कि उन्होंने मीरा को सती होने से रोक कर भारी भूल की। न रहता बांस न बजती बांसुरी। उन्हें लग रहा था उनकी राष्ट्रव्यापी ख्याति के कारण जितने लोग उनके साथ थे उनसे कहीं अधिक ही मीरा की भक्ति के कारण उसके साथ सहानुभूति रखने लगे थे।

यह वीरता पर भक्ति की विजय थी। पशुता की मानवता के समक्ष स्पष्ट पराजय।

महाराणा चिन्तित थे।

उधर मुरलीमनोहर की सेवा में रत मीरा का स्वास्थ्य भी इसी उम्र में निरन्तर गिरने लगा था। स्पष्ट था वह पूर्णतया एकाकिनी हो गई थी। पीहर मेड़ता से आने वाली प्रकाश-किरणें भी राणा की अपार रक्त पिपासा से प्रवाहित रक्त में डूब मरी थीं। पति का साथ तो पहले ही छूट चुका था। मीरा का जीवन एक रेतीला, अछोर का तार बन चुका था जिसमें स्नेह-सलिल की एक-दो बूंद तक दूर-दूर तक ढूंढ़े भी नहीं मिलती थी।

मीरा को इस समय आवश्यकता थी घोर सहानुभूति की, आत्मीयता की, मानवीय संवेदना की, महाराणा इसको अच्छी तरह जानते थे।

और इस भार को भी उन्हें अपने स्कन्धों पर लेना था।

मीरा के अपराधी राणा ही थे, इस सम्बन्ध में उनके मन में कोई संदेह नहीं था।

इस अपराध का मार्जन भी उन्हें ही करना था।

अपराध का मार्जन तो अब क्या होता पर मीरा रूपी एक असमय मुर्झाती

मालती-लता की जड़ों में स्नेह की कुछ सलिल-बूंदें डालकर उसे जीवन-दान तो दिया ही जा सकता था।

इसका राजनीतिक लाभ भी स्पष्ट था। एक बार मीरा फिर से श्रीकृष्ण मंदिर जाने लगे तो राणा के राजनीतिक जीवन के क्षितिज पर जो भयावह काले मेघ मंडराने लगे थे, मीरा की पुनः जाग्रत भक्ति के प्रवाह में उन्हें खंड-खंड होते विलम्ब नहीं लगता।

राणा ने निश्चित किया वे मीरा के पास जायेंगे।

निरन्तर जायेंगे, उसे पुत्री का प्रेम देंगे। उनमें वह राव दूदा की प्रतिछाया देखेगी।

अन्ततः अपराध उन्हीं का है तो उसका मार्जन भी उन्हें ही करना पड़ेगा।

और मीरा के प्रति उनका अपराध कुछ अल्प नहीं था। उनके निष्ठुर निर्णयों ने तो उसे पूर्णतया तोड़ ही दिया था। यह तो मुरली-मनोहर के प्रति उसकी भक्ति की संजीवनी ही थी जो उसे जीवित रखे हुई थी।

इक्यानवे

हृदय-परिवर्तन केवल परिकल्पना हो, ऐसी बात नहीं। कभी-कभी कठोर-से-कठोर हृदय भी हिमखंड की तरह पिघल उठता है। निष्ठुरता से ओत-प्रोत मन भी परिस्थितियों के आग्रह पर सरलता और आत्मीयता का केन्द्र बन आता है। तब न रहता है वहां छल-छद्म, तब न रहती है वहां स्वार्थ-जनित संकीर्णता; रहता है तो मात्र एक स्वच्छ सलिल-विस्तार-सा सरल-मृदुल हृदय जो ईर्ष्या, घृणा, द्वेष, मद आदि से पूर्णतया रहित और पारदर्शी शीशे-सा अकलुष और पवित्र हो आता है।

व्याध बाल्मीकि का हृदय-परिवर्तन हुआ था, यह पौराणिक सत्य या मिथक भी हो सकता है।

किन्तु राणा सांगा का हृदय-परिवर्तन एक सत्य था।

उन्हें मीरा के दुख ने वस्तुतः द्रवित कर दिया था और परिस्थितियों की पुकार, प्रजा में बढ़ते क्षोभ और निराशा ने उन्हें विबश किया था, मीरा पर अकृत्रिम स्नेह और ममता उड़ेलने को।

वे मीरा के पास प्रायः नित्य ही जाने लगे। उनके अपराध-बोध का भी इसमें कम हाथ नहीं था।

प्रथम दिन वे सूचना भिजवाकर मीरा के कक्ष में पहुंचे तो इसी अपराध-बोध ने उन्हें सीधे उसकी तरफ देखने भी नहीं दिया। किसी के सामने नहीं झुकने वाला सिर कई क्षणों तक नत ही रहा, मानों आंखें भूमि में कुछ खोज रही थीं।

मीरा उस समय अपने मुरली-मनोहर के श्रृंगार में लगी थी। राणा को देखते ही वह अन्दर ही अन्दर भय-ग्रस्त हो आई। अब किस विपत्ति के अग्रदूत बनकर पहुंचे हैं चित्तौड-नरेश। पर कुछ क्षणों के पश्चात् ही उसकी आशंका निर्मूल हो गई।

"बेटी !" जैसे ही मीरा ने अर्चना समाप्त की, उससे कुछ दूरी पर कक्ष के रजत-मंचक पर आसीन राणा सांगा ने अपने कंठ में अन्तर का सारा माधुर्य घोल कर पुकारा।

मीरा ने अविश्वास में सिर उठाया।

"बेटी यह बूढ़ा तुम्हारा अपराधी, है घोर अपराधी। क्या तुम इसे क्षमा नहीं कर सकतीं ?"

आर्यावर्त्त का सर्वश्रेष्ठ वीर, उसका श्वसुर आज उससे निर्विकार भाव से क्षमा-याचना कर रहा था। मीरा के आहत मन ने एक अनाम आह्लाद का अनुभव किया। उसने एक उड़ती दृष्टि वृद्ध के व्रण-विवर्ण चेहरे पर डाली। नहीं, वहां कोई कृत्रिमता नहीं थी। उसे अपने दादू राव दूदा का स्मरण हो आया। राणा सांगा की इस मृदु पुकार ने उनके प्रति संचित होते जा रहे सम्पूर्ण कलुष को तत्काल धो दिया। वह अपने स्थान से उठी और राणा सांगा के चरणों पर अपना मस्तक रख दिया। विगलित अवसाद अथवा अप्रतिम प्रसन्नता के आंसुओं ने पैर पखार दिये। राजपूत योद्धा का अन्तर और करुणा-पूरित हो आया।

"बेटी !" राणा ने ही आरम्भ किया, "विगत को विस्मृत कर देना ही बुद्धिमानी है। तुम्हारे साथ अन्याय पर अन्याय हुआ है। पर मेरी प्रार्थना है कि उस सबको भूल जाओ। एक तरह से इस संसार में तुम्हारा कोई नहीं रहा। पर विश्वास रखो यह वृद्ध जब तक जीवित रहेगा तुम्हें तुम्हारे दादू का प्यार ही देता रहेगा। मुझमें और राव दूदा में कोई अन्तर नहीं मानो। आज से मेरी बेटी उदा और तुम में कोई अन्तर मेरा मन नहीं देख पायेगा। मैं नहीं जानता विधाता ने अभी मेरे जीवन में कितने वर्ष शेष रख छोड़े हैं पर मैं तुम्हें आश्वस्त कर सकता हूं कि इन शेष वर्षों में मैं तुम्हें मानवीय प्यार और अपने अकृत्रिम दुलार से कभी वंचित नहीं रहने दूंगा।"

"पिताजी !" मीरा सिसकियों के मध्य बोली, "किसी का कोई अपराध नहीं है। सब नियति का चक्र है। मुरलीमनोहर सबको नाना नाच नचा रहा है। वह चाहे जिस कार्य के लिए किसी को निमित्त बना ले। आप भी निमित्तमात्र ही बने हैं मेरी दीर्घ दुर्भाग्य-गाथा के। विश्वास मानिए आपसे मुझे अब कोई शिकायत नहीं। मुझे आपकी आश्वस्ति पर पूरी आस्था है। साथ में आप में अपने दादू की ही प्रतिछाया देख रही हूं। सही है कि मुझे इस समय मानवीय स्नेह और सम्बल की नितान्त आवश्यकता है। विपत्तियों की अनवरत मार ने मेरे अन्तर को क्षत-विक्षत कर दिया है। ठीक है कि मुरलीमनोहर मेरे एक बहुत बड़े आधार हैं। पर मैं अनुभव कर रही हूं कि मनुष्य के जीवन में मानवीय करुणा और स्नेह का भी कुछ कम स्थान नहीं। सही है कि मैंने मुरलीधर को पति के रूप में वरा है पर पिता तो आप ही हो सकते हैं…।" कहते-कहते मीरा फूट-फूट कर रो पड़ी।

राणा सांगा ने उसे चरणों से उठाया और उसके आंसू पोंछते हुए बोले, "मत रो बेटी, पिता का प्यार तुम्हें सदा सुलभ रहेगा। मेरा सम्बल तुम्हें सहज उपलब्ध रहेगा। तुम अब अपने मन से अवसाद को निकाल मुझ में ही तुम अपने दादू, अपने वीर पिता और यशस्वी भाई को एक साथ देखो। मुरलीमनोहर में तो तुम भोज को पहले से प्रत्यारोपित कर ही चुकी हो।"

"मैं आपकी ऋणी रहूंगी पिताजी। मैं सचमुच अब तक अपने को अत्यन्त टूटी हुई और आधार-रहित अनुभव कर रही थी। पर मुरलीमनोहर ने आपके निमित मुझे स्नेह का एक अजस्र स्रोत ही प्रदान कर दिया। यह भी उस लीलाधर की एक लीला ही है। डूबते को तिनके का सहारा भी पर्याप्त होता है, उसने तो मुझे जल-पोत ही प्रदान कर दिया।"

"यह तुम्हारी महानता है बेटी कि तुम इस बूढ़े को इतना मान दे रही हो वर्ना मैं निर्दयी इस योग्य कहां था? खैर, मैं अब अक्सर आऊंगा और अपनी बेटी का कुशल-क्षेम पूछता रहूंगा।"

"कुशल-क्षेम ही नहीं," मीरा ने उनकी ओर भीगी आंखों से देखते हुए कहा, "इस अभागिन पर अपने अजस्र स्नेह का भी वर्षण करते रहेंगे।"

"वह तो होगा ही," राणा सांगा ने उसके मस्तक पर हाथ रखते हुए कहा, "मुरलीमनोहर के प्रेम का अनवरत वर्षण तो तुम पर होता ही रहता है। उसके अलौकिक और अकारण स्नेह के समक्ष मेरे स्नेह का मूल्य ही कितना है? पर जैसा मैंने कहा है तुम्हें बेटी के रूप में एक वृद्ध बाप का प्यार सदा उपलब्ध रहेगा।"

"मैं धन्य हुई पिताजी! बड़भागिनी हूं मैं।"

"बड़े भाग्य तो हमारे हैं मीरा," महाराणा ने कहा, "तुम्हारे सदृश प्रतिभा-सम्पन्न और भक्ति-परायणा को पुत्र-वधू के रूप में हमने पाया। यह इस पूरे राज-महल, नहीं पूरे मेवाड़ राज्य का सौभाग्य है। हमने लक्ष्मी को, साक्षात् सरस्वती को, कह लो कृष्ण-प्रिया राधा को ही पाया है। हमसे अधिक भाग्यशाली कौन होगा?"

"यह तो आपकी अतिरिक्त उदारता है पिताजी, कि आप मुझे इतना मान दे रहे हैं वर्ना मैं इस कुल के लिए दुर्भाग्य ही सिद्ध हुई हूं। मैं जीती रही और आपके युवराज भोज···।"

"इस बात को भूल जाओ बेटी।" राणा ने मीरा को बात पूरी नहीं करने दी, "उसमें तुम्हारा कोई दोष नहीं। हां, एक निवेदन है।" महाराणा ने बात को नया मोड़ दिया।

"निवेदन नहीं, आज्ञा कहिए पिता जी!"

"तुम बड़े अच्छे पद बनाती तो और उन्हें लय-छन्द के साथ गाती हो। इस वृद्ध को सुनने का अवसर नहीं मिला। क्या आज उसे एक भजन गाकर नहीं सुनाओगी?" चतुर राणा सांगा एक ही बार में सारा कलुष धो डालना चाहते थे। उन्होंने देख लिया था कि कोने में पड़ा इकतारा धूल चाट रहा है। निश्चित ही रतन सिंह और जयमल की मृत्यु के पश्चात उसे हाथ भी नहीं लगाया गया था।

"गायन तो मन से कभी का निकल चुका है। पिताजी, पर आपका आदेश है तो प्रयास करना ही पड़ेगा।"

"हां बेटी अपने वृद्ध बाप के कान तृप्त कर दो। बड़ी कृपा होगी तुम्हारी उस पर।" राणा सांगा ने अत्यन्त प्रेम-पगे शब्दों में कहा।

"कृपा नहीं कहिए पिताजी! मैं कृपा करने की अधिकारिणी कहां? कृपा तो आपकी होनी चाहिए। खैर मैं प्रयास करती हूं आपका मन रखने का।"

मीरा ने इकतारे को हाथ में उठाया। उसे धूल-गर्द से रहित किया और

सम्पूर्ण एकाग्रता से उसके तारों पर अपनी पतली अंगुलियां फेरीं। एक स्वर्गिक स्वर-लहरी पूरे कक्ष में व्याप्त हो गई। दो क्षणों तक उसने उस पर यों ही कोई धुन बजाई और रणभेरी और अन्य रण-वाद्यों के तुमुल स्वरों के आदी राणा इस मीठी स्वर-लहरी पर आनन्द विभोर हो उठे। थोड़ी देर के लिए तो उन्हें अपनी स्थिति का भी बोध नहीं रहा। स्वर-लहरी जब समाप्त हुई तो उन्हें लगा अब तक वे किसी अन्य लोक में ही प्रतिष्ठित थे। अब सहसा धरती पर आ गिरे हैं।

"वाह-वाह!" राणा सांगा के मुख से निकला, "ऐसी मीठी धुन तो मैंने जीवन में पहली बार सुनी। धन्य हुआ मैं। अब तक तो मैं रण-वाद्यों को ही संसार का सर्वश्रेष्ठ संगीत मानता था। अब एक भजन भी सुना दे बेटी! कर्ण तृप्त हो जायं।"

मीरा ने इकतारे को फिर छेड़ा और उसके स्वर से स्वर मिलाकर गाना आरंभ किया—

भज मन चरण कंवल अवणासी।
जेताई दीसां धरण गगव मां,
तेताई उठ जाती।
तीरथ बरतां ग्याणां कथंता,
कहा लयां करवत कासी।
यो देही रो गरब ना करणा,
माटी मां माटी मिल जासी।
यो संसार चहर रां बाजी,
सांझ पड़्यां उठ जासी।
कहा भयां था भगवा पहर्यां,
धर तज लयां संन्यासी।
जोगी होयां जुगत णां जाणा।
उलट जणम रां फांसी।
अरज कराँ अबला कर जोर्यां,
स्याम तुम्हारी दासी!
मीरां रे प्रभु गिरधर नागर,
काट्यां म्हारो गांसी॥

जब तक पद का गान चलता रहा, राणा सांगा जैसे स्वर्ग-लोक में भी प्रतिष्ठित रहे किसी भाव-निद्रा में निमग्न रहे।

जैसे ही मीरा का गायन समाप्त हुआ, राणा इस निद्रा से जागे। कुछ क्षणों के लिए तो वे स्तब्ध बैठे रहे। फिर भाव-विह्वल शब्दों में बोले—"मैं कृतार्थ हुआ मीरा! मुझे दुःख है कि मैंने अब तक हीरा को कांच समझ धूल में फेंक रखा था। तुम मुकुट में धारण करने योग्य मणि हो।"

मीरा ने कृतार्थता में सिर झुका दिया।

"मैं पुनः आऊंगा बेटी!" कहते हुए राणा सांगा उठे। जीवन भर शस्त्रास्त्रों से खेलने वाले वृद्ध राणा सांगा की आंखों के कोनों से भी आंसू की दो बूंदें भूमि पर टपक पड़ीं। मीरा से ये आंसू अनदेखे नहीं रहे।

बयानवे

राणा सांगा ने अपना प्रण रखा। वे प्रायः मीरा को प्रोत्साहित करने उसके पास आने लगे। उनका कर्कश स्वर मीरा के समक्ष, आत्मीयता से ओत-प्रोत हो माधुर्य से भर आता। मीरा को सचमुच अपने दादू राव दूदा का स्नेह-सिक्त स्वर ही राणा के शब्दों के माध्यम से फूटता प्रतीत होता। वह पुनः अपने बाल्यावस्था में लौट जाती और जब तक राव दूदा उसके समक्ष रहते वह अपना सम्पूर्ण दुःख-दर्द भूल बैठती।

राणा के अकृत्रिम प्रेम के फलस्वरूप मीरा के मन का उपवन पुनः हरा-भरा हो आया। मुरलीमनोहर के प्रति उसके मन में जो अनजाने एक आक्रोश जग आया था, वह भी धीरे-धीरे तिरोहित हो गया। वह उनके विग्रह की सेवा-सुश्रुषा में पुनः पर्याप्त मनोयोग से लग गई। उसे लग रहा था कि वृद्ध राणा सांगा के रूप में उसे एक ऐसे विशाल वट-वृक्ष की छाया प्राप्त हो गई है जिसकी शीतलता में वह अपने दुःख-दर्द के ताप को अत्यन्त सहजता से झेल लेगी।

महाराणा उससे अक्सर कोई-न-कोई पद सुनाने का आग्रह करते और मीरा राणा के स्नेह पूर्ण आदेश को कभी टाल नहीं पाती। हां, महाराणा का आग्रह उसके लिए आदेश-स्वरूप ही था।

मीरा की काव्य-प्रतिभा की अंतर्सलिला जो प्रतिकूल परिस्थितियों के अनवरत घात-प्रतिघात से किसी मरु-स्रोत की तरह ही सूख गई थी पुनः जाग्रत हो उठी और वह अपने आराध्य की अभ्यर्थना में नित्य नए पद रचने लगी।

ललिता भी मीरा के इस परिवर्तन से अत्यन्त प्रसन्न हुई और उसने अपने इष्टदेव बाल-गोपाल के समक्ष सिर झुका उन्हें लाख-लाख धन्यवाद दिया, "चलो अन्ततः तुमने मेरी सखी के होंठों की हंसी को वापस कर दिया। राणा सांगा का हृदय परिवर्तित कर निराशा और अनुत्साह के अथाह सागर में डूबती-इतराती मीरा को तुमने अपनी अकारण कृपा से एक समर्थ सम्बल प्रदान कर दिया।"

एक-दो महीने में मीरा की मनःस्थिति प्रायः सामान्य हो आई। राणा सांगा से वह पर्याप्त घुल-मिल गई और वे किसी दिन उसकी ओर नहीं भी आ पाते तो वह स्वयं उनके कक्ष में पहुंच जाती—"दादू ! मैंने अपने गिरधर के लिए आज एक नई पद-रचना की है।"

राणा सांगा मुसकराते हुए अपने आसन पर पूर्णतया व्यवस्थित हो आसीन हो जाते और बोलते—"सुनाओ बेटी ! जरा मैं भी तुम्हारी नई रचना का रसास्वादन करूं। और हां जरा उसे गाकर सुनाना। अपनी इकतारा लाना भूल गई ? तुम्हें क्या पता इकतारे के तारों पर खेलती तुम्हारी उंगलियां किस जादुई संसार की सृष्टि करती हैं और उनकी ध्वनि के साथ जब तुम्हारे कंठ का माधुर्य घुल उठता है तो वातावरण किस अलौकिक आनन्द से भर आता है।"

मीरा दौड़ती अपना इकतारा लाने। उसके पैरों में जैसे प्रसन्नता के पंख लग जाते पर राणा उसे रोक लेते, "नहीं, नहीं, तुम नहीं जाओ। मैं किसी दासी को भेजता हूं उसे लाने के लिए।"

"नहीं दादू ! मेरे इकतारे को किसी दासी अथवा परिचारिका का हाथ नहीं

लगना है। मुरलीमनोहर को अर्पित उस बाद्य को किन्हीं और करों का स्पर्श मुझे सह्य नहीं।"

"क्या इस वृद्ध के करों का भी नहीं ?" राणा सांगा एक हल्की स्मिति से पूछते।

मीरा को अपने कथन की भूल का अनुमान होता और वह तत्काल उत्तर देती, "नहीं दादू आपका स्पर्श क्यों वर्जित होगा। आप तो देवता-स्वरूप हैं।"

राणा मन-ही-मन मुसकराते—जीवन भर रण-क्षेत्रों में दानवी कला का प्रदर्शन कर सैकड़ों वीरों को मौत के घाट उतारने वाला देवता कब से होने लगा ? हां, वह यम-देव अवश्य हो सकता है और ये रक्त-रंजित कर मीरा के इकतारे के स्पर्श-योग्य हैं तो किसी परिचायिका के करों में क्या कमी है ? वे प्रत्यक्षतः बोलते—"फिर तुम यहीं रुको, मैं ही तुम्हारे इकतारे को उठा लाता हूं।"

"नहीं, नहीं, दादू", मीरा रुककर बोलती, "मैं आपको यह कष्ट नहीं दे सकती। मेरा इकतारा पर्याप्त भारी है।"

"तो क्या तुम्हें इस वृद्ध के करों की शक्ति में इतना अविश्वास हो गया ? काश तुमने कभी रणांगन में मेरे हाथ में पड़ी विशाल तलवार को नृत्य करते हुए देखा होता !" महाराणा मुस्करा कर बोलते।

"जानती हूं। जानती हूं दादू !" मीरा बोलती, "आपकी तलवार के भार और उसकी धार को भी। पर मेरा इकतारा आपकी तलवार से भारी चाहे कम हो पर कोमल अधिक है।"

"तो तुम्हें डर है कि मेरे हाथों का स्पर्श पा उसके तन्तु बिखर जायेंगे ?"

मीरा अब इस बात का क्या उत्तर देती। फिर कुछ सोच कर कहती, "आप अब इतने हृदय-हीन नहीं कि मेरे इकतारे के तारों को भी नहीं सहेज सकें—।"

"इसका तात्पर्य यह है कि पहले मैं हृदय-हीन था ?" राणा सांगा मीरा को बात पूरी नहीं करने देते।

मीरा पुनः निर्वाक्। उसे लगता राणा सांगा मात्र संग्राम के ही चतुर खिलाड़ी नहीं, बातचीत में भी कम पटु नहीं।

"एक बात कहूं दादू ?" मीरा चौखट पर रुके हुए ही पूछती।

"पूछो, देखूं तो मेरी बेटी ऐसा कौन-सी बात कहती है जिसका उत्तर मेरे पास नहीं है।"

"उत्तर तो आपके पास हर प्रश्न का है।" मीरा बोलती, "ऐसा कौन है जो आपको निरुत्तर कर दे, पर मैं दूसरी बात कह रही थी, वही हृदयहीनता वाली बात लेकर।"

"क्या ?"

"आप, जैसा कि मैं आरम्भ से देखती आ रही हूं और इधर अधिक देखा है, सामान्य जीवन में तो एकदम हृदय-हीन नहीं अपितु आपके दयार्द्र हृदय के तुल्य और किसी हृदय का मिलना कठिन है पर रण-क्षेत्र में आप अवश्य हृदय-हीन होते हैं। ऐसा कैसे संभव होता है ?"

"हा ! हा ! हा !" राणा सांगा ठठाकर हंसते, "आज तक एक ही व्यक्ति मिला जिसने मुझे ठीक से समझा, तुमने ठीक कहा बेटी ! रणांगन में इस राणा के हृदय

से दया, माया, करुणा, स्नेह, प्रेम सब ऐसे गायब हो जाते हैं जैसे प्रातः काल में नीड़ों से पखेरू। यह क्षत्रिय-धर्म है बेटी! तुम क्षत्रिय-पुत्री हो तो क्या हुआ समरांगण में उतरे क्षत्रिय की विवशता को तुम नहीं समझ सकती। वहां सच्चा क्षत्रिय योद्धा सचमुच मानव नहीं दानव होता है। मेरे उस रूप को तुम भूल जाओ। मेरे दूसरे रूप का ही तुम स्मरण रखो। सही है कि रणांगन से बाहर मैं एक बालक के तुल्य सरल होता हूं, नहीं उस समय मेरा हृदय एक बाल-हृदय से भी अधिक मृदुल होता है।"

"यह बात सही है दादू।" मीरा कहती, "और आपके अन्तर की इसी मृदुता-ऋजुता ने मुझे नव-जीवन प्रदान किया है।"

"तो क्या तय हुआ? इकतारा मैं लाऊंगा या तुम?" राणा अपने आसन से उठने का प्रयास करते हुए बोलते।

"इसका उत्तर है दादू!" मीरा के होंठों पर उसकी चिर परिचित स्मिति खेलती।"

"क्या?"

"अगर आपके विशाल खड्ग को खूंटी से उतार कर लाने की आवश्यकता पड़े तो उसे मैं लाऊंगी या आप?"

महाराणा मीरा की वाक्पटुता से प्रभावित हुए बिना नहीं रहते और अन्ततः कह ही पड़ते, "जाओ भई तुम्हीं अपने इकतारे को लाओ। पर देर नहीं करना मैं आतुरता से तुम्हारे नए पद को सुनने की प्रतीक्षा कर रहा हूं।"

मीरा दौड़ी हुई जाती। मुरली मनोहर के चरणों में सिर झुका अन्ततः इतना प्यार, इतना स्नेह उसकी झोली में भर देने के लिए धन्यवाद देती और धीरे-से अपने इकतारे को दोनों हाथों में उठा, राणा सांगा के कक्ष की ओर चल देती। मार्ग में उसके होंठों पर उसके नवनिर्मित पद की पंक्तियां थिरकती रहतीं। वह महाराणा के आसन के समक्ष भूमि पर ही एक आसन डाल बैठ जाती और इकतारे के स्वर से स्वर मिला कर अपना नया पद गा उठती।

वातावरण सदा की तरह एक अलौकिक, अकल्पित और नैसर्गिक माधुर्य से ओत-प्रोत हो उठता।

इसी मध्य राणा सांगा ने एक दिन मीरा ने कहा—"बेटी!"

"पिताजी!"

"तुम्हें कुछ पता है?"

"क्या?" मीरा साश्चर्य पूछती।

"नीचे का श्रीकृष्ण-मंडप उपेक्षित पड़ा है। मंदिर के श्रीकृष्ण-विग्रह की भी वही स्थिति है।"

"यह तो है।" मीरा नें कुछ चिन्तित-सा होते हुए कहा।

"श्रद्धालु नित्य वहां आते हैं। श्रीकृष्ण से अधिक तुम्हारे दर्शनों के लिए। तुम्हारे नृत्य-गान और भजन के लिए। बेचारे निराश लौट जाते हैं।"

"क्या आज्ञा है पिताजी?" मीरा राणा सांगा के मन्तव्य को समझकर पूछती।

"मेरी बात तुम समझ सकती हो बेटी!" राणा सांगा बोलते।

"श्रीकृष्ण-मंडप में पुनः मेरे उतरने का आदेश देते हैं?"

"आदेश नहीं देता, आग्रह करता हूं।"

मीरा ने कुछ देर तक सोचा और फिर कहा, "एक बार पति के दिवंगत होने के पश्चात् किसी तरह अपने मन को मना कर मैंने भक्तों का मन रखने के लिए पैरों में घुंघरू बांधा था। पिता और भाई की मृत्यु के पश्चात् अब पुनः साहस नहीं जुटा पा रही हूं।"

"श्रीकृष्ण से नहीं रूठते बेटी!" महाराणा ने मधुर शब्दों में कहा, "वह जो कुछ करता है, ठीक करता है।"

"श्रीकृष्ण से तो मैं अवश्य मान कर बैठी हूं पिताजी!"

"मुझसे तो नहीं न?" महाराणा ने फिर मीठे शब्दों में कहा।

"आप? नहीं, नहीं, आपसे नहीं। आपने तो मुझे नूतन जीवन दिया है।"

"तो मेरा आग्रह या आदेश जो समझो उसे मान कर श्रद्धालुओं के हृदय को नहीं तोड़ो।"

मीरा ने इस बार कुछ देर तक ही सोचा और फिर बोली, "ठीक है पिताजी, आपकी आज्ञा का उल्लंघन मेरे वश की बात नहीं। आपने मुझे पिता का प्रेम दिया है। मेरे दादू राव दूदा की स्मृति आप में साकार हो उठी है। मैं आज संध्या से ही श्रीकृष्ण-सेवा में पुनः लग जाऊंगी।"

महाराणा की आंखों के कोनों में अश्रु-बूंदें घिरीं और वे मीरा की मुक्त केश राशि पर टपक पड़ीं। वे विगलित स्वर में बोले, "मैं धन्य हुआ बेटी! तुमने मेरी लज्जा की रक्षा कर ली। पूरी प्रजा मुझे धिक्कार रही थी। श्रद्धालु मेरे नाम को कोस रहे थे।"

और उसी शाम से श्रीकृष्ण मंडप को पुनः नया जीवन मिल गया। मीरा वहां पूर्व की तरह ही नित्य अपराह्न अपनी विशेष उपासना पद्धति—नृत्य-गान और भजन—से श्रद्धालुओं और श्रीकृष्ण को प्रसन्न करने लगी।

तिरानबे

पानीपत के प्रसिद्ध युद्ध में इब्राहीम लोदी को परास्त करने के पश्चात् बाबर को दिल्ली का सिंहासन तो अवश्य मिल गया पर उसके लिए पूरे हिन्दुस्तान पर अधिकार करने का स्वप्न, स्वप्न ही बना रहा।

इब्राहीम के समर्थक कई अफगानों ने स्थान-स्थान पर विद्रोह का झंडा ऊंचा कर दिया और अपने को स्वतंत्र घोषित कर दिया।

सम्भल में कासिम ने, धौलपुर में मुहम्मद जैतून ने, ग्वालियर में सत्तार खां लोहानी ने, कुतुब खां ने इटावा में, कालपी में आलम खान ने, कन्नौज में नासिर खां ने, बिहार में बहार खां ने तथा इसी तरह कई स्थानों पर विभिन्न अफगान सरदारों ने अपने-अपने गढ़ मजबूत कर लिए।

बाबर ने अपनी स्थिति को सुदृढ़ करना आरम्भ किया और इसी क्रम में उसने कालपी, धौलपुर और बयाना के किलों पर अपना अधिकार स्थापित कर लिया।

राणा सांगा ने जब बयाना के मुगल किलेदार को परास्त कर उस पर अपना अधिकार जमा लिया तो जैसे उन्होंने बर्रे के छत्ते में ही हाथ डाल दिया।

बाबर इस राजपूत शासक के कारनामे पर भड़क उठा और उसने उसे सबक सिखाने की ठान ली।

वास्तविकता तो यह है कि वीर राणा सांगा की दृष्टि आरम्भ से ही बयाना आदि की तरह छोटे-मोटे राज्यों और किलों पर नहीं थी बल्कि वे दिल्ली की गद्दी को इब्राहीम लोदी से खाली करा कर उस पर अधिकार करना चाहते थे।

यह राणा सांगा ही थे जिन्होंने काबुल में बाबर को आमंत्रण भेजा था कि बाबर जब उत्तर की ओर से दिल्ली पर आक्रमण करेगा तो राणा सांगा आगरा की ओर से आक्रमण बोल देंगे। बाबर ने इसके बदले उनको कालपी, धौलपुर और बयाना के राज्यों पर अधिकार दे देने की बात कही थी।

बाबर को राणा सांगा से इस बात की चिढ़ थी कि उन्होंने वायदा-खिलाफी की और इब्राहीम पर आक्रमण के समय साथ नहीं दिया। राणा इस बात से चिढ़े बैठे थे कि बाबर ने अपने विजय-अभियान के क्रम में कालपी, धौलपुर और बयाना को भी धर दबोचा। इसीलिए राणा सांगा ने इन तीनों में सर्वाधिक महत्वपूर्ण किले बयाना को अपने अधिकार में कर लिया।

किन्तु दिल्ली के सिंहासन पर राणा सांगा की दृष्टि अब भी लगी थी।

उन्हें उम्मीद थी कि तैमूर आदि अन्य आक्रामकों की तरह बाबर भी दिल्ली को नोच-खसोट कर लौट जाएगा और तब वे दिल्ली के सिंहासन पर अपना अधिकार स्थापित कर लेंगे। पर बाबर के हिन्दुस्तान में जम जम जाने से और अपने राज्य के विस्तार में लीन होने से राणा सांगा के कान खड़े हो गए और उन्होंने इस बाहरी आक्रामक को भारत की धरती से खदेड़ देने की ठान ली।

उधर बाबर को भी अफगान विद्रोहियों की अपेक्षा राणा सांगा के सामरिक संगठन और राजपूतों की बहादुरी से ज्यादा खतरा था। कहने की आवश्यकता नहीं कि महाराणा सांगा उस समय के सर्वाधिक प्रसिद्ध योद्धा थे और सर्वदा आपस में ही ईर्ष्या-द्वेष-वश युद्ध-रत रहने वाले राजपूताने के राजाओं को उन्होंने पहले-पहल इस दृष्टि से एकजुट किया था कि इस विदेशी आक्रान्ता से देश को मुक्त कराया जाय।

उधर बाबर भी समझ गया था कि राजपूताना का मान-मर्दन किए बिना हिन्दुस्तान पर उसकी विजय कभी भी पूरी नहीं हो सकती और इस दृष्टि से वह राजपूतों को सबक सिखाने के लिए अपने तोपखानों, अश्वारोहियों और पैदल सिपाहियों के साथ राजपूताने की तरफ कूच कर चुका था।

राणा सांगा के गुप्तचरों ने बाबर की इस योजना की सूचना उन तक पहुंचाई।

बूढ़ी नसों के खून में ज्वार जग आया। रण-भेरियां बज उठीं और राजपूती सेना राणा सांगा के नेतृत्व में बाबर को परास्त करने के इरादे से प्रस्थान करने को प्रस्तुत हो गई। स्थान-स्थान के राजपूत-राजाओं को अपनी-अपनी सैन्य वाहनियों के साथ प्रस्तुत रहने को, विशेष दूतों द्वारा, सूचना दे दी गई। कई बागी अफगान सरदार भी महाराणा का साथ देने को तैयार हो गए। इन सेनाओं को

महाराणा की बढ़ती वाहिनी के साथ स्थान-स्थान पर वैसे ही मिल जाना था जैसे गंगा की सहायक नदियां उसकी धार में आ मिलती हैं। बाबरनामा के अनुसार इस महती सेना की संख्या अन्ततः दो लाख हो गई थी और उसकी सेना केवल चालीस हजार थी। किन्तु वास्तविकता यह थी कि राजपूती सेना मुगल-सेना से मात्र दूनी थी।

राजपूती-सेना के कूच की बात, बात की बात में जंगल की आग की तरह चारों ओर फैल गई।

स्वयं चित्तौड़गढ़ से भी एक-से-एक वीर कवच-पगड़ीधारी अश्वारोही कमर में म्यान-युक्त तलवार और कटार खोंसे और कुछ भाला और ढाल लिए, बाण से छुटे तीर की तरह बाहर आने लगे। नीचे आकर सबको संगठित होना था तब इस टुकड़ी को आगे बढ़कर अन्य टुकड़ियों से मिलना था।

चौरानबे

राणा सांगा अपने को अस्त्र-शस्त्र से सुसज्जित कर रहे थे कि ललिता हांफती-दौड़ती उनके पास पहुंची।

महाराणा ने प्रश्न-सूचक दृष्टि उसकी तरफ उठाई। अभी उनका सारा ध्यान युद्ध और उससे सम्बन्धित तैयारी में लगा था।

"आपकी पुत्र-वधू आपसे एकान्त में मिलने की अनुमति चाहती है।" ललिता ने निवेदन किया।

"उसे सूचित करो कि मैं बिना अपनी पुत्र-वधू से मिले चित्तौड़गढ़ से नीचे नहीं उतरनेवाला।"

ललिता उल्टे पांवों लौट गई।

मीरा अपने कक्ष में आतुरता से चहलकदमी कर रही थी। जब से रणभेरियों का स्वर उसके कानों में पड़ा था वह पूरी तरह अव्यवस्थित हो आई थी। उसका अन्तर आन्दोलित हो आया था—"हे प्रभु पुनः युद्ध ?" उसे अपने पिता और भाई की मृत्यु की याद ताज़ा हो आई और उसके हृदय की धड़कन बढ़ गई। उसे विशेष चिन्ता इस बात को लेकर हुई कि स्वयं महाराणा इस युद्ध का नेतृत्व करने जा रहे हैं। सब कुछ समाप्त होने के पश्चात उन्हीं के स्नेह की छाया में वह अपने दिन काट रही थी, कहीं इस वृद्धावस्था में उनको कुछ हुआ···।

"ललिता !" राणा का संवाद सुन मीरा ने कहा।

"बोलो।"

"क्या महाराणा को इस संग्राम में भाग लेने से रोका नहीं जा सकता ?"

"नहीं।"

"क्यों ?"

"इस क्यों का कोई उत्तर नहीं है। अगर तुमसे कोई पूछे कि तुम मुरली-मनोहर की अर्चना बन्द कर दोगी, उनसे प्रेम करना बन्द कर दोगी, उन्हें अपना

पति मानना बन्द कर दोगी तो तुम्हारा क्या उत्तर होगा ?"

"नहीं ।"

"क्यों ?"

"क्योंकि मुझे मुरलीमनोहर से प्रेम है। वह मेरे रग-रग में बसे हैं।" मीरा ने उत्तर दिया।

"यही बात महाराणा के साथ है।"

"किस रूप में ?"

"उन्हें भी युद्ध से प्यार है। उनके रक्त की एक-एक बूंद में युद्ध के नाम पर ज्वार जग आता है।"

इसी समय महाराणा ने मीरा के कक्ष में प्रवेश किया—एकदम योद्धा के रूप में। सिर पर लोहे के टोप के ऊपर केसरिया पगड़ी। छाती पर लौह-कवच। कमर में एक तरफ तलवारयुक्त खुंसी म्यान और दूसरी तरफ कटार।

एक क्षण को मीरा की समझ में नहीं आया इस वीर वेषधारी श्वसुर के लिए वह शिष्टाचार की किस पद्धति को अपनावे। हाथ जोड़कर नमस्कार करे अथवा सदा की तरह चरणों पर मस्तक रख दे। अन्ततः उसने वही किया जो अब तक करती आई थी। उनके पदत्राण युक्त चरणों पर अपना सिर रख दिया।

"अरे मैं तो इन्हें बाहर उतारना भूल ही गया।" राणा सांगा हड़बड़ाकर बोले।

"कोई बात नहीं। आपने कोई भूल नहीं की।" मीरा ने आर्द्र कंठ से कहा।

"क्यों यह तुम्हारा पूजा-कक्ष है ? इसमें तुम्हारे मुरलीमनोहर की मूर्ति…।"

"आपके पदत्राणों की धूलि मेरे मुरलीमनोहर से कुछ कम पवित्र नहीं है। अभी मैं आपसे कुछ आग्रह करनेवाली थी।"

"शीघ्र बोलो बहू, मुझे समय नहीं है।"

"तब तो नहीं बोलना ही अच्छा है।" मीरा सिर झुकाकर बोली।

"अच्छा कहो।" महाराणा रजत-मंचक पर आसीन हो गये।

"क्या यह युद्ध टाला नहीं जा सकता। एक और नर-संहार ? मानव-रक्त का अन्ततः कोई मूल्य रह गया है या नहीं ?" मीरा ने सिर उठाकर पूछा।

"यह मेरी क्षत्राणी पुत्र-बधू पूछ रही है या कृष्ण भक्तन मीरा ?"

महाराणा स्पष्टतः युद्धोन्माद से ग्रस्त थे।

"दोनों।"

"तो अपनी पुत्र-बधू को तो यह बताना है कि क्षत्रिय युद्ध के बिना जी नहीं सकता। वह उसी के लिए बना है। कृष्ण-दीवानी मीरा से यह कहना है कि यह युद्ध हम पर थोपा गया है। इसका हमने आह्वान नहीं किया है अपितु युद्ध ही अति तीव्रता से हमारा आह्वान कर रहा है। बाबर की दृष्टि राजपूताने पर गड़ गई है और वह हमारी तरफ कूच कर चुका है। यदि हमने उसे मार्ग में ही नहीं रोका तो राजपूताने की खैर नहीं।"

"मैंने मान ली आपकी बात।" मीरा ने अब तर्क अनावश्यक समझा, "पर क्या आपके अलावा कोई और इस युद्ध का नेतृत्व नहीं कर सकता ? मेरा मतलब मेरे देवरों में से कोई राणा रत्न सिंह अथवा विक्रमाजीत ?"

"क्या तुम्हें मेरे बाहुबल में विश्वास नहीं रहा ? मत समझो कि मैं वृद्ध हो गया हूं और शेर जब तक जीवित रहता है स्वयं आखेट करता है। अपने शावकों पर यह कार्य नहीं छोड़ता।"

"नहीं, मुझे आपकी वीरता में कोई सन्देह नहीं।" मीरा ने स्पष्ट कहा।

"तब ?"

"इतने दिनों तक पिता का प्रेम दे मुझ अभागन को आप अकेली छोड़-कर···।" मीरा विह्वल हो आई।

"तो क्या तुम्हें मेरे लौटकर आने में सन्देह है ?" राणा के स्वर पर क्षत्रियो-चित दर्प चढ़ा।

"नहीं, ऐसी बात नहीं, मेरा मतलब युद्ध, युद्ध है, पता नहीं उसमें कितना समय लगे तब तक मैं आपके स्नेह के साया से वंचित···।"

"नहीं," महाराणा बीच में ही बोले, "यह युद्ध दिनों का भी नहीं घण्टों का होगा। हमारे राजपूत वीर बात की बात में इन आक्रमणकारियों को धूल चटा देंगे और उनके नेता बाबर को या तो कैद कर लेंगे या उसके धड़ से उसका सिर अलग कर देंगे।"

"आप कृपया अपने स्थान पर किसी और को भेज दीजिए।" मीरा ने जिद की।

"तुम मेरे प्रति अतिरिक्त आकर्षण के कारण ऐसा कह रही हो। तुम्हें भय है कि मुझे कहीं कुछ हो न जाय। सोचो अगर मेरे स्थान पर मेरे अलावा कोई और ही जाता है और उसे कुछ हो जाता है तो क्या मुझे या तुम्हें अच्छा लगेगा ?"

"उसे ऐसा नहीं हो सकता।"

"कैसा ?"

"जैसा आपको हो सकता है।"

"क्यों ?"

"क्योंकि सभी साहसी होते हैं। आप दुस्साहसी हैं। सभी अपने प्राणों पर खतरा आने पर उससे बचाव के लिए कुछ भी कर सकते हैं, पैंतरे बदल सकते हैं पर आप प्राणों को हथेली पर लिए चलते हैं। लोग आग से भागते हैं, आप उसी से खेलते हैं।"

"इसीलिए मेरी ही वहां अधिक आवश्यकता है। मुझे खुशी-खुशी जाने की अनुमति दो बेटी !" राणा सांगा अकस्मात् अपने आसन से उठते हुए बोले।

"आपको मेरी सौगन्ध !" मीरा ने उनका मार्ग रोकते हुए कहा, "आप नहीं जाइए। न जाने मेरा मन क्यों घबरा रहा है। जिस डाली से मुझे थोड़ी भी छाया मिलने लगती है, वह कट जाती है। मैं आपके पैरों पड़ती हूं पिताजी, आप इस युद्ध में किसी और···।"

"असंभव।" राणा गरजे, "मेरा मार्ग छोड़ दो मीरा ! आज एक तरफ तुम सौगन्ध दे रही हो दूसरी तरफ इस देश की लाखों ललनाएं राणा संग्राम सिंह की ओर टकटकी बांधे देख रही हैं। सोचो तो जरा, अगर बाबर की बढ़ती हुई शक्ति को नहीं दबाया गया तो पूरे राजपूताने की क्या गति बनेगी ? तुम्हारे समान शत-सहस्र नारियां या तो कैद हो जाएंगी या सैकड़ों-हजारों धधके जौहरों में जल

भरेंगी। यह मातृभूमि का प्रश्न है बेटी ! इसमें राणा सांगा के प्राणों का मोह उसके पैरों में बेड़ियां नहीं बन सकता न तुम्हें अपने अतिरिक्त श्रद्धा और प्रेम को ही उसके मार्ग में आने देना चाहिए। छोड़ो, वीरों और सिंहों का मार्ग नहीं रोकते। मत यह समझने की भूल करो कि अभी तुम्हारे समक्ष केवल संग्राम सिंह है केवल संग्राम सिंह। उसे मुगलों को इस धरती से हटाना है, इस क्रम में वह किसी भी बाधा और सौगन्ध को अपने मार्ग में नहीं आने दे सकता।" इतना कहकर सामने खड़ी मीरा की बाईं ओर से निकलकर महाराणा कक्ष से बाहर हो गये।

मीरा मुरलीमनोहर के पैरों पर जा पड़ी—"निष्ठुर हो तुम ! जिस डाली को बैठने के लिए देते हो, उसे ही काट डालते हो। अब कितनी परीक्षाएं लोगे एक अबला की...?"

पिचानबे

आगरा से सैंतीस मील (चौहत्तर कोश) पश्चिम खान्वा नामक एक पहाड़ी गांव के पास मुगल और राजपूती सेनाओं ने मोर्चाबन्दी कर ली।

दोनों ओर से दो शेर ही अपनी-अपनी सेनाओं का नेतृत्व कर रहे थे। बाबर का अर्थ ही शेर होता है, लड़कपन में एक शेर को तलवार के एक वार से ही दो टुकड़े कर देने के कारण उसका नाम बाबर पड़ा था। राणा संग्राम सिंह तो विख्यात क्षत्रिय-शेर थे ही।

बाबर ने स्पष्ट देखा—उसकी सेना की संख्या राजपूतों की सैन्य संख्या के समक्ष कहीं नहीं ठहरती। राजपूतों की तलवारों की धार के समक्ष भी मुगलाई समशीर (तलवार) का पानी कहीं नहीं ठहरता। यह लड़ाई अल्लाह के भरोसे ही फतह हो सकती है वर्ना वे और उसके सिपाही अपने देश काबुल से दूर एक काफिर मुल्क की मिट्टी में दफन होने को मजबूर होंगे।

राजपूत सैनिक ज्वार-जगे सागर की तरह उफन रहे थे। 'हरहर महादेव' की ध्वनि से खान्वा की छोटी पहाड़ी ध्वनित-प्रतिध्वनित होने लगी थी। इस स्वर के समक्ष 'अल्ला हो अकबर' की क्षीण ध्वनि कहीं नहीं ठहरती थी।

बाबर के सैनिक इस सैलाब को देखकर हिम्मत हार बैठे। सरदारों ने राणा सांगा से सुलह कर जान बचाकर भाग चलने की सलाह दी। बहुतों को अपना देश काबुल याद आने लगा—हाय उस नखलिस्तान से निकलकर किस रेगिस्तान में अपने प्राण देने आ जुटे !

बाबर की हालत विचित्र थी। यह निर्णायक लड़ाई थी। इसमें पराजय अथवा इससे पलायन का अर्थ था मुगलों के पैर को सदा के लिए इस मुल्क से उखड़ जाना। इसमें विजय का अर्थ था हिन्दुस्तान के समान लम्बे-चौड़े और समृद्ध मुल्क का साम्राज्य। किन्तु विजय ? इस राजपूतवाहिनी पर असंभव थी। यहां इब्राहीम लोदी के समान किसी सामान्य अफगान सैनिक से पाला नहीं पड़ा था, सामने खड़ा था शेरे-हिन्दुस्तान संग्राम सिंह जिसके विशाल जबड़े इन चन्द मुगल सैनिकों

को चबा डालने को काफी थे।

मुगलों को फिर भी अपनी तोपों का भरोसा था। उस्ताद अली, उसका प्रधान तोपची बाबर को लगातार विश्वास दिला रहा था—"हमारी फतह होकर रहेगी हुजूरे आला! काफिरों के ये हाथी-घोड़े और उनके हजारों-लाखों सिपाही इन्हें किसी स्थिति में जीत नहीं दिला सकते। आप अल्लाह पर भरोसा रखें।"

हुआ वही। बाबर ने अपनी तोपचियों की एक पंक्ति एक हजार छोटे-बड़े तोपों के साथ आगे खड़ी कर दी। दो तोपगाड़ियों के मध्य में इतना स्थान कोई सवा सौ से डेढ़ सौ हाथ छोड़ा कि एक साथ एक सौ अश्वारोही दुश्मन पर आक्रमण बोल सकें।

अपनी सेना के उसने दो भाग किए—दक्षिणी हिस्सा और बाहरी हिस्सा। केन्द्र में भी एक जबदंस्त मोर्चाबन्दी की, जहां वह स्वयं उपस्थित हुआ।

कुछ तोपें केन्द्र में भी रखी गईं।

राजपूत फिर भी हताश नहीं हुए। उनके पास तोपें नहीं थीं पर उनकी सैन्य संख्या उनके आत्मविश्वास को उच्च बनाए रखने के लिए पर्याप्त थी।

महाराणा ने पारंपरिक रूप में अपनी व्यूह रचना की। सेना को चार पंक्तियों में सज्जित किया—अग्रिम पंक्ति, मध्य पंक्ति, दाईं पंक्ति और बाईं पंक्ति।

पर भाग्य राणा के पक्ष में नहीं था। यह पहले ही अपशकुन से स्पष्ट हो गया। अफगान सरदार सिलहदी जो राणा का बहुत बड़ा वफादार माना जाता था, अपने कई हजार सैनिकों के साथ बाबर से जा मिला।

दूसरा आकस्मिक और अप्रत्याशित धमाका हुआ, तोपची सरदार उस्ताद अली की ओर से। उसने एक बड़े तोप से इतना बड़ा गोला दागकर युद्ध आरंभ का संकेत दिया कि उसकी आवाज से ही राजपूती सैनिकों के कानों के पर्दे फटने-फटने को हो आए। अगली पंक्ति के राजपूती सेना के हाथी चिंघाड़ उठे और उनके दल में ऐसी भगदड़ मची कि उन्होंने अपने ही सैनिकों को अपने भारी पैरों के नीचे कुचलना आरम्भ कर दिया।

राजपूत सेना में भय का एक ऐसा भयानक वातावरण व्याप्त हो गया कि अपनी सेना के विश्वास को वापस लाने में राणा सांगा को काफी समय लगा।

पर इससे क्या होता? राजपूतों की चमचमाती तलवारें रखी की रखी रह गयीं और मुगलों की तोपों ने वह आग उगलना आरम्भ किया कि राजपूतों की प्रथम पंक्ति के सैनिक शमा पर जल मरने वाले पतंगों की तरह मरने लगे।

पर घबराए वह राणा सांगा क्या? राणा ने अपनी रणनीति बदली और आग-उगलती तोपों की चिन्ता किए बिना उन्होंने सैनिकों के एक बड़े हिस्से को मुगल-सेना के बायें भाग पर धावा बोलने का आदेश दे दिया।

यहां पर तोपों का जमाव नहीं था, अतः यहां राजपूतों की धारदार तलवारों ने मुगलों पर कहर ढाना आरम्भ किया। बात-की-बात में मुगलों की सेना का एक बड़ा भाग समाप्त हो गया।

बाबर इस स्थिति से घबराया। उसने मध्य के कुछ अश्वारोहियों को दो भागों में विभक्त कर राजपूतों की इस पंक्ति पर आक्रमण का आदेश दिया। केन्द्र में स्थित तोपों को भी बायीं तरफ की पंक्ति की सहायता के लिए लाया

गया। तोपों की मार से युद्ध की स्थिति बदली और मुगल, राजपूत-सेना के काफी अन्दर घुस आए।

राणा सांगा जो अपने अश्व पर आरुढ़ स्वयं युद्ध का संचालन कर रहे थे, ने अब पिछली पंक्ति के एक बड़े भाग को मुगलों के दाहिने भाग पर आक्रमण के लिए ललकारा। मुगल सैनिक पुन: गाजर-मूली की तरह कटने लगे। मुगलों की सेना घटकर आधी से कम रह गई!

बाबर ने राजपूतों के मनोबल को तोड़ने के लिए पीछे से भी राजपूती-सेना पर बम बर्षाना शुरू किया। राणा सांगा की ललकार पर राजपूतों ने आग-बरसाती तोपों की परवाह न कर मुगलों की बाईं पंक्ति पर पुन: दबाव बढ़ाया जो तोपों के वहां से हट जाने से कमजोर पड़ गई थी।

युद्ध ने निर्णायक रूप लिया। मुगलों की बाईं रक्षा-पंक्ति पूरी तरह ध्वस्त हो गई। राजपूत सैनिक मुगल सेना के केन्द्र-बिन्दु तक पहुंच गए। यहां बाबर स्वयं खड़ा था। निकट था कि वह राणा-सांगा से दो हाथ करने को बाध्य होता और तब वह सांगा की तलवार के वार को झेल पाता यह कहना कठिन था। उधर राजपूत सैनिकों की एक बड़ी संख्या भी बाबर के चारों ओर घेराबंदी कर चुकी थी। मुगलों की पराजय सामने थी। राजपूतों ने हरहर महादेव का नारा बुलन्द किया और उनकी विजय अब क्षणों की बात थी। पर तभी मुगल सेना के तोपची सरदार उस्ताद अली ने ठंडी पड़ी एक तोप में बारूद भरवाकर राणा सांगा की दिशा में दाग दी। राणा अपनी अपार शारीरिक शक्ति के बावजूद इस मार को नहीं झेल सके और घायल होकर बेहोश हो गए। इसके पहले कि वे घोड़े से गिर जाते उनके अंगरक्षक उन्हें लेकर पीछे की ओर भाग चले। राजपूत सैनिकों से बुरी तरह घिरा बाबर यह सब असहाय-सा देखता रहा। वह राजपूत शेर को अपनी चपेट में नहीं ले सका।

पर राणा सांगा के संज्ञा-शून्य होने की बात जंगल की आग की तरह चारों ओर फैल गई। मुगलों ने राजपूतों की दाहिनी और बायीं पंक्तियों पर एक साथ धावा बोल दिया क्योंकि राजपूतों की पारंपरिक व्यूह-रचना कभी की समाप्त हो गई थी।

तोपों ने पुन: आग बरसाना आरम्भ किया। मुगल अश्वारोहियों ने अन्तिम धावा बोला और नेता-विहीन राजपूत-सेना भाग चली।

मुगलों ने राजपूतों की छावनियों को घेर लिया। वहां जो कुछ मिला लूटा-खसोटा पर अपने घायल नेता को लेकर भागती जा रही राजपूत-सेना का पीछा करने की उनकी हिम्मत नहीं हुई क्योंकि राजपूतों की तलवार की धार का उन्हें अनुमान लग गया था और उनका दुर्भाग्य यह था कि जिन तोपों के बल पर उन्होंने लड़ाई जीती थी वे अश्वों की चाल में चल राजपूत-सेना का पीछा नहीं कर सकती थी।

खान्वा युद्ध मात्र दस घंटों में समाप्त हो गया। 17 मार्च, 1527 का वह दिन भारत के इतिहास में एक महत्वपूर्ण घटना सिद्ध हुआ। इसके पश्चात् बहुत दिनों तक राजपूतों में यह साहस नहीं हुआ कि वे एकजुट होकर दिल्ली के सिंहासन पर अधिकार करने का प्रयत्न करें।

बाबर के सैनिकों ने भी राजपूती वीरता का परिचय प्राप्त कर पुनः राजपूताने की ओर मुंह करने का प्रयास नहीं किया। पर मुगल साम्राज्य तो संकट-रहित हो ही गया। खान्वा युद्ध के पश्चात् अब कौन उसकी ओर आंख उठाकर देखने का भी प्रयास करता?

महाराणा सांगा ने ठीक ही कहा था मीरा का कक्ष छोड़ते समय कि यह युद्ध दिनों नहीं घंटों में समाप्त होगा पर उन्हें यह कहां पता था कि ये घंटे मुगलों के लिए नहीं राजपूतों के लिए ही भारी पड़ेंगे।

छियानबे

"नहीं, नहीं मैं नहीं जाती," मीरा ने ललिता के अनुरोध को साफ ठुकरा दिया, "मैंने पिताजी को लाख मना किया था, पैर पड़े थे कि इस युद्ध में भाग लेने नहीं जाइए पर वे मेरे प्रेम को किसी उच्छिष्ट पुष्प की तरह पद-तल के नीचे कुचलकर प्रस्थान कर गए। मेरी अन्तिम आशा की दीप-लौ भी बुझने-बुझने को है, अब क्या मैं उसे धूम्र उगलते देख अपने को और व्यथित-अव्यवस्थित करने जाऊं? किसे देखना है! जिसने मेरे सम्बन्धों के सारे सेतुओं को स्वयं निर्दयता से तोड़कर अन्ततः पिता-पुत्री का एक सम्बन्ध-सेतु निर्मित किया, पर उसे भी तोप के गोलों से उड़वाया गया, उस निर्मम व्यक्ति को देखकर क्या होगा? जो मेरे पैरों के नीचे का चट्टान बना और प्रथम अवसर आते ही स्वयं वहां से खिसक पड़ा, उसे देखने की बात कहती हो? जिन आंखों के आंसू सूख नहीं पाते उन्हें तुम क्या नित्य नए आंसुओं की बाढ़ में डुबाकर ज्योतिहीन ही करना चाहती हो? ये ज्योतिहीन भी हो जाते तो कोई बात नहीं पर तब मेरे मुरलीमनोहर को कौन देखेगा? अब तक क्या अनुमान नहीं लगा कि इन सभी मनुष्यों से, जो स्नेह के मिथ्या सम्बन्ध जोड़ते हैं, यह तथाकथित पाषाण ही अच्छा क्योंकि यह जैसा है वैसा है। प्रेम देता हो या नहीं, लेने से तो इन्कार नहीं करता। ये मृत्युधर्मा मनमाने लोग तो उसे लेने की भी क्षमता नहीं रखते।"

ललिता स्तब्ध।

राणा सांगा आहत होकर खान्वा युद्ध से वापस आ गये थे। होश तो उन्हें मार्ग में ही आ गया था पर शरीर पूरी तरह क्षत-विक्षत था। राज-वैद्य अपने सहायकों के साथ उपचार लीन थे। राज-परिवार के सभी सदस्य उनके पर्यंक के चारों ओर जुटे थे। किले के बहुत सारे लोग बाहर खड़े भीतर की हालत जानने को उत्सुक थे।

"यह क्या ठीक होगा?" ललिता ने पूछा

"क्या?"

"जब सभी वहां गए हैं, तुम्हारा नहीं जाना।"

"सभी का मैंने दायित्व लिया है? सभी मेरे ही अनुसार चलते हैं क्या कि मैं उनके अनुसार चलने को बाध्य हूं? सभी मेरे श्रीकृष्ण से प्रेम करते हैं? सभी को

मेरा उनके समक्ष नाचना-गाना पसन्द है? अगर सभी की चिन्ता मैं करूं तो एक दिन भी इस स्वार्थी संसार में रह पाऊंगी? अपने मुरलीमनोहर से प्रेम कर पाऊंगी?"

ललिता क्या उत्तर दे? वह जानती थी यह सब मीरा नहीं उसका आक्रोश बोल रहा था। इस महल से उसका प्राय: अन्तिम सम्बन्ध-सूत्र भी टूट चला था। महाराणा के पश्चात उसे दूध की मक्खी बनने में थोड़ा भी समय नहीं लगेगा, ऐसी स्थिति में वह हठधर्मी महाराणा को देखने जाकर अपनी व्यथा को और बढ़ाने के सिवा कर ही क्या सकती थी? उसने ठीक ही तो कहा था, इस वृद्धावस्था में इतना बड़ा खतरा उठाने से लाभ? अपने बदले किसी और को भेज देते सैन्य-संचालन के लिए। अन्ततः होता वही जिसे होना था। कौन विजय-श्री से मंडित होकर लौटे हैं? शायद इनके स्थान पर कोई युवा सेनापति होता तो पराजित चाहे जो हो जाता, इस प्रकार निश्चित मृत्यु को अपने साथ लिये तो नहीं आता?

"पर मीरा महाराणा की आंखें ढूंढ़ रही होंगी। जीवन की अन्तिम अवस्था में उन्होंने तुम्हें एक पिता का निश्छल प्रेम दिया था तुम उन्हें प्रिय थीं।" ललिता ने पुनः अनुरोध किया।

"चुप रहो।" मीरा बोली, "मुझे पुत्री माना होता तो मुझे मार्ग से परे कर युद्धोन्माद में भर प्रस्थान नहीं कर गए होते! प्रिय? ललिता, हर व्यक्ति को कोई एक ही व्यक्ति अथवा वस्तु सर्वाधिक प्रिय होती है। दो से वह समान रूप से प्रेम कर ही नहीं सकता। महाराणा को युद्ध सर्वाधिक प्रिय है। जब तक युद्ध सामने नहीं है तब तक पुत्र-पुत्री सभी से उनको प्रेम है। युद्ध का आह्वान आते ही महाराणा इन प्रेम-सूत्रों को झटके से काट देने को विवश हैं। इसे धोखा की संज्ञा नहीं दी जा सकती, कभी नहीं। बात इतनी-सी ही है कि महाराणा योद्धा पहले हैं, पति, पिता आदि सब कुछ बाद में।"

"जो हो पर उन्हें एक बार देखकर औपचारिकता निभा लेने में क्या आपत्ति है?" ललिता ने जिद की।

"औपचारिकता?" मीरा के होंठों पर एक व्यंग्य-मिश्रित मुसकान उभरी। "महाराणा के साथ जिसे पिता का प्रेम दे मैंने अपने पति, पिता और भाई की मृत्यु की पीड़ा को भी विस्मृत करने का प्रयास किया था? जो, जैसा तुम जानती हो, मेरे लिए इस महल के अन्तिम मानवीय सहारा हैं—उनके साथ औपचारिकता की बात क्या हो सकती है? मेरी सूखी आंखों पर नहीं जाओ, इनके पानी को तो मुगलों की बारूद ने सोख लिया है। मेरे हृदय के अन्दर उठ रहे हाहाकार को तुम नहीं देख सकतीं। काश, तुम जान पातीं कि वे सारे घाव महाराणा की छाती पर नहीं हुए हैं मेरे कलेजे में हुए हैं। मुगलों की तोपों ने उन्हें छलनी करने के बदले मुझे छलनी किया है। पर मैं क्यों जाऊं वहां? अपनी सूखी आंखों से सावन-भादों बरसाने को विवश होने? उनके क्षत-विक्षत शरीर पर अपने को लाख रोकने के प्रयास के बाद भी, कटे वृक्ष की तरह पड़कर उसे और क्षतिग्रस्त करने? बोलो न ललिता, बोलो अब किस मानवीय बन्धन से बांध रखना है अपने को इस महल से? अन्ततः तो मुरलीधर ही अपना सहारा है। महाराणा के नहीं रहने पर कर्मवती हमें दो-चार दिन भी यहां टिकने देगी? जिन सम्बन्ध-सूत्रों को अन्ततः कटना ही

है, उन्हें अभी ही क्यों नहीं झटका दे दो ?"

"तुम स्वार्थी नहीं बन रहीं मीरा ? निष्ठुर?" अन्ततः ललिता के मुखं से निकल ही पड़ा।

"स्वार्थी ? नहीं, मैंने मुरलीमनोहर के सिवा किसी के साथ स्वार्थ का सम्बन्ध नहीं जोड़ा है। महाराणा सांगा के मांगने पर ही मैंने उन्हें पुत्री का प्रेम दिया था। मैं उनके यहां अपनी झोली फैलाकर नहीं गई थी। उन्होंने ही अपने पापों के प्रायश्चित्त-स्वरूप मुझे अपनाया था। उन्हें ज्ञात था कि उन्होंने मेरे साथ अन्याय किया था। इस अन्याय का प्रतिकार आवश्यक था। जीवन की अन्तिम घड़ियों में वे पश्चाताप की भारी गठरी अपनी छाती पर रखकर नहीं प्रस्थान कर सकते थे ? और निष्ठुर ?" मीरा ने आगे कहा, "हां, मैं निष्ठुर अवश्य हो रही हूं, कम-से-कम वैसा होने का अभिनय और अभिनय ही क्या प्रयास कर रही हूं। निष्ठुर के साथ निष्ठुर हुए बिना काम नहीं चल सकता वर्ना यह बोझिल जीवन और बोझिल हो आयेगा। इस दृष्टि से हमारा यह पाषाणी मुरलमनोहर ही अच्छा। न मुझको उससे कोई शिकायत है न उसको मुझसे कोई अपेक्षा। यह मेरे माता-पिता, पति, भाई सबको उठा ले गया। मेरे कुछ कहने का इसके वज्र-बधिर कानों पर कोई प्रभाव नहीं पड़ा। मैंने इससे कहा था—महाराणा की रक्षा करना संग्राम-भूमि में। इसने नहीं की। अब मैं इसे उपालम्भ दूं भी तो क्या ? इसे कुछ बोलना ही नहीं है। कोई स्पष्टीकरण देने की आवश्यकता का ही यह अनुभव नहीं करता।

"तटस्थ है यह, पूर्णतया उदासीन। कोई मरे कोई जिए इसको क्या ? मरना-जीना तो प्रकृति के प्रभाव में होता ही रहता है। इसने अपने जीवन-काल में भी यही दर्शन बघारा था, अपनी पाषाणी काया में भी उसी दर्शन को चिपकाए बैठा है।

"और क्या अपेक्षा है इसको किसी से या कह लो मुझसे भी ? पूजन-अर्चन कर दिया तब भी ठीक, नहीं किया तब भी ठीक। राज-भोग लगाया तब भी वाह, वाह, नहीं लगाया, तब भी वाह, वाह !"

"तुम विक्षिप्ता हो गई हो मीरा !" ललिता ने ऊबकर कहा।

"विक्षिप्ता ? अवश्य !" मीरा बोली, "तुम मेरे स्थान पर रहतीं तो कभी की वैसी हो गयी रहतीं। जाओ मुझे मुरलीमनोहर की सेवा करनी है। कम-से-कम एक तो है ऐसा जो मिथ्या आश्वासन नहीं देता। भोग वह चाहे जितना भोगवा ले। जाओ यह पाषाणी सहारा ही मेरा अन्तिम सहारा है। इसके साथ तो मुझे न्याय करने दो। तुमने ठीक कहा, यहां सभी स्वार्थी हैं—मैं भी, तुम भी, महाराणा भी। कम-से-कम इस पाषाणी प्रतिमा को कोई स्वार्थ नहीं। उससे मेरे सम्बन्ध में व्यवधान नहीं बनो वर्ना मेरे जीवित रहने का अन्तिम बहाना भी शेष हो जायेगा। मेरी निरन्तर छीजती जा रही जिजीविषा का एकमात्र रक्षक यही है। इससे मेरा सम्बन्ध टूटा तो तुम मुझे इस संसार में नहीं पाओगी।"

"मुझे कहने दो मीरा," ललिता ने आरम्भ किया, "अपनी विक्षिप्तावस्था में तुम आवश्यकता से अधिक संकीर्ण हो रही हो। तुमने मुझ तक को स्वार्थी बना दिया। बोलो, मेरा तुमसे क्या स्वार्थ है ! नहीं, मैं अभी तुमसे कोई तर्क नहीं करूंगी। महाराणा के पतन ने तुम्हें अव्यवस्थित कर दिया है और उनकी संभावित

मृत्यु ने तुम्हें पूरी तरह दिग्भ्रान्त। और यही इस बात का प्रमाण है कि महाराणा के पास चलना चाहिए।"

"तुम्हारी सभी बातें सही हैं।" मीरा ने नतमस्तक हो स्वीकारा "पर इसका परिणाम जानती हो?"

"किसका?"

"महाराणा के दर्शनों का?"

"नहीं।"

"अभी तो मैं तुम्हें विक्षिप्ता ही प्रतीत हो रही हूं। उन्हें वैसी स्थिति में देखकर मैं पूरी तरह उद्भ्रान्त हो जाऊंगी। फिर शायद मैं अपने मुरलीमनोहर को भी क्षमा नहीं कर पाऊंगी? तब क्या होगा? तब तो मैं न उस लोक की रही न इस लोक की।"

"मुरली मनोहर से अपने सम्बन्ध-विच्छेद की बात किसी और को सुनाना?" ललिता ने आरम्भ किया, "उसने तुम पर इससे बड़ी-बड़ी आपत्तियों के पहाड़ गिराए हैं। उन समयों जब तुमने इस पाषाण को नहीं छोड़ा तो अब क्या छोड़ोगी? रह गई तुम्हारे उद्भ्रान्त होने की बात। तो ऐसी तुम पहले भी हुई हो एक बार और हो लो। इस भय से अपने हृदय की भावनाओं को नहीं दबाओ। जिसे पिता का प्रेम दिया है उसकी इस शारीरिक संकट की बेला में तुम उनको देखने भी नहीं जाओगी, यह मानने की बात है?"

"मानने की बात क्या? उसे तो तुम प्रत्यक्ष देख रही हो?" मीरा ने घोर तटस्थता का परिचय दिया।

"एक बात बोलोगी?" ललिता ने एक नई चाल चली।

"क्या?"

"तुम महाराणा को राव दूदा के समान प्रेम प्रदान करती थीं न?"

"हां।"

"मान लो अगर महाराणा के स्थान पर राव दूदा होते तो क्या अब तक तुम यहां बैठी रहतीं?"

"ललिता!" मीरा चीखी, "यह किस दुखती रग पर तुमने उंगली रख दी," और वह जैसी थी वैसी ही आंधी की तरह अपने कक्ष से निकलकर महाराणा के कक्ष की ओर भागी। ललिता भी उसके पीछे लग गई।

सत्तानबे

पीतवस्त्रा, रूक्ष-केशी, अश्रुपूर्ण आंखों और विवर्णमुख-कृष्णार्पिता मीरा को देखते ही महाराणा के कक्ष के बाहर और अन्दर की भीड़ ने ठीक उसी प्रकार मध्य से ही दो भागों में विभक्त हो उसे मार्ग दे दिया जैसे यहूदियों के धर्मग्रन्थानुसार कभी समुद्र ने बीचों-बीच बंट कर उनके लिए पथ प्रदान किया था।

सत्संग की प्रेरणास्रोत मीरा को कोई नहीं पहचाने यह हो नहीं सकता था,

अतः लोगों के मुख से, उसे देखते ही, 'मीरा बाई की जय' निकलते-निकलते रह गई। नहीं, यह अवसर जय-जयकार का नहीं था।

मीरा ने कक्ष में प्रवेश किया तो बहुत सारे लोग उसे स्थान देने के लिए बाहर आ गए। कक्ष में भीड़ कम हो गई। राजवैद्य, उसके दो-एक सहायक एवं परिवार के सदस्यों, जिनमें कर्मवती प्रमुख थी, के अतिरिक्त वहां कोई नहीं बचा। कर्मवती राणा सांगा के सिरहाने पर्यंक पर एक ओर बैठी मयूर-पंख से धीरे-धीरे हवा कर रही थी।

राणा सांगा पर प्रथम-प्रथम दृष्टि पड़ते ही मीरा सिर से पांव तक पतझड़ के पत्ते की तरह कांप गई। महाराणा के शरीर का सारा भाग एक आंख को छोड़कर सफेद पट्टियों से मढ़े थे। रह-रह कर एक छोटी-सी कराह उनके मुंह से निकलती। राजवैद्य अपने सहायकों के माध्यम से कोई दवा सिल पर घिसवा कर हर दो क्षणों में महाराणा के मुंह में दे रहे थे। सबके चेहरे पर तनाव था। मीरा सहसा निर्णय नहीं कर पाई कि उसे क्या करना चाहिए। उसने अपनी आदत के अनुसार अपना सिर महाराणा के पैरों के ऊपर धीरे से रख दिया। स्पर्श का अनुभव कर महाराणा ने अपनी बन्द आंख खोलीं और मीरा को देखते ही पहचान लिया। उनके मुंह से आशीर्वाद के कुछ अस्पष्ट स्वर फूटे और मीरा को उन्होंने इंगित से अपने पास बुलाया।

मीरा उनके सिर के पास पहुंची। उसने सास के हाथ से पंखा लेना चाहा। उसे लगा बड़ी देर हवा करते-करते उनका हाथ दुःख गया होगा।

कर्मवती ने तुनक कर पंखे वाले हाथ को किनारे कर लिया और एक जलती दृष्टि से मीरा को देखा। उसे पता था कि संग्राम के लिए प्रस्थान करने के पूर्व राणा उससे मिलने गए थे और एक विधवा के चेहरे के दर्शन कर प्रस्थान करने के कारण ही यह अपशकुन हुआ जो उसके वैधव्य का भी कारण बन सकता है। खैर कर्मवती को अपने वैधव्य की कोई चिन्ता नहीं थी, वह तो चाहती ही थी कि राणा सांगा कब सिंहासन खाली करें कि उस पर वह अपने पुत्र को आसीन कर सके। इस मध्य सूरजमल भी बहनोई की स्थिति सुनकर महल में आ विराजे थे। अब उन्हें वहां से निष्कासित करने वाला कौन था?

महल की राजनीति पुनः चरम पर पहुंच गई। मीरा को इसका ज्ञान होते देर न लगी। सभी की दृष्टि महाराणा की मृत्यु पर टिकी थी।

महाराणा के इंगित पर उनके सिर के पास पहुंची मीरा, सास का रुख देख किसी प्रस्तर-स्तम्भ की तरह निस्पन्द खड़ी थी। थकान से महाराणा की आंख फिर बन्द हो गई थी।

राजवैद्य ने दवा की मात्रा मुंह में डालने के पश्चात् उनकी नब्ज पर हाथ रखा। धमनियों में रक्त की गति संतुलित हो गई। उसके चेहरे पर एक संतोष का भाव उभरा और उसने सबको सुनाकर कह दिया, "महाराणा की स्थिति सुधर गई है और उन्हें अब कोई खतरा नहीं है।"

राजवैद्य के मुख से बात निकलते ही वहां खड़े दो व्यक्तियों का मुख सहसा रक्तहीन हो आया—ये दो व्यक्ति थे राणा विक्रमाजीत और राजमाता कर्मवती। मीरा का मुख प्रातःकाल के कमल की तरह खिल आया।

राजवैद्य की बात महाराणा के कानों में भी पड़ी और उन्होंने अपने पट्टी चढ़े हाथ में मीरा की हथेली को थामते हुए धीरे-धीरे कहा—"बेटी ! यह तुम्हारे मुरलीधर की कृपा का ही फल है।"

"पिताजी !" मीरा इतना ही कह सकी।

कर्मवती मन-ही-मन बड़बड़ाई, "मुरलीमनोहर की कृपा का फल ! इस मायाविनी ने महाराणा को भी अपने मुरलीमनोहर के जादू में फंसा रखा है ! हम शैवों के एकमात्र रक्षक भगवान एकलिंग हैं। यह मुरलीधर क्या खाकर तलवारधारी क्षत्रियों की रक्षा करेगा ?"

"औषधि की मात्रा समयानुसार पड़ती रहनी चाहिए। मैं अब चलता हूं। जब तब आकर देख जाऊंगा। महाराणा की हृदयगति सामान्य हो गई है और इनके व्रण भी एक पक्ष में पूरी तरह भर जायेंगे। इनके पथ्य के सम्बन्ध में जो निर्देश दिए गए हैं, उनका पालन ठीक से होना चाहिए।"

कक्ष में कर्मवती के अलावा रानी धनबाई और उसके पुत्र रत्न सिंह भी थे। मीरा के साथ-साथ उन्होंने भी कर्मवती और विक्रमाजीत के रक्तहीन होते चेहरों को देखा था। कर्मवती की गतिविधियों पर उन्हें भरोसा नहीं था। अशक्त राणा को अभी उसके भरोसे नहीं छोड़ा जा सकता था। राजमहलों की राजनीति अत्यन्त दर्दहीन होती है। राजवैद्य के आश्वासन के पश्चात् भी महाराणा के प्राण-पखेरू उड़ सकते थे। कब किस घोल, किस दवा अथवा खाद्य पदार्थ के माध्यम से मृत्यु उनके पेट में उतर जाय कहना कठिन था।

धनबाई सीधी और सरल थी। भोज के बाद बड़े लड़के की माता होने के पश्चात् भी उनमें राजमाता का न अहंकार था न वे उस रूप में व्यवहार ही करती थीं। नहीं, इतनी सीधी माता के भरोसे भी महाराणा को नहीं छोड़ा जा सकता था। रत्न सिंह बड़े लड़के होने के अलावा बहादुर एवं नीतिकुशल थे। विक्रमाजीत की दुर्बलताओं को भी वह जानते थे, अतः विक्रमाजीत भी उनके सामने सिर नहीं उठा सकता था।

रत्न सिंह को सिंहासन की चिन्ता नहीं थी पर अपने पिता के प्राणों की चिन्ता अवश्य थी। उन्होंने मन-ही-मन कुछ निश्चित किया और संध्या, रानी कर्मवती के कक्ष में ही परिवार के सभी सदस्यों की एक बैठक बुलाकर अपना निर्णय सुना दिया—

"महाराणा की सुश्रुषा का भार मैं अपने हाथों में लेता हूं। उनके बड़े लड़के होने के नाते, जब तक वे स्वस्थ नहीं हो जाते, स्वभावतः मेरा दायित्व बढ़ जाता है। मैं आदेश देता हूं कि मैं जिन व्यक्तियों को उनकी सेवा के लिए नियुक्त करूंगा उनके अलावा कोई भी उनकी सेवा-सुश्रुषा, दवा-दारू अथवा खान-पान में अपना किसी प्रकार का सहयोग नहीं करेगा। विशेषकर उनके खाद्य, पेय अथवा औषध-पदार्थों को उनके लिए नियुक्त व्यक्तियों के अलावा कोई स्पर्श तक नहीं करेगा। अगर मेरे विश्वस्त व्यक्तियों ने किसी पर ऐसा प्रयास करने का आरोप लगाया तो वह मृत्यु-दंड का भी अधिकारी हो सकता है।"

"क्या पट्टमहिषी भी महाराणा की सेवा से वंचित रखी जायेगी ?" कर्मवती ने आहत नागिन की तरह फुफकारा।

"अवश्य !" रत्नसिंह ने बिना एक क्षण सोचे ही उत्तर दिया।

"ऐसा नहीं हो सकता। मेरे रहते आदेश तुम्हारा नहीं मेरा चलेगा।" कर्मवती ने छूटते ही उत्तर दिया।

"पट्टमहिषी अपनी जिह्वा को नियंत्रण दें। वे भूल रही हैं कि वे इस राज्य के युवराज से बातें कर रही हैं। सम्बोधन के शब्दों के चयन में सतर्कता बरतें। और हां वे बड़ी आसानी से भूल जाती हैं कि कुछ दिन पूर्व ही राजद्रोह के अपराध में उन्हें बन्दिनी भी बनना पड़ा था। उन पर किसी भी स्थिति में विश्वास नहीं किया जा सकता।" रत्नसिंह ने उच्च स्वर में कहा।

"मुझे उनके कक्ष में जाने का भी अधिकार नहीं रहेगा?" कर्मवती फुंफकारी।

"वे केवल सुबह का प्रणाम उनके पैरों में निवेदित करने जा सकती हैं किन्तु एकाकिनी नहीं।"

"तब?"

"उनका साथ देने वाली धनबाई होंगी।" रत्नसिंह से निर्णय सुनाया।

पट्टमहिषी कर्मवती जल-भुनकर रह गईं। अकस्मात् उनके मुंह से निकला—"मीरा और ललिता भी उनके पास नहीं जायेंगी।"

"वे साध्वी हैं। उनसे महाराणा को कोई खतरा नहीं।"

"साध्वी! हूं।" कर्मवती मन-ही-मन बड़बड़ाई, "उन्हीं रांडों के प्रवेश के बाद से तो इस महल की यह दुर्दशा हुई है।"

कर्मवती ने क्रोध भरी आंखों से अपने पुत्र विक्रम की ओर देखा। वह निस्तेज, एक किनारे बैठा था।

कर्मवती ने मन-ही-मन अपने भाग्य को कोसा। जिसके बल पर सब कुछ करना था वही तो स्पन्दनहीन शव-सा पड़ा था। अपनी माता के अपमान को भी जो पत्थर बना सहन कर जाय, उससे क्या अपेक्षा की जा सकती है? जिसके रक्त में उबाल नहीं वह क्या योद्धा बनेगा और कैसा शासक?

अट्ठानबे

मरु-वायु की लपटों से बार-बार मुरझाते बिरवे को यदा-कदा का जल-सिंचन कब तक जीवित रख पाने में समर्थ होगा? जिस तरु पर एक नहीं अनेक बार तड़ित-प्रहार हो चुका हो उसकी जिजीविषा चुकेगी या नहीं? मानव-मन को प्रत्येक बार जीवित करने में सफल होगी?

मीरा की स्थिति यही थी।

वह राणा सांगा को देखकर आई थी। ठीक था कि तत्काल उनके तन को कोई खतरा नहीं था। पर मीरा कवयित्री थी। मानव-मन को उससे अधिक कौन जान सकता है? महाराणा का मन मुगलों के हाथों उनके परास्त होते ही मर गया था। और मन मर जाय तो शरीर को कोई कब तक और कैसे जीवित रख सकता है? राजवैद्य एक पक्ष में राणा के तन के व्रणों को भर देंगे पर उनकी कोई

औषधि भी इस वृद्ध शेर के मन के घावों को नहीं भर पायेंगी। और जब तक राणा का मन स्वस्थ नहीं होता तन व्रणों के भरने से पूर्णतया स्वस्थ हो आयेगा। जिसका मन भर रहा हो, उसके तन को जीवित रखने वाला कहां पैदा हुआ है !

मीरा के समक्ष अपनी नई विपत्ति पूर्णतया स्पष्ट हो गई। अब वह पुनः एकाकिनी हो गई थी। महाराणा ने अपने अन्तिम दिनों में उसे स्नेह, सहानुभूति और पितृ-प्रेम से ओत-प्रोत कर दिया था। राणा अब ऐसा कभी नहीं कर पायेंगे। मीरा के जीवन-वृक्ष पर संभवतः यह अन्तिम तड़ित-प्रहार था। क्या वह इसे झेल लेगी ?

उसने मुरलीमनोहर की ओर अपनी अश्रु पूरित आंखें उठाईं, "कितनी ? कभी अन्त होगा कि नहीं इस परीक्षा-क्रम का ? तुमने मुझे पूरी तरह तोड़ने की शपथ ही खा ली है क्या ? तुमसे जुड़ने का शायद यही मार्ग है !

"पर तोड़ना ही है तो एक ही बार संसार से क्यों नहीं तोड़ लेते ? मैं तो तुम्हारी हूं सदा तुम्हारी रहूंगी पर सम्बन्धों के नित्य नए सेतु क्यों गढ़ देते हो ? गढ़ देते हो तो उन्हें एक ही झटके से तोड़ क्यों देते हो ? मैं इतनी पीड़ा सहन कर लेती हूं, तभी तो मुझे इस प्रकार पीड़ित करते हो ?

"तुम्हारी भक्ति, तुमसे प्रेम का यही प्रतिफल है क्या ? अब तक जितना किया उतना कम था क्या कि महाराणा रूपी वट-वृक्ष की स्नेह छाया से भी मुझे वंचित कर दिया ? किधर से आते थे महाराणा तुम्हारे मार्ग में ? वह भोज भी तो नहीं थे जिनसे तुम्हें ईर्ष्या होनी चाहिए।

"चारों ओर से टूटी इस अभागन के सिर पर उन्होंने अपना वरद हस्त रख उसे निश्चिन्त कर दिया था। महाराणा के अप्रतिम दुलार में मैं पिता और भाई की अकाल काल-कवलित होने की बात भी भूल गई थी। कैसे चुका पाऊंगी मैं महाराणा का ऋण ? उनके प्यार-दुलार के अभाव में मेरे मन के विरवे को अब पुनः मुर्झाने से रोक पाओगे ?

"कर दोगे स्वस्थ मेरे महाराणा को ? मेरे पिता को ? नहीं, तुम ऐसा क्यों करने लगे ? ऐसा ही करना होता तो तुम भोज को मुझसे छीनते ? मेरे पिता रतन सिंह को उठा लेते ? जिसने जीवन के तीस वसंत भी नहीं देखे उस भाई को छीन लेते मुझसे ?

"पर इसमें घाटा किसको है ? मान लिया मुझे बार-मार रुलाते हो, बार-बार मेरे मन को मारते हो पर इससे तुम्हें घाटा नहीं होता क्या ? तुम्हारे भक्तों को असुविधा नहीं होती क्या ?

"अब जब तक महाराणा रोग-शय्या पर पड़े रहेंगे, नीचे के तुम्हारे मंदिर का क्या होगा ? है मेरे मन में अब उत्साह इन पैरों में घुंघरु बांधने का ? थिरक पायेंगे मेरे पैर ? फिर पायेंगी इकतारे पर मेरी अंगुलियां ? निकलेंगे पद इस निचोड़े हृदय से।

"सारा रस सोख लिया कि नहीं तुमने अन्तर का ? अब किस बल पर अपनी भक्ति कराना चाहते हो ? केवल अपने बल पर ? तो किसने कहा था इन मानवीय सम्बन्धों को गढ़ने को ? जैसे मां को बचपन में ही उठा लिया वैसे बाप और भाई को भी उठा लेते ? और किसनें कामना की थी विवाह की ? क्यों भर दिया उसके

मन में मेरे प्रति इतना प्यार कि मैं पागल ही हो गई ?

"सब हुआ तो हुआ, अंत में डूबती को तिनके नहीं जलपोत का सहारा क्यों दिया ? मैं कहने गई थी तुमसे ? क्यों महाराणा को एक अत्यन्त स्नेहशील पिता के रूप में ला खड़ा किया मेरे सामने ?

"और खड़ा ही कर दिया तो इस अन्तिम चट्टान को भी मेरे पैरों के नीचे से क्यों खिसका लिया ?

"ठीक है अब मैं तुम्हारी माया में नहीं आने को। अब किसी जागतिक संबंध के प्रलोभन में नहीं पड़ने वाली मीरा।

"पर इस पीड़ा को तो झेलने की शक्ति दो। महाराणा के नहीं रहने की बात मैं कैसे मन से निकाल दूं ?

"अब आज से कौन रखेगा मेरे मस्तक पर एक पिता का प्यार ? बोलो। बोलो ! बोलते क्यों नहीं ?

"क्या बोलोगे तुम, पाषाण जो हो ? कल भी पाषाण थे, आज भी पाषाण हो, आने वाले कल को भी वही रहोगे।

"न जाने किस घड़ी में क्यों तुमसे जुटा मेरा सम्बन्ध ? काट लो सांसारिक बंधन। नहीं, मेरी पीड़ा की चिन्ता नहीं करो।

"पीड़ा का ही दूसरा नाम मीरा है।"

इतना कहकर सुबकती हुई मीरा, मुरलीमनोहर के पाषाणी पैरों पर पड़ गई। उसने उस दिन कुछ नहीं खाया। अन्न का एक दाना, पानी की एक बूंद भी उसके कंठ के नीचे नहीं गई। कब इसी प्रकार संध्या हुई, कब रात घिरी और कब पुनः प्रातः काल आ पहुंचा, इसका पता उसे नहीं चला।

निन्यानबे

मीरा ने जो सोचा वही हुआ।

राणा सांगा के व्रण तो एक पक्ष के लगते-न-लगते राजवैद्य ने भर दिए, पर उनके मन के घाव को भरने के लिए कोई महौषधि उनके पास नहीं थी। फलतः घाव भर जाने के पश्चात् भी महाराणा ने पर्यंक नहीं छोड़ा।

मन निरन्तर चिन्तित रहता। युद्ध में पराजय का दृश्य वह भी म्लेच्छों द्वारा पराभव का दृश्य सदा आंखों के समक्ष घूमता रहता। मन निराशा और पश्चाताप के गहरे गर्त में जा गिरता। वहां से उसे बाहर खींचना उनके वश की बात नहीं होती।

राजवैद्य ने पौष्टिक औषधियां दीं। ब्राम्ही बूटी का रस सेवन कराया, स्वर्ण भस्म दिया। पर महाराणा का मन मरता ही गया।

मीरा अक्सर उनके पास जाती। वे इंगित से उसे अपने पास बुलाते। पर्यंक के पास के एक सामान्य मंचक पर बैठ जाती। महाराणा कुछ नहीं बोलते। उनकी आंखों से अश्रुधाराएं प्रवाहित होने लगतीं। मानो वे मीरा से कह रहे हों—तुम्हारे

लिए तो मैंने कुछ नहीं किया। तुम्हें बीच मझधार में ही छोड़कर जा रहा हूं। हो सके तो मुझे क्षमा करना।

मीरा उनका मन बहलाने का प्रयास करती।

बोलती, "इकतारा लाऊं पिताजी! कोई धुन सुनिएगा।"

महाराणा सांगा इनकार में सिर हिला देते।

मीरा का मन बैठ जाता।

वह फिर कहती, "कोई पद सुनाऊं? हाल ही में बनाया है। बहुत सुंदर है।" वह झूठ बोलती। उसने इधर पद रचा ही कहां था? महाराणा सांगा के घायल होने के पश्चात् से तो उसके अन्तर का रस-स्रोत ही जैसे पुनः सूख गया था।

पर राणा को भी पद कहां सुनना था? वे पुनः इंगित से मना कर देते।

महाराणा का मन नहीं ठीक हुआ तो तन भी साथ छोड़ने लगा। सर्वप्रथम पाचन शक्ति गई। भूख समाप्त हो गई। कुछ भी खाने को लाइए वे एक-दो कौर खाकर छोड़ देते।

रत्नसिंह ने राणा की क्षुधा वापस करने के बहुत प्रयास किये। राजवैद्य से एक-से-एक चूर्ण बनवाए। बूटियां बनवाईं। आसव और अवलेह तैयार कराये पर महाराणा किसी दवा को पूरी तरह खाएं तब तो उसका प्रभाव ज्ञात हो? एक-दो दवा को एक-दो दिन खाने के पश्चात् वे उसमें फिर हाथ ही नहीं लगाते।

भोजन के अभाव में शरीर क्षीण होने लगा। मोटी जांघें दुबली होती-होती हड्डी-मात्र रह गईं। हाथों में कुछ पकड़ने की शक्ति नहीं रही, आंख प्रायः बन्द रहती। खुलती भी तो शीघ्र कोई चित्र नहीं उभरता। अब स्वर के सहारे ही लोगों को पहचानने का वे प्रयास करते। बातें करते किन्तु अत्यन्त क्षीण स्वर से। कलेजे की धड़कन असंतुलित हो गई थी।

राजवैद्य ने नाड़ी परीक्षा की। कलेजे की धड़कन अब किसी समय भी बन्द हो सकती थी।

उन्होंने रत्नसिंह को धीरे से यह बात बता दी—"महाराणा अब कुछ ही दिनों के मेहमान हैं। मैंने बहुत प्रयास किया पर सफलता नहीं मिली। मरते हुए तन की रक्षा जा सकती है। मरते हुए मन की दवा अभी मेरे आयुर्विज्ञान में नहीं है और मरता हुआ मन शरीर को जीवित नहीं छोड़ता।

"महाराणा मन के मारे मर रहे हैं। जिन्हें मुगलों की तोपें नहीं मार सकीं वे एक छोटे-से मन के प्रहार को नहीं झेल पाये।"

महाराणा की सारी इन्द्रियां कर्णवत् हो चुकी थीं। उन्होंने एक-एक शब्द सुन लिया।

"जय भगवान एकलिंग।" उनके मुंह से धीरे से निकला।

उन्होंने राजवैद्य को धीरे से अपने पास बुलाया। उनके कानों में क्षीण शब्दों में कहा—"राज्य के सभी सभासदों, सामंतों और सिपहसलारों को अभी बुलाया जाय। मुझे कुछ आवश्यक बातें कहनी हैं।"

आज्ञा का पालन हुआ। महाराणा का कक्ष सभी प्रतिष्ठित लोगों से खचाखच भर गया।

परिवार के प्रधान लोग—दोनों रानियां और तीनों लड़के तथा पुत्रवधू,

मीरा—महाराणा के सिर की तरफ पर्यंक को पकड़ कर खड़े थे।

महाराणा ने एक बार सबकी ओर अपनी धुंधली दृष्टि से देखा। चेहरे से आश्वस्ति झलकी। लगा सबको पहचान गए।

उन्होंने राजवैद्य को इशारा किया। उन्हें गाव-तकिए के सहारे पलंग के सिर की ओर बैठा दिया गया।

महाराणा ने मुंह खोला। कुछ कहा। पर बात किसी तक पहुंची नहीं। कर्मवती जानती थी, राणा क्या कहना चाहते थे। उनकी असफलता पर उसके मुंह पर प्रसन्नता की एक लहर दौड़ गई।

महाराणा ने राजवैद्य को पुनः पास बुलाया। उनके कानों में कुछ कहा। राजवैद्य ने एक दवा घिसी जो एक बार जाते हुए प्राणों को लौटा लाती है। बस केवल एक ही बार। राजवैद्य ने वह दवा महाराणा को चटा दी। महाराणा की शक्ति तत्काल असाधारण रूप में लौटी। उन्होंने स्पष्ट शब्दों में कहा—"मेरे दिन पूरे हो गए। महल में वर्षों से चलती राजनीति से मैं परिचित हूं। मैं महाराणा संग्राम सिंह आप सबों के समक्ष यह उद्घोषित करता हूं कि मेरे पश्चात् मेरे सिंहासन पर मेरे ज्येष्ठ पुत्र राणा रत्न सिंह का अधिकार होगा।"

महाराणा की शक्ति इन शब्दों के साथ ही चुक गई। खान्वा युद्ध में पराजय के दस महीने लगते न लगते महाराणा ने प्राण त्याग दिये।

सौ

ललिता ने दूसरे प्रातः मीरा के कक्ष में प्रवेश किया तो उसकी स्थिति देखकर स्तब्ध रह गई। उसके केश खुलकर उसकी पीठ पर फैले पड़े थे। मुरलीमनोहर के पाषाण-पदों के आसपास का चिनांशुक उसकी आंसुओं से दूर-दूर तक गीला हो गया था।

आहट पा मीरा ने आंखें उठाईं तो वे जवां कुसुम की तरह सुर्ख लाल थीं। ललिता को लग गया कि मीरा ने रात्रि-पर्यन्त रोने के सिवा और कुछ नहीं किया है।

"मीरा!" ललिता ने पुकारा।

मीरा की सूनी, भावनाशून्य आंखें उसकी तरफ उठीं। वह मुंह से बोली कुछ नहीं।

"तुम बार-बार एक के बाद दूसरी विपत्ति में फंसकर अपने को जर्जर किए जाती हो, ऐसा कब तक चलेगा?"

मीरा ने मुरलीमनोहर की मूर्ति की ओर देखते हुए ललिता से कहा, "ललिता मैं, उसमें किधर से दोषी होती हूं? यही बात तो मैं कल से निरन्तर मुरलीमनोहर से भी पूछती रही हूं।"

"तुम दोषी हो।" ललिता ने जोर देकर कहा।

"कैसे?" अब अपनी लाल सुर्ख आंखों से ललिता की ओर सीधी देखती मीरा ने पूछा।

"तुम मुरलीमनोहर की भक्तन हो न ?"

"भक्तन क्या ? मैं तो पूरी तरह उनकी समर्पिता हूं।"

"नहीं हो।" ललिता ने कहा।

"क्यों ?" मीरा ने साश्चर्य पूछा। उसकी आंखों के बहते आंसू थोड़ी देर के लिए थम गए।

"ऐसा होता तो हर बार तुम एक मानवीय बन्धन में नहीं बंध जातीं ?"

मीरा कुछ देर चुप रहकर ललिता की बातों पर विचार करती रही। फिर बोली—"क्या मैं यह जानबूझकर करती हूं ? अगर भोज की मृत्यु से मुझे कष्ट हुआ तो क्या भोज के वरण में मेरा हाथ था ? तुम्हारी ही भूमिका उसमें सर्वोपरि थी कि नहीं। और भोज के अपार प्रेम में मेरा संवेदनशील मन बंध गया तो उसमें मेरा क्या दोष है ? उसी तरह अपने लिए स्नेहशील पिता और प्रिय भाई का चयन मैंने किया था ? उनकी असामयिक मृत्यु से मुझे अतीव पीड़ा हुई तो इसमें मेरा क्या अपराध ? महाराणा की बात जानती हो, चारों ओर से टूट जाने पर जब उन्होंने मेरी तरफ पिता का प्रेम-भरा हाथ बढ़ाया तो मैं उस हाथ को कैसे झटक देती ? और फिर तुम्हीं ने तो राणा के अन्तिम दिनों में मुझे बलात् उनके पास भेजा था ? यह कैसे भूल जाती हो तुम ?"

ललिता को मीरा की बातों में सच्चाई लगी। पर वह सदा के लिए इस खेल को समाप्त करने पर कटिबद्ध थी। उसने कहा—"अब तक जो कुछ हुआ सो हुआ। आगे के लिए एक प्रतिज्ञा करनी होगी।"

"क्या ?"

"मुरलीमनोहर के प्रेम के मध्य किसी मानवीय प्रेम को नहीं आने दोगी।"

"पर ऐसा होता कहां है ? मुरलीमनोहर तो मेरे पति हैं, प्रेमी हैं, आत्मीय हैं, सब कुछ हैं। उनके प्रेम का बंटवारा कहां करती हूं ? मनुष्यों के साथ मेरा जो लगाव है, वह तो मात्र मोह है। मुरलीमनोहर का अधिकार तो सदा सुरक्षित है। नहीं तो मैं आज रात भर मुरलीमनोहर के चरणों में ही क्यों पड़ी रहती ?"

"मनुष्यों के साथ तुम्हारा सम्बन्ध मोह है, तुम्हीं कह रही हो।" ललिता ने आरम्भ किया, "यह मोह ही तो तुम्हारी सारी विपत्तियों के मूल में है। तुम्हारा मुरलीमनोहर कहां किसी से मोह पालता है ? उसके इतिहास को जानती हो ? उसी के ताटस्थ्य को अपनाओ फिर कोई कष्ट नहीं होगा।

"मान लो मैं भोज के साथ मानवीय सम्बन्ध को बढ़ावा नहीं देती पर अपने पिता और भाई की मृत्यु के अवसर पर भी कैसे तटस्थ हो जाती ?"

"तुम्हारा मुरलीमनोहर कैसे अपने माता-पिता के प्रेम की तरफ तटस्थ हो गया था ? घूमकर भी देखा उसने नन्द यशोदा की ओर ?"

"वह ईश्वर था। कम से कम ईश्वरावतार था। मैं उसकी तरह संवेदनहीन नहीं हो सकती। काश, तुम्हें मेरी संवेदना मिली होती !" मीरा ने स्पष्ट कहा।

"तब मैं भी तुम्हारी तरह कवयित्री हो जाती और बात-बात पर आठ-आठ आंसू बहाने बैठ जाती।"

"काश, मैं इतनी संवेदनशील नहीं होती ! किसी की जरा-सी आत्मीयता भी मुझे हिमखंड की तरह नहीं गला देती !" मीरा ने कहा।

"एक बात कहूं मीरा ?"

"बोलो।"

"तुम अपने मुरलीमनोहर की शपथ खाकर कहो कि तुम किसी मनुष्य के प्रति इतनी संवेदनशील नहीं होगी।"

"अब बचता ही कौन है ललिता जिसको लेकर संवेदना पालनी है ? अब तो केवल मुरलीमनोहर है, इसी को सारी संवेदना अर्पित है।" मीरा ने अपने मुरलीमनोहर के चरणों को पकड़ते हुए कहा।

"ऐसी बात नहीं मीरा !" ललिता ने आरम्भ किया, "जीवन बहुत लम्बा है। उसमें अभी तुम्हें बहुत कुछ देखना-सुनना है। साधु-सन्त आते ही रहते हैं। कोई मिथ्या सहानुभूति प्रकट कर भी तुम्हारी संवेदना जगा दे सकता है। मैं कहती हूं तुम आज ही इससे मुक्ति पा लो। मेरे साथ ही मुरलीमनोहर की शपथ खाओ कि अब से तुम किसी मानवीय सम्बन्ध को महत्व नहीं दोगी। मुझे दुःख है कि कृष्ण-भक्तन तुम हो और मुझे तुम्हें उपदेश देना पड़ता है। तुम अपने इष्टदेव का ताटस्थ्य अपनाओ। आगे से तुम्हें कोई कष्ट नहीं होगा।"

मीरा को ललिता की बात लग गई। उसने झट से कहा—"लो तुम्हारे समक्ष ही अपने मुरलीमनोहर की सौगन्ध खाती हूं। अब से कोई भी मनुष्य चाहे वह कैसा भी महान् भक्त या साधु-सन्त क्यों न हो मेरी संवेदना का श्रद्धा पात्र भी नहीं बनेगा। ऐसे भी यह मुरलीधर बहुत ईर्ष्यालु है। अपने प्रेम को बंटते नहीं देख सकता। यद्यपि इसके प्रेम को मैं बांटती भी कहां हूं। इससे तो मेरा दूसरा ही सम्बन्ध है। उसे तो मैंने पति के रूप में वरण किया है। उस सम्बन्ध का कोई अन्य सहभागी बन भी कैसे सकता है ? फिर भी लो खाई मैने सौगन्ध।" ऐसा कहकर मीरा ने मुरलीमनोहर के सिर पर अपना हाथ रख दिया।

"शाबास मीरा ! मुझे ऐसी ही आशा थी।" ललिता के मुंह से निकला।

मीरा कुछ नहीं बोली, केवल मुरलीमनोहर की तरफ एकटक देखती रही।

"अब तुम यहां से उठो," ललिता ने आग्रह किया, "अपनी शपथ के अनुसार महाराणा की स्मृति को भी अपने अन्दर से निकाल फेंको। मुझे स्पष्ट कहने के लिए माफ करना। अपने अन्तिम दिनों में महाराणा जो तुम्हारे प्रति स्नेहशील हुए हों, तुम्हारी सारी विपत्ति के मूल में वही हैं। तुम्हारे पिता और भाई की मृत्यु के कारण वही हैं। तुम्हें रोगग्रस्त भोज से बांधने में उन्हीं का हठ था। न महाराणा होते न तुम मेड़ता छोड़ती। तुम तो गिरधर को अपना पति वर ही चुकी थी। कहां जा रहे थे तुम्हारे पिता और चचा तुम्हें बलपूर्वक किसी से बांधने ?"

"तुम ठीक कह रही हो ललिता !" मीरा ने स्वीकृति में सिर हिलाया, "पर अन्तिम समय में ही सही महाराणा ने मुझे जो स्नेह दिया था उसे भूलना कितना कठिन हो रहा है ?"

"अपने को व्यस्त रखो," ललिता ने कहा, "तुम्हारे मुरलीधर के पूजन-अर्चन का समय हो गया है। उनकी उपेक्षा नहीं करो। उठो नित्यकर्म से निवृत्त हो इनकी सेवा में लगो। मैं तब तक फूल चुन लाती हूं। आज एक बड़ी माला बनाकर इन्हें पहनाओ।"

"क्यों महाराणा के दिवंगत होने के उपलक्ष में ?" मीरा के विवर्ण मुख पर

भी एक हलकी स्मिति खेलने को हुई।

"नहीं, नहीं। ऐसी बात नहीं। मैं इतनी निष्ठुर नहीं पर मुझे प्रसन्नता है कि महाराणा के प्रति तुम्हारी धारणा इतनी शीघ्र बदलने लगी। महाराणा ने तुम्हें जो स्नेह दिया हो पर मूलतः वे एक राजनीतिज्ञ थे और थे एक रक्तपिपासु योद्धा। उनकी राजनीति ने ही तुम्हें इस महल की बन्दिनी बनाया। जीवन के अन्तिम दिनों में तुम्हें अपना स्नेह प्रदान कर वे अपने पाप का प्रायश्चित ही कर रहे थे। तो तुम उठो, अपनी और अपने मुरलीमनोहर की उपेक्षा न करो। पहले से भी अधिक उनकी सेवा में लग जाओ। महाराणा के दिवंगत होने का दर्द कुछ ही दिनों में तुम्हारे मन से जाता रहेगा और हां तुम्हारे मुरलीमनोहर को आज सबसे बड़ी माला पहनाने की बात मैंने इसलिए कही कि तुमने उनके सिर पर हाथ रखकर सौगन्ध खाई है। उसका पुरस्कार तो उन्हें कुछ मिलना ही चाहिए। और हां जीवन में सदा स्मरण रखना तुमने एक पाषाण-प्रतिमा नहीं अपने पति के सिर की शपथ ली है। उस शपथ की, आजीवन रक्षा करना तुम्हारा धर्म बनता है।"

"अब यह भी मुझे बताना पड़ेगा ललिता?" मीरा ने उठते हुए कहा।

"मोह कुछ भी करा सकता है। नहीं, तो तुम्हें मुझे उपदिष्ट करना चाहिए था या मुझे तुम्हें!"

"तुम शायद ठीक कह रही हो पर मीरा अपनी शपथ का पालन अवश्य करेगी, उतना विश्वास रखो।"

"विश्वास तो पूरा है।" ललिता ने कहा और माला के लिए पुष्प चुनने निकल गई। आज उसे बहुत सारे फूल चुनने थे।

एक सौ एक

मीरा का जीवन-क्रम पुनः अपनी गति से चल पड़ा था। उसकी दिनचर्या में थोड़ा परिवर्तन यही हुआ था कि अब उसने अपना अधिक-से-अधिक समय मुरलीमनोहर की अर्चना-आराधना में ही देना आरम्भ किया था। विश्राम के कुछ क्षणों में वह ललिता से कुछ बातें कर लेती।

इधर राणा रत्न सिंह को सिंहासनारूढ़ हुए दो माह से अधिक हो गए थे।

एक दिन उन्होंने मीरा के पास हाल भेजवाया कि वे भाभी से मिलना चाहते हैं। मीरा रत्न सिंह के स्वभाव से परिचित थी। उसने अपनी स्वीकृति दे दी।

रत्न सिंह ने राजमाता धनबाई के साथ मीरा के कक्ष में प्रवेश किया। मीरा ने सास के पैर छुए।

रत्न सिंह ने भाभी के पैर स्पर्श किए और साथ ही उलाहना भी दी, "भाभी तुम मेरे राज्याभिषेक में भी सम्मिलित नहीं हुई। ऐसा क्या अपराध किया मैंने? तुम्हें प्रसन्नता नहीं हुई मेरे सिंहासनारूढ़ होने से?"

"नहीं, ऐसी बात नहीं, मैं तो सदा से आपकी विनम्रता एवं अन्य सद्‌गुणों की प्रशंसिका रही हूं। वस्तुतः मेरा मन उन दिनों कुछ खिन्न था। पिता महाराणा

सांगा के स्नेह से सहसा वंचित हो आने के कारण···!"

"अच्छा समझा। वही तो कहूं कि भाभी का आशीर्वाद नहीं मिले ऐसा कैसे हो सकता है ?" रत्न सिंह ने प्रसन्न होकर कहा।

"महाराणा की मृत्यु ने तो हम सबों को भी स्तब्ध कर दिया था," धनबाई ने बीच में कहा, "पर तुम तो महल की राजनीति से परिचित हो, राज्याभिषेक को यथासंभव समाप्त ही कर लेना था। यों कर्मवती अब भी अपने खेल खेलने से बाज नहीं आती।"

"क्यों अब वह क्या कर रही है ?" मीरा को उत्सुकता हुई, "उस दिन तो महाराणा, मृत्यु-पूर्व स्पष्ट कह गए कि मेरे उत्तराधिकारी राणा रत्न सिंह होंगे ?"

"महाराणा तो अब नहीं रहे न ? पर कर्मवती को महाराणा की बात को महत्व ही कितना देना है ? मैं तो महाराणा के साथ सती हो जाने वाली थी पर कर्मवती ने देखा मैं सती हुई तो पट्टमहिषी के नाते उसे भी सती होना पड़ेगा, अतः उसने राजपुरोहित से स्पष्ट कहलवा दिया कि इतनी अधिक उम्र में दिवंगत हुए महाराणा के साथ किसी को सती होने की आवश्यकता नहीं।"

"यह तो अच्छा ही हुआ," कहते-कहते मीरा की आंखें नम हो आईं, "अगर महाराणा के साथ-साथ आप भी नहीं रहतीं तो हमारे दर्द की सीमा नहीं रहती।"

"खैर छोड़िए भाभी, जो होना था वह तो हो गया," रत्न सिंह ने आरम्भ किया, "मैं एक विशेष अनुरोध के साथ आया हूं।"

"क्या ?" मीरा ने उत्सुकता से पूछा।

"पहले वचन दीजिए कि उसका पालन होगा।" रत्न सिंह ने कहा।

"वचन देने पर जोर नहीं दीजिए देवर जी, आप तो जानते ही हैं मैं महल की राजनीति से सदा दूर-दूर रह अपने मुरलीमनोहर की उपासना में लगी रही हूं। अगर मैंने किसी ऐसे-वैसे कार्य के लिए वचन दे दिया तो मेरे लिए कितनी कठिनाई होगी ?"

"आप समझती हैं कि मैं आपसे किसी ऐसे-वैसे कार्य के लिए वचन लूंगा ? आपकी प्रकृति से मैं परिचित नहीं ?"

"फिर भी वचन देने में भय लगता है। आप कहिए पालन करने लायक बात हुई तो अवश्य पालन करूंगी।" मीरा अपनी बात पर अड़ी।

"तब मैं कुछ नहीं कहता। अगर मुझे भाभी का भी विश्वास नहीं प्राप्त है तो मुझे चित्तौड़ के राजसिंहासन पर बैठने का कोई अधिकार नहीं।"

मीरा घोर असमंजस में पड़ी।

धनबाई उसकी सहायता में आगे बढ़ी," "अरे दे दो बहू वचन। मैं जानती हू यह क्या मांगने आया है।"

"आप कहती हैं तो ऐसा करना ही पड़ेगा," मीरा ने आरम्भ किया, "मैं उनके आग्रह को ठुकरा सकती हूं पर आपके आदेश को नहीं।"

"यह हुई न कोई बात !" रत्न सिंह ने प्रसन्नता में ताली बजाई।

"तो दिया न आपने वचन ?" वह आगे बोला।

"हां ! देवर जी की बात को कब तक टाला जा सकता है विशेषकर जब साथ में मां का आदेश लगा हो !"

"तो भाभी मैं चाहता हूं कि आपका दैनिक कार्यक्रम फिर से आरम्भ हो जाय।"

"मैं समझी नहीं।" मीरा के चेहरे पर जिज्ञासा स्पष्ट थी।

"भाभी, महाराणा साहब को दिवंगत हुए दो माह से अधिक हुए। उनकी अस्वस्थता के काल से ही आपने नीचे के श्रीकृष्ण मंदिर को उपेक्षित कर दिया है। श्रद्धालुओं की भीड़ आ-आकर लौटती रही। अब भी सैकड़ों लोग इस आशा में आते हैं कि आपके दर्शन होंगे और आपकी श्रीकृष्ण भक्ति का रसास्वादन कर वे अपने को धन्य करेंगे। मैं चाहता हूं आप पूर्व की तरह ही अपराह्न का समय श्रीकृष्ण मंदिर को दिया करें।"

मीरा बहुत देर चुप रही।

"क्यों भाभी, आप कुछ बोलती नहीं ?"

"मैं सोचती हूं," मीरा ने मुंह खोला, "क्या यह उचित होगा कोई एक वर्ष से जो कार्यक्रम बन्द है उसे बन्द ही रहना चाहिए। ऐसे भी बड़ी सासू जी को मेरा नाचना-गाना पसन्द नहीं। महाराणा साहब थे तो अलग बात थी। उनका संरक्षण मुझे प्राप्त था। महल की राजनीति आप स्वयं जानते हैं, पता नहीं इस सबका क्या परिणाम हो ?"

"परिणाम अच्छा ही होगा। महाराणा का संरक्षण आपको उपलब्ध था, मेरा भी रहेगा। प्रजा आपको चाहती है तो हम उसे वंचित नहीं रख सकते। आपको भी अपने श्रीकृष्ण से इतना रूठना शोभा नहीं देता। राजमाता भी आपके साथ हैं। अपितु इसीलिए वे मेरे साथ आई हैं वर्ना जाना आपको इनके यहां था इन्हें आपके यहां नहीं।" रत्न सिंह ने मुसकराते हुए कहा।

"मां का भी यही आदेश है ?" मीरा ने धनबाई की ओर देखकर पूछा।

"हां बेटी ! तुम्हारी प्रतिभा का कुंठित होना हमें पसंद नहीं। तुम कल से ही अपनी दिनचर्या को पूर्ववत् कर लो।"

"आपके आदेश का पालन होगा।" मीरा ने गम्भीरता से कहा।

"और देवर को दिए हुए वचन का ?" रत्न सिंह मुसकराए।

"वह क्या शेष रहा ?" मीरा बोली।

"बेटी अब हम चलते हैं। कहना इतना ही है कि अगर तुम्हें कोई कष्ट हो, तुम्हारे कार्यक्रम में कोई बाधा पड़े तो निस्संकोच कहना।" धनबाई ने उठते हुए कहा।

"निस्संदेह मां !" मीरा ने कहा और उनके पैर छुए।

रत्न सिंह ने भी भाभी के पुन: पैर छुए और कहा, "अपने मुरलीमनोहर से मेरे कुशल-क्षेम की कामना करती रहना भाभी !"

"अवश्य देवर जी ! भला यह भी कोई कहने की बात है। पर उस छलिया पर मैं कभी विश्वास नहीं करती, निरा पाषाण जो है।"

"आपके लिए भी पाषाण है ?"

"हां। पूरी तरह। भीतर-बाहर दोनों से।" मीरा ने उन्हें द्वार तक छोड़ते हुए जोड़ा।

एक सौ दो

कर्म की गति को कौन जानता है ? मनुष्य की अच्छी-से-अच्छी योजनाएं बुरे-से-बुरे परिणाम प्रस्तुत कर उसे विस्मित और विमूढ़ कर देती हैं। न जाने किस जन्म का पाप-कर्म इस जन्म के पुण्यफलों को भी ग्रस जाता है और मनुष्य कभी नियति तो कभी दुर्भाग्य को कोसने के लिए बाध्य हो जाता है। उसके सुकर्म भी जब कुकर्म का फल प्रदान करने लगते हैं तो एक ही साथ उसका विश्वास ईश्वर और कर्म दोनों पर से उठ जाता है।

धनबाई और रत्न सिंह दोनों आस्तिक थे। कर्मपरायण भी, इसीलिए उन्होंने श्रीकृष्ण-भक्तिन मीरा से श्रीकृष्ण-मंदिर में पुनः अपना कार्यक्रम आरंभ करने का अनुरोध किया था। पर आज जो कुछ रानी कर्मवती के कक्ष में घट रहा था उसका अभिज्ञान उन्हें होता तो वे शायद ही मीरा से पुनः अपनी दिनचर्या को पूर्ववत् करने का अनुरोध करते।

मीरा को श्रीकृष्ण-मंडप में अपना पूजन-अर्चन आरम्भ किए कठिनाई से एक सप्ताह हुआ था। बहुत दिनों के बाद इस कार्यक्रम के आरंभ होने से श्रद्धालुओं की भीड़ पहले की अपेक्षा और बढ़ गई थी।

"गिरधर गोपाल की जय !" और "मीरा बाई की जय !" से मंडप पूर्व की अपेक्षा अधिक ही अनुगूंजित होने लगा था। प्रजा का प्रेम मीरा को आवश्यकता से अधिक ही मिलने लगा था।

यही बात कर्मवती और सूरजमल के लिए असह्य हो गई थी।

"अगर मीरा की लोकप्रियता की स्थिति यही रही तो हम अपने ध्येय में सफल होने से रहे।" कर्मवती ने आरम्भ किया।

"मीरा की लोकप्रियता से हमारा लक्ष्य कैसे प्रभावित होता है ?" विक्रमाजीत ने पूछा।

"तुम्हारी मोटी बुद्धि में कुछ ढूकने से रहा," सूरजमल ने आरम्भ किया, "मीरा पर धनबाई और रत्न सिंह का विशेष प्रेम है। अगर हमारी योजना के अनुसार रत्न सिंह को कुछ हुआ तो मीरा के इंगित पर प्रजा हमसे विद्रोह कर देगी।"

"अब बात आई तुम्हारी समझ में ?" कर्मवती ही बोली।

"पर, यह कैसे हो पायेगा ?" सूरजमल को भी संदेह हुआ, "उसे रोकने पर पर भी प्रजा हमारे विरुद्ध हो सकती है। उससे तो अच्छा है कि हम अपनी योजना में आगे बढ़ें। अगर मीरा ने हमारी योजना की सफलता के पश्चात् प्रजा में विद्रोहाग्नि भड़काने का प्रयास किया तो उसे भी देख लेंगे।"

"हां, परन्तु···" विक्रमाजीत के स्वर में आशंका थी।

"क्यों तुम्हारा क्या विचार है बहन ? दो बार प्रजा की क्रोधाग्नि का सामना करने की अपेक्षा आवश्यकता पड़ी तो एक बार ही सामना करना अधिक श्रेयस्कर है।"

"तुम ठीक कह रहे हो।" कर्मवती ने कहा।

"क्यों भाई विक्रम का क्या विचार है ?" सूरजमल ने फिर विक्रमाजीत की ओर देखा।

"मैं भी तुम्हारे विचार से सहमत हूं। तुम अपना काम करो। एक बार मैं चित्तौड़ के सिंहासन पर आ गया तो इस कृष्ण-भक्तन को वह पाठ पढ़ाऊंगा, वह पाठ पढ़ाऊंगा कि वह भी क्या याद करेगी।"

"मेरी योजना सफल ही समझो।" सूरजमल ने कहा।

"रत्न सिंह का विश्वास तो तुमने पूरी तरह जीत लिया है न ?" कर्मवती ने पूछा।

"तो इतने दिनों तक मैं और करता ही क्या रहा था। इन दो महीनों में रत्न सिंह पूरी तरह मेरी मुठ्ठी में आ गया है। मेरे कहने पर उठता है। मेरे कहने पर बैठता है।"

"तब कब का कार्यक्रम रहा ?" विक्रम ने पूछा।

"शुभस्य शीघ्रम्। कल का ही समझो।"

"इतना विश्वास है ?" विक्रम ही था।

"है तो।"

"तो कल ही तुम्हारी बुद्धि और हमारे भाग्य की परीक्षा है ?"

"ईश्वर ने चाहा तो हम दोनों परीक्षाओं में सफल होंगे।" सूरजमल ने कहा।

"उसमें ईश्वर कहां से आ गया ?" विक्रमाजीत बोला, "ईश्वर तो मीरा के साथ है और इस प्रकार धनबाई और रत्न सिंह के साथ भी। तुम ईश्वर के सहारे चले तो हुआ हमारा काम !"

"ईश्वर सबका अपना-अपना होता है," सूरजमल ने कहा, "डकैत भी हत्या और लूट पर प्रस्थान करने के पूर्व अपनी आराध्या काली की उपासना करते हैं।"

"तो हम किसी के हक पर डाका डालने जा रहे हैं ?" कर्मवती उखड़ी, "मैं बड़ी रानी हूं। मेरे लड़के का सिंहासन पर प्रथम अधिकार है। वह तो उस डायन मीरा के चक्कर में पड़कर महाराणा ने रत्न सिंह को सिंहासन सौंप दिया।"

"मैं यह थोड़े कह रहा हूं कि हम सब अन्याय के मार्ग पर हैं ? ईश्वर की बात चली तो मैंने परिहास में यह बात जोड़ दी। यह भी ठीक है कि मीरा को अगर अपने गिरधर के सुदर्शन चक्र पर विश्वास है तो मुझे भी भगवान एकलिंग के त्रिशूल का भरोसा है। भगवान पशुपति ने चाहा तो हम अपनी योजना में सफल होकर रहेंगे और मुझे तो यह भी लगता है कि मीरा को महल की राजनीति आदि में कोई रुचि नहीं। वह अपने मुरलीधर और श्रीकृष्ण में ही मग्न है। प्रजा के समक्ष तो उसने अब तक सिर नहीं उठाया है, अब क्या उठायेगी ? उन्हें अपने नाच-गान और कीर्तन से प्रसन्न कर ले वही उसके लिए पर्याप्त है। प्रजा भी अच्छा है धर्म के इस चक्कर में पड़ अन्धी बनी रहेगी और हमारा लक्ष्य भी पूरा हो जायेगा।"

"मुझे मीरा पर विश्वास नहीं है।" कर्मवती ने कहा।

"मुझे भी नहीं, उसने मुझे अपमानित भी किया है।" विक्रमाजीत बोला।

"तो तुम लोग चाहते क्या हो ?" सूरजमल खीजा, "पहले मीरा से निबटें कि रत्न सिंह से। मत भूलो कि रत्न सिंह से निबटने को प्रजा झेल भी जा सकती है पर मीरा को कुछ हुआ तो बना-बनाया खेल बिगड़ जायेगा।"

"पहले रत्न सिंह से निबटना ही अच्छा है। मीरा से तो हम कभी भी निबट लेंगे।" विक्रमाजीत ने कहा।

"यही ठीक रहेगा।" कर्मवती ने भी हामी भरी।

दूसरे दिन सूरजमल ने रत्न सिंह के समक्ष आखेट का प्रस्ताव रखा, "इधर के जंगलों में वन-जीवों का उत्पात बढ़ गया है, प्रजा को पर्याप्त कष्ट है। राजाओं को आखेट की आदत होनी चाहिए। अगर हम कुछ वन्य जीवों से प्रजा को त्राण दिला सकें तो उसे हमारे प्रति विशेषकर आपके प्रति श्रद्धा ही बढ़ेगी।"

"पर मुझे तो शिकार का कोई विशेष अनुभव नहीं।" रत्न सिंह ने कहा।

"पर मुझे तो है। आपको कोई चिन्ता नहीं करनी। मैं सब सम्भाल लूंगा।"

"मुझे कोई आपत्ति नहीं है।" रत्न सिंह प्रस्तुत हो गए।

आखेट की सारी तैयारी हो गई। सूरजमल ने अपने विश्वस्त आदमियों का एक दल अपने साथ किया। शिकार में 'हांका' करने को उनकी आवश्यकता पड़ती।

रत्न सिंह और सूरजमल एक ही हाथी पर सवार होकर आखेट को निकले। उनके पीछे 'हांका' देनेवालों का एक बड़ा समूह लग गया।

धनबाई को यह आयोजन पसन्द नहीं आया। उनका मन पता नहीं क्यों आशंका-ग्रस्त हो आया। उन्होंने रत्न सिंह को रोकना चाहा पर सूरजमल ने बिना पूर्व सूचना के इतनी शीघ्रता में सब कुछ आयोजित कर लिया था कि रत्न सिंह को लगा कि वे पीछे हटे तो सब उन्हें कायर समझेंगे। फिर भी जाते-जाते धनबाई ने रत्न सिंह को अपने कक्ष में बुलाकर समझाया, "यह सूरजमल रंगा स्यार है। कल तक वह पूरी तरह विक्रमाजीत के साथ था। पता नहीं कैसे उसने तुम्हारा विश्वास प्राप्त कर लिया ? जो हो, वह है कर्मवती का भाई ही। तुम शिकार के समय उससे सावधान रहना।"

"तुम चिन्ता नहीं करो मां, सूरजमल यों तो पहले वाला सूरजमल नहीं रहा फिर भी उसने धोखा देने का प्रयास किया तो मेरी तलवार की धार में उसकी तलवार से अधिक पानी है।"

धनबाई का मन फिर भी नहीं माना। उसके मन में एक बात आई, "जाने के पहले अपनी भाभी से मिल लेते तो कैसा रहता ? उनके चरण ही स्पर्श कर लो।" धनबाई ने सोचा शायद मीरा उसे रोक ले।

"तुम्हारा सुझाव ठीक है," रत्न सिंह ने कहा और मीरा के कक्ष की ओर बढ़ गए। बाहर सूरजमल व्यग्रता से रत्न सिंह के निकलने की प्रतीक्षा कर रहा था।

मीरा बाई स्नान आदि सम्पन्न कर मुरलीमनोहर की सेवा में लगने ही वाली थी कि रत्न सिंह को द्वार पर देखा।

"आइए देवर जी, इतना सबेरे कैसे कष्ट किया ?"

रत्न सिंह ने अंदर आकर मीरा के पैर छुए और कहा, "भाभी, आशीर्वाद दो,

मैं बाहर जा रहा हूं।"

"कहां?"

"आखेट को।"

"और मुझसे उस कार्य के लिए आशीर्वाद मांगने आये हो?" मीरा जिसे कभी क्रोध नहीं आता था, अकस्मात उत्तेजित हो आई।

रत्न सिंह हत-प्रभ। उनसे क्या गलती हो गई, उनकी समझ में नहीं आ रहा था।

"क्यों भाभी?" अन्ततः उन्होंने पूछा।

"शिकार में वन्य जीवों की हत्या ही तो करोगे?"

"आखेट में और क्या होता है भाभी?" रत्न सिंह आश्चर्य-चकित बोले।

"और वन्य जीवों में प्राण नहीं होते?" मीरा के हाथ का, पूजा का थाल कांपने लगा था।

"प्राण तो होते हैं।"

"तब तो तुम निरीह जीवों के प्राण ही लोगे न?" मीरा उसी उत्तेजना में बोली, "एक तरफ तुम मुझे श्रीकृष्ण-उपासना के लिए प्रेरित करते हो दूसरी तरफ वनों को, जंगली जीवों से शून्य करने के प्रयास में भी लगते हो?"

"लड़ाई और शिकार तो क्षत्रियोचित धर्म हैं भाभी!"

"खाक धर्म हैं। लड़ाई में तो फिर भी शत्रुओं से जूझना होता है। वन्य जीवों को छिपकर मारने में कौन बहादुरी है? क्या समझते हो मेरा कृष्ण उनमें नहीं बसता? मैं तुम्हें आखेट की अनुमति दूंगी, यह तुमने कैसे समझ लिया? प्रकृति ने जीवों के सह-अस्तित्व की व्यवस्था की है। ऐसा कर तुम प्राकृतिक विधान में बाधा नहीं डाल रहे? पर्यावरण पर प्रतिकूल प्रभाव नहीं पड़ेगा अगर सभी क्षत्रिय इसी तरह निरीह वन-प्राणियों की हत्या करते रहें?"

रत्न सिंह के पास समय नहीं था, न वह इतना लम्बा भाषण सुनने यहां आया था। बोला, "अभी तो भाभी अनुमति दो आगे से सोचूंगा।"

"और कौन जा रहा है तुम्हारे साथ?"

"सूरजमल।"

मीरा का माथा ठनका। सोचा रत्न सिंह को एकदम से रोक ही ले। फिर उसे ललिता की बात याद आई, "अब से किसी मानवीय मोह-बंधन में नहीं पड़ना। मीरा के लिये अब रत्न सिंह और एक साधारण वन्य-जीव में कोई अंतर नहीं रहा। अगर रत्न सिंह अपनी मृत्यु की बुलावट पर ही जा रहा है तो जाय, वह कौन होती है रोकने वाली?

"तो अनुमति है, भाभी?" रत्न सिंह ने व्यग्र होकर पूछा।

"अनुमति अपनी मां से लो। मैं ऐसी अनुमति नहीं दे सकती।"

"उनकी अनुमति के पश्चात् ही आपके पास आया हूं।" रत्न सिंह मिथ्या-भाषण कर गये।

"तो राजमाता की अनुमति के पश्चात् मेरी अनुमति का कोई मूल्य नहीं। तुम जाने को स्वतंत्र हो।"

"धन्यवाद!" रत्न सिंह ने कहा और तीर की तरह कक्ष से बाहर हुआ।

"हे श्रीकृष्ण !" मीरा के मुंह से इतना ही निकला। धनबाई के पास पुन: जाकर रत्न सिंह ने उसके पैर छुए।

"मीरा ने अनुमति दे दी ?" धअबाई ने घबराकर पूछा।

"हां।" रत्न सिंह फिर झूठ बोले और बाहर निकल गए।

धनबाई मीरा के कक्ष की ओर दौड़ी, "बहू तुमने रत्न सिंह को आखेट पर जाने की अनुमति दे दी ?"

मीरा मुरलीमनोहर की सेवा में बैठने ही वाली थी। सास को देखा तो उसने पैर छुए और बोली, "जब राजमाता का ही आदेश मिल गया था तो मैं उन्हें कैसे रोक पाती मां जी ?"

"क्या उसने कहा कि मैंने आदेश दे दिया है ?" धनबाई ने साश्चर्य पूछा।

"कहा तो यही।"

"उसने भगवान के कक्ष में मिथ्या भाषण किया। यह उचित नहीं हुआ।" धनबाई के चेहरे पर घबराहट की रेखाएं स्पष्ट थीं।

"तो क्या आपने उन्हें आदेश नहीं दिया था ?"

"मेरा कहना वह कहां माननेवाला था, मैंने सोचा तुम उसे रोक लोगी। जीव-हत्या को प्रश्रय तो तुम नहीं ही दे सकती थीं।" धनबाई चिन्तित होकर बोली। तब तक ललिता भी कक्ष में आ गई थी।

"मैंने तो अपनी ओर से पूरी आपत्ति प्रकट की। मेरा कृष्ण तो घट-घट-वासी है। हर जीव में वह बसा हुआ है। मैं उन्हें कैसे आखेट की अनुमति देती ? पर जब उन्होंने आपकी अनुमति की बात चलाई तो मैं विवश हो गई।" मीरा ने कहा।

धनबाई चिन्तित हुई, "यह तो अच्छा नहीं हुआ। वह सूरजमल के बहकाने में गया है। अब मुरलीधर ही रक्षा करें।"

"कोई बात नहीं माता जी," ललिता ने कहा, "आखेट तो क्षत्रियों का धर्म है जैसे युद्ध। युद्ध और आखेट से उन्हें कब तक रोका जा सकता है ?" ललिता बोली।

"तुम नहीं समझोगी ललिता ! इस महल की राजनीति किस प्रकार घृणित हो गई है। मुझे तो भय लग रहा है।"

"सब कुछ ईश्वराधीन है। हम तो निमित्त मात्र हैं।" ललिता बोली।

"खैर जब वह मीरा को भी धोखा दे गया तो ईश्वर भी उसके कितने सहायक होंगे ?" धनबाई चलने को हुई।

"आप किस ईश्वर की बात कर रही हैं माता जी," ललिता बोली, "उस निर्दयी ईश्वर की जो मीरा की ही मां को खा गया, पति को उठा ले गया, पिता और भाई को भी जिसने नहीं छोड़ा और तो और जिसने युद्ध-वीर महाराणा को भी तिल-तिल कर मार डाला ?" ललिता ने जोड़ा।

धनबाई अब तक कक्ष से बाहर हो गई थी।

"मीरा लगता है तुम्हें अपना प्रण स्मरण है ?" ललिता बोली।

"कैसे ?"

"तुमने रत्न सिंह को रोकने का पर्याप्त प्रयास नहीं किया ?"

"तुमने मुरलीमनोहर की शपथ जो धरा रखी है ! अब मुझे मानवीय मोह के बन्धन में कहां पड़ना ? मुरलीमनोहर को जो पसन्द हो, वही हो, अब मैं बीच में कहां आती ?" मीरा बोल गई।

"चलो एक बात तो मानी तुमने मेरी !" ललिता उत्साहित होकर बोली।

"बात केवल तुम्हारी ही नहीं, मुरलीमनोहर की शपथ की भी तो है। अब उन्हीं के समक्ष उनकी शपथ कैसे तोड़ती ? ऐसे वह कहां नहीं है ? पर इस कक्ष में, उसी के समक्ष उसकी सौंगध तोड़ने का साहस कहां से लाती ?"

"ठीक किया तुमने। मैंने ठीक न कहा कि ईश्वर का भी क्या भरोसा है ?"

"ठीक कहा। वह तो तटस्थ द्रष्टा है। उसे कहां कुछ करना है ? अन्ततः जो जैसा कर्म करेगा, वैसा ही फल पायेगा।"

"खैर अब तुम अपनी दिनचर्या में लगो। मैंने तुम्हारे गिरधर के लिए पुष्प चुन लिए हैं, अभी लेकर आती हूं।"

एक सौ तीन

रत्न सिंह और सूरजमल जंगल में पहुंच चुके थे। एक ऊंचे और पुष्पित वृक्ष पर उनके लिए मचान बनाया गया था जिस पर केवल दो आदमियों के बैठने का स्थान था।

आस-पास के करीब एक क्रोश की परिधि को घेरकर 'खेदा' आरम्भ हुआ। साथ आये आदमियों ने बहुत से आदिवासियों को साथ लेकर ढोल आदि बजाते, हो हल्ला करते खेदा आरम्भ किया।

रत्न सिंह ने अपने हाथ में प्रत्यंचा-चढ़ा धनुष ले रखा था और पीठ पर बंधे तरकश में कई वाण थे। उनकी कमर में खुंसी कटार को सूरजमल ने अपने हाथ में ले रखा था। उसकी योजना के अनुसार राणा होने के कारण शिकार रत्न सिंह को ही तीर-धनुष से करना था अगर शिकार के आहत होने में कुछ कमी रह गई तो सूरजमल अपने हाथ में पकड़ी कटार से शेष काम पूरा कर देगा।

खेदा के आरम्भ होने के साथ ही कई छोटे-बड़े जानवर पेड़ के पास से निकले—नील गाय, चित्तल, हिरण आदि।

"उन पर नहीं।" रत्न सिंह ने जैसे ही इनमें से किसी पर शर-संधान करना चाहा सूरजमल ने रोक दिया, "वनराज की प्रतीक्षा कीजिए। एक व्याघ्र का शिकार किए बिना भी आप राजधानी कैसे लौटेंगे ?"

थोड़ी देर के बाद ही एक बड़ा बाघ वृक्ष की दिशा में ही आता दृष्टिगोचर हुआ।

"राणा निशाना साधिए।" सूरजमल ने कहा और शेर जैसे ही पेड़ के पास आया उसके वक्ष का निशाना ले राणा ने तीर छोड़ दिया। तीर निशाने पर लगा और व्याघ्र एक मर्मान्तक गुर्राहट के साथ जमीन पर गिर पड़ा। उसके पूर्व कि रत्न सिंह अपने धनुष पर से हाथ हटाते सूरजमल के हाथ में पड़ी उन्हीं की कटार ठीक उनके वक्षस्थल में पूरी गहराई से जा गड़ी। रत्न सिंह के मुंह से एक चीख भी

नहीं निकल सकी। उसके पूर्व कि खून का फव्वारा सूरजमल के कपड़े को पूरी तरह भिगो पाता उसने लात मारकर रत्न सिंह को मंच के नीचे फेंक दिया। कटार और गहराई से उनके कलेजे में जा घुसी।

व्याघ्र छटपटाकर शांत हो गया था। सूरजमल ने पहले रत्न सिंह की नाड़ी को हाथ लगाया। वह निःस्पन्द थी। सूरजमल ने सन्तोष की सांस ली।

व्याघ्र की मर्माहत ध्वनि सुन अधिकांश खेदे वाले वृक्ष के नीचे आ गए थे।

"दुख है व्याघ्र के प्राण लेते-लेते महाराणा भी अपने प्राण गंवा बैठे।" सूरजमल ने सबको सूचित किया।

"यह अनर्थ कैसे हो गया?" भीड़ में से कोई अनाड़ी स्वर उभरा।

"महाराणा ने शेर पर निशाना तो ठीक साधा पर उसके भयानक गर्जन को नहीं झेल सकने के कारण ये जो नीचे गिरे तो उनकी अपनी ही खुली कटार उनके कलेजे में जा घुसी। मैं जल्दी में नीचे आया तो उनके शरीर से छूटते खून के फव्वारे से मेरे कपड़े भी रक्त-रंजित हो उठे।" अपने शरीर पर पड़े रक्त के कुछ धब्बों की ओर इंगित करते सूरजमल ने बताया।

"आपने उनकी कटार को बाहर नहीं निकाला?" किसी ने उत्सुकतावश पूछ लिया।

"कोई आवश्यकता नहीं रह गई थी। मैंने पेड़ से उतरते ही उनकी नब्ज को देखा। महाराजा के प्राण-पखेरू उड़ चुके थे।

"अब तो निकाल दिया जाय।" किसी ने परामर्श दिया।

"कोई आवश्यकता नहीं। अब राजधानी में ही निकलवायेंगे।" वस्तुतः सूरजमल इस साक्ष्य को मिटने नहीं देना चाहते थे कि रत्न सिंह की मृत्यु उन्हीं की कटार से हुई है।

शिकार को गए मुख्य हाथी पर सूरजमल विराजमान हुए और साथ में 'खोजे' के काम के लिए गए हाथियों में से एक पर रत्न सिंह का और दूसरे पर व्याघ्र का शव वापस चित्तौड़-किले को आया।

किले में रत्न सिंह की मृत्यु की सूचना एक धावक द्वारा पहले ही पहुंच चुकी थी और वहां घोर क्रन्दन मचा हुआ था।

एक सौ चार

श्रीकृष्ण-मंडप में जिस समय मीरा अपना सायंकालीन कार्यक्रम प्रस्तुत कर रही थी, उसी समय राणा रत्न सिंह का शव चित्तौड़गढ़ में पहुंचा। बात किले से मंदिर तक बात-की-बात में पहुंच गई।

श्रोताओं में कानाफूसी आरंभ हो गई और सबका ध्यान भजन-कीर्तन की ओर से हट गया।

मीरा ने श्रोताओं में पहले-पहल ऐसी प्रतिक्रिया देखी तो उसे चिन्ता हुई—क्या उसके कार्यक्रम में ही उतना रस नहीं रहा कि श्रोता इतने उदासीन हो गए?

उसने प्राय: पहले-पहल श्रोताओं को सम्बोधित किया, "अगर आपको पसन्द नहीं हो तो मैं अपना कार्यक्रम बन्द कर दूं।"

"नहीं रानी जी, ऐसी बात नहीं है। एक बहुत दुखद सूचना मिली है, इसी से हम लोग अव्यवस्थित हो गए।" श्रोता-मंडली में से उठकर किसी ने निवेदन किया। वे मीरा की पीठ पर भी श्रद्धा-वश उन्हें रानी जी ही कहते थे।

मीरा का कलेजा धक् से रह गया। बात का पूर्ण आभास उसे लग गया। फिर भी पूछने के लिए उसने पूछ लिया, "क्या हुआ?"

"महाराणा रत्न सिंह दिवंगत हो गए।"

"कैसे?" मीरा का कंठ भर आया। उसने अपने को बहुत तटस्थ रखना चाहा। उसे किसी के मरने-जीने से क्या लेना? आंखें फिर भी छलछला आईं।

"सुना गया है कि मचान से गिर जाने के कारण उनकी ही कटार उनके कलेजे को बेध गयी। पर हमें इसमें विश्वास नहीं होता। राणा अवश्य महल की कुटिल राजनीति के शिकार हुए हैं। उनके साथ रानी कर्मवती का भाई सूरजमल भी था। हम इस अन्याय को नहीं चलने देंगे। पूरी प्रजा में हम विद्रोह की अग्नि फूंक देंगे। विक्रमाजीत को सिंहासन देने के लिए यह कुकर्म किया गया है। महाराणा रत्न सिंह के पासंग में भी नहीं है रानी कर्मवती का यह चरित्र-हीन कुमार। हम उसकी शासन-व्यवस्था को नहीं मानते। कल से ही पूरे राज्य में ही आग लग जायेगी।" एक वृद्ध उठकर बोल गया।

मीरा ने झटपट अपने कानों में उंगली डाल ली, "मुझे यह सब कुछ नहीं सुनना, आपको क्या करना है क्या नहीं करना है इससे मेरा कोई सम्बन्ध नहीं। मैं महल की राजनीति से अपने को पृथक ही रखना चाहती हूं। ऐसे भी इस दुखद समाचार के सुनने के पश्चात आज कार्यक्रम आगे नहीं चल सकता। आप लोग अपने-अपने घरों को लौट जाएं।"

"हम अपने-अपने घरों को नहीं लौटेंगे। हम किले का घेराव करेंगे जहां श्रीकृष्ण का भजन-कीर्तन होता हो वहां यह पापाचार नहीं चल सकता।"

मीरा ने इन बातों पर ध्यान नहीं दिया और ललिता को साथ ले जिस पिछले दरवाजे से मंडप में प्रवेश करती थी उसीसे बाहर हो गई। हां, जाते समय, इस अवस्था में भी श्रीकृष्ण के पैरों पर अपना सिर रखना नहीं भूली।

मीरा और ललिता, मीरा के कक्ष में आईं। वे परिस्थिति के इस आकस्मिक परिवर्तन पर अवाक् थीं। पर मीरा की गीली हो आई आंखें अब सूख चली थीं। उसके मुंह से इतना ही निकला, "ललिता तुम क्या सोच रही हो? राणा की मृत्यु दुर्घटना से हुई है?"

"नहीं, मैं वही सोच रही हूं जो नीचे के सारे लोग सोच रहे हैं। राणा षड्यंत्र का शिकार हो मृत्यु को प्राप्त हुए हैं।"

"इसमें हमारा कर्त्तव्य?" मीरा के मुख से अचानक निकला।

"कुछ नहीं। इस सम्बन्ध में हम पहले ही निर्णय ले चुके हैं। हमें किसी मोह-ममता के बन्धन से क्या लेना-देना? क्या तुम मुरलीमनोहर के समक्ष ली गई सौगंध को भूल गईं।"

"नहीं, नहीं भूली। पर क्या नीचे का कार्यक्रम जारी रहेगा? यह शोभनीय

होगा ?"

"शोभनीय, अशोभनीय अथवा किसी के विरोध की बात मैं नहीं जानती," ललिता ने दृढ़ता से कहा, "श्रीकृष्ण-मंडप दिवंगत राणा भोजराज ने बनाया है। श्रीकृष्ण-विग्रह में प्राण-प्रतिष्ठा भी उन्होंने ही कराये हैं। न तो मंडप उपेक्षित होगा न मंदिर। मैं जानती हूं इसका अब खुलकर विरोध होगा, दुरभिसंधियां रची जायेंगी, षड्यंत्र होंगे पर हमारे जीते-जी कार्यक्रम पूर्ववत् चलेगा। वही नृत्य, वही पद-गायन, वही कीर्तन। तुम्हारी प्रतिभा को भी तो कुंठित होने से रोकना है। तेरह दिनों जब तक छूतक रहेगा, कार्यक्रम तो बन्द ही रहेगा, पर उसके पश्चात ही वह विधिवत आरम्भ हो जाएगा।"

"तुम्हारे साहस की प्रशंसा करनी पड़ेगी।" मीरा ने कहा।

"प्रशंसा तो अब तुम्हारी करनी चाहिए।"

"क्यों ?"

"तुममें इस आकस्मिक परिवर्तन के लिए। महल में देवर का शव आया है और तुम्हारी आंखों में आंसू भी नहीं।"

"यह तुम्हारी सौगंध का प्रभाव है। परएक बात मन में आ रही है ललिता।" मीरा गम्भीर होकर बोली।

"क्या ?"

"हमारी असली अग्नि-परीक्षा अब आरम्भ होने वाली है। राणा रतन सिंह के अन्त के साथ हमारी वास्तविक विपत्तियों का आरम्भ हुआ है।"

"मैं तुमसे सहमत हूं।"

"कैसे झेल पायेंगी हम यह सब ?" मीरा चिन्तित हकर बोली।

"वही तुम्हें शक्ति देगा। जब वह तुम्हारे साथ है तो किसका भय ?" ललिता बोली।

"कौन ?" मीरा ने पूछने के लिए पूछा।

"तुम्हारा मुरलीमनोहर, तुम्हारा गिरधर और कौन ?"

"वही तो पाषाण है।" मीरा बोल पड़ी।

"पाषाण भी एक दिन पसीजता है।"

"देखना है।" मीरा ने कहा और मुरलीमनोहर की सांध्य आरती के प्रबन्ध में लग गयी।

एक सौ पांच

लेकिन पाषाण पसीजा नहीं।

दूसरे ही दिन रानी कर्मवती और विक्रमाजीत ने मीरा के कक्ष में प्रवेश किया। संध्या का सूरज पश्चिमी क्षितिज को स्पर्श कर रहा था और पश्चिमी गवाक्ष से सिन्दूरी लालिमा कक्ष में प्रवेश कर मुरली मनोहर के गालों पर गुलाल मल रही थी। मीरा उस अभूतपूर्व छटा को देखकर अभिभूत ही हो रही थी कि

कक्ष के खुले द्वार से माता और पुत्र ने प्रवेश किया। उसी समय ललिता भी किसी कार्य-वश वहां उपस्थित हो गई।

सास को देखते ही मीरा उनके चरण-स्पर्श को बढ़ी। कर्मवती सहसा दो पग पीछे हट गई जैसे उसके चरणों से मीरा के हाथ नहीं अपितु कोई विषैला सर्प लिपटने आ रहा हो—"दूर रहो सम्पूर्ण साम्राज्य में आग लगाकर अब आई हो शिष्टाचार निभाने?"

मीरा अवाक्। यह क्या हो रहा था? उससे कौन-सी भूल हो गई थी?

विक्रमाजीत ने उसके पैर-स्पर्श के लिए कोई प्रयास नहीं किया।

कक्ष में बैठने के लिए आसनों का अभाव था। ललिता ने झट दो मंचक ला दिए। कर्मवती और विक्रमाजीत उन पर आसीन हो गये। मीरा अपने निर्धारित स्थान पर मुरलीमनोहर के चरणों के नीचे अपने कम्बल पर बैठ गई। ललिता उसके पास ही भूमि पर ही आसीन हो गई।

"यह नाटक बन्द करो," कर्मवती कड़कड़ाते स्वर में बोली जैसे कहीं पास ही में बिजली कड़की हो, "लक्षण तो सारे वारांगनाओं के हैं और बैठती हो मुरलीमनोहर के चरणों में।"

मीरा कुछ नहीं बोली। ललिता का अन्तर विद्रोह कर उठा और उसने कोई अनुकूल उत्तर देने के लिए मुंह खोलना चाहा। मीरा उसके मन्तव्य को समझ गई और आंखों के इंगित से उसने मूक ही रहने का आदेश दिया।

"तुम्हें पता है क्या कुछ घट रहा है इस किले में?" कर्मवती ने उसी स्वर में आरम्भ किया फिर जोड़ा, "पता कैसे नहीं होगा सारी आग तो तुम्हारी लगाई हुई है।"

"मैं कुछ नहीं जानती।" मीरा ने शालीनता-पूर्वक उत्तर दिया।

"नहीं जानती! हूं?" कर्मवती ने मुंह बनाया, "कल श्रीकृष्ण-मंडप में श्रोताओं में किसने विद्रोह का बीज वपन किया जिसके फलस्वरूप कल संध्या ही वे ऊपर आकर उपद्रव पर उतर आये और आज सुबह तो जैसे मेवाड़ की आधी प्रजा ने ही किले को घेर लिया। तुम्हें मेरे लड़के विक्रम के सिंहासनाधीन होने से उतनी ईर्ष्या हो रही है? रत्न सिंह जब साम्राज्य का अधिपति बना था तब तुमने अपना यह रूप क्यों नहीं प्रकट किया था?"

"मैंने कल श्रीकृष्ण-मंडप में कुछ नहीं कहा। राणा रत्न सिंह की मृत्यु का संवाद पाते ही मैंने कार्यक्रम बन्द कर दिया और ऊपर आ गई।" मीरा ने उसी तरह शान्तिपूर्वक कहा।

"ऊपर आ गई? मिथ्यावादिनी, कृष्ण-भक्तन बनती है! तुमने श्रोताओं से यह नहीं कहा कि रत्न सिंह की हत्या में मेरे भाई सूरजमल का हाथ है क्योंकि हम भाई-बहन विक्रम को सिंहासनारूढ़ करना चाहते थे?"

"माताजी उत्तेजना पर नियंत्रण कीजिए," आखिर ललिता से नहीं ही रहा गया, "मीरबाई को मिथ्यावादिनी कहने का आपको कोई अधिकार नहीं। मैं कल संध्या नित्य की तरह उनके साथ थी। इस दुःखद संवाद के सुनते ही हम तत्काल कार्यक्रम बन्द कर ऊपर आ गये।"

"दुःखद संवाद! हूं!" कर्मवती फिर कड़की, "रत्न सिंह की मृत्यु तुम लोगों

के लिए एक बड़ा दुःखद संवाद बन कर आई, नहीं ?"

"मृत्यु, मृत्यु है। आप लोगो के लिए वह दुःखद नहीं भी हो सकती है पर हमारे लिए तो अवश्य है।" ललिता बोली।

"अवश्य है! अर्थात! अब भी तुम लोगों को कुछ करने का मन है? जो कुछ कर दिया है उससे संतोष नहीं हुआ। प्रजा में अब भी आक्रोश है और वह बढ़ता ही जा रहा है। वह यों ही नहीं है। इसमें तुम दोनों का हाथ है।" कर्मवती बोल गई।

"मैंने कहा न हम इस सम्बन्ध में कुछ नहीं जानतीं।" ललिता ने अपनी बात दुहराई, "आपको मिथ्या लांछन लगाना हो तो उससे आपको कौन रोक सकता है?"

"खामोश!" इस बार विक्रमाजीत गरजा, "एक दासी को अपनी जिह्वा पर इस तरह नियन्त्रण नहीं खोना चाहिए। तुम्हें पता है तुम राजमाता से बातें कर रही हो?"

"ललिता दासी नहीं है। वह मेरी सखी है।" मीरा बीच में बोली।

"इसीलिए तुम्हारे लिए वह मिथ्या साक्ष्य प्रस्तुत कर रही है?" विक्रमाजीत उसी स्वर में बोल गया।

"यहां कोई कुछ भी मिथ्या नहीं बोल रहा है। अगर आप श्रोताओं में से एक भी साक्षी उपस्थित कर सकें कि हमने वहां मुंह भी खोला है तो मैं अपने ऊपर लगाए जा रहे आरोप को सहर्ष स्वीकार कर लूंगी और महाराणा के रूप में विक्रमाजीत हमें जो दंड देंगे स्वीकार कर लेंगे।"

माता-पुत्र दोनों एक क्षण के लिए निर्वाक् हो आये।

"श्रोताओं में कौन तुम्हारे विरुद्ध साक्ष्य देगा? सब तो तुम्हारे रूप के जादू पर दीपक पर टूटने वाले पतंगों की तरह मुग्ध हैं।" विक्रमाजीत बोला।

मीरा कुछ नहीं बोली। उसकी आंखें छलछला आईं। पर ललिता चुप नहीं रह सकी, "मेवाड़ के महाराणा के मुख से ऐसी बातें शोभा नहीं देतीं। वे भूल रहे हैं कि मीरा उन्हीं के परिवार की है और उनके दिवंगत अग्रज की पत्नी भी। वह भाभी है और भाभी और मां का स्थान समान होता है। महाराणा को यह जानना चाहिए कि भक्त, मीरा की श्रीकृष्ण भक्ति से आकृष्ट होकर आते हैं। मीरा के चेहरे की तरफ किसी की आंखें भी नहीं उठतीं।"

"कृष्ण भक्ति! हूं!" विक्रमाजीत बड़बड़ाया, "भक्तिभाव सब ढोंग है। एक विधवा के अपने सौंदर्य और यौवन के प्रदर्शन का अच्छा-खासा बहाना।"

"राणा! आप सीमा को पार कर रहे हैं?" मीरा के मुंह से सहसा निकला, "आप भूलते हैं कि यह कक्ष मेरा है और मेरे कक्ष में मेरा ही अपमान करने का आपको कोई अधिकार नहीं।"

"यह कक्ष आपका है तो राजमहल मेरा है। मैं इस साम्राज्य का अधिपति होने के नाते आपको आदेश देता हूं कि आप कल प्रातःकाल तक इस कक्ष को खाली कर दें।"

"इस आदेश का पालन नहीं होगा।" मीरा ने सिर ऊंचा कर कहा।

"क्यों?"

"इस महल पर जितना आपका अधिकार है उतना ही मेरा भी। मैं इस महल में ब्याहता होकर आई हूं। वह भी आपके अनुज नहीं अग्रज की।"

कर्मवती ने देखा कि बात बनने के बदले बिगड़ रही है। आज किले के चारों ओर एकत्रित जन समुदाय को उसने देखा था जैसे सागर-कूल पर असंख्य उद्वेलित लहरें। अगर वह कुछ करने पर ही उतर आती तो पता नहीं आज क्या हो जाता। उस भीड़ में सभी प्रकार के लोग थे—सामान्य नागर जन, साधु संत, भक्त-समुदाय और सबसे ऊपर आदिवासियों और गिरिजनों को एक बड़ी संख्या, हाथ में धनुष-बाण और भाले लिए। आज तो यह विपत्ति टल गई पर यह सदा के लिए समाप्त हो गई, यह नहीं कहा जा सकता। भले ही मीरा ने कुछ नहीं कहा हो पर प्रजा में यह विश्वास फैल रहा है कि रत्न सिंह ने चूंकि मीरा को भजन-कीर्तन की पूरी छूट दे रखी थी इसीलिए उन्हें आखेट के ब्याज से छलपूर्वक समाप्त कर दिया गया। प्रजा के मन से इस विश्वास को निकालना ही होगा वर्ना विद्रोह की लपटें पूरे साम्राज्य में व्याप्त हो गईं तो विक्रम को सिंहासन पर बैठाये रखना संभव नहीं होगा। कर्मवती की तीक्ष्ण बुद्धि ने यह भांप लिया कि अभी मीरा से बैर नहीं बल्कि मेल बढ़ाना ही राजनीति का तकादा है।

"नहीं बहू," कर्मवती ने सहसा अपने स्वर में माधुर्य घोला, "यह कक्ष भी तुम्हारा है और यह महल भी। निस्संदेह तुम इस मेवाड़ की कुलबधू हो। विक्रम जो भी है तुमसे छोटा और अल्पज्ञ है। इसके अपराधों को क्षमा करो। तुम और कुछ बात नहीं तो एक बात तो कर ही सकती हो।"

"क्या?" मीरा ने अनुत्साह से पूछा।

"तुम कल श्रोता-मंडली में यह बात स्पष्ट कर दो कि रत्न सिंह की मृत्यु वस्तुतः दुर्घटना से हुई है। उसमें किसी प्रकार का कोई षड्यंत्र नहीं।"

"यह नहीं हो सकता।" मीरा ने स्पष्ट कहा।

"क्यों?"

"क्योंकि मैं मिथ्या भाषण नहीं कर सकती।"

"तब तो स्पष्ट हुआ कि तुम भी इस बात में विश्वास करती हो कि रत्न सिंह की हत्या के पीछे महल का षड्यंत्र है? तब तुम यह कैसे कहती हो कि तुमने श्रोताओं से कुछ नहीं कहा?" कर्मवती का क्रोध फिर भड़कने-भड़कने को हुआ पर उसने उस पर नियंत्रण किया।

"विश्वास करने और उस विश्वास को अभिव्यक्ति देने में अन्तर है। मेरे मन में चाहे जो विश्वास और आशंका हो पर मैंने उसको कहीं अभिव्यक्ति नहीं दी है।"

कर्मवती ने तिरछी आंखों से ललिता की ओर देखा—"तब तो उसे भी यही विश्वास होगा?"

"माताजी," मीरा ने आरम्भ किया, "आप हमें इतनी मूर्खा क्यों समझती हैं? अन्ततः हम भी एक राजपरिवार से आई हैं और इस विशाल महल की गतिविधियों से भी हम अपरिचित नहीं। बल्कि आपसे अधिक किसको पता है कि इस महल की कुटिल राजनीति की आखेट होकर ही मैं यह वैधव्यपूर्ण जीवन बीता रही हूं।"

विक्रमाजीत के पैरों के नीचे से धरती खिसकने लगी। उसे लगा यह औरत आज नहीं तो कल हमारे संकट का कारण बन सकती है।

पर कर्मवती अपनी राजनीति में लगी रही और बोली—"जो हो गया उसे भूल जाओ बहू, इस परिवार के लिए तुम इतना भी त्याग नहीं कर सकती कि श्रीकृष्ण मंडप से यह उद्‌घोषणा कर दो कि विक्रमाजीत निर्दोष है। इसमें मिथ्या भाषण का भी प्रश्न कहां उठता है? तुमने तो रत्न सिंह को किसी षड्यंत्र द्वारा मृत्यु ग्रस्त होते नहीं देखा?"

"कहा न मैं यह नहीं कर सकती। मुझे महल की राजनीति से कुछ लेना-देना नहीं। ऐसे भी आज या कल श्रीकृष्ण-मंडप में कोई कार्य-क्रम नहीं होने जा रहा।"

"क्यों?"

"कल ही राजा रत्न सिंह की मृत्यु हुई है और आज ही से वहां यह सब आरंभ हो यह क्या उचित है?"

"वाह! बहुत सहानुभूति है तुम्हें राणा रत्न सिंह से!" विक्रमाजीत ने व्यंग्य किया। मीरा ने उसे मुंह लगाना उचित नहीं समझा। वह चुप ही रही!

"सहानुभूति की बात नहीं," ललिता ने आरम्भ किया, "जब तक तेरह दिनों का 'छूतक' है तब तक तो कार्यक्रम को स्थगित रखना ही पड़ेगा।"

कर्मवती ने सोचा यह भी अच्छा है। कम-से-कम तेरह दिनों तक तो ये अब कुछ करने से रहीं। अगर पहले कुछ कहा भी हो तो इन तेरह दिनों में हम सब ठीक कर लेंगी। प्रजा ने विद्रोह भी किया तो उसे यह कहकर शान्त किया जा सकता है कि तेरह दिनों के पश्चात् स्वयं मीरा के मुख से सच्चाई उन्हें सुनने को मिल जाएगी। इस मध्य मीरा को क्रोध से नहीं अपितु प्रेम से जीतना है। अन्ततः दिवंगत महाराणा सांगा ने उसे इतना स्नेह दिया था उसका विचार तो वह करेगी ही और विक्रमाजीत जो हो, है तो महाराणा संग्राम का ही लड़का, इस बात को मीरा कैसे भूल जायेगी?

"अच्छा अभी हम चलते हैं बहू!" कर्मवती ने फिर अपने शब्दों में मिश्री घोली, "तुम विक्रम की बात का बुरा नहीं मानना, है तो वह तुम्हारा देवर ही। मेरी बात पर ध्यान रखना। हो सके तो इस संकट से इस साम्राज्य को उबार लेना।"

कहकर कर्मवती उठने को हुई। मीरा ने उठकर उनके पैर छुए। इस बार विक्रमाजीत भी भाभी का पैर छूने झुका। नये खिले कमल की तरह उसके पैरों को देखकर वह देखता ही रह गया। जिसके पैर इतने सुंदर हैं उसका चेहरा—। पैर छूने के पश्चात् वह एक क्षण में मीरा को नख-शिख देख गया। ऐसा तो उसने अपने विलासी जीवन में भी कहीं नहीं देखा था। अब तक लावण्य की यह मूर्ति उससे अनदेखी कैसे रह गई! वस्तुतः मीरा ही अपने को इस तरह ढंक-तोप कर रखती थी विशेषकर विक्रमाजीत के समक्ष कि मीरा के इस अलौकिक सौंदर्य को देखने का उसे अवसर ही नहीं मिला था।

विक्रम ने मन-ही-मन कुछ निश्चय किया और उसकी आंखों में एक विचित्र चमक उत्पन्न हुई। मीरा से यह चमक अनदेखी नहीं रही।

एक सौ छह

कर्मवती, सूरजमल और उनके अन्य सहायकों ने प्रजा में उत्पन्न विद्रोह की स्थिति को शान्त करने का बहुत प्रयास किया। प्रजा सहमत हो गई कि तेरह-चौदह दिनों के पश्चात् मीरा स्वयं ही सच्चाई बता देगी और अगर उसने कह दिया कि विक्रमाजीत निर्दोष है तो वह अपने राजा को क्षमा कर देगी।

इस मध्य कर्मवती ने मीरा पर मिथ्या स्नेह-वर्षण आरम्भ किया। वह नित्य उसके मुरलीमनोहर के लिए कभी सुंदर वस्त्र तो कभी बहुमूल्य आभूषण, तो कभी राग-भोग के स्वादिष्टतम सामान भेजने लगी। ललिता की पुष्पमाला की भी अब आवश्यकता नहीं रही। राजोद्यान के माली सुंदर-सुंदर पुष्पों की विशालकाय मालाएं प्रस्तुत करने लगे। स्वयं राजमाता कर्मवती भी दिन में एक बार अवश्य मीरा के कक्ष में आकर उसका कुशल-क्षेम पूछ जाती।

"मुझे तो इस सब में छल की स्पष्ट छाया दृष्टिगोचर हो रही है।" ललिता ने एक दिन मीरा से कहा।

"क्योंकि तुम्हें अब मुरलीमनोहर के लिए माला बनाने का अवसर नहीं मिलता?" मीरा ने परिहास किया।

"परिहास की बात छोड़ो मीरा, यह सोचो कि कर्मवती अकस्मात् तुम्हारे मुरली-मनोहर के प्रति इतनी श्रद्धा से कैसे भर गई?"

"जो हो इस बहाने हमारे मुरलीमनोहर की सेवा-अर्चना में तो वृद्धि हुई है?" मीरा गद्गद् होकर कहती और अपने मुरलीमनोहर की निखरी हुई छवि को देख कर अपनी आंखों को तृप्त करती।

"तो तुम्हें यह सब पसन्द है।?" ललिता आश्चर्य से पूछती।

"क्यों? तुम्हारे बाल-गोपाल की कोई इस तरह सेवा करे तो तुम्हें प्रसन्नता नहीं होगी?" मीरा पूछती।

"कितनी भोली हो मीरा?" ललिता कहती।

"कैसे?"

"मछली की तरह जाल में फंसाई जा रही हो और प्रसन्नता के अतिरेक से फूली नहीं समाती!"

कैसे जानती हो कि फंस रही हूं?"

"तो आखिर किसलिए राजमाता यह सब कर रही है? मिथ्या स्नेह प्रकट कर तुम्हारा मन विजित करने पर पड़ी है। इसीलिए तो कि तुम श्रीकृष्ण-मंडप से विक्रमाजीत को निर्दोष घोषित कर दो।"

"पर सच्चे या झूठे मन से राजमाता गिरधर की सेवा तो कर रही है?" मीरा अभिभूत-सी होती कहती।

"इसका तात्पर्य कि राजमाता तुम्हारी प्रियपात्रा हो गईं?" ललिता आश्चर्य से पूछती।

"जो मुरलीमनोहर को प्यार करे वह मेरा प्रिय तो स्वाभाविक रूप से होगा। जो मित्र का मित्र वह अपना मित्र। जो मित्र का शत्रु वह अपना शत्रु!"

"तो तुम भी अब राजनीति में पारंगत होने लगीं?" मीरा सशंकित होकर

पूछती।

"यह राजनीति नहीं भक्ति है भले ही शुद्ध नहीं हो। पर तुम जानती ही हो कि ईश्वर की सेवा बेमन से भी करो तो वह फल देती ही है।"

मीरा की बात पर ललिता आश्चर्यचकित हुई। बोली, "अर्थात् तुम विक्रमाजीत को निर्दोष घोषित करने जा रही हो।"

"यह कौन कहता है ?"

"तुम्हीं तो कह रही हो कि बेमन से की हुई भक्ति का भी फल मिलता ही है ?" ललिता ने तर्क किया।

"अच्छा ललिता !" मीरा कुछ सोचते हुए बोली।

"क्या ?"

"किसी दूसरे रूप में हम कर्मवती का कल्याण नहीं कर सकतीं ?"

"पर क्यों ?"

"राजमाता की इस कृत्रिम भक्ति का तो प्रसाद मिलना ही चाहिए।"

"तुम अबूझ पहेलिका हो।" ललिता ने कहा।

"कैसे ?"

"राजमाता और विक्रमाजीत का कल्याण एक ही रूप में किया जा सकता है कि हम श्रीकृष्ण-मंडप में मिथ्या घोषणा करें कि विक्रमाजीत पूर्णतया निर्दोष है। राजमाता कर्मवती निष्पाप हैं और उनका भाई सूरजमल तो साधुता और सरलता की प्रतिमूर्ति है।" ललिता बोली।

"तुम तो व्यंग्य करने लगीं।" मीरा ने कहा।

"तुम्हीं उसका अवसर प्रदान कर रही हो।"

"नहीं, मैं समझती हूं एक मार्ग है जिसको अपनाने से हमें मिथ्या भाषण भी नहीं करना पड़ेगा और प्रजा का विद्रोह भी शान्त हो जाएगा।" मीरा गम्भीरतापूर्वक बोली।

"कैसे ?"

"हम मंडप से रत्न सिंह के मरने-न-मरने की बात ही नहीं उठायेंगी।"

"तब ?" ललिता कुछ नहीं समझकर बोली।

"हम प्रजा से इतना ही कहेंगे कि जो कुछ हुआ उसे वे भूल जायं। मेरा विचार है श्रद्धालु हमारे अनुरोध को मान जायेंगे और जन-जन तक हमारे संदेश को पहुंचा देंगे। प्रजा का क्रोध शान्त हो जायेगा।" मीरा ने अपनी बात स्पष्ट की।

"पर हम ऐसे लोगों के लिए इतना कुछ करने ही क्यों जायं जो मूलत: तो हमारे शत्रु हैं पर प्रत्यक्षत: हमारे शुभेच्छु बन अपना स्वार्थ साधना चाहते हैं ?"

"ललिता तुम गलती पर हो।" मीरा गम्भीर होकर बोली।

"क्यों ?"

"तुम्हारे बाल-गोपाल ने तुम्हें अब तक कुछ नहीं सिखाया। सिखाएं भी क्या ! हैं तो बेचारे बाल ही।" मीरा मुसकराई।

"अब पुन: पहेली नहीं बुझाओ। स्पष्ट कहो।" ललिता खीजी।

"अरे सखि ! भक्ति का प्रथम पाठ यही है कि अपने शत्रु का भी भला करो। साथ ही एक बात और है।"

"क्या ?" ललिता ने उत्सुकता से पूछा।

"आखिर इस राजदरबार के प्रति हमारा भी तो कुछ कर्त्तव्य बनता है? मैं यहां की पुत्र-वधू हूं। यहीं के अन्न पर हम पल रही हैं। हम सर्वथा यहां की समस्याओं के प्रति तटस्थ भी तो नहीं हो सकतीं?"

"मीरा!"

"क्या?"

"गलती पर मैं नहीं तुम हो," ललिता ने जोर देकर कहा, "तुम आवश्यकता से अधिक ही संवेदनशील हो और झट पिघल उठती हो जैसे सूरज की पहली किरण पर ही कोई नन्हा हिम-खंड?"

"कैसे? कैसे मैं गलती पर हूं।" मीरा ने जानना चाहा।

"क्या ऐसा करके हम अन्याय, अत्याचार और षड्यन्त्र तथा अमानवीय व्यवहारों को प्रश्रय नहीं देने जा रहीं? तुम्हें पता है प्रजा में यह पूरी तरह प्रचारित है कि रत्न सिंह की हत्या सूरजमल ने स्वयं अपने हाथों की है? आदिवासियों में कइयों ने इसे पीछे से देखा भी है।"

"पर सुना रत्न सिंह के कलेजे में चुभी कटार तो उन्हीं की थी।" मीरा बोली।

"इसीलिए तो कहती हूं, भोली हो।"

"क्यों?"

"षड्यन्त्र और किसे कहते हैं? सूरजमल इतना मूर्ख था कि अपनी कटार से रत्न सिंह की हत्या करता? अपनी कटार तो वह महल में ही छोड़कर गया होगा। वहां रत्न सिंह से यह कहकर उनकी कटार ले ली होगी कि उनका निशाना कहीं चूक गया या शिकार अर्द्धमृत रह गया तो वह उसी कटार से उसका काम तमाम कर देगा।"

"बात तो तुम्हारी तर्क-संगत लगती है।" मीरा ने कहा—"पर एक बात पर तुमने ध्यान दिया।" वह आगे बोली।

"किस बात पर?"

"अगर प्रजा में विद्रोह भड़का तो उसका परिणाम भयंकर हो सकता है। असंख्य जानें जा सकती हैं। धर्म की गति जटिल है। तुम कहती हो मैं अत्यधिक संवेदनशील हूं। यह बात सही है। मैं विद्रोहियों द्वारा विक्रमाजीत, सूरजमल और उनके सहायकों तथा रानी कर्मवती को भी अपमानित होते अथवा मृत्यु-मुख में जाते नहीं देख सकती। अगर अन्याय का पक्ष लेने से एक भयानक संकट टल सकता है, सैकड़ों को संभावित मृत्यु से बचाया जा सकता है तो अन्याय का भी पक्ष लेना पाप नहीं पुण्य ही होगा। क्या विचार है तुम्हारा?"

ललिता थोड़ी देर चुप रही। फिर बोली—"तुम शायद ठीक कह रही हो।"

"अब भी मेरे तर्क में संदेह हो तो बोलो।"

"नहीं है।" ललिता ने स्पष्ट कहा।

"तब हम यही करेंगे।"

"अर्थात् अब जब श्रीकृष्ण-मंडप में भीड़ जमी तो विक्रमाजीत के लिए प्राण दान मांग लेंगे?"

"यही समझो।"

एक सौ सात

मनुष्य की अच्छी से अच्छी योजनाएं भी बुरी तरह विफल हो जाती हैं। आपकी सारी शुभेच्छा, शुभकामनाएं और मंगलभावनाएं भी कुपात्र के किसी काम नहीं आतीं। कर्म का फल मनुष्य को भोगना ही पड़ता है और उससे कोई निस्तार नहीं है। उच्छृखल और भोग-परायण मन कब अपने लिए ही संकट खड़ा कर लेगा कोई नहीं जानता। इन्द्रियों को खुल खेलने की छूट देनेवाले एक दिन उन्हीं के कुचक्र का शिकार होकर रहते हैं।

मीरा के मन में तो उसकी योजना स्पष्ट हो आई थी और उसे वह कार्य-रूप भी दे देती। पर विक्रमाजीत के भाग्य में वह हो तब तो ? कर्मवती उधर प्रजा के विद्रोह के शमन के नानाविध उपाय ढूंढ़ रही थी और इधर उसके पुत्र विक्रमाजीत के अन्तर में एक नया तूफान उठ खड़ा हुआ था।

विक्रमाजीत व्यसन-प्रिय और विलासी तो पहले से ही था। राजमद ने उसे और अंधा बना दिया।

अपने अग्रज की विधवा पत्नी के सौन्दर्य ने उसे इस तरह विक्षिप्त कर दिया कि मीरा और कर्मवती की सारी योजनाएं धरी की धरी रह गईं।

उधर मीरा और ललिता उसकी भलाई के लिए अन्याय का भी पक्ष लेने को प्रस्तुत हो गई थीं और इधर वह मीरा के रूप पर पागल हो किसी तरह उसे अपने जाल में फंसाने की योजना बना रहा था।

एक सफलता दूसरी सफलता को जन्म देती है। एक कुकर्म दूसरे दुष्कर्म के लिए मार्ग प्रशस्त करता है। मनुष्य की विवशता यह है कि वह अपने ही मापदंड से भी दूसरे को मापता है।

विक्रमाजीत चित्तौड़ का महाराणा था। इसके पूर्व भी वह वहां का राजकुमार रह चुका था। उसकी विलासी प्रकृति ने जिस महिला को भी चाहा उसके लोगों ने उसे सुलभ करा दिया। वह स्वयं कामी और व्यसनग्रस्त था अतः संसार के सारे स्त्री-पुरुष भी उसे वैसे ही लगते थे।

"मीरा को पाना क्या कठिन है ?" उसके मन ने तर्क किया।

"वह कृष्ण-भक्तन है। श्रीकृष्ण को ही उसने पति मान रखा है।" मन ने ही उत्तर दिया।

"कृष्ण-भक्तन वह खाक है ? सैकड़ों पुरुषों के मध्य नाच-गाकर अपने पुष्ट अंगों का प्रदर्शन कर वह अपनी दबी भावनाओं को ही तृप्त करती है कि और क्या ?" उसके विलासी मन ने तर्क किया।

"व्यर्थ की बात है यह। वह अब तक अछूती रह गई। उसके पीछे अवश्य उसकी असीम इच्छा शक्ति है। उस आग से खेलना उचित नहीं।" मन ने दूसरा तर्क रखा।

"कायरता है यह, का-पुरुषत्व। वह अब तक अछूती है इसका क्या प्रमाण है ?"

"अछूती है तो बुरा क्या है ? यह तो और ठीक है। ऐसा अनिंद्य सौन्दर्य, ऐसा उद्दाम यौवन किसको अछूता प्राप्त होता है ?" विक्रमाजीत की वासना ने जोर मारा।

"पर वह तो भाभी है, भाभी और मां को सम्मान मिलना चाहिए।" मन ने फिर सचेत किया।

"हूं ! कहां भाभी और कहां मां ? भाभी तो भोग के लिए होती ही है और सिंहासन पर बैठकर भोग नहीं किया तो बैंठना और नहीं बैंठना बराबर है।"

"पर अभी मीरा से बहुत काम लेना है। कहीं वह इस कुचेष्टा से क्रोधित हो उठी तो बना-बनाया काम बिगड़ सकता है।"

"खाक, बिगड़ सकता है। उसे मुट्ठी में करने से लाभ ही होगा। एक बार वह मेरी हो गई तो मेरे लिए प्राणोत्सर्ग को भी प्रस्तुत हो जाएगी। फिर कहां का विद्रोह और कहां का षड्यंत्र। प्रजा को वह स्वयं ठीक कर लेगी।"

"पर उस तक यह प्रस्ताव कौन ले जाएगा ?"

"हां, प्रस्ताव कौन ले जाएगा ?"

विक्रमाजीत द्विविधा में पड़ा।

"मुझे स्वयं प्रस्ताव करना चाहिए।"

"पर कहां ?"

"उसी के कक्ष में।"

"वहां तो वह मुरलीमनोहर बैठा रहता है !"

"तो मैं उस पाषाण-मूर्ति से डरता हूं ? मैं कब से ईश्वर में आस्था रखने लगा ?"

"फिर भी···।"

"फिर भी क्या ?"

"कक्ष में तो एक पुनीतता पवित्रता वर्तमान रहती ही है। वहां ऐसा प्रस्ताव किया जा सकता है ? अन्धकार भी प्रकाश से डरता है कि नहीं ?"

"हां तब ? यही तो एक बड़ा प्रश्न है।" विक्रम्गजीत का मन उद्वेलित हुआ।

"उसको छोड़ा नहीं जा सकता।"

"नहीं, कभी नहीं। ऐसा रूप किसी ने कहीं देखा है ?" विक्रम का मन मानने को तैयार नहीं था।

"तब एक ही उपाय है।"

"क्या ?"

"उसे अपने कक्ष में बुलाया जाय।"

"वह आएगी ?"

"उसका मन हुआ तो क्यों नहीं आएगी ? दमित वासना से वह पीड़ित है कि नहीं ?"

"यह तो पर श्रीकृष्ण की ओर ही उसने अपनी सारी कामना आकांक्षा-वासना मोड़ ली हो तब ?"

"ऐसा भी हो सकता है। पर अभी तक तो सभी नारियां एक ही तरह की मिली हैं। मेरी एक पुकार पर दौड़ी हुई आई हैं।"

"यह अपवाद भी तो हो सकती है।"

"संभव है।"

विक्रमाजीत की वह पूरी रात इसी ऊहापोह में बीती। प्रातः होते ही अपने

कक्ष के गवाक्ष से उसने देखा ललिता पुष्प चुनने में व्यस्त है।

एक बार उसके मन में हुआ वह जाकर उसीसे बातें करे। शायद कोई उपाय निकल आए। पर ललिता का तेवर वह एक-दो बार देख चुका था। उसे देखते ही वह लाल-लाल आंखें कर लेती थी।

विक्रमाजीत का मन बैठ गया। जब इस दासी का यह हाल है तो उसकी मालकिन से क्या आशा की जा सकती है?

पर हार ही मान जाय तो विलास क्या? उसे याद आई उस कुटनी की जिसने कई कठिन प्रतीत होती ललनाओं को उसके कक्ष का दरवाजा दिखा दिया था।

वह अपने कक्ष में लौटा। रात्रि जागरण के कारण आंखें अंगारे हो रही थीं। आईने में देखा तो चेहरा वीभत्स लगा। अत्यधिक विलास ने यों भी चेहरे को तेज-हीन कर दिया था।

स्नान आदि से निवृत्त हो वह तैयार हुआ और उस कुटनी को बुला लाने को एक दासी को भेजा।

दासी कुटनी को कक्ष में छोड़कर चली गई।

विक्रम ने अपने मन की व्यथा इस कुटनी के समक्ष रखी।

"यह काम इतना आसान नहीं है।"

"मैं मुंहमांगा पुरस्कार दूंगा।"

"वह तो होगा ही पर अभी पुरस्कार की आवश्यकता मुझे नहीं, उसे है जिसने आपको व्यग्र कर रखा है।"

"पुरस्कार तो मैं उसे जो चाहो दे दूं।"

"उसे पट्टमहिषी बनाने का लोभ दीजिए।"

"यह कैसे हो सकता है? मेरी पत्नी का क्या होगा?" विक्रमाजीत घबराकर बोला।

"आप भोले हैं।"

"क्यों?"

"आप मीरा को पट्टमहिषी थोड़े बनाने जा रहे हैं। यह तो चारा डालना है। काम हो जाय तो उसे दूध की मक्खी की तरह निकाल फेंकिए।"

"यह प्रस्ताव कौन ले जाएगा?"

"मैं और कौन?"

"मुझे क्या करना होगा?"

"प्रतीक्षा।"

"कब तक?"

"आज संध्या तक। संध्या को वह आपके कक्ष में होगी।"

"तुम उसे ठीक से नहीं जानती। धोखा भी खा सकती हो।" विक्रम ने शंका व्यक्त की।

"वह आप मुझ पर छोड़िए। आज तक मैं कभी असफल हुई हूं? आप एक काम करें।"

"क्या?"

"अच्छे-से-अच्छे कपड़े और अच्छे-से-अच्छे आभूषणों का एक थाल सजाइए।

उसे चिनांशुक से ढंककर मुझे दे दीजिए।"

"यह तो आसान है।" बिक्रम ने कहा और घंटे भर में सब प्रबन्ध हो गया।

कुटनी थाल लेकर मीरा के कक्ष में पहुंची तो दिन पर्याप्त चढ़ चुका था। कक्ष के वातायन से सूर्य की पीली किरणें कक्ष में यत्र-तत्र फैल गई थीं जैसे किसी ने जहां-तहां स्वर्ण के घोल से अल्पना सजा दी हो। पूजा-पाठ समाप्त कर मीरा सूर्य की किरणों के इस खेल को देखने में व्यस्त थी।

कुटनी चिनांशुक से ढंका बड़ा थाल लेकर पहुंची तो मीरा को लगा राजमाता ने मुरलीमनोहर के लिए आज कुछ विशेष सामग्री भेजी है।

मीरा उस औरत को नहीं पहचानती थी। अब तक थाल लेकर दूसरी दासियां आती रहती थीं।

कुटनी ने कुछ नहीं कहा। उसने मीरा के आगे थाल के चिनांशुक को हटा दिया। मीरा की आंखें चकाचौंध से भर आईं। एक से एक बहुमूल्य वस्त्र, एक से एक आभूषण। पर ये सब तो मुरलीमनोहर के लिए हो नहीं सकते थे? किसी औरत की साज-सज्जा के ही सामान ये प्रतीत होते थे।

"तुम शायद गलत स्थान पर आ गईं।" मीरा ने उसे संबोधित किया।

"नहीं, मैं सही स्थान पर आई हूं।"

"पर ये वस्त्र और आभूषण तो मुरलीमनोहर के शरीर पर आयेंगे नहीं!" मीरा ने कहा।

"किसने कहा कि ये मुरलीधर के लिए हैं?" कुटनी ने आंखें मटकाकर कहा।

"तब किसके लिए हैं?" मीरा ने साश्चर्य पूछा।

"आपके लिए और किसके लिए?"

"मैं तो ऐसे वस्त्राभूषण पहनती नहीं।"

"नहीं पहनती हैं तो पहनिए। जवानी क्या बार-बार आती है? जवानी में आनन्द नहीं उठाये तो क्या बुढ़ापे में उठायेंगी?"

मीरा सन्न। यह कौन औरत है? इस प्रकार क्यों बोल रही है? कहीं विक्षिप्ता तो नहीं है?

"राजमाता को ज्ञात नहीं कि मैं ऐसे वस्त्राभूषण नहीं धारण करती?"

"राजमाता को ज्ञात हो या नहीं पर आपसे किसने कहा कि इन्हें राजमाता ने भेजा है?"

"तब?"

"इसे महाराणा विक्रमाजीत ने भेजा है।"

विक्रमाजीत ने! मीरा को चक्कर आने को हुआ। यह क्या हो रहा है? ललिता भी वहां नहीं थी। फिर उसने स्पष्ट रूप से इस औरत का मन्तव्य जान लेना चाहा।

"किसलिए भेजा है राणा ने इन्हें?"

"ये आपके शरीर पर बड़े अच्छे लगेंगे। ऐसे सुन्दर शरीर पर मात्र ये पीत-वस्त्र किसी काम के नहीं।"

"पर मेरे लिए तो ये ही ठीक हैं।" मीरा के स्वर में घबराहट स्पष्ट थी। वह विक्रम की प्रवृति को अच्छी तरह जानती थी।

"आप कुछ अन्यथा नहीं समझें। इन वस्त्राभूषणों को अभी नहीं धारण करें तो संध्या में धारण कर लें। ये आपको स्वर्ग की अप्सरा बना देंगे। उर्वशी और मेनका आपके समक्ष पानी भरेंगी।"

मीरा को बात अब बहुत हद तक समझ में आ गई। साथ ही उसने मन-ही-मन कुछ निश्चय भी किया। इस निश्चय के साथ उसका भय भी जाता रहा। उसने अब अधिक स्पष्ट रूप में इस औरत से बात करना,आरम्भ किया।

"संध्या में इन्हें पहनकर मुझे क्या करना है?"

"राणा की आज्ञा का पालन करना है और क्या?"

"राणा की आज्ञा क्या है?"

"एक सुन्दर स्त्री के लिए एक सुन्दर पुरुष की आज्ञा या अभ्यर्थना क्या हो सकती है?"

"यह अभ्यर्थना है या आज्ञा?"

"आप जो समझ लें। राणा मानें तो आज्ञा, मात्र पुरुष मानें तो अभ्यर्थना।"

"अच्छा।" मीरा के मुंह से निकला।

"पर इसे आप अन्यथा नहीं लें।"

"क्यों?"

"राणा आपको किसी अन्य प्रयोजन से नहीं बुला रहे।"

"तब?" मीरा का आश्चर्य बढ़ा।

"वे आपको पट्टमहिषी का पद देना चाहते हैं।"

"किसे पट्टमहिषी का पद मिल रहा है?" इसी बीच ललिता आ गई और पूछ बैठी।

"मुझे और किसे?" मीरा मुसकराती हुई बोली। उसकी योजना अब पूरी होने वाली थी।

"कब मिल रहा है?" ललिता को भी बात में आनन्द आ रहा था।

"आज रात के बाद।" कूटनी ने कहा।

"तो इसका अर्थ कि इन वस्त्राभूषणों को पहनकर आज की रात मुझे राणा के ही कक्ष में बितानी होगी?" मीरा परिहास में बोली। कुटनी को लगा बात अब बन रही है।

"और क्या?"

"अच्छा।" मीरा ने कहा।

उसने आंखों-आंखों में ललिता से कुछ बातें कीं। और उससे बोली, "आप थोड़ी देर यहीं रहें। हम लोग शीघ्र आ रही हैं।"

इतना कहकर मीरा ललिता के साथ उसके कक्ष में चली गई।

"और लो विक्रम का पक्ष?" ललिता ने कक्ष में आते-आते ही चुटकी ली।

"पक्ष की बात छोड़ो। वह तो हम अब लेने से रहीं। पर इस विक्रम का यह दुस्साहस? इसने मेरा कितना घोर अपमान किया है? मैं तो अपनी ही दृष्टि में गिर गई।" इतना कहते-कहते मीरा की आंखें छलछला आईं।

"मैं अब जीकर क्या करूंगी ललिता? मैं कृष्णार्पिता। उसके साथ यह व्यवहार?"

"मीरा धैर्य धरो," ललिता ने कहा, "इस राणा को पाठ पढ़ाना होगा।"

"वही तो मैं सोच रही थी।"

"तुमने क्या सोचा है ?" ललिता ने पूछा।

"मैंने निर्णय लिया है कि इस थाल को मैं आज भरे दरबार में ले जाऊं और सबके सामने इस कुकर्मी का पर्दाफाश करूं।"

"इससे नहीं होगा।"

"क्यों ?"

"वह स्पष्ट अस्वीकार कर जाएगा।"

"तब ?"

"मेरी एक योजना है।

"बोलो।" मीरा की आंखें पुनः छलछला आईं।

"इस थाल को हम यथावत रख लेते हैं। भविष्य के लिए इसे साक्ष्य के रूप में भी प्रस्तुत किया जा सकता है।"

"फिर ?"

"एक दूसरे थाल में मैं एक जूती सजाती हूं। उसे चिनांशुक से ढंक देती हूं और इस बूढ़ी को थमाकर कह देती हूं कि इसे सीधे राणा को देना है। इसी में उनके प्रस्ताव का उत्तर है।"

"अगर वह मार्ग में खोल ले ?" मीरा ने शंका की।

"नहीं खोलेगी और खोलेगी भी तो क्या पाएगी ? अपना-सा मुंह लिए रह जाएगी।"

"मेरा विचार है इसमें एक पत्र भी डाल देना चाहिए।" मीरा ने कहा।

"क्या ?"

"लिखो मैं लिखाती हूं—'राणा ! तुम्हारे दुस्साहस की सराहना करनी पड़ेगी। तुम इतने पतित हो इसकी कल्पना भी मुझे नहीं थी। मैं प्रजा में तुम्हारा पक्ष लेने से तो अब रही पर इतना ध्यान रखना आगे से अगर तुमने किसी नारी की प्रतिष्ठा से खेलने का प्रयास किया तो मैं तुम्हारा कच्चा चिट्ठा प्रजा के समक्ष खोलने में थोड़ा भी विलम्ब नहीं करूंगी। सम्प्रति इस जूती के उपहार को स्वीकार करो। तुम्हारा उपहार सुरक्षित है ताकि समय पर काम आए।' "

"बहुत ठीक," ललिता ने कहा और एक थाल में जूती और पत्र को सजाकर उसे चिनांशुक से ढंककर दोनों ने जाकर उस औरत को दे दिया और कहा, "रास्ते में इसे खोलकर देखना नहीं, वर्ना राणा बिगड़ेंगे। अपना थाल यहीं रख दो।"

"इसे स्वीकार कर लिया गया !" कुटनी ने पूछा।

"नहीं तो वह उत्तर क्यों दिया जा रहा है ?" ललिता ने कहा और कुटनी खुशी-खुशी जूती का उपहार ले विदा हुई।

एक सौ आठ

कोई कहियो रे प्रभु आवन की।
आवन की मन भावन की॥
आप न आवै लिख नहीं भेजे।
वाण पड़ी ललचावन की॥
ये दोऊ नैण कह्यो नहीं मानैं।
नदिया बहे जैसे सावन की॥
क्या करूं कुछ नहीं बस मेरो।
पांख नहीं उड़ जावन की॥
मीरा के प्रभु कब रे मिलोगे।
चेरी भई हूं तेरे पावन की॥

'छूतक' की समाप्ति के साथ ही श्रीकृष्ण-मंडल का कार्यक्रम पुनः विधिवत आरम्भ हो गया।

मीरा ने करताल पर आज पूरे तेरह दिनों के पश्चात् पुनः गोविन्द-गान आरम्भ किया। भक्तों और साधु-सन्तों का समुदाय पहले से अधिक संख्या में उमड़ पड़ा।

मीरा ने सदा की तरह नृत्य-गान के द्वारा ही आराध्य के प्रति अपनी भक्ति का निवेदन किया।

कर्मवती ने आज विशेष रूप से भक्तों के समुदाय में अपने आदमी बैठा रखे थे। उसे यह जानने की उत्कंठा थी कि मीरा प्रजा में फैल रहे विद्रोह के लिए कुछ कहती है कि नहीं।

कार्यक्रम समाप्त कर मीरा ने पूर्व की तरह ही श्रीकृष्ण चरणों में अपना नमन निवेदित किया और श्रोताओं को सम्बोधित कर बोली—

"आज पूरे साम्राज्य में अनावश्यक रूप से वैमनस्य, ईर्ष्या और आशंका का वातावरण व्याप्त है। यह साम्राज्य के हित में नहीं है। ऐसे भी घृणा और विद्वेष की भावनाएं भक्तों को शोभा नहीं देतीं। हमारे श्रद्धालु एक कार्य तो कर ही सकते हैं। प्रजा के मन से वे विद्रोह की भावनाएं निकाल दें। राजा कोई भी हो उसके प्रति श्रद्धा होनी चाहिए, नहीं तो राज्य में विच्छृंखलता फैलती है। अराजकता की स्थिति में पूजा-अर्चना के सदृश धर्माचरण को भी बाधा पहुंचती है।

"आप श्रद्धालु हैं। साधु-संत है। आपकी बातों का लोगों पर निश्चित प्रभाव पड़ेगा।

"मेरा अपसे निवेदन है कि अगर आपकी मुझमें श्रद्धा है, श्रीकृष्ण में श्रद्धा है तो मेरे संदेश को जन-जन तक पहुंचाएं। उस अराजक स्थिति को शान्त करें। आपके मन में बहुत सारी बातें हो सकती हैं। पर मैं उन्हें सुनना नहीं चाहती। मेरा निवेदन यही है कि आप घृणा को प्रेम से जीतें।

"आशा है आपके प्रयास से साम्राज्य की स्थिति शीघ्र ही सामान्य हो

जाएगी।

बस। जय कृष्ण।"

इतना कहकर मीरा ने सिर झुका सबको नमन किया और ललिता के साथ पिछले दरवाजे से ऊपर चली आई।

ललिता के आश्चर्य का पारावार नहीं। जिस विक्रमाजीत ने उसके साथ अकल्पनीय दुर्व्यवहार किया उसके विरुद्ध विद्रोह दबाने का प्रयास मीरा ने क्यों किया।

मीरा के कक्ष में प्रवेश करते ही ललिता आक्रोश से भरकर बोल पड़ी—"तुमने ऐसा क्यों किया? पापाचारी विक्रमाजीत ने तुम्हारी भावनाओं को इस तरह ठेस पहुंचाई। तुम्हें भ्रष्ट करने और अपनी मनमानी के लिये निर्लज्जता की सीमा पार कर दुष्चक्र रचा और तुमने उसकी रक्षा का पूर्ण प्रबन्ध कर दिया? और तुमने इस संबंध में मुझसे परामर्श लेने की भी आवश्यकता नहीं समझी?"

मीरा मुसकाई, "परामर्श तो हमारे मध्य हो चुका था कि हम कोई मिथ्या भाषण नहीं करेंगी पर इस साम्राज्य का नमक खाया है तो उसके प्रति अपने धर्म का भी निर्वाह करेंगी। प्रजा से शान्ति-स्थापना के लिए अनुरोध करेंगी।"

"पर यह तो तब की बात है जब विक्रमाजीत ने अपना विकृत और घृणित रूप नहीं प्रस्तुत किया था?" ललिता का आक्रोश वर्तमान था।

"अगर विक्रमाजीत के इस व्यवहार से हम अपना निर्णय परिवर्तित कर देतीं तो यह बात प्रतिशोध की भावना से प्रेरित नहीं होती? और प्रतिशोध क्या भक्ति-मार्ग के पथिकों को शोभा देता है?"

"तुम जानती हो तुम्हारे संदेश का क्या प्रभाव होगा?"

"क्या?"

"जिस विद्रोह को राजकीय सैनिक तेरह दिनों में नहीं दबा सके वह अब तेरह घंटों में समाप्त हो जायगा।"

"हम चाहते भी तो यही थे? आखिर मेरे संदेश का लक्ष्य भी तो यही था?" मीरा उसी तरह मन्द-मन्द मुसकराती बोली।

"तुम चाहती होगी। विक्रभ के उस व्यवहार के बाद मैं ऐसा कभी नहीं चाहती थी।" ललिता दृढ़ता-पूर्वक बोली।

"तुमने मना भी तो नहीं किया?"

"मुझे क्या पता था कि तुम इतनी शीघ्र इस घटना को भूल जाओगी।"

"मैं भूली कहां हूं? वह तो मेरे जीवन की सबसे बड़ी पीड़ा है। ऐसी घटना न उसके पूर्व घटी और न भगवान ने चाहा तो पुनः ऐसी अपमान-पूर्ण अनुभूति का भविष्य में ही हमें सामना करना पड़ेगा।"

"तब भी तुमने विक्रम को क्षमा कर दिया?" ललिता का आक्रोश बढ़ता ही जा रहा था।

"तुम एक बात क्यो नहीं समझती ललिता?" मीरा ने उसे समझाना चाहा।

"क्या?"

"यही कि विक्रम में और हम में अन्तर है। हम विक्रम नहीं हो सकते। प्रतिशोध, घृणा, द्वेष और संकीर्णता से हमें कुछ लेना-देना नहीं। विक्रम को जो

करना था उसने किया, हमे जो करना चाहिए था हमने किया।"

"तुम्हें विश्वास है कि इससे विक्रम के व्यवहार में परिवर्तन आ जायेगा और वह तुम्हारे प्रति उदार बनेगा ?"

"हमने इसकी अपेक्षा ही कब की है ?"

"तो इससे लाभ ?"

"हर कार्य लाभ-हानि के लिए ही नहीं किया जाता। मैं मुरलीमनोहर की सेवा किस लाभ को ध्यान में रखकर करती हूं ? तुम बाल-गोपाल की अर्चना किस लाभ के लिए करती हो ?"

"तुम्हे समझाना कठिन है।" ललिता ने हार कर कहा।

"तुम्हारे लिए भी जो इतने दिनों से मेरे साथ हो ?" मीरा मुसकराई।

"अवश्य। जानती हो मैं तुम्हारे स्थान पर होती तो क्या करती ?"

"क्या ?"

"किसी-न-किसी प्रकार विक्रम को वह पाठ पढ़ाती कि वह आजीवन स्मरण रखता।"

"पाठ तो तुमने पढ़ाया ही है।" मीरा फिर मुसकराई।

"कैसे ?"

"उसे वह अद्भुत उपहार भेजकर। तुम क्या समझती हो वह इस बात को यों ही बर्दाश्त कर लेगा ? मेरे प्रयास से लाख उसका साम्राज्य निष्कंटक हो जाय पर वह अपनी ओर से हमारे जीवन-पथ को कंटकाकीर्ण बनाने में कुछ नहीं उठा रखेगा।" मीरा ने स्पष्ट किया।

"तब भी तुमने उसका इतना बड़ा उपकार किया ? दन्तहीन हो चले सर्प के दांतों को और सबल कर दिया ताकि वह हमें ठीक से डंस सके।" ललिता ने तर्क किया।

"कहा न मैंने अपना कार्य किया वह अपना करने को स्वतंत्र है।"

"तुम जानती हो तुमने क्या किया है ?"

"क्या ?"

"तुमने सर्प को दुग्ध पिलाया है।"

"चलो कुछ अच्छा कार्य तो किया।" मीरा फिर मुसकराई।

"सर्प को दुग्ध-पान कराना अच्छा कार्य है ?"

"हर जीव की सेवा सेवा है। सर्प भी तो अन्ततः जीव ही है और दुग्ध उसका प्रिय आहार। इस तरह मैंने तो सचमुच एक सराहनीय कार्य किया है।"

"जानती हो दुग्ध पीने से सर्प अमृत नहीं उगलता ?"

"यह कौन कहता है," मीरा ने कहा, "जिसके अन्दर जो है वही तो बाहर आयेगा ? जानती हूं सर्प दुग्ध पीकर और विषैला होगा।"

"और वह दुग्ध पिलाने वाले हाथों को ही पहले डंसेगा।"

"स्वाभाविक है क्योंकि उसमें विवेक नहीं होता।"

"जैसे कि विक्रम में नहीं है।" ललिता बोली।

"यह तुम कह लो।"

"क्यों तुम क्या उसके विपरीत कहोगी ?"

"नहीं, मैं कुछ नहीं कहूंगी।"

"क्यों ?"

"क्योंकि मेरा मुरलीधर किसी के दोष को देखने की बात नहीं बताता।" मीरा पुनः मुसकाई।

"आज बहुत मुसकरा रही हो।"

"सो तो है।"

"जानती हो जो जितना अधिक हंसता है, उतना ही अधिक रोता भी है।" ललिता बोली।

"ज्ञात है, इसीलिए तो जब तक मुसकरा सकूं, मुसकरा लेती हूं। आगे रोना तो निश्चित ही है।"

"तो तुम्हें यह ज्ञात है ?"

"अवश्य, मैं क्षितिज पर घिर रहे काले भयावने मेघों को स्पष्ट देख रही हूं। विक्रम कुचला हुआ सर्प है। वह प्रतिशोध के सारे यत्नों को अपनाएगा।"

"तो मेरी आशंका निराधार नहीं है ?" ललिता बोली।

"एकदम नहीं। आने वाले झंझावातों के लिए अपने को प्रस्तुत कर लो।"

एक सौ नौ

मेवाड़ के आसमान से रेत के विद्रूप मेघ छंट चुके थे। प्रजा का असंतोष जो दावाग्नि की तरह निरन्तर, निरंकुश विस्तृत होता जा रहा था और उसकी सर्वग्रासी लपटों में चित्तौड़ का सम्पूर्ण साम्राज्य जलने-जलने को था, मीरा के उस दिन के संदेश के पश्चात् शान्त हो गया था।

मीरा का भजन-कीर्तन कृष्ण-मंदिर में अबाध चल रहा था। पर अबाध ही चल रहा था विक्रमाजीत का सोच भी। अपने को अपमानित करने वाली स्वाभिमानिनी मीरा को कुछ ऐसा पाठ पढ़ाना था कि उसका सम्पूर्ण स्वाभिमान अपमान की भयावह अग्नि में जलकर भस्म हो जाय। विक्रमाजीत का मस्तिष्क नित्य नई योजनाएं बनाता पर अब तक कोई योजना उसके मन के अनुकूल नहीं बैठ पा रही थी।

विक्रम की कठिनाई यह थी कि राजमहल में भी मीरा का महत्त्व पहले से अधिक बढ़ गया था। जब से रानी कर्मवती ने अपने द्वारा नियुक्त व्यक्तियों के द्वारा मीरा के उस दिन के संदेश को सुना था और उसका प्रजा के ऊपर तात्कालिक और अप्रत्याशित प्रभाव देखा था, मीरा के प्रति उसका मन पूर्णतया परिवर्तित हो गया था।

विक्रम ने एक बार कर्मवती को अपने भाई सूरजमल से कहते भी सुना था—"कौन कहता है कि भक्ति-भाव व्यर्थ है और मीरा व्यर्थ का ढोंग करती है ? आज मीरा नहीं होती तो मेवाड़ का यह साम्राज्य भी संग्राम में खेत रहे सैनिकों के अंगों की तरह ही छिन्न-भिन्न हो गया रहता।"

सूरजमल भी मन-ही-मन मीरा के प्रति उपकार की भावना से आकंठ भरा हुआ था। प्रजा प्रत्यक्ष रूप में उसे रत्न सिंह का हत्यारा मान बैठी थी। कोई आश्चर्य नहीं कि विद्रोहाग्नि थोड़ी और भड़कती तो प्रजा की पंचायत ही उसे हत्या का अपराधी उद्घोषित कर उसे मेवाड़ के ही किसी पेड़ की शाखा पर फांसी चढ़ा देती। मीरा उसके लिए भी श्रद्धास्पदा और पूज्य बन आई थी। उसने अपनी बहन की हां में हां मिलाते हुए कहा था—"मीरा इस कलि की देवी है। उसने सम्पूर्ण मेवाड़ के साथ-साथ हमारे प्राणों को भी विनष्ट होने से बचा लिया। प्रजा के क्रोध ने जैसा संहारक रूप ले लिया था उसे देखते हुए प्रतीत होता था कि चित्तौड़ का यह दुर्भेद्य किला भी रेत-निर्मित महल की तरह शीघ्र ही भू-लुंठित हो आयेगा और हम सभी विवश पतंगों की तरह उसके नीचे पिस मरेंगे।"

कर्मवती मीरा के कक्ष में जाकर उसका साधुवाद भी कर आई थी—"बेटी! आज तक हमने तुम्हें गलत समझा वस्तुतः तुम ही इस मेवाड़ की राज्यलक्ष्मी हो, तुम नहीं होतीं तो मेवाड़ तो हमारे हाथों से गया ही था शायद मैं अपने बेटे विक्रम और भाई सूरजमल के प्राणों को भी नहीं बचा पाती, अपितु पूरा चित्तौड़गढ़ ही विद्रोह की प्रचंड अग्नि में धू-धूकर जल उठता। तब वहां के पेड़ों की शाखों पर एक परिंदा भी नहीं बचता, आदमी के सुरक्षित रहने की बात तो दूर की है। हमारे अपराधों को क्षमा करना बेटी! हमने तुम्हें बहुत तिरस्कृत और अपमानित किया है।"

"मुझसे क्षमा मांगना आपको शोभा नहीं देता माता जी!" मीरा ने कहा था, "मैंने मात्र अपने कर्त्तव्य का पालन किया है।"

विक्रमाजीत के पास यह सूचना भी पहुंची थी। उसके गुप्तचर आजकल विभिन्न रूपों में मीरा के कक्ष के इर्द-गिर्द ही चक्कर काटा करते थे।

यह सही था कि विद्रोहाग्नि के शान्त होने से सर्वाधिक उपकार उसी का हुआ था। उसी के सिंहासन को सर्व-प्रथम खतरा था और उसके प्राणों को भी सूरजमल के प्राणों की तरह समाप्त हो जाने का भय था। अन्ततः, प्रजा को तो यह ज्ञात ही था कि सूरजमल ने जो कुछ किया था विक्रमाजीत को सिंहासनारूढ़ करने के लिए ही। अगर सूरजमल के हाथ रत्न सिंह के रक्त से रंजित थे तो विक्रमाजीत के हाथों पर उस निर्दोष रक्त के कुछ कम छींटे पड़े हुए थे?

ऐसी स्थिति में आशा तो यही की जाती थी कि कर्मवती की तरह वह भी मीरा के प्रति अपनी कृतज्ञता प्रकट करेगा।

पर कृतज्ञता एक दुर्लभ गुण है। यह सभी को प्राप्त हो जाय तो यह संसार स्वर्ग नहीं बन जाय।

विक्रमाजीत को मीरा के प्रति कृतज्ञ नहीं होना था, नहीं हुआ।

वह लगा रहा तो इसी यत्न में कि कैसे उसे सार्वजनिक रूप से अपमानित ही नहीं किया जाय अपितु उसे महल छोड़ने को भी बाध्य किया जाय। जब तक मीरा और ललिता वहां रहतीं उसके अपने उस दिन के कुकृत्य के प्रकट होने का भय बना रहता जिसके द्वारा उसने मीरा को अपनी कुत्सित वासना की पूर्ति का लक्ष्य बनाना चाहा था।

षड्यंत्र, षड्यंत्र होता है। उसमें सदा एक-से-अधिक व्यक्तियों, एक-से-अधिक

मस्तिष्क की आवश्यकता पड़ती है। जब कोई स्वयं की बुद्धि के आधार पर किसी कुत्सित योजना की पूर्ति में सफल नहीं होता है तो वह दूसरों की बुद्धि का भी आश्रय लेता है'''दूसरे ऐसे, जो उसी की तरह कुटिल बुद्धि के धनी होते हैं। और तब पैदा होता है षड्यंत्र।

विक्रमाजीत की अपनी बुद्धि जब कोई यत्न सुझाने में असफल रही तो उसने किसी और की बुद्धि का सहारा लेने का निर्णय किया। अपने सदृश किसी कुटिल बुद्धि वाले व्यक्ति की आवश्यकता थी और वह उसे और कहां ढूंढ़ता फिरता? बात गोपनीयता की भी थी। अपरिचित और ऐरे-गैरे से सहारा लेने से बात बनने के बदले बिगड़ सकती थी।

ऐसे कार्य में उसकी विश्वासपात्रा कुटनी कामिनी की बुद्धि अधिक चलती थी। यह नाम उसकी युवावस्था में सार्थक रहा होगा पर अब वह अर्थ खो चुका था। पर कामिनी की बुद्धि उसके शरीर के साथ ही प्रौढ़ हुई थी। अनुभव का परिणाम था यह, वर्ना इस उम्र में तो बुद्धि कुंद होने लगती है।

जब से कामिनी मीरा वाले प्रकरण में असफल हुई थी वह विक्रमाजीत से दूर-दूर ही रहती थी। विक्रमाजीत अपने घोर अपमान का प्रतिशोध उसे प्राण-दंड देकर भी ले सकता था। आखिर अब वह पहले वाला राजकुमार-मात्र नहीं था, वह था मेवाड़ का सिंहासनाधीन सम्राट!

किन्तु विक्रमाजीत इतना मूर्ख नहीं था। कामिनी से उसे अभी बहुत काम लेना था। उसकी अनियंत्रित कामाग्नि की तृप्ति के लिए सर्वोत्तम से सर्वोत्तम समिधा जुटाने में और कौन समर्थ था? उसके शरीर को वह क्रोधाभिभूत हो समाप्त भी कर देता तो उसकी बुद्धि को वह कैसे बचा पाता? नहीं, ऐसी भूल नहीं करनी थी और उसने कामिनी को क्षमा कर दिया था—मन-ही-मन।

अन्ततः उसने उसे ही अपने कक्ष में बुलाया।

उसका आह्वान सुनते ही कामिनी नख-शिख कांप गई। उसके अपने दिन अब गिने हुए लगे।

वह समुद की लहरों में फंसी किसी कांपती नौका-सी विक्रमाजीत के सामने प्रकट हुई।

विक्रमाजीत ने उसके रक्त-हीन चेहरे, भय-विस्फारित नेत्रों और कंपायमान गात को देखा और बात उसकी समझ में आ गई—कामिनी के मन से अभी दंड का भय बाहर नहीं हुआ था।

"कामिनी!" विक्रमाजीत ने पुकारा।

"म'''हा'''रा'''ज!" कामिनी कंपित स्वर में बोली।

"भय की कोई बात नहीं। सफलता, असफलता तो हर कार्य के साथ लगी रहती है। फिर उसमें तुम्हारी गलती ही क्या थी? हम ही सर्प के बिल में हाथ डालने गए थे।"

"गलती थी महाराज!" कामिनी ने कहा।

"क्या?"

"मुझे यह स्वीकार करने में नहीं हिचकना चाहिए कि मैंने शीघ्रता की। यह

कार्य मेरा था कि मैं दो-तीन दिनों तक मीरा से सम्पर्क बढ़ा उसके चरित्र और विचारों से अवगत होती। पर जिन्दगी भर कुटनी का कार्य करने वाली इस कामिनी ने सभी नारियों को एक ही तरह का समझ लिया था। मीरा दूसरे धातु की बनी है, यह बात तो अब पूर्णतया स्पष्ट हो गई। उसने आपके द्वारा अपमानित होकर भी आपके विरुद्ध कहीं कुछ नहीं कहा अपितु आपके साम्राज्य और प्राणों पर आये संकट को भी एकाकी टाल दिया।"

"कामिनी !" विक्रमाजीत इस बार वस्तुतः क्रोधित हुए और उनकी भौंहें टेढ़ी हो गईं।

"महाराज !" कामिनी पुनः लहर की नौका बन आई।

"मैंने तुम्हें यहां मीरा की विरुदावली-गान के लिए नहीं बुलाया था। मीरा और ललिता आज चुप हैं, कल चुप नहीं भी रह सकती हैं।"

"ठीक कहा महाराज ने।" कामिनी के पास हां में हां मिलाने के सिवा कोई उपाय नहीं था।

"इसीलिए तुम्हें कोई उत्तर नहीं सूझ रहा।"

"जी, महा···रा···रा···!"

"उसका उपाय है।"

"क्या ?" कामिनी अपने को नियंत्रित कर बोली।

"मीरा को इस तरह अपमानित कर देना कि अगर कभी वह मेरे द्वारा किए गए अपमान के प्रयास को किसी के समक्ष खोलने का प्रयास भी करे तो कोई इस पर विश्वास नहीं करे। उसे कम-से-कम महल के हर व्यक्ति की आंखों में गिरा देना है !"

"यह युक्ति तो सर्वथा उचित है महाराज !"

"है तो पर यही युक्ति तो नहीं मिल रही। दूध का जला छाछ भी फूंक-फूंक कर पीता है। उस घटना के पश्चात् मैं प्रत्यक्ष रूप से ऐसी किसी घटना से सम्बद्ध नहीं होना चाहता।"

"तब फिर आप इसे मेरे ऊपर छोड़ दें।" कामिनी ने आत्मविश्वास के साथ कहा।

"अगर इस बार तुम पुनः असफल हो गई तब ?"

"इस बार असफल होने का प्रश्न ही नहीं उठता।" कामिनी के स्वर पर और विश्वास चढ़ा।

"इस बार असफल हुई तो उसका परिणाम जानती हो ?" विक्रमाजीत ने भयोत्पादक शब्दों में कहा।

"हां महाराज !"

"क्या ?"

"निश्चित प्राण-दंड।"

"ठीक है तुम स्थिति की गम्भीरता से परिचित हो। अब बोलो, क्या करना है ?"

"मैं अभी नहीं बोलूंगी महाराज ?" कामिनी आत्मविश्वास-पूर्ण शब्दों में बोली।

"क्यों ?" विक्रमाजीत की त्योरियां फिर चढ़ीं।

"मैं उस बार की तरह पुनः शीघ्रता नहीं करना चाहती। शीघ्रता अक्सर घातक होती है।"

"तो ?"

"मुझे सोचने का समय चाहिए।" वह कुछ सोचते हुए ही बोली।

"कितना ?"

"मामला गम्भीर है। मीरा की भक्ति से सभी उसके प्रति श्रद्धावनत हैं। उसके एक संदेश ने क्या जादू किया यह आप भी जानते हैं। उसे अपमानित कराने की योजना बहुत सतर्कतापूर्वक और सोच-समझ कर बनानी पड़ेगी।"

"तब भी कितना समय चाहिए।"

"कम-से-कम चार रोज।"

"कम-से-कम चार रोज या केवल चार रोज ?"

कामिनी उस प्रश्न पर थोड़ा हिचकिचाई। उत्तर ढूंढ़ने का प्रयास वह कर ही रही थी कि विक्रमाजीत ने कहा, "तुम चार के बदले छः दिनों का समय ले लो पर प्रयत्न निष्फल नहीं होना चाहिए।"

"यह बात ठीक है महाराज !"

"मैं तो इस योजना में कहीं नहीं आता ?"

"नहीं महाराज, आपके संबंध में किसी को कोई शंका नहीं होगी। पर इसमें कुछ द्रव्य का व्यय होने की अवश्य संभावना है।"

"कितना द्रव्य ? सम्पूर्ण राजकोष मेरा है। मैं मीरा से प्रतिशोध लेने और उसे लांछित करने और अंततः उसे इस महल से बाहर करने के लिए कोई भी द्रव्य खर्च कर सकता हूं।"

"बहुत अधिक नहीं एक सौ स्वर्ण-मुद्राओं से काम चलाया जा सकता है।" कामिनी कुछ सोचते हुए बोली।

"एक सौ नहीं दो सौ स्वर्ण-मुद्राएं अभी लो और छठे दिन आकर मुझे अपनी योजना बताओ।" यह कहकर एक थैली में भरकर दो सौ स्वर्ण मुद्राएं विक्रमाजीत ने कामिनी की तरफ उछाल दीं। कामिनी ने उन्हें अपने आंचल में छिपाया और जाने को प्रस्तुत हुई।

"तो छठे दिन शाम को अपनी योजना के साथ तुम प्रस्तुत हो रही हो ?"

"उसकी आवश्यकता नहीं।"

"क्यों ?" विक्रमाजीत घबरा कर बोले। अशर्फियां लेने के पश्चात् यह कुटनी अब किस कुटिल चाल पर उतर आई।

"सातवें दिन शाम को परिणाम ही आपके समक्ष आ जायेगा।" कामिनी ने घोर आत्मविश्वास के साथ कहा।

"तब तो और अच्छी बात है। तब मैं सचमुच किसी तरह उस योजना से सम्बद्ध नहीं प्रतीत होऊंगा।" विक्रमाजीत ने संतोष की सांस लेते हुए कहा।

"अगर तुम्हारी योजना सफल हो गई तो मैं तुम्हें मालामाल कर दूंगा।"

"वह तो करना ही पड़ेगा महाराज ! योजना की रूप-रेखा मेरे मन में बन गई है। मैं उसे अभी बताऊंगी नहीं। पर कामिनी इस बार किसी औरत नहीं

अपितु पुरुष का कार्य करने जा रही है। पुरस्कार तो वह लेगी ही।"

"पुरुष का कार्य?" विक्रमाजीत कुछ आश्चर्यचकित हो बोले, "क्या तुम पुरुष-वेष धारण कर कोई अनर्थ करोगी? ऐसा हो तो···!"

"नहीं, नहीं, महाराज आप तो व्यर्थ में घबराये जा रहे हैं। मेरे कहने का तात्पर्य है कि जो कार्य पुरुष नहीं कर सकता वह इस बार मैं करने जा रही हूं।" कामिनी के मन में अब तक योजना स्पष्ट हो चुकी थी पर उसके लिए कम-से-कम एक सप्ताह का समय तो चाहिए ही था।

"ठीक है मुझे सफलता से मतलब है। तुम स्त्री का काम करो या पुरुष का, मुझे क्या लेना देना? अब तुम जा सकती हो। मैं सातवें दिन की प्रतीक्षा आतुरता से करूंगा।"

और कामिनी सिर झुकाकर कमरे से बाहर हो गई।

एक सौ दस

और आज ही था सातवां दिन। राणा विक्रमाजीत अपने कक्ष में क्रुद्ध वृषभ की तरह फूंफकारे भरते हुए चहल-कदमी कर रहा था। जैसे-जैसे संध्या की स्याही गाढ़ी होती जा रही थी उसका क्रोध प्रगाढ़ से प्रगाढ़तर होता जा रहा था। कामिनी ने आज ही कुछ करने को कहा था पर कुछ होता प्रतीत तो नहीं हो रहा था।

नीचे श्रीकृष्ण-मंडप में कार्यक्रम अब समाप्ति पर था। मीरा ने नृत्य, वाद्य और गान के द्वारा श्रीकृष्ण को अपनी अर्चना अर्पित की थी। श्रीकृष्ण को नमन कर अब वह चलने ही वाली थी कि भीड़ में गेरुआ वस्त्रधारी, मुंडित सिर एक गौर-वर्ण संन्यासी खड़ा हो गया।

"क्षमा कीजिएगा मुझे आपसे कुछ शंकाओं का समाधान करना है।" मीरा और ललिता ठिठक गईं। मीरा के मन में आया, कह दे वह शंकाओं का समाधान करने यहां नहीं आती, मात्र भक्ति के लिए आती है और भक्ति शंकाओं-आशंकाओं से पर्याप्त ऊपर की चीज है, पर वह कुछ कह पाती उसके पूर्व ही उस काषायवस्त्र-धारी युवक ने अपना प्रश्न पूछ दिया—

"मुक्ति के लिए कौन-सा मार्ग श्रेष्ठ है—योग, भक्ति अथवा ज्ञान?"

"सभी मार्ग एक ही लक्ष्य को जाते हैं, अतः सभी श्रेष्ठ हैं।" मीरा को कहना पड़ा।

"योग की परिभाषा देते हुए पातंजलि ने योग को चित्त-वृत्ति का निरोध बताया है योगश्चित्त वृत्ति-निरोधः। आप योग को कैसे परिभाषित कीजिएगा?"

"मैं श्रीकृष्ण-भक्त हूं। श्रीकृष्ण के द्वारा दी गई योग की परिभाषा ही मुझे श्रेष्ठ लगती है। संसार के सभी जीवों में समदृष्टि रखना ही योग है—समत्वं योग उच्यते।" मीरा गीता का पाठ करती थी, उसका स्वाध्याय उसके काम आया।

"गीता में तो योग को एक दूसरे रूप में ही परिभाषित किया गया है।"

"किस रूप में ?"

"योग कर्म करने के कौशल का ही दूसरा नाम है—योगः कर्मसु कौशलम्।" अब तक दोनों ओर से खड़े-खड़े ही यह शास्त्रार्थ चल रहा था। अधिकांश क्या, प्रायः सभी श्रोताओं को शीघ्र अपने घर भी पहुंचना था, अतः थोड़ी देर में श्रीकृष्ण-मंडप पूरी तरह खाली हो गया। वह गौरांग युवक अब मंडप में एकाकी ही था और मीरा उसके प्रश्नों का उत्तर देते जा रही थी।

"आप वहां खड़ा होकर क्यों वार्तालाप करने का कष्ट कर रहे हैं ? ऊपर ही आ जाइए।" ललिता ने उसकी विद्वता से प्रभावित होकर कहा।

वह युवक आकर मंदिर के सामने बैठ गया। विवश मीरा भी उससे थोड़ी दूरी रख कर बैठ गई। ललिता थोड़ा हटकर मीरा के पीछे बैठ गई।

"हां, योगः कर्मसु कौशलम् गीता में अवश्य कहा गया है पर यह दूसरे प्रसंग में है। वस्तुतः श्रीकृष्ण के योग का लक्ष्य सर्वत्र समभाव की ही स्थापना है। समदृष्टि रखना ही योगी का ध्येय है—सुख-दुःख समे श्रत्वा, लाभालाभौ जयाजयौ.........।"

"श्रीकृष्ण ने स्वयं गीता में चार वर्णों—ब्राह्मण, क्षत्री, वैश्य और शूद्र—की स्थापना की है—चातुर्वर्ण्यं मया सृष्ट ज्ञान कर्म विभागसो। ऐसी स्थिति में श्रीकृष्ण समानता की बात कैसे कर सकते हैं ?" युवक ने पूछा।

"चातुर्वर्ण्य की स्थापना, कर्म-विभाजन की सुविधा के लिए है। उससे समता के सिद्धान्त पर कोई प्रभाव नहीं पड़ता।"

जाड़े की रात गहराती जा रही थी। श्रीकृष्ण-मंडप के इर्द-गिर्द का सम्पूर्ण क्षेत्र जन-शून्य हो गया था लेकिन इस शास्त्रार्थ का अन्त ही सामने नहीं आ रहा था। मीरा और वह युवक साधु आमने-सामने बैठे शास्त्र-चर्चा में लीन थे।

ठीक उसी समय कर्मवती की दासी ने उसके कानों में जाकर कुछ कहा, "हाय राम !" कहकर कर्मवती ने सिर पीटा और उदयसिंह, सूरजमल तथा कुछ अन्य दास-दासियों को लेकर पिछले दरवाजे से श्रीकृष्ण-मंडप पहुंच गई और दरवाजे के पास से ही ये सभी मंदिर के पास का दृश्य देखने लगे। दूर होने से बात तो कुछ समझ में नहीं आ रही थी। स्पष्ट लग रहा था कि दोनों किसी गूढ़ वार्तालाप में लीन हैं।

"चातुर्वर्ण्य की उपस्थिति से ऊंच-नीच की भावना को प्रश्रय—" अभी वह युवक इतना ही कह सका था कि पिछले दरवाजे के पास से उदय सिंह क्रोधाभिभूत हो चिल्लाया—"कौन है यह लम्पट ? बन्दी बना लो इसे।"

उसके पूर्व कि उदय सिंह के पीछे खड़े कुछ दास मंडप की उस ओर भागते, शास्त्रार्थ में रत युवक ने मंडप के ऊपर से छलांग लगाई और निविड़ अंधकार में खो गया। जाड़े की उस रात्रि में उसे ढूंढ़ने का प्रयास व्यर्थ था।

कर्मवती, उदयसिंह, सूरजमल तथा अनेक दास-दासियां दरवाजे से हटकर मीरा के पास पहुंच गए।

"इसी कार्य के लिए तुम श्रीकृष्ण-पूजन का बहाना बना नीचे आती हो ? अरे, यह जवानी बर्दाश्त नहीं होती है तो विष क्यों नहीं खा लेती ? विधवा होकर मुस्तंड युवक से इस रात में गप्पें मारने में शर्म नहीं आती ?" कर्मवती सबके समक्ष

मीरा पर बरस पड़ी ।

"मैं कोई गप्पें नहीं मार रही थी । मैं तो श्रीकृष्ण संबंधी उसके कुछ प्रश्नों का उत्तर दे रही थी ।" मीरा ने कहा ।

"हां, यहां तो मात्र शास्त्र-चर्चा कर रही थी ।" ललिता ने उसका पक्ष लेकर कहा ।"

"चुप रहो । तुम दोनों के लक्षण में खूब पहचानती हूं । चलो दोनों ऊपर ।" कहकर कर्मवती आगे बढ़ी । मीरा के कक्ष में कर्मवती, मीरा, ललिता, सूरजमल, उदय सिंह आदि उपस्थित हुए ।

दास-दासियों ने पूरे महल में नमक-मिर्च लगाकर यह घटना प्रचारित कर दी कि मीरा अकेले में किसी युवक साधु के साथ प्रेमालाप में व्यस्त पकड़ी गई है । सभी मीरा के कक्ष की ओर दौड़े । विक्रमाजीत ने अपने कक्ष के वातायन से यह सब कुछ देखा और वह भीड़ के साथ लग गया । मीरा के द्वार पर पहुंचते ही, भीड़ ने उसे मार्ग दे दिया और वह भी अन्दर प्रविष्ट कर गया ।

भीतर कर्मवती सिंहनी बनी बिफर रही थी ।

"क्या बात है मां ?" उसने कर्मवती से धीरे से पूछा ।

"अरे होगा क्या ? जवान बहू-बेटियों को नाचने-गाने की छूट दोगे तो यह सब तो होगा ही । पूछ इतने सभी लोगों से एक मुस्टंड-युवक के आमने-सामने बैठकर न जाने यह कौन-सा दु:ख-दर्द बांट रही थी । और आस-पास में कोई नहीं था सिवा इसकी इस तथा-कथित सखी के । पता नहीं कब से यह प्रेमालाप चल रहा था ? और पता नहीं हम नहीं जाते तो कब तक चलता ?"

"इसका भी क्या प्रमाण है कि यह नित्य ही नहीं चलता हो ।" सूरजमल ने कहा, "और इसके पश्चात् क्या होता है ?"

"भाभी ? तुमने तो यह उचित नहीं किया । यह तो हमारे कुल की मर्यादा के अनुकूल नहीं है ।" उदय सिंह था यह ।

"तुम्हें उसे भाभी कहते शर्म नहीं आती ?" विक्रमाजीत ने उदय सिंह को डपटा, "पाप का घड़ा एक दिन फूटता ही है । अभी तो वह पर-पुरुषों से प्रेमालाप ही कर रही है । एक दिन किसी के साथ निकल भागेगी तब देखना ।"

"यह राणा कुल की नाक कटवा कर रहेगी ।" सूरजमल था यह ।

दरवाजे पर खड़े दास-दासियां यह सब कुछ देख-सुन रहे थे । ललिता भीतर ही भीतर क्रोध से उबल रही थी । पर मीरा को मौन देख वह कुछ नहीं बोल पा रही थी ।

मीरा को समझते समय नहीं लगा कि वह एक पूर्वनियोजित और घृणित षड्यंत्र की शिकार हुई थी और उस षड्यंत्र में विक्रमाजीत का ही हाथ था । पर नक्कारखाने में तूती की आवाज कौन सुनता है, अत: उसने अपमान का सम्पूर्ण गरल पीकर मौन रहना ही उचित समझा ।

कर्मवती बहुत देर तक प्रलाप कर कक्ष से बाहर चली गई । उसके साथ और लोग भी निकल गए ।

कक्ष खाली होने पर ललिता ने मीरा से कहा, "तुम चुप क्यों बैठी रही ? तुम पर लोग निराधार आरोप लगाते रहे और तुम चुपचाप सुनती रही । यह तो 'मौन

स्वीकार लक्षणम्' की तरह ही हुआ न ?"

मीरा गम्भीर हुई बोली, "ललिता तुम भी कैसी बातें करती हो ?"

"क्यों ?"

"वे पागलों की तरह प्रलाप कर रहे थे तो हमें भी क्या पागल बन कर उनके मुंह लगना था ? ऐसे में हमारी शक्ति का व्यर्थ दुरुपयोग ही होता न ? हममें जो भी शक्ति है जो भी ऊर्जा है वह अपने श्रीकृष्ण की सेवा के लिए है न कि पागलों की बात में आ अपव्यय के लिए है ? और एक बात और जान लो ।"

"क्यों ?"

"जो तुम पर विश्वास नहीं करना चाहते उनसे लाख तर्क करो वे तुम पर विश्वास करने से रहे और जिनका तुम पर विश्वास है उन्हें विश्वास दिलाने की कोई आवश्यकता नहीं ।"

"यह बात तो तुम ठीक कह रही हो ।" ललिता ने हामी भरी ।

"और एक बात और ।"

"क्या ?"

"जब तक तुम्हारा मन तुझे अपराधी नहीं मानता तुम अपराधी नहीं हो ।"

"यह बात तो ठीक, पर कल से महल के सभी लोग जिस घृणा-भाव से तुमको देखेंगे, उसे कैसे झेलोगी ?"

मीरा हंसी ।

"क्यों इसमें हंसने की बात क्या है ?" ललिता ने आश्चर्य से पूछा ।

"हंसने की बात तो है ही ।" मीरा मुसकराती रही ।

"कैसे ?"

"अभी तुम नीचे श्रीकृष्ण के योग की बात सुन रही थी । समता ही योग है । सुख-दुःख, सिद्धि-असिद्धि, प्रसन्नता-अप्रसन्नता, मान-अपमान में सम-दृष्टि रखना ही तो कृष्ण का उपदेश है अपितु यही सम्यक् जीवन-दर्शन है । ऐसी स्थिति में हमें मान से क्या अपमान से क्या ? हमें दोनों में किसी की चाह नहीं । जो मिल जाय वही शिरोधार्य है । और एक बात और सुनो ।"

"क्या ?"

"कुछ वर्ष पहले एक बहुत बड़ा भक्त कवि हुआ है—कबीर । जानती हो उसने भगवत्-प्रेम को लेकर क्या कहा है ?"

"नहीं जानती ।" ललिता ने अपनी अनभिज्ञता प्रकट की ।

"नहीं जानती हो तो जान जाओ । उसने कहा—भगवान से प्रेम भी करो और मान की रक्षा भी करना चाहो, यह तो ऐसा ही हुआ जैसे एक म्यान में दो तलवारें रखी जाएं—

चाखा चाहो प्रेम-रस
राखा चाहो मान ।
एक म्यान में दो खड्ग
देखा सुना न कान ।"

"तो तुम्हें आज के अपमान की कोई चिन्ता नहीं ?" ललिता ने पूछा ।

"नहीं, एकदम नहीं। जिस मार्ग पर निकल चुके हैं उसमें तो ऐसे अवसर अनेक बार आयेंगे। कितनी बार चिन्ता करेंगे हम?"

"पर मुझे तो है।"

"तो क्या करोगी तुम? अधिक से अधिक रात भर नहीं सोओगी।" मीरा ने मुसकराते हुए कहा।

"नहीं, इससे अधिक भी कुछ करूंगी।" ललिता दृढ़ता से बोली।

"क्या?" मीरा सशंकित हुई।

"कल मैं भक्त-मंडलि में सब कुछ कहूंगी। उन्हीं से न्याय का आग्रह करूंगी।"

"नहीं, तुम ऐसा कभी नहीं करोगी।" मीरा हड़बड़ा कर बोली।

"क्यों?"

"यह तो इन लोगों की बुराई करना ही हुआ न?"

"हुआ तो।" ललिता ने स्वीकारा।

"तो किसी की बुराई करना हमारे सिद्धान्त में नहीं आता। हम क्यों अपनी जिह्वा गंदी करें?" मीरा ने समझाया।

"तुमको समझाना कठिन है।" ललिता ने कहा।

"क्यों?"

"तुम न कुछ करोगी न करने दोगी?"

"हमारे और तुम्हारे करने से कुछ होता है क्या? हम तुम कौन कुछ भी करने वाले हैं? बड़ी बातें तो कर नहीं सकते छोटी बातों को करने उद्यत रहते हैं। यह पृथ्वी क्या तुमने बनाई है? ये सागर क्या तुम्हारे गढ़े हैं? इन सरिताओं को तुमने बहाया है? ये पेड़-पौधे, ये वृक्ष-विपिन क्या तुम्हारी देन हैं? ये सूरज-चांद तुमने उगाए हैं? ये तारक मंडल? ये असंख्य आकाश-गंगाएं और यह अनन्त ब्रह्मांड जिसमें न जाने ऐसी कितनी पृथ्वियां, सूरज, चांद और तारकमालाएं हैं? करने वाला कोई और है। वह सब कुछ करता चलेगा। तुम देखती रहो। सबको अपने कर्मों का कल भोगना पड़ता है। क्या तुम समझती हो कि आज के हमारे अपमान के जो भागी हैं वे अदंडित रह जायेंगे? करने वाला करेगा। तुम देखती रहो।"

"तो क्या हमारा कार्य कुछ नहीं हैं? हम हाथ पर हाथ रखकर बैठ जाए?" ललिता आश्चर्यपूर्वक बोली।

"हाथ पर हाथ रख कर बैठने को कौन बोलता है? अकर्मण्यता को तो हमारे कृष्ण ने भी मान्यता नहीं दी है। पर जो तुम्हारे लिए करणीय है वही करो। हम हाथ पर हाथ रख कर कहां बैठे हैं? अपना काम कर रहे हैं। भक्ति भाव अपने में कोई कार्य नहीं है क्या? यह सदाचार की नींव है और सदाचार के बिना कोई साम्राज्य टिक नहीं सकता। हम जो कर रहे हैं उसे आने वाली अनेक पीढ़ियां स्मरण रखेंगी। यह न भूलो।"

एक सौ ग्यारह

कामिनी की बुलाहट विक्रमाजीत के कक्ष में दूसरे प्रातः ही हुई। विक्रम को ऐसी अभूतपूर्व सफलता की आशा नहीं थी। उनके मन में जो अपमान की दारुण-ज्वाला इतने दिनों से जल रही थी उसे कामिनी की योजना की सफलता के शीतल जल ने सदा के लिए शान्त कर दिया था।

कामिनी कक्ष में उपस्थित हुई। कमर तक झुककर उसने मेवाड़नरेश के प्रति अपना आदर व्यक्त किया।

"आज्ञा हो महाराज!"

"आज्ञा आज मुझे नहीं तुझे करनी है।"

"भला कहीं दासी भी आज्ञा करती है? क्यों मुझे कांटों में घसीट रहे हैं।" कामिनी इठलाती हुई बोली।

"काम ही तुमने ऐसा किया है कि तुम्हें मुहमांगा पुरस्कार देना चाहिए। खैर इस पर बाद में आयेंगे पहले यह बतलाओ कि इतनी सफलतापूर्वक तुमने कैसे अपनी योजना को कार्यान्वित कर दिया?"

"अपनी या आपकी?"

"योजना तो तुम्हीं ने बनाई थी, ऐसी योजना तो मेरे कुंद मस्तिष्क में आ ही नहीं सकती थी।" विक्रम बोला।

"ऐसा नहीं कहें महाराज!" कामिनी ने कर जोड़े, "वहां आपका मस्तिष्क और कहां मेरा? सम्पूर्ण मेवाड़ के साम्राज्य का जो संचालक हो उसकी बुद्धि के समक्ष एक वृद्ध कुटनी की बुद्धि पानी भरे। यह तो ईश्वर की कृपा है कि मुझे सफलता मिल गई। योजना, सचमुच दोनों की थी भले उसमें मुझे सफलता मिल गई। प्रतिशोध की आग से मैं कुछ कम नहीं जल रही थी और आपकी तो बात ही क्या? दोनों के गालों पर इस कृष्ण-भक्तन ने वह तमाचा जड़ा था कि उसका दर्द जाने का नाम ही नहीं लेता था।"

"अब तो चला गया?"

"महाराज, अपनी बात बोलें। अगर महाराज को प्रसन्नता हुई हो तो मैं भी प्रसन्न हूं।"

"अपार। मुझे अपार प्रसन्नता हुई है।" विक्रम ने उत्तर दिया।

"तो मेरा श्रम सार्थक हो गया।"

"पर यही तो जानना चाहता था कि यह सफलता तुम्हें मिली कैसे?"

"इसके लिए बहुत पापड़ बेलना पड़ा महाराज!" कामिनी कुछ गर्व से बोली।

"वही तो बतलाओ। तुम्हारी सफलता तो तिलस्मी कहानियों को भी मात देती है।"

"महाराज, मैं लगातार सात दिनों तक ऐसे व्यक्ति के अन्वेषण में थी जो मेरी योजना को सफल करने में सिद्ध हो। मुझे एक ही साथ ऐसे व्यक्ति की आवश्यकता थी जो देखने में भी युवा और आकर्षक हो, विद्वान भी हो तथा लालची भी। मैं ऐसे व्यक्ति को कहां ढूंढ़ती? किसी में एक मिले तो दूसरा नहीं,

दूसरा मिले तो तीसरा नहीं।

"फिर भी मैंने हिम्मत नहीं हारी। मैं जानती थी कि मंदिरों के पुजारी लालची होते हैं। पूजा-पाठ से अधिक ध्यान उनका, दक्षिणा और चढ़ावे पर रहता है। किन्तु वे अक्सर मूर्ख होते हैं। संकल्प आदि के एक दो मंत्रों और स्तुति के श्लोकों के अलावा कुछ नहीं जानते। गीता पर मीरा से शास्त्रार्थ करें वैसी क्षमता उनमें नहीं होती।"

"तो तुमने गीता पर इस मुस्टंडे से मीरा का शास्त्रार्थ कराया था?" विक्रम ने विस्मित होकर पूछा।

"और क्या महाराज? यह कृष्ण-भक्तन यों फंसने वाली थी? किसी पुरुष के वह मुंह भी लगती है? वह तो उसके प्यारे श्रीकृष्ण की बात उठी तो जाल में जा फंसी।" कामिनी ने गर्व से कहा।

"चलो, सारे महल ने तो यही समझा कि वह प्रेमालाप कर रही है।" विक्रमाजीत मुसकराते हुए बोला।

"यही तो इस योजना की सफलता का रहस्य है। मैं जानती थी कि पिछले दरवाजे के पास से कोई यही समझेगा। वहां तक उनकी बात पहुंचनी कहां थी?"

"वाह! तुम्हारी बुद्धि का कोई जवाब नहीं। जब आगे बताओ कैसे पकड़ा उस आदमी को?" विक्रम उतावला होकर बोला।

"हां महाराज! मैंने तब आस-पास के मंदिरों को छानना शुरू किया। मैं जानती थी कि इस इलाके में शिव-मंदिरों या अधिक-से-अधिक देवी-मंदिरों की ही अधिकता है और इन मंदिरों के पुजारी और चाहे जो जाने गीता के श्लोक तो नहीं ही जान सकते। फिर भी मैंने इन्हीं मंदिरों पर ध्यान केन्द्रित किया⋯क्या पता इनमें से कोई गीता-पाठी मिल ही जाय।"

"तब?" विक्रम की उत्सुकता बढ़ी!"

"कई मंदिरों की खाक छानने के पश्चात् एक दिन उस मुस्टंडे को एक शिव-मंदिर के प्रवेश-द्वार पर हाथ फैला-फैला हर किसी से कुछ-न-कुछ मांगते देखा। इसके हाथ में एक छोटी-सी पुस्तक भी थी जिसके पन्ने वह यदा-कदा उलटता जाता था।

"दो बातें तो स्पष्टतः मिल गईं⋯एक तो एक मुस्टंड, युवा और गौर वर्णी युवक और दूसरी उसका लालची होना। अब यदि कुछ गीता भी आता हो तो क्या कहना? मैं तो पढ़ी-लिखी थी नहीं, अतः अतः उसके हाथ की पुस्तक की बात नहीं जानती थी कि वह क्या है।

"उसके ध्यान को अपनी ओर आकृष्ट करने के लिए मैंने उसके हाथ में एक स्वर्ण मुद्रा रख दी।"

"एक पूरी की पूरी स्वर्ण-मुद्रा?" विक्रम ने विस्मय से पूछा।

"और क्या? ऐसे वह मुझ वृद्धा, कुरूपा को क्या महत्त्व देता? वह तो मोटे आसामियों पर विशेष ध्यान रखता था।"

"तब?"

"तब जो होना था वह हुआ। स्वर्ण-मुद्रा देखते ही उसकी आंखें फटी की फटी रह गईं। उसने गौर से मेरी ओर देखा— 'माताजी आपने मुझे इसे दान

स्वरूप दिया है ?' "

"तो और क्या तुमसे मुझे मंदिर का आहाता खरीदना है क्या ? बैठो द्वार के सामने के चबूतरे की एक ओर ।" बैठते हुए मैंने कहा ।

"वह पालतू श्वान की तरह बैठ गया ।

"क्या करते हो ?" मैंने पूछा ।

"इस मंदिर के कई पुजारियों में एक हूं । कई परिवारों में बंट गए है यहां के पुजारी । मंदिर में चढ़ावा को प्रचुर मिलता है पर पूजा को बारी एक पक्ष में एक ही बार आती है । उस दिन तो भक्तों को पूजा कराता हूं शेष दिन···।"

"यहां बैठकर भिक्षाटन करते हो ?" मैंने बात पूरी की ।

"इसे आप भिक्षाटन कहती हैं ?" वह आश्चर्य से बोला ।

"और क्या ?" मैंने कहा ।

"आप जो कह लें मैं तो भक्तों की श्रद्धा की परीक्षा करता हूं ।"

"मैं भी तुम्हारी परीक्षा लेने आई हूं ।" मैंने कहा ।

"अच्छा !" उसे आश्चर्य हुआ ।

"कुछ पढ़े-लिखे हो ?" मैंने आगे पूछा ।

"संस्कृत पर मुझे पूर्ण अधिकार है ।" वह गर्व से बोला ।

"क्या-क्या जानते हो ?"

"चंडी-पाठ कर सकता हूं । शिव महिम्न स्रोत्र जानता हूं, विष्णु चालिसा कंठस्थ है···।"

"बस-बस ।" मैंने उसे रोका, "गीता का नाम भी सुना है ?"

"और यह मेरे हाथ में क्या है ? गीता ही तो है, मूल संस्कृत में ।"

"उसके कुछ श्लोक भी स्मरण हैं ?"

"क्यों नहीं ? कहो तो पुस्तक बंद कर सुनाता हूं···कर्मण्येवाधिकारस्ते मा फलेषु कदाचन···।" वह बोल गया । यह पंक्ति तो किसी तरह गलत-सलत समाप्त कर गई । रास्ते भर रटती रही थी ।

बस-बस मेरी समझ में तो कुछ आ नहीं रहा था । यह पंक्ति भी तो पंडितों से कई बार की सुनी-सुनाई है, अतः शीघ्र ही जीभ पर चढ़ गई । मैंने उसे रोका और आगे कहा— "मीरा का नाम सुने हो ?"

"हां, उसे कौन नहीं जानता इस क्षेत्र में ?

"उससे गीता पर तर्क कर सकते हो ?"

"कठिन है । वह महान् कृष्ण-भक्तन है । उसके समक्ष मैं क्या खाकर खड़ा होऊंगा ?"

"सोच लो । एक सौ स्वर्ण-मुद्राओं की बात है । और शास्त्रार्थ भी नहीं करनी है, केवल उसका नाटक करना है ।"

"एक सौ स्वर्ण-मुद्राएं ?" उसकी आंखें विस्मय से विस्फारित हो आई, "एक सौ मुद्राओं के लिए तो मैं मीरा की गर्दन भी काट लाऊंगा ।"

"मुझे लग गया, मेरे काम का आदमी मिल गया । मैंने कहा, "तुम्हें मीरा की गर्दन तो नहीं काटनी पड़ेगी अपने इन घुंघराले केशों को मुड़वाना होगा ।"

"उल्टे उस्तुरे से ?" उसने अपने प्यारे-प्यारे केशों पर हाथ फेरते हुए कहा।

"अब जो समझो।" मैंने कहा।

"कर लूंगा।" उसने हामी भरी।

"बहुत अच्छा। एक बात और करनी होगी।"

"क्या ?"

"ये कपड़े नहीं चलेंगे ?"

"तब ?"

"तुम्हें काषाय-वस्त्र धारण करने होंगे।"

"चलो एक दिन की तो बात है। वह भी कर लूंगा। अधिक-से-अधिक एक दो ही मुद्रा तो लगेगी इसमें ?"

"वह भी मैं ही दे दूंगी।" मैंने कहा।

"अर्थात् मेरे पास पूरी-की-पूरी एक सौ स्वर्ण मुद्राएं ?"

"हां !"

"चलो, कब चलना है ?"

"आज ही।"

"और मैंने उसे आगे की सारी योजना समझा दी।"

"तब ?" विक्रम की उत्सुकता चरम पर थी।

"वह एक घंटे में अपना हुलिया बदल कर आ गया। मुंडित सिर और काषाय वस्त्र। वह पहले से भी गोरा और आकर्षक लग रहा था। आगे की कहानी तो आप जानते ही हैं।" कामिनी ने अपना वक्तव्य समाप्त किया।

"वाह ! तुम्हारी बुद्धि सचमुच अद्भुत है। निरक्षर होकर भी तुम बड़े-बड़े विद्वानों के कान काट सकती हो।" विक्रमाजीत के मुंह से निकला।

"यह सब आपकी दया है। वर्ना मैं आपके चरणों की धूलि के बराबर भी नहीं हूं ?"

"एक बात ?"

"क्या ?"

"उसे अपना मुंह बंद करने को तो कहा है ?"

"वह तो मैंने कहा ही है। ऐसे भी जब तक उसके सिर के बाल पुन: अपने पूर्व रूप में नहीं आ जाते, वह किसी के सामने आनेवाला भी कहां है ? काषाय वस्त्र तो उसने तत्काल उतार फेंके होंगे। अब अगर कभी वह मुंह भी खोले तो कोई उसकी बात पर विश्वास करेगा ? वह तो पहचान में ही आने से रहा।" कामिनी ने गर्व से कहा।

"वाह ! अब तुम्हारा भी मुंह बंद करना होगा।" विक्रम बोलें।

"मेरे लिए आपकी एक सौ स्वर्ण-मुद्राएं पर्याप्त हैं। अब आपको अधिक चिन्ता नहीं करनी है।" कामिनी गद्गद् होकर बोली।

"चिन्ता तो करनी ही है। पता नहीं कब महल की राजनीति तुम्हारा मुंह खुलवा दे !" ऐसा कहकर विक्रम ने पर्यंक के सामने के घंटे पर चोट की।

द्वार से कुछ दूर पर खड़ी दासी उपस्थित हुई।

"ज़रा मोहन को भेजना।"

दासी चली गई। कामिनी की प्रसन्नता का ठिकाना नहीं। पता नहीं कितनी स्वर्ण मुद्राएं उसे और मिलेंगी !

थोड़ी देर में एक मोटा-ताजा पहलवान की तरह का व्यक्ति उपस्थित हुआ। विक्रम ने कम-से-कम सौ ऐसे पहलवान पाल रखे होंगे। अखाड़े में उतरवाकर उन्हें मल्ल युद्ध में लहू-लुहान होते देखने में उसे बड़ा आनन्द आता था।

"मोहन !" विक्रम ने उसे सम्बोधित किया।

"महाराज !"

"कक्ष के कपाट बन्द कर दो।"

मोहन ने वैसा ही किया।

कामिनी घबराई। यह क्या हो रहा है ?

"इस औरत के मुंह में कपड़ा ठूसकर उसके हाथ-पैर बांध दो। पर्यंक के नीचे ये सारे सामान हैं।" विक्रम ने पहले से ही यह प्रबन्ध कर रखा था।

"अपने पिंजड़ों में अभी कितने शेर हैं ?"

"सात, महाराज !"

"उसमें सबसे अधिक भूखा कौन है ?"

"भोला कोई एक सप्ताह से भूखा रखा गया है ?"

"वह इस औरत की हड्डी-पसली तक चबा जायेगा ?"

"इसकी को निशानी नहीं बचेगी महाराज !"

कामिनी बंधी अवस्था में भी सिर से पैर तक कांप गई।

"ठीक है," विक्रम आगे बोला, "इस कक्ष के उस कोने से एक गुप्त दरवाजा नीचे जाता है। उससे उतरकर सीधे शेरों के पिजड़ों के पास पहुंचोगे। इस औरत के मुख को इसके आंचल से ही ठीक से ढंक दो ताकि कोई पिंजड़ों के पास तुम्हारे हाथों में इसे देखे भी तो नहीं पहचाने और इसे भोला के पिंजड़े में डाल देना।"

एक सौ बारह

उसी दिन संध्या के कुछ पूर्व ही कर्मवती के कक्ष में एक बैठक आयोजित हुई। उसमें केवल तीन व्यक्तियों ने भाग लिया—रानी कर्मवती, विक्रमाजीत और सूरजमल।

"यह मीरा तो सिसौदियों की नाक कटवाकर रख देगी। कल जैसा देखा गया वैसा नित्य ही होता हो तो कोई आश्चर्य नहीं। हमें इस सम्बन्ध में शीघ्र निर्णय लेना पड़ेगा वर्ना मेवाड़ का सम्मान धूल में मिलकर रहेगा।" कर्मवती बोली।

विक्रमाजीत को प्रसन्नता हुई कि कल के नाटक को राजमाता भी वास्तविक ही मानती हैं। वस्तुतः उसने ऐसा यत्न ही कर दिया था कि कल की सच्चाई की अब किसी को गन्ध भी नहीं लग सकती थी। कामिनी के नहीं रहने से अब उस भेद को खोलने वाला भी कोई नहीं रह गया था। उसे सबसे अधिक हर्ष इस बात

का था कि मीरा ने जिस रूप में उसके प्रस्ताव को ठुकराया था और उसका घोर अपमान किया था उसका पूर्ण प्रतिशोध उसने ले लिया और पूरे महल के साथ राजमाता कर्मवती को भी उसके चरित्र पर सन्देह हो गया। अब अगर कभी मीरा उस घटना का उल्लेख भी करना चाहे तो सभी उस पर अविश्वास ही नहीं करेंगे, उल्टे उसी को लांछित भी करेंगे।

"तुम किसी सोच में मग्न हो गए विक्रम," कर्मवती ने उसे टोका, "वस्तुतः यह समस्या हम सबों से अधिक तुम्हारी ही है क्योंकि तुम्हीं मेवाड़ के सम्राट हो और साम्राज्य के साथ-साथ कुल और परिवार की मर्यादा की रक्षा का दायित्व भी तुम्हारा ही है।"

"मैं सोच रहा था कि इस समस्या का समाधान कैसे निकाला जाय। मेरी बुद्धि तो काम नहीं कर रही।"

"मेरी समझ में कुछ आ रहा है।" सूरजमल ने कहा।

"क्या?" विक्रम ने उत्सुकता से पूछा।

"मीरा के पूजन-अर्चन के समय, उस पर दृष्टि रखने के लिए विक्रम के मल्लों में से कुछ मल्लों को रख दिया जाय और वे यह भी देखें कि अपना कार्यक्रम समाप्त कर मीरा शीघ्र वहां से वापस आ जाती है।"

"समस्या यह नहीं है सूरजमल," रानी कर्मवती ने कहा, "समस्या तो यह है कि राणा कुल की वधू को कब तक इस तरह बेशर्म होकर सामान्य-जन के मध्य भक्ति-भाव के नाम पर नाचने-गाने की छूट दी जाय! पानी जब तक सिर के ऊपर नहीं चढ़ा था तब तक तो ठीक लेकिन कल की घटना के पश्चात तो मेरी चिन्ता अत्यन्त बढ़ गई है।"

विक्रम की प्रसन्नता की सीमा न रही। राजमाता, स्वयं वही कह रही थी जो वह कहना चाहता था।

"तब उसका एक ही उपाय है।" सूरजमल ने ही फिर कहा।

"क्या?" कर्मवती ने पूछा।

"मीरा का यह नृत्य-गान ही बन्द कर दिया जाय। इससे प्रजा में उसकी अनावश्यक लोकप्रियता बढ़ती है और उस लोकप्रियता के आधार पर वह कुछ भी कर सकती है। देखा नहीं आप लोगों ने, उसके एक इंगित पर वह उग्र विद्रोह किस तरह शान्त हो गया? जो विरोध शान्त करा सकती है वह विद्रोह भड़का भी तो सकती है। उसके और प्रजा के मध्य जो यह नृत्य-गान और भजन-भाव का सेतु है इसे ध्वस्त करने के सिवा और कोई उपाय नहीं है।"

"इस सेतु को कैसे ध्वस्त किया जाय?" कर्मवती ने चिन्तित होकर कहा।

"राजमाता के रूप में आप आज्ञा दें कि वह इस नाटक को बन्द करे।" विक्रमाजीत ने सुझाया।

"अगर वह नहीं माने तब?" कर्मवती ने पूछा।

"तब मैं रातों-रात उसके श्रीकृष्ण-मंडप और श्रीकृष्ण मंदिर को तोड़कर वहां शिवालय खड़ा कर दूंगा। न रहेगा बांस न बजेगी बांसुरी।" सूरजमल ने गर्व के साथ कहा।

"बड़े भोले हो तुम!" कर्मवती मुसकराई।

"क्यों ?" सूरजमल को अपनी शक्ति पर पूरा भरोसा था।

"जितनी जन-शक्ति तुम्हारे पास नहीं, उससे अधिक उसके पास है। जितने मंदिर तुम ढहाओगे उनसे अधिक ही मंदिर उसके भक्त बनाकर खड़ा कर देंगे।"

"तब ?" सूरजमल चिन्तित हुआ।

"तब वही उपाय बचता है जो मैंने सुझाया। हम सभी मिलकर उसे समझाएं वह अपना यह भजन-भाव और साधु-संग का नाटक बन्द करे। हो सकता है कल की घटना से वह स्वयं ही इतनी लज्जित और अपमानित अनुभव कर रही हो कि हमारी बात को मान ले।"

"विक्रम का कहना ठीक है।" कर्मवती ने कहा, "मीरा के प्रभाव को रोकना आवश्यक है वर्ना इतना कुछ होने के बाद सचमुच वह प्रजा को ही इस रूप में भड़का देगी कि विक्रम के विरुद्ध ऐसी आग भड़के जिसे बुझाना कठिन हो जाय और अन्ततः उसे सिंहासन से ही हाथ धोना पड़े।"

"तो क्या हुआ ? विक्रम नहीं तो उदय सिंह। वह भी तो आप ही का बेटा है न ?" सूरजमल ने चुटकी ली।

"यह परिहास का समय नहीं है सूरज ! मीरा से वास्तविक खतरा जो विक्रमाजीत को पदच्युत करा सकती है उसे उदय को महल के बाहर का मार्ग दिखलाने में कितना समय लगेगा ?" कर्मवती ने सूरजमल को आड़े हाथों लिया।

"तब चलिए इसके पूर्व कि वह पुनः अपने कार्यक्रम में जुट जाय, हम उसे समझाने का प्रयास करें। कल की घटना के बाद उस पर विश्वास नहीं किया जा सकता। उस पर लाख पहरे बैठाओ उससे क्या होता है ? कहीं वह कभी किसी साधु-संत के साथ पलायन ही कर जाय तो हम क्या कर सकते हैं ? हमें तो अपनी नाक बचानी ही है चाहे उसके लिए जो करना पड़े। अगर वह कहने से नहीं मानती है तो उससे निबटने का दायित्व मेरा रहा। राजमाता ने ठीक ही कहा है मेवाड़ाधिपति होने के कारण साम्राज्य के साथ-साथ कुल और परिवार की मर्यादा की रक्षा का दायित्व मेरा ही है।"

"यह हुई न कोई बात ?" सूरजमल ने कहा, "मुझे तो लगता था कि मीरा से निबटने का भार भी मेरे ऊपर ही आ पड़ेगा।"

"नहीं," विक्रम ने गम्भीरता से कहा, "तुम्हारा अधैर्य सब खेल बिगाड़ देगा। मैं साम, दाम, दंड, भेद सारी नीतियों का प्रयोग कर इस नागिन से इस तरह इस महल को मुक्त करा दूंगा कि तुम देखते रहना। पर अभी चलो हम उसे समझाकर देखें अगर वह महल के अन्दर पालतू पशुओं की तरह रहना चाहे और अपनी गतिविधियों को अपने कक्ष तक ही सीमित रखे तो हमें क्या आपत्ति हो सकती है ?"

एक सौ तेरह

मीरा को विस्मयों से सामना करने की आदत पड गई थी। उनकी इस श्रृंखला का कोई अन्त ही नहीं हो रहा था। श्रृंखला का आरम्भ रत्न सिंह की आकस्मिक

मृत्यु से हुआ। फिर हुआ पूरे साम्राज्य में विरोध। उसे उसने शान्त किया तीसरा विस्मय खड़ा हुआ विक्रम के अद्‌भुत प्रस्ताव के रूप में। उस झटके से वह अभी निवृत्त ही नहीं हो पाई थी कि कल की विस्मयकारी घटना घटी जिसने उसे अन्दर-बाहर से प्राय: तोड़कर रख दिया। भले ही उसने ललिता से मान-अपमान को व्यर्थ की बात कही हो पर कल की घटना जो उसके हृदय में रेगिस्तानी बबूल का कांटा चुभो गई थी उसके दर्द को निकाल पाना बहुत आसान नहीं लग रहा था। सच, सिद्धांत और व्यवहार में बहुत अन्तर है न ? कह देना कितना आसान है—मान-अपमान सब में सम-बुद्धि रखो—पर इसे क्रिया के स्तर पर उतारना कितना कठिन ? अगर ऐसा नहीं होता तो वह रात-भर सो नहीं पाती और अब तक उसका अन्तर आकुल रहता ?

और अब खड़ा था यह नया विस्मय। कर्मवती, विक्रमाजीत और सूरजमल बिना उसकी अनुमति अथवा पूर्व सूचना के उसके कक्ष में उपस्थित हो गए थे।

वह अवाक्।

उसने कुछ नहीं किया। किसी के अभिवादन आदि का कोई प्रयास भी नहीं। मुरलीमनोहर के पैरों के नीचे जहां बैठी थी वहीं बैठी रही। तीनों कोई-न-कोई स्थान ढूंढ़कर जम गए।

"मीरा !" कर्मवती ने पुकारा।

"......" मीरा कुछ नहीं बोली।

"अपने बड़ों के प्रति सम्मान-प्रदर्शन का यही स्वरूप है ?" कर्मवती अपने कड़कते स्वर में बोली।

"......" मीरा फिर भी चुप।

"मैं इस साम्राज्य का अधिपति होने के कारण तुमसे पूछता हूं कि तुम राजमाता को इस तरह अपमानित करने का दुस्साहस कैसे कर रही हो ?"

"अधिपति ?" मीरा ने इस बार मुंह खोला, "जो स्वयं का ही अधिपति नहीं हो सकता वह साम्राज्य का अधिपति क्या बन सकता है ?" मीरा के होंठों पर एक विद्रूप मुसकान खेल गई।

विक्रमाजीत चुप लगा गए—कहीं इतना कुछ होने के बाद भी यह नारी मेरा भेद नहीं खोल दे ? उसे आश्चर्य हो रहा था कि कल के अपमान का कोई प्रभाव उस पर लक्षित नहीं हो रहा था।

"तुम कहना क्या चाहती हो ?" कर्मवती बौखलाई।

"मेरे कहने का अर्थ मेरे देवर भी अच्छी तरह समझते हैं।" मीरा अनुत्तेजित बोली।

"मां, छोड़ो न इस बात को," विक्रम ने बात बदली, "जिस बात के लिए हम आये हैं, वही करो न।"

"मीरा, हमने सोचा है कि तुम अपना यह नाच-गान बन्द करो।" कर्मवती ने कहा।

"यह नाच-गान नहीं है।"

"तो क्या है ?"

"यह कृष्ण,भक्ति है। मैं अपनी प्रतिभा से अपने आराध्य को रिझाती हूं।

इसमें किसी का क्या जाता है ?" मीरा निर्भीक बोली।

"इससे राणा परिवार की अवमानना होती है।"

"राणा परिवार के मान-सम्मान की बात करती हैं! आपके कारण जो साम्राज्य पर इतनी बड़ी विपत्ति आ गई थी, उसे आप इतना शीघ्र भूल गईं ?"

"वह दूसरी बात थी," कर्मवती ने बीच में टोका, "राणा परिवार की वधू पर-पुरुषों के बीच नाचे-गाये, इसे हम कभी सहन नहीं कर सकते।"

"मैंने पहले ही कहा कि मेरी भक्ति को नाच-गान की संज्ञा नहीं दीजिए।" मीरा बोखलाई।

"तुम चाहे उसे जो संज्ञा दो पर हमें वह स्वीकार्य नहीं। तुम्हें अपना यह कार्यक्रम बन्द करना पड़ेगा।" कर्मवती ने जैसे सम्मिलित निर्णय सुनाया।

"यह कार्यक्रम बंद नहीं होगा।" मीरा ने स्पष्ट कहा।

"तुम राजमाता के आदेश का उल्लंघन करने की धृष्टता कर रही हो ?" सूरजमल था यह।

"गलत आदेश उल्लंघन के लिए ही होता है।" मीरा स्पष्ट बोली।

"अगर यह राजाज्ञा हो तब ?" कर्मवती ने पूछा।

"राजाज्ञा राजा को अपने मुख से देनी चाहिए।" मीरा ने विक्रम की ओर देखा।

"विक्रम तुम कुछ बोलते क्यों नहीं ?" कर्मवती विक्रमाजीत की ओर मुड़ी।

विक्रम उस समय तक मन-ही-मन कुछ निर्णित कर चुका था।

"राजमाता के समक्ष मैं क्या बोलूं ? ऐसे भी माता और भाभी में अन्तर नहीं होता। मैं इनके विरुद्ध राजाज्ञा पारित करने वाला कौन होता हूं ?"

विक्रम में इस आकस्मिक परिवर्तन से सभी आश्चर्यचकित हो गए। कर्मवती से लेकर सूरजमल और मीरा तक।

मीरा को अवश्य लगा कि उसके पीछे भी शायद कोई छल की भावना ही काम कर रही है, पर विक्रम को अनावश्यक रूप से उत्तेजित करना उसने अब उचित नहीं समझा। कर्मवती शायद अपने पुत्र के मन को समझ गई पर सूरजमल की बुद्धि में अभी कोई और बात नहीं आ रही थी। वह प्रजा पर बढ़ते मीरा के प्रभाव को लेकर चिन्तित था और मीरा के कृष्ण-मंडप के कार्यक्रम को समाप्त करने को कटिबद्ध। उसने मीरा को सम्बोधित कर कटु शब्दों में कहा—

"क्या आपको ज्ञात है कि कल शाम की घटना के पश्चात महल की दास-दासियां तक आपसे घृणा करती हैं ?"

"ज्ञात है," मीरा ने कहा, "सभी मुझे देखकर आंखें फेर लेते हैं पर मैं तो अपने श्रीकृष्ण की ओर से आंखें नहीं फेर सकती ?"

"आपको इस अपमान की कोई चिन्ता नहीं ?"

"नहीं !"

"क्यों ?"

"आपको यह बात नहीं समझाई जा सकती, इसलिए प्रयास व्यर्थ है।"

सूरजमल अपमान से तिलमिला गया। फिर भी साहस कर बोला, "भजन

कीर्तन अथवा नाच-गान तक तो ठीक पर आप यह जो जाने-अनजाने लोगों से वार्तालाप में संलग्न होती हैं, इससे राणा-वंश का अपमान हो रहा है।"

"मैं किसी व्यक्ति से अनावश्यक बात नहीं करती।"

"और कल शाम ?"

"मुझे ज्ञात है वह एक षड्यन्त्र था।" मीरा ने आरम्भ किया, "फिर भी मुझे उसकी कोई चिन्ता नहीं। मेरा मन कलुष-रहित था। मैंने उससे श्रीकृष्ण की ही चर्चा की। उसके मन में क्या था, उससे मुझे कोई सम्बन्ध नहीं।"

"उसके मन में क्या था, यह आपको पूरी तरह ज्ञात था। इसीलिए आप···!"

"आप अपनी जिह्वा को नियंत्रण दीजिए सूरजमलजी !" मीरा के स्वर पर नहीं चाहते हुए भी क्रोध चढ़ा।

"नहीं तो ?" सूरजमल भी क्रोध में बोला।

"नहीं तो, आपके सदृश कृतघ्न व्यक्ति से क्या कहा जा सकता है ? अभी कल होकर ही इसी कृष्ण-भक्ति के फलस्वरूप आपके प्राण बचे हैं। मेवाड़ अथवा चित्तौड़ का जो होता वह तो होता ही आपके प्राणों के संकट को कोई नहीं टाल सकता था। आज आप उसी कृष्ण-भक्ति के पीछे हाथ धोकर पड़े हैं। क्या आश्चर्य कि इस षड्यन्त्र के मूल में भी आप ही हो।"

विक्रमाजीत को सन्तोष हुआ कि मीरा को उसके ऊपर संदेह नहीं था। वह मन-ही-मन जो योजना बना रहा था उसे कार्य-रूप देने में विशेष कठिनाई नहीं हो सकती थी।

"आप मुझ पर मिथ्या लांछन लगा रही हैं, यह मत भूलिए कि इसका परिणाम बुरा हो सकता है।" सूरजमल बोला। उसे इस बात का गर्व तो था ही कि मेवाड़ का साम्राज्य विक्रमाजीत को अप्रत्याशित रूप से उपलब्ध कराने में उसका ही एकमात्र हाथ था, अतः वह अहंकार में अपनी वास्तविक स्थिति को भी भूल गया था।

"परिणाम चाहे भला हो या बुरा," मीरा ने कहा, "पर सूरजमलजी आप भी एक बात भूल रहे हैं ?"

सूरजमल ऐसी बातों को सुनने को आदी नहीं था वह क्रोधाभिभूत हो बोला—"क्या ?"

"भाभी, आप इनको छोड़िए," विक्रमाजीत ने मुंह खोला, "निर्णय मेरे और माताजी के हाथ में है। मैं मामा साहब से आग्रह करूंगा कि वे थोड़ी देर चुप रहें। हम आपको अपने कार्यक्रम से विमुख करने आये थे, पर आपने जो इस भक्ति के माध्यम से पूरे साम्राज्य को बचा लिया वह हम भूल ही गये थे। हम सभी आपके कृतज्ञ हैं। अपितु मैं तो समझता हूं कि हमारा शैव मत व्यर्थ ही है। जब पूरे साम्राज्य में विद्रोहाग्नि भड़क रही थी तो कहां था हमारे पशुपति का त्रिशूल ? कहां थी उनकी अहैतुकी कृपा ? अब तो मैंने एक बात का निर्णय कर लिया है। मैं भी कृष्ण-भक्ति के मार्ग में दीक्षित होऊंगा। अगर आप मुझे, मेरे अपराधों को क्षमा कर दें तो मैं आप ही से यह दीक्षा प्राप्त कर लूं।"

मीरा को आश्चर्य हुआ। यह सचमुच कोई नया षड्यन्त्र कर रहा है या सचमुच उसका हृदय-परिवर्तन हो रहा है। आश्चर्य, सूरजमल और कर्मवती को

भी हो रहा था पर उन्होंने अभी मौन रखना ही उचित समझा।

"कृष्ण-भक्ति में किसी को दीक्षित करने की आवश्यकता नहीं कम-से-कम मैंने किसी से दीक्षा नहीं ली थी।"

"तो मैं स्वयं आपके मुरलीमनोहर के आकार की एक मूर्ति अपने कक्ष में स्थापित करूंगा। उसकी स्थापना से सम्बन्धित उत्सव में तो भाग लेंगी?"

मीरा धर्म-संकट में पड़ गयी। यह सब क्यों और कैसे हो रहा है? विक्रमाजीत की प्रवृत्ति अगर सचमुच कृष्ण-भक्ति के प्रति बढ़ रही है तो उसे रोकना अपने श्रीकृष्ण के साथ ही अन्याय होगा। पर विक्रमाजीत के सदृश विलासी और पातकी को कृष्ण-भक्ति की अनुमति दी जा सकती है क्या? पर वह अनुमति देनेवाली कौन होती है? अगर वह स्वयं श्रीकृष्ण की ओर उन्मुख होता है तो वह उसके मार्ग में बाधा कैसे बन सकती है? फिर भी उसने अपनी ओर से स्पष्ट कर देना चाहा—"विलासिता और श्रीकृष्ण भक्ति दोनों साथ नहीं चल सकती हैं।"

कर्मवती और सूरजमल दोनों सकते में आ गए। क्रोधी विक्रमाजीत सबके समक्ष लगाए गए लांछन को सहन करेगा क्या।

पर सबको आश्चर्यचकित करते हुए विक्रम ने कहा—"आपका श्रीकृष्ण तो वहुत उदार और प्रेम का भूखा है। अगर मैं पातकी भी होऊं तो क्या वह मेरे अपराधों को क्षमाकर मुझे अपनी शरण में नहीं ले सकता?"

"इसका क्या प्रमाण है कि आप अपने पिछले जीवन के कृत्यों की पुनरावृत्ति नहीं कीजिएगा?" मीरा ने पूछा।

"ऐसा विश्वास आपको नहीं दिया जा सकता।" सूरजमल बीच में टपका, उसे लगा उसके सारे किये-कराये पर पानी फिरने जा रहा है। अगर विक्रम भोग-विलास से विमुख हो गया तो साम्राज्य प्राप्त करने से लाभ? आखिर विक्रम के वहाने उसकी अपनी भी कुत्सित कामनाओं की पूर्ति हो रही थी कि नहीं?

"आप कृपया शान्त रहिए मामा साहब? यह मेरे और भाभी के मध्य का मामला है" और वह मीरा को सम्बोधित कर बोला, "आप क्या प्रमाण चाहती हैं?"

"आप जो कहें।"

"आप ही बतलाइए। मेरी समझ में कुछ नहीं आ रहा।"

"आपको मुरलीमनोहर के चरणों की सौगंध खानी पड़ेगी।"

"मैं मुरलीमनोहर तो मुरलीमनोहर आपके चरणों की भी शपथ खाने को प्रस्तुत हूं।" ऐसा कहकर विक्रम ने मीरा के पैरों की ओर अपने हाथ बढ़ाए।

"आप मेरे पैरों को स्पर्श नहीं कर सकते।" इतना कहकर मीरा ने अपने पैरों को तत्काल खींच लिया।

"इसका मतलब आपने मुझे क्षमा नहीं किया?" विक्रमाजीत लज्जित होकर बोला।

"मैं क्षमा करने वाली और नहीं करने वाली कौन होती हूं? जो करना है वह मुरलीमनोहर ही करेंगे। आपका व्यवहार ही आपको सबसे क्षमा-दान प्रदान करा देगा।"

"तो मैं यह मान लूं कि आप मेरे कक्ष में मुरलीमनोहर की मूर्ति की स्थापना

के समय अपनी उपस्थिति से मुझे कृतार्थ करेंगी ?"

"और अगर लोग रहेंगे तो मैं भी रहूंगी।"

"तो आप अपने चरणों का स्पर्श मुझे करने दें।" विक्रम ने विनती की।

"नहीं, यह नहीं होगा। आप की क्या ? मैंने निर्णय लिया है कि कोई भी कभी भी मेरे चरणों का स्पर्श नहीं करेगा।"

इसी समय ललिता हाथ में पूजा का थाल लेकर पहुंची।

"तो कम-से-कम यह कह दें कि आपने मुझे क्षमा किया।"

मीरा थोड़ी देर मौन रही, पुनः बोली, "आप श्रीकृष्ण के पाद-पद्मों की सौगंध खाते हैं तो मैं आपको क्या कह सकती हूं ?"

"तो श्रीकृष्ण के पैरों के स्पर्श की अनुमति है ?" विक्रम मुरलीमनोहर की मूर्ति की ओर बढ़ते हुए बोला।

"अवश्य, वे सबके हैं।"

विक्रम ने मुरलीमनोहर के चरणों का स्पर्श करते हुए कहा, "मैं अपने अब तक के अपराधों के लिए क्षमा मांगता हूं। ऐसे मैं आपको आदेश देने वाला कौन हूं पर आप अपने रूप में श्रीकृष्ण-पूजन को स्वतंत्र हैं। आप चाहे जिस व्यक्ति या साधु-संत से श्रीकृष्ण-चर्चा कर सकती हैं।"

"पूजा में विलम्ब हो रही है।" विस्मित ललिता ने कहा, उसकी समझ में नहीं आ रहा था कि यह सब क्या हो रहा है।

"चलो।" मीरा ने कहा और अपने करताल ले उठ खड़ी हुई - और लोगों ने कर्मवती के कक्ष की ओर प्रथान किया :

"यह क्या किया मीरा तुमने ? इस घोर पातकी को क्षमा कर दिया ?" सीढ़ियां उतरते ललिता ने विस्मय-विमुग्ध हो पूछा।

"क्षमा भी एक गुण है। यह कैसे भूलती हो ? सब क्षमा भी नहीं कर सकते।" मीरा बोली।

"तो अब तुम अपने गुणों का प्रदर्शन करने लगी हो ? यह विशेषता तुम में कब से आई ?"

"यह बात नहीं है पगली," मीरा ने कहा, "विक्रम ने श्रीकृष्ण के पैरों को स्पर्श कर सौगंध खाई है कि अब से वह कोई गलत काम नहीं करेगा। एक अवसर तो महा से महा पातकी को भी देना चाहिए। उसके ऊपर से वह अपने कक्ष में मुरलीमनोहर की एक मूर्ति भी स्थापित करने जा रहा है। उस उत्सव में तुम्हें भी जाना होगा।"

"तुम्हीं जाना। मैं उस घोर पातकी की छाया से भी दूर रहना चाहती हूं।"

"तो तुम्हारे मन में घृणा है ?"

"है।"

"मैंने पहले ही कहा यह भी एक दोष है।" मीरा बोली।

"हुआ करे। पर विक्रम से घृणा के अतिरिक्त कुछ नहीं किया जा सकता।"

"खैर, तुम्हें स्थापना-दिवस को तो उसके यहां चलना ही पड़ेगा। महल के और लोग भी रहेंगे।" मीरा ने कहा और इतनी देर में श्रीकृष्ण-मंडप आ गया।

एक सौ चौदह

किसी ने पलाश के पूर्ण विकसित रक्ताभ पुष्प को देखा है ? अथवा प्रचंड ग्रीष्म के नवोदित सूर्यबिम्ब को ? या कि रक्त-कमल के पूर्णतया उत्फुल्ल रूप को ? अथवा दहकते, स्फुलिंग-घिरे काष्ठ-खंड को ? या कि अग्नि में पूर्ण दीप्त हो आये लौह खंड को ?

कुछ ऐसा ही चेहरा हो आया था क्रोधाभिभूत सूरजमल का जब उसने कर्मवती के कक्ष में प्रवेश किया।

"तुमने सब किये-कराये पर पानी फेर दिया विक्रम !" सूरजमल क्रोध-पूर्ण मुद्रा में बोला, "क्या यही सब करने हम मीरा के कक्ष में गए थे।"

विक्रम मुसकराया। वह कुछ नहीं बोला।

कर्मवती भी मौन। वह विक्रम की नीति को बहुत कुछ समझ चुकी थी।

"तुम्हें अकस्मात् शैव से वैष्णव बन जाने के लिए किसने कहा ?" सूरजमल अपने क्रोध में बोलता जा रहा था, "मेवाड़ की सारी प्रजा शैव है। वैष्णव सम्राट को सहन करेगी ?"

"प्रजा के लिए अब शैव और वैष्णव में अत्यधिक अन्तर नहीं रहा। मीरा की कृष्ण-भक्ति ने इस अनावश्यक भेद को मिटा दिया है। क्यों भूलते हो कि अन्तत: श्रीकृष्ण-भक्ति ही इस साम्राज्य रूपी जल-पोत को सागर में निमग्न होने से बचाने में सफल हुई ? फिर महल की बात महल के अन्दर ही नहीं रही तो इस अभेद्य चित्तौड़-किले का महत्व ही क्या ? मेरे वैष्णव होने की बात प्रजा तक पहुचनी ही कहां है ?"

विक्रमाजीत के तर्क से सूरजमल अप्रभावित ही रहा। वह उसी रौ में बोला, "इससे तो अच्छा था कि हम मीरा का अस्तित्व ही मिटा देते। तुमसे नहीं होता तो बोलो तलवार के एक ही वार में, मैं उसके सिर को धड़ से पृथक् कर देता हूं।"

"यह आसान है। मुझे भी यह करना आता है, पर उसके परिणाम भी स्पष्ट हैं। प्रजा के विद्रोह को इस बार तुम नहीं नियंत्रित कर पाओगे। राज-शक्ति के प्रभाव को भी देख चुके हो। लोक-शक्ति के समक्ष वह कुछ नहीं है। उस बार मीरा ने रक्षा कर ली। इस बार वही नहीं रही तो कौन प्रजा की क्रोधाग्नि से हमारी रक्षा करेगा ?"

"पर यह सब उत्पात तो मीरा को लेकर ही है ? उसी ने तो प्रजा पर यह जादू डाला है ? वह जब तक रहेगी प्रजा के भय से तुम ऐसे ही प्रकम्पित रहोगे।" सूरजमल का क्रोध नियंत्रण में नहीं आ रहा था।

कर्मवती दोनों की बातों को सुनकर भी किसी के पक्ष में कुछ नहीं बोल रही थी।

"तुम समझते हो कि प्रजा में उसकी लोकप्रियता से मैं कम चिन्तित हूं ?" विक्रम ने सूरजमल को सम्बोधित किया।

"प्रतीत तो ऐसा ही होता है। अब तो तुम अपनी भाभी से क्षमा-याचना भी कर बैठे। भले उसने तुम्हें क्षमा करने की उदारता नहीं दिखाई हो। वह तो

तुम्हें इतना अधम मानती है कि तुम्हें अपने पैरों का स्पर्श भी नहीं करने देती।"

"अधम तो हम हैं ही।" विक्रम ने स्पष्ट कहा। सूरजमल और कर्मवती दोनों उसका तात्पर्य समझ गए। वे चुप रहे।

पर सूरजमल कब तक चुप रह सकता था। अन्ततः विक्रमाजीत को सिंहासनारूढ़ करने का श्रेय तो उसी को था? ऊपर से वह राजमाता का विश्वासपात्र भाई भी। उसे अपने महत्व का पता था।

"तो तुम्हें अकस्मात् अपने कक्ष में मुरलीमनोहर की मूर्ति स्थापित करने की बात क्यों सूझी?"

"यह राजनीति है। तुम नहीं समझोगे। वह शिकार का खेल नहीं है।" विक्रम ने सूरजमल को भी अपनी सीमा के अन्तर्गत रखना चाहा। यह अप्रत्यक्षतः स्पष्ट कर देना था कि रत्न सिंह के रक्त से उसके हाथ अब भी रंजित हैं।

इसका प्रभाव भी तत्काल पड़ा।

सूरजमल बोला, "भई मुझे इससे क्या लेना-देना कि तुम अपने कक्ष में मुरलीमनोहर की मूर्ति बैठाते हो या गणपति की? पर उसके पीछे जिस राजनीति की बात तुम करते हो क्या उसे जानने का मुझे और राजमाता को अधिकार नहीं है?"

"अवश्य है।" विक्रम ने कहा।

"तब?"

"तब इतना ही ज्ञात कर लो कि तुम्हारा और मेरा अपितु हम तीनों का लक्ष्य एक ही है।"

"क्या?"

"अब यह भी बताना पड़ेगा? अभी तुम मीरा के शिरोच्छेद की बात कर रहे थे कि नहीं अर्थात् मीरा को मार्ग से हटाने की?"

"हां" सूरजमल ने स्वीकारा।

"तो मैं भी यही चाहता हूं। पहले ही कहा मुझसे अधिक किसको भय है मीरा से?"

"तो इस मध्य मुरलीमनोहर कहां से आते हैं?"

"यही तो राजनीति है। तुम्हारे बताये मार्ग से मीरा से पींड छुड़ाई तो घोर संकट मोल लेना होगा। मैं अपने रूप में चला तो सब ठीक रहेगा।"

"फिर भी मुरलीमनोहर की बात मेरे मस्तिष्क में नहीं आ रही।" सूरजमल झुंझलाते हुए बोला।

"मैं समझा देता हूं। हम यहां तीन ही आदमी हैं, अतः बात के फैलने की भी सम्भावना नहीं। मैं मीरा का विश्वास जीतना चाहता हूं और फिर वही काम करना चाहता हूं पर दूसरे रूप में।"

"समझ गया।" सूरजमल बोला।

"तुम सबको धोखे में रखकर विशेषकर मीरा को, उसे मार्ग से अलग करना चाहते हो।"

"हां और, और बात महल के बाहर भले नहीं जाय। इस बात को तो प्रचारित होना ही है कि हमने मीरा को पूरी तरह अपना लिया है और हमें उसकी किसी बात से कोई चिढ़ नहीं कि सम्राट् विक्रमाजीत अपनी भाभी की देवी की

तरंह पूजा करता है और उन दोनों के मध्य की कटुता कभी की समाप्त हो गई।"

"तब एक काम और करो।" सूरजमल ने कहा।

"क्या?"

"उसे साधु-संग की भी पूरी छूट दे दो। उससे भी वही होगा जो तुम चाहते हो।"

"अर्थात्?"

"अर्थात्, यह कि मीरा का विश्वास तुम पर और शीघ्र जम आयेगा। उस दिन जो घटना घटी उसका कलुष भी उसके मन से निकल जायेगा।" सूरजमल ने स्पष्ट किया।

"यह कैसे होगा? यह तो मीरा के ही ऊपर है कि वह किससे सत्संग करती है किसमे नहीं। मैंने तो अपनी ओर से छूट दे ही रखी है।"

"तुम कुछ और आगे बढ़ सकते हो।"

"कैसे?"

"एक-दो साधु समागम ही करा दो। मीरा को उसमें भाग लेने का अवसर दो, वह तुम पर आंखें मूंदकर विश्वास करना आरम्भ करेगी।"

"यह बात तो अत्यन्त स्वागत-योग्य है।" विक्रमाजीत प्रसन्न होकर बोला।

"स्वागत योग्य तो है ही, तुम मेरी बुद्धि को कुंद समझते हो? जब तक किसी के लिए कुछ त्याग नहीं करो वह तुम्हारा होता कहां है? केवल मुरली मनोहर की मूर्ति अपने कक्ष में बैठाकर मीरा का पूर्ण विश्वास तुम विजित कर लोगे ऐसा समझने का भ्रम नहीं पालना।"

"खैर, तुम्हारे साधु-समागम की बात उचित है पर मुरलीमनोहर को स्थापित करने का भी अपना महत्व है। उसे तुम अभी नहीं समझोगे। अन्ततः कार्य सधेगा तो मेरी इसी चाल से। यह राजनीति की शतरंजी चाल है। यह मेरे रक्त में ही है। यहां तुम्हारा वश नहीं चल सकता। पर जो कार्य तुमने सुझाया है, उसे भी शीघ्र कर डालो।"

"क्या?"

"वही साधु-समागम।"

"यह भार मुझ पर क्यों डालते हो? राज-कोष की चाबी तुम्हारे पास है?" सूरजमल मन-ही-मन कुछ तय कर बोला।

"यह इसलिए कि ऐसे कार्यों के लिए मेरे पास समय नहीं है। जहां तक राजकोष का प्रश्न है उसे अपना ही समझो। जितने व्यय की आवश्यकता हो मुझसे ले लेना।"

"इधर कुछ वल्लभ सम्प्रदायी साधु हैं जो स्पष्टतः कृष्ण-भक्त हैं, कुछ कबीर-पंथी भी हैं। एक अपेक्षाकृत युवा साधु गोस्वामी तुलसीदास भी अवध में उभरा है। राम-भक्त है। उसके भी कुछ अनुयायी इधर हैं। इन सबों को निमंत्रित करना होगा। शैवों को तो बुलाना ही बुलाना है। शाक्त सम्प्रदाय को भी नहीं छोड़ना है।"

"अर्थात् तुम सर्वधर्म सम्मेलन करने जा रहे हो?" विक्रमाजीत ने मुसकराकर कहा, "अच्छा है उससे साम्प्रदायिक भेद-भाव भी दूर होगा। मीरा का महत्व भी

बढ़ेगा। वह मुझ पर और विश्वास करना आरम्भ करेगी।"

"इसीलिए तो मैंने यह योजना बनाई है पर यह व्यय-साध्य होगी। इतने साधु संतों के लिए अलग-अलग आवास-शिविरों की व्यवस्था फिर उनके खान-पान का प्रबन्ध। ऊपर से दान-दक्षिणा। विदा के समय नूतन वस्त्र।"

"ठीक है। ठीक है। इतने विस्तार से मुझे बताने की आवश्यकता नहीं। मुझे तो अपने काम में लगने दो। अभी हमें जयपुर से मुरलीमनोहर का संगमर्मरी विग्रह मंगाना है फिर उसकी स्थापना के लिए शुभ घड़ी निकलवानी है। पुनः विधिवत आयोजन करना है। तुम केवल बता दो प्रथम साधु-समागम में कितना व्यय पड़ेगा ? दूसरे का अवसर ही नहीं आये यदि तब तक मुरलीमनोहर की कृपा हो गई।"

"पचास सहस्र स्वर्ण-मुद्राएं तो लग ही जायेंगी।"

"पचास सहस्र !" विक्रमाजीत ने एक क्षण को आश्चर्य किया, फिर बोला "कोई बात नहीं, यह लो मेरा आदेश और राजकोष से साठ सहस्र स्वर्ण-मुद्राएं ले लो।"

सूरजमल ने प्रसन्नतापूर्वक राज-मुद्रा युक्त आदेश लिया और बढ़ चला कोषपाल की ओर।

कर्मवती मन-ही-मन गद्‌गद्‌ हुई।

एक सौ पन्द्रह

विक्रमजीत के कक्ष में मुरलीमनोहर के एक सर्वांग सुन्दर विग्रह की स्थापना हो गई। विक्रम ने विशेष अनुग्रह कर मीरा से ही मूर्ति-स्थापना कराई।

"मुझे किसी पंडे-पुरोहित की आवश्यकता नहीं, न ही यह मंदिर की मूर्ति है कि इसमें प्राण-प्रतिष्ठा ही करानी है। भाभी सच्ची श्रीकृष्ण-भक्ता हैं, इनके पुनीत करों का स्पर्श पा ही मूर्ति स्वयं प्राणवन्त हो आयेगी।" विक्रम ने कहा और उसके विशेष आग्रह पर भी जब मीरा अपने स्थान से टस से मस नहीं हुई तो उसकी ननद ऊदा बाई आगे आई, "भाभी भइया का मन रख दो ना। बस जरा-सा मूर्ति को स्पर्श कर देने की तो बात है, उनका मन टूटने से रह जायेगा। श्रीकृष्ण का तो इतना मन रखती हो।"

पिताम्बरधारिणी मीरा ने ननद के शब्दों में निहित द्वयर्थक अर्थ को समझा और उसने विक्रमाजीत के कक्ष के मुरलीमनोहर के चरणों का स्पर्श कर दिया।

सब लोगों ने हर्ष से भरकर करतल-ध्वनि की। इस समय वहां महल के प्रायः सभी महत्त्वपूर्ण लोग उपस्थित थे—राजमाता कर्मवती, उदयसिंह, सूरजमल, धनबाई। पर सबसे अधिक आश्चर्य की बात थी कि इस समारोह में एक ऐसा व्यक्ति भी उपस्थित था जिसका महत्त्व राजदरबार में भले हो, राजपरिवार से उसकी घनिष्ठता अब तक नहीं देखी गई थी। यह था विक्रमाजीत का दीवान महाजन बीजावर्गी। उसकी उपस्थिति की ओर ललिता का ध्यान विशेष रूप से

गया। उसने मन-ही-मन सोचा, इस पारिवारिक समारोह में दीवान की क्या आवश्यकता है।

मूर्ति-स्थापना और पूजन के पश्चात मुरलीमनोहर के पैरों के पास स्वर्ण पात्र में रखे चरणामृत को विक्रम ने स्वयं वितरित करना आरम्भ किया।

सर्वप्रथम वह मीरा के पास ही गया। मीरा ने दोनों हाथ जोड़कर पात्र को नमस्कार किया और कहा—"हो गया। मैं तृप्त हो गई। अब दूसरों को दीजिए।"

विक्रमाजीत ने अत्यन्त विनम्र शब्दों में कहा, "आप चरणामृत तो ग्रहण करें। मेरे हाथ चाहे जितने अपात्र हों पर इस पात्र को मुरलीमनोहर के चरणों का स्पर्श मिल चुका है, इसमें निहित अमृत को आप कैसे अस्वीकार कर सकती हैं?" मीरा चुप रही। स्पष्ट था कि विक्रम के उस अप्रत्याशित व्यवहार का कांटा उसके मन से अब तक नहीं निकल सका था अपितु उस कक्ष में आकर वह दुःस्वप्न पुनः साकार हो आया था। मीरा को असमंजस में खड़े देख और लोगों को भी आश्चर्य हुआ। विक्रमाजीत की तो स्थिति और भी दयनीय हो आई।

इस परिस्थिति में ऊदा पुनः अपने भाई की सहायता में आगे बढ़ी—"ऐसा भी क्या रूठना भाभी? तुम तो श्रीकृष्ण-दीवानी। श्रीकृष्ण के चरणामृत से यह कैसा विराग? अगर भइया के हाथों लेने में आपत्ति हो तो लो मैं अपने हाथों से देती हूं।" ऐसा कहकर ऊदा बाई ने चरणामृत-पात्र की ओर हाथ बढ़ाया।

"नहीं, नहीं," मीरा को अपनी भूल का अनुमान हुआ। "भगवान के चरणामृत में क्या दोष? वह तो महापातकी के हाथों में भी जाकर शुद्ध हो जाता है, मैं आपके भाई के हाथों से ही प्रसाद ले लेती हूं।" इतना कहकर मीराबाई ने अपने दोनों हाथ फैला दिए।

विक्रमाजीत ने एक छोटे स्वर्ण-पात्र से मीरा के हाथ पर चरणामृत रख दिया। उसके पश्चात उसने अन्य लोगों को भी उसे दिया। सभी ने वहीं पर चरणामृत का पान कर लिया। सबसे अन्त में ललिता की बारी आयी और उसके पूर्व दीवान महाजन बीजावर्गी की।

समारोह समाप्ति के पूर्व विक्रम ने हाथ जोड़कर मीरा से अनुरोध किया—"भाभी समारोह अधूरा ही रह गया।"

"क्यों?" मीरा ने पूछा।

"इसकी पूर्णाहुति अगर आपके मधुर कंठ के एक पद-गायन से नहीं हो तो वह अधूरा रहेगा ही।"

"मैं अभी पद-गायन की मुद्रा में नहीं।" मीरा ने स्पष्ट अस्वीकार किया।

"इसमें आपत्ति ही क्या है? आप तो इतने लोगों के समक्ष गाती-बजाती हैं। यह तो घर का मामला है।" दीवान बीजावर्गी के मुंह से अचानक निकल गया।

अपने को मन-ही-मन क्रोध से ऊपर माननेवाली मीरा के मुंह से भी निकल गया—"व्यर्थ अपना परामर्श देनेवाले यह कौन सज्जन हैं? परिवार के तो लगते नहीं। मैं बाहर वालों के सामने गाती-बजाती हूं तो आप बाहर में ही सुन लेंगे। यहां से कम-से-कम निकलिए। अभी और इसी समय।"

सारे कक्ष में एक मौन पसर गया। जाननेवाले पहचानते थे कि दीवान कितना स्वाभिमानी व्यक्ति है। मीरा के इस कथन का उस पर क्या प्रभाव पड़ेगा यही

सोचकर अधिकांश चिन्तित हुए।

विक्रमाजीत मन-ही-मन प्रसन्न हुआ। बड़ी देर तक एक मौन वहां पसरा रहा। अन्ततः उस मौन को पुनः ऊदा बाई ने ही तोड़ा—"भाभी एक पद गा ही दीजिए न। भूल जाइए कि यहां कोई अन्य व्यक्ति भी है।"

"कैसे भूल जाऊं?" मीरा ने उसी मुद्रा में कहा, "इस व्यक्ति को यह भी तमीज नहीं कि राजपरिवार के लोगों से कैसे बोला जाता है। इनको अभी बाहर करो अथवा मैं बाहर जाती हूं।"

"मैं इस राज्य का दीवान हूं महाजन बीजावर्गी।" दीवान का मुंह भी अपमान से लाल हो आया।

"आप दीवान हों अथवा सेनाध्यक्ष, आपको इस पारिवारिक समारोह में नहीं आना था। आपको अब भी अपने मान की चिन्ता हो तो अभी यहां से बाहर जाइए।"

कोई कुछ नहीं बोला।

विक्रमाजीत मन-ही-मन प्रसन्न होता रहा।

दीवान ने एक बार मीरा के चेहरे की तरफ लाल आंखों से देखा और कक्ष के बाहर निकलते हुए कहा—"ठीक है मैं जाता हूं।" आगे की बात उसने नहीं कही, पर वह स्पष्ट थी, 'परिणाम अच्छा नहीं होगा।'

उसके पश्चात किसी ने पद-गायन का प्रस्ताव नहीं रखा।

लगा विक्रमाजीत को भी पद-गायन में कोई रुचि नहीं थी। वह प्रसन्न था। शायद जो वह चाहता था वही हो गया था।

समारोह यहीं समाप्त हो गया। सब लोगों ने अपने-अपने कक्षों की ओर प्रस्थान किया।

मीरा और ललिता साथ-साथ मीरा के कक्ष में आईं।

"मीरा, तुमने यह क्या किया?"

"क्या?" मीरा सामान्य होकर बोली।

"तुम तो कहती हो, क्रोध, घृणा, वैमनस्य, ईर्ष्या, लोभ ये सब नरक के द्वार हैं फिर तुम ही कैसे क्रोध की शिकार हो गईं?"

"मैंने अन्दर से थोड़े ही क्रोध किया था? वह तो कृत्रिम क्रोध था जो आवश्यक था। महल के लोग तो मेरा अपमान करते ही हैं, अब क्या बाहर के लोग भी ऐसी धृष्टता करेंगे? सर्प काटने से गया तो फुफकारने से भी रहा?"

"पर यह दीवान बहुत दुष्ट प्रकृति का है। पता नहीं यह कौन संकट खड़ा करे। इस अपमान के गरल को वह यों ही नहीं पी जाएगा। वह नीलकंठ नहीं है।"

"जो करना हो करे। जिसका रक्षक मुरलीधर है उसका कोई क्या कर सकता है?"

इसी समय ऊदा बाई ने कमरे में प्रवेश किया।

"आओ ननद जी बैठो। तुम तो मेरे कक्ष का मार्ग ही भूल गई हो।"

"तुम दोनों ननद-भाभी बातें करो मैं सायं-पूजा का प्रबंध करूं।" यह कहकर ललिता कक्ष के बाहर चली गयी।

"बोलो तुम्हारा श्रीकृष्ण से कैसा चल रहा है?" ऊदा बाई ने मूल प्रश्न को उपेक्षित कर अपना ही प्रश्न खड़ा कर दिया।

"कैसा कहने का अर्थ क्या है?" मीरा ने ऊदा बाई के स्वर पर चढ़े व्यंग्य को पकड़ते हुए कहा।

"भई, मैं तुम्हारी ननद हूं न?"

"इसमें भी कोई शंका है?" मीरा के मुख पर एक अर्थहीन मुसकराहट खेली।

"तब तो मेरा जन्मजात अधिकार है?"

"अवश्य।"

"इसीलिए तो पूछा श्रीकृष्ण से तुम्हारा कैसा चल रहा। भई तुमने तो उसे अपना पति मान रखा है। तो पति-पत्नी के मध्य तो ठनता ही रहता है।" ऊदा पहले मीरा के पक्ष में ही थी। कम-से-कम रत्न सिंह के समय तक पर महल की परिस्थिति को उसके प्रतिकूल होते ही उसने भी हवा की दिशा में अपना पतवार मोड़ लिया था।

"ऊदा एक बात बोलोगी?" मीरा ने इस अनर्गल प्रश्न को टाल दिया।

"क्या?"

"तुम्हारे भाई सा' में यह आकस्मिक परिवर्तन कैसे हुआ?"

"कौन-सा?"

"वे सहसा रातों-रात कृष्ण-भक्त कैसे बन आये?"

"यह तो आरसी की तरह स्पष्ट है।" ऊदा ने मुसकाते हुए कहा।

"कैसे?"

"एक भाभी का अपने देवर पर प्रभाव पड़ा और क्या?" ऊदा रटी-रटाई बात बोल गई। वह स्वयं मीरा के कक्ष में आई नहीं थी। विक्रमाजीत द्वारा ही भेजी गई थी।

"यह प्रभाव पहले क्यों नहीं पड़ा?"

"श्रीकृष्ण का प्रभाव अब जो लोगों को ज्ञात हुआ है? तुम नहीं रहतीं तो मेवाड़ का यह साम्राज्य रत्न सिंह की मृत्यु की आंधी में छिन्न-भिन्न हो जानेवाला था।"

मीरा के पास इसका कोई उत्तर नहीं था।

एक सौ सोलह

स्वाभिमान का सर्प बड़ा विषैला होता है। जब तक उस पर चोट नहीं करो वह आपका कुछ नहीं बिगाड़ता पर जहां किसी के आत्माभिमान रूपी भुजंग पर गलती से भी आपका पैर पड़ गया तो वह पलटकर ऐसा डंसता है कि नहीं पूछिए।

दीवान महाजन बीजावर्गी एक तो पूर्व से ही अहंकार-ग्रस्त था ऊपर से जब मीरा ने उसके स्वाभिमान को पैरों की ठोकर दे दी तो उसका अहंकार-रूपी नाग फुफकारकर फन फैला उठा।

वह दौड़ा-दौड़ा विक्रमाजीत के कक्ष में गया—"महाराज क्या यही दिन दिखाने के लिए आपने मुझे इस समारोह में आमंत्रित किया था ? मुझे महल के पारिवारिक उत्सवों-महोत्सवों से क्या लेना-देना ? मैं अपने राजकीय कार्यों से भी कहीं अवकाश पाता हूं ? मीरा द्वारा किया गया यह अपमान मैं आजीवन विस्मृत नहीं कर सकता । आप मुझे दरबार की चाकरी से छुट्टी दे दें, मैं अपने घर बैठकर भी खाने-पीने का प्रबन्ध कर सकता हूं ।"

विक्रमाजीत तो यही चाहता था । उसे तो करेले को नीम चढ़ाना था और वह चढ़ चुका था । अब उसके काम बनने में कोई कठिनाई नहीं थी ।

"बीजावर्गी !" विक्रमाजीत ने कहा, "मैं तो तुमसे पहले ही कहता आ रहा हूं कि तुम इस राज्य के शुभचिन्तक कर्मचारियों में हो, दीवान का पद साधारण नहीं होता, जरा तुम महल की निरन्तर बिगड़ती जाती राजनीति की ओर भी देखो पर तुम सुनते कहां थे ? अब जब अपने ऊपर पड़ा तो किस तरह रेत पर फेंकी मछली की तरह तड़प रहे हो ? तुम्हारा यही होना था । मीरा अपनी कृष्ण-भक्ति के अभिमान में बरसाती नदी की तरह मर्यादा के सारे कूल-किनारों तोड़ती जा रही है । अभी कुछ ही दिन पूर्व महल में कैसी घृणित घटना घटी, इससे तुम परिचित हो ही । अब उसने अपनी भक्ति के मद में राज-कर्मचारियों को भी अपमानित करना आरम्भ कर दिया है । कहां होगा इस दुःस्वप्न का अन्त ? इस अन्धी गली से आगे कोई मार्ग दृष्टिगोचर ही नहीं होता ।"

"अगर आप मुझे नौकरी से छुट्टी नहीं देते तो मीरा से निबटने का दायित्व मुझे दीजिए ।"

"निबटने का तात्पर्य ?" विक्रम ने दीवान को टटोला ।

"आपकी अनुमति और सहयोग से हम इस तथाकथित कृष्ण-भक्तिन से सदा के लिए मुक्त हो सकते हैं ।"

"अर्थात उसे समाप्त कर सकते हैं ?"

"हां," दीवान ने जोर देकर कहा, "मैं अपने अपमान का हलाहल पीकर शांत नहीं बैठने वाला ।"

"तुम्हारा कहना ठीक है । मीरा से सर्वदा के लिए ही मुक्ति उचित है पर मुझे जरा राजमाता और भाई सूरजमल को भी बुला लेने दो । उनके साथ मिलकर ही आगे की योजना बनाएंगे ।"

"महाराज, क्षमा करेंगे, राजनीति का तकादा है कि ऐसे षड्यंत्रों में कम-से-कम लोग ही सम्मिलित हों तो अच्छा ।"

"तुम तो अपनी दीवानगीरी में लगे रहे, तुम्हें महल की राजनीति का पता ही कितना है ? राजमाता कर्मवती और उनका सहोदर भाई सूरजमल तुमसे भी अधिक मीरा के प्राणों के दुश्मन हैं । हम चारों के अलावा यहां निर्णित पांचवें के कान में नहीं जायेगी ।"

"तब तो ठीक ।" दीवान बीजावर्गी ने हामी भरी ।

विक्रमाजीत ने दूर खड़ी एक परिचारिका को ताली बजाकर पास बुलाया, "राजमाता को जाकर मेरा नमस्कार बोलो और भाई सा' सूरजमल जी को पहचानती हो ?"

"महाराज !"

"तो उन्हें भी सूचित करो कि मैंने उन्हें स्मरण किया है।"

"जो आज्ञा।" कहकर परिचारिका चल पड़ी।

थोड़ी देर पश्चात ही राजमाता और सूरजमल जी साथ-साथ उपस्थित हुए। कक्ष के कपाट बन्द कर दिए गए।

"दीवान जी नौकरी छोड़कर जा रहे हैं।" विक्रमाजीत ने उद्घोषित किया।

"क्यों ?" राजमाता और सूरजमल ने साथ-साथ पूछा।

"इन्हीं से पूछिए।"

"क्यों दीवान साहब ? मेवाड़ से बढ़कर और कहां की दीवानगीरी है जो आपको खींच रही है ?" सूरजमल ने अपने ही रूप में पूछा।

"मुझे और कहीं का दीवान नहीं बनना। अपमान के पकवान्न से तो घर की सूखी रोटी अच्छी।"

"तो किसने किया अपमान आपका ? हम तो अपने दीवान को सिर-आंखों पर लिए चलते हैं।"

"हां, महाराणा संग्राम सिंह के समय से ही आप एक विश्वस्त और प्रधान अधिकारी हैं। विक्रमाजीत ने अभी नया-नया ही राजदंड संभाला है। ऐसी स्थिति में आप इस असहयोग पर क्यों उतर आये ?" राजमाता कर्मवती ने दीवान के अहंकार को और हवा दी।

विक्रम ने सोचा, इन दोनों को भी बुलाकर मैंने अच्छा ही किया। अब बीजावर्गी बात-की-बात में मार्ग पर आयेगा।

"अपमान सहन कर कोई सहयोग नहीं कर सकता।" दीवान बोला।

"वही तो हम पूछ रहे हैं, किसने किया आपका अपमान ?" राजमाता ने पूछा।

"आपको पता नहीं ? आप ही की आंखों के समक्ष सब कुछ घटा और आप पूछ रही हैं किसने किया मेरा अपमान ?" दीवान की आंखें छलछला आईं।

"घर में सर्प पालोगे तो उसके दंश से कब तक बचोगे ?" सूरजमल ने दीवान को भड़काया।

"यही तो मैं अब तक इनसे कहता आया हूं।" विक्रमाजीत ने तोल-तोलकर बातें आरम्भ कीं, "अब ये प्रस्तुत हुए हैं कि मीरा से सबके लिए त्राण पा ही लेना है।"

"कैसे ? मीरा को सहसा समाप्त कर देना तो बायें हाथ का खेल है, पर इस खतरा को तब तक मोल नहीं लिया जा सकता जब तक पानी पूरी तरह सिर के ऊपर नहीं चढ़ जाय।" राजमाता ने अनुभव की बात कही।

"उसे सहसा समाप्त करने का प्रश्न ही नहीं है।" विक्रम ने कहा।

"तब ?" राजमाता और सूरजमल एक साथ आश्चर्यचकित होकर बोले।

"अब शेष यही बतायेंगे। अब तक तो मैं इनको जो समझाता रहा वह तो अरण्य-रोदन ही सिद्ध हुआ। अब जब अपने पर पड़ा है तो भ्रम टूटा है। पहले तो अपनी सात्विकता और धर्मप्रियता के नाम पर पकड़ में भी नहीं आते थे। अब जब मीरा की तथाकथित धार्मिकता ने इनके सम्मान को ही देखते-देखते धूल-

धूसरित कर दिया तब बुद्धि ठिकाने आई।"

"क्या योजना है, आप ही बताइए दीवान साहब ?" राजमाता ने कहा।

"अगर यह भेद भेद ही रहे तो मैं उसे स्पष्ट करने को प्रस्तुत हूं।"

"हम तीनों संयुक्त और अभेद्य चट्टान हैं," सूरजमल ने कहा, "हमसे बड़ा शत्रु मीरा का और कोई हो नहीं सकता। विशेषकर सम्राट् विक्रम की तो आंखों की किरकिरी वह वर्षों से बनी है। आप हमारी ओर से निश्चिन्त रहिए। अपनी बात सोच लीजिए।"

"मुझे क्या पागल कुत्ते ने काटा है कि मैं अपना भेद स्वयं खोलता चलूंगा ?" दीवान बीजावर्गी बोला।

"तो फिर बताइए अपनी योजना।" राजमाता बोली।

बीजावर्गी कुछ देर चुप रहा। शायद उसकी धर्मभीरुता फिर उसके आड़े आ रही थी।

विक्रमाजीत ने देखा, बना-बनाया खेल बिगड़ने वाला है, अतः उन्होंने आरम्भ किया, "मुझे इस बात का बहुत दिनों से पता है कि बीजावर्गी के क्षेत्र में एक जहरीली बूटी होती है जिसे सब लोग नहीं पहचानते पर बीजावर्गी उसे जानते हैं। अगर उसकी थोड़ी-थोड़ी मात्रा पानी में मिलाकर किसी को दी जाए तो एक महीने के अन्तर्गत उसका अस्तित्व ही नहीं रहेगा। मैंने इनसे कई बार कहा कि उस जड़ी को लाएं पर यह तो ठहरे दीवान, सेनापति तो हैं नहीं, किसी की मृत्यु के नाम पर स्वयं ही मरने लगते हैं।

"मैंने अपने कक्ष में मुरलीमनोहर की मूर्ति भी इसी लक्ष्य को ध्यान में रखकर स्थापित कराई कि उसके चरणामृत के साथ नित्य इस विष को मीरा को दिया जायेगा और एक-डेढ़ महीने में वह इस तरह समाप्त हो जायेगी कि लोगों को लगेगा कि वह स्वाभाविक मृत्यु मरी है।

"यह तो संयोग है कि उसी दिन मीरा ने इनसे ऐसा व्यवहार किया कि ये अब मेरे अनुरोध को टाल नहीं सकते। मैंने सोचा था कि मूर्ति-स्थापना के पश्चात् किसी जड़ी-बूटी के पहचान-कर्त्ता से सम्पर्क साधूंगा पर उसमें भेद खुलने का भय था—अब तो दीवानजी स्वयं मीरा की प्रताडना के शिकार होकर आहत हो चुके तो हमारा कार्य सरल हो आया।"

"यह तो बड़ी अच्छी योजना है," सूरजमल ने हामी भरी, "क्या दीवान साहब अपना मन पक्का कर चुके अथवा अब भी इनकी धर्मभीरुता इन पर हावी है ? अरे दीवान साहब राजनीति और रण-नीति अपने आप में धर्म है। इनका कोई पृथक् धर्म नहीं होता। अगर अधर्म से भी बात बनती है तो राजनीतिज्ञों के लिए वही धर्म है। आप तो स्वयं इतने बड़े साम्राज्य के दीवान हैं। आपको मुझे कौन-सी राजनीति सीखानी है। मीरा, मेवाड़ के इस साम्राज्य रूपी उपवन की वह विषवेली है जिसे अगर शीघ्र नहीं समाप्त किया गया तो वह अमरलता की तरह उपवन के सारे वृक्षों पर ही फैलकर उन्हें अपनी चपेट में ले लेगी।"

"इस विष-वेल को विष से ही समाप्त किया जायेगा। मैं राजनीति का इतना कच्चा खेलाड़ी नहीं हूं विष को विष से काटना होता है—विषस्य विषम् ओषधम्।"

"तब आप उस 'जड़ी' को ला रहे हैं ?" विक्रम ने पूछा।

"अवश्य। आप मुझे आज-कल का अवकाश दें तो मैं कल संध्या तक उस 'जड़ी' को लेकर पहुंच जाऊंगा।"

"मैंने आपको दो दिनों के लिए राजकाज से मुक्ति दी।" विक्रम ने कहा।

"इस विष-युक्त चरणामृत को बनायेगा कौन ? मैं तो उसे मुरलीमनोहर के चरणों पर चढ़ा दूंगा। मेरे विचार से मामा साहब इसके लिए ठीक रहेंगे।" विक्रम ने यहां राजनीतिक सूझ-बूझ का अच्छा परिचय दिया। दीवान बीजावर्गी विष लाने के लिए चक्कर में फंस ही गया था, राजमाता से अपने ही पुत्र के विरुद्ध जाकर भेद खोलने का प्रश्न ही नहीं था, रह गए सूरजमल तो उनको भी पूरी तरह फंसा ही लेना था।

"मैं प्रस्तुत हूं।" सूरजमल ने कहा, "दीवान साहब मुझे मात्रा बता देंगे तो मैं चरणामृत बनाकर आपके कक्ष के पूजन-पात्रों के मध्य रख दिया करूंगा।"

"वह चरणामृत मीरा को देगा कौन ?" राजमाता ने पूछा, "मेरे हाथ से वह लेने सेरही।"

"आपको कष्ट करने की क्या आवश्यकता है ?" सूरजमल ने कहा, "भाई-साहब विक्रमाजीत तो नए-नए कृष्ण-भक्त बने ही हैं। भाभी से अपना सम्पर्क भी इन्होंने बहुत हद तक ठीक कर लिया है। बचा-खुचा अविश्वास मैं समाप्त करने जा रहा हूं साधु-समागम कर। उसके बाद तो वह भाई साहब पर पागल हो जायेगी और इनके हाथ का चरणामृत क्या साक्षात् विष भी लेने को प्रस्तुत हो जायेगी।"

"कब हो रहा है आपका साधु-सम्मेलन ?" विक्रम ने पूछा।

"अति शीघ्र। इधर साधुओं की क्या कमी है ? दीवानजी प्रस्थान करें 'जड़ी' लाने और मैं लगता हूं सम्मेलन के प्रबन्ध में। आप मेरे जिम्मे पर्याप्त कर्मचारी कर दें जिससे शिविर आदि लगाने का कार्य आरम्भ हो जाय। इसकी व्यवस्था देखने के लिए एक उच्च अधिकारी भी दे दें। उसे सब कुछ समझाकर मैं अपने अश्व पर सवार होकर चला साधुओं को निमंत्रित करने। दीवानजी के लौटने में दो दिन लगेंगे। उसके दो दिनों के पश्चात् ही मेरा भव्य समारोह भी हो जायेगा।"

"समारोह के पश्चात् ही विषमिश्रित चरणामृत देने का कार्य आरंभ करना ठीक होगा।" विक्रम ने कहा।

"यह तो करना ही होगा।" दीवान बीजावर्गी बोला, "पहले दो-चार दिन शुद्ध जल ही देना होगा जिससे कोई शंका नहीं पैदा हो फिर विष की हल्की मात्रा घोलनी होगी।"

"तो दीवान साहब आप आज ही प्रस्थान कर जायं अपनी यात्रा पर और मामा साहब आप भी प्रस्थान करें आज ही। राजकर्मचारी कम पड़ें तो बाहर के भी श्रमिक नियुक्त कर लें। समारोह खूब भव्य होना चाहिए कि मीरा गद्‌गद् हो जायं।"

"मेरे लिए कोई आदेश नहीं है मेवाड़-सम्राट का ?" राजमाता अपने पुत्र की और अपनी भी मनोकामना की पूर्ति का पूरा आयोजन देख परिहास में बोली।

"राजमाता का आशीर्वाद ही पर्याप्त होगा ?"

"किसी की मृत्यु के लिए भी आशीश !" नियति कहीं दूर से मुसकराई, "इसे तो श्राप कहना ही अधिक उपयुक्त होगा।"

"तो अब यह बैठक समाप्त हो।" विक्रम ने कहा।

"हां" दीवान बीजावर्गी बोला, "पर इस भेद को भेद ही···।"

"मेरे दीवान इतने भीरू होंगे इसका मुझे पता नहीं था ! आप बार-बार एक ही बात क्यों उठाते हैं ?" विक्रम ने थोड़ा झुंझलाकर कहा, "अब आपको किससे भय है ? हम सभी तो एक ही नौका में बैठे हैं। किसे पड़ी है उसमें छेदकर जल-समाधि लेने की ?"

"ठीक कह रहे हैं आप," दीवान ने कहा, "मैं तो चला आज ही अपने अभियान पर। इस षड्यंत्र का मुख्य सूत्रधार मैं ही हूं। भगवान एकलिंग मेरे अपराध को क्षमा करेंगे।"

"भगवान एकलिंग तो स्वयं विषपायी हैं," राजमाता ने कहा, "उन्हीं का प्रसाद तो आप मीरा को देने का प्रबन्ध कर रहे हैं ? चिन्ता मत कीजिए।"

"राजमाता आश्वस्त करती हैं तो साहस बढ़ रहा है वर्ना मैंने आज तक एक चींटी के भी प्राण नहीं लिए हैं।" दीवान का स्वर स्पष्टत: कांप रहा था।

"आप लौटकर आइए तो मैं आपको दीवान के बदले सेनापति बना देता हूं। बड़ा भय खाते हैं आप मरने-मारने से।" विक्रम ने मुसकराकर कहा।

"मरने नहीं केवल मारने से महाराज।" दीवान ने कहा, "पर मुझे सेनापति बनने का कोई शौक नहीं। मैं जहां हूं वहीं अच्छा।"

"कौन उसको सेनापति बनाएगा जिसने आजतक एक चींटी भी नहीं मारी," विक्रमाजीत ने मुसकराकर कहा, और जोड़ा "बैठक समाप्त हुई। अब आप लोग अपने-अपने कार्य में लगें।"

एक सौ सत्तरह

साधु-समागम बहुत सफल रहा। सूरजमल ने इसके लिए कुछ उठा नहीं रखा।

जैसाकि कार्यक्रम था सभी प्रकार के सम्प्रदायों के लिए पृथक्-पृथक् शिविर लगाए गए। सबके भोजन-पानी का भव्य प्रबन्ध हुआ।

श्रीकृष्ण-मंडप के सामने एक ऊंचा और ।वस्तृत मंच बनाया गया। उस पर चढ़ने के लिए सीढ़ियां बनीं।

पूर्वाह्न कोई एक प्रहर दिन चढ़ने के पश्चात् सम्मेलन आरम्भ हुआ तो संध्या तक चला।

मीरा और ललिता विभिन्न सम्प्रदायों के प्रमुख प्रतिनिधियों के साथ मंच के ऊपर आसीन हुईं। सभी सम्प्रदायों के लोग अपने-अपने मन्तव्य बारी-बारी से रखते गए। मीरा सब कुछ ध्यान से सुन रही थी।

विभिन्न सम्प्रदायों में स्पष्ट मतभेद होने से उसे चिन्ता हुई। इस तरह तो

लोगों में विघटनकारी शक्तियां प्रमुखता पायेंगी। उधर विदेशी आक्रान्ता पूरे राष्ट्र को, किसी विशालकाय अजगर की तरह निगलने को प्रस्तुत है और इधर धर्म और सम्प्रदाय के नाम पर आपस में ही मर मिटने को प्रस्तुत हैं। इस राष्ट्र को सुदृढ़ रखना है, कम-से-कम विदेशियों से अब तक मुक्त भाग को सुरक्षित रखना है तो सम्प्रदाय और धर्म के नाम पर फैलते इस वैमनस्य, इस कटुता को रोकना ही होगा।

लोगों के भाषणों के साथ उसकी चिन्ता बढ़ती जा रही थी। कोई मूर्तिपूजक था तो कोई मूर्ति-भंजक, कोई निराकार का उपासक था तो कोई साकार का, कोई कबीरपंथी था तो कोई गोरखपंथी, सबसे ऊपर कोई शैव था तो कोई वैष्णव—श्रीकृष्णोपासक। श्रीमद्वल्लभाचार्य के द्वारा प्रचलित श्रीकृष्णोपासना और वैष्णव धर्म, सूरदास तथा अष्टछाप के कवियों की रचनाओं का सहारा पा कुछ अधिक ही उत्कर्ष पर थे। इसके पूर्व, छोटे-छोटे सम्प्रदायों को छोड़ दिया जाय तो शंकराचार्य के समय में जिस शिवभक्ति का अनजाने में ही घोर प्रचार हुआ उसके फलस्वरूप स्थान-स्थान पर पूरे भारत में विशाल शिव-मंदिर बन आये। शंकर ने यद्यपि अद्वैत मत का प्रचार किया परन्तु उनके अनुयायी उन्हें स्वयं शंकर का अवतार मानते रहे। उन्होंने भी अपने सम्पूर्ण संन्यास ज्ञान के पश्चात् भी शिव और शक्ति की भक्ति से मुख नहीं मोड़ा। एक तरह से देखा जाए तो इन्होंने ज्ञान और भक्ति में कुछ सामंजस्य स्थापित करने का ही प्रयास किया पर उनके पश्चात् उनके अनुयायियों ने उनके अद्वैत सिद्धान्त को तो कम ही पकड़ा पर शिव-भक्ति की एक लहर पूरे राष्ट्र में व्याप्त हो गई।

इधर श्रीकृष्ण के साथ-साथ राम-भक्ति ने भी जोर पकड़ा और रामभक्ति का श्रेय रामानुजाचार्य को सर्वाधिक गया। यहां तक कि निर्गुणपंथी कबीर भी जब रामानुजाचार्य के शिष्यत्व की प्राप्ति में लाख प्रयासों के बाद भी सफल रहे तो जाह्नवी-तीर जाती वाराणसी की सीढ़ियों पर ही पड़ गए और रामानुजाचार्य के चरण-स्पर्श से ही अपने को धन्य कर उन्हें गुरु मान बैठे।

अब प्रमुख विवाद शैवों, रामभक्तों और कृष्ण भक्तों को लेकर था।

किन्तु सभी सम्प्रदाय के लोग अपनी-अपनी उपलब्धियां और विश्वासों को सर्वश्रेष्ठ घोषित कर रहे थे।

कबीर-पंथ के प्रतिनिधियों ने आन्तरिक साधना जिसमें नाद-ब्रह्म की उपासना और अन्य यौगिक क्रियाएं भी सम्मिलित हैं, के महत्व को जमकर प्रतिपादित किया। मूर्ति-पूजा और सगुणोपासना की उन्होंने घोर भर्त्सना की। मूर्ति-पूजन को उन्होंने मात्र पाषाण-पूजन कहा और कबीर की यह प्रसिद्ध उक्ति उद्धृत की—

पाहन पूजे हरि मिले।
तो मैं पूजों पहार।
ताते तो चक्की भली
पीस खाये संसार॥

पूजा-घरों—मन्दिरों, मस्जिदों—के महत्त्व की धज्जी उड़ानेवाली कबीर की उस उक्ति को भी उद्धृत करने से कबीर पंथी नहीं चूके—

कांकर पाथर जोड़ के
मस्जिद लियो चुनाय।
ता चढ़ि मौला बांग दे,
बहरा हुआ खुदाय॥

गोरखपंथी योगियों ने अपने उज्ज्वल भूत का उल्लेख किया। मच्छन्दरनाथ और गोरखनाथ की सिद्धियों का वर्णन किया और बताया कि आज इस पंथ के अनुयायियों में अपार योग-बल है तथा एक बार 'अलख निरंजन' का हुंकार सुनकर रण में साहसी से साहसी सैनिकों के भी पैर उखड़ सकते हैं। अगर केवल गोरखपंथी साधुओं को संगठित कर दिया जाय तो बिना किसी सैन्य बल की सहायता से वे विदेशी आक्रान्ताओं को इस महान् देश की सीमाओं के बाहर खदेड़ सकते हैं।

मीरा को इस पर मन-ही-मन हंसी आई। सैन्य-बल के समक्ष साधु-बल टिकेगा? टिटहरी पक्षी दोनों पैरों को आकाश की ओर करके सोता है कि कहीं आसमान खिसका तो वह पैरों से थाम लेगा।

"ईश्वर होता ही नहीं, न साकार, न निराकार।" न जाने सूरजमल कहां से एक बौद्ध भिक्षु को पकड़ लाया था। उसने अपने उद्घोष से सबको चकित कर दिया, "जीवन दुःख, दैन्य, रोग बुढ़ापा और मृत्यु का पर्याय है। इन सबों से मुक्ति का एक ही उपाय है सदाचार तथा सत्य, अहिंसा, अपरिग्रह आदि के द्वारा सम्यक् ज्ञान की प्राप्ति। सृष्टि के व्यापार प्रकृति-निर्धारित नियमों से चलते हैं, इसमें ईश्वर किधर से टांग अड़ाने आता है? कठिन तपस्या और घोर साधना आदि के द्वारा ईश्वर को प्राप्त करने के प्रयास मृगमरीचिका ही है। जो है ही नहीं, वह मिलेगा किधर से? जीवन जीने की सर्वाधिक महत्त्वपूर्ण पद्धति है मध्यम मार्ग—मज्झिम निकाय। शरीर को न अधिक दुःख दो न अधिक सुख। न घोर तप करो न तप से विमुख ही हो जाओ। पर ध्यान रखो तप का लक्ष्य मात्र तन और मन की शुद्धि है—ईश्वर प्राप्ति नहीं। हिंसा सबसे बड़ा पाप है, अतः अहिंसा ही सर्वश्रेष्ठ धर्म है—अहिंसा परमो धर्मः।"

"इसी अहिंसा ने तो देश को बल-वीर्य-हीन कर दिया और विदेशी आक्रामक इसे पद-दलित करते रहे।" मंच के सामने की भीड़ से किसी ने कहा।

बौद्ध भिक्षु इस आरोप पर आपे से बाहर हो गया। उसने क्रोध से भरकर कहा, "बौद्ध तंत्र ने अब तक इतनी प्रगति कर ली है कि किलों पर हमारे यंत्र बैठा दिए जाएं तो शत्रु की सैकड़ों तोपें व्यर्थ हो जायेंगी और किला अभेद्य बना रहेगा।"

"बंद कीजिए इस प्रलाप को।" वही आदमी फिर बोला—"इस ढोंग का पर्दाफाश कई बार हो चुका है।"

बौद्ध भिक्षु क्रोध में बैठ गया।

मीरा को आश्चर्य हुआ, विश्व को अहिंसा, अक्रोध, अस्तेय आदि के पाठ पढ़ाने को इच्छुक ये भिक्षु पहले स्वयं पर नियंत्रण क्यों नहीं करते?

वास्तविक विवाद शैवों और वैष्णवों के मध्य हुआ।

शैव प्रतिनिधि ने कहा—"हमारा ईश्वर सर्वहारा का ईश्वर है—वह सब का है। वह आदि ब्रह्म है और अनन्त भी है। उसकी उत्पत्ति का कोई प्रमाण नहीं, न उसका अन्त ही होने वाला है।

"सर्व सामान्य की तरह ही उसकी आवश्यकताएं हैं। वह मृगछाल पहनकर रह लेता है। श्मसान ही उसका निवास है। जिन सर्प-बिच्छुओं को और लोग तिरस्कृत करते हैं, उन्हें ही वह गले लगाता है। साधारण बूढ़ा बैल ही उसके वाहन के लिए पर्याप्त है।

"फिर भी वह साक्षात् ब्रह्म है, उसकी शक्ति अपार है। वह चाहे तो क्षण में इस सम्पूर्ण सृष्टि का संहार कर सकता है।

"किन्तु वह जगत् का शुभचिन्तक और रक्षक भी है। सागर-मन्थन के पश्चात् निस्सृत हलाहल से जब सम्पूर्ण जगत् दग्ध होने लगा तो उसने ही उस गरल का पान किया और उसे कंठ में धारण किया। इसीलिए वह नीलकंठ भी है।"

"वह सृष्टि के मूल में भी है। शिवलिंग इस सृष्टि के निर्माण का पुनीत प्रतीक है, वह आसेतु हिमाचल पूजित है।

"वह पशुपति है, आशुतोष है, स्वयं साधनहीन होकर भी किसी को भी आप्तकाम करने में समर्थ है।

"उसका पूजन भी आसान है। चूंकि वह शोषितों, दलितों का प्रतीक है, अतः उसकी पूजा में कोई आडम्बर नहीं। एक लोटा जल और बिल्व-पत्र के दो-चार पत्रों से ही वह प्रसन्न हो जाता है। जिस आक-जावाक और धतूरे के फल-फूल को कोई पूछता नहीं वे ही उसके राग-भोग हैं।

"ब्रह्मा, विष्णु और महेश तीन आदि-देवों में वह सर्वश्रेष्ठ है। और उसके त्रिनेत्र का खुलना ब्रह्मा, विष्णु के सारे किए-कराए को क्षण मात्र में भस्म कर सकता है।"

शिव-भक्त के इस दीर्घ भाषण के पश्चात् एक राम-भक्त से नहीं रहा गया। वह उठा और आरम्भ हो गया—

"शिव न ब्रह्म है न ईश्वरावतार। जिसके जन्म का ही पता नहीं उसके होने-न-होने का क्या प्रमाण है? हमारा राम साक्षात् अवतार था—अनादि, अनन्त ब्रह्म का अवतार। वह नहीं होकर भी है क्योंकि जब साधारण आत्मा भी अविनाशी है तो वह तो परमात्मा ही है।

"राम पापियों, दुराचारियों और अधर्मियों का संहारक है। वह धर्म का सही संस्थापक है। उसने ऋषि-मुनियों के यज्ञ के विध्वंसक राक्षसों का विनाश किया। उसने खरदूषण के सदृश घोर राक्षसों का विनाश कर अपना अलौकिक पराक्रम प्रकट किया। और तो और उसने रावण के सदृश बलशाली शत्रु, जिसने देवताओं को भी बन्दी बना रखा था, का मात्र, वानर-भालुओं की सेना के आधार पर विनाश किया। उसने समुद्र पर सेतु बनाकर असंभव को भी संभव कर दिया। अतुलित बलधाम हनुमान उसके भक्त थे जिसने सागर को बिना किसी सहारे के पार कर लिया और पापियों की स्वर्ण-नगरी लंका को भस्म कर दिया। हनुमान रामदूत था। आज भी उसे 'सकल गुण निधान' और 'ज्ञानियों में अग्रगण्य' के रूप में स्मरण करते हैं। जिसका सेवक और दूत ही इतना प्रतापी हो उसके पराक्रम

का क्या कहना ?

"उसने किसी से नहीं उठ पाने वाले शिव-पिनाक को बात की बात में किशोर-वय में ही तोड़ डाला।

"वह सच्चा प्रजापालक था। राम-राज्य की महिमा आज भी गाई जाती है। वह पुरुष होकर अवतरित हुआ पर वह पुरुषोत्तम था—मर्यादा-पुरुषोत्तम। विश्व को जिस मर्यादा की वह सीख दे गया उसका पालन किया जाय तो भाई-भाई और जाति-जाति तथा सम्प्रदाय-सम्प्रदाय का यह भेद क्षण-मात्र में समाप्त हो जाए। उसकी राजनीति का पालन हो तो देश से गरीबी, भूख और शोषण की समाप्ति हो जाए। और सचमुच का राम-राज्य एक बार पुन: स्थापित हो जाए। उसकी संगठन शक्ति का सहारा लिया जाय तो ये मुट्ठीभर विदेशी आक्रान्ता एक एक दिन भी इस भूमि पर नहीं ठहर सकते।

"और यह मत भूलिए राम मात्र दशरथ का बेटा था। वह उसके पहले भी था, अब भी है, साक्षात् शिव भी उसके नाम का ही जप कर शक्ति अर्जित करते हैं। राम किसी व्यक्ति-विशेष का नाम नहीं, वह परब्रह्म है। वही भिन्न-भिन्न नामों से युग-युग में अवतरित होता है और धरती को अत्याचारियों से मुक्त कर धर्म की स्थापना करता है।"

"धर्म की स्थापना तो श्रीकृष्ण का कार्य है," अन्तत: एक श्रीकृष्ण भक्त खड़ा हुआ, "उसने गीता में स्पष्ट कहा है कि जब-जब धर्म की हानि होती है और अधर्म प्रश्रय पाता है वह धर्म की स्थापना के लिए अवतरित होता है— यदा-यदा हि धर्मस्य···।"

"उसने द्वापर में अवतरित होकर अन्यायी राजाओं का वध किया, कौरवों का समूल विनाश करा कर धरती पर एक बार पुन: धर्म की, विजय की शंख-ध्वनि का प्रसार किया, पाप-ताप का विनाश किया।

"और अन्य अवतार तो मात्र कहने को अवतार—अंशावतार थे। श्रीकृष्ण तो पूर्णावतार थे—सोलहों कलाओं से अवतरित। श्रीमद्भागवत ने यों ही नहीं··· ऐसे चांशकला: पुंसः कृष्णस्तु भगवान् स्वयं···ये सारे पुरुष तो कुछ अंशों से अवतरित थे, कृष्ण तो स्वयं भगवान ही थे।

"हां कृष्ण स्वयं भगवान् थे। जगत् को गीता के रूप में उन्होंने जो अमृत्तोपम उपदेश दिया वह सृष्टि के अन्त तक समग्र मानवता का पथ-प्रदर्शन करता रहेगा। वस्तुत: गीता के रूप में उन्होंने जीवन जीने की कला का ही प्रतिपादन किया। मृत्यु, चिन्ता और अनिर्णय तथा अनिश्चितता से उन्होंने मानव-मात्र को सदा के लिए मुक्त कर दिया। अकर्मण्यता के स्थान पर उन्होंने कर्मठता की स्थापना की, फल की चिन्ता छोड़ नित्य कर्मरत रहने का उपदेश दिया—कर्मण्येवाधिकारास्ते मा फलेषु कदाचन···।"

"श्रीकृष्ण की ही प्रेरणा से भगवान श्री वल्लभाचार्य ने पुष्टि सम्प्रदाय की स्थापना कर श्रीमद्भागवत और श्रीकृष्ण-प्रेम को एक बार पुन: समुचित मर्यादा प्रदान की। श्री नाथ विग्रह को, जो उन्हें श्रीकृष्ण कृपा से स्वयं गिरिराज(गोबर्धन) पर ही उपलब्ध हुआ को आधार बनाकर उन्होंने श्रीकृष्ण की अर्चना-आराधना की जो ज्योति प्रज्वलित की उसके प्रकाश से लक्ष-लक्ष लोगों के मन से अन्धकार

कट रहा है ।

"और तो और यह श्रीकृष्ण और उनके प्रति श्रीमद्‌वल्लभाचार्य और उनके सुपुत्र विट्‌ठल आचार्य की भक्ति-भावना का ही प्रतिफल है कि सूरदास आदि के सदृश अष्टछाप के कवियों ने न केवल श्रीकृष्ण प्रेम का प्रचार-प्रसार क्रिया अपितु व्रजभाषा के भंडार की भी श्रीवृद्धि की। आज श्रीकृष्ण भक्ति, आध्यात्मिक एवं साहित्यिक उत्थान की त्रिवेणी का ही पर्याय है।

"श्रीकृष्ण केवल ईश्वर नहीं, वह इस आर्यभूमि की आत्मा हैं, उसकी अस्मिता के एकमात्र प्रतीक, आज उस आर्यावर्त और इसके बाहर अगर कोई भारत का सही प्रतिनिधित्व करता है तो वह श्रीकृष्ण ही हैं और है उनकी अमर वाणी—गीता।"

"बस-बस," मीरा मंच पर खड़ी हुई। उसे लगा ये विभिन्न सम्प्रदायवादी आपस में ही लड़कर इस देश की अखंडता और एकता के घोर शत्रु बन रहे हैं। सचमुच अगर यह राष्ट्र धर्म और सम्प्रदाय के नाम पर विभिन्न टुकड़ों में नहीं बंटा होता तो आज विदेशी आक्रान्ता इसको इस तरह पददलित नहीं करते। राजाओं-महाराजाओं के आपसी विद्वेष के मूल में भी बहुत हद तक उनकी धर्मान्धता और साम्प्रदायप्रियता ही है। कोई काली का भक्त है तो कोई शिव का। शिव में भी कोई काशी-विश्वनाथ का उपासक है तो कोई भगवान एकलिंग का। कोई रामोपासक है तो कोई श्रीकृष्णोपासक। कोई निराकार पर न्योछावर है तो कोई साकार को ही सर्वस्व समझता है।

"सत्य एक है।" मीरा ने अपना वक्तव्य जारी रखा, "टुकड़ों में बांटने से वह नहीं बंट सकता। सारे सम्प्रदाय विभिन्न धर्माचार्यों के मस्तिष्क की उपज हैं पर उनका लक्ष्य कभी मानव को दिग्भ्रमित करना नहीं था और न अन्य सम्प्रदायों को हेय सिद्ध कर अपने सम्प्रदाय को सर्वश्रेष्ठ बतलाना। वे एक ही लक्ष्यपरक तत्व तक पहुंचने के विभिन्न मार्गों का निरूपणमात्र कर रहे थे। जो शिव है वही राम है, चाहे वह रामानुजाचार्य का हो, रामानन्द का हो, या गोस्वामी तुलसीदास का। और जो राम है वही कृष्ण है। और यही कृष्ण और राम बुद्ध भी हैं और महाबीर भी। केवल दृष्टि दोष है जिसका आखेट बने हम आपस में लड़ते-कटते रहे हैं।

"यह सही है कि मैं स्वयं श्रीकृष्णोपासिका हूं। पर मेरे पदों में भी राम आए हैं। उस परम तत्व की उपासना जिस किसी रूप में की जाय वही श्रेष्ठ और स्तुत्य है। विद्वेष और ईर्ष्या की भावनाएं व्यर्थ हैं। ये आपसी वैमनस्य को जन्म देती हैं और इस राष्ट्र के शरीर और आत्मा दोनों को दुर्बल करती हैं।

"चमत्कार आदि की बातें व्यर्थ हैं। कोई बौद्ध तांत्रिक अथवा गोरखपंथी अपने तंत्र-मंत्र अथवा किलों पर स्थापित तांत्रिक यन्त्रों के माध्यम से शत्रु के आक्रमण से उन्हें बचा नहीं सकता। अगर यही होता तो आज आर्यावर्त का अधिकाश भू-भाग आक्रामकों के पैरों के नीचे नहीं पिसता रहता।

"यह समय आपसी वाद-विवाद और विद्वेष का नहीं है। जिसको जिस धर्म, जिस सम्प्रदाय में रुचि हो वह उसी को पूर्णतया समर्पित हो अपनी साधना करे पर दूसरों के साधना-पथ को निकृष्ट सिद्ध करने का प्रयास कर इस पुनीत भूमि

को पारस्परिक द्वेष और कलह की अग्नि को नहीं समर्पित करे।

"आज समय मनों के जोड़ने का है। तोड़ने का नहीं। श्रीकृष्ण ने अपने बांसुरी-निनाद से मनुष्य तो मनुष्य पशु-पक्षियों के मन को भी विजित किया था। इसीलिए मैं कृष्णोपासिका हूं, श्रीकृष्णदीवानी भी लोग कहते हैं मुझे। पर आप मेरी बात छोड़िए। सही है कि श्रीकृष्ण अधुनातन अवतार हैं। उनकी बांसुरी की मधुर ध्वनि अब भी वृन्दावन की वीथियों में ध्वनित-प्रतिध्वनित हो रही है—प्रेम का, करुणा का, विश्वबन्धुत्व का सन्देश वितरित कर रही है। सही है कि श्रीकृष्ण का गीता-निहित संदेश आज के दिग्भ्रमित विश्व के लिए सर्वथा सही सार्थक संदेश है। आप श्रीकृष्ण-प्रेम में पग कर अपने जीवन को सार्थक कर सकते हैं।

"पर जैसा मैंने कहा मेरा कोई आग्रह नहीं है। आप अपने-अपने धर्म, अपने-अपने सम्प्रदाय को मानने को स्वतन्त्र हैं। मेरा आग्रह केवल इतना है कि अपने विश्वास, अपने सम्प्रदाय और अपने धर्म को विकृत नहीं होने दें। उसे यथावत ग्रहण करें। अब बुद्ध ने कहां और कब वाम-साधना की दीक्षा दी थी? पर इस देश से बौद्ध धर्म यहां के बौद्ध विहारों में व्याप्त हो आए कदाचारों और विलास-प्रवृत्तियों के कारण ही समाप्त हुआ कि नहीं? कब किस गोरख ने कहा था कि कुछ तन्त्र-मन्त्रों के आधार पर ही शत्रुओं की सैन्यवाहिनी को अशक्य किया जा सकता है? पर कैसी मूढ़ता और मिथ्याभिमान का शिकार बने बैठे हैं गोरखपंथी?

"समाप्त हुआ यह धर्म-सम्मेलन। मैं सभी सम्प्रदायों के मत-मतान्तरों से परिचित हुई। यह मेरा सौभाग्य रहा। निवेदन इतना ही है कि धर्म से जोड़ने का कार्य लीजिए, तोड़ने का नहीं। विश्व को 'वसुधैव कुटुम्बकम्' का मन्त्र देने वाले इस राष्ट्र को धर्म और सम्प्रदाय के नाम पर आपस में ही कट मरने का कोई अधिकार नहीं।"

मीरा की वक्तृता को सभी ने शान्त भाव से सुना। विशाल जन-सभा देर तक मन्त्र-मुग्ध बनी रही।

अन्ततः ललिता के साधुवाद से धर्म-सम्मेलन समाप्त हुआ। ललिता ने विक्रमाजीत और सूरजमल का भी विशेष रूप से साधुवाद किया जिनके कारण यह विशाल सम्मेलन सम्भव हो सका।

एक सौ अठारह

मीन को फंसाना हो तो उसके गले में कांटा डालने के पूर्व उस कांटे को आटे की गोलियों से आवृत्त करते हैं। जिस जीव, जिस व्यक्ति को जो वस्तु सर्वाधिक प्रिय हो उसी को प्रदान कर उसे मनोनुकूल बनाना सहज हो जाता है न?

यही परिणाम हुआ संत-सम्मेलन का। भोली मीरा, सूरजमल और विक्रमाजीत की दुरभिसंधि से अनजान उनके प्रति विश्वासपूर्ण और कृतज्ञ हो गई। विक्रमाजीत ने जब से अपने कक्ष में श्रीकृष्णमूर्ति की स्थापना की थी तभी से वह

कुछ-कुछ उसके प्रति आश्वस्त हो चली थी, इस सन्त समागम ने तो उसके प्रति उसके रहे-सहे संदेह को भी निःशेष कर दिया।

विक्रमाजीत ने मीरा का विश्वास जीता और उसका षड्यन्त्र निश्चिन्त भाव से आगे बढ़ा। दीवान बीजावर्गी द्वारा लाई लई 'जड़ी' प्रति दिन श्रीकृष्णचरणामृत के साथ विक्रमादित्य के हाथों ही भाभी के कंठ के नीचे उतरने लगी। मन्द विष के माध्यम से मीरा की इह-लीला को समाप्त करने की योजना, रानी कर्मवती, सूरजमल और विक्रमाजीत के सम्मिलित प्रयास से कार्यान्वित होने लगी। मीरा अपने देवर राणा विक्रमाजीत के इस हृदय-परिवर्तन से बहुत प्रभावित हुई। उसने निस्संकोच विक्रम द्वारा दिए चरणोदक का पान अत्यन्त भक्ति-भाव से करना तो आरम्भ ही किया, मन-ही-मन अपने मनमोहन के प्रति विक्रमाजीत में हुए इस परिवर्तन के लिए भी कृतज्ञ हुई।

कर्मवती, सूरजमल और विक्रमाजीत अत्यन्त सूक्षमता से 'जड़ी' के प्रभाव का निरीक्षण कर रहे थे। वे उसके प्रत्येक हाव-भाव को परखते—कहीं वह कुछ-कुछ मदहोश तो नहीं रहती, कहीं उसकी जिह्वा तो यदा-कदा नहीं लड़खड़ाती, कहीं उसके रक्तवर्णी अधरोष्ठ तो कुछ-कुछ नील बर्णी नहीं हो रहे। किन्तु ऐसा कुछ नहीं हो रहा था। मीरा पूर्ववत् ही सहज और सामान्य थी।

निरन्तर दो माह तक यह प्रयोग चला। निरन्तर दो माह तक कर्मवती, विक्रमाजीत और सूरजमल ने किसी तरह अपनी भावनाओं को नियन्त्रित रखा। वे सदा ही मीरा के प्रति श्रद्धास्पद और विनीत बने रहे। अपने-परायों से उसके श्रीकृष्ण-प्रेम की गाथा गाते नहीं थकते। भजन-भाव, नृत्य-संगीत की उसे पूरी स्वतन्त्रता उपलब्ध हो गई। कीर्तन-भजन में, साधु-संन्यासियों एवं सामान्य भक्तों की भीड़ निरन्तर बढ़ने लगी। साथ-ही-साथ मीरा के आलोचकों की संख्या में भी वृद्धि होने लगी। राजभवन के अधिकांश लोग, रानी धनवती और उसके पुत्र को छोड़कर विक्रमाजीत के कर्ण-रन्ध्रों में नित्य विष-वमन करने लगे। ननद उदा बाई ने भी एक दिन विक्रम से स्पष्ट कह दिया—"भैया, आप भी लगता है इस मीरा-मोहिनी के जल में जा फंसे।"

"क्या मतलब ?" राणा ने अव्यवस्थित होकर पूछा। उन्हें आशंका हुई कहीं उनके मीरा के प्रति उस वासनापूर्ण व्यवहार का तो भेद नहीं प्रकट हो गया।

"मतलब क्या ?" उदा ने कहा, "अब तो आप भी पूर्णतया श्यामरंग में रंग गए हैं। मीरा के अबाध भक्ति-भाव पर किसी अंकुश की आवश्यकता का अनुभव अब आप भी नहीं करते। इधर चारों ओर से राजमहल की मर्यादा पर उंगली उठाई जा रही है। कुल-वंश के नाम पर कीचड़ उछाला जा रहा है। महाराणा सांगा की प्रतिष्ठा धूल-धूसरित हो रही है।"

"सच ?" विक्रम ने आश्चर्यचकित होकर कहा। उन्होंने सोचा हो सकता है उनकी अपनी इस अभिनव योजना में मग्न होने के कारण मीरा के प्रति लोगों की बढ़ती विद्रोह-भावना का कोई पता नहीं हो। पर बात ऐसी थी भी कहां ? मीरा के प्रति विद्रोह राजभवन की चहारदीवारियों तक ही सीमित था। प्रजा तो निरंतर उस पर प्राण न्योछावर किए जा रही थी। पर उदा की ईर्ष्या का सर्प, फन फैलाकर खड़ा था। मीरा की निरन्तर वृद्धिशील लोकप्रियता उसके लिए

असह्य हो रही थी। उसने तुनककर कहा—"सच, नहीं तो क्या झूठ? नहीं विश्वास हो तो महल के हर दास-दासी से जिज्ञासा कर लीजिए। बाहर की हवा को यही तो अन्दर लाते हैं वर्ना आपके महल के सारे गवाक्ष तो बन्द हैं, प्रजा में व्याप्त मीरा की अवमानना किस मार्ग से अन्दर प्रवेश करे।"

दास-दासियां तो कर्मवती और उदा बाई के अकृत अनुयायी थे। विक्रम ने उनसे मीरा के भक्ति-भाव के सम्बन्ध में प्रजा की प्रतिक्रिया जाननी चाही तो उन्होंने नमक-मिर्च लगाकर ऐसी-ऐसी कहानियां गढ़ सुनाईं कि विक्रमाजीत को लगा कि सचमुच मेवाड़ की नाक अब कटी कि तब।

"अब तो कुछ करो भैया," उदा ने कहा, "वर्ना कुछ करने को नहीं रह जाएगा तब क्या करोगे?"

"कर तो बहुत कुछ रहा हूं।" विक्रम के मन में आया कह दे, पर कुछ सोच-कर चुप साध गए।

विक्रमाजीत ने बहन की बात गांठ बांध ली—"अब तो कुछ करो भैया, वर्ना जब कुछ करने को नहीं रह जाएगा तब क्या करोगे?"

विक्रमाजीत को कुछ करना था। अब अधिक विलम्ब उचित नहीं था। पर क्या करणीय था? यही बात तो समझ में नहीं आ रही थी। दो महीनों तक बीजावर्गी के विष की मात्रा निरन्तर देते रहने के पश्चात् भी मीरा में कोई प्रत्यक्ष परिवर्तन तो लक्षित हो नहीं रहा था। उसका स्वास्थ्य तो यथावत था। आन्तरिक शक्ति भी कहीं से क्षीण दृष्टिगोचर नहीं हो रही थी। उसी तन्मयता से वह अब भी भक्त-मण्डली के समक्ष नृत्य-गान के अपने नियमित कार्यक्रम को संपादित करती। अपितु उसके पैरों में कुछ अधिक शक्ति ही संचित हो गई लगती थी। घुंघरुओं की खनक कुछ और ही तीव्र हो उठी थी। कोकिल कंठ में कुछ अधिक ही माधुर्य घुल आया लगता था। यह सब श्रीकृष्ण के प्रति मीरा के निरंतर वृद्धिशील अनुराग का परिणाम था या यह बीजावर्गी का बच्चा चरणामृत में विष के बदले अमृत ही घोलकर पिलाए जा रहा है इस कृष्णदीवानी को, विक्रमाजीत ने सोचा और क्रोध से उसका मूंह दहकते अंगारे की तरह तप्त हो आया। नहीं, अब कुछ करना था, अन्तिम रूप में कुछ करना था। इस धीरे चलने की नीति का कोई परिणाम नहीं निकला था। वह विफल हो गई थी।

एक सौ उन्नीस

बीजावर्गी पर विपत्ति आनी थी और वह विक्रमाजीत और कर्मवती के क्रोध के रूप में आई। सूरजमल ने भी अपनी ओर से इस क्रोधाग्नि में घी डालने का कुछ कम कार्य नहीं किया।

कर्मवती के कक्ष में ही अर्द्धरात्रि की शांत घड़ी में विक्रमाजीत, बीजावर्गी और सूरजमल की गुप्त बैठक आयोजित हुई। कक्ष की दीवारें और कपाट इतने मोटे थे कि अन्दर का कोई स्वर बाहर जा ही नहीं सकता था।

विक्रमाजीत, कर्मवती और सूरजमल कर्मवती के विशाल पर्यंक पर पैर लटकाए आसीन थे और सामने की एक तिपाई पर बैठा बीजावर्गी अन्दर ही अन्दर भयातुर हो रहा था। निशीथ के इस प्रहर में राजमाता के कक्ष में उसका आमंत्रित किया जाना, उसके पद ही नहीं प्राणों पर भी संकट का सूचक था।

कक्ष में थोड़ी देर के लिए भयावह निस्तब्धता व्याप्त रही। बीजावर्गी के लिए कक्ष में बिखरा यह मौन अधिक ही त्रासद सिद्ध हो रहा था। उसे ज्ञात था यह तूफान पूर्व की शान्ति थी। विक्रम और राजमाता के अन्दर उमड़-घुमड़ रहा क्रोधानल कभी भी विस्फोटक रूप ले सकता था और इस आसन्न विस्फोट की बात में उसका सब कुछ निःशेष होने वाला था—पद, प्रतिष्ठा और संभवतः प्राण भी। हां, हां प्राण भी। प्राणों का भय जो उसे कक्ष में प्रवेश करते ही हुआ था वह निरन्तर वृद्धिशील ही होता गया था।

'ओह ! यह घातक प्राणलेवा मौन ?' दीवान बीजावर्गी अन्दर-ही-अन्दर व्यग्र हो उठा, "यह टूटता क्यों नहीं ?" आखिर कुछ तो कोई बोले ! और बोलना उन्हीं को था जो पर्यंक पर आसीन थे। उसे तो मात्र सुनना था। वह कठघरे में दण्ड सुनने की प्रतीक्षा में खड़े एक भीत अपराधी से कुछ अधिक नहीं था। और यह दण्ड कुछ भी हो सकता था। उसे पदच्युत कर राज्य की सीमाओं से बाहर किया जा सकता था, किसी पहाड़ी की चोटी से नीचे की भयानक घाटियों में फेंका जा सकता था अथवा किसी भूखे शेर के पिंजड़े में, हाथ-पैर को लौह जंजीरों से बांध निर्ममतापूर्वक फेंक दिया जा सकता था।

"पर जो होना था हो जाय। वह सब कुछ के लिए प्रस्तुत था ! पर यह दारुण मौन निश्चित ही असह्य था और असह्य थे कर्मवती, विक्रमाजीत और सबसे ऊपर सूरजमल के चेहरों पर चढ़ते-उतरते भयावह भाव।

कक्ष के एक कोने में दीपाधार पर रखे स्वर्ण के दीप पात्र की मन्द-मन्द जलती लौ कमरे के अन्धकार को जितना नहीं काट रही थी उतना वह बीजावर्गी के समक्ष आसीन त्रिमूर्ति के निर्मम चेहरों को और भयानकता प्रदान कर रही थी। क्षीण प्रकाश के उजले-काले साये कर्मवती, विक्रम और सूरजमल के चेहरों के बदलते रंगों से घुल-मिलकर उन्हें और रहस्यमयता प्रदान कर रहे थे।

बीजावर्गी को लगा यह सब कुछ एक सुनियोजित योजना के अन्तर्गत हो रहा था। उसे मानसिक प्रताड़ना का आखेट बनाया जा रहा था जिससे उससे मनचाहा करवाया जा सके।

बीजावर्गी धर्म-संकट में था। इस बिपत्ति की घड़ी में वह किसकी सहायता ले ? लौकिक स्तर पर तो राणा और राजमाता ही उसके शरणदाता हो सकते थे पर आज तो उनकी ही वक्रदृष्टि का शिकार बना वह उनकी मौन भर्त्सना कहें अथवा अपमान, अवमानना या भय-दोहन का लक्ष्य बना हुआ था। अलौकिक धरातल पर वह किसे पुकारे ? कौन है उसका इष्टदेव अथवा इष्टदेवी ? चित्तौड़-गढ़ की कुलदेवी माता कालिका का भी वह शरणागत हो सकता था पर उसी देवी का प्रथम पूजन कर तो मीरा ने इस गढ़ में प्रवेश किया था, पर क्या मिला उसे ? श्रीकृष्ण ? श्रीकृष्ण को वह किस मुंह से पुकारे ? उसी श्रीकृष्ण की अनन्य आराधिका को तो वह मौत के उन्मुक्त मुख में शनैः-शनैः ढकेलने की दुरभिसंधि

का सूत्रधार बना था। वह श्रीकृष्ण क्यों सुनने लगा उसकी? भगवान एकलिंग? औघड़ पशुपति? वह तो स्वयं सुना, द्वापर में राधा बनकर अवतरित हुआ था और अपनी पार्वती को श्रीकृष्ण बनने के लिए बाध्य किया था। वह क्यों एक श्रीकृष्ण भक्ता विरोधी की आतुर पुकार पर ध्यान देने लगा?

तब? तब विवश था बीजावर्गी। अब यही त्रिमूर्ति जो दण्ड-विधान करे उसे ही सहर्ष धारण करना था उसे। यही त्रिमूर्ति उसके त्रिदेव थे। पर क्या अपेक्षा करता था वह उनसे। क्या वे उसे केवल पदच्युत कर अथवा राज्य-सीमाओं से बाहर कर संतुष्ट हो सकते थे, नहीं वे शायद ही ऐसा करें। उनके विचार से उसने निश्चित ही छल किया था। राजद्रोह का अपराधी था वह—राज्य के सबसे बड़े शत्रु को समाप्त करने के उपक्रम में लगने के बाद भी वह उसे समाप्त नहीं कर सका था। वह मिथ्यावादी था और था कुटिलता की प्रतिमूर्ति। विष के नाम पर उसने किसी निरर्थक और प्रभावहीन 'जड़ी' को थमा दिया था मेवाड़ाधिपति को। शायद यही उनका विचार था। पर उसने तो ऐसा कुछ नहीं किया था। निर्दोष था वह। उसने सही विष-कन्द ही प्रदान किया था विक्रम को। अगर मीरा की असामान्य प्राणवन्तता अथवा जिजीविषा इस विष को व्यर्थ करती गई तो इसमें इसका दोष ही क्या था? क्यों नहीं बढ़ा दी विष की दैनिक मात्रा राणा ने जब उन्हें आरम्भ के एकाध सप्ताहों में ही लग गया कि विष व्यर्थ हो रहा है? उससे इस सम्बन्ध में कुछ पूछा गया? नहीं तो अब सारा दोष उस निर्दोष के सिर ही क्यों मढ़ा जा रहा है?

"दीवान बीजावर्गी!" अन्ततः वह भयावह मौन टूटा। राणा विक्रम ने कठोर शब्दों में उसे सम्बोधित किया।

बीजावर्गी कुछ बोला नहीं। उसने अपना सिर उठाकर विक्रम की ओर भय-पूर्ण आंखों से देखा। उसकी आंखों में तैरता प्रश्न कुछ पूछ रहा था—क्या कहना है इस दुर्भाग्यता से?

"तुमने हमें धोखा दिया।" विक्रम ने दीवान की आंखों के प्रश्न को पढ़कर कहा।

"नहीं, महाराज!" बीजावर्गी गिड़गिड़ाया।

"मिथ्यावादी हो तुम!" रानी कर्मवती बीच में बोल पड़ी।

"तुम्हारा विष-कन्द, अमृत-कन्द था। मीरा का कुछ नहीं बिगड़ा। वह पहले से भी अधिक पुष्ट लगती है।" सूरजमल था यह।

"यह सब सत्य से परे है," बीजावर्गी ने खड़े होते हुए, हाथ जोड़कर कहा, "मैंने सही कन्द का ही चयन किया था।"

"तो वह प्रभावहीन क्यों रहा?" विक्रम ने कड़कते शब्दों में पूछा।

"यह मैं कैसे कहूं महाराज? हो सकता है विष की दैनिक मात्रा पर्याप्त नहीं रही हो।"

"मात्रा भी तो तुम्हीं ने निर्धारित की थी।" सूरजमल का स्वर था।

"उसमें वृद्धि भी लाई जा सकती थी।" बीजावर्गी ने साहस कर कहा।

"तुम्हारी जिह्वा लम्बी हो रही है दीवान! इसका दण्ड जानते हो?" रानी कर्मवती के स्वर पर रोष चढ़ा।

"वह तत्क्षण काट दी जा सकती है।" विक्रम ने अपनी कमर में खुंसी कटार पर हाथ फेरते हुए कहा।

महाजन बीजावर्गी अन्दर तक कांप गया। इस दण्ड की तो उसने कल्पना भी नहीं की थी। उसका भय उसके चेहरे पर चढ़ आया और वह पूर्णतया विवर्ण हो उठा।

राणा विक्रम को बीजावर्गी के चेहरे को पढ़ने में समय नहीं लगा। और उसने गर्म लोहे पर झट दूसरा प्रहार किया—"तुम्हारे सम्पूर्ण परिवार को अग्नि की लपटों को अर्पित किया जा सकता है।"

"मेरा परिवार निर्दोष है महाराणा, अगर दण्ड का भागी किसी को बनाना ही है तो मैं प्रस्तुत हूं।" दीवान बीजावर्गी अन्दर-ही-अन्दर अपने भाग्य से समझौता कर बैठा था। अब जो होना हो, हो जाय।

राणा विक्रम दीवान के परिवर्तित स्वर से कुछ घबराया। नहीं, दीवान को नष्ट नहीं करना था, न ही उसकी जिह्वा ही काटनी थी। मीरा-समाप्ति योजना का वह सूत्रधार था और इस नाटक का पटाक्षेप भी उसी के हाथों कराना था।

"इसे राजद्रोह के अपराध में समाप्त कर दिया जाय।" राजमाता ने अन्तिम निर्णय-सा सुनाया।

"यही सर्वथा उचित है!" सूरजमल ने कर्मवती के स्वर में स्वर मिलाते हुए कहा।

"नहीं।" विक्रम ने जैसे घन-गर्जन किया। सबकी दृष्टि उसी की ओर उठ गई। बीजावर्गी के चेहरे का रंग सहसा वापस आ गया।

"दीवान को एक और अवसर देना होगा।" विक्रम ने सभी की आंखों में अटके प्रश्न का उत्तर दिया।

"क्या दीवान जो कुछ कहा जाय, करने को प्रस्तुत हैं?" विक्रम ने ही बीजावर्गी को सीधे सम्बोधित किया।

"मैंने इस राजकुल का नमक खाया है। उसकी प्रतिष्ठा रक्षा के लिए मैं कुछ भी कर सकता हूं।"

"हूं।" विक्रम ने एक हुंकार छोड़ी। उसका दीवान महाजन बीजावर्गी इतना कायर होगा, इसका भान ही नहीं था उसे। नमक खाने, नहीं खाने की बात तो मात्र बहाना था। सत्य तो यह था कि बीजावर्गी को हर हालत में अपने और अपने परिवार के सदस्यों के प्राणों की रक्षा करनी थी।

"तो तुम जो कहा जाएगा, वह करोगे?" विक्रम ने एक-एक शब्द पर जोर देते हुए कहा।

"इसकी बात पर अब कौन विश्वास करेगा?" रानी कर्मवती थी यह।

"यह सचमुच विश्वासपात्र नहीं रहा। राजद्रोह के अपराध में इसे समाप्त कर देना ही उचित है।" सूरजमल बोला।

"तब मीरा को कौन समाप्त करेगा?" विक्रम बोला और सबकी आंखें फिर उसकी ओर उठ गईं। बीजावर्गी एक अकल्पनीय भय से भर आया, क्या अब उसे अपने खडग-प्रहार से मीरा का सिर धड़ से पृथक् करना पड़ेगा? एक निःशस्त्र नारी पर शस्त्र प्रहार? हे प्रभु उसे यह दिन देखना पड़ेगा? इससे तो अपने प्राणों

की आहुति दे देना ही उचित है।

"बीजावर्गी !" विक्रम ने अन्दर-ही अन्दर शंकाकुल दीवान को सम्बोधित किया।

"महाराज।" दीवान ने हाथ जोड़ककर कहा।

"तुम्हें अपने प्राण तो प्रिय हैं ?"

"किसे नहीं होते महाराज ?"

"तो तुम्हें मीरा के प्राण लेने होंगे, यथाशीघ्र ! अब इस नाटक को बन्द करना होगा। मीरा को कल की संध्या आरती नहीं देखनी हैं। कल का दिन उसके जीवन का अन्तिम दिन होगा।"

"कैसे ?" बीजावर्गी के मुंह से निकला।

"तुम्हें हलाहल देना होगा उसे। प्राण-घातक विष। मुझे ज्ञात है वह तुम्हारे पास उपलब्ध है। मन्द विष का नाटक तुम्हीं ने रचा था, प्राणघाती विष का प्रबन्ध भी तुम्हीं करो।"

"अगर इसने पुनः धोखा किया तब ?" कर्मवती और सूरजमल प्रायः साथ-साथ बोले।

"ऐसा हो नहीं पाएगा। विष की परीक्षा पूर्व में ही कर ली जाएगी।"

"किस पर ?" बीजावर्गी हड़बड़ाकर बोला। उसे लगा कहीं उसी पर मारक विष की परीक्षा की योजना राणा के मन में नहीं हो।

"भयभीत नहीं हो।" विक्रम बोला, "कम-से-कम तुम पर उसकी परीक्षा का कोई विचार नहीं है। तुम नहीं रहोगे तो मीरा की समाप्ति को कौन सुनिश्चित करेगा ? विष की परीक्षा बिल्ली पर होगी।"

बीजावर्गी के प्राण जैसे वापस आए। उसने मन-ही-मन अपनी योजना बना ली। अब वह कोई खतरा मोल लेने को प्रस्तुत नहीं था। शंका के लिए कोई अवसर वह छोड़ना ही नहीं चाहता था।

"विष का प्रबन्ध मैं कर दूंगा महाराज, पर प्रदान उसे किसी और को करना होगा।" बीजावर्गी ने हाथ जोड़कर कहा।

"क्यों ?" विक्रम ने पूछा।

"मीरा का मुझ पर विश्वास नहीं है, वह मेरे हाथ से दिए गए अमृत का भी पान नहीं करेगी, विष तो बड़ी बात है।"

"तो कौन देगा उसे विष-पात्र !" विक्रम ने पूछा।

"आप।" बीजावर्गी ने स्पष्ट कहा।

"क्यों ?" राजमाता कर्मवती बोली।

"हां, एक अभागिनी के प्राण लेने का पाप महाराणा को ही क्यों करना पड़े ?" सूरजमल ने पूछा।

"पाप-पुण्य का यहां प्रश्न ही कहां उठता है ?" दीवान ने आरम्भ किया, "राजनीति में न कुछ पुण्य है न पाप। लक्ष्य की प्राप्ति ही राज-धर्म है।"

"तो राणा ही विष-पात्र क्यों प्रदान करें ?" राजमाता बीजावर्गी की चाल को समझ नहीं पा रही थी।

"क्योंकि राणा ने मीरा का विश्वास जीता है। वह उसके द्वारा दिए जा रहे

चरणोदक का सहर्ष पान करती रही है। श्रीकृष्ण का प्रसाद प्रदान करने पर प्राण-लेवा विषयुक्त पेय को भी वह निःशंक इनके हाथों से ग्रहण करेगी।"

विक्रम ने अपने को जाल में फंसते हुए पाया। कल जाकर मीरा मरेगी तो सारा दोष उन्हीं के सिर मढ़ा आएगा। उसके साथ सदा साये की तरह साथ रहने वाली ललिता इस बात की साक्षी होगी कि राणा के हाथों दिए गए पेय का पान कर ही मीरा ने प्राण त्यागे। नहीं, यह नहीं होगा। प्रजा में मीरा की पर्याप्त लोकप्रियता है। प्रजा, राणा के इस कुकर्म को क्षमा नहीं करेगी। सम्पूर्ण राज्य विद्रोह की अग्नि में जल उठेगा। नहीं, विक्रम ने कच्ची गोलियां नहीं खेली थीं। वह नेपथ्य में रहकर ही सब कुछ करेगा। ठीक है कि मीरा का उस पर विश्वास है। वह इस विश्वास का भरपूर लाभ उठाएगा पर वह सामने नहीं आएगा। उसने मन-ही-मन अपनी योजना को स्वरूप प्रदान कर दिया।

"ठीक है तुम कल प्रातः-पूजा के समय विष-पेय तैयार करो। उसे न तुम दोगे न मैं। दिया वह मेरे ही नाम पर जाएगा किन्तु किसी और के हाथों। बोलो प्रस्तुत हो?" राणा नें बीजावर्गी की ओर सीधे देखते हुए कहा।

"आज्ञा शिरोधार्य है महाराज!" बीजावर्गी ने सिर झुकाकर कहा। उसे प्रसन्नता थी चलो एक अबला के प्राण लेने का वह प्रत्यक्ष कारण नहीं बना। विष बनाना उसका कार्य है, प्राण लेना किसी और का दायित्व।

"ठीक है कल मेरी पूजा के काल, स्वयं विष-पात्र को लेकर पूजा-घर में पहुंचना।"

"जो आज्ञा महाराज!" बीजावर्गी ने पुनः सिर झुकाया।

"देखना कहीं कोई प्रमाद नहीं हो।" कर्मवती ने गम्भीरता से जोड़ा।

"मैं राजभवन के पालतू मार्जारों में से एक पर स्वयं विष की परीक्षा कर लूंगा और फिर दीवान के साथ पूजा-घर तक भी जाऊंगा जिससे वह मार्ग में कोई गड़बड़ नहीं कर पाए।" सूरजमल ने उठते हुए कहा।

"ठीक है, कल सारी कहानी समाप्त हो जाएगी। बहुत संताप दिया भक्तिमति मीरा ने इस राजघराने को!" व्यंग्यपूर्ण शब्दों में इस सभा को समाप्त करते हुए विक्रम भी उठ पड़ा।

एक सौ बीस

मार्जार विष-पान के साथ ही मर गया था—उसकी दो-चार बूंदों को कंठ में उतारते ही। सूरजमल प्रसन्नता से भरा बीजावर्गी के साथ राणा के पूजा-घर की ओर बढ़ा था। मारक विषयुक्त मधुर पेय को धारण किए बीजावर्गी के हाथ उसके लाख प्रयास के बाद भी किंचित कांप रहे थे। उसके पैरों का संतुलन बिगड़ रहा था।

"क्या बात है दीवान?" सूरजमल ने व्यंग्य किया था, "कहीं पाप-पुण्य के विश्लेषण में तो नहीं पड गए? तुम्हीं ने तो कहा था राजनीति में पुण्य क्या पाप क्या?"

बीजावर्गी कुछ नहीं बोला। उसका चेहरा काला पड़ आया था। उसें लगा बिना विष पिए ही वह विष के प्रभाव में आ गया था।

पूजाघर में उसने प्रविष्ट किया तो महाराणा की पूजा समाप्त हो गई थी, वह भोग लगाने की प्रतीक्षा में ही खड़े थे। राजमहल का पुजारी दयाराम पांडे भी आज विक्रम के पार्श्व में खड़ा था।

"इस मधुर पेय को मूर्ति के पाद-प्रदेश में रख दें दीवान साहब!" विक्रम ने बीजावर्गी को सम्बोधित किया और दीवान ने कांपते हाथों उस विष-पूरित पात्र को कृष्ण-मूर्ति के समक्ष रख दिया।

"इसमें तुलसी-दल छोड़िए पुरोहित जी!" विक्रम ने दयाराम पांडे को सम्बोधित किया।

"त्वदीयं वस्तु गोविन्द, तुभ्यमेव समर्पये," पुजारी ने मन्त्रोच्चारण के साथ तुलसी के पांच पत्ते पात्र में छोड़ दिए। सूरजमल ने ऊपर टंगी घण्टी को जोर से टुनटुनाया। बीजावर्गी अब तक पूजागृह के बाहर आ गया था और अपने शरीर के संतुलन को बनाए रखने के लिए दीवार के सहारे खड़ा हो गया था।

"इसे भाभी को दे आइए पुजारी जी। श्रीकृष्ण को अर्पित इस विशेष पेय की अधिकारिणी वही हैं।"

"मीराबाई को?" पुजारी दयाराम पांडे ने पूछ लिया।

"हां।" विक्रम ने कहा।

पुजारी दयाराम पांडे ने निःशंक भाव से उस पात्र को उठाया और मीरा के कक्ष के द्वार तक पहुंच गया।

मीरा अन्दर ललिता के साथ अपने गिरधर को पहनाने के लिए माला गूंथने में लीन थी।

"मैं अन्दर आ सकता हूं?" दयाराम पांडे ने कक्ष के द्वार पर रुक कर कहा।

मीरा और ललिता की आंखें एक साथ द्वार की ओर उठीं। दोनों दयाराम को पहचानती थीं।

"आइए, आइए पुजारी जी।" मीरा ने आवाज दी।

"महाराणा ने अपने श्रीकृष्ण विग्रह को अर्पित यह विशेष पेय आपके लिए प्रेषित किया है।" दयाराम ने कटोरे को मीरा के हाथों में थमाते हुए कहा।

"वाह! मेरे श्रीकृष्ण का प्रसाद?" मीरा ने उस आवश्यकता से अधिक बड़े पात्र में तैरते तुलसी-पत्रों पर ध्यान दिया और झट पात्र को मुंह से लगा लिया।

"ठहरो मीरा!" ललिता के मुख से निकला, "यह पात्र इतना बड़ा क्यों है और नित्य की तरह राणा स्वयं इसे क्यों नहीं लाए? मुझे इसमें किसी षड्यंत्र का भान हो रहा है, यह प्रसाद नहीं···।"

"विष है यही न?" मीरा ने किंचित् मुसकराकर कहा, "फिर भी यह श्रीकृष्णार्पित है। मेरा श्रीकृष्ण जिसे पी सकता है उसे मैं कैसे तिरस्कृत कर सकती हूं? जय श्रीकृष्ण!" और मीरा गट-गट कर कटोरे का सारा पेय पी गई। पीने के साथ ही पात्र उसके हाथ से छूटकर झन्न से भूमि पर जा गिरा और मीरा संज्ञाहीन हो एक ओर लुढ़क गई।

"धोखा। धोखा हुआ है हमारे साथ।" ललिता चिल्लाई, "यह क्या किया पुजारी दयाराम पांडे तूने?" मीरा की ओर बढ़ती ललिता बड़बड़ाई, "ब्राह्मण होकर एक अबला के प्राण के घातक बने तुम?"

"निर्दोष। मैं निर्दोष हूं। श्रीकृष्ण की शपथ।" पुजारी दयाराम पांडे ने कहा और कक्ष से तीर की तरह निकलते हुए भागा, "मैं अभी राजवैद्य को बुलाता हूं।"

"अनर्थ हो गया महाराज!" अभी पूजाघर में ही खड़े विक्रमाजीत को सम्बोधित कर पुजारी बोला, "बीजावर्गी ने कौन-सा पेय तैयार किया था? उसे पीते ही मीरा चेतना-शून्य हो गई। मुझे लगता है घातक विष था उस पात्र में। राजवैद्य को तत्काल बुलाया जाय।"

"शांत।" विक्रमाजीत ने गम्भीर शब्दों में कहा, "उस पात्र में क्या था उससे तुम्हें कोई सम्बन्ध नहीं पांडे दयाराम और हां न तो तुम राजवैद्य को बुलाने जा रहे और न इस भेद को किसी पर खोलने ही। यह राजाज्ञा है। और राजाज्ञा के उल्लंघन का अर्थ जानते हो न?"

"जानता···जानता हूं महाराज!" पुजारी ने लड़खड़ाते शब्दों में कहा और वहीं जड़वत् खड़ा हो गया।

"अब सभी अपने-अपने स्थान को जाओ और यह भेद भेद ही बना रहे। क्यों?" विक्रम ने दीवान बीजावर्गी, सूरजमल और पुजारी दयाराम पांडे को सम्बोधित किया।

"जी हां, महाराणा।" दयाराम पांडे और बीजावर्गी ने एक साथ कहा। दोनों का स्वर कांप रहा था। सूरजमल कुछ नहीं बोला। उसने मुसकराते हुए विक्रम की ओर देखा। विक्रम ने मुसकराहट का उत्तर मुसकराहट से दिया। दोनों अन्दर-अन्दर प्रसन्न थे, उनकी योजना सफल जो हो गई थी।

एक सौ इक्कीस

पर सफलता किसकी दासी है? किसकी अनुगामिनी? किसी कर्म की सफलता और असफलता का कारण कौन बनता है? व्यक्ति? और उसके प्रयत्न? नहीं तो। अगर ऐसी बात होती तो स्वयं श्रीकृष्ण को गीता में क्यों कहना पड़ता—मात्र कर्म में ही तुम्हारा अधिकार है फल में नहीं—कर्मण्येवाधिकारास्ते मा फलेषु कदाचन:?

विक्रमाजीत को अपने दुष्प्रयास में सफलता नहीं मिली। ललिता एक दिन और एक रात मीरा के संज्ञाहीन शरीर को अपनी गोद में लिए पड़ी रही। निरन्तर श्रीकृष्ण नाम लेने और श्रीकृष्ण के चरणामृत को ही उसके मुंह में हर दो क्षण के पश्चात् एक रजत चम्मच से डालने के सिवा कोई उपाय नहीं था उसके पास। किसी वैद्य को बुलाने का भी खतरा वह नहीं उठा सकती थी। पता नहीं कौन भेषज्ञ कौन-सा विष अपनी औषधि में घोल जाए?

अपने-अपने कक्ष में विक्रमाजीत, कर्मवती और सूरजमल एक विशेष घड़ी की प्रतीक्षा में थे जब मीरा के कमरे से ललिता का घोर क्रन्दन उठता और मीरा की मृत्यु सिद्ध हो जाती। पर यह घड़ी किसी वायवीय कल्पना की तरह एक छलना ही बनी हुई थी। दास-दासियां जो मीरा के कक्ष के सामने से गुजरतीं उनसे कोई ऐसा संकेत नहीं मिलता जिससे उन्हें कोई आश्वस्ति प्राप्त हो सकती। इस मारक विष को प्रभावी होने में इतना विलम्ब ? इस षड्यंत्र के सभी सहभागी आश्चर्य कर रहे थे।

उधर मीरा का सम्पूर्ण शरीर जो नीला पड़ गया था, अर्द्धरात्रि के पश्चात् शनैः-शनैः सामान्य होने लगा। सम्पूर्ण शरीर पर फैली नीलिमा धीरे-धीरे हल्की होने लगी और रात्रि के एक प्रहर शेष रहते ही मीरा की बड़ी-बड़ी बन्द पलकें खुल गईं। उसके मुंह से क्षीण स्वर में निकला—"श्रीकृष्ण ! मेरे स्वामी !"

ललिता जैसे किसी वन-मयूरी की तरह प्रसन्नता से नाच उठी। उसकी आंखों से प्रसन्नता के आंसुओं का अविरल प्रवाह आरम्भ हो गया।

"मीरा !" उसने उसके चेहरे पर झुककर धीरे से पुकारा।

"ल लि ता !" मीरा ने धीरे से प्रत्युत्तर दिया।

"कैसी हो मीरा ?" ललिता विचलित स्वर में बोली।

"ठीक···ठीक···हूं···ललिता···क्या···हो···गया था मुझे ? कितनी···देर···तक···सोती···रही···मैं ?" मीरा दुर्बल स्वर में बोली।

"कुछ नहीं हुआ था सखि, तुम्हें," ललिता ने बात छिपानी चाही, "हां, तुम कुछ देर तक सोती रही। थोड़ा रुको मैं अभी कोई पेय बनाकर लाती हूं। तुम बहुत दुर्बल हो गई हो।" ललिता उठने को हुई।

"नहीं, नहीं," अपने दुर्बल दाहिने हाथ को उठाकर मीरा ने धीरे से हिलाया, "मुझे अब सारी बातें स्मरण हो रही हैं। राणा ने मुझे चरणामृत के रूप में विष प्रदान किया था। श्रीकृष्ण-कृपा से मैं बच गई। अभी कुछ भी खाना-पीना घातक होगा। मैं मरना नहीं चाहती। मैं राणा को दिखा देना चाहती हूं कि मेरे श्रीकृष्ण के समक्ष वह कितना असमर्थ और निरीह है। अभी केवल तुलसी-दल युक्त चरणामृत ही दिए जाओ। पर हां, कक्ष का द्वार खोल दो जिससे राणा और उसके षड्यंत्रकारियों को पता लग जाय कि श्रीकृष्ण ने उनके सारे प्रयासों पर पानी फेर दिया।"

ललिता ने मीरा के शरीर की ओर ध्यान से देखा। वह नीला रंग उसपर से पूर्णतया उतर चुका था और कच्चे स्वर्ण-सा उसका स्वाभाविक रंग धीरे-धीरे वापस आने लगा था।

उसने कक्ष के कपाट खोल दिए। बाहर से हवा के एक हल्के झोंके ने कमरे में प्रवेश कर वहां के वातावरण को प्राणवन्त कर दिया।

कक्ष के कपाट के खुलने की सूचना सबसे पूर्व महाजन वीजाबर्गी के पास पहुंची। उसकी आशंका पराकाष्ठा पर पहुंच गई। विलम्ब होने से ही उसे लग रहा था कि विष निष्प्रभावी हो रहा है। गले में उतरने के साथ ही उसे मीरा की इह-लीला को निःशेष कर देना था।

वह सर्वप्रथम. अपनी आशंका को सम्पुष्ट करने के लिए मीरा के कक्ष के

सामने से गुजरा। कमरे में उसने मीरा को करवटें बदलते देखा। तो मीरा सचमुच जीवित थी उसके पैर एक क्षण को जड़वत हो गए। हाथी के पैरों की तरह भारी हो आये उसके पैर मीरा के कक्ष के सामने से उठे ही नहीं। पर नहीं, यह समय वहां रुकने का नहीं था। अब तक तो वह पृष्ठभूमि में ही था कम-से-कम जहां तक मीरा का संबंध था। अगर इस कृष्ण-भक्त को यह बात ज्ञात हो जाये कि बीजावर्गी ही इस पूरे षड्यंत्र का सूत्रधार था तो उसके पूरे परिवार और वंश की कुशल नहीं थी। पता नहीं मीरा की आह कौन गाज बनकर उसके पूरे खानदान पर गिरे और पूरा बीजावर्गी जाति ही अभिशप्त हो जाय।

बीजावर्गी अपने प्राणों की पूरी शक्ति अपने पैरों में उतार मीरा के कक्ष के सामने से आगे बढ़ने में सफल हुआ।

"कौन था ललिता ?" मीरा ने बीजावर्गी को देख लिया था अपनी अधखुली और धूमिल आंखों से। वह उसे ठीक से पहचान नहीं पाई थी।

"बीजावर्गी ! महाजन बीजावर्गी।" ललिता ने उत्तर दिया, "मुझे पता लगा है आपको जो हलाहल दिया गया उसका प्रबन्ध इस दीवान ने ही किया था।"

"श्रीकृष्ण इसका कल्याण करें।" मीरा ने दुर्बल वाणी में कहा।

पर श्रीकृष्ण कहां इसका कल्याण करने वाले थे ? वह पूर्णतया तटस्थ परब्रह्म तो न किसी का भला करता है न किसी का बुरा। कार्य-कारण-सम्बन्ध का नियम इस पूरी सृष्टि में कार्य-रत है। सबको अपने-अपने कर्मों का फल मिलता है। अच्छे का अच्छा, बुरे का बुरा। मीरा ने बीजावर्गी को अभिशाप नहीं दिया पर बीजावर्गी कौम अब भी अभिशप्त है—विपन्नता इस जाति का पर्याय बन गई है और विपत्ति पर विपत्ति इसकी नियति। जी नहीं, यह अन्धविश्वास नहीं है, यह है सृष्टि के अकाट्य नियम की अभिव्यक्ति। कर्म-फल की क्रीड़ा। हां, कभी-कभी एक व्यक्ति का दुष्कर्म ही पूरी जाति और समाज के दुर्भाग्य का बीज-वपन कर जाता है !

एक सौ बाईस

अब बात छिपाने से कोई लाभ नहीं था। इसके पूर्व कि विक्रमाजीत और कर्मवती के पास कोई और उस विस्मयकारी संवाद को पहुंचाए, बीजावर्गी स्वयं राणा के कक्ष में पहुंचा। राजमाता और सूरजमल वहां पहले से ही उपस्थित थे। आशंका-जनित आकुलता उनके चेहरे पर चिपकी पड़ी थी। आन्तरिक उद्वेग उनके आनन पर पूर्णतया लक्षित था। स्पष्टतः तीनों ने शुभ संवाद की प्रतीक्षा में रात्रि-जागरण किया था और उनका एक-एक पल पहाड़ हो आया था।

"कोई संवाद ? मीरा समाप्त हो गई ?" बीजावर्गी को द्वार पर देखते ही तीनों के मुख से प्रायः एक साथ निकला था।

"नहीं, मीरा जीवित है। विष निष्प्रभावी हो गया।" बीजावर्गी ने स्पष्ट कहा। अब उसे किसी राजदंड का भय नहीं था। विष परीक्षित होकर ही मीरा

को दिया गया था और दिया था स्वयं दयाराम पांडे ने।

एक क्षण को बिक्रम का सम्पूर्ण शरीर क्रोधाभिभूत हो आया था पर दूसरे ही क्षण उस क्रोध का स्थान एक अवसाद ने ले लिया। वे बीजावर्गी पर क्रोध करने के अनौचित्य को समझ गए थे और अब सिवा अपने दुर्भाग्य को कोसने के अलावा और कुछ नहीं बचा था।

रानी कर्मवती और सूरजमल के मुख ग्रहण-ग्रहित चंद्रमा की तरह म्लान हो आये और उनके मुख से एक क्षण को कुछ नहीं निकला।

"यह तो चमत्कार घट गया।" अन्ततः कर्मवती ने मुंह खोला।

"हां, उसे चमत्कार के अतिरिक्त और क्या कहेंगे राजमाता?" बीजावर्गी ने आरम्भ किया, "उस श्रीकृष्ण ने अपने जीवनकाल में भी अनेक चमत्कार दिखाए—पूतना को प्राणगत किया, कंस को समाप्त किया, कुवलयापीड़ सदृश गजराज को धूलि चटाई, द्रौपदी को वस्त्रों के अम्बार से ढक दिया, कुरुक्षेत्र के मैदान में मुठ्ठी भर पांडवों को कौरवों की विशाल वाहिनी के विरुद्ध विजय दिलाई और अब यह मरने के बाद भी चमत्कार करने से बाज नहीं आता। मुझे तो लगता है अपने भक्तों और भक्ताओं की रक्षा के लिए यह कुछ भी……।"

"चुप करो।" विक्रमाजीत जोर से उखड़ा, "मैं किसी चमत्कार आदि में विश्वास नहीं करता।"

"अब तुम्हारे विश्वास करने-न-करने से क्या होता है विक्रम! यहां तो घोर चमत्कार घटित हो गया। हलाहल पीकर भी मीरा जीवित बच गई। मुझे भी लगता है उसकी कृष्णभक्ति ने ही रंग लाया है। ठीक कहा महाजन बीजावर्गी ने उस कृष्ण का कोई ठिकाना नहीं, असंभव को भी संभव और संभव को भी असंभव करना उसके बायें हाथ का खेल है। सुना गुरु संदीपनि के मृत लड़कों को यम के यहां से ही उठा लाया था और मरने के बाद भी उसके चमत्कार क्या कम विख्यात हैं? उस ब्राह्मण वल्लभाचार्य को तो उसने अमर ही कर दिया। सुना श्रीनाथ जी की मूर्ति के रूप में उसे साक्षात् दर्शन दिए। तभी तो ये वल्लभ सम्प्रदायी इठलाए चलते हैं। और उस अंधे सूर को जो श्रीनाथ जी की स्तुति के पद गाता रहा? उसे तो सुना कि हाथ पकड़ कर यहां से वहां ले जाता था। मैं तो कहूं बीजावर्गी ठीक ही……।"

"मां तुम भी सठिया गई हो।" विक्रम जोर से उखड़ा, "चमत्कार आदि कुछ नहीं, यह सब इस बीजावर्गी का दोष है।" बीजावर्गी को काटो तो खून नहीं। लो अब उसका दोष किधर से आ गया? हलाहल की परीक्षा तो बिल्ली तक पर की गई और उसकी दो बूंदें चाटते ही उसकी हो गई इति श्री। अब यह साक्षात् चक्रधारी श्रीकृष्ण ही मीरा की रक्षा करने पर अड़ा हो तो बीजावर्गी का बाप भी उसका क्या बिगाड़ेगा? मुझे तो डर है कि अगर मैंने अब कुछ ऐसा-वैसा किया तो शिशुपाल की तरह वह मेरी ही गर्दन को धड़ से अलग नहीं कर दे। बहुत हुआ। हो गई राणा-वंश की दीवानगी। अब तो इस राजघराने से छुट्टी मिल जाय, इसी में कुशल है।

"हां, यह बीजावर्गी की ही बेवकूफी का परिणाम है।" सूरजमल ने अन्ततः कहा, "देना था तो मीरा को एक ही बार भरपूर विष देना था। यह जो दो महीने

तक धीरे-धीरे चरणामृत में जहर घोलकर देने की क्रिया चली उसी ने सत्यानशा कर दिया। मीरा को विष पचाने की आदत पड़ गई। उसके शरीर की अवरोधक क्षमता बढ़ गई और अन्ततः विष का भरा कटोरा भी उसका कुछ नहीं बिगाड़ सका।"

"ठीक कहते हो," विक्रम चहका, "अब भेद आया समझ में। आरम्भ से ही सारी योजना गलत हो गई। इस बीजावर्गी के बच्चे को समझ भी कितनी है?"

"मेरा दोष भी इसमें कितना है?" बीजावर्गी निश्शंक बोला, "धीरे-धीरे विष देकर अन्ततः उसे अशक्त कर मार देने का उपक्रम भी तो विक्रम और राजमाता का ही था? सांप भी मरे और लाठी भी सुरक्षित रहे, यह नीति तो राजघराने की ही थी?"

विक्रम कुछ देर तक चुप रहा। फिर अकस्मात् बोल पड़ा, "तुम्हारी जीभ लम्बी हो रही है बीजावर्गी, अब कुशल इसी में है कि तुम इस राजभवन को त्याग कर अपने गांव चले जाओ। तुम्हारी उपयोगिता निःशेष हो गई। एक साधारण औरत की हत्या को भी तुम सुनिश्चित नहीं कर सके।"

'वह साधारण किधर से है?' बीजावर्गी के मन में आया कह दे, 'श्रीकृष्ण दीवानी कोई सामान्य महिला होती है? और जिसकी स्वयं भगवान ही रक्षा करे उसका बाल बांका सौ बीजावर्गी भी कर सकते हैं क्या? और वह जानता नहीं क्या कि ये राजदर्प से चूर लोग श्रीकृष्ण की चाहे जो खिल्ली उड़ा लें वह साक्षात् भगवान का ही अवतार था? वल्लभ सम्प्रदाय वाले यों ही थोड़े बोलते हैं कि राम, परशुराम आदि तो अंशावतार थे, कृष्ण तो स्वयं भगवान थे। और यह चमत्कार क्या आज घटा है? भगवत्भक्तों के साथ तो चमत्कार घटते ही रहते हैं। किसी के मानने न मानने से उनका घटना बन्द हो जाएगा? प्रह्लाद को जलाने चली होलिका कैसे स्वयं आग में जल मरी? और वह अहंकारी रावण! निहत्थे राम ने कैसे उस त्रिलोक-विजयी का काम तमाम कर दिया? इन नास्तिकों को, जो स्वप्न में भी भगवान का नाम नहीं लेते उनके चमत्कार के दर्शन कैसे होंगे? कैसे समझ पायेंगे ये कि अठारह स्थानों से टेढ़ी कुब्जा कृष्ण के एक स्पर्श से ही सीधी हो सकती है? दीपक तले ही अंधकार होता है कि नहीं। अब इसी चित्तौड़गढ़ की इस कालिका-मंदिर में कम चमत्कार घटते हैं? कितनों को तो जीवन-दान दिया है इस देवी ने! कौन नहीं जानता कि कितने पक्षाघात-ग्रस्त रोगी शय्या पर टांग-कर आए हैं इस देवी प्रांगण में और बात की बात में स्वस्थ हो यहां से पांव पैदल चलकर गये हैं? अब आंख वालों को भी कोई क्या मार्ग दिखाए? जब देवी कालिका ऐसे चमत्कार कर सकती है तो उन देवों और देवियों के भी देव श्रीकृष्ण ने अपनी भक्तन को प्राण-दान ही दे दिया तो कौन बड़ा चमत्कार कर गया? जाना तो चाहता ही है वह इस अभिशप्त राजघराने से। जहां भगवद्-भक्ति भी पाप मानी जाती हो और उसके लिए प्राण-दण्ड तक की क्रूरता पर उतरा जाय, वहां कौन रहना चाहेगा? विशेषकर तब जब इस घोर पाप-कर्म का सहभागी उसे भी बनना पड़ता हो—रोटी के दो टुकड़े के लिए।'

"क्या सोच रहे हो बीजावर्गी?" विक्रम जोर से बोला।

"वही जो आपने कहा।"

"तब विलम्ब किस बात का ? शीघ्र अपना काला मुंह यहां से बाहर ले जाओ।"

"जिस महल में इतने दिन बिताए, उसे छोड़ने में कुछ मोह तो लगना ही है," सूरजमल ने व्यंग्य किया, "बेचारा श्रीकृष्ण के चमत्कार से अभिभूत है। मीरा के श्राप का इसे भय है। अरे बात तो स्पष्ट है जिसे रोज विष देते रहोगे, उसे एक दिन कुछ अधिक ही दे दिया तो उससे क्या अन्तर पड़ता है ?"

"कुछ कैसे सूरज ? उसे तो हलाहल का पूरा कटोरा दिया गया था। तुम भी विक्रम की तरह नास्तिकों की तरह बातें करने लगे ? अवश्य मीरा पर श्रीकृष्ण की···।"

"श्रीकृष्ण, श्रीकृष्ण, श्रीकृष्ण और श्रीकृष्ण," विक्रम बिफरा, "अब बस भी करो राजमाता ! यह अन्धविश्वास तुम्हें शोभा नहीं देता।" और वह बीजावर्गी की ओर मुड़ा, "तुम खाली करते हो दीवान इस राजभवन को या···?"

"मैं अभी जाता हूं महाराज !" बीजावर्गी तत्काल मुड़ते हुए बोला और धीरे-धीरे बुदबुदाता गया, "अन्धविश्वास ? यह तो समय ही बताएगा राणा कि अन्धविश्वासी कौन है। भगवान में विश्वास करने वाला अथवा उसमें अविश्वास करने वाला। बीजावर्गी तो चला इस पाषाण-महल से परे इसमें रहने वालों का श्रीकृष्ण ही भला करे।"

एक सौ तेईस

जीवन-यात्रा अपने में एक कैसी अद्भुत अनुभूति है ? कभी ध्यान दिया है किसी ने ? धरती पर नियति के द्वारा प्रायः असहाय छोड़ दिया गया मानव-प्राणी एक अनिश्चित भविष्य की ओर किन डगमगाते पैरों से बढ़ता है, इसके लिए किसी साक्ष्य की आवश्यकता है क्या ? अधिकांशतः प्राणी तो पृथ्वी का स्पर्श पाते ही क्षणों में उछल-कूद में लीन हो पृथ्वी पर निर्धारित अपनी अवधि को व्यतीत कर देने को कटिबद्ध हो आते हैं—दुःखपूर्वक अथवा सुखपूर्वक। पर ठीक ही कहा किसी विदेशी दार्शनिक ने इस निरीह मानव का जीवन कभी पाटल-पुष्पों को 'सेज' नहीं रहा—लाइफ इज नॉट ए बेड ऑफ रोजेज। मातृगर्भ से बाहर आते ही वह पराश्रित हो जाता है। जीवन के एक-दो-वर्ष तो माता, पिता, भाई-बन्धुओं के स्कन्धों और क्रोड़ों में ही कट जाते हैं। शेष तीन-चार वर्ष इस अनिश्चित जीवन-पथ पर पैर रोपने की कला के ज्ञान में ही देखते-देखते समाप्त हो जाते हैं।

चलने, मचलने आ जाने के बाद भी स्वावलम्बन का महत्त्वपूर्ण सहारा, किसी-किसी को ही जीवन-पथ का सामना करने हेतु मिल पाता है। लोहे को अग्नि-आंच में तपकर इस्पात बनने का सौभाग्य कभी-कभी ही मिलता है। अधिकांश बाईस-तेईस वर्ष के अमूल्य-जीवन को अभिभावकों—स्नेहशील माता-पिता और परिजन-पुरजन, गुरु-शिक्षक—की छत्र-छाया में ही व्यतीत कर देने को बिवश होते हैं।

तब कहीं आरम्भ होती है जीवन की असल परीक्षा। जीवन-यात्रा पर एकाकी बढ़ चलने का सुखद और दुखद अनुभव? जीवन रूपी शटक क्या सतत् सपाट और सलिलसिंचित राजमार्गों से ही गुजरता है? नहीं, अधिकांश स्थितियों में तो उसे उबड़-खाबड़, कंटीले, पथरीले मार्गों से मार्ग ढूंढ़ते और हिचकोले खाते गुजरना पड़ता है। हाय रे मनुष्य, विश्व के सर्वश्रेष्ठ प्राणी के रूप में भी विधाता ने सुख के कितने दाने डाले हैं तुम्हारे समक्ष? अधिकांश तो दुर्भाग्य, दुख और दारिद्र्य के ही कण हैं जिन्हें अपना पाथेय बना इस पथ पर चलने को तुम विवश होते हो। किसी ने क्या मिथ्या कहा कि विश्व में तीन अंश जल है, एक ही अंश धरती। इसी तरह दुख के अनन्त सागर में सुख के एक-दो द्वीप कहीं-कहीं सिर उठाए खड़े हैं; उन्हीं को अपना संबल बना इस जीवन-यात्रा को काट लो तो काट लो वर्ना यह पूरा जीवन एक दीर्घ दुःस्वप्न तो है ही।

बीजावर्गी भी राजमहल से निष्कासित हो जीवन के एक दुर्गम पथ पर चल पड़ा था। अब तक का जीवन तो बहुत सुख-शान्ति में व्यतीत हुआ था। राजसी ठाट-बाट थी। चित्तौड़गढ़ की दीवानी कोई साधारण बात थोड़े थी? जनता में रौब-दाब थी तो राजन्य वर्ग में प्रचुर सम्मान। महल की राजनीति और दांव-पेंच में भाग लेने का एक पृथक आनन्द था। पर अब? अब इसी महल-राजनीति ने उसे कहीं का नहीं छोड़ा। जिसके लिए चोरी की उसी ने चोर की संज्ञा से उसे अभिषिक्त कर दिया। सब कुछ तो वह राणा और राजमाता की प्रसन्नता के लिए ही करता रहा और आज उन्होंने उसे दूध की मक्खी की तरह निकाल फेंका। उन्होंने या मीरा के श्रीकृष्ण ने? लाख कोई कहे कि धीरे-धीरे विष देने की प्रक्रिया ने ही अन्तिम विष को निष्प्रभावी कर दिया पर उसका मन नहीं मानता। हलाहल था हलाहल जिसे उसने मीरा तक भिजवाया था। उसे तो कंठ में उतरते ही मीरा के प्राणों को कंठगत हो जाना था। पर हुआ ऐसा? मीरा पचा गई कि नहीं उस जहर को? मीरा या उसका श्रीकृष्ण? कहीं श्रीकृष्ण ही तो उसके कंठ में आसीन हो सारा जहर गट-गट कर नहीं पी गया? क्या असंभव है उसके लिए? सुना एक बार ग्वालबालों को घेरे आ रहे पूरे दावानल को भी वह किशोरावस्था में ही पी गया था। हे प्रभु, हे श्रीकृष्ण, कितना अपराध बन गया था उससे। राजमहल के भोगों की आसक्ति ने उससे कैसा दुष्कर्म करा दिया? क्या प्रायश्चित था उसका? शायद कुछ भी नहीं। अब वह, उसका परिवार और उसकी पीढ़ी-दर-पीढ़ी सदा के लिए अभिशप्त हो गए। सुना भक्तापराध नहीं क्षमा करता है यह कृष्ण-कन्हैया। उसका चाहे जितना बिगाड़ लो, वह कुछ करने से रहा पर जहां उसके भक्तों का बाल-बांका करने का भी प्रयास किया तो कहीं का नहीं छोड़ेगा वह।

बीजावर्गी की चिन्ता का कोई अन्त नहीं था। अपने परिवार के साथ एक साधारण शटक पर लदा-फदा वह राजस्थान के रेगिस्थानी पथ पर बढ़ता जा रहा था—एक अनिश्चित और भयावह भविष्य की ओर। पता नहीं अपना पुश्तैनी मकान किसी काम का भी रह गया था या नहीं? या वर्षों की उपेक्षा ने उसे मिट्टी के ढूह में ही परिवर्तित कर दिया था? कहां रहेगा वह अपने इस कुनबे के साथ? उसके परिवार का कोई सदस्य उससे कुछ नहीं बोल रहा। सदा से वाचाल पत्नी भी मुंह छिपाए बैठी है। बच्चे सहमे-सहमे से हैं। गाड़ी रेतीले पथ पर मन्थर गति

से बढ़ रही है। थोड़ी ही देर में सूरज सिर पर आयेगा। पूरी रेत आग बन जाएगी। इस छोटे शटक में जल के पर्याप्त पात्र भी तो नहीं रखे जा सके हैं। इस जल से वे स्वयं की प्यास बुझायेंगे या हांफते-दम-तोड़ते, शकट खींचने में व्यस्त इन वृषभों के? इसी मरु में मर मिटने की नियति है क्या पूरे परिवार और इन पशुओं के साथ उसकी? हे प्रभु, बहुत महंगा पड़ा राजभवन के कुचक्र में पड़ इस कृष्ण-भक्ता को प्रताड़ित करने का प्रयास? प्रताड़ित क्या प्राण लेने की ही दुरभिसन्धि। तो प्राण का बदला तो प्राणों से देना ही पड़ेगा। भले ही किसी प्रकार बच जाय उसकी पत्नी और बच्चों की जान पर यह प्राणघाती पश्चाताप उसे कहां छोड़ने को है? जिसे श्रीकृष्ण का ही कोप-भाजन बनना पड़ा उसकी रक्षा में कौन समर्थ है?

और यह राणा-परिवार? सोच रहा था बीजावर्गी, क्या बनेगा इसका? मीरा का प्रताड़न तो प्रताड़न एक निरपराध का निष्कासन उसे शान्त और समृद्ध रहने देगा क्या? हां, निरपराध नहीं तो और क्या था वह। राणा और राजमाता के कहने पर ही तो वह सारे पापड़ बेल रहा था और जब उनके सारे प्रयास विफल हुए तो सारा दोष उसी के सिर मढ़ गया। नहीं, नहीं चलेगी राणा और उसकी माता की मनमानी। एक अबला वह भी प्रभु-प्रेम को समर्पिता को सताने का दुष्परिणाम बिजली बनकर गिरेगा इस अभिशप्त महल पर। आज नहीं तो कल गिरेगा, अवश्य गिरेगा। बीजावर्गी विक्षिप्त-सा बड़बड़ा रहा था और उसकी बैल गाड़ी, कहने को उसका, वह राज-रथ, रेतीले विस्तार में हिचकोले खाता मन्द गति से बढ़ता जा रहा था।

एक सौ चौबीस

मीरा को विष देने और उसे जीवित रहने की बात, बात की बात में महल के एक कोने से दूसरे कोने में फैल गई। विक्रमाजीत, कर्मवती और सूरजमल की आशंका और अशान्ति का कोई अन्त नहीं था। अगर यह बात प्रजा-जन में व्याप्त हो गई तो? तो कुशल था राज्य और राजमहल का? एक कृष्ण-भक्ता को समाप्त करने का प्रयास क्षमा कर पायेगी प्रजा? मीरा की लोकप्रियता अब तक चतुर्दिक् व्याप्त हो गई थी। विशेषकर आदिवासियों की तो वह जीती-जागती देवी ही बन आई थी। वे तीर-कमान लेकर महल पर चढ़ आये तो? सम्पूर्ण राज्य में घूम-घूमकर क्रान्ति की ज्वाला सुलगा दी तो?

नहीं, उसे रोकना ही होगा। यह दुःसंवाद किले की चहारदीवारियों को पार कर हवाओं के स्कन्ध पर सवार हो चतुर्दिक् व्याप्त हो जाय उसके पूर्व ही इसे रोकना होगा। पर कैसे? त्रिमूर्ति पुनः कर्मवती के कक्ष में जमी।

"क्या होगा अब? कैसे इस दुःसंवाद को सर्वत्र होने से रोका जा सकेगा? अब तो हम कहीं के नहीं रहे।" व्यग्र विक्रमाजीत ने ही मौन तोड़ा।

"हां, अब क्या होगा?" कर्मवती चिन्तित होकर बोली, "उस कृष्ण ने तो कहीं का नहीं छोड़ा हमें? इस कर्मजली को इष्ट भी करना था तो इस करामाती

कृष्ण का ही।"

"अब चुप भी रहिए राजमाता।" विक्रम खिन्न होकर बोला, "लगता है आपके सिर पर भी चमत्कार का जादू चढ़कर बोलने लगा है। अरे यह तो हमारी मूर्खता ने और उस बीजावर्गी के परामर्श ने हमारे प्रयासों पर पानी फेर दिया वर्ना इस हलाहल के पान के पश्चात् क्या बचती वह तथाकथित कृष्ण दीवानी ? मन्द विष ने उसके शरीर की सहन-शक्ति को वृद्धिशील बना दिया वर्ना यह विष पचा जाना उसके बूते की बात कहां थी ?"

"तुम भी तो एक ही राग ले बैठे हो, मन्द विष, मन्द विष।" कर्मवती प्रायः आशंका और भय से कांपती हुई बोली, "तुम्हें पता नहीं कि इस कृष्ण ने कालिया-नाग के विष को भी व्यर्थ कर दिया था तो तुम्हारे इस कटोरे भर जहर को अमृत में बदल देना कौन मुश्किल काम था उसके लिए।"

"मां क्षमा करना तुम सठिया गई हो," विक्रम झुंझलाकर बोला, "कहां का भगवान और कहां की भक्ति ? मीरा के समान कुलच्छनी की रक्षा में कृष्ण कूदता रहे तो प्रलय ही नहीं हो जाय इस धरती पर। और लाख कृष्ण और राम चाहें कहीं विष अमृत बना है ?"

"तुम लोग जो कहो, पर मेरा मन तो अब मानता नहीं। जरूर जादूगरनी है यह मीरा ! कृष्ण को साथ रखा है उसने। इससे पार पाना मुश्किल है।" कर्मवती चिन्तित स्वर में बोली।

"अभी तो कुछ और सोचो मां।" विक्रम प्रायः अधीर होकर बोला।

"क्या ?"

"इस दु:संवाद को फैलने से रोकने की बात।"

"मेरी समझ अब काम नहीं कर रही। तुम्हीं लोग अपनी बुद्धि लगाओ।"

"अर्थात् तुम पर भी भक्तिमती मीरा का प्रभाव पड़ गया ?" विक्रम व्यंग्य से बोला।

"अब यही समझ लो।"

"चिन्तित नहीं हो भाई साहब मेरे पास उपाय है।" सूरजमल बोला।

"किसका ?" विक्रम खोया-खोया सा बोल पड़ा।

"इस संवाद को फैलने से रोकने का।"

"कैसे ?"

"इस संवाद को ही समाप्त कर। उसकी हत्या कर।" सूरजमल गंभीरता से बोला।

"भला संवाद की भी हत्या होती है ? शब्द भी मरते हैं ? हवाएं भी बहना बन्द करती हैं ? यह संवाद तो फैल कर रहेगा।" विक्रमाजीत को अपनी गद्दी असुरक्षित लग रही थी।

"संवाद नहीं मरता, पर संवाद का स्रोत समाप्त हो सकता है। हत्या संवाद की नहीं होगी। संवाद के स्रोत को ही नि:शेष कर देना होगा।"

"हे प्रभु ! पुनः हत्या का षड्यंत्र ?" कर्मवती बिफरी, "अभी तुम लोगों को विश्वास नहीं हुआ कि मीरा को मारना असंभव है। उसका रक्षक···।"

"चुप करें राजमाता," विक्रम बीच में ही बोला, "क्षमा करेंगी, औरतें

कुछ अधिक ही भावुक होती हैं। भक्ति-भाव का रंग भी उन पर शीघ्र ही चढ़ता है। मुझे लगता है कि आपका वश चले तो आप भी अब मीरा की शिष्या बन जायं। उसके चमत्कारों से आप भी चमत्कृत हो उठी हैं। हम अभी सिद्ध कर देंगे कि यह भक्ति-भाव व्यर्थ है, यह चमत्कार आदि कपोल-कल्पना के सिवा कुछ नहीं। सूरजमल ठीक कह रहा है। संवाद के स्रोत को ही समाप्त करना पड़ेगा और इस बार कोई खतरा नहीं मोल लेना है।"

"तो तुम क्या तलवार के घाट मीरा को उतारोगे?" कर्मवती चिंतित होकर बोली, "विष देने की बात फैले नहीं फैले, तुम्हारा यह नृशंस कर्म फैलने से शेष रहेगा?"

"कौन कहता है कि भाई विक्रम को खड्ग का प्रयोग करना है। सारा प्रबन्ध तो सूरजमल करेगा। अभी तो इन्हें केवल अपनी जिह्वा का प्रयोग करना है। शेष काम तो मैं कर लूंगा।"

"क्या मतलब?" विक्रम कुछ नहीं समझकर बोला।

"आपकी भाभी साहिबा अभी आप के प्रति पूर्ण आश्वस्त हैं। आप केवल मीरा और ललिता के मुंह को दो-चार दिनों तक बन्द रखने का प्रयास कीजिए जब तक मैं अपनी अचूक योजना में सफल नहीं हो जाऊं।"

"मुझ पर वे दोनों विश्वास करेंगी? उन्हें अनुमान नहीं लग गया है कि विष देने के मूल में मैं ही हूं?" विक्रम अविश्वास के साथ बोला।

"विश्वास करेंगी वे। अब तक नित्य चरणामृत तो आप ही देते रहे हैं? समझाइएगा यह विष की बात नहीं थी। प्रसाद बनने में कुछ त्रुटि रह गई थी, इसी का परिणाम था वहां ऐसे भी, मीरा भोली है। अन्दर-अन्दर आपके दुष्चक्र पर उसे विश्वास हो तो भी आपके कहने पर वह मुंह नहीं खोलेगी। आखिर कृष्ण-भक्त तो अपने को बताती ही है वह? उसकी इसी दुर्बलता का सहारा लीजिए। बताइए भक्त के हाथों किसी का बुरा होता है? पूरे राज्य के कल्याण को ध्यान में रख वह अपने मुंह को बन्द रखे।"

"वह बन्द रखे तो रखे और यह ललिता? यह तो एक ही लाल मिर्च है। यह मानेगी?" विक्रम ने शंका की।

"मीरा के कहने से वह भी मान जायेगी। अब आप देर मत कीजिए। आप उसकी सहानुभूति जीतिए, मैं अपने अभियान पर निकलता हूं।"

"तो तुम्हें निकलना भी पड़ेगा?"

"हां, अब इन चारदीवारियों में शक्ति नहीं रही मीरा को समाप्त करने की। उसका काल इस किले के बाहर बसता है।" सूरजमल कुछ सोचते हुए बोला।

"मैंने समझा नहीं।" विक्रम बोला।

"कुछ बातों को बाद में ही समझना ठीक रहता है।" सूरजमल मुसकराकर बोला।

"अब तुम लोगों के मन में जो आए करो, मैं उस पचड़े से अपने को बाहर ही करती हूं।" कर्मवती उठती हुई बोली।

"यही ठीक रहेगा राजमाता," सूरजमल भी उठ खड़ा हुआ, "कोमल-हृदय

राजमाता कर्मवती को अब हमारे कठोर अभियान से पृथक् ही रहना उचित है। पर ध्यान रहे राजमाता, इस भेद को भेद ही बनाए रखें।"

"यह भी मुझे बताने की आवश्यकता है क्या सूरजमल ?" कर्मवती ने एक क्षण रुककर सूरजमल की ओर सीधे देखते हुए कहा।

"नहीं।" सूरजमल ने निश्चयात्मक शब्दों में कहा और कर्मवती के कक्ष की यह कुमंत्रणा यहीं पर समाप्त हुई।

एक सौ पच्चीस

मृत्यु के हाथ ठंडे पर कठोर होते हैं। उसके निष्ठुर करों से कोई भाग्यवान ही बच निकलता है और बच भी निकलता है तो उसके मन-मस्तिष्क पर काल के खूंखार पंजों का साया एक बड़े समय तक छाया रहता है। मीरा ने अपने आराध्य कृष्ण को अपने नवीन जीवन के लिए धन्यवाद तो अवश्य दिया था पर जीवन और मृत्यु के मध्य व्यतीत हुई त्रासद घड़ियों को वह नहीं विस्मृत कर सकी थी। भले ही ललिता ने उससे कह दिया हो कि वह दीर्घ निद्रा से जगी है। पर वास्तविकता उससे छिपी कहां थी ? संज्ञा-युक्त होते ही उसने अपने केतकी वर्ण को नख-शिख नीले रंग में रंगा देखा था। किन्हीं अनाम गहराइयों में उतरते जाते अपने दुर्बल हृदय को वह बड़ी कठिनाई से सामान्य रखने में सफल हुई थी। जिह्वा अब भी किसी बलखाती नागिन की तरह स्थान-स्थान से टेढ़ी थी और उसपर कोई स्वर कठिनाई से ही चढ़ पाता था। शरीर की विभिन्न ग्रन्थियां, घुटने, केहुनियां, गर्दन जकड़े पड़े थे और उन्हें घुमाना मर्मान्तिक पीड़ा दे रहा था।

अग्नि-परीक्षा, कह लें विष-परीक्षा की यह तीसरी सुबह थी। रात्रि में उसे नींद तो आई थी पर बार-बार आए दुःस्वप्नों ने उसे सोना दूभर कर दिया था। मुर्झाये चहरे पर कुछ चमक तो अवश्य वापस आई थी फिर भी वह चमक प्रातः के दीप की लौ से अधिक नहीं थी। वह बिछावन छोड़कर अपने गिरिधर गोपाल की अर्चना को आरम्भ करने को अन्दर ही अन्दर व्यग्र हो रही थी पर शरीर की शक्ति इस तरह क्षीण हो गई थी कि उसके लिए भूमि पर बिछाए बिछावन पर भी उठ बैठना असंभव प्रतीत हो रहा था। उसने किसी प्रकार अपने दोनों हाथों पर जोर देकर बैठना भी चाहा तो कमर किसी कमलनाल की तरह टेढ़ी होती-होती रह गई और समय रहते ललिता ने उसे बलात् पकड़कर पुनः बिस्तर पर लिटा दिया था—"मरने का इरादा है क्या ?"

"वह निष्ठुर मरने भी कहां देता है ? उसके वियोग में तो आजीवन मरती ही रहती हूं तिल-तिलकर। अब जब मृत्यु ने मुझ पर दया कर अपने सही रूप में दरवाजा खटखटाया तो उसने उसे भी द्वार से ही बाहर कर दिया। बड़ा कठोर है यह कृष्ण भी।" मीरा ने अपनी लड़खड़ाती जिह्वा को बलात् गति देते हुए किसी तरह ललिता को सम्बोधित किया।

ठीक इसी समय धनवती ने कक्ष में प्रवेश किया। ललिता उठ खड़ी हुई। उसने उसकी चरणवन्दना की और उसके लाख प्रयासों के बावजूद उसका नियंत्रण अपने पर से जाता रहा और वह बिलख पड़ी—"हम तो लुटते-लुटते रह गईं राजमाता! आज हमारा क्या हालत होता? यह तो कृष्ण की असीम कृपा का प्रतिफल हैं कि मेरी सखी आपके दर्शन को जीवित बची है।"

"मैं राजमाता कहा हूं ललिता! राजमाताएं हत्याओं के षड्यंत्र में भाग नहीं लिया करतीं—राजपुरुष भले लेते हों। औरत तो प्रकृति से ही माता होती है चाहे वह राजमाता हो या सामान्य जननी। ममता और करुणा की प्रतिमूर्त्ति ही होती है वह। कर्मवती के भय से ही मैं इधर नहीं आ रही थी। पूरे राजमहल में क्रियाशील कूटनीति ने सबको संदेह के घेरे में जकड़ रखा है। मैं तो कर्मवती की आंखों की विशेष किरकिरी हूं। मैंने तुम लोगों से अधिक सम्पर्क बढ़ा तुम्हारे दुर्भाग्य को और असह्य बनाना उचित नहीं समझा। कैसी है अब मेरी मीरा।"

"ठीक हूं, आपकी और कृष्ण की कृपा से।" उत्तर मीरा ने ही अपने दुर्बल शब्दों में दिया। जिह्वा अब भी लंगड़े अश्व की तरह छटपटा रही थी।

धनवती ने उस पर ध्यान दिया। ललिता की दुर्बलता भी उससे छिपी नहीं रही। उसने अपने आंचल में छिपाये एक स्वर्ण-पात्र को बाहर किया और उसे मीरा की ओर बढ़ाते हुए कहा—"इसे ग्रहण करो मीरा। यह अमृत-तुल्य ही है। इस विषमारक औषधि को मेरे दिवगत पति ने मुझे गुप्त रूप से दिया था। कहते थे यह वही संजीवनी है जिससे हनुमान ने लक्ष्मण के प्राणों की रक्षा की थी। जो हो, मैंने एक-दो बार इसका प्रयोग कुछ आदमियों पर किया है और इसके विस्मयकारी प्रभाव से अभिभूत हैं। मुझे तो विष-दान के इस दुष्चक्र का पता ही नहीं था वर्ना मैं उसी समय इसे लेकर पहुंच जाती और उस तथाकथित हलाहल की हो जाती ऐसी-की-तैसी और मीरा को इतना कष्ट भी नहीं सहना पड़ता।"

"यह पेय भी तो श्रीकृष्ण को ही मिलना था।" ललिता ने जोड़ा।

"इस पेय को ग्रहण करो मीरा, मैंने इसमें ज्येष्ठ मधु, घृत और अन्य सुमधुर औषधियों को डालकर विशेष गुणकारी बनाया है। इसे पीते ही तुम तत्काल पूर्णतया स्वस्थ हो जाओगी।" धनवती ने स्वर्णपात्र को मीरा की ओर बढ़ाते हुए कहा।

"इसे गिरिधर के पाद-प्रदेश में रखकर पात्र में तुलसी पत्र छोड़ दो ललिता। इसके पश्चात् अपनी करुणामूर्ति माता से पेय को मैं अवश्य ग्रहण करूंगी।"

ललिता ने ऐसा ही किया। स्वर्णपात्र के सुगन्धित पेय में तुलसी दल छोड़ दिया गया। तत्पश्चात् ललिता ने लेटी हुई मीरा के होंठों से ही उस पात्र को लगा दिया। मीरा धीरे-धीरे सम्पूर्ण पात्र को रिक्त कर गई। धनवती मीरा के पार्श्व में बैठी अपने अमृत-पेय के चमत्कार की प्रतीक्षा करती रही।

दो पल व्यतीत हुए होंगे कि मीरा उठ बैठी। उसके शक्तिहीन शरीर में जैसे विद्युत तरंगें प्रवाहित हो गई थीं।

"मां!" उसने धनवती को पुकारा।

"बेटी मीरा!" धनवती ने आंखों के कोनों में उभड़ आए आनन्दाश्रुओं को पोंछते हुए कहा।

"तुम्हारा यह पेय तो सचमुच पीयूष है। मेरे रोम-रोम में शक्ति जाग्रत हो आई। अब मैं आज संध्या से ही पुन: अपने मुरलीमनोहर के मंदिर के मंडप में नृत्य-गान आरम्भ कर दूंगी।"

"अभी नहीं, अभी नहीं," यह विक्रमाजीत का स्वर था। पता नहीं वह कब से उन्मुक्त द्वार से वहां आकर विराजमान हो गया था।

मीरा, धनवती और ललिता की आंखें एक साथ उसकी ओर उठीं।

धनवती की तो जैसे हृदय की धड़कन ही बन्द हो गई।

"मैं चलती हूं मीरा! तुम अपने देवर जी से बातें करो!" कह कर वह खड़ी हो गई और बिना किसी की ओर देखे खुले द्वार से बाहर चली गई।

विक्रमाजीत मीरा के आसन के पार्श्व में बैठ गया। ललिता खड़ी ही रही।

"सुना भाभी का स्वास्थ्य बहुत विपरीत हो गया था।" विक्रम से मिश्री-घुले स्वर में कहा।

"यह क्यों नहीं कहते कि विपरीत कर दी गई थी?" ललिता बोली थी।

"आप क्या कहती हैं ललिता जी? किसने इनके स्वास्थ्य के साथ खिलवाड़ किया था?" विक्रमाजीत के स्वर की पुरानी मिठास शेष हो गई थी। उस पर उसका अपराध-बोध आसीन हो गया था।

"कहने वाले ने और किसने?" ललिता ही बोली थी। मीरा एकटक मुरलीमनोहर के नन्हें विग्रह की ओर देखती रही थी। धनवती द्वारा दिया पेय निरन्तर उसके अन्दर शक्ति का संचार करता जा रहा था। वह इस वार्तालाप से सर्वथा उदासीन इस कल्पना में लीन थी कि कैसे वह आज दो-तीन दिनों के व्यवधान के पश्चात् पुन: अपने भक्तों की मंडली के समक्ष नृत्य-गान और कीर्तन प्रस्तुत कर उनके और अपने मुरलीमनोहर के मन को रिझायेगी। पता नहीं इन बीते दिनों में उनके भक्तों के हृदय पर क्या बीता होगा और उन्होंने उसकी अनुपस्थिति का क्या-क्या अर्थ लगाया होगा। मीरा को ज्ञात था उसके प्राण लेने के उपक्रम की बात उन तक नहीं ही पहुंची होगी। महल से तो कोई यह भेद खोलने से रहा और ललिता को उसे छोड़कर जाने का अवकाश ही कहां मिला था?

"तुम—आप मुझ पर लांछन लगाना चाहती हैं?" विक्रमाजीत ने किसी प्रकार अपने क्रोध को नियंत्रित करते हुए ललिता को सम्बोधित किया।

मीरा अपने में लौटी। उसे स्थिति का भान हुआ और वह धीरे से बोली—"क्रोध का कारण देवर जी? क्रोध सदा अमंगलकारी होता है?"

जैसे किसी कांतार-पथिक को सहसा मार्ग मिल जाता है वैसे ही विक्रम को अपनी कार्य-सिद्धि का बहाना मिल गया। वह मीरा की ओर मुड़कर दोनों हाथों को अंजलिबद्ध कर बोला, "वही तो, वही तो मैं कह रहा था।"

"क्या?" मीरा का मन्द स्वर उभरा।

"क्रोध को त्याग देना ही श्रेयस्कर है।"

"कौन क्रोध करने जा रहा है?" मीरा ने साश्चर्य पूछा।

"मैं आपकी बात कह रहा था।" विक्रम उसी विनम्रता के साथ बोला पर ललिता को यह वार्तालाप व्यर्थ लगा। वह बोल पडी—

"आप मीरा जी को और अव्यवस्थित नहीं करें। अभी वे अत्यन्त दुर्बल हैं

और अधिक बोलना उनके लिए घातक हो सकता है। क्या जितना अब तक आप लोगों ने उनके साथ किया वह पर्याप्त नहीं है ?"

"शान्त ललिता, शान्त," मीरा ने बात बिगड़ने से बचाने का प्रयास किया, "बोलिए देवर जी, आप कैसे सशंकित हो रहे थे ? मैं क्यों क्रोध करूंगी और किस पर ? क्या आपने मुझे कभी क्रोधाभिभूत होते देखा है ? पढ़ा है आपने मेरे श्रीकृष्ण को ? वह तो गीता में स्पष्ट कहता है—क्रोध, काम और लोभ ये तीनों नर्क की ओर ले जाने वाले हैं, अतः इन तीनों का त्याग ही उचित है।[1] मैं क्यों और किस पर क्रोधाभिभूत हो अपने कृष्ण के विपरीत आचरण करूं ?"

एक क्षण को विक्रम को लगा कि वे सबके सब मीरा को कितना गलत समझ रहे थे। लोभ तो उसे स्पर्श तक नहीं कर पाया था, यह सबको विदित था। राज्य अथवा राज्य की आय अथवा सम्पत्ति में उसने किसी प्रकार का कोई अधिकार अब तक नहीं मांगा था। चाहती तो कम-से-कम अपनी सुख-सुविधा और एक सम्मानपूर्ण जीवन-यापन के लिए राज-कोष से पर्याप्त राशि की याचना साधिकार कर सकती थी। अन्ततः संग्रामसिंह के ज्येष्ठ पुत्र भोजराज की विवाहिता पत्नी थी वह ? पर कहां उसने कुछ मांगा किसी से ? अपने कक्ष और इसमें उपलब्ध सामान्य सुविधाओं से ही संतुष्ट रही।

और काम ? विक्रम का सोचना जारी था। किस तरह काम को घृणित बता रही है यह श्रीकृष्ण अनुरक्ता। और इसी काम, उसके इसी यौवन और शारीरिक आकर्षण को लेकर क्या-क्या सोचते रहे वे लोग ! साधु-संगति और नृत्य-गान को भी इन लोगों ने मीरा की काम-भावना की पूर्त्ति का ही बहाना माना। और तो और उसने भी किस तरह इस निर्धूम दीप-शिखर पर गंदे पतंगे की तरह गिरने का प्रयास किया और कैसा प्रत्युतर मिला उसको इसका ? आज विक्रम को लगा कि उसने सचमुच गर्हित और पापन्पूर्ण चेष्टा की थी और उस समय मीरा के व्यवहार पर उसे जितना क्रोध आया हो, मीरा अपने स्थान पर सर्वथा सही थी और उसने उसे संमार्ग पर ही ले जाना चाहा था। एक क्षण को उसे लगा कि वह मीरा के चरणों पर झुक जाय और अपने दुष्कर्मों के लिए क्षमा मांग ले पर जैसे श्रावण का निरभ्र आकाश देखते-देखते बादलों से भर जाता है वैसे ही उसका राजदर्प उसके मन-रूपी दर्पण की क्षणिक स्वच्छता को पुनः धूमिल कर गया और उसे मीरा मेवाड़-वंश के धवल कीर्ति-ध्वज पर एक कुरूप धब्बे की तरह ही प्रतीत होने लगी। उसे अपना उद्देश्य स्मरण हुआ, सूरजमल की कूटनीति याद आई और वह पुनः मधु-भींगे शब्दों में बोला—

"आप तो शायद आज संध्या-कीर्तन में जायेंगी न ?"

"अवश्य।"

"मैं सोचता हूं कहीं वहीं आपके क्रोध को अभिव्यक्ति मिल गई तो हम कहीं के नहीं रहेंगे।"

"मैं कह रही हूं कि क्रोध का कोई कारण हो तब तो ? और हो भी तो जैसा मैंने कहा, क्रोध मेरी वृत्ति के साथ मेल खाता है क्या ? कृष्णभक्ति को समर्पिता

---

1. त्रिविधं नरकस्येदं द्वारं नाशनात्मनः
   कामः, क्रोधस्तथा लोभः तस्मादेतत् त्रयं त्यजेत्।

मैं, क्रोध को किधर से प्रश्रय देने लगी ?" वह फिर कुछ रुककर बोली, "आप व्यर्थ ही चिन्तित हो रहे हैं देवर जी ! मैं आपके और आपके परिवार अथवा दरबारियों के विरुद्ध अपनी कीर्तन-सभा में कुछ नहीं कहने जा रही। आपको यही न भय है कि प्रजा को मुझे विष-पान का पता लग गया तो वह क्रान्ति पर उतर आयेगी ? मैं जब तक यहां हूं, ऐसा कुछ नहीं होने दूंगी।"

"क्यों नहीं होने दीजिएगा ?" ललिता अपने क्रोध पर नियंत्रण नहीं कर सकी, "इन्होंने जैसा किया है उसका फल तो इन्हें वैसा ही मिलना चाहिए।"

"फल देने का अधिकार हमें कब से मिल गया ललिता ?" मीरा अपनी सहचरी की ओर उन्मुख होकर बोली, "क्या तुम्हें पता नहीं कि हमारे कृष्ण ने स्पष्ट शब्दों में कहा है कि कर्म में ही तुम्हारा अधिकार है फल में नहीं।"

"इसीलिए शायद राणा साहब को अपने कर्म के फल से वंचित रहना पड़ा। वे विष-पान द्वारा भी आपका प्राण-हरण नहीं कर सके।" ललिता ने सीधा व्यंग्य किया।

"किसने विष दिया और किसको ?" विक्रम का कृत्रिम क्रोध उसके स्वर पर चढ़ा।

"अब आप स्पष्ट कहलवाने पर ही क्यों तुले हैं ?" ललिता अनियंत्रित बोली।

"राजघराने पर लांछन लगता रहेगा तो मैं मौन कैसे साध बैठूंगा ?"

"तो जब ऐसी कोई बात ही नहीं तो आप भीत बने यहां क्यों पहुंचे हैं ? एक कुलक्षणा वारांगना के कक्ष में ? किस बात का भय हावी हो रहा है आप पर ?"

"ललिता ?" मीरा ने संयत स्वर में ललिता को रोकना चाहा।

"आप चुप करिए दीदी," ललिता आपे में नहीं थी, "आपने किस क्रोध पर नियंत्रण करने का मीराजी से निवेदन किया जब आपके मन में आशंका का कोई अंकुर तक नहीं था ?"

"था।" विक्रम शान्त स्वर में बोला। उसे लग गया मीरा भले उसका कुछ बुरा करे या नहीं यह ललिता अगर अड़ गई तो सारा स्वांग रखा का रखा रह जायगा।

"क्या ?"

"मुझे लगा आप लोगों ने सोचा हम लोगों ने मीराजी को विष-पान कराया।" विक्रम संयत हो आया था।

"तो गलत क्या लगा ?"

"आप लोगों को यह पूर्ण विश्वास है कि हम लोगों ने मीरा जी को विष दिया ?"

"मिथ्याचार आपको शोभा नहीं देता और न का-पुरुषत्व ? आप इस राजवंश के सिर-मौर हैं। सिंहासनासीन शासक ? आपको इस तरह सत्य से भयभीत होने की क्या आवश्यकता है ? जो किया है उसे स्पष्ट स्वीकार करने से आपको क्या भय है ?"

विक्रम को लगा ललिता की जिह्वा आवश्यकता से अधिक ही लम्बी हो रही है। जो कुछ हो, एक दासी से अधिक उसकी हस्ती ही क्या थी और ऐसी कई

दासियां इस राजमहल में डोलतीं फिरती हैं। पर नहीं, अभी क्रोध करने का समय नहीं था, इस क्षुद्र दासी पर भी नहीं। अभी तो उन्हें संभावित खतरे को टालना था, शेष सब तो सूरजमल की योजना से शीघ्र ही ठीक हो जायेगा। इसके अलावा यह दुष्टा उनकी कामलोलुपता की भी तो साक्षी थी। इसे रुष्ट कर उन्हें लेने के देने पड़ सकते थे। उसने क्रोध पर किसी तरह नियंत्रिण करते हुए कहा—

"मैं किसी बात से भयभीत नहीं। मैंने मिथ्या आरोप का खंडन करना चाहा था। हम लोगों ने मीरा जी को विषपान नहीं कराया था।"

"हम लोगों की बात क्यों करते हैं?" ललिता पुनः बिफरी! उसकी प्यारी बाल-सखी के प्राण जाते-जाते रहे थे और साक्षात् कृतान्त (यम) का स्वरूप यह विक्रम बोल रहा है कि हमने विष देने का प्रयास नहीं किया था, "हां, मैं कह रही थी आप हम लोगों की बात क्यों कह रहे हैं? आपने स्वयं विषपान कराया था।"

"मैंने?"

"हां आपने। मेवाड़ वंश के महाप्रतापी राणा विक्रमाजीत ने। अगर इस बात को मीरा देवी ने आपकी चिकनी-चुपड़ी बातों में आ छिपाने का प्रयास किया तो मैं इसे आज की सांध्य सभा में स्पष्ट करने में पीछे नहीं रहूंगी।"

"ललिता! चुप करो तुम।" मीरा ने अपना दाहिना दुर्बल हाथ अपनी सखी और दासी की ओर बढ़ाते हुए कहा और पुनः विक्रम को सम्बोधित किया, "आप आश्वस्त रहिए देवर जी, ललिता वैसा कुछ नहीं करेगी जो मैं नहीं चाहती और मैं जानती हूं कि आप मुझे विष देने का प्रयास नहीं कर सकते। आप जो अपने कक्ष में मेरे ही द्वारा प्रतिष्ठित मुरलीमनोहर का मुझे नित्य चरणामृत देते रहे मुझे विष कैसे दे सकते हैं? अगर विषदान किया भी होगा तो किसी और ने।"

"हां महाजन बीजावर्गी का दोष था यह और मैंने उसे महल से बाहर कर दिया।"

"क्या?" मीरा आसमान से गिरी, "आपने उस निर्दोष को निष्कासित कर दिया?"

"वह निर्दोष नहीं था।" विक्रम ने बात बनाई।

"हां, वह निर्दोष नहीं था," ललिता ने जोड़ा, "पर आप भी निर्दोष नहीं हैं। वह सब कुछ आपके इंगित पर कर रहा था।"

"ललिता!" लगा विक्रम पुनः अपना संतुलन खोने लगे।

"सत्य कटु होता है। अगर इसका सामना करने की आप में शक्ति नहीं है तो आपने व्यर्थ यहां आने का कष्ट किया।"

"अगर विष किसी ने दिया भी तो दयाराम पांडे ने। इसके लिए मैं अथवा राजघराना दोषी नहीं हो सकता।" विक्रम बात बदलकर बोल-। वह सभी प्रकार से मीरा को आश्वस्त करना चाहता था कि इस दुष्कर्म में उसका कोई हाथ नहीं था।

"दयाराम निर्दोष था। उसे पता नहीं था कि उस पात्र में श्रीकृष्ण चरणामृत के स्थान पर मारक विष भरा पड़ा है।" ललिता स्पष्ट बोली।

"दयाराम निर्दोष नहीं था।"

"तो आपने बीजावर्गी के बदले दयाराम को ही निष्कासन क्यों नहीं दे

दिया ?"

विक्रम चुप। उसके पास कोई उत्तर नहीं था।

"मैं बताती हूं। निर्दोष दयाराम को निष्कासित कर आप एक और शत्रु पैदा कर सकते थे। वह प्रजा में आपके कुकर्म का प्रचार कर सकता था।"

"करने को तो बीजावर्गी भी ऐसा कर सकता है।" विक्रम का स्वर कांप रहा था।

"आप निश्चिन्त रहें महलों में रहते-रहते थोड़ी-बहुत राजनीति मुझे भी आती है। बीजावर्गी ऐसा नहीं करेगा। वह इस दुष्चक्र का सहभागी रहा है। उसे भय होगा कि प्रजा को इस बात की गन्ध भी मिल गई तो वह उसके टुकड़े कर रेगिस्तानी गिद्धों के आगे डाल देगी। और फिर जिस तरह वह यहां से निकाला गया है, उसके प्राण-पखेरू शायद ही बचें कि वह चाहकर भी महल की घृणित कूट-नीति से पर्दा उठा सके। पर आप क्या कहिएगा मैं जानती हूं बीजावर्गी इस नाटक का मुख्य सूत्रधार रहा है और उसे क्या उसकी कई पीढ़ियों को इस पाप का परिणाम भोगना ही पड़ेगा।"

"आप श्राप दे रही हैं ?"

"मैं श्राप देने वाली कौन हूं ? मैं कृष्णभक्त मीरा हूं ? और मीरा भी कब किसी को श्राप देने लगी ? पर सृष्टि के शाश्वत नियम का क्या कीजिएगा ? कर्म-विपाक का ? कर्म फल तो मिलकर रहेगा न ?"

"तो मुझे भी मेरे कर्मों का फल मिलेगा ?" विक्रमाजीत ने ललिता के साथ व्यर्थ समय नष्ट करना आवश्यक नहीं समझ मीरा को सीधे संबोधित किया।

"कम-से-कम मेरे हाथों नहीं। और आज नहीं। आज क्या, यहां की प्रार्थना-सभाओं में कभी नहीं। मैं आपको इतना आश्वस्त कर सकती हूं।"

"धन्य हैं आप।" बिक्रम ने कहा और मन में प्रसन्न हुआ तथा सोचा आज और एक-दो दिन और टल गए तो फिर आप कुछ कहने के लिए इस धरती पर रहिएगा ही नहीं। बीजावर्गी का दाव व्यर्थ गया पर सूरजमल की योजना को पूर्ण होने से कौन रोक सकता है ? उसके लौटने भर की देर है फिर तो इस नाटक का पटाक्षेप होकर ही रहेगा।

"अब आप जा सकते हैं। मीरा जी का आश्वासन आपको मिल ही गया। अब इन्हें अधिक कष्ट में नहीं डालें। आपकी कृपा से इनमें दुर्बलता अभी बहुत शेष है।" ललिता ने कहा और विक्रमाजीत के अहंकार रूपी सर्प के फन पर जैसे किसी ने डंक-प्रहार कर दिया। एक क्षण को उसने सोचा काश, मीरा के स्थान पर इस ललिता की ही जीवन-लीला शेष कर दी जाती तो कितनी अच्छी बात होती ? तब तो तेज छुरे की तरह चलने वाली इसकी जिह्वा इस तरह उनके मन को रह-रह कर क्षत-विक्षत नहीं करती। अथवा दोनों को एक ही साथ मौत के घाट उतार दिया जाता, मीरा से यह ललिता किधर से कम खतरनाक है। पर दूसरे ही क्षण उसने सोचा नहीं, राजनीति का तकाजा यह नहीं है। मीरा को समाप्त करना ही पर्याप्त है। शरीर के बिना छाया का क्या अस्तित्व है ? मीरा नहीं रही तो ललिता तो यों ही विक्षिप्ता हो, प्राण त्याग देगी।

"तो मैं चलूं भाभी जी ? आपकी आश्वस्ति तो मिल गई मुझे ? और

हां यह महारानी धनवती क्यों आई थी यहां ?"

मीरा और ललिता दोनों का मन एक साथ अकस्मात् आशंका-ग्रस्त हो गया। अब धनवती का शायद कुशल नहीं था। वह मोरा थोड़े थी कि उसके समाप्त होते ही प्रजा में विद्रोहाग्नि के भड़कने की आशंका थी? उसे तो कभी भी किसी भूखे शेर के पिंजरे में डाल दिया जा सकता था अथवा किसी ऊंची चोटी से नीचे की वनस्पति-आच्छादित वादियों में कंदुक की तरह उछाला जा सकता था और किसी को कानों-कान खबर नहीं होती।

"क्यों उनके बारे में क्यों पूछते हैं?" ललिता ने ही पूछा, "क्या वे हमारा कुशल-क्षेम जानने भी नहीं आ सकती हैं विशेषकर जब उतना कुछ घट गया यहां ?"

"हूं।" विक्रम ने हुंकार भरी, "अवश्य आ सकती हैं। कौन रोक सकता है उन्हें यहां आने से ?" पर सत्य यही है कि उस दिन के पश्चात् धनवती को कभी उस महल में नहीं देखा गया।

एक सौ छब्बीस

"मीरा देवी की जय।"

"कृष्णप्रिया की जय।"

"भक्ति-मूर्ति की जय।"

"हमारी उद्धारिणी की जय।"

"पतित-पावनी-स्वरूपा की जय।"

"धर्म की जय।"

"गिरिधर गोपाल, नटवर-नागर की जय।"

"सखी ललिता की जय।"

उस संध्या-कीर्तन-मंडप में मीरा के प्रवेश करते ही मंदिर और मंडप के आसपास का स्थान उपस्थित भक्त-मंडली के गगन-भेदी नारों से गूंज उठा। आज भक्तों की भीड़ पहले से कई गुना अधिक थी। भिन्न-भिन्न प्रकार के प्रचार पूरे मेवाड़ क्षेत्र में हो गए थे और लोगों को लग गया था कि मीरा इस धरती पर नहीं रही। अधिकांश तो मरने-मारने पर उतारू होकर आये थे। अनगिनत आदिवासियों के हाथों में तीर-कमान और कुछ अन्य लोगों के करों में भल्ल, खड्ग और ढाल तक पड़े थे। पर मीरा को साक्षात् मंडप के ऊंचे चबूतरे पर पा उनकी सारी आशंका निर्मूल हो गई थी और वे हर्षातिरेक में पागल-से हो गये थे। मीरा का सदा स्वर्ण की तरह भभकने वाला चेहरा पहले से म्लान पड़ गया था पर अपने भक्तों की प्रसन्नता की लहर ने दूसरे ही क्षण उनके आनन को भी प्रसन्नतापूरित कर दिया था और भक्तों में अधिकांश तो इससे अनभिज्ञ ही रह गए थे कि मीरा के देदीप्यमान स्वरूप में कभी कोई अवांछित परिवर्तन भी आया था। प जिन्होंने अफवाहें सुनी थी वे चुप नहीं रहे।

"आप कहां थीं तीन दिनों तक ?"

"आप रुग्ण हो गई थीं क्या ?"

"या तीर्थाटन को निकली थीं ?"

"भजन-भाव से हम भक्तों के लिए समय ही नहीं मिला आपको ?"

भक्त मंडली ने प्रश्नों के वाण छोड़ने आरम्भ किए।

"अब जो समझ लीजिए, पर आज नृत्य-गान में बहुत समय नहीं दे सकती। आइए कुछ कीर्तन भजन ही कर लें। श्रीकृष्ण की जय-जय, गिरिधर गोपाल, गोपीवल्लभ की जय-जय।" पर लाख चाहकर भी मीरा की जिह्वा लड़खड़ा गई और उसका धीमा स्वर भक्त-मंडली के अन्तिम छोर तक नहीं पहुंच सका।

आशंकाग्रस्तों की आशंका बढ़ी और प्रश्नों के वाण पुनः मंच की ओर छूटने लगे।

"सुना आपको समाप्त करने का प्रयास किया गया था।"

"सुना आपको विष-पान कराया गया था ?"

"बस-बस," मीरा व्यग्र होकर बोली, "यह स्थान अनर्गल प्रलापों के लिए नहीं है। आप मुरलीमनोहर की पवित्रता की रक्षा करें। यहां श्रीकृष्णचर्चा के सिवा और कोई चर्चा नहीं हो सकती।

"आपके साथ सब कुछ ठीक है ?" कई स्वर एक साथ उठे।

"आप तो देख ही रहे हैं मैं पूरी तरह ठीक और स्वस्थ हूं।"

"अगर आप पूरी तरह स्वस्थ हैं तो अपने पैरों में घुंघरू क्यों नहीं बांधतीं ?" स्वर एकदम पीछे से उभरा था और अस्वाभाविक-सा था। इसमें अनुनय कम और परिहास अथवा कुछ और जिसे मीरा परिभाषित करने या पहचानने में असमर्थ थी, अधिक। उसने आंखें उठाकर देखा स्वर एक गेरूआवस्त्रधारी युवक पर उद्दंड संन्यासी वेषधारी के मुख से फूटा था।

मीरा ने कुछ कहना चाहा था पर उसका दुर्बल स्वर वहां तक नहीं पहुंच पाया था। उसने हाथ के इंगित से उस उद्दंड संन्यासी को मंच के पास बुला लिया था।

वह प्रसन्न-मुख पास आ गया था।

"मैं नित्य आपका नृत्य देखने आया करता हूं। गत तीन दिनों से आपको यहां नहीं पाकर मुझे बहुत निराशा हुई थी।" युवक संन्यासी की आंखों में एक विशेष चमक थी जो मीरा की पहचानी नहीं थी।

"आप मेरा नृत्य देखने आते थे या श्रीकृष्ण के प्रेम से आकृष्ट होकर ?"

"प्रेम के ही वशीभूत होकर।" बात बेढंगी थी। मीरा से इसकी अस्वभाविकता अब छिपी नहीं रही। उपस्थित भक्त-मंडली में भी कुछ लोगों ने कुछ समझा पर शेष का ध्यान कृष्ण-विग्रह पर ही लगा रहा और वे इस प्रतीक्षा मे रहे कि मीरा के मुख से कब कोई छोटा पद भी निस्सृत हो कि वे अपने कर्ण-रन्ध्रों को धन्य कर सकें। मीरा यद्यपि पर्याप्त दुर्बलता का अनुभव कर रही थी और उस उद्दंड संन्यासी के अप्रत्याशित व्यवहार ने भी उसे कुछ अव्यवस्थित कर दिया था पर वह इतनी दूर से आये इतनी बड़ी श्रोतामंडली को निराश भी नहीं करना चाहती थी अतः उसने बगल में पड़ी वीणा को उठा लिया और एक पद गा उठी—

म्हा गिरिधर आगा नाचा री।
नाच नाच म्हां रसिक रिझावां प्रीत पुरायन जांच्चा री।
स्याम प्रीत री बांधि घुंघर्‌यां मोहण म्हारो सांच्यां री।
लोक-लाज कुलरा मरज्यांदा जगमां णेक णा राख्यां री।
प्रीतम फल छण णा विसरावां, मीरा हरि रंग राच्यां री।

"पर आपने घुंघरू तो बांधा नहीं। इस पद का क्या प्रयोजन?" उसी उद्दंड संन्यासी ने कहा।

"कल घुंघरू भी बांध लूंगी। आज के लिए क्षमा चाहती हूं।" मीरा ने उठते हुए कहा।

"मीरा देवी की जय।"

"कृष्णार्पिता की जय।"

"कृष्णवल्लभा की जय।"

"कृष्ण-प्रिया की जय।"

आज के पद-गायन के अद्‌भुत माधुर्य से भरकर भक्तमंडली तृप्त हो जय-जयकार करने लगी और इसी अवसर का लाभ उठा मंच से सटा वह युवक संन्यासी मीरा से बोल पड़ा—"मैं आपसे एकान्त में कुछ बातें करना चाहता हूं।"

"एकान्त में क्यों?" मीरा ने उसकी आंखों में कुछ पढ़ते हुए कहा।

"मेरी बात एकान्त में ही कही जा सकती है।" युवक की आंखों में अब अनुनय था।

"पर यहां तो एकान्त नहीं है।" मीरा ने दुर्बल स्वर में कहा।

"आप यहां कल थोड़ा पहले आ जायं तो हम एकान्त पा लेंगे।" मीरा को हठी संन्यासी की उद्‌दंडता पर खीझ हुई। ललिता सब कुछ सुन रही थी, उसने कुछ कहना चाहा पर मीरा ने हाथ के इंगित से उसे रोक दिया और युवक को संबोधित कर बोली—

"तब भी आपको एकान्त का लाभ नहीं मिलेगा।"

"क्यों?" संन्यासी ने भौंचक होकर पूछा।

"क्योंकि मेरा कृष्ण सदा मेरे साथ रहता है।"

"देख लूंगा उस कृष्ण को पर कल आपसे बात किये बिना मैं व्यग्र ही रहूंगा।"

"अगर ऐसी बात है तो कल मैं अवश्य समय से पहले आ जाऊंगी। आपकी बात अवश्य सुनूंगी।" मीरा निश्चयात्मक स्वर में बोली।

"आपका बहुत-बहुत आभार।" युवक गद्‌गद् स्वर में बोला और पीछे चला गया।

मीरा ललिता के साथ अपने कक्ष में लौटी तो विक्रमाजीत द्वार पर ही खड़ा था। उसने मीरा के चरणों पर झुकना चाहा।

"हा, हा यह क्या? क्या कर रहे हैं आप?" मीरा घबराकर पीछे हटते हुए बोली।

"आपकी चरण-धूलि लेना चाहता हूं। आज आपने राणा-कुल की लाज रख ली वर्ना प्रजा जिस रूप में उत्तेजित थी, एक बात भी हमारे विरुद्ध निकलने से हम

कहीं के नहीं रहते।"

"मैंने आप पर कोई उपकार नहीं किया है। श्रीकृष्ण-मंडप अनर्गल बातों के लिए है ही नहीं। आप व्यर्थ ही शंकालु हो रहे थे।"

"फिर भी मैं आपका चिर ऋणी हूं।" विक्रम ने कहा और ललिता ने मन-ही-मन मुसकराते हुए सोचा, "सर्प किसी का ऋणी नहीं होता। दुग्ध-पान कराने वाले का भी नहीं। अवसर आते ही वह पलट कर अपने विषदंत का प्रयोग करता ही है।"

एक सौ सत्ताईस

शान्त झील में भी कभी-कभार लहरें उठती हैं। पूनों की रात को उसका जल भी उद्वेलित हो आता है। फिर सागर-तल की तो बात ही क्या वह तो तरंगायित रहता ही है प्रतिपल-प्रतिक्षण। यह बात और है कि भरे-पूरे चांद की रजत-रश्मियां उसे कुछ अधिक ही अव्यवस्थित कर देती हैं। वह अपनी सीमाओं—कुल-मर्यादाओं—का भी अतिक्रमण करने लगता है। उसकी लहरें गगन-चुम्बी होने को आकुल हो आती हैं। उस रुपहले चांद को ही अपने आलिंगन में समेट लेना चाहती हैं। पर अपने इस स्वप्निल प्रयास में सफल भी कहां हो पाती हैं वे? अपनी मस्ती में आकाश के छोरों को मापता चांद उन सलिल-बूंदों से असम्पृक्त ही रह जाता है। पर कोई मना करता है उन लहरों को मचलने से? अपनी मनमानी पर उतरने से?

तो कौन मना करता सूरजमल को भी कुछ कर दिखाने के प्रयास से? उसका अन्तर भी तो व्यथित था, यह बात पृथक् है कि यह व्यथा चांद के स्पर्श को आतुर लहरों की व्यथा से सर्वथा भिन्न थी। एक ओर जीवन-प्रद आनन्द के उत्सव का उपक्रम था तो दूसरी ओर मृत्यु से किसी निरीह के अभिसार-सम्पन्न की योजना। लहरें मचलती हैं चांद से मिलने के लिए, सूरजमल मचल रहा था मीरा की समाप्ति के लिए।

विक्रमाजीत से विदा लेने के दूसरे ही दिन वह वापस आ गया था। प्रसन्न और प्रफुल्लित। आप्तकाम। हां, आप्तकाम ही, उसे लगता था उसके तरकश में वह तीर आ गया है जो अर्जुन द्वारा मीन-अक्ष को भेदने वाले उस अचूक तीर की तरह मीरा के वक्ष को भी भेदकर ही रहेगा। और तब? तब जब मीरा रूपी काल-सर्पिणी (?) को वह सदा के लिए शेष कर देगा तो यह मूर्ख विक्रमाजीत उसकी मुट्ठी में होगा और चित्तौड़ के राजकोष को वह मनमाने ढंग से, युगों से दमित अपनी इच्छाओं, महत्वाकांक्षाओं और वासनाओं को खुल खेलने का अवसर दे पाएगा।

हां, सर्पिणी ही लाया था सूरजमल। सचमुच की सर्पिणी। काल-नागिन। उसके डंसे का कोई उपचार नहीं था। वह विक्रम के बन्द कक्ष में स्पष्ट कर रहा था एक काला-कलूटा सा ठिगना, चिथड़ों में लिपटा एक व्यक्ति जो सूरजमल के

साथ ही आया था और जिसके कन्धे से लटक रहा था एक गन्दा और विचित्र दुर्गन्धयुक्त झोला जिसे उसने बहुत सम्हालकर रखा हुआ था और किसी भी स्थिति में उसे अपने से पृथक् करने को प्रस्तुत नहीं था।

रात्रि के अन्धकार में ही सूरजमल ने उसे किले में उपस्थित कर अधमुंदी आंखों वाले विक्रम के पास ला खड़ा किया था।

"यह क्या बदतमीजी है ? सुबह-सुबह यह अशुभ दर्शन ?" विक्रमाजीत पलंग से उतरते हुए सूरजमल पर बिफरा था। झोलेवाला काला-कलूटा व्यक्ति झुंझला आया था।

"अशुभ दर्शन नहीं राणा साहब ! सौभाग्य सूर्य का उदय।" सूरजमल ने मुसकराते हुए कहा था, "इस आदमी को साधारण व्यक्ति नहीं समझें, न ही उसके इस करामाती झोले को। इसमें आपकी सभी समस्याओं का समाधान बन्द है।"

"क्या है इसमें ?" विक्रम अब कुछ प्रकृतिस्थ हो आया था।

"इसमें कैद है मीरा की मृत्यु।" सूरजमल ने समझाने का प्रयास किया था।

"कहां है वह मृत्यु ?"

"यहां।" इस सारे वार्तालाप से तंग आ अपने को अपमानित समझ उस काले-कलूटे व्यक्ति ने झल्लाकर अपने झोले के मुंह को उलट दिया था। उससे एक छोटी-पतली पर सौ-सौ बलखाती एक सर्पिणी प्रकट हुई थी और पलक झपकते ही फुफकारकर वह अपनी पूछ पर खड़ी हो गई थी और अपने फन को फैला दिया था।

"यह क्या ?" आशंकित हो विक्रम द्वार की ओर भागा था। एक क्षण को उसे लगा था कहीं यह सारा कुचक्र सूरजमल ने उसी को लक्ष्य बनाकर तो नहीं रचा था। चित्तौड़ के सिंहासन पर अब उसी की दृष्टि तो नहीं जमी थी ?

"यह क्या ?" यही बात सूरजमल ने भागते विक्रम को लक्षित कर कहा था, "आप क्यों भागे जा रहे हैं ? इस सर्पिणी से आपको कोई भय नहीं है। यह इस संपेरे के नियन्त्रणाधीन है। यह, जिसकी मृत्यु को इंगित करेगा उसी को डंसेगी यह काल-सर्पिणी।"

"यह बात है ?" भय से कांपते विक्रम ने द्वार के बाहर से ही पूछा था।

"हूं।" स्वीकार में अपनी प्रायः गर्दन-रहित सिर को हिलाते हुए जादूगर से प्रतीत होते हुए उस संपेरे ने कहा था।

"तो अभी इस नागिन को अपने झोले के हवाले करो।" विक्रम ने वहीं से आदेश दिया था।

"लो किया !" संपेरे ने कहा और बात की बात में उसे गर्दन से इस तरह पकड़कर झोले के हवाले कर दिया था जैसे वह एक जीती-जागती साक्षात् काल न होकर किसी बदसूरत रस्सी के टुकड़े से अधिक न हो।

सूरजमल हंसी से दुहरा होता जा रहा था। उसने विक्रम को सम्बोधित करते हुए कहा—"अब तो अन्दर आइए सरकार ! राजपूतों को इस तरह भयग्रस्त होना शोभा नहीं देता।"

विक्रम को, सूरजमल की योजना अब पूरी तरह समझ में आ गई और वह

नागिन के झोले में प्रवेश करते ही कक्ष के अन्दर आ गया।

"सूरजमल !" मुसकराहट विक्रम के चेहरे पर प्रातः की लालिमा-सी खिल आई थी।

"सरकार !" सूरजमल ने दरबारी अन्दाज में झुककर कहा।

"यह दूर की कौड़ी कहां से ले लाए ?"

"कहीं से नहीं, पास के ही जंगल में ही मिल गया।',

"विश्वासप्रद तो है। भेद तो कहीं नहीं खोलेगा ?" विक्रम ने आश्वस्त होना चाहा।

"स्वर्ण-मुद्राएं इसके मुंह को सदा के लिए बन्द कर देंगी।"

"स्वर्ण-मुद्राएं ? नहीं," विक्रम कुछ सोचते हुए बोला और फिर चुप कर गया।

"आपने ठीक फर्माया महाराणा !" सूरजमल भी बात समझ गया था। वह जानता था मीरा के साथ ही इस अभागे संपेरे की भी इहलीला को समाप्त होना था। एक की सर्प-दंश के बहाने तो दूसरे की क्षुधाग्रस्त खूंखार शेरों के पिंजड़े में।

"यह चाल तो अचूक है न ?" विक्रमाजीत अब तक निर्भीक, अपने पर्यंक पर आसीन हो चुका था।

"इस काल को तो आपने अपनी ही आंखों देख लिया है राणा !" सूरजमल भी उनके ही पार्श्व में विराजमान हो गया था।

"देख तो लिया है।" विक्रम कुछ देर पूर्व की ही अपनी हास्यास्पद अवस्था को स्मरण करते हुए बोला।

"तब ?"

"तब यह कि उसका उपयोग कब होगा ?"

"आज से चार दिनों पश्चात् !" सूरजमल ने उत्तर दिया, "क्यों कालदेव ?" उसने संपेरे को सम्बोधित करते हुए कहा। उसने जान-बूझकर इस जंगली संपेरे को, उसकी अहम् की तुष्टि के लिए एक अच्छा-सा लगता नाम दे रखा था जिसका अर्थ भी वह वनचारी शायद ही समझता था।

"चार दिन बाद क्यों ?" विक्रमाजीत आश्चर्यचकित होकर बोला।

"तब यह प्रयोग अचूक होगा। क्षण के विलम्ब बिना भी उस कृष्ण-प्रिया के प्राण परलोक पथ के पथिक हो जायेंगे।"

"ऐसा क्यों ?"

"क्योंकि चार दिनों के पश्चात् पूर्णिमा आने वाली है और पूर्णिमा के दिन सर्प का विष सर्वाधिक प्रभावी होता है। यह इस संपेरे का कथन है पर मैं भी अपने पूर्व पुरुषों से एक बात सुनता आया हूं जिसको ध्यान में रखते हुए पूर्णिमा तक प्रतीक्षा करनी ही होगी।" सूरजमल ने विश्वास के साथ कहा।

"क्या कहना चाहते हो तुम ?" विक्रम कुछ चकित होकर बोला।

"जैसे समुद्र में पूर्णिमा के दिन ज्वार जगता है न उसी तरह उस दिन मानव-रक्त में भी ज्वार उठता है, आखिर मनुष्य के शरीर में भी तो एक तिहाई जल ही है ?"

"तो ?"

"तन का अधिकांश रक्त हृदय और मस्तिष्क की ओर ही भागता है पूर्णिमा की रात को।"

"इससे क्या बनता-बिगड़ता है ?" विक्रम झुंझलाया।

"बहुत कुछ बनता-बिगड़ता है ?"

"कैसे ?"

"ज्ञात है न शरीर के सर्वाधिक संवेदनशील अंश हृदय और मस्तिष्क ही हैं ?"

"शायद !"

"शायद दोनों में तुम्हें कोई भी नहीं है।" सूरजमल के मन में आया कह दे। "तो जब उस दिन अथवा विशेषतः रात को सर्प-दंश होता है तो हृदय और मस्तिष्क की ओर भागनेवाला रक्त शीघ्र ही उन्हें प्रभावित कर देता है और विष कारगर हुआ तो क्षण लगते-न-लगते व्यक्ति की हो जाती है इति श्री।"

"इस नागिन का विष कारगर तो है ?" विक्रम के स्वर पर आशंका चढ़ी।

"इसका अनुभव तो आपको हो ही चुका है।" सूरजमल को नागिन के दर्शन-मात्र से विक्रम की भयभीत मुद्रा याद आई।

"वह तो, वह तो मैंने उसका स्वरूप-मात्र देखा था।"

"अफसोस है उसके विष-दंतों का प्रयोग आप पर नहीं कराया जा सकता।"

"सो तो है।"

"अतः, चार दिनों तक प्रतीक्षा करनी ही होगी।"

"और तब तक यह भेद, भेद बना रहेगा ? यह काला-कलूटा संपेरा महल में कौतूहल का कारण नहीं बन जाएगा ?"

"शांत, राणा विक्रम शांत।" सूरजमल को लग गया कि यह उद्धत राजपूत बनी-बनाई बात भी बिगाड़ देगा। यह संपेरा सब कुछ समझ रहा है और यह काला-कलूटा चाहे कुरूप जो हो पर अपने को कलाकार मानता है और कम्बख्त हर छोटे-बड़े कलाकार स्वाभिमानी होते हैं। अगर इसके स्वाभिमान को इस तरह चोट दिया गया तो यह अपना सांप-तांप लेकर राजमहल के महाद्वार के बाहर निकल जाएगा। सूरजमल संपेरे के तमतमाये चेहरे को अब भी देख सकता था। सहसा उसका कृष्ण-वर्ण क्रोध से भरकर ताम्बे के रंग में परिवर्तित हो चुका था।

"मतलब ?" विक्रम सूरजमल के इंगित को नहीं समझकर बोला।

"मतलब यह कि इस कलाकार को आपके कक्ष के तहखाने में ही रखेंगे। आपको ज्ञात ही है इस कक्ष के कोने में पड़े विशाल वस्त्रागार के पीछे से नीचे की ओर सीढ़ियां उतरती हैं। वह भू-तल का कक्ष सभी सुविधाओं से पूर्ण है। बेचारा चार दिन वहीं काट लेगा।"

"मेरे सुसज्जित कक्ष में ?" विक्रम बड़बड़ाया और संपेरे के मन में आया झोले के नागिन को अभी इस अहंकारी व्यक्ति पर ही छोड़ दे। पर मन-ही-मन एक नई योजना बनाकर वह चुप कर गया।

"तो क्या हुआ ? यह भी आदमी ही तो है ?" सूरजमल ने प्रतिवाद किया।

"आदमी है कि संपेरा है ? तुम्हें इससे अधिक घृणित और काला-कुरूप व्यक्ति इस मेवाड़ के वनों में नहीं मिला ? यह राजमहल के चौखट के अन्दर आने के योग्य था ? इसके शरीर से दुर्गन्ध आ रही है। अभी ले जाओ इसे जहां ले जाना

हो। डाल दो मेरे ही सुसज्जित भू-गर्भीय कक्ष में, पर हटाओ अभी इसको यहां से ?"

"आपको हो क्या गया है ?" सूरजमल घबराकर बोला। उसकी सारी योजना पर पानी फिरता प्रतीत हुआ ? "कहीं यह संपेरा लौटकर चला गया तो ?"

"ओह ! मुझसे गलती हो गई संपेरा जी या आप चाहे जो हों, मुझे क्षमा करेंगे। आपकी मुझे बहुत आवश्यकता है, आप नीचे मेरे कक्ष में ही आराम करें।" विक्रम को अब स्थिति का पूर्ण ज्ञान हुआ।

"पर मुझे तुम्हारी आवश्यकता नहीं है। भांड में जाय तुम्हारा कक्ष और तुम्हारा राजमहल, मैं अपने जंगल में ही अच्छा। और तुम लोगों के मुंह पर मारता हूं मैं तुम्हारी अशर्फियों को। मुझे क्या उन्हें खाना है या बिछाना ? जंगल के कंद-मूल और मेरी झोपड़ी ही मेरे लिए पर्याप्त है। ऊपर से इस नागिन का तमाशा दिखा मैं प्रचुर कमा लेता हूं।" यह कहकर क्रोधाभिभूत हो वह पौराणिक किरात और आधुनिक संपेरा अपने काले झोली को कन्धे से लटका द्वार की ओर बढ़ने को हुआ।

"रुक जाओ, रुक जाओ।" विक्रम ने दूर से ही कहा। झोले की नागिन के भय से वह उसके मार्ग से दूर ही रहा।

"ठहरो। कलाकारों को इतना क्रोध शोभा नहीं देता।" सूरजमल ठीक उसके सामने आ गया, "राणा होते ही ऐसे हैं। राजवंश के रक्त में बिना पूर्णिमा के ही ज्वार आया करता है।" सूरजमल ने मुसकराते हुए विक्रम की ओर देखा।

"यह राणा है तो मैं भी संपेरा हूं। मेरी नागिन भी हर क्षण मस्ती में ही रहती है। मैं भी किसी पूर्णिमा आदि की प्रतीक्षा नहीं करता। मैं यहां अपमानित होने नहीं आया था। मैं अभी इस झोले को उलटता हूं और इस काल-सर्पिणी का तुम्हारे राणा को शिकार बनाता हूं। देखता हूं कितनी शक्ति है इस राजवंश के रक्त में।" संपेरा क्रोधाभिभूत हो आया।

"कुछ भी नहीं, कुछ भी नहीं।" राणा घबराकर बोला, "मेरा रक्त पानी है। तुम अपनी सर्पिणी को अपने उस काले झोले में कैद कर ही रखो और मेरे नीचे का कक्ष पसन्द नहीं हो तो इसी कक्ष में डेरा डाल दो पर भगवान के लिए मेरे ऊपर अपनी उस काल-नागिन की शक्ति-परीक्षा नहीं करो।" विक्रम बोला और उसे अफसोस हुआ उसकी कमर से इस समय कटार अथवा तलवार नहीं लटकी थी वर्ना वह इस गुस्ताख संपेरे का सिर अभी धड़ से अलग कर देता। मीरा मरती-नहीं-मरती पर जीते जी वह इस कोल, भिल्ल अथवा तथाकथित कलाकार जो हो उसके शब्द-वाणों से विद्ध होकर मरना नहीं चाहता। उसे स्मरण आया, उसके पिता राणा संग्राम सिंह ने ठीक कहा था—'राजा को कभी भी निःशस्त्र नहीं रहना चाहिए।' आज उनके उस कथन का महत्व उसे ठीक से समझ में आ रहा था। पर इसमें उसका दोष भी कितना था, यह सूरजमल का बच्चा तो सबेरा होते न होते कक्ष में इस मनहूस को लेकर उपस्थित हो गया था, उस समय शरीर पर कहां की कटार और कैसी तलवार ? पर अभी क्रोध करने से काम नहीं चलेगा, इस संपेरे को रुष्ट करना अपना ही अहित करना होगा।

"सूरजमल, तुम इस कलाकार भाई के बिश्राम का समुचित प्रबन्ध मेरे नीचे

के कक्ष में ही कर दो। इनकी प्रिय नागिन के लिए भी दुग्ध आदि का प्रबन्ध रहे। मैं अपनी उद्दंडता के लिए इनसे क्षमा मांगता हूं।"

"क्यों? अब तो प्रसन्न हुए?" सूरजमल ने संपेरे को सम्बोधित किया, "चलो, अब नीचे मेरे साथ।"

संपेरा सूरजमल के पीछे चल तो पड़ा पर अपमान की पीड़ा उसके चेहरे से अब भी मिटी नहीं थी। मन ही मन जो उसने निश्चय कर लिया था, उस पर वह अब भी दृढ़ था।

एक सौ अठाईस

मीरा ने उस युवा संन्यासी को दिए अपने वचन का पालन किया था और कीर्तन आरम्भ होने के कोई आधा घंटा पूर्व ही मंडप में आ गई थी। ललिता को भी उसने अपने कक्ष में ही रोक दिया था और उसे कीर्तन आरम्भ के समय ही उपस्थित होने का आदेश दिया था।

युवा-संन्यासी पहले से ही वहां प्रतीक्षारत था।

मीरा आकर मंडप के एक किनारे खड़ी हो गई। संन्यासी साहस कर ऊपर चढ़ आया और मीरा से थोड़ी दूरी रखकर खड़ा हो गया।

"कहिए, क्या कहना है आपको इस एकांत में?" मीरा ने उसकी ओर सीधे देखते हुए पूछा।

"मैंने सुना आप करुणामयी हैं और कोई भी याचक आपके पास से निराश नहीं लौटता।" संन्यासी ने आंखें नीची कर कहा।

"करुणामय तो केवल कृष्ण है। उसकी करुणा कोई कहां से पा सकता है? रही बात याचक के निराश नहीं लौटने की तो मेरी सामर्थ्य ही क्या है पर अपने पास जो कुछ है उससे जहां तक सम्भव है मैं सबकी सेवा करने का प्रयास करती हूं।"

"आपके पास वह है जो किसी के पास नहीं है।" संन्यासी ने अब मीरा की आंखों में आंखें डालकर देखने का प्रयास किया।

मीरा एक क्षण को चिहुंकी, अव्यवस्थित हुई पर पुनः शीघ्र ही व्यवस्थित हो आई।

"मैंने आपका मतलब समझा नहीं।" मीरा ने सहजता से कहा।

"आप अनिंद्य सुन्दरी हैं। कभी आपको किसी ने यह बताया नहीं?"

मीरा मुसकराई और बोली—"बताया था।"

"किसने?"

"भोजराज ने।"

"भोजराज? संन्यासी ने आश्चर्य से पूछा। उसे इस नामधारी व्यक्ति से ईर्ष्या हो आई। उसके पूर्व भी कोई इस स्वर्ग-सुन्दरी से···?

"भोजराज मेरे पति थे। अब नहीं रहे। शायद आपको उसका ज्ञान नहीं।

कहीं दूर के लगते हैं।" मीरा ने सहज होने का प्रयास करते हुए कहा।

"दूर का तो हूं पर इस सम्वाद से मुझे और बल ही मिला।"

"मैं समझी नहीं।"

"मैं समझता हूं, हम दोनों की आवश्यकताएं प्रायः एक ही तरह की हैं।" संन्यासी बेझिझक बोला।

"अब भी नहीं समझी। आप कहना क्या चाहते हैं?" मीरा का मन आशंका-ग्रस्त हो चला।

"मैं कामाग्नि में दग्ध हो रहा हूं। किशोरावस्था में ही विवशतावश संन्यास ले लिया। पर मार (कामदेव) के शर अब हृदय को विद्ध किए जा रहे हैं। आप ही से मुझ अशांत को शांतिदान मिल सकती है। मैंने दोनों की आवश्यकताओं को समान इसीलिए कहा कि वैधव्य के कारण आपकी कामना पूर्ति का भी कोई और साधन···।"

"बस, बस मैं आपकी बात समझ गई।" मीरा ने झट कानों में उंगलियां डाल लीं।

संन्यासी के चेहरे पर निराशा की एक गहरी पर्त चढ़ी। उसने जोर से कहा, "आपने तो कान ही मूंद लिए अब मैं क्या कह सकता हूं? पर मेरे अनुरोध को ठुकराना आपके लिए उचित नहीं है। मैंने कहा न कि आपके द्वार से कोई याचक···।"

"मैं विधवा हूं, मेरे लिए यह सुनना भी पाप है।" मीरा ने कानों को मूंदने को अनावश्यक समझ अपनी अंगुलियां बाहर कर लीं।

"पर अभी आप पूर्ण युवती हैं।"

"···।" मीरा चुप।

"आपके शरीर की भी आवश्यकताएं होंगी।" संन्यासी साहस कर बोला।

"अंधेरे में तीर नहीं मारो युवा संन्यासी।" मीरा ने किंचित आक्रोश से कहा, "मेरी कोई शारीरिक आवश्यकता नहीं है, कम-से-कम तुम जैसी समझ रहे हो वैसी कदापि नहीं। मैं पूर्णतया कृष्णार्पिता हूं। न मेरा शरीर अपना है, न मेरा मन। कृष्णं के पूजन-अर्चन और ध्यान-धारणा के अलावा मेरी कोई आकांक्षा रह ही नहीं गई है।"

"पर जैसा कहा आप अप्सरा-तुल्य सुन्दरी तो हैं!"

"होऊंगी। पता नहीं। भोज ऐसा अवश्य कहा करता था। बचपन में मां-बाप, गांव-घर के लोग भी मेरे रूप की सराहना किया करते थे। पर अब भोज के जाते ही इस सौंदर्य का क्या अर्थ रहा? अब तो मात्र श्रीकृष्ण ही हैं इस जीवन के आधार।"

"पर श्रीकृष्ण तो शरीरी नहीं हैं।"

"नहीं होंगे पर उससे क्या वह तो मेरे मन में उतरे हुए हैं। वह शरीरी हैं अथवा अशरीरी उससे मेरे लिए क्या अन्तर पड़ता है? मुझे उनके शरीर से प्रयोजन?"

"पर मुझे तो आपके शरीर से है।" संन्यासी निःसंकोच बोल गया। उसका चेहरा सहसा किसी आंतरिक उद्वेग से तप्त हो आया—ताम्रवर्णी।

"संन्यासी !" मीरा अपनी अन्तर की सम्पूर्ण शक्ति से चीखी। वह अब भी विष के दुष्प्रभाव से दुर्बल थी पर इस अप्रत्याशित घटना ने उसे व्यवस्थित नहीं रहने दिया।

"मुझ ठीक से समझें," संन्यासी ने अनुनय भरे शब्दों में आरम्भ किया, "मैं अब तक स्त्री-सुख से वंचित ही हूं और आपके सदृश नारी-सौंदर्य को मैंने पहले-पहल ही देखा-सुना है। मेरी आकांक्षा अगर अतृप्त रह गई तो मैं अनन्त काल तक जीवन-मरण के चक्कर में फंसा ही रह जाऊंगा।"

"तुम्हें एक विधवा के समक्ष ऐसा प्रस्ताव रखते शर्म नहीं आती ? कैसे संन्यासी हो तुम ?" मीरा के चेहरे का रंग निरंतर संध्याकालीन पश्चिमी अकाश की तरह क्षण-क्षण बदल रहा था।

"विधवा सौंदर्यशालिनी हो तो सिर उसी के समक्ष टेकने को विवश होना पड़ेगा। और किस संन्यास की बात कर रही हैं आप ? इस वस्त्र पर नहीं जाइए, यह तो संसार की आंखों में धूल झोंक उससे अधिक से अधिक सत्कार और सुविधा प्राप्त करने के लिए है।"

"कल तुम मेरे वस्त्र के बारे में भी यही कह सकते हो।" मीरा आश्चर्यचकित बोली।

"नहीं, आपका श्रीकृष्ण-प्रेम सर्वज्ञात है। आपकी कृष्णानुरक्ति पर प्रश्नचिह्न नहीं लगाया जा सकता।"

"तब भी तुम मेरे समक्ष ऐसा प्रस्ताव रखने में नहीं हिचकते ?" मीरा कुछ प्रकृतिस्थ हुई।

"बुभुक्षित: किं न करोति पापम्—भूखा कौन-सा पाप नहीं करता ?"

"तो फिर इस पाप की सहभागिनी मुझे ही बनाने पर क्यों तुले हो ? इस संसार में नारियों की कमी है क्या ?" मीरा ने किसी प्रकार कहा।

"मुझे किसी और पर विश्वास नहीं।"

"कैसा विश्वास ?"

"यही कि वह मेरी याचना को अपनी स्वीकृति देगी ही।" संन्यासी निर्लज्जता पर उतर आया था।

"तुम्हें मेरी स्वीकृति के प्रति ही आश्वस्ति कैसे हो गई ?"

"कहा न, आपकी प्रसिद्धि है कि आपके यहां से कोई याचक निराश नहीं लौटता और फिर पतन के गर्त में गिरना ही है तो आपके इस अपार्थिव रूप को छोड़कर… ? काश, आपको पता होता आप कितनी लावण्यमयी हैं !" युवक का मुख पुन: रक्ताभ हो आया।

"एक ही राग नहीं अलापो संन्यासी—रूप, रूप और रूप। इस रूप का क्या, यह तो क्षणभंगुर है आज रहा, कल नहीं रहा। और गन्दगियों से भरे इस तन के गोरे रंग पर क्यों जाते हो ? यह सब छलावा से अधिक क्या है ? इत्र छिड़क देने से मल की दुर्गन्ध समाप्त भले हो जाय वह खाद्य नहीं हो आता। रह गई मेरे यहां से किसी याचक के निराश नहीं लौटने की तो मीरा प्रतिज्ञा तोड़ना नहीं जानती। तुम भी निराश नहीं लौटोगे।"

"सच !" संन्यासी का मुख एक अवर्णनीय प्रसन्नता से प्रात: कमल की तरह

प्रफुल्लित हो आया।

"श्रीकृष्ण-प्रेम ने असत्य-भाषण नहीं सिखाया।"

"तब ? तब···।" संन्यासी ने अपने चारों ओर देखा। मण्डप अब भी जनशून्य था। हलका अन्धकार उसके कोनों में डेरा डाल चुका था।

"तब क्या ?" मीरा उसके मनोभावों को समझते हुए बोली।

"यही अवसर है। मैं आजीवन आपकी इस अनुकम्पा के लिए ऋणी रहूंगा।" संन्यासी असंयत स्वर में बोल गया।

"उतावलापन कभी अच्छा नहीं होता युवक !" मीरा ने धीरे से कहा, "यह अवसर नहीं है। मैं अस्वस्थ हूं। प्रतीक्षा करो।"

"कब तक ?" युवक का मन डूबने-डूबने को हुआ।

"केवल कल संध्या तक।" मीरा कुछ निश्चित करती हुई बोली।

"तो कल मेरी आकांक्षा की पूर्ति हो जाएगी। मैं आपके शरीर सुख का···?"

"शान्त संन्यासी ! शान्त ! वाणी पर संयम दो। अब व्यग्रता किस बात की ? मैंने तो वचन दे ही दिया, आगे तुम्हारा भाग्य और श्रीकृष्णेच्छा।" मीरा चलने को हुई।

"तो मैं कल कब उपस्थित होऊं ?"

"इसी समय।" मीरा ने कहा और महल की ओर मुड़ गई।

युवक के लौटते पैर धरती पर नहीं आसमान में पड़ रहे थे।

एक सौ उनतीस

आकांक्षाएं उद्विग्न करती हैं। मन लालसा की टेढ़ी-सीधी गलियों में चक्र की तरह घुमाता है। वासना शान्त नहीं बैठने देती। वह वासना कैसी भी हो सकती है, अगर वह राग-प्रेरित है, शरीर-जनित है तो फिर उसका क्या कहना ? वह मन को निष्ठुरता से मथ छोड़ेगी। इच्छाओं के सुनहले अश्व दिशाओं की दौड़ लगा आयेंगे पर थकावट उनके पास फटकने से रहेगी। और अशान्त, अव्यवस्थित और ऊपर से आकांक्षा-संकुल मन-मस्तिष्क को निद्रा की नाज-भरी देवी दूर से ही प्रणाम करती है। पेड़ की शाखा छोड़ फुर्र से उड़ गये पंछी की तरह वह अशान्त व्यक्ति की पलकों से पल भर में उड़ पड़ती है।

संन्यासी की भी आंखों में नींद नहीं थी। कल उसके जीवन-सर में एक कनक-कमल जो खिलनेवाला था ! कितना साम्य है कसक और कामना में ? दोनों उद्वेलित और अव्यवस्थित करते हैं—भिन्न-भिन्न कारणों से। कनक रक्षा की अपेक्षा करता है तो कामना, पूर्ति की शीघ्रता-हेतु व्यक्ति को व्याकुल बना छोड़ती है। वासना पागलपन है और कामना का विकृत स्वरूप ही वासना है। तो वह संन्यासी पागल हो गया था—विक्षिप्त ? कम-से-कम मीरा की स्वीकृति के पश्चात तो यही हुआ था। इसके पूर्व मीरा की स्मृति उसे कुछ दिनों से जो सताती रही हो, वह उसकी रात्रि की नींद तो नहीं चुराती थी। पर आज ? आज वह दूर-दूर तक

कहीं नहीं थी। पेड़ से उड़ा पंछी न जाने किस दूरस्थ तरु की शाखा पर जा बैठा था।

प्रातः की प्रतीक्षा में रात्रि आंखों-आंखों में व्यतीत हो गई और संध्या की आशा में दिन पता नहीं कब ढल गया।

वह कीर्तन-मंडप पर समय से ही पहुंचा था—मीरा द्वारा बताये समय से पहले पहुंचने की आतुरता को उसने दर्दहीनता से दबा दिया था—कहीं किसी को संदेह हो गया तब? निद्रा, भोजन आदि शरीर की सामान्य आवश्यकताएं भी कल से पूर्ण नहीं हुई थीं तो क्या, धमनियों के रक्त में ज्वार जगा हुआ था। मीरा का अंग-संग! ओह! दुर्लभ स्वर्गिक संयोग! अथवा उसके अवास्तविक संन्यास का भी सद्यः प्राप्त पुण्य-फल।

वह मर्कट बन आया था। शाखा से शाखा पर फांदता शाखामृग हो आया था उसका वासना-चालित मन। क्या हुआ जो मीरा विधवा थी? उच्छिष्ट? पर पक्षियों द्वारा कुतर दिये आम्र-फल के मिठास में किधर से कमी आती है? यह उच्छिष्टता ही उसकी असामान्य मधुरता का प्रमाण होती है कि नहीं? पीक-चंचु से चखा फल सदा से प्राणियों का प्रथम आकर्षण रहा है।

संन्यासी आज धन्य होनेवाला था।

उसका दुर्भाग्य जो आज भक्त-मंडली कुछ पूर्व से ही जुटने लगी थी। वह पहुंचा तो कुछ व्यक्ति वहां पूर्व से ही उपस्थित थे। यह कोई पूर्व निर्धारित योजना थी क्या? महल के ही दो-चार-दस दास-दासी पहले से ही यहां विराजमान कर दिए गए हों तो इसमें आश्चर्य क्या? तो क्या मीरा छल करेगी? वह कृष्ण-भक्ता? और ऊपर से वह कितना ही ब्रह्मचर्य और संयम का स्वांग करे उसके युवा शरीर के रक्त में लहरें नहीं उठती होंगी क्या? वह किधर से अनाकर्षक और असुंदर था? तो एक युवा और आकर्षक तन दूसरे युवा और सुंदर तन के आह्वान को इतनी सहजता से नकार जायेगा? नहीं, यह नहीं हो सकता। संयम-हीन संन्यासी के मन ने तर्क किया। मीरा अपने वचन की पूर्ति करके रहेगी। संन्यासी के लिए नहीं तो कम-से-कम अपने लिए। ओह! यह सर्वांग सुंदरी, अद्भुत देह-यष्टि की मल्लिका कब से बुभुक्षिता थी? भोज को मरे क्या कुछ कम दिन हुए? और ऊपर से नित्य किशोर, युवा और अर्द्ध युवा एवं वृद्ध ही सही साधकों, संत-साधुओं का संग? उनके मध्य उन्मुक्त नर्तन, गायन और कीर्तन? यह सब क्या उसकी कामाग्नि को हवा नहीं देता होगा? इस सब कुछ से तटस्थ मात्र कृष्ण को मोहने का यह तथाकथित उपक्रम, एक छलावा के अतिरिक्त कुछ नहीं था। दमित वासना की नग्न अभिव्यक्ति ही थी यह। लोक की आंखों में धूल झोंकने का व्यवस्थित प्रयास। संन्यासी अपने को आश्वस्त कर रहा था। रुग्ण मन सर्वत्र रुग्णता ही देखता है। पीलिया-ग्रस्त आंखों को सब कुछ पीत ही दृष्टिगोचर होता है।

कीर्तन का समय हो गया। मीरा के प्रकट होने में किंचित विलम्ब हो रहा था। तो क्या वह सचमुच छल करेगी? अपने प्रण की रक्षा में पीछे रहेगी? नहीं, यह ऐसा नहीं होगा। यह स्वर्णिम अवसर वह नहीं गंवायेगी। आखिर उसे भी ऐसा, हथेलियों पर प्राणों को लेनेवाला ढीठ याचक कम ही मिला होगा। संन्यासी व्यग्र था।

तभी मीरा प्रकट हुई। पीत-वस्त्र, पूर्णतया शृंगारित मीरा। आकर्षक परिधान और स्वर्णाभूषणों को कभी की तिलांजलि दे चुकी मीरा ने आज नख-शिख शृंगार किया था। संन्यासी का मन-मयूर नर्तन-रत हो आया। यह विलम्ब इसी कारण था! ललिता ठीक मीरा के पीछे थी। स्मिति-युक्त रक्त अधरोष्ठ। तो क्या मीरा ने यह भेद अपनी अंतरंग सखी पर भी खोल दिया था? मीरा की प्रसन्नता को तो ललिता का आह्लाद बनना ही था। संन्यासी अपनी व्यग्रता पर कठिनता से नियंत्रण प्राप्त कर पा रहा था। उसने मीरा की आंखों को बलात् अपनी ओर खींचना चाहा था पर एक बार उसे लक्षित कर उन आंखों ने फिर इधर कभी नहीं देखा था। संन्यासी ने इसे नारी-सुलभ लज्जा का प्रतीक ही माना था और उसका मन अपनी कामना-पूर्ति के प्रति आश्वस्त हो आया था।

पर मीरा आज पूर्ण विस्मृति की अवस्था में थी। श्रीकृष्ण-विग्रह के प्रति उसके नेत्र निर्निमेष हो आये थे। थोड़ी ही देर में पैरों के नूपुर खनखना आये थे और कर में करताल ले वह नृत्य-मग्ना हो आयी थी। शरीर के दौर्बल्य के पश्चात उसके पैरों में न जाने कहां की शक्ति आ गई थी। और वह देर तक बलखाती-मचलती नागिन की तरह नृत्य-रत रही थी। दर्शक-मंडली भक्ति-भाव के इस अपूर्व दर्शन पर चित्र-लिखित और मंत्र-कीलित थी।

फिर आरम्भ हुआ था पद गायन। मीरा के मन में आया था राणा द्वारा विष-पान और कृष्ण द्वारा प्राण-दान को वह अपने पदों में अभिव्यक्ति दे दे। पर तत्काल उसे अपना प्रण स्मरण हो आया था—प्रजा पर इस भेद को प्रकट नहीं होना था, कम-से-कम अभी नहीं। उसने स्वरचित अन्य पद ही आज मधुर कंठ और वीणा के झंकार के साथ गाए थे, एक के बाद एक। फिर आरम्भ हुआ था कीर्तन का दौर—श्रीकृष्ण गोविन्द हरे मुरारे, हे नाथ नारायण वासुदेव। बल्लभ सम्प्रदाय के इस भजन को भक्तों ने मीरा के स्वर में स्वर मिलाकर गाया था। अद्भुत था आज का यह आध्यात्मिक वातावरण। सभी आनन्द-मग्न थे, सभी अभिभूत। व्यग्र था तो वह युवा-संन्यासी। वह इस मग्न-भाव की शीघ्र समाप्ति के लिए मन-ही-मन प्रार्थना कर रहा था। मीरा का आज का यह रूप उसे और असंतुलित कर गया था। भजन-पूजन और गायन-नर्तन से प्राप्त चेहरे की आज की दीप्ति अद्भुत थी और वह उसकी चित्त-वृत्तियों को शान्त करने के बदले उसे और उद्विग्न किए जा रही थी। वह आतुरता से उस घड़ी की प्रतीक्षा कर रहा था जिसमें मीरा अपनी प्रतिज्ञा पूर्ण करने को वचनबद्ध थी।

तभी, पता नहीं कब वहां से खिसक गई ललिता, दो दासियों के साथ एक पर्यंक के साथ प्रकट हुई। देखते-देखते उसे मंडप के मध्य बिछा दिया गया और उसे बिछावन से सुसज्जित कर एक स्वच्छ धवल चादर से ढंक दिया गया।

भक्त-गण आज के इस विशेष उपक्रम को देखकर विस्मित हुए और युवा संन्यासी के मन की धड़कन प्रसन्नता के अतिरेक से अनियंत्रित हो गई। वह समझ गया कि इस समाप्त-प्राय भजन-भाव के पश्चात् अब केवल वह होगा और होगी यह रूप की देवी मीरा, इस पर्यंक को सार्थकता प्रदान करने के लिए। ललिता को भी वह खिसका देगी और दीपाधारों पर रखे घृत-पूरित दीप भी मीरा के आंचल के झोंकों से दम तोड़कर इस सज्जित शय्या को अंधकार से आवृत्त कर देंगे।

पर यह क्या ? कीर्तन की समाप्ति के पश्चात ही मीरा ने सहसा श्रोताओं को सम्बोधित किया––"आप सबों को ज्ञात है कि मीरा पूर्णतया कृष्णार्पिता है। उसके तन-मन का एकमात्र अधिकारी इस गिरधारी के सिवा कोई नहीं है। अपने इस अशरीरी प्रेमी को भी अपने पति के रूप में मैंने अबोध बाल्यावस्था में ही वरण कर लिया था और भारतीय नारी जिसका हाथ पकड़ लेती है उसके साथ जीवन काट देती है। बीच में भोज पति रूप में अवश्य आ गया था पर मेरी भावना को समझ उसने भी मुझ कृष्णार्पिता को अछूता ही छोड़ दिया था।" मीरा ने यहीं पर रुककर उसने भी मुझ कृष्णार्पिता को अछूता ही छोड़ दिया था।" मीरा ने यहीं पर रुक- कर अपनी छलछला आई आंखों को पोंछा था। शायद भोज की त्याग-भावना उसे अव्यवस्थित कर गई थी।

"पर आज कुछ विचित्र घटने जा रहा है," मीरा ने आरम्भ किया, "आप भक्तों में से एक का मन मुझ पर आ गया है। उन्होंने मेरे अंग-संग की कल याचना की है। उन्हें मालूम है मीरा के यहां से कोई याचक निराश नहीं जाता। मैंने उन्हें वचन दे दिया। मीरा के जीवन का कुछ भी कहीं से छुपा नहीं है। वह एक खुला ग्रंथ है। वह छिपकर कहीं कुछ नहीं करती। यह पर्यंक उनके लिए प्रस्तुत है। मैं उन्हें आप सभी के समक्ष आमंत्रित करती हूं।" कहकर मीरा ने उस दिशा में दृष्टि फेरी जहां वह युवा कामुक संन्यासी बैठा था। सारी दृष्टियां उधर ही घूम गईं। 'छिः, छिः' के स्वर सभी कोनों से उठे और कई तत्काल उस दिशा में बढ़े पर इसके पूर्व कि कोई कुछ कर पाये वह तथाकथित सन्यासी सहसा खड़ा हुआ और अंधकार का लाभ उठा तीर की तरह दक्षिण दिशा की ओर भाग निकला।

एक सौ तीस

अपमान का गरल संसार के सारे विषों से असह्य होता है। मानव सब कुछ सहजता से सहन कर ले सकता है—क्षुधा, पिपासा से लेकर विभिन्न आधिव्याधियों तक––पर अपमान और अवमानना की घूंट पीकर उसे पचा लेना किसी-किसी के ही वश की बात होती है।

विक्रमाजीत के कक्ष के निचले तल में सम्पूर्ण सुविधाओं से सम्पन्न अपने चार दिनों का समय व्यतीत करता हुआ वह मेवाड़ के जंगलों का संपेरा विक्रम के हाथों हुए अपने अपमान को चाहकर भी विस्मृत नहीं कर पा रहा था। अपनी सुरक्षा में सजग विक्रम ने निचले कक्ष में खुलने वाले द्वार को पूर्णतया बन्द कर रखा था जिससे न तो वह संपेरा और न वह नागिन ही उसके पास तक पहुंचने का मार्ग पा सकती थीं। इस द्वार को निर्धारित समयों पर खोलने का अधिकार मात्र सूरजमल को था जो संपेरे और उसकी काल-सर्पिणी के भाजन आदि की व्यवस्था स्वयं सम्हाले हुए था। निश्चय ही अगर उसका वश चलता तो वह विक्रम को ही अपनी नागिन के विष-दंतों का लक्ष्य बना अपने वनों में भाग जाता। पर उसने अपने अपमान का बदला लेने का एक अन्य यत्न ही ढूंढ़ निकाला था जो विक्रम

और सूरजमल की सारी योजनाओं पर पानी फेरने को पर्याप्त था। विक्रम और सूरज दोनों अपने पालतू संपेरे की मन ही मन बनाई जा रही योजना से पूर्णतया अनभिज्ञ अपनी निश्चित सफलता पर प्रसन्न हो रहे थे।

पूर्णिमा की प्रतीक्षा सबको थी। विक्रम को भी, सूरजमल को भी, उस संपेरे को भी और सबसे ऊपर मीरा को भी। विक्रम और सूरज इसी रात राज्य और राजमहल को वर्षों से व्यर्थ के विवाद के घेरे में डाले पड़ी और प्रजा में प्रतिपल लोकप्रियता अर्जित करती जा रही मीरा से सदा-सर्वदा के लिए मुक्त हो जाने को व्यग्र थे तो वह संपेरा उनकी योजना पर इसी रात पानी फेर उस अवांछित कैद से भाग निकलने की प्रतीक्षा में था। वहीं मीरा प्रति-पूर्णिमा को अपने इष्ट श्रीकृष्ण को निवेदित होनेवाले विशेष पूजन की प्रतीक्षा और उपक्रम में व्यस्त थी। अमावस्या को जन्म ग्रहण किए श्रीकृष्ण को पूर्णिमा बहुत प्रिय थी, आखिर इसी रात तो उन्होंने महारास रचाया था और वह प्रिय थी मीरा को भी क्योंकि पूर्णिमा के भरे-पूरे चांद में उसे अपने श्रीकृष्ण चन्द्र की ही मुख-छवि झलकती प्रतीत होती थी। इस दिन वह श्रीकृष्ण-विग्रह को नए परिधान, नूतन आभूषण धारण कराती तथा अपने हाथों विशेष नैवेद्य बनाकर उसे अर्पित करती और फिर अपने कक्ष के गवाक्ष के पास घण्टों खड़ा हो आकाश-रूपी मानसरोवर में किसी राजहंस की तरह तिरते चले जाते उस राका-शशि को अपलक निहारती रहती।

यह था अतिप्रतिक्षित चौथा दिन। पूनो की रुपहली रात आज ही आसमान को ज्योत्सना-पूरित करने वाली थी। सूरजमल आज सुबह से ही अपने संपेरे के साथ आज की महत्वपूर्ण योजना को सफलतापूर्वक क्रियान्वित करने के लिए संकल्परत था। संपेरा अन्दर से अनुत्साहित होते हुए भी ऊपर से पूर्ण उत्साहित प्रतीत हो रहा था।

"सब कुछ ठीक-ठाक तो सम्पन्न हो जाएगा?" सूरजमल ने सारी बातों पर पूरी तरह विचार-विनिमय के बाद पूछा था।

"इसमें कोई सन्देह है?" संपेरे ने गम्भीरता से कहा था।

"यह मीरा को डंस तो लेगी?"

"यह आप पर निर्भर है।"

"मुझ पर मतलब?"

"आप पर और आपके राजाधिराज महाराज विक्रमाजीत पर।"

"ऐसा क्यों बोलते हो?" सूरजमल को संपेरे की बात में आक्रोश की एक हल्की झलक मिली। वह आशंकित हुआ।

"ठीक ही बोल रहा हूं।" संपेरे को अपनी गलती का अनुमान हुआ। वह सहज हो आया।

"कैसे?"

"अब आप लोग तो मुझसे मीरा पर सीधे मेरी नागिन को छोड़वाइगा नहीं। ऐसी हालत में नागिन का डंसना इस पर निर्भर करता है कि मीरा का हल्का स्पर्श भी उसे मिलता है अथवा नहीं। मेरी नागिन कोई राजघराने की रानी तो है नहीं जो अकारण उत्तेजित होती रहे। यह वन में पली-बढ़ी है। जब तक इसे

कोई छेड़े नहीं वह उसका कुछ नहीं बिगड़ती।"

"मीरा का स्पर्श तो इसे मिलेगा ही।"

"तो मीरा को उसका दंश भी मिलकर रहेगा।"

"उसका दंश पूर्णतया प्रभावी तो है न ?"

"परीक्षा होनी चाहिए ?" संपेरा कुछ क्रोधपूर्ण मुद्रा में बोला।

"यन तो अवश्य ही है।"

"वह में भी आपने इसकी परीक्षा ली थी। वह निरीह मृग बात की बात में इसके एक दंश से ही भगवान को प्यार हो गया था।"

"ठीक है पर कहीं इसके विष में कमी आ गई हो तो ?"

"तो किस पर परीक्षा करूं ? आप पर ?" संपेरे ने झोले की ओर हाथ बढ़ाते हुए कहा। वह जानता था कि आज सभी उसके हाथ में थे। आज कोई उसका कुछ भी बिगाड़ने की बात सोच भी नहीं सकता था। वह इस स्थिति का भरपूर लाभ उठाने को उद्यत था।

"नहीं, नहीं।" संपेरे की बात और झोले की ओर उसके हाथ को बढ़ते देख सूरजमल घबराकर पीछे हटते हुए बोला।

"तो बुलाइए अपने अन्नदाता विक्रमाजीत को, उन्हीं पर इसकी परीक्षा ले ली जाए।" संपेरा अपनी मौज में बोला।

"कैसी बातें करते हो ? मृत्यु मीरा की होनी है कि महाराणा की ?"

"दोनों की हो जाय तो आपको क्या अन्तर पड़ता है ? महाराणा को मारने के बाद भी मेरी नागिन में पर्याप्त जहर शेष रहेगा और महाराणा नहीं रहे तो यह मेवाड़ तो आप ही का होगा ?"

"कैसी बहकी-बहकी बातें करते हो ?" सूरजमल को संपेरे की वाचालता पर क्रोध आ रहा था।

"आप मुझे बाध्य करते हैं।"

"कैसे ?"

"मेरी नागिन पर अविश्वास कर।"

"अविश्वास कहां है ?"

"अविश्वास नहीं रहता तो बार-बार परीक्षा की बात करते ?"

"लो अब नहीं करेंगे। तो बुलाऊं महाराणा को ? अपनी योजना को अन्तिम रूप देना तो है ? अब संध्या भी घिरने लगी है।"

"अवश्य बुलाओ अगर वह आये। उसे तो मेरी नागिन के गंध से ही भय लगता है।"

"नहीं, ऐसी बात नहीं।" सूरजमल संपेरे की बात के पीछे छिपे व्यंग्य को पढ़ते हुए बोला।

"तो बुलाओ, अब देर किस बात की ? हां अपना वह, क्या बोलते हो सुवर्ण···।" संपेरा हकलाया।

"स्वर्ण-संपुट।" सूरजमल ने जोड़ा।

"हां वही और वह काला गोल पत्थर भी लाना नहीं भूलना।"

"पत्थर नहीं, शालग्राम। तुम भगवान का अपमान करते हो।" सूरजमल कुछ

झुंझलाया।

"तुम कौन उसे मान दे रहे हो ? उसकी सबसे सुन्दर रचना को समाप्त करने पर पड़े हो। मैंने देखा नहीं है उस देवी को ?"

"तुम उसे देवी कहते हो ?" सूरजमल झल्लाया, "तब तुम उसे क्या मारोगे ?"

"मारना मुझे थोड़े है ? यह नागिभ का काम है। मैं कहूं हम संपेरे और सांप तो तुम महलवासियों से कहीं बहुत भले। हम अकारण किसी को मारते नहीं चलते।"

"अब तुम अपना भाषण बन्द करो।" सूरजमल की झल्लाहट स्पष्ट थी।

"देर तुम कर रहे हो। बुलाओ अपने विक्रम को सारे सामानों के साथ। और हां इसके पूर्व मेरी दक्षिणा भी पहले ही देते जाओ। मेरी एक सौ स्वर्ण-मुद्राएं।"

"अभी क्यों ? मीरा के मरने के बाद क्यों नहीं ?"

"मीरा के मरने की प्रतीक्षा तुम करना। तुम और तुम्हारा वह महाराणा विक्रम। विधाता की एक मोहक मूर्ति को मिट्टी बनते देखने का साहस मुझ संपेरे में भी नहीं है। तुम महलवासी अपनी आंखें ठंडी करते रहना।"

सूरजमल को विश्वास हो गया मीरा अब मिट्टी बनकर रहेगी, अतः उसे संपेरे के प्रस्ताव को मानने में कोई हर्ज नहीं दिखाई पड़ा।

"ये रहीं तुम्हारी सौ स्वर्ण मुहरें।" सूरजमल ने अपने हाथ में प्रायः निरन्तर लटकती रेशमी थैली से निकालकर सौ मुद्राएं गिन दीं।

"असली तो हैं ?" संपेरे ने व्यंग्य किया।

"अगर तुम्हारी नागिन असली है तो ये मुद्राएं भी असली हैं।"

"उसकी तो परीक्षा ले चुके हो।"

"इनकी भी परीक्षा कर दूं ? लाऊं निकष ? स्वर्ण परखने की कसौटी ?"

"कोई आवश्यकता नहीं, हम वनवासी हैं। सब पर सहज ही विश्वास कर लेते हैं।"

"तो बुलाऊं राणा को ?"

"देर तुम्हीं कर रहे हो।"

"अभी आया।" कहकर सूरजमल ऊपर गया पर अपने पीछे द्वार को ठीक से बन्द करना नहीं भूला।

संपेरा मुसकराया। धीरे से बोला, "यह बन्द दरवाजा ही मीरा के जीवन का वरदान सिद्ध होगा। निकलो मेरी रानी।" और उसने झोली में हाथ डाल उस काल-सर्पिणी को बाहर खींच लिया। वह पालतू नागिन उसके हाथ में लिपट गयी।

"ऐसे नहीं, ऐसे पड़ो।" और उसने धीरे से उसे अपने हाथ से पृथक् कर भूमि पर रख दिया। वह अपनी मौज में क्षत्र फैलाकर पूंछ के बल खड़ी हो गई। अपनी चमकती आंखों से इधर-उधर देखना शुरू किया।

संपेरे ने अपनी कमर में खुंसी लकड़ी के एक छोटे टुकड़े को निकाला और उसे नागिन के मुख के पास छुलाकर बोला, "अब सो जाओ मेरी राजदुलारी ! सुबह होने में अभी बहुत देर है। यह हमारी-तुम्हारी आखिरी भेंट भी है। मीरा तो बच गई पर तुम शायद ही बच पाओ इन पापियों के हाथों !"

नागिन दूसरे ही क्षण अपने क्षत्र को सिकोड़कर धरती पर मृत-प्राय पड़ गई। संपेरे ने पुन: उसे अपने झोले में डाल दिया।

थोडी देर में सूरजमल और विक्रम नीचे उतरे। सूरजमल के हाथों में ही चमकता स्वर्ण संपुट पड़ा था। दोनों संपेरे से कुछ दूरी रखकर बैठ गए।

"खोलो इस पात्र को।" संपेरे ने आदेश के स्वर में कहा।

सूरजमल ने ढक्कन हटाया। अन्दर एक अपेक्षाकृत बड़ा-सा शालग्राम-शिला पीत वस्त्र के ऊपर प्रतिष्ठित थी।

संपेरे ने झोले में हाथ डाल नागिन को बाहर खींचा। उसने हौले-से अपनी पतली देह को कई स्थानों से बल दिया—लचकी।

"ऐसे नहीं मेरी नागिन।" संपेरे ने स्वर को ऊंचा कर कहा, "उस पत्थर को लपेटो अपने इस नाजुक शरीर से और फिर जो कोई उसे छुए उस पर दे मारो अपने विष दंत।" और उस शालग्राम के चारों ओर उस सर्पिणी को लपेटकर उसने उसे उस स्वर्ण संपुट में रखा और ढक्कन बन्द कर दिया।

"अब जो कोई भी इस ढक्कन को खोलेगा, वही काल का शिकार बनेगा। मुझे दोष नहीं देना।"

स्वर्ण-संपुट संपेरे के झोले के पास भूमि पर पड़ा था। सूरजमल और विक्रम दोनों उसे एकटक देख रहे थे पर कोई उसे हाथ नहीं लगा रहा था।

"उठाओ इसे। अब देर किस बात की?" संपेरे ने आदेश-सा दिया। अभी दोनों उसकी मुट्ठी में थे।

"पहले तुम बाहर जाओ। अब तक काफी अंधेरा घिर आया है। हम तुम्हें यहां रखकर किसी को संदेह का अवसर नहीं देना चाहते।" विक्रम बोला, वह संपेरे को समाप्त करने की अपनी योजना भूल चुका था।

"मैं जाऊंगा कैसे? मुझे बाहर का रास्ता देखा है क्या?" संपेरा मन-ही-मन प्रसन्न होता हुआ बोला।

"वह यहीं से जाता है।" कहकर विक्रम ने उस तहखाने की एक दीवार से सटी लम्बी-सी, काठ की वस्त्र-पेटिका के ढक्कन को हटाया और एक नन्हा द्वार उन्मुक्त हो आया।

"अब समेटो अपने झोले को और इस मार्ग से बाहर हो जाओ।" विक्रम ने आज्ञा के स्वर में कहा।

"और मेरे नागिन का क्या होगा?" झोले को कन्धे से लटकाते हुए संपेरे ने कहने के लिए कहा।

"उसका मूल्य तुम ले चुके हो। सूरजमल जी ने मुझे सब बता दिया है।" विक्रम झल्लाया।

"पर तुम उस सांप का क्या करोगे? पालोगे? तुम संपेरा हो क्या?" वह वनवासी हंसा। उसके गन्दे दांत तहखाने के क्षीण प्रकाश में चमक उठे।

विक्रम के मन में आया वह उस उद्दंड अरण्यचारी की पीठ के चर्म को तहखाने के कोने में पड़े कोड़े के भरपूर प्रहार से शरीर से अलग कर दे। पर वह अपने क्रोध को बलात पचा गया। सामने पड़े स्वर्ण-संपुट पर अभी उनका अधिकार होना शेष ही था। कहीं वह इसे झोले में डाल चलता बने तो कौन हाथ लगाने

जाएगा इस उद्दंड संपेरे और इसके झोले को ?"

"शीघ्रता करो यह द्वार बहुत देर तक खुला नहीं रह सकता।" विक्रम ने जैसे राजाज्ञा दी।

"मुझे भी इस कैद में रहने का कोई शौक नहीं है।" संपेरे ने कहा और शरीर को दुहराकर उस द्वार से बाहर हो गया।

"अब इस संपुट का क्या होगा ?" द्वार बन्द करने के पश्चात् ही विक्रम ने सूरजमल को सम्बोधित किया।

"अब यह मीरा के हाथों में पहुंचेगा।"

"किसके हाथों ?"

"आपके और किसके ? आप पर उसका पूरा विश्वास है। आप उसके प्रिय देवर ही नहीं, कृष्ण-भक्त भी हैं।"

"मेरे हाथों नहीं।" विक्रम ने संपुट की ओर सशंकित आंखों से देखते हुए कहा।

"तब ?"

"मेरे नाम पर तुम्हारे हाथों।"

"कोई बात नहीं," सूरजमल ने कहा और संपुट की ओर देखा, उसका ढक्कन अच्छी तरह बन्द था।

एक सौ इकतीस

आसमान में पूर्णिमा का चांद अपने सम्पूर्ण यौवन पर था। आकाश से धरती तक रजतकिरणों का एक मोहक वितान-सा ही बुना पड़ा था। वनों के विटपों और लता-वल्लरियों से लेकर सलिल-पूरित सरोवर और हिमाच्छादित गिरि-शिखर से लेकर मरु-रेत के विस्तार तक इस ज्योत्स्ना-पर्व का उन्मुक्त आनन्द लूट रहे थे। सरिताओं के कूल, सागरों के तीर और झीलों के झिलमिल जल में भी चांदनी अपनी मस्ती में मचल रही थी।

चित्तौड़ का रक्तवर्णी किला भी इस आकाशचारी, विमुग्धकारी ग्रह की रजत-रश्मियों में आपाद-मस्तक स्नात हो एक अद्भुत शोभा बिकीर्ण करने में लीन था। किले के प्राय: मध्य में निर्मित कालिका-मन्दिर और उससे थोड़ी दूर पर खड़ा मुरलीमनोहर का मीरा-मन्दिर सभी आज के धवल शशि के स्निग्ध प्रकाश में भींगकर अपने को धन्य कर रहे थे।

उत्सवलीन थी मीरा भी अपने कक्ष में। ललिता सदा की तरह उसके साथ छाया की तरह लगी थी। कक्ष में स्थापित श्रीकृष्ण का विग्रह पूर्णतया सुसज्जित था। उसे ननीन परिधान, नूतन आभूषण धारण कराए गए थे। यहां तक कि मुरलीमनोहर और मोर-पिच्छ भी परिवर्तित कर दिए गए थे।

मीरा और ललिता ने अपने हाथों आज अपने गिरिधर के लिए सुस्वादु नैवेद्य तैयार किए थे—पीले लड्डुओं से लेकर, विभिन्न प्रकार के दुग्धारित

मिष्ठान और केशर-मिश्रित मधुर खीर तक स्वर्ण-पात्रों में श्रीकृष्ण-विग्रह के समक्ष पंक्तिबद्ध सुसज्जित थे।

ललिता ने अब तक कक्ष के एक किनारे ही एक मिट्टी-पूर्ण प्रस्तर-पात्र में तुलसी-पौध को प्रतिष्ठित कर दिया था जिसे वह नित्य सींचित करना अपना धर्म समझती थी।

इसी तुलसी के पौधे से कई पत्ते तोड़कर श्रीकृष्ण-मूर्ति के पाद-प्रदेश में अर्पित किए गए थे। नैवेद्य-पूरित विभिन्न पात्रों में तुलसी-पत्र छोड़ उन्हें विधिवत कृष्णार्पित करने के पूर्व मीरा ने अपने पैरों में नूपुर बांधे, कंधे से लटकते पीताम्बर को कमर के गिर्द आवेष्टित किया और करों में करताल ले नृत्य-मग्न हो उठी। बाहर मचलती चांदनी और अन्दर थिरकती मीरा। ललिता कभी गवाक्ष से बाहर बिखरी चन्द्र-ज्योति को निहारती तो कभी कक्ष के अन्दर नृत्य-लीना मीरा के मुख पर उतर आई अद्भुत अलौकिक दीप्ति को देख-देख मग्न होती।

मीरा नृत्य की विभिन्न भंगिमाएं आज ललिता को आश्चर्यचकित कर रही थीं।

इतनी तन्मयता से तो उसने आज तक शायद ही कभी नृत्य किया हो। क्या हो गया था मीरा को? आज तक ऐसी बावरी तो वह कभी नहीं बनी थी?

नृत्य समाप्त कर मीरा श्रीकृष्ण-विग्रह के समक्ष ही थककर बैठ गई। कुछ पल तक अपलक पीताम्बरधारी के अनुपम रूप को निहारती रही। इस समय कई बातें मन में आ रही थीं। अगर आज भोज होता? कितना आह्लादित होता वह आज के उसके नृत्य को देखकर? ऊंह! यह श्रीकृष्ण भी क्या है? न कुछ बोलता न बतियाता। मूक बन सब कुछ देखता रहता है निष्ठुर! कहां होगा भोज?

गीता में इसी कृष्ण ने कहा है, न कि मनुष्य मरकर भी नहीं मरता है? कि आत्मा अमर है—अनादि? और कृष्ण? वह तो सुना गोलोकवासी है। वहां आज भी गोओं के पीछे भागता है, गोप-गोपिकाओं के नखरे उठाता है। तो भोज भी पहुंच गया होगा गो-लोक? श्रीकृष्ण से बातें करता होगा—उसके गिरिधर से? यहां तो यह पत्थर बना मूक खड़ा है। अगर वह भी भोज के पास पहुंच जाय? गो-लोक? तब तो आनन्द की बाढ़ ही आ जाएगी। भोज और वह मिलकर कृष्ण से जी भर बातें करेंगे। उसे बहुत-बहुत उलाहना देंगे—यहां मस्त हो, गोप-गोपिकाओं से क्रीड़ा में रत हो और मीरा के कक्ष में काष्ठ बने होंठ-सिले खड़े रहते हो।

काष्ठ क्या? पाषाण ही कहो। जैसा पाषाण-विग्रह है तुम्हारा, मन भी वैसा ही पत्थर है। नवनीत-प्रिय हो—माखन-चोर। पर माखन तो बात की बात में पिघल जाता है आग अथवा धूप की हल्की आंच पर ही। पर तुम निष्ठुर को तो प्रेमाग्नि की दाहक से दाहक आग भी नहीं पिघला पाती। अच्छा होता मैं भी भोज के साथ तुम्हारे पास ही पहुंच जाती। यहां बैठकर क्या कर रही हूं? तुम तो योगी हो, परम विरक्त। पर मैं अपने मन को कैसे समझाऊं? मैं तो भक्ति के रंग में अन्दर-बाहर से रंग गई हूं। मैं तुम्हारी तरह तटस्थ तो नहीं हो सकती।

"आज अपने कान्हा को कोई पद नहीं सुनाओगी?" ललिता ने टोका,

"नैवेद्य भी ठंडे हो रहे हैं। उनका भोग भी अर्पित करना है तुम्हारे गिरिधर गोपाल को।"

"हां री, ललिता ठीक कह रही है। नैवेद्य-अर्पण करने के पूर्व मेरा मन भी इस निष्ठुर के लिए एक पद सुनाने को करता है। ला मेरी वीणा।"

ललिता ने वीणा हाथ में पकड़ा दिया तो उसके तारों को छेड़ते हुए मीरा गा पड़ी—

माई म्हारी हरि हूं णा बूझ्यां बात
पिंड मां सू प्राण पापी, निकली क्यूं णा जात।
पटा णा खोल्या, मुख णा बोल्या, सांझ भया परभात॥
अबोलणां जुग वीतण लागां कायां री कुसलात।
सावण आवण हरि आवण री, सुण्या म्हाण बात॥
घोर रैणां बीजु चमकां बार त्रिणतां प्रभात।
मीरां दासी स्याम राती, ललक जीवणां जाता॥

होयगां वे वहज्यो जी अवेरा।
जोगिया चतुर सुजाण, सुजाणी ध्यावे संकट सेस।
आऊंगी मैं नाह रहूंगी पीय बिना परदेस।
करि किरण प्रतिपाल, मो परि, रुखो पा भाषण देस।
माला मुदरा मेरवला रे बाला, खप्पर लूंगी हाथ।
जोगिनि तोई जुग ढूढू सूं रे, म्हारा रावलियारा साथ।
....
....

"यह कौन-सा पद गा रही हो मीरा?" ललिता ने टोका।

"कौन-सा क्या?" मीरा ने वीणा को किनारें रखते हुए कहा।

"यह तो भक्ति नहीं वैराग्य चढ़ रहा है तुम्हारे स्वर पर। आश नहीं नैराश्य शब्द हैं ये।" ललिता बोल गई, " 'पिंड मां सू प्राण पापी निकली क्यूं णा जात' इस बात से तो मैं भयभीत होने लगी हूं। तुम्हारी जिजीविषा क्षीण हो रही है क्या मीरा?"

"ऐसा ही समझो ललिता!" मीरा ने कहा, "अब श्रीकृष्ण से मैं पृथक् नहीं रह सकती। काश, वह मुझे इस मिट्टी से उठा लेता। मैं उसके वियोग में अब···।"

"नहीं, नहीं, मीरा तुम्हें मरना नहीं जीना है। तुम भक्तन हो कृष्ण-भक्तन। भक्ति बिना शरीर के नहीं सधती। बहुत भाग्य से मनुष्य का शरीर मिलता है। तुम इसे···।"

"नहीं ललिता, अब यह जान जंजाल लगती है। कोई उपाय है इस शरीर के बन्धन से मुक्त होने का?"

"मीरा ऐसी बात सोचो भी नहीं, मेरी सौगंध। द्वैत ही भक्ति है। भक्त शरीर

त्यागकर मोक्ष कब चाहता है ? वह तो मरकर भी फिर जीना चाहता है। तुम जीते हुए भी मरना···।"

"काश, तुम्हें मेरी अकुलाहट, मेरी विरह-व्यथा का किंचित भी अनुमान होता ! मैं अब श्रीकृष्ण से पृथक नहीं रह सकती। मुझे उस 'जोगी' उस छलिया के पास जाना ही होगा अगर वह स्वयं नहीं आता है। है कोई उपाय। ललिता सुना आत्महत्या घोर पाप है वर्ना मैं स्वयं आज की ही रात इस जीवन को नैवेद्य के रूप में उस निष्ठुर को अर्पित कर देती। तुम लाओ न कहीं से कोई गरल। मैं समाप्त ही कर दूं इस लीला को।"

"तुम्हारे हाथ में है यह ? भेजने को तो राणा ने हलाहल भेजा ही था, क्यों नहीं मर गयी तू ? तुम यह कब से मानकर चलने लगी कि मरना-जीना तुम्हारे हाथ में है अथवा यह भी कि इस शरीर पर तुम्हारा अधिकार है और तुम चाहो तो इसे रखो या छोड़ो। तुम तो कृष्णार्पिता हो न ? इस शरीर पर तुम्हारा अधिकार कब से होने लगा ?" ललिता एक सांस में बहुत बातें बोल गई।

"अब मेरा अधिकार इस पर हो या नहीं मुझसे यह ढोया नहीं जाता। श्रीकृष्ण-दर्शन के बिना यह शरीर व्यर्थ है। मैं कहती हूं ललिता···।"

मीरा बात भी पूरी नहीं कर पाई थी कि सूरजमल कक्ष के द्वार पर प्रकट हुआ और वहीं से ऊंचे स्वर में बोला—"भक्तिमति मीरा की जय हो ? क्या यह क्षुद्र सूरजमल आज के विशेष उत्सव में सम्मिलित होकर राणा की एक तुच्छ भेंट अर्पित कर सकता है ?"

"नहीं।" ललिता ने बिना एक क्षण के विलम्ब के कहा।

"ऐसा क्यों कह रही हो ललिता ? किसी के प्रेम-पूर्वक दिए भेंट को अस्वीकार नहीं करते, फिर यह तो विक्रम द्वारा प्रेषित उपहार है। विक्रम तो कृष्ण-भक्त है। कृष्ण-भक्त के द्वारा···।"

"खाक कृष्णभक्त," ललिता ने मीरा की बात को काटा, "तुम इतना शीघ्र भूल गईं कि इसी कृष्णभक्त ने तुम्हें चरणामृत कहकर गरल से भरा पात्र भेजा था ?"

"वह उसकी गलती रही होगी पर एक बार की गलती को गिरह बांध लेना कहां तक उचित है ? जो हो राणा ने अपने कक्ष में कृष्ण की मूर्ति तो स्थापित कर ही रखी है, उसके उपहार को···" और उसने सूरजमल को सम्बोधित कर कहा, "आइए सूरजमल जी अन्दर आइए। यह ललिता तो यों ही बोलती रहती है। उसकी बात पर ध्यान नहीं दीजिए।"

"नहीं !!" ललिता जोर से चीखी, "आप अन्दर नहीं आ सकते सूरजमल जी।"

सूरजमल जो कक्ष के अन्दर प्रविष्ट कर गया था सहसा जहां था वहीं रुक गया। उसके हाथों में लिया स्वर्ण-पात्र कांपने लगा और उसे लगा कि कहीं वह पात्र भूमि पर गिर गया तो उसमें बैठी नागिन बाहर आकर उसे ही डंस लेगी। उसे अपने कुकर्म का फल तत्काल ही मिल जाएगा। उसके मन में आया, उल्टे पैर लौट जाय। वह जान देने नहीं, लेने आया था। वह पीछे मुड़ने ही वाला था कि मीरा की बात उसके कानों में पड़ी, "तुम इस तरह असंस्कृत कब से हो गईं

ललिता ? कहीं द्वार से अतिथि को वापस किया जाता है ?" फिर वह सूरजमल को सम्बोधित करती बोली, "आप आगे बढ़ आइए सूरजमल जी ! ललिता को क्षमा कर दीजिए ।"

सूरजमल आगे बढ़ने लगा। उसके हाथ अब भी कांप रहे थे।

"मैं कहती हूं मीरा, तुम गलती कर रही हो। राणा के आदमियों को पास बुलाना काल को ही आमंत्रित करना है।"

"और इसके पूर्व मैं क्या कर रही थी ? काल का ही तो आह्वान ? पर सूरजमल, काल कैसे बन सकता है ? तुम नहीं चाहतीं तो मैं मरूंगी भी कैसे ?"

"देखती हो उसके हाथ में क्या है ? वह स्वर्ण-मंजूषा ? पता नहीं फिर कौन-सा प्रसाद भेजा है राणा ने। मेरी सौगन्ध, तुम इस बार उस पात्र की वस्तु को कंठ के नीचे नहीं उतार सकतीं।"

"इसमें कंठ के नीचे उतारने की कोई वस्तु ही नहीं।" सूरजमल जो अब तक मीरा और ललिता के पास तक पहुंच गया था, बोला।

ललिता ने पूछा—"तो क्या है इसमें ?"

"इसके ढक्कन को खोलकर मीरा जी स्वयं देख लेंगी कि बहुमूल्य उपहार भेजा है राणा ने अपनी भाभी के लिए इस बार ?" सूरजमल ने अपने कांपते हाथों को मीरा की ओर बढ़ाते हुए कहा।

"नहीं, इसमें कोई खाद्य या पेय नहीं है।" सूरजमल ने अपने कांपते हाथों को मीरा की ओर बढ़ाते हुए कहा।

"पर आपके हाथ कांप क्यों रहे हैं ? इसमें फिर कोई हलाहल-मिश्रित प्रसाद लाये हैं क्या ?" ललिता बोली।

"नहीं, इसमें कोई खाद्य या पेय पदार्थ नहीं है।" सूरजमल ने कांपते हाथों को नियंत्रित करने का प्रयास करते हुए कहा।

"तो क्या है इसमें ?" ललिता ने पूछा।

"इस स्वर्ण-पात्र में नर्मदा से हाल ही में प्राप्त एक विशाल शालग्राम-शिला है। इतने बड़े और सुन्दर शालग्राम कहीं नहीं मिलते। राणा को उनका एक मित्र उन्हें दे गया। राणा ने इसे अपनी भाभी के लिए ही उपयुक्त समझ, यहां भेजवाया है। आप ग्रहण कीजिए मीरा जी !" सूरजमल ने स्वर्ण मंजूषा को मीरा की ओर बढ़ाते हुए कहा।

"नहीं, !!!" ललिता इस बार और जोर से चीखी, "आप मीरा को नहीं मुझे···।"

ललिता अपनी बात पूरी कर पाती कि सूरजमल के हाथ और जोर से कांपे और मंजूषा उसके हाथ से धरती पर जा गिरी। वह बिना एक क्षण का विलम्ब किए उल्टे पांव द्वार की ओर भागा। उसे लगा मंजूषा से निकली नागिन उसीका पीछा कर रही है। वह अपनी सारी शक्ति को पैरों में संचित कर तब तक भागता गया जब तक वह विक्रम के कक्ष के द्वार तक नहीं पहुंच गया। कक्ष का द्वार अन्दर से बन्द था। उसने पहले-पहल पीछे मुड़कर देखा—नहीं नागिन कहीं नहीं थी। उसके प्राण लौटे। अवश्य ही क्रुद्ध नागिन ने मीरा और ललिता दोनों को डंस लिया होगा उसने सोचा, "अच्छा ही हुआ जो पात्र मीरा के हाथों नहीं जाकर

जमीन पर जा गिरा, अब चोट खाई नागिन उस दुष्टा दासी को भी नहीं छोड़ेगी। बड़ी लम्बी हो रही थी उसकी जिह्वा।"

कुछ देर तक बन्द कपाटों के सामने खड़ा हो अपनी सांसों पर नियंत्रण करने का प्रयास करने के पश्चात् सूरजमल ने उन्हें हाथों से थपथपाया। कांपते हाथों और उखड़ती सांसों पर वह अब तक पूरी तरह नियंत्रण प्राप्त कर चुका था।

द्वार नहीं खुला। विक्रम समझ गया था कि यह थपथपाहट सूरजमल के हाथों की ही थी।

"क्या स्वर्ण-मंजूषा वापस लाए हो?" उसने अन्दर से ही पूछा। उसे आशंका थी कि मीरा उसके द्वारा प्रेषित उपहार को शायद ही ग्रहण करेगी और ऐसी स्थिति में वह काल को कर में धारण किए सूरजमल को अन्दर आने देने को प्रस्तुत नहीं था।

"नहीं।" सूरजमल ने कहा। अब वह पूरी तरह आश्वस्त था। नागिन अब तक नहीं आई तो अब क्या आयेगी? उसने पीछे दूर-दूर तक देख लिया।

"वाह! अन्दर आ जाओ," विक्रम ने कक्ष के द्वारों को उद्घाटित करते हुए कहा। सूरजमल को रिक्त-हस्त देखकर उसे प्रसन्नता हुई और उसका रहा-सहा भय भी तिरोहित हो गया।

सूरजमल अन्दर आ गया तो विक्रम ने कक्ष के कपाटों को पुन: अन्दर से बन्द कर लिया और सूरजमल को अपने पर्यंक पर अपने अत्यन्त समीप बैठाते हुए पूछा—"कहो क्या हुआ?"

"सब हो गया।" सूरजमल विश्वास-भरे शब्दों में बोला।

"क्या हो गया? मीरा को उस नागिन ने डंस लिया?" विक्रम ने अतिरिक्त उत्सुकता से भरकर पूछा।

"मीरा को ही नहीं, दोनों को।" सूरजमल ने पुन: अपने विश्वास को अभिव्यक्ति दी।

"दोनों अर्थात्?" विक्रम एक क्षण को कुछ नहीं समझकर बोला।

"दोनों अर्थात् मीरा और ललिता दोनों को।"

"सच?" विक्रम प्रसन्नता से भरकर पर्यंक से कूदकर खड़ा होते हुए बोला।

"हां!" सूरजमल उसी विश्वास के साथ बोला।

"तब तो दोनों के प्राण चले गये होंगे?" विक्रम ने प्रसन्नता की पराकाष्ठा पर पहुंचते हुए कहा।

"इसमें कोई संदेह है?" सूरजमल बोला, "उस काल-सर्पिणी का डंसा पानी भी मांग सकता है?"

"वाह! तब तो कोई साक्षी भी नहीं बचा हमारे द्वारा मीरा की हत्या का। अच्छा हुआ दोनों दुष्टाओं से एक साथ पीछा छुटा। पर यह सब तुम्हारी बुद्धि की ही करामात है सूरजमल! चलो इस खुशी में एक बड़ी जागीर तुम्हारे नाम की।" विक्रम पुन: पर्यंक पर बैठकर सूरजमल को अपने अंक में समेटते हुए बोला।

"जागीर तो खैर जब दीजिएगा तब, अभी तो पानी की एक बूंद दीजिए। कंठ सूखा जा रहा है!" सूरजमल को पहले पहल लगा कि भय और इस भाग-दौड़ से उसके होंठ सचमुच शुष्क हो आये थे और जिह्वा तालू से सटने लगी थी।

"अवश्य, अवश्य," सूरजमल ने कहा, "तुमने पानी ही क्या उससे कहीं अधिक श्रेष्ठ पेय के पान का कार्य सम्पादित किया है। लो, मैं आज तुम्हें अपनी सबसे बहुमूल्य मदिरा प्रदान करता हूं।" यह कहकर विक्रम उठा और दीवार से लगी लम्बी काष्ठ पेटिका को खोलकर उष्ट-चर्म में संचित मदिरा और दो स्वर्ण-चषक निकाल लाया।

एक सौ बत्तीस

"अरे, अरे, यह क्या हुआ? भगवान शालग्राम भूमि पर जा गिरे।" इसके पूर्व ललिता उसे रोके अथवा उस स्वर्ण-मंजूषा को हाथ लगाए, मीरा ने बिजली की तेजी से उस स्वर्ण-पात्र को दोनों हाथों में उठा लिया।

"मीरा !!!" ललिता मीरा के हाथों से उस पात्र को झपटने का प्रयास करती हुई बोली। पात्र का ढक्कन अभी यथावत् था।

"क्या ?" मीरा ने पात्र को दोनों हाथों से बलपूर्वक पकड़े रहकर कहा।

"भगवान के लिए तुम इसे नहीं खोलो। मुझे दो। मैं अनावृत करूंगी इसे।"

"क्यों? भगवान शालग्राम के प्रथम दर्शन का मुझे अधिकार नहीं क्या?" मीरा ढक्कन को सहलाते हुए बोली।

"क्या प्रमाण है कि इसमें शालग्राम ही है?" ललिता के हाथ अब भी मीरा की ओर बढ़े हुए थे।

"कुछ भी हो इसे खोलने में क्या आपत्ति है?" मीरा ने अब ढक्कन को हटाने का प्रयास करते हुए कहा।

"नहीं, नहीं !" ललिता ने मीरा के हाथ के ऊपर अपने हाथ रख दिए, "तुम इसे नहीं खोल सकतीं।"

"ललिता बच्ची बन आयी हो क्या ?" मीरा ने ललिता को हल्की झिड़की दी, "तुम चाहती हो तो, अगर पात्र में शालग्राम शिला के अतिरिक्त कुछ खाद्य या पेय पदार्थ हुआ तो मैं इसे नहीं ग्रहण करूंगी। अब तो खोलने दो ढक्कन। राणा द्वारा प्रेषित आकर्षक शालग्राम के दर्शन को विकल हो रही हूं मैं।"

"नहीं है इसमें कोई खाद्य या पेय पदार्थ।" ललिता ने जोर देकर कहा। उसके हाथ अब तक मीरा के हाथ पर पूरी तरह कस गये थे।

"कैसे जानती हो?" मीरा विवश होकर बोली। उसकी दुर्बल काया में अभी इतनी शक्ति नहीं आई थी कि वह ललिता के हाथों को झटक दे।

"सूरजमल ने किसी प्रसाद आदि का उल्लेख नहीं किया है यद्यपि वह जानता है कि श्रीकृष्ण का प्रसाद कहकर देने में तुम कुछ भी ग्रहण करने से अपने को रोक नहीं सकतीं।" ललिता दृढ़ शब्दों में बोली।

"तो क्या है इस स्वर्ण-पात्र में?" मीरा ने साश्चर्य पूछा।

"सांप बिच्छू कुछ भी हो सकता है। कौन जाने क्या है?" ललिता के हाथों की पकड़ ढीली नहीं हुई।

"फिर भी इसे खोलना तो पड़ेगा ही।" मीरा ललिता के हाथों को हटाने का प्रयास करती बोली।

"खोलना कोई आवश्यक नहीं।"

"तब ?"

"इसे वापस कर देंगे ऐसे ही। जिसका है उसी को।"

"यह नहीं होगा।" मीरा ने दृढ़ता से कहा।

"क्यों ?" ललिता ने पूछा।

"मैं शालग्राम का अपमान नहीं कर सकती। इसमें हो चाहे जो पर कहा यही गया है कि वह शालग्राम-शिला है।"

"ठीक है। नहीं करो अपमान। पर एक शर्त है।" ललिता कुछ सोचकर बोली।

"क्या ?" मीरा ने पूछा।

"इसके ढक्कन को तुम नहीं मैं खोलूंगी।" ललिता ने अपने हाथों पर और बल देते हुए कहा।

"नहीं ?" मीरा ने प्रतिवाद किया।

"क्यों ?"

"शालग्राम का दर्शन मैं सर्वप्रथम करना चाहती हूं।" मीरा ने गम्भीर होकर कहा।

ललिता क्षण-भर को आश्चर्य-चकित हो उसका मुंह देखती रही। फिर बोली—"तुम्हारा स्वार्थ कब से इतना प्रबल हो गया ?"

"अब जब से समझो। यही मान लो जब से इस मंजूषा में रखे शालग्राम की बात सुनी है।" मीरा ने अपने वास्तविक मन्तव्य को छिपाने का प्रयास करते हुए कहा।

"ठीक है तुम शालग्राम-शिला के दर्शन पहले अवश्य करो, पर मुझे ढक्कन हटाने देने में तुम्हें क्या आपत्ति है ?"

"आपत्ति है।"

"क्या ?"

"यह स्वर्ण-मंजूषा और इसमें सज्जित सामग्री मेरे लिए प्रेषित है।" मीरा ने नया तर्क दिया।

"तो मैं इन पर आधिपत्य करने कहां जा रही ?" ललिता आश्चर्य से भरकर बोली।

"बात आधिपत्य की नहीं।"

"तब ?"

"बात स्वामित्व की है। यह तो तुम मानोगी कि इसकी स्वामिनी मैं ही हूं ?"

ललिता मीरा के उस तर्क पर एक क्षण को स्तब्ध रह गई फिर धीरे-से बोली—"इसमें क्या संदेह ? आप तो मेरी भी स्वामिनी हैं।"

"अतः इस पात्र को अनावृत्त करने का अधिकार मेरा ही बनता है ? बनता है अथवा नहीं ?"

ललिता चुप।

"क्यों रुष्ट हो गईं तुम ?" मीरा ने स्नेह-सिक्त स्वर में पूछा।

"नहीं। रुष्ट होने का मेरा अधिकार ही क्या बनता है ? अन्ततः ठहरी तो मैं एक दासी ही। मेरा स्थान···।"

"ललिता !" मीरा ने बीच में ही टोका, "तुम्हें अपने को दासी कहने का कोई अधिकार नहीं। तुम मेरी प्राण-प्रिय सखी हो। मेरा छाया।"

"मान लिया यही बात है," ललिता ने आरम्भ किया, "तो सखी के नाते भी तुम्हारी सहायता मेरा धर्म है।"

"तात्पर्य ?"

"तात्पर्य यह कि यह स्वर्ण-मंजूषा मुझे दे दो।"

"जिससे तुम इसे राणा को वापस कर सको। इतने प्रेम से भेजे उपहार को?" मीरा ने मंजूषा पर अपने हाथों के जोर को और कड़ा किया। ललिता ने भी मीरा के हाथों पर अपने हाथों के दबाव को बढ़ाया।

"मैं इस प्रेमोपहार को राणा को नहीं लौटाऊंगी," ललिता ने व्यंग्य किया।

"तुम बात समझती नहीं हो ललिता," मीरा ने शान्त स्वर में कहा, "बात इतनी ही-सी है कि इसमें शालग्राम-शिला की होने की बात कही गई है और शालग्राम का अपमान श्रीकृष्ण का अपमान होगा।"

"तो मैं कहां अपमान करने जा रही शालग्राम का ?" ललिता दृढ़ शब्दों से बोली।

"अन्ततः तुम चाहती क्या हो ? क्यों इस पात्र को मुझसे ले लेने पर तुली हो ?"

"जिससे मैं इसका ढक्कन खोलकर, इसमें विराजमान भगवान शालग्राम के दर्शन तुम्हें करा सकूं ? इतनी सहायता भर अधिकार तो मेरा है ही ? तुम्हीं ने तो मुझे अपनी प्राण-प्रिय सखी कहा है ? सखी समझो या दासी अथवा दोनों, इस कार्य को सम्पादित करने का अधिकार तो मुझे ही बनता है।"

"तुम नहीं मानोगी।" मीरा के हाथों का कसाव ढीला पड़ा।

"हां।"

"तो एक वचन दो।"

"बोलो।"

"मंजूषा तुम ठीक यहीं खोलोगी मेरे ही हाथों पर इसे रखते हुए।"

"नहीं।" ललिता ने दृढ़ता से कहा।

"क्यों ?"

"मंजूषा उसी स्थान पर खुलेगी जहां इसे खुलना चाहिए।"

"कहां ?"

"अगर इसमें शालग्राम की मूर्ति है तो इसे श्रीकृष्ण के पाद-प्रदेश में रखकर खोलना होगा।"

मीरा निरुत्तर।

"बोलो।" ललिता ने ही मौन तोड़ा।

"यह उचित लगता है पर मंजूषा खोलते समय मैं तुम्हारे ठीक पास रहूंगी।"

"यह क्यों आवश्यक है ? तुम्हें मैं ढक्कन हटाते ही शालग्राम के दर्शन को बुला

लूंगी।"

"मैं सब समझती हूं। तुम्हें अब भी आशंका है कि इसमें शालग्राम-शिला के अतिरिक्त कुछ और है। और उस कुछ को तुम अकेले झेलना चाहती हो। मैं ऐसा नहीं होने दूंगी।" मीरा के शब्दों की दृढ़ता उसके चेहरे पर उतर आई।

"ठीक है तुम साथ रह सकती हो। अब पकड़ाओ यह स्वर्ण-पात्र मुझे।"

"लो।" मीरा ने उस मंजूषा को ललिता के हाथ में दे दिया। इसके सिवा कोई उपाय भी नहीं था उसके पास।

दोनों श्रीकृष्ण-विग्रह की ओर बढ़ीं। दायें-बायें। मीरा ललिता से एक पग भी पीछे नहीं रहना चाहती थी।

ललिता ने उस स्वर्ण-मंजूषा को श्रीकृष्ण-विग्रह के पाद-प्रदेश में रख दिया।

दोनों वहीं अगल बगल एक क्षण को मौन खड़ी उस चमचमाते स्वर्ण-पात्र को देखती रहीं। गवाक्ष से आकर रजत-चांदनी श्रीकृष्ण-विग्रह और उसके पाद-प्रदेश में अवस्थित उस स्वर्ण-मंजूषा पर पड़कर उसे अतिरिक्त चमक प्रदान कर रही थी।

"अब ?" ललिता ने पूछा।

"खोलो इस ढक्कन को तुम्हीं अगर तुम्हारी यही इच्छा है।" मीरा बोली।

"क्या तुम दो पग पीछे नहीं जा सकती हो ?" ललिता ने ढक्कन की ओर हाथ बढ़ाने के पूर्व कहा।

"नहीं।" मीरा ने इस बार अपने स्वर पर अतिरिक्त जोर देकर कहा, "तुम भूलती हो ललिता कि मीरा केवल कृष्णभक्ता ही नहीं, एक क्षत्राणी हूं। मैं इतनी कायर नहीं। तुम अनावृत्त करो इस मंजूषे को।" कहकर मीरा, ललिता से सटकर खड़ी हो गई।

"यही सही," ललिता ने कहा और मंजूषे को अनावृत्त कर दिया।

"हे कृष्ण कितना सुन्दर शालग्राम विग्रह !" मीरा ताली बजाकर नाच उठी।

"हाय ! यह अत्याचार ! मंजूषे में सर्पिणी ?" ललिता मीरा को पीछे धकेलते हुए लगभग चिल्लाई। दुर्बल मीरा इस धक्के को नहीं बर्दाश्त कर कक्ष के सतह पर जा गिरी।

"कहां है सर्पिणी ? तुम पागल हो गई हो क्या ? उसमें तो शुद्ध शालग्राम विराजमान हैं।" मीरा उठने का प्रयास करती हुई बोली।

"वह रही सर्पिणी। विशुद्ध पहाड़ी-नागिन। वह निकल रही है मंजूषे से। दिखाई पड़ी ? तुम्हें तो केवल शालग्राम के दर्शन हुए और उस शिला को नीचे से आवृत्त कर बैठी इस काल-सर्पिणी को तुमने देखकर भी नहीं देखा। यह तो कुशल मनाओ कि ढक्कन खोलते ही इसने फन फैला हम दोनों पर आक्रमण नहीं बोल दिया वर्ना अभी हम बात करने को भी जीवित नहीं रहतीं। श्रीकृष्ण की अतिरिक्त कृपा है यह।" ललिता जो भागकर मीरा की बगल में आ गई थी बोली।

"हां सर्पिणी ! तुम ठीक कह रही हो पर यहीं रुकी रहो। हम इसका कुछ नहीं बिगाड़ेंगे तो यह भी हमारा कुछ नहीं बिगाडेगी।" मीरा अब तक पैरों पर खड़ी हो गई थी। वह धीरे-धीरे बोली।

जड़ी के प्रभाव से अलसाई सर्पिणी धीरे-धीरे मंजूषे से बाहर निकली। पहले

श्रीकृष्ण-विग्रह पर चढ़ने का प्रयास किया। उसमें सफल नहीं हुई तो नीचे उतरी और पूजा-जल को बाहर निकलने के लिए दीवार के नीचे बने छिद्र में घुसकर बाहर निकल गई।

"हाय ! मैं इस अत्याचार को नहीं भूलूंगी। तुम्हें समाप्त करने का यह कौन-सा प्रयास है ?" ललिता लगभग चिल्ला कर बोली।

"शान्त ललिता, शान्त। इस तरह उत्तेजित नहीं होते।" मीरा ने धीरे-धीरे कहा।

"अब कैसी शान्ति ? अब क्या शेष छोड़ा इन लोगों ने ? तुम्हें मारने का हर प्रयास तो कर लिया। विष पिलाया। उससे नहीं बना तो शालग्राम के साथ काल सर्पिणी ही कर दी। पता नहीं और कौन से असफल और अज्ञात प्रयास किये हैं इन लोगों ने ? मैं तो चिल्लाऊंगी। जोर-जोर से चिल्लाऊंगी। आज ही रात पूरे महल पर प्रकट कर दूंगी इस दुष्चक्र को। कल संध्या के कीर्त्तन के समय भी प्रकट कर दूंगी इस भेद को।" ललिता ऊंचे स्वर में बोली।

"तुम ऐसा कुछ नहीं करोगी।" मीरा ने अनुनय-भरे शब्दों में कहा।

"क्यों ? ये नित्य नए षड्यंत्र करते जायं और हम चुप बैठी रहें ? यह संभव नहीं है।"

"इसे संभव करना पड़ेगा," मीरा ने जोर देकर कहा।

"क्यों ?" ललिता का चेहरा क्रोध से तमतमा आया।

"इसलिए कि इससे प्रजा विद्रोह पर उतर आयेगी और राजघराने का अहित होगा।" मीरा शान्त स्वर में बोली।

"हो तो हो। इसमें हम क्या कर सकती हैं ? कर्म का फल जिसे देना होगा देगा। अनधिकार चेष्टा शोभनीय नहीं है।"

"तो तुम्हारा मतलब हमें सब कुछ झेलते हुए भी होंठों पर ताला देकर रहना है ?" ललिता उत्तेजित हुई।

"हां।"

"क्यों ?"

"मैं कह चुकी हूं, मैं इस राजकुल का अहित नहीं देखना चाहती। तुम बार-बार एक ही बात क्यों पूछ रही हो ?"

"चाहे इसके लिए तुम्हें प्राण भी देने पड़ें ?"

"प्राण लेना-देना भी हमारे हाथ में कहां है ?" मीरा ने कहा, "मैं तो मरना चाहती ही थी। उसी समय मंजूषे में बंद काल-सर्पिणी भी आ गई पर वह भी बिना मुझे डंसे ही चली गई, कहां मर पाई मैं ?"

"आखिर ऐसा कब तक चलेगा ?" ललिता नें पूछा।

"जब तक यह लीलाधारी चाहे।" मीरा ने श्रीकृष्ण विग्रह की ओर इंगित कर कहा।

"तुम्हें लोग बावरी कहते हैं। ज्ञात है न ?" ललिता ने सहसा बात बदल कर पूछा।

"ज्ञात है।" मीरा ने छोटा-सा उत्तर दिया।

"तुम्हें क्या कहना है ?"

"किस सम्बन्ध में ?"

"यही अपनी बावरी होने के सम्बन्ध में ?"

"मैं क्या कहूं ? तुम क्या समझती हो।"

"मुझे तो लगता है लोग ठीक ही कहते हैं।"

"क्यों ?"

"इस तरह प्राणों की बाजी लगाकर इस किले में पड़े रहना और यहां चल रहे घृणित दुष्चक्र को किसी को विदित नहीं होने देना बावरी होने का ही तो लक्षण है ?" ललिता बोल गई।

"तो क्या इस महल का त्याग कर देना चाहिए ?" मीरा ने पूछा।

"अगर अपने मुंह को बन्द करके ही यहां रहना है तो यहां से चले जाना ही श्रेयस्कर है।"

"लोग क्या कहेंगे ?" मीरा ने कुछ सोचते हुए कहा।

"लोगों के कहने की चिन्ता तुम कब से करने लगीं ? तुम्हारे इस कृष्ण-प्रेम, इस भक्ति-भाव, इस नृत्य-गान को लेकर लोगों ने कुछ कम कहा ? पर छोड़ दी तुमने कृष्णभक्ति ?"

"नहीं छोड़ी, छोड़ भी नहीं सकती।" मीरा ने दृढ़ शब्दों में कहा।

"तो फिर ?"

"जैसा कहो।"

"इस किले को छोड़ना होगा।"

"भय से ? भय करना तो हमारा कृष्ण नहीं कहता। कोई चिन्ता नहीं करो यही तो गीता में उसका संदेश है।"

"मात्र भय से नहीं।" ललिता ने तर्क किया।

"तब ?"

"श्रीकृष्ण की, उन्मुक्त होकर सेवा-उपासना के लिए। जन-जन तक उसकी भक्ति के प्रसाद के लिए, लोगों की जड़ता के मूलोच्छेदन के लिए। उनके हृदय से अनास्था और अधर्म के तमस को बाहर कर वहां आस्था और अध्यात्म की स्थापना के लिए। नारी को उसका अधिकार दिलाने के लिए। उसे बन्धन-मुक्त करने के लिए। यह सिद्ध करने के लिए कि वह किसी प्रकार भी नर से कम नहीं है। कि अब बहुत दिनों तक उसे घर की चहारदीवारी के अन्दर बन्द नहीं रखा जा सकता। कि नारी पर हो रहे अत्याचार अब बहुत दिनों तक सह्य नहीं हो सकता।"

"तुम तो पूरा भाषण ही दे गईं।" मीरा मुसकराई। बाहर बिछी चांदनी भी उसके धवल मुसकान के समक्ष लज्जित हो गई।

"तो तुम्हें मेरा कथन ठीक नहीं लगा ?"

"विचार तुम्हारे अच्छे हैं, पर महल छोड़ना अभी उचित नहीं होगा।"

"क्यों ?"

"इससे राजमहल के लोगों की भी बदनामी होगी, इन पर तरह-तरह के लांछन लगाए जायेंगे। मुझे अपने मान-अपमान की चिन्ता नहीं पर चित्तौड़ के कि ा की मर्यादा पर जरा आंच आए, यह मैं बर्दाश्त नहीं कर सकती।" मीरा

स्पष्ट बोली।

"वे लोग तुम्हारे प्राणों के पीछे पड़े हैं और तुम्हें उनकी मर्यादा की इतनी चिन्ता है।" ललिता ने प्रतिवाद किया।

"यह अपना-अपना स्वभाव है। अगर हम उन्हीं की तरह हो गए तो उनमें और हममें अन्तर ही क्या रहा?"

"तब तुम यों ही इसी तरह दिन काटोगी?"

"शायद हां। शायद नहीं। अगर रहना सचमुच कठिन हो गया और कृष्णोपासना में बाधा आई तो चित्तौड़ छोड़ भी सकती हूं।" मीरा ने कुछ सोचते हुए कहा।

"शुभस्य शीघ्रम्।"

"अभी कोई शीघ्रता नहीं है।" कहते हुए मीरा ने चमचमाते स्वर्ण-पात्र को देखा जिससे नागिन तो निकल गई थी पर जिसमें सचमुच अत्यन्त आकर्षक शालग्राम-विग्रह सुशोभित पड़ा था।

एक सौ तेंतीस

आशाओं पर तुषारापात होना किसे अच्छा लगता है, भले ही ये आशाएं-दुराशाएं ही क्यों न हों? ठीक वैसे ही जैसे अपने पुत्र की अहितकामना कौन कर सकता है। भले ही व ह पुत्र कुपुत्र ही क्यों न हो?

सर्पिणी द्वारा मीरा की मृत्यु न होने की बात का पता पूर्णिमा की रात को ही विक्रम, सूरजमल और कर्मवती को चल गया था।

नागिन वाली घटना के कुछ पश्चात् ही मीरा और ललिता ने पूर्णिमा की विशेष श्रीकृष्ण-पूजा पुनः आरम्भ कर दी थी। सूरजमल मीरा के कक्ष से बाहर आ कोई एक घंटे तक आस-पास ही मंडराता रहा था। उसे पूर्ण बिश्वास था कि उसके कक्ष से बाहर आने के पलभर पश्चात् ही ललिता के करुण क्रन्दन से यह कक्ष गूंज उठेगा पर ऐसा कुछ नहीं हुआ तो वह दबे पांव कक्ष के द्वार तक पुनः पहुंचा। कपाट जैसा वह छोड़ आया था, पूरी तरह उद्घाटित थे। उसने ललिता के क्रंदन-स्वर के स्थान पर नृत्यरत मीरा के नुपुरों के मधुर स्वर सुने और हताश हो गया। उसे लगा शायद स्वर्ण-मंजूपा खोली ही नहीं गई पर उसने ध्यान से देखा तो पाया कि श्रीकृष्ण-विग्रह के पाद-प्रदेश में मंजूषा पूरी तरह खुली पड़ी थी। ढक्कन एक तरफ था और शालग्राम-शिला से सज्जित पात्र दूसरी तरफ पड़ा था उसे वहीं से लगा कि शालग्राम-शिला की विधिवत पूजा भी सम्पन्न हुई है क्योंकि शिला के शिरोभाग पर आसीन तुलसी-पत्र स्पष्टतः दृष्टिगोचर हो रहे थे।

उस सर्पिणी का क्या हुआ। सूरजमल निराश सोचने लगा, उसने मीरा को डंसा ही नहीं क्या? या उसके डंसने के पश्चात् भी मीरा जीवित बच गई, ठीक उसी प्रकार जैसे हलाहल को पीकर भी वह मरकर भी नहीं मरी। अथवा डंसने के पहले ही उसकी हत्या कर दी गई? नहीं, ऐसा नहीं हो सकता, उसने

सोचा। जितना वह मीरा को जानता था उसके आधार पर वह स्पष्ट कह सकता था कि मीरा किसी जीव की भी हिंसा की हिंम्मत नहीं जुटा सकती चाहे वह सर्प या सर्पिणी ही क्यों न हो। तब सूरजमल की समझ में कुछ नहीं आ रहा था, अवश्य ही जादूगरनी है यह नारी, बर्ना उस कालसर्पिणी से वह कैसे बचा पाती अपने को ? ढक्कन खोलते ही वह क्रुद्ध नागिन उसके करों पर अपने फन का प्रहार नहीं करती, यह सोचने की बात भी नहीं है। माना ढक्कन मीरा के बदले ललिता ने ही हटाया हो, पर वह भी तो जीती-जागती पूर्णतया स्वस्थ बैठी थी। ध्यान-मग्न हो मीरा का भक्ति-नृत्य देख रही है।

सूरजमल सिर लटकाए विक्रम के कक्ष में लौट आया जहां विक्रम और राजमाता कर्मवती व्यग्रता से उसकी प्रतीक्षा कर रहे थे। उन्हें पूर्ण विश्वास था कि वह मीरा का मृत्यु-संवाद ही लेकर आयेगा और इसके पश्चात् वे उसके कक्ष से उस स्वर्ण-मंजूषा को हटा, मीरा को सर्पदंश से मृत घोषित कर रात-ही-रात उसे चिता पर चढ़ा देंगे। ललिता ने कुछ विघ्न उपस्थित करने का प्रयास किया तो उसका भी काम तमाम कर दिया जायेगा और एक ही चिता पर दोनों को···। कौन चिन्ता करेगा ललिता की मृत्यु की, जब मीरा ही नहीं बचेगी ? पर यहां तो सारी आशाओं पर पानी फिरा लगता था। कैसे श्लथ पैरों से, सिर नत किए हुए बढ़ा आ रहा था सूरजमल जैसे वह मीरा का नहीं अपितु किसी विशेष आत्मीय का निधन सुनाने आ रहा हो।

"क्या हुआ ?" सूरजमल ने जैसे ही विक्रम के कक्ष में पैर रखा पहला प्रश्न कर्मवती ने दागा।

"वह कोई जादूगरनी है।" सूरजमल सिर लटकाए बोल गया।

"अर्थात् वह सर्पिणी भी उसका कुछ नहीं बिगाड़ सकी?" विक्रम व्याकुल होकर बोला।

"नहीं।" सूरजमल पर्यंक के पास पड़े एक मंचक पर बैठते हुए निराशा से बोझिल स्वर में बोला।

"यह कैसे संभव है ? वह नागिन तो खूंखार सर्पिणी थी। पात्र के अनावृत होते ही वह मीरा तो मीरा ललिता को भी जीवित छोड़ती उसमें संदेह है। मैंने उसकी भयानकता का अनुभव किया था। साक्षात् मृत्यु थी वह···निश्चित काल।" विक्रम बोला। उसके स्वर में भय और चिन्ता का मिश्रित भाव स्पष्ट था।

"सूरज ठीक कह रहा है," कर्मवती ने कहा, "वह सचमुच कोई साधारण औरत नहीं लगती, वह जादूगरनी है, जादूगरनी।"

"तब तो उससे मुक्त होना और अधिक आवश्यक हो गया है। पता नहीं वह कौन-सी विपत्ति कब इस किले पर ढा दे।" विक्रम बोला।

"हां, अब यह और आवश्यक हो गया है," कर्मवती ने कहा, "पर सबसे कठिन प्रश्न तो यह है कि इससे त्राण का मार्ग क्या है ? हमारा हर प्रयास तो असफल हो जाता है।"

"अब तो एक ही उपाय बचता है।" सूरजमल बोला।

"क्या ?" विक्रम ने पूछा।

"यही कि सीधे उसके सिर को धड़ से अलग कर दिया जाय—खड्ग प्रहार द्वारा।"

"पर यह खड्ग प्रहार करेगा कौन?"

"आप और कौन?" सूरजमल ने कहा।

"मैं?" विक्रम ऐसे बोला जैसे उसके पैरों तले सर्प आ गया हो।

"हां आप," सूरजमल ने जवाब दिया, "इसमें आश्चर्यचकित होने की क्या बात है?"

"आश्चर्य की बात क्यों नहीं?" कर्मवती ने पूछा।

"कैसे?"

"अब तक जिस कार्य को प्रजा के आक्रोश के भय से हम अप्रत्यक्ष रूप में करते रहे हैं, उसी को प्रत्यक्ष रूप में कैसे सम्पादित करेंगे? स्वयं विक्रम के हाथों सम्पादित इस जघन्य कार्य को क्या प्रजा क्षमा कर पायेगी?"

सूरजमल चुप रहा। उसके पास कर्मवती के इस तर्क का कोई उत्तर नहीं था।

"क्यों तुम्हें क्या कहना है विक्रम?" सबको चुप देख कर्मवती ने ही विक्रम को सम्बोधित किया।

"राजमाता ठीक कह रही हैं। मैं इस कार्य को सम्पादित करने में अक्षम हूं।" विक्रम धरती की ओर देखते हुए बोला!

"क्यों? क्यों अक्षम हो तुम?" सूरजमल ऊंचे स्वर में बोला।

"इसका उत्तर राजमाता दे चुकी हैं।"

"नहीं राजमाता का उत्तर ही तुम्हारा उत्तर नहीं हो सकता," सूरजमल ने सधे स्वर में कहा, "तुम इस राज्य के अधिपति हो, इसके कल्याण-अकल्याण का दायित्व तुम पर है। राजमाता प्रजा के आक्रोश से आशंकित और भयभीत हों तो हों स्वयं राणा को भयग्रस्त होना शोभा नहीं देता।"

"तो तुम चाहते क्या हो?" विक्रम असंतुलित हो आया, "मैं अपने ही हाथों एक नारी का सिर उसकी गर्दन से पृथक् कर दूं?"

"हां।"

"और राजमाता की आशंका निर्मूल है?"

"कैसी आशंका?"

"वही प्रजा द्वारा विद्रोह वाली?"

"निर्मूल नहीं है।" सूरजमल कुछ सोचकर बोला।

"तब?"

"वह स्थिति जब उत्पन्न होगी, उसे देख लेंगे, तत्काल जो स्थिति उपस्थित है उससे निबटना राजनीति का तकादा है।"

"यह राजनीति नहीं है।" विक्रम अब तक अपने को संतुलित कर चुका था।

"तो क्या हो सकती है राजनीति इस स्थिति में?" सूरजमल ने पूछा।

"प्रतीक्षा। प्रतीक्षा एक बड़ी बात है। वह सभी समस्याओं का समाधान उपस्थित कर देती है। प्रतीक्षा और धैर्य। हम कोई भी अविचारित चेष्टा कर अपना ही अहित करेंगे।"

"इस प्रतीक्षा से क्या मिलेगा?" सूरजमल अधैर्य से बोला।

"अवसर।"

"किस बात का?"

"खड्ग प्रहार का।"

"तो इस अवसर के आने पर आप इसका उपयोग करने को उद्यत हैं?" सूरजमल ने गंभीर होकर पूछा।

कर्मवती चुपचाप इन दोनों के विवाद को सुन रही थी।

"उस समय भी आप नारी-हत्या का बहाना बनाकर चुप तो नहीं हो जायेंगे?"

"मुझे आप क्या का-पुरुष समझते हैं?" विक्रम के स्वर में स्पष्ट झुंझलाहट थी, "महाराणा संग्राम सिंह का सुपुत्र हूं।" वस्तुत: विक्रम अपनी बार-बार की पराजय से चिड़चिड़ा हो आया था और यह समझकर कि अन्तत: उसी के द्वारा मीरा की हत्या कराने का जाल उसके चारों तरफ बुन दिया गया है किंचित् क्रोधाभिभूत हो आया था।

"आपको का-पुरुष कहने का साहस, दृढ़ साहस की ही संज्ञा पायेगा। आपके शौर्य एवं वीरोचित गुणों से कौन परिचित नहीं? बात, वस्तुत: नारी के प्रति आपकी अतिशय भावुकता को लेकर थीं और मीरा नारी ही नहीं आपकी भाभी भी है।" सूरजमल, विक्रम को और उत्तेजित करने के लिए बोला।

विक्रम को यह बात अन्दर तक आहत कर गई। उसे लगा शायद सूरजमल नारियों के प्रति अतिशय भावुकता का उल्लेख कर उसकी विलासिता की ओर ही इंगित कर रहा है या क्या पता उसे मीरा को भेजे गए उस कामुक प्रस्ताव का भी पता लग गया हो। इस किले में कोई भेद, भेद रह पाता है? विक्रम ने सोचा ऐसी स्थिति में तो मीरा का अन्त कर देना राजनीति की स्पष्ट आवश्यकता है। उसने अपने को यथा-संभव संतुलित कर सूरजमल से कहा—

"आप धैर्य रखें। अवसर आने पर मैं कर्त्तव्यच्युत नहीं होने को।"

एक सौ चौंतीस

अवसर की कोई खोज करता है। कोई स्वयं अवसर का निर्माण करता है। और अवसर किसी के समक्ष हाथ बांधे मिलता है पर ऐसे सौभाग्यशाली कम ही होते हैं। अधिकांश का जीवन तो अवसर के अन्वेषण में ही नि:शेष हो जाता है और अवसर-निर्माण के लिए आजीवन संघर्षरत रहकर भी वे उसे बल्गा उगलकर भाग पड़े अश्व की तरह ही पकड़ नहीं पाते। इसीलिए बुद्धिमानों का विचार है कि अवसर रूपी अश्व को पकड़ना हो तो आगे से उसके केश पकड़ो—ललाट पर झूलते केश। उसे पीछे से पकड़ने का प्रयास किया तो सफल होने के स्थान पर आहत होने की संभावना अधिक रहेगी।

सूरजमल इस मामले में उन सौभाग्यशालियों की तरह था जिनके समक्ष

अवसर अक्सर हाथ बांधे खड़ा रहता है। सत्य तो यह है कि जिस समय वह विक्रम से अवसर की उपस्थिति-अनुपस्थिति की चर्चा कर रहा था उस समय भी उसे ज्ञात था कि जिस अवसर की उन्हें आवश्यकता है वह तत्काल उसे सुलभ था। किसी दिन उस अवसर से आमना-सामना करा देना उसके बायें हाथ का खेल था। उसने मन-ही-मन तय कर लिया कि अधिक विलम्ब किए बिना ही वह उस अवसर को विक्रम के समक्ष ला खड़ा करेगा।

और आज ही वह दिन था जब सूरजमल विक्रम के कक्ष की ओर धीरे-धीरे जा रहा था अवसर की सूचना देने।

इसके पूर्व उसने एक कार्य और किया था। किले के कई निवासियों, दास-दासियों के एक पूरे समूह को ही उसने मीरा के कक्ष के पास एकत्रित कर लिया था, इस आदेश के साथ कि जैसे ही वह इंगित करे सभी कक्ष के द्वार के पास आ जाएं।

रात्रि का यह द्वितीय प्रहर था। अभी पूर्णिमा को बीते एक ही दिन हुआ था, अतः रात्रि के इस काल चन्द्रमा अपने पूर्ण यौवन पर था और इसकी रजत-ज्योत्सना के आलोक में चित्तौड़गढ़ के अन्य भागों की तरह मीरा के कक्ष के बन्द कपाट और उसके सामने का स्थान भी पूर्णतया प्रकाशित थे।

सूरजमल ने विक्रम के शयन-कक्ष के कपाटों को थपथपाया। एक बार, दो बार, तीन बार। मद्यपान के पश्चात् मदहोश पड़े विक्रम की निद्रा में व्यवधान हुआ। उसने आंखें खोलकर हाथों की तलहथियों से उन्हें मला। स्थिति कुछ स्पष्ट हुई। चारों कोनों के दीपाधारों पर स्वर्ण-पात्रों में सजाई वर्त्तिकाएं मन्द-मन्द जलकर एक क्षीण प्रकाश कक्ष में विकीर्ण कर रही थीं। उसी प्रकाश में उसने देखा की कई वारांगनाएं जो उसके शयन के पूर्व उसके साथ क्रीड़ा-रत थीं, कक्ष के सतह पर यत्र-तत्र, प्रभंजन में उखड़े पादपों की तरह ढही पड़ी थीं—अस्त-व्यस्त। सभी घोर निद्रा में मग्न थीं। उनकी ओर एक वितृष्णा-पूर्ण दृष्टि डाल उसने कक्ष के कपाटों की ओर देखा। अन्दर से सशक्त अर्गलाएं चढ़ी पड़ी थीं। इन्हें अब अपने ही हाथों खोलना पड़ेगा, यह सोचकर उसने अपने वस्त्रों को ठीक किया और कपाटों के पास पहुंचा। द्वार पर फिर दस्तक पड़ी। बाहर खड़े सूरजमल को शीघ्रता थी किन्तु विक्रम को कोई शीघ्रता नहीं थी। यों ही द्वार खोल देना, वह भी रात्रि में, उसकी आदत नहीं थी। उसने एक कपाट में बने, छिद्र से जिससे बाहर तो देखा जा सकता था पर अन्दर नहीं, झांक कर देखा। चांद के प्रकाश में सूरजमल को स्पष्टतया पहचानने के पश्चात् ही उसने कपाटों को हटाया और द्वार के मध्य खड़ा हो गया। वह नहीं चाहता था कि कक्ष की स्थिति को देखते हुए सूरजमल को उसमें प्रवेश दिया जाय।

"क्या है ? इस निशीथ-बेला में आपने क्यों कष्ट किया ?" उसने लड़खड़ाते स्वर में पूछा।

"आ गया है।" सूरजमल को भी अन्दर की स्थिति का अनुमान था, अतः उसने भीतर जाने की कोई व्यग्रता नहीं दिखाई।

"क्या ?" कुछ नहीं समझकर विक्रम ने पूछा।

"वही जिसकी आपको तलाश थी।"

"किसकी तलाश थी मुझे। किसी की तो नहीं। जाइए, आप व्यर्थ में अपनी भी नींद खराब करते हैं और मेरी भी।" विक्रम का स्वर फिर लड़खड़ाया और उसने द्वार के भीतर जाकर कपाट बन्द करने चाहे।

सूरजमल ने तत्काल उसकी बांह पकड़ ली और उसे बाहर खींचते हुए कहा, "भाई सा' आप समझते नहीं, वही अवसर आ चुका है जिसकी आपको तलाश थी।"

"कहां है वह अवसर? क्या करना है मुझे इस मध्य रात्रि में?" विक्रम झुंझलाया।

"आपको केवल एक नारी के सिर को उसकी गर्दन से पृथक् करना है। अवसर उसके कक्ष के द्वार पर ही प्रतीक्षा कर रहा है। शीघ्रता कीजिए और कक्ष में जाकर खड्ग-हस्त होकर वापस आइए।"

"क्या कह रहे हैं आप?" विक्रम अपने स्थान पर ही अड़ा रहकर बोला, "यों ही मैं जाकर मीरा की हत्या कर दूं? पागल कुत्ते ने काटा है मुझे? जिस नारी की बात आप कह रहे हैं वह मीरा ही है क्या यह बात मैं नहीं समझ रहा? यही अवसर है उसकी हत्या का? कक्ष के बाहर रात्रि में खड़ी मीरा की गर्दन काट दी जाय बिना किसी बहाने के, यह कहां की नीति है? मुझे चित्तौड़ की गद्दी पर आसीन रहना है या नहीं?"

"आप समझते नहीं भाई सा' बहुमूल्य समय व्यर्थ बर्बाद कर रहे हैं। मैं कहता हूं कक्ष के बाहर मीरा नहीं वही अवसर खड़ा है जिसकी आपको प्रतीक्षा थी। आप एक क्षण का बिलम्ब किए बिना ही खड्ग लाइए।" सूरजमल ने विक्रम को अन्दर ढकेलने का प्रयास करते हुए कहा।

"कैसा है वह अवसर?" विक्रम फिर झुंझलाया।

"इसे आप वहीं चलकर समझ सकते हैं।"

"क्यों?" विक्रम बड़बड़ाया।

"यह तर्क करने का अवसर नहीं है भाई सा'। आप स्पष्ट कहें कि आप खड्ग हस्त हो मेरे साथ चलते हैं या···?"

"या क्या?" विक्रम बीच ही में बोला।

"या अपने को का-पुरुष कहलवाने को प्रस्तुत हैं?" सूरजमल ने बात पूरी की।

"नहीं, नहीं मैं का-पुरुष नहीं हूं।" विक्रम अब पूरी तरह होश में आकर बोला।

"तो लाइए खड्ग।"

"मैं अकारण नारी-हन्ता भी नहीं बनना चाहता। यह मेवाड़ की वंश-परम्परा के विरुद्ध है।"

"यह आप नहीं, आपका का-पुरुषत्व बोल रहा है। मैं कहता हूं यह अकारण नहीं है। इसका यथेष्ट कारण है। आप शीघ्रता कीजिए वर्ना अवसर हाथ से निकल जायेगा।"

"अगर कोई कारण नहीं हुआ तो?"

"तब आप मेरे सिर को ही मेरी ग्रीवा से पृथक् कर दीजिएगा।" सूरजमल

क्रोध में भरकर बोला।

"खैर, यह तो असंभव है। पर चलिए आप कहते हैं तो मैं देखता हूं कौन-सा अवसर खड़ा है मीरा के कक्ष के बाहर। आप एक क्षण रुकिए।" कहकर विक्रम अन्दर गया और हाथ में नग्न खड्ग ले एक क्षण में ही बाहर आ गया।

"मेरे पीछे आइए।" आगे बढ़ता हुए सूरजमल बोला।

कुछ देर के पश्चात् दोनों मीरा के कक्ष के सामने पहुंचे।

"कहां है यहां कुछ भी ?" कक्ष के बाहर पसरी चांदनी में कुछ नहीं पाकर विक्रम ने क्रोध-पूर्वक पूछा, "व्यर्थ तुमने मेरी नींद बर्बाद की।"

"यहां है। यहां आइए।" सूरजमल ने धीरे से कहा और कक्ष के कपाटों से अपने कान लगा दिए।

विक्रम ने पास आकर उसका अनुसरण किया। अन्दर से मीरा की स्पष्ट पर धीमी आवाज आ रही थी। विक्रम को लगा निश्चय ही अन्दर कोई पुरुष है। उसे सूरजमल पर व्यर्थ क्रोध करने का पश्चाताप हुआ। उसने उसे द्वार से थोड़ी दूर ले जाकर कहा, "तुमने ठीक कहा, एक उचित अवसर यहां मेरी प्रतीक्षा कर कर रहा था किन्तु अन्दर जो कुछ घट रहा है उसके साक्षी केवल तुम्हारे और मेरे होने से काम नहीं चलेगा। कुछ और साथियों की आवश्यकता होगी जिससे हत्या के इस कृत्य को कल कोई कुकृत्य नहीं कहने लगे।"

"साक्षी भी हैं पर्याप्त संख्या में।" सूरजमल ने कहा।

"कहां ? यहां तो किसी को नहीं देखता हूं ?" विक्रम आश्चर्य और प्रसन्नता-मिश्रित भाव से बोला।

"अभी आये।" कहकर सूरजमल वहां से एक क्षण के लिए खिसका और दूसरे ही क्षण पास में खड़े किए गए साथियों को लेकर आ पहुंचा।

विक्रम उन्हें देखकर प्रसन्नतातिरेक से बोला, "लीजिए आप लोग भी सुन लीजिए।"

कइयों ने एक साथ कपाटों से कान सटाये और थोड़ी ही देर बाद उनसे पृथक हो प्रायः एक साथ बोले—"पाप ! घोर पाप ! यह सब सुनना भी पाप है।"

"आप लोग संतुष्ट हुए न ?" सूरजमल ने उन्हें संबोधित कर कहा, "जाइए जो कुछ सुना उसे प्रातःकाल तक सबको सुनाइए। शेष काम हमारा।"

"आपने इन्हें यहां से भगा क्यों दिया ?" विक्रम ने आश्चर्य-पूर्वक पूछा।

"तो और क्या करता ? इन्हें यह देखने के लिए रखता कि एक देवर कैसे अपनी भाभी का शिरोच्छेदन करता है ? यह मर्यादा की बात होती क्या ?" सूरजमल चालाकी से बोला।

विक्रम ने पुनः कपाटों से कान लगाए। अन्दर से वही स्पष्ट स्वर पुनः बाहर आ रहा था। मीरा का ही स्वर था—"मैंने कहा न बड़े निष्ठुर हो तुम ! कइयों को सताया अब मुझे भी सता रहे हो। यह ध्यान रखना मीरा औरों की तरह नहीं हैं। पूर्णतया तुम्हारी हो चुकी है और···।"

विक्रम के रक्त में ज्वार आ गया और क्रोध से उसका पूरा शरीर कम्पायमान हो आया—"मैं दोनों की गर्दनों को एक साथ उनके शरीर से पृथक् करूंगा।"

सूरजमल ने सोचा, बना-बनाया कार्य बिगड़ने जा रहा है। उसने झट से

जोड़ा, "आप दो-दो हत्याओं के रक्त से अपने हाथ क्यों रंजित करेंगे ? हमें अपने लक्ष्य पर ध्यान केन्द्रित करना है। मीरा को देखते ही उसके सिर को धड़ से पृथक् कर बाहर आ जाइए। अधिक खतरा मोल लेना उचित नहीं। हो सकता है वह व्यक्ति भी खड्ग-हस्त हो।"

विक्रम कुछ नहीं बोला। उसने दरवाजे को हथेलियों से थपथपाया। एक बार, दो बार, तीन बार। कोई प्रतिक्रिया नहीं। उसने कपाटों से पुनः कान लगाया। मीरा का स्वर अब भी उसी रूप में बाहर आ रहा था।

विक्रम ने क्रोध में आकर खड्ग से ही कपाटों पर जोर से प्रहार किया। निशीथ के इस प्रहर में यह आवाज दूर-दूर तक फैल गई।

"कौन ?" अन्दर से मीरा का मीठा स्वर बाहर आया।

"मैं विक्रम, द्वार खोलो।" विक्रम क्रुद्ध स्वर में बोला। सूरजमल ने उसका दाहिना स्कन्ध दबाकर उसकी उत्तेजना को शान्त करना चाहा। अगर विक्रम ने संयम से काम नहीं लिया तो मीरा द्वार खोल भी नहीं सकती थी।

"आप इस रात में ?" मीरा कपाट के पास आ गई थी।

"हां मैं। इसी रात में कार्य है। अभी।" विक्रम शान्त स्वर में बोला।

"इस समय तो द्वार नहीं खुल सकता। आप प्रातः पधारें तो अधिक अच्छा।" मीरा का शान्त मृदु स्वर बाहर आया। उसे कुछ दिनों पूर्व की, विक्रम की हरकत का स्मरण हो आया। नहीं, इस कामुक के कहने पर रात्रि में द्वार नहीं खोला जा सकता। मीरा ने मन-ही-मन निश्चित किया।

"मैं कहता हूं मुझे अभी, इसी क्षण आपसे मिलना है।" विक्रम क्रोध को नियंत्रित करने के पश्चात् भी अपनी अभिव्यक्ति को सही शब्द नहीं दे सका।

"मैं इस रात्रि में किसी व्यक्ति से एकाकी नहीं मिल सकती। आप व्यर्थ प्रयास कर रहे हैं।" मीरा का स्वर इतना स्पष्ट था कि वह विक्रम से सटकर खड़े सूरजमल तक भी पहुंच गया।

"तो मैं दरवाजा तोड़वा सकता हूं।" विक्रम का क्रोध पुनः उसके स्वर पर चढ़ जाया।

सूरजमल को लगा बात पुनः बिगड़ रही है। उसने विक्रम के कन्धे पर पुनः हाथ रख उसे शान्त रहने का इंगित किया और द्वार से मुंह सटाकर बोला—"विक्रम एकाकी नहीं हैं। मैं भी उनके साथ हूं।"

भीतर कुछ देर सन्नाटा रहा फिर आवाज बाहर आई—"इससे कोई अन्तर नहीं पड़ता। आप प्रातःकाल की प्रतीक्षा करें।"

विक्रम की आशंका और घनीभूत हो आई। उसने ऊंचे स्वर में कहा—"प्रतीक्षा का प्रश्न ही नहीं है। आप अभी द्वार खोलें वर्ना मैं इसे बलात् खोलने का प्रयास करता हूं।"

"तब जो कुछ घटेगा उसका दायित्व भी आप ही का होगा।" मीरा ने शान्त स्वर में कहा।

"क्या घटेगा ?" विक्रम के क्रोध को नियंत्रित करना अब सूरजमल के भी वश की बात नहीं थी।

"आप सोच लीजिए।" स्वर सूरजमल तक भी पहुंचा और वह समझ गया

कि ऐसी स्थिति में अगर द्वार टूटते ही विक्रम ने मीरा की हत्या नहीं की तो मीरा शोर मचायेगी और विक्रम और उसे लेने के देने पड़ जायेंगे। विक्रम के चरित्र के सम्बन्ध में किले के लोगों की जो अवधारणा थी उससे वह अपरिचित नहीं था। सूरजमल ने कुछ सोचा और लगभग किंकर्त्तव्य विमूढ़ से खड़े विक्रम को किनारे कर उसने कपाट से मुंह सटाकर कहा—"यदि ललिता भी यहां आ जाय तो आप को कोई आपत्ति नहीं होगी?"

"नहीं।" कुछ क्षणों के पश्चात् मीरा का शब्द बाहर आया।

ललिता का कक्ष मीरा के कक्ष से थोड़ी ही दूर पर था। मीरा के कक्ष के पास शोर होने से वह स्वयं जग गई थी और मीरा के द्वार की तरफ ही भागती आ रही थी। सूरजमल मार्ग में ही मिल गया।

"मैं आप ही को लाने जा रहा था।" उसने ललिता को देखते ही कहा।

"आप लोगों ने मीराबाई के द्वार पर क्या तूफान खड़ा कर रखा है?" ललिता ने सूरजमल की बात पर कोई ध्यान दिए बिना ही कहा।

"राणा विक्रम उनका द्वार खुलवाना चाहते हैं।"

"क्यों?"

"उन्हें आशंका है कि उनके कक्ष में कोई पुरुष है।"

"क्या बोल रहे हैं आप?" ललिता ने सहसा क्रोधाभिभूत हो कहा।

"मैं क्या बोलूं? स्वयं महाराणा ने अपने कानों से सब कुछ सुना है।"

"ठीक है, मैं द्वार खुलवाती हूं और कोई अन्दर नहीं हुआ तब?" ललिता क्रोधावेश में ही बोली।

"अगर कोई नहीं हुआ···नहीं हुआ···।" सूरजमल का स्वर लड़खड़ाया। उसे लगा ललिता को बीच में लाकर उसने गलती ही की है।

ललिता इस मध्य द्वार तक पहुंच गई थी। उसको देखते ही विक्रम एक ओर हो गया।

ललिता ने द्वार से मुंह लगाकर ऊंचे स्वर में कहा—"मीरा बाई द्वार खोलिए, कोई भय नहीं।"

"ललिता!" अन्दर से आवाज आई।

"हां, मैं ही हूं। खोलो द्वार पर महाराणा विराजमान हैं।" ललिता ने कहा फिर विक्रम को संबोधित कर बोली, "महाराणा क्षमा करेंगे शीघ्रता का कार्य शैतान का कहा जाता है। जरा ठीक से देखभाल कर कोई कदम उठाइएगा।"

सूरजमल हताश हो गया।

"क्या बात है? मेवाड़पति ने इस रात्रि में क्यों कष्ट किया?" मीरा द्वार खोल खड़ी हो गई।

विक्रम उसे लगभग धक्का देते हुए तेजी से अन्दर घुसा। कृष्ण-विग्रह के समक्ष रखे घृत-पात्र में प्रज्वलित वर्त्तिका से वह छोटा कक्ष पूर्णतया प्रकाशित था। कक्ष में एक छोटे पर्यंक तथा श्रीकृष्ण प्रतिमा और पूजा के पात्रों के अलावा और कोई सामान नहीं था।

विक्रम ने कक्ष में चारों ओर आंखें फाड़कर देखा, कहीं कोई नहीं था।

अन्ततः उसने नन्हे पर्यंक के नीचे भी झांका पर निराशा ही हाथ लगी।

"कहां है वह ?" विक्रम मीरा की ओर मुड़कर उच्च स्वर में बोला।

"कौन ?" मीरा का मन्द स्वर उभरा।

"जिससे तुम बातें कर रही थीं ?" मीरा के सौम्य रूप में कोई अन्तर नहीं आया। वह मूक खड़ी रही। ललिता को स्थिति का पूर्ण अनुमान लग गया। वह समझ गई यह सब सूरजमल की चाल है। इसके पूर्व उसने कई बार उसे मीरा के बन्द कक्ष के समक्ष रुकते पाया था।

"मर्यादा नहीं खोइए महाराणा !" ललिता ने ही अन्ततः विक्रम को संबोधित किया, "मीराबाई आपकी भाभी हैं। ये जिससे बातें कर रहीं थीं, उससे रोज ही इस तरह बातें करती हैं। वह सामने खड़ा है, वह मुरलीधारी। आश्चर्य है सूरजमल जी ने आज ही आपको यह सूचना क्यों दी ?"

विक्रम ने द्वार पर ही रुके सूरजमल की ओर देखा और सारी बातें उसकी समझ में आ गईं। सूरजमल ने मीरा की हत्या कराने का बड़ा अच्छा बहाना ढूंढा था। विक्रम पैर पटकते बाहर आ गया। सूरजमल उसके पीछे लगा तो उसने उसे झिड़क दिया, "मुझे बेवकूफ बनाने का अच्छा मार्ग चुना आपने ? जब आपको ज्ञात था कि मीरा उसी तरह अपने इष्टदेव से आलाप करती हैं तो...।"

"ललिता ने आकर सारा काम बिगाड़ दिया।" सूरजमल ने बीच ही में कहा।

"अन्यथा आप एक गलत आधार पर जिसे आप अवसर की संज्ञा दे रहे थे, मुझसे मीरा की हत्या करवाकर मेरी नाक कटवा देते।" विक्रम ने क्रोध में भरकर पीछे देखा और वह फिर बोला, "जाइए आराम कीजिए। अपने साथ-साथ आपने मेरी भी नींद खराब की। माना मीरा से मुक्ति पाना आवश्यक है पर इस तरह नहीं कि स्वयं का मुंह ही कहीं दिखाने लायक न रहे।"

विक्रम तेज कदमों से आगे बढ़ गया। सूरजमल सिर झुकाए अपने शयन-कक्ष की ओर मुड़ा।

एक सौ पैंतीस

कौन कहता है केवल पक्षियों के पर लगे होते हैं। मनीषियों ने माना समय को भी पंख होते हैं क्योंकि इसके व्यतीत होते देर नहीं लगती। युवावस्था में हम सुनते-पढ़ते हैं—समय भागता है तीव्र गति से, जवानी क्षणस्थायी है। हम मुंह बिचकाकर नकार जाते हैं। युवावस्था का जोश जवानी को शाश्वत मान बैठता है—भला कहीं यह गुलाबी समय भी बीतने को है ? प्रौढ़ावस्था और तत्पश्चात वृद्धावस्था आते-आते जीवन का कटु सत्य अपनी सम्पूर्ण वीभत्सता में साथ खड़ा हो जाता है—जिसे सुनते थे वह तो सत्य हो गया। समय इतना शीघ्र फुर्र हो जाएगा, इसका अनुमान कहां था ? अभी कल ही तो किशोर थे परसों युवा हुए और आज

इस वार्धक्य ने धर दबोचा ? अब तो अन्तिम मंजिल भी समीप ही कहीं है।

हां, समय को पंख लगे होते हैं। और पंख लगे होते हैं अफवाहों को भी। बड़ी तेज उड़ती हैं वे। उल्टी-सीधी बात एक कान से दूसरे और दूसरे से तीसरे तक पहुंची नहीं कि चाहे आप उसे जितना गोपन कहकर सुनने वालों पर अंकुश देने का प्रयास करें वह चार-पांच-सहस्र कानों तक पहुंचकर ही रुकेगी।

मीरा से संबंधित इस घटना का भी यही परिणाम हुआ। बात, बात की बात में पूरे किले और उसके बाहर भी फैल गई। फैली किन्तु विकृत रूप में। मीरा के द्वार पर सूरजमल द्वारा लाये गए व्यक्तियों, विशेषकर दास-दासियों ने इस घटना को खूब हवा दी।

"अरे तुमने सुना नहीं आज मीरा के कक्ष में पर-पुरुष आया था।"

"इस किले में प्रवेश का उसका साहस कैसे होता है ?"

"पुंश्चलियां दूसरों को भी साहसी और निर्भीक बना देती हैं। बेचारा प्राणों की बाजी लगाकर किले में प्रवेश करता होगा ?"

"मेरी मानो तो वह पुरुष-वेष में आता ही नहीं होगा। अवश्य वह उस कुटनी ललिता का दुपट्टा ओढ़कर पहरेदारों को चकमा देकर प्रवेश पा जाता होगा।"

"अरे वह किले के बाहर जाय तो उसके प्रवेश की बात उठे। वह तो मीरा और ललिता के आंचल में छिपा रहता है। मीरा रात भर उसे अपने कक्ष में छिपा रखती है और रात होते ही···।"

"छिः छिः ऐसी बातें नहीं करते मीरा कृष्ण-भक्ता है।"

"खाक कृष्ण-भक्ता है। कृष्णभक्ति तो ढोंग है, एक ढाल। एक जवान विधवा की मनमानी का अच्छा-खासा बहाना। जो कहो, जवानी पर किसी का जोर नहीं चला है। वह जितने पापड़ बेलवाये, जितने बहाने गढवाये उतने ही कम हैं। अब कृष्ण के बहाने मीरा अपने छैल-छबीले के साथ रंग-रेलियां करे और नाम लगा दे उस पत्थर-मूर्ति का। भला पत्थर पर भी कोई सिर फोड़ता है ? उससे भी संवाद संभव है ? यह तो राणा की महानता कहो कि उसने उस छैल-छबीले का सिर काटकर चौक पर नहीं लटका दिया वर्ना मीरा की नाक सदा के लिए कटकर रहती। उसकी सारी कृष्ण-भक्ति की हो जाती ऐसी की तैसी। अरे नाक कटने का डर था पूरे राठौर वंश का, इसीलिए राणा चुप लगा गये वर्ना मीरा का पोल तो आज सुबह-सुबह ही खुल जाना था।"

"सुना मीरा के कक्ष में उस कृष्ण-विग्रह के अलावा और कोई मिला ही नहीं। राणा के नग्न खड्ग को विवश हो म्यान में आना पड़ा। अगर वहां कोई होता तो राणा उसे जीवित छोड़ने वाले थे ?"

"अरे यह सब कपोल-कल्पना है। उस धक्कम-धुक्की में वह जार निकल भागा होगा। क्या पता निकलने के लिए भी उसने गोपी-वेश ही बना लिया हो ? देखा नहीं, मीरा ने द्वार खोलने में कितना विलम्ब किया ?"

"तो मीरा सचमुच पुंश्चली है ?"

"और क्या ? जवानी का वैधव्य झेलना सबके वश की बात है क्या ? मेरी मानो तो वह वही व्यक्ति था।"

"कौन ?"

"वही सबको मूर्ख बनाने के लिए और अपने को सर्वथा निष्कलुष और कृष्णार्पिता सिद्ध करने के लिए जिसके लिए भरे समारोह में मीरा ने शय्या लगा दिया था और कहा था यहीं···।"

"ठीक कहती हो उस समय तो वह झेंपकर भागा। पर शय्या का निमंत्रण क्या उसके मन से यों आसानी से निकल जाने को था? और मीरा को भी उस युवा संन्यासी की जवानी और रूप ने कम बांधा होगा? उसे निराश कर वह पश्चाताप की अग्नि में पता नहीं कब तक जली होगी और अन्ततः उसने उसे अन्तःपुर में प्रवेश करा ही लिया। भई प्रेम में पचास बखेड़े करो, अन्ततः होता वही है जो प्रेमी-प्रेमिका के मन में होता है।"

"क्यों?"

"तुम ठीक कह रही हो। यह राजपूतनी तो बड़ी मायावनी सिद्ध हुई। कृष्ण-भक्ति की भी कर दी ऐसी की तैसी। सच पूछो तो इस कृष्ण की बात ही है ऐसी तभी तो मेवाड़-वीरों ने कभी इसे महत्त्व नहीं दिया। रक्त से होली खेलने वाले शूरमाओं के लिए मां काली की उपासना ही भली। इसीलिए तो उन्होंने उन्हें अपनी इष्ट देवी माना। संग्राम-क्षेत्र में जहां साक्षात् मृत्यु का नर्तन होता है वहां कामिनियों के साथ रास रचानेवाले कृष्ण का क्या काम?"

"पर सुना इसने भी तो एक बड़ा युद्ध लड़वाया था—महाभारत—जिसके सदृश युद्ध न पहले कभी लड़ा गया न भविष्य में उसकी संभावना है।"

"खाक लड़वाया था। मात्र सारथ्य तो किया था उसने इस महासंग्राम में। सदा से मायावी जो ठहरा। एक अस्त्र-शस्त्र का भी शरीर से प्रवेश नहीं हो, अतः बन बैठा अपने मित्र का सारथी। एकाध बाण उसकी ओर आये भी तो अर्जुन उन्हें बीच में ही काट देने को पर्यप्त था।"

"तो कृष्ण-लीला की आड़ में यहां भी रास-लीला होती रही?"

"और क्या?"

"तो इसमें मीरा और वह उसकी सहेली बन आई दासी भी सम्मिलित रही?"

"और क्या रासलीला तो रासलीला ही होती है और इसमें महल की एक-दो दासियों को भी फोड़कर उन लोगों ने नहीं सम्मिलित कर लिया हो, इसका क्या प्रमाण है?"

"हो सकता है। सर्वथा संभव है। कीर्तन-भजन में तो और भी औरतें आती है, उनमें से कुछ को फोड़कर...।"

"अरे हां सभी वैसी ही होती हैं। वर्ना इस नृत्य-गान के आयोजन में वे क्यों रस लेने लगीं? मीरा तो स्वयं कुमार्ग पर गई ही, कितनों को भी साथ लेती गई।"

जितने मुंह उतनी बातें और ये सब बातें ललिता के माध्यम से मीरा तक पहुंचने से शेष नहीं रहीं।

एक सौ छत्तीस

"अब ?" ललिता ने मीरा के कक्ष में दूसरे ही प्रातः पहुंचकर पूछा।

"क्या ?" मीरा ने तटस्थ भाव से कहा।

"अब भी किसी बात की प्रतीक्षा है ? अब कुछ होना शेष है क्या ? तुम्हारे प्राणों पर आये संकट को तो हमने महल की मर्यादा की रक्षा हेतु झेला। पर अब जब हमारी मर्यादा ही संकट में पड़ गई है, हमारे चरित्र-हनन के लिए ही कुछ नहीं शेष छोड़ा जा रहा है तब भी यहां से पिंड छुड़ाने का समय आया कि नहीं ?" ललिता भावावेश में बोल गई।

"शायद।" मीरा धैर्यपूर्वक बोली।

"तुम्हें तो कुछ छूता ही नहीं। कृष्ण की भक्ति करते-करते तुम उन्हीं की तरह तटस्थ हो आई हो। हर बात चाहे कितनी ही गंभीर हो तुम्हारे समक्ष कमल-पत्र पर पड़ी जल बूंद की तरह लुढ़क जाती है।"

"अब तुम व्यर्थ ही मुझे दोषी ठहरा रही हो।" मीरा ने कक्ष में स्थापित कृष्ण-विग्रह की ओर देखते हुए कहा, "मैंने भी सोच लिया है कि समय आ गया है कि कुछ निर्णयात्मक कदम उठाए जाएं। पर कोई कार्य शीघ्रता में सम्पादित नहीं होना चाहिए। हमें इस सम्बन्ध में अपने शुभेच्छुओं की सम्मति लेनी चाहिए।"

"कौन हैं यहां हमारे शुभेच्छु ?" ललिता ने खीझ कर कहा, "सभी तो सर्प हैं, आस्तीन के सर्प। काल-सर्पिणी का उपहार देने वाले इस किले में तुम शुभेच्छुओं की कल्पना करती हो ?"

"कौन करता है ऐसी कल्पना ? किसका मोहभंग होना अभी शेष है ? मुझे नहीं रहा कोई आकर्षण इस चित्तौड़गढ़ में। पर मैं ऐसा कुछ करना नहीं चाहती जिससे राठौर-कुल को कलंक लगे। अगर मुझे यह किला छोड़ने को बाध्य ही होना पड़ा तो मैं सोच-समझकर ही ऐसा करूंगी। अपने गुरु-जनों से परामर्श लूंगी और उनका परामर्श अगर अनुकूल रहा तो मैं अवश्य इस स्थान का त्याग कर दूंगी। तुम्हें अब अधिक चिन्तित होने की आवश्यकता नहीं।"

"पर अगर तुम्हारे गुरु-जनों ने इसकी अनुमति नहीं दी तो ?" ललिता ने आशंका व्यक्त की।

"तब तो वही होगा जिसे होना है।" मीरा ने उसी तटस्थता से कहा।

"अर्थात् तुम तिल-तिलकर इसी किले में मर-खप जाओगी ?"

"तिल-तिलकर कौन कहता है ? राणा तो नित्य नए षड्यंत्र करता ही रहता है। अब तो नग्न खड्ग लिए भी खड़ा होता है। किसी दिन भी यह इह-लीला समाप्त हो सकती है।"

"और तुम यही चाहती हो ?" ललिता ने व्यग्रता से पूछा।

"नहीं चाहती। कभी-कभी निराशा की पराकाष्ठा पर जीवन से ऊब अवश्य जाती हूं पर वस्तुतः मैं जीवन का अधिक-से-अधिक समय श्रीकृष्ण को सौंपना चाहती हूं। कौन कहता है मैं मरकर मोक्ष-पद की आकांक्षिणी नहीं। मैं जीवित रहकर श्रीकृष्ण-चरणारविंद की सेवा करने को उत्सुक हूं। मैं भक्ति-मार्ग की

यात्री हूं ललिता, तुम जानती हो। मैं द्वैत पथ की पथिक हूं। अद्वैत पथ की नहीं। मैं मृत्यु नहीं, जीवन की उपासिका हूं।"

"तो तुम शीघ्र कुछ करती क्यों नहीं?"

"शीघ्र ही करूंगी?" मीरा कुछ सोचती हुई बोली।

"क्या?"

"वह तुम्हें शीघ्र ज्ञात हो जाएगा। ललिता मीरा से पृथक् ही कहां है? मीरा शरीर है तो ललिता उसके प्राण। कुछ भी तुमसे छिपा नहीं रहेगा। सब कुछ तुम्हारी जानकारी में होगा।"

"अच्छी बात है," ललिता ने कहा, "तो मैं आशा करूं कि इस नर्क से निकलने का मार्ग अब शीघ्र प्रशस्त होगा।"

"इसे तुम नर्क कहती हो? यह मेरा श्वसुरालय है। इससे भोज की स्मृति जुड़ी हैं। मेरे कक्ष के प्रत्येक दीवार से भोज के उन्मुक्त अट्टहास की प्रतिध्वनि अब भी निस्सृत होती है।"

"भोज की अथवा श्रीकृष्ण की?" ललिता ने किंचित् मुसकान के साथ कहा।

"भोज और श्रीकृष्ण में अब अन्तर ही कहां रह गया है री पगली? भोज तो मरकर श्रीकृष्ण से एकाकार हो गया है। भोज मेरे पति, तो श्रीकृष्ण भी मेरे पति। काश, मैं भी भोज की तरह श्रीकृष्ण में जा मिलती...।" कहते हुए मीरा ने आंखों के कोनों में एकत्र हो आये अश्रु-बूंदों को पोंछा।

"पर अभी तो तुम जीने की अदम्य आकांक्षा घोषित कर रही थीं!" ललिता ने साश्चर्य पूछा।

"वह इसलिए कि मृत्यु के पश्चात् के जीवन का हमें अभिज्ञान ही कितना है? जीवितावस्था में तो श्रीकृष्ण के पाषाण-विग्रह को भी पूजित कर, उससे एकांगी ही सही वार्त्तालाप कर अपना मन बहला लेती हूं। जीवन के नहीं रहने के पश्चात् क्या होगा, कौन जानता है? मरने की बात तो मैंने कई बार सोची पर श्रीकृष्ण-प्रेम ही इसमें सबसे बड़ा व्यवधान बनता है।" मीरा बोल गई।

"एक बात तो तुम मिथ्या कहती हो।"

"क्या?"

"यही श्रीकृष्ण के पाषाण-विग्रह की बात? क्या यह पाषाण-प्रतिमा ही तुम्हारे सदृश संवेदनशील व्यक्ति का आधार हो सकती है? क्या श्रीकृष्ण तुम्हारे रग-रग में रच-बस नहीं गए हैं? यह बात मुझसे भी छुपाओगी?"

"छुपाने की बात नहीं ललिता!" मीरा ने आंखें बन्द कर ध्यानावस्थ-सी होते हुए कहा, "सच है कि श्रीकृष्ण रंग में मैं संपूर्णतया रंगी हूं, पगी हूं, फिर भी एक वाह्य आधार भी तो चाहिए ही। मैं निर्गुणोपासिका तो नहीं ललिता! मैं विग्रह को भी भगवान मानती हूं," इतना कहकर मीरा चुप हो गई।

ललिता ने बात को आगे बढ़ाना उचित नहीं समझा, पुनः पुरानी बात पर लौट आई, "तो इस स्थान से त्राण लेना है न?"

"शायद।"

"फिर वही शायद! कब तक इस तरह द्विविधा में रखोगी?"

"प्रतीक्षा करो। सब कुछ, जैसा कहा तुम्हारी जानकारी में होगा।"

एक सौ सैंतीस

पराजय की पीड़ा असह्य होती है। और जिसे एक पराजय के पश्चात् दूसरी और फिर तीसरी और फिर न जाने कितनी पराजयों का सामना करना पड़े? उसके दुर्भाग्य को क्या कहिएगा आप? यह नियति का विचित्र विधान है कि कोई निरन्तर विजय की गुनगुनी धूप का ही आनन्द लेता रहता हैं तो कोई सदा पराजय की अकल्पनीय पीड़ा ही भोगने को अभिशप्त है। पर होता है, कभी-कभी ही ऐसा। अपवाद ही कहेंगे इसे वर्ना विश्व का शाश्वत विधान तो यही है कि दु:ख के पश्चात् सुख और सुख के पश्चात् दु:ख का आना अनिवार्य है---चक्रवत परिवर्तन्ते दु:खानि च सुखानि च—गतिशील चक्र पर आरूढ़ कभी दु:ख तो कभी सुख हमारे समक्ष उपस्थित होते रहते हैं। और पराजय, दु:ख नहीं है क्या, और विजय, सुख?

तो जिसे निरन्तर पराजय का ही मुंह देखना पड़े वह तो दु:खी होगा ही।

इस तरह दु:खी थे तीनों जो आज कर्मवती के कमरे में अन्तिम निर्णय लेने बैठे थे। पर कभी कुछ अन्तिम हुआ है यहां? इस विश्व-ब्रह्मांड का ही अन्त नहीं, यह अनन्त है, कहिए तो अनादि भी है तो इसमें रहने वाले किस आदि, अन्त की कामना करते हैं? उनके शरीर का अन्त भी, अनन्त: अन्त कहां होता है? मरकर भी जीना पड़ता है कि नहीं···पुनरपि मरणं पुनरपि जननं पुनरपि जननी जठरे शयनं···। और उपनिषद क्या अच्छा उदाहरण देती है? धान के खेत में शस्य (धान) का पौधा पचता है, मरता है और पुन: अपने ही बीज से नए रूप में खड़ा हो आता है,[1] वही हाल मनुष्य का है? वह भी मरता है, पैदा होता है, पुन: पैदा होता है पुन: मरता है।

तो अन्त नहीं है इस अनन्त विश्व ब्रह्मांड में किसी का। आधि-व्याधि आ पकड़ती है, कल छोड़ती है तो पुन: कल पकड़ बैठती है और यह खेल तब तक चलता रहता है जब तक एक जीवन नि:शेष नहीं हो जाता। दूसरा जीवन दूसरे स्वरूप में प्रकट होता है तो उसके साथ भी यही कौतुक आरम्भ होता है। यही हालत जय, पराजय की है, कोई शायद ही सदा के लिए पराजित होता है, कोई शायद ही सदा के लिए विजयी।

पर अभी तो यही हो रहा था।

विक्रम, कर्मवती और सूरजमल तीनों एक के बाद दूसरी पराजय का सामना करने को विवश थे और मीरा थी कि जीतती ही जा रही थी। न विष उसका कुछ बिगाड़ सका था, न काल सर्पिणी ने ही उसे डंसने की कृपा की थी, न नग्न खड्ग का ही वह लक्ष्य बन सकी थी। न उसके चरित्र हनन के किए गए प्रयास ही कोई परिणाम प्रस्तुत कर रहे थे।

क्या था यह?

---

1. शस्यमिव पच्यते मर्त्य:
   शस्यमिव जायते पुन:—कठोपनिषद

क्या मीरा पर सचमुच कृष्ण की अतिरिक्त अनुकम्पा थी ?

कहने वाले तो यही कहेंगे पर ऐसे कहने वालों को अंधविश्वासी कहने वालों की भी कमी नहीं रहेगी, न मीरा के समय न मीरा के बाद। भला कोई हलाहल विष से भी बचता है ? कोई काल-सर्पिणी के दंश से भी बच जाय भले ही वह कितनी भी जड़ी की मदहोशी में हो ? खड्गधारी खूंखार विक्रम का खड्ग बिना रक्तरंजित हुए पुन: म्यान में जाने को बाध्य हो भले उसके प्रयोग के बहाने का अभाव हो गया हो ? और बहाना का क्या प्रयोजन ? राजा जो कुछ करता है ठीक ही करता है। राणा विक्रम उस प्रलापी मीरा की गर्दन ही उतार लेता तो कोई उसका क्या बना, बिगाड़ लेता ? उतने तो साक्षी थे जो सब कुछ अपने कानों से सुन चुके थे ? नहीं था अन्दर कोई तो नहीं था। भाग भी तो वह सकता था अवसर का लाभ उठाकर ? यही तर्क दे देते विक्रम और सूरजमल तो कोई क्या कर लेता उनका ?

तो विक्रम की यह कायरता भी मीरा के प्रति कृष्ण-कृपा की ही द्योतिका थी ?

कहने को तो बहुत यही कहेंगे। आज भी, कल भी। पर जैसा कहा गया उन्हें अन्धविश्वासी कहने वाले भी कम नहीं होंगे, आज भी कल भी। उनके तर्क बड़े निराले होंगे—

- भला भगवान भी होता है !
- होता है तो दिखाई क्यों नहीं पड़ता ?
- आज तक किसी को वह दिखाई पड़ा ?
- और भगवान भी हो तो मनुष्य कब से भगवान होने लगा ?
- वह सीता के वियोग में रोने वाला राम ?
- वह गोपियों के प्रेम में पागल कृष्ण ?
- ये कैसे और कब से भगवान हो गए ?
- अवतार ?
- हूं !
- कहीं भगवान भी अवतरित होता है मनुष्य रूप में ?
- उसे क्या पड़ा है स्वर्ग लोक के सुख को छोड़कर इस मिट्टी पर आने को ?
- चिल्लाना हो तो चिल्लाती रहें गीता के समान मनगढ़न्त पुस्तकें कि जब-जब धर्म की हानि होती है और अधर्म सिर उठाता है तब तब वह आने को बाध्य होता है—यदा यदा हि धर्मस्य···।
- पर भगवान होता भी है तो ये चमत्कार ?
- चमत्कार क्यों घटने लगे ?
- यह सब अन्धविश्वास है।

तथा-कथित आस्तिक लोगों की कपोल कल्पित कथाएं।

पर होता सब कुछ है। भगवान भी है। वह अवतरित भी होता है। चमत्कार भी यहां नित्य होते हैं, होते रहेंगे। द्रौपदी का चीर बढ़ने का चमत्कार घटा हो या नहीं, मीरा के विष-पान के बाद भी बच रहना चमत्कार हो या नहीं पर यहां नित्य लाखों के जीवन में छोटे-बड़े चमत्कार घटते हैं। वे आपसे कहने क्यों आयेंगे ?

अन्धविश्वासी की संज्ञा पाने के लिए ? आपके जीवन में नहीं घटता है तो वे क्या करें ? आपने अनास्था, अविश्वास, कह लें तो नास्तिकता की पट्टी अपनी आंखों पर बांध रखी हैं तो क्यों और कैसे घटित होंगे चमत्कार आपके जीवन में ? भगवान दिखाई पड़ा था सूर को, दिखाई पड़ा था तुलसी को वह दिखाई पड़ा होगा मीरा को ! आपको नहीं दिखाई पड़े तो हम क्या करें ? आप तुलसी, सूर और मीरा तो नहीं हैं।

विज्ञान ?

जो विज्ञान की प्रयोगशाला की चहारदीवारियों में कैद होकर अपने को प्रमाणित कर दे वह सत्य, शेष सब मिथ्या।

नहीं ?

तो भगवान को क्या पड़ा है आपकी प्रयोगशाला में प्रवेश करने को ?

और क्या है यह विज्ञान ?

प्रकृति के कुछ अज्ञात नियमों का ज्ञान और उसका प्रयोग यही तो ?

तो किसने गढ़ी यह प्रकृति ? भगवान ने ही तो ? पुरुष (ईश्वर) की ही चेरी तो है प्रकृति ?

तो पुरुष बड़ा कि बड़ी है प्रकृति ?

ईश्वर, बड़ा कि विज्ञान ?

और किधर से अन्तिम सत्य को उद्घाटित करता है विज्ञान ?

किधर से शाश्वत हैं उसके नियम ?

आज का वैज्ञानिक बीते कल के वैज्ञानिकों को सिद्धान्तों को नकार देता है या नहीं ?

तो कैसे निकष बन सकता है यह विज्ञान उस परमात्मा के चमत्कारों के लिए ?

वह क्या हंसी उड़ायेगा भगवान तो भगवान उसके भक्तों की भी शक्तियों की ?

विज्ञान कुछ है तो अध्यात्म भी कुछ है या नहीं ?

विज्ञान ने भी चमत्कार किये हैं न ? यह विद्युत-प्रकाश, यह आकाशवाणी, यह दूर-दर्शन, यह चन्द्र-गमन ? और जब इस ध्रुव, पराश्रयी, प्रकृतिजीवी विज्ञान के चमत्कार हो सकते हैं तो प्रकृति के संगी अध्यात्म के चमत्कार कैसे नहीं होंगे ?

और अन्धविश्वासी ?

कौन है अन्धविश्वासी जो देखकर भी नहीं देखना चाहता है वह अथवा वह जो आंखों से देखा सब कुछ अंगीकार कर लेता है ? सब कुछ को सहज रूप में लेता है ?

यों सब कुछ बाहरी आंखों से देखा भी नहीं जाता।

है बहुत कुछ वाह्य आंखों के लिए अदृश्य।

पर जो अदृश्य है उसका अस्तित्व ही नहीं है यह मूर्ख ही कह सकते हैं।*

जो अदृश्य का भी अस्तित्व मानता है वह अन्धविश्वासी है, नहीं ?

---

* देखिए—लेखक की पुस्तक 'बंधक आतमाएं'—किताबघर, दरियागंज, नई दिल्ली-110002

और जो चमत्कार में विश्वास करता है वह घोर अन्धविश्वासी। क्यों?

पर मीरा को नहीं मानोगे तो क्राइस्ट (ईसा) को मानोगे न?

उसी के नाम पर तो तुम्हारा ईस्वी-सन चलता है।

बहुत से वैज्ञानिक भी ईसाई मत के ही अनुयायी हुए कि नहीं?

तो नकारोगे क्राइस्ट के चमत्कारों को?

उसके हिलिंग पावर (रोग मुक्त करने की शक्ति) को?

उसने अन्धों को आंखें और कौड़ियों को काया दी कि नहीं?

झुठलाओ इस ऐतिहासिक सत्य को।

नहीं झुठला सकते तो कृष्ण के चमत्कारों को उसके भक्तों की कपोल कल्पना क्यों मानते हो?

कृष्ण अगर मीरा की रक्षा-हेतु आगे आता है तो इन कृत्यों को महज चमत्कार एवं इनमें विश्वास करने वालों को अन्धविश्वासी क्यों कहते हो?

अधिक आधुनिक बनो तो साम्यवाद, प्रगतिवाद और जनवाद के सदृश छद्म नामों का सहारा ले क्यों उछालना चाहते हो अपने को? और जो कुछ तुम कहते-लिखते हो वह कंचन है और शेष सब कूड़ा, रूढ़िवादी?

और अब क्या करोगे?

यह तो साम्यवाद का तुम्हारा शीशमहल ही चूर-चूर हो गया।

बिखर गया तुम्हारा बहुत कठिनाई से जुड़ा कुनबा। सहस्त्र तो बहुत होता है, सौ वर्ष भी नहीं देख पाये तुम अपने ईश्वर-विहीन, चमत्कार-विरोधी सम्प्रभुओं के साम्राज्य को। तुमने बड़ी आसानी से ईश्वर को निष्कासित कर दिया था। मन्दिरों, मस्जिदों में ताले जड़ दिये थे। गिर्जाघरों की घंटियों के स्वर का गला घोट दिया था।

पर यह तो आ गया ईश्वर वापस।

उन्मुक्त हो गए मन्दिरों-मस्जिदों के कपाट।

बजने लगी गिर्जा घरों की घंटियां।

इसे तो मानना पड़ेगा?

और तुम्हारे उस कूड़े का क्या होगा जिसे तुम कंचन कहते नहीं थकते थे?

वह साम्यवादी, जनवादी, प्रगतिवादी और प्रतिक्रियावादी और न जाने कौन-कौन नामधारी साहित्य?

खैर छोड़ो इस पचड़े को।

कहोगे मीरा के काल की कथा में यह सब कहां से आ गया?

सोलहवीं शताब्दी में बीसवीं शताब्दी की बात?

वह तो आयेगी ही। कैसे रोक पाओगे उसे?

लेखक अपने देश-काल से बंधा होगा कि नहीं?

उनका प्रतिनिधित्व करेगा कि नहीं।

काल की प्रतिध्वनि को उसकी कृतियों में ध्वनित होने से कैसे रोकोगे?

खैर, हम विक्रम, कर्मवती और सूरजमल की कहानी कह रहे थे।

तीनों के समक्ष अब कोई उपाय शेष नहीं था, मीरा से त्राण पाने का। त्राण पाने का और प्रजा के आकोश से भी बचे रहने का।

अब एक ही उपाय है। मीरा ही कुछ करे तो करे।

क्या ?

वह स्वयं किला छोड़कर चली जाय।

क्या यह संभव है ?

हो सकता है अगर उसे समझाया जाय।

कौन समझाए ?

विक्रम और कौन ? वही तो अभी तक उसकी दृष्टि में एकमात्र कृष्ण-भक्त है इस किले में ?

क्या समझायेगा विक्रम ?

यही कि इस स्थान को त्यागने में ही तुम्हारा और मेवाड़ दोनों का कल्याण है। कि तुम इस स्थान में अपने भक्ति-भाव, अपनी साधना, उपासना, अपने नृत्यगान में अत्यधिक बाधा पाती हो, पाती रहोगी, अतः इसको त्याग देना ही तुम्हारे हित में है।

तीनों ने अन्ततः यही निर्णय उपयुक्त माना।

विक्रम ने मीरा को स्थान त्यागने का परामर्श देने का दायित्व अपने ऊपर लिया।

पर मीरा को उसके परामर्श की आवश्यकता थी ?

पर उसे तो किसी और के परामर्श की प्रतीक्षा था।

एक सौ अड़तीस

वाराणसी में जाह्नवी का एक एकांत तट। दूर-दूर तक यहां आबादी का नाम नहीं। तट पर बनी एक छोटा-सी पाषाण निर्मित कुटीर। किनारे से बंधी एक छोटी सी काष्ठ निर्मित नौका।[1] इसी से वह कभी-कभार गंगा के उस पार जाता होगा। उसमें स्थापित एक छोटी पर आकर्षक मूर्ति। मारुति-नन्दन की। उसके समक्ष बैठा एक तरुण तपस्वी। गौरांग। प्रशस्त ललाट। सिर और दाढ़ी के केश मुंडित पर चुटिया अच्छी-खासी मोटी। ध्यानस्थ था वह। हनुमान की प्रतिमा के समक्ष बैठा राम का ध्यान कर रहा था उम्र अभी पैंतालीस के ही आस-पास थी पर रामभक्ति की उसकी कीर्ति अभी ही सम्पूर्ण आर्यावर्त्त में विस्तृत हो चुकी थी। शाम को वह राम-कथा कहता तो श्रोताओं की भीड़ उमड़ पड़ती। वाराणसी में प्रायः देश के प्रत्येक भाग से तीर्थ यात्री आते। पतित-पावनी, उत्तर-वाहिनी गंगा में गोते लगाने, भगवान भूतनाथ के दर्शन करने, अन्नपूर्णा और काल भैरव के चरणों में शीश झुकाने और ये सभी इस एकान्त घाट के उस विरक्त साधु के भी दर्शन से नहीं चूकते। सायं उसकी राम-कथा अवश्य सुनते।

तुलसी था यह।

---

1. इस नौका के टुकड़े अब भी उस घाट की कुटी में उपलब्ध हैं।

बाद का गोस्वामी तुलसी दास।

बाद में यह तट तुलसी-घाट के नाम से जाना गया।

अभी राम-चरित मानस के लिखे जाने में बहुत विलम्ब था। कम-से-कम तीस-चालीस वर्षों का।

पर ख्याति थी कि अभी से चतुर्दिक् फैलने लगी।

कम-से-कम उत्तर भारत का तो वह जाना-माना संत था। उसकी वाणी से अमृत झड़ता था। उसके नेत्रों से साधना का तेज फूटता था।

कुटिया के पट सटाये हुए थे। उसका एक विरक्त सेवक कब से द्वार के बाहर खड़ा था। दुविधा में था वह। संत की समाधि तोड़े? नहीं तोड़े भी तो क्या करे? एक दूर देश से आया अतिथि कब से प्रतीक्षा कर रहा था।

सेवक ने द्वार पर खट्-खट् किया। एक बार, दो बार, तीन बार।

अन्दर तुलसी का ध्यान टूटा। राम, सीताराम, उसके मुंह से स्वभावतः निकला। उसने हनुमान के छोटे विग्रह को एक क्षण के लिए गहरी दृष्टि से देखा और फिर उसके समक्ष अपना सिर टेक खड़ा हो गया। अवश्य कोई विशेष बात होगी वर्ना वह विरक्त साधु साधना में विघ्न नहीं डालता।

तुलसी द्वार के पट खोल बाहर आये तो सेवक चरणों पर साष्टांग पड़ गया। तुलसी ने उसे हाथों का सहारा दे उठाया।

"महाराज, अपराध क्षमा हो। पर एक दूर देश से अतिथि आया है। उसे दर्शन की शीघ्रता है। लौटना भी है।" सेवक ने करबद्ध निवेदन किया।

"कहां से आया है?" तुलसी ने द्वार से बाहर आ शान्त पर गुरु-गम्भीर स्वर में पूछा।

"कहता है राजपूताने से!"

"राजपूताने में कहां से?"

"चित्तौड़ से।"

"चित्तौड़?" तुलसी चौंके, "चित्तौड़ में तो परम भक्तिनी मीरा का बास है?"

"हां कहता है वह मीरा के पास से ही आया है।"

"शीघ्र बुलाओ, कहां है वह?" कहते हुए तुलसी, घाट की सीढ़ियां चढ़ने लगे।

"वहां, वह रहा।" सेवक ने घाट से थोड़ी दूर एक ऊंटनी के पार्श्व में खड़े एक व्यक्ति की ओर इंगित किया।

तुलसी ने हाथ के इशारे से उसे पास बुलाया।

व्यक्ति देखने से दिव्य लगता था।

सिर पर एक बड़ी पीली पगड़ी।

शरीर पर पीला अचकन और घुटनों तक लटकती श्वेत, महीन धोती।

"ब्राह्मण हो?" तुलसी ने पूछा। उसने तुलसी के चरणों पर सिर रोप दिया।

"उठो, उठो।" तुलसी ने उसे उठाकर गले लगाया।

"महारानी मीरा बाई के यहां से आये हो?" मधु-पगे शब्द झड़े।

"हां महाराज।" ब्राह्मण ने हाथ जोड़े।

"जाह्नवी-स्नान किया ?"

"किया।" उसने स्वीकृति में सिर हिलाया।

"भगवान विश्वेश्वर और माता अन्नपूर्णा के दर्शन किए ?"

"किए महाराज !"

"काल भैरव के चरणों में सिर झुकाया ? काशी के कोतवाल हैं वह। बिना उनकी आज्ञा के भगवान पशुपति भी इधर से उधर नहीं होते।" तुलसी ने वहीं से काल भैरव की दिशा में देखते और सिर झुकाते हुए कहा।

"हां महाराज।"

"तब तुम्हारी काशी की यात्रा निरापद रहेगी। कहो कैसे आए यहां तक ?" तुलसी ने पूछा। अब तक घाट के किनारे ही एक कुशासन दे दिया था अतिथि के बैठने को। थोड़ी दूर पर आप भी बैठ गए थे।

"मीरा बाई ने भेजा !" ब्राह्मण ने छोटा-सा उत्तर दिया।

"भक्तिमती मीरा बाई ने ? स्वयं भेजा मुझ तक तुम्हें ?" तुलसी प्रसन्नतातिरेक से बोले, "धन्य हुआ मैं। फलवती हुई मेरी साधना। मीरा बाई के चरणों में मेरा नमस्कार बोलना। धन्य हैं वे। इतने दिनों की तपस्या के बावजूद मैं राम को नहीं रिझा सका और उनके प्रेम में कृष्ण पागल हो आये।" तुलसी की आंखों से अविरल जल धारा बह पड़ी।

"क्या आदेश है मीरा बाई का ?" तुलसी ने अवरुद्ध कंठ से पूछा।

"आदेश नहीं संदेश है महाराज !" ब्राह्मण ने निवेदित किया।

"संदेश ? क्या है संदेश ?" तुलसी को आश्चर्य हुआ।

"वह इस पत्र में निहित है।" ब्राह्मण ने बड़े सहेज कर एक नन्हीं काष्ठ पेटिका में रखे पत्र को निकाला और तुलसी के दाहिने हाथ में थमा दिया।

तुलसी ने पत्र खोला और एक सांस में उसे पढ़ गये—

स्वस्ति श्री तुलसी गुणभूषण, दूषण हरण गुसाईं।
बारहि-बार प्रमाण करों, अब हरहुं सोक समुदाई॥
घर के स्वजन हमारे जेते सबनि उपाधि बढ़ाई।
साधु संग और भजन करत मोंहि देत कलेश महाई॥
सो तो अब छूटन नाहिं, क्यूं लगी लगन बरिआई।
बालपणे में मीरा कीन्हीं गिरधर लाल मिताई॥
मेरे तात-मात सब तुम हो, हरि भक्तन सुखदाई।
मोको कहा उचित करिबो अब, सो लिखिए समुझाई॥

पत्र पढ़ते-पढ़ते तुलसी की आंखों से श्रावण की झड़ी लग गई। अश्रु-बूंदों से पत्र भींग गया। उसके शब्द पिघलकर घुल-मिल गए। बड़ी श्रद्धा से उन्होंने उस कागज के टूकड़े को सिर से लगाया। फिर उसे सेवक के हाथों में देते हुए कहा, "इसे मारुति-नन्दन के चरणों में रख दो। उत्तर वही सुझाएगे।" फिर अभ्यागत की ओर मुड़कर बोले—"आपने यहां देव दर्शन तो कर ही लिए पर तीर्थ में कम-से-कम एक रात्रि व्यतीत किए बिना जाने का प्रावधान नहीं है। आज आप यहीं

निकट के एक धर्मशाले में रुकें। कल सुबह आपके पास इस पत्र का उत्तर पहुंच जायेगा।

"मैं प्रस्थान के पूर्व श्री चरणों के दर्शन करना चाहूंगा। आपके सेवक को कष्ट करने की आवश्यकता नहीं। मैं स्वयं आ जाऊंगा।" ब्राह्मण ने हाथ जोड़कर कहा।

"ऐसा ही हो।" तुलसी खड़े होकर बोले, "अब आप जाकर आराम करें। दूर देश से आये हैं। अपनी ऊंटनी को भी आराम दें।"

"जैसी आज्ञा महाराज।" ऐसा कह ब्राह्मण तुलसी की ओर मुंह किए पीछे की ओर बढ़ने लगा।

तुलसी उसे ऊंटनी पर सवार हो जाते देखते रहे फिर अपनी कुटी की ओर मुड़ गए।

एक सौ उनतालीस

आपको परामर्श की आवश्यकता हो या नहीं पर इस विश्व में निःशुल्क परामर्श-दाताओं की कमी नहीं। आपके ये शुभेच्छु आपकी आकांक्षा आवश्यकता से विदित हुए बिना आपके अपने अमूल्य परामर्श देने में कभी पीछे नहीं रहते।

विक्रम ने इन दिनों यही किया। पूर्व-निर्णय-अनुसार वह नित्य एक बार मीरा से मिलने लगा और अपने अमूल्य परामर्श से उसे प्रभावित करने का प्रयास करने लगा।

"आप यह नहीं समझती कि समय आ गया है कि आप इस स्थान को छोड़ दें?"

"इसलिए कि आप स्वयं इसे छुड़वाने में असमर्थ रहे?" मीरा पूछती।

"यही समझ लें पर बात कुछ और भी है।"

"क्या?"

"इसी में दोनों का भला है विशेषकर आपका।"

"दोनों कौन? आप और मैं?" मीरा पूछती।

"आप और यह पूर्ण महल, कहिए सम्पूर्ण किला। मैं तो इसका एक भाग मात्र हूं।"

"आपके और आपके महल के भले की बात तो समझी, इसमें मेरा भला किधर से निहित है?"

"आपकी श्रीकृष्णोपासना अबाध चल पायेगी। आप निर्बन्ध हो पायेंगी।" राणा बोलता।

"इस तरह किसी कुल बधू को स्वग्रह छोड़कर जाना उचित होगा क्या? आखिर यह मेरा श्वसुरालय है। कहते हैं औरत की डोली श्वसुर-गृह में आती है और वहां से उसकी अर्थी ही बाहर जाती है। मुझे लोग क्या कहेंगे?"

"कुछ नहीं कहेंगे। फिर आप हमारे कहने से जा रही हैं। इसके अतिरिक्त

आप सामान्य औरत हैं कहां? आप तो एक साधिका हैं जिस पर श्रीकृष्ण की असीम अनुकम्पा है।"

"जिसे मैं नहीं मानती, उसे आप भी मानने लगे?" मीरा पूछती।

"अब, मानने वाली बात तो माननी ही पड़ेगी। हम सारे यत्न आपको समाप्त करने के लिए कर चुके पर आपका क्या-कुछ बिगाड़ सके?" विक्रम नत-सिर बोलता।

"तो मेरे जाने से महल का कोई अपवाद नहीं होगा?" मीरा आश्चर्य से पूछती।

"नहीं।"

"क्यों?"

"क्योंकि हम यह प्रचारित करेंगे कि आप स्वेच्छया चली गईं।"

"और मेरा अपवाद?"

"वह तो मैं कह ही चुका हूं। आप साधारण नारी नहीं, आपका सारा कृत्य सुकृत्य की ही संज्ञा पाएगा। आप कृष्ण-प्रिया जो हैं?"

"और आप लोगों ने यह प्रतिज्ञा कर रखी है कि मेरी श्रीकृष्ण-भक्ति को यहां नहीं ही चलने देंगे?" मीरा की आंखों में प्रश्न होता।

"आप तो यह समझ ही रही हैं। आपके सार्वजनिक भजन-कीर्त्तन को भी बन्द कर दिया गया। मीरा-मन्दिर के पास का मंडप सूना पड़ा रहता है। दर्शकों-श्रोताओं को किले के द्वार से ही वापस कर दिया जाता है।" विक्रम ने स्वीकारा।

"इसकी प्रतिक्रिया प्रजा में नहीं होगी?" मीरा चिंतित होकर पूछती।

"होगी। आग धीरे-धीरे सुलग भी रही है। इसलिए मैं चाहता हूं कि···।"

"कि मैं यह स्थान छोड़ दूं।" मीरा ने वाक्य पूरा किया।

"आपने ठीक समझा। आप तो संत हैं। परोपकार आपका लक्ष्य। आप हम पर इतनी कृपा तो कर ही सकती हैं।"

"आपकी किस कृपा के बदले?"

"सारी अकृपाओं, सारे अकृत्यों के बदले। पर आप और मुझ में अन्तर तो है। आपके अन्तर में बदले की भावना को स्थान भी कहां?" विक्रम तर्क देता।

"और अगर मैं यहां से नहीं जाऊं?" मीरा अकस्मात् दृढ़ हो आती।

"तब··· तब···।" विक्रम कुछ कहना चाहता।

"हां, तब आप क्या कर लेंगे?" मीरा पूछती।

"शायद, शायद कुछ नहीं। हम जितना कुछ हो सकता था कर चुके हैं। इससे अधिक कुछ नहीं कर सकते। हमें प्रजा के आक्रोश की वास्तविक आशंका है।"

मीरा चुप कर जाती।

"क्या निर्णय लिया आपने?" विक्रम फिर पूछता। उसके पास यही अन्तिम अस्त्र बचा था, इसे भी वह व्यर्थ नहीं होने देना चाहता था। फिर वह कर्मवती और सूरजमल को भी क्या उत्तर देता? उनकी एकमात्र आशा अब उसी का प्रयास थी।

"कहां जाऊंगी मैं?" मीरा कुछ सोचकर पूछती।

"कहीं भी।" विक्रम प्रसन्नता से भरकर कहता।

"इस राज्य के भी किसी भाग में? किसी अरण्य की किसी एकान्त कुटीर में? किसी नदी के किसी शान्त कूल? किसी पर्वत-पहाड़ी के किसी अनाम गुहा-गह्वर में?"

"नहीं, नहीं।" विक्रम घबरा कर कहता।

"तब?"

"आपको इस राज्य की सीमाओं से बाहर जाना पड़ेगा।"

"अर्थात् मुझे राज्य-निष्कासन मिल रहा है? एक भीषण राजदंड? आखिर किस अपराध में? कृष्ण-भक्ति के ही तो?" मीरा पूछने के लिए पूछती।

विक्रम चुप। बात बनने-बनते बिगड़ने को हो जाती।

"आपने कुछ कहा नहीं?" मीरा टोकती।

"क्या कहूं? आप जो कहती हैं, वही समझ लीजिए। पर यह राज्य-निष्कासन बलात् नहीं होगा। आप स्वेच्छया निष्क्रमण करेंगी।"

"यह आपकी विवशता बोल रही है। आपका वश चलता तो आप सहस्रों आंखों के साक्ष्य में मुझे अपने राज्य से निष्कासित करते।"

विक्रम सिर झुका लेता।

"क्या मैंने कुछ गलत कहा?" मीरा पूछती।

"अब आप मुझे लज्जित क्यों करती हैं? आप स्वयं सब कुछ समझती हैं।"

"बंद करो यह तर्क मीरा!" ललिता जो सदा मीरा के साथ ही रहती बोलती, "यह तो निश्चित ही हो गया कि राणा तुम्हें यहां देखना नहीं चाहते। तुम स्पष्ट क्यों नहीं कह देती कि तुम इनकी इच्छा की पूर्ति करोगी। तुम छोड़ दोगी यह चित्तौड़गढ़। चित्तौड़गढ़ नहीं, इनके राज्य को ही। इसकी सीमाओं से बाहर चली जाओगी।"

मीरा शान्त। जैसे निर्वात स्थान में जलती एक पवित्र दीप-शिखा। चेहरा पूर्णतया उद्विग्न-हीन। शान्त और सौम्य।

विक्रम चकराता। मीरा के अन्तर की गहराइयों में उतरने का प्रयास कितना कठिन था? वह विवश हो आता।

"आप कुछ क्यों नहीं बोलतीं?" वह अन्ततः धीरे-धीरे बोलता, "ललिता, जी का कहना ठीक है क्या?"

"मैं अपने निर्णय से आपको अवगत करा दूंगी।" मीरा हर शब्द पर जोर देकर बोलती।

विक्रम सुबह के कमल की तरह खिल आता और अपनी उत्सुकता को छिपाने का प्रयास किए बिना कह पड़ता—"कब तक?"

"शायद शीघ्र ही।" मीरा उठकर अपने कक्ष के कृष्ण-विग्रह की तरफ बढ़ती हुई बोलती। विक्रम प्रसन्न-मन उसके कक्ष के बाहर आ जाता।

मीरा किसी निर्मूल वृक्ष की तरह कृष्ण-विग्रह के समक्ष ढह जाती—"क्या तुम्हें यही मंजूर है निर्मोही? इस महल से तो हमारी कितनी मधुर स्मृतियां जुड़ी पड़ी हैं। तुम्हारी, मेरी और भोज की? इन सबों को स्मृति-पटल से एकदम पोंछ देना आसान है क्या? और वह तुम्हारा मंदिर? जिसे किले के प्रायः मध्य ही

मेरे श्वसुर राणा सांगा ने मेरे लिए भोज के द्वारा इतने स्नेह से बनाया था? उसका क्या करूंगी मैं? अब तो वह मीरा-मंदिर के नाम से ही विख्यात है? उससे भी मुंह मोड़ना होगा न निर्मोही? पर तुम्हें मोह छूता भी कहां है? छूता ही तो गोकुल और वृन्दावन की गलियां आज भी तुम्हारे नाम पर आठ-आठ आंसू बहाती रहतीं? ठीक है मैं चली जाऊंगी यहां से। तुम जहां-जहां भटकाओगे, वहां, वहां भटकूंगी। देखो क्या संवाद लेकर आता है वह गुप्त रूप से प्रेषित ब्राह्मण।"

एक सौ चालीस

प्रतीक्षा की घड़ियां आवश्यकता से अधिक ही दीर्घ होती जा रही थीं। मीरा और ललिता को वाराणसी की ठीक दूरी का भी पता नहीं था। उनके अनुसार उस ऊंटनी सवार ब्राह्मण को तो कभी का तुलसीदास का पत्र लेकर लौट आना था। अगर उसके विलम्ब करने से दयाराम पांडे पर ही आपत्ति आ गई तब? अपने पाप के प्रायश्चित के रूप में किस तत्परता से उसने एक ब्राह्मण को ठीक किया था वाराणसी जाने के लिए? तेज चलने वाली ऊंटनी की व्यवस्था भी उसी ने किले की ऊंट-शाला से ही कर दी थी। कुछेक तीव्रगामिनी ऊंटनियों में वह एक थी। हर महत्त्वपूर्ण और तत्काल पहुंचाये जाने वाले संवादों के लिए इन्हीं ऊंटनियों का प्रयोग होता था। यह तो शाला-रक्षक को पर्याप्त उत्कोच दे दयाराम पांडे ने रात्रि के उस घोर अंधकार में इस ऊंटनी को बाहर निकलवाया था वर्ना मीरा और ललिता की, तुलसीदास से परामर्श की योजना धरी की धरी रह जाती। अगर इस मध्य उस ऊंटनी की खोज हो जाय तब? तब तो गया न दयाराम काम से? "हे कृष्ण! दयाराम की रक्षा करना।" मीरा के मुख से निकलता, उसी दयाराम के लिए जो उसे हलाहल का कटोरा थमा गया था।

पर इस पंडित का क्या हुआ? मीरा और ललिता एकान्त में सोचतीं। क्या सचमुच वाराणसी यहां से बहुत दूर है या उस तेज-तर्रार ऊंटनी ने उस पंडित को ही अपनी पीठ से उछाल फेंका? पर दयाराम तो कहता था कि अच्छा ऊंट-सवार है वह ब्राह्मण। अपनी कई तीर्थ-यात्राएं ऊंटों की पीठ पर ही कर चुका है। तब? तब क्या हुआ? गोस्वामी तुलसी ही नहीं हैं क्या काशी में? इस राम-भक्त को विश्वेश्वर की नगरी वाराणसी से अपने आराध्य का स्थान अयोध्या ही अधिक प्रिय है। गंगा से अधिक सरयू ही इसे भाती है। कहीं वह उधर ही निकल गया हो तब? बहता पानी और चलता संत ही अच्छा ऐसे ही नहीं कहा है उपनिषद्कार ने 'चरैवेति, चरैवेति—चलते रहो, चलते रहो!' मीरा को इतना संस्कृत-ज्ञान तो था ही। वह सोचती उसे भी अब चलते ही रहना चाहिए। एक स्थान पर बन्द रहने से क्या भक्ति और क्या भक्ति का प्रचार? कृष्ण गीता में कहता है जो मेरे ज्ञान, मेरी भक्ति का प्रचार-प्रसार करता है वही मेरा सबसे बड़ा भक्त है। तो अब तक उसकी भक्ति करके देखी, अब उसकी भक्ति का प्रचार करके भी देखें। उसके अधिकाधिक भक्तों का निर्माण कर भी देखें। विशेषकर नारियां तो इस

सबसे सर्वाधिक असम्पृक्त ही हैं। पर्दों के पीछे ढंककर उन्हें उन्मुक्त रूप में सांस भी नहीं लेने दिया जाता। उनकी सांस-सांस पर पहरा है।

पति के जीवन में पिंजड़े का अभिशप्त आवास और इसकी मृत्यु पर चिता की धधकती अग्नि, यही उसकी विपत्ति है। धर्म, कर्म दोनों पर पुरुषों का सर्वाधिकार है। उन्हें इस प्रताड़ना से मुक्ति का मार्ग दिखाना होगा। निरक्षरता उनमें घर कर बैठी है। वे पढ़ तो नहीं सकती, पर सुन-समझ तो सकती हैं। मीरा को और पद लिखने होंगे। उन पदों में और पीड़ा भरनी होगी। ताकि नारियां उसकी पीड़ा को अपनी पीड़ा समझ अपनी पराधीनता की बेड़ियों को तोड़ने को व्यग्र हों। कम-से-कम भक्ति का मार्ग तो सबके स्वागत में खड़ा है। उस पर चल पड़ने से भी शोषित, पीड़ित, प्रताड़ित नारियों के सोच को एक नई दिशा मिलेगी। वे अपने को मात्र पुरुषों की क्रुत दासी समझना समाप्त करेंगी। उनका पशुवत् अस्तित्व समाप्त होगा। एक प्रबुद्ध नारी दूसरी को प्रबुद्ध करेगी। दीप से दीप जलेगा, सर्वत्र प्रकाश फैल जायेगा। आज नहीं तो आज से सैकड़ों वर्ष बाद भी नारी-समाज में व्याप्त निरक्षरता और अज्ञान का अंधकार समाप्त होगा। मीरा का प्रयास व्यर्थ नहीं जायेगा। नहीं, वह चुप नहीं बैठेगी, शान्त नहीं बैठेगी, निष्क्रिय नहीं बैठेगी। वह चलेगी। चलती रहेगी और नारियों की प्रताड़ना और उत्पीड़न के विरुद्ध, नारी-उद्धार-उत्थान के लिए वह प्रथम शंखनाद करेगी। यह शंखनाद आज भले ही बहुत मुखरित नहीं हो पर आने वाले युगों में वह निरन्तर ध्वनित-प्रतिध्वनित होती रहेगी, नारी-मुक्ति की संदेश-वाहिका बनती रहेगी। बहुत सहा मीरा ने, बहुत सहा ललिता ने पर भविष्य की नारियों की यह नियति नहीं रहेगी। हमारा त्याग, हमारा संघर्ष उनके मुक्ति-मार्ग को प्रशस्त करेगा। माना समय लगेगा, इस बन्धन को कटने में, इस पर्दा-प्रथा को समाप्त होने में, इस निष्करुण सती-प्रथा को निःशेष होने में, पर इन सबों के विनाश का अन्त का बीजारोपण करके ही उठेगी इस धरती से मीरा। वह चलेगी, चलती रहेगी।

पर रह कहां गया यह ब्राह्मण? मीरा चिन्तित हो आती। अपनी इस चिन्ता में ललिता को भी सम्मिलित कर लेती।

"ललिता तुम कुछ सोच सकती हो?"

"क्या?"

"यह ब्राह्मण क्यों नहीं आया?"

"आता ही होगा।"

"सचमुच वाराणसी यहां से बहुत दूर है?"

"पता नहीं, शायद हो, तभी तो वह अब तक नहीं लौटा।" ललिता कहती।

"कहीं कुछ अघटित तो नहीं घट गया।"

"क्या?"

"कहीं वह दुर्गम मार्ग में ही दम तोड़...।"

"कृष्ण! कृष्ण!" ललिता बीच में ही टोकती, "ऐसी बात नहीं सोचते। भला श्रीकृष्ण जिसका सहायक हो उसका कहीं अकल्याण हो सकता है?"

"तब?" मीरा चिन्तित होकर पूछती।

"आता ही होगा।" ललिता कहती।

और एक दिन वह ब्राह्मण आ ही गया। अर्द्धरात्रि में ही उसने नगर-प्रवेश किया। ऊंटनी को शाले के द्वार पर छोड़ा। कब आई, कहां से आई, यह ऊंटशाले का अधीक्षक जाने। अब तक तो उसके प्राण कंठगत होते रहे होंगे ऊंटनी की अनुपस्थिति से। अब वह भगवान को लाख-लाख धन्यवाद देगा।

ब्राह्मण पहुंचा सीधे दयाराम पांडे के घर। बड़ी पगड़ी के अन्दर ही तुलसी का पत्र छुपा रखा था। कहीं कोई ढूंढ़े भी तो नहीं मिले।

द्वार पर आवाज होते ही दयाराम ने दरवाजा खोला। उसे विश्वास था वह ब्राह्मण ही होगा वर्ना इतनी रात्रि गए कौन उसके कपाट खटखटायेगा?

"कहां रह गये भाई इतने दिनों तक?" दयाराम ने उस ब्राह्मण को देखते ही पूछा।

"अब अन्दर भी चलोगे या यहीं रहकर सब गुड़ गोबर करना है?"

दयाराम को अपनी गलती का भान हुआ और उसने ब्राह्मण को अन्दर कर कपाट लगा लिए।

"अब कहो। कहां लगा दिए इतने दिन? यहां मीरा और ललिता चिन्ता के मारे मरी जा रही थीं।" दयाराम ने ब्राह्मण के आसन ग्रहण करते ही पूछा।

"कहां क्या रह गये?" ब्राह्मण ने आरम्भ किया, "यहीं है क्या वाराणसी? केवल एक रात्रि तो बाबा के कहने से विश्वेश्वर के धाम में रुका वर्ना चलता ही तो रहा हूं निरंतर।"

"खैर, बाबा ने पत्रोत्तर दिया?" दयाराम ने तत्परता से पूछा।

"दिया।"

"भगवान की कृपा है।" दयाराम ने संतोष की सांस ली, "कहां है वह पत्र?"

"यह रहा।" अपनी पगड़ी से निकाल ब्राह्मण ने पत्र दयाराम की ओर बढ़ाया, "पर इसे खोलना नहीं है।"

"क्यों?"

"तुलसी बाबा ने कहा है मीरा के सिवा कोई और इसे नहीं खोलेगा।" ब्राह्मण ने उत्तर दिया।

"ललिता भी नहीं? मीरा और ललिता में क्या भेद है?" दयाराम आश्चर्य से बोला।

"नहीं भेद है तो तुम इसकी चिन्ता क्यों करते हो? मीरा ललिता को पत्र की बात बताये बिना रहेगी? तुम्हारा काम तो केवल इस पत्र को मीरा तक पहुंचा देना है। और अब मेरे आराम का प्रबन्ध करो। तन का पोर-पोर टूट रहा है। कम-से-कम दो-चार दिन तो अब हमें यहां से कहीं नहीं जाना है।"

"कौन कहता है कि तुम कहीं जाओ।" दयाराम पत्र लेकर उठते हुए बोला, "तुमने मेरा बहुत बड़ा उपकार किया है। मैं आजीवन तुम्हारे इस ऋण से मुक्त नहीं हो पाऊंगा।"

"तुम या मीरा?" ब्राह्मण शिथिल स्वर में बोला। उसकी आंखें नींद से बोझिल हो रही थीं।

"मैं। तुम्हें क्या पता मैंने मीरा का कितना बड़ा अपकार किया था! यह तो

भगवान ने मुझे अपयश से बचा लिया। मीरा का यह कार्य कर मैं कुछ तो अपने को पश्चाताप की घोर अग्नि में दग्ध होने से बचा सका।"

"सब ज्ञात है। सब ज्ञात है।" ब्राह्मण ने उठते और अपने लिए निर्दिष्ट शयनागार की ओर जाते हुए कहा, "पर तुम अभी इस पत्र को लेकर मीरा के पास पहुंचोगे क्या ? रात्रि व्यतीत होने की प्रतीक्षा भी नहीं कर सकते ?"

"इतना मूढ़ नहीं हूं, जब पूरे माह भर तुम्हारे लौटने की प्रतीक्षा की तो चार-पांच घंटे की और प्रतीक्षा क्या कठिन है ? पर अब मैं सो भी कहां पाऊंगा ? पत्र पाने की प्रसन्नता तो मेरे पलकों की नींद ले उड़ी।" कहते हुए दयाराम अपने कक्ष की ओर बढ़ गया !

एक सौ इकतालीस

प्रातः की गन्धवाही बयार बहुतों के लिए बहुत-सा संदेश लेकर आती है। निद्रा से अलस पड़े प्राणी जगत को वह एक नए दिन के शुभारम्भ का संदेश सुना सक्रिय करती है तो पेड़ों के पात-पात को स्पंदित कर उनके स्वर में एक नवीन संगीत फूंकती है। कलियों को उत्फुल्ल कर उन्हें जीवन को समग्रता में भोगने को उत्प्रेरित करती है तो पक्षियों को नीड़ छोड़ अनन्त आकाश के नील विस्तार में पर तौलने को प्रेरित करती है। भ्रमरों के सुप्त गान में नवीन गुनगुनाहट भर उन्हें नए पुष्पों से नए पराग-पान को प्रोत्साहित करती है तो श्रान्त-क्लान्त पथिकों के प्राणों में भी नवोन्मेष भर उन्हें यात्रा-प्रारम्भ करने को उत्साहित करती है। यह यात्रा, जीवन-यात्रा भी हो सकती है।

मीरा के लिए भी दयाराम पांडे के हाथों प्राप्त पत्र जीवन-यात्रा पर दृढ़ता से बढ़ चलने का संदेश लेकर पहुंचा था, प्रातः के आते-न-आते अनन्त प्रतीक्षा शेष हुई थी और मीरा और ललिता प्रसन्नता से नृत्य-मग्न हो आई थीं।

"अब चलूं ?" दयाराम ने उठते हुए कहा था, "गोस्वामी जी का आदेश है कि पत्र केवल आप ही को पढ़ना है।"

"और ललिता को ?" मीरा ने किंचित सशंकित होकर पूछा।

"आप दोनों में तो अभेद है।" दयाराम दर्शन की भाषा बोलते हुए द्वार से बाहर हो गये। पर वह कपाटों को सटाना नहीं भूले।

मीरा ने गोस्वामी के पत्र को बड़ी श्रद्धा से अपने मस्तक से लगाया। पुनः उसे श्रीकृष्ण विग्रह के पाद-प्रदेश में रख दिया।

कुछ क्षणों के बाद ललिता से बोली, "लाना उस पत्र को।"

ललिता ने आज्ञा का पालन किया।

"खोलना इसे।" मीरा ने आग्रह किया।

"पर ब्राह्मण ने तो कहा है कि इसे मात्र आपको खोलना है।" ललिता ने हल्का प्रतिवाद किया।

"पर ब्राह्मण ने अन्तिम शब्द क्या कहे, यह तुमने नहीं सुना ?"

"क्या ?"

"यही कि हम दोनों में अभेद है।"

"वह तो है।"

"तो फिर खोलो इस पत्र को।"

ललिता ने आदेश का पालन किया और खुले हुए पत्र को मीरा के हाथों में थमा दिया। मीरा ने पत्र पढ़ना आरम्भ किया :

"स्वस्ति श्री, भक्तिमती मीराबाई के चरणों में दासानुदास तुलसी का साष्टांग प्रणाम।

आगे निवेदन यह है कि आप तो भगवान श्रीकृष्ण की अनन्य आराधिका हैं। उन पर आपकी अगाध श्रद्धा है, अनुरक्ति है। गिरिधारी गोपाल कृष्ण की भी आप पर अपार अनुकम्पा है। उनकी आप कृपा-पात्रा हैं। आपके सदृश कृष्णार्पिता अब तक न तो इस धरा पर हुई न आगे उसके होने की संभावना है। पुन: लिखना यह है कि मैं तो एक क्षुद्रातिक्षुद्र, दीनातिदीन रामभक्त ठहरा। सिया राम के सिवा तो मैंने किसी को जाना नहीं। उन्हीं ने इस दास का हाथ थाम लिया तो थाम लिया फिर किसी और की ओर हाथ बढ़ाने की आवश्यकता का ही अनुभव नहीं किया। पर सच पूछिए तो सिया-राम और राधा-कृष्ण में अन्तर ही क्या है ? दोनों तो एक ही शक्ति के विभिन्न स्वरूप हैं। जो राम वही कृष्ण। जो सीता वही राधा।

आगे फिर लिखना है कि आपने मुझसे मार्गदर्शन चाहा है तो यह दास इसके योग्य कहां है ? आप अपने मुरलीमनोहर से ही पूछ लेतीं तो क्या वह मार्ग नहीं दिखाता ? अवश्य प्रशस्त करता वह आपके पथ को। फिर भी आपने जब इस दास से उसका परामर्श चाहा ही है तो वह निवेदन कर रहा है। आपने पद में पत्र लिखा इसीलिए मैं भी पद-बद्ध उत्तर ही दे रहा हूं। इंगित स्पष्ट है। पर प्रार्थना इतनी ही है कि मैं विवश हूं अपनी राम-भक्ति से अत: राधा-कृष्ण नहीं सिया-राम के प्रयोग से ही अपने मन्तव्य को स्पष्ट किया है। आगे आप स्वयं विदुषी हैं, साधिका हैं, अन्तर्चक्षु उन्मिलित हैं आपके। आप सब कुछ स्वयं समझ लेंगी। अपने साधना-पथ पर निर्भीक अग्रसर रहिए, यही कामना है मेरी। तो लीजिए निवेदन प्रस्तुत है मेरा—

जाके प्रिय न राम बैदेही।
तजिए ताहि कोटि बैरी सम यद्यपि परम सनेही।
तज्यो पिता प्रह्लाद विभीषण बन्धु भरत महतारी।
बलि गुरु तज्यो कन्त वृज वनितनि भे सब मंगलकारी।
नाता नेह राम सौं मनियते सुहृदय सुसेव्य जहां लौं।
अंजन कहां आंख जो फूटे, बहुत कहीं कहां लौं।
तुलसी सौं सब भांति परमहित पूज्य प्राण ते प्यारो।
जासो होय सनेह राम ते ऐसो मतो हमारो॥

पत्र पढ़ते-पढ़ते मीरा की आंखें कई बार अश्रु-सिक्त हुईं। अक्षर बार-बार धुंधले पड़े। अनेक बार कंठ अवरुद्ध हुआ। पर वह पत्र को उस रूप में पढ़ ही गई

कि उसका सब कुछ ललिता के पल्ले भी पड़ गया। पत्र मोड़कर मीरा ने ललिता को दिया—"इसे ठीक से रखो। यह प्रसाद है पत्र नहीं। गोस्वामी कोई सामान्य मानव नहीं, राम की असीम अनुकम्पा है उन पर।"

"अब तो हमारा लक्ष्य निर्धारित हो गया?" पत्र को सुरक्षित रख लौटती हुई ललिता ने कहा।

"अवश्य।" मीरा ने निश्चयात्मक रूप में सिर हिलाया, "गुरुजनों की आज्ञा तो सर्वथा पालनीय होती है।"

"तो हम अपने प्रस्थान की तैयारी आरम्भ करें?" ललिता ने उत्सुकता से जैसे किसी पंछी के बंधे पंखों को बंधनमुक्त कर दिया हो और वह अछोर क्षितिज की ओर ललचाई दृष्टि से देख रहा हो।

"अवश्य।" मीरा ने उत्तर दिया, "पर इतनी शीघ्रता भी क्या है ललिता? हमारे पास सहेजने को है ही क्या? कौन-सी पूंजी ले जानी है हमें अपने साथ? ले-देकर यह श्रीकृष्ण-विग्रह, पूजा के पात्र और वह शालग्राम-शिला तथा अपने दो-चार पीत-वस्त्र। शेष सब राणा का है, राणा का रहेगा।"

"क्यों?" ललिता ने कहने को कहा, "राणा की भाभी होने के कारण इस राज्य और राजकोष में आपका हक बनता है। आप चाहें तो आपसे जान छुड़ाने के लिए राणा आपको इतना कुछ दे देंगे कि कई ऊंटों पर भी वह सामग्री न जा सके। स्वर्ण-मुद्राओं और हीरे-जवाहरात की बोरियों पर बोरियां वे कर देंगे आपके साथ।"

"तुम तो जानती हो श्रीकृष्ण ही मेरी सच्ची सम्पत्ति हैं। शेष सब तो मिट्टी है। वही मेरी स्वर्ण-मुद्रा, वही मेरा हीरा, मेरा लाल।" कहकर मीरा एक गीत गुनगुना पड़ी। निश्चय ही आज बहुत दिनों के पश्चात उसका मन-कमल प्रफुल्लित हुआ था :

माई मेरौ मोहने मण हर्यौ।
कहा करूं कित जाऊं सजणी,
प्राण पुरुष सूं वर्यौ।
हूं जल भरन जात थी सजनी,
कलस माथे धर्यौ।
सांवरी-सी किसोर मूरत,
कछुक टोनों कर्यौ।
लोक लाजि बिसरि डारि,
तबहिं काज सर्यौ।
दासि मीरा लाल गिरधर,
छानने ये बर बर्यौ॥

ललिता मग्न हो मीरा का गायन सुनती रही। इस मध्य उसने उसके हाथों में वीणा भी थमा दिया था। वीणा के झंकार और मीरा के स्वर एकाकार होकर सम्पूर्ण कक्ष को एक अनिर्वचनीय स्वर्गिक संगीत से पूरित कर रहे थे—माई मेरौ मोहने मण हर्यौ।

एक सौ बयालीस

कभी-कभी सत्य स्वप्न से भी अधिक सुखकारी होता है न, प्रत्याशित-अप्रत्याशित से भी अधिक विस्मयकारी? कभी अकल्पनीय सहसा कल्पनीय कैसे हो जाता है अपितु पूर्णतया प्रत्यक्ष और आह्लादकारी? असंभव-सा प्रतीत होता कभी-कभी अकस्मात् सर्वथा सम्भव कैसे हो उठता है?

कम-से-कम विक्रम के साथ भी तो यही हो रहा था। सहसा, अप्रत्याशित, अकल्पनीय संयोग?

सामने जो व्यक्ति बैठा था वह वीरमदेव था। मेड़ता से आया मीरा का चाचा। वह मीरा को मेड़ता ले जाने की प्रार्थना कर रहा था। विक्रम को समझते देर न लगी कि मीरा ने ही संदेश भेजवाकर वीरम को बुलवाया होगा। मीरा ने उस दिन इंगित कर ही दिया था कि वह चित्तौड़ तो चित्तौड़, विक्रम के राज्य की सीमाएं भी छोड़ देगी। पर यह सब इतना शीघ्र और इतने अप्रत्याशित रूप में घटेगा, इसका भान उसे नहीं था। अब उसके शान्ति के दिन लौटनेवाले थे। उसके विशाल गढ़ रूपी चन्द्रमा पर मीरा रूपी ग्रहण अब समाप्ति पर था। प्रजा में उमड़ते-घुमड़ते असन्तोष और विद्रोह के बादल अब सदा के लिए शेष हो जायेंगे। साधु-सन्तों और भक्तों-दर्शकों के झुंडों से अब सदा के लिए मुक्ति मिल जाएगी।

वह मन-ही-मन प्रसन्न था पर ऊपर से बोला—"ऐसी भी क्या शीघ्रता है? मीरा जी तो अपने ही घर में हैं। उन्हें कोई कष्ट भी नहीं। मेड़ता ले जाकर क्यों आप हमें उनके सानिध्य से वंचित करना चाहते हैं?"

विक्रम यहीं गलती कर गया।

वह वीरमदेव को ठीक से नहीं पहचानता था। वे पूर्णतया निर्भीक प्राणी थे। जितने बड़े वीर, उतने ही बड़े भक्त। किसका भय था उनको? वो टूक बोले—"भाई सा' अब बात बनाने से क्या? टूटा हुआ शीशा और टूटे हुए दिल नहीं जुड़ा करते। मीरा ने जितने अत्याचार आपके महल में सहे उससे अच्छा था कि वह इस गढ़ में नहीं आकर किसी नर्क में गई रहती। मनुष्य, मनुष्य पर भी इतना जुल्म ढा सकता है, यह भले लोगों की कल्पना में भी आने की बात नहीं। नारी तो यों ही पराश्रित और पराधीन होती है, उस पर मीरा के सदृश भक्ति-प्राण नारी! वह किसी का क्या बिगाड़ सकती है? इसका अपराध इतना ही न है कि उसने भक्ति का मार्ग अपनाया? श्रीकृष्ण को अपना सर्वस्व माना है? तो यह चित्तौड़ के राजपूतों के लिए लज्जा की बात हो सकती है मेड़ता के रण-बांकुरों के लिए इसमें कोई शर्म की बात नहीं। यह तो गनीमत है कि हम सब सम्बन्धी हैं वर्ना इस बात पर हमारी तलवारें म्यान के भीतर नहीं रहतीं। अब अधिक भूमिका नहीं बांधिए मीरा की डोली सजाने का आदेश कीजिए।"

विक्रम की बोलती बन्द। वीरमदेव की वीरता की कहानियां उसके कानों तक खूब पहुंचती थीं वर्ना तलवार की धार की तरह घाव करती उनकी बातों का जवाब भी वह उसी रूप में देता।

वह अपमान की घूंट पीकर रह गया। मीरा से मुक्ति पाने की प्रसन्नता के समक्ष अपमान की यह आग भी चन्दन की तरह ही शीतल थी।

बात, बात की बात में पूरे गढ़ में फैल गई। मीरा के चित्तौड़ छोड़ने के नाम पर बहुतों की आंखें नम हुईं। कइयों ने छुप-छुप कर आंसू बहाए। अब उस कीर्तन-भजन, नृत्य-गायन का आनन्द कहां मिलेगा? अब उस आध्यात्मिक वातावरण का सृजन कौन करेगा जिसमें लगता था कि मुरलीमनोहर की पाषाणी प्रतिमा सहसा प्राणवन्त हो उठी हो? अब कहां सुनने को मिलेगा मीरा के कंठ का वह मधुर स्वर जिसको सुनकर कोकिल-कण्ठ से निस्सृत संगीत को सुनने का भ्रम होता था? अब कहां दर्शन मिलेंगे उस निष्कलुष रूप के जिसको देखते ही सिर श्रद्धानत हो आता था?

कुछेक थे जो प्रसन्न हुए थे उस संवाद से। विक्रम, सूरजमल और कर्मवती के अलावा विक्रम की बहन उदाबाई भी उनमें एक थी। बहुत दिनों से उसने मीरा के कक्ष की तरफ मुंह करना भी छोड़ दिया था। आज जब उसके जाने का सुसंवाद मिला तो दौड़ी-दौड़ी उसके पास उपस्थित हुई—"ऐसा भी क्या रूठना भाभी?"

"कौन किससे रूठा है ननद जी?" मीरा ने शान्त भाव से कहा।

"भाभी रूठी जा रही है ननद से और क्या?" उदा ने कहा।

"बहुत दिनों पर भाभी का स्मरण हुआ है ननद जी को?"

"बहुत दिनों पर क्या? एक ही स्थान पर रहते थे। कुशल-मंगल का पता लगता ही रहता था, अब तो सदा के लिए छोड़कर जा रही हो।"

"कुशल का ही पता लगता था कि अकुशल का भी। मंगल का भी या अमंगल का भी?" मीरा ने शान्त पर चुभते स्वर में पूछा।

"क्या बात कर रही हैं भाभी आप?" उदा संकुचित होकर बोली।

"ठीक ही कह रही हूं ननद जी! नन्दनवन में गेदे के फूल का क्या काम? मैं कहां मेडता की मेड़ती, आपका कहां यह चित्तौड़ का महान किला, आप लोगों का जगत् प्रसिद्ध वंश? मेरी यहां क्या आवश्यकता? रेशम पर टाट की पैबन्द ही तो हूं मैं?"

"लज्जित नहीं करें भाभी जी!" उदाबाई का स्त्रियोचित हृदय कुछ पिघला "मेरी मानें तो मेड़ता जाने की बात छोड़ दें। मैं भइया और मां को मना लूंगी।"

"अब बहुत देर हो गई ननद जी।" मीरा ने आह भरकर कहा, "पंछी कब अपना घोंसला छोड़ना चाहता है? मैंने भी ललिता से एक बार कहा था, 'श्वसुरालय में नारी की डोली आती है और फिर उसकी अर्थी ही वहां से बाहर जाती है।' पर अब तो बात अपने नियंत्रण में नहीं रही।"

"कहां जाओगी भाभी! मेडता ही या और कहीं?" उदा ने सशंकित होकर पूछा।

"अभी तो मेड़ता ही। पर आगे की बात कौन जानता है?" मीरा बोली। उसने तो मन-ही-मन निश्चय कर ही लिया था कि नारी जागरण का शंखनाद उसे फूंकना है। उसे गाना है। दर्द भरे, पीड़ा भरे गीत गाना है। अध्यात्म को, धर्म को, ईश्वर प्रेम को आधार बना उसे नारी को उसका अधिकार दिलाना है। धर्म में नारी स्वीकृत कर ली गई तो वह सर्वत्र स्वीकृत होगी। जब एक राजमहल की

नारी सड़क पर आयेगी तो साधारण घरों की नारियां असूयंपश्या नहीं रहेंगी। नारी को अपने अधिकार के लिए संघर्ष करना पड़ेगा। यह संघर्ष सामान्य नहीं होगा। इसमें उसे बहुत कुछ झेलना होगा। उसने बहुत झेला है पर शायद इससे भी अधिक झेलना शेष है। इस संघर्ष में वह टूट भी सकती है। ठीक है वह टूट जाएगी पर आज जिस वट-वृक्ष के बीज का वपन कर जाएगी, कल वह अंकुरित होगा, परसों एक बिरवा बनेगा और फिर समय पाकर वह एक सघन छायादार वृक्ष बन आएथा। आज मीरा मुक्त होगी, तो शताब्दियों बाद कई मीराएं मुक्त होंगी। नहीं, वह रुकेगी नहीं, चलती जाएगी, चलती रहेगी। चरैवेति, चरैवेति ···यही उसके जीवन का लक्ष्य होगा, मूल मन्त्र।

"तुम कुछ सोच रही हो भाभी ?" मीरा को बहुत देर मूक देखकर उदा बोली।

"हां ननद जी सोच ही रही हूं।" मीरा ने स्वीकारा।

"क्या ?"

"यही कि अब तो अपनी नियति ही चलते रहने की है। मैं तो हो ही गई जोगन, वैरागन। बावरी कही जाती हूं मैं। बावरी ही सही मैं। मेरा कृष्ण बावरा। कालिन्दी के कूल, गोवर्धन के कछार में, वृन्दावन की बीथियों में वह बावरा वंशी बजाता डोलता रहा। मैं भी अब बावरी बन डोलूंगी। उसने गोपों को सहेजा। मथुरा को छोड़कर द्वारका में अपना साम्राज्य स्थापित किया—मध्य समुद्र में। मैं भी अलख जगाऊंगी। उसी बावरे की बावरी हूं मैं। उसकी होकर अब किसका होना ? वह जिसमें प्रसन्न हो मुझे वही करना है। जगत में बहुत बन्धन हैं। इन सारे बन्धनों को तोड़ना-नकारना होगा। वह कहीं एक स्थान पर नहीं रहा। मैं भी नहीं रहूंगी। लो उदा अपनी भाभी का आशीर्वाद लो और उसे खुशी-खुशी विदा करो। पहले बहुत शौक था तुम्हें मेरे पदों को सुनने का। अब तो पलटकर भी इधर नहीं देखती। लो आई हो तो आज मैं स्वयं अपना विदा-गीत तुम्हें सुना देती हूं।" और मीरा ने बगल में पड़ी वीणा को उठा उसके तारों पर अपनी पतली कोमल उंगलियां फेरीं और कक्ष एक अद्भुत संगीत से गूंज उठा—

बाला मैं वैरागिण हूंगी।
जिन भेषां म्हारो साहिब रीझे, सोई भेष धरूंगी।
सील सन्तोष धरूं घट भीतर समता पकड़ रहूंगी।
जाको नाम निरंजन कहिए, ताको ध्यान धरूंगी॥

वीणा किनारे कर मीरा बैठ गई। श्रीकृष्ण-विग्रह की ओर उसकी आंखें निर्निमेष हो आई थीं।

"मैं अब चलूं भाभी ? तुम तो मानने से रहीं।" उदा ने अपने हाथों को मीरा के पैरों की ओर बढ़ाते हुए कहा।

"नहीं, नहीं।" मीरा ने उसके हाथों को पकड़कर अपने मस्तक से लगा लिया, "पैर में हाथ नहीं लगाते। तुम्हारा स्थान तो मेरे मन में है।"

"सच भाभी ?" उदा की आंखें भर आईं, "इतना कुछ होने के बाद भी

तुम्हारे मन में मेरे लिए कुछ भी कलुष नहीं ?"

"कुछ भी नहीं उदा, कुछ भी नहीं।" मीरा ने भी अपनी छलछला आई आंखों को पोंछते हुए कहा, "जिसे एक बार अपना लिया उसे तो आजीवन अपना मानना ही है। आज न तुम मेरे पास नहीं आती पर कल तो तुम मेरी प्यारी नन्हीं ननद थी। वही तुम सदा बनी रहोगी उदा।"

"तुम महान हो भाभी।" उदा ने चुनरी से अपनी आंखों को ढंक लिया और भीगे स्वर में बोली, "आज लगा तुम्हारे रूप में एक बहुमूल्य रत्न ही खो रहा है चित्तौड़गढ़। तुम साध्वी हो भाभी सच्ची साधिका। तुम्हारा श्राप इस अभिशप्त महल को लगकर रहेगा।"

"ऐसा नहीं कहते ननद जी !" मीरा ने उदा के होंठों पर अपने हाथ रख दिए, "मैं कभी किसी को श्राप नहीं देती। मेरी किसी से कोई शिकायत नहीं। तुम सभी फूलो-फलो, यही मेरी आंतरिक और अन्तिम कामना है।"

"अन्तिम क्यों भाभी ? अब क्या कभी भेंट नहीं होगी ?" उदा की आंखों से अविरल अश्रुप्रवाह आरम्भ हो गया।

"रोते नहीं पगली !" मीरा ने उदा को अंक में समेट लिया, "अन्तिम इसलिए कि भविष्य के गर्भ में क्या है, कौन जानता है ? तुम प्रसन्न मन से मुझे विदा दो। मैं अब प्रस्थान की तैयारी में लगती हूं।"

"तुम मुझे पृथक् कर रही हो भाभी ?" अब तक दोनों अंकबद्ध हो द्वार तक आ गई थीं।

"नहीं, मैं तुमसे पृथक् हो रही हूं तन से। मन में तुम मेरे सदा बसी रहोगी।" मीरा ने रुद्ध कण्ठ से कहा।

"सच भाभी ?" उदा ने अपनी अश्रुपूरित आंखों को मीरा की बड़ी-बड़ी किन्तु डबडबाई आंखों में डालते हुए कहा।

"सच उदा।"

"मेरे पापों को क्षमा कर देना भाभी।"

"तुम निष्पाप हो उदा। औरत कभी कोई पाप नहीं करती। पुरुष ही सब पापों के मूल में हैं। पर मुझे किसी पुरुष से भी कोई शिकायत नहीं। जो श्रीकृष्ण का हो गया वह सबमें उसी को देखता है।"

"तुम महान हो भाभी ! सच महान ! हमने तुम्हें समझने में भारी भूल की। पर अब पछताने से क्या होता है ? हमने तो अपने पैरों में स्वयं कुल्हाड़ी मार ली।" कहती हुई उदा जल्दी-जल्दी कक्ष से बाहर हो गई। उसकी आंखों से निरन्तर अश्रु-प्रवाह जारी रहा।

जब तक वह नेत्रों से ओझल नहीं हुई, मीरा उसकी पीठ पर दृष्टि गड़ाई रहीं।

"इतनी भावुक होना भी ठीक नहीं मीरा," कक्ष में प्रवेश करते ही ललिता ने कहा, "इन्हीं लोगों ने तुम्हें कहीं का नहीं रखा और अब इन्हीं को लेकर तुम विचलित हो रही हो।"

"तुम नहीं समझोगी पगली !" मीरा ने उत्तर दिया, "सब कुछ नियति के निश्चित विधान के अन्तर्गत होता है। इनका यह व्यवहार नहीं रहता तो हम इस

कैद से मुक्त कैसे होतीं ? कहीं किसी का कोई दोष नहीं, सब कुछ मेरे कृष्ण की इच्छानुसार ही होता है।"

एक सौ तैंतालीस

मीरा-महल के पास से दो पालकियां निकलीं। एक में मीरा आगे-आगे। दूसरी में ललिता पीछे-पीछे। वीरम सिंह अश्वारोही थे। पालकियों के पीछे-पीछे चल रहे थे। एक दर्जन सशस्त्र अश्वारोही मीरा की पालकी के दायें-बायें चल रहे थे।

मीरा की पालकी अकस्मात कुछ देर पश्चात ही रुक गई। मीरा के इंगित पर ही कहारों ने पालकी को भूमि पर रखा। मीरा-मन्दिर था यह। कहने को मीरा-मन्दिर पर अन्दर विराजमान था श्रीकृष्ण का आकर्षक विग्रह। इसी मंदिर के समक्ष हर संध्या मंडप सजता था और यहीं अपने नृत्य और संगीत का नैवेद्य मीरा अपने मुरलीमनोहर को निवेदित करती थी।

पर प्रातः की बेला में शायद ही यहां कोई था। मीरा अपनी पालकी से निकली और सीधे मन्दिर में प्रवेश कर गई।

असंख्य स्मृतियां जुड़ी थीं इस मन्दिर से। श्वसुर राणा सांगा ने बड़े प्रेम से बनाया था यह मन्दिर मात्र उसके लिए। कितना स्नेह था उनको उससे ? उनकी स्मृति भी इस मन्दिर की दीवारों के कण-कण से जुड़ी थी। क्या विडम्बना है कि जिसके बाप ने कृष्ण-प्रेम से अभिभूत हो इस सुन्दर मन्दिर का निर्माण कराया वही कृष्ण-प्रेम के अभियोग में ही मीरा को राज्य-निष्कासन दे रहा है ?

मीरा की आंखें भरीं। फिर दोनों नेत्रों से अश्रु झर-झरकर झरने लगे। यह मन्दिर सदा के लिए छूट रहा है। इससे जुड़ी असंख्य स्मृतियां छूट रही हैं। भक्तों का अपार स्नेह, उनका अपरिमित सम्मान, उनके नेत्रों की अकलुष चमक, सब छूटते जा रहे हैं। छूट जायेंगे। पर सबका छूटना सह्य हो सकता है पर इस बांके बिहारी से बिछुड़ना ? यह कैसे सह्य हो सकता है। मीरा श्रीकृष्ण-विग्रह के चरणों पर कटे वृक्ष की तरह पड़ गई। पाषाणी पैर आंखों के पानी से सराबोर हो गए।

मीरा अस्फुट स्वर में आरम्भ हो गई—"अन्ततः तुमने मुझे अपने से पृथक कर ही दिया···। बड़े वो हो तुम···। पूर्णतया निर्मोही। तुम···किसी···के···हुए जो···अब मेरे होगे···? पर मुझे वृन्दावन की भोली गोपियां नहीं समझना···। तुम मुझे जो छोड़ो···मैं तुम्हें छोड़ने से रही···। तुम विराजमान रहो इस मंदिर में···तुम्हारा एक विग्रह मेरी पालकी में भी मेरे साथ जा रहा है···। और सबसे ऊपर यह कि तुम्हारा असली स्वरूप तो मेरे अन्दर बसा है। वहां से···तुम···कैसे निकलोगे···? पर अब चलूं।" मीरा की आंखों की अश्रुधार और तेज हो गई, "तुमको आंखों में बैठाए ही पूरा जीवन काट दूंगी। प्रार्थना यही है कि आगे अब अधिक परीक्षा नहीं लेना···। और अपनी आदत के वश नहीं भी मानो तो··· परीक्षा में उत्तीर्ण होने की शक्ति तुम्हीं प्रदान करना···।"

मीरा मन्दिर से बाहर आई। सदा खुले मुंह नृत्य और गान द्वारा इसी स्थान पर श्रीकृष्ण के साथ-साथ दर्शकों और श्रोताओं को भी रिझानेवाली उस कृष्ण-भक्तन ने अपने आंसुओं को छिपाने के लिए चांद के सौन्दर्य को भी मात देते अपने सुन्दर आनन को ढंक लिया था।

मीरा की पालकी चल पड़ी। सशस्त्र अश्वारोही चल पड़े। ऊंटों पर लदी खाद्य सामग्री पहले ही भेजी जा चुकी थी। अब जहां ऊंटों का पड़ाव पड़ता वहीं मीरा और ललिता की पालकियों को भी रुकना था। सजग वीरम देव भी अपने अश्व पर सवार हुए और पालकियों के पीछे-पीछे लग गए।

कई पड़ावों को पार करते-करते यह कारवां अन्ततः मेड़ता पहुंचा।

मीरा के छोड़ने के बाद मेड़ता में बहुत कुछ नहीं बदला था। राव दूदा का छोटा महल जैसा का तैसा खड़ा था। उनके इष्ट चतुर्भुज भगवान का मन्दिर भी उसी रूप में वर्तमान था। नहीं थे तो राव दूदा और भाई जयमल। पिता-माता तो चल ही बसे थे। ऐसे भी, पिता मेड़ता में कम और कुड़की में ही अधिक रहते थे। स्मृति तो दूदा और भाई की ही अधिक व्यथित कर रही थी। द्वार पर काकी, राव वीरम की पत्नी मुहल्ले की औरतों के साथ स्वागत में आरती का थाल सजाए द्वार पर खड़ी थी। कृष्ण-भक्तन के रूप में मीरा की ख्याति बहुत पूर्व ही मेड़ता और उसके आसपास पहुंच चुकी थी।

मीरा सीधे चतुर्भुज भगवान के मन्दिर में पहुंची। ललिता उसके पीछे लगी। मीरा ने शंख, चक्र, गदा, पद्मधारी चतुर्भुज भगवान के विग्रह में श्रीकृष्ण का ही स्वरूप देखा। बाल्यकाल की स्मृतियां सहसा मानस-पटल पर उभर आईं। उस समय भी उसने इस चतुर्भुज विग्रह को श्रीकृष्ण विग्रह ही माना था। अनेक बार एकाकी और अनेक बार राव दूदा की बगल में बैठकर इसने इस मूर्ति के समक्ष ध्यान किया था। इसकी षोडषोपचार पूजा की थी। उसने भीगी आंखों से चतुर्भुज विग्रह के चरणों में सिर नवाया और कृतज्ञ भाव से बोली—"अन्ततः तुमने अपने पास बुला ही लिया मुरलीधारी। मुरलीधारी कहने से बुरा नहीं मानना गिरधारी। यद्यपि तुम्हारे हाथों में न तो मुरली है न गोबर्द्धन। पर तुम तो सदा मुझे उसी रूप में दिखाई पड़ते रहे, आगे भी पड़ते रहोगे। अब तो नित्य तुमसे भेंट होगी। सुबह के भूले को तुमने शाम में घर बुला ही लिया।"

बार-बार भगवान चतुर्भुज के चरणों में नत-मस्तक हो मीरा मन्दिर से बाहर आई और महल-द्वार की ओर बढ़ी। वहां आरती उतारकर उसका स्वागत किया गया। उस पर पाटल पुष्पों की पंखुड़ियां बरसाई गईं। महल-द्वार से लेकर आंगन और मीरा के लिए निर्धारित कक्ष तक लाल-पीले गुलाल की पंक्ति रची गई थी। ललिता अब दासी नहीं रही थी। मीरा के कक्ष के पार्श्व में ही उसे भी कक्ष प्रदान किया गया।

मीरा के मेड़ता आगमन का संवाद बात-की-बात में पूरे नगर में फैल गया। नगरवासियों ने इसे उत्सव के रूप में लिया। स्थान-स्थान पर वन्दनवार सजाए गए रंगोलियां सजीं। हर घर के समक्ष और प्रकोष्ठों तथा बाहर दीवारियों पर सजी दीपमालिकाओं ने पूरे नगर में दीपावली का दृश्य ही उपस्थित कर दिया।

प्रथम रात्रि आंखों में ही कट गई। महल की औरतें और अगल-बगल के घरों

की सखी-सहेलियां मीरा की मीठी बातों में ऐसी उलझीं कि कब रात्रि व्यतीत हो गई, इसका पता ही नहीं चला। मीरा के उत्पीड़न की कहानियां यहां तक भी पहुंची थीं। विशेषकर सबों ने विष-पान और शालग्राम के पात्र में बन्द काल-सर्पिणी की घटना को सुनना चाहा। मीरा ने अपने मुंह से कुछ नहीं कहा। इस सबका दायित्व उसने ललिता को दे दिया।

ललिता की रात भी इन चर्चाओं में ही बीत गई।

"सुना तुम कलकंठी हो गई हो मीरा!" प्रातः होते-होते एक वृद्ध ने पूछ ही लिया।

"कलकंठी ही नहीं कवयित्री भी। सुना, जितना अच्छा गाती है उतनी ही अच्छी पद-रचना भी करती है।" एक अन्य सम्भ्रांत महिला ने कहा।

"सुना उतना ही मनोहारी नृत्य भी करती है।" तीसरी का स्वर था।

"हां नृत्य, गान और संगीत के द्वारा इसने श्रीकृष्ण को मुग्ध ही कर लिया है। जितना वह राधा के पीछे पागल नहीं हुआ उतना इसके वश में हो गया है।" एक बाल-सखी ने कहा। वह भी अपने श्वसुरालय से हाल में ही लौटी थी।

"आप सब मुझे कांटों में घसीट रही हैं।" मीरा ने कहा, "मुझमें कोई विशेषता नहीं। मैं आप ही लोगों की तरह एक साधारण महिला हूं।"

"झूठ।" कइयों ने एकसाथ कहा।

"क्या?" मीरा ने साश्चर्य पूछा।

"क्या तुम श्रीकृष्ण को गा, बजा और नाचकर रिझाती नहीं हो?" कइयों ने एकसाथ पूछा।

"यह तो कोई भी कर सकता है।" मीरा ने कहा।

"कोई कैसे कर सकता है? क्या सब कोई कवयित्री बन सकता है?" एक अन्य सखी ने पूछा।

मीरा क्या उत्तर देती? चुप कर गई।

"एक निवेदन है मीरा।" किसी बड़ी-बूढ़ी ने कहा।

"आप आज्ञा दीजिए।" मीरा ने कहा, "आपके मुख से निवेदन शब्द शोभा नहीं देता।"

"तो आज्ञा ही समझो।"

"बोलिए।"

"तुम एक नया पद बनाकर हमें गाकर सुनाओ।"

"गाकर ही नहीं नाचकर भी।" किसी और ने जोड़ा।

मीरा चुप रही।

"क्यों?" पहली वाली ने पूछा।

"मैं बताती हूं।" दूसरी ने जोड़ा।

"क्या?"

"मीरा को कुछ समय चाहिए कि नहीं? रात्रि व्यतीत होने को है। क्या इसी समय मीरा नृत्य-गान में लीन होगी।"

"हां मीरा?" पहली वाली ने ही पूछा।

"हां।" मीरा ने कहा, "पर मैं आपको निराश नहीं करूंगी। मैं मूक इसलिए

थी कि मैं कुछ सोच रही थी।"

"क्या सोचा है तुमने ?" कइयों ने एकसाथ उत्सुकतापूर्वक पूछा।

"मैं सोच रही हूं कि जैसे चित्तौड़ गढ़ में नित्य नृत्य-गान द्वारा मुरलीमनोहर को रिझाती थी वैसे ही भगवान चतुर्भुज के समक्ष भी मैं वैसा ही प्रत्येक शाम कार्यक्रम प्रस्तुत करूंगी।"

"और नित्य नए पद गढ़ोगी ?" सभी ने अतिरिक्त प्रसन्नता से पूछा।

"प्रयासी करूंगी।" मीरा धीरे से बोली।

"वाह ! वाह ! हम धन्य हुईं।" कई एक साथ बोलीं, "मेड़ता की धरती पर साक्षात हमारी राधा उतर आई। अब तुम आज पूरे दिन और रात आराम करो। कई दिनों की यात्रा की थकी-हारी हो। कल दिन में पद बनाना और सायं उन्हें अपने नृत्य-गान में भिगोकर परोसना।"

सभी बाहर चली गईं तो मीरा ने खुले द्वार से देखा, पूरब के क्षितिज पर लालिमा उतर आई थी। अब सोने का कोई प्रश्न ही न था।

एक सौ चवालीस

यह कब और किसने निश्चित किया कि लड़की का गृह एक उम्र पाते ही उसका आवास नहीं रहेगा और उसे उस घर को त्याग कर किसी और गृह को अपनाना पड़ेगा, अपना कहना पड़ेगा ? क्यों एक समय के अपने, सहसा पराये हो जाएंगे और क्यों पराए को अपने की संज्ञा से विभूषित करना पड़ेगा ?

चतुर्भुज-मंदिर में बैठी मीरा ऐसे ही विचारों में खोई हुई थी। चित्तौड़ का लम्बा प्रवास एक दुःस्वप्न-सा लग रहा था और वह सोच रही थी क्या सचमुच उसे वही खुशी नहीं हो रही है जो दिन भर आकाश की ऊंचाइयों में भटकने के पश्चात संध्या समय अपने नीड़ में वापस लौटे पक्षियों को होती है ? मेड़ता कितना अपना लग रहा था, चित्तौड़ कितना पराया ?

यहां मुरलीमनोहर का मन्दिर नहीं था जो चित्तौड़ में मीरा-मन्दिर के नाम से ही विख्यात हो गया था। पर यह चतुभुंज मन्दिर तो था जिससे बाल्यापन से ही उसका घनिष्ट लगाव था ? मीरा-मन्दिर में सदा जाना भी कहां सम्भव होता था ? सायं की कीर्तन-भजन-सभा में ही उसकी उपस्थिति कितनों को कितना खलती थी ? यहां तो कोई विधि-निषेध नहीं था। मन्दिर में जब आए, जैसे आए कौन रोकने-टोकने वाला था ? उसमें उसका कीर्तन-भजन, नृत्य-गायन सबको प्रिय था। सब उसमें आनन्द लेने वाले थे। दर्शकों-श्रोताओं की अपार भीड़ उमड़ पड़ती थी यहां प्रति सायं। सच वह नित्य एक नया पद बनाती थी अपने मुरली-मनोहर के लिए। कल्पना जो किसी पिंजड़े में बन्द पक्षी की तरह घुटी-घुटी रहती थी, चित्तौड़ के किले में यहां कितनी उर्वरा, कितनी उन्मुक्त हो आई थी जैसे पिंजड़े का पक्षी खुले आकाश में निकल आया हो।

प्रातः की बेला में मन्दिर-परिसर अत्यन्त शान्त था। वह पौ फटने के पूर्व ही

मन्दिर द्वार पर आ बैठी थी। पट उद्घाटित थे। पुजारी विग्रह को सजाने-संवारने में लगा था। कुछ देर के पश्चात मंगला आरती होगी तो मेड़ता के भगवद्-भक्तों की पंक्ति पर पंक्ति यहां खड़ी हो जाएगी। पर अभी नहीं। अभी विलम्ब था। अभी तो प्राची के क्षितिज पर लालिमा का भी प्रवेश नहीं हुआ था। वह सोच रही थी कितने दिन तो हो गए मेड़ता आए। समय जैसे यहां पंख लगाकर उड़ा जा रहा है। सब कुछ बड़ा सुखद, बड़ा आनन्ददायक लग रहा है। पर भय लगता है मीरा को। एक लम्बे यातनापूर्ण जीवन जीने के पश्चात यह सुख-सम्मानपूर्ण प्रसन्न जीवन उसे आशंकाओं से भर रहा है। क्या उसके जीवन का यह आनन्द स्थायी रह पाएगा? है वह इतना भाग्यवान? नियति ने शायद जिसके आंचल में अंगारे भरने का ही ठान लिया है वह कब तक सुरभित सुमनों को भर पाएगी अपनी अंजलि में? नहीं यह सुख सदा नहीं बना रहेगा, पता नहीं क्यों यह दु:शंका बार-बार उसके मन में आज प्रातः से ही उठ रही थी। रात भी दु:स्वप्नों से भरी थी। वह ठीक से सो भी नहीं पाई थी। निश्चित ही निकट भविष्य में वो कुछ घटनेवाला था जिसे नहीं घटना चाहिए था। क्या था वह? मीरा सोच रही थी। मेड़ता पर कोई भारी आपत्ति आनेवाली थी? हो सकता है। इधर यवनों के उत्पात आसपास में काफी बढ़ रहे थे। मेड़ता के छोटे पर भरे-पूरे राज्य पर भी उनकी दृष्टि पड़ गई हो तो इसमें क्या संदेह?

जो होगा ठीक होगा। मीरा ने अपने को आश्वस्त किया। आखिर वही होना था जो उसके मुरलीमनोहर का इष्ट था। उसके विधान में वह किधर से बाधा बन सकती थी?

अभी उसे वर्तमान पर ध्यान देना था। जीवन जीने की सबसे सुगम प्रणाली यही है कि वर्तमान को पकड़ो। भूत फिसल गया। वह लौटने से रहा। भविष्य अनिश्चित है, वह अपना हो भी सकता है, नहीं भी हो सकता है। वह आएगा पर अपने लिए भी आएगा इसका दायित्व कौन लेगा? और आएगा भी तो वह सुखद और स्वागत-योग्य ही होगा, यह कौन कह सकता है? हां मीरा वर्तमान में ही जिएगी। अन्ततः कल के भविष्य को भी तो आज के पश्चात वर्तमान ही बनना है। हां वर्तमान ही सत्य है। उपयोगी है। भूत व्यर्थ है। भविष्य संदिग्ध।

तो अब क्या करना है मीरा को, भविष्य की दु:शंकाओं को किनारे कर वह सोच रही है। आज वह चतुर्भुज मंदिर में अपने मन को पूरी तरह खोलकर रख देगी। राणा के द्वारा उसके प्राणों को हरने के प्रयास को वह अब तक जान-बूझ-कर छिपाती रही है। वहां प्रजा के आक्रोश का भय था। क्यों वह चित्तौड़ पर विपत्ति आमंत्रित करती। उन्हें जो अच्छा लगा वे कर रहे थे वह क्यों उन्हीं की तरह बन जाती? पर यहां अब सब कुछ खोलकर रख देने में क्या हर्ज है?

मीरा आरती समाप्ति के पश्चात अपने कक्ष में लौटी तो ललिता दरवाजे पर ही खड़ी मिल गई।

"ललिता आज सायं प्रार्थना-सभा में अधिक-से-अधिक लोगों को आमन्त्रित करो।" मीरा ने उसे देखते ही कहा।

"क्यों?"

"आज मैं अपने अन्दर उमड़-घुमड़ रही पीड़ा की बदली को बाहर निकालना

चाहती हूं। ठाकुर की कृपा को सब पर उजागर करना चाहती हूं। नास्तिकों के बन्द नेत्रों को खोलना चाहती हूं।" मीरा धारा-प्रवाह बोल गई।

"तो आज विष-प्रसंग उठाओगी ?" ललिता ने कुछ सोचते हुए पूछा।

"हां।"

"अच्छी बात है। जाओ तुम पद रचो। शाम का प्रबन्ध मेरे ऊपर छोड़ दो।"

मीरा कक्ष के अन्दर चली गई। अपने साथ मुरलीमनोहर की जो मूर्ति लाई थी उसकी उपासना-आराधना में लग गई। पद को तो जब बनना होगा स्वतः बन जाएगा। अनायास होगा वह, उसके लिए प्रयास क्या करना है ? अब तक मेड़ता में रहे दो मास से अधिक ही हो गए, प्रायः नित्य एक नया पद बनाकर वह चतुर्भुज प्रभु को सुनाती ही रही है।

सायं जब वह नित्य समय के अनुसार मन्दिर पहुंची तो आज सचमुच वहां नित्य की अपेक्षा अधिक भीड थी। ललिता पहले से ही वीणा लेकर उपस्थित थी।

मीरा ने सर्वप्रथम चतुर्भुज प्रतिमा को नत-मस्तक निवेदन किया और फिर पुरुष-नारियों की भीड़ की ओर हाथ जोड़े। भीड़ में से कइयों ने उस पर फूलों की वर्षा की। पाटल-पुष्प की पंखुड़ियां फेंकीं और सभी एक स्वर में चिल्ला पड़े—

"भगवान चतुर्भुज की जय।"

"राधा-वल्लभ की जय।"

"श्री कृष्णनन्दन की जय।"

"मुरलीमनोहर की जय।"

"भक्तिमती मीरा की जय।"

"मेड़तानन्दिनी की जय।"

मीरा को लग गया कि मेड़ता वाले उस पर किस तरह अपना एकाधिकार समझते थे और किस तरह उसको लेकर अपने को गौरवान्वित अनुभव करते थे।

उसने बार-बार सिर झुका सबका अभिवादन स्वीकार किया और फिर गर्भ-गृह के द्वार की दाहिनी ओर पद्मासन में बैठ गई। ललिता ने वीणा हाथ में पकड़ा दी। मीरा की उंगलियों ने कुछ देर तक यों ही वीणा के तारों से खेला। उनसे एक अद्भुत झंकार निकलती रही। लगा पीड़ा साकार हो उठी हो। तारों से मधुर संगीत के बदले अवसाद की एक धार निकलकर फैलती जा रही हो।

अन्ततः मीरा ने मुख खोला और तारों से निस्सृत पीड़ा से भी अधिक गहरी पीड़ा उसके स्वर पर चढ़ी—

राणा जी थे जहर दियो कहे जाणी।
जैसे कंचन दहत अग्नि में निकसत वारावाणी।
लोक लाज कुल काण जगत को, दई बहाइय जस पाणी।
अपणे घर का परदा कर लें, मैं अबला वैराणी।
तरकस तीर लग्यो मेरे हिय रे गरक गयो सनकाणी।
सब सन्तन पर तन-मन वारो चरण कंवल लटकाणी।
मीरां की प्रभु राणि लई है, दासी अपनी जाणी।।

मीरा यहीं रुक गई। वीणा के तारों से फूटता स्वर भी थम गया।

मीरा के पद-गान का लोगों पर अद्भुत प्रभाव पड़ा था। सब अपनी भींगी आंखों को पोंछने में लगे थे। कई धीरे-धीरे राणा विक्रम के लिए अपशब्द भी कह रहे थे। पर एक तरह से सर्वत्र श्मशान की-सी शांति वर्तमान थी। मीरा को, उनके मेड़ता की मीरा को राणा ने जहर देकर मारना चाहा यह स्वयं मीरा के मुख से सुनकर सभी सन्न रह गये थे।

मीरा खड़ी हुई। उसने ललिता की ओर देखा। ललिता इंगित समझ गई। उसने अपने हाथों में पड़े घुंघरुओं को मीरा के पैरों में बांध दिए। मीरा के दोनों हाथों में करताल थमा दिए। मीरा चतुर्भुज मूर्ति के सामने नृत्य-मग्न हो उठी। करताल लय ताल में बजने लगे। नृत्य-मग्न मीरा के दर्द भरे स्वर वातावरण पर छाते गये।

> पद घंघरयां पांचा की।
> लोग कह्यो मीरा बावरी, सासु कहे कुलनासी री।
> विख रो प्याला राणा भेज्यां पीवां मीरा हांसी री
> तण-मण वार्यों हरि चरणामों दरसण अमरित प्यासी री।
> मीरों रे प्रभु गिरधर नागर, थारो सरणां आस्यां री॥

नृत्य बन्द कर मीरा बैठ गई। लोग बहुत देर तक किंकर्तव्यविमूढ़ बैठे रहे।

उसके पश्चात एक विचित्र घटना घटी। महिलाओं में से अधिकांश मीरा के चरणों पर आ-आकर पड़ने लगीं। कोई कहती—"मुझे अपनी दासी बना लो।" कोई बोलती—"तुमने अपार कष्ट सहे, मुझे अपने साथ कर लो, मैं तुम्हारी सेवा करूंगी।" कोई कहती—"मुझे भी श्रीकृष्ण के चरणों तक पहुंचा दो सखी, मैं आजीवन तुम्हारे साथ डोलूंगी।"

मीरा गम्भीर रही। उसके मन में सुबह का दुःशंका पुनः जागृत हो आई। नहीं, इस सुख-शांति को बहुत दिनों नहीं टिकना था। कुछ है जो शीघ्र घटनेवाला है। अच्छा नहीं है वह, स्वागत योग्य। मीरा को शायद मेड़ता भी छोड़ना पड़े। और अब कोई पालकी पर सवार कराकर नहीं ले जाने वाला है। पांव-पैदल ही यहां से बाहर होना होगा। तब शायद इनकी आवश्यकता पड़े। ऐसे भी, उसने नारि-मुक्ति का शंखनाद फूंकने का व्रत लिया है। धर्म के मार्ग को सबके लिए सुलभ करना है। धर्म के नाम पर ही सही, नारी एक बार मुक्त हुई तो उसके पैरों की अन्य बेड़ियां भी सहज ही टूट जायेंगी। पुरुष पर उसकी निर्भरता को निःशेष करने का यही उपाय है।

"आप सब मेरा साथ देने को तैयार हैं? मैं माताओं और बहनों से पूछ रही हूं।"

"हां।" सबों ने एक साथ कहा।

"सोच लीजिए यह मार्ग बहुत कठिन है। लोक-लाज तक का त्याग करना पड़ेगा?"

"आपके लिए हम सब कुछ छोड़ने को तैयार हैं।"

"कृष्ण बड़ा निर्मोही है।" मीरा ने ऊंचे स्वर में कहा, "पति, पुत्र, भाई, बहन किसी के प्रति आपके मोह को वह सहनेवाला नहीं। सबको छोड़कर ही उसकी शरण में जाना होगा।"

"हमने सबको छोड़ा।" सम्मिलित स्वर निश्चयात्मक था। यह मीरा के दर्द का जादू था या श्रीकृष्ण-प्रेम का आग्रह ? मीरा कुछ नहीं समझ सकी। उसने ऊंचे स्वर में केवल इतना कहा—

"अवसर की प्रतीक्षा कीजिए।"

एक सौ पैंतालीस

और वह अवसर भी शीघ्र ही आ धमका। ठीक चार दिनों के पश्चात् ही वीरमदेव के समक्ष उनके भेदियों के सरदार ने उपस्थित होकर सूचना दी—

"जोधपुर नरेश मालदेव की नियत ठीक नहीं है।"

"क्यों क्या बात है ?" वीर वीरम ने पूछा।

"मेड़ता की लगातार बढ़ती समृद्धि उसे फूटी आंखें भी नहीं सुहाती !" सरदार ने कहा।

"तब ?" वीरमदेव ने कुछ सोचते हुए पूछा।

"वह सैन्य संगठन कर रहा है।"

"किसलिए ? क्या उस पर यवन आक्रमण करनेवाले हैं ? तब हम भी उसकी सहायता को कटिबद्ध होंगे। आखिर वह हमारा ही रक्त है। हमारा वंशज है।" वीरम देव के रक्त में उबाल आने लगा।

"आप गलत समझ रहे हैं।" सरदार ने उसे सम्हालना चाहा, "उस पर कोई आक्रमण नहीं कर रहा। वह स्वयं आक्रामक होना चाहता है। आप वंश-प्रेम में सब कुछ विस्मृत कर जाते हैं। मैंने पहले ही कहा कि मेड़ता की समृद्धि उसे फूटी आंखों में भी नहीं सुहाती।"

"तो क्या वह मुझी पर आक्रमण करेगा ? एक भाई दूसरे भाई के रक्त से खड्ग की प्यास बुझाएगा ?" वीरम किंचित चिंतित होकर बोले।

"हां।" सरदार ने जोर देकर कहा।

"यह असम्भव है ?" वीरमदेव के मुख से निकला।

"यह सर्वथा सम्भव है। राज्य-विस्तार का लोभ भाई-बन्धुओं के प्रेम से बाधित नहीं होता। राजनीति और रणनीति में सब कुछ चलता है।"

"तुम्हारी खबर पक्की है सरदार ?" वीरमदेव के स्वर पर चिन्ता चढ़ी।

"पूरी तरह पक्की। अब तक मालदेव मेड़ता की तरफ कूच भी कर चुका होगा।" सरदार ने सिर झुकाकर कहा।

"हम जोधपुर का मुकाबला तो नहीं कर सकते सरदार ! मेड़ता की मुट्ठी-भर सेना जोधपुर की विशाल वाहिनी का सामना कैसे करेगी ? हमारी समृद्धि इधर के वर्षों में अवश्य बढ़ी है पर हम जोधपुर के आमने-सामने खड़ा होने लायक अभी क्या शायद कभी नहीं बन पायेंगे।" वीरमदेव की चिन्ता अब पूर्णतया मुखर हो उठी।

"यही तो मैं भी सोचता हूं।" सरदार ने कहा।

"क्या ?"

"कि इस विपत्ति को झेलना आसान नहीं।"

"तब क्या किया जाय ?" वीरमदेव ने पूछा।

"मैं क्या कहूं ? मैं तो मात्र खुफियों का एक छोटा सरदार हूं। आप अपने सिपाहियों और सिपाहसलारों से पूछें !"

"ठीक कहा आपने !" वीरमदेव ने हामी भरी, "इसी क्षण सभी सरदारों को सभा-भवन में एकत्रित होने की सूचना दीजिए।"

"जैसी आज्ञा !" कहकर खुफियों का सरदार चला गया।

उसी दिन मध्याह्न वीरमदेव अपनी सेना के सरदारों से मिले। इस मध्य सम्पूर्ण अश्वारोही, उष्ट्रारोही और पदाति सैनिक मेड़ता के छोटे किले के मैदान में सरोवर के उस पार पंक्तिबद्ध खड़े हो गए।

"आपका क्या विचार है ?" वीरमदेव ने प्रमुख सरदार से पूछा।

"मेरा विचार है कि हम जोधपुर की शक्ति का मुकाबला नहीं कर सकते।" सरदार ने खड़े होकर कहा।

वीरमदेव कुछ देर चुप रहे। फिर उन्होंने अन्य सरदारों से पृथक्-पृथक् पूछा। अश्वारोहियों के सरदार, उष्ट्रारोहियों के सरदार, पदातियों के सरदार सभी ने वही बात कही जो प्रमुख सरदार ने कही थी।

"तो क्या हम बिना युद्ध ही पराजय स्वीकार कर लें ?" वीरमदेव चिन्तित होकर बोले।

"आप यहीं से सामने मैदान में खड़े अपने सैनिकों को देख सकते हैं। क्या आप इनके आधार पर जोधपुर के सहस्रों सैनिकों का सामना करने की बात भी सोच सकते हैं ?" सरदार-प्रमुख पुनः उठा।

"संग्राम में संख्या की अपेक्षा साहस और शौर्य ही अधिक काम आते हैं।" वीरमदेव ने गुरु गम्भीर स्वर में उद्घोषित किया।

"हम साहस और शौर्य में किसी से कम नहीं हैं, पर स्थिति से परिचित करा देना हमारा कर्तव्य होता है। इसके पश्चात निर्णय आपका होगा जिसे हम सहर्ष स्वीकार करेंगे।" सरदार प्रमुख ने कहा।

"सरदार प्रमुख ठीक कह रहे हैं। हम निर्णय आप ही पर छोड़ते हैं।" शेष सरदारों ने उठकर और कमर से झुककर कहा।

"हम राव दूदा की आत्मा को ठेस पहुंचाने को प्रस्तुत नहीं," वीरमदेव ने अपना निर्णय सुनाया, "हम उनकी कीर्ति को कलंकित नहीं करना चाहते।"

"तो हम लड़ेंगे।" सरदार प्रमुख ने कहा।

"क्यों ?" उसने अन्य प्रमुखों से पूछा।

"हमें यह निर्णय स्वीकार है। हम युद्ध में एक बहादुर क्षत्रिय की तरह कट मरेंगे पर सन्धि का प्रस्ताव दे हम अपने का-पुरुषत्व का प्रदर्शन नहीं करेंगे।" शेष सरदारों की ओर से अश्वारोही प्रमुख ने उठकर कहा और सभी ने समर्थन में सिर हिलाया।

पर यह युद्ध बहुत देर नहीं चला। वीरमदेव ने मेड़ता से कोई नव कोश आगे बढ़कर मालदेव का सामना किया पर मालदेव की सेना किसी वेगवती नदी की

तरह वीरमदेव के सैनिकों को तिनकों की तरह तितर-बितर करती हुई आगे बढ़ गई। उसने मेड़ता पहुंचकर मेड़ता के छोटे और असुरक्षित दुर्ग पर अधिकार कर लिया। मेड़ता के कुछ सैनिक युद्ध-क्षेत्र में काम आए कुछ प्राण बचाकर दूसरी दिशा में भाग खड़े हुए। वीरमदेव ने भी कुछ भागते सैनिकों के मध्य छिपकर अपने प्राण बचाए। वह लौटकर मेड़ता नहीं आये।

मालदेव ने मेड़ता दुर्ग में अपने सरदारों की सभा की और मेड़ता राज्य को जोधपुर में सम्मिलित होने की विधिवत घोषणा कर दी।

मेड़ता के लिए एक प्रशासक नियुक्त कर दिया और कुछ दिनों तक वहां रहने के पश्चात जोधपुर को प्रस्थान कर गया।

एक सौ छियालीस

युद्ध के दौरान महल की बहू-बेटियां भय की भयानक छाया में पल रही थीं। मीरा, ललिता तथा महल की बड़ी-बूढ़ियों के अलावा मेड़ता के अन्य क्षत्रिय-परिवारों की नारियों के दिन भी आशंका में भरे थे।

सारे संवाद उन तक पहुंच रहे थे। बीरमदेव के परारत होने की, फिर उनके अज्ञात स्थान में भाग जाने की और अन्ततः मेड़ता राज्य पर मालदेव के अधिकार हो जाने की। मेड़ता के अधिकांश क्षत्रिय युवक घरों को नहीं लौटे थे। वे या तो रण-क्षेत्र में काम आ गए थे अथवा आसपास के जंगल-पहाड़ों में जा छिपे थे।

महिलाएं द्विविधा में थीं। वे जौहर रचाएं? सती हो जायं? उनके पतियों का कोई पता नहीं था तो वे क्या करें?

"सती होने की कोई आवश्यकता नहीं।" मीरा ने अपने महल में मेड़ता की अधिकांश औरतों को बुलाया और घोषणा की।

"यह कैसी औरत है?" कई बड़ी-बूढ़ियां मन्द स्वर में बड़बड़ाईं, "विधवा होने पर स्वयं सती नहीं हुई तो हम लोगों को भी उसी मार्ग पर चलने को उकसा रही है। जिस लोमड़ी की पूंछ कट जाय वह औरों की पूंछ कैसे देख सकती है?"

"क्यों, क्यों नहीं सती होंगी हम? हमारे पति नहीं रहे तो हमारे जीवन का प्रयोजन?" एक प्रौढ़ा ने उठकर पूछा।

"हम नहीं रहती हैं तो हमारे पति हमारी चिताओं में जल मरते हैं क्या?" मीरा ने पलटकर पूछा।

कुछ देर के लिए एक सन्नाटा खिंच गया। किसी से कोई उत्तर नहीं बन पा रहा था। अन्ततः उसी औरत ने फिर कहा, "पुरुष और औरत में अन्तर है। पति के नहीं रहने पर पत्नी असुरक्षा की शिकार हो सकती है। उसके पातिव्रत्य को आंच लग सकती है।"

"हम क्षत्राणी हैं।" मीरा ने उत्तर दिया, "असुरक्षा का भय हम व्यर्थ में पाले बैठी हैं। आवश्यकता पड़ने पर हम अपनी रक्षा स्वयं करने की सामर्थ्य रखती हैं। जब तक हमारी कमरों में कटार रहेगी हमारा कोई कुछ नहीं बिगाड़ सकता।

जहां तक पातिव्रत्य की रक्षा का प्रश्न है, अगर ऐसा ही अवसर आया तो जिस कटार को हम शत्रु के कलेजे में नहीं उतार पायेंगी उसे अपने पेट में तो चुभो लेंगी। पर आशंका और भय से ग्रस्त होकर जीते जी अपने को अग्नि की ज्वाला को अर्पित कर देने में न बहादुरी है न बुद्धिमानी।"

इस बात का उत्तर किसी के पास नहीं था। सबको मीरा के तर्क के समक्ष झुकना पड़ा। इसी समय मालदेव का एक दूत महल-द्वार पर उपस्थित हुआ। वह अन्दर आने की अनुमति चाहता था। ललिता सबकी राय से उसका मन्तव्य जानने पहुंची।

"मालदेव ने कहलवा भेजा है कि किसी महिला को इस राज्य में कोई भय नहीं है। हम यवन नहीं हैं। इसी परिवार के अंग हैं। सभी हमारी मां-बहनें हैं। उन्हें न तो सती होने की आवश्यकता है न किसी प्रकार के भय अथवा चिन्ता से ग्रस्त होने की। वे कहीं रहने, कहीं जाने को स्वतन्त्र हैं।"

"यह तो बड़ी अच्छी सूचना है।" मीरा ने कहा।

"क्यों?" कइयों ने पूछा।

"मैं वृन्दावन जाना चाहती थी। चाचा वीरम के नहीं रहने से मेरे अब यहां रहने का कोई अर्थ नहीं रह गया था। अब तो राजाज्ञा भी हो गई। मैं वृन्दावन की कुंज-गलियों की शोभा निहारने को व्यग्र हूं। कालिन्दी की लोल लहरों के दर्शन को मेरा मन व्यग्र हो रहा है। अपने कृष्ण की लीला-भूमि मुझे पुकार रही है। उसकी वंशी मुझे टेर रही है। उसका स्वर मैं स्पष्ट सुन सकती हूं। कौन-कौन प्रस्तुत हैं मेरे साथ चलने के लिए?" मीरा ने आह्वान किया।

"मैं चलूंगी।" "मैं चलूंगी···मैं भी चलूंगी।" उस दिन चतुर्भुज मन्दिर में जितनी महिलाएं मीरा के नृत्य-गान के समय उपस्थित थीं सभी चलने को प्रस्तुत हो गईं।

"सोच लीजिए। यह मार्ग बहुत कठिन है। यहीं नहीं है वृन्दावन, और कोई सवारी भी नहीं जाने की हमारे लिए। पांव-पैदल ही चलना है। आखिर तीर्थ-यात्रा है वह। कांटे-कुश भरे मार्गों पर, रेत पटे रास्तों पर, पतली पगडंडियों पर चलना होगा महीनों। तब कभी जाकर कृष्ण की नगरी पहुंचेंगी। सोच लीजिए प्रभु-प्रेम की डगर छुरे की धार के समान है। सबके लिए उस पर चलना आसान नहीं।"

मीरा के इस भाषण पर कुछ तो बगलें झांकने लगीं पर कुछ ने खड़ा होकर दृढ़ शब्दों में कहा, "हम हर स्थिति में आपका साथ देने को प्रस्तुत हैं। हमें प्रभु-प्रेम की लगन है। जिस प्रभु ने अनेक घोर विपत्तियों से आपकी रक्षा की है, वही हमारी भी रक्षा करेगा।"

ऐसी औरतों की संख्या बीसेक से कम नहीं थी। दूसरे प्रातः ही वृन्दावन के लिए प्रस्थान करने का कार्यक्रम निर्धारित हो गया। सबको पीत वस्त्र में चलना था। केवल नितान्त आवश्यक वस्तुओं को ही साथ लेना था। खाने-पीने का प्रबंध मार्ग में भिक्षाटन द्वारा ही सम्पन्न करना था।

एक सौ सैंतालीस

प्रियतम का सब कुछ प्रिय होता है। नहीं? उसका रूप-रंग, उसकी वेष-भूषा, उसका हंसना-बोलना, उसका उठना-बैठना। यहां तक कि उसके संगी-साथी। उसके आवास-निवास स्थल, सब कुछ।

श्रीकृष्ण मीरा के प्रियतम थे। और आज वह उनके लीला-स्थल के दर्शन को जा रही थी। वह स्थल जहां उन्होंने बचपन की किलकारियां भरीं, जहां की धूल में लोट-पोट किए, जहां गौओं और गो वत्सों के पीछे भागे, जहां गोप-गोपियों के मध्य अपने प्रेम का उन्मुक्त वितरण किया।

"प्रेम? श्रीकृष्ण प्रेम?" मीरा के मुख से एक आह निकल गई। "ओह! उस प्रेम का शतांश भी वह पा लेती। राधा की बात तो बड़ी है। उसने श्रीकृष्ण के निष्कलुष, नैसर्गिक प्रेम को अपनी सम्पूर्णता में पाया। उसके भाग्य में वह कहां है? राधा तो उनकी आह्लादिनी-शक्ति थी। राधा को स्वयं उन्होंने चाहा था, अपनाया था। और वह? वह स्वयं उन्हें चाहती है, अपनाने को दौड़ती है। दोनों में अन्तर तो है ही। वह राधा किधर से हो सकती है? इसीलिए तो आज वह वहीं जा रही है, जहां राधा ने उन्हें पाया था। सुना है राधा की आत्मा अब भी ब्रज की वीथियों में डोलती है। वृन्दावन की कुंज गलियों में भटकती है। ओह! अन्ततः राधा की नियति भी एक अभिशप्त की नियति से अधिक क्या रही? वह वृन्दावन में श्रीकृष्ण को ढूंढ़ने तो जा रही है पर जिस वृन्दावन ने राधा से श्रीकृष्ण को छीन लिया, वही वृन्दावन क्या मीरा को श्रीकृष्ण से मिला देगा?

नहीं, मीरा को कोई आशा नहीं है श्रीकृष्ण मिलन की वृन्दावन में। वह जानती है राधा का राज्य अब भी वृन्दावन में चलता है। उसके साथ की महिलाएं बड़े प्रेम से गाती हैं—

वृन्दावन की कुंज गलिन का
भेद न जाने कोय।
डाल-डाल और पात-पात से
राधे - राधे होय॥

वह जानती है बिना राधा की अनुमति के श्रीकृष्ण स्वप्न में भी किसी पर अपना कटाक्ष तक नहीं फेंकता।

तो वह राधा से बिनती करे? नहीं, ऐसा नहीं हो सकता। राधा श्रीकृष्ण की प्रियतमा थी तो श्रीकृष्ण उसके प्रियतम हैं। राधा ने तो श्रीकृष्ण को मात्र प्रेमी के रूप में बरा था, वह भी सुना उसका प्रेम दैहिक कभी नहीं रहा। अपार्थिव और नैसर्गिक ही रहा वह सर्वथा। और वह तो श्रीकृष्ण को साक्षात अपना पति मानती है—अपना सर्वस्व। भोज के पहले भी, भोज के समय भी और भोज के नहीं रहने पर भी उसने श्रीकृष्ण को ही अपना पति माना। भोज से चाहे उसने जितना प्रेम किया हो पर उसका अन्तर साक्षी है वह सारा प्रेम भी श्रीकृष्ण-प्रेम ही था। भोज को उसने श्रीकृष्ण के प्रतिरूप के रूप में ही लिया था। आज भोज नहीं रहा तो

श्रीकृष्ण को किसी और में ढूंढ़ने की आवश्यकता भी नहीं रही। अब वह सीधे उससे जुड़ी है। श्रीकृष्ण छलिया है। 'निर्मोही' तो वह निश्चित है। वह कब मानने लगा कि उसे वह अपना सर्वस्व मानने लगी है पर जो हो वह राधा का सहारा नहीं लेगी श्रीकृष्ण को पाने के लिए। राधा से उसका सौत का सम्बन्ध है। नहीं, उसे किसी से ईर्ष्या नहीं, किसी से द्वेष नहीं, एक श्रीकृष्ण-भक्तिन को यह सब शोभा नहीं देता। पर राधा अपवाद है। उसे तो वह अपनी कह नहीं सकती। उससे उसको ईर्ष्या अवश्य है। ईर्ष्या भी है और क्रोध भी। हां, क्रोध भी। कैसा था उसका प्रम कि वह श्रीकृष्ण को वृन्दावन से बांध नहीं सकी? क्यों नहीं रोक सकी वह उन्हें मथुरा और फिर वहां से द्वारिका जाने से? वह प्रेम ही क्या जो बांध नहीं सके? प्रेम से कड़ा भी कोई बन्धन होता है? वही बन्धन जब खुल गया तो प्रेम का भेद भी खुलकर रहा। नहीं, राधा का प्रेम श्रीकृष्ण से उतना गहरा नहीं था जितना होना चाहिए था।

राधा तो जीवन भर मानिनी बनी रही। श्रीकृष्ण भागे तो वह क्यों नहीं उनके पीछे भागी? क्यों नहीं गई मथुरा, क्यों नहीं पहुंच गई द्वारिका? वह तो आशा करती रही कि श्रीकृष्ण स्वयं उसको मना कर ले जायेंगे। और यह तो भटक रही है मीरा श्रीकृष्ण की खोज में। वह तो जा रही है उसी वृन्दावन को, जिसे छोड़ श्रीकृष्ण कभी के चले गए। पर वह वृन्दावन की धूली में उनके मिट गए पद-चिह्नों को पहचानने का प्रयास करेगी। वहां की हवा में उनकी मुरली की गूंज को पकड़ने का प्रयास करेगी। कालिन्दी की स्याह लहरों में उनके श्याम स्वरूप को देखने का प्रयास करेगी।

और कालिन्दी-कूल ही डेरा डाला मीरा ने अपनी संगीनियों के साथ वृन्दावन में। केशी घाट के पास एक छोटे से खंडहरनुमा धर्मशाले में। हां, वही केशी घाट जहां उसके श्रीकृष्ण ने बलशाली केशी दैत्य का बध किया था।

यात्रा बहुत कठिन और पीड़ादायक रही। पैर कितने बार लहू-लुहान हुए। कंटक-कुशों ने उन्हें क्षत-विक्षत कर दिया। तलवे जैसे पक गए। कोमल रेत पर भी रोपो तो लगता कंकड़ों पर पड़ रहे हैं। खाने-पीने की भी असुविधा रही। महल के भोजन की आदी औरतों को भिक्षाटन का अन्न रास नहीं आया। कम-से-कम पांच एक औरतों का तो मार्ग में ही प्राणान्त हो गया।

मीरा, ललिता और कुछ अन्य प्रबल जिजीविषा वाली औरतें अन्ततः यहां पहुंच ही गईं। मार्ग में कई जगह रुकना पड़ा। पैर के घाव क्या भरते, उन पर चिथड़े लपेट ही यात्रा करनी पड़ी। महीनों लग गए इस क्रम में। पर कृष्ण की लीला-भूमि के दर्शन से ही गत-श्रम हो गई मीरा। उसकी सारी पीड़ा जाती रही। कालिन्दी की लहरों को वह, केशीघाट के किनारे खड़ी रहकर देर तक निर्निमेष निहाती रही। इस मध्य ललिता और अन्य सखियों ने ठहरने के उस स्थान को ढूंढ़ निकाला।

कालिन्दी में गोता लगाया मीरा ने। जीवन में पहले-पहल लगा कि साक्षात श्रीकृष्ण-क्रोड़ में समा गई। कालिन्दी और श्रीकृष्ण के रंग में अन्तर ही कहां है? और इसी कालिन्दी के जल में तो श्रीकृष्ण ने न जाने कितनी बार अपने श्यामल गात को स्नान कराया था। वह पगली की तरह केशी घाट पर वक्ष पर्यन्त जल में खड़ी चुल्लुओं भर-भर यमुना-जल अपने शरीर पर फेरती रही। उस बावरी को यह

कहां पता कि जिस जल को श्रीकृष्ण ने धन्य किया था वह तो कभी का गंगा की राह समुद्र में जा मिला।

अपने नये वास-स्थल में मीरा कई दिनों तक श्रान्त-क्लान्त पड़ी रही। मन चाहे जितना प्रफुल्ल था पर तन को अपनी सामान्य शक्ति को प्राप्त करने में समय लगा। ललिता और अन्य औरतें उसकी परिचर्या में व्यस्त रहतीं। पीड़ित सभी थीं पर मीरा तो सब कुछ होते हुए भी एक राजकुमारी ही थी। ऊपर से नितांत कोमल और कमनीय उसके पैर। उनके व्रणों को भरने में तो समय लगना ही था। जब तक वह पूरी तरह स्वस्थ नहीं हुई उस आवास को छोड़कर कहीं नहीं गई। मुरलीमनोहर की उसकी निजी प्रतिमा तो उसके साथ थी ही। उसी को उस धर्मशाले में स्थापित कर वह नित्य प्रातः-संध्या उसकी पूजा-अर्चना करती, आरती उतारती।

पर उसे यहां भी शान्ति कहां थी? पूरे वृन्दावन क्या गोकुल, नन्दगांव, गोबर्द्धन, मथुरा और बरसाने तक यह बात बाड़वाग्नि की तरह व्याप्त हो गई कि अनन्य श्रीकृष्ण-भक्ता मीरा का आगमन वृन्दावन में हो चुका है।

दर्शकों और दर्शिकाओं का तांता लगा रहता। पौ फटने से लेकर देर रात तक लोग आते-जाते रहते। प्राकृतिक सौंदर्य तो प्राकृतिक सौंदर्य, अध्यात्म और साधना को समर्पित उस साध्वी के आनन पर जो एक दिव्य आलोक अवस्थित हो गया था वह सबके नेत्रों को बांध-बांध लेता था। पूत था यह सौन्दर्य। असामान्य होकर भी वह कहीं से किसी के मन में विकृति नहीं उत्पन्न करता था।

दर्शन कर लौटते समय सभी मार्ग भर इस साधिका के गुण गाते नहीं अघाते। पर कुछेक थे ऐसे जो अपने स्वभाव-वश आलोचना करने से भी विरत नहीं होते—भला ऐसा रूप और गृह-त्याग? कोई राजसी भोग छोड़कर यों स्थान-स्थान पर भटकता चलता है? और एक विधवा के लिए यों पुरुषों के मध्य डोलना कहां की रीति है? यह भक्ति है या भक्ति की ओट में और कुछ?

मीरा के कानों तक भी यह बात पहुंचती और वह मन-ही-मन मुसकराकर रह जाती। जब राणा और चित्तौड़ के ढेर सारे आलोचकों-निन्दकों ने उसको उसके मार्ग से नहीं डिगाया तो अब कौन उसे उसके निर्धारित पथ से पृथक् कर सकता है? निन्दा और स्तुति से बहुत पहले ही वह बहुत ऊपर उठ गई है।

और उस दिन, वृन्दावन आने के कोई एक माह पश्चात उसने पहले-पहल अपने पैरों में घुंघरू बांधे। हाथों में करताल लिए और उपस्थित श्रोता मंडली के समक्ष आत्मविभोर हो गा उठी—

राणाजी म्हाने या बदनामी लगे मीठी
कोई निन्दो कोई विन्दो, चलूंगी चाल अनूठी।
साकडली सेर्‌यां जन मिलिया क्यूं कर फिरुं अपूठी।
सत संगति मा ग्यान छुपौ छी, दुरजन लोगों ने दीठी।
मीरां रे प्रभु गिरिधर नागर दुरजन जलो जा अंगीठी।

वृन्दावन, नहीं ब्रजवासियों ने ऐसा मधुर स्वर तो अब तक सुना नहीं था। यद्यपि राणा के बहाने अपने आलोचकों के भी गालों पर उसने कसकर थप्पड़ मारा

था पर वे भी उसकी प्रशंसा ही कर रहे थे।

मार्ग में, लौटते समय मीरा के भक्तों ने उसके आलोचकों को 'दुरजन जलो जा अंगीठी' कहकर ताना भी दिया पर यह ताना भी आज उन्हें अच्छा ही लग रहा था।

एक सौ अड़तालीस

किसी की अपकीर्ति के फैलने में समय नहीं लगता तो उसकी कीर्ति के विस्तृत होने में भी अत्यधिक काल नहीं लगता। पुष्प की सुरभि देर-सबेर दिशाओं में व्याप्त हो ही जाती है और पराग प्रेमी भ्रमरों और मधुमक्खियों के झुंड के झुंड वहां मंडराने ही लगते हैं।

मीरा के आलोचकों की संख्या यद्यपि बढ़ने लगी विशेषकर इस उम्र में एक युवती के पुरुषों, साधु-संतों, सामान्य जनों के मध्य नाचने-गाने की बात को लेकर, तो उसके गुण-ग्राहकों की भी बाढ़ आ गई। शुद्ध चित्त वाले साधु-संन्यासियों, पुजारियों और भक्तों ने उसकी शुद्ध भक्ति भाव को पहचाना। उसकी श्रीकृष्ण-निष्ठा की सराहना की। उसकी कला उसके नृत्य-गायन और कवित्व शक्ति की मुक्त कण्ठ से प्रशंसा की।

मीरा अब अपने धर्मशाले में बन्द नहीं रह सकी। वृन्दावन में अब तक कई प्रतिष्ठित पीठ और मन्दिर स्थापित हो चुके थे। प्रायः सभी से मीरा के लिए आमन्त्रण आने लगे। सभी एक बार इस महती कृष्ण-प्रिया से अपने स्थान को पूत कराने को व्यग्र थे।

मीरा ने कुछेक दिनों तक इन आमंत्रणों पर ध्यान नहीं दिया। उसे लग गया था कि यह स्थान चित्तौड़ से भी संकीर्ण था। मेड़ता तो खैर अपना था। सभी ने उसे वहां हथेली पर उठा रखा था। पर वृन्दावन में भी विक्रमों और सूरजमलों तथा रूप-लोलुप तथाकथित संन्यासियों और मठाधीशों की कमी नहीं थी। इस स्थान का चरित्र एक छोटे स्थान—नन्हें नगर-गांव—के अनुकूल ही था। एक नारी का नाचना-गाना यहां कितनों के नाक-भौं सिकोड़ने का कारण बन रहा था। उन्होंने उनकी क्रोधाग्नि में और अधिक घृत डालने की अपेक्षा चुपचाप अपने स्थान पर पड़ी रहकर ही अपने प्रियतम की भूमि में आवास का सुख लूटना चाहा पर जब कुछ स्थानों से आग्रह बहुत प्रबल हो गया तो वह उसे टाल नहीं सकी।

सर्वप्रथम उसने निधि-वन में अपना कार्यक्रम प्रस्तुत किया। ललिता और उसके साथ की अन्य महिलाएं निकुंज के एक किनारे एकत्रित हुईं। एक बड़ा वस्त्र बिछाकर मीरा के मुरलीमनोहर की मूर्ति को वहां 'पधराया' गया और विग्रह की विधिवत पूजा-अर्जना कर मीरा नृत्य-गान के लिए उठी। श्रोता-मण्डली में से सहसा किसी महिला भक्तन ने पूछ दिया—"मीरा जी व्रज कैसा लग रहा है।"

आशु कवयित्री मीरा गा उठी—

"या व्रज में कछू देख्यो री टोना।
ले मटुकी सिर चली गुजरिया,
आगे मिले बाबा नन्द जी के छोना।
दधि के नाम बिसरि गयौ प्यारी,
'ले लहु री कोइ स्याम सलोना।।'
वृन्दावन की कुंज गलिन में,
आंख लगाई गयो मन मोहना।
मीरा के प्रभु गिरधर नागर,
सुन्दर स्याम सुघर सलोना।।
कोई स्याम मनोहर ल्योरी,
सिर धरें मटकिया डोले।
दधि को नांव विसर गई ग्वालन,
'हरि ल्यो' हरि ल्यो बोले।"

पद की अन्तिम पंक्ति—"दधि को नांव विसर गई ग्वालन, हरि ल्यो, हरि ल्यो बोले"—दधि बेचनेवाली ग्वालन दही लो, दही लो के नाम पर हरि लो, हरि लो बोलने लगी—पर दर्शिकाओं ने खुलकर अपनी प्रसन्नता व्यक्त की। पुरुषों ने भी मीरा की इस भाव-भंगिमा को कुछ कम पसन्द नहीं किया। श्रोता-मण्डली की समवेत करतल ध्वनि से सम्पूर्ण निधि-वन गूंज उठा।

दूसरे दिन प्रसिद्ध गोविन्द देव[1] जी के मन्दिर में मीरा का कार्यक्रम वहां के महंथ और पुजारियों के विशेष आग्रह पर आयोजित हुआ। मीरा ने सर्वप्रथम गर्भ-गृह के समक्ष सिर टेककर प्रणाम निवेदित किया और फिर हाथ में वीणा ले यह पद प्रस्तुत किया—

अलि म्हाने लागे वृन्दावन नीको।
घर-घर ठाकुर तुलसी-पूजा
दरशण गोबिन्दजी को।
निरमल नीर बहे जमना को
भोजन दूध दही को।
रतन सिंहासन आप विराज्या
मुकुट धर्‌यो तुलसी को।
कुंजन-कुंजन फिरूं सांवरा
सबद सुण्यो मुरली को।
मीरां रे प्रभु गिरिधर नागर
भजन बिना नर फीको।।

गोबिन्द देव जी के यहां सम्पादित मीरा के भक्ति-भावपूर्ण नृत्य-गान की

---

1. यह मन्दिर आज भी वृन्दावन में अवस्थित है। पर जिस मूर्ति-युगल के समक्ष मीरा ने अपनी कला का नैवेद्य चढ़ाया था वह अब जयपुर में विराजमान है। औरंगजेब के समय उसे वहां मे हटाकर जयपुर महल में लाया गया।

चर्चा कई दिनों तक पूरे वृन्दावन में रही। पर उसके आलोचकों की संख्या में निरन्तर वृद्धि होती गई। मीरा के नारी होकर भी, भक्ति-भाव में पुरुषों से भी आगे बढ़ जाना जितना लोगों को नहीं खलता था उतना उसकी अद्भुत उपासना विधि नृत्य-गान द्वारा अपने आराध्य को रिझाने की कला—तथाकथित विशुद्ध भगवद्भक्तों और मठाधीशों को अधिक चुभती थी। मीरा के प्रति श्रद्धा बढ़ने से उनके शिष्य-शिष्याओं में कमी आने लगी थी। जब सभी समय लोग केशीघाट के समीपस्थ मीरा की कुटी को ही घेरे रहते तो उनके दर्शन को कौन आता? इन लोगों के चढ़ावे और दक्षिणा में भी कमी आने लगी। उन सभी का एक सम्मिलित लक्ष्य हो गया मीरा को वृन्दावन से बाहर करना। वे उसके चरित्र-हनन पर उतारू हो गए और जहां अवसर मिलता वहां यह कहने से नहीं चूकते कि एक युवती विधवा का इस तरह मुंह से घूंघट उठाए सरेआम नाचना-गाना शोभनीय नहीं है। यह यहां के औरतों को भी भ्रष्ट कर देगी। साधकों की साधना में विघ्न डालेगी।

फिर भी मीरा की पूछ बढ़ती ही गई। मन्दिर-मन्दिर से उसके लिए आमंत्रण आने के क्रम में कोई कमी नहीं आई।

एक सौ उड़नचास

प्रिय के संसर्ग-सम्पर्क में आई हर वस्तु प्रिय न हो उठे तो सच्चा प्रेम क्या?

मीरा ने वृन्दावन के हर वैसे स्थान के बार-बार दर्शन किए जिससे उसके प्रियतम की कोई-न-कोई लीला जुड़ी हो, चाहे वह वंशीवट हो, कालिय-नाग-घाट हो अथवा मधु-वन या मथुरा का विश्राम घाट या वहीं से थोड़ी दूर स्थित कृष्ण-जन्म स्थली हो।

आज वह रमण-रेती गई थी। व्रज-रज में वह लोटपोट ही हो गई। रज-स्पर्श श्रीकृष्ण चरण का ही स्पर्श था कि नहीं। उसने उस रज को सिर से लगाया, नेत्रों से लगाया और देर तक उसमें लोटती-पोटती रही। ललिता और अन्य महिलाओं ने भी रज को सिर से लगाया पर उनका साहस नहीं हुआ कि इस मध्य इस दृश्य को देखने के लिए उमड़ आई स्त्री-पुरुषों की भीड़ के समक्ष वे मीरा की तरह सुध-बुध खो रज में लोटपोट करें।

मीरा को कौन क्या देख रहा है, कौन क्या कह रहा है यह सब सोचने-समझने की सुध ही कहां थी? उसे तो हर कण में कृष्ण का ही प्रतिबिम्ब दिखाई पड़ता था।

बहुत से दर्शक-दर्शिकाएं तो विभोर हो यह अद्भुत लीला देख रहे थे। पर कुछ ऐसे भी रूप लोलुप पुरुष थे जिन्हें भक्ति से कोई लेना-देना नहीं था। वे एक राजकुल की वधू के अप्रतिम रूप और उसकी देहयष्टि का ही भूखे नेत्रों से पान कर अपने को धन्य कर रहे थे। कुछ महिलाएं भी मीरा के असामान्य रूप से ईर्ष्यायुक्त हो आपस में कानाफूसी करने में लीन थी—"भला यह भी कोई भक्ति है?

निर्लज्जता की सीमा भी लांघ गई यह तथाकथित भक्तन। भक्ति के स्वांग के बहाने यह तन-प्रदर्शन नहीं तो और क्या है? यह हमारे मर्दों के मन में भी आग लगाकर रहेगी। कहीं वे भी इसी की तरह भक्ति का स्वांग रच उसकी मंडली में नहीं जा मिलें? यह जितना शीघ्र वृन्दावन छोड़ दे उतना ही अच्छा।"

रमण-रेती के रज में लोटपोट हो जब वह प्रकृतिस्थ हुई थी तो उसने ललिता को इंगित किया था। ललिता ने दर्शक-दर्शिकाओं की ओर उन्मुख होकर कहा था—

"मीराबाई अपने आराध्य श्रीकृष्ण के सम्मान में एक पद सुनाएंगी। जिन्हें इसे सुनने में रुचि हो वे कृपया शान्त हो बैठ जायं जिन्हें रुचि नहीं हो वे जा सकते हैं।"

कोई गया नहीं, न आलोचक, न प्रशंसक। सभी अपने-अपने स्थान पर जड़वत् बैठ गए। मीरा ने भी खुली रेत पर पद्मासन लगाया। ललिता ने यथासंभव उसके वस्त्रों से रज को झाड़ने का प्रयास किया किन्तु केशों में फंस आई रज को निकालना बहुत कठिन था। उसने किसी प्रकार उलझे केशों को कुछ सुव्यवस्थित किया।

मीरा के इंगित पर उसने अपने हाथ में पड़ी वीणा को उसके हाथ में पकड़ा दिया। मीरा ने एक बार आंखें उठाकर सामने की श्रोता-मंडली को देखा। उसकी बौराई आंखों में सभी लोगों में श्रीकृष्ण का ही स्वरूप मूर्तिमान हो उठा—पुरुषों में भी, स्त्रियों में भी। उसने वीणा के तारों को छेड़ा। अपने बन्द होंठ खोले। वीणा और उसके कण्ठ के स्वर एकाकार हो वातावरण में एक मधुर झंकार व्याप्त कर गए—

चरण रज महिमा मैं जानी।
जिहि चरणन से गंगा प्रगटी,
भगीरथ कुल को तारी।
जिहि चरणन से विप्र सुदामा
हरि कंचन धाम करी॥
जिहि चरणन से अहल्या उधारी
गौतम की पटरानी।
मीरां के प्रभु गिरिधर नागर
चरण-कमल लिपटानी।

पद समाप्त हुआ। वीणा पर थिरकती पतली उंगलियां रुकीं। सम्मोहित दर्शक-दर्शिकाओं की टोली जैसे एक मधुर स्वप्न से जगी। सभी कुछ देर आंखें फाड़कर मुग्ध भाव से मीरा की ओर देखते रहे। अब सभी आंखों में एक ही भाव था—प्रशंसा का, पूजा का, विमुग्धता का। कोई अपने स्थान से हट नहीं रहा था। अब वहां कोई आलोचक नहीं था। सभी प्रशंसक थे। सभी एक बार, कम-से-कम एक बार और मीरा की स्वर-माधुरी का पान करना चाहते थे।

ललिता ने लोगों के मनोभाव को पढ़ा। उसने मीरा को इंगित किया। मीरा ने पुनः वीणा के तारों को छेड़ा। पुनः अपने कोकिल कण्ठ के स्वर को उनके स्वर

से मिलाया और एक बार पुनः वातावरण सम्मोहित हो आया। लोगों के मन-प्राण उल्लसित हो आए—

म्हाने चाकर राखो जी,
गिरधर लाला चाकर राखो जी।
चाकर रहश्यूं बाग लगाश्यूं नित उठ दरशण पाश्यूं।
विन्दरावन की कुंज गली में गोविन्द लीला गाश्यूं।
चाकरी में दरशण पाश्यूं सुमरण पाश्यूं खरची।
भाव भगती जागीरी पाश्यूं जनम जनम री तरसो।
मोर मुकट पीताम्बर सोहे गल बैजन्ती माला।
विन्दरावन में धेनु चरावे मोहन मुरली वाला॥
हरी हरी नव कुंज लगाश्यूं बीचां बीचां वारी।
सांवरियां रो दरशण ताश्यूं पहन कुसुम्बी साड़ी।
आधी रात प्रभु दरशण दीज्यो जमना जी के तीरां।
मीरां रे प्रभु गिरिधर नागर हिवड़ो घणो अधीरां॥

आज संध्या मीरा अपने आवास को लौटी तो बहुत प्रसन्न थी। आज उसने खुलकर अपने गिरधर के गीत गाए थे। उनके चरणों से पवित्र रज में स्नात हुई थी। आज उसकी प्रसन्नता का पारावार नहीं था।

एक सौ पचास

मीरा का निवास जहां भक्तों ने उसके लिए एक सुंदर-सी पर्णकुटी बना दी थी अब उसके लिए बहुत छोटा पड़ने लगा था। उसके साथ मेड़ता से आई महिलाओं के अलावा वृन्दावन और उसके आस-पास की कई भक्तिनों ने उसके साथ ही वहां डेरा डाल दिया था। उसकी पर्णकुटी तो भर ही गई थी, उस खंडहरनुमा धर्मशाले में भी कहीं पैर रखने का भी स्थान नहीं बचा था।

आज मीरा इन सबों से घिरी एक विशेष योजना को कार्य रूप देने में व्यस्त थी।

वृन्दावन के प्रायः सभी साधु-सन्तों के दर्शन तो उसे मंदिरों और मठों में अपनी उपासना-आराधना अर्थात नृत्य-गान के क्रम में हो ही चुके थे, उनसे वह सत्संग भी कर चुकी थी, उनके विचार जाने थे, अपने विचार प्रकट किये थे। केवल एक पुरुष ऐसा था जिसके दर्शनों का अवसर उसे नहीं मिला था। ये थे जीव गोस्वामी। वृन्दावन के गोस्वामियों के सिर-मौर। श्रीकृष्ण के अनन्य उपासक। अगर उनके दर्शन नहीं हुए तो वृन्दावन आना व्यर्थ हुआ, मीरा ने सोचा।

"कैसे होंगे गोस्वामी जी के दर्शन?" उसने अपने को घेरकर बैठी महिलाओं से पूछा।

"असंभव।" एक अधेड़-सी लगती वृन्दावन-वासिनी ने कहा।

"क्यों ?" मीरा ने पूछा।
"जीव गोस्वामी नारी की छाया से भी दूर रहते हैं।" किसी अन्य ने जोड़ा।
"हां, वह किसी नारी का मुख भी नहीं देखना चाहते।" एक और ने कहा।
"वे क्या इतने दुर्बल हैं? मन पर संयम का इतना अभाव है?" मीरा ने पूछा।
"हो सकता है।" कइयों ने कहा।
"मैं तो उनसे मिलकर रहूंगी।" मीरा ने घोषणा की।
"कैसे?" कइयों ने एक साथ पूछा।
"यह मुझ पर छोड़िये। कल प्रातः आप सब मेरे साथ चलें।"
"अगर उन्होंने दर्शन नहीं दिए तो हमारी अवमानना नहीं?" एक प्रौढ़ा ने पूछा।

"भक्ति-पथ पर बढ़ चले लोग मान-अपमान की चिन्ता नहीं करते।" मीरा ने आरम्भ किया, "और यह क्या सम्पूर्ण नारी-जाति की अवमानना नहीं है कि एक पुरुष कहे कि वह नारी से मिलना भी पाप समझता है? कब तक नारी पुरुष की इस प्रताड़ना को झेलती रहेगी? कब तक वह नर्क का द्वार और पाप की खान बनी रहेगी? कब तक वह पराश्रयी और परावलम्बी बनी रहेगी? कब तक पुरुष के मिथ्या अहम् को मूक और विवश बनी ओढ़ती-सहती रहेगी? कब तक वह उसकी तथाकथित श्रेष्ठता को शिरोधार्य करती रहेगी? क्यों और कैसे? कैसे पुरुष श्रेष्ठ है और नारी मात्र उसकी चरण-सेविका, उसकी बिना मोल की चेरी? समय आ गया है कि पुरुष का मोह-भंग हो। नारी साक्षात् शक्ति है। सृष्टि उसके बिना अपूर्ण और असंभव है। चाहे भक्ति का क्षेत्र हो या समाजोद्धार का, चाहे मंदिर-प्रांगण हो या समरांगण, सर्वत्र नारी पुरुष से आगे बढ़ने की संभावना से युक्त है। वह किसी क्षेत्र में उससे न्यून नहीं, उसकी अनुगामिनी नहीं। वह अपनी मार्ग-निर्देशिका स्वयं है अपनी पथ-प्रदर्शिका। उठो, जागो और बता दो पुरुष को कि असूर्यपस्या नारियों का काल समाप्त हो गया। अब वह सहभागिनी है जीवन के हर क्षेत्र में। धर्म में। कर्म में। सब में।"

"ठीक, ठीक। ठीक कहा आपने। अगर पुरुष हमारा दास नहीं तो हम पुरुष की दासी कैसे होने लगीं?" एक अर्द्धवृद्धा-सी लगती महिला ने कहा और सबों ने उसके कथन की स्वीकृति में करतल-ध्वनि की।

"हम सभी कल जीव गोस्वामी से मिलने चलेंगी।" मीरा ने अपना निर्णय सुनाया।

मीरा के साथ कोई सौ-सवा सौ महिलाएं होंगी। जीव गोस्वामी के आश्रम पर मीरा के साथ-साथ सभी एक प्रहर दिन चढ़ते ही पहुंच गईं।

जीव गोस्वामी के एक शिष्य ने आश्रम-द्वार पर ही उन्हें रोक दिया।

"गोस्वामी जी किसी नारी से नहीं मिलते।" उसने रूखे शब्दों में सूचित किया।

"जाओ, कह दो कि मीरा उनसे मिलना चाहती है।" मीरा ने स्वयं कहा।
"व्यर्थ है।" शिष्य ने तटस्थता से जवाब दिया।
"क्यों?"
"ऐसा कई बार हो चुका है। स्वामी जी का एक ही उत्तर आता है।"

"क्या ?"

"यही कि मैं किसी नारी से नहीं मिलता।"

"कम-से-कम एक बार और प्रयास कर देखो। अन्तिम बार ही सही।" मीरा ने कहा।

"आप कहती हैं तो कर लेता हूं पर परिणाम कुछ नहीं निकलने का।" शिष्य मीरा के बारे में अच्छी तरह जानता था, इसलिए अन्दर चला गया।

थोड़ी देर के बाद बाहर आया।

"क्या हुआ ?" मीरा ने पूछा।

"वही जो होना था।" शिष्य ने कहा। उसके स्वर पर एक स्पष्ट खिन्नता चढ़ी थी।

"एक बार और जाओ।" मीरा ने दृढ़ शब्दों में कहा।

"क्यों ?" शिष्य आश्चर्य-चकित हुआ।

"मेरा एक संवाद दे दो।"

"मैं कितनी बार आपका संवाद लेकर जाऊं। गोस्वामी जी ने स्पष्ट कहा है कि मीरा हो या नीरा वे किसी भी नारी को दर्शन नहीं देने को।" शिष्य स्पष्टतः झल्लाया।

"मेरा यह संवाद अपनी ही तरह का है। ऐसा संवाद आज तक किसी ने तुम्हारे स्वामीजी को न तो अब तक भेजा होगा न आगे भेजेगा।" मीरा ने दृढ़ शब्दों में कहा।

"क्या है वह संवाद ?" शिष्य की उत्सुकता जगी।

"जाकर अपने स्वामीजी से कह दो कि मीरा के अनुसार तो वृन्दावन में एक ही पुरुष पैदा हुआ श्रीकृष्ण, यह दूसरा पुरुष किधर से आ गया ?"

शिष्य को बात रोचक लगी। उसने जाकर जीव गोस्वामी को अक्षरशः यह बात कह दी। जीव गोस्वामी दर्शन के प्रकांड पंडित थे। वेद, उपनिषद् उनकी जिह्वा पर विराजते थे। पुरुष प्रकृति के मध्य अभेद की बात से वह अपरिचित नहीं थे। केवल उनका अहंकार उनके ज्ञान पर हावी था। मीरा की बात सुनते ही उनके ज्ञान-चक्षु खुल गए और वे नंगे पैर ही अपने कक्ष से बाहर आ आश्रम-द्वार की ओर बढ़े।

मीरा और अन्य महिलाओं ने एक मुंडित सिर, श्वेत वस्त्रधारी लम्बे दिव्य पुरुष को अपनी ओर आते देखा। वे समझ गईं वही जीव गोस्वामी थे। शिष्य ने फाटक का द्वार तत्काल खोल दिया। जीव गोस्वामी ने हाथ जोड़कर, नत-सिर हो मीरा और पूरी महिला-मंडली को नमस्कार किया और विनम्र शब्दों में कहा—"मुझे क्षमा करें आप। मुझसे घोर अपराध हुआ। आप सभी आश्रम में पधारें।"

मीरा अन्य महिलाओं के साथ आश्रम में पहुंचकर जीव गोस्वामी के आसन के समक्ष बैठ गईं। गोस्वामी ने उनका आदेश प्राप्त कर आसन ग्रहण किया।

"मैं धन्य हुआ जो मुझे अनन्य श्रीकृष्णोपासिका भक्तिमती मीरा के दर्शन हुए।" गोस्वामी ने गदगद् होकर कहा।

"आपने तो नारी की ओर नहीं देखने की शपथ खा रखी थी। आप अब यह कैसे कह रहे हैं ?" मीरा ने पूछा।

"यह हमारा अज्ञान-अन्धकार था जो अब छंट गया।" गोस्वामी बोले।

"आखिर किसी नारी ने ही तो आपको जन्म दिया होगा ? आप सब नारी में जननी का ही रूप क्यों नहीं देखते ? आपकी समस्या का समाधान स्वयं हो जाएगा। नारी से नहीं मिलना आपकी साधना की अपरिपक्वता का ही तो द्योतक है ?" मीरा बोल गई।

"आप मुझे और लज्जित नहीं करें। मैं खूब जानता हूं कि ब्रह्म न पुरुष है न नारी। वह सर्वव्याप्त है। सर्वं खल्विदं ब्रह्म। पर मेरे ज्ञान को मेरी अविद्या ने ढंक रखा था। आगे से ऐसी गलती नहीं होगी।"

"मैं तो आपके समान ज्ञानी नहीं पर मैंने सुना है कि गीता में श्रीकृष्ण ने कहा है कि सारे जीवों में उसी का वास है।"

"हां। श्रीकृष्ण की उक्ति है—ममैवांशो जीव लोके जीव भूतो सनातनः—मेरा ही सनातन अंश जीव लोक में सभी जीवों में बसा हुआ है।" गोस्वामी ने कहा।

"और शायद आपके किसी उपनिषद ने यह भी कहा कि जड़-चेतन सभी ब्रह्ममय है।" मीरा बोली।

"हां, ईशावास्योपनिषद में कहा है—ईशावास्यमिदं सर्वं यत्किंचित् जगत्यां जगत्—इस गतिशील जगत् में जो कुछ है सबमें ईश्वर का ही वास है।"

"तो क्या नारी में ईश्वर नहीं है ?"

"मैंने कहा न मुझे अब अधिक लज्जित न करें। मेरी बंद आंखें खुल गई हैं।" गोस्वामी गिड़गिड़ाए।

पर मीरा इतनी आसानी से कहां छोड़ने वाली थी ! उसे खूब पता था कितनी नारियों को अपमानित होकर इस गोस्वामी के द्वार से लौटना पड़ा था।

"मैंने सुना है नारी शक्ति है और उसके अभाव में सृष्टि संहारक महाशक्तिमान शिव भी शव से अधिक कुछ नहीं।" मीरा बोल गई।

"आपने ठीक सुना। आप भक्तिन ही नहीं विदुषी भी हैं। आपके दर्शन पाकर मेरा जन्मधारण करना आज सार्थक हो गया।" जीव गोस्वामी विगलित स्वर में बोले।

"सुना वृज में राधा का ही साम्राज्य है।" मीरा ने चतुराई से बात बदली।

"आपने ठीक सुना।"

"तो क्या नारी का अपमान राधा का अपमान नहीं है ? और राधा को अपमानित कर आप कृष्ण को कैसे पा सकते हैं ? माना आप कृष्णोपासक न होकर ईश्वरोपासक ही हों पर भागवतकार ने तो शायद यहां तक कहा कि श्रीकृष्ण ही साक्षात् भगवान हैं, उनके पहले जितने अवतार हुए वे अंशावतार मात्र थे।"

"हां भागवत्कार ने स्पष्ट ही कहा—एते अंशकला पुंसः कृष्णस्तु भगवान स्वयं—ये सारे लोग, राम, परशुराम आदि तो अंशावतार मात्र थे श्रीकृष्ण स्वयं भगवान हैं। पर आप मुझे क्यों निरन्तर कांटों में घसीट रही हैं ? मैं प्रण करता हूं कि आज से मैं सभी नारियों को मातृ-स्वरूपा मानकर उनकी पूजा करूंगा।"

"शायद आपके शास्त्रों में यह कहा भी गया है कि जहां नारियों की पूजा होती है वहां देवताओं का वास होता है।" मीरा बोल गई।

जीव गोस्वामी ने हाथ जोड़ लिए, "मैंने अब तक आपकी अनन्य कृष्णभक्ति और ईश्वर प्रदत्त कवित्व शक्ति की ही बात सुनी थी। आज मुझे लग गया कि आप शास्त्रज्ञा भी हैं। मैं इस अनायास आरम्भ हो गई शास्त्रचर्चा में आपसे पराजय स्वीकार करता हूं। शास्त्रों में ठीक ही कहा गया है—यत्र नार्यस्तु पूज्यन्ते रमन्ते तत्र देवता—जहां नारियां पूजित होती हैं वहां देवता आनन्दित होते हैं।" कहकर जीव गोस्वामी ने सिर झुका दिया और पुनः बोले, "आज से वृन्दावनवासी जान जायं कि यह अज्ञानी जीव गोस्वामी अप्रतिम कृष्णभक्ता माता मीरा के द्वारा पूर्णतया पराजित हुआ। वह भक्ति और ज्ञान दोनों में उसकी छाया को भी स्पर्श करने योग्य नहीं।"

जीव गोस्वामी के अनेक शिष्य अब तक वहां एकत्रित हो गए थे। सबके मुख से अनायास निकला—

"भक्तिमती मीराबाई की जय।"

"श्रीकृष्ण प्रिया की जय।"

"श्रीकृष्ण चन्द्र की जय।"

"नन्द नन्दन बांके बिहारी की जय।"

"आप व्यर्थ में मुझे लज्जित नहीं करें," मीरा ने नतमस्तक हो जीव गोस्वामी से निवेदन किया, "आप मुझे केवल आशीर्वाद दें कि श्रीकृष्णचरणों में मेरा प्रेम सदा बना रहे।"

"मेरे आशीर्वाद की आपको कोई आवश्यकता नहीं। आप सामान्य नारी नहीं हैं। श्रीकृष्ण आपको स्वयं अपना चुके हैं। वृन्दावन की धरती आपके चरण-रज को पाकर एक बार पुनः धन्य हुई।" जीव गोस्वामी ने कहा।

मीरा अपनी मंडली के साथ एक बार धरती में सिर झुकाकर उठ खड़ी हुई। गोस्वामी ने आश्रम के बाहर तक आकर उसे विदा दी।

पर वृन्दावन की धरती को बहुत दिनों तक मीरा के द्वारा धन्य होना नहीं लिखा था।

उसके प्रशंसकों के साथ उसके आलोचकों की संख्या भी बढ़ती गई। और उस दिन तो इति ही हो गई जब मध्य रात्रि में कुछ दुष्टों ने मीरा के निवास-स्थल पर धावा ही बोल दिया। यह तो गनीमत थी कि समय रहते ही वहां कोई सौ-सवा-सौ महिलाएं बात-की-बात में जग गईं। कायर आक्रामक पीठ दिखाकर भाग चले। मीरा और ललिता की कुटी तक उनकी छाया भी नहीं पहुंची।

पर मीरा व्यथित हो गई। उस रात्रि वह उसके बाद सो नहीं सकी और अपनी कुटी में स्थापित श्रीकृष्ण-विग्रह के समक्ष रो-रोकर उसने निवेदन किया—"कैसे निष्ठुर हो तुम? अपनी धरती पर ही मेरा अपमान कराते तुम्हें लज्जा नहीं आती। कैसे अशरण शरण हो तुम? शरण आई की यही गति करते हो? ऐसे तो तुम हो ही। किसकी कब चिन्ता की तुमने? विशेषकर वृन्दावनवासियों की? इन्हें असुरक्षित छोड़ जो यहां से भागे तो पलटकर भी इस ओर नहीं देखा। राधा मेरी सौत है, सही पर जो राधा का नहीं हुआ वह मेरा क्या होगा? राधा आजीवन इसी वृन्दावन की भूमि पर रोती रही। तुमने स्वप्न में भी उसकी सुधि नहीं ली। अभिशप्त है यह धरती। व्यर्थ है यहां रहना। मैं अब एक क्षण भी यहां रहने से

रही। मैं राधा नहीं कि यहीं की भूमि में लोट-लोट प्राण दे दूंगी। मैं समझ गई तुम यहां नहीं हो। तुम यहां से जहां भागे, वहीं आकर मैं तुम्हें पकड़ूंगी। तुम द्वारिकाधीश बने बैठे हो। मैं आ रही हूं द्वारिका ही। कठिन है यह यात्रा, मैं जानती हूं। मेरे प्राण भी निकल सकते हैं इतनी लम्बी दूरी तय करने में। पर तुम्हारे नाम पर प्राण भी निकल जायं तो मेरी सद्गति ही होगी। और कुछ नहीं तो तुम्हारी निष्ठुरता, हृदयहीनता पर तो मुहर लग ही जायेगी। तो सम्भालो अपना वृन्दावन। अथवा सम्हालने दो इसे बेचारी उस राधा को। मीरा यहां क्यों कर रहेगी? एक म्यान में दो तलवार? नहीं, यह संभव नहीं है। अच्छा हुआ, आलोचकों-दुष्टों ने एक बहाना दे दिया। अब प्रस्थित हुई मैं तुम्हारी द्वारिका को। खींच सको तो खींच लेना वहां तक। अब शरीर में उतनी शक्ति भी नहीं रही। चौआलीस-पैंतालीस की उम्र में ही तन, मन का साथ छोड़ने लगा है। कम संघर्ष कराया है तुमने? कहना तो पड़ता है अब, कम प्रताड़ित कराया है तुमने चित्तौड़ से लेकर यहां तक? कौन नहीं टूट जायेगा इस संघर्ष से? माता, पिता, चाचा, भाई सबसे तो बिछुड़ाया तुमने। एक तुम्हारा सहारा था वह भी पूरी तरह नहीं मिला। वृन्दावन आई कि तुम्हारी लीला-भूमि में कुछ दिन वास कर लूं। दुष्टों को यह भी स्वीकार नहीं। तुम मूक बने सब कुछ देखते हो। दूसरे को दुःख देने में ही तुम्हें सुख मिलता है। मैं मूर्खा ही थी जो तुमसे क्या-क्या आस लगाए बैठी थी? अब सारा भ्रम टूट गया। अब तो इतनी ही इच्छा है कि जिस धरती में तुम्हारी मिट्टी मिली उसी में मेरी भी मिल जाय। द्वारिका में ही इन प्राणों का विसर्जन हो।"

पौ फटने को आई। पूरब के क्षितिज पर सूर्यदेव के स्वागत में अरुणिमा ने कुंकुम बिखेरे। मीरा ने अपनी संगिनी-महिलाओं से पूछा, "कौन-कौन उसके साथ द्वारिका चलने को प्रस्तुत हैं।" प्रायः सभी तैयार हो गईं।

मीरा और ललिता ने मन-ही-मन वृन्दावन की धरती को अपना अन्तिम प्रणाम निवेदित किया। कालिन्दी-कूल की ओर हाथ जोड़े और अपने गिने-चुने सामान को सहेजकर सबों ने पश्चिम की ओर मुख कर दिए। प्रातः के झुटपुटे में श्रीकृष्ण-भक्तिनों का यह समूह वृन्दावन की सीमाओं को पार कर गया।

एक सौ इक्यावन

महीनों लगे द्वारिका पहुंचने में। चातुर्मास (बरसात के चार महीने) में भी मीरा और उसके संग लगी महिलाओं की यात्रा जारी रही।

द्वारिका पहुंचते-पहुंचते बहुतों ने मार्ग में ही प्राण त्याग दिए। मीरा को वृन्दावन की यात्रा ने ही अभ्यस्त कर दिया था। पैरों ने इस बार बहुत कष्ट नहीं दिया पर शरीर की शक्ति क्षीण होती गई।

द्वारिका पहुंचते-पहुंचते वह अस्वस्थ हो आई। असमय ही सिर के सारे केश श्वेत हो आये। कई दिनों तक वह द्वारिकाधीश मंदिर के पास के एक धर्मशाले में

श्लथ पड़ी रही। मार्ग में खान-पान की असुविधा ने तन को पूर्णतया जर्जर कर दिया था। प्रसन्नता यही थी कि अपने आराध्य की नगरी में पहुंच चुकी थी। अब जहां उनकी मिट्टी मिली थी वहीं उसकी मिट्टी भी मिट्टी होगी। जिजीविषा अब किंचित् भी शेष नहीं थी। पर एक कामना थी। शरीरान्त के पूर्व द्वारिकाधीश के मन्दिर में कुछेक दिन सेवा कर लेने की। कुछ पद सुनाने की। कुछ नृत्य-गान सम्पन्न करने की।

ललिता और साथ बची महिलाएं यद्यपि स्वयं भी थकी-थकाई थीं पर वे सब मीरा की परिचर्या में लगी रहीं। विशेषकर ललिता खाने-पीने की चिन्ता किए बिना मीरा की सेवा-सुश्रुषा में जुटी रही।

इधर पूरी द्वारिका में मीरा के पहुंचने का संवाद जंगल की आग की तरह फैल गया। दर्शनार्थियों की भीड़ धर्मशाले में जुटने लगी। नहीं चाहकर भी अस्वस्थ मीरा को लोगों को समय देना पड़ता था। इससे उसके स्वास्थ्य लाभ में और बाधा पड़ी।

ललिता ने अन्ततः एक उपाय निकाला। अपराह्न के दो घंटे उसने दर्शनार्थियों के लिए निर्धारित कर दिए।

दर्शनार्थियों से एक लाभ अवश्य हुआ। मीरा के क्षीण स्वास्थ्य को देखकर कइयों ने खाने-पीने का अच्छा प्रबन्ध कर दिया। फल एवं दूध, दही का अम्बार लगने लगा। ललिता के आग्रह पर मीरा कुछ पौष्टिक पदार्थ ग्रहण करने लगी। शीघ्र स्वस्थ होकर द्वारिकाधीश की कुछ सेवा करने की भावना तो मन में बैठी ही हुई थी।

फिर भी पूरा महीना तो लग ही गया, मीरा के पूर्णतया स्वस्थ होने में।

एक दिन उसने ललिता के साथ प्रातः सागर-स्नान किया और पहले-पहल पहुंची द्वारिकाधीश के दर्शन के लिए। श्रीकृष्ण-विग्रह को देखकर उसकी आंखें बंधी की बंधी रह गयीं। उसे लगा युगों-युगों से वह इसी रूप की खोज में भटक रही थी।

वह जहां खड़ी थी वहीं बैठ गई। बैठते ही समाधिस्थ हो गई। सामने का विग्रह सहसा प्राणवन्त हो उठा था। उसने मोर-पिच्छ और मुरली धारण कर लिए थे। उसने वहीं से हाथ बढ़ाकर मीरा को अपने पार्श्व में खींच लिया था।

"तुम आ गईं?" उसने अमृतोपम स्वर में कहा था।

"हूं।" मीरा ने छोटा-सा उत्तर दिया।

"मैं तुम्हें बहुत दिनों से ढूंढ़ रहा था।"

"तुम या मैं?"

"मैं?"

"कैसे? मैं क्या तुम्हें ढूंढ़ते दर-दर नहीं भटकती रही?"

"पर मैं तुम्हें निरन्तर पुकार रहा था।"

"यहीं बैठे-बैठे?"

"और क्या करता?"

"क्यों?"

"तुम मेरे वहां रहते भी मुझे पहचान कहां पाती थीं?"

"कहां थे तुम वहां ?"

"मैं कहां नहीं था ? मेड़ता का चतुर्भुज रूप किसका रूप था ? चित्तौड़ के तुम्हारे कक्ष और तुम्हारे श्वसुर द्वारा निर्मित मंदिर में कौन बैठा था ? तुम्हें विष-पान के पश्चात् भी किसने बचाया था ? काल सर्पिणी को बिना कुछ किए वहां से सरकने का यत्न किसने किया था ? विक्रम के खड्ग से सूरजमल के लाख चाहने पर भी तुम्हारी किसने रक्षा की थी ? कब रहीं तुम एकाकिनी ?"

"सदा।"

"कैसे ?"

"सब कुछ एकांगी था।"

"क्या तात्पर्य ?"

"मैं तो निरन्तर तुमसे बोलती ही जाती थी बावरी की तरह पर तुम तो जैसे सुनते भी नहीं थे।"

"सबकुछ सुनता था।"

"तब बोलते क्यों नहीं थे ?"

"सब कुछ बोलकर ही कहा जाता है ?"

"तो और कैसे ?"

"ऐसे।" और मुरलीधारी ने अपनी मुरली को मीरा के कपोलों से सटा दिया था बारी-बारी से। मीरा का सम्पूर्ण शरीर हर्षातिरेक से कम्पायमान हो आया था। उसके रोम-रोम खड़े हो गये थे। उसकी समाधि टूट गई थी। उसने आंख फाड़कर सामने देखा द्वारिकाधीश का पाषाणी विग्रह जैसे मन्द-मन्द मुसकरा रहा था। मिलन का आनन्द जैसे मूर्ति के मुख पर भी लिखा पड़ा था।

"मैं धन्य हुई ललिता !" मीरा ने उठते हुए और ललिता की ओर देखते हुए कहा।

"कैसे ?" ललिता ने प्रसन्नता से चहककर पूछा।

"मेरा मिलन हो गया।"

"किससे ?"

"प्रियतम से।"

"क्या बकती हो ?"

"ठीक कहती हूं।"

"ठीक से बताओ।"

"बताना कठिन है।"

"क्यों ?"

"गूंगे का गुड़ है वह।"

"क्या मतलब ?"

"मतलब नहीं समझा सकती। मतलब समझने के लिए ललिता को मीरा बनना पड़ेगा।"

"कब ?"

"शीघ्र ही।"

"कैसे ?"

"जब मीरा नहीं रहेगी। मिट्टी, मिट्टी से मिल जाएगी।"

"बन्द करो यह प्रलाप।"

"यह प्रलाप नहीं सत्य है।"

"नहीं सुनना चाहती।" ललिता ने कानों में उंगलियां डाल लीं।

"सुन लो।" मीरा ने ललिता की उंगलियों को उसके कर्ण-रन्ध्रों से पृथक् कर दिया।

ललिता मूक। पाषाणवत्।

"मीरा नहीं रहेगी बहुत दिन।"

"..........!"

"वह अपनी मंजिल तक पहुंच गई है।"

".........."

"उसकी साधना फलवती हो गई है। उसका अन्वेषण समाप्त। उसका प्रियतम उसे मिल गया।"

"..........।"

"शेष कार्य तुझे करने हैं।"

"..........।"

"महिलाओं के संगठन को कायम रखना है। उनमें धार्मिकता, विशेषकर निर्भरता के भाव भरने हैं। मेरे मुरलीधर की मूर्ति को भी तुम्हें ही सम्हालना है।"

ललिता फफक पड़ी थीं।

"रोते नहीं पगली।" मीरा मंदिर से बाहर निकलने लगी थी। ललिता का हाथ पकड़ लिया था।

धर्मशाला लौटी तो वहां विचित्र दृश्य था। राजस्थान से आए ब्राह्मणों की एक पूरी टोली ही वहां धरना दिए बैठी थी।

"क्या बात है?" मीरा ने ललिता के माध्यम से पुछवाया।

"हम मीराबाई को लेने आये हैं।"

"कहां से?" ललिता ने पूछा।

"उदयपुर से।"

"क्यों? चित्तौड़ का क्या हुआ?" ललिता ने साश्चर्य पूछा।

"पूछिए क्या नहीं हुआ? भगवान के भक्तों को कष्ट देनेवालों के कष्ट का कोई अन्त होता है? मीराबाई के चित्तौड़ छोड़ते-छोड़ते ही उस पर संकट के बादल मंडराने लगे। एक के बाद एक आक्रमणों का उसे सामना करना पड़ा। अन्ततः गुजरात के बहादुरशाह ने किले की ईंट से ईंट बजा दी। अनेक क्षत्रिय वीर मारे गए। क्षत्राणियों ने सैकड़ों की संख्या में चितारोहण किया। राणा विक्रम तो बच गए पर अन्ततः दासी पुत्र बनवीर द्वारा उनकी हत्या कर दी गई। पर बनवीर भी बहुत दिनों तक सिंहासन पर नहीं रह सका। मीराबाई के पराक्रमी छोटे देवर उदय सिंह ने उसे मृत्यु के घाट उतार दिया। पर चित्तौड़ अभिशप्त हो गया था। उदय सिंह भी बहुत दिनों तक वहां के सिंहासन की शोभा नहीं बढ़ा सके। दिल्ली के शाहंशाह ने उन्हें अपदस्थ कर चित्तौड़ का सिंहासन हथिया लिया।

"उदयसिंह ने अपने नाम पर एक नया नगर बसाया है उदयपुर। बड़ा सुन्दर

स्थल है। पर्वतों से घिरा। झीलों से भरा। पर उदयसिंह का कहना है कि भाभी के आये बिना उनका भाग्योदय नहीं होगा। वे अपने भाई के पापों का प्रायश्चित करना चाहते हैं। उन्होंने हमें आज्ञा दी है कि हम मीराबाई को लिए बिना नहीं लौटें।"

"और मेड़ता की कोई सूचना है?" ललिता ने यों ही पूछ दिया।

"मेड़ता की विशेष खबर नहीं। पर इतना पता है कि मीरा के चाचा वीरमदेव जी ने शीघ्र ही मालदेव से मेड़ता को पुन: प्राप्त कर लिया था। उन्होंने एक-दो माह में ही आदिवासियों की एक भारी सेना एकत्रित कर ली थी और मेड़ता पर अधिकार कर लिया था। मेड़ता का प्रशासक भाग खड़ा हुआ था और वीरमदेव की नई विशाल वाहिनी की बात सुन मालदेव ने पुन: मेड़ता की ओर मुंह करने का साहस नहीं किया।"

"वीरमदेव जीवित हैं?" मीरा जो सब कुछ सुन रही थी उसने ललिता से पूछवाया।

"नहीं। वे चतुर्भुज भगवान के मन्दिर के समक्ष ध्यानावस्थित अवस्था में प्राकृतिक अपितु नैसर्गिक मृत्यु मरे। मेड़ता के सिंहासन पर अभी कोई उनका उत्तराधिकारी विराजमान है।"

मीरा ने फिर कुछ नहीं पूछा। उसने पद्मासन लगा आंखें बन्द कर लीं। ललिता घबराई। मीरा से कुछ देर पूर्व हुई उसकी वार्ता उसे पूरी तरह स्मरण थी। क्या वह अभी ही···!

"मीरा!" उसने उसे कन्धों से झकझोरा। फिर ब्राह्मणों से कहा, "आप कृपया बाहर प्रतीक्षा करें।"

"हमें क्या आज्ञा है?" उन्होंने व्याकुल होकर पूछा।

"पता लग जायगा।"

ब्राह्मण बाहर आ गए।

"मैं इन्हें क्या बताऊं?" ललिता ने पूछा।

"तुम सब जानती हो।"

"क्या?"

"अनजान क्यों बनती हो? मेरा द्वारिका से लौटने का प्रश्न कहां है?"

"वे पालकी लेकर आये हैं। हमें कोई कष्ट नहीं होगा। उदयसिंह ने तो तुम्हारा कुछ नहीं बिगाड़ा है? उसे अपना स्नेह-दान दो। मेड़ता से तुम्हारी बाल्यपन की स्मृतियां जुड़ी हैं, कुड़की का तुम्हारा पितृगृह और उसके सामने का तुम्हारा वह नन्हा श्रीकृष्ण मंदिर, क्या उन्हें भी एक बार नहीं देख लोगी?"

"ललिता!" मीरा ने धीरे से कहा, "क्यों मुझे मोहपाश में बांधने का व्यर्थ प्रयास कर रही हो? तुम जानती हो अब मैं पूर्णतया निर्बन्ध हो गई हूं। चलो चलते चलाते यह भी ज्ञात हो ही गया कि सभी सुखी हैं। मेड़ता और कुड़की[1] दोनों मेरी मातृभूमि के सदृश हैं, दोनों को यहीं से मैं अपना अन्तिम नमन निवेदित

---

1. कुड़की का श्रीकृष्ण मन्दिर अब भी यथावत् वर्तमान है। केवल उसमें पुरानी श्रीकृष्ण मूर्ति नहीं है।

करती हूं। उदय को भी आशीर्वाद देती हूं। वह और उसका नगर फूले-फले।"[1]

"मैं ब्राह्मणों को क्या उत्तर दूं?"

"उत्तर तुम जानती हो। उनसे स्पष्ट कह दो कि मैं द्वारिका छोड़कर नहीं जाती।"

ललिता बाहर से लौट आई।

"वे नहीं जायेंगे?"

"क्या कहते हैं?"

"जब तक मीराजी नहीं जायेंगी हम यहीं अन्न-जल का त्याग कर पड़े रहेंगे।"

"उन्हें मध्याह्न का भोजन दिया गया?" मीरा ने चिन्तित होकर पूछा।

"उन्होंने कुछ भी ग्रहण करने से इन्कार किया।"

"हूं!" मीरा ने कहा, "वे मेरे सिर ब्राह्मण-हत्या का पाप मढ़ना चाहते हैं?"

"अगर इसका भय है तो तुम उनके साथ चली चलो।" ललिता ने अवसर से लाभ उठाना चाहा।

"व्यर्थ की बातें बन्द करो। मेरा आदेश याद है या भूल गई?" मीरा ने शान्त स्वर में पूछा।

"स्मरण है।"

"क्या?"

"तुम्हारे पश्चात् महिलाओं में जागृति के भाव भरते रहना, उन्हें स्वावलम्बन का पाठ पढ़ाते रहना और तुम्हारे मुरलीधर की सेवा-अर्चना में लगे रहना।"

"ठीक।" मीरा प्रसन्न होकर बोली।

ललिता ने मन-ही-मन कहा, 'यह प्रसन्नता व्यर्थ है। मीरा नहीं रही तो ललिता रहेगी क्या? और ललिता के जगाने से इस आर्यभूमि की महिलाएं जगेंगी? मीरा के संदेश, उसके त्याग, उसकी साधना, उसके द्वारा भोगे गए कष्ट ही उसे अमर बना छोड़ेंगे और आनेवाले असंख्य युगों तक मीरा की आत्मा ही भारतीय नारियों को भक्ति के साथ-साथ मुक्ति का भी संदेश सुनाती रहेगी। रह गई मुरलीमनोहर की अर्चना-सेवा तो उसे तो कोई भी कर लेगा।'

"ब्राह्मणों को क्या कहूं?" ललिता ने पूछा, "वे निराहार हैं?"

"हम भी आज निराहार रहेंगे।" मीरा ने कहा और अपने आसन पर लेट गई। निस्संदेह वह श्रान्त हो आई थी। उसे विश्राम की आवश्यकता थी।

ललिता बाहर आ गई। ब्राह्मणों को अपने रूप में समझाना चाहा। पर वे समझने को कहां प्रस्तुत थे?

संध्या हुई। पश्चिमी क्षितिज पर सूरज का स्वर्ण थाल सागर में निमग्न होने को प्रस्तुत हुआ।

मीरा उठी। वस्त्र परिवर्तित किए। विशुद्ध पीताम्बर रूप में वह धर्मशाले

---

1. यह संयोग भी हो सकता है पर उदयपुर आज भी दिनानुदिन समृद्धि की की ओर अग्रसर है।

से बाहर आई। पन्दिर द्वार पर ललिता को छोड़ दिया, "तुम ब्राह्मणों को देखो। वे मंदिर में नहीं आने पायें।"

"अगर वे मदिर के बाहर ही डरा डाल दें तो क्या हो?" ललिता ने पूछा।

"डालने दो। पर तुम पहरे पर बैठो।"

ललिता को आज्ञा माननी पड़ी। मंदिर में संध्या-आरती के घड़ी-घंटे बजने लगे। ब्राह्मण अन्दर जाने को व्यग्र हो गए।

ललिता ने उन्हें रोका, द्वारिकाधीश तो कहीं भागे नहीं जा रहे। आप कल उनके दर्शन कर लेंगे जी भर कर। आज अगर आपने मीरा बाई की बात नहीं मानी तो आपकी आशा पर पूरी तरह पानी फिर जाना निश्चित है।"

"तो अब भी कोई आशा की किरण शेष है क्या?" ब्राह्मणों ने पश्चिमी समुद्र में सूरज की अन्तिम किरणों को विसर्जित होते देखते हुए पूछा।

"द्वारिकाधीश की प्रार्थना करें।" ललिता ने उन्हें ढाढ़स के स्वर में कहा और उन्हीं के आस-पास मंडराती रही।

मंदिर में संध्या आरती समाप्त हुई। मीरा विशाल मंदिर के एक कोने में बैठी सब कुछ देखती रही।

द्वारिकाधीश का भोग आया। शयन-आरती आरम्भ हुई। मीरा मुख्य पुजारी के समक्ष आई।

"आज्ञा?" पुजारी ने विनीत भाव से पूछा।

"मैं आज द्वारिकाधीश के समक्ष अपना नृत्य-गान प्रस्तुत करना चाहती हूं।"

"हमारा अहोभाग्य।" पुजारी ने कहा।

दर्शक-श्रोताओं की भीड़ व्यवस्थित रूप में एक ओर बैठ गई। मीरा के पैरों में घुंघरू पहले से बंधे थे। हाथों में करताल थे। वह मूर्ति के समक्ष नृत्य-मग्न हो उठी। करताल, घुंघरू और उसके कंठ-स्वर ने सम्मिलित रूप में वहां एक अद्भुत सम्मोहन की सृष्टि कर दी···

अब मैं सरण तिहारी जी,
मोहि राखो कृपा निधान।
अजामील अपराधी तारे, तारे नीच सुदान।
जल डूबत गजराज उबारे, गणिका चढ़ी विमान।
और अधम तारे बहुतेरे भाखत सन्त सुजान।
कुबजा नीच भीलणी तारी जाणे सकल जहान।
कह लग कहूं गिणत नहीं आवे थकि रहे वेद पुरान।
मीरा दासी सरण तिहारी, सुनिये दोनों कान॥
जाऊं ना ससुरिए, जाऊं ना पीहरिए
हरि सूं नेह लगाती।
दासी मीरा के प्रभु गिरधर
मैं चरणन की दासी।

गान समाप्त कर मीरा पुनः अपने कोने में जा बैठी। वहां अपेक्षाकृत अधिक

ही अंधेरा था। विग्रह के पास और कुछेक स्थानों पर दीपाधारों पर जलते दीपों का प्रकाश उस तक नहीं पहुंचता था। गायन के पश्चात् का सम्मोहन टूटा तो सभी दर्शनार्थी धीरे-धीरे बाहर आ गए। मुख्य पुजारी ने द्वारिकाधीश के विग्रह के समक्ष सिर झुकाया और महा-द्वार से बाहर आ कपाट बन्द कर दिए।

अर्द्ध रात्रि के समय मीरा द्वारिकाधीश के विग्रह के समक्ष आई। उनके चरणों में अपना सिर रोपा। अस्फुष्ट स्वर में कहा—"यह अन्तिम नमन् गिरधारी!" और मंदिर के उस छोटे द्वार से बाहर निकल गई जो गलती से खुला रह गया था। इस क्रम में उसकी पीत चुनरी द्वारिकाधीश के मुकुट से लिपट कर फंस गई। उसने आगे पैर बढ़ाया तो पतली चुनरी बीच से फट गई। उसका एक अंश विग्रह की ग्रीवा के पास ही लटक कर रह गया।

मीरा सागर किनारे खड़ी थी। लोल नील लहरें उठ-गिर रही थीं। श्रीकृष्ण श्याम बांहें पसारे उसका आह्वान कर रहे थे। वह उन बांहों में सदा के लिए समा गई।

०००

हमारे अन्य श्रेष्ठ प्रकाशन

चर्चित पुस्तकें

आवारा मसीहा, विष्णु प्रभाकर, **अदम्य साहस** डॉ. अब्दुल कलाम, **प्रेरणात्मक विचार**
डॉ. अब्दुल कलाम, **मेरी आपबीती** बेनज़ीर भुट्टो, **मेरे सपनों का भारत** महात्मा गांधी, **सत्य**
के प्रयोग महात्मा गांधी, **मेरा जीवन दर्शन** डॉ. कर्णसिंह, **परिवर्तन और राजनीति** एन.के.
सिंह, **भारतीय अर्थतंत्र, इतिहास और संस्कृति** अमर्त्य सेन, **आर्थिक विकास और स्वातन्त्र्य**
अमर्त्य सेन, **आर्थिक विषमताएं** अमर्त्य सेन, **गरीबी और अकाल** अमर्त्य सेन, **भारत**
विकास की दिशाएं अमर्त्य सेन, **भारतीय राज्यों का विकास** अमर्त्य सेन, **हिंसा और**
अस्मिता का संकट अमर्त्य सेन, **भारतीय दर्शन** डॉ. राधाकृष्णन्,

शब्दकोश : कोश : शिक्षा

राजपाल बृहत् हिन्दी-अंग्रेजी शब्दकोश डॉ. हरदेव बाहरी, **राजपाल बृहत् अंग्रेजी-हिन्दी**
शब्दकोश डॉ. हरदेव बाहरी, **राजपाल हिन्दी शब्दकोश** डॉ. हरदेव बाहरी, **शिक्षार्थी हिन्दी-अंग्रेज़ी**
शब्दकोश डॉ. हरदेव बाहरी, **राजपाल अंग्रेज़ी-हिन्दी शब्दकोश** डॉ. हरदेव बाहरी, **राजपाल**
अंग्रेज़ी-हिन्दी पारिभाषिक शब्दकोश डॉ. हरदेव बाहरी, **राजपाल हिन्दी-अंग्रेज़ी थेसॉरस**
गोपीनाथ श्रीवास्तव, **राजपाल अंग्रेजी-हिन्दी राजभाषा प्रयोगकोश** गोपीनाथ श्रीवास्तव,
राजपाल लोकोक्ति कोश हरिवंश राय शर्मा, **राजपाल साहित्यिक मुहावरा कोश** हरिवंश
राय शर्मा, **राजपाल साहित्यिक सुभाषित कोश** हरिवंश राय शर्मा, **विद्यार्थी हिन्दी शब्दकोश**
डॉ. ओमप्रकाश, **शब्दार्थ-विचार कोश** आचार्य रामचन्द्र वर्मा, **शब्द-परिवार कोश**
डॉ. बदरीनाथ कपूर, **व्यावहारिक उर्दू-हिन्दी शब्दकोश** डॉ. सैयद असद अली, **कहावत कोश**
समर सिंह

विश्वकोश : संदर्भ-ग्रंथ

विश्वकोश-I (पृथ्वी-आकाश-खनिज) डॉ. बालकृष्ण, **विश्वकोश-II (आविष्कार-खोज)**
डॉ. बालकृष्ण, **विश्वकोश-III (जीव-जंतु : पेड़-पौधे)** डॉ. बालकृष्ण, **विश्वकोश-IV**
(विज्ञान-वैज्ञानिक) डॉ. बालकृष्ण, **भारतीय संस्कृति कोश** लीलाधर शर्मा पर्वतीय, **भारतीय**
चरित कोश लीलाधर शर्मा पर्वतीय, **अंतरराष्ट्रीय व्यक्ति कोश** विश्वमित्र शर्मा, **भारत रत्न**
विश्वमित्र शर्मा, **20वीं सदी के सौ प्रसिद्ध भारतीय** विश्वमित्र शर्मा, **नोबेल पुरस्कार कोश**
विश्वमित्र शर्मा, **नोबेल पुरस्कार सम्मानित भारतीय** विश्वमित्र शर्मा, **भारत के राष्ट्रपति**
भगवतीशरण मिश्र, **भारत के प्रधानमंत्री** भगवतीशरण मिश्र, **नोबेल पुरस्कार विजेता**
साहित्यकार राजबहादुर सिंह, **विश्व के महान वैज्ञानिक** फिलिप केन, **विश्व की महिला**
अंतरिक्ष यात्री कालीशंकर, **भारतीय भाषाओं के पुरस्कृत साहित्यकार** डॉ. आरसू,
50 क्रांतिकारी राजेन्द्र पटोरिया, **100 प्रसिद्ध भारतीय खिलाड़ी** चित्रा गर्ग

उपन्यास

मानस का हंस (पुरस्कृत) अमृतलाल नागर, **नाच्यौ बहुत गोपाल** अमृतलाल नागर, **खंजन नयन**
अमृतलाल नागर, **बिखरे तिनके** अमृतलाल नागर, **पीढ़ियां** अमृतलाल नागर, **करवट** अमृतलाल
नागर **सेठ बांकेमल** अमृतलाल नागर, **भूख** अमृतलाल नागर, **सात घूंघट वाला मुखड़ा**

अमृतलाल नागर, **सोमनाथ** आचार्य चतुरसेन, **वयं रक्षामः** आचार्य चतुरसेन, **वैशाली की नगरवधू** आचार्य चतुरसेन, **सोना और खून** (चार भागों में) आचार्य चतुरसेन, **कब तक पुकारुं** रांगेय राघव, **घरौंदा** रांगेय राघव, **धरती मेरा घर** रांगेय राघव, **न आने वाला कल** मोहन राकेश, **समग्र उपन्यास** कमलेश्वर, **कितने पाकिस्तान** कमलेश्वर, **एक सड़क सत्तावन गलियां** कमलेश्वर, **काली आँधी** कमलेश्वर, **सुबह दोपहर शाम** कमलेश्वर, **रेगिस्तान** कमलेश्वर, **अभिज्ञान** नरेन्द्र कोहली, **आतंक** नरेन्द्र कोहली, **साथ सहा गया दुख** नरेन्द्र कोहली; **जंगल** नरेन्द्र कोहली, **एक नौकरानी की डायरी** कृष्ण बलदेव वैद, **शिकस्त की आवाज़** कृष्ण बलदेव वैद, **नर नारी** कृष्ण बलदेव वैद, **एक इंच मुस्कान** राजेन्द्र यादव/मन्नू भंडारी, **जंगल के फूल** राजेन्द्र अवस्थी, **अकेली आवाज़** राजेन्द्र अवस्थी, **कुहरे में युद्ध** शिवप्रसाद सिंह, **औरत** शिवप्रसाद सिंह, **रात भारी है** अमृता प्रीतम, **कैली कामिनी और अनीता** अमृता प्रीतम, **जलते बुझते लोग** (एक ही जिल्द में तीन उपन्यास) अमृता प्रीतम, **यह कलम यह कागज़ यह अक्षर** अमृता प्रीतम, **ययाति** वि.स. खांडेकर, **कोणार्क** प्रतिभा राय, **उसका अपना आकाश** प्रतिभा राय, **चित्रप्रिया** अखिलन, **एक गधे की आत्मकथा** कृश्न चंदर, **तापसी** कुसुम अंसल, **पहाड़ चोर** सुभाष पंत, **गोदान** प्रेमचंद, **गबन** प्रेमचंद, **औरतें** खुशवंत सिंह, **समुद्र की लहरों में** खुशवंत सिंह, **मुजरिम हाज़िर** विमल मित्र, **अन्तर्गाथा** पी.वी. नरसिंह राव, **कुली** मुल्कराज आनंद, **अछूत** मुल्कराज आनंद, **सात साल** मुल्कराज आनंद, **दिशाएं बदल गईं** नरेश भारतीय, **सावित्री** व्योहार राजेन्द्रसिंह **कुली बैरिस्टर** राजेन्द्रमोहन भटनागर, **गाइड** आर.के. नारायण, **स्वामी और उसके दोस्त** आर.के. नारायण, **वध** मनहर चौहान।

कविता

मधुशाला बच्चन, **मधुबाला** बच्चन, **मधुकलश** बच्चन, **खैयाम की मधुशाला** बच्चन, **मेरी श्रेष्ठ कविताएं** बच्चन, **निशा निमंत्रण** बच्चन, **जाल समेटा** बच्चन, **दो चट्टानें** बच्चन, **सतरंगिनी** बच्चन, **मिलन यामिनी** बच्चन, **आत्मिका** महादेवी, **नीलांबरा** महादेवी, **दीपगीत** महादेवी, **चुनी हुई कविताएं** अज्ञेय, **गीतांजलि** रवीन्द्रनाथ टैगोर, **साधना** रवीन्द्रनाथ टैगोर, **पथ का गीत** रवीन्द्रनाथ टैगोर, **आखिर यह मौसम भी आया** रमानाथ अवस्थी, **क्या खोया क्या पाया** अटलबिहारी वाजपेयी, **अंग्रेजी के श्रेष्ठ कवि और उनकी श्रेष्ठ कविताएं** कुलदीप सलिल, **अन्तरा** विश्वनाथ।

कहानियाँ

मोहन राकेश की संपूर्ण कहानियां मोहन राकेश, **अज्ञेय की संपूर्ण कहानियां** अज्ञेय, **एक दिल हज़ार अफ़साने** अमृतलाल नागर, **मालगुड़ी की कहानियां** आर.के. नारायण, **सत्यजित राय की कहानियाँ** सत्यजित राय, **समग्र कहानियां** कमलेश्वर **मेरी प्रिय कहानियां** अज्ञेय, आचार्य चतुरसेन, भगवतीचरण वर्मा, रांगेय राघव, अमृतलाल नागर, मोहन राकेश, निर्मल वर्मा, राजेन्द्र यादव, कृश्न चन्दर, कमलेश्वर, मन्नू भंडारी, फणीश्वनाथ रेणु, यशपाल, इलाचन्द्र जोशी, भीष्म साहनी,

राजपाल